金砖国家
不平等报告集

乐施会◎主编

社会科学文献出版社
SOCIAL SCIENCES ACADEMIC PRESS (CHINA)

www.oxfem.org.hk
2520 2525

樂施會 OXFAM Hong Kong
無窮世界 World Without Poverty

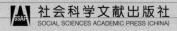

目　录

序 / 1

- 平等、不平等和公平：它们在贫困问题讨论中的位置 / 1
- 构筑公平世界 / 14
- 金砖国家面临的不平等问题 / 48
  - 金砖国家第一轮峰会：重点回顾 / 49
  - 金砖国家的不平等城市 / 65
  - 金砖国家在创新领域的公共支出 / 89
  - 金砖国家社会—环境可持续性 / 111
- 金砖国家不平等状况简介 / 147
- 巴西：贫困与不平等——去向何方？ / 164
- 俄罗斯：平等以后 / 182
- 印度：迈向人人可享的平等机会 / 216
- 印度：全球化背景下印度的不平等和“包容性增长” / 236
- 中国的不平等挑战：回顾与对策 / 265
- 南非：“小心空隙”：对南非不平等趋势特征的评价和抗击不平等的国家政策的分析 / 292
- 墨西哥：贫困与不平等报告 / 337
- 印尼：“所有人的富裕？”：对印度尼西亚不平等现象的再讨论 / 373

序

这本有关金砖国家的不平等报告集，在经历了收集、翻译和校对不同阶段后，终于面世了！

本报告集汇总了由欧盟委员会和乐施会共同支持和开展的有关金砖国家①不平等现状和政策建议的部分简报和专题报告，其中包括对于全球不平等问题的报告、金砖国家不平等整体问题的研究报告，以及不同的金砖国家所面临的不平等现状和挑战的报告。

对全球和金砖国家不平等状况进行的研究，以及对巴西、中国、俄罗斯、印度、南非等国的国别调查和研究，都反映出一个严酷的现实，即尽管这些国家在过去三十年有着辉煌的经济发展成就，在减少世界贫困人口方面也做出了重要的贡献，但2008年金融危机不仅使欧美国家深陷债务危机，也导致迅猛崛起的金砖国家的经济在短暂的繁荣后陷入疲软。金融危机带来的更为严重的后果就是在全球各国，无论是发达国家还是发展中国家，贫富差距和不平等的问题都日益凸显，并愈演愈烈。

金砖各国家的不平等报告从不同的维度，对贫困和不平等议题进行了讨论。中国不平等报告以人类发展视角（Human Development Perspective）的理论为基础，运用可行能力方法（Capability Approach）对中国在收入分配、财产分配、经济机会、收入贫困等经济不平等问题和教育、健康、社会保障等社会和环境不平等问题进行了深入分析。俄罗斯不平等问题的讨论反映了从国家社会主义到资本主义市场经济过渡期间，以及2000年后的显著经济增

① 需要说明的是，有些国家，如印尼和墨西哥，虽然不属于金砖国家，但其面临的有关问题与金砖国家类似，因而我们也将相关研究报告一并收入了本书。书中报告多发表于2013年前。

长，对贫困、收入和财富分配带来的影响。该讨论的结论显示，“尽管 2000 年后的贫困水平也明显下降，收入不均仍然处于高水平并逐步加大。在这些因素和变化的影响下，卫生服务、教育、住房、就业和法律可及性方面的不平等也在加剧”。各国的研究报告对贫富差距和不平等现状进行了定量分析，无论是城乡差距或区域差距，还是在不断恶化的收入和财富差距，都让我们意识到，在过去三十年发展主义高歌猛进的时代，从以实现“平等”为重要目标的视角观察，我们似乎并未取得应有的成果，各维度的不平等依然存在，而且在不断蔓延和恶化。

有关金砖各国的不平等报告还对经济与社会发展不平等的成因进行了分析，认为经济发展模式、社会制度安排等因素造成的机会不平等、分配不平等和能力差距是贫富分化和差距扩大的主要原因。《印度：全球化背景下印度的不平等和“包容性增长”》报告对 20 世纪 90 年代以来印度各邦经济不平等的趋势和模式进行了分析，对 2003 ~ 2004 年启动的包容性增长和区域平衡发展策略进行了解读。报告指出，印度区域之间的不平衡是经济增长的驱动力之一，然而采取包容性增长和区域平衡发展的策略却并未有效遏制区域间不平等趋势的扩大，这说明经济发展不是解决与医疗、教育和其他基本服务有关不平等问题的唯一途径。中国的城乡二元结构、印度的种姓制度，都是造成收入不平等、城乡和地区间在教育和健康结果上的差距，以及养老、医疗、教育等各项基本公共服务上巨大差距的原因。

《21 世纪资本论》作者皮克迪通过翔实的、无可辩驳的细节分析，证明了在过去两个世纪，财富与收入两者间的社会不平等是如何演变的，资本的回报率（r）始终超过收入的增长率（g）。资本在其整个历史中，趋向于产生程度越来越大的不平等。皮克迪认为，资本过去一直是“核心矛盾”所在，现在也是问题的症结所在。他提出的解决方法是采取遗产税、累进税制和全球财富税等措施，来应对财富和权力的进一步集中。但当权力遇上资本，乐施会《构筑公平世界》和《少数人的天下：政治操控和不平等》等一系列报告都揭示了造成极端不平等的两大原因：第一，市场原教旨主义导致市场监管放松，推动财富聚集；第二，精英把持政治和权力，使得政府政策更有利于富人而不是大众。

严重的经济和社会发展不平等，不仅威胁着社会关于公正的观念，还制约着经济和社会发展的若干关键方面结果。解决不平等问题需要有综合的政策战略，并应将诸多因素纳入考虑。巴西的不平等报告指出，巴西在解决本国贫困问题中取得的主要经验即将不平等和公共政策置于核心地位。而《平等、不平等和公平：它们在贫困问题讨论中的位置》一文对全球不平等状况和驱动因素做了深刻分析：以制造和服务为核心基础的经济体制转型，让具备良好的教育背景的劳动力得到偏爱，并逐步抛弃最贫困的国家和人群。同时，全球农业贸易自由化也埋没了最贫困国家的小农户。这些都加剧了国内和国家间的不平等。作者进一步指出，现有对抗不平等的手段绕开引发不平等的政治因素，却更多着眼于技术路线和微调。因此，作者提出的解决措施和手段是，在国家层面的改革应在土地再分配、基础服务的可及性、税收改革和政治参与改革方面下功夫。在国际层面则必须进行惠贫贸易改革。

在我们进入可持续发展目标实施（SDGs）的第一个年头之际，希望这本关于不平等问题的报告合集能够促进各方充分意识到不平等问题的严重性，并引发进一步的关注和讨论。正如清华大学汪晖教授所言：“我们迫切需要对平等这个价值、命题本身做出再界定，丰富和深化这个概念，并将之与我们思考社会发展模式的问题结合起来，不仅停留在机会均等、分配公正和能力平等的维度，而是要放在‘齐物平等’的观念上。”我认为，这个角度和国家的生态文明战略相吻合。

最后，我们要特别感谢在翻译、校对和梳理报告过程中给予支持和帮助的所有人员。全球消除贫困联盟中国办公室的项目负责人王曼、项目协调员耿华、时任乐施会中国与发展中国家项目助理倡导官员李羽榕努力收集各国报告、认真组织翻译和校对工作；乐施会中国与发展中国家项目倡导官员李艾对报告进行了全面的编辑梳理，从而将报告更加清晰地呈现给读者。在此，也感谢社会科学文献出版社对报告出版的支持，使中国的读者能够看到全球范围内和新兴经济体国家内存在的不平等问题，并引起大家的深入思考。

张兰英

梁漱溟乡村建设中心主任

西南大学中国乡村建设学院执行副院长

社会资源研究所高级政策顾问

平等、不平等和公平：它们在贫困问题讨论中的位置*

邓肯·格林

发展决策者们越来越意识到，极端不平等对经济发展和社会稳定是有害的，其影响会世代相传。本文对全球不平等状况进行回顾，并分析不平等的驱动因素。以制造和服务为核心的经济结构转型，偏爱有良好教育背景的劳动力，因而远离了最贫困的国家和劳动者。同时，全球农业贸易自由化也损害了最贫困国家的小农户的利益。这些都加剧了国内和国家间的不平等。笔者认为，现有对抗不平等的手段绕开了引发不公正的根本政治因素，倾向于依靠技术专家和小修小补，而不是根本的政治解决方案，即在国家层面进行土地再分配、基础服务的普及、税收改革和政治参与的改革，在国际层面进行惠贫贸易改革。

英国首相托尼·布莱尔在2001年竞选期间，当被追问关于不平等和再分配方面的观点时，他遮遮掩掩地回答："我最迫切的政治愿望，并不是为了让贝克汉姆收入减少。"① 多年以来，不平等和再分配已经不是富裕国家决策者们的流行话题，仅仅在千年发展目标②中稍有提及。然而，2005年，世界银

* 本文专为国际乐施会2008年《从贫困到权力：积极的公民和有效的国家如何改变世界》系列所撰写，以广泛分享研究成果和项目经验。本文只代表作者观点，与作者所属机构和乐施会的观点无关。

① 《卫报》2005年12月23日，http：//politics. guardian. co. uk. conservatives/story/0，9061，1673455. 00. html。

② 教育在不同性别之间存在的差距是千年发展目标中唯一明确提出的不平等议题。

行《世界发展报告》(2005)、联合国《人类发展报告》(2005)和《全球社会状况报告》(RWSS)(2005)等一系列报告都表达了明确的立场，即对抗不平等是这个时代最迫切的任务之一。

对不平等的再次关注有几个原因。其一，相信“水涨众船高”能快速减少贫困并实现千年发展目标的华盛顿共识的失败。新证据表明，极度不平等会阻碍经济增长。其二，恐怖主义战争的政治根源重新引起人们的关注。正如美国前总统布什所说：“富裕和贫困之间、机会和穷困之间逐渐扩大的鸿沟，既是对我们同情心的挑战，也是不稳定的原因之一。”(摘自《人类发展报告》，2005，第75页)

但是，这并不意味着这些多边机构摇身一变，成了热血的倡导再分配的社会主义者。它们只关心不平等会损害经济增长和减贫，却不关心其本质的不公正。世界银行为机会平等而呼吁(例如教育可及性、免受歧视以及法律公正)，而在推动结果平等上，仅仅扮演了很小的角色——避免绝对赤贫。无论是累进税制还是土地改革，多边机构对这类再分配改革的态度慎之又慎，并一再强调风险。

世界银行的分析强调，不平等远不只与收入有关，贫困人群的生活几乎在所有方面都不断被弱小和强大之间的不平等折磨着：从清洁饮用水的可及性，到面对犯罪、冲突和自然灾害时的脆弱性。而政策讨论通常只停留在收入不平等和少数基础服务方面(即健康、清洁用水和卫生)。

尽管过去学术界曾强调收入不平等对鼓励“财富创造者”进行创新和促进增长有积极作用，但如今，不平等会损害经济增长和减贫的观点已在学界兴起。这些争论可以概括为以下论点。

- 不平等造成人才浪费。如果女性被排斥在高级别工作之外，全国一半的人才会被浪费，对经济产生负面作用。如果银行拒绝向贫困人群提供贷款，许多好的经济机会也会流失。
- 不平等给社会和社会建制带来损害。在一个不平等的社会中，精英群体很容易“操控”政府和其他组织，并以此为他们自身谋取狭隘的利益，从而牺牲整体经济利益。
- 不平等破坏社会和谐。个人之间的“纵向不平等”与犯罪增加有关，而像不同种族之间的“横向不平等”，会加大发生冲突的可能性，使国家倒退几十年，使人们遭受苦难。

- 不平等阻碍减贫的增长。观察贫困人群从经济“餐桌”上获得的残羹冷炙可以看出，不平等会减少减贫带来的经济增长，在平等社会中，整体经济每增长百分之一给贫困人群带来的利益要大于不平等社会。

- 不平等让贫困代代相传。母亲的贫困将会影响其子女的一生。由于母亲怀孕期间营养不良，全球每年有约三千万婴儿存在出生缺陷。体重过轻的新生儿更容易夭折，也更容易在婴儿时期出现发育不良和体重不达标，这加大了他们在儿童时期的健康不佳和死亡的可能，即使能够生存下来，他们也将一辈子受到病痛和贫困的困扰（《长期贫困报告》，2005，第21页）。

尽管世界银行对机会平等的强调初看起来有些遮遮掩掩，类似美国梦加上点社会保障机制，却留出了更为激进的诠释空间。首先，机会和结果之间的区分是人为的，因为今天的结果必会带来明天的机会。即使进入同一学校，或者生活在同一个区域，生活境遇和/或受教育更好的儿童未来会发展得更好，即为了实现真正的机会平等需要通过公众行动来确保印度低种姓阶层的农村女孩和德里富裕家庭的男孩，在同等付出的条件下，获得同等的教育结果。要实现这个目标，需要政府采取有力措施，通过补偿女孩所面临的多重起点劣势，打破不平等的怪圈。这种诠释异于传统，传统讨论将机会平等诠释为“我们都是平等的，因为我们都有在高级餐厅进餐的权利”。

权力和权利——缺失的要素

不平等不仅仅是阻碍增长或者减贫的技术障碍。公元前500年，柏拉图曾经警告雅典的立法者，要警惕极端不平等引致的道德仇恨，他说：“世界上不应该存在极端贫困或极端富有，因为这两者都会产生巨大的邪恶。”（摘自《人类发展报告》，2005，第51页）

极端不平等会导致暴戾和怨声载道，往往与人权的方方面面紧密联系。“所有人，无论他们身处何处，都应该享有某些基本权利”的想法越来越具有影响力，这不仅通过联合国所建立的国际人权框架来实现，还要求各国政府做出承诺，保障最基本的、平等的公民和政治权利，并最终逐步实现经济、社会和文化权利。①

一旦将重点从贫困转移到不平等问题，就无法回避政治。不平等就是一些人拥有的多于其他人，包括政治权利。不平等和政治息息相关：有权力的人群利用他们对机构、个人的政治控制，甚至是武力，来确保自己获利，而这些利益通常是以他人的牺牲为代价。

对于那些主宰发展理念的多边机构来说，这就带来了一个困境。理论上来说，这些机构应保持中立，以技术为核心。然而，他们所做出的分析报告，往往把自身引入政治雷区。世界银行 2006 年发布的《世界发展报告》中承认了这一点：

> 很明显，对已有发展经验的分析证明了政治条件在发展中的核心地位，从而支持其近年来对治理和赋权的重视。但是，对政治设计相关议题的指导，既不是世界银行的使命，也不是其比较优势所在。（《世界发展报告》，2006，第 10 页）

正如以上摘抄的内容所暗示的，世界银行和类似机构试图绕过政治，转而讨论“治理”（有的时候被讽刺为“被挖走政治性的政府”）和“赋权”。这些概念包括在政府和议会及司法之间的权力分割、法治、政府的透明和问责，加强公民社会组织的角色，但是明显绕开了政治本身。批评的声音认为，企图避开政治来解决这些问题，会把我们带入认识和发展的盲区（参见 Lockwood，2005）。如果不挑战他们的权力，从现有不平等和不公正中获利的政治精英们，就会一直阻挠改革。

不平等有多极端？

不平等同时存在于国家内和国家间。国家之间的不平等程度令人咋舌，就像是在玩“邮编抽奖”的游戏一样，你的人生在很大程度上取决于你出生的随机结果：你在哪里出生（富裕或贫困的国家，城市或者村庄），你的身份、性别、民族、残障，或者你母亲的健康状况，尤其是在怀孕期间。

---

① 来自 Edward Anderson 和 Tammie O’neil 的发言，2006 年 3 月 31 日海外发展研究所（ODI）新的平等议题圆桌会议。

收入和生活质量的巨大鸿沟，将富足者和贫困者彻底分开。保守估计，福布斯榜上全球最富裕的500人的收入虽然还不到其资产的5%，但已超过了全球4.16亿最贫困人口的收入的总和。尼日利亚女性面临的生育死亡风险比生活在加拿大的女性高出418倍。在贫困国家中，育龄妇女30%的死亡与生育有关，而这个比例在工业化国家仅仅不到1%（《全球社会状况报告》，2005，第68页）。

国家间机会和供给的不平等导致结果不平等。发达国家人均医疗花费超过3000美元，而存在着最高健康风险的低收入国家却仅有78美元，最贫困国家的水平就更低（《人类发展报告》，2005，第26页）。即使生活在发展较好的国家，不平等也会让贫困人群的利益降低。在严重不平等和中等收入的巴西，人均收入是轻度不平等和低收入的越南的三倍，但是，巴西最贫困的10%人口的收入，比越南最贫困的10%人口的收入还要低。而如果对巴西最富裕的20%人口收入的5%进行再分配，就可以使该国的贫困比例从22%降低到7%（《人类发展报告》，2005，第665页）。

从地区上看，拉丁美洲的不平等以广泛、深入和反复的特点著称。该地区最富裕人群拥有国家财富的绝对多数。研究表明，非洲的不平等状况，在收入方面是与拉美相似的，对于那些想当然地认为非洲各国贫困水平相当而相对平等的人们来说，这一发现会令他们大吃一惊。亚洲既有低度不平等的地区和国家（比如中国台湾地区和越南），也有不平等水平正在快速接近拉美和非洲水平的国家，例如中国（ODI，2006a，第3页）。

国家内部的不平等状况也非常离谱。巴西里约热内卢贫民窟里被边缘化的贫困人群（大部分为黑人）挤在山坡上，看着对面的百万富翁们（通常为白人）享受豪华公寓和沙滩游乐场。在拉丁美洲土著人和非洲人聚居的国家，例如玻利维亚、巴西、厄瓜多尔、危地马拉和秘鲁，这些人的收入仅是他们白人同胞收入的一半（世界银行，2003，第8页）。

在贫困国家中，生活机会与收入水平的不平等都极其严重。在加纳和塞内加尔，出生于最贫困的20%家庭的婴儿，五岁前死亡的可能性要比出生于最富裕的20%家庭的婴儿高2～3倍。在不平等问题中，最直观的不公平当数"失踪女性"，一些社会中的选择性堕胎表明，对女童和女性的歧视在其出生前就存在，从而导致全球女性人口比例低于正常水平。据最新估计，全球失踪女性总数达1.013亿，其中有8000万出现在中国和印度，分别占中国女性总人口数的6.7%和印度女性总人口数的7.9%（《长期贫困报告》，2005，第22页；《人类发展报告》，2005，第153页）。

平等和不平等的水平在上升还是在下降?

对不平等趋势的讨论各执一词，经济学家们已经花费大量时间来证明不平等水平在上升、下降或者保持不变。各方都能为自己的立场提供学术证据，其差异重点集中在测量方法的不同上，即如何使用平均数，或者讨论的是国内还是国家间的不平等。

如果比较不同国家的人均GDP水平，不对人口数进行加权，不平等水平似乎在上升。1990年美国人比坦桑尼亚人富有38倍，而现在这种差异加大为61倍（《人类发展报告》，2005，第37页）。但是，如果对人口数进行加权，不平等水平似乎又在下降。其原因主要是中国和印度的高速发展（使用国家人均GDP而忽略了国家内部逐渐上升的不平等）。对比全球收入，选择不同的统计方法和参考年份，将决定关于不平等水平的结论是上升还是下降。

采用百分比而非美元作为指针，掩盖了不平等的外延。以全球收入水平两个极端的国家为例，如果卢森堡和尼加拉瓜在未来25年中，人均收入都以每年2%的速度增长，那么两国间的差异应被视作保持现有状态。但是，卢森堡的人均年收入将从17228美元（经购买力平价调整）上升到28264美元，而尼加拉瓜人均年收入同期却仅从375美元上升到940美元（《世界发展报告》，2006，第63页）。

联合国认为，国家内部的整体收入不平等在上升：

> 在73个可获取足够可靠数据的国家中，有48个国家的国内收入不平等在20世纪50年代到20世纪90年代间扩大。这48个国家的人口占73个样本国家的59%；有16个国家的国内收入不平等水平基本保持不变（尽管有数据表明，它们中有3个国家的情况过去几年出现恶化），仅有9个国家在20世纪50年代到20世纪90年代间，收入不平等水平下降，其中包括巴哈马群岛、法国、德国、洪都拉斯、牙买加、

马来西亚、菲律宾、韩国和突尼斯。(《全球社会状况报告》，2005，第52页)

在非收入类别的不平等方面，可以持有谨慎乐观的态度。20世纪70年代，世界上多数成年人不具备读写能力，现在多数人都可以读写。自20世纪60年代起，低收入国家的平均寿命从48岁提高到63岁（DFID，2006，第57页），这项进步要归功于健康技术在全球的普及以及在死亡率最高的地区实施的基本公共健康保障措施。然而，从1990年起，艾滋病、社会和经济紊乱逆转了一些转型经济体所取得的成就。自1970年以来，俄罗斯的平均寿命减少了4年，其中男性减少了7年。自1970年以来，艾滋病使博茨瓦纳的平均寿命降低了20年（《人类发展报告》，2005）。

不平等问题加剧的动因

不平等问题加剧的最核心因素是就业问题。贫困人群可利用的资产无非是靠他们的双手去获得工作酬劳，而工作的形式决定了他们是否能够摆脱贫困，或者一直陷在辛苦的体力劳动中永远不得翻身。科菲·安南认为："最好的减贫项目是提供就业，而实现经济赋权和社会福祉的最佳路径也在于体面的工作。"（摘自《全球社会状况报告》，2005，第130页）。

经济结构倚重农业、制造业或服务业，对不平等问题有决定性的影响。尽管城镇化一直在持续，农村地区的贫困状况仍非常普遍。农业所带来的就业机会高于其他行业，尤其是小农户农业比资本密集型农业所提供的就业会更多，以小农户为基础的农业增长是减少不平等的最佳方法之一（DFID，2005年）。

然而，全球的经济和就业机会正在从农业转到制造业，进而转向服务业，特别是零售和金融业。工作性质的变化越来越快。经济结果越来越倚重于技术和知识集约型的工种，受教育程度高的人群就会获得相对更高的收入。教育背景每多一年，工人的平均工资就会提升5%（Goldin和Rienert，2006，第129页），工资差距还在逐渐加大，因为巨大数量的低技术工人在全球化的过程中进入了像中国这样的世界工厂中。在制造业向服务业转型的大潮中，制造业本身因趋向小型生产单位、"非正式"企业和女性劳动力，相比传统以男性为主导的工会，制造业中工人组织起来争取薪酬和良好工作条件变得更加艰难。

政治决策也会加剧技术和商业模式变化带来的不平等。在全球范围内，政府（通常在世界银行和其他出资方的鼓励下）将劳动法规变得更加灵活，削弱工会的力量，降低最低工资水平，并让雇用和解雇变得更加容易。全球范围内缺乏能够给年轻人提供稳定和良好收入的工作机会，这个问题在未来更不乐观。

国际政治决策也使全球经济治理不利于最贫困国家，并拉大了国家间的差距。强权国家一边坚持要求南方国家开放资本和商品市场，以满足其跨国公司的利益，一边通过更加严格的移民法律和知识产权法律来限制能给贫困国家带来显著利益的移民和知识流动。发达国家继续给本国农户提供农业补贴，并保护国内市场免受来自发展中国家的商品的冲击。美国政府每年为该国 25000 个棉花种植户提供高达 40 亿美元的补贴，由此引发的生产过剩和美国棉花产品在国际市场的倾销，让西非和其他依赖种植和销售棉花的农户陷入困境。欧洲的农业一体化政策也带来了类似的影响。

国际货币基金组织、世界银行和其他多边和双边机构推崇的贸易和投资自由化体系与历史经验背道而驰（Chang，2001）。世界银行和其他机构认为，贫穷国家可以通过开放其贸易和资本市场刺激自身发展，而从美国、德国到中国和越南的成功经验都表明，自由化只可能在经济体规模和复杂程度达到一定水平时才会出现。华盛顿共识带来的休克疗法，让东欧国家经历了大量的“休克”，获得的“治疗”却少之又少，非洲和拉丁美洲的经历也或多或少类似于东欧。

尽管世界银行为其近十年来改革的大方向做了大量的辩护，但它也勉强承认，贸易自由化加剧了不平等。世行还承认，拉丁美洲的一些设计粗糙的私有化项目在初始阶段确实改善了一些社会指标（例如婴儿死亡率），然而，商业机构的介入产生的“吸脂效应”把利润微薄的领域留给了公共部门，导致政府的成本反而增加了，对公共事业补贴的减少则使“贫困的消费者无力支付公共服务”（《世界发展报告》，2006，第 171 页）。

减少国内不平等

越来越多的人赞成采取措施扩大机会平等，但对于实施再分配的必要性和如何实现结果平等尚未达成广泛的共识。正如本文开头时的引述，决策者们就是否增加贝克汉姆的税赋，以给贫困人群建立学校和医院的问题尚未达成一致。世界银行强调高收入者个人所得税或激进的土地改革对经济的潜在破坏，但是，其他理论认为，应该采取累进的资产再分配措施，以触发包容性发展的良性循环。

国家政府可以采用以下方法来应对不平等：

• 保证对基本社会服务和基础设施的可及性，包括资产（例如土地）的再分配；

• 为公众全面参与公共治理和土地、劳动力和商品市场建立保障机制；

• 打破不平等的恶性循环，例如征收遗产税和财产税、实施平权法案、扶助弱势群体克服社会劣势。①

最重要的是，减少不平等的任何尝试都必须打破政治的壁垒。世界银行认为，要“打破权力和不平等的恶性循环”就必须意识到“富裕的国家之所以繁荣，是因为它们的政治权力分配更加平等，而贫穷的社会往往饱受分配不平衡的困扰”（《世界发展报告》，2006，第108页）。因此，权力再分配是首要的，其他方面则会随之而动。

如何实现这样的政治变革呢？地位牢固的精英阶层不是一直在阻挠对人民赋权吗？在一些亚洲国家和地区，精英阶层把追求平等作为长期事业，无论是在防止社会割裂还是在建设国家经济繁荣方面。越南和中国台湾地区将经济快速发展和社会公平高度融合在一起，而印度尼西亚和马来西亚政府则通过再分配和创造就业机会，着眼于远期减少不平等（《全球社会状况报告》，2005，第25页）。然而，中国正在快速成为“亚洲的拉美国家”，急剧增长的不平等给支撑减贫的持续发展能力带来了巨大的阻碍。

在后种族隔离时代的南非和近期的巴西，公民运动已经与商业精英携手，

① 来自 Francisco Ferreira 的发言，2006年3月31日，伦敦，海外发展研究所（ODI）新的平等议题圆桌会议。

在极度不平等的社会中，尝试财富和机会再分配（ODI，2004，第 2 页）。[①] 巴西不平等的状况已经从全球第二位降低到第十位，这是通过良好的经济管理（如控制对最贫困人群影响最大的通货膨胀）和多种促进收入再分配的公共计划实现的，如为保证子女入学的贫困家庭提供补助的“助学金计划”（Ferreira 等，2006）。

是什么让精英阶层如此严肃地对待贫困问题呢？一份调查报告（Reis 和 Moore，2005）展示了发展中国家精英阶层对贫困的看法：没人觉得贫困是一种严重的威胁。尽管很担心犯罪问题，但他们并不认为犯罪和贫困有着紧密的联系，而是更加担心有组织的帮派；在共产主义阵营垮台后，他们已经不再担心有组织的革命运动了。奇怪的是，精英们也不觉得贫困与疾病有关——富人们认为隔离居住和现代医药技术能保护他们免受疾病困扰。

尽管如此，这项调查的作者仍对更多积极的变革力量持乐观态度。从历史来看，在向积极驱动力（对公共利益的诉求）和国家利他论点（如民族自豪感）等一系列思想转变的过程中，民主的传播扮演着至关重要的角色。这一点在教育中得到了证明，虽然精英们对为贫困人群提供教育初衷不同。有的认为机会平等本身是件好事，有的认为教育能纠正穷人的坏习惯、守旧思想和偏见。

历史证明，改革和再分配总是发生在动荡之后，包括战争或者内乱。例如，二战后东亚地区的土地改革为韩国和中国台湾等国家和地区的腾飞奠定了基础。大萧条后，美国的罗斯福新政也是一个例子。一些情况下，改革是由开明的精英发起的，而也有一些改革是由草根自下而上推动的，如由被遣散士兵发起的英国“英雄之地”运动，最终推动战后英国成为福利国家。

这是否意味着希望一定是在灾难后才会出现呢？幸运的是，并不尽然。例如，越南（也许还有中国——如果政府真的能关注到不平等问题）在灾难和危机出现之前就实施了改革。再往回看，在许多非立即对资产进行再分配的领域里，一些进步的取得是由精英阶层在没有出现社会动荡的情况下发起的，如女性参政权利、教育普及、提高最低工资水平、废除奴隶制度等，以

① 关于 13 个国家平等促进的措施案例的简报，请见 ODI，2006b。

回应来自女权主义者们、贫困群体组织、工会、废奴主义者等自下而上的压力。

全球范围内对基本人权的接受，如选举权和妇女权利，加强了追求平等的力量。尽管通过互联网和各类途径获得新闻和信息仍存在一定的阻碍，文化水平的提高仍为贫困人群创造了广泛参与的可能性。历史也许倾向于改革。

减少国际不平等

要缩小国家间巨大的差距需要采取大量的措施。首先，富裕国家应停止其伤害行为，例如，纵容腐败和逃税、不公平的限制移民、对气候变化袖手旁观、阻碍发展中国家的机构获取先进的知识和技术等。

在债务和援助方面，虽然已有进步，但仍有改善的空间，如八国集团（G8，现已改为 G7）应该遵守承诺，扩大对需要援助国家的支持。对发展中国家公平的贸易方式也存在诸多壁垒。从政治角度而言，债务和援助相对直接（无论支票数额多大，也仅需首相签字即可），而贸易却可能触及国内政治的核心层面。从美国钢铁企业到欧洲的糖业游说，既得利益者常常对政治家施压，迫使他们做出错误的选择。国际贸易改革需要真正的政治勇气，但多哈谈判恰恰证明国际上缺乏这种勇气。

从广义上讲，华盛顿共识政策的失败打击了一大批发展中国家，导致国际货币基金组织和世界银行的信任危机。这些机构正在进行更加详细的自我批评和分析，尽管有点遮遮掩掩，对于死抠华盛顿政策细节的人们，重新审视政策到底会带来多少影响，还有待观察。但是，华盛顿共识的危机至少应该（导致）减少对发展中国家经济的束缚，让它们的发展策略不用那么循规蹈矩。自由主义者所倡导的“同一个目标，不同的速度”正在历史性地转变为“同一个目标，不同的路径”。

结　论

与贫困不同，不平等在多数国家仍在继续扩大。但是，部分政府已经证明，只要分给穷人的蛋糕再稍稍大一丁点，不平等就能减少。

不平等使公民失去权力，让国家变得不稳定，如果不对现有的体系进行改革，全球将有四亿多人长期处于贫困中。通过一系列再分配和惠贫增长措施，与不平等进行抗争，具有重要的意义。这不可避免地触及权利的抗争、涉及政治和权力，而其失败的后果是引致贫困人群的愤怒。这不仅仅是同时困扰发达和发展中国家的问题，也能够为实现千年发展目标后的世界做准备。终结不平等，至少是终结极端不平等，还能够填补全球消除贫困计划遗留的公共信息空间。你希望让不平等成为历史吗?

参考文献

Chang, Ha Joon (2001) *Kicking Away the Ladder*, London: Anthem Press.

Chronic Poverty Research Centre (2005) *The Chronic Poverty Report* 2004 – 05, Manchester: CPRC.

DFID (2006) 'Eliminating World Poverty: Making Governance Work for the Poor', White Paper, Cm 6876, Department for International Development, London: HMSO, July.

DFID (2005) 'Growth and poverty reduction: the role of agriculture', A DFID Policy Paper, London: DFID.

Ferreira, Francisco H. G. , Phillippe G. Leite, and Julie A. Litchfield (2006) The Rise and Fall of Brazilian Inequality, 1981 – 2004, Policy Research Working Paper Series, Washington, DC: World Bank.

Goldin, Ian and Kenneth A Reinert (2006) *Globalization for Development: Trade, Finance, Aid, Migration and Policy*, Washington, DC: World Bank.

Lockwood, Matthew (2005) *The State They're In: An Agenda for International Action on Poverty in Africa*, London: IT Publishing.

Overseas Development Institute (ODI) (2004) 'Inequality in Middle Income Countries', *Briefing Paper*, London: ODI.

Overseas Development Institute (ODI) (2006a) 'Overview, Inter – Regional Inequality Facility', February, available at http://www.odi.org.uk/inter – regional_inequality/papers/Inter – RegionalInequalityFacility_OverviewPaper_ODISecretariat.pdf.

Overseas Development Institute (ODI) (2006b), 'Inequality in Developing Countries', *A Policy Briefing Pack*, London: ODI.

Reis, Elisa P and Mick Moore (eds.) (2005) *Elite Perceptions of Poverty and Inequality*, London: Zed Books.

United Nations (2005) Report On The World Social Situation (RWSS) (2005) Department of Economic and Social Affairs, New York, NY: UN Publications.

UNDP (2005) *Human Development Report* 2005 (*HDR* 2005): *International Cooperation at a Crossroads: Aid, Trade and Security in an Unequal World*, New York, NY: OUP.

World Bank (2003) *Inequality in Latin America and the Caribbean: Breaking with History?*, Washington, DC: World Bank.

World Bank (2005) *World Development Report* 2005 (*WDR* 2005): *A Better Investment Climate for Everyone*, Washington, DC: World Bank.

World Bank (2006) *World Development Report* 2006 (*WDR* 2006): *Equity and Development*, Washington, DC: World Bank.

构筑公平世界

乐施会

恩塔比森出生于南非林波波省（Limpopo）乡村一个贫穷的黑人家庭。同一天，皮耶特出生在开普敦近郊的一个富裕社区。恩塔比森的母亲从未接受过正规教育，她的父亲待业在家。皮耶特的父母则双双毕业于斯坦陵布什大学（Stellenbosch University），两人都有高薪工作。结果，恩塔比森和皮耶特的生活机会截然不同。

恩塔比森 1 岁之前夭折的概率几乎是皮耶特的 1.5 倍，[①] 而皮耶特很可能比恩塔比森多活 15 年。[②] 皮耶特将接受 12 年学校教育，并且很有可能继续上大学，而恩塔比森只要能上一年的学就已经算是幸运了。[③] 基本的生活所需，如干净的厕所、清洁的饮用水，或是像样点的医疗服务[④]等对她而言都那么遥不可及。如果将来恩塔比森有了孩子，她的孩子们很可能也将重复与她一样的成长故事。[⑤] 尽管恩塔比森和皮耶特无法选择他们的出生地、性别以及他们父母的财

① Based on ‘Figure 4. 4: Levels of infant mortality rate in 2007 by province’, in UNDP and Statistics South Africa, ‘MDG 4: Reduce Child Mortality’, http://statssa. gov. za/nss/Goal_ Reports/GOAL% 204 – REDUCE% 20CHILD% 20MORTALITY. pdf.

② National Planning Commission, ‘Divisive effects of institutionalised racism’, http://npconline. co. za/pebble. asp? relid = 85; and World Bank (2006) ‘World Development Report 2006: Equity and Development’, World Bank Group, http://www – wds. worldbank. org/external/default/WDSContentServer/IW3P/IB/2005/09/20/000112742_ 20050920110826/Rendered/PDF/322040World0Development0 Report02006. pdf.

③ Statistics South Africa (2012) ‘Census 2011’, http://statssa. gov. za/publications/P03014/P03014 2011. pdf.

④ B. Harris et al (2011) ‘Inequities in access to health care in South Africa’, *Journal of Public Health Policy* (2011) 32, S102 – 23, http://palgrave – journals. com/jphp/journal/v32/n1s/full/jphp201135a. html.

⑤ P. Piraino (2014) ‘Intergenerational earnings mobility and equality of opportunity in South Africa’, Southern Africa Labour and Development Research Unit, University of Cape Town, http://opensaldru. uct. ac. za/bitstream/handle/11090/696/2014_ 131_ Saldruwp. pdf? sequence = 1.

富和教育水平，但政府却可以通过采取不同的干预措施来赋予人们均等的生活机会。可是，如果不付诸行动，上述不公正故事只会在世界各地不断发生。

——引自 2006 年的《世界发展报告》(*World Development Report*)，[1] 乐施会更新了其中有关南非人民生活机会的数据。

从加纳到德国，从南非到西班牙，富人与穷人之间的差距正不断拉大，经济不平等已经发展到极端水平。在南非，贫富悬殊程度甚至比种族隔离时代末期还要严重。[2] 极端不平等会影响到所有人：它将造成政治腐败、阻碍经济增长、扼杀社会流动性；它还助长犯罪，甚至引发暴力冲突；它埋没人才、压制潜能，还侵蚀社会的根基。最重要的是，极端不平等的激增阻碍了全球消除贫困的进程。如今，数以亿计的人们仍旧生活在没有清洁饮用水、缺少足够食物的境地中；许多人累死累活也只能勉强糊口。我们唯有阻止资本和权力继续向少数人过度集中，才有可能改善绝大多数人的生活境况。数十年来，乐施会在全球最贫困社区积累的丰富经验告诉我们，不平等并非无法避免，其存在也绝非偶然，它是政策选择导致的结果，是可以被扭转的。

全世界应一致行动，建立一个重视每一个个体、更加公平的经济与政治体系，改变那些导致不平等爆发的规则和制度。其当务之急是实施一系列政策，将财富和权力从富裕精英群体手中再分配给社会大多数民众，从而建立一个公平的环境。通过最新研究和多个案例，这份报告向我们揭示了极端经济不平等问题的严峻程度，并指出它给世界各地的人民带来的种种危害。报告明确提出，两大动因导致不平等在如此众多的国家中急速增长，市场原教旨主义和精英阶层把持政治决策。最后，报告强调应采取哪些具体措施来应对这一威胁，并且提供了充分证据表明改变完全是有可能的。

过去 30 年间，极端不平等在全球爆发，成为当代最重大的经济、社会及政治难题之一。虽然不平等在不同性别、社会等级、种族和宗教群体之间自古有之，但也因为富人与穷人之间不断被拉大的差距而变得愈加严重。

随着乐施会在全球范围内发起“构筑公平世界”(Even It Up) 行动，我

---

① World Bank (2006) op. cit.

② Gini data from World Bank database. Gini coefficient for South Africa was 0.56 in 1995 and 0.63 in 2009, http://data.worldbank.org/indicator/SI.POV.GINI.

们聆听到不同群体如潮涌般的澎湃心声，它们来自亿万富豪、宗教领袖和国际货币基金组织和世界银行等机构的领导者，也来自工会、社会运动组织、妇女组织的领袖和全球数以百万计的普通人。我们一致呼吁全世界的领袖们行动起来，尽早采取措施以消除极端贫富差距。

日渐加剧的贫富差距

收入与财富的发展趋势告诉人们一个清楚的事实，富人与穷人之间的差距已经达到一个新高度，而且还在继续扩大，而权力还在不断汇集到少数精英群体手中。1980 年到 2002 年，国家之间的不平等程度迅速攀升至新高。[①] 随后，这一状况由于发展中国家（特别是中国）的经济增长而稍有回落。但是，与人们最为休戚相关的，是存在于国家内部的贫富差距。最贫困的人群必须挣扎着勉强度日，而他们的邻居却兴旺发达。如此的贫富悬殊状况几乎在所有国家中都与日俱增。全球每 10 个人中，有 7 个人生活的国家贫富差距大于 30 年前。[②] 世界各国中富有的少数群体占据着越来越高比例的国民收入。[③] 世界范围内，个人财富不均的状况更为极端。

2014 年初，乐施会估算，全球最富有的 85 人所拥有的财富大致等于占全球一半人口的最贫困人群财产的总和。[④] 2013 年 3 月至 2014 年 3 月间，这 85 位顶级富豪的总财富每天增长 6.68 亿美元。[⑤] 如果比尔·盖茨将其所有财富

① B. Milanovic (2009) ‘Global Inequality and the Global Inequality Extraction Ratio: The Story of the Past Two Centuries’ PolicyResearch Working Paper 5044, Washington, D.C: World Bank, http://elibrary.worldbank.org/doi/book/10.1596/1813-9450-5044.

② Calculated based on B. Milanovic (2013) ‘All the Ginis Dataset (Updated June 2013)’, http://econ.worldbank.org/WBSITE/EXTERNAL/EXTDEC/EXTRESEARCH/0,,contentMDK:22301380~pagePK:64214825~piPK:64214943~theSitePK:469382,00.html.

③ F. Alvaredo, A. B. Atkinson, T. Piketty and E. Saez (2013) ‘The World Top Incomes Database’, http://topincomes.g-mond.parisschoolofeconomics.eu.

④ Credit Suisse (2013) ‘Global Wealth Report 2013’, Zurich: Credit Suisse, https://publications.credit-suisse.com/tasks/render/file/?fileID=BCDB1364-A105-0560-1332EC9100FF5C83; and Forbes’ ‘The World's Billionaires’, http://forbes.com/billionaires/list (accessed on 16December 2013). When this data was updated a few months later by Forbes, the rich had already become richer and it took just the richest 66 people to equal the wealth of the poorest. The disparities between the rich and the poor have become increasingly evident. http://forbes.com/sites/forbesinsights/2014/03/25/the-67-people-as-wealthy-asthe-worlds-poorest-3-5-billion.

⑤ Forbes (2014) ‘The World's Billionaires’, op. cit. (accessed in March 2013, March 2014 and August 2014).

兑换成现金，即便每天花掉 100 万美元，也足够他花上 218 年。[①] 当然，现实中，他的钱不可能花得完：即使按略低于 2% 的适中回报率计算，他每天仅利息收入就高达 420 万美元。金融危机以来，全世界亿万富豪的数量已猛增至 1645 人，增长了一倍多。[②] 极端富有已不再是富裕国家独有的现象。世界上最富有的人是墨西哥的卡洛斯·斯利姆（Carlos Slim），2014 年 7 月他超过比尔·盖茨成为世界首富。如今，非洲撒哈拉以南地区有 16 个亿万富豪，同时该地区尚有 3.58 亿人生活在极端贫困中。[③] 在世界各地，难以置信的富有和令人绝望的贫困共存，比比皆是。如果能抑制财富的失控聚集，即使仅取得微小的进展，成效也会很可观。

据乐施会推算，如果在金融危机之后直接对全球亿万富豪的财富征收哪怕是 1.5% 的税，并将其提供给世界上最贫穷的 49 个国家，以投资医疗事业，就可以挽救 2300 万人的生命。[④] 亿万富豪们的数量及其财富总和增长迅速，仅在 2014 年，如果对其财富征以 1.5% 的税，就足以填补那些最贫穷国家每年的资金缺口，让每个孩子都能上学，让每个人都能享受公共医疗服务。[⑤] 为

---

① Forbes (2014) ‘The World's Billionaires: #2 Bill Gates’, http: //forbes. com/profile/bill – gates (accessed August 2014).

② ‘Forbes (2014) ‘The World's Billionaires’, http: //forbes. com/billionaires.

③ M. Nsehe (2014) ‘The African Billionaires 2014’, http: //forbes. com/sites/mfonobongnsehe/2014/03/04/the – africanbillionaires – 2014; Calculations by L. Chandy and H. Kharas, The Brookings Institution. Using revised PPP calculations from earlier this year, this figure estimates a global poverty line of $1.55/day at 2005 dollars, http: //brookings. edu/blogs/up – front/posts/2014/05/05 – data – extremepovertychandy – kharas.

④ The WHO calculated that an additional $224.5bn would have allowed 49 low – income countries to significantly accelerate progress towards meeting health – related MDGs and this could have averted 22.8 million deaths in those countries. Thirty nine out of 49 countries would have been able to reach the MDG 4 target for child survival, and at least 22 countries would have been able to achieve their MDG 5a target for maternal mortality. WHO (2010) ‘Constraints to Scaling Up the Health Millennium Development Goals: Costing and Financial Gap Analysis’, Geneva: World Health Organization, http: //who. int/choice/publications/d_ ScalingUp_ MDGs_ WHO _ finalreport. pdf A 1.5 percent tax on the wealth of the world's billionaires (applied to wealth over $1bn) between 2009 and 2014 would have raised $252bn. Oxfam calculations based on Forbes data (all prices in 2005 dollars).

⑤ A 1.5 percent tax on billionaires' wealth over $1bn in 2014 would raise $74bn, calculated using wealth data according to Forbes as of 4 August 2014. The current annual funding gap for providing Universal Basic Education is $26bn a year according to UNESCO, and the annual gap for providing key health services (including specific interventions such as maternal health, immunisation for major diseases like HIV/AIDS, TB and malaria, and for significant health systems strengthening to see these and other interventions delivered) in 2015 is $37bn a year according to WHO. See UNESCO (2014) ‘Teaching and Learning: Achieving Quality for All 2013/14’, EFA Global Monitoring Report, http: //unesdoc. unesco. org/images/0022/002256/225660e. pdf, and WHO (2010), op. cit.

了激励创新和创业精神，激发才华和技能的价值，一定程度的不平等是必要的。然而，如今的极端不平等已经阻碍了增长和进步，也无法激励亿万民众去挖掘自身的潜力。

极端不平等伤害我们所有人

极端经济不平等：减贫路上的一道障碍

极端经济不平等的急剧增长严重妨碍了减贫进程。乐施会的最新研究显示，在肯尼亚、印度尼西亚和印度等国，如果收入不平等状况得以缓解，这些国家就可以有数百万人口脱离贫困。[①] 印度如果能遏制不平等状况持续发展，就可以在2019年之前让9000万人脱离极端贫困。如果进一步减少36%的不平等，印度就基本上可以彻底消除极端贫困。[②] 布鲁金斯学会也做过一系列情景模拟和估算，结果显示不平等确实阻碍了全球减贫进程。与不平等程度的加深相比，在不平等减少的情况下，扶贫工作可使脱贫人数多出4.63亿。[③] 一个国家的收入分配情况在很大程度上影响着国民的生活机会。例如，

---

① To derive the Gini coefficients, the authors took the poverty headcounts and the mean income/consumption figures for 2010, and established what Gini coefficient is compatible with those two numbers if income/consumption has a lognormal distribution in the country (i. e. if log income/consumption follows a bell curve). Gini coefficients were India (0.34), Indonesia (0.34) and Kenya (0.42). For the GDP/capita projections, the authors used IMF World Economic Outlook April 2014 current - dollar PPP figures, adjusted for US CPI inflation in 2010 - 12. For the poverty projections, the authors used those done by The Brookings Institution, using Brookings spreadsheet, 'Country HC & HCR revisions - 05. 14', received 21 July 2014; except China, India, Indonesia headcounts from L. Chandy e - mail, 22 July 2014; 2010 means from Brookings spreadsheet, 'Poverty means_ 2010', received 22 July 2014; conversion factors from GDP/capita growth to mean consumption/income growth from L. Chandy, N. Ledlie and V. Penciakova (2013) op. cit., p. 17. For these projections the authors have used the global extreme poverty line of $1.79 in 2011 dollars ($1.55 in 2005 dollars) because of the anticipated adjustment in the global extreme poverty line (up from $1.25). $1.79 was calculated by The Brookings Institution based on new data from the International Price Comparison Programme and the World Bank's extreme poverty line methodology. For more information see: http://brookings.edu/blogs/up - front/posts/2014/05/05 - data - extreme - poverty - chandy - kharas.

② Ibid.

③ Based on unpublished calculations by L. Chandy using the same methodology as used in L. Chandy, N. Ledlie and V. Penciakova (2013) 'The Final Countdown: Prospects for Ending Extreme Poverty By 2030', Washington, D. C.: The Brookings Institution, http://brookings.edu/~/media/Research/Files/Reports/2013/04/ending%20extreme%20poverty%20chandy/The_ Final_ Countdown.pdf.

孟加拉国和尼日利亚拥有相似的平均收入水平，后者还略微富裕一点，但其贫富悬殊比孟加拉国严重很多，结果是，出生于尼日利亚的孩子5周岁之前夭折的可能性比孟加拉国高3倍。① 世界各国的领袖们正商讨制订新的全球目标，计划于2030年之前终结极端贫困。但是，除非他们亦同时设定应对经济不平等的全球目标，否则他们将无功而返，而无数的生命也将在贫困中逝去。

极端不平等削弱普惠大众的经济增长

有一种普遍的假设，认为消除不平等会阻碍经济增长。事实上，大量最新证据表明，极端不平等才对经济发展不利。② 在那些存在极端经济不平等的国家，经济增长的持续时间较短，未来增长的可能性也会受到影响。③ 最近，国际货币基金组织的经济学家们论证了贫富差距是加剧全球金融危机的，④ “消除不平等会妨碍经济增长”的论调显然站不住脚。极端经济不平等还会削弱经济增长带来的减贫效应。⑤ 在许多国家，经济增长已经演变为最富裕阶层

① Africa Progress Panel (2013) ‘Africa Progress Report 2013: Equity in Extractives – Stewarding Africa's natural resources for all’, Geneva: Africa Progress Panel, http://africaprogresspanel.org/wp-content/uploads/2013/08/2013_APR_Equity_in_Extractives_25062013_ENG_HR.pdf.

② K. Deininger and L. Squire (1998) ‘New ways of looking at old issues: inequality and growth’, *Journal of Development Economics*, 57 (2): 259-287; A. Alesina and D. Rodrik (1994) ‘Distributive Politics and Economic Growth’, *The Quarterly Journal of Economics* 109 (2): 465-90; R. Benabou (1996) ‘Inequality and Growth’, Working Paper 96-22, C. V. Starr Center for Applied Economics, New York: New York University, http://econ.as.nyu.edu/docs/IO/9383/RR96-22.PDF; A. Banerjee and E. Duflo (2003) ‘Inequality and Growth: What can the data say?’, NBER Working Papers, Cambridge: National Bureau of Economic Research, http://nber.org/papers/w7793; J. Ostry, A. Berg and C. Tsangardies (2014) ‘Redistribution, Inequality and Growth’, IMF staff discussion note, IMF, http://imf.org/external/pubs/ft/sdn/2014/sdn1402.pdf; Asian Development Bank (ADB) (2014) ‘ADB's support for inclusive growth’, Thematic Evaluation Study, ADB, http://adb.org/documents/adbs-support-inclusive-growth.

③ See, for example, A. Berg and D. Ostry (2011) ‘Warning! Inequality May Be Hazardous to Your Growth’, http://blog-imfdirect.imf.org/2011/04/08/inequalityand-growth; T. Persson and G. Tabellini (1994) ‘Is Inequality Harmful for Growth?’, *American Economic Review* 84 (3): 600-621; A. Alesina and D. Rodrik (1994) ‘Distributive Politics and Economic Growth’, *The Quarterly Journal of Economics* (1994) 109 (2): 465-90.

④ M. Kumhof and R. Rancière (2010) ‘Inequality, Leverage and Crises’, IMF Working Paper, IMF, http://imf.org/external/pubs/ft/wp/2010/wp10268.pdf.

⑤ F. Ferreira and M. Ravallion (2008) ‘Global Poverty and Inequality: A review of the evidence’, Policy Research Working Paper 4623, Washington, D. C.: The World Bank Development Research Group Poverty Team, http://elibrary.worldbank.org/doi/pdf/10.1596/1813-9450-4623.

“胜者通吃”的局面。例如，2004～2013 年，赞比亚人均 GDP 年均增长率为 3%，世界银行因此将其列入中低收入国家，然而，尽管有如此经济增速，该国生活在 1.25 美元/日国际贫困线以下的人口比例却从 2003 年的 65% 飙升到了 2010 年的 74%。[①] 乐施会[②]和世界银行[③]的研究均指出，在解释为何相同的经济增长率会出现不同的减贫率时，经济不平等是一个关键因素。

经济不平等加剧性别不平等

男女之间的不平等是一种最普遍、最古老的不平等。性别不平等与经济不平等之间存在极其密切的关联。一直以来，处于收入顶端的男性数量远远多于女性，权力机构中担任部长或商业领袖者也以男性为主。全球财富 500 强企业首席执行官中，仅有 23 位女性；全球最富有的 30 人中，只有 3 位女性。与此同时，在收入最低也最不稳定的劳动者当中，女性却占了绝大多数。例如，在孟加拉国，近 85% 的制衣行业工人为女性，对她们而言，虽然这份工作略强于仅够维持生计的农业生产（subsistence farming），但也只能提供最低限度的工作和人身安全保障。2013 年 4 月，拉纳大厦（Rana Plaza）坍塌事故中的遇难者多为制衣厂的女工。研究表明，贫富差距越大的社会，能够完成高等教育的女性就越少，造成立法机构中女性的代表也就越少，男女之间的薪资差距也会越大。[④] 因此，近期大多数国家迅速加剧的经济不平等现象严重阻碍了性别平等的实现。

经济不平等导致健康、教育和生活机会等多方面的不平等

性别、社会地位、种族、宗教信仰、族群和其他一系列人们与生俱来的

---

① Data based on World Bank, ‘World Development Indicators’, http://data.worldbank.org/data-catalog/worlddevelopment-indicators.

② E. Stuart (2011) ‘Making Growth Inclusive’, Oxford: Oxfam International, http://oxf.am/RHG; R. Gower, C. Pearce andK. Raworth (2012) ‘Left Behind By the G20? How inequality and environmental degradation threaten to exclude poor people from the benefits of economic growth’, Oxford: Oxfam, http://oxf.am/oQa.

③ F. Ferreira and M. Ravallion (2008) op. cit.

④ R. Wilkinson and K. Pickett (2010) *The Spirit Level: Why Equality is Better for Everyone*, London: Penguin, p. 59.

特征，在贫富分化的形成过程中也扮演了重要角色。在墨西哥，原住民孕产妇的死亡率是全国平均水平的6倍，和很多非洲国家相似。① 澳大利亚土著人和托雷斯海峡岛民受贫困、失业、慢性病和残疾影响的程度也远远高于全国平均水平，他们英年早逝或沦为罪犯的可能性更大。经济不平等还导致生活机会上的巨大差异：最贫困人群在教育和预期寿命方面面临多种问题。最新一轮的发展中国家人口与健康调查（Demographic and Health Surveys）② 详细阐述了贫困与经济不平等等是如何相互影响，从而造成“劣势陷阱”（traps of disadvantage）的。这些陷阱将最贫困、最边缘的人群推至底层困境，终其一生难以挣脱。在埃塞俄比亚，20%最贫困人口失学的可能性高出最富有者3倍。如果再将性别不平等和城乡经济不平等等因素放到一起考虑，那么该国的穷人与富人之间的差距就更加悬殊。最贫困的农村妇女终身无缘学校教育的可能性比最富有城市的男性高出6倍。③ 如果不着力解决这种不平等，那她们的女儿、孙女也将像她们一样失去受教育的机会。

被迫世代贫穷

我的父母没有受过多少教育。我母亲没上过学，我父亲在一所国立小学读到五年级。他知道教育很重要，总是鼓励我要在课堂上加倍努力。我是我家和家族里第一个上国立中学的人，后来我考上了大学，并完成了教师培训课程，之后还参加了专业的关于非政府部门的培训，这些使我有机会获得赴海外进修发展研究专业的机会。如今，将近75%的大学生源都来自私立学校。对普通马拉维人而言，大学是遥不可及的。我想，如果我今天出生在相同的环境中，没准儿我还住在小村庄里，当个贫穷的农民。

——约翰·马基纳（John Makina），乐施会驻马拉维办公室执行主任

很多人都认为，只要通过努力学习和工作就能够成功，能变得更富有，所以一定程度的经济不平等是可以被接受的。这种想法在大众文化中根深蒂

① E. Godoy (2010) ‘Millennium Goals Far Off for Mexico’s Indigenous Population’, *Inter Press Service*, 18 October, http://ipsnews.net/2010/10/millennium-goals-far-off-formexicos-indigenous-population/.

② The Demographic and Health Surveys Program, http://dhsprogram.com/Data.

③ The Demographic and Health Surveys Program (2011) ‘Ethiopia: Standard DHS, 2011’, http://dhsprogram.com/what-we-do/survey/survey-display-359.cfm.

固，还被大量的好莱坞电影反复强化。那些白手起家创造辉煌的故事在世界各地不断地被宣扬成“美国梦”的神话。然而，在那些极端经济不平等国家里，现实情况却是富人的孩子大部分将继承父母的经济地位，而穷人的孩子不管天资如何聪颖、后天多么努力，仍将继续深陷贫困之中。已有研究证实，在有数据可查的21个国家中，极端不平等和低社会流动性密切相关。[①] 如果你生于一个极端不平等国家的贫穷家庭，你很可能在贫困中终老，而你的子孙也将如此。在巴基斯坦，如果一名农村男孩的父亲属于该国20%的最贫困人口，那么这孩子能够挤入最富有20%群体的概率只有1.9%。[②] 在美国，接近一半出生于低收入家庭的孩子成年后仍将属于低收入人群。[③] 纵观全球，数以亿计的最贫困人群的希望和抱负在极端不平等现实面前微如草芥，如果没有服务于公共利益的政策干预，这种特权和劣势并行的现象将世代延续。

不平等危害社会稳定

连续3年来，世界经济论坛的《全球风险》（*Global Risks*）调查报告都着重指出，极端经济不平等将会是未来10年全球最大风险因素之一。[④] 越来越多的证据也表明，经济不平等会导致一系列健康和社会问题，包括精神疾病和暴力犯罪。[⑤] 无论是富裕国家还是贫穷国家，无论是富豪还是乞丐，都无法幸免，[⑥] 不平等会伤害每一个人。在极端经济不平等的国家，谋杀率几乎4倍

---

① M. Corak (2012) ‘Inequality from Generation to Generation: The United States in Comparison’, http://milescorak.files.wordpress.com/2012/01/inequality-from-generation-togeneration-the-united-states-in-comparison-v3.pdf.

② S. A. Javed and M. Irfan (2012) ‘Intergenerational Mobility: Evidence from Pakistan Panel Household Survey’, Islamabad: Pakistan Institute of Development Economics, p. 13-14, http://pide.org.pk/pdf/PSDPS/PSDPS%20Paper-5.pdf.

③ J. Stiglitz (2012) *The Price of Inequality: How Today's Divided Society Endangers Our Future*, Penguin, p. 23.

④ World Economic Forum (2014) ‘Global Risks 2013’, Switzerland: World Economic Forum, p. 9, http://www3.weforum.org/docs/WEF_GlobalRisks_Report_2014.pdf.

⑤ S. V. Subramanian and I. Kawachi (2006) ‘Whose health is affected by income inequality? A multilevel interaction analysis of contemporaneous and lagged effects of state income inequality on individual self-rated health in the United States’, *Health and Place*, 2006 Jun; 12 (2): 141-56.

⑥ R. Wilkinson and K. Pickett (2010) op. cit., p. 25. Wilkinson and Pickett's research focused on OECD countries (a grouping of rich countries), yet the same negative correlation between inequality and social well-being holds true in poorer countries.

于那些较平等的国家。[①] 作为世界上最不平等也最不安全的地区，[②] 拉丁美洲是最好的佐证。[③] 世界上最危险的 50 个城市中，41 个位于该地区。[④] 2000 ~ 2010 年，这里发生的凶杀案高达 100 万起。[⑤] 生活在一个极端不平等的国家，恐怕真是人人自危，许多最不平等的国家都饱受冲突和不稳定的困扰。2011 年以前，导致叙利亚暗流涌动的不稳定状况的，除了政治根源之外，该国日益加剧的不平等也难辞其咎。当时，政府减少补贴，并对公共部门进行裁员，这些举措让一些群体所受冲击尤为强烈。[⑥] 虽然生活于不平等国家之中对任何人都明显不利，但最贫穷的人群是最大的受害者：他们几乎得不到任何来自警察或法律制度的保护，通常居住条件极为恶劣，也无力负担安全保障费用。因此，当灾难发生时，无财无势的人受害最深，也最难从打击中恢复过来。

追求平等的天性

在接受测试时，人们会本能地指出极端不平等是不对的。实验性研究已经充分证明，公平对于大多数个体非常重要，这与相信人天生就是追求自身利益的普遍假设形成鲜明对照。[⑦] 一项于 2013 年在 6 个国家（西班牙、巴西、印度、南非、英国和美国）开展的调查研究显示，大多数人认为社会中最富有群体与其他人之间的财富差距过大。在美国，92% 的调查对象认为，理想的收入分配模式应该类似于瑞典模式，而不是现行的美国模式。这表明，绝大多数人还是更青睐更高程度的经济平等。[⑧] 放眼全球，各类宗教、文学、民

---

① UN Office on Drugs and Crime (UNODC) (2011) 'Global Study on Homicide', Vienna: UNODC, http://unodc.org/documents/data-and-analysis/statistics/Homicide/Globa_study_on_homicide_2011_web.pdf.

② UNDP (2013) 'Human Development Report for Latin America 2013 - 2014', New York: UNDP, http://latinamerica.undp.org/content/rblac/en/home/idh-regional.

③ J. Stiglitz (2012) op. cit., p. 105.

④ P. Engel, C. Sterbenz and G. Lubin (2013) 'The 50 Most Violent Cities in the World', *Business Insider*, 27 November, http://businessinsider.com/the-most-violent-cities-inthe-world-2013-11? op=1.

⑤ UNDP (2013) op. cit.

⑥ T. Dodge (2012) 'After the Arab Spring: Power Shift in the Middle East?', LSE Ideas, http://lse.ac.uk/IDEAS/publications/reports/SR011.aspx.

⑦ Latinobarometro (2013) 'Latinobarómetro Report 2013', http://latinobarometro.org/latContents.jsp.

⑧ M. Carney (2014) 'Inclusive Capitalism: Creating a sense of the systemic', speech given by Mark Carney, Governor of the Bank of England, at the Conference on Inclusive Capitalism, London, 27 May.

俗和哲学都具备一个共同点：极端不平等在本质上是不公平的，也是不道德的。这种关切体现在不同的文化和社会中，表明追求公平与平等是人类的天性。

是什么导致了不平等的大爆发？

许多人认为不平等是全球化和技术进步的必然产物，根本无法避免。然而，各国历史经验证明，政治选择和经济决策会造成更严重的不平等。不平等是两股强大的经济和政治力量共同作用的结果，与如今各种极端现象有着根深蒂固的联系，这两股力量就是市场原教旨主义和精英群体把持权力。

市场原教旨主义：当今不平等之祸端

过去300年来，市场经济给整个欧洲、北美和东亚地区的亿万人民带来了繁荣兴旺和体面生活。然而，经济学家托马斯·皮克迪（Thomas Piketty）在《21世纪资本论》（*Capital in the Twenty - First Century*）一书中指出，如果没有政府的干预，市场经济会将财富不断聚集到少数人手中，从而加剧经济不平等。[①] 尽管如此，近些年来的经济思想却被“市场原教旨主义”学说主导，坚持认为只有减少政府干预，让市场自行发挥作用才能保证经济持续增长。但是，这一做法削弱了监管和税收在抑制不平等方面的积极作用。

类似教训在历史上比比皆是。20世纪80～90年代的债务危机使得拉丁美洲、非洲、亚洲和东欧国家都曾采取措施，疾风骤雨般地放松管制、大幅削减公共支出、推行私有化、金融和贸易自由化、对企业和富人大幅减税、弱化劳工权益保护等，其结果就是不平等加剧。到2000年，拉丁美洲的贫富悬殊上升到空前高度，该地区大多数国家的数据都显示：收入不平等在过去20年间持续扩大。[②] 据估计，这一时期贫困的增多有一半是由于财富的分配方式更有利于最富有的人。[③] 在俄罗斯，自1991年实施以自由化和放松管制为主

① For more on this see: T. Piketty (2014) *Capital in the Twenty First Century*, Cambridge: Harvard University Press.

② UNCTAD (2012) ‘Trade and Development Report, 2012’, Geneva: United Nations, p. V, http://unctad.org/en/pages/PublicationWebflyer.aspx? publicationid = 210.

③ K. Watkins (1998) ‘Economic Growth with Equity: Lessons from East Asia’, Oxford: Oxfam, p. 75, http://oxf.am/RHx.

的经济改革以来，贫富差距在20年内几乎翻了一番。[1] 女性受市场原教旨主义政策的冲击最大。当保护劳工的法规如带薪产假及休假被取消或削弱，社会公共服务质量下降，造成女性的无偿家务劳动愈加繁重时，女性就成为此类政策的最大受害者。同时，由于妇女和儿童对医疗或义务教育等公共服务的依赖程度高于其他群体，因此当这些服务被削减时，她们受到的冲击也是最大的。

尽管市场原教旨主义是引发近期全球经济危机的一个重要因素，但它仍然主导着全球的主流意识形态，并且还在继续助长不平等现象。它左右着强加给欧洲欠债国家的援助条件，迫使这些国家放松管制、推行私有化，削减最贫困群体的福利待遇，同时还为富人减税。当一个国家如此饮鸩止渴，极端经济不平等就将成为不治之症。

精英把持权力和政治，更加助长了不平等

政治精英的影响力和获得的利益长期以来都在强化不平等。金钱能买到政治影响力，权贵们又可借此进一步巩固其不公平的优势地位。司法也常常通过合法或非法的形式沦为交易，能负担得起高额诉讼费、请得起最好的律师，有权有势者就能逃脱制裁、逍遥法外。如今倾斜的税收政策和宽松的监管制度就是有目共睹的结果，它们掠夺了政府用于提供公共服务的重要财税收入，助长了腐败并削弱了政府在消除贫困和不平等方面的能力。[2]

无论是富国还是穷国，精英群体一方面利用自己前所未有的政治影响力来攫取政府提供的种种好处，包括税收减免、“甜心合同”（有利于雇主一方的秘密劳资合同）、土地特许经营权、多类补贴等；另一方面阻挠那些有助于加强大众权益的政策的实施。在巴基斯坦，议员平均资产净值为90万美元，然而他们当中却没几个人交税。[3] 这阻碍了政府对教育、医疗和小规模农业等

① D. Ukhova (2014) ‘After Equality: Inequality trends and policy responses in contemporary Russia’, Oxford: Oxfam, http: //oxf. am/gML.

② M. F. Davis (2012) ‘Occupy Wall Street and international human rights’, School of Law Faculty Publications, Paper 191, http: //hdl. handle. net/2047/d20002577.

③ S. Tavernise (2010) ‘Pakistan's Elite Pay Few Taxes, Widening Gap’, *The New York Times*, http: //nytimes. com/2010/07/19/world/asia/19taxes. html? pagewanted = all&_ r = 0.

部门的公共投资，而这些部门恰恰在减少不平等和贫困方面至关重要。

财大气粗的企业利用其强大的游说能力让规则变得有利于自身获取利益，这更加速了权力和财富向少数人手中的集中。金融机构每年花费超过1.2亿欧元，用于雇用游说大军努力影响欧盟的各项政策，以维护自身利益。① 很多巨富的财产缘于市场原教旨主义影响下出现的政府特许经营（government concession）和私有化。苏联解体后，俄罗斯和乌克兰经历的私有化历程让若干政界人士一夜之间成为亿万富豪。卡洛斯·斯利姆在20世纪90代墨西哥电信业私有化的过程中，通过获得国家电信部门的独家经营权而暴赚数十亿美元。② 市场原教旨主义和精英群体把持政治使经济不平等状况更为严峻，还破坏了那些能给最贫困、最边缘人群、女性提供公平机会的规则和制度。

该如何终结极端不平等?

全球持续攀升的经济不平等并非无法避免，它其实是政策选择的结果。政府可以通过拒绝市场原教旨主义、抵制权贵特殊利益、改变导致当今不平等大爆发的规则和制度以及采取财富和权力再分配政策等多种方法，有力减少不平等状况。

构筑一个更平等的世界

玛利亚住在马拉维，以采茶为生。她的薪水低于家庭1.25美元/日的极端贫困线，这使得她只能勉强支撑着抚养两个长期营养不良的孩子。近期，她的境况有所好转，2014年1月，马拉维政府将最低工资水平提高了大约24%。一个由茶商道德联盟（Ethical Tea Partnership）和乐施会共同领导的联盟正努力探索新途径，让低收入人群能长期、可持续、有尊严

① M. Wolf, K. Haar and O. Hoedeman (2014) ‘The Fire Power of the Financial Lobby: A Survey of the Size of the Financial Lobby at the EU level’, Corporate Europe Observatory, The Austrian Federal Chamber of Labour and The Austrian Trade Union Federation, http: //corporateeurope. org/sites/default/files/attachments/financial_ lobby_ report. pdf.

② Carlos Slim’s near - monopoly over phone and internet services charges some of the highest prices in the OECD, undermining access for the poor. OECD (2012) ‘OECD Review of Telecommunication Policy and Regulation in Mexico’, OECD Publishing, http: //dx. doi. org/10. 1787/9789264060111 - en.

地工作。①

歧途：努力工作仅为能挺直腰板

工作收入决定了大多数人当下的经济地位和未来的发展机遇。② 但是对于世界上最贫困群体中的绝大多数人来说，无论他们工作多努力，都无法彻底摆脱贫困，不得不承受低收入带来的屈辱。与此同时，富豪们却拿着丰厚且节节攀高的薪酬和红利，还能从其积累的财富和资本中获得可观的额外收入。这就是经济不平等日益加剧的原因所在。自 1990 年起，无论在低收入、中等收入还是高收入国家，劳动收入占 GDP 比例一直在下滑。纵观全球，普通工人分得的蛋糕越来越小，而位居收入顶层的群体则赚得盆满钵满。③ 2014 年，英国薪资排名前 100 位的高管收入是其员工平均收入的 131 倍，④ 在这些公司中，只有 15 家承诺会支付员工生活保障工资（living wage）。⑤ 在南非，一名铂矿工人需要工作 93 年，才能挣到一位首席执行官的年终奖。⑥ 同时，据国际工会联盟（International Trade Union Confederation）估算，40% 的工人受雇于非正式部门，这些行业缺乏最低薪资标准，并且普遍忽视员工权利。⑦

乐施会的研究发现：在越南、肯尼亚和印度这些中等收入国家，存在为数不少的贫困工资（poverty wage）和无保障的工作，马拉维还存在低于极端

① IDH（2014）'Raising wages for tea industry workers', case study, http://idhsustainabletrade.com/site/getfile.php? id=497.

② In addition to the millions of men and women whose livelihoods depend on waged income, around 1.5 billion households depend on smallholder or family farming (including pastoralists, fisherfolk and other small-scale food producers). While Oxfam works extensively in support of smallholders (see for example: Oxfam (2011) 'Growing a Better Future: Food Justice in a Resource-constrained World', Oxfam, http://oxfam.org/en/grow/countries/growing-better-future), this report is primarily concerned with issues facing people on low incomes in waged labour.

③ J. Ghosh (2013) 'A Brief Empirical Note of the Recent Behaviour of Factor Shares in National Income, *Global & Local Economic Review*, 17 (1), p. 146, http://gler.it/archivio/ISSUE/gler_17_1.pdf.

④ High Pay Centre, http://highpaycentre.org/ (accessed August 2014).

⑤ Living Wage Foundation, 'Living Wage Employers', http://livingwage.org.uk/employers.

⑥ P. De Wet (2014) 'Mining strike: The bosses eat, but we are starving', *Mail & Guardian*, http://mg.co.za/article/2014-05-15-mining-strike-the-bosses-eat-but-we-are-starving.

⑦ International Trade Union Congress (2014) 'Frontlines Report', ITUC, http://ituc-csi.org/frontlines-report-february-2014-14549? lang=en.

贫困线的工资。值得注意的是，这些状况都在国家法律允许的范围之内。① 对绝大多数发展中国家的劳动者而言，生活保障工资只能是一个梦。与男性劳动者相比，女性的收入水平更低。如果按照目前男女工资差距缩小的速度计算，大概还需要75年时间，才有可能实现男女同工同酬。② 工会这个平台有助于工人们争取到相对公平的工资待遇。通过集体谈判等途径，工会可以帮助会员提高工资20%，并提升劳动力市场的平均薪资水平。③ 然而，许多发展中国家从未出现过强有力的工会，更别说在某些国家，工人们成立工会的权利都受到压制。

正道：另一条道路是可能的

尽管经济不平等状况看起来似乎是大势所趋，但还是有一些国家逆势而上，努力为工人们提供合理的工资、体面的工作并保障他们的权益。1995～2011年，扣除物价因素，巴西的实际最低工资水平提高了近50%，这使得该国的贫困和不平等程度也相应降低。④ 厄瓜多尔⑤和中国⑥等国家也都有意识地提高了最低工资水平。

① R. Wilshaw et al (2013) ‘Labour Rights in Unilever's Supply Chain: From compliance to good practice’, Oxford: Oxfam, http://oxfam.org/en/research/labor-rights-unileverssupply-chain; R. Wilshaw (2013) ‘Exploring the Links between International Business and Poverty Reduction: Bouquets and beans from Kenya’, Oxford: Oxfam and IPL, http://oxfam.org/sites/oxfam.org/files/rr-exploring-links-iplpoverty-footprint-090513-en.pdf; IDH (2013) ‘Understanding Wage Issues in the Tea Industry, Oxfam and Ethical Tea Partnership’, Oxford: Oxfam, http://oxfam.org/en/grow/policy/understanding-wage-issues-tea-industry.

② ILO (2011) ‘A new era of social justice, Report of the Director-General, Report I (A)’, International Labour Conference, 100th Session, Geneva, 2011.

③ L. Mishel and M. Walters (2003) ‘How Unions Help all Workers’, EPI, http://epi.org/publication/briefingpapers_ bp143.

④ Source: Instituto de Pesquisa Economica Aplicada, and Departamento Intersindical de Estatica e Estudos Socioeconomicas, Brazil, http://ipeadata.gov.br. An online data set produced by IPEA, see also: http://dieese.org.br.

⑤ Economist Intelligence Unit (2013) ‘Ecuador: Quick View-Minimum wage rise in the pipeline’, *the Economist*, http://country.eiu.com/ArticleIndustry.aspx? articleid=1101039494&Country=Ecuador&topic=Industry&subtopic=Consumer%20goods.

⑥ S. Butler (2014) ‘Chinese shoppers’ spend could double to £3.5tn in four years’, *the Guardian*, http://theguardian.com/business/2014/jun/03/chinese-shoppers-spend-doublefour-years-clothing-western-retailers.

一些富有远见的公司和合作社也采取措施，限制高管薪酬。例如，巴西的塞氏企业（SEMCO SA）旗下雇员逾3000人，业务领域涉及多个行业。这家企业一直坚持10∶1的工资比。[①] 德国的企业治理委员（Corporate Governance Commission）也曾提议设置上市公司高管薪酬上限，并承认正是公众对高管薪资日益高涨的不满催生了该提案。

通过税收和投资来创造公平环境

贝尔纳达·帕尼瓜生活在埃洛伊萨郊区，以卖奶酪为生，那里是多米尼加共和国最穷、最缺少公共服务的地区。维克多·罗哈斯生活在同一个国家一处最富有的地区，是一家知名企业的经理。但是，贝尔纳达支付的直接税款占她收入的比例却要高于维克多。在维克多居住的社区里，父母们可以为孩子购买最好的教育，让他们将来可以找到好工作，前途光明。而对于贝尔纳达的孩子来说，前景却是暗淡无光的。她的大女儿卡里奈丽无法继续学业，由于缺乏必备的IT技能，她也找不到什么好工作，她所在的学校根本连计算机都没有。

税收制度是政府用来缩小贫富差距的最重要工具之一。来自40个国家的数据显示，在缓解由市场条件导致的收入不平等方面，政府的再分配税和投资拉动等手段潜力巨大。[②]

歧途：巨大的税收失败

公共支出和再分配对发展中国家尤为重要，但是，正是这些国家的税收制度在增加财政收入方面最有潜力可挖。[③] 据乐施会估计，如果中低收入国家

---

① Wagemark, ‘A brief history of wage ratios’, https: //wagemark. org/about/history.

② ECLAC (2014) ‘Compacts for Equality: Towards a Sustainable Future’, Thirty – fifth Session of ECLAC, http: //periododesesiones. cepal. org/sites/default/files/presentation/files/ppt – pactos – para – la – igualdad – ingles. pdf The Gini coefficient is a measure of inequality where a ratingof 0 represents total equality, with everyone taking an equal share, and a rating of 1 would mean that one person has everything.

③ D. Itriago (2011) ‘Owning Development: Taxation to fight poverty’, Oxford: Oxfam, http: //oxf. am/wN4; IMF (2014) ‘Fiscal Policy and Income Inequality’, IMF Policy Paper, Figure8, Washington, D. C. : IMF, http: //imf. org/external/np/pp/eng/2014/012314. pdf.

（不包括中国）将其税收缺口缩小一半，它们就能获得 1000 亿美元。[①] 但是，因为受到财团和富豪们的强力牵制，且税收方面也缺乏全球协调度和透明度，这些国家的税收制度未能在减少贫困和不平等方面发挥有效作用。各国竞相降低企业税（corporate tax）是造成上述问题的重要原因。多边组织和金融机构鼓励发展中国家用免税期、税收减免和自由贸易区等税收激励政策来吸引海外直接投资。结果此类激励措施激增，破坏了一些最贫困国家的税基（tax base）。例如，2008 ~2009 年，如果卢旺达政府没有实施免税政策，那么其原本的税收金额足以支撑其全国的医疗与教育开支翻番。[②]

世界各地怀抱良好愿望的政府，常常因为暗藏玄机的国际税收规则、全球协调机制缺失等因素而心有余却力不足。任何政府都不可能仅凭一己之力阻止企业巨头们利用全球税务合作漏洞来逃避纳税。大型企业还可以聘请众多专业会计来帮助其将应缴税额降至最低，使其在小企业面前占尽优势。苹果公司[③]和星巴克[④]等跨国公司都曾因逃税数十亿美元被曝光，使得公众要求税制改革的呼声空前高涨。富豪们也能从税制漏洞和保密制度中谋得利益。据乐施会估计，2013 年，由于富豪们利用海外避税港湾藏匿巨额资产，全球流失的税费收入高达 1560 亿美元。[⑤] 沃伦·巴菲特曾有过一段著名的评论，

① Oxfam new calculations based on IMF calculations on tax effort and tax capacity. A simulation has been undertaken to estimate how much revenue could be collected if the tax revenue gap is reduced by 50 percent by 2020. Assuming that GDP (in $ at current prices) expands at the same average annual growth rate recorded in the biennium 2011 – 2012; and that tax capacity remains constant at the level presented in IMF figures.

② Institute of Policy Analysis and Research – Rwanda (2011) 'East African Taxation Project: Rwanda Country Case Study', IPAR – Rwanda, http://actionaidusa.org/sites/files/actionaid/rwanda_ ease_ study_ report. pdf.

③ See US Senate Committee, Homeland Security & Governmental Affairs (2013) 'Permanent Sub – Committee on Investigations, May 2013 Hearing Report, 15 October 2013', http://hsgac. senate. gov/subcommittees/investigations/media/levin – mccain – statement – on – irelands – decision – toreform – its – tax – rules.

④ See UK Parliament, Public Accounts Committee inquiry, HMRevenue and Customs Annual Report and Accounts, Inquiry Tax Avoidance by Multinational Companies, November 2012, http://publications. parliament. uk/pa/cm201213/cmselect/cmpubacc/716/71605. htm.

⑤ For full details of Oxfam's calculations and methodology see: Oxfam (2013) 'Tax on the 'private' billions now stashed away in havens enough to end extreme world poverty twice over', 22 May, http://oxfam. org/en/pressroom/pressreleases/2013 – 05 – 22/tax – private – billions – nowstashed – away – havens – enough – end – extreme.

即不公正的税收制度使他缴纳的税款比他的秘书还要少。

无论在穷国还是富国，普罗大众始终都是逃税行为的受害者。然而，避税港湾的存在就是致力于提供此种便利。它提供保密服务和低税率，公司注册或银行开户也不需要以实际开展业务活动为前提。这种明目张胆逃避纳税的最佳例子，就是开曼群岛的阿格兰屋（Ugland House）。作为 18857 家公司的注册地，连奥巴马总统都评论说："它要么是史上最大的建筑物，要么就是史上最大的税务骗局。"① 许多欺诈行为借避税港湾而得逞，使发展中国家利益受损。例如，转移定价（transfer misprising）导致孟加拉国每年损失 3.1 亿美元的企业所得税。在这个每 75 名小学适龄儿童才能配备 1 名教师的国家里，这些税收差不多足以支付 20% 的小学教育预算。②

正道：更公平未来的希望

也有国家选择了恰当方式，采取有助于减少贫富差距的税收政策。2012 年，塞内加尔新总统上任后，出台了一项面向富人和大公司筹集资金以用于公共服务支出的新税法。③ 国际共识也在发生转变。尽管进展中的"税基侵蚀和利润转移"（Base Erosion and Profit Shifting）制度④有其局限性，但是八国集团、20 国集团及经合组织均于 2013 年将其提上出台议程，这一现象明确传递出一种共识——税收制度需要彻底改革。国际货币基金组织正在重新考虑对跨国企业征税的方法，在最近的一份报告中，该机构明确指出需要将税基向发展中国家倾斜，⑤ 并考虑推行"全球单一税制"，确保企业在经济活动发

① President Obama, Remarks by the President on International Tax Policy Reform 4 May 2009, http://whitehouse.gov/the_press_office/Remarks-By-The-President-On-International-Tax-Policy-Reform.

② Equity BD (2014) 'Who Will Bell the Cat? Revenue Mobilization, Capital Flight and MNC's Tax Evasion in Bangladesh', Position Paper, Dhaka: Equity and Justice Working Group, http://equitybd.org/online-records/mnutaxjustice; see also: C. Godfrey (2014) 'Business among friends: Why corporate tax dodgers are not yet losing sleep over global tax reform', Oxford: Oxfam, http://oxf.am/chP.

③ Analysis from Forum Civil, Oxfam partner in Senegal working on fair taxation, http://forumcivil.net/programme-craft.

④ For more details see: C. Godfrey (2014) op. cit.

⑤ IMF (2014) 'Spillovers in International Corporate Taxation', IMF Policy Paper, http://imf.org/external/np/pp/eng/2014/050914.pdf.

生地缴纳税款。[①] 经合组织、20 国集团、美国和欧盟在促进国家间税务信息透明化、全球税务信息自动交换等方面不断取得进展，这些都有助于拨开税务信息不透明的迷雾，遏制逃税行为。10 个欧盟国家已达成共识，将制订一种金融交易税，由此有望每年增加 370 亿欧元税收。[②] 还有一些国家也开始讨论征收财富税。在引发公众和政界高度关注的专著《21 世纪资本论》中，托马斯·皮凯蒂所提建议激发了关于在全球征收财富税的相关讨论。

据乐施会计算，如果对全球亿万富豪的财富课以 1.5% 的税，可以筹集到 740 亿美元，足以填补最贫穷 49 个国家的年度资金缺口，让这些国家的每个孩子都能上学，让每个人都能享受公共医疗服务。[③] 然而，既得利益集团抵制改革的力量也异常强大。全球税务治理领域存在的差距难以弥补，这是真实存在的风险，由此给大公司和富豪们留下了空间，使他们可以继续利用税制漏洞，逃避履行他们应承担的责任。

医疗与教育：对抗不平等的利器

巴贝纳·巴瓦是一位农民，生活在加纳的瓦东地区，该地区没有医院，没有合格医生，平均 1 万人中才有 1 名护士。2014 年 5 月，因为当地卫生中心没有可以挽救他生命的抗毒血清，巴贝纳死于毒蛇咬伤。与之形成鲜明对比的是，就在之前一年，加纳总统候选人纳纳·阿库福－阿多专程飞往伦敦接受心脏病专家的治疗。

---

① S. Picciotto, 'Towards Unitary Taxation of Transnational Corporations', Tax Justice Network, (December 2012), http://taxjustice.net/cms/upload/pdf/Towards_ Unitary_ Taxation_ 1 – 1.pdf.

② The European Commission proposed a tax of 0.1 percent on transactions of shares and bonds and 0.01 percent on derivatives. See: http://ec.europa.eu/taxation_ customs/taxation/other_ taxes/financial_ sector/index_ en.htm; The German Institute for Economic Research (DIW) calculated that this would raise 37.4bn, http://diw.de/documents/publikationen/73/diw_ 01.c.405812.de/diwkompakt_ 2012 – 064.pdf.

③ A 1.5 percent tax on billionaires' wealth over $1bn in 2014 would raise $74bn, calculated using wealth data according to Forbes as of 4 August 2014. The current annual funding gap for providing Universal Basic Education is $26bn a year according to UNESCO, and the annual gap for providing key health services (including specific interventions such as maternal health, immunisation for major diseases like HIV/AIDS, TB and malaria, and for significant health systems strengthening to see these and other interventions delivered) in 2015 is $37bn a year according to WHO. See: UNESCO (2014) op. cit., and WHO (2010) op. cit.

提供诊所、学校、医护人员和医药，可以弥合人与人在生活机会方面的差距，赋予人们工具来挑战造成经济不平等的旧制度。免费的公共医疗和教育不仅是基本人权，还能缓解当前因收入和财富分配不均所带来的恶劣影响。2000～2007年，公共服务带来的实际收益（virtual income）将经合组织成员国的收入不平等平均降低了20%。[①] 在拉美五国（阿根廷、玻利维亚、巴西、墨西哥和乌拉圭），单是医疗和教育带来的实际收益就降低了10%～20%的不平等。[②] 教育是巴西缩减贫富差距历程中的关键要素，[③] 也帮助韩国将收入不平等程度维持在较低水平。[④]

歧途：惠及少数人的收费、私有化和医药政策

特殊利益群体的把持、糟糕的政策选择，特别是医疗和教育的使用者付费制度、公共服务私有化，都加剧了不平等状况。不幸的是，太多的国家不得不吞下这些"歧途"政策带来的苦果。如果不能做到免费提供公共服务，就会有成千上万普通民众被排除在医疗和教育服务之外。世界银行曾长期鼓励推行使用者付费制度，现在，其行长承认这是受意识形态驱使而犯下的错误。尽管造成遍地沉疴，使用者付费却依然大行其道，全世界每年都有约1亿人因为不得不掏钱支付医疗费用而深陷贫困。[⑤] 在加纳，最贫穷家庭为了送

---

① G. Verbist, M. F. Förster and M. Vaalavuo (2012) 'The Impact of Publicly Provided Services on the Distribution of Resources: Review of New Results and Methods', OECD Social, Employment and Migration Working Papers, No. 130, OECD Publishing, p. 60, http://oecd-ilibrary.org/socialissues-migration-health/the-impact-of-publicly-providedservices-on-the-distribution-of-resources_5k9h363c5szq-en.

② N. Lustig (2012) 'Taxes, Transfers, and Income Redistribution in Latin America', *Inequality in Focus* 1 (2): July 2012, World Bank, http://siteresources.worldbank.org/EXTPOVERTY/Resources/InequalityInFocusJuly2012FINAL.pdf.

③ OECD Secretariat (2010) 'Growth, Employment and Inequality in Brazil, China, India and South Africa: An Overview', OECD, http://oecd.org/employment/emp/45282661.pdf. Also Ramos showed that between 1995 and 2005 education was the most important element explaining the decline in wage inequality in Brazil. See: Ramos (2006) 'Desigualdade de rendimentos do trabalho no Brasil, de 1995 a 2005' in R. Barros, M. Foguel and G. Ulyssea (eds.) *Sobre a recente queda da desigualdade de renda no Brasil*, Brasília: IPEA.

④ H. Lee, M. Lee and D. Park (2012) 'Growth Policy and Inequality in Developing Asia: Lesson from Korea', ERIA Discussion Paper Series, http://eria.org/ERIA-DP-2012-12.pdf.

⑤ K. Xu et al (2007) 'Protecting households from catastrophic health spending', *Health Affairs*, 26 (4): 972-83.

一个孩子去欧米伽低收费学校（Omega low - fee school），需要花去全家四成收入。[①] 妇女和女孩是受公共服务收费制度影响最大的群体。大量原本可用于支持公共服务从而减轻不平等程度的资金，正在因为税收减免和公私伙伴关系（Public - Private - Partnerships，PPPs）等制度设置而流失。通过税收激励政策，印度政府希望鼓励众多私立医院向贫困患者提供免费治疗，但是这些医院独享政策优惠后，却并没有将免费服务落到实处。[②] 莱索托首都马塞卢的马莫哈托皇后纪念医院（Queen Mamohato Memorial Hospital）以公私伙伴关系模式运营，目前的开支占政府医疗总预算的一半，而且预计还要增加。凡此种种，都导致服务最贫困人口的农村医疗保健服务预算枯竭，从而进一步拉大了贫富差距。[③]

尽管有证据表明私营部门涉足公共服务会加剧不平等，但英、美等富裕国家的政府和世界银行等资助机构还是致力于推动此类模式的进一步扩展。[④] 对最贫困人群而言，私营部门的服务不仅难以企及，而且缺乏实际帮助意义，甚至还会制造出一种双层体系，令富人们不愿支持公共服务。也就是说，在这种双层体系下，富人可以选择不使用公共服务，因而也就不愿意缴纳税款来支持公共服务体系发展。在斯里兰卡、马来西亚和中国香港这 3 个已经或接近实现全民医保（Universal Health Coverage，UHC）的亚洲国家和地区，最贫困群体几乎从不使用私人医疗保健服务。[⑤] 这类服务的对象是那些最有钱的

---

① C. Riep (2014) ‘Omega Schools Franchise in Ghana: “affordable” private education for the poor or for-profiteering?’ in I. Macpherson, S. Robertson and G. Walford (eds.) (2014) *Education, Privatisation and Social Justice: case studies from Africa, South Asia and South east Asia*, Oxford: Symposium Books, http://symposium - books. co. uk/books/bookdetails. asp? bid = 88.

② The research undertaken by Justice Quereshi concluded India's corporate hospitals were ‘money minting machines’. From Qureshi, A. S. (2001) ‘High Level Committee for Hospitals in Delhi’, New Delhi: Unpublished Report of the Government of Delhi.

③ A. Marriott (2014) ‘A Dangerous Diversion: will the IFC's flagship health PPP bankrupt Lesotho's Ministry of Health?’, Oxford: Oxfam, http://oxf. am/5QA.

④ A. Marriott (2009) ‘Blind Optimism: Challenging the myths about private health care in poor countries’, Oxford: Oxfam, http://oxf. am/QKQ; World Bank (2008) ‘The Business of Health in Africa: Partnering with the Private Sector to Improve People's Lives’, International Finance Corporation, Washington, DC: World Bank, http://documents. worldbank. org/curated/en/2008/01/9526453/business - health - africapartnering - private - sector - improve - peoples - lives.

⑤ R. Rannan - Eliya and A. Somantnan (2005) ‘Access of the Very Poor to Health Services in Asia: Evidence on the role of health systems from Equitap’, UK: DFID Health Systems Resource Centre, http://eldis. org/go/home&id = 19917&type = Document#. VBBtVsJdVfY.

人，而不是最需要的人，因此，更加剧了经济不平等。

国际规则也会影响国内政策。当前国际贸易和投资协议中的知识产权条款导致药品成本被不断抬高，以致只有最富有人群才能负担得起治疗费用。全球1.8亿丙型肝炎患者因此成为受害者，因为无论是患者自己还是发展中国家的政府，都无力承担因这些知识产权条款而导致的日均1000美元的高额药品费用。①

正道：夺回公共利益

在世界各地，不断涌现出通过扩大公共服务来缩小贫富差距的优秀范例。全民医保的日益普及将提高医疗服务的可获得性，缩小贫富差距。世界银行行长金墉曾明确表示全民医保对消除不平等意义重大，称它为“实现（世界银行）在2030年之前消除极端贫困、促进共同繁荣的全球目标之核心内容”。② 中国、泰国、南非和墨西哥等新兴经济体都在迅速加大医疗保障领域的公共投资，许多低收入国家也已出台由普通税收支持的免费医疗政策，成功地减少了不平等。泰国全民医保计划在实施第一年就将贫困群体的医疗开支减少了一半，同时还降低了婴幼儿和孕产妇的死亡率。③

同那些控制药物价格、阻挠药品以大众可负担的价格出售的大型制药公司的斗争也取得了一些成功。幸亏印度最高法院驳回了抗癌药物格列卫（Glivec® /Gleevec®）的专利申请，现在，白血病患者可以每月只花175美元就能购买该药的仿制版以保证治疗，仅为诺华公司2600美元报价的1/15。④自从2000年发起全民教育运动（Education For All Movement）和采纳千年发

① A. Cha and A. Budovich (2012) ‘Sofosbuvir: A New Oral Once – Daily Agent for The Treatment of Hepatitis C Virus Infection’, *Pharmacy & Therapeutics* 39 (5): 345 – 352, http://ncbi.nlm.nih.gov/pmc/articles/PMC4029125.

② Speech by World Bank Group President Jim Yong Kim at the Government of Japan – World Bank Conference on Universal Health Coverage, Tokyo, 6 December 2013, http://worldbank.org/en/news/speech/2013/12/06/speech – world – bankgroup – president – jim – yong – kim – government – japanconference – universal – health – coverage.

③ S. Limwattananon et al (2011) ‘The equity impact of Universal Coverage: health care finance, catastrophic health expenditure, utilization and government subsidies in Thailand’, Consortium for Research on Equitable Health Systems, Ministry of Public Health, http://r4d.dfid.gov.uk/Output/188980.

④ See BBC News, Business (2013) ‘Novartis: India rejects patent plea for cancer drug Glivec’, 1 April, http://bbc.co.uk/news/business – 21991179.

展目标以来，基础教育在全球范围内取得了显著进展，数千万贫困儿童得以接受教育。

在乌干达，取消学费[①]之后仅仅一年时间，入学率就提升了 73%，入学人数从 310 万猛增至 530 万。

要想充分利用这些鼓舞人心的进展所创造出的机遇，关键是在师资培训、教学设施及教材开发等方面投入足够资金，以促进改善教育质量；同时还需要相关政策保障，以覆盖到最边缘、最有可能失学的儿童。尽管前路漫漫，目前还是已经取得了些许进展。例如，自 20 世纪 90 年代中期以来，巴西采取改革措施，努力增加优质教育的可获得性，并向贫困儿童（通常来自原住民和黑人社区）划拨更丰厚的公共支出，这些改革有助于减少获取教育机会方面的不平等。[②] 结果是，全国最贫困的 20% 儿童接受学校教育的时间从平均 4 年升至 8 年，翻了一番。[③]

对帮助最贫穷国家加大医疗和教育服务投入、缩小贫富差距而言，税收和长期稳定的援助具有举足轻重的作用。它们也有助于防止少数精英操纵政治来聚敛财富。例如卢旺达政府借助预算支持制度（budget support）取消了教育收费，还为更多艾滋病患者提供治疗。[④] 美国也正试图定向拨付援助资金给加纳贫困地区的议会，用以支持农民向政策制定者问责。

免于恐惧

75 岁的提兹温吉·谭波生活在赞比亚卡泰特地区。直到不久前，她都没

① L. Bategeka and N. Okurut (2005) ‘Universal Primary Education: Uganda’, Policy brief 10, London: Overseas Development Institute, http://odi.org/sites/odi.org.uk/files/odi-assets/publications-opinion-files/4072.pdf.

② B. Bruns, D. Evans and J. Luque (2012) ‘Achieving World Class Education in Brazil: The Next Agenda’, Washington D.C.: The World Bank, http://siteresources.worldbank.org/BRAZILINPOREXTN/Resources/3817166-1293020543041/FReport_Achieving_World_Class_Education_Brazil_Dec2010.pdf.

③ K. Watkins and W. Alemayehu (2012) ‘Financing for a Fairer, More Prosperous Kenya: A review of the public spending challenges and options for selected Arid and Semi-Arid counties’, The Brookings Institution, http://brookings.edu/research/reports/2012/08/financing-kenya-watkins.

④ G. Ahobamuteze, C. Dom and R. Purcell (2006) ‘Rwanda Country Report: A Joint Evaluation of General Budget Support 1994-2004’, https://gov.uk/government/uploads/system/uploads/attachment_data/file/67830/gbs-rwanda.pdf.

有固定收入，经常和孙子孙女一起挨饿。在实施新的社会保障措施后，她能够每月领取 12 美元的养老金，生活也因此得到改善。①

社会保障提供现金或非现金形式的福利，如儿童补助金、养老金和失业保障，这些措施使人们可以过上有尊严的生活，即便是在最困难的时候也能使他们免于无依无靠的恐惧。此类安全网是具备关怀能力的社会之标志，它们愿意联合众人之力来扶助最脆弱的人们。就像医疗和教育一样，社会保障给那些最有需要的人提供收入，以平衡当前极度倾斜的收入分配状况，缓解不平等带来的冲击。

然而，近期数据显示，全球 70% 以上的人口都面临着陷入贫困的风险，皆因他们没有足够的社会保障。② 证据显示，就算是最贫困的国家，也能负担基本社会保障的费用。③ 巴西和中国等国家的人均国民收入与二战后初步建立全民福利保障体系时的欧洲持平。全民社会保障的意义在于，确保任何人都不会因未能挤入经济丰裕阶层而受到忽视或不公平的对待。

实现女性经济平等

错误的经济决策给女性带来的打击尤为沉重，在政策制定过程中，忽略女性会让政府在无意中加剧性别不平等。例如，在中国，由于国家和用人单位缩减了对儿童抚养及老年人赡养的支持，妇女要承担更繁重的、无报酬的照料家人工作，这枉费了为女性创造新就业机会的努力。④ 一份针对欧洲紧缩

① Z. Chande (2009) ‘The Katete Social Pension’, unpublished report prepared for HelpAge International, cited in S. Kidd (2009) ‘Equal pensions, Equal rights: Achieving universal pension coverage for older women and men in developing countries’, *Gender & Development*, 17: 3, 377 – 88, http://dx.doi.org/10.1080/13552070903298337.

② ILO (2014) ‘World Social Protection Report 2014/15: Building economic recovery, inclusive development and social justice’, Geneva: ILO, http://ilo.org/global/research/globalreports/world – social – security – report/2014/WCMS_ 245201/lang – – en/index.htm.

③ ILO (2008) ‘Can low – income countries afford basic social security?’, Social Security Policy Briefings, Geneva: ILO, http://ilo.org/public/libdoc/ilo/2008/108B09_ 73_ engl.pdf.

④ S. Wakefield (2014) ‘The G20 and Gender Equality: How the G20 can advance women's rights in employment, social protection and fiscal policies’, Oxford: Oxfam International and Heinrich Böll Foundation, p.7, http://oxf.am/m69.

政策影响的研究报告指出:[①] 金融危机之后，幼童的母亲们受雇机会更少，她们也更易将受雇机会减少的原因与家庭本应享受到的照顾服务被缩减联系起来。[②] 近期一项在加纳的研究也发现，针对低收入家庭做饭所用煤油征收的间接税，大部分也是由女性来承担的。[③]

好的政策可以促进女性获得经济平等

免费公共服务、最低工资等可以缓和经济不平等政策，同样也能缓和性别不平等。在南非，由于政府在制定政策时认真考虑了可能对男性和女性带来的影响，因此一项旨在支持贫困家庭幼童照顾者的儿童抚养补助新规比之前的规定更全面地覆盖到农村贫困黑人妇女。[④] 魁北克政府加大儿童抚养补贴后，帮助约 7 万名母亲实现了就业，由此增加的税收远远超过了抚养补贴项目所支出的费用。[⑤] 政府必须采取相应的经济措施，来缩小男性与女性、富人与穷人之间的差距。

---

① See: A. Elomäki (2012) 'The price of austerity – the impact on women's rights and gender equality in Europe', European Women's Lobby, http: //womenlobby. org/spip. php? action = acceder document&arg = 2053&cle = 71883f01c9eac4e73e839bb512c87e564b5dc735&file = pdf% 2Fthe_ price_ of_ austerity_ – _ web_ edition. pdf.

② A. Elomäki (2012) op. cit. In 2010, the employment rate for women with small children was 12. 7 percent lower than women with no children, compared to 11. 5 percent lower in 2008. In 2010, 28. 3 percent of women's economic inactivity and part – time work was explained by the lack of care services against 27. 9 percent in 2009. In some countries the impact of the lack of care services has increased significantly. In Bulgaria it was up to 31. 3 percent in 2010 from 20. 8 percent in 2008; in the Czech Republic up to 16. 7 percent from 13. 3 percent. .

③ I. Osei – Akoto, R. Darko Osei and E. Aryeetey (2009) 'Gender and Indirect tax incidence in Ghana', Institute of Statistical, Social and Economic Research (ISSER) University of Ghana, referenced in J. Leithbridge (2012) 'How women are being affected by the Global Economic Crisis and austerity measures', Public Services International Research Unit, University of Greenwich, http: //congress. world – psi. org/sites/default/files/upload/event/EN_ PSI_ Crisis_ Impact_ Austerity_ on_ Women. pdf.

④ D. Elson and R. Sharp (2010) 'Gender – responsive budgeting and women's poverty', in: S. Chant (ed.) (2010) *International Handbook of Gender and Poverty: Concepts, Research, Policy*, Cheltenham: Edward Elgar, pp. 524 – 525.

⑤ P. Fortin, L. Godbout and S. St – Cerny (2012) 'Impact of Quebec's Universal Low Fee Childcare Program onFemale Labour Force Participation, Domestic Income and Government Budgets', Université de Sherbrooke, WorkingPaper 2012/02, http: //usherbrooke. ca/chaire – fiscalite/fileadmin/sites/chaire – fiscalite/documents/Cahiers – derecherche/Etude_ femmes_ ANGLAIS. pdf.

民众力量：与那“百分之一”的较量

要想战胜业已失控的经济不平等，必须让政府倾听民众的声音，而不是唯财阀马首是瞻。历史经验表明，这需要广泛的公众动员。令人欣慰的是，尽管许多国家的政治被富有的精英所主导，民众受到压制，但全世界的人民都在要求变革。在近期爆发的大量游行示威中，大多数抗议者都对公共服务缺位、话语权缺失感到愤怒，[①] 一系列民意调查也证实这种不满情绪正在全球蔓延。[②] 智利是经合组织成员国中不平等现象最严重的国家。[③] 2011 年，智利爆发大规模游行示威，最初起因是人们不满教育费用，随后升级为对贫富分化和大公司政治影响力的抗议。[④] 一个由学生和工会组成的联盟动员了近 60 万人，开展了为期 2 天的大罢工要求进行改革。2013 年末，智利大选产生了新一届政府，之前那场要求减少不平等、改革公共教育的抗议活动中的关键成员也被吸收入阁。[⑤]

2010 年初，面向冰岛 3 家主要商业银行的大规模救助计划引发了一系列的群众抗议示威，迫使新当选的政府（该届政府曾承诺，要保护中低收入群体免受金融危机冲击）决定就该救助计划举行全民公投。结果，93% 的冰岛人拒绝了这项由公众而非银行来承担银行破产代价的提案。这最终促使一部新宪法以“众包”（crowd - sourcing）的方式被制订出来，于 2012 年正式颁布，其中包括了有关平等、信息自由、组织公投的权利、环境以及土地公有制等方面的若干新条款。[⑥] 历史证明，普通民众的行动及其对于进步政策的广

---

① CIVICUS（2014）‘State of Civil Society Report 2014：Reimagining Global Governance’，http：//socs. civicus. org/wp - content/uploads/2013/04/2013StateofCivilSocietyReport_ full. pdf.

② Oxfam's polling from across the world captures the belief of many that laws and regulations are now designed to-benefit the rich. A survey in six countries（Spain，Brazil，India，South Africa，the UK and the USA）showed that a majority ofpeople believe that laws are skewed in favour of the rich - in Spain eight out of 10 people a-greed with this statement. Also see Latinobarometro 2013：http：//latinobarometro. org/latNewsShow. jsp.

③ OECD（2014）‘Society at a Glance：OECD Social Indicators’，http：//oecd. org/berlin/47570121. pdf.

④ CIVICUS，‘Civil Society Profile：Chile’，http：//socs. civicus. org/CountryCivilSocietyProfiles/Chil-e. pdf.

⑤ G. Long（2014）‘Chile's student leaders come of age’，BBC News，http：//bbc. co. uk/news/world - lat-inamerica - 26525140.

⑥ CIVICUS（2014）‘Citizens in Action 2011：Protest as Process in The Year of Dissent’，p. 53，http：//ci-vicus. org/cdn/2011SOCSreport/Participation. pdf.

泛诉求，可以破除精英阶层的政策把持。

刻不容缓，终结极端不平等

当前的极端不平等伤害着每一个人。对社会底层而言，无论他们生活在非洲撒哈拉以南地区，还是世界上最富裕的国家，他们摆脱贫困、实现体面生活的机会从根本上都被极端不平等剥夺了。

乐施会呼吁采取一致行动，建立一套重视每一位公民、更加公平的经济和政治制度。各国政府、研究机构和私营企业都有责任来应对极端不平等。它们必须着手应对那些导致当今贫富差距被急剧拉大的各种因素，采取能够重新将财富和权力分配给大众的政策。

1）敦促政府为民众服务，着手解决极端不平等

保护公共利益和应对极端不平等，这应成为一切全球性协议、国家政策和战略规划的指导原则。有效的包容性治理对确保政府及国际机构能够代表公众利益至关重要，这意味着要堵住企业巨头、商业利益集团和富豪群体进入政治决策过程的便捷通道。

各国政府和国际机构应同意：

- 制定一套独立的、2030年前彻底消除极端不平等的“后2015发展目标”，这套目标应致力于减少所有国家的收入不平等，使收入顶端10%人群的税后收入不会超过收入底端40%人群的转移支付后收入（posttransfer income）；
- 评估政策干预对不平等状况的影响；
- 各国政府应成立国家级不平等问题公共委员会，对法规、税收和公共支出以及私有化等政策选择进行年度评估，并评估它们对提高收入最低40%人群的收入和财富以及增进其自由度方面的影响；
- 国际机构应将对经济不平等的测量纳入其所有政策评估之中，如国际货币基金组织的“第4条款磋商”（article IV consultations）；
- 在收入、财务、消费这三个领域，公布税前和税后基尼指数、全部十分位数据以及排名前10位的百分比数据，以便公众和政府能够及时发现哪些方面存在经济不平等程度过高问题，从而及时采取行动予以纠正；

• 落实相关法律，确保政府在制定国内政策和法规、签订双边和多边协议之前，必须接受公众的监督；

• 落实相关机制，确保公民在规划、预算程序与规则制定过程中的代表资格和监督权，同时确保公民社会（包括工会和女性权利团体）享有与政界人士和政策制订者沟通的平等机会；

• 向公众披露所有游说活动，披露为影响选举结果和政策制定而动用资源的具体情况；

• 确保全体公民获得信息的权利、自由表达的权利，和获得政府数据的权利；

• 确保新闻出版自由，支持撤销所有限制媒体报道和起诉记者的法律。

企业界应同意：

• 停止运用其游说影响力和政治权力去推动一些加剧不平等状况的政策，支持善治并推动其他团体也采取相同做法；

• 将所有游说活动和用以影响选举及政策制定的资源投入透明化；

• 支持公民社会自由独立地开展活动，鼓励公民积极参与政治进程。

2）促进女性经济平等，促进女性权利

经济政策不仅造成极端不平等，还助长对女性的歧视，阻止对女性经济赋权。经济政策必须同步应对经济不平等和性别歧视。

各国政府和国际机构应同意：

• 实施消除妇女经济不平等的经济政策和立法，包括促进同工同酬、体面工作、获取贷款、平等继承权及土地权利等方面的措施，了解、减轻并重新分配无报酬照料工作的压力；

• 系统分析经济政策提案对女童和妇女的影响，完善国家级统计数据和会计系统数据，计算标准应不限于以家庭为单位，以监测并评估经济政策对无报酬照料工作分配等措施和机制的影响；

• 将具有性别视角的预算编制置于更高优先级，评估财政支出决策给妇女和女童带来的影响，按照有利于促进性别平等的方式进行分配；

• 通过政策实施来提高女性政治参与度，终结针对女性的暴力，着手应对包含性别歧视的负面社会态度；

- 将女性权利团体纳入政策制定空间。

企业界应同意：

- 消除两性薪酬差距，推动其他企业也采取同样举措；
- 确保女性享有体面、安全的就业机会，在工作场所不受歧视，并拥有组织结社权；
- 承认无报酬照料工作的贡献，提供儿童及老年人照料服务、带薪探亲假和病假、弹性工作时间和带薪看护假等，通过这些措施帮助女性减少过度承担无报酬照料工作的压力；
- 支持女性的领导角色，例如向由女性领导的生产者联盟采购、支持女性晋升到更高职位、确保女性在管理层职位中占有一席之地；
- 分析并公布企业的性别平等表现，比如，可参考依据全球报告倡议组织（Global Reporting Initiative）的“可持续性报告指南”（Sustainability Reporting Guidelines）以及“联合国妇女赋权原则”（UN Women Empowerment Principles）。

3）确保工人享有生活保障工资，缩小其与管理层天价薪酬之间的差距

勤勉工作的男人和女人都应该享有生活保障工资。大公司们在全世界不断刷新利润纪录，管理层薪酬也持续直线攀升，然而，那些生产产品、种植粮食、在矿山挖矿或提供服务的普通劳动者却只能拿到微薄糊口的薪资，在恶劣的工作环境里卖命。我们必须看到全球标准、国家立法和积极的企业行动可以赋予工人们更多权利。

各国政府和国际机构应同意：

- 将所有工人的最低工资水平提升至生活保障工资水平；
- 在所有新制定的国家规定和国际协定中，纳入缩小最低工资与生活保障工资差距的措施；
- 将公共采购合同仅给予那些最高与中等薪资之比低于20∶1的企业，政府和国际机构自身也应以此为准；
- 提高工人代表在国内和跨国企业决策过程中的参与度，同时保证两性拥有平等的代表权；

• 制订行动计划，消除国内工作场所中的强迫劳动现象；

• 制定法律标准，保护所有工人拥有成立工会和罢工的权利，废除一切侵犯这些权利的法律。

企业界应同意：

• 给自己的员工支付生活保障工资，确保其供应链中的所有雇员都能获得生活保障工资；

• 公布自己供应链中企业所支付的薪资，公布获得生活保障工资的雇员数量；

• 公布最高与中等薪资之比的数据，争取在企业开展业务的每个国家中将该其控制在 20∶1 之内；

• 将结社自由和集体谈判权纳入企业的人权尽责调查；

• 杜绝利用政治影响力降低工人最低薪资和各项保障的行为，尊重工人在工作场所的各项权利，在企业决策过程中视工人为关键利益相关方；

• 追踪并公布女性在企业运营及供应链中所扮演的角色；

• 同意执行相关行动方案，减少在赔偿金和职位晋升方面的性别不平等。

4）合理分摊税负，创造公平环境

不公平的经济制度导致过多财富聚集在少数人手中。最贫困的人群承担了过重的税收压力，最富有的公司和个人却支付的过少。除非各国政府直接干预并纠正这种失衡，否则根本不可能为大多数人创造一个更公平的未来。无论是公司还是个人，都应该根据其真正的财力来缴税，没有人应该逃避税收。

各国政府和国际机构应同意：

• 提高国家税收占 GDP 的比重，使之接近最大的征税能力，以便调动更多国内公共财政收入；

• 重新平衡直接税与间接税，通过对金融交易、财产继承及资本收益征税，将税赋从劳动和消费转移到资本和财富以及由这些资产所产生的收入上，国际机构应该推广和支持在国家层面开展这些进步改革；

• 在国家层面，实现税收优惠的完全透明化，当成本收益分析可能对国家不利时，避免向跨国公司提供税收优惠；

• 对国内开征财富税，探索在全球或地区层面向最富有个人开征全球财富税的做法，并承诺将此类收入用于全球贫困事业；

• 从性别平等的角度评估财政政策。

5）封堵国际税收漏洞，弥补税务治理缺陷

当今的经济制度是为了方便跨国公司和富豪们逃税而设计的。避税港湾正在摧毁社会契约，让那些原本最有能力对社会做出贡献的人可以选择不承担其责任。除非世界各地的规则都被改变，否则现存漏洞将继续抽干公共预算，削弱政府消除不平等的能力。应建立一个多边体制框架来监督国际税收事务的全球治理，因为任何改革进程必须关照到最贫穷国家。

各国政府和国际机构应同意：

• 确保发展中国家以平等地位参与到所有改革进程中；

• 将消除偷逃税设为优先任务，进而着力改变导致不平等的非公平经济制度；

• 支持国家、地区乃至全球层面改善各级税收透明度的努力，包括要求跨国企业公布它们在哪里盈利、在哪里缴税等信息（通过强制性的逐国公开报告机制），公布公司、信托及基金会真正持有人的信息（通过公布实益所有权信息）；

• 即使发展中国家暂时不能提供数据信息，在信息自动交换体系的多边进程伊始，也应将发展中国家纳入其中；

• 关于“避税港湾”，应采用通用的、具有法律约束力的、严谨的释义，将那些利用“避税港湾”的国家、公司、个人列入黑名单，予以必然的制裁，借此降低使用率，增加透明度；

• 确保在实际经济活动发生地征收税款，用一种替代性制度来取代现有的、业已失败的向企业征税的独立交易原则（arm’s length principle）；

• 只有完成本国的附加值影响评估，并通过具有法律约束力的程序，公开全部税收优惠政策之后，政府才能提供税收减免；

• 推动建立全球税务管理机构，确保税收制度和国际税务体系能代表所有国家的公共利益，确保国家间的有效合作，堵住税务漏洞。

企业界应同意：

• 停止使用避税港湾；

• 支持国家、地区及全球范围内的各级税收透明，包括公布企业在哪里盈利、在哪里缴税（强制性的逐国公开报告机制）。

6）至2020年，实现全民免费公共服务

每年有1亿人因昂贵的医疗和药品费用而陷入贫困。当教育开始采取使用者付费制度，部分儿童能够获得优质的私人教育，但大多数孩子只能将就于低质量的公共教育，从而形成一种双层系统。私有化进一步拉大了最贫困和最富有人群之间的差距，削弱了国家为所有人服务的能力。

各国政府和国际机构应同意：

• 确保向全体公民提供免费、优质的医疗和教育服务，取消一切使用者付费制度；

• 落实一系列国家规划来支持医疗和教育事业，划拨至少15%的政府预算用于医疗领域，20%用于教育事业，捐助国政府必须在双边援助条款中体现这些比例，相关国际机构应推动采用同等的社会支出标准；

• 实施财政风险共担制度，以确保税收用于支持医疗发展，避免医疗保险计划建立在自愿供款的基础之上；

• 停止向提供医疗和教育服务的私营企业发放政府奖励和补贴；

• 严格管理私营医疗服务机构和教育机构，确保安全和质量，防止它们把无力承担服务费的民众拒于门外；

• 在所有双边、区域或国际贸易和投资协定中，删除医疗、药物、医疗技术、知识和教育等方面的内容，包括那些迫使政府接受私营医疗和教育的内容；

• 确保女性的医疗需求优先得到满足，女性的性与生殖权利得到保障，双边援助不得限制女性获得生殖健康服务。

企业界应同意：

• 停止游说重大公共服务领域私有化，包括医疗和教育事业；

• 与政府合作，监管私营医疗服务提供商，确保它们为全民医保制度（Universal Health Coverage）做出积极贡献。

7）改变全球药物研发与定价体系，让每一个人都能获得对症且价格合理的药物

知识产权成为产品研发的唯一激励因素，使大型制药公司在药物生产与药品定价方面保持垄断地位，这种做法不仅威胁生命，还会造成更大的贫富差距。

各国政府和国际机构应同意：

- 制定一项全球药品研发协定，确保公共健康而不是商业利益成为研发融资的决定性因素；
- 划拨一定比例的国家财政收入用于药品研发等科学研究；
- 在贸易协定中排除严苛的知识产权规则，避免限制国家采取公共健康措施的内容，增加药物、医疗技术、知识、健康和教育服务可获得性等条款；
- 打破垄断，通过仿制药竞争等方式鼓励合理的药品定价；
- 加大对完善国家药品政策和药品供应链的投资。

制药企业应同意：

- 公开药品研发成本，在知识产权之外寻找资助药品研发的新方法；
- 停止一切以公众健康为代价、为谋取私营企业利益而进行的游说活动。

8）设立全民社会保障最低标准

社会保障不仅对减少经济不平等极为重要，还会让社会更具关怀力、更崇尚平等，同时也有助于消除横向不平等。对于最贫困、最弱势的群体而言，必须有一个普遍性、永久性的安全网帮他们度过最困难的时期。

各国政府和国际机构应同意：

- 提供惠及全民的儿童及老人照料服务，与社保制度互补，减少妇女的无报酬照料压力；
- 通过惠及全民的儿童津贴、失业保险与养老金制度，为儿童、老年人、失业人群及因客观原因无法谋生的人群提供基本收入保障；
- 确保提供一系列具有性别敏感度的社会保障机制，通过额外为女性提供支持帮助控制家庭支出，为她们提供一张安全网。

9）让发展融资聚焦减少不平等和贫困，并加强公民与政府之间的契约

如果目标精准，并能成为政府在医疗、教育和社会保障等公共服务领域开支的有益补充，发展融资就可以减少不平等状况，加强政府与公民之间的契约关系，提高公共行政的责任意识，支持公民促使政府更加积极地回应民众问责。

捐助国政府和国际机构应同意：

- 加大对长期性、可预见性发展融资的投资，支持政府向全体公民提供免费的公共服务；
- 投资于加强公共管理能力的领域，通过累进税制筹集更多的国家财政收入；
- 评估援助项目在多大程度上加强了民主参与，在多大程度上加强了民众挑战经济和社会不平等（如性别和族群不平等）的声音。

金砖国家面临的不平等问题

概　览

在 Jim O'neil 提出“金砖国家”概念后 13 年里，这些国家经历了不同阶段的整合，逐渐成为国际舞台上共同行动的国家团体。除了扮演新发达国家和全球投资者的角色外，巴西、俄罗斯、印度、中国和南非给全球减贫和减少社会不平等带来了新的希望，也成为国际新秩序的建设者、领导者和新中心。

金砖国家的出现展示了世界舞台上权力流动的可能，但权力流动是否能够带来深刻的结构性变革形成更加平等和民主的世界尚不明确。因此，探讨金砖国家能否在合作基础上建设更加平等和民主的世界，必须了解这五个国家建立的这个组织。

本文由金砖国家政策中心和乐施会共同撰写，包括针对主要问题进行的四个方面分析，以帮助人们理解金砖国家和世界的关系以及五个国家共同努力带来变化的可能性。本文的目的是加强金砖国家公民社会组织之间的讨论以对抗不平等和推动可持续发展，从而为金砖国家实现更加平等和民主的世界寻找出路。

金砖国家第一轮峰会：重点回顾

宋理克·赛弗特，塞尔吉奥·韦洛索*

介　绍

冷战结束后，一个可喜而充满活力的进程就是巴西、俄罗斯、印度、中国和南非组成的“金砖国家”走向了世界舞台的中心。“金砖”作为各国英文首字母的组合，也隐喻着新的经济和政治秩序，反映了国际舞台上的新角色和权力关系。

在20世纪末的几十年中，新自由主义改革所引发的社会和政治变革在债务国中自然而然地得以复制。这个时期金砖国家的话语权甚微，处于边缘地位。如今，金砖国家已经成长为维持全球资本主义生产动力和资本流通的重要支柱。

在经济危机使美国和欧洲的地位逐渐下降的背景下，作为协调者，金砖国家的影响力初露端倪，并促成了二十国集团及贸易谈判和新的合作框架的建立。新视角和新机会的出现离不开金砖国家在各自地区和大陆发挥的积极作用。金砖国家以新的领导者角色出现在世界舞台上，并为“南南”及“东西”合作与融合搭建桥梁。

自2009年以来，金砖国家每年举办一系列会议，聚集各国首脑、政要、商人、学者、外交人员和公民社会代表。通过几年的工作，金砖国家围绕发展目标形成了共同的议程。金砖国家开发银行的建立，意味着各成员国之间的关系进入了一个新的历史阶段，恰逢金砖国家第一轮峰会的结束，也预示着金砖国家作为一个共同体和国际角色的重要转折点。

本文将分析金砖国家第一轮峰会所制订的重要议程，并以如下顺序呈现：

1）首轮五次峰会的简介；

2）金砖国家在二十国集团中的重要角色和决策地位；

3）金砖国家在“南南合作”中的关系。

最后，本文还将对金砖各国间的竞争机制和进入新阶段后的协同进行分

---

* Jurek Szeifert 和 Sérgio Veloso 都是金砖国家政策中心的研究员。

析和思考。

金砖国家第一轮五次峰会简要回顾

首次金砖国家（当时为金砖四国）首脑峰会于 2009 年 6 月 16 日在叶卡捷琳堡召开，并由当时的俄罗斯总统梅德韦杰夫主持。2008 年全球经济危机爆发，当时四国的讨论着重于国际金融体系可能发生的改变和金砖国家在其中的角色。峰会的联合声明提到："新兴经济体必须在国际金融机构中拥有更强的声音和代表性。"联合声明的发表，意味着金砖国家共同体的进一步确立，进而寻求发挥其在全球治理中的作用。尽管在改变国际金融机构体系方面被寄予厚望，金砖国家的联合声明却并没有涉及这一点，而是寻求体系内部的力量平衡向新成员倾斜。这种理念在四国的联合声明中得到进一步澄清和证实，即对民主和透明原则的尊重、对恐怖主义的谴责、对多边主义的保证。此外，声明通过支持里约宣言、可再生能源和联合国千年发展目标，展现了金砖国家的发展议程。金砖国家也表达了协调其在二十国集团中的定位的愿望。

表 1　金砖国家峰会（2008～2013 年）

峰　会	日　期	地　点	发布文件
第一次	2009 年 6 月 16 日	俄罗斯叶卡捷琳堡	金砖国家首脑联合声明、金砖国家关于全球粮食安全的联合声明
第二次	2010 年 4 月 15 日	巴西巴西利亚	金砖国家首脑联合声明
第三次	2011 年 4 月 14 日	中国三亚	金砖国家首脑联合宣言
第四次	2012 年 5 月 29 日	印度新德里	德里宣言、德里行动纲要
第五次	2013 年 3 月 27 日	南非德班	德班宣言、金砖国家首脑关于建立金砖国家开发银行的联合声明

资料来源：Homepage of the 5th BRICS summit，http：//www. brics5. co. za/about - brics. Rev. 01. 12. 2013。

2010 年 4 月 15 日，巴西在巴西利亚举办了第二次金砖国家峰会，再次强调"在国际法规定的平等、尊重、合作、协调行动和联合决策的基础上，支持多极、公平和民主的世界秩序"。针对金融危机，金砖国家重申了在二十国集团中的地位，并强调其在摆脱金融危机中的作用。

这次峰会将重点放在经济议题上，如国际贸易、农业和能源、金砖国家在国际货币基金组织和其他多边机构中的角色。金砖国家进一步重申支持联合国千年发展目标的承诺，并表达希望通过发展合作支持发展中国家的积极立场。

2011 年 4 月 14 日，第三次金砖国家峰会在中国三亚举行，南非在此次峰会中被纳入金砖国家的行列。除再次重申金砖国家对国际多边主义的支持之外，所有成员国还把重点放在了国际金融体系改革上。此外，还阐明了对进一步落实成员国之间的经济合作的承诺。但是，合作并没有在整体层面上具体化。

第四次金砖国家峰会于2012 年5 月29 日在印度新德里举行。这次峰会的主题是“一个面向全球稳定、安全和繁荣的金砖国家伙伴关系”。新德里宣言对欧元区危机、即将举行的联合国可持续发展大会、墨西哥二十国集团峰会和在日内瓦举办的第八届世贸组织部长级会议均有提及。宣言还强调了金融危机背景下金砖国家的重要性，也提到成员国经济与其他国家相比在危机面前表现较好的事实。同时，金砖国家还声明，二十国集团的“角色……是，作为国际经济合作的重要平台，在目前的关键时期，应推动强化的宏观经济政策的协同，实现全球经济复苏以及保障金融稳定”。在这次峰会上，各国首脑还讨论了建立“南南”发展基金的想法（Sigh，2012），成为金砖国家开发银行设想的奠基石。

首轮最后一次峰会由“新成员”南非主办，并于 2013 年 3 月在德班举行。这次峰会的主题是“金砖国家与非洲：发展、融合和工业化伙伴”，这次峰会的联合宣言特别关注金砖国家和其他（尤其是非洲）新兴经济体的合作，还展望了未来举办金砖国家和非洲各国总统间峰会的可能。

新德里峰会上提出的金砖国家开发银行被视为金砖国家制度化的一个里程碑，德班峰会再次确认建立该银行。但是，成员国并没有确定该银行的总资本规模，并将该银行的建立推迟到 2014 年下一次峰会期间。金砖国家在德班峰会上还达成了建立总额为 1000 亿美元的应急储备基金（CRA）① 作为财政安全保障的共识。尽管有观点认为，德班峰会是金砖国家组织联合的一次失败尝试（*The Economist*，2013），但也有人认为，该峰会为在巴西召开的新一轮首次峰会奠定了基础（Hou，2013）。

从首轮峰会可以看出，年度会议已成为五个国家向世界展示联合行动力

① www. postwesternworld. com/2013/05/12/the – politics – of – the – brics – contingency – reserve – arrangement – cra. Rev. 20. 02. 2014.

的平台。成员国也在逐步学习如何加强协调，以及如何在国际机制中强化和展示它们作为新兴力量的地位。但是，整个进程进展比较缓慢，至少在国家层面上还没有超越“宣言式”的方法。在下面的部分中，我们将分析金砖国家峰会的两个重要方面：金砖国家与全球治理最重要的机制——二十国集团之间的关系，该集团几乎与金砖国家同时出现；金砖国家与其他发展中国家的关系以及通过加强“南南合作”来增进南方国家的联合。

金砖国家议程与二十国集团

金砖国家峰会议程表明，二十国集团的形成是金砖国家联合为一个组织的重要参照点，也是金砖国家在国际舞台上定位的参照点。早在 1999 年，促成全球最重要的经济体，包括工业化国家（它们已经在 20 世纪 70 年代形成了自己的组织例如西方七国集团、八国集团）和重要的新兴经济体国家联合的想法就已经出现。2008 年，二十国集团在华盛顿举行了第一次峰会，从此之后便成为协调全球经济政策的高端平台。二十国集团的形成被视为对七国/八国集团无法应对全球挑战的回应（Smith，2011）。在许多人看来，2008 年的国际金融危机是由西方主导的金融体系所导致的，而七国/八国集团成员很显然还没有准备好独自解决这样的问题，二十国集团的创立被视为对七国/八国集团无法独自应对全球性挑战的呼吁的一种回应。由此，重新设计全球经济和金融体系也成为自 2008 年以来二十国集团峰会的核心议题。

表 2　二十国集团峰会（2008 ~ 2013 年）

峰　会	年　份	日　期	地　点
第一次	2008	11 月 14 ~ 15 日	美国华盛顿
第二次	2009	4 月 2 日	英国伦敦
第三次	2009	9 月 24 ~ 25 日	美国匹兹堡
第四次	2010	6 月 26 ~ 27 日	加拿大多伦多
第五次	2010	11 月 11 ~ 12 日	韩国首尔
第六次	2011	11 月 3 ~ 4 日	法国戛纳
第七次	2012	6 月 18 ~ 19 日	墨西哥洛斯卡波斯
第八次	2013	9 月 5 ~ 6 日	俄罗斯圣彼得堡

资料来源：G20 homepage，http：//www. g20. org/about_g20/past_summits. Rev. ：01. 12. 2013。

在解决金融危机的可能方法上，二十国集团峰会在“加强国家在全球经济和金融体系中的干预”和“继续减少经济和金融监管，开放市场”之间摇摆不定。这些差异在华盛顿峰会（2008）期间就已经显现。当时在全球经济不稳定的背景下，由国家加强实施相关规范的声音尤为突出。而匹兹堡峰会（2009）期间，首轮经济复苏让自由市场的思潮卷土重来（Badin，2012）。

金砖国家在二十国集团中进行了不懈的努力以寻求各成员国的共同立场，协调各成员国之间的利益。但终因各国在国内政策、经济目标和路径上存在差异而难以实现。例如，在华盛顿峰会上，巴西和中国偏向扩大化政策并增加预算，而那时的俄罗斯、印度和南非则没有加入该阵营（Badin，2012）。总之，金砖国家在二十国集团峰会期间基本上都采取了加强对国际金融市场监管和政府介入的立场，金砖国家在政策决策和落实监管措施方面的相关性得到关注（Halligan，2011）。但是，金砖国家之间的协调仍然处于“不断改善”的水平，这种情况有时还涉及与其他新兴经济体的结盟，如2010年峰会期间与韩国的关系（ODI，2010）。

自2011年以来，为了确定共同利益，改善协调机制，金砖国家每次都会在二十国集团峰会之前召开预备会议或者利用金砖国家峰会的举办来准备二十国集团峰会。这种策略在很多情况下都很有效。在2011年于法国召开的二十国集团峰会之前，金砖国家（当时南非尚未加入）在对利比亚采取武装行动这一做法上统一了立场，即在联合国的授权投票中弃权（Wihardja，2011）。

金砖国家是七国/八国集团外展工作的重点对象，而这项工作最终推动了二十国集团的形成。但到目前为止，二十国集团对金砖国家这一“集团”的官方认可较少。正如Cooper（2013）所提到的，二十国集团宣言并未以组织形式称呼金砖国家，也还没有与金砖国家建立机制化的沟通。这种情况也许与金砖国家自身尚未实现明显机制化进程有关。

事实上，金砖国家与二十国集团的关系似乎充满了矛盾。一方面，金砖国家具有二十国集团成员身份是一种重要的认可，也说明了它们在全球治理方面的地位；另一方面，在第一轮峰会期间，金砖国家经历了集团形成和具体利益认同的过程。这种发展让五个国家进入一种“对所有可能的选择都保持开放”的策略，并以此为基础，参与其他国际论坛。从一开始，金砖国家就明确表明加入二十国集团的目的不是为了充当观众。

正如印度前总理曼·辛格2007年在海利根达姆所举行的七国/八国集团峰会中所言，“我们（金砖国家）来到这里，并不是要当请愿者，而是要在全球化的国际社会中成为平等、公正和公平的伙伴”（Cooper，2013）。

需要注意的是，尽管金砖国家是二十国集团的成员，并且被视为最重要的新兴经济体，它们还得不断地讨价还价以实现其在二十国集团中的地位，展示它们作为国际成员的实际价值。2013年9月在圣彼得堡举办的二十国集团峰会期间，评论员们再次强调了五个金砖国家之间的协调是提升实力的重要前提条件。在金砖国家经济增长减速的背景下，这一点显得尤为重要（Costa，2013）。下一次二十国集团峰会将于2014年11月15~16日在澳大利亚布里斯班召开，而在此之前四个月，金砖国家峰会也将在巴西举行。尽管速度缓慢，加强金砖国家之间的合作正在持续推进。下一年度将会是展示金砖国家加强合作带来的首个具体成果的重要机会。

金砖国家议程与“南南合作”

正如以上提到的，金砖国家承担了提高新兴经济体和发展中国家在国际体系中影响力的角色。最重要的向量是作为“集团”的金砖国家的构架是属于或者至少部分代表“全球发展中国家”。过去二十年中，金砖国家为了实现这种代表性，提升这些国家的国际角色，极大加强了与其他发展中国家的合作，并且不断强化它们提供发展合作的角色。在本部分，我们将在国际发展合作的背景下，讨论金砖国家和它们的目标，还将分析它们在此政策领域所引发的转变，以及这些国家在提供发展合作项目时扮演的角色。

金砖国家尽管加强了与“已有”捐赠国（经合组织发展援助委员会，OECD-DAC）之间的合作，但仍然谨慎地保持与后者之间的距离。这种做法引发了关于国际合作机制中出现的变化的广泛讨论（Manning，2006；Dieter，2003；Mawdsley，2012）。到目前为止，由于经合组织发展援助委员会的成员在全球官方发展合作（ODA）中占有大约90%的比重，因此，它仍然是制订发展合作标准的主要组织。然而，非DAC成员在发展合作中所占比例以显著的速度提升，并将于2015年预期达到20%（Park，2011；Quadir，2013：331-332）。

然而，要理解非DAC成员国（其中也包括金砖国家）在发展合作中的做法和策略相当困难。这种困难主要有两个原因。首先，它们不遵循OECD-

DAC关于发展合作项目的监测评估标准，导致不仅难以统计它们的合作，更难将它们的合作与ODA数据进行对比，而且非DAC成员国还不针对技术、金融和经济合作进行分类。其次，非DAC各国在发展合作中的角色也纷繁复杂。这些新的发展合作伙伴既包括“捐赠国”，例如阿拉伯国家（Denny/Wild，2011；Moman/Enis，2012）；也包括与OECD－DAC关系较近的国家，例如智利和墨西哥；还包括与OECD－DAC“发达国家俱乐部”保持距离的国家。由于金砖国家参与发达—发展中国家对话，因此可以归入最后一类。它们（至少在公开场合）谨慎地与DAC保持距离。正如之前提到的，金砖各国之间在许多方面存在差异，在国际发展合作中的参与也有所不同。

然而，除俄罗斯外，金砖国家都具有一个共同点：它们都将不断增长的合作定义为“南南合作”，并以此与“北南”合作区分，成为一种独立的模式。例如，巴西、中国、印度和南非没有签署发展援助委员会发布的《援助有效性巴黎宣言》（《巴黎宣言》），也不把自身标榜为“捐赠国”（Mawdsley，2011）。这就是最近“新发展合作伙伴”这个名词得以使用的原因。

在金砖国家（除俄罗斯以外的其他几国）的引领下，这些“新伙伴”在与其他国家的合作中强调它们过去的多个共同点：都曾经是发展中国家，文化相近以及由此带来的更相近的知识，更能理解发展中所面临的挑战。这些共同点成为实施合作的优势所在。因此，“南南合作”是一种以创造双赢和合作各方互利互惠为目的的横向合作模式，与“北南合作”相比，其干涉较少（Costa、Leite，2012）。

釜山宣言强调“南南合作”是一种全新的、重要的合作模式，而最新提出的国际合作原则在自愿的基础上得到了“新发展伙伴”的接受。釜山会议的与会者同意，2012年建立“全球有效发展合作伙伴机制”（GPEDC），经合组织（OECD）和联合国发展计划署（UNDP）对此都表示赞同。到目前为止，“全球有效发展合作伙伴机制”是推动发达和发展中国家参与合作者间对话的主要平台。由于“新发展伙伴”之间的差异和利益区别，它们并未着手建立用于协调“南南合作”的机制。

除了“北南合作”和“南南合作”外，作为第三种合作模式的“三方合作”，因具有加强北方捐赠国家与南方发展国家合作伙伴间对话的潜力而引起了越来越多的关注，双方似乎都能够从发展合作项目中受益（Abdenur/Fonseca，2013）。虽然国际发展合作机制中的进一步变化还有待观察，但无论如何，金砖国家似乎坚定地确认其在这样的机制转变中扮演着重要角色。

正如以上所提及的，金砖国家的五个成员在经济表现、收入水平、政治体制和地区影响力方面都存在差异。就发展合作而言，需要谨记的是，在不久以前，所有的金砖国家都还是“北方”合作的接收者（Rowlands，2012：633－634）。五个国家都明白，做个积极的发展合作提供者将有利于其各自外交政策目标的协调、加强其作为新兴经济体的地位以及“全球发展中国家”成员的角色。或者，正如 Rowlands（2012）提到的，“……金砖国家成员具有全球和地区力量，而这些力量又有各自的地缘政治目标，从而使得它们不太可能简单地接受和遵从 DAC 惯例”。

但是，这并不意味着金砖国家与现行的合作机制存在负面关系。五个国家都公开表示支持“有效发展合作的釜山合作机制”，并因此支持“全球有效发展合作伙伴机制（GPEDC）”。因此，尽管金砖国家不愿被“北方”机制同化或者收编，但它们仍很明确地积极参与“北南”发展合作的对话。这个承诺，在实际中体现为参与三方合作，保住了它们与“传统”捐赠国在同一水平进行互动的能力优势，这样就能够在不脱离“南方”国家这一特征的同时加强其在发展合作中的资历。

金砖国家间的合作以及它们与其他发展中国家的合作充分体现在第一轮峰会的所有宣言中。这些宣言参考联合国框架中的合作与发展，不断强调金砖国家对联合国千年发展目标以及国际贸易体系目标中更多地惠及非工业化国家的承诺。然而，到目前为止，金砖国家还未能进一步在技术层面设定标准或者形成统一的原则来协调各个国家的技术合作，更未涉及发展中国家合作的机制化。这种情况仍然可以以各国的差异来解释。尽管金砖各国在国际发展合作中采取类似的立场（某些时候，俄罗斯是个例外），目前各国在地区重点、区域分布以及“南南合作”的规模和手法上，都存在独特性。

巴西大力宣扬发展中国家之间的团结以及与之配套的多方机构（例如世贸组织），是最重要的“南南合作”提供方之一。在前总统卢拉领导时期（2003～2010 年），“南南合作”作为巴西的外交政策得以推广，虽然现任总统迪尔马的推广不及卢拉有力，但是该政策仍旧得以继续。1987 年巴西创立了归属外交部的官方合作机构 ABC，管理大约 3000 万美元（2010 年）小额预算（Abreu，2013），而该预算大部分通过多边组织进行分配。但是，其他的联邦部委和国家机构也积极参与“南南合作”，因此，巴西2010年的合作总支出为4亿~12亿美元（Cabral/Shankland，2013；Inoue/Vaz，2012）。巴西将合作重点放在南美洲和非洲（这两个地区接受了巴西大约一半的合作资金），而非洲的重点则是葡萄牙语地区。主要领域包括农业、健康、人道援助和能力建设，其中前面两个领域尤为重要。巴西已经证明其具备满足国际合作标准的专业能力。此外，最近巴西还在非洲免除了巨额债务。巴西积极参与三方合作，例如与日本、德国和意大利合作。与此同时，巴西仍坚定地保持不加入 OECD - DAC、不追随该组织原则的态度。近期巴西正在讨论，建立一个促进与非洲开展技术和经济合作的专门机构（Rossi，2013）。

正如之前提到的，俄罗斯在充当发展 - 合作提供者的角色上，与其他金砖国家存在差异。由于第二次世界大战后拥有超级大国地位，与西方工业化国家相近，俄罗斯并未将其合作展示在“南方”（发展中国家）团结的背景下。该国更多地被看成是重新崛起的捐赠国，在技术合作方面的投入相对较低。尽管自2003年以来，俄罗斯技术合作的预算逐年增长，估计在2012年也仅达到五亿美元的水平，在八国集团国家中排在末位，少于中国、巴西和印度的资金量。俄罗斯的资金分配渠道也在发生变化：过去，该国主要支持多边组织，2012年该国技术合作资金的61%通过双边机构进行分配。与其他金砖国家相比，俄罗斯着重与东欧和中亚近邻国家合作（2011年占28%），非洲也同等重要（占28%），之后是拉丁美洲（20%）。合作领域包括人道援助和教育。在合作机构设立方面，俄罗斯于2007年发布相关计划，并根据计划创建了“俄罗斯国际发展署”（RAID）。该机构计划于2012年在俄罗斯财政部和外交部的管辖下开始运作。但是，该计划由于各部委间的能力竞争而一直被搁浅。俄罗斯是金砖国家中唯一一个签署了 OECD - DAC《巴黎宣言》的国家，合作手法较为接近“传统捐赠国”，与其他四个金砖国家存在差异（Khamatshin，2013）。

印度是南亚发展捐赠国的又一重要例子。由于其巨大的社会差异和被殖民的历史，印度采取了与巴西相近的“南南合作”话语，而且作为发展中国家的代表而享有一定的声誉（Debiel、Wulff，2013）。在所有金砖国家中，印度偏好在其区域内寻找发展伙伴：2010年印度85%的合作资金流向其近邻国家。但是，印度与非洲也具有很紧密的联系（特别是肯尼亚、坦桑尼亚和毛里求斯，因为这些国家具有较多的印度裔人口）。印度与其他金砖国家发展合作的数值却很难计算，2010 年的估计值为 4.2 亿到 10 亿美元（Stuenkel，2010）。但是，这些数据并不包括大量的金融合作和债务免除。印度的技术合作重点是减贫、能力建设和人道援助。与俄罗斯类似，印度也宣布了建立"印度国际发展合作署"（IIDCA）的计划，但由于内部争论不断，该计划尚未得以实施。这就是为什么印度外部事务部（MEA）及其"印度技术经济合作项目"成为印度目前最重要的合作协调者的原因。截至釜山会议，印度一直与 OECD - DAC 及其相关议程保持距离；对于参与三方合作，印度也一直保持谨慎态度。尽管如此，印度却一直积极参与发达和发展中捐赠国之间的援助对话。

南非在发展领域扮演着与其他国家稍微不同的角色。由于该国的发展合作资金流向（南部）非洲地区，南非必须在其认为的几种角色之间保持平衡：地区力量（积极和消极两方面的力量皆有），技术合作提供方和宣称代表本区域的国际新兴力量。在金砖国家中，南非的合作规模较小，2006 年总额在 3.63 亿到 4.75 亿美元间（Sidiropoulos，2008），该国被称作"发展外交的中等力量"（Vickers，2012）。虽然数额不大，但是南非的发展合作具有相当的活力：随着"南非发展伙伴机构"（SADPA）的成立，该机构今年成为"非洲复兴基金"（ARF）的继任者，领导着该地区的发展项目（例如之前提到的 NEPAD）。和巴西、印度一样，南非能够感同身受地将其合作植根于"南南"团结的背景下，并努力扮演合作伙伴国家代表的角色。

中国由于其出色的经济表现、在国际事务中的政治权力，以及该国合作项目的规模（2010 年达到 14 亿美元。Cabral 和 Shankland，2013），作为一个新的捐赠国，获得了极大关注。在过去十年中，中国从接受国转身成为"净捐赠国"（China，2012），但是，和其他金砖国家一样，中国与"传统"捐赠国保持着距离。而且，中国将技术和经济合作融合在一起，因而其援助无法得到可靠的分类统计数据，并因为其并未按照 OECD 的标准实施援助，遭到 DAC 成员和其他观察员的批评（Brautigam，2011；Dreher 和 Fuchs，2011）。但是，这并不代表合作对象国对中国也持有消极态度（Kagame，2009）：中国的合作项目专注于基础设施和能源。和其他金砖国家一样，中国在本地区力量巨大，并利用“南南合作”进一步强化这一身份。中国的合作重点地区仍然以非洲（Fonseca，2012）和拉丁美洲（Abdenur 和 Marcondes，2013）为主。

中国尽管已经成为一支全球力量，但仍然将其合作定义为“南南合作”，目的是强化中国与发展中伙伴之间的亲密关系，并将自身与发达国家捐赠国区别开来。可以看出，所有五个金砖国家都毫无疑问地在发展合作领域扮演着重要角色。但仍然可以说，它们仍然处于其定义的外交政策议程中进一步细化发展合作的具体功能和地位的阶段。无论如何，金砖国家（和其他国家）在发展合作领域的崛起，已经引发了关于对目前发达国家主导的国际发展体系构架的深层次讨论。

作为一个团体来说，由于各国内部因素和处于界定发展议程的早期阶段的事实，金砖国家还未处在协调各国不同的发展政策的阶段。而且，对于印度、巴西和南非而言，金砖国家这一团体并不是协调发展合作的首选——2004 年，这三个国家在联合国发展规划署的支持下，在三方机制 IBSA 的基础上成立了一个合作基金（Alden 和 Viera，2011）。究其原因，一是俄罗斯在“南南合作”中与众不同的策略；二是中国拥有的巨大能量。

无论如何，“南南合作”在金砖国家第一轮峰会期间占有一定地位，也预示该政策领域在各个国家将越来越重要，并有可能在某个阶段占据金砖国家议程的重要地位，而金砖国家开发银行的建立则是该进程中最重要的标志。尽管该银行的主旨是为了推动金砖国家的发展及它们之间的合作、建立金融合作的协调机制，但也很容易被转化为协调与第三方之间合作或者投资合作项目的工具。

思考：合作竞争机制化以及协作强化

在 2013 年 4 月的第五届年度会议期间，即首轮最后一次峰会中，金砖国家宣布即将建立属于自己的发展银行，并计划在 2014 年巴西福塔雷萨（Fortaleza）举行的第二轮首次峰会期间正式全面启动。五年来，来自五国的代表就相关议题进行了一系列讨论，通过这样的讨论，金砖各国进一步认识到成员国之间的异同和局限，并且就可以合作的领域和方法达成了共识。在首轮会议期间发布的一系列文件、申明、宣言和报告中，大多数集中表达了五国共同合作、加强在国际舞台的共同地位的愿望，同时也表示愿意成为增强较不发达国家话语权、推动这些国家发展的代言人。

金砖国家开发银行尚未成立，但为此实施了一系列的研究和分析，其目的是理解成立该银行的各种影响因素，并以这些研究分析来确定该银行未来的构架、在该构架下五个成员国集体或者独立运作的方案。金砖国家开发银行将是金砖构架实现机制化的第一步，在“合作竞争”条件下，它不但能够强化金砖国家这一整体组织，还将促进各个成员国的强大。

“合作竞争”的概念是合作和竞争的集合。很明显，合作银行这样一个机构能够让金砖国家学会如何在背景各异的前提下实现合作。然而，合作并不意味着排除竞争。非洲即将成为一个复杂的棋局，金砖各国在其中均有介入，合作银行向非洲基础设施发展项目输送资金的同时，来自五国的公司和承包商也将为非洲大陆的资源和空间而展开竞争。尽管各国以及来自各国的公司和承包商之间存在竞争，金砖各国也在为增强其国际竞争地位而推动着相互间的合作。

正如德班峰会发布的《德班宣言》第九款所提到的，金砖国家开发银行存在的目的是成为推动发展中国家（包括金砖各国）之间更有效地发展基础设施的机构。宣言第九款写道：

> 9. 由于长期融资和外国直接投资不足，尤其是资本市场投资不足，发展中国家面临基础设施建设的挑战。投资不足限制了全球总需求。金砖国家的合作推动了更有效地利用全球金融资源，为解决上述问题做出了积极贡献。2012 年 3 月，我们指示各国财长们评估建立一个新的开发银行的可能性和可行性，为金砖国家、其他新兴市场和发展中国家的基础设施和可持续发展项目筹集资金，并作为对现有多边和区域性金融机构促进全球增长和发展领域的补充。根据财长们的报告，我们满意地看到建立一个新的开发银行是可能和可行的。我们同意建立该银行，银行的初始资本应该是实质性的和充足的，以便有效开展基础设施融资。

通过五年的峰会，金砖国家的共同议题得以强化，同时也促成了金砖各国大量不同的组织之间的协作。这些组织各有不同的目标，而这些目标与官方议程不尽相同，例如 2013 年在德班举行的、由公民社会组织的一个名为

“来自底层的金砖国家”的反峰会。无论这些议程差异多么巨大，如果没有峰会和峰会各种活动的举办，在使金砖国家成为一个团体这一目标上，相关各方不可能走得像今天这样紧密。

通过发展银行的机构化进程，金砖国家以建立金融机制的方式增强了合力，让来自各国的公司在发展非洲大陆方面获得更好、更具竞争力的地位。这个现状让围绕金砖国家官方的和非官方的、批评的和反对的议程得到了强化，也因此加强了其他参与者之间的合力。在举办了五年的年度会议后，金砖国家之间仍然充满了差异。但是，该组织建立了合作的方向，并提供了一个平台，让不同角色第一次围绕一群过去不太可能走到一起的国家成立组织而聚在一起。关于金砖国家是否会威胁到国际舞台现状这一问题，还需要进一步讨论，但它们似乎已经在传统发达国家（例如美国或者欧洲国家）以外的国家之间，开启了协作机制。借助通过首轮峰会建立起来的协作，多边主义将作为国际系统的支柱之一继续得到发展。

参考文献

Abdenur, Adriana; Fonseca, João Moura Estevão Marques Da (2013): The North's Growing role in South - South Cooperation: keeping the foothold 34 (8), pp. 1475 - 1491. Available online at http://dx.doi.org/10.1080/01436597.2013.831579.

Abreu, Fernando de (2013): O Brasil e a Cooperação Sul - Sul. Apresentação no BRICS Policy Center. Agência Brasileira de Cooperação - (ABC). Rio de Janeiro, Brazil. Available online at http://bricspolicycenter.org/homolog/arquivos/e.pdf, checked on 8/4/2013.

Alden, Chris; Vieira, Marco Antonio (2011): India, Brazil, and South Africa (IBSA): South - South Cooperation and the Paradox of Regional Leadership. In *Global Governance* 17 (4), pp. 507 - 528.

Badin, Luciana (2012): Os Brics no G20 - as perspectivas de uma unidade. BRICS Policy Center. Rio de Janeiro, Brazil (BRICS Policy Center - Policy Brief). Available online at http://bricspolicycenter.org/homolog/uploads/trabalhos/5786/doc/1537552356.pdf, checked on 12/1/2013.

Bräutigam, Deborah (2011): Aid 'With Chinese Characteristics': Chinese Foreign Aid and-Development Finance Meet the OECD - DAC Aid Regime. In J. Int. Dev 23 (5), pp. 752 - 764. doi: 10.1002/jid.1798.

Cabral, Lidia; Shankland, Alex (2013): Narratives of Brazil – Africa Cooperation for Agricultural Development: New Paradigms? Future Agricultures (Working Paper, 51), checked on 3/15/2013. Cintra, Tatiana (2013): Rumoà África. Construção E negocios (Reportagem). Available online at http://www.revistaconstrucaoenegocios.com.br/materias.php? FhIdMateria = 277, checked on 12/10/2013.

Cooper, Andrew (2013): BRICS in the G – 20 wall. in *Indian Express*, 9/10/2013. Available online at http://www.indianexpress.com/news/brics – in – the – g20 – wall/1166933/.

Costa Leite, Iara (2012): Cooperação Sul – Sul: Conceito, História E Marcos Interpretativos. In Observador On – line (03), checked on 12 – Apr – 12.

Costas, Ruth (2013): Reunião no G20 é 'teste' para cooperação dos BRICS. In *BBC Brasil*, 9/5/2013. Available online at http://www.bbc.co.uk/portuguese/noticias/2013/09/130904_g20_brics_ru.shtml, checked on 12/10/2013.

Debiel, Tobias; Wulff, Herbert (2013): indiens BRICS – Politik: Unentschlossen im Club. BundeszentraleFür politische Bildung (BPB). Available online at http://www.bpb.de/apuz/173800/indien – unentschlossen – im – club, checked on 11/4/2013.

Denney, Lisa; Wild, Leni (2011): Arab Donors: Implications for Future Development Cooperation. European Development Co – operation to 2020 – EDC2020 (EDC2020, 13). Available online at http://www.edc2020.eu/fileadmin/publications/edc_2020_ – _Policy_Brief_No_13_ – _Arab_ Donors_Implications_for_Future_Development_Cooperation.pdf, updated on 16 – Mar – 11, checked on 05 – Feb – 12.

Dieter, Heribert (2003): Die Welthandelsorganisation nach Cancún. Hält die neue Macht des Südens an? Stiftung Wissenschaft und Politik (SWP) – Deutsches Institut Fuer Internationale Politik und Sicherheit Berlin. Berlin (SWP – Aktuell, A 34). Available online at http://www.swp – berlin.org/common/get_document.php? asset_id = 374, checked on 2/26/2009.

Dreher, Axel; Fuchs, Andreas (2011): Rogue Aid? The Determinants of China's Aid Allocation. Edited by Georg – August – Universität Göttingen. Göttingen. Available online at http://www2.vwl.wiso.uni – goettingen.de/courant – papers/CRC – PEG_DP_93.pdf, checked on 10/19/2011.

Fonseca, João Moura estevão marques da (2012): A China na África e o campo da cooperação internacional para o desenvolvimento. In Adriana Abdenur, Paulo Esteves (Eds.): Os BRICS e a Cooperação Sul – Sul. Rio de Janeiro, Brazil: Editora PUC – Rio, pp. 167 – 194.

Fues, Thomas (2012): At a crossroads. IN D + C – *Development and Cooperation* (7 – 8), pp. 301 – 303. Available online at http://www.dandc.eu/articles/220599/index.en.shtml.

Halligan, Liam (2011): The BRIC Countries' Hainan summit could make the G20 redundant. In The Telegraph, 4/16/2011. Available online at http: //www. telegraph. co. uk/finance/comment/liamhalligan/8455956/The - BRIC - countries - Hainan - summit - could - make - the - G20 - redundant. html, checked on 12/10/2013.

Hou, Zhenbo (2013): The BRICS Summit in Durban: too soon to write it off. Overseas Development Institute (ODI). Available online at http: //www. odi. org. uk/opinion/7359 - aid - development - finance - brics - brazil - russia - india - china - south - africa, checked on 12/10/2013. inoue, Cristina Yumie Aoki; Vaz, Alcides Costa (2012): Brazil as 'Southern donor': beyond hierarchy and national interests in development cooperation? In *Cambridge Review of International Affairs* 25 (4), pp. 507 - 534. DOI: 10. 1080/09557571. 2012. 734779. Khamatshin, Albert (2013): Russia, the forgotten donor, BPC Monitor. BRICS Policy Center, Rio de Janeiro. Forthcoming.

Manning, Richard (2006): Will Emerging Donors Change the Face of International Co - operation Development? In Development Policy Review (24 (4)), pp. 371 - 385. Available online at http: //www. oecd. org/dataoecd/35/38/36417541. pdf, checked on 2/27/2009.

Mawdsley, Emma (2011): The changing geographies of foreign aid and development cooperation: contributions from gift theory. In Transactions of the Institute of British Geographers NS 2011, pp. 1 - 17. Available online at http: //onlinelibrary. wiley. com/doi/10. 1111/j. 1475 - 5661. 2011. 00467. x/pdf, checked on 12/27/2011.

Mawdsley, Emma (2012): From recipients to donors. Emerging powers and the changing development landscape. London, New York: Zed Books.

Momani, Bessma; Ennis, Crystal A. (2012): Between caution and controversy: lessons from the Gulf Arab states as (re -) emerging donors. In *Cambridge Review of International Affairs* 25 (4), pp. 605 - 627. DOI: 10. 1080/09557571. 2012. 734786.

Naím (2007): Rogue Aid. What's wrong with the foreign aid programs of China, Venezuela, and Saudi Arabia? They are enormously generous. And they are toxic. In Foreign Policy (March/April 2007), pp. 95 - 96. Available online at http: //web. ebscohost. com/ehost/pdfviewer/pdfviewer? vid = 4&hid = 108&sid = b3338981 - fd9d - 4e80 - aa3d - b59e0eae2fd4% 40sessionmgr104, checked on 4/20/2011.

ODI (2010): The G - 20 in 2010: cementing the BRICKS of development. Overseas Development Institute (ODI) (Policy Brief). Available online at http: //www. odi. org. uk/sites/odi. org. uk/files/odi - assets/publications - opinion - files/5922. pdf.

Park, Kang - Ho (2011): New Development Partners and a Global Development Partnership. In Homi Kharas, Koji Makino, Woojin Jung (EDS.): Catalyzing development. A new vision for aid. Washington, D. C: Brookings Institution Press, pp. 38 – 60.

Quadir, Fahimul (2013): Rising Donors amd the New Narrative of ‘South – South’ Co-operation: what prospects for changing the landscape of development assistance programmes? In *Third World Quarterly* 34 (2), pp. 321 – 338. Available online at http: //www. tandfonline. com/doi/abs/10. 1080/01436597. 2013. 775788, checked on 4/24/2013.

Rossi, Amanda (2013): Governo Dilma implementa ‘agenda África’ para ampliar relações. estão em jogo o aumento do comércio e dos investimentos brasileiros no continente e também o reforço da cooperação Sul – Sul. In estado de São Paulo, 10/29/2013. Available online at http: //www. estadao. com. br/noticias/cidades, governo – dilma – implementa – agenda – africa – para – ampliar – relacoes, 1090701, 0. htm, checked on 10/30/2013.

Rowlands, Dane (2012): individual BRICS or a Collective bloc? convergence and divergence amongst ‘emerging donor’ nations. In *Cambridge Review of International Affairs* 25 (4), pp. 629 – 649. DOI: 10. 1080/09557571. 2012. 710578.

Sidiropoulos, Elizabeth (2008): Emerging Donors in International Development Assistance: The South Africa Case. One of five reports on the role played by emerging economies in funding international development. International Development Research Center – IDRC. Canada (Emerging Donors Study). Available online at http: //www. idrc. ca/uploads/user – s/12441475471Case_of_South_Africa. pdf, updated on 3/19/2008, checked on 3/6/2009.

Singh, Rajesh Kumar (29. 03. 2102): BRICS flay West over IMF reform, monetary policy. Available online at http: //ca. reuters. com/article/topNews/idcabre82s05k20120329, checked on 12/10/2013.

Smith, Gordon (2011): G7 TO G8 TO G20: Evolution in Global Governance (CIGI G20 Papers, 6). Available online at G7 to G8 to G20: Evolution in Global GovErnancE.

Su Tcdc (1978): Buenos Aires Plan of Action. United Nations Special Unit for TCDC. New York. Available online at http: //ssc. undp. org/content/dam/ssc/documents/Key% 20Policy% 20 Documents/BAPA. pdf, checked on 12/10/2013.

Stuenkel, Oliver (2010): Responding to Global Development Challenges. Views from Brazil and India. Deutsches Institut Für Entwicklungspolitik /german development institute (die Discussion Paper, 11/2010). Available online at http: //www. die – gdi. de/CMS – Homepage/openwebcms3. nsf/ (ynDK_contentByKey) /ANES – 89YHBD/ $ FILE/DP% 2011. 2010. pdf, checked on 5/10/2011.

Vickers, Brendan (2012): Towards a new aid paradigm: South Africa as African Development partner. In Cambridge review of International Affairs 25 (4), pp. 535 - 556. DOI: 10.1080/09557571.2012.744638.

Wihardja, Maria Monica (2011): The G20 and the BRICS: How to manage the politics? East Asia Forum. Indonesia. Available online at http://www.eastasiaforum.org/2011/04/06/the-g20-and-the-brics-how-to-manage-the-politics/, checked on 12/10/2013.

金砖国家的不平等城市

Rasigan Maharajh *

引　言

这份关于巴西、俄罗斯、印度、中国和南非（金砖国家）的不平等的城市报告集中考虑这五个国家的城市化和不平等状况。该报告包括三个部分。在一个简单的引言后，报告将呈现与城市化进程有关的数据；通过介绍与贫民窟有关的信息，展示了具有代表性的不平等状况；报告最后描述了这个领域所面临的挑战，并提出相关建议，推动在城市化过程中消除不平等，并以此作为实现全民生活改善的手段。

到 2013 年为止，尽管全球各地的城市化程度不均，世界上已经有超过一半的人口居住在城市。2011 年的总人口数估计为 36 亿（UN，2012）。由于各国对“城市”的定义不同，“城市化”也就成为一个相当含混不清的概念。根据联合国数据局的介绍，金砖国家使用的行政定义分别是：（巴西）“城市和地区行政中心的市镇和近郊”；（俄罗斯）“官方定义的市镇和市镇类地区，通常根据居民和农业（或者非农业）工作者以及他们家庭的数量来确定”；（印度）“城镇具有市政当局，市政区域委员会，城镇委员会，都市区（notified area）委员会或者小行政区委员会；同时，所有人口达到和超过 5000 人，且密度不少于每平方英里 1000 人，或每平方公里 400 人，最少四分之三的成年男性受雇而并非从事农业生产的地区”；（中国）“城市仅指由国务院确定

* Rasigan Maharajh，南非 Tshwane 技术大学经济和金融学院创新经济研究所主任。

为城市的地区。在有县区设置的城市内，城市指整个行政范围内每平方公里人口密度不低于1500人的区域；或者每平方公里人口密度低于1500的县区政府所在地或该县区行政管理范围内的街道区域；在没有县区设置的城市内，城镇是指市政府所在地或者其他该城市行政管理范围内的街道区域；每平方公里人口密度低于1500或者未设置县区的市镇，如果县区或者市政府所在地城市建设延伸至邻近的市镇或镇，则该市镇包括这些延伸部分”；（南非）“具有某种当地政府设置的地区”（UNSTATS，2005：表6）。

人类社会是从觅食、狩猎和聚居为生存方式的原始状态逐渐演变和发展成愈加复杂的组织形式的（Maharajh，2013等）。经过不同生产模式的演变，例如从旧石器时代和新石器时代逐渐进入耕作和定居，集中居住使人类能够更好地协调劳作、知识积累和跨代技能传播。城市化无疑促进了农业和医疗领域的进步，为人类提供了更为稳定的营养和更好的疾病管理能力。18世纪工业资本主义的出现加速了城市化的进程。David Harvey等理论家认为，在目前的背景下，“城市化扮演了特殊而活跃的角色，它伴随着军事开支扩大的现象，同时也在消化资本家在追逐利益过程中生产的过剩产品”（2008）。联合国认为，全球大约80%的国民生产总值是在城市地区产生的（2013：15）。

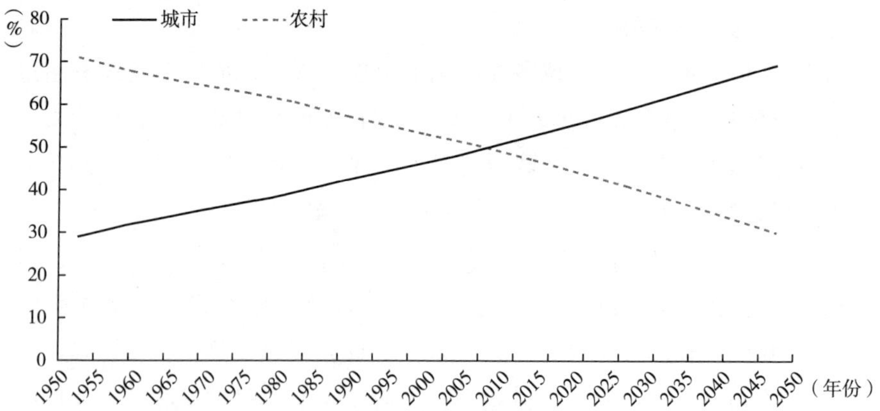

图1　全球人口变迁

资料来源：Percetage Of World Population。

如图1所示，直到20世纪末，人类社会的主要人群才开始在城市中生活。当“城市”这个名词蕴含着不同的意味时，“城市化”越来越多地被看成“一个通过快速变化的人口和土地覆盖而呈现的、具有多面性的过程”（Elmqvist等，2013：x）。2007年联合国对人口迁移的预测说法不一。尽管存在定义方面的问题，到2010年，地球上最大的十个人口聚集地中的六个在金砖国家，它们是：德里，圣保罗，上海，孟买，北京和加尔各答（UN，2012）。

21世纪共同时代下不平等的担忧笼罩着组成全球系统的所有国家。但是，人与人之间存在的不平等并非人类社会生来就有的现象。从很大程度上来说，不平等是社会经济建设的必然产物，是具备结构化和周期性特点的，由生产、分配、交换和消费系统决定的，而人类则是在这个系统中得以组织的，他们的生活必需品也是在这个系统中得以创造和生产的。政治经济指“资源的生产、分配和消费相互交织而形成的社会关系，特别是权力关系”（Mosco，2009：2）。正是这些核心的社会关系建构了不平等现象，其结果是弱势状况代代相传。正如Peter Critchley提出的，一个“具体的城市并不能脱离其所处的并通过其呈现的特殊的功能和形式嵌入的政治经济而存在”（2004）。对于藤田训子而言，“现代城市理论常常认为，全球化、新自由主义化和技术变革是不断增长的贫富阶级分化、贫困以及城市中的社会和空间极化的结果”（2013：34－35）。

金砖国家的城市化

表1是按照各金砖国家的城市定义而展示的生活于城市的人口的比例。

表1　城市人口占比

单位：%

国　家	1990	2000	2007	2011
巴　西	85	81	75	85
俄罗斯	73	73	73	74
印　度	29	28	26	31
中　国	43	36	28	51
南　非	60	57	52	62

资料来源：World Health Organization（2013）World Health Statistics。

在所有五个金砖国家中，居住于城市的人口比例都呈现上升态势。而上升的比例有所不同，人口数量也有巨大差异，因此，相应的结果也并不均衡。

表 2　城市人口百分比年度变化

单位：百分点

国　家	1990～1995	1995～2000	2000～2005	2005～2010	2010～2015
巴　西	0.97	0.90	0.40	0.36	0.32
俄罗斯	-0.01	-0.01	-0.11	0.20	0.23
印　度	0.81	0.78	1.10	1.13	1.15
中　国	3.16	2.95	3.40	2.93	2.44
南　非	0.92	0.86	0.81	0.76	0.70

资料来源：UN（2011 & 2012）World Population Prospects：The 2010 Revision & World Urbanisation Prospects：The 2011 Revision。

表 2 的数据表明，金砖国家在其官方定义的城市地区生活的人口比例通常相对较小。在变化率上，所有国家都出现了边际减少，这是城市化减缓的一个信号。部分解释在表 3 中得以呈现。

表 3　城市人口占总人口数的比例

单位：%

国　家	1950	1960	1970	1980	1990	2000	2010	2020	2030
巴　西	37	46	57	67	75	81	86	89	90
俄罗斯	45	54	62	70	73	73	73	75	78
印　度	17	18	20	23	26	28	30	35	41
中　国	13	16	17	20	27	36	45	53	60
南　非	43	47	48	48	49	57	64	70	74

注：1950～1990 年估计差异；2000～2030 年中度差异。

资料来源：UN（2013）World Population Prospects：the 2012 Revision。

表 3 说明，除了人口总数巨大的国家，如中国和印度，其他三个金砖国家的主要人口已经生活在城市地区。巴西的人口城市化程度最高，之后是俄罗斯、南非、中国和印度。在金砖国家中，巴西的人口城市化比例最高，Martine 和 McGranahan 认为，巴西如今面临的主要困难的原因表现在“历史上根深蒂固的社会不平等结构，以及对长期大规模城市化增长未能有效地预见、承接和计划”（2010：1）。但是，图 2 提供的数据则说明，20 世纪 90 年代初期到 21 世纪头十年末期，在除巴西外的所有金砖国家中，家庭收入不均扩大了。

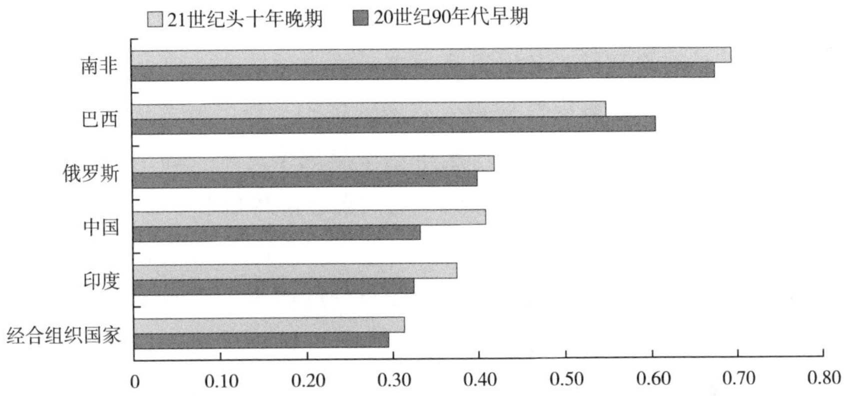

图 2　金砖国家和经合组织国家不平等的变化情况（20 世纪 90 年代早期与 21 世纪头十年晚期对比）（家庭收入基尼系数）

注：200 世纪 90 年代早期的数据通常来源于 1993 年，而 21 世纪头十年晚期数据则通常来源于 2008 年。

资料来源：经合组织—欧盟的新兴经济体数据库和世界银行指标数据库。

Becker 等人提醒我们，“在社会主义制度下，城市化的过程没有受到阶级对立、社会和种族不平等及垄断抗争等因素的干扰，因此，其结果并未导致城镇危机。安家聚集没有受到干扰，却与经济和社会发展的更多要求形成冲突”（2012：19；引述 Gokhman 等①）。俄罗斯并不是唯一一个饱受这种折磨的国家。Yeh 等人认为，为了应对日益增长的不平等，中国三十年前“让部分人和部分地区先富起来”的号召带动了农村和城市地区的发展，而现在则到了应该强调这个口号的后半部分“实现共同富裕”的时候了（2011：30）。由于两国均强调市场机制，过去的计划经济时代将彻底转变，显示为进一步加大的城市不平等。

Kundu 则认为，虽然印度农村不平等有所减少，“城市地区不平等现象部分可归咎于缺乏经济增长和经济增长不均”（2011：30）。对于在全球范围的不平等状况尤为严重的南非，Turok 认为，“学校、基础设施的质量和有效社

① Gokhman，V；G. Lappo；I. Mayergoiz 和 J. Mashbits（1976）城市化的地理性及其在不同社会体制国家中的特殊体现，GeoForum 7（4）271 – 283。

会网络的不平等差距进一步加剧了收入高度不均以及空间隔离，其结果是社会经济地位、种族和空间因素重合并相互作用。在地理位置较好的地区，除非通过某种非正式的安排，贫困家庭根本无力支付购买或者租用非常小的房屋或者土地的费用。许多家庭被逼入贫困的旋涡，处于城市边缘。这种由劳动力市场导致的不平等进一步在土地市场中呈现出后果，即最贫困的家庭不得不占用‘剩余’土地，进一步加剧了他们面对自然和人为灾害时的脆弱性”（2012：42）。

伴随城市化的进程，归入贫民窟居住条件的城市人口数不断上升。联合国人居署将贫民窟家庭定义为：在城市中生活在同一屋檐下的一群人，他们缺乏以下一项或者多项基本需求：

1）能够抵抗极端气候条件的、牢固的永久住房；

2）充足的生活空间，每间房屋不超过三人同住；

3）容易获取安全的、便利的用水，并有能力支付相关费用；

4）可获得适当的卫生设施，其表现为合理人数共同使用公用或者私用的卫生厕所；

5）稳定的土地或房屋使用权以避免强迫迁出（联合国人居署：2012）。

Mike Davis 在他的《贫民窟星球》（2006）一书中，通过精练的文字，对 1945 年以来“全球贫困城市化的重大趋势和重大变化进行了阶段划分”。然而，正如 Richard Pithouse 认识到的那样，在这种富有雄心而庞大的陈述中，“对贫民窟政治和文化进行了过度概括和灾难性的描述，对描述施暴者（世界银行、联合国、非政府组织和美国军方）的兴趣要大于对被压制者群体本身的兴趣”（2006）。在讨论下面的数据时，切记前面提到的陷阱，并真正确保不复制其结果性错误。表 4 展示了四个金砖国家的贫民窟人口数据，在联合国数据库中，没有与俄罗斯有关的数据。

表 4　城市地区贫民窟人口

国家	1990		1995		2000		2005		2007		2009	
巴西	40526984	1	42788979	1	44604358	1	45428464	2	45309388	2	44947237	23
印度	121021917	7	122230851	7	119698266	7	112912592	89	109101620	9	104678918	93
中国	131669895	54	151437434	54	169102156	54	183543800	6	182934182	6	180559661	6

续表

国家	1990		1995		2000		2005		2007		2009	
南非	8833968	10	8949709	10	8475267	10	8179318	11.3	6813931	12	7055354	12

注：
1 – DHS 1986，1991，1996；
2 – 圣保罗 UIS 2006，2000 人口普查和 DHS1986，1991，1996；
3 – 用于估计贫民窟比例的趋势分析；
4 – 基于水和卫生的估计；
5 – 联合国儿童基金会/WHO JMP 水和卫生；
6 – 根据"全球城市状况 2006/2007"附件得出的计算结果；
7 – DHS 1993，1998/1999；
8 – 用于估计 2005 年数据的趋势分析；
9 – DHS 2005 及其他来源；
10 – DHS 1998 及其他来源；
11 – DHS 1998，2001 人口普查；
12 – 2007 年人口普查。
资料来源：UN（2013）千年发展目标数据库。

表 4 中所展示的数据模式告诉我们，贫民窟的情况具有快速变化的特征，以五年为阶段进行的测量所反映出的巨大差异说明，在很多情况下，解决由贫民窟导致的排斥和不平等已成为改革和变革的当然责任和义务。这一观点通过表 5 展示的金砖国家减少贫民窟居民比例的总体趋势而得到进一步的验证。

表 5　贫民窟人口占城市人口的比例

单位：%

国家	1990		1995		2000		2005		2007		2009	
巴西	36.7	1	34.1	1	31.5	1	29.0	2	28.0	2	26.9	2, 3
印度	54.9	7	48.2	7	41.5	7	34.8	8, 9	32.1	9	29.4	9, 3
中国	43.6	5, 4	40.5	5, 4	37.3	5, 4	32.9	6	31.0	6	29.1	6
南非	46.2	10	39.7	10	33.2	10	28.7	11, 3	23.0	12	23.0	12

注：
1 – DHS 1986，1991，1996；
2 – 圣保罗 UIS 2006，2000 人口普查及 DHS 1986，1991，1996；
3 – 用于估计贫民窟比例的趋势分析；
4 – 以用水和卫生为基础的估计；
5 – 联合国儿童基金会/WHO JMP 水和卫生；
6 – 根据"全球城市状况 2006/2007"附件得出的计算结果；
7 – DHS 1993，1998/1999；
8 – 用趋势分析对 2005 年的贫民窟数量进行估计；
9 – DHS 2005 以及其他来源；
10 – DHS 1998 以及其他来源；
11 – DHS 1998，2001 人口普查；
12 – 2007 年人口普查。

当代和未来的挑战

在城市环境中，生产、消费和交换之间的动态关系以及通过组织形式嵌入国家治理中的权力结构发挥着重大作用。随着金砖国家城市人口的不断增长，其积累的特权、生态及地理边界之间固有的冲突无疑都将加剧矛盾和压力。联合国儿童基金会认为，“来自印度、中国和巴西的证据清晰地表明，减缓不平等带来的减贫红利，远比传统的、以经济增长为核心的措施更加巨大”(2010)。在此说法的基础上，Joan Clos 在欢迎联合国人居署管理委员会代表参加第 24 次会议时进一步表明：“我们必须提醒自己，在人类历史上，城市化一直是社会向更高级发展水平进步的过程。事实上，我们可以断言，尽管城市化和发展之间存在由于城市化带来的挑战，但事实证明，两者间的关系更为有效和积极。多数金砖国家和新兴工业化国家（包括亚洲经济体）的经验表明，城市化是发展的驱动器”(2013)。

David Harvey 则认为，“如果被剥夺财富的人们重新获得他们早已失去的城市控制权，如果在城市化进程中对剩余资本的控制新模式得以机制化，对城市的权利民主化和构建更广泛的社会运动来实现民主愿望则成为必需”(2008)。在应对城市不平等带来的挑战时，确保包容性的参与和透明的形式为金砖国家提供了保证其实现公民获得更好生活的另类道路。金砖国家在动用其内部资源和提升国际能力方面不断加强的整体能力，为所有发展中国家带来了希望之光。正如 McGranahan 所说：“工业化程度较低的国家可以从金砖国家的经验中学习到许多经验，这些经验有好有坏，通过借鉴这些经验，发展中国家能够确保各自的城市化进程在安全轨道上行进。”(2013)

持续不断的城市不平等需要勇敢坚定的行动来打破发展不足、失业、贫困和不平等之间的恶性循环。金砖国家具备实现 1955 年万隆会议上确定的目标所需的组织结构和能力。2014 年的金砖国家峰会为实现互相尊重主权和领土完整、互不侵犯、互不干涉内政、维护世界和平等原则提供了平台。

巴西

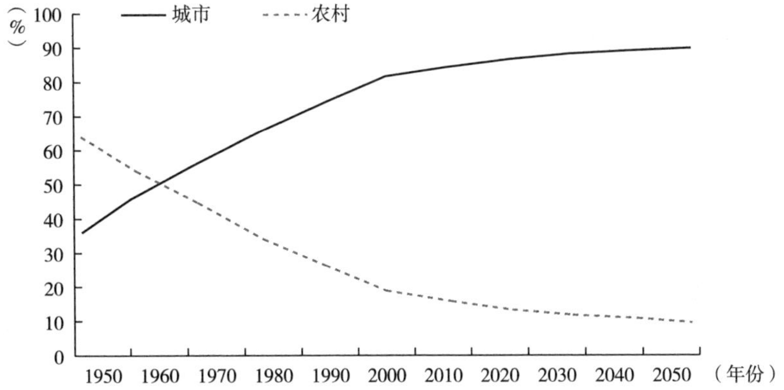

图 3－1　城市和农村人口比例

注：1950～2050 年该国家或者地区的城市和农村人口比例。

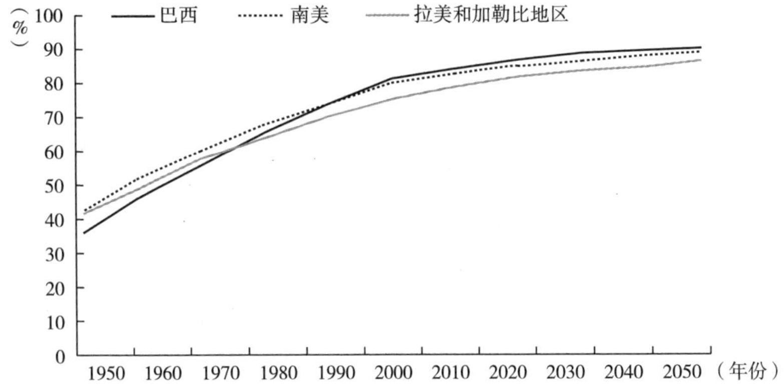

图 3－2　按区域和主要地区划分的城市人口比例

注：1950～2050 年该国家与该国所处的区域和地区的城市人口比例。

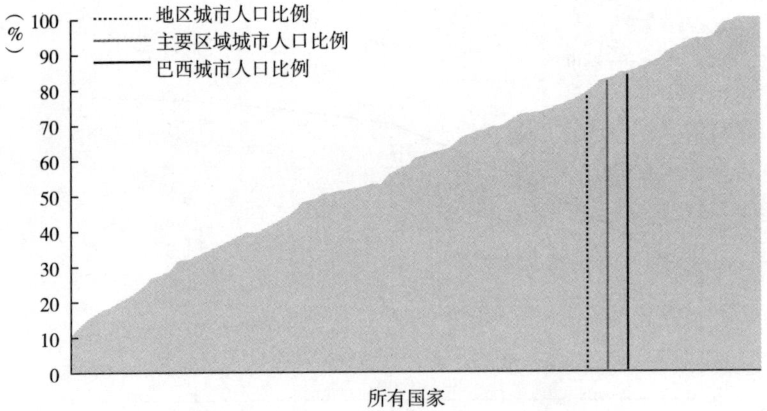

图 3－3　按国家区分的城市人口比例

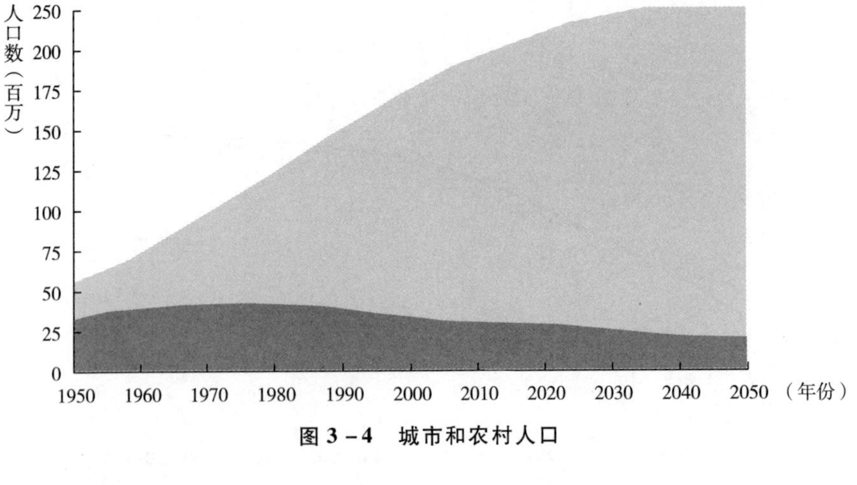

图 3－4　城市和农村人口

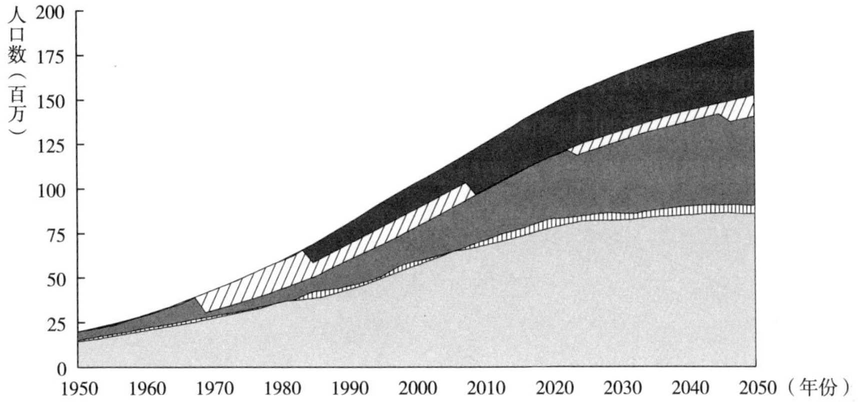

图 3－5　按城市规模区分的城市人口

注：2011 年该国按城市聚居区规模分级的城市人口，包括所有城市和人口在 75 万以下的城市人群聚居区。人口数量分级方法如下：

<75 万

75 万至 100 万

100 万至 500 万

500 万至 1000 万

>1000 万

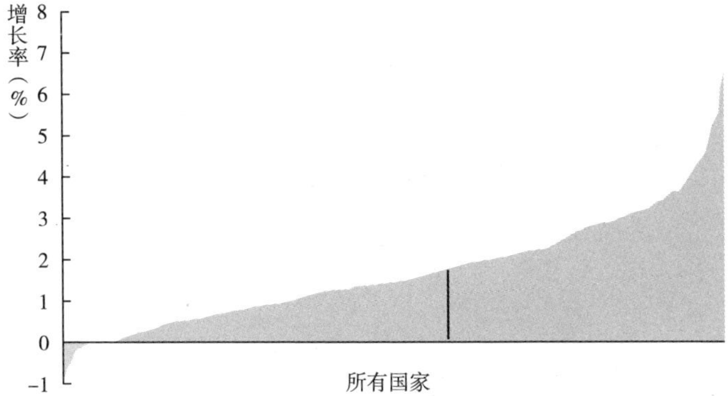

图 3－6　城市发展比例，1950～2011 年

注：1950～2011 年该国城市人口平均年增长率（实线），与全球城市人口年增长率（灰色区域）比较。该数据显示，全球大多数城市 1950～2011 年的城市人口出现正增长。仅有少数几个国家出现了负增长——这些地方 1950～2011 年城市人口出现下降。

俄罗斯

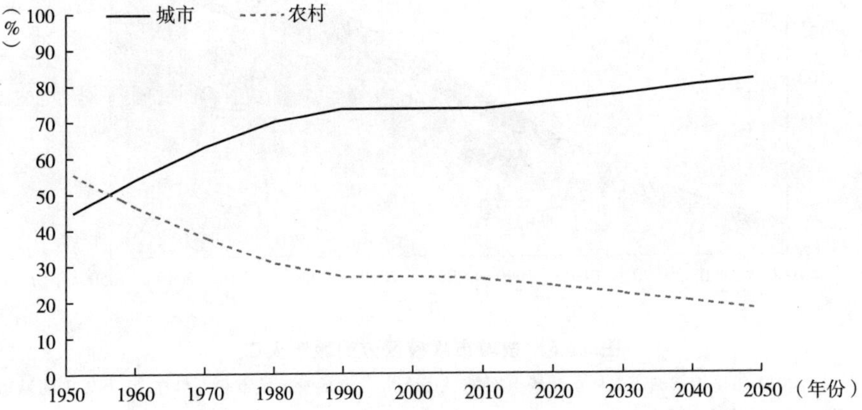

图 4－1　俄罗斯的城市和农村人口所占比例，1950～2050 年

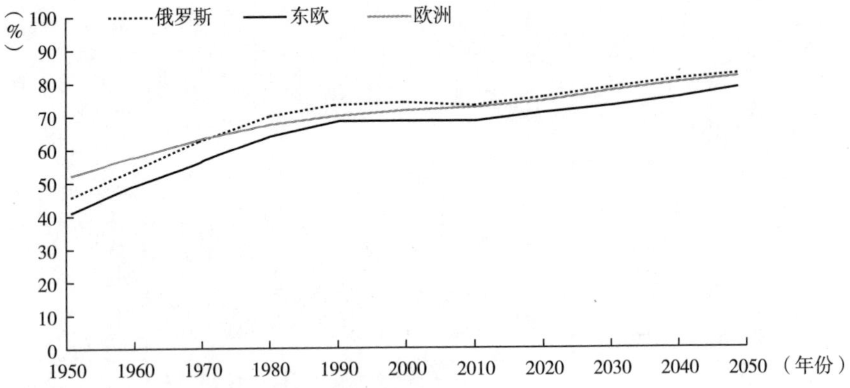

图 4－2　俄罗斯及其所处区域和主要地区划分的人口比例，1950～2050 年

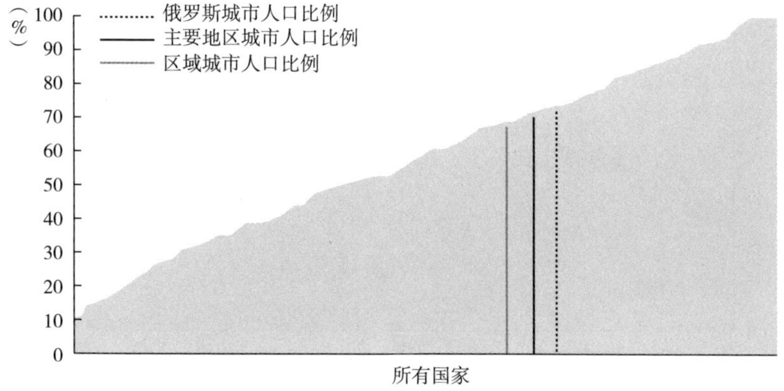

图 4－3　按国家区分的城市人口比例

注：俄罗斯（点线），俄罗斯所处主要地区（实线）和区域（灰线）城市人口与全球所有国家（灰色）城市人口比例。该数据展示与其所处的区域和地区以及全球其他国家相比，该国的城市化水平。

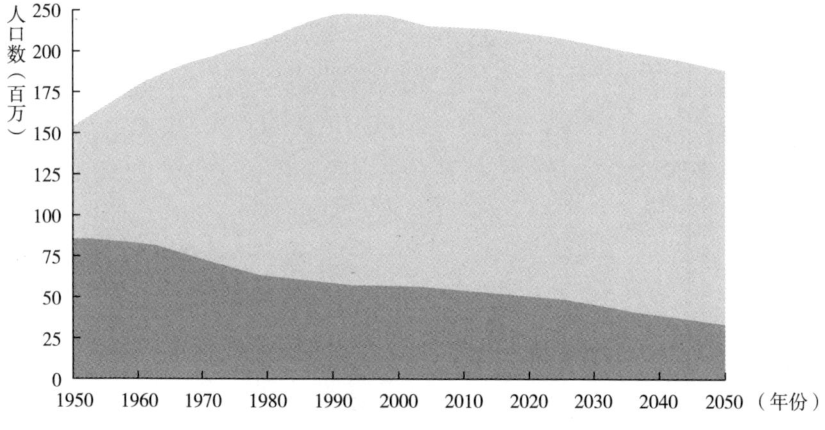

图 4－4　俄罗斯的城市和农村人口

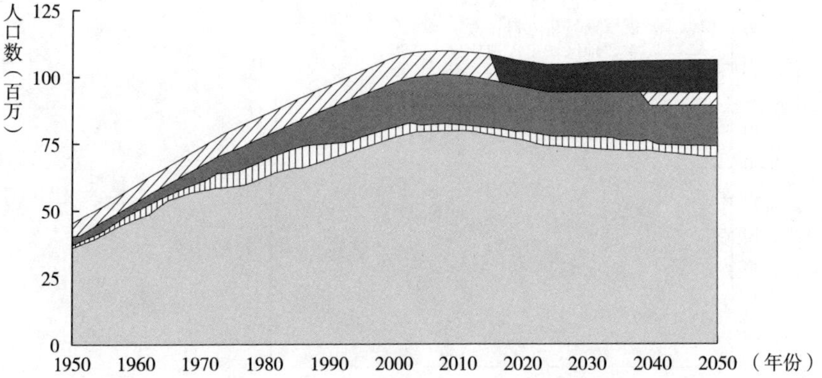

图 4－5　按城市规模区分的城市人口

注：2011 年该国按城市聚居区规模分级的城市人口，包括所有城市和总人口在 75 万以下的城市人群聚居区。人口数量分级方法如下：

- ＜75 万
- 75 万至 100 万
- 100 万至 500 万
- 500 万至 1000 万
- ＞1000 万

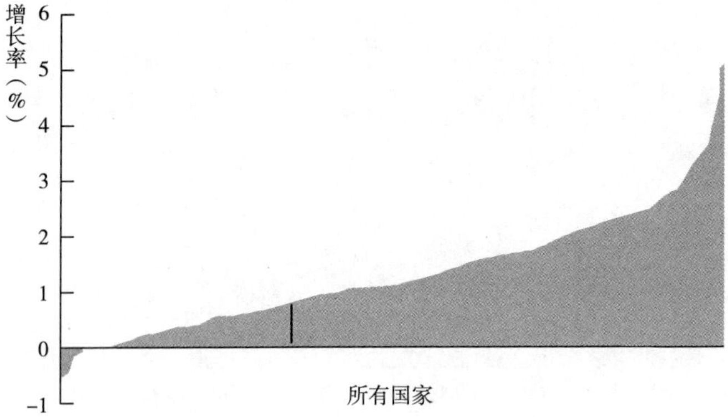

图 4－6　城市发展比例，1950～2011 年

注：1950～2011 年该国城市人口平均年增长率（实线），与全球城市人口年增长率（灰色区域）比较。该数据显示，全球大多数城市 1950～2011 年的城市人口出现正增长。仅有少数几个国家出现了负增长——这些地方 1950～2011 年城市人口出现下降。

印度

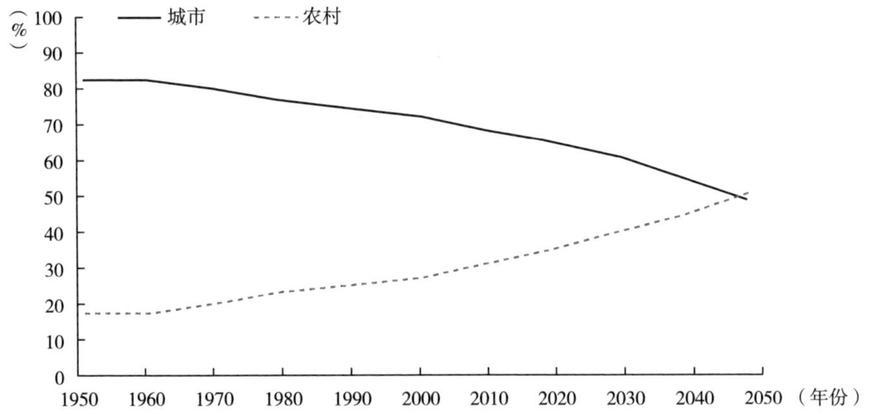

图 5－1　印度城市和农村人口比例，1950～2050 年

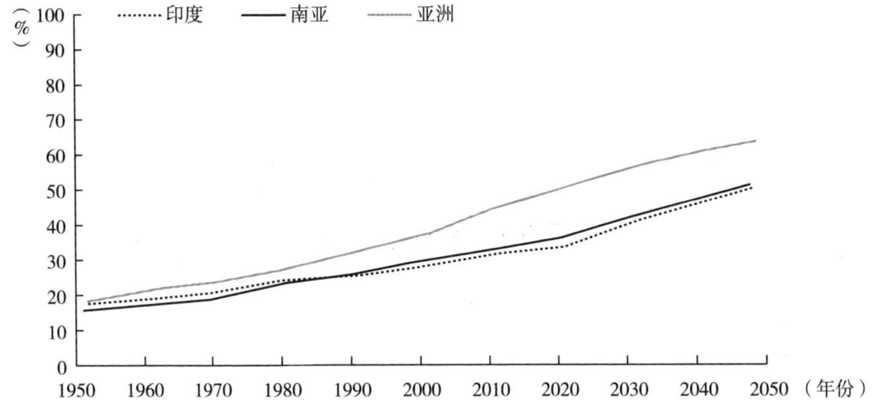

图 5－2　印度及其所在区域和主要地区划分的人口比例，1950～2050 年

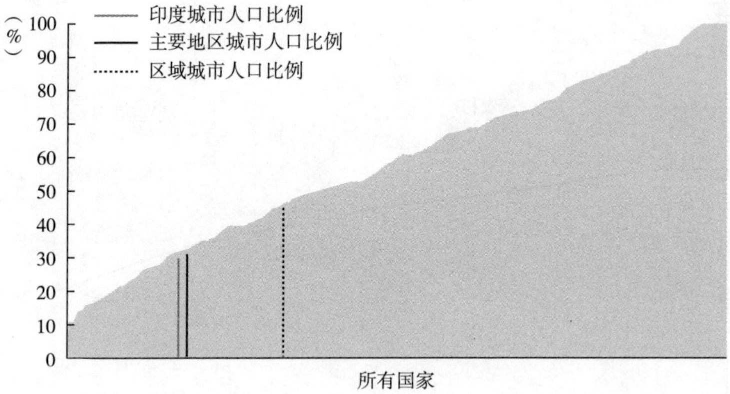

图 5-3　按国家区分的城市人口比例

注：印度（灰线），印度所处主要地区（实线）和区域（点线）城市人口与全球所有国家（灰色）的城市人口比例。该数据展示与其所处的区域和地区以及全球其他国家相比，该国的城市化水平。

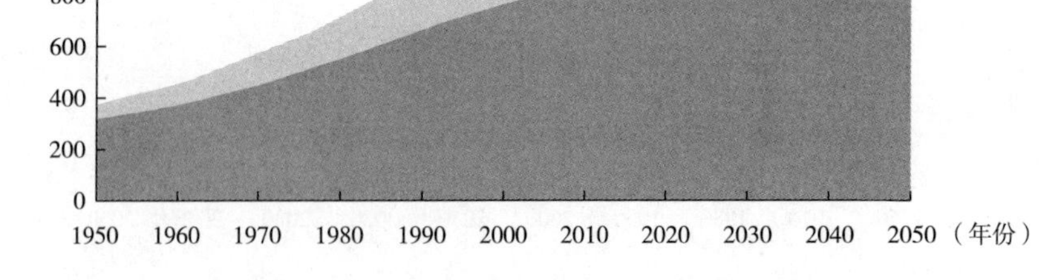

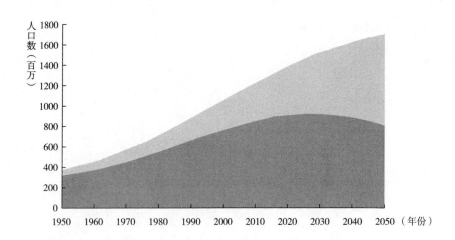

图 5-4　印度城市和农村的人口，1950～2050 年

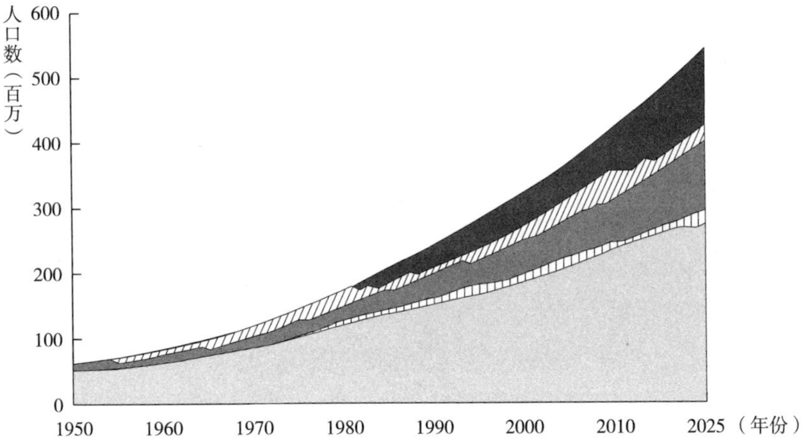

图 5－5　按城市规模区分的城市人口

注：2011 年该国按城市聚居区规模分级的城市人口，包括所有城市和人口在 75 万以下的城市人群聚居区。人口数量分级方法如下：

<75 万

75 万至 100 万

100 万至 500 万

500 万至 1000 万

>1000 万

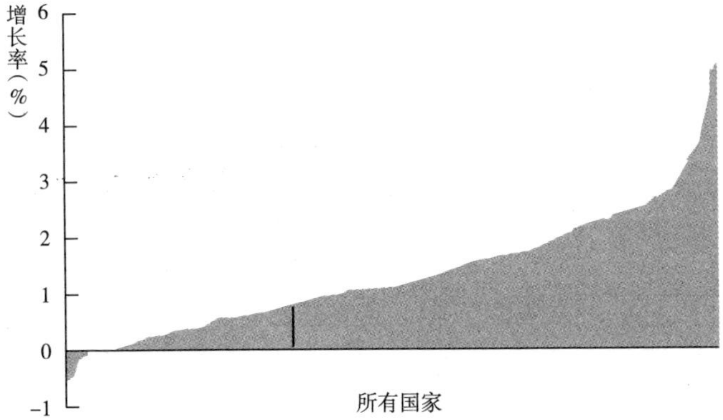

图 5－6　城市发展比例，1950～2011 年

注：1950～2011 年印度城市人口平均年增长率（实线），与全球城市人口年增长率（灰色区域）比较。该数据显示，全球大多数城市 1950～2011 年的城市人口出现正增长。仅有少数几个国家出现了负增长，即这些地方在 1950～2011 年城市人口出现下降。

中国

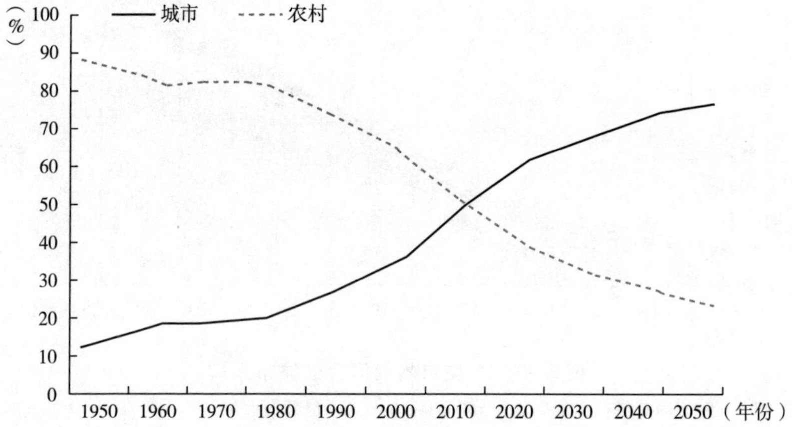

图 6－1　中国城市和农村人口的比例，1950～2050 年

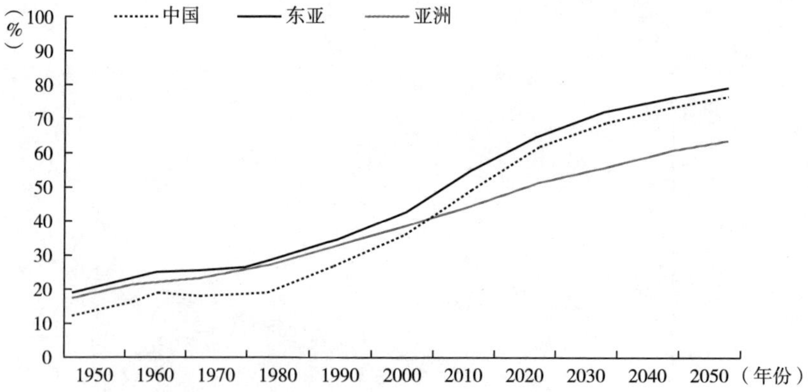

图 6－2　中国及其所在区域和主要地区的人口比例，1950～2050 年

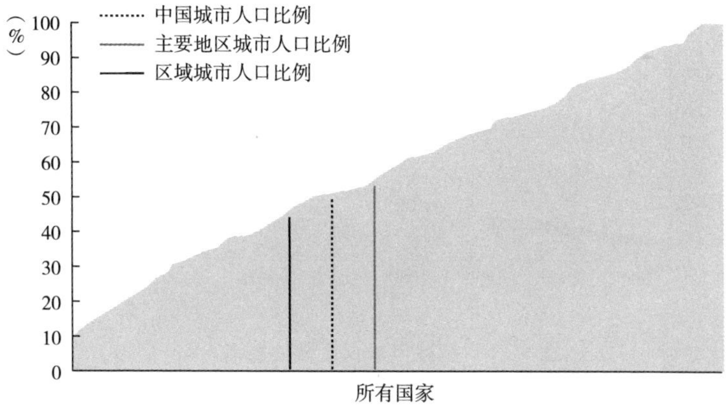

图 6－3　按国家区分的城市人口比例

注：中国（点线），中国所处主要地区（灰线）和区域（实线）城市人口与全球所有国家（灰色）城市人口比例。该数据展示与其所处的区域和地区以及全球其他国家相比，该国的城市化水平。

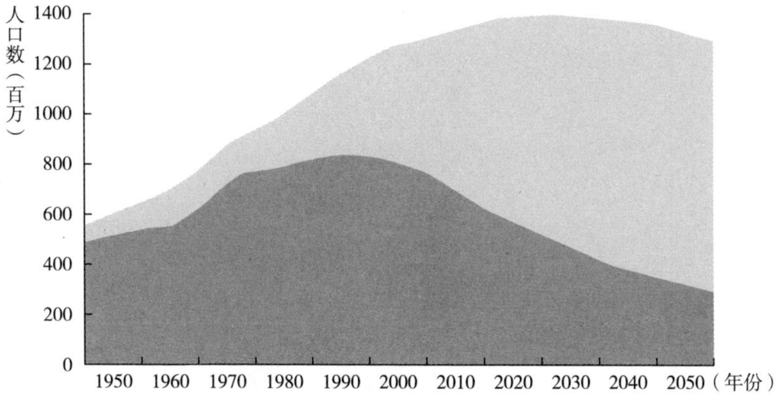

图 6－4　中国城市和农村的人口，1950～2050 年

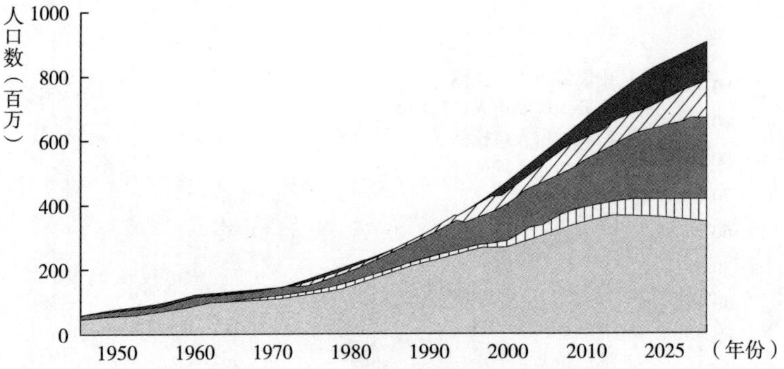

图 6-5　按城市规模区分的城市人口

注：2011 年该国按城市聚居区规模分级的城市人口，包括所有城市和人口在 75 万以下的城市人群聚居区。人口数量分级方法如下：

<75 万

75 万至 100 万

100 万至 500 万

500 万至 1000 万

>1000 万

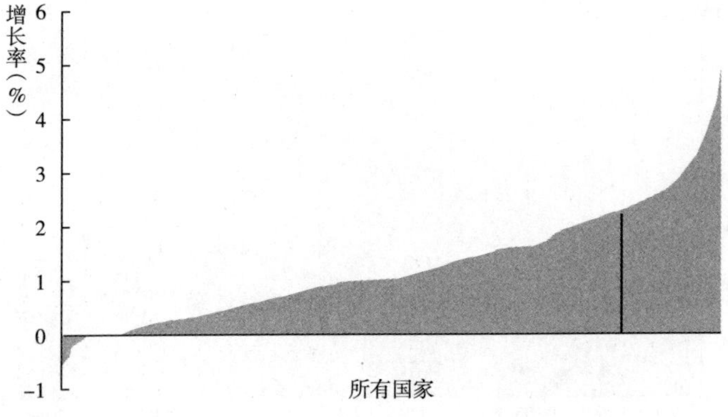

图 6-6　城市发展比例，1950～2011 年

注：1950～2011 年中国城市人口平均年增长率（实线），与全球城市人口年增长率（灰色区域）比较。该数据显示，全球大多数城市 1950～2011 年城市人口出现正增长，仅有少数几个国家出现了负增长，即这些地方在 1950～2011 年城市人口出现下降。

南非

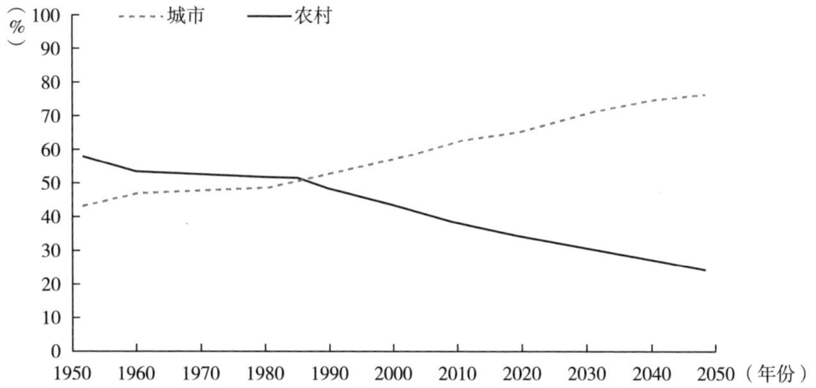

图 7－1　南非城市和农村人口比例，1950～2050

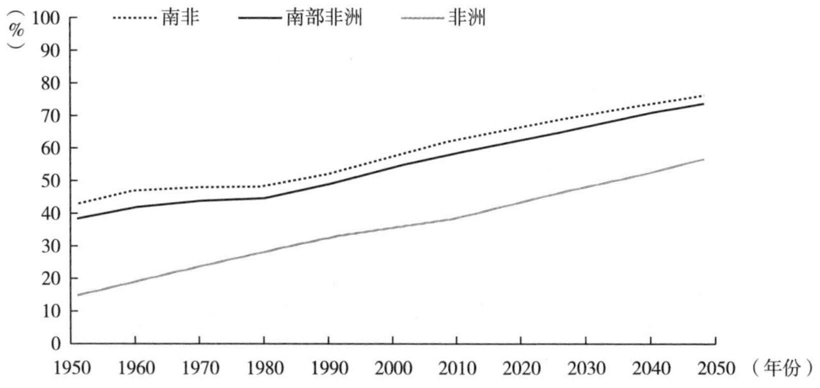

图 7－2　南非及其所在区域和主要地区划分的城市人口比例，1950～2050

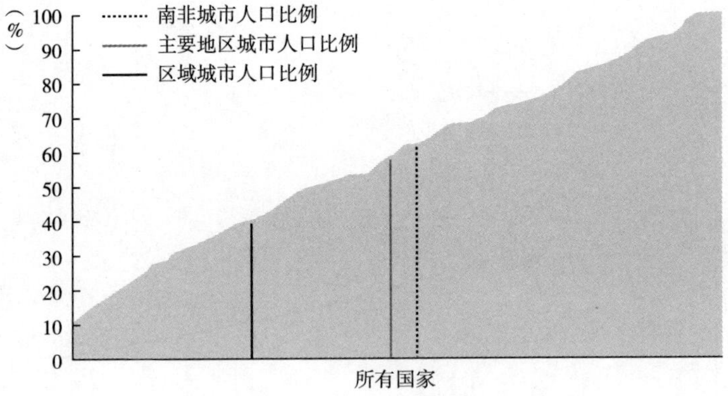

图 7－3　按国家区分的城市人口比例

注：南非（点线），南非所处主要地区（灰线）和区域（实线）城市人口与全球所有国家（灰色）的城市人口比例。该数据展示与其所处的区域和地区以及全球其他国家相比，该国的城市化水平。

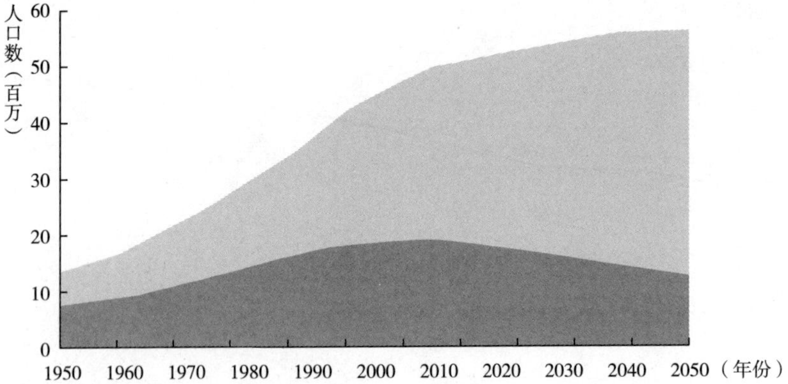

图 7－4　南非的城市和农村人口，1950～2050 年

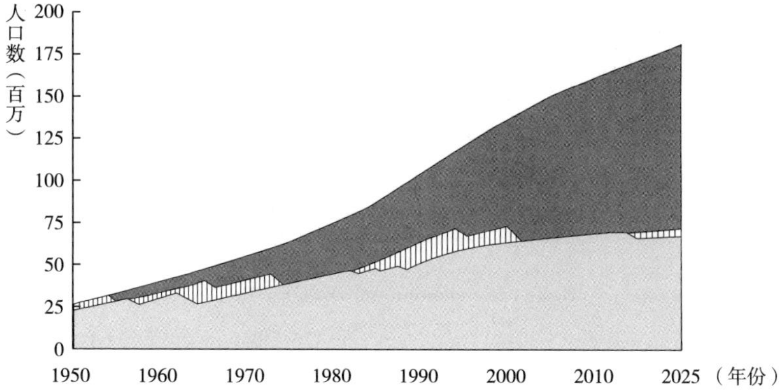

图 7－5　南非按城市规模区分的城市人口

注：2011 年该国按城市聚居区规模分级的城市人口，包括所有城市和人口在 75 万以下的城市人群聚居区。人口数量分级方法如下：

<75 万

75 万至 100 万

100 万至 500 万

500 万至 1000 万

>1000 万

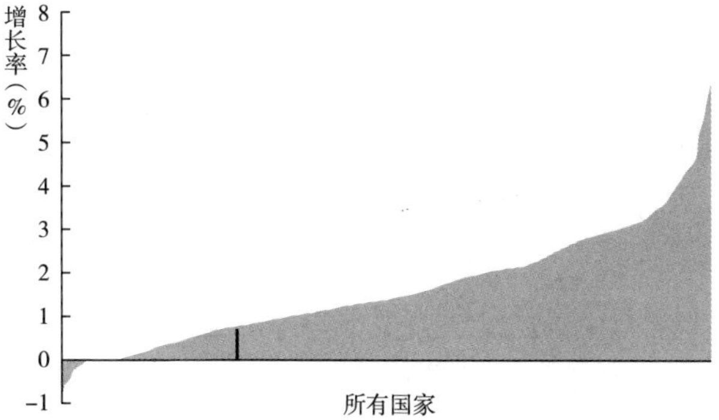

图 7－6　南非城市发展比例，1950～2011 年

注：1950～2011 年该国城市人口平均年增长率（实线），与全球城市人口年增长率（灰色区域）比较。该数据显示，全球大多数城市 1950～2011 年城市人口出现正增长，仅有少数几个国家出现了负增长，即这些地方 1950～2011 年城市人口出现下降。

由于空间有限，在图例中省略了有关国家的官方名称。

资料来源：联合国经济和社会事务部人口分部（2012）：《全球城市化展望》2011年版本，纽约，更新日期：2012年4月25日。于2013年11月22日访问。

参考文献

Becker, Charles M.; S. Joshua Mendelsohn and Kseniya Benderskaya (2012) Russian Urbanisation in the Soviet and Post-soviet Eras, Series on Urbanisation and Emerging Population Issues 9, IIED and UNFPA, London and New York.

Critchley, Peter (2004) Industrial Urbanism: The Political Economy of the City (e-book).

Davis, Mike (2006) Planet of Slums, Verso, London.

Elmqvist, Thomas; Michail Fragkias; Julie Goodness; Burak Güneralp; Peter J. Marcotullio; Robert I. McDonald; Susan Parnell; Maria Schewenius; Marte Sendstad; Karen C. Seto; and Cathy Wilkinson (Editors) (2013) Urbanisation, Biodiversity and Ecosystem Services: Challenges and Opportunities - A Global Assessment, Springer, Dordrecht.

Fujita, Kuniko (2013) Cities and Crisis New Critical Urban Theory, Sage, Los Angeles.

Harvey, David (2005) The Political Economy of Public Space, in Setha Low and Neil Smith [Editors] The Politics of Public Space, Routledge, New York.

Harvey, David (2008) The Right to the City, New Left Review 53, September - October.

Kundu, Amitabh (2011), Trends and Processes of Urbanisation in India, Series on Urbanisation and Emerging Population Issues 6, IIED and UNFPA, London and New York.

Maharajh, Rasigan (2013) Developing Sustainably and the Emergence of a New Productive Paradigm, in Jose Eduardo Cassiolato and Gabriela von Podcameni [editors] Innovation Policies and Structural Change in a Context of Growth and Crisis, Editora E-papers, Rio de Janeiro.

Martine, George and Gordon McGranahan (2010), Brazil's Early Urban Transition: What can it teach Urbanizing Countries? Series on Urbanisation and Emerging Population Issues 4, IIED and UNFPA London and New York.

Mosco, Vincent (2009) The Political Economy of Communication, Sage, London.

OECD (2011) Divided We Stand: Why Inequality Keeps Rising, Organisation for Economic Cooperation and Development, Paris.

Pithouse, Richard (2006) Review of Planet of Slums, Sunday Independent, South Africa.

Turok, Ivan (2012), Urbanisation and Development in South Africa: Economic Imperatives, Spatial.

Distortions and Strategic responses, Series on Urbanisation and Emerging Population Issues 8, IIED and UNFPA, London and New York.

UN (2012) World Urbanisation Prospects: The 2011 Revision, Department of Economic and Social Affairs, Population Division, New York.

UN (2013) World Population Prospects: The 2012 Revision, Department of Economic and Social Affairs, Population Division, New York.

UN - HABITAT (2008) State of the World's Cities Report 2008/2009: Harmonious Cities, Earthscan, London.

UN - HABITAT (2012) State of the World's Cities Report 2012/2013: Prosperity of Cities, Earthscan, London.

UNICEF (2010) Understanding Urban Inequalities in Bangladesh: A Prerequisite for Achieving Vision 2021, UNICEF Bangladesh, Dhaka.

UNstats (2013) Demographic Yearbook, United Nations Statistical Division, New York.

WHO (2013) World Health Statistics, World Health Organization, Geneva.

Yeh, Anthony G. O.; Jiang Xu and Kaizhi Liu (2011), China's Post - reform Urbanisation: Retrospect, Policies and Trends, Series on Urbanisation and Emerging Population Issues 5, IIED and UNFPA, London and New York.

金砖国家在创新领域的公共支出

作者：安娜·萨焦罗·加西亚*

共同作者：宝拉·克鲁兹，艾斯·柳德米拉·罗德里格斯，

布鲁诺·马奇乌特

引　言

科学、技术和创新（以下简称 STI）对于国家的长远的、有质量的、可

* 安娜·萨焦罗·加西亚是巴西里约联邦农业大学（UFRRJ）的国际关系教授，其他共同作者均来自金砖国家政策中心。

持续性发展具有非常重要的战略意义。传统大国在其整个历史进程中，都充分利用了不同的STI的公共政策。例如对不同产业提供的公共补贴、公共投资项目、获取外国技术、研究和开发（R&D）的投入、教育和公共—私营部门的合作。目的是影响产业化进程，获得更高水平的产业和技术发展。拥有技术的国家还试图避免或者减缓向其他国家转移技术，其结果则是世界经济发展进程的不均衡。在目前的知识社会背景下，创新也意味着政治权力。

在这种背景下，希望在全球范围实现平等竞争的国家也需要对STI进行战略性投入。在过去十年，金砖各国都经历了显著的经济增长，其2008年国内生产总值（购买力平价）占全球大约30%。然而，STI指标虽然也有增长，但远不如经济增长的速度快。数据显示，金砖国家的专利拥有数量低，在国际知名的科学期刊中的参与度也较低。在所有金砖国家中，中国在研发和知识产权注册方面的投入增长最大。

为了更好地理解各个金砖国家的创新系统，在本文中，我们将展示它们在过去十年创新方面的公共支出数据。我们将呈现各国参与STI的主要机构（部委、管理和投资机构、研究所和大学等）的研究和开发投入，政府和商业机构间的支出差异（在绝对规模、当地货币以及购买力平价和GDP基础上所计算的规模方面），研究开发投入集中的行业，以及在各国国家办公室和美国知识产权局（USPTO）中注册的专利数量。

众所周知，在研究和开发方面公共投入最高的国家，也是专利注册最多的国家。通常来说，在美国注册的专利往往具有更高的国际价值。但是，金砖国家的共同趋势是在本国国家知识产权机构的注册量在增加，这对美国知识产权局（USPTO）产生了不利影响。对此趋势有必要进行深入的研究。首先我们注意到，在美国进行专利注册的成本很高，同时，金砖国家知识产权政策发挥了作用，促成了国家级知识产权机构的现代化进程。

本研究的材料来源于各国部委和国家级机构（以英语和葡萄牙语为主）。此外，还包括联合国教科文组织和经合组织等国际机构的材料。在此，需要特别强调在撰写本文时获取信息的难度以及信息缺乏系统性的事实。

下列数据能够证明，在所有金砖国家中，中国在研究和开发领域投入较多。与其他金砖国家相比，中国的研发投入集中于私人领域，其中2011年达到1600亿美元之多。该国在研发方面的投入从2001年占GDP的0.95%一跃到2011年占GDP的1.83%。

中国第十个五年计划的目标是到2020年，研发投入占GDP的2.5%。届时，中国在该领域的投入将超过发达国家2.1%的平均水平。无论是对于政府还是商业公司而言，加大研发领域投入还体现在国家知识产权局专利数量的巨大增长上：从2001年的6.3万件上升到2011年的41.5万件。从2012年开始，在《专利合作条约》（PTC）范畴内，中国的注册数量连续位居第一。

在所有金砖国家中，只有中国和俄罗斯两国的本国人拥有专利数量超过外国人。这个数据说明两国的创新系统比其他几个金砖国家更加稳固有效。俄罗斯的数据表明，2001～2011年，该国在研发方面的投入增长了近700%，尽管商业公司在研发方面的参与不断增长，国家机构仍然是研发方面最基本的投入者，诸如俄罗斯基础研究基金会，俄罗斯人道基金会，国有的Rosnano、Rosatom和Rostechnologii公司。俄罗斯是金砖国家中唯一一个拥有科学城的国家，科学城在苏联时代相当普遍，近期又重新变得重要，例如Skolkovo创新城和Zhukovsky城。立法权所起的作用也不容忽视，不仅在STI领域有专门的决策委员会，同时还具有执行权。

印度的研发投入也是政府主导。政府在研发方面的支出接近150亿美元（购买力平价），而商业公司则上升到超过80亿美元（购买力平价）。两个数字之间的差异可以用印度科学技术系统的集权和自上而下的模式来解释。大多数决策是由科技部（MST）做出的，其他部委、机构、委员会和研究机构所做的决策数量居次。在协调和实施研发的权力机构中，国防部（MoD）和科学与产业研究委员会（CSIR）的地位相当重要。政府28%的资金投入国防领域，18%投入研究领域，14%投入太空探索项目中。由商业机构投入的研发资金分配比例却大相径庭：38%投入卫生领域。因此，印度的制药产业在知识产权注册数量中位居第一，而在《专利合作条约》（PCT）范畴内，也占总数的24.1%。

来自巴西的数据则表明，2004～2011年，该国研发投入增长超过50%，并于2011年达到GDP的1.21%，其中0.64%来自政府，而0.57%来自商业机构（包括主要的国有公司，例如Petrobras和Embrapa）。在巴西国家知识产权机构INPI的本土专利注册数量较低的事实说明，该国国内私营机构在创新领域的投入比较少，而巴西向美国知识产权局（USPTO）申请的专利注册数量减少也证明了这一趋势的存在。除了科学技术和创新部（MCTI）及其主要分支机构外，巴西的创新投入主要通过国家科学和技术发展基金（FNDCT）来进行，该基金涵盖 16 个不同领域的基金，并由研究和项目资金管理部（FINEP）实施管理。国家科学和技术发展基金（FNDCT）执行的预算从 2000 年的 1.2 亿里拉上升到 2010 年的 27.2 亿里拉。从国家整体层面来看，对东南部和南部公共资源的集中投入（95%）的确存在，这说明公共资源在地区分配上存在很大的不平等。一直以来，高等教育是巴西政府投入最大的部分，在 2011 年约占研发公共开支总额的 60.93%。

2003～2009 年，南非的商业机构对研发投入呈现增长趋势，尽管与政府投入相差甚远。政府有专门负责创新领域投入的机构，但是，相关进展却遇到了严重的结构性障碍：经合组织（OECD）对南非创新政策的回顾（2007）认为，南非经济面临诸多挑战，包括高失业率、贫困、犯罪和艾滋病以及教育问题，从而导致创新人才的缺乏。结构性问题有可能是该国国家知识产权机构中本地知识产权注册数量较少的原因之一。为了解决这个问题，南非的研发投入集中在自然科学、技术和工程、经济结构、教育和培训方面。

我们的结论是：创新在地理划分上已经发生了变化。尽管传统大国仍然是全球研发支出最高的地区，新兴和发展中国家在研发方面的投入也在不断加大，一个重要的例子就是中国，该国于 2009 年成为全球第二大研发投资国。[①] 因此，我们强调，如果金砖国家希望实现长远的高质量的可持续发展，在国际秩序中建构金砖国家的影响和地位，将研究、发展和创新融入经济增长是非常必要的。

巴西

主要参与机构

科学技术和创新部（MCTI）

国家科学和技术发展委员会（CNPQ），研究和项目资金管理部

---

① 世界知识产权机构（WIPO）2011 年报告《创新的变化》，http://www.wipo/int/econ_ stat/en/economics/wipr/，第 6 页。

(FINEP)，管理和战略事务中心（CGEE）以及其他的机构和组织。

其他部委及其主要机构

教育部（MEC）：高等教育人员发展协调部（CAPES）；卫生部（MS）：Oswaldo Cruz 基金会（FIOCRUZ）；农业部（MAPA）；发展、工业和商务部（MDIC）：国家知识产权办公室（INPI）和国家计量和质量办公室（INMETRO）；国防部（MD）：科学和太空技术部（DCTA）。

银行、公司和公共国家基金

巴西农业研究公司（EMBRAPA）、社会和经济发展银行（BNDES）、巴西国家石油公司（Petrobras）、国家科学和技术发展基金（FNDT）。

大学和研究所

联邦、国家和私人大学，科学和技术研究所。

→ 与 MCTI 相关的国家科学和技术发展基金（FNDT）的信息为巴西研发和投资项目的资源提供补充。FNDT 中有 16 个不同领域的基金，并由 FINEP 管理。

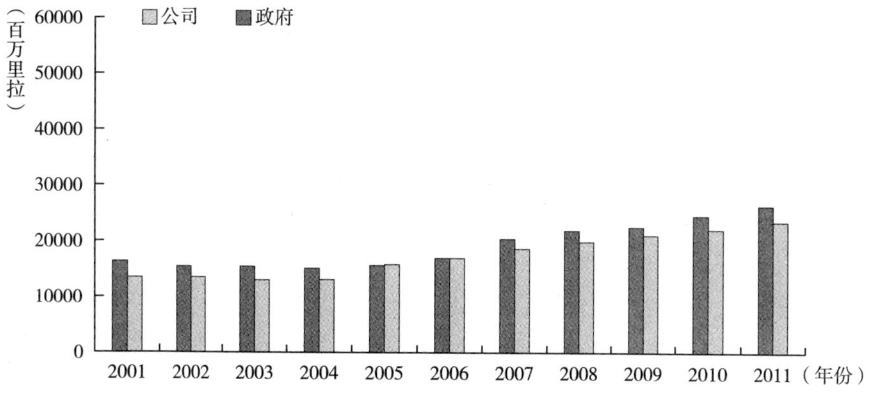

图 1　研究开发开支

资料来源：MCTI。

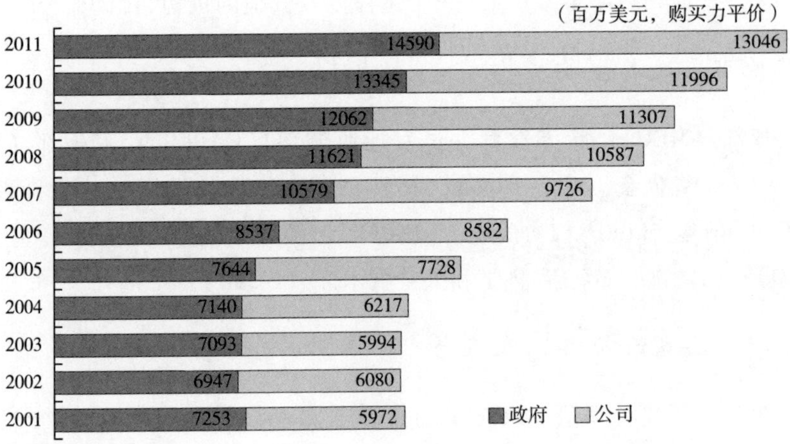

图 2　研究开发开支

注：购买力平价即根据各国不同的价格水平计算出来的货币之间的等值系数，以对各国的国内生产总值进行合理比较。

资料来源：MCTI。

→ 为国家发展而制订的国家科学、技术和创新发展行动计划（PACTI 2007 - 2010）体现了巴西政府的战略重点。创新政策在与巴西国家规划保持一致的基础上，在科学、技术和创新战略（ENCTI 2012 - 2015）指引下实施。

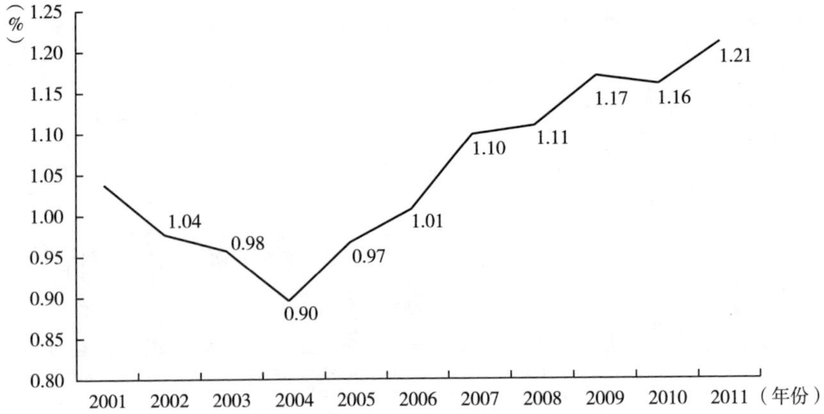

图 3　研究开发开支占 GDP 的比重

资料来源：MCTI。

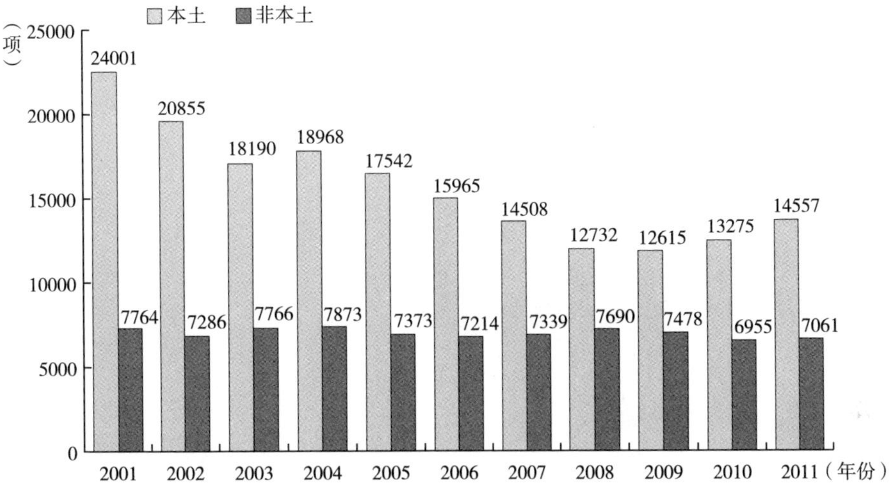

图 4　专利注册数—国家知识产权机构

资料来源：INPI。

→ 财政奖励法也是推动巴西创新的工具之一。与 2006 年相比，2009 年受益的公司数量翻了三番，总投入几乎翻了四番。但是，这些资源在分配上仍然存在严重的不均，95% 的资金集中在南部和东南部地区。

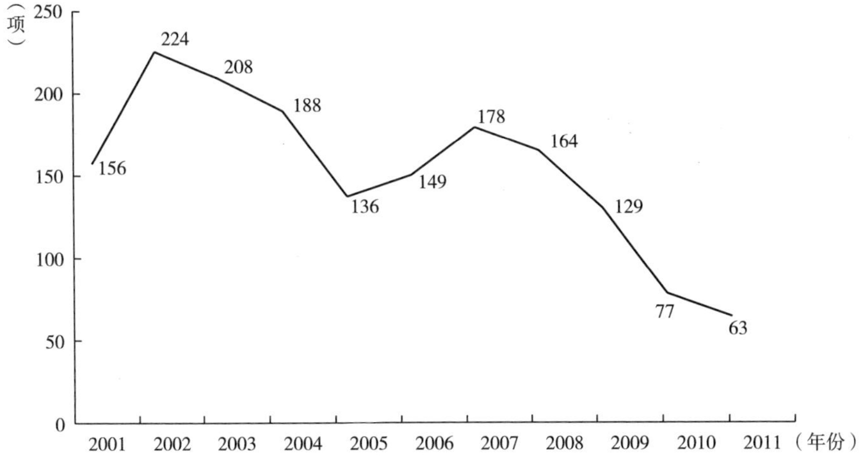

图 5　专利注册数—美国知识产权局（USPTO）

资料来源：USPTO。

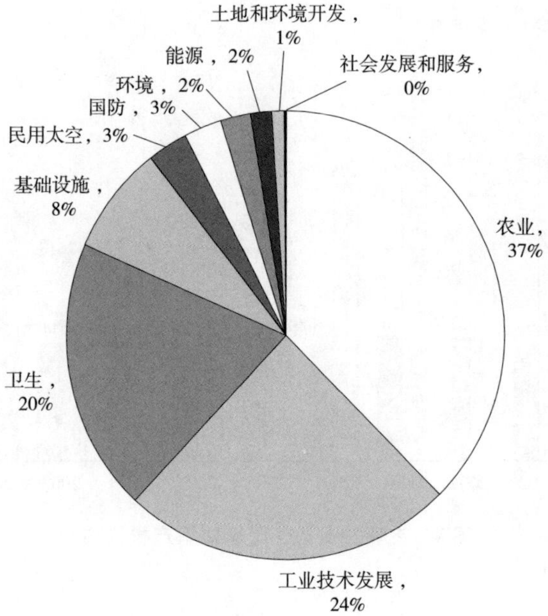

图 6　按社会经济目标分类的公共研究开发开支—2011 年

注：高等教育和非定向研究的支出未包括在内。

资料来源：MCTI。

俄罗斯

主要参与机构

立法权 联邦议会：教育、科学、卫生和环境委员会 国家杜马：科学和高科技委员会	行政权 总统：现代化和技术发展委员会，科学、技术和教育委员会 总理：高科技和创新委员会

部委和机构

教育和科学部（MES）、经济发展部、国防部、联邦太空局（Roscosmos）、俄罗斯科学院（RAS）。

国家基金会

俄罗斯基础研究基金会、俄罗斯人道研究基金会。

国有公司和科学城

俄罗斯纳米科技公司（Rosnano）、俄罗斯核能公司（Rosatom）、俄罗斯科技公司（Rostechnologii）。

科学城

Skolkovo 创新城，Zhukovsky 城

→科学城起源于苏联时期，当时有 70 个城市获得了科学城的头衔。以获得国际认可为目的，在 2010 年建立的 Skolkovo 创新城市，成为政府吸引外国人才和投资最有力的例证。

→国防部掌控着大约 50% 的政府研发预算。

→俄罗斯风险投资公司是一家致力于创建国家级创新系统的机构，它的任务是促进科学技术领域的风险资金投资以及资金支持。

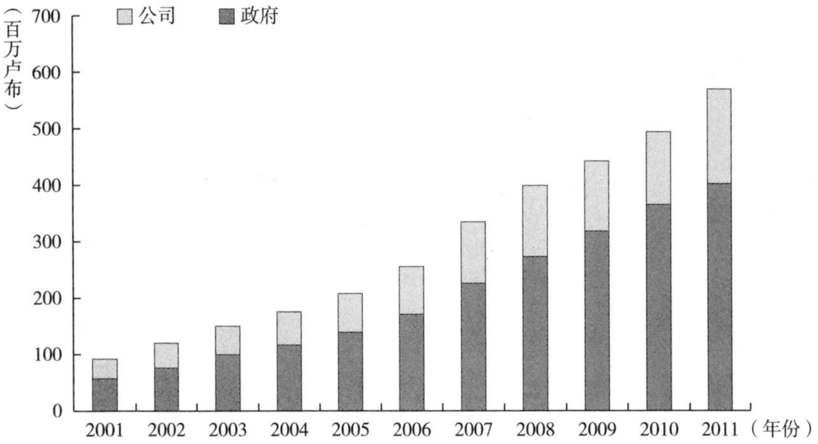

图 7　研究开发开支

资料来源：UNESCO（UIS）。

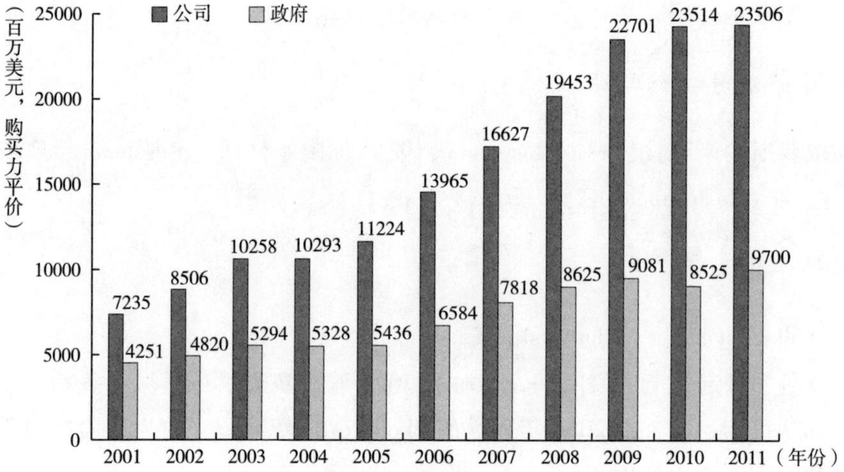

图 8　研究开发开支

资料来源：UNESCO（UIS）。

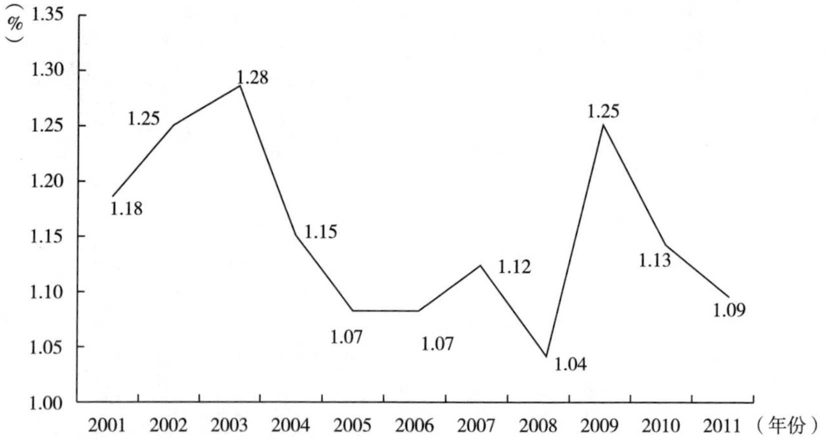

图 9　研究开发开支占 GDP 的比重

资料来源：OECD 统计。

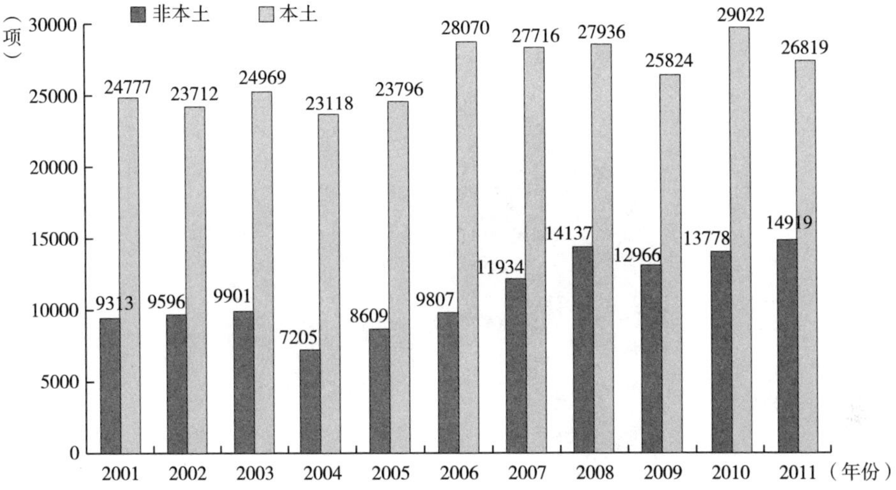

图 10　专利注册数—国家知识产权机构

资料来源：ONPI。

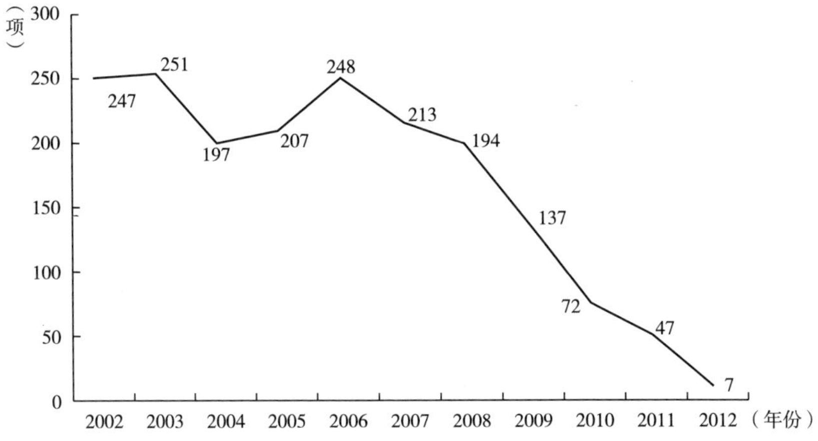

图 11　专利注册数—美国知识产权局（USPTO）

资料来源：USPTO。

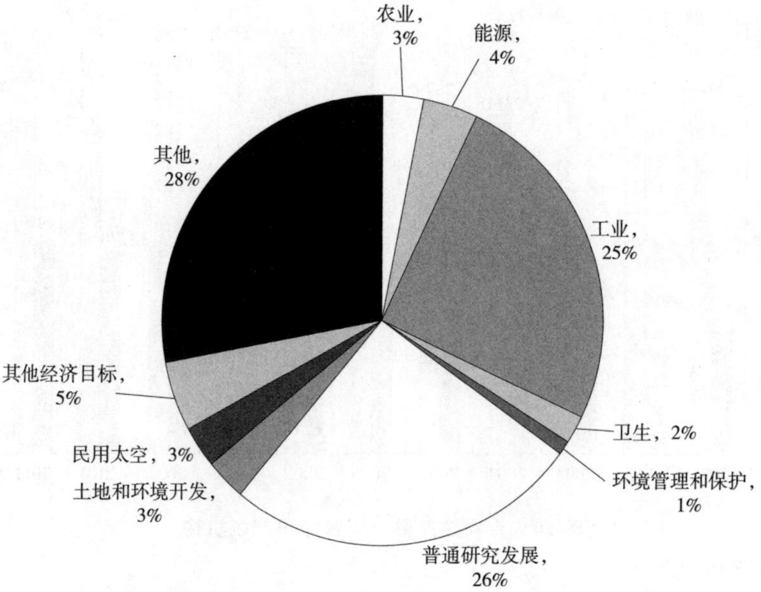

图 12　按社会经济目标分类的公共研究开发开支—2008 年

资料来源：国家研究和初阶发展调查主要结果，2009 年 10 月；UNESCO 科学报告。

南非

主要参与机构

高等教育委员会、国家科学技术论坛（NSTF）、国家创新顾问委员会（NACI）。

部委和相关机构

科学和技术部（DST）：国家研究基金会（NRF）；贸易和工业部：工业发展公司（IDC），小型企业发展组织（SEDA）；矿产和能源部；农业部；卫生部：医疗研究委员会；水务和森林事务部。

研究和创新机构

高等教育研究所、人类科学研究委员会（HSRC）、科学和产业研究所

(CSIR)、非洲研究所、南非能源研究所、南非标准局、矿产科技委员会(MINTEK)、地理科学委员会、国家能源研究所、核能公司、农业研究中心、水务研究委员会。

→国家研究基金会的部门（NRF）、研究和创新发展机构（RISA）占2004/2005年总预算的75%（6.85亿兰特）。

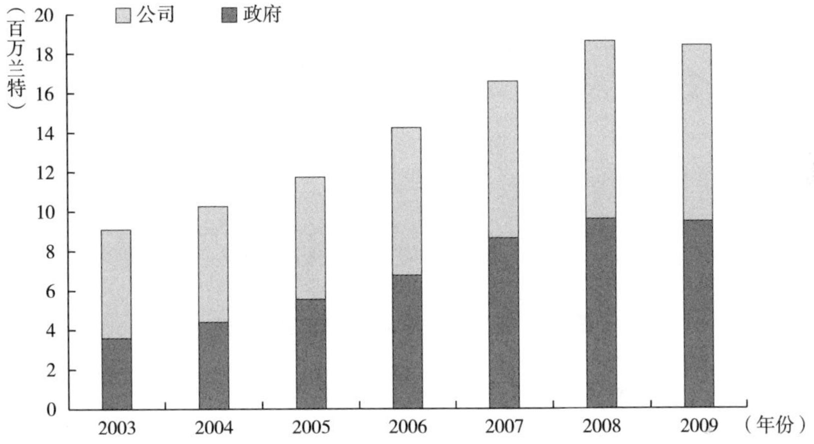

图13　研究开发开支

资料来源：UNESCO（UIS）。

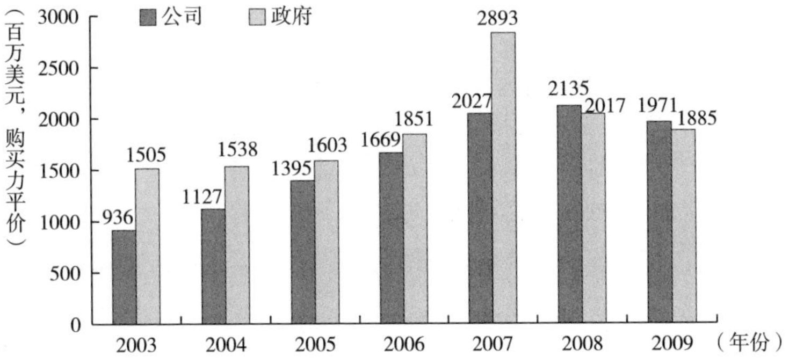

图14　研究开发开支

注：2003年以前和2009年以后无数据。

资料来源：UNESCO（UIS）。

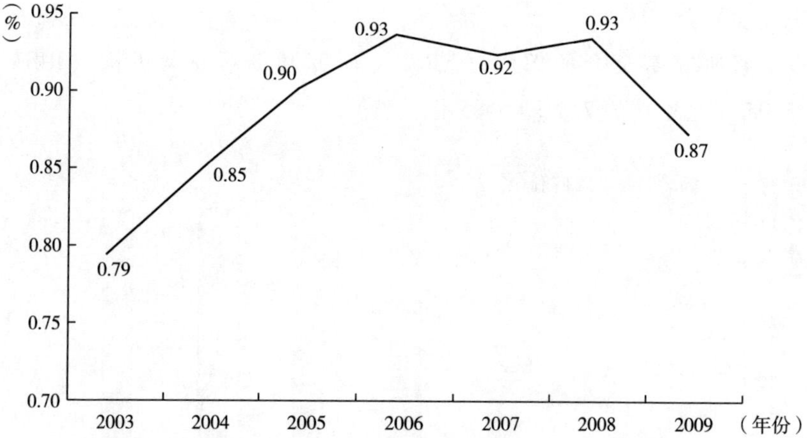

图 15　研究开发开支占 GDP 的比重

注：2003 年以前和 2009 年以后无数据。

资料来源：OECD 统计数据。

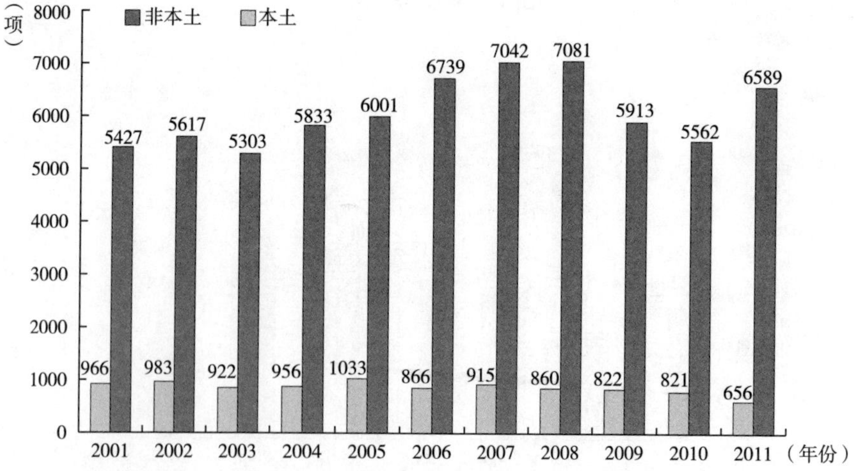

图 16　专利注册数量—国家知识产权机构

资料来源：OMPI。

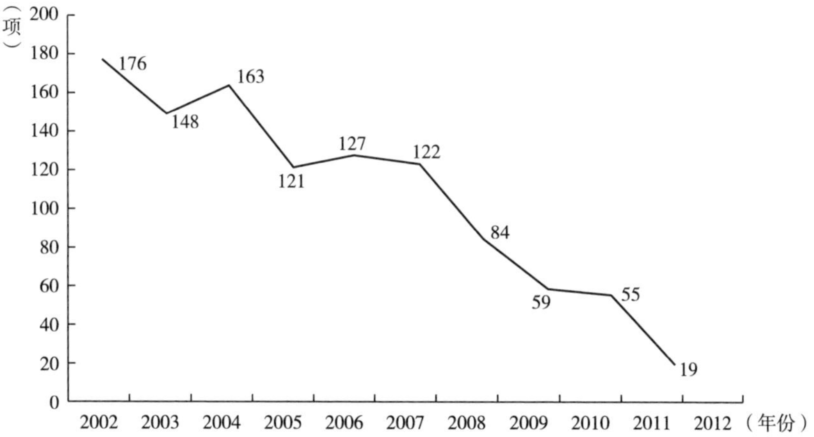

图 17　专利申请数量—美国知识产权局（USPTO）

资料来源：USPTO。

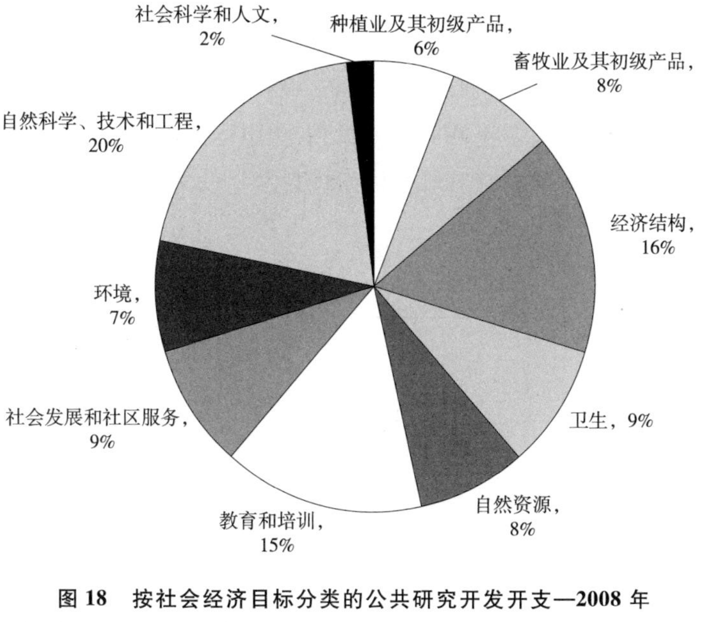

图 18　按社会经济目标分类的公共研究开发开支—2008 年

注：数据为英文原文。——译者

中国

主要参与机构

国务院科学技术教育指导委员会、科技部（MOST）。

其他部委

教育部（MOE）、商务部（MOC）、人事部（MOP）。

资助机构

财政部（MOF）、中国国家自然科学基金（NSFC）。

资助和管理研究机构的组织

中国科学院（CAS）、中国工程院（CAE）。

→中国是唯一一个商业研发投入高于公共投入的金砖国家。20 世纪 90 年代初期，私营部门在研发方面的投入仅占 40%，现在已经占到 2/3 以上。很大程度上是由 1998 ~2003 年政府研究机构（GRIS）转型为私营企业导致的。到目前为止，已有 1149 间政府研究机构转变为公司性质。

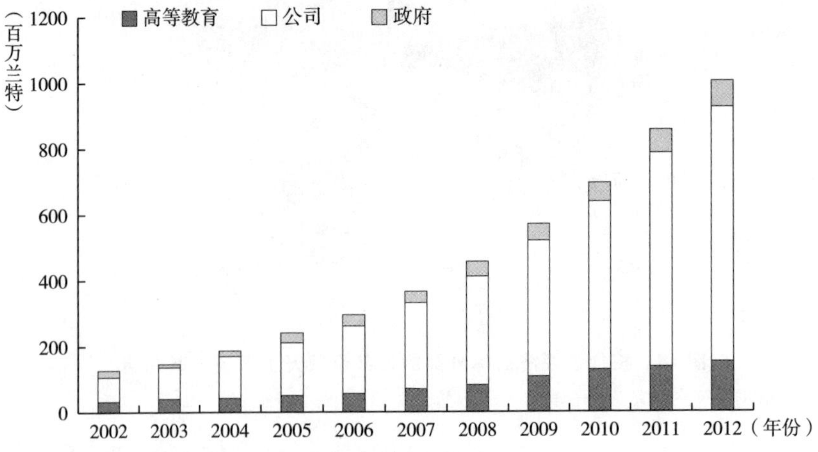

图 19　研究开发开支

资料来源：MOST 和 UNESCO（UIS）。

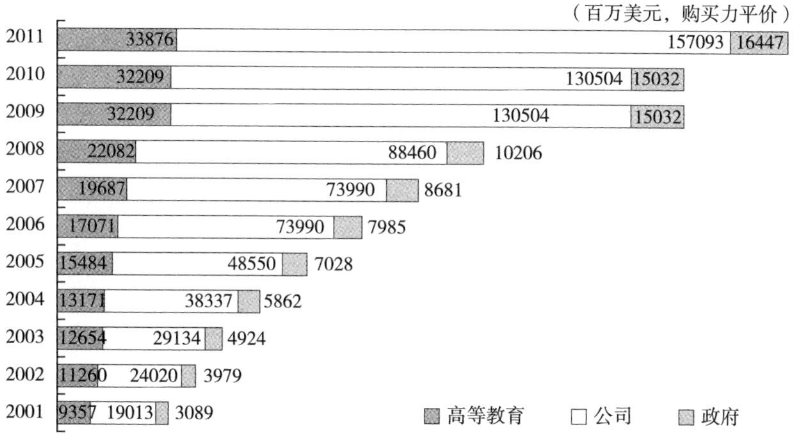

图 20　研究开发开支

资料来源：UNESCO（UIS）。

→根据联合国教科文组织的数据（UIS），中国的高等教育院校在研发投资方面参与显著。在其他金砖国家，类似机构的参与要远低于政府和公司。

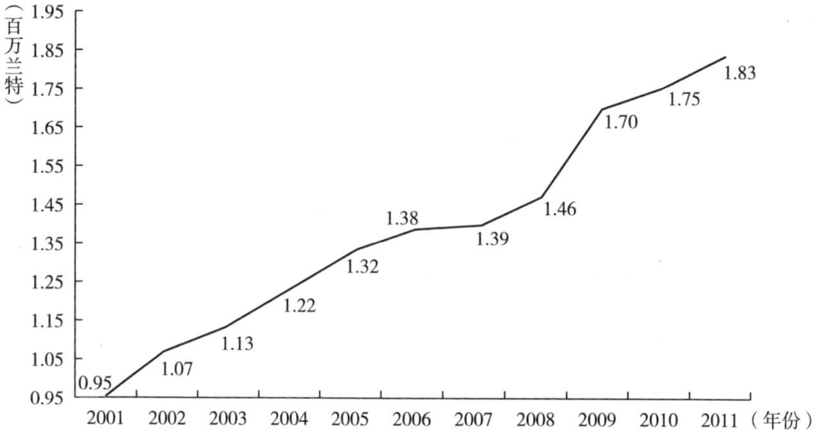

图 21　研究开发开支

资料来源：UNESCO（UIS）。

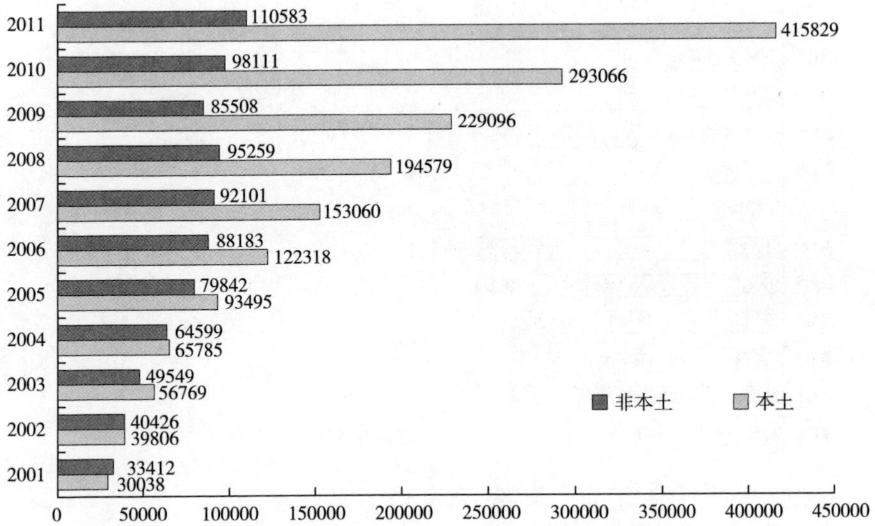

图 22　研究开发开支（购买力平价）—美元

资料来源：ONPI。

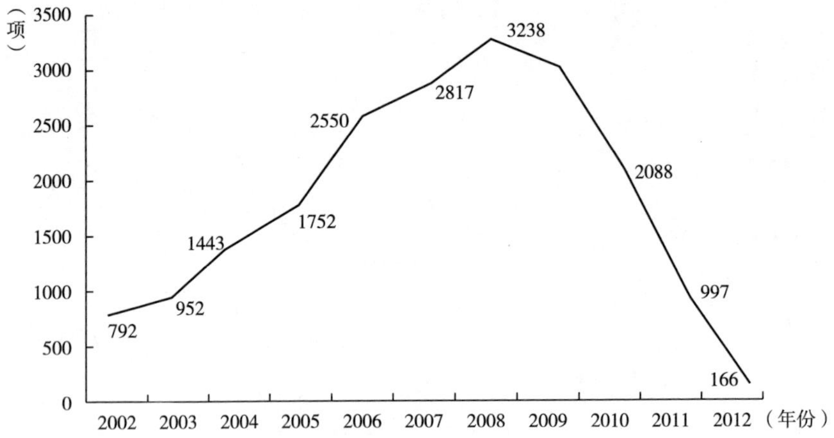

图 23　专利注册数—美国知识产权局（USPTO）

注：原文如此。—译者

资料来源：USPTO。

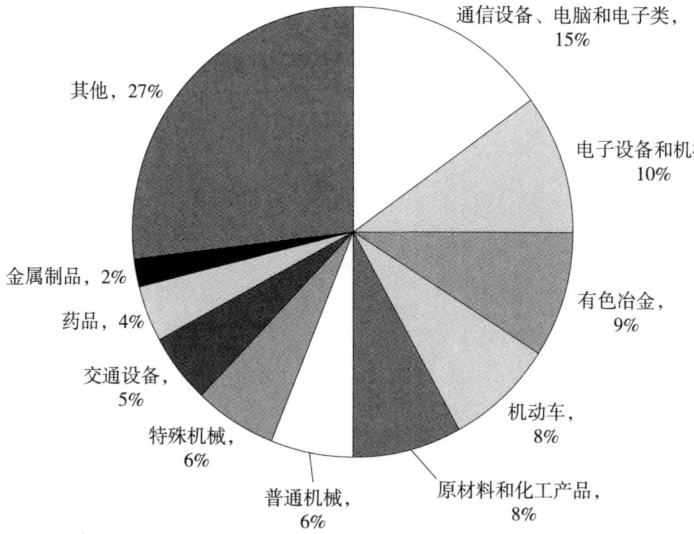

图 24　按产业划分研究开发开支比例—2012 年

资料来源：MOST。

印度

主要参与机构

科学和技术部（MST）。

其他部委

地球资源部（MES）、环境和森林部（MOEF）、卫生和家庭福利部（MOH&FW）、国防部（MOD）、农业部（MOA）。

机构和部委部门

科学和技术部（DST，MST 下属部门）、生物技术部（DBT）、科学和产业研究部（DSIR）、核能部（DAE）、太空部（DOS）、研究和防务组织部（DRDO）。

委员会和研究所

科学和产业研究委员会（CSIR）、印度医疗研究委员会（ICMR）、印度农业研究委员会（ICAR）、印度太空研究组织（ISRO）。

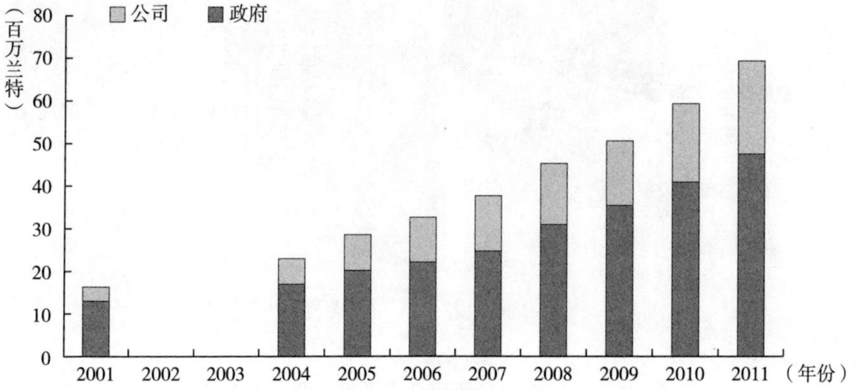

图 25　研究开发开支

注：2002 年和 2003 年无数据。

资料来源：NSTMIS。

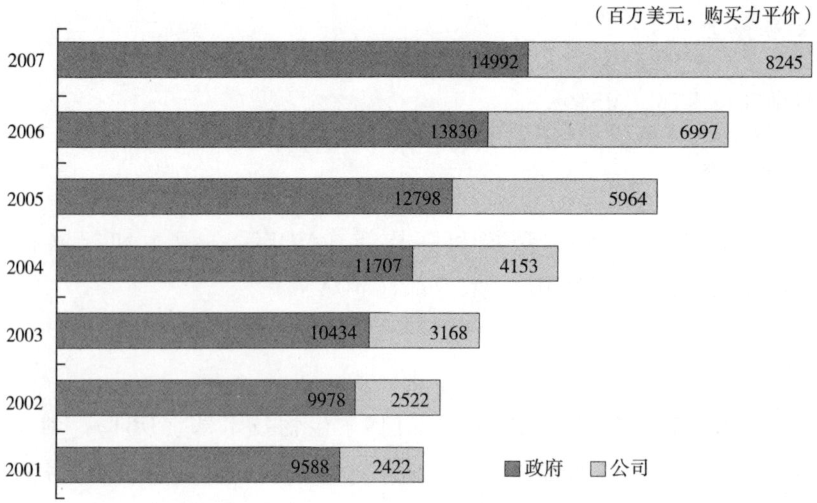

图 26　研究开发开支

资料来源：UNESCO（UIS）。

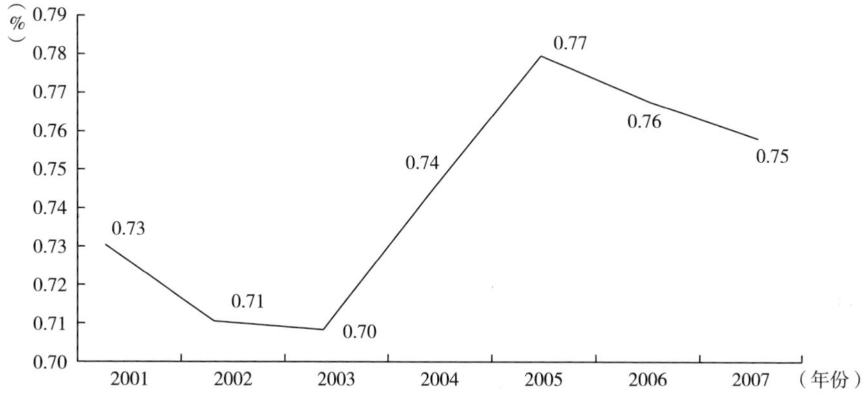

图 27　研究开发开支占 GDP 的比重

资料来源：UNESCO（UIS）。

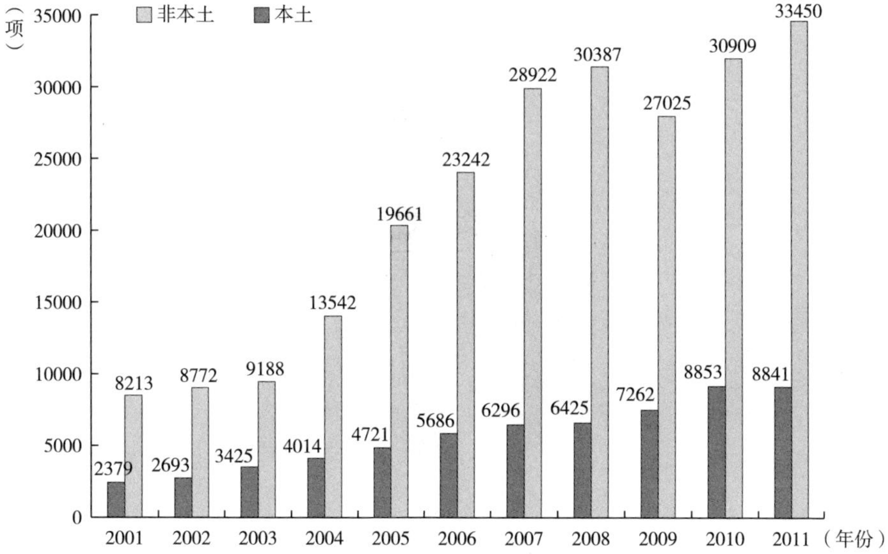

图 28　专利注册数—国家知识产权机构

资料来源：OMPI。

→超过50%的印度研究所位于该国南部五省（马哈拉施特拉邦、泰米尔纳德邦、卡纳塔克邦、安得拉邦和古吉拉特邦）。

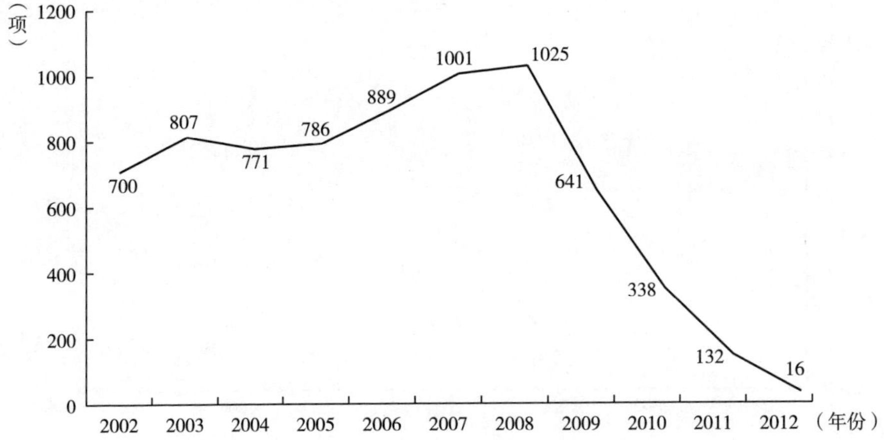

图29　专利注册数—美国知识产权局（USPTO）

资料来源：USPTO。

→在印度，在所有的研发公共开支分析中，国防部门均占有显著地位。然而，该国的制药产业由于私人研发投入增加，在过去几年发展相当显著。

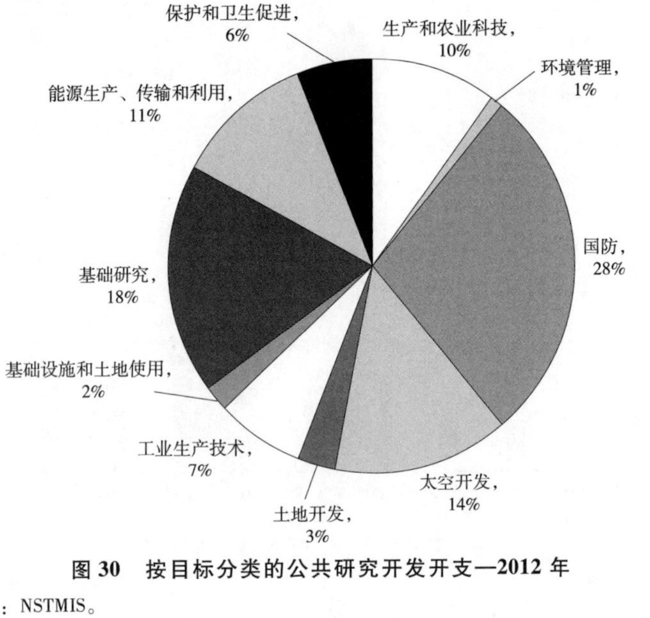

图30　按目标分类的公共研究开发开支—2012年

资料来源：NSTMIS。

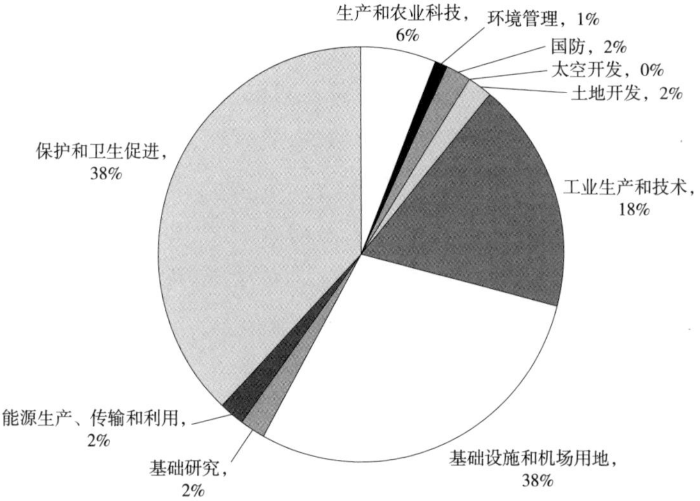

图 31　按目标分类的商业研究开发开支—2012 年

注：数据原文如此。—译者

资料来源：NSTMIS。

金砖国家社会—环境可持续性

法蒂玛·梅洛，朱莉安娜·马莱尔巴（社会与教育援助组织联合会）*

背　景

从建立到现在，金砖国家在经济和金融论坛中的步调越来越一致，越来越果断，在国际舞台上的角色越来越重要。金砖国家的经济总量、占全球GDP的份额以及其人口和地区维度，都毫无疑问地确定了它成为重要的政治角色的趋势，并改变着世界秩序中的力量关系。

除了将金砖国家冠以越来越重要的经济和政治角色以外，本文通过呈现相关数据，试图检验各国所采用的发展模式是否有潜力将社会和环境可持续作为重要支柱，纳入到新的发展议程中：金砖各国所创造的财富是否

* 法蒂玛·梅洛，社会与教育援助组织联合会国际关系项目主任。朱莉安娜·马莱尔巴，社会与教育援助组织联合会环境正义与权利中心协调员。

为各国人民带来了可持续和平等的发展？经济增长是否伴随着分配公平？自然资源的开采使用是否带来了改善人民生活水平的效果？社会是否提供政策控制和反映民声的机制？金砖国家之间的贸易和投资关系是否有可能在决策过程中更加重视可持续性？金砖国家的能源划分和温室气体排放模式是什么？成员国之间、成员国与非成员国之间的经济和金融合作机制是否试图参与可持续性的议题？考虑到金砖各国的背景差异，建立以环境平等和可持续性为核心的发展议题，将会有哪些可能性、遇到哪些障碍？

除了在国际体系中成为新的政治和经济力量外，金砖国家是否能够推动新的全球议程的形成，而这个全球议程不仅以获得高速经济增长、减少发达和发展中国家之间的权力差距为重点，而且能够以收入和财富分配政策、利用成员国大量的战略资源来消除社会不平等、提升公民福祉，过渡到以降低温室气体排放、尊重人权和加大公民参与为重点的发展模式。

本文展现了金砖国家面对的主要挑战，并以此希望它们能够成为全球秩序民主化的积极推动者，在创造收入和财富的同时，能够朝着实现更加平等、更加可持续和真正民主的世界迈进。

GDP

最吸引眼球的是中国 GDP 的巨大规模和增长速度，其中，出口所占比重极大，完全确认了 Marcio Pochman 认为中国是金砖国家的引领者的观点，“（金砖国家）在全球需求中的贡献，这种角色在 2008 年的金融危机中得到进一步的强化。按重要性递减排列，印度、俄罗斯、巴西和南非紧随其后。中国不仅是全球增长的引领者，而且也是整个金砖国家资本积累的引领者。换句话说，中国是一个新的中心的核心。这对于该团体的稳定性极具重要性”。[①]

① Pochmann, Marcio – “Relações comerciais e de investimentos do Brasil com os demais países dos BRICS”, in O Brasil, Os BRICs e a agenda internacional, FUNAG, Brasília, 2012, http://www.funag.gov.br/biblioteca/dmdocuments/OBrasileosBrics.pdf.

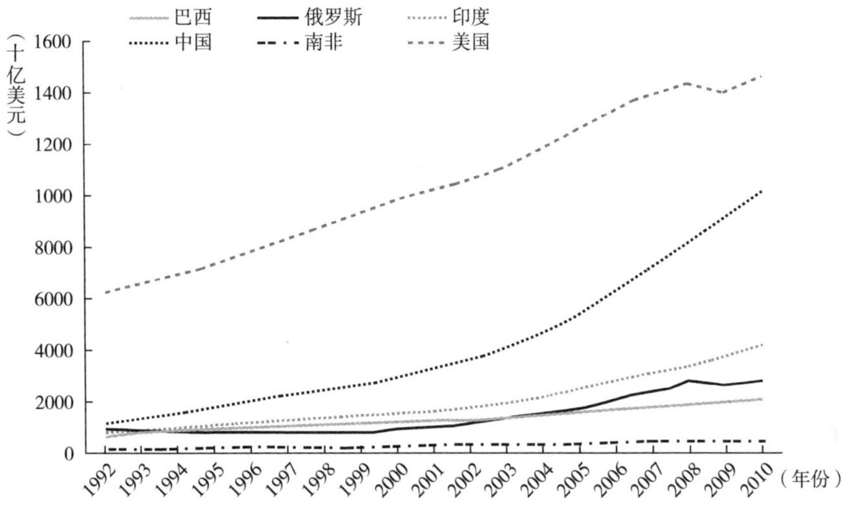

图 1　金砖国家 GDP（购买力平价），1992～2010 年

资料来源：世界银行数据库。

GDP 构成

下图显示，在经济发展主要依赖自然资源开发的国家，工业在整体 GDP 中的比重出现了逐渐下降的趋势。这种情况出现在巴西（农业产业和矿业在逐渐上升），南非（矿石）和俄罗斯（天然气）。而服务业在所有金砖国家（甚至中国）均相当重要，并且在中国具有超越工业的趋势。

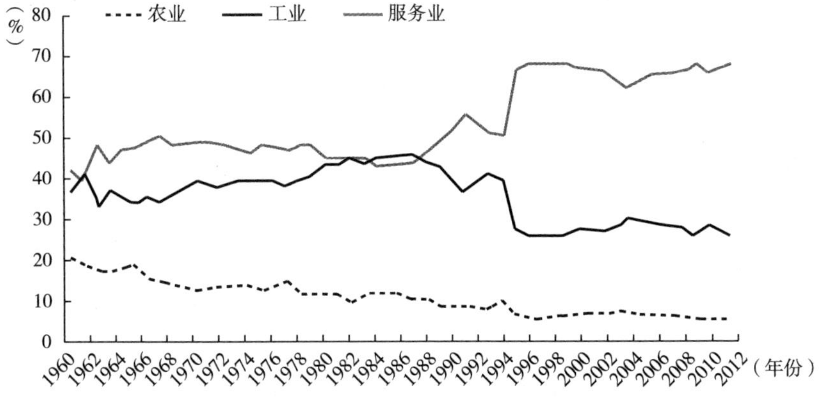

图 2　巴西 GDP 中各类产业的比重

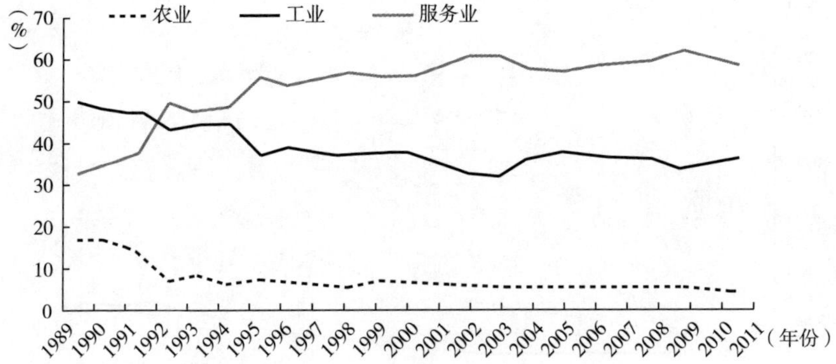

图 3　俄罗斯 GDP 中各类产业的比重

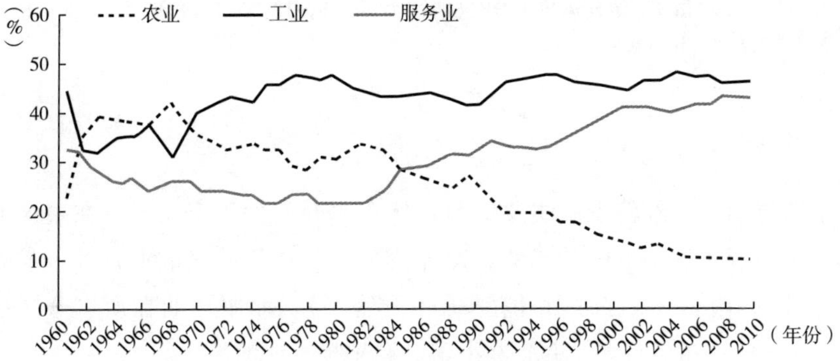

图 4　中国 GDP 中各类产业的比重

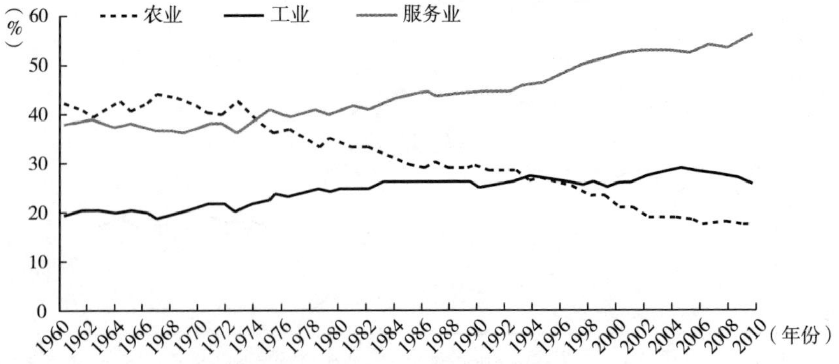

图 5　印度 GDP 中各类产业的比重

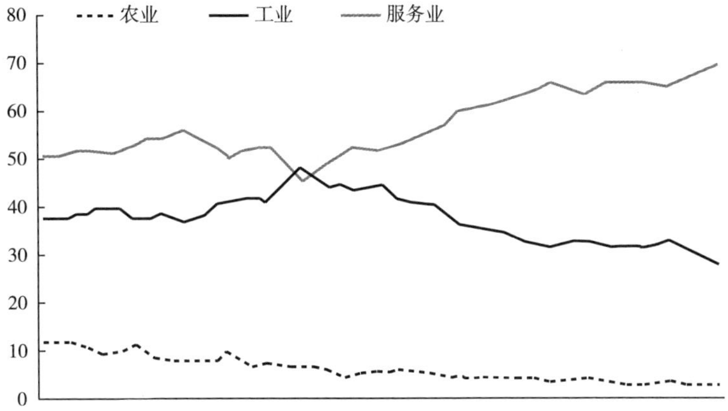

图 6　南非 GDP 中各类产业的比重

注：俄罗斯的历史数据系列从 20 世纪 90 年代早期开始。

资料来源：世界银行数据库。

出　口

金砖国家的出口总额从 2001 年的 4940 亿美元上升到 2012 年的 3.2 万亿美元。在全球出口总额中，金砖国家所占比例从 2001 年的 8% 上升到 2012 年的 17% 。无论是在全球范围内，还是在金砖各国之间的出口，这种增长的引领者都是中国。①

金砖国家内贸易

以下数据显示，中国从其他金砖国家进口的数量巨大。而中国对其他金砖国家的出口额，在各国间比例较为平均。

表 1 清楚地显示，巴西、印度、俄罗斯和南非在金砖各国中的自然资源出口比例均有上升，这一特征与中国有所不同。

表 2、表 3 呈现了中国从其他金砖国家进口的主要产品，反映出交换的主要模式（矿产、石油和农产品是其他金砖国家向中国出口的主要产品）。

① 资料来源：http://www.idc.co.za/media-room/articles/391-brics-trade-performance-focusing-on-africa。

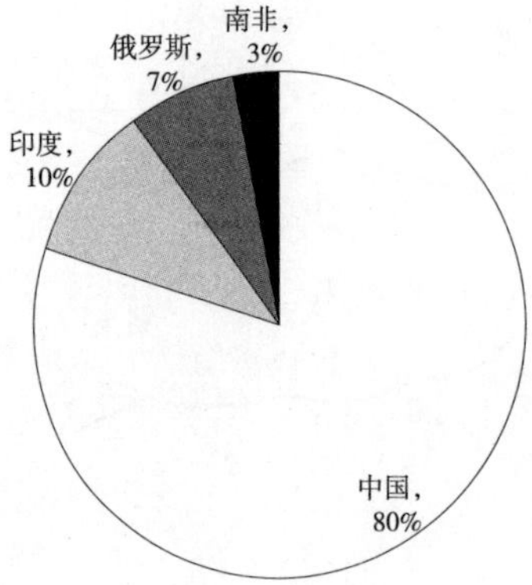

图 7－1　巴西与其他金砖国家之间的贸易

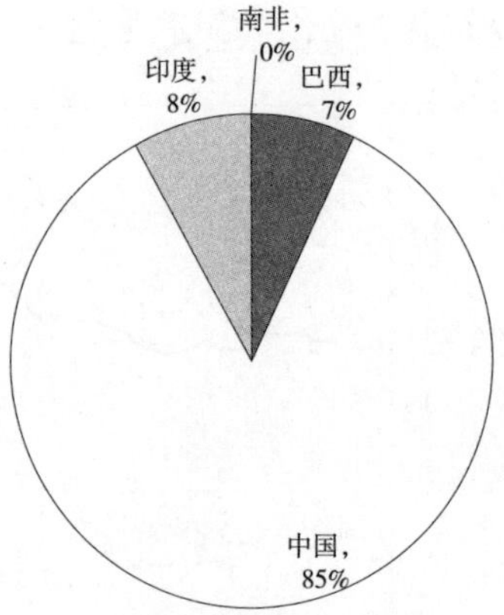

图 7－2　俄罗斯与其他金砖国家之间的贸易

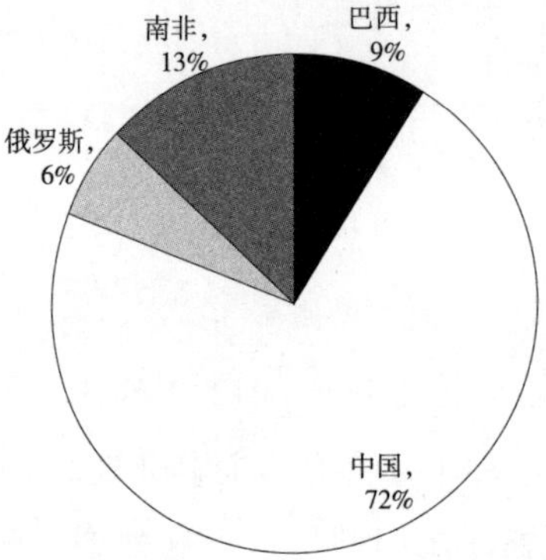

图 7－3　印度与其他金砖国家之间的贸易

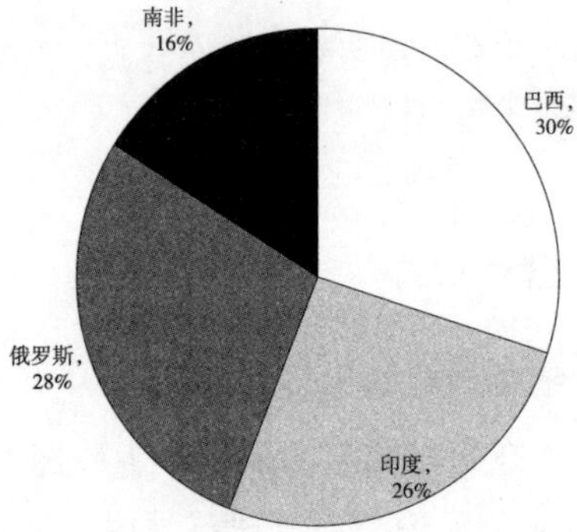

图 7－4　中国与其他金砖国家之间的贸易

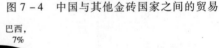

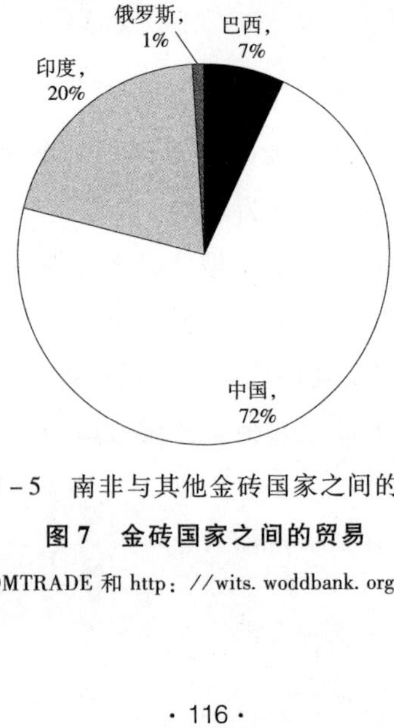

图 7－5　南非与其他金砖国家之间的贸易

图 7　金砖国家之间的贸易

资料来源：基于联合国 COMTRADE 和 http：//wits. woddbank. org/wits/（2013 年 1 月 28 日访问）。

表 1　金砖各国间出口比例，2000～2007 年：技术分类

单位：%

	巴西		中国		印度		俄罗斯		南非	
	2000	2007	2000	2007	2000	2007	2000	2007	2000	2007
资源	64.8	72.7	4.0	—	29.5	42.7	21.0	48.9	44.8	58.8
低等技术出口	1.9	3.3	21.4	11.4	17.3	—	—	—	2.4	5.4
中等技术出口	5.4	5.2	5.0	5.6	—	5.2	26.6	19.5	13.7	10.4
高等技术出口	1.8	—	5.4	10.5	5.5	2.2	6.8	1.1	—	—

资料来源：WITS；Pant、Manoj：《印度和金砖国家：贸易和技术问题》，《金砖国家——贸易政策、组织化和深入合作领域》，世贸组织研究中心，印度外贸学院，2013 年 3 月，http://wtocentre.iift.ac.in/FA/Brics.pdf。

表 2　中国从其他金砖国家进口产品排名前十位（2012）

商品	巴西价值		商品	印度价值	
	百万美元	去年同比变化（%）		百万美元	去年同比变化（%）
1. 铁矿石	22641.6	-12.1	1. 农产品	4110.2	11.0
2. 农产品	18686.4	19.8	2. 铁矿石和精矿	3676.9	-61.9
3. 粮食	14259.6	20.9	3. 棉花	3030.1	14.2
4. 原油	4651.9	-4.8	4. 铜和铜合金	2169.2	2.1
5. 纸浆	1641.1	-10.0	5. 钻石	1249.8	5.1
6. 机械和电子产品	1529.3	15.8	6. 机械和电子产品	1206.8	-4.4
7. 食用油	1153.4	90.2	7. 纺织纱线，纺织品和成品	1109.5	70.9
8. 蔗糖	1132.0	-10.7	8. 塑料原料	593.2	-5.5
9. 高技术产品	1027.3	26.5	9. 高技术产品	461.5	-10.4
10. 航空器	940.48	24.7	10. 精炼石油产品	419.32	557.1

表 3　中国从其他金砖国家进口产品排名前十位（2012）

商品	俄罗斯价值		商品	南非价值	
	百万美元	去年同比变化（%）		百万美元	去年同比变化（%）
1. 原油	20485.3	25.5	1. 铁矿石和精矿	5530.0	-14.3
2. 精炼石油产品	6144.0	29.7	2. 煤炭和褐煤	1569.3	34.9

续表

商品	俄罗斯价值		商品	南非价值	
	百万美元	去年同比变化（%）		百万美元	去年同比变化（%）
3. 煤炭和褐煤	2399.4	51.2	3. 钻石	1373.4	10.0
4. 铁矿石和精矿	1774.7	-35.8	4. 铬矿石和精矿	880.7	-29.5
5. 花肥	1672.0	46.8	5. 锰矿石和精矿	567.3	-17.5
6. 原木	1562.2	-26.1	6. 农产品	425.1	18.2
7. 农业产品	1555.8	-8.1	7. 原油	364.7	
8. 木材	1283.5 -	-2.9	8. 机械和电子产品	257.8	89.9
9. 冻鱼	1281.9	-16.6	9. 废金属	188.4	56.5
10. 纸浆	713.2	-21.4	10. 纸浆	178.8 -	-7.6

资料来源：（第6和第7页）：General Administration of Customs of the People's Republic of China in BRICS Joint Statistical Publication，2013 - http：//www.statssa.gov.za/news_archive/Docs/FINAL_BRICS%20PUBLICATION_PRINT_23%20MARCH%202013_Reworked.pdf。

金砖各国之间的贸易模式显示，中国对矿产原料的巨大需求以及其他国家对向中国出口自然资源的依赖存在互补性。Marcio Pochman 认为，“2000~2010年，巴西-中国贸易增速高于巴西与世界其他地区的贸易增速。2000年巴西从中国出口总额11亿美元，占巴西出口总额的2%，而2010年达到308亿美元，占总额的15%；而同期巴西从中国的进口总额从12亿美元（占进口总额的2%）上升到256亿美元（占进口总额的14%）。在这个时期，有六年巴西出现了出口顺差。……然而，巴西主要是出口大宗货物。2000~2009年，该国大宗货物出口占总出口的比例从68%上升到83%，其中2010年占出口最大比例的是矿产（40%）、石油（23%）和矿物油（13%），这三类货物出口占巴西出口总额的76%”①。因此，巴西这种去工业化并以原材料为主要出口商品的出口发展趋势说明，金砖国家之间的贸易增长，并没有摆脱过去不均衡的模式。相反，与中国更加亲密的关系，对巴西大宗商品出口的增加起了强化作用。这种情况在南美洲也存在，当地的出口越来越依赖对中国的自然资源供应。

中国和南非的贸易关系模式也有不平衡的特点，并导致了相当明显的负面影响，尤其是对失业的影响，“南非主要的工会联盟——南非工会议会

① Pochmann, *op. cit.*

（COSATU）对中国向南非过去几年出口额的增加持批评态度，认为南非的制鞋业基本上被来自中国的廉价鞋产品消灭。最近，该国的纺织业又遭到了从中国大量涌入的产品的影响（中国现在是全球最大的纺织品出口国，出口总额从1990年的72亿美元上升到2005年的411亿美元，在15年间上升了471%）。针对来自中国的进口商品及随之而来的当地失业问题，南非工会议会的批评非常直接，其主席Rudi Dicks估计，该国制衣和纺织业失业人数在75000到85000人之间，而这些失业人士在本行业或者其他相关行业再就业的可能性微乎其微。南部非洲制衣和纺织工会（SACTWU）估计，1995年到2005年间，出现了75000个失业案例（1995年该行业的就业总数为23万人）。原本南非的失业和贫苦率就比较高，这些损失对于SACTWU来说，是“不可接受”的。①

各类商品出口比例

表4　农业原材料出口占出口商品总额（以美元计，下同）的比重

单位：%

国　家	1970	1975	1980	1985	1990	1995	2000	2005	2010
巴　西	11.9	3.9	4	2.6	3.4	5.2	4.8	3.8	3.9
俄罗斯							3.1	2.8	2.1
印　度	5.6	4	5	2.8	4.1	1.3	1.3	1.3	2
中　国				5.1	3.5	1.7	1.1	0.5	0.5
南　非		6.7	2.5			4	3.4	2	1.9

资料来源：世界银行数据库。

在各个国家中，参与度比例较低，并有下降趋势。

表5　粮食出口占出口商品总额的比重

单位：%

国　家	1970	1975	1980	1985	1990	1995	2000	2005	2010
巴　西	63.3	54.1	46.3	36.8	27.7	28.7	23.4	25.8	31.1

① http://www.osisa.org/books/regional/doubts - about - development - civil - society - and - china%E2%80%99s - role.

续表

国　家	1970	1975	1980	1985	1990	1995	2000	2005	2010
俄罗斯							1.2	1.6	1.9
印　度	29.7	37.7	28.2	25.3	15.6	12.8	9	8.3	
中　国				12.6	12.7	8.2	5.4	3.2	2.8
南　非		28.7	8.7			8	8.5	8.5	8.7

资料来源：世界银行数据库。

粮食出口占比在各个国家均出现了下降的趋势。巴西在20世纪70年代的出口比例很高，随后直至21世纪头十年中期一直处在下降的趋势。在2000年到2010年间出现了非常显著的上升。印度在1970年的比例也较高。巴西的粮食出口比例和其他金砖国家有所区别，尽管该国在1970年到2010年之间出现了变化，粮食仍旧在所有出口类别中占重要地位，约占30%，而其他国家均没有超过9%，虽然印度在20世纪70年代粮食占总出口比例高达40%，该国目前的比例也没有超过9%。

表6　能源出口占出口商品总额的比重

单位:%

国　家	1970	1975	1980	1985	1990	1995	2000	2005	2010
巴　西	0.6	2.3	1.8	8.4	2.2	0.9	1.6	6	10.1
俄罗斯							50.6	61.8	65.6
印　度	0.8	0.9	0.4	6	2.9	1.7	3.4	10.3	16.9
中　国				25.8	8.3	3.6	3.1	2.3	1.7
南　非		1.3	3.8			8.9	10	10.3	9.9

资料来源：世界银行数据库。

除中国外，其他金砖国家能源出口比例均出现上升趋势（尽管有所波动）。中国在1985年出现明显下滑，目前所占比例也微乎其微。但中国是一个巨大的能源消费市场。

表 7　制造业出口占出口商品总额的比重

单位：%

	1970	1975	1980	1985	1990	1995	2000	2005	2010
巴　西	13.2	25.3	37.2	43.7	51.9	53.5	58.4	53	37.1
俄罗斯							23.6	18.8	14.1
印　度	51.7	44.9	58.6	58.1	70.7	73.5	77.8	71.1	63.8
中　国				26.4	71.6	84.1	88.2	91.9	93.6
南　非		26.7	18.2			43.5	53.8	56.7	46.6

资料来源：世界银行数据库。

中国和印度制造业产品出口占出口总量比例最高，尤以中国更为突出，所占比例达到94%。20世纪八九十年代，中国均出现了明显的峰值。印度于20世纪八九十年代出现增长，但是之后一直快速下滑。除2010年外，巴西出现了增长趋势。2000～2010年，除中国外，所有国家比例均有下降，这种情况可能与中国劳动密集型加工业的扩张有关，这种扩张降低了其他国家的市场竞争力，并暗示着去工业化趋势的出现。俄罗斯出现了下降。从20世纪90年代起，南非出现了增长，但在2010年重新开始下滑。

表 8　矿石和金属出口占出口商品总额的比重

单位：%

国　家	1970	1975	1980	1985	1990	1995	2000	2005	2010
巴　西	10.1	12.4	9.4	9.4	13.6	10.3	9.8	9.6	17.8
俄罗斯							9.3	6.7	5.6
印　度	51.7	44.9	58.6	58.1	70.7	73.5	77.8	71.1	63.8
中　国				26.4	71.6	84.1	88.2	91.9	93.5
南　非		26.7	18.2			43.5	53.8	56.7	46.6

资料来源：世界银行数据库。

2000～2010年，在制造业下滑的同期，巴西和南非矿石和金属出口比例出现了显著增长，而其他国家参与力度较低。印度在20世纪70和80年代占有较高比重，于90年代出现下滑，21世纪头十年又再次出现上升。

表 9　高技术出口占加工业出口的比重—美元

单位：%

国　家	1990	1995	2000	2005	2010	
巴　西	6.5	4.9	18.7	12.8	11.2	高技术出口：中国出现强力增长；印度在增长；巴西于21世纪头十年出现峰值，但随后再次下降；俄罗斯和南非持续下降
俄罗斯			16.1	8.4	9.3	
印　度	3.9	5.8	6.3	5.8	7.2	
中　国		10.4	19	30.8	27.5	
南　非		5.7	7	8.7	4.3	

资料来源：世界银行数据库。

表 10　ICT——信息通信技术出口占出口商品总额的比重

国　家	2000	2005	2010	
巴　西	4	3.1	1	ICT（信息通信技术）：仅有中国的ICT出口占有显著比例，并呈上升趋势，其他各国所占比例较低
俄罗斯	0.4	0.2	0.2	
印　度	1.7	1.1	2	
中　国	17.7	30.7	29.1	
南　非	1.6	1.2	1	

资料来源：世界银行数据库。

不平等

所有金砖国家都存在显著的不平等问题，南非和巴西的收入分配不均最严重，印度最不严重。

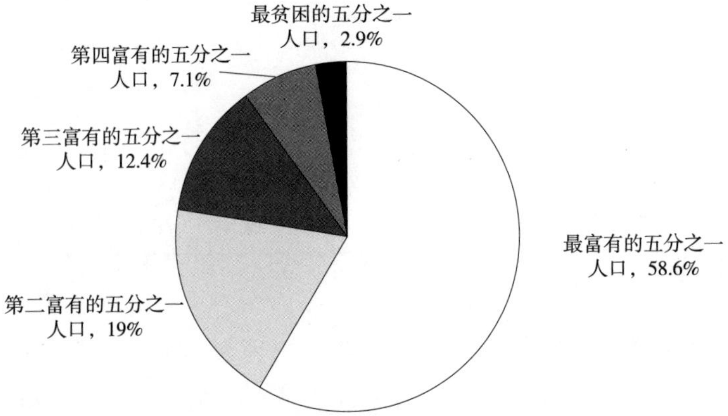

图 8－1　巴西收入分配（2009）

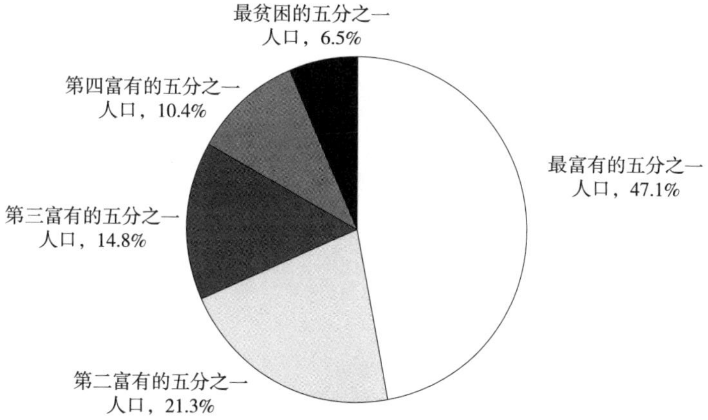

图 8－2　俄罗斯收入分配（2009）

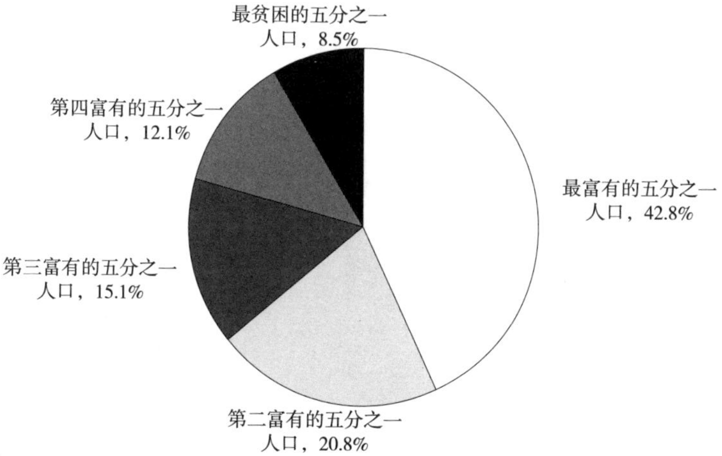

图 8－3　印度收入分配（2009）

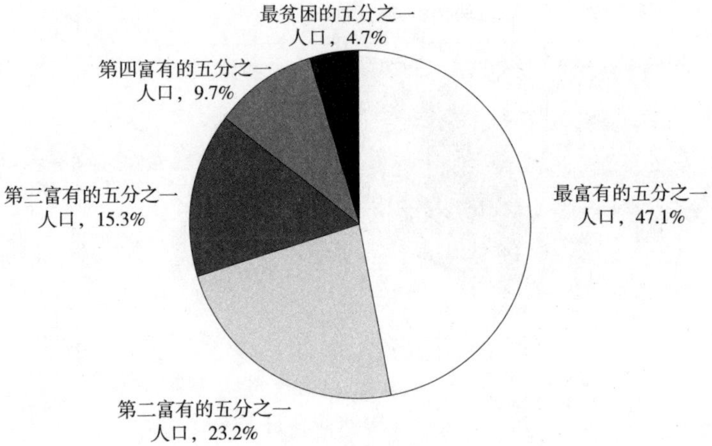

图 8－4 中国收入分配（2009）

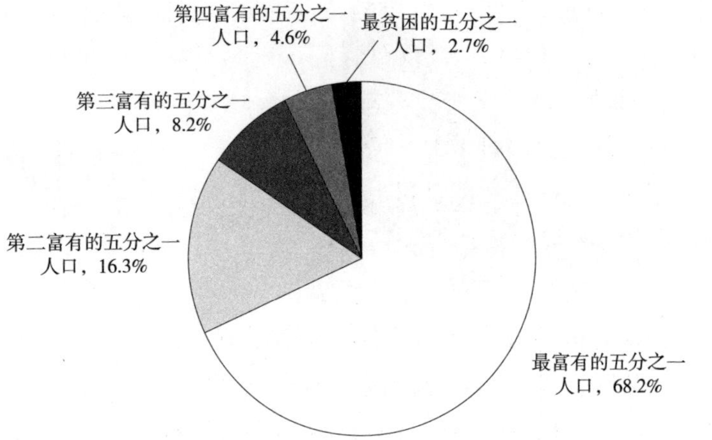

图 8－5 南非收入分配（2009）

图 8 金砖国家的收入不平等状况

尽管巴西的不平等极端严重，过去二十年中，不平等的情况得到了改善。

资料来源：世界银行数据库。

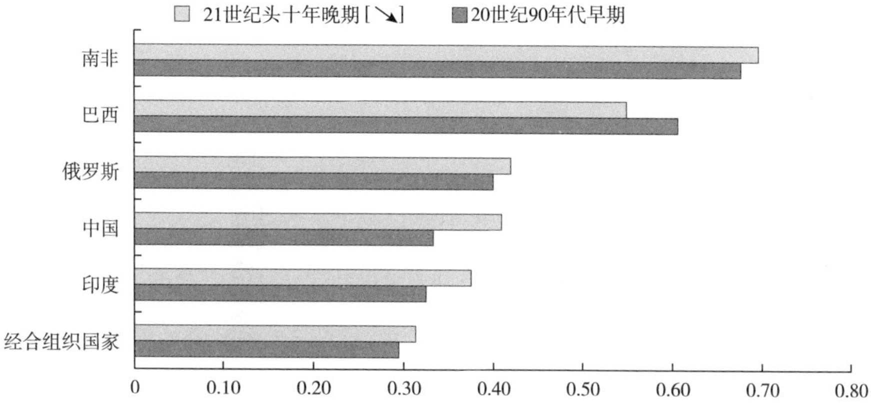

图 9　金砖国家和经合组织国家 20 世纪 90 年代早期和 21 世纪头十年晚期不平等水平变化情况—家庭收入基尼系数

资料来源：经合组织—欧盟关于新兴经济体的数据，世界银行全球发展指数，《经合组织分裂了我们的立场》。请见：http：//dx. doi. org/10. 1787/888932535432。

1. 20 世纪 90 年代早期的数据通常指 1993 年，而 21 世纪头十年晚期的数据通常指 2008 年。

2. 基尼系数的计算基于 OECD 国家的平均收入，所有 EEs（新兴经济体国家）均采用人均收入（印度和印度尼西亚除外，这两个国家采用人均支出）。

能源——能源结构、电力结构和可再生与替代能源

金砖国家是能源的主要生产和消费国，尽管这些国家的人群能源消费水平与经合组织国家相比还处于较低水平，即相当于人均 4. 39 吨油当量。

根据国际能源组织（IEA）2010 年的数据，巴西、俄罗斯、印度和中国的能源需求占全球的 32%，① 其中中国需求为 24. 17 亿吨油当量，居第一位，并占全球能源需求总量的 19%；俄罗斯紧随其后，需求量为 7. 01 亿吨油当量（占全球总需求的 6%），印度为 6. 92 亿吨油当量（占全球总需求的 5%），巴西为 2. 65 亿吨油当量（占全球总需求的 2%）。

① “需求”即国内需求总值，指某国需要转化或者直接消费的能源总量，已计入转换、运输和分配过程中的损失。

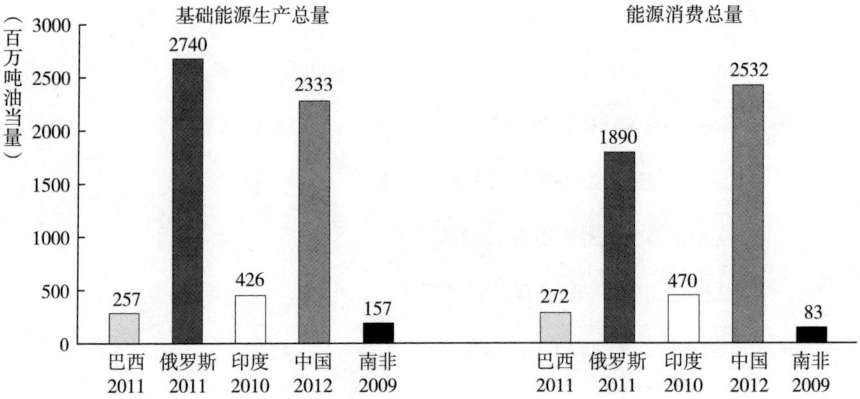

图 10　金砖国家的能源生产与消费情况

资料来源：金砖国家联合统计报告，2013 年，http：//www. statssa. gov. za/news_ archieve/Docs/FINAL_ BRICS%20PUBLICATION_ PRINT_ 23%20MARCH%202013_ Reworked. pdf。

中国的能源需求量虽然全球第一，人均消费量（人均 1. 81 吨油当量）却低于世界平均水平（人均 1. 86 吨油当量）。印度也具有这一特征：需求量占全球比例大，但是人均消费量较低（人均 0. 59 吨油当量）。另外，俄罗斯的人均能源消费（人均 4. 95 吨油当量）接近发达国家水平，而巴西的能源消费（人均 1. 36 吨油当量）在金砖各国中处于中间水平，稍低于中国。为了设置比较标准，可以与全球第二大能源需求国美国相比——其人均需求量为 7. 15 吨油当量。

与其他金砖国家相比，南非的能源水平较低，该国的需求量为 1. 36 亿吨油当量，而人群消费水平则是人均 2. 74 吨石油当量。①

能源结构反映的是在生产过程中，所有用于处理、分配和消费的能源总量，这是能源供应的量化表现，即某国或者地区可以使用的能源资源总量，通常以石油和电力供应为主。

电力结构反映的是在某种能源结构中所有电力生产来源（可再生或者不可再生）生产的电力供应量。

---

① Bicalho，Ronaldo，A energia dos Brics，http：//infopetro. wordpress. com/2013/01/07/a - energia - dos - brics/.

能源结构

图 11 展示了金砖各国能源结构的历史演变情况。自 20 世纪 70 年代以来，这些国家的能源需求出现了高速增长，而俄罗斯是一个例外，该国的变化始于 20 世纪 90 年代。需求的增长说明，在不断发展和提高的能源需求背景下，促进可持续性所面临的巨大挑战。尽管来源不同，能源结构中的化石燃料份额一直都非常巨大，尽管在巴西的能源结构中，化石燃料的份额最小，化石燃料（天然气、煤炭和石油）仍占 50%。在 2011 年南非的能源消耗中，煤炭占了近 70%。

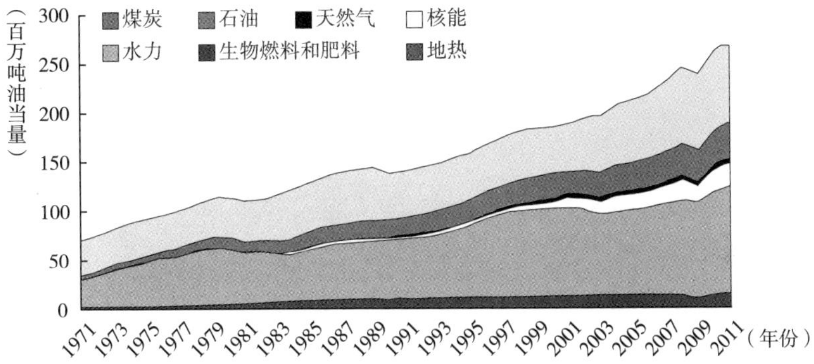

图 11－1　巴西*

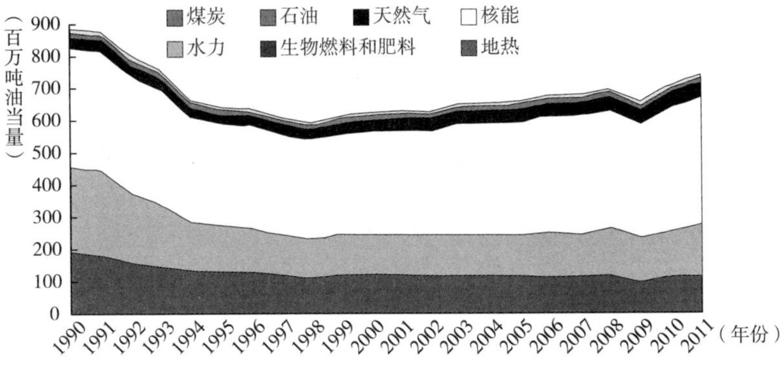

图 11－2　俄罗斯*

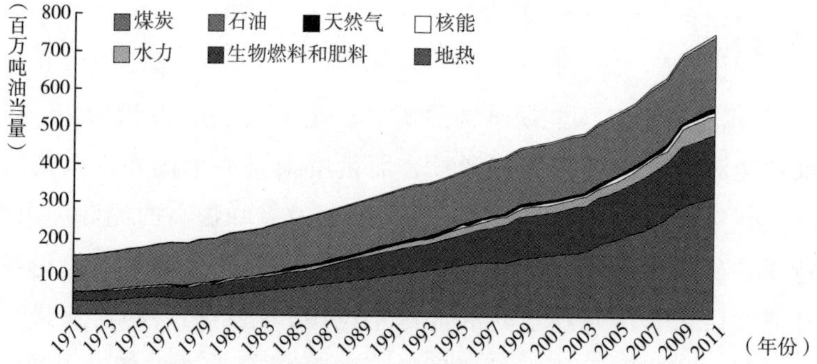

图 11－3　印度*

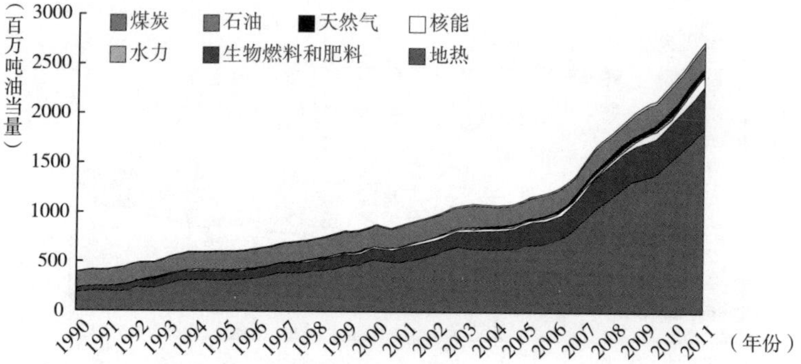

图 11－4　中国*

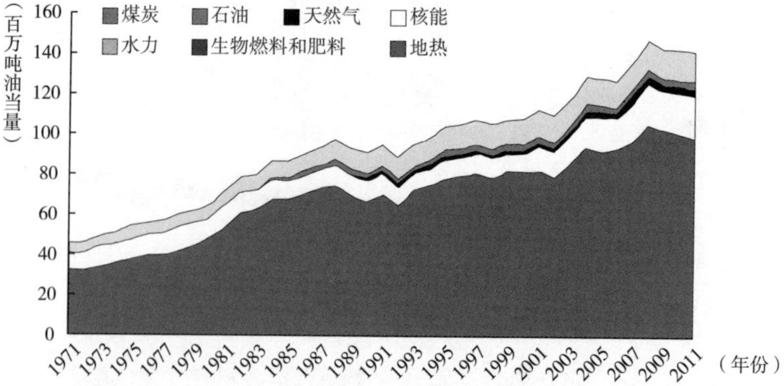

图 11－5　南非*

图 11　金砖国家的基础能源供应问题

注：不含电力贸易。

如需更详细数据，请参考我们的在线数据服务，http：//data. oea. org。

资料来源：国际能源机构 IEA 能源统计数据，http：//www. iea. org/statistics/。

尽管各国能源状况有所不同，金砖国家高速增长的能源需求使它们在全球能源结构演变中的角色愈加重要。因此，它们对全球能源供应和需求行为的影响也日益加大。

从能源依赖方面来看，南非存在能源净出口（-12%），尤其是煤炭（占总能源出口的92%）。但是，南非的石油几乎全部依赖进口。如果巴西、中国和印度分别占能源净需求的9%、14%和26%，那么从俄罗斯进口则占该净需求的83%。这使得中国、印度和巴西分别占有全球能源进口总额的8%、5%和1%，而俄罗斯则占全球能源出口的12%。

从对石油及其衍生物的依赖看，中国进口净值满足了其需求量的59%，而印度则达到了76%。俄罗斯达到（-）256%，这意味着，该国存在石油出口净值，巴西则是0%，即进出口持平，也就是所谓的自给自足。[①]

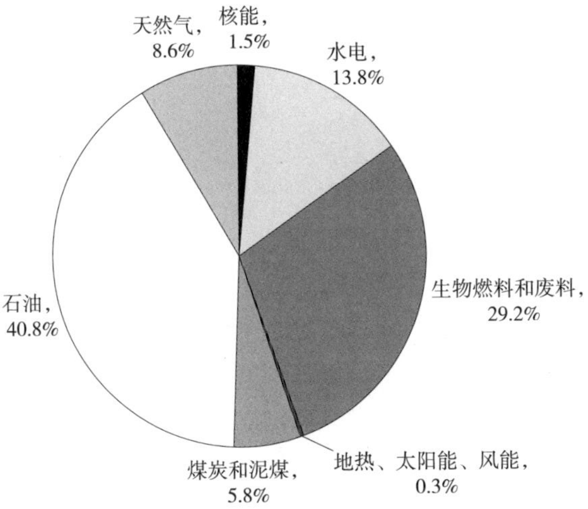

图 12-1　巴西

① Idem.

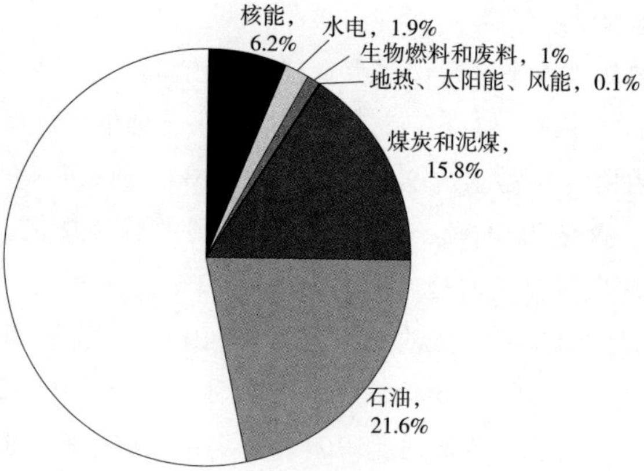

图 12－2　俄罗斯

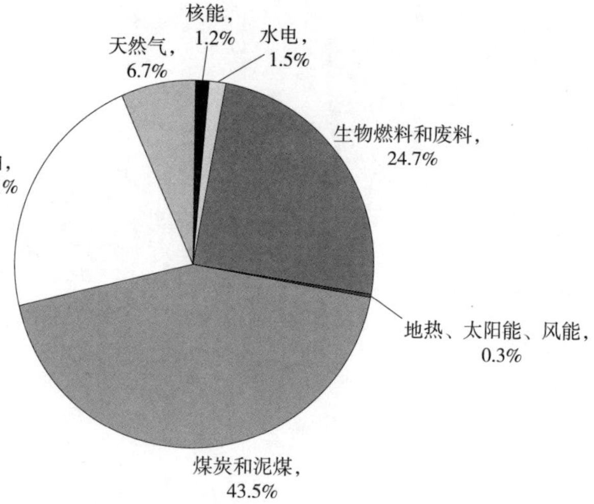

图 12－3　印度

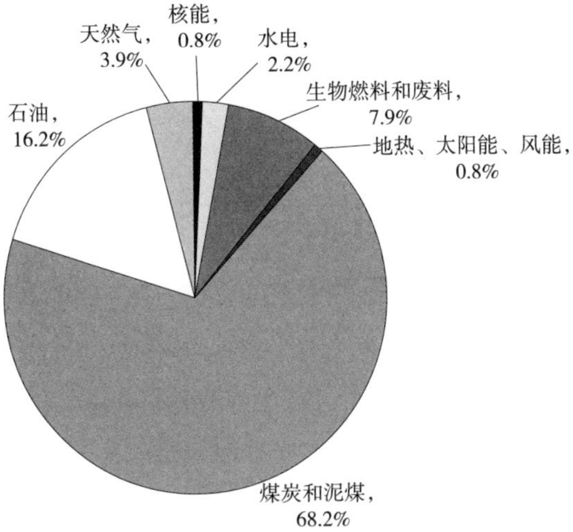

图 12－4　中国

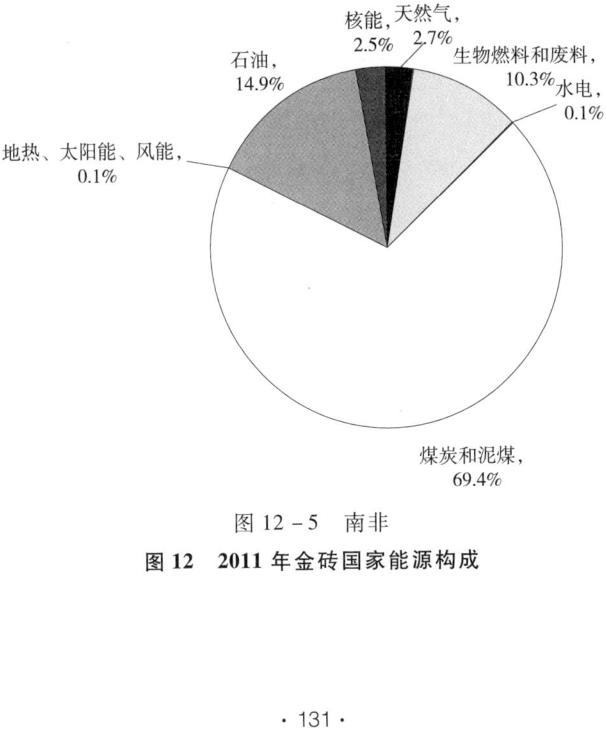

图 12－5　南非

图 12　2011 年金砖国家能源构成

表 11 碳排放模式——相关产业的历史数据

表 11－1 发电产生的碳排放（百分比，燃烧排放）

国家	1975	1980	1985	1990	1995	2000	2005	2010
巴 西	10.7	11.3	14.1	14.3	13.3	16.5	18.2	18
俄罗斯				55.9	60	60.9	51.6	56.6
印 度	27.7	31.4	37.7	43.4	51.2	56.7	58.9	57.6
中 国	17.9	25	25.9	32.2	39.3	48.8	52.7	53
南 非	48.1	48.8	54.4	56.3	60.6	63.5	63.8	69.2

资料来源：国际能源机构。

表 11－2 家庭、商业和公共服务碳排放（百分比，燃烧排放）

国家	1975	1980	1985	1990	1995	2000	2005	2010
巴 西	5.5	5.7	7.3	8.4	8.1	7	5.9	5.1
俄罗斯				13.1	10.4	10.7	9.2	8.6
印 度	12.1	12.3	11.2	9.9	8.6	7.6	6.9	5.5
中 国	19.6	17.3	18.7	16.5	11.7	8.6	6.5	6.1
南 非	6.5	4.8	4.1	4.4	4.4	2.5	6.8	4.3

资料来源：国际能源机构。

表 11－3 交通运输碳排放（百分比，燃烧排放）

国 家	1975	1980	1985	1990	1995	2000	2005	2010
巴 西	47.7	40.2	41.3	41.9	42.9	40.9	42	42.8
俄罗斯				13.6	12	12.5	14.4	15.3
印 度	21.4	20	16.5	14.3	13.8	9.7	8.7	9.9
中 国	6.3	5.7	5.8	5.3	5.1	8.1	7.2	7
南 非	15.3	12.1	11.4	11.5	12.7	12	13	11

资料来源：国际能源机构。

中国、俄罗斯、印度和南非的发电和供暖部门的碳排放占比最高，接近经合组织国家和美国的水平。而巴西的交通运输则是碳排放最高的部门。

在中国、印度、巴西和俄罗斯，生产和建筑行业碳排放的比例占第二位。南非碳排放居第二位的则是交通运输行业。虽然中国和印度的居民区、商业和公共服务的碳排放比例在20世纪七八十年代占碳排放比例较高，但

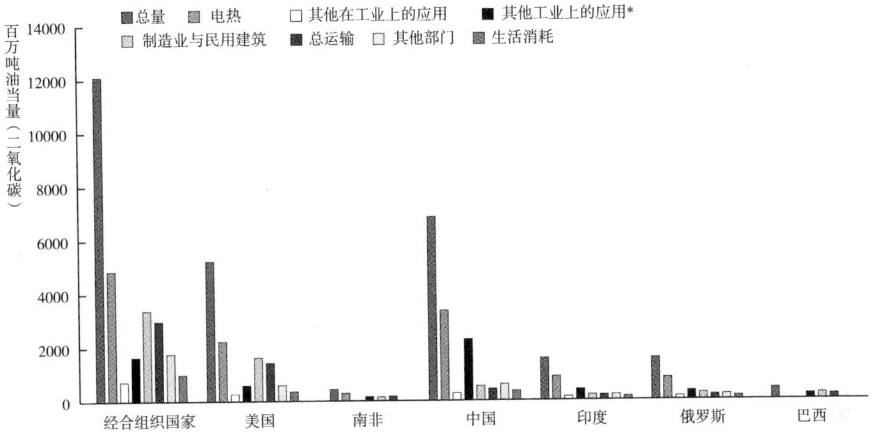

图 13　金砖国家等目前的碳排放情况

* 原文如此。——译者

是在过去二十年出现了大幅度的下降，目前这些部门的碳排放所占比例都比较低。

数据表明，所有金砖国家汽车数量的上升带来了交通运输行业占碳排放比例的上升。当然，各个国家的汽车的绝对数量存在较大差异。

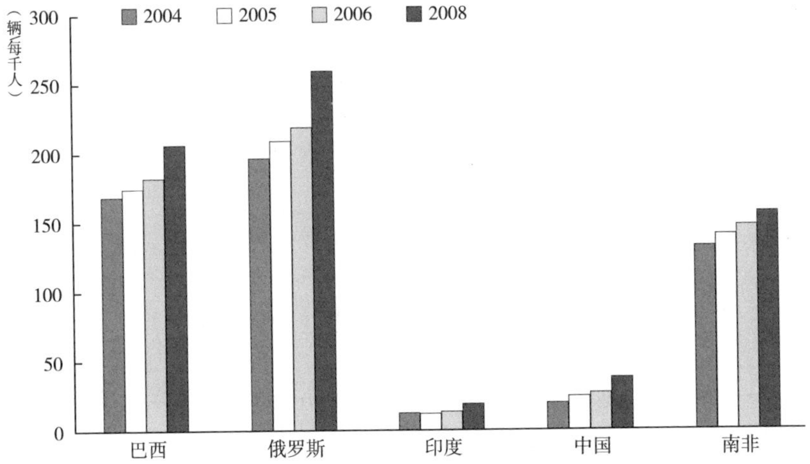

图 14　金砖国家的汽车拥有情况

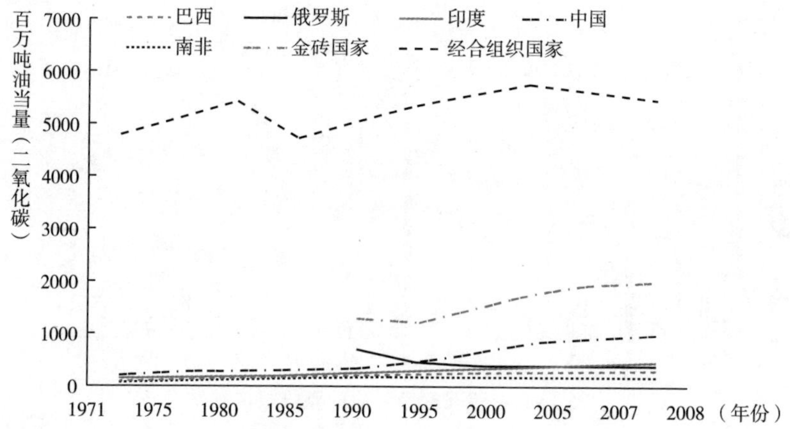

图 15－1　石油

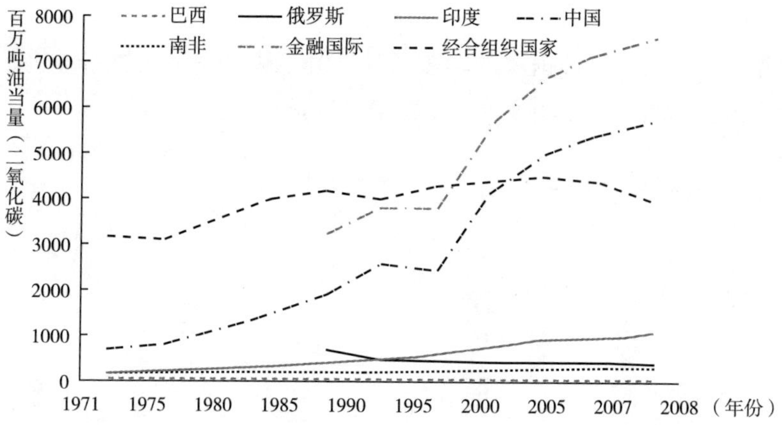

图 15－2　煤炭

图 15　金砖国家及经合组织国家以能源来源划分的碳排放

中国二氧化碳、石油和煤炭的排放大幅稳定增加，中国的排放模式与整个金砖国家的化石燃料排放模式曲线一致。

所有金砖国家对化石燃料的严重依赖以及 GDP 的加速增长，导致这些国家的能源结构中化石燃料的碳排放比例稳步增加。这种情况也出现在巴西，尽管该国具有较强的水力发电能力，仍然有 46% 的能源供应来自化石燃料。

电力结构

除了燃料外，电力也是主要的能源供应方式。大多数金砖国家的电力资源来源于不可再生资源（石油和石油产品，天然气和石油，煤炭和铀）。巴西是唯一主要采用清洁方式发电的国家，该国超过80%的电力来源于水力发电。

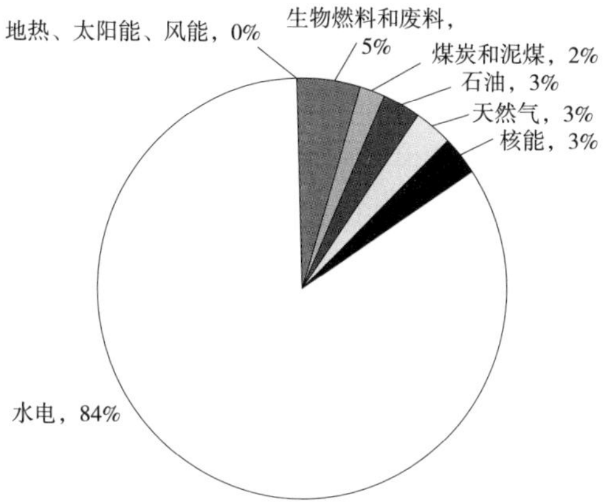

图 16－1　巴西

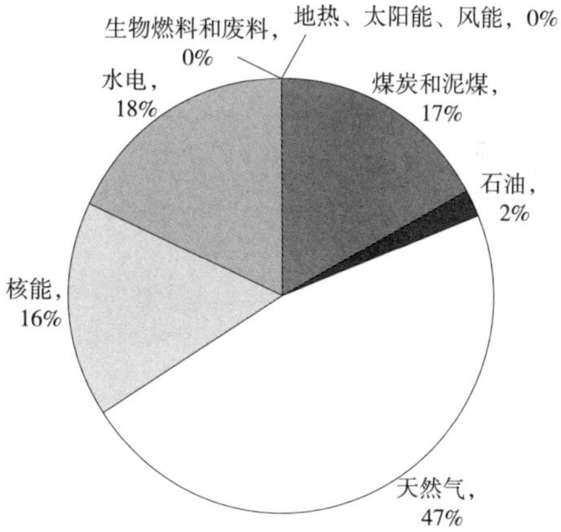

图 16－2　俄罗斯

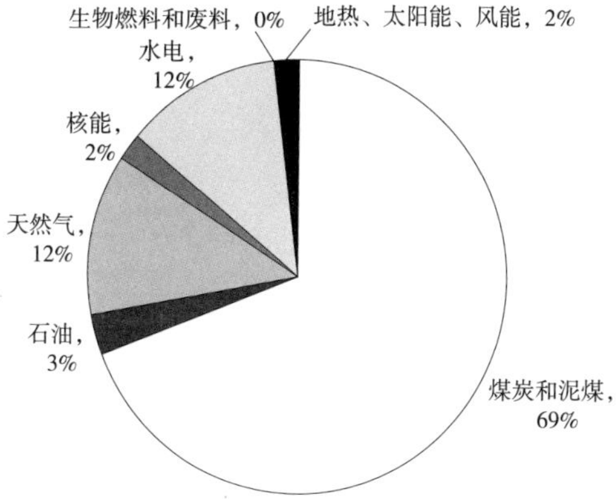

图 16－3　印度

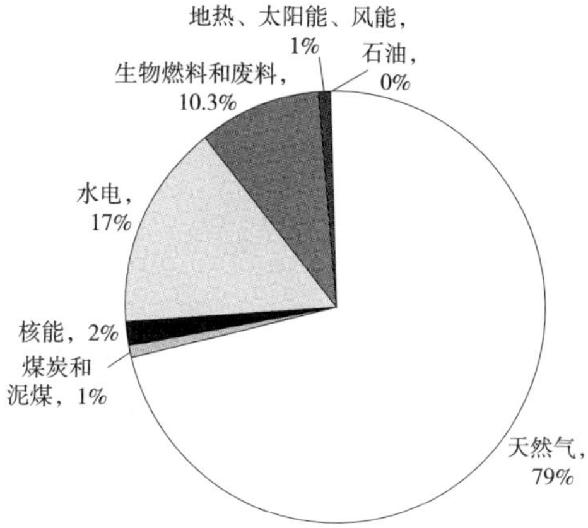

图 16－4　中国

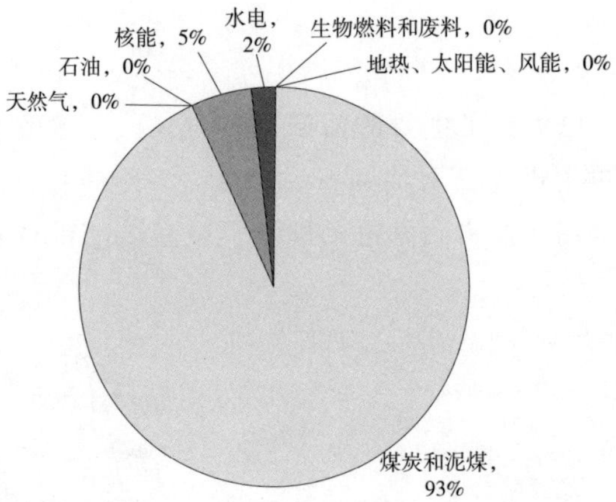

图 16－5 南非

图 16 金砖国家的电力资源来源

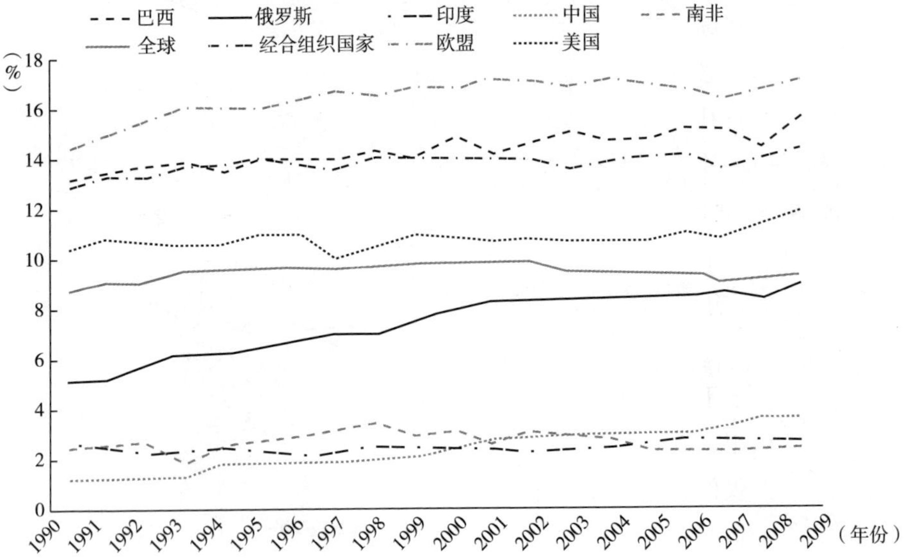

图 17 核能和其他能源占总能源消费的比重

注：核能、水电、地热、太阳能以及其他不产生碳排放的能源形式。数据代表这些能源在总能源消费中所占比例。

资料来源：城市发展和可持续研究机构和金砖国家政策研究中心。

基于大型堤坝带来的社会和环境影响，许多分析家质疑这种能源获取方式的可持续性。大坝是电力工业的主要来源，大坝的建设伴随着强制性的人口迁移，大量淹没土地所引发的生物多样性的丢失及水利生态循环系统变化，而这些问题都会导致居住模式和空间使用模式的改变，让那些直接依赖河流生存的人群不得不改变传统的生活方式。由于建设工人的进入，大坝建设地区的人口也会陡然增加。

可再生能源

近几年来，各国在制定能源政策时逐渐加大了对可再生能源（例如太阳能、风能、水能和生物能源）和温室排放较低的能源方式的选择和投入。

整体推广这些能源形式，寻求多样化的能源组合，代表着一种进步，特别是能够为能源结构带来更多元化的组合。但是，必须认识到，可再生能源自身并非一定更具可持续性。

由于核能的辐射材料和核废料有巨大的健康和环境风险，许多研究质疑这种能源的可持续性。

研究表明，必须结合当地实际，对可再生能源资源，诸如水力、风力和生物能源等进行社会和环境影响评价。例如，与人口密度较低地区的大中型水电站相比，一个处于人口密集地区的小型水电站可能会对更多家庭造成影响。

除此之外，能源生产将会对社会群体的不同生活方式和社会文化逻辑造成不同的影响，而且或多或少会对当地生产和文化产生不可逆转的影响。

在能源需求不断增加的背景下，不断开发新的能源项目成为能源政策中持续探讨的议程，而其他的替代能源，如太阳能、风能和生物能等可再生能源方式，似乎仅仅是能源结构中的一种补充性手段。

针对上述情况，国家和不同社会部门自然而然地强化了不断增长的能源需求的论述，将公众就持续增长的需求和目的进行的辩论变得空洞无力。①

① 这正是 Alcan 所修建的 PCH Fumaca 的情况，该项目为其位于 Minas Gerais 的铝厂提供能源。为了产生仅仅 1000 万千瓦的电力，这个水电站迫使建设地平均每平方公里 92 户家庭迁移。Klemmens Laschefski Conf. “里约 +20” 峰会，《为了寻求更加可持续的经济。能源：为什么？为了谁?》，2011（mimeo）。

城市化和获得高质量的环境卫生服务

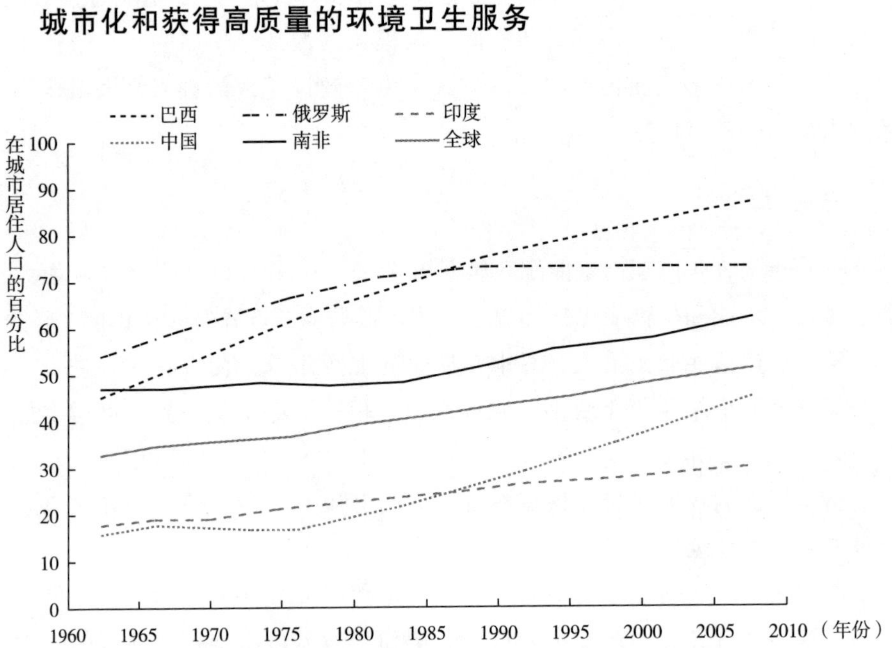

图 18　金砖国家的城市化与全球的比较（1960～2010 年）

　　金砖国家城市化进程稳定增长，提升了全球范围的平均城市化增长比例。表 14 展示了金砖国家固体垃圾的预测量。几乎所有金砖国家（除了南非）的人均垃圾量均在增长。巴西、印度和中国的绝对增长量超过两倍。由于城市生活产生大量垃圾，这些数据显示这些国家正经历高速城市化的进程。这种高速增长对环境可持续性、公共卫生和公民服务带来了许多挑战，例如在人口密度大的国家提供公共卫生、交通运输和社会服务。

表 12　金砖国家固体垃圾增长情况

	2012			2025			
	总城市人口数量（人）	人均固体垃圾（公斤/人/天）	总固体垃圾量（吨/天）	人口总数（人）	总城市人口数量（人）	人均固体垃圾（公斤/人/天）	总固体垃圾量（吨/天）
巴　西	144507175	1.03	149096	228833000	206850000	1.6	330960
俄罗斯	107386402	0.93	100027	128193000	96061000	1.25	120076
印　度	321623271	0.34	109589	1447499000	538055000	0.7	376639

续表

	2012			2025			
	总城市人口数量（人）	人均固体垃圾（公斤/人/天）	总固体垃圾量（吨/天）	人口总数（人）	总城市人口数量	人均固体垃圾（公斤/人/天）	总固体垃圾量（吨/天）
中　国	511722970	1.02	520448	1445782000	822209000	1.7	1397755
南　非	26720493	2	53425	52300000	36073000	2	72146

HOORNWEG et. Al. What a Waste：a global review of solid waste management. Urban Development Series Knowledge Papers. The World Bank & Urban Development and Local Government. Washington n. 15 Março 2012.

在实现公共卫生服务全面覆盖方面，几乎所有金砖国家都面对巨大挑战。巴西、俄罗斯和南非的服务覆盖率较高。尽管中国和印度的覆盖率有所增长，但印度的覆盖率仍然较低。巴西的覆盖率存在地区差异，反映出地区和收入不均的情况，这正是巴西不平等差距所在。总之，需要注意的是巴西过去十年减少不平等的努力碰巧也提升了卫生服务。

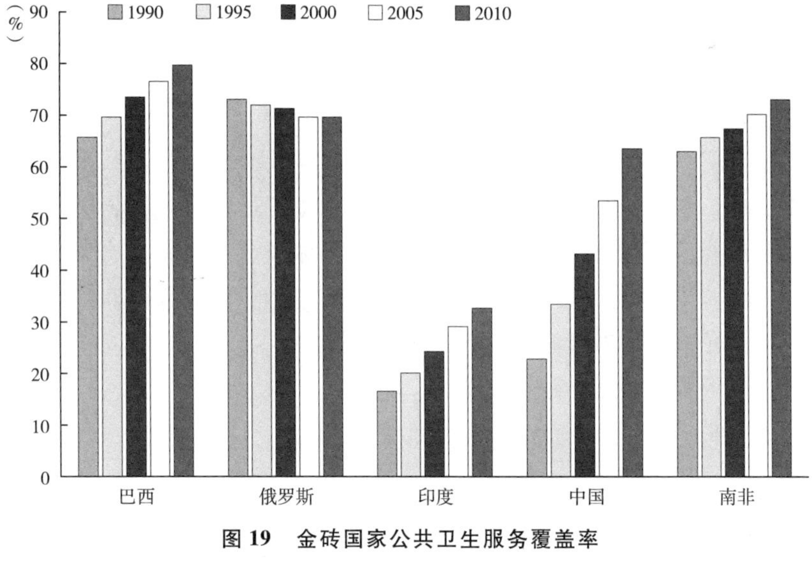

图 19　金砖国家公共卫生服务覆盖率

环境冲突和侵害人权在所有金砖国家均存在

关注能源、水资源、矿产和农业资源的地缘政治的背后是对社会、疆域和环境影响的关注。这些资源的开发伴随着基础设施建设、居住和空间使用形式的改变和传统活动的变化。

巴西

位于亚马孙 Xingu 河段正在建设中的、据说是巴西第二大坝（110 亿千瓦）的 Belo Monte 大坝就是一个典型的例子。大坝建设由国家经济和社会发展银行（BNDES）提供资金，预算为 240 亿美元。在大坝获建设许可后，数千移民为了寻找工作来到这个地区，并引发了冲突和暴力，给公共服务和住房带来了压力。[①]

根据联邦公共事务部（MPF）的报告，新项目的批准出现了非常规操作。该项目在获得建设许可的过程中，并没有预先做好对该地区带来影响的相关准备。例如，在建设现场没有配备相应的卫生设施，而这样的设施本应在获得批准前就建成。事实上，卫生设施建设从来就没有启动过。

亚马孙地区能源密集型产业的扩张（例如采矿业），伴随着该地区水利设施开发有限的现状，政府制订了建设大型水电站的该地区优先发展计划。而在实施时，通常不能按照国家建立的社会和环境保护条件和标准来执行。

这种做法对区域规划带来了负面影响，在项目建设对环境和自然资源影响极大的地区，受到直接影响的人群的社会参与和讨论也完全被忽略。

2007 年，当宣布在亚马孙 Madeira 流域地区开始修建 Santo Antonio 和 Jirau 两个水电站（64 亿千瓦）时，当地的森林滥伐率与前一年相比增长了 602%。2011 年，项目建设地的恶劣工作条件，引发了大规模示威，并导致了住房、车辆和机械设备的损毁。大承包商最终不得不承诺提供更好的工作条件，并同意遵守国家劳动者权利保障标准。[②]

尽管如此，巴西仍计划在塔巴究斯河（Tapajos）和札曼信河（Jamanxim）河床地区修建六个大坝，预计一共可生产 100 亿千瓦电力。为了保证这些项目的建设，环境机构的当权者取消亚马孙一个保护得最好、生物多样性最丰

---

① A violencia que veio com a suina. Revista lsto e. Edicao 2197, 16/12/11, http://www.istoe.com.br/reportagens/183241_ A + VIOLENCIA + QUE + COME + A + USINA.

② http://www.brasil.gov.br/noticias/arquivos/2011/04/11/operarios - encerram - greve - na - usina - hidreletrica - de - jirau.

富的保护区。①

俄罗斯

石油和天然气开采以及侵犯原住民权利

土地权是俄罗斯北部原住民面对的主要问题。这个问题又转化为自然资源（例如石油和天然气）的利用和保护他们的疆域以确保延续他们的传统生活方式。俄罗斯北部居住着 41 种不同的原住民，分布在 Chukchi，Nenets，Sami，Kets，和 Selkups Nanais 等地区，总数达到 25 万。他们多数沿袭着传统的生活方式，并保存着原住民的民族身份。②

巴伦支海东北部的苔原地区储藏着大量的石油和天然气资源，该地区被称为涅涅茨自治区。虽然自 20 世纪 60 年代石油公司就进入了该地区，但过去十年石油开采迅速增长。对于在涅涅茨和 Komi Izhma 地区居住的原住民而言，石油开采给他们的生活带来了巨大威胁。埋藏在地底下数英里深处的石油改变着苔原上的生活。从远古时代开始牧民就赖以生存和游牧的地方被钻机、管道、推土机和巨大的生产设备肆意开发。苔原和草原退化，大范围的地区被污染，原住民们不断抗争，企图维持他们的麋鹿养殖，并尽力挽救文化传统。③

俄罗斯的权利和环境公平活动家常常受到来自政府的攻击。其中，曾经有 30 名绿色和平组织成员因为抗议在北极地区进行的石油勘探而被拘捕。俄罗斯原住民协会也面临关闭的压力，这个组织曾帮助俄罗斯北部的原住民应对各种社会、政治、经济和环境问题。在成立以来的二十年间，该组织积极保护原住民的人权和法律权益，并推动自治权的实现。这个组织代表着 41 个不同的原住民族，这些民族分布于俄罗斯联邦从摩尔曼斯克到堪察加的 60% 的地区。④

---

① *Por usinas, governo vai reduziráreas de proteção na Amazônia* (*For power plants, the government will reduce protection areas in the Amazon*). Folha de SP, 07/06/2011 *e menos preservação na Amazônia* (*less preservation in the amazon*). O Globo, 07/01/2012.

② 摘自《RAIPON – 俄罗斯北部原住民协会》，http：//arcticstudies. pbworks. com/w/page/13623318/RAIPON。

③ 摘自《挪威研究人员帮助原住民获取生存可能》，http：//www. forskningsradet. no/en/Newsarticle/Norwegian_ researchers_ arm_ indigenous_ people_ in_ their_ struggle_ for_ existence/1236685398660。

④ 摘自《莫斯科命令关闭原住民组织》，http：//barentsobserver. com/en/arctic/moscow – orders – closure – indigenous – peoples – organization – 12 – 11。

印度

印度已经拥有4300座大坝，很多还在计划建设中。印度是全球典型的大坝建设国之一。据估计，印度的大坝建设已经淹没了约37500平方公里的土地，其面积相当于瑞士国土。除了土地淹没外，数千万人也因此被迫迁移。由于大坝引起的风险、导致的财富分配不平等，印度人民已经抗争了数十年。在Narmada Bachao Andolan（挽救Narmanda运动）中，居民反对规模巨大的Narmada河谷开发项目，这个项目包括数百个巨型大坝，一个覆盖广泛的灌溉系统，同时也将迫使数百万人迁移。

Narmada流域大坝引发的争议是印度人民为获得公正和平等社会进行抗争的象征。政府计划修建30座大型、135座中型和3000座小型堤坝，通过它们来利用Narmada河及其支流的水能。大量贫困和边缘社区居民（主要是部落和“贱民”）的生计被剥夺，甚至被迫放弃他们的生活方式，这一切都是在为修建这些被宣称为“可以带来共同收益”、实现“国家利益”的大坝建设让路。除了Narmada河谷开发项目外，印度政府还计划在北部和东北部以及印度周边国家快速推进大坝建设。计划中的大坝多数选址于Uttaranchal，Himachal Pradesh，Arunachal Pradesh，Manipur，Assam，Mizoram和Sikkim地区，以及周边的不丹和尼泊尔两国。世界银行和亚洲发展银行已经准备为部分项目提供资金支持。①

南非

Marikana大屠杀——采矿、不平等和劳工权利侵害

2012年，南非Lonmin公司拥有的Marikana矿区发生了工人罢工。该事件由于一系列暴力事件，特别是8月16日导致47人死亡（多数是参加罢工的矿工）的事件而引起了全球范围的关注。在这个罢工事件过程中，受伤的工人人数不得而知。除了Lonomin罢工外，南非所有矿区都出现过罢工。8月16日的枪击事件被媒体称为“Marikana大屠杀”，该事件是1960年以及种族隔离时代以来，南非安全部队针对平民所采取的、导致死亡人数最多的行动。②

① 摘自《印度》，http：//www. internationalrivers. org/campaigns/india，以及《对Narmada问题的简要介绍》，http：//www. narmada. org/introduction. html。

② From “Marikana miners’ strike” – http：//en. wikipedia. org/wiki/marikana_miners’ _strike.

针对采矿行业和工人权利被侵犯，南非工会议会（COSATU）认为，“采矿行业直接雇用的工人达到50万，而另有约40万人间接为采矿业提供商品服务，采矿业直接和间接为南非 GDP 贡献了大约18%的份额。南非一半以上的货币交换来自采矿业。这些数字看起来似乎是‘中立’的，但是，该行业被国家矿工联合工会（NUM）形容成‘一个杀戮者的面孔’：不断出现的伤亡事故，持续增长的职业病患者，环境破坏，以及许多工人不得不承受的极其恶劣的生活环境。1900～1994年，有69000名工人死于事故，超过50万人重伤。目前伤亡率虽然有所下降，但情况仍然令人无法接受。因此，国家矿工联合工会（NUM）呼吁针对安全问题组织罢工。2001～2011年，有2301名工人失去了生命，43000名工人重伤。在每年76万例新发结核病病例中，很多是由于粉尘中含有二氧化硅、恶劣的生活和艾滋病感染而导致的。由于结核病是具有传染性的可致死疾病，这个数字简直就预示着灾难。而它在南非地区引发的社会影响也可能是灾难性的。硅肺病（由在地下吸入含有二氧化硅的粉尘引发）也是一种致命性疾病，每年夺去数千人的生命。采矿行业存在严重的不平等。2009年，南非收入最高的首席执行官们来自 BHP Billon（平均4100万兰特）、Anglo American（平均2050万兰特）、Lonmin（平均2000万兰特）和 Anglo Gold Ashanti（平均1750万兰特）等几家公司并不是偶然现象。与这些高得难以想象的收入相比，目前（矿工的）月平均工资才4000兰特（全南非工人每年工资为480亿兰特）以及 NUM 成员最低平均月工资是3600兰特（全南非为每年432亿兰特）！需要指出的是，采矿业有一个不同于其他行业的特点：需求量的降低并不一定会引发利润减少，利润依赖于产品的价格，而价格可以通过人为操纵供应和需求来进行控制。因此，尽管由于经济危机，西欧和美国对白金的需求量有所降低，而 Lonmin 白金、Anglo 白金和 Implats 三家公司过去五年仍然获得了超过1600亿兰特这一创历史纪录的利润！”①

环境公正

环境公正表明，为了确保平等的保护，防止在其地区所进行的活动引发

① From “COSATU 11th Congress Declaration on the Lonmin Marikana platinum mine tragedy, the mining industry, and generalpoverty wages”, 17 de setembro de 2012, http: //www. cosatu. org. za/show. php? id =6530.

潜在的环境和健康灾难，无论他们的出身、收入、社会阶层、性别、种族或者民族身份如何，所有群体都应该参与决策，并有权获得自然资源。①

“环境公正”的概念产生于1980年，当时的美国非洲裔为了防止有毒废物垃圾和含有污染物质的工业废料集中倾倒在他们聚居的地区而发起了保护环境运动。该运动揭露了环境种族主义的罪行，为环境恶化和社会不平等提供了实证，也证明了环境问题和自然资源权力分配不可能分割开来这一事实。该运动说明了决定环境影响的政治因素，并揭露了种族主义在其中扮演的角色。

该运动的核心策略之一是知识生产。1987年中，该运动与学术界合作进行了一项调研，结果显示“社区的种族构成决定了该地区是否有商业危险品倾倒的最主要因素”。其他原因包括少数族裔拥有社区廉价的土地、由于组织困难而无法形成当地居民中的反对派力量、社区缺乏政治资源，以及由于住房歧视导致当地居民的空间流动、在管理垃圾倾倒地点上缺乏政府机构代表。②

研究表明，市场作用和政府机构的歧视性行为共同催化着环境的不平等。如果市场机制导致环境不平等（例如，贫困人群生活的地区成为污染行为选择的低成本地点），一定是公共政策的缺失，或者是歧视性行为的存在，只有在这种情况下，市场才会一跃为决定要素。

与某些主流媒体渲染的所谓“普遍认识”不同的是，这些运动证明，“污染不是一种民主行为，它并没有平均影响到每一个人，也没有把风险和不确定性平均分配到所有的社会群体中。环境公平运动要求：1）公平对待——没有任何群体，无论其种族、民族或者社会经济阶层，需要比其他群体承担更大的、由某项工作或者项目带来的环境后果；2）有效的参与——从项目的概念形成直到决策，在所有的环节和阶段都应实现有效参与”。③

随后采用这个概念的社会运动显示，环境公平具有政治意义。通过质疑自然资源权力和使用分配，这个领域出现了新的议题和能够引发思考的争论。

---

① Cf Declaração de princípios da Rede Brasileira de Justiça Ambiental ww. justicaambiental. org. br.

② Cf. ETTERN/IPPUR, FASE. Relatório Síntese. Projeto de Avaliação de Equidade Ambiental. FASE: Rio de Janeiro, 2011.

③ Cf. Henri Acselrad. Justiça Ambiental – novas articulações entre meio ambiente e democracia. p. 3 (mimeo).

关于可持续性的讨论并不是屈居于效率和生态现代化的范式下。因此，生态破坏并不仅仅是缺乏有效资源管理引起的，而是生产/消费以及在不平等和资源有限的背景下，不断追求经济增长这种模式造成的。在这个系统中，社会不平等扮演着中心角色，不断复制这种恶性模式。

总　结

民主、可持续和环境公正

在国际经济和金融管治中，金砖国家牢固的共同利益关系决定了它们在国际舞台扮演的角色，并强化它们的经济和政治重要性。除此以外，金砖国家之间存在相当多的差异，这些差异阻碍它们形成更加强大的战略关系。政治体制以及各国在地区融合的程度不同，加上本文展示的，金砖各国在贸易关系中存在的差异，特别是考虑到中国经济在各国中的巨大比重，各国能源、权力和温室气体排放模式也不尽相同。

尽管存在上述差异，金砖各国又有一些共同特点。其中最重要的是本文通过数据展示的、各国都存在的、严重的不平等状况。另一个共同点是自然资源开发的增长（部分是不可再生资源，例如石油和矿产），特别是巴西、俄罗斯、南非和中国。密集的自然资源开发带来的权利破坏则是金砖各国的另一个共同特征。本文所展示的案例显示，这些权利侵害的存在，与对以自然资源民主化决策为目标的有效参与、咨询和社会管理机制的缺少或者缺失有关。

这些机制的存在，是朝着环境公正迈进的重要步骤。部分国家，例如巴西，具备公民咨询和参与的机制，但是我们必须了解这些机制是否能够在处理环境冲突时同样有效。只有这样，国家和社会才能意识到，不平等现象存在于“自然资源可及性”和“保护免受环境风险”两个方面，并据此开发出指南和政策，纠正这些不平等现象，为所有社会群体实现平等的环境保护。

扩大金砖各国公民参与和对金砖国家在国际体系中的作用的讨论至关重要，这样才能够判断金砖国家是否有能力推动新的社会公平和环境公正的发展议程。这种讨论不仅对金砖各国非常重要，对其他发展中国家也非常重要，因为后者从金砖国家接受合作和投资项目，未来还将从金砖国家开发银行的基础设施投资中获利，或者受害。如果缺乏公共讨论和社会参与，已经在非洲开始的合作和投资项目就可能会违反相关规则，带来负面影响，使其在加强社会和劳动者权利、符合环境规则以及保护那些受项目影响的社会群体方面的作用大打折扣。许多分析家和社会运动认为，如果缺乏社会参与，金砖国家开发银行今后可能会对那些不具备环境可持续性、损害劳工和土地权利的基础设施项目进行支持。因此，无论是对金砖国家自身，还是那些接受金砖国家投资的国家来说，社会参与都是实现环境公平的最基本要求。

金砖国家不平等状况简介*

作者：康特尼·埃文斯

翻译：全球消除贫困联盟（GCAP）—中国

不平等影响重大

在国际上关于不平等问题的讨论中，围绕金砖国家崛起的对话主要集中在这些国家如何影响全球势力均衡，并希望它们可以通过国际贸易和发展合作来创建一个更加平等的全球治理结构。金砖各国普遍经历了全球经济衰退之后的复苏，并通过经济增长的影响以及与世界经济更紧密的融合在后危机时代扮演了关键性角色。然而，我们也要注意到金砖国家在应对减少社会经济不平等这个共同挑战时的方法，特别是涉及制定更加连贯有效的公共政策战略的方法。

减少不平等是可持续地实现公平发展、增长和融合的先决条件。除此之外减少不平等还与更低的犯罪率、更强的信任感和社会凝聚力以及更好的人口健康状况息息相关。这些益处对社会稳定、吸引投资和政府体系的完善至关重要。减少社会中的不平等对理解和消除贫困也相当关键。

日益增长的不平等状况并不是金砖国家所独有的。乐施会 2012 年的研究报告（《被 G20 国家所忽视的问题》）显示，收入不平等状况在几乎所有二十国集团（下文简称 G20）国家当中日趋严重，但在一些低收入或中低收入国

---

* 本文研究得到乐施会和金砖国家政策中心支持。金砖国家政策中心致力于生产知识、分析议程，以及加强金砖国家之间的交流与合作。乐施会和金砖国家政策中心旨在拓展和丰富金砖国家对关键公共政策和不平等议题的讨论，从而缓解全球不平等问题。本文内容不必然代表乐施会或金砖国家政策中心的观点。

家中却有所缓解。该证据表明，共享繁荣与发展的成果将取决于如何制定未来的战略，以应对实现平等和可持续发展所面临的各种相联系但有区别的挑战。[①]

在相关讨论中，金砖国家的不平等问题已经成为普遍关注的焦点，特别是其实现千年发展目标（MDGs）进度的滞后更备受关注。虽然金砖国家在过去三十年里，对减少世界贫困人口——特别是极端贫困[②]——做出了重要的贡献，[③] 这也缩小了国家之间不平等的差距，但全球公民个体之间的收入差距水平却没有显著的变化。以下证据表明，各国内部收入差距的增加导致了国际不平等（各国之间比较）和全球不平等（全球每个个人之间比较）的差距在扩大。研究金砖国家的贡献是调和这些趋势的关键。

测量和分析不平等

不平等传统上是根据收入差距来衡量的。如果以国民可支配总收入（GDI）来衡量，加权后的国际不平等水平[④]有所下降。这主要归功于从 20 世纪 80 年代起，中国经济的高速增长。然而，最近更多的研究指出，这种方法无法测量国家内部的不平等。米拉诺维奇（Milanovic，2012）对全球收入不平等的计算结果揭示了一幅完全不同的图景。根据 122 个国家的家庭数据，他估算出全球所有居民收入分配情况的一个基尼系数。该结果显示，当今全球不平等的状况和 20 世纪 80 年代末期相比水平相当，并没有下降。

在金砖国家经济兴起的背景之下来看这些趋势，我们能够更加详细地描绘出全球不平等的图景，以及其与经济增长趋势之间的关系。审视这幅图景还需要我们对贫困的影响有一个更广泛的理解。解决不平等问题需要

---

① 乐施会的此份报告使用最新的数据，揭示了 G20 国家中只有四个国家从 1990 年开始收入不平等状况有所缓解，其中仅包括一个高收入国家：韩国。

② 极端贫困的衡量标准是每天生活费低于 1.25 美元或 2 美元的人口占总人口的比例（按照购买力平价计算）。

③ 金砖国家对减少绝对贫困人口做出了相当大的贡献，尤其是巴西和中国。这两个国家的人口占世界总人口的 25%。而印度和南非的减贫工作并不是这么引人注目。在金砖国家中，印度以人数计算的贫困率（headcount poverty rate）最高——约 42% 的人口生活费用低于每天 1.25 美元。以这种标准衡量，俄罗斯从 2009 年起就几乎根除了绝对贫困（OECD，2011）。然而，该国制定的国家贫困标准受到普遍质疑，根据一些测量方法，12.8% 的俄罗斯人口仍然生活在此标准以下（Ukhova，2012）。

④ 将各国人口相对于世界人口的比重考虑在内（加权）。

有综合的政策战略，并将诸多因素纳入考虑之中，这包括：能力差距、相对和绝对贫困（Sen，1999）以及人权（不应允许低于普遍的最低标准）。基于这些原则，此报告在金砖国家内部以及各国之间识别出了不平等问题的各项矢量，也为促进更加可持续和公平的发展提供了共同应对挑战的参考框架。

聚焦金砖国家

根据家庭统计数据，[①] 所有金砖国家收入不平等程度都远远高于经济合作与发展组织（下文简称经合组织或 OECD）的平均水平。从 20 世纪 90 年代初期到 21 世纪头十年的末期，中国、印度、俄罗斯联邦和南非的收入不平等程度都在急剧增加。在同一时期，巴西的基尼系数几乎是经合组织平均水平的两倍，但它也是金砖国家中唯一收入不平等有所下降的国家。

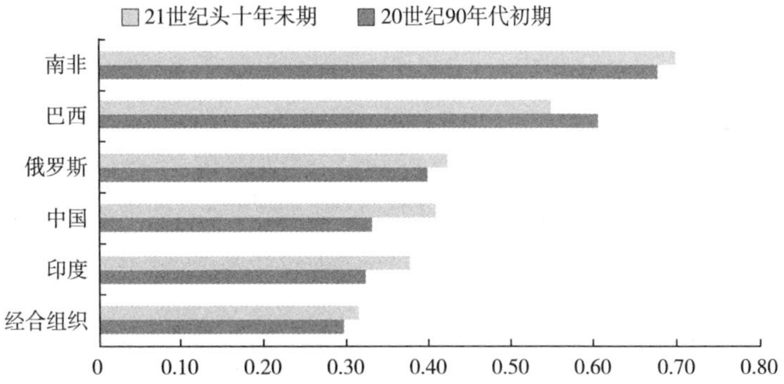

图 1　不平等水平的变化

20 世纪 90 年代初期和 21 世纪头十年末期的对比家庭收入的基尼系数

注：1. 20 世纪 90 年代初期一般指 1993 年，21 世纪头十年末期一般是指 2008 年。

2. 基尼系数的计算是基于经合组织国家平均收入和新兴经济体的人均收入。在新兴经济体中，只有印度和印度尼西亚的计算方法不同，这两个国家是基于人均消费指数。

资料来源：经合组织—欧盟关于新兴经济体和世界银行、世界发展指标的数据库；经合组织报告《鸿沟耸立：为何不公平仍在加剧》，2011，dx. doi. org/10. 1787/888932535432。

① 数据来源于 2011 年经合组织的报告《鸿沟耸立：为何不公平仍在加剧》。有些金砖国家依据家庭收入来计算不平等程度，有些则根据消费支出来计算（依据前一种计算方法比后者显示出更高程度的不平等）。不同的计算方式使得收入不平等的衡量和对比变得十分复杂。

要理解这些趋势，有效的方法就是调查经济增长收益在低、中、高收入群体中是如何分配的。正如图 2 所示，虽然巴西最富有的 20% 人口的收入占到总收入的 60%，但位于中间和底层的各 20% 人口的收入增长均快于高收入的那 20%。贫困人口收入的快速增长有效地缓解了贫困问题。换句话说，正如卡多·佩斯·巴罗斯（Ricardo Paes de Barros）所述："个人收入最低的 10% 人口，其收入是以中国的速度在增长；而最富有的 10% 人口，其收入水平却是以德国的速度在增长。"（世界银行，2012）。

在中国、印度、俄罗斯联邦和南非，家庭纯收入的增加主要集中在高收入人群。南非较富裕人群的收入占到总收入的 75%。① 在中国和印度收入分配也相当集中，接近经合组织平均水平（40% ~45%）（OECD，2011）。

乐施会对不平等趋势的推算模型产生了令人不安的预测。例如，南非如果在 2010 ~2020 年不能采取有效干预政策阻止不平等程度的加剧，该国将会有超过一百万的人口陷入贫困。乐施会的预测同样揭示了推动平等可以产生的显著效果。如果巴西在未来十年能将不平等程度降低至印度尼西亚的水平（接近 G20 中值），将可以使该国的贫困人口减少 90%。

应对主要的不平等因素需要共同的公共政策框架。而这些政策框架也是确保减少不平等的益处在金砖各国内部及彼此之间共享的关键。

不平等的关键因素

《鸿沟耸立：为何不公平仍在加剧》是经合组织于 2011 年发布的关于全球不平等的一份研究报告。其中明确指出了不平等的四个主要驱动因素。这些因素在新兴经济体中普遍存在。它们分别是：

（1）劳动力不平等（正规就业—非正规就业）；

（2）城乡分割（乡村—城镇）；

（3）教育相关的各种差距；

（4）妇女就业和职业发展的障碍。

这四个因素与其他关键因素相互交织，由此在金砖国家中形成了不平等

---

① 虽然在 20 世纪 90 年代南非顶层和底层收入分配比例被显著压缩，但是后来高收入群体的收入快速增长，显示早期的进步有所倒退（OECD，2011）。

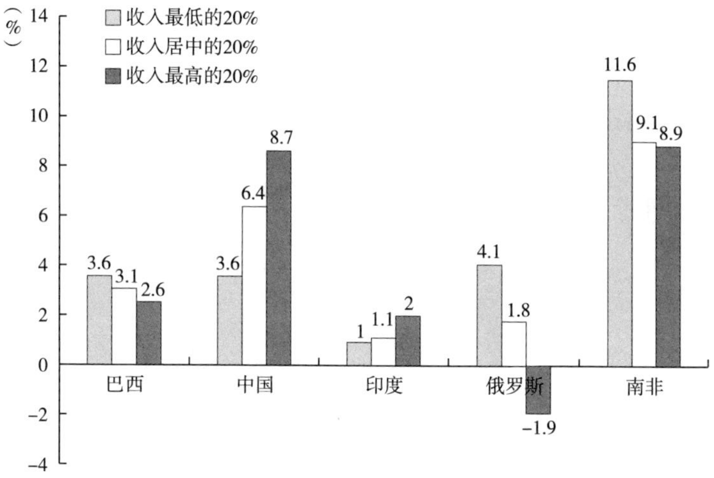

图 2-1　20 世纪 90 年代初期

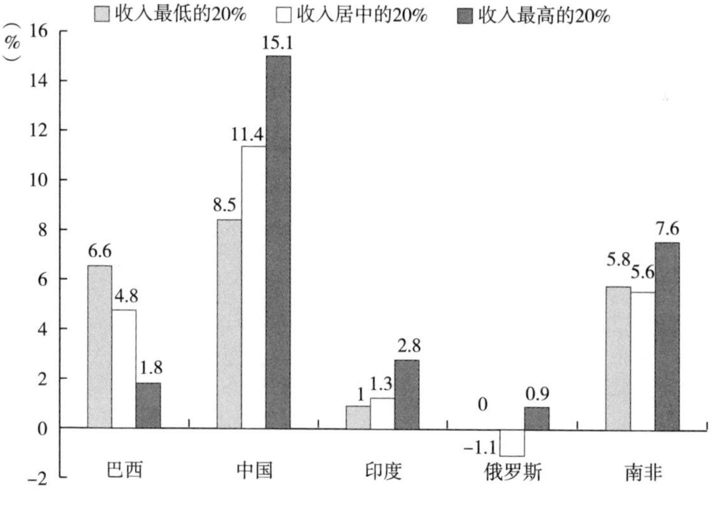

图 2-2　21 世纪头十年末期

图 2　家庭纯收入变化（按五分位数计算）

注：1. 20 世纪 90 年代初期是指 1992~1993 年至 1999~2000 年期间，而 21 世纪头十年末期是指 2000~2008 年。

2. 中国的数据仅涉及城镇地区，印度的数据是指实际家庭支出。

3. 图中数据为每年的平均变化比例。

资料来源：经合组织—欧盟关于新兴经济体和世界银行、世界发展指标数据库；经合组织报告《鸿沟耸立：为何不公平仍在加剧》，2011，dx. doi. org/10. 1787/888932535432。

问题的各种表现形式，其中包括性别和种族差异、医疗保健和环境的不平等、劳动力市场状况的不平等以及社会公共支出在分配和获取方面的不平等。

非正规就业

虽然非正规就业（国家不进行统一管理的工作）有助于增加贫困家庭的

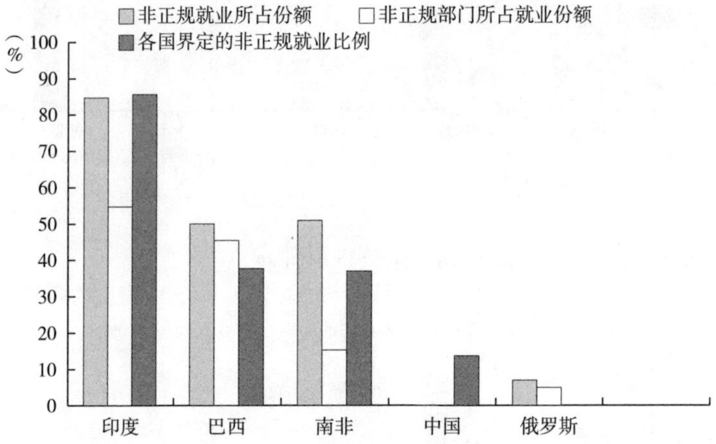

图 3　金砖国家非正规就业状况

注：1. 非正规就业所占份额是基于一个标准化的界定，并且不包括农业。现有最新估算显示了 2000～2007 年（巴西和南非）、1995～1999 年（印度和印尼）的数据，但没有关于中国的相关数据。更多细节请见 Jutting and Laigesia，2009。

2. 非正规部门所占就业份额的数据是基于国际劳工组织的 KLIM 数据库。阿根廷（2001）对相关概念的界定只包含城市人口；巴西的数据是指在城镇中，雇用五人及以下的并未注册且从事生产销售的企业，不包括农业；印度（2000）的数据是指所有未注册的，以独资和合伙形式，其生产所有或部分商品或服务用于销售的企业。印度尼西亚（2004）的数据是指所有自有账户，包括无酬家属员工和农业雇工以及无他人协助的自营工作者（不包括专业人士、行政或文职）。南非（2004）指未注册纳税、不受专业团体监管的商业活动，或类似的行为。

3. 各国界定的非正规就业，基于《经合组织经济调查》（OECD，2007A，2008A，2008B，2009A）和《经合组织就业展望》（2007 年 b）。巴西（2009）的定义：自营工作者和没为社会贡献税费的雇工。中国（2008）：自雇者。印度（2004）：未纳入雇员公积金的工人。印度尼西亚（2004）：自营工作者和无薪工人。南非（2008）：没有养老和医疗保障的工人。

资料来源：经合组织（2010）、《经济政策改革》（2010）、《力争增长》（2010）第七章，dx. doi. org/10. 1787/888932535489。

收入，但有证据表明，它与金砖国家不平等程度的加剧密切相关。这些国家存在大量的非正规就业群体，他们常常面临非自愿的工资损失、工作不稳定和社会经济流动方面的限制。非正规就业的弊端通常对未受过正规教育并缺乏技能培训的弱势边缘群体影响更大，尤其是妇女更容易进入非正规就业领域而且收入相对较低（Jutting and Laigesia，2009）。

相关数据显示，在金砖国家中，印度的非正规就业是最普遍的，特别是在妇女、街边摊贩、家庭作坊和分包工人群体当中。虽然在那些按天计算工资的临时工中，收入的不平等程度保持相对稳定，但他们和有固定工作的雇员之间的工资差距却在加大（OECD，2011）。

在中国，非正规就业群体主要是农村流动人口和国有集体企业的下岗工人。他们主要分布在建筑行业、服务行业、劳务派遣、小作坊、家政行业和个体经营。

在巴西，非正规就业主要集中在低技术劳动密集型的行业，如农业、建筑、酒店和餐馆、家政服务以及批发和零售。

地域不平等

在金砖各国内部，区域不平等呈现出明显的差异。在南非，城镇居民人均纯收入的增加超过农村居民。在印度和中国更是如此。巴西是金砖国家中唯一的农村人均收入增长超过城镇的国家（自 20 世纪 90 年代增幅高达 40%）。这很大程度上归功于一个大规模的针对农村劳动者的养老金计划，该计划提供的收益相当于最低工资的水平。

自 20 世纪 90 年代以来，巴西城市和农村的收入不平等都有所下降，特别是在农村地区，而中国和印度的不平等程度却在持续上升。南非农村收入不平等有所缓解但城镇收入不平等还在加剧。尽管自 1993 年以来南非采取了一些非货币性措施来改善国民的福祉（包括提供自来水、电和正规住房等公共服务），但由于在城市和农村都缺乏必要的基础服务，南非仍然是世界上公开抗议发生率最高的国家之一，抗议主要集中在土地和住房方面。

俄罗斯拥有世界上最大的国土面积。长期以来，其社会保险系统已经逐渐在缩小城乡差距。中国是世界上人口最多的国家，其历来倾向于城镇居民，特别是正规部门的职工。[①] 户籍制度[②]限制了农村到城市的人口流动，中国50.3 %的大陆人口（6.74亿人口）还生活在农村。他们无法获取只有城镇常住居民才能享受的很多公共福利，如医疗保险（OECD，2009）和更优质的教育资源（Herd，2010）。大多数农民工也无法享有这些福利。有一系列的决定因素影响着他们对社会保障[③]的获得。

在许多金砖国家中，地域和居住区的差距往往与其他形式的歧视交织在一起。在印度，各邦之间的不平衡增长使得更为贫困和人口更多的邦处于不利地位（例如比哈尔邦、中央邦、北方邦和喀拉拉邦）。这种不利影响也出现在从历史上就处于弱势的民族、种族和社会群体集中的地区（世界银行，2006；OECD，2011）。

在南非，地域分割仍然能显现出种族隔离政策的后遗症，这使得非洲人和有色人种与印第安人/亚洲人和白人相比，面临更为不利的处境。然而，在各个种族内部的家庭不平等数据，揭示了种族作为分析未来再分配政策的指标，可能变得不那么有效了。在不同劳动力市场部门工作的非洲裔人口的数据尤其说明了这一点（Leibbrandt等，2010）。尽管如此，与种族相关的数据依然令人震惊：白人在1993年的收入是非洲人的5倍，在2008年是非洲人的4倍（OECD，2011）。

教育

教育的差距很大程度上造成了流动性和机会的不平等，以及福利、社会和健康状况的差异。金砖国家的初等教育入学率都有所增加。除南非和印度，其余国家的水平已经达到经合组织的平均值。但中级和高等教育的入学率仍然较低（经合组织和国际劳工组织，2011A；经合组织，2010B、2011）。

---

① 从21世纪头十年的后半期开始，中国社保系统逐渐覆盖到农村人口，这有利于减少这些不平等。

② 中国家庭登记制度可以追溯到毛时代。这种制度限制了农村流动人口成为正式的城镇居民，因此也阻碍了他们享受城镇居民的福利，包括公共健康服务和教育资源。

③ 根据尼尔森等人2005年的研究——“哪些是影响流动人口获得社会保障的潜在因素”，性别、以前的收入、与移民城市的联系、工作单位的性质、住宅登记的状况等都是具有统计学意义的关键因素。作者暗示对移民获得社会保障能力的怀疑是有一定道理的。

表 1　金砖国家的教育差距

	学前教育毛入学率		小学		初中		高中	
			（性别比：男/女）					
	2000	2010	2000	2010	2000	2010	2000	2010
巴西[1]	60.4	69.2	0.94	0.94				
俄罗斯[2]	74.5	89.9	0.99	1.00	1.01	1.01	—	0.91
印度[3]	23.8	54.8	0.84	1.00	0.73	0.93	0.68	0.82
中国	38.3	53.9	—	1.03	—	1.06	—	1.02
南非	32.2	65	0.95	0.96	1.06	1.01	1.14	1.08

注：1. 数据是 2005 年而非 2010 年。
2. 数据是 2009 年而非 2010 年。
3. 性别比数据是 2005 年而非 2010 年。
资料来源：欧盟委员会、欧盟统计署和联合国教科文组织。

增加入学率的益处往往不能被各个人群和地区平等获得。弱势儿童在获得教育机会和资源方面常常面临障碍，包括女童、农村儿童，尤其是那些从当地小学升到远处中学读书，但又缺乏便捷交通工具的学生。女孩可能被性别角色和规范要求中断学业，外出工作或从事家务劳动。而且她们也缺乏榜样的鼓励，还要面对来自校内校外的各种不公平对待。① 除了入学率，不平等还表现为教育质量的差距。这说明需要更多的投入才能使教育相关利益均衡化。

性别

从长远来看，减少性别不平等有利于增强国家竞争力。性别、贫困和不平等之间的联系除了体现在劳动力市场（其对男性和女性劳动力的安排和报酬存在巨大差异），也存在于家庭（通过做出关于资源分配的决定）和国家（通过制定法规政策并进行监管的国家角色）。

2012 年世界经济论坛发布的全球性别差距指数可以帮助我们看到这些与性别相关的因素在金砖国家之间的比较情况。该指数收集了 135 个国家的数据（包括经济、政治、健康和教育 4 个领域中的 14 项指标），并据此给相应

① 在印度，嫁妆制度继续造成经济方面的限制。这阻碍了许多家长在女童教育方面的投资。然而，最近的研究发现，妇女进入劳动力市场的新领域，如外包的电话营销，有利于提升她们的处境，包括那些来自低种姓的女孩（Duflo，2005）。

的指标打分（分数介于 0 和 1 之间，0 代表完全不平等，1 代表完全平等），然后根据分数对各国进行排名（见表 2）。此性别指数可以反映各国减少性别不平等的程度、范围和进展。①

表 2　全球性别差距指数排名（2012 年）

	综合排名		经济参与		教育程度		健康与生存		政治赋权	
	排名	分数	排名	分数	排名	分数	排名	分数	排名	分数
巴　西	62	0.691	73	0.650	1	1.0000	1	0.980	72	0.134
俄罗斯	59	0.698	39	0.720	35	0.998	34	0.979	90	0.095
印　度	105	0.644	123	0.459	121	0.852	134	0.93	117	0.334
中　国	69	0.685	58	0.675	85	0.982	132	0.934	58	0.150
南　非	16	0.750	69	0.659	87	0.980	103	0.968	7	0.392

南非获得了综合排名的第 16 名，是所有金砖国家中排名最靠前的，并且也是仅有的两个综合排名进入前 20 名的撒哈拉以南的非洲国家之一（另一个是莱索托）。南非关于政治赋权的各项指标尤为突出。然而在经济参与方面，男女差距仍然很大。在 1993 年和 2008 年，妇女的收入比男性少约 40%（在此期间，该比例曾有显著波动）。巴西的综合排名从第 82 名跃升至第 62 名。这主要因为初等教育明显改善以及女性部长比例的提高（从 7% 升至 27%）（OECD，2011）。这归功于迪尔玛·罗塞夫（Dilma Rousseff）担任总统期间的推动。巴西还成功消除了健康和教育领域的性别差距。在这些类别中，巴西是金砖国家中表现最好的。② 虽然妇女在经济参与方面的障碍依然巨大，但以往的努力已经取得了一些成效，例如 1993 年女性的工资是男性的一半，到 2008 年，提到了男性的 2/3。

在这次排名的全部 135 个国家中，中国和印度在“健康和生存”指标上的排名分别位于倒数第四和倒数第二。在男女同工同酬方面，中国的排名也有所下降。虽然印度的排名由于教育程度和政治赋权的改善较之前有所提高，

① 该指数衡量性别结果的差距，而不是发展水平（例如，计算入学率的差距，而不是受教育的机会的差距）。

② 排名“第一”是和其他同样消除了健康和教育性别差距的国家并列的。并列的分别是综合排名第 32 和第 20 的国家。

但是在所有金砖国家中，印度这四个类别的排名均处于末位。这也呈现出印度经济增长的巨大障碍。与中国 2011 年出生性别比略有下降不同的是，印度人口出生性别比失调的状况仍未得到改善。俄罗斯由于 2012 年在经济和政治分项指标中的落后，总排名下降到了第 59 位。但在健康预期寿命的指标方面是表现最好的国家。

健康

表 3　金砖国家健康状况

	平均预期寿命（2009）		5 岁以下儿童死亡率—2010 年（在每 1000 个出生存活婴儿中）	人均卫生支出，2009 年购买力平价（以 2005 年为常量的国际美元作为计价单位）	政府对卫生的总体支出占总财政支出的百分比（%）—2009 年
	男	女			
巴　西	70	77	19	940	5.9
俄罗斯	62	74	12	1040	8.5
印　度	63	66	63	130	3.7
中　国	72	76	18	310	12.1
南　非	54	55	57	860	11.4

尽管各国提高了健康方面的支出，而且健康状况也有所改善，但金砖国家内部和彼此之间的健康不平等问题仍然显著。在金砖国家中印度的健康指标最差。在传染性疾病、孕产妇新生儿保健和儿童健康方面，印度的负担在全球是最重的。虽然印度先进的医疗设施，使它成为世界上医疗旅游产业最发达的国家之一，但许多最贫穷的人口缺乏基本的医疗保障。持续而普遍的营养不良（印度约 43 % 的儿童受其影响）与生产力低下和教育状况密切相关。由于增长的不平衡，农村地区 5 岁以下的儿童比城市该年龄段的儿童更容易患上营养不良。与此相似，低种姓的孩子比高种姓的孩子、女孩比男孩更有这种可能性。与其他新兴经济体的趋势相同，印度也有越来越多的慢性非传染性疾病（NCD），特别是心血管疾病，2008 年 53 % 的死亡是由于这种疾病。2012 ~2013 年，卫生预算将主要用于加强免疫、提升农村健康和人力资源，以及改善城市贫民窟卫生条件。

中国也承担着严重的传染性疾病的负担，特别是结核病、肝炎和艾滋病

(虽然数量较低但在持续增加)。随着中国经济的增长，慢性非传染性疾病的数量也在上升，2008 年 83 % 的死亡由此造成（1973 ~ 1975 年是 58. 2%）。和印度一样，中国也拥有顶尖的医疗设施，但基于地区和收入的健康差距是显著的，尤其是农村未登记的流动人口。自 20 世纪 80 年代初以来，公共健康支出越来越私有化，这对农村居民而言是相当不利的。然而，中国在 2009 年推出的医疗改革，前所未有地承诺在三年内投入 124 亿美元大力推动医疗卫生状况的改进，包括全民医疗保险。

巴西宪法承诺要保障人人享有初中高各级的医疗服务。自 20 世纪 90 年代以来，巴西通过扩展健康卫生项目，特别是建立统一的卫生系统（SUS），来应对健康和医疗不平等。在 2010 年，政府的卫生保健支出达到人均 734 美元——相当于巴西国内生产总值（GDP）的 9%。然而，尽管统一的卫生系统覆盖了 80 % 的人口，但在保险项目和质量上也存在很大的地区差异。如同其他金砖国家一样，巴西的非传染性疾病率也在上升，2008 年 74% 的死亡由于此类疾病。这使得卫生系统的负担日益加重，也将考验未来卫生系统的公平性。

虽然俄罗斯的公共医疗保健支出是所有金砖国家中最高的（人均 1040 美元），但是预期寿命却低于中国、巴西以及许多经合组织国家。这在很大程度上是因为俄罗斯相较于其他金砖国家承担着更高的非传染性疾病医疗的支出。虽然俄罗斯已经取得了一些成绩，例如自 1990 年以来 5 岁以下婴幼儿死亡率降低一半，但不公平的健康状况对贫困人群造成更严重的影响。

与俄罗斯相反，南非是金砖国家中唯一面临传染性疾病负担高于非传染性疾病的国家。它仍在继续与不断飙升的艾滋病患病率做斗争。全国大约有 1/5 的人口感染了艾滋病毒。死亡人口中的近 42 % 是死于艾滋病和结核病。这严重影响了生产力发展和经济增长。

南非政府已经开始扩大艾滋病预防、治疗和护理的可及性，包括一个由国家资助的庞大的抗逆转录病毒项目（ARV program)。该国人均卫生支出(860 美元）远超过中国（ 310 美元）和印度（ 130 美元)。其中来自捐助的资金占相当大的比重。尽管有这些项目的投入，南非的卫生基础设施建设依然薄弱。在对初级卫生保健进行改革的尝试中，政府也有针对性地通过近期出台的国家医疗保险计划（ NHI）来减少健康不平等现象。更多关于金砖国家健康医疗的信息，请参阅全球卫生战略倡议 2012 年的报告《范式转移：金砖国家如何重塑全球健康和发展》。

社会支出：影响再分配

经合组织发布的几份报告（OECD，2010a、2010b、2011）显示，组织化程度更低的劳动力市场、社会福利制度、税法规范，以及逃税现象和行政瓶颈，都阻碍了金砖国家通过税收和福利制度来减少由市场造成的各种不平等问题。

如果按照在 GDP 中所占比例计算，在金砖国家中，社会保障支出占 GDP 的比例普遍低于经合组织成员国的平均水平（中国和印度为平均水平的 1/3 ~ 1/4，而巴西和俄罗斯大约低 3/4）。特别在中国和印度，一大部分公共社会支出是通过需要受益人缴费的社会保障项目来分配的，例如正规就业的员工养老金计划。在所有劳动者中，可以享受这种养老金计划的工人比例在各国相差很大：印度仅为 10%，而在巴西和南非可以占到 50% ~60%。那些不能达到个人缴费要求和条件的劳动者就被排除在这种社会福利之外了。

对于那些失业者而言，失业保险和离职金往往是不够的，特别是有些企业逃避支付离职金的责任。这使得非正式的支持对于贫困人群而言变得更加关键。为了弥补这些不足，很多金砖国家的政府在过去十年里大力发展无须受益人缴费的社会援助计划，特别是通过在一定条件下现金转移的形式。通过提供关键的安全网，这样的社会援助计划为南非收入最低的 1/5 家庭提供了其收入的 58%，在巴西这个相应数字是 15%（OECD，2011a），例如，巴西的“家庭补助金计划”，其中的各个项目能够集中优势，共同来提升家庭收入、健康水平、儿童入学率并促进性别平等。[①] 无须受益人缴费的社会援助计划还通过其他形式来减缓贫困和不平等，包括印度的食品项目、中国对低收入者的现金补贴，以及俄罗斯联邦和南非对低收入家庭中儿童的支持。

---

① “家庭补助金计划”的大部分受益者是女性，因此该计划因为促进妇女赋权而受到称赞（减少她们对配偶的依赖），并且还有助于打破贫困的代际传递。然而，最近出现的批评之声指出，妇女经常被她们的丈夫要求做全职的家庭主妇以便获得补助金，因此该计划无意中阻碍了妇女参与劳动力市场。而如果她们去工作，即便获得最低工资也是补助金的四倍。Garcia dos Santos，2013，http：//jica - ri. jica. go. jp/topic/does_ cct_ program_ in_ bra¬ zil_ empower_ women. html。

此外，公共工程项目的开支（PWPs）在新兴经济体中呈现出较高的水平。在印度，最显著的例子是“圣雄甘地国家农村就业保障项目”（此前称马哈拉施特拉邦就业保障项目或 NREGA）。此项目的支出占 2008 ~ 2009 年印度 GDP 的 0.52%，并且覆盖了该国 10% 的劳动力。南非的“拓展公共工程项目”是另外一个例子，2008 ~ 2009 年共使用了全国 3.5% 的劳动力资源（相比而言，OECD 国家在 2007 年用于公共工程的开支平均仅占 GDP 的 0.05%，只涉及 0.6% 的劳动力）。

在税收方面，金砖国家虽然在税款征收时面临一些阻碍，但印度、巴西、南非的税收额度一直在攀升，中国尤其明显。就占 GDP 的比例而言，巴西、俄罗斯和南非的税收水平与 OECD 国家相似。这显示了这些国家可用于支持弱势群体的社会保障项目的财力。

然而，很多新型经济体拥有不同的主要税收来源，并且没有使用 OECD 国家典型的再分配税收和福利的各种方法去减少总收入不平等问题（例如通过递增的所得税、保险和与收入相关的福利或在职退税补助）。在新兴经济体中，除了少数例外，个人所得税（PIT）仅占税收总额很小的份额，而各种消费税则占了相对高的比例（很多消费税对减少不公平会产生累退效应[①]）。企业所得税（CIT）也在金砖国家的税收中占较大比例，这部分来源于矿业土地使用费和石油、采矿业的利润税，这在俄罗斯和南非表现明显。考虑到许多这类企业是国有的，因此这些税款容易被征收。巴西的企业所得税特别高（35%），超过了除美国之外的所有 OECD 国家。虽然企业所得税也可以用于再分配，但征收的结果可能造成投资外流——跨国公司大批转移到低税收国家，会造成失业和减薪。

巴西在所有新兴经济体中，也是唯一一个社会保障支出占总税收的比例与 OECD 国家的平均值相当的国家。而其他新兴经济体的相应比例则少很多（南非仅有 2%，中国和俄罗斯联邦为 15%）。根据国际标准，印度没有征收用于社会保障的税款。[②]

---

① 累退效应（regressive effects）是指税率随着个人应税收入的增加而下降的现象，这会产生或加剧收入不平等。——译者注

② 关于金砖国家税收的更多数据，参见：“Divided We Stand: Why Inequality Keeps Rising”，OECD 2011，Statistics available at：http：//dx. doi. org/10. 1787/888932537427。

展望未来：环境公正和公平可持续的发展

展望未来，为了提升减少不平等问题的政策战略，开展公共对话是必不可少的。而且在此对话中必须探索各种解决方式来满足当前的迫切需求，同时又不能牺牲下一代满足其未来需求的能力。当气候变化对贫困和弱势人群造成更多伤害时，“绿色增长”战略也必须应对环境风险之下的不平等问题。

在金砖国家之间以及各国内部，增加环境风险的因素不仅仅是收入不足，还会包括就业、教育、性别、年龄，甚至种族。因此，我们需要更广泛地分析环境健康的各种社会人口变量，并需要通过公共政策来应对上述增加环境风险的各种因素。

这样的公共政策也符合金砖国家的集体承诺。例如，2011 年 4 月，在中国三亚举行的金砖国家领导人会议上，各国代表在会议宣言中承诺“就加强《联合国气候变化框架公约》及《京都议定书》实施达成全面、平衡和有约束力的成果……（并）将在本国经济和社会适应气候变化方面加强务实合作”，包括在开发可再生能源领域加强合作和信息交流。上述成果与合作都将本着“公平和共同但有区别的责任”原则开展。

当看到金砖国家提供的成功经验，例如中国对可再生能源的开发、巴西的可持续城市计划及印度的农村生态基础设施①时，我们不能忽视金砖国家的经济增长普遍付出了高昂的环境代价。根据国际能源机构（IEA）的数据，巴西、俄罗斯、印度和中国这四个新兴经济体，由于土地使用和森林砍伐造成的碳排放量占全球总排放量的 1/3 还多。② 印度和中国对煤炭的需求预计到 2050 年会翻番，对石油的需求到 2030 年会增长 4 倍。俄罗斯，这个世界第二大石油生产国，仍然十分依赖采矿业。巴西也在开采最近发现的近海油田，这还引发了关于未来利润如何在国内分配的争论。

矿物燃料的供求在继续拉动金砖国家的经济增长的同时，也相应带动了世界经济的复苏。但该趋势对环境和贫困弱势人群将造成的严重后果也被越来越关注。

---

① 《联合国环境规划署绿色经济成功案例》，http：//www. unep. org/greeneconomy/SuccessStories/tabid/29863/Default. aspx。

② 在巴西，因土地使用产生的碳排放量占总排放量的 75%。

例如，印度农业研究委员会估计，平均温度每增加1℃，小麦的产量将减少400万~500万吨（预计到21世纪末气温将上升4℃）。在金砖国家的一些重点地区，生物多样性持续退化，而且当地特有物种和生态系统也处于危险之中。这些都将更加明显地干扰关键的环境进程以及生态系统服务供给，并会影响那些依赖这些生态系统生活和生存的人们，贫困弱势群体受到的损害会更加严重。

在国际不平等背景下，一些新兴经济体的支持者主张发达国家应该为控制矿物燃料消费承担更多的责任，因为它们已经从几个世纪的消耗自然资源所获得的经济增长中持续获益。另外一些支持者指出，新兴经济体需要在保障环境可持续和满足贫困人口需求之间做出优先性选择，而要使这二者保持平衡面临诸多挑战。然而，在最近的三重危机（粮食、能源和金融危机）之后，越来越多的人认识到：以上这些当务之急必须相互补充，而且金砖国家能够为问题的解决做出贡献。

这产生了20国集团（G20）讨论的几个关键点。在2010年，G20国家承诺促进包容性的和可持续的经济增长，并减少经济扩张导致的环境退化。这些承诺都基于一个根本共识："可持续的繁荣，必须是共享的。"

乐施会和其他伙伴的研究将寻求建立上述这些讨论的平台，以证明如何使发展和资源使用做到既公平又可持续。我们还将致力于抗击不平等问题，以便使经济增长的红利可以惠及当今和下一代。

参考文献

Barber, Catherine. 2008. Notes on Poverty and Inequality. Oxfam International Series: From Poverty to Power.

Duflo, E. 2005. Gender Equality in Development. BREAD Policy Paper No. 001. http://econ-www.mit.edu/files/799.

Global Health Strategies Initiatives (GHSI). 2012. Shifting Paradigm: How the BRICS Are Reshaping Global Health and Development.

Herd, R. 2010. "A Pause in the Growth of Inequality in China?" No. 748. Paris: OECD Publishing.

Ingrid Nielsen, Chris Nyland, Russell Smyth, Mingqiong Zhang, and Cherrie Jiuhua Zhu. 2005. Which Rural Migrants Receive Social Insurance in Chinese Cities?: Evidence from Jiangsu

Survey Data Global Social Policy December 2005 5: 353 – 381.

International Energy Agency. 2012. IEA Statistic: Co2 Emissions From Fuel Combustion: Highlights 2012. http: //www. iea. org/publications/freepublications/publication/CO2 emission-fromfuelcombustionHIGHLIGHTS. pdf

Jutting, J. and J. Laiglesia (eds.). 2009. Is Informal Normal? Towards More and Better Jobs in Developing Countries, OECD Development Centre Studies. Paris: OECD Publishing.

Leibbrandt, M. et al. 2010, "Trends in South African Income Distribution and Poverty Since the Fall of Apartheid",

OECD. 2009. OECD Rural Policy Reviews: China. Paris: OECD Publishing

OECD. 2010a. Tackling Inequalities in Brazil, China, India and South Africa, The Role of Labour Market and Social Policies. Paris: OECD Publishing.

OECD. 2010b. Economic Policy Reforms: Going for Growth. Paris: OECD Publishing.

OECD. 2010c. OECD Employment Outlook. Paris: OECD Publishing.

OECD. 2011. Divided We Stand: Why Inequality Keeps Rising. Special Focus: Inequality in Emerging Economies (EEs). Paris: OECD Publishing.

Oxfam. 2012. Left Behind by the G20: How inequality and environmental degradation threaten to exclude poor people. Oxfam International.

Sen, Amartya. 1999. Development as Freedom. Oxford: Oxford University Press. Sanya Declaration. April 2011. BRICS Leaders Meeting, Sanya, Hainan, China. Available at: [DOC] Joint Statement of the BRICS Leaders.

Ukhova, Daria. 2012. Poverty and Inequality in Contemporary Russia. Oxford: Oxfam International.

UNRISD. 2010. Combating Poverty and Inequality: Structural Change, Social Policy and Politics. UNRISD/UN Publications.

Wilkinson & Pickett. 2009. The Spirit Level: Why More Equal Societies Almost Always Do Better. Allen Lane.

World Bank. 2006. Equity and Development, World Development Report, Washington, DC.

World Bank. 2012. Inequality in Focus Series. Volume 1, Number 1. Poverty Reduction and Equity Department. Accessed: http: //siteresources. worldbank. org/EXTPOVERTY/Resources/Inequality_in_Focus_ April2012. pdf.

World Health Organization. World Health Statistics 2012. Accessed: http: //www. who. int/gho/publications/world_health_statistics/EN_WHS2012_Full. pdf.

巴西：贫困与不平等——去向何方？

佩德罗·特莱斯

介 绍

本文通过探讨巴西近几年的关键指标数据、推动和阻碍发展的相关政策，从多个视角分析了巴西的贫困和不平等，并预测未来的挑战和可能的解决办法。

尽管近些年来巴西的发展令人瞩目，但仍面临严重的问题和亟待解决的挑战。本文通过分析收入现状、就业、税收、健康、教育、土地分配、粮食和营养、国内公民参与等因素，提出需要结构性变革或具体政策改革的关键领域，并介绍了已有成功实践的解决方案。

本文阐述的内容之所以尤为重要，不仅因为巴西在解决国内贫困和不平等问题上还有很长的路要走，也因为其国际影响力的逐步提升。无论是通过政府在双边和多边活动中的参与，还是通过政府支持（或允许）的私人活动，巴西的发展模式已然给其他国家带来了显著的影响，特别是拉丁美洲和非洲国家。

当然，一篇文章很难详尽分析所有因素，但可以呈现整体图景，并指出关键趋势，为推动社会公正的人们指明最需要关注的领域，协助他们制订全面行动框架。

深化对收入、就业和税收的讨论

在过去十年中，巴西在对抗贫困和减轻不平等方面取得了令人瞩目的成就。2003～2009 年，贫困发生率从 26.4% 降至 14.7%，极端贫困发生率[①]从

① IPEA 等，2011。

10%降至5.2%，而基尼系数则从0.582降至0.540。重要的是，在所有辖区、种族、城市和农村，贫困和不平等都有所降低。①

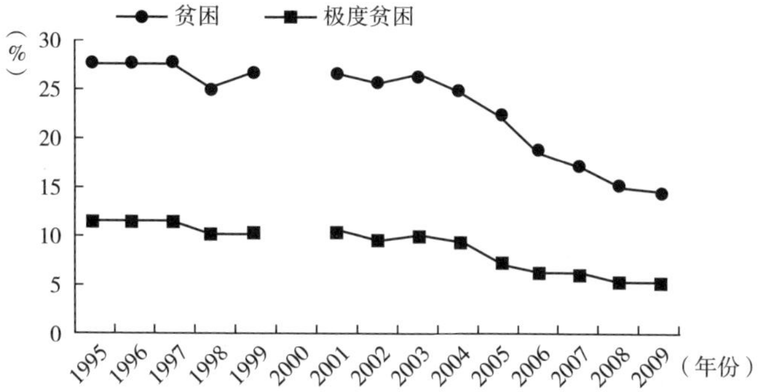

图1　以国家贫困线为标准的贫困和极度贫困人口比例（1995～2009年）

资料来源：IPEA等，2011。

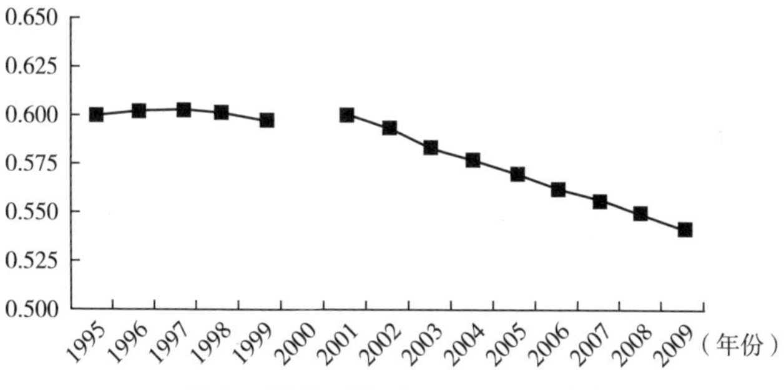

图2　基尼系数（1995～2009年）

资料来源：IPEA。

然而，巴西仍有很长的路要走。尽管取得了可观的进展，贫困率仍然居高不下。而且应注意到，巴西国家贫困线是根据世界银行每天2美元标准制订的，即月收入140雷亚尔（购买力平价60美元），但实际上这远远无法满足一名成年人的基本需求（据估算最少需要930雷亚尔，或购买力平价400

① 2003～2009年，白人的贫困率从16.2%降低至8.6%，黑人和棕色人种的贫困发生率从37.6%降低到20.3%；城市地区的贫困发生率从21.6%降低到11.3%，而农村地区从50.4%降低到31.9%（IPEA等，2011）。棕色人种是指白人、黑人和/或者土著种族间通婚而生的群体。由于贫困率以家庭为单位进行测量，并未考虑家庭内部的要素，因此，本数据并不适用于以性别划分来分析贫困状况。

美元[①]）。再者，2009 年巴西最富有的 10% 人口拥有全国财富的 42.9%，而最贫困的 40% 人口则仅拥有全国财富的 10.0%，相比 1995 年的 47.7% 和 7.9%，[②] 变化微乎其微。

巴西在减贫和降低不平等上取得的成就归于三个因素。第一个因素是两个比较成功的现金转移项目，即 Bolsa Família（“家庭补助金计划”，关注贫困人群）和 Beneficio de Prestacao Continuada（“新型社会辅助养老金”，关注老年和残障人群）。这两个项目使 2001 ~2011 年的收入不平等降低了 17%。[③] 此后，政府还将信贷扩展到了传统上被排除在外的行业。然而，由于这些项目降低了排斥误差后几乎接近了所有可能的受益人群，其贡献在未来几年很可能接近极限。

近观家庭补助金计划

巴西家庭补助金计划覆盖了近 1300 万人口，是世界上规模最大的有条件现金转移支付项目，已经成为巴西贫困人群的重要收入来源之一。该计划的实施使巴西在过去十年减贫 16%，极端贫困减少 33%，不平等水平降低 13%。[④] 然而，大于 30%[⑤]的排斥误差，尤其会影响到最贫困和最边缘人群，而且在整合和实施免费项目以帮助受益人永久脱贫上存在严重不足。尽管如此，家庭补助金计划严密的管理构架、仅动用了 GDP 中 0.39% 的资金以及获得全体国民和国际社会的广泛支持，都证明加大家庭补助金计划的投入力度可以克服这些不足。

第二个因素是缴费型和非缴费型养老金。在 2001 ~2011 年，这个项目使收入不平等降低了 19%。近些年来，通过不断调整，养老金项目向最贫困人群提供的福利逐步接近最富裕人群。养老金制度仍有待完善，尽管非常重要，但它很难引领更深层次的结构性变革。

第三个也是最相关的因素，就是劳动力收入的改革，它将 2001 ~2011 年的不平等降低了 58%。改革主要包括系统地提高最低工资，即当前水平为 678 雷

---

① DIEESE，2013。

② 世界银行，未标注日期。

③ IPEA，2012。

④ IPEA，2012；Scoares 等，2010。

⑤ Souza et all，2012.

亚尔（购买力平价 292 美元）；对微小企业制度的改革，推动创业者和非正规工人进入正规经济领域，从而带动经济增长，创造大量就业。政府已释放明确的信号，将在未来几年继续通过提高最低工资促进发展。然而，如果要更进一步完善法律法规，增加最贫困人群的就业机会和满足非正规经济领域就业者的需求，则需要更大的努力：劳动和就业部通常只关注整体政策和正规领域的就业，缺乏对非正规就业人群、少数族裔需求和惯例性歧视的关注。

除了普遍趋势和宽泛的政策外，应该看到劳动力市场中存在的歧视带来的影响，从而有针对性地改善这一问题。2009 年，女性（10.8%）、黑种人和棕种人①（9.1%）在失业人口中所占比例远远高于男性（6.0%）和白人（7.1%），②这个差距在过去二十年仍在持续增大。在同等教育水平的工人收入比较中，女性、黑种人和棕种人薪酬明显低于男性和白种人，且差距缩小也非常缓慢。

表 1　按种族、性别和接受正规教育年限区分的收入差异

		女性占男性每小时收入比例		黑人和棕色种族占白人每小时收入比例		黑人和棕色种族妇女占白人男性每小时收入比例	
		1998	2008	1998	2008	1998	2008
教育年限	0～4 年	0.78	0.84	0.67	0.73	0.54	0.61
	5～8 年	0.67	0.72	0.73	0.73	0.50	0.54
	9～11 年	0.66	0.71	0.70	0.77	0.48	0.56
	12 年以上	0.60	0.65	0.73	0.68	0.44	0.47

资料来源：IPEA 等，2011。

重要的是，女性仍然承担着大量的无薪酬劳动。2009 年 89.9% 的女性参与家务劳动，而只有 49.9% 的男性参与家务劳动，相比 2003 年的 91.5% 和 46.6%，③ 变化微乎其微。同期，女性对整个家庭收入的贡献则从 1995 年的 37.9% 上升至 2009 年的 44.8%。为减轻家庭负担，女性用更多的时间外出工作，却承受着非正规经济的灵活性带来的压力和风险。这就导致了女性从事危险劳动的比例远高于男性，2008 年 42.1% 的女性从事危险劳动，而男性的相

① 棕种人是巴西地理和统计研究院（IBGE）用来划分由白种人、黑种人和/或者土著人通婚而生的种族和肤色类别。

② IPEA 等，2011。

③ IPEA 等，2011。

应比例仅为26.2%，相比1998年的48.3%和31.2%[1]变化甚微。

总之，很明显，巴西在解决劳动力市场上的性别和种族不平等上的努力非常有限。通过经济赋权、劳动力市场配额，更强的监测和解决歧视问题和降低无薪酬劳动负担的更多项目，巴西本来可以做得更好。

巴西还需要尽快实施拖延已久的税收系统结构性改革，这项改革对有效减贫和降低不平等的作用已经被其他很多国家的实践证明。据世界银行测算，巴西的间接税是直接税的三倍，使其税收系统具有强烈的累退特征。[2] 2008年，月收入为最低工资水平三十倍的人群赋税占家庭收入的29.0%，而月收入仅是最低工资水平不到两倍的人群，这个比例却高达53.9%——甚至比2004年的26.3%和48.8%[3]差距还大（见图3）。在这种税制下，贫困人群明显地遭受严重的不平等待遇，即使20世纪80年代后期巴西重返民主，这种情况也并未改观。

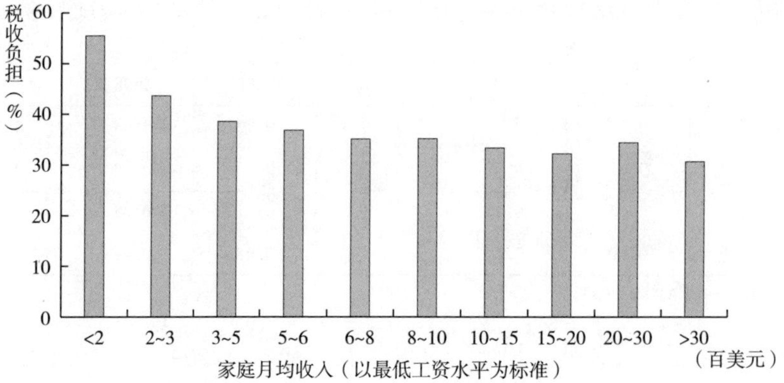

图3　2008年各收入水平人群的税收负担

资料来源：IPEA，2009。

最后，巴西在重返民主后没有任何促进落后区域、城市，特别是城市落后地区优先发展的政策。巴西发展银行（BNDES）和联邦公共企业在基础设施等方面的投资仍大量集中于经济实力强的南部和东南部地区以及大城市。巴西急需发展优先发展最贫困地区的策略，并采用已有良好成效的既有手段，

---

① IPEA，未标注日期。

② 世界银行，2004。

③ IPEA，2009。

如加强现有的区域基金、增加信贷补贴、培训公共服务人员、支持中小型商业（特别是促进国民经济的创新项目）、采取国家财政激励措施。

巴西医疗卫生的进步和挑战

近些年巴西的医疗卫生进步显著。该国通过统一医疗系统（SUS）建立的全民免费医疗服务，覆盖了全国95%的城市，成为全国3/4人口唯一的医疗卫生来源。[①] 1995～2010年，巴西平均寿命从68.5岁提高到73.4岁，五岁以下儿童死亡率从41.4‰降低到18.6‰。[②] 用于医疗卫生的公共支出由1995年占GDP的2.86%快速上升至2011年的4.07%（2003年后出现显著增长）。尽管仍有较大差距，性别和种族之间的不平等也因医疗卫生投入的增加而显著降低。[③]

过去十年医疗卫生方面的成就可以归功于三个要素。第一个要素是统一医疗系统中的家庭健康计划，其核心策略是扩大和改善最贫困和边缘地区的医疗卫生服务。该计划的一项重要组成部分是建立广泛的基础医疗卫生站网络，以及建立起可以为3000～4000人口提供入户医疗服务和医疗站服务的家庭医生团队。自2004年起，联邦政府提供了更多的资源，在亚马孙地区人口少于五万人的城市，或者其他地区少于三万人且人类发展指数低于0.7的城市[④]扩大公共医疗卫生服务系统。

第二个成功要素是保障药物可及性的政策，即制定法律保障仿制药品（通用名药品）制造和政府为基础药物提供高达100%补贴的大众药方项目。

第三个要素则是民间社会在统一医疗系统（SUS）中的市级、区域级和国家级的医疗卫生委员会的广泛参与。20世纪80年代晚期和20世纪90年代早期，社会团体和非政府组织广泛参与到国家卫生大会中，这些永久的、审慎的委员会负责监督公共医疗卫生系统，推动传统上被边缘化的群体发出声

---

① Jakob等，2012。

② MS，未标注日期。

③ 1995～2009年，男性平均寿命从64.7岁提高到69.7岁，女性平均寿命从72.5岁提高到77.3岁（MS，未标注日期）。种族间平均寿命分析缺乏相关数据，但是，1991～2000年，白人平均寿命从66.5岁提高到71.0岁，黑人和棕色人平均寿命从58.7岁提高到65.7岁（Paixao等，2005）。

④ OECD，2013，第133页。

音，并通过其医疗卫生秘书处的否决权行使权力：各州和各市60%的医疗预算开支来源于联邦政府，当医疗卫生委员会拒绝某个秘书处提交的计划和预算时，联邦政府卫生部就不会拨款。

然而，巴西的医疗卫生服务仍然存在严重的问题。尽管超过85%的医疗卫生使用者认为巴西整体公共医疗卫生服务好或者非常好，[①] 但多数研究者、专业医务人员和社会团体认为其服务水平非常低下。

公共医疗卫生服务可及性存在长期的、持续的不平等现象：黑种人、棕种人、女性、贫困地区居民以及低收入者被排斥在医疗服务系统外的情况高于其他人群（尽管从1998年的首次监测看，92%以上寻求医疗帮助的人能够获取服务[②]）。地区间的公共医疗卫生服务也存在不平等情况：医疗从业者多集中于南方、东南部和大城市中心地区。此外，人们在公共医疗卫生系统中的不平等状况的表现形式、成因和后果的认知上，存在较大差异（卫生部刚刚开始着手解决），而且，缺乏一个简单而有效的系统，让公民及时地报告歧视问题。目前，旨在提高妇女、黑种人和棕种人医疗服务质量的项目虽然已经开始实施，但仍然非常有限。

关键的医疗卫生委员会面临诸多局限。委员会成员的选择程序往往偏向创始成员，在民间社会不活跃的地区，成员选择受当地政客的操控；公共官员和委员会成员缺乏参与式方法培训；差旅、能力建设和资金非常有限。

长期存在的环境卫生设施的缺乏和可及性的不平等状况，给公共卫生工作带来了巨大挑战。2009年，城市地区31.6%的家庭无法获得最基本的环境卫生设施，1995年该比例是38.8%，改善甚微。如果仅考察生活在贫困线以下的人群，这个比例则上升至56.7%，其中贫困黑种人、棕种人的情况又比贫困白种人更差——他们中的比例分别为58.7%和51.7%。[③] 这表明无论收入高低，在黑种人和棕种人比例较高的地区，公用服务的供给情况更加落后，下文分析的教育领域同样存在这种令人担忧的情况。

最后必须提到的是医疗系统私有化的风险。由于政府越来越依赖外包和公私合作，同时缺乏足够的讨论和透明度，健康委员会和民间社会对系统私

① IPEA等，2011。

② IPEA等，2011。

③ IPEA等，2011。

有化的担忧与日俱增。

公共教育拓展和质量的双重挑战

随着1996年建立的公共基础教育系统（目前涵盖80%的学生[①]）的普及，近些年巴西的入学率和平均教育年限大幅提高。1995～2009年，初等教育在校人数比例从85.5%上升至95.4%，初高中在校人数从22.0%上升至50.9%，而高等教育在校人数从5.8%上升至14.4%。同期，巴西人接受教育的年限从5.5年上升至7.5年。[②] 所有地区及与种族和性别相关的数据都在稳定增长，同时，它们之间的不平等也在减少（和其他拉美国家类似，数十年来巴西女童相关指标一直高于男童[③]）。重要的是，教育的进步正在改变着不同教育水平人群之间的收入差距，降低了不平等水平。[④]

2001年创建的国家教育计划（PNE）是取得这些进展的重要一步。该计划以减少不平等作为核心目标，其创建与民间社会参与国家教育大会息息相关。但是，各级政府的正规问责机制和多利益相关方委员会的自主和审议权的缺乏，严重限制了这个计划可能取得的进展。

另一个值得一提的因素是“基础教育维护和教育从业者发展基金”。该基金旨在保证基础教育所需的最低投入，同时确保教育水平较低的地区能够获得资金支持。

1995年创立的“巴西基础教育发展指数”（IDEB）作为一个重要工具，越来越多地被用于各级政府的计划中，也是值得关注的因素之一。目前，该指数被看作世界上最好的教育系统监测评估指标之一，同时也成为其他领域

① FENEP和FGV，2005。

② IPEA等，2011。

③ 1995～2009年，接受基础教育的男性人口比例从84.3%上升到95.3%，女性人口比例从86.7%上升到95.4%，白种人接受基础教育的人口比例从90.2%上升到95.7%，黑种人和棕种人接受基础教育的人口比例从80.8%上升到95.1%。该比例在初高中教育阶段则相对更低：男性入学率从18.4%增加到45.2%，女性从25.8%上升到56.7%，白种人从32.1%上升到60.3%，黑种人和棕种人从12%上升到43.5%。从平均教育年限来看，1995～2009年，男性平均受教育年限从5.4年上升到7.4年，女性从5.6年上升到7.7年，白种人从6.4年上升到8.4年，黑种人和棕种人从4.3年上升到6.7年，城市地区从6.1年上升到8.0年，农村地区从2.9年上升到4.8年（IPEA等，2011）。

④ Lopez－Calva，2012。

监测评估的范例。尽管需要确保指数不偏袒教育基础和经济基础相对好的地区，该指数所采用的排行榜形式，仍然刺激了分数最差的州和行政区的政客们改善表现。

和医疗卫生领域一样，直接或间接地减轻贫困家庭在教育方面的负担带来了改变，并值得推广，如“国家教科书计划”（PNLD）、“学校交通支持计划”（PNATE）、“全国校园膳食计划”（PNAE）和“家庭补助金计划”等。

尽管有了一定的改善和积极的趋势，巴西的教育水平仍远低于预期且不平等问题依然突出。根据2009年的统计，东南部的普通白种人女性平均接受教育8.8年（仅完成基础教育），而东北部的黑种人男性平均接受教育仅5.9年。[①] 城市和农村之间的差距更加突出，而且近几十年来，解决城乡教育差距并没有列入优先范畴。不仅因为黑种人和棕种人存在较多贫困人口，即使在贫困人口中，白种人也比黑种人和棕种人占有更多的优势，[②] 这说明黑种人和棕种人聚集地区的公共服务供给水平低下。在巴西，减少教育中种族和性别不平等的政策研究和实践措施相对缺乏（成功但有争议的黑种人、棕种人和过去在公立学校就读学生进入公立大学制订配额的政策是个例外），受歧视的学生缺乏申报和心理支持机制。

教育质量和教师的就业条件也是关键问题。在巴西公立教育普及的过程中，对学生数量的关注高于教学质量，没有提供足够的资金和管理来改善教育基础设施、提高教师和其他教育从业者的工作条件，导致与学生年级和数量匹配的师资水平每况愈下：1995年，小学毕业生中37.5%具备应有的葡萄牙语水平，16.8%具备应有的数学水平，这两组数字在2003年分别降至20.1%和14.7%。[③]

自2005年起，巴西对教育的投资从2005年占GDP的4%上升到2009年的5.8%，教育质量指标也出现了相应提高。[④] 然而，教育投资比例仍然远远

---

① IPEA等，2011。

② 2009年，处于贫困中的白人接受教育的年限为平均5.6年，相应的黑种人和棕种人年限则为5.0年，这两个数字1995年分别是3.6年和3.0年（IPEA等，2011）。

③ TPE，未标注日期。

④ 到2011年为止，完成基础教育阶段时，27.0%的学生具备应有的葡萄牙语水平，16.9%的学生具备应有的数学知识（TPE，未标注日期）。

低于政府 2001 年承诺的占 GDP 的 7%，更低于“全国教育权利行动”所倡导的 10%。这就不难理解为何公立教育系统的从业人员在过去几年间的数次罢工。如果情况没有根本改观，他们很可能会继续罢工。

持续完善食物和营养保障政策

过去数十年中，巴西在对抗饥饿和营养不良方面取得了一定的进展。但是，不同的测算方法对进展程度的评价存在很大差异。如果采用联合国粮农组织和千年发展目标的框架，以卡路里摄入和儿童体重为核心标准，巴西可以说已经消除了饥饿和营养不良问题：营养不良的发病率从 1996 年的 13.5% 减少到 2011 年的 6.9%，平均食物不足从每天 90 卡路里降至 58 卡路里[①]；0~4 岁儿童中体重不达标比例从 1996 年的 4.2% 降低到了 2006 年的 1.8%，已经低于 2.3% 的安全边界。[②③] 但是，如果采用巴西政府的心理测量标尺对家庭的食物可及性进行测量，2009 年仍有 13.2% 的人口面临中度或严重食物短缺问题，仅比 2004 年的 19.5%[④]略有下降，而其对黑种人、棕种人和土著人群的影响又大于白种人，性别间的差距不明显。

巴西的食物问题与贫困息息相关，主要问题不是缺乏食物供应，而是缺乏获取食物的资源。不难看出，该问题过去十年的改善主要归功于家庭补助金，即现金转移计划的实施，Ibase（巴西社会经济分析所）2008 年的数据表明，该计划 87% 的受益人将补助金用于食物。

家庭补助金计划创立于 2003 年，是 Fome Zero（零饥饿）战略的组成部分，首次将消除饥饿作为联邦政府的首要任务，从巴西前总统卢拉就任初期开始实施。此外，其他与食物和营养有关的重要政策还包括：国家学校膳食计划（PNAE）—— 在卢拉任期内，该计划的预算提高了 130%；前文提到的食物获取计划（PAA），是由国家和省级政府与一些受欢迎的餐馆、社区厨房

---

① 世界银行，未标注日期。

② IPEA，2010。

③ 如果仅分析北部地区，体重不足的儿童数量比例为 3.2%；如果分析收入最低的 1/4 家庭，该比例是 3.7%。

④ IBGE，2010b，中度食物不足的定义是：家庭中的成年人面临食物的数量限制。重度食物不足的定义是：家庭中的成年人和孩子面临食物的数量限制，以及/或者家庭成员面临饥饿问题（一整天无食物摄入，或者缺乏用来获得食物的资源）。

和食物银行合作组成的食物供应网络；2005 年创立的营养补助计划为儿童和孕期妇女补充硫酸亚铁和维生素 A；1976 年创立的工人食物计划，由政府和雇主合作为低收入工人提供支持。

值得一提的是，由于《食物及营养安全法》（LOSAN）和国家食物和营养保障系统（SISAN）的建立，食物和营养保障于 2006 年成为巴西人的一项基本权利。2010 年，该项权利被写入宪法。除了总统的承诺外，这项进步还需归功于民间社会围绕国家食物和营养保障委员会（CONSEA）、巴西食物和营养自主和保障论坛（FBSSAN）及国家食物和营养保障大会的倡导和要求。

就现有对抗饥饿和营养不足的各项措施而言，更大的挑战是对现有政策的完善，而非开发新的政策。现有措施已经建立起牢固的法律和制度框架，和与之匹配的政策，如能善加执行就能够发挥更大的作用。然而，截至目前，相关项目仍没有完全解决巴西所有脆弱人群的食物短缺问题，特别是生活在偏远地区的脆弱人群。进而，超越传统的、以卡路里为基础的纯技术手段，建立起一套更加人性化、全面的和政治化的策略，对解决饥饿和营养不良问题尤为重要。

最后需要强调的是，虽然巴西正在着力解决饥饿和营养不良问题，却没有对营养失调给予足够重视。近几年来，巴西体重超标和肥胖人群的数量在不断增加。2009 年，49.0% 的成年人体重超标，14.8% 的成年人存在肥胖情况，在 5 ~9 岁儿童中这两项比例分别为 33.4% 和 14.2% 。[①] 该问题是摄入高糖、高脂和高卡路里工业加工食品引起的，对富裕和贫困人群皆有影响，因此，营养教育和政策与推广良好的饮食习惯至关重要，同时，也与推广家庭农业、食物保障、生态农业和有机食品的努力直接相关。

土地分配中的固有挑战

在过去十年中，土地分配问题没有实质改善，且越来越不容乐观。巴西的土地集中水平全球第一：2006 年，超过 1000 公顷的大宗土地仅占全部土地的 0.9% ，却是全部农业用地的 45.0% ，而小于 10 公顷的小型土地占整体土

① IBGE，2004；IBGE，2010a.

地面积的47.9%，却仅占全部农业用地的2.3%，构成了高达0.858[①]的基尼系数，且该情况在过去数十年中没有明显改善。再者，卢拉总统上台以来，失地人群的定居地建设步伐逐渐减慢，影响了农民流动。

土地问题有其历史根源。殖民时期仅有少数白人精英被允许拥有土地。相比其他发展中和发达国家，巴西从来没有进行过较大的土地改革，拥有大量土地的人群至今仍然拥有强大的经济和政治实力。

土地集中问题也与巴西的发展模式直接相关。近几年，政府很明显选择了以少数出口产品为主的、机械化单一种植的发展模式。这种模式更讨好大宗土地拥有者和他们的利益集团，因为他们对政治党派（通过大量资金捐赠）和政府具有很强的影响力；这种模式也受到跨国公司的欢迎，因为这些公司与大宗土地拥有者和他们的利益集团做买卖；对于政府而言，这是一种仅靠初级产品就能达成贸易顺差的便利方法，而不需要投资于深层次的经济改革。

显然，对大型农业企业的过度依赖引起了严重的社会和环境后果。由于作物种植品种单一且依赖出口，这种方式既不是保障国内食物体系安全的最佳选择，也不能促进就业。因为以家庭为单位的农业仅用30%的土地面积，承担着国内70%的食物生产的重担，[②]也承载着全国78.8%的劳动力就业。[③]巴西多年来一直是全球使用杀虫剂最多的国家，单一种植和杀虫剂的大量使用导致土壤退化，也危害人类健康。过分依赖某几种以出口为导向的商品，增加了国民经济在面临外部震荡时的脆弱性。国会中强大的农业党团以大型农业企业的利益为出发点提出方案并施加压力，已经导致了《巴西森林法案》2012年的历史性修改，这些修改使该项法案更加纵容大面积森林砍伐（这是该国二氧化碳排放的主要根源），然而，这仅仅是它们削弱社会环境法规策略的一部分而已，现在已经把农业劳动力权利和土著土地权利作为攻击目标。

基于目前的权力平衡，尽管巴西仍有近七万块大宗非种植土地（总面积超过1.3亿公顷）可被合法征用，[④]土地再分配仍然面临巨大挑战。由于巴西

① IBGE，2006；IBGE，2012.

② MDA，2012.

③ Franca等，2009。

④ MST，2011.

85%的人口居住在城市，[①] 能从改革中获益的农民所拥有的投票权微乎其微，而大型农业企业及其利益集团却拥有巨大的影响力。而且，近几年实施的社会保护项目（例如家庭救助金计划）和公共建设带来的就业增长，已经使许多贫困农民觉得自身状况有所改善。

持续推动土地再分配非常重要，但也必须关注土地再分配的配套政策，为受益者提供足够的支持以在新分配的土地上找到可持续生计。

应通过对金融机制进行结构性改革、调整市场不足、促进商业化、制定鼓励合作社的政策以及国家推动的体制性需求政策，提高对小生产者和家庭农业生产的支持。例如食物获得计划（PAA），[②] Bolsa Verde 绿色信贷，[③] 30%的学校餐食必须直接从家庭农业采购的11947/2009号法案，等等。近几年，巴西已经向这个方向做出了关键的努力，并惠及成千上万的人，[④] 然而，能够惠及更多人的变革仍未达成。

支持小型生产者技术发展，加大在基础设施、家庭农业研究上的投入也至关重要（目前巴西国有企业农业研究的资金仅有4%投入家庭农业研究[⑤]）。能力建设和技术支持项目可以帮助农民提高技术。此外，对可持续的生态农业和有机食品的倡导、推广和支持政策，能引导消费者的兴趣和需求。

需要对与土地和农业议题密切相关的政府部门进行改革，以加强它们推动土地改革和家庭农业的能力。作为辅助改革，10万雷亚尔的土地征用限额对土地分配来说过低，必须提高；应该对土地的生产力指数进行调整（该指数影响到土地是否可以被征用，1975年后就没有调整过）。

最后，从全球趋势来说，强占土地问题还没有引起足够关注，也必须合理地解决。近几年大型跨国公司和本土买家所占土地数量增长迅速，增加了投机和自然资源私有化的风险，并对本土社区产生影响。再者，巴西公司（特别是得到政府支持的农业和基础设施领域的公司）在多个国家（特别是拉丁美洲和非洲）越来越多地因为强占土地以及其他形式的权利侵犯受到谴责，

① 尽管30%的市仅有3000～5000人居住，他们中多数以农业为生。

② PAA项目：政府与公民社会组织合作，向家庭农业购买食物产品，并分发给脆弱人群。

③ 有条件现金转移项目：目标群体是可持续利用自然资源的农村贫困家庭。

④ IPC－IG，2013.

⑤ SINPAF，2013.

这使得巴西作为全球发展中的一个新兴力量所应该扮演的领导角色大打折扣。

公民参与再进一步

在过去20年中，巴西的参与式民主机制常被用作参考经验。巴西拥有多个公民和民间组织参与政策制订过程的论坛。最著名的创新性措施是为部级机构和秘书处提供建议的多利益相关方委员会，在国家大会上协助政府确定各种议题的工作重点，和成功的参与式预算经验。

政府努力为民众提供发表意见和影响政府议程的空间，对减贫和降低不平等政策和项目提供重要的参考意见，成为巴西民主的关键特点。但是，公民参与的创新近几年却停滞不前，现有模式的瓶颈也已凸显。

一方面，现有的参与空间呈现固有的缺陷。民间社会被赋予的审议权利非常有限，公民极少能参与到最后的决策中（一个重要的例外是医疗卫生委员会，该委员会如果反对某城市和州秘书处提出的预算计划，就可以阻止联邦政府进行拨款）。政治党派、工会、长期存在的社会运动和其他机构阻挠新的参与者加入。基于公民的意见和建议的改变，通常需要很长时间才能够实现，或者完全无法实现，导致民间对整个参与过程失望。而且，在很多情况下，公民参与缺乏资金和应有的系统的支持，尤其是在最贫困人群的参与方面。

另一方面，在某些领域现有的范围需要被打破。政府从来没有真正开放地讨论过经济体制、政治体制改革及基础设施相关议题，而这些问题却至关重要。因此，民间组织活动的法律框架改革非常急需，而且多年来许多被649/2011号法案激发的人们也在长期呼吁。数以百计的、与政治体制改革平台有关的非政府组织和团体也一直在呼吁进一步实现参与机制的体制化和创建更加直接的民主形式。

近来在全国出现的抗议行动表明，尽管巴西在社会和经济领域取得了令人瞩目的进步，民众中仍然存在高度不满。保守群体的即时反应是推动社会运动犯罪化，企图以此限制结社和言论自由的权利，阻碍抗议行动。但是，真正能够帮助这个国家保持前进步伐的是深化民主的措施，保障民众的声音更好地被听取，以及采取措施有效解决民众提出的问题。

经验以及未来应对巴西不平等和贫困问题的步骤

本文通过对巴西贫困和不平等问题的多视角分析，可以得出以下两个经验。

第一，巴西近几年实行的重要政策和项目，虽然得到了全世界的瞩目，并成为全球知名的案例（例如家庭补助金计划现金转移项目以及通过整合医疗系统实现公共医疗卫生普及化），但它们仅仅是巴西在不同的社会和经济领域所取得的实际进步的部分原因。

这些项目以强大的法律和机构框架为基础配以促进社会公正为目标的机制，这些重要做法还未引起国际关注。重要的是，过去十年的减贫成效虽与经济增长有关，但它的作用远比再分配政策小得多。巴西取得的成就证明，发展没有什么灵丹妙药，唯有通过广泛和多层面的手段来实现体制改革。

第二，尽管巴西实现了诸多进步，尤其在过去十年中，但现有的政策和项目将不足以推动国家继续进步。许多关键议题还没有被涉及，而已经实施的项目有的已显示出明显不足或者将很快显示出局限性。

巴西需要在五个主要方面进行改革。

第一，巴西需要开展延迟已久的税制改革和土地分配改革，这一点的重要性在其他国家的实践中已被证明。税收制度的严重累退特征、土地的高度集中和国家的历史遗留问题是贫困和不平等的重要原因。

第二，完善现有政策，特别是针对受歧视人群建立新的政策。本文的分析展示了在理解和回应女性、黑种人和棕种人的就业、教育和医疗方面的具体需求方面所存在的严重局限，这些局限并不仅仅与具体人群有关，也不仅仅与所提到的议题有关，还普遍存在于本文并未涉及的方方面面。

第三，巴西的发展应侧重地区发展政策，并以落后地区为关注重点。在巴西的发展进程中，对落后地区的关注向来薄弱。基础服务可及性应进一步拓展，虽然已在实施，但许多方面尚未令人满意，特别是在农村地区 。

第四，巴西需要更加关注其社会政策的质量，而不仅是范围。虽然巴西在一些领域已经开始采取新举措（例如教育和支持家庭农业），但仍有进步空间。政策惠及更多公民的措施固然非常重要，政策成果质量的提升才是变革的关键。因此，更加详细的数据搜集和政策实施质量的深入分析是实现突破的关键步骤。

第五，公民参与的机制建设，这一点对其他所有方面都非常关键。与大多数发展中国家相比，巴西在参与式民主的机制建设方面走在前列，但功能上的局限及公民参与法律和机制框架建设的挑战的妥善解决，才能推动发展政策真正惠及最贫困和最边缘人群。

参考文献

Departamento Intersindical de Estatísticas e Estudos Socioecnômicos（DIEESE）（2013）Salário mínimo nominal e necessário. [online] Available from：http：//www. dieese. org. br/analisecestabasica/salarioMinimo. html.

Federação Nacional das Escolas Particulares（FENEP）and Fundação Getulio Vargas（FGV）（2005）Números do Ensino Privado. [online] Available from：http：//www. sineperio. educacao. ws/arquivos/relatorio_br. pdf.

França，C. G. et al.（2009）O censo Agropecuário 2006 e a Agricultura Familiar no Brasil. Ministério do Desenvolvimento Agrário. [online] Available from：http：//www. bb. com. br/docs/pub/siteEsp/agro/dwn/CensoAgropecuario. pdf.

Instituto Brasileiro de Análises Sociais e Econômicas（Ibase）（2008）Repercussões do Programa Bolsa Família na Segurança Alimentar e Nutricional das Famílias Beneficiadas. [online] Available from：www. ibase. br/userimages/ibase_bf_sintese_site. pdf.

Instituto Brasileiro de Geografia e Estatística（IBGE）（2004）Pesquisa de orçamentos familiares 2002 – 2003. [online] Available from：http：//www. ibge. gov. br/home/estatistica/pesquisas/pesquisa_resultados. php? id_ pesquisa = 25.

Instituto Brasileiro de Geografia e Estatística（IBGE）（1996）Censo Agropecuário de 1995 – 1996. [online] Available from：http：//www. ibge. gov. br/home/estatistica/economia/agropecuaria/censoagro/1995_1996/.

Instituto Brasileiro de Geografia e Estatística（IBGE）（2010a）Pesquisa de Orçamentos Familiares 2008 – 2009. [online] Available from：http：//www. ibge. gov. br/home/estatistica/pesquisas/pesquisa_resultados. php? id_ pesquisa = 25.

Instituto Brasileiro de Geografia e Estatística（IBGE）（2010b）Pesquisa Nacional por Amostra de Domicílios. Segurança Alimentar 2004/2009. [online] Available from：http：//www. ibge. gov. br/home/estatistica/populacao/seguranca _ alimentar _ 2004 _ 2009/pnadalimentar. pdf.

Instituto Brasileiro de Geografia e Estatística (IBGE) (2012) Censo Agropecuário 2006. Segunda apuração. [online] Available from: ftp: //ftp. ibge. gov. br/Censos/Censo_Agropecuario_2006/Segunda_Apuracao/censoagro2006_2aapuracao. pdf.

Instituto de Pesquisa Econômica Aplicada (IPEA) (n. d.) Ipeadata. [online] Available from: http: //www. ipeadata. gov. br/.

Instituto de Pesquisa Econômica Aplicada (IPEA) (2009). Receita pública: Quem paga e como se gasta no Brasil. Comunicado da Presidência, 22. [online] Available from: http: //www. opp. ufc. br/economia04. PDF.

Instituto de Pesquisa Econômica Aplicada (IPEA) (2010) Objetivos de Desenvolvimento do Milênio. Relatório nacional de acompanhamento. [online] Available from: http: //www. pnud. org. br/Docs/4_ RelatorioNacionalAcompanhamentoODM. pdf.

Instituto de Pesquisa Econômica Aplicada (IPEA) (2012) A Década Inclusiva (2001 – 2011): Desigualdade, Pobreza e Políticas de Renda. [online] Available from: http: //www. ipea. gov. br/agencia/images/stories/PDFs/comunicado/120925 _ comunicadodoipea155 _ v5. pdf.

Instituto de Pesquisa Econômica Aplicada (IPEA), ONU Mulheres, Secretaria de Políticas para as Mulheres (SPM) and Secretaria de Políticas de Promoção da Igualdade Racial (SEPPIR) (2011) Indicadores. In: Retrato das desigualdades de gênero e raça. [online] Available from: www. ipea. gov. br/retrato/indicadores. html.

International Policy Centre for Inclusive Growth (IPC – IG) (2013) Structured Demand and Smallholder Farmers in Brazil: the Case of PAA and PNAE. [online] Available from: http: //www. ipc – undp. org/pub/IPCTechnicalPaper7. pdf.

Jakob, A. C. et al. (2012) Saúde. In: Instituto de Pesquisa Econômica Aplicada (IPEA), Políticas sociais: acompanhamento e análise, 20. [online] Available from: http: //www. ipea. gov. br/portal/images/stories/PDFs/politicas_ sociais/bps_20_cap03. pdf.

Lopez – Calva, L. F. (2012) Declining Income Inequality in Brazil: The Proud Outlier. Inequality in focus, 1 (1). World Bank. [online] Available from: http: //siteresources. worldbank. org/EXTPOVERTY/Resources/Inequality_in_Focus_ April2012. pdf.

Ministério da Saúde (MS) (n. d.) Indicadores e Dados Básicos – Brasil – 2011. [online] Available from: http: //tabnet. datasus. gov. br/cgi/idb2011/matriz. htm#demog.

Ministério do Desenvolvimento Agrário (MDA) (2012) Plano Safra da Agricultura Familiar 2012/2013. [online] Available from: http: //www. mda. gov. br/plano – safra/arquivos/view/Cartilha_Plano_Safra. pdf.

Movimento dos Trabalhadores Sem Terra (MST) (2011) "Terras improdutivas somam 134 milhões de hectares". [online] Available from: http://www.mst.org.br/A - concentracao - de - terras - no - Brasil. - Entrevista - com - Gerson - Luiz - Mendes - Teixeira.

Organisation for Economic Co - operation and Development (OECD) (2013) OECD territorial reviews: Brazil. [online] Available from: http://www.oecd - ilibrary.org/urban - rural - and - regional - development/oecd - territorial - reviews - brazil_9789264123229 - en.

Paixão, M. J. P. et al. (2005) Contando vencidos: diferenciais de esperança de vida e de anos de vida perdidos segundo os grupos de raça/cor e sexo no Brasil e grandes regiões. In: Fundação Nacional de Saúde (Funasa), Saúde da população negra no Brasil. Brasília: Funasa, pp. 49 - 190. [online] Available from: http://bvsms.saude.gov.br/bvs/pop _ negra/pdf/saudepopneg.pdf.

Sindicato Nacional dos Trabalhadores de Pequisa e Desenvolvimento Agropecuário (SINPAF) (2013) Em defesa de uma Embrapa pública. Spalhaphatos, XXIV (289). [online] Available from: http://www.sinpaf.org.br/wp - content/uploads/2013/04/Spalhaphatos _ ABR _ MAI _ web.pdf.

Soares, S. et al. (2010) Os Impactos do Benefício do Programa Bolsa Família sobre a Desigualdade e a Pobreza. In: Castro, J. and Modesto, L. (eds.) Bolsa Família 2003 - 2010: Avanços e desafios, Vol 2. [online] Available from: http://www.ipea.gov.br/portal/images/stories/PDFs/livros/livros/livro_ bolsafamilia_vol2.pdf.

Souza, A. et al. (2012) Uma Análise dos Determinantes da Focalização do Programa Bolsa Família. Tesouro Nacional. [online] Available from: http://www.cepal.org/ofilac/noticias/paginas/9/49309/Brito1.pdf.

Todos pela Educação (TPE) (n.d.) Dados das 5 metas. [online] Available from: www.todospelaeducacao.org.br/educacao - no - brasil/dados - das - 5 - metas/.

World Bank (WB) (2004) Inequality and economic development in Brazil. [online] Available from: http://www - wds.worldbank.org/servlet/WDSContentServer/WDSP/IB/2004/10/05/000012009_20041005095126/Rendered/PDF/301140 PAPER0Inequality0Brazil.pdf.

World Bank (WB) (n.d.) World DataBank. World Development Indicators. [online] Available from: http://databank.worldbank.org/data/views/variableSelection/selectvariables.aspx? source = world - development - indicators.

俄罗斯：平等以后*

现代俄罗斯不平等趋势以及政策回应

（乐施会系列讨论文章，2014年5月）

达里娅·乌克霍娃

概要

自1991年开始向市场经济过渡以来，俄罗斯的经济不平等快速加剧。1990～2012年，俄罗斯可支配收入基尼系数从0.26上升到0.42，① 而国家最富有的10%人群与最贫困的10%人口之间的收入差距从4倍上升到近17倍，② 目前最富有的1%人群掌握着全国71%的财富。③

最近数十年，许多发达和发展中国家都出现了收入不均持续扩大的问题，但是，鲜有国家在短时期内出现与俄罗斯类似的收入不均大幅扩大的情况。④

俄罗斯最大幅度的不平等加剧出现在体制过渡初期。当时，国家的经济几近崩溃，相当比例的人口跌入贫困，而部分人群却从市场经济浮现出的新机会中获取财富。在20世纪90年代，人们的期望是一旦经济复苏（这种复

---

* 本项目得到欧盟资助。

① Russian Federation Federal State Statistics Service http：//www. gks. ru.

② Russian Federation Federal State Statistics Service op. cit.

③ Credit Suisse（2012）Global Wealth Report 2012，Zurich：Credit Suisse Research Institute，https：//publications. credit － suisse. com/tasks/render/file/index. cfm? fileid = 88EE6EC8 － 83E8 － EB92 － 9D5F39D5F 5CD01F4.

④ Gower R. ，C. Pearce，and K. Raworth（2012）Left Behind by the G20：How Inequality and Environmental Degradation Threaten toExclude Poor People from the Benefits of Economic Growth，Oxford：Oxfam GB，http：//policy－practice. oxfam. org. uk/publications/left－behind－by－the－g20－how－inequality－and－environmental－de gradation－threaten－to－203569.

苏于21世纪头十年终于出现），不平等现象将会减少，[1] 然而，事与愿违，严重的不平等一直持续存在，甚至在21世纪头十年的多数时间内加剧。

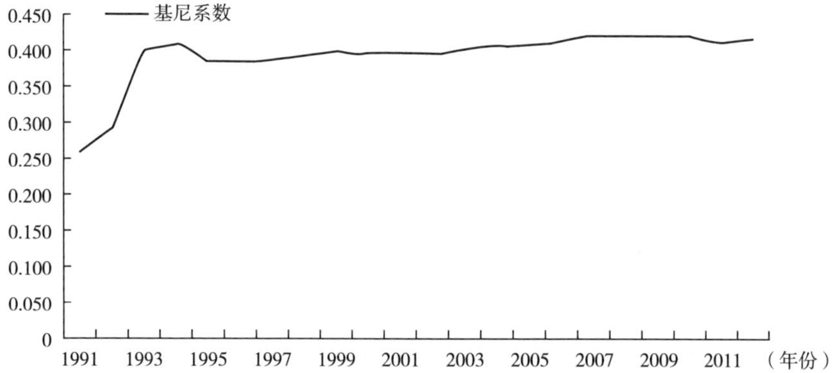

图1　俄罗斯可支配收入基尼系数变化情况（1991～2012年）

资料来源：乐施会根据俄罗斯联邦统计服务机构公布的数据计算得出。[2]

俄罗斯的收入不均已经对国家的社会和经济产生了直接影响，并部分导致经济增长减速、生育率降低，以及死亡率[3]和犯罪率[4]的上升。

从传统上来说，行业间和行业内的薪酬差异，企业和租金收入高度集中在极少数人（目前大约为总人口的8%）手中，以及低效的收入再分配系统（特别是税收制度）[5] 是俄罗斯严重收入不均的根源。

伴随着全国性的经济不平等现象，作为俄罗斯社会一大特征的地区间不平等也在持续。目前，最富裕地区的人均国民生产总值（GDP）是最贫困地

① Ovacharova L. et al. (2014) Dynamics of the Monetary and Non – monetary Characteristics of the Standards of Living of theRussian Households in the Post – Soviet Years, Moscow: Liberal Mission Foundation, http://www.liberal.ru/upload/files/Dinamika_monetarnih_harakteristik.pdf.

② Russian Federation Federal State Statistics Service op. cit.

③ Kostyleva, L. (2011) Inequalityamong Russian Population: Trends, Factors, Regulation, Vologda: Russian Academy of Science Institute of Socio – Economic Development of Territories, http://uisrussia.msu.ru/docs/nov/isedt/2011/13200330251955V.PDF; Kislitsyna, O. (2005) Inequality in Income Distribution and Health in Contemporary Russia', Moscow: Russian Academy of Science Institute of Socio – Economic Problems of Population, http://www.kislitsyna.ru/characters.php? id = 1.

④ Kislytsyna, O. (2005) op. cit.

⑤ Ovcharova, L. et al. (2014) op. cit.

区的 10 倍之多，前者的水平相当于挪威，后者却仅相当于伊拉克。[①]

性别、种族、年龄和其他方面的社会不平等问题也是现代俄罗斯的主要特征。正如全球消除贫困联盟俄罗斯组织成员所述，妇女、年长者、无家可归者、流动人口等人群不断在俄罗斯遭受歧视。

经济、区域和社会不平等之间有着内在联系，并互相强化，推动了生活水平不均以及经济、社会和法律服务可及性不平等，进一步将俄罗斯社会按照收入水平和其他要素分化，导致不平等现象积重难返。

在俄罗斯，优质卫生服务的可及性取决于个人的收入水平以及居住地。2011 年，居于收入顶层的人群（总人口中收入最高的 10%）用于卫生服务的支出是处于收入底层人群的 10.8 倍，该对比数于 2013 年上升为 11.3 倍。地区间人均卫生服务投入的差异在 21 世纪头十年达到 10～12 倍。[②]

房价高企决定了大部分人没有能力承担。2010 年，仅有 19.8% 的家庭使用他们自己的储蓄和（或者）贷款购买住房。对于其他人而言，有时甚至连住房租金都无力承担：目前，俄罗斯约有半数青壮年（21 至 40 周岁）与他们的家人和亲戚（extended family）居住在一起。

俄罗斯人在教育方面的开销越来越大。私人辅导在基础和中等教育阶段逐渐成为一种普遍现象，而公立高等院校的数量逐渐减少（于 2000/2001 年减少了 65.6%，2011/2012 年则减少了 38.5%）。[③] 同时，处于收入顶层的人群（总人口中收入最高的 20%）使用私人投资的学校以及其他有偿教育服务机构的比例于 2012 年达到 36.3%，与之相对的是，收入最低的 20% 人群使用该类型服务的比例仅为 3.8%。

教育可及性的不平等导致了就业机会的不平等，这是因为教育水平较低的年轻人不得不面对选择非正式就业形式的风险。[④] 由于巨大的地区间失业率差异（例如，2012 年莫斯科的失业率是 1%，而同期的印古什共和国失业率

① UNDP (2011) National Human Development Report for the Russian Federation 2011: Modernisation and Human Development, Moscow: UNDP in Russia, http://www.undp.ru/documents/nhdr2011eng.pdf.

② Shishkin, S. et al. (2007) Evidence about Equity in the Russian Healthcare System, Moscow: Independent Institute for Social Policy, http://www.socpol.ru/eng/research_projects/pdf/proj25_report_eng.pdf.

③ Russian Federation Federal State Statistics Service op. cit.

④ Russian Federation Federal State Statistics Service op. cit.

却高达49%），[1] 个人获得就业机会很大程度上还取决于他们所居住的地区。在俄罗斯，性别、残障以及户籍也是影响就业机会可及性的重要因素。[2]

俄罗斯人认为，经济不平等导致法律面前的不平等。超过70%的俄罗斯人觉得，目前的司法系统对富人和权势人群利益的保护，要多于对普通人利益的保护。在过去三年中，有29%的贫困人口以及20%的非贫困人口遭受了权利侵犯。[3] 目前公众对抗击腐败的关注可能是源于俄罗斯人对经济不平等现象的极度不满。

从21世纪头十年起，俄罗斯的政策制定者们就开始试图应对不断恶化的收入不均问题。而主要手段是利用促进地区经济发展的项目、地区间财政转移支付，加大以最脆弱群体为目标的社会保障项目的投入。

由于缺乏反推证据（我们并不清楚，如果不实行这些措施，不平等水平会有多高），很难估计这些政策对降低不平等所起的效果；但是，很明显的是，仅仅依靠这些政策不足以有效扭转目前俄罗斯存在的不平等状况。同时可以论证的是，某些重要政策完全缺失，或者消除不平等的政策才刚刚实施。这些重要的政策措施包括以下几个。

（1）创造有质量的工作。行业内和行业间的薪酬差距是俄罗斯收入不均的重要原因之一。而目前在职贫困人群的比例已经达到13%。[4] 这两项因素是俄罗斯就业市场和现存经济模式存在严重瑕疵的重要指标。最近政府确定的政策目标是“在2020年前创造2500万个现代就业机会”。但是，专家们对此措施的可行性持怀疑态度。

---

① Regional Statistics Database http://regionstat.ru/rating.php? year = &parameter = 18 ; unemployment rate for 2013.

② Russian Federal Statistics Service op. cit., Human Rights Watch (2013) Barriers Everywhere: Lack of Accessibility for People with Disabilities in Russia, HRW, http://www.hrw.org/sites/default/files/reports/russia0913ru_ForUpload_1.pdf; Karlinskyi, I. (2008) 'Legal status of homeless people in St. Petersburg in 2008', St. Petersburg: Nochlezhka. http://www.homeless.ru/usefull/analiz2008.pdf.

③ Russian Academy of Science Institute of Sociology and Friedrich Ebert Foundation (2013) Poverty and Inequalities in Contemporary Russia: 10 Years Later, Moscow: Russian Academy of Science Institute of Sociology, http://www.isras.ru/files/File/Doklad/Analit_doc_Bednost/full.pdf.

④ Popova, D. (2013) 'Trends in inequality and national policies for inclusive growth in G20 Members: Country papers: Russia' in M. Larionova (ed.) Civil 20 proposals for strong, sustainable, balanced and inclusive growth, Moscow: Civil 20 Russia 2013 http://www.hse.ru/en/org/hse/iori/civil20taskforce.

(2) 以财政政策降低市场收入不均并增加社会支出来源。从本质上来说，目前的俄罗斯税收系统并无任何再分配作用，收入税被固定在13%。再者，在目前存在40%的逃税比例①以及巨大数量的资金外流（仅与中国情况具有可比性）② 的状况下，可以说该税收系统实际上不仅无法解决收入不均问题，反而会使之更加严重。

(3) 改善公共服务，例如医疗和教育。公共服务对改善再分配的巨大潜力，已经在国际范围内得到证实。但是，与多数经合组织（OECD）国家，甚至是情况相仿的金砖国家（BRICS）相比，俄罗斯对这些服务的投入远远不足。最令人担忧的是，近几年对这些服务进行投入的公共支出持续减少。

(4) 反歧视政策。这是解决社会不平等的基本手段，例如性别、种族以及年龄歧视。目前的反歧视立法以及相应的执法机制在俄罗斯的发展相当滞后。③

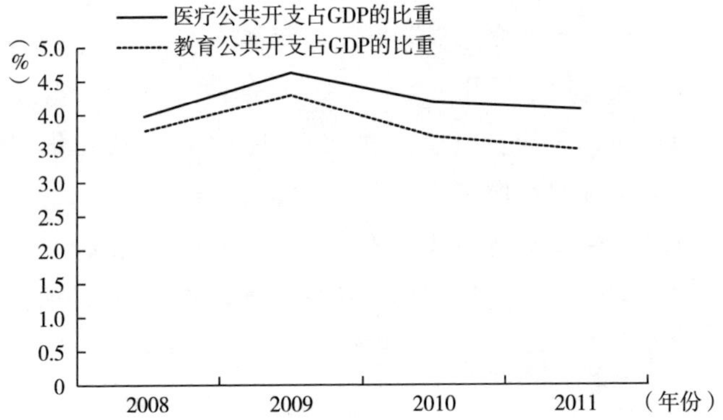

图2　俄罗斯医疗和教育公共开支（2008～2011年）

(5) 反腐败政策和能够保证公平和平等的法律实施政策。任何抗击不平

---

① Ukhova, D. (2012) Poverty and Inequality in Contemporary Russia, Oxford: Oxfam GB, http://policy-practice.oxfam.org.uk/publications/poverty-and-inequality-in-contemporary-russia-269315.

② LeBlanc, B. (2013) Illicit Financial Flows from Developing Countries: 2002-2011, Washington: Global Financial Integrity, http://iff.gfintegrity.org/iff2013/2013report.html.

③ Prokhorova, A. (2012) 'Eurasian Union and the future of the Russia's migration policy: Antidiscrimination legislation as a precondition for successful integration', Demoscope Weekly 513-514, http://demoscope.ru/weekly/2012/0513/analit05.php.

等的努力要想取得成功，必须依赖公民对政府的信任。如果不能有力地对付腐败行为和确保不平等的法律可及性，公民就不可能重拾对政府的信任。

如果没有劳动力市场的变革、税收政策的调整、公共服务和反歧视立法，就无法面对腐败和执法中出现的挑战，俄罗斯针对不平等所做出的努力将很难获得成功。

而这些政策和措施正是俄罗斯公民目前期望政府能够做到的。以下是 Mikhail Dmitriev 战略研究中心在 2012 年所进行的一系列小组访谈中收集到的信息：

> 俄罗斯人民所期望看到的并不是为平等而平等，而是一个运作良好的政府和有效的福利系统。身处各个地区的许多俄罗斯人对他们所见的腐败官僚机构无法实现优质教育、医疗和强化法律而感到失望。金钱的简单再分配，无论是在地区还是个人之间，都无法让这些服务需求得到满足。真正需要的是机构改革。①

本文的主要观点和框架曾经在“全球消除贫困联盟”俄罗斯成员活动中与有关成员组织分享，它们包括在俄罗斯各地开展工作的 40 多家公民社会组织。咨询活动分别于 2013 年 6 月和 9 月在莫斯科、下诺夫哥罗德和新西伯利亚举行，活动由乐施会组织，并由本文作者担任讨论协作者。

文本框一：定义

- 经济不平等：存在于个人或者人群之间的，在资产、财富和收入方面的差异。
- 收入不均：存在于个人或者人群之间的，在可支配收入分配方面的差异。
- 空间不平等：存在不同地区的人群之间的，在生活质量、财富和生活标准方面的差异。尽管空间不平等有些时候被定义为社会不平等的一个方面，为了便于分析，本文将其单独列出。
- 社会不平等：处于不同社会位置和地位的个人或者群体之间的不平等的机会及其产生的结果（其中包括但并不局限于性别、年龄和种族）。
- 基尼系数：对分配进行统计的方法，数值为 0 表示绝对平等，1 则表示绝对不平等。该系数通常用于测量收入和财富方面的不平等，但是，基尼系数也可以用于测量社会发展方面的不平等，例如教育水平、机会、死亡率等。

---

① Treisman, D. (2012) ‘Inequality: The Russian experience’, forthcoming in Current History, http://www.sscnet.ucla.edu/polisci/faculty/treisman/PAPERS_NEW/Inequality%20Text%20Aug%202012%20Final.pdf.

1. **导言**

自1991年开始转向市场经济体制以来，俄罗斯经历了史上从未出现过的、最剧烈的收入不均。20世纪80年代后期，俄罗斯实现了与北欧福利民主国家相仿的收入均等水平，然而，在此后的二十年中，俄罗斯的收入不均情况恶化到与土耳其和许多拉丁美洲国家相当的水平（见图4）。1990~2012年，俄罗斯的可支配收入基尼系数从0.26上升到0.42（见图3）；在新兴经济体中，鲜有国家在如此短的时间内，经历过俄罗斯这种剧烈的变化。[①]

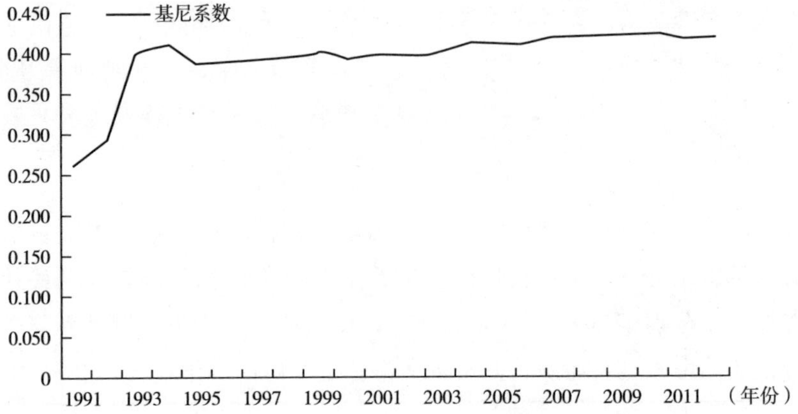

图3 俄罗斯可支配收入基尼系数变化状态（1991~2012年）

资料来源：乐施会根据俄罗斯联邦统计服务机构委员会公布的数据计算得出。[②]

俄罗斯最严重的收入不均恶化出现在其向市场经济过渡的初期，当时大量人口陷入贫困（见图5），之后尽管经济有所复苏，收入不均却仍在加大。21世纪头十年，尽管贫困率由于经济增长出现了较大幅度的下降，收入不均仍旧维持在高水平，甚至在这十年间的多数时候，都处于增长状态，导致俄罗斯社会进一步分化。

针对高度收入不均对社会带来的影响，国际研究提出了多个主要的负面结论，其中包括信任度降低、人口福祉和健康水平降低，以及例如低经

① Gower R.，C. Pearce，and K. Raworth（2012）op. cit.

② Russian Federation Federal State Statistics Service op. cit.

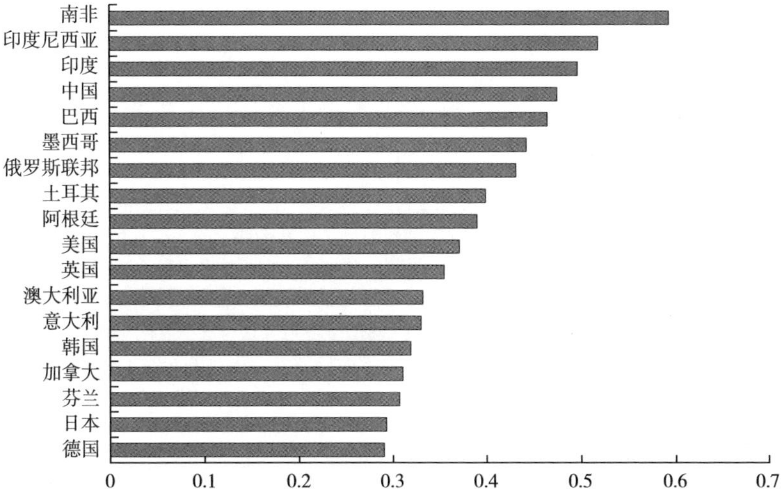

图 4　金砖国家和部分 20 国集团国家可支配收入基尼系数变化情况（2009～2012 年）（采用各国可获得的最新数据）

资料来源：乐施会根据“全球标准收入不均数据库”数据计算得出。①

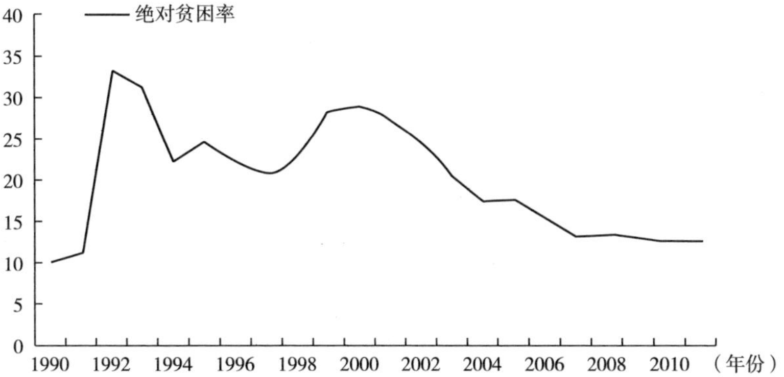

图 5　俄罗斯的绝对贫困比例（1990～2011 年）（总人口中在国家贫困线水平以下生活的人口百分比，即 2014 年低于月均 220 美元）

资料来源：1990 年和 1991 年数据由乐施会根据 J. Klugman（1997）提供的数据计算得出，之后几年数据由乐施会根据俄罗斯联邦统计服务机构委员会公布的数据计算得出。②

---

① Solt, F.（2013）‘The Standardized World Income Inequality Database’, http://hdl.handle.net/1902.1/11992 Frederick Solt [Distributor] V10 [Version].

② Russian Federation Federal State Statistics Service op. cit.

济增长和低投资的宏观结果。① 俄罗斯已经经历了类似的情况。针对俄罗斯收入高度不均的影响的研究比较有限，但是现有的文献表明，这些影响包括经济增长减速、低生育率、高死亡率②和犯罪率上升。③

文本框二：俄罗斯公众对收入不均的看法

多数俄罗斯人对收入不均存在负面看法。根据俄罗斯科学院社会学研究所2013年实施的代表性人口调查，96%的人认为，俄罗斯存在严重的不平等问题。④ 不平等恶化和新经济体制不公平是三个主观福祉低水平情况的主要原因之一。⑤ 其他的两个原因是公共产品的低质低量（例如教育和医疗）以及收入波动和经济不确定性的增加。⑥ 绝大多数俄罗斯人认为减少收入不均是一个迫切需要解决的问题。71%的贫困人口和63%的非贫困人口（占俄罗斯总人口的64%）相信，政府应该采取措施来减少收入不均问题。⑦

21世纪头十年，俄罗斯政府制订了一系列政策，尽管这些政策影响范围有限，它们似乎仍然对日益恶化的收入不均问题作出了一定回应。⑧ 这些措施包括提高最低工资、公共事业部门工资以及公众养老金水平。由于缺乏基线数据（我们不知道在没有这些措施时，不平等问题处于何种水平），要评价这些措施在降低收入不均方面的有效性比较困难，而清楚的是，这些措施带来的影响是有限的（见图1）。

本文的目的是预测主要的不平等趋势，并分析俄罗斯抗击不平等的现有政策的局限。首先，本文认为，对收入不均的分析，必须考虑它与空间和社会不平等之间的交叉（自苏联解体后该现象在俄罗斯就一直非常明显），并以此方法整理俄罗斯收入和其他不平等形式的趋势；然后，再分析

① See, for example, Wilkinson, R. and K. Pickett (2009) The Spirit Level: Why More Equal Societies Almost Always Do Better, London: Allen Lane; Gower R., C. Pearce, and K. Raworth (2012) op. cit.

② Kostyleva. L. (2011) op. cit., Kislytsyna. O. (2005) op. cit.

③ Kislytsyna, O. (2005) op. cit.

④ Russian Academy of Science Institute of Sociology and Friedrich Ebert Foundation (2013) op. cit.

⑤ European Bank for Reconstruction and Development (2007) 'Russian Attitudes and Aspirations: The Results of Focus Groups in Nine Russian Cities, April – May 2007', London: EBRD, http://www.ebrd.com/downloads/research/surveys/asp.pdf.

⑥ Guriev, S. and E. Zhuravskaya (2009) '(Un) Happiness in Transition', Journal of Economic Perspectives Vol. 23 no. 2 (Spring 2009), 143 – 168.

⑦ Russian Academy of Science Institute of Sociology and Friedrich Ebert Foundation (2013) op. cit.

⑧ Popova, D. (2013) op. cit.

收入以及和其他形式的不平等如何转化为教育、医疗、劳动力市场、住房和法律可及性的不平等；最后，本文将对之前所涉及的、近期计划的以及那些尚未涉及但对减少不平等至关重要的政策领域进行讨论，并以此作为结论。

2. **展开讨论：收入不均以及其他**

收入不均问题尽管经常被讨论，但它仅仅是经济不平等这个复杂而多元化问题的一个组成部分。财富不均也是经济不平等的一个组成部分，这在俄罗斯的重要性不可忽略。经济不平等通常与其他形态的不平等交汇呈现，其中包括社会和空间不平等。[①] 讨论这些不同形态的不平等之间的重合和交织，并非本文的主要目的，因此，我们将主要关注空间和社会不平等对经济不平等的影响。但是必须强调，它们的交织意味着其相互间的影响是双向的。

如果我们无法充分分析其他形态的、对国家的整体经济和社会状况有决定性作用的不平等形式，就不可能对收入不均问题进行广泛的分析或者做出应对。在俄罗斯，要实现如此多元化的分析，面临的最大障碍就是数据缺失。在之后的两个部分，我们将试图为该分析做出铺垫。正如以下部分所展示的，俄罗斯经济不平等的加剧是在国家长期存在空间差异的背景下出现的，而这种空间差异产生的原因包括广阔的地域、低人口密度、高度不均的自然资源分布，这一切又被市场经济体制进一步放大。而且在诸如性别、种族和年龄方面存在的社会不平等，也放大了经济不平等问题。

收入和财富不均

2013 年俄罗斯首次被世界银行列为高收入国家，这个称谓隐含着人口财富的高水平和“发达国家”的地位。21 世纪头十年的高速经济增长使俄罗斯进入高收入国家行列，也大幅减少了绝对贫困现象（见图 5）。2000～2012 年，生活在国家贫困线（每月收入为 7372 卢布，相当于 220 美元，于 2013 年第二季度确定）以下的人口数从 29% 降低为 11% 。[②] 如果使用全球绝对贫困标准，这个比例还会下降。目前，俄罗斯没有人生活在

① N. Yuval - Davis (2006) ‘Intersectionality and feminist politics’, European Journal of Women's Studies, vol. 13, no. 3, http://ejw.sagepub.com/content/13/3/193.abstract.

② Russian Federation Federal State Statistics Service op. cit.

全球贫困线以下。2012 年每天生活费少于 2.50 美元的人口比例预计仅为 0.1%。①

绝对贫困虽然减少，收入不均却在扩大。20 世纪 90 年代初期，俄罗斯收入不均的扩大速度居全球首位。在不到 20 年的时间内，可支配收入基尼系数从 0.26 上升到 0.42。在 2008 年的经济危机中，主要受到影响的是俄罗斯高收入群体的收入②（见图 3），之后收入不均进入了一个稳定期。收入等分比例反映出了类似的趋势。在转型至市场经济以前，俄罗斯最富有的 10% 人群的收入是最贫困 10% 人群的 4 倍；到 2000 年，这个差异高达 14 倍，而到了 21 世纪头十年末期，更增长到史无前例的近 17 倍（见表 1）。

表 1　最富有的 10%与收入最低 10%人群间可支配收入差异（1990～2012 年）

年　份	最高和最低收入比	年　份	最高和最低收入比
1990	4.0	2008	16.6
1992	8.0	2009	16.6
1995	13.5	2010	16.6
2000	13.9	2011	16.2
2005	15.2	2012（初步数据）	16.4

资料来源：俄罗斯联邦统计服务机构委员会。③

与不平等相关的相对贫困标准（处于中等收入的 50% 以下的人群数量）最近才开始在俄罗斯得以应用，2012 年该数字为 18.7%，④ 远高于经合组织国家 11.1% 的平均水平。⑤

需要注意的是，专家们通常认同俄罗斯的官方统计数据，而由于统计中代表富有人群的标本数量不够，这些数据往往会低估不平等的严重性。⑥ 因此，实际收入不均极有可能远远高于上述数字所反映的水平。

① Russian Federation Federal State Statistics Service op. cit.

② Independent Institute of Social Policy（2011）'Poverty and Inequality in Russia', Moscow: Oxfam GB, unpublished research report.

③ Russian Federation Federal State Statistics Service op. cit.

④ Russian Federation Federal State Statistics Service op. cit.

⑤ D. Swabe（2013）'New OECD Poverty and Inequality Data Released', http://notes.bread.org/2013/05/new-oecd-income-poverty-inequality-data-released.html.

⑥ Popova, D.（2013）op. cit.

产业间和产业内的巨大薪酬差异通常被认为是俄罗斯收入不均的主要原因。例如，农业生产者的收入平均水平仅为全国平均水平的43%，而在金融、贸易和公共餐饮行业，最高与最低水平薪酬之间的差异高达25倍之多。[①] 20世纪90年代，薪酬不均在推动收入不均迅速扩大的过程中，起到了极其显著的作用，当时某些行业的工人工资异常低下，而且通常以非现金形式支付，晚支付甚至根本不支付。[②] 在21世纪头十年经济复苏期间，所有行业的工资水平都出现了上升，减少了薪酬不均导致的收入不均。[③] 无论对于低收入还是高收入群体，薪酬仍然是人们最主要的收入来源（见表2），而薪酬不均的情况要低于整体市场收入不均（也就是说，虽然收入最高的10%人群的薪酬是收入最低10%人群的15倍，这两个群体的市场收入不均几乎达到20倍之多）。

租金和企业收入集中流向高收入群体的事实，也可部分用来说明收入不均的严重性。尽管目前估计俄罗斯仅有少数人（大约8%）能够获得这种收入，[④] 而且它们在各收入水平群体的整体市场收入中所占分量不重（见表2），该类收入的顶端和底端之间的差异却已经高达50倍。

现有的再分配系统缺乏效用，也被普遍认为是推动收入不均加大的原因之一。虽然社会转移系统将顶端和底端之间的市场收入不均比例减少了超过25%（见表2），对于解决不平等问题，俄罗斯的税收系统却几乎没有起到任何作用。

表2　俄罗斯市场收入、再分配系统效果以及可支配收入（2011年）

	最低10%（每月卢布）	最高10%（每月卢布）	最高和最低群体差异
劳动力收入—总额	2234.8	43514.8	19.5
工资	1916.5	29356.5	15.3
企业收入	239.8	11818.8	49.3
其他劳动活动收入（第二职业、顾问等）	78.5	2339.5	29.8

① Independent Institute of Social Policy (2011) op. cit.

② Kislitsyna, O. (2003) ‘Income Inequality in Russia: How Can It Be Explained?’, EERC Research Network working papers, http://ideas.repec.org/p/eer/wpalle/03-08e.html.

③ Ovcharova, L. et al. (2014) op. cit.

④ Ibid.

续表

	最低 10%（每月卢布）	最高 10%（每月卢布）	最高和最低群体差异
非劳动收入—总额	12.9	645.8	50.1
房产收入	7	534.9	76.4
总市场收入	2247.7	44160.6	19.6
所有社会转移	1128.8	3862.7	
养老金	679.1	2583.8	
福利、补偿等	449.6	1278.9	
社会转移后收入	3376.5	48023.3	14.2
来自私人和公司的转移（包括赡养费）	119	2140.6	
所有转移后的收入	3495.5	50163.8	14.4
赋税—总额	265.3	4907.9	
收入税	228.4	4297.2	
资产税和其他支出	21.2	211.1	
资产保险	15.7	399.6	
可支配收入	3230.2	45256	14.0

注：由于表 1 和表 2 采用的数据来源不同，两个表格中的可支配收入等分率数据不具可比性①。

资料来源：乐施会根据俄罗斯联邦统计服务机构委员会公布的 2011 年人口收入和社会项目参与监测数据计算得出。②

在第四和第五部分中，我们对已经采取或者可能采取的相关政策应对方案进行阐述。

文本框三：俄罗斯的财富不均

俄罗斯经济不平等的另一个重要方面是财富不均。2013 年瑞士信贷银行的一份报告称“除了那些拥有亿万富翁居民的加勒比小国外，俄罗斯是全球财富不均状况最严重的国家”。俄罗斯最富有的 1% 人群所掌握的财富比例居世界首位，达到全国财富总量的 71%。③ 在全球范围内，所有亿万富翁的财富总额占全球家庭财富的 2%，而在俄罗斯，目前 110 位亿万富翁就掌握着全国财富的

① Russian Federation Federal State Statistics Service op. cit.

② Russian Federation Federal State Statistics Service op. cit.

③ Credit Suisse (2012) op. cit.

35%。①

因此，对财富不均进行分析是理解俄罗斯经济不平等现象的关键。但是，由于缺乏可靠的数据，这种分析十分复杂，因此，本文并不聚焦于该类型的经济不平等。世界银行正在启动一项针对俄罗斯财富集中主要原因的研究，② 希望这个研究能够对未来有借鉴作用，可以减少该国的经济不平等。

空间不平等

空间不平等是指生活在不同地区人口之间在生活质量、财富、生活水平方面的区别，特别是指地区之间的不平等。空间不平等是俄罗斯另一个令人担忧的问题，也是本文集中关注的问题之一。

如果不考虑区域不平等，就无法对俄罗斯的收入不均问题进行全面理解。目前，俄罗斯地区间人均国民生产总值差距居全球最高水平（见表3）。值得注意的是（根据俄罗斯科学院开发的地区等级划分），俄罗斯所有83个地区中，仅有7个获得“发展驱动器”的称号，却有30个地区被定为“落后”。③

表3　俄罗斯人均国民生产总值地区差异

	年人均国民生产总值（按购买力平价计算，单位：美元）（2009）	同等水平年人均国民生产总值国家或地区
人均国民生产总值排名前五位的地区		
秋明地区	57175	挪威
萨哈林岛地区	43462	中国香港
莫斯科	40805	荷兰
楚科奇	39220	澳大利亚
圣彼得堡	25277	韩国

① Credit Suisse (2013) Global Wealth Report 2013, Zurich: Credit Suisse Research Institute, https://publications. credit - suisse. com/tasks/render/file/? fileID = BCDB1364 - A105 - 0560 - 1332EC9100FF5C83.

② Author's private communication with representatives of the Europe and Central Asia Regional Unit, February 2014.

③ Finmarket (2013) 'Russia Third in the World in Regional Inequality', April 12, 2013, http://www. finmarket. ru/main/article/3303366.

续表

	年人均国民生产总值（按购买力平价计算，单位：美元）（2009）	同等水平年人均国民生产总值国家或地区
人均国民生产总值最低的五个地区		
图瓦共和国	7578	厄瓜多尔
阿尔泰共和国	7520	苏里南
伊凡诺沃地区	7425	土库曼斯坦
车臣共和国	5023	不丹
印古什共和国	3494	伊拉克

资料来源：联合国发展规划署 2011 年《俄罗斯联邦人类发展报告：现代化与人类发展》。①

地区差异是后苏联时代推动俄罗斯高水平收入不均的重要因素。② 在绝大多数情况下，俄罗斯人的个人收入、健康和福祉水平与其居住地区有重要关联。图 6 展示了 21 世纪头十年地区差异的主要变化情况，并特别强调了诸如

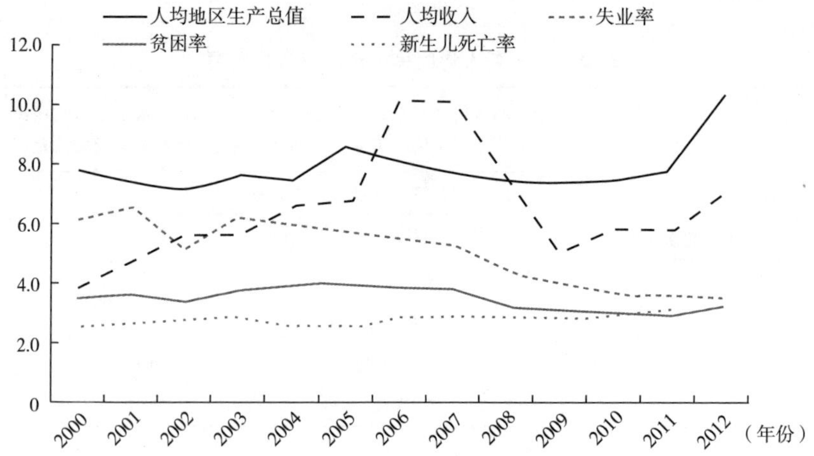

图 6　俄罗斯各地区最富有 10% 和最贫困 10% 人口之间重要社会经济指数指标差距（2000～2012 年）

资料来源：乐施会根据 http：//regionstat. ru 数据计算。

---

① UNDP（2011）National Human Development Report for the Russian Federation 2011：Modernisation and Human Development，Moscow：UNDP，www. undp. ru/documents/nhdr2011eng. pdf.

② Popova，D.（2013）op. cit.

人均国民生产总值、失业率、人均收入、贫困率以及新生儿死亡率等社会经济指数的变化。在21世纪头十年中期，由于使用了地区间预算转移的方法来减少地区差异（见本文第四部分），地区之间各方面的不平等都开始有所下降（新生儿死亡率是一个例外）。但是，从21世纪头十年后期开始，当预算转移逐渐减少后，所有指标（除人均收入外）的不平等都再次上升。

联合国发展计划署的人类发展指数（HDI）也证实了俄罗斯地区间的高度差异。2008年，俄罗斯的整体人类发展指数是0.825，而莫斯科地区是0.929（与以色列、斯洛文尼亚和安多拉当年数据持平），而较低水平地区之一的图瓦，其指数仅为0.717（与赤道几内亚水平相当）。

社会不平等

根据我们曾咨询过的、全球消除贫困联盟俄罗斯小组成员的反馈，他们常常会遇到某个人群遭受歧视的情况，例如年长者、女性、残障人士以及无家可归人士。俄罗斯缺乏系统的人群分类数据收集机制，该机制在全面分析社会不平等情况中的作用至关重要。而且，俄罗斯官方数据也很少以性别、年龄、种族或者其他标准来进行划分。

国际通行的社会不平等测量方式对俄罗斯的情况有着明确的界定。无论是在全球性别差距指数还是在联合国发展计划署的性别不平等指数中，俄罗斯在性别平等一项的排名都是靠后的，并且近几年还有继续下降的趋势（见表4）。

表4　俄罗斯性别不平等在全球性别差距指数和UNDP性别不平等指数方面的趋势

年　份	全球性别差距指数（排名）①	UNDP性别不平等指数（指数和排名）②
2008	42	无数据
2009	51	无数据
2010	45	0.329（排名第48位）
2011	43	无数据
2012	59	0.312（排名第51位）

① World Economic Forum (2013) 'The global gender gap report 2013', Geneva: World Economic Forum, http://www3.weforum.org/docs/WEF_GenderGap_Report_2013.pdf.

② UNDP (2013) 'Gender Inequality Index', http://hdr.undp.org/en/statistics/gii/.

目前俄罗斯社会不平等的严重程度已有很好的定性研究证明，其中包括最近实施的该类研究，如人权观察组织的残障人口生活状况报告，① 以及加拿大移民委员会的少数民族报告。②

由于缺乏可靠的数据，要对社会不平等和收入不均之间的关系进行深入分析挑战很大。在以下几部分中，我们将着重阐述俄罗斯社会不平等与收入不均如何关联，并解释前者如何推动后者恶化。

3. 生成不平等的恶性循环

收入、社会和空间不平等三方面相互推动，其结果是：生活标准以及一系列社会、经济和法律服务可及性不平等的恶化，这些还进一步分化俄罗斯社会，使这种分化愈来愈根深蒂固。

文本框四：俄罗斯人对最极端形式不平等的看法

根据2013年的人口调查，俄罗斯人认为，对所有人的福祉影响最大的不平等形式包括以下几类③：
收入不均（72%受访者）；
医疗服务可及性不均（47%受访者）；
住房不均（42%受访者）；
教育可及性不均（31%受访者）；
正常工作机会可及性不均（31%受访者）。
不到十年前，俄罗斯人（也许，至少是那些属于低收入群体的俄罗斯人）似乎还能够容忍这些不同形式的不平等。在过去十年收入水平急剧变化的背景下，认为可以用收入不同来解释不平等的医疗服务和教育可及性的想法却发生了巨大变化。2003年，53%（医疗）和33%（教育）的贫困人群已经不认同这种说辞，而在2013年，这两个比例分别上升到71%和74%。④ 因此，以收入不同来解释社会服务可及性不平等的说法越来越站不住脚。

医疗服务可及性不平等

对俄罗斯人来说，医疗服务可及性不均是一个巨大的问题（见文本框

① Human Rights Watch (2013) op. cit.

② Immigration and Refugee Board of Canada (2009) Russia: Situation and Treatment of Visible Ethnic Minorities; Availability of State Protection1 October 2009, RUS103139. E, http: //www. refworld. org/docid/4b7cee862d. html.

③ Russian Academy of Science Institute of Sociology and Friedrich Ebert Foundation (2013) op. cit.

④ Ibid.

四）。尽管俄罗斯联邦宪法明确保护健康权和免费医疗保健权利，公共医疗服务系统资金匮乏的情况持续恶化，再加上医疗服务部门不断出现的私有化和商业化，都让医疗服务可及性成为一个俄罗斯人民不得不面对的、日益扩大的挑战。

世界银行2008年的一项调查[①]指出，俄罗斯医疗服务可及性不平等主要包括以下几个方面：

- 对超出就业年龄的人口存在歧视（等待时间长，以及年长者在使用付费服务时经历的支付困难）；
- 贫困家庭在医疗健康服务中承受更高的“灾难性”支出风险；
- 慢性病人获得免费医疗服务的障碍；
- 与大城市相比，小地方居民的专业门诊服务的可及性更低。

这些例子说明，驱动医疗健康服务不平等的主要原因是收入不均和空间不平等。官方数据证实，收入不均会转化为医疗健康服务消费不均。2012年，最富有10%人口在医疗健康方面的支出是最贫困10%人口的10倍。[②] 2008年，人均医疗健康服务投入的地区间差异达到10～12倍。[③] 而且医疗健康可及性随着地区规模的减小而降低。[④]

文本框五：乐施会实施的乡村健康计划

2012～2013年，乐施会在俄罗斯Nizhegorodskyi地区的Diveyevskiy实施了乡村健康项目，为3～15岁的脆弱家庭的儿童提供医疗健康服务。在9个月时间内，组织了200名受益者有规律地前往地区诊所接受健康检查。这些受益者均来自山区，之前无法独自旅行去获取该服务。除此之外，向该地区居民发送大约十万条手机短信，宣传免费医疗权利、病人权利、健康生活方式、地区诊所等有关的内容。该项目现在已交由当地政府继续实施。

根据圣彼得堡地区非政府社会慈善组织（Nochlezhka，乐施会伙伴机构之一）的调查，社会不平等，特别是居住登记歧视，也是造成俄罗斯医疗健康服务可及性不平等的主要原因。在帮助无家可归人士的过程中，该组织发现，

① Shishkin, S. et al. (2007) op. cit.

② Russian Federation Federal State Statistics Service op. cit.

③ Shishkin, S. et al. (2007) op. cit.

④ Independent Institute of Social Policy (2011).

居住地注册的做法虽然完全违反了联邦法律关于自由流动权利的规定，但仍然常常被用作决定个人医疗健康服务实际可及性的因素。在这种情况下，没有经过居住地注册登记的人口，特别是无家可归人士和流动人口，就经常无法获得免费医疗。①

医疗健康服务可及性是俄罗斯健康服务现状的主要因素，它集中反映了收入不均导致其他方面不平等这一事实。② 目前对俄罗斯不同社会经济群体之间的不平等状况几乎没有进行过分析，而少数几个触及这方面的研究都明确显示了收入不均和健康水平差异之间的关联。③

住房不平等

在俄罗斯，住房不平等是与医疗健康服务可及性不平等几乎同等严重的问题。当分析俄罗斯住房不平等问题时，我们会发现明显的、不寻常的趋势。

与经合组织国家相比，多数俄罗斯人的住房条件相对来说比较恶劣，④ 在城市地区，17%的人口生活在没有自来水、排水设施，或者没有取暖设备的住房中，而9%的人口住房中没有热水。农村地区的情况则更加糟糕。仅有42%的城市年轻人（21~40周岁）拥有自己单独的公寓，而他们中的50%与其他几代人居住在一起。其余部分的城市年轻人则租房居住。⑤

但是，收入和自有住房空间之间的相关性在俄罗斯却比较低，这种情况是后苏联时代的私有化过程形成的，该过程将苏联的住房转化为个人财产，部分减少了可能从市场过渡过程中出现的、潜在的住房不平等状况。⑥

---

① Karlinskyi, I. (2013) Without a Right to Realisation of Rights, St. Petersburg: Nochlezhka, http://www.homeless.ru/usefull/bez_prava.pdf.

② Vlasov V. et al. (2013) Basic propositions for the public health protection strategy in the Russian Federation for the period 2013 - 2020, unpublishedreport.

③ Tikhnova, N. (2008) 'Health conditions of the middle class in Russia', Mir Rossii, no. 4: 90 - 110, http://ecsocman.hse.ru/data/902/185/1223/90 - 110_Tihonova.pdf; Padiarova, A. (2009) 'Social inequality as a health factor among new generation of Russians', Ixvestiya Vysshikh Uchebnykh Zavedenii', no. 1, http://cyberleninka.ru/article/n/sotsialnoe - neravenstvo - kak - faktor - zdorovya - novogo - pokoleniya - rossiyan.

④ OECD (2013) 'How's Life? Measuring Well - Being. Housing', http://www.oecdbetterlifeindex.org/topics/housing/.

⑤ Zavisca, J. R. (2012) Housing in the New Russia, Ithaca, NY: Cornell University Press.

⑥ Ibid.

俄罗斯住房不平等问题主要体现在其他方面，例如，我们观察到，不同收入水平群体之间在住房条件方面存在着巨大差异。2009 年，住房空间的基尼系数是 0.299，但是，如果将住房质量纳入该计算，系数就高达 0.448。[①] 简单来说，富有和贫困人口可能居住在空间大小接近的房屋中，但是住宿条件却存在巨大差异。

再者，对于大多数人来说，由于价格过高，他们无力承担新房屋价格。2010 年，仅有 19.8% 的家庭有能力使用自己的储蓄或者贷款购买新房。让这种情况更加糟糕的是，2010 年获得社会住房（由国家向住房条件差的家庭提供的公寓）的平均等待时间是 19 年。[②] 所以，收入不均已经逐渐成为推动住房不平等的因素。

社会不平等作为一个决定个人可能获得的住房条件的要素，也扮演着越来越重要的角色。在房屋租赁市场不难见到，在外来人口流入量巨大的城市地区，仇视外族和民族歧视已经成为一个影响住房条件的新要素。某些房东现在公开在招租广告中表示，他们仅仅面向“斯拉夫家庭”出租自己的房产。

教育可及性不平等

在俄罗斯，教育可及性不平等是一个比较新的现象。苏联时代普及基础、中级和高等教育，而且对所有人免费。近期研究表明，现在尽管基础和中级公立教育仍然面向全民免费，家长们越来越多地付费购买校外课程或者雇用家庭教师，以弥补逐渐降低的教育质量带来的缺口，并以此提高子女未来获得高等教育的可能性。因此，家庭收入水平再次成为一个重要因素（见图 7）。逐渐加大的收入不均正在逐渐转化为获得高质量教育可及性的不平等。

在高等教育阶段，这种变化更加明显。21 世纪头十年，自费和公费学生的比例颠倒。2000 ~ 2001 学年度中，34.4% 的学生自费，该比例于 2011 ~ 2012 学年度上升到 61.5%，而同期教育机构数量并无明显增加。[③]

---

① Ibid.

② Demoscope (2010) ‘Accessibility of the New Housing in the First Decade of the New Century Increased Only Due to Increases in Volumes of Housing Loans’, http://expert.ru/data/public/411369/411395/expertsz_07_032_1.jpg.

③ Russian Federation Federal State Statistics Service op. cit.

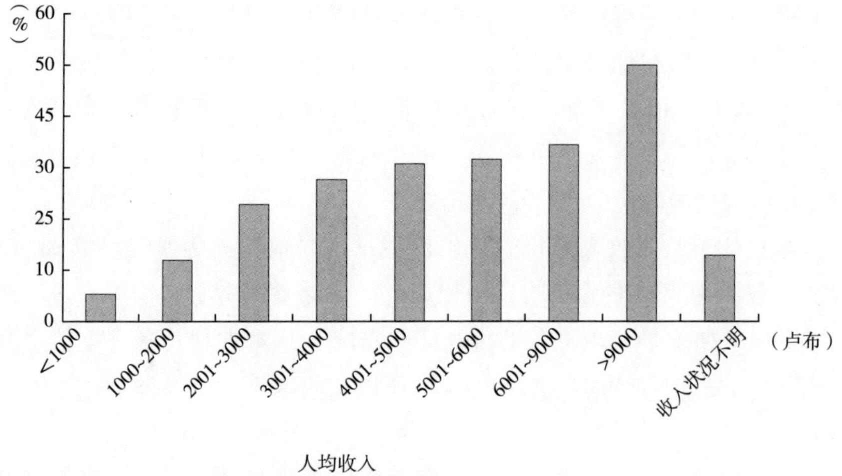

图 7　各平均收入水平家庭付费获取家庭教师服务（小学和中学阶段）的比例（2003 年）

注：水平轴代表不同收入水平家庭组别（卢布）。

资料来源：Danilova，2011。

随着俄罗斯教育不断商品化（见图 8），教育支出越来越多地集中于高收入群体（见表 5）。俄罗斯人在子女教育上的支出越来越高，而且富裕人口所占的比例也越来越大。因此，我们可以预期教育不平等也随着收入不均在恶化。

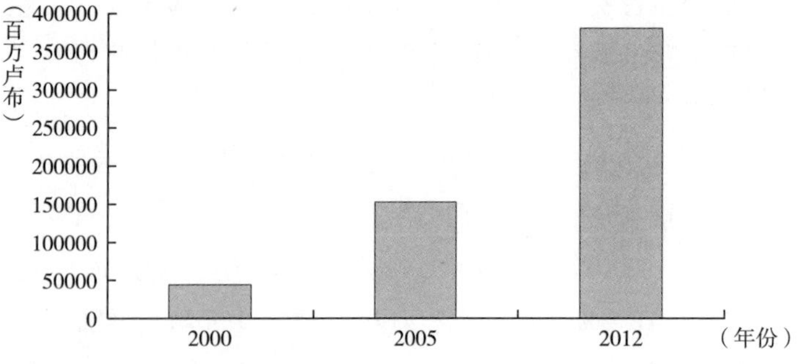

图 8　俄罗斯个人在教育上的投入总额（2000～2012 年）

资料来源：俄罗斯联邦统计服务机构。①

① Ibid.

表 5　各收入水平群体在个人教育投入总额中所占比例（2008～2012 年）

	2008	2010	2012
总支出	100	100	100
第一个 1/5 人群（最低收入）	4.7	4.0	3.8
第二个 1/5 人群	9.5	10.8	8.6
第三个 1/5 人群	18.5	17.2	15.5
第四个 1/5 人群	33.6	35.9	35.8
第五个 1/5 人群（最高收入）	33.7	32.1	36.3

资料来源：俄罗斯联邦统计服务机构。①

空间不平等也是影响教育不平等的因素之一。不同地区之间、城市与农村之间的教育质量差距巨大而明显。②

社会指标（例如残障情况）可能给个人的教育可及性带来严重阻碍。近期由人权观察组织所进行的一项调查表明，残障人士获得专业和高等教育的可能性极其有限。③

教育可及性不平等是造成俄罗斯收入不均问题固化的一个重要因素。“高等教育”作为一个要素，在收入不均中扮演着越来越重要的角色，而它所带来的影响在 1992～2010 年提高了 7 倍之多。④

文本框五：数字不平等

俄罗斯新出现的一种用于测量不平等的新指标引起了现政府的高度关注，这个指标即“数字不平等”⑤。俄罗斯的贫困人口（生活在国家贫困线以下的人群）中，仅有 45% 具备电脑能力，而其余人口中，具备该能力的比例为 73%。57% 的贫困人口家中没有电脑设备，而非贫困人口中，仅有 22% 的人家中没有电脑。这种形式的不平等进一步限制了人们对正常就业的可及性，并极大阻碍了“现代化”进程，政府目前的电子普及活动对于这个国家的大部分人来说，还是可望而不可即的。

---

① Ibid.

② See, for example, Merzhoeva, A. (2011) ‘Factors of Social Selection in Russian Education’, http://www.teoria-practica.ru/-2-2011/filosofiya/merzhoeva.pdf.

③ Human Rights Watch (2013) op. cit.

④ Popova, D. (2013) op. cit.

⑤ Rosbalt (2013) ‘Medvedev Calls On to Stop Digital Inequality’, November 7, 2011, http://www.rosbalt.ru/main/2013/11/07/1196853.html.

正常就业可及性不平等

正常就业的可及性不平等也被俄罗斯人看作一项最严重、最恶劣的不平等形式。如果考虑到俄罗斯的历史背景，就很容易理解这种担忧的存在。苏联时期，政府围绕每个人能够活着，或者说，必须要工作，而进行相关计划，劳动被看作一种权利，而失业率也接近零。在向市场经济过渡初期，俄罗斯的失业率急剧上升。21 世纪头十年经济改观，增长较为稳定的同时，失业率也开始降低。2013 年底，官方公布的失业率为 5.6%。[①] 在这种背景下，俄罗斯人所理解的就业不平等体现在哪些方面呢？

首先，俄罗斯仍然存在一个占有相当比例的正式就业部门。2013 年 4 月，副总理奥莉加·戈洛杰茨说，在全俄罗斯 8600 万就业年龄段人口中，仅有 480 万在正式部门就业。而其他的估计则指出，2012 年仅有 140 万～250 万俄罗斯人在非正式部门就业（非法为个人或者私人机构工作）。[②] 除此之外，根据工会的统计，俄罗斯“被正式雇佣”的人口中，几乎有一半人的雇主仅为他们支付最低水平的收入税和社会保险，而超出最低标准部分的工资则以“信封”形式发放。[③] 尽管在“灰色地带”中的自雇人群将避税看成增加收入的手段，而对于在正式经济部门就业的人而言，缺少社会保障增加了滑入贫困的风险，同时进一步固化了他们的不平等状态。对教育水平不高以及比较年轻的人群而言，他们在非正式部门就业的可能性较高。[④] 而这种情况恰恰说明了教育可及性上的不平等将转换为就业上的不平等。

其次，就业不平等存在明显的地区特征。尽管俄罗斯全国的平均失业水平相对较低，各个地区的情况却大相径庭。到 2012 年底为止，失业率最低（莫斯科）和最高（印古什共和国）地区之间的失业率差距几乎高达 50 倍（分别是 1% 和 49%）。[⑤] 即使我们不考虑非正式部门就业比例较高的印古什共

---

① Russian Federation Federal State Statistics Service op. cit.

② Sberbank of the Russian Federation (2013) Informal employment as a new phenomenon, www. sberbank. ru/common/img/uploaded/analytics/2014/neformaltrudF. pdf.

③ Lenta. ru (2011) 'Half of salaries in Russia turned out to be 'grey', Lenta. ru, April 6, 2011 http://lenta. ru/news/2011/04/06/zarplata/.

④ Sberbank of the Russian Federation (2013) op. cit.

⑤ Regional Statistics Database http://regionstat. ru/rating. php? year = &parameter = 18.

和国，地区间失业率仍然存在巨大差异。因此，地区间不平等表现为劳动力市场可及性上的差距。

文本框六：乐施会的农村和城市生计项目

乐施会在数个经济落后的小城镇和图瓦地区的乡村实施了生计项目，该项目特别针对贫困和空间的不平等而设计，目标是通过实现自我雇佣，增加小城镇和农村地区居民的经济机会。2005～2010年，乐施会为他们提供了金融和非金融商业支持服务，并帮助改善了15个地区的最少15000个小型商业。总计有450人在此项目支持下启动了自己的生意，其中62%的受益人是女性。同时，还帮助提高了5个小城镇政府支持创业的能力，并在7个地区建立了金融基础服务设施。

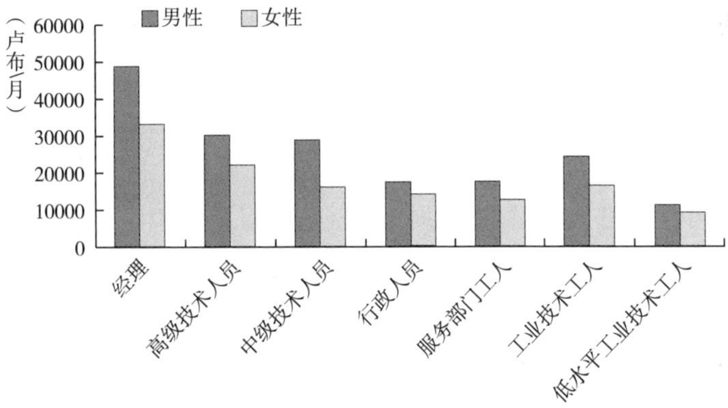

图9　根据职业类型划分的男性和女性平均薪酬状况（卢布/月）（2011年）

资料来源：乐施会根据俄罗斯联邦统计服务机构数据计算。①

再次，性别不平等也是决定就业不公的因素之一。尽管俄罗斯不存在明显的就业率性别差异，薪酬水平的性别差异却非常大。从平均水平上看，处于同一行业的女性仅获得相当于男性64%的工资，② 这种情况与俄罗斯劳动力市场的高度性别分割特点有关。从传统来看，女性主要在低收入公共部门工作，例如，医疗服务系统中的女性数量比男性多四倍，而在教育行业，则多出五倍。但是，正如图9所展示的，即使在同一岗位上，女性和男性的薪酬水平也存在较大差异。再者，俄罗斯劳动力市场中的女性必须面对“玻璃

① Russian Federation Federal State Statistics Service op. cit.

② Russian Federation Federal State Statistics Service op. cit.

屋顶”这个障碍，仅有20%的公司有女性高级管理人员，而仅有29%的公司拥有女性股东。①

最后，其他一些社会不平等也在限制着俄罗斯的就业可及性。在招聘过程中，残障人士往往会遭到歧视，同时，他们的工资水平较低，而且所从事的工作也较为危险。② 对于流动人口和无家可归人士而言，由于雇主常常会将户籍登记作为招聘条件，他们也面临相应的歧视。③

法律不平等和腐败

俄罗斯人认为，应该考虑经济不平等造成的法律不平等。俄罗斯42%的贫困人口和71%的非贫困人口认为，目前的司法系统对富裕和权势人群利益的保护，要多于对普通人的保护。在过去三年中，29%的贫困人口和20%的非贫困人口有权利受侵犯的经历，其中最常见的情况包括医疗卫生可及性、社会福利、劳资关系和警民关系。④

与法律不平等有关的是俄罗斯严重的腐败问题。2012年，俄罗斯在透明国际腐败指数排名表内，在全球174个国家和地区中排第133位。值得注意的是，俄罗斯的排名在所有金砖国家（巴西、印度、中国和南非）中最低。⑤ 尽管在俄罗斯，关于腐败的争论大多围绕良好治理和法制展开，公众的反腐要求具有重要的社会平等基础，并与高度的财富和收入不均有关。正如Uslaner所说，“腐败产生于资源（分配）的不平等，并进一步导致更恶劣的不平等”。⑥

4. 针对不平等的政策手段：过去

到目前为止，本文阐述了后苏联时代在俄罗斯出现的收入、空间和社会

---

① Reuters (2012) ‘Closing the Gender Gap: Russia’, http://news.howzit.msn.com/news-in-pics/closing-the-gender-gap?page=5.

② Human Rights Watch (2013) op. cit.

③ Karlinskyi, I. (2008) op. cit.

④ Russian Academy of Science Institute of Sociology and Friedrich Ebert Foundation (2013) op. cit.

⑤ Transparency International (2012) Corruption Perceptions Index, Berlin: TI, http://cpi.transparency.org/cpi2012/results/.

⑥ Uslaner, E. (2009) ‘Corruption and the Inequality Trap’, paper presented at a Conference on Institutions, Behavior, and the Escape from Persistent Poverty, November 16-17, 2009, Cornell University, Ithaca, NY, https://www.academia.edu/184979/Corruption_and_the_Inequality_Trap.

不平等的状况。我们还观察了这些不平等如何导致医疗服务、教育、住房、劳动力市场和法律方面的不平等。在之后的两个部分中，我们将回顾俄罗斯政策制定者针对日益恶化的不平等现象进行的回应，并分析哪些手段能够让今后消除不平等的努力更加有效。

正如本文开篇中提及的，政府于21世纪头十年采取了一系列政策措施应对高度收入不均和地区差异问题，并取得了一定的效果。这些政策都是在两个重要原则的基础上制定的：第一，经济增长能够减少地区和个人之间的不平等；第二，利用预算转移，加大在社会保障方面的投入，能够“抬高底层”（贫困地区或者贫困人群），以减少不平等。

地区经济发展

地区经济发展政策着重于通过改善投资环境和基础设施，创造所谓的“增长点”。整体来看，专家对这一类政策的有效性抱有比较悲观的态度，他们认为，到目前为止，过分强调地区之间的经济“均等”并没有获得成功，未来也不太可能取得成功，这是因为各地之间存在巨大的自然资源分布和地理位置的差异。

同时，政策并没有把足够的注意力放在减少地区间的人类资本差距上。①2005年开始实施的国家重点项目，② 目标是教育、住房和医疗服务现代化，同时改善人口状况，这个项目以联邦中央到地方的预算转移为支撑。这个项目原本有可能解决这些问题，但是，2008年的经济危机导致联邦中央资金减少，致使项目的相关作用难以实现。

“抬高底层”

通过地区间的预算转移，支持低收入地区，以减少各地人口的生活水平差距。作为一种降低地区间不平等的手段，这种做法遭到专家的广泛批评，他们认为（无论如何转移），资金总会停留在精英的口袋中。③

---

① Zubarevich, N. (2008) ‘Socio - economic development of regions: Myths and reality of equalisation’, Spero, no. 9: 7 - 22, http: //demoscope. ru/weekly/2009/0363/analit01. php.

② Institute of Contemporary Development (2013) ‘National Priority Projects’, http: //www. insor - russia. ru/ru/priorities/national_priorities.

③ Zubarevich, N. (2008) op. cit.

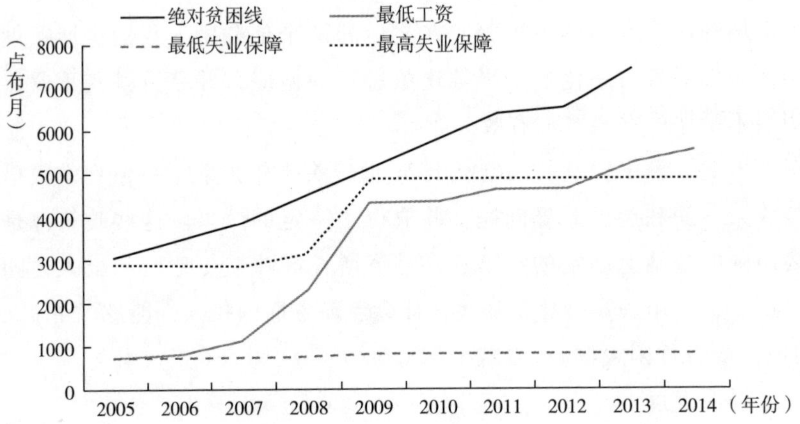

图 10　国家贫困线、最低薪酬水平以及失业福利（卢布/月）（2005～2014 年）

资料来源：俄罗斯联邦统计服务机构。①

增加以低收入群体为重点的社会保障开支，也遵循了同一逻辑。这方面的第一类政策是针对劳动力市场实行的，相关手法包括：提高公共部门（在后苏联时代，该部门的收入水平处于最低水平）人员的薪酬，逐渐提高最低工资水平，以及提高失业保障水平。提高公共部门工资在降低收入不均方面取得了一定的效果。② 尽管最低薪酬水平得到提高，其标准仍然远远低于贫困线标准（2014 年最低工资仅相当于国家贫困线的 75%）。因此，这个做法并没有真正为最贫困的人群解决问题。根据预测，2011 年俄罗斯在职贫困者（收入水平低于国家贫困线的人口）达到 13%。③ 而同时最高失业福利也低于国家贫困线，仅仅相当于后者的 66%。

俄罗斯政府另一个减少不平等的方法是提高养老金水平。值得注意的是，这种做法曾经在抗击贫困方面起到了相当重要的作用，使退休不再是致贫因素。④ 然而，该政策在解决收入不均方面起到的作用却相当有限。2013 年，全球年龄观察指数对俄罗斯老年人的整体福祉进行评价，在 91 个国家中俄罗

① Ibid.

② Popova, D. (2013) op. cit.

③ Russian Federation Federal State Statistics Service op. cit.

④ Independent Institute of Social Policy (2011) op. cit.

斯排第78位，低于部分整体经济实力较差的原苏联加盟共和国水平，主要原因就是年长者和其他人群之间巨大的收入差距。2014年1月，退休金平均水平仍然仅相当于平均工资的34.7%。[①] 目前，俄罗斯60岁以上人口的平均消费仅相当于其他年龄人群平均消费水平的46.9%。[②]

另一个减少不平等的政策是为脆弱人群提供社会保障。尽管整体社会保障投入情况已经开始得到改善，该系统仍然存在资金不足的情况，因此其产生的再分配效果有限。[③]

这种情况也是政策目标性不足所造成的。2011年，针对贫困人口的社会保障网络项目仅占国民生产总值的0.5%，而俄罗斯整体的社会保障支出占国民生产总值的18.8%。[④] 再者，由于20世纪90年代社会保障网络项目的混乱发展以及对受益者条件的错误界定，接近50%的贫困人口没有得到任何社会保障项目的覆盖。[⑤]

最后，2012年底，一个新的国家项目——“提供可承担和舒适的住房和公共设施”项目——获得批准。该项目的核心是提高低收入人群对住房的负担能力，其中包括修建低成本住房、降低购房贷款税率、实施信贷补贴以及增加社会住房供应量。[⑥] 目前还无法判断该项目的成效如何。

“抬高底层”相关措施的主要问题在于，大多数时候，分配给项目的资源缺乏良好的目标性，最重要的是，由于总量有限，它们的再分配作用也相当有限。

5. 不平等的政策解决手段：展望未来

在前一部分中，我们分析了俄罗斯政府已经实施的各种用于解决收入不

① Russian Federation Federal State Statistics Service op. cit.

② HelpAge (2013) Global Age Watch Index: Russian Federation, http://www.helpage.org/global-agewatch/population-ageing-data/country-ageing-data/? country=Russian%2BFederation.

③ Independent Institute of Social Policy (2011) op. cit.; Soptsov, V. (2012) Expert opinion on the problem of inequality in Russia in accordance with the topics set out in the Oxfam report 'Left behind by the G20', Moscow: Oxfam GB.

④ Popova, D. (2013) op. cit.

⑤ Mau, V. and Y. Kuzminova (2013, eds.) Strategy 2020: New Model of Growth - New Social Policy, Moscow: RENEPA, http://2020strategy.ru/2020.

⑥ Ministry of Economic Development of the Russian Federation (2013) 'On the New State Programme on 'Provision of Affordable and Comfortable Housing and Public Utilities'', http://www.economy.gov.ru/wps/wcm/connect/economylib4/mer/about/structure/depsoc/doc20131203_8.

均问题的政策。虽然这些政策都是围绕俄罗斯收入不均的重要原因而设计的，例如地区差异和某些行业的低薪酬水平，但是，它们还没有呈现整体减贫效果，到目前为止能够看到的作用非常有限。正如我们所讨论的，政策作用有限是因为缺乏某些至关重要的手段，或者是在现有政策和做法中，缺乏对某些重要手段的强调。以下我们将对这些关键缺失进行分析。

解决劳动力市场问题

正如此前所强调的，俄罗斯在职贫困人群占总人口的13%，① 这说明劳动力市场存在重大缺陷。正如2012年普京自己所说的：

> 一边倒的、以资源为本的经济模式并不能保障发展和满足人类的需求，因此，它自然会带来不平等。储备已经用尽，而俄罗斯国民生产总值在未来十年需要以每年5% ~6%的速度增长。因此，核心议题是经济体制的真正转变，创造新的领先产业，恢复过去我们领先的领域，发展中小型企业。②

2012年5月大选后，俄罗斯发布总统令，要求在2020年之前创造2500万个工作机会；③ 在俄罗斯担任2013年二十国集团主席国期间，也将核心议题定为创造工作机会。由于行业内和行业间薪酬不均是收入不均的重要原因，因此，创造就业机会，将目前的低效率、低收入工作转型为具有较高生产力的“现代”工作，将成为俄罗斯一个重要的、减少不平等的措施。④ 但是，近几年就业数量的减少以及经济增长和投资的缺乏，让许多专家对该做法的可行性持怀疑态度。⑤ 目前的情况也预示着，政府需要寻找其他手段来应对不

① Popova, D. (2013) op. cit.

② V. Putin (2012) ‘Annual Address to the Federal Assembly’, December 12, 2012, http: //kremlin. ru/transcripts/17118.

③ V. Putin (2012) ‘Order on Long – term Economic Development Policy’, http: //www. kremlin. ru/news/15232.

④ Independent Institute of Social Policy (2011) op. cit.

⑤ See, for example, Gimpelson, V. (2013) ‘Where to gind 25 million jobs?’, Vedomosti, February 19, 2013, http: //www. vedomosti. ru/opinion/news/9242701/v _ poiskah _ 25 _ millionov ; Nikolaev, I. (2013) ‘There won’t be any machine: Why 25 million jobs can’t be created by signing an order’, Gazeta, January 22, 2013, http: //www. gazeta. ru/comments/2013/01/22_x_4936149. shtml ; Zhukovskyi, V. (2012) ‘Creation of 25 million jobs is impossible without rejection of liberalism’, Nakanune, December 14, 2012, http: //www. nakanune. ru/articles/17234/.

平等问题。

通过税收实现再分配

政府的政策核心是增加社会保障开支，而财政政策的另一面是税收。在针对不平等问题的政策实践中，长期缺乏对税收制度的讨论。

目前，俄罗斯的税收制度不仅没有起到减少收入不均的作用，反而使之恶化。首先，工资收入相关的避税比例较高，估计高达40%。[①] 尽管政府努力防止资方以“桌下”或者“信封”方式支付工资，[②] 相关迹象表明，非正式就业数量在不断增加。[③] 专家们倾向于用资方逃避社会保险支出和人们对政府有效使用税收信心不高来解释逃避收入税的现实。[④] 而且，目前俄罗斯没有实行工资和租金收入累进税制，税率固定于13%。

到目前为止，俄罗斯执政者介入税收政策的态度仍然犹豫。对于维持固定税率的做法，政策制定者和专家的解释是，累进收入税给俄罗斯脆弱的中产阶层带来的伤害最大，或将进一步推动劳动力市场的非正式化，还可能推动避税行为增加。[⑤] 因此，多数专家及执政者建议推行房产税、奢侈品税和针对高收入人群的3% ~5%的“团结税”[⑥]。但是，到目前为止，这些税制的实施基本未见端倪。2013年，俄罗斯开始推行豪华车辆税，而人们期待已久的房地产资产税改革却被一拖再拖。[⑦]

无论在何种情况下都不能忽略税收政策在减少不平等方面的重要作用。良好的税收系统不但能有效减少市场收入不均，还可以使政府获得更多的收

① Independent Institute of Social Policy (2011) op. cit.

② Romanov, D. (2013) 'Salary 'In an Envelope' – Yesterday of the Russian Business', http: //город – под – солнцем. рф/archives/8105.

③ Gimpelson, V. and A. Zudina (2011) Informal Sector in Russia: Dynamics, Structure, Factors, Moscow: Higher School of Economics, http: //tinyurl. com/pm24vgu.

④ Uslaner, E. (2007) 'Tax evasion, trust, and the strong arm of the law' in N. Hayoz and S. Hug (eds) Tax Evasion, Trust, and State Capacities, Bern: Peter Lang AG.

⑤ Ovcharova, L. (2012) Expert opinion on the problem of inequality in Russia in accordance with the topics set out in the Oxfam report 'Left behind by the G20', Moscow: Oxfam GB.

⑥ Mau, V. and Y. Kuzminova (2013, eds.) op. cit.

⑦ NEWSRU (2013) 'Ministry of Finance is delaying the start of the property tax reform to 2015; the end of the reform – to 2020', NEWSRU, October 18, 2013, http: //realty. newsru. com/article/18oct2013/naloh2015.

入，并将其用于社会保障和公共服务，以进一步减少不平等。乐施会伙伴组织2009年的调查表明，累进税制的实施有可能把可支配收入基尼系数从0.42降低到0.34，将最低和最高收入群体之间的收入比缩小至8.3，并将绝对贫困比例降低到6.78%。①

表6　俄罗斯累进税制比例预测效果（2009年）

人均收入范围（卢布/月）	收入税率（%）		不平等关键指标	单一税率（13%）	累进制税率
0～5083	0	→	基尼系数	0.424	0.341
5084～15000	16				
15001～30000	30		相对贫困	19.90%	10.17%
30001～50000	43				
50001～75000	50		十分位分散比例	18.16	8.30
75001～1000000	55				

资料来源：俄罗斯科学院人口社会经济问题研究所，2012。

文本框七：应对非法资金流出

俄罗斯出现了巨大的非法资金流出问题。2002～2011年，非法流出的资金总量是8809.6亿美元，这个数额在全球排名仅次于中国。② 这些资金的流出明显对税收有负面影响，进而对社会保障和再分配也有负面影响。它还进一步加大了收入和财富不均的情况。针对该问题，至少从理论上来说，政府的解决态度比较积极，并于2013年启动了“减少离岸资产”行动，政府希望通过这个行动，在近期实施能对俄罗斯企业进行离岸管理的措施，③ 它有可能在抗击收入和财富不均方面起到重要作用。在措施真正得到实施之前，很难判断它们对不公现象的影响。

---

① Soptsov, V.（2012）op. cit.

② LeBlanc, B.（2013）op. cit.

③ Trunin, I.（2014）'Deoffshorisation should become total', Vedomosti, February 27, 2014, http://www.vedomosti.ru/opinion/video/71_3671/deofshorizaciya-dolzhna-stat-totalnoj; Ernst & Young Tax Alert（2013）Russia's Anti-Offshore Policies Gain Momentum, http://www.ey.com/Publication/vwLUAssets/EY-Tax-Alert-24-December-2013-Eng/$FILE/EY-Tax-Alert-24-December-2013-Eng.pdf.

把公共服务作为抗击不平等的武器

公共服务，例如全民医疗健康服务和教育，具有很强的再分配作用。① 在经合组织国家，公共服务通过为每个人分配“虚拟收入”，降低了平均 20%的收入不均。②

但是，这些服务的再分配作用在俄罗斯还没有得到认可。政府虽然积极增加在社会保护方面的投入（与经合组织国家和某些金砖国家相比已经是较低的），医疗健康服务和教育公共开支却在持续减少（见图 11）。这种情况无疑将进一步影响这些服务的可及性和质量，甚至会进一步降低它们的再分配作用。

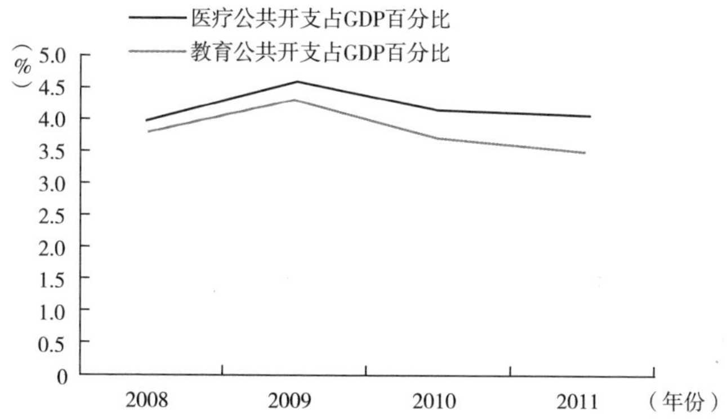

图 11　俄罗斯医疗服务和教育公共开支占 GDP 比例（2008～2011）

资料来源：俄罗斯联邦统计服务机构。③

尽管到目前为止，尚未有专门针对俄罗斯医疗服务和教育系统再分配作用进行的政策研究，学前教育的例子仍然能够清楚地说明，对这些服务的低投入（导致服务可及性低）会导致劳动力市场可及度降低，并进一步使收入

---

① Esping－Andersen，G. and J. Myles（2012）‘Economic inequality and welfare state’ in W. Salverda，B. Nolan，and T. M. Smeeding（eds.）The Oxford Handbook of Economic Inequality，Oxford：Oxford University Press.

② Russian Federation Federal State Statistics Service op. cit.

③ Seery，E.（2014）Working for the many：Public Services Fight Inequality，Oxford：Oxfam GB，http：//policy－practice. oxfam. org. uk/publications/working－for－the－many－public－services－fight－inequality－314724.

不均固化，而这种问题在与性别不平等交织的时候，就会更加明显。目前，俄罗斯公立学前教育可及性非常低，2013 年，估计全国有 45 万名儿童在等待进入学前教育机构。[①] 这种情况严重限制了父母，特别是母亲的劳动力市场可及度。在没有子女、有一方失业的家庭中，仅有 7% 的人属于自愿不寻找工作机会。反之，在有子女的家庭中，该比例高达 20%（在有三名子女的家庭中，该比例甚至达到 36%），而他们中的多数是女性。[②]

改善反歧视法律

俄罗斯联邦宪法第十九条明确禁止以性别、种族、国籍、语言、出生地、收入水平、居住地、宗教信仰或者是否属于公共机构为基础的歧视。但是，俄罗斯在发展反歧视的整体立法和强化机制方面都十分滞后。[③] 改善这方面的立法，对于解决社会不平等问题以及与此有关的收入不均问题至关重要。

应对腐败和法律实施方面的挑战

> 国家今天面对的重要社会诉求包括：保障公民权利和公平，减少暴力和社会不平等，解决住房问题。每个人都明白，应实现这些目标，每个人都知道我们将面临怎样的困难，这些困难也不是新话题，它们就是政府的有效性和腐败。——2012 年普京在联邦议会上的讲话[④]

应对俄罗斯不平等现象应该以执法公正和公平，在社会机构各层面广泛进行反腐败为基础。众多因素导致了俄罗斯高度的收入不均，例如大量的非正规就业和高水平的逃税避税，进而导致普遍的机构可信度低（全球排名最低的国家之一）。[⑤] 其结果是，许多用于抗击不平等的政策，例如累进税制，反离岸以及在正规部门创造就业机会等，都无法有效地在俄罗斯实施。除非腐败和法律面前的不平等得到有效解决，这种情况将会持续存在。

---

① Chablin, A. (2014) 'Crisis of the Pre - school Age: When Will the Queues to the Kindergartens Disappear in the Regions?', http: //kavpolit. com/krizis - doshkolnogo - vozrasta/.

② Independent Institute of Social Policy (2011) op. cit.

③ Prokhorova, A. (2012) op. cit.

④ V. Putin (2012) op. cit.

⑤ Stickley, A. et al. (2009) 'Institutional trust in contemporary Moscow', Europe - Asia Studies, Vol. 61, issue 5, http: //www. tandfonline. com/doi/abs/10. 1080/09668130902904951? journalCode = ceas20#. UxRX9BZHiu0.

结 论

俄罗斯社会面临史无前例的高度收入和财富不均，而这些问题又被高度的空间和社会不平等推动。这种状况引发了大量的关注，并导致了俄罗斯各群体的不满。与贫困问题不同，不平等现象与贫困和非贫困人群同时相关。高度的收入、社会和空间不平等所带来的是社会机构可及性不公，包括医疗、教育、就业市场、住房，甚至是法律，它们将进一步固化不平等问题，并带来更多威胁。

俄罗斯政策制定者越来越关注不平等问题，并从21世纪头十年中期开始，实施一系列政策，以期解决收入不均和地区不平等问题。这些政策主要关注各地区的经济发展，关注向低收入和脆弱地区及人群的再分配转移。目前，还无法对这些政策在减少不平等现象方面的作用进行评价，但是，很明显它们并不足以扭转不平等问题在目前的发展趋势。正如本文所展示的，如果缺乏对就业市场挑战的回应，并确立税收和公共服务系统在再分配中的潜在作用，推进反歧视立法，应对腐败和法律实施不平等的一系列问题，俄罗斯就无法解决不平等问题。

而这些恰恰也是俄罗斯人民希望政府有效解决的问题。正如2012年春季由 Mikhail Dmitriev 战略研究中心进行的一系列调查所显示的：

> 俄罗斯人民所期望看到的，并不是为平等而平等，而是一个运作良好的政府和有效的福利系统。身处各个地区的许多俄罗斯人对他们所见的腐败官僚机构无法提供优质教育、医疗和法律实施失望。金钱的简单再分配，无论是在地区还是个人之间，都无法让这些服务需求得到满足。真正需要的是机构改革。①

后者似乎将俄罗斯与其他新兴经济体国家（例如巴西、泰国和土耳其）的人民拉近，近几年来，他们积极要求获得更好的公共服务，实现更好的、更透明的公共资金的投入。

① Treisman, D.（2012）op. cit.

印度：迈向人人可享的平等机会*

作者：露茜·杜伯谢

编辑：妮莎·阿格拉沃尔，阿维纳什·库马尔，因陀罗耆特·博斯

图：阿尔俊·克莱尔

1. 引言

> 在印度……我们必须追求平等。但这并不意味着，我们要去追求每个人身体、智力或精神上的平等，这也无法实现；而是去追求所有人都应该享有的平等机会，消除政治、经济和社会的诸多障碍。平等还意味着任何一个群体的落后或退步不应归咎于他们天生的不足，而主要应归因于缺少机会以及被其他群体长期压迫所致。
>
> ——贾瓦哈拉尔·尼赫鲁（Jawaharlal Nehru）《发现印度》

印度在最近几十年快速但分配不平均的增长，在传统上由性别、种姓、宗教、种族造成的不平等问题上增加了新的范畴，但这种趋势在公共讨论中一直被边缘化，这种情况直到最近才有所改观。关于不平等的讨论似乎是碎片化的：经济学家在争论不平等测算方法的比较；政策决策者在讨论增长和包容性之间的恰当平衡；妇女、“贱民”（Dalits）、穆斯林和种族活动家在为政策赋予的权利而斗争，以补偿由于历史原因造成的压迫。最近一些综合研究将诸多不平等问题的事实关联起来，概括出既一致又涵盖多个范畴的不平等议题的叙述，包括对收入分配的估算、人类发展成果的差别，以及政策选择和社会排斥规律。多个范畴的不平等现实使我们更加迫切地发问：这种趋势是怎样影响印度社

* 此报告的出版得到了欧盟的援助，但不必然代表欧盟的观点。

会和社会管治体系的？现在的社会是我们想要实现的吗？我们怎样评估不平等的代价？

2. 多方面的不平等

世界上所有国家都存在这样或那样的不平等。然而，印度的不平等却具有其独特性，其中交织着极具破坏力的分歧和差异。很少国家需要与如此复杂而极端的不平等斗争，包括巨大的经济不平等以及种姓、阶级和性别带来的不平等待遇。

——让·德雷兹（Jean Dreze）、阿玛蒂亚·森（Amartya Sen）《不确定的荣耀》

2.1 更富有的人和其他人

由于没有可靠的数据，财富不平等的评估历来都不甚清楚。基于消费支出的传统估算方法显示，不平等尽管在过去20年中一直在恶化，但仍然维持在较低水平。[①] 然而，近期基于收入的评估显示，印度已跨入世界上最不平等的国家之列，在金砖国家中排名倒数第二，仅稍好于南非。[②] 印度的城乡差距在近几十年中大幅加剧，几乎倒退到印度刚刚独立时的水平。

处于财富顶端人群的收入趋势显示了印度最富有的人在最近几十年的快速增长中的获益情况。20世纪90年代中期，印度只有两位亿万富翁，他们总共拥有32亿美元的财产。而到2012年，印度已经有46名亿万富翁，总共拥有1760亿美元的财产。同期，印度亿万富翁的财富从占GDP的不足1%，上升到2008年股市峰值时的22%，随后稳定在2012年的10%。[③] 而且，这46名印度富豪的身份也反映出种姓、宗教和性别的社会不平等：其中有28人来

① Treisman, D. (2012) op. cit. 官方对基尼系数的测量是基于消费支出，这是由于缺乏可信的收入数据。例如印度的基尼系数是中等的0.32，而中国是0.42，俄罗斯是0.4，巴西是0.55，南非是0.63，详见：http://data.worldbank.org/indicator/SI.POV.GINI. In contrast, estimates of income GINI are at 0.53; P. Lanjouw, R. Murgai (2011) 'Perspectives on Poverty in India', Washington DC: World Bank, www.wds.worldbank.org/external/default/WDSContentServer/WDSP/IB/2011/05/05/000356161_20110505044659/Rendered/PDF/574280PUB0Pers1351B0Extop0ID0186890.pdf (accessed September 2013)。

② 同上。

③ Forbes, India's 100 Riches People, available at: http://www.forbes.com/india-billionaires/.

自传统商人阶层；大多数人属于上层种姓，只有一位女性，一位穆斯林，没有“贱民”或印度原住民（Adivasi）。

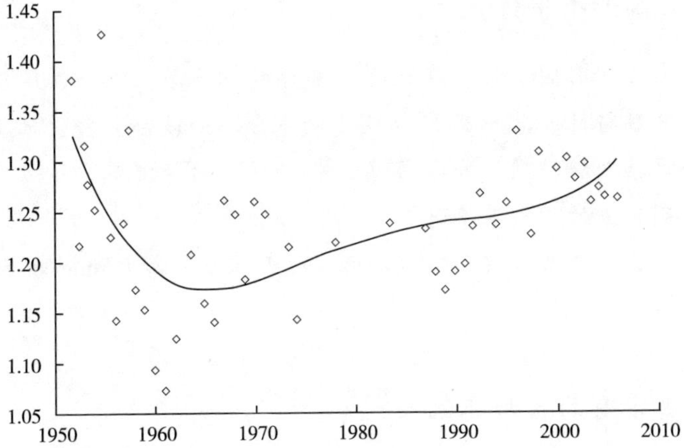

图1　人均消费——城市平均值和农村平均值的比率①

不仅如此，从印度最富有的0.01%人口收入所得税的测算也可以看出，在独立后的30年中，收入向富人集中的程度曾一度下降，但从20世纪80年代开始，财富集中程度快速加剧。1981～2000年，印度富人的收入以每年11.9%的速度增长。② 同期，印度全体国民的家庭支出（每年）仅增长1.5%。③ 到20世纪末，富豪收入的集中程度已接近20世纪50年代早期的水平。而随着过去十年间收入不平等状况的持续恶化，财富的集中程度已经达到殖民地时代的水平。

与印度大多数人的低收入形成对比，以上数字可以充分说明很多问题。印度重新修订的贫困线，在城市地区是每天32卢比，在农村地区则是每天26卢比，被谑称“饥饿线”，因为“它根本无法保证生存以外的任何需求”。④ 虽然生活在贫困线以下的人口从1993年的45.3%下降到2012年的21.9%，

① Forbes, India's 100 Riches People, available at: http://www.forbes.com/india-billionaires/.

② A. Banerjee, T. Piketty (2004), 'Top Indian Income: 1922-2000', London: Centre for Economic Policy Research, at: http://piketty.pse.ens.fr/files/BanerjeePiketty2004.pdf (September 2013).

③ 同上。

④ J. Dreze, A. Sen (2013), *An Uncertain Glory*, London: Allen Lane, p. 189.

但是，如果用中等发展中国家每天2美元的贫困线衡量，超过80%的印度农村居民和将近70%的城市居民可归入贫穷人口。[①] 挣扎在贫困线上的家庭更经常在贫穷边缘挣扎，可见印度贫困人群的脆弱性。显然，对绝大多数人来说，近年来发展带来的好处是“不堪一击”的。

一定程度上，收入不平等伴随着传统的社会歧视，包括种姓、性别、宗教和部落的歧视。在农村，原住民中贫困人口所占比例，比其他群体高出14%，比“贱民”还高出9%。[②] 城市的情况类似，“贱民”和穆斯林的贫困率超过其他群体14%。减贫的趋势也反映出不平等在蔓延。在农村，原住民和“贱民”中的贫困人口每年平均减少2.1%和2.4%，而其他群体则减少2.7%；城市贫困人口减少的速度，在穆斯林群体中仅为1.8%，“贱民”和原住民为2.1%，而其他群体却是2.7%。[③] 当地区差异纳入考虑后，不同群体间的差别更为明显，例如在比哈尔邦“贱民”是落后群体，[④] 而穆斯林群体在北方邦、比哈尔邦、西孟加拉邦和阿萨姆邦都处于落后地位。[⑤]

2.2 失业、低工资和歧视

工资的增长趋势也说明社会不同阶层及行业在过去20余年间的受益是不平等的。实际工资的平均增长率非常低，在20世纪初甚至有所下降。[⑥] 例如，农业从业人员的收入增长率已经从1980年的5%回落到1990年的2%，进而下降至2000年近乎零增长率的水平。[⑦] 2006年印度颁布了《国家农业就业保障法案》，农业的工资才再次出现增长，令之后的2005～2010年男性和女性

---

① P. Lanjouw, R. Murgai (2011) ‘Perspectives on Poverty in India’, op. cit, pp. 3 – 4.

② 虽然计算结果符合上述规划委员会的新贫困线，这些分组列出的数据追溯到2009～2010年间的全国抽样调查；Government of India (2012), ‘Press Note on Poverty Estimates 2012’, Delhi: Planning Commission, at: http://planningcommission.nic.in/news/press_pov1903.pdf (Accessed September 2013).

③ S. Thorat, A. Dubey (2012), ‘Has Growth Been Socially Inclusive during 1993 – 94 and 2009 – 10?’ *Economic & Political Weekly* XLVII (10), pp. 43 – 54.

④ P. Lanjouw, R. Murgai (2011) ‘Perspectives on Poverty in India’, op. cit, p. 28.

⑤ Government of India (2012), ‘Press Note on Poverty Estimates 2012’, op. cit.

⑥ A. Kundu, P. C. Mohanan (2010), ‘Employment and Inequality Outcomes in India’, Paris: Organization of Economic Cooperation and Development, p. 28, at: www.oecd.org/els/emp/42546020.pdf (accessed September 2013).

⑦ Stressed by authors; J. Dreze, A. Sen (2013), *An Uncertain Glory*, op. cit.

农业从业人员实际收入分别增长 2.7% 和 3.7%。[①] 然而，最富有的 0.01% 人口的工资增长趋势恰好相反，他们在 1981 年至 2000 年间工资年均增长达 11%。[②] 在非正规行业，大约有 93% 的劳动力没有社会保险，[③] 贫穷家庭在面临意外或失业时，被迫求助于不正规的、更耗费人力的解决方式，其结果更导致了收入不平等的加剧。

性别和种姓制度也制造严重的收入不平等：在私营企业，在城镇工作的女性临时工的平均工资比男性临时工低 40%，农村的情况稍好，女性工资低于男性 30%，[④] 而工资差别往往不是因为能力差异。[⑤] 根据 2004～2005 年的数据，在全部的有偿劳动中（包括临时工和正式工），男性的平均工资是女性的 2.5 倍，主要因为女性多从事低收入的工作，[⑥] 这也是女性就业率显著下降的原因之一。1993～2011 年，女性就业率从 33% 下降到 25%，而这个时期印度的 GDP 却实现了前所未有的增长。[⑦] 女性就业率下降的其他原因也许包括：社会对女性外出活动的负面观念；[⑧] 女性在工作场所遭受性骚扰的危险；[⑨] 缺少厕所和托

---

① 同上，p. 29。

② A. Banerjee，T. Piketty（2004），'Top Indian Income：1922 - 2000'，London：Centre for Economic Policy Research，at：http：//piketty. pse. ens. fr/files/BanerjeePiketty2004. pdf（September 2013）.

③ A. Senguptaet all（2007），'Report on Conditions of Work and Promotion of Livelihoods in the Informal Sector'，Delhi：National Commission for Entreprises in the Informal Sector，Government of India，available at：www. prsindia. org/uploads/media/Unorganised%20Sector/bill150_ 20071123150_ Condition_ of _ workers_ sep_ 2007. pdf（accessed July 2013）.

④ Calculation based on：Government of India（2013），'Key Indicators of Employment and Unemployment in India'，Delhi：National Sample Survey Office，p. 102.

⑤ M. Bordia Das（2006），'Do Traditional Axes of Exclusion Affect Labour Market Outcomes in India?' Washington DC：World Bank，at：http：//siteresources. worldbank. org/INTRANETSOCIALDEVELOPMENT/Resources/sdp97 - web. pdf（accessed September 2013）.

⑥ P. Das（2012），'Wage Inequality in India，Decomposition by Sector，Gender and Activity Status'，*Economic & Political Weekly*，Vol. XLVII，No. 50.

⑦ Government of India（2013），'Key Indicators of Employment and Unemployment in India，2011 - 12'，Delhi：National Sample Survey Office，available at：http：//pib. nic. in/newsite/erelease. aspx? relid = 96641（accessed September 2013）.

⑧ 全国家庭健康调查（NFHS）发现，只有三分之一的女性被允许独自出现在市场、健康中心等场所或离开社区；在 15 岁到 19 岁之间的女性中，只有少于 13% 能够获得这样的许可。

⑨ 一项对 400 名在各种正式和非正式部门工作的女性的调查发现，17% 的受访者在工作中遭遇过性骚扰；Social and Rural Research Institute（2012），'Sexual Harassment at Workplace in India'，study supported by Oxfam India，Delhi：SRI。

儿所等便利设施，以及女性要承受家庭和工作的双重负担。

传统上，基于种姓的歧视，把“贱民”的工作限制在那些临时的、低收入的劳动中，在农业中尤为显著。种姓制度也随着印度社会的发展而不断变化。自1980年以来，种姓对就业机会的影响有了些许变化，这表现为“贱民”从事临时工的比例由44.6%降低到41.7%，自雇人数则由11%增加到15.6%。[①] 但种姓仍然持续限制着就业机会。许多研究表明，种姓制度就像一堵玻璃墙阻碍了低种姓群体获得正规就业中待遇优厚的职位。[②] 某一政府部门的用工情况清楚地说明了种姓制度的持续影响，即使他们采取了积极行动来消除这种歧视，在较高级的职位中，“贱民”仅占13%，在较低级职位中则占18%，而在清洁工中却占59.4%。[③]

其他被排斥的群体也没有更好的工作机会。贫困的穆斯林仍然局限于自雇劳动。2011~2012年，这个比例在城市高达45.5%，在农村也有24.5%。[④] 他们的金融资产非常有限，拥有的土地也不比“贱民”多，而且很难获得贷款。自雇很大程度上意味着收入低且不稳定。这种情况导致了穆斯林群体的持续较高的贫困率。对印度原住民的排斥在历史上有不同的情况。在当今社会，原住民主要从事低收入的临时工作，大多集中在农业、建筑工地和砖厂。

要明白上述的趋势先要了解印度发展轨迹的特征——“就业零增长”。[⑤] 传统生计正在衰落，这在农村地区最为显著——农业已经不能为所有人提供生计。但新兴部门还不能创造足够的就业机会来吸收大量的农村剩余劳动力，甚至不足以吸纳每年新进入就业市场的年轻人。缺乏就业机会进一步强化了社会歧视产生的恶果：即使传统上受排斥的群体学习了更多知识，在与优势群体的竞争中，社会歧视也阻碍他们将学习到的知识和技术转化为就业机会。

---

① M. Bordia Das (2011), ‘Poverty and Social Exclusion in India’, op. cit., p. 18.

② 同上，S. Thorat, K. Newman (2010), *Blocked by Caste: Economic Discrimination in Modern India*, Delhi: Oxford University Press, and literature cited there。

③ 同上，p. 20。

④ Government of India (2013), ‘Key Indicators of Employment and Unemployment in India, 2011 - 12’, Delhi: National Sample Survey Office, available at: http://pib.nic.in/newsite/erelease.aspx?relid=96641 (accessed July 2013).

⑤ International Labour Organisation (2013), ‘Global Employment Trends 2012: Recovering from a Second Jobs Dib’, Geneva: ILO, p. 79, available at: www.ilo.org/wcmsp5/groups/public/——dgreports/——dcomm/——publ/documents/publication/wcms_202326.pdf (accessed June 2013).

2.3 教育：平等的起点

教育是印度不平等状况中几个最重大的决定性因素之一。即使在印度这个世界上最不平等的国家之一，教育仍推动着印度步向更公平的社会。

“全民教育运动”（Sarva Shiksha Abhiyan）以及2010年出台的《义务及免费教育权法案》是推动实现全民教育的主要行动。教育改革所取得的进步值得我们强调，与年龄在40~59岁之间的男性和女性分别有30%和60%从未登记入学相比，[①] 儿童入学率已接近100%。有两个教室的学校数量在1996~2006年几乎翻了一倍，饮水设施和厕所的数量也增长显著。

有迹象表明，一些群体开始克服他们历史上的劣势，尤其是“贱民”中的男童，获得了更多的教育（见图2）。然而，儿童在争取获得优质教育时，仍要面对根深蒂固的不平等。在所有群体中，女孩接受中等教育的比例明显较低。根据2007~2008年的农村统计数字，在穆斯林群体中高达35.8%的女童失学。在其他弱势群体中，这个比例有所下降；原住民为29.3%，贫民为24.7%。而在其他类别中，失学女童比率仅为8%，男孩比率仅为4%。[②] 城市中，女童与男童的差距虽小，但依然存在。

此外，学生在校的实际学习时间少、教育效率很低。印度各地的多项调查显示，目前印度的实际教学成果不及教育系统正常运行所应达到的效果（所有学校的所有教师都到岗并积极教学）的一半。[③] 根据Dreze和Sen的研究，在师生出勤率不高的情况下，学生的学习时间还不到“运行良好的教学系统的四分之一”。[④]

教学成果反映出上述问题。印度教学的平均水平很低，而且是世界上差异最大的国家之一。以在公立学校读书，8~11岁组别学生阅读简单文章的能力为

---

① S. B. Desai. A. Dubey, B. L. Joshi, M. Sen, A. Shariff, R. Vanneman (2010), *Human Development in India: Challenges for a Society in Transition*, Delhi: Oxford University Press.

② Government of India (2008), ‘National Sample Survey 64th Round, 2007 - 2008’, Delhi: National Sample Survey Organization.

③ PROBE Team (1999), Public Report on Basic Education, New Delhi: Oxford University Press; M. Kremer, k. Muralidharan, N. Chaudhury, J. Hammer, F. H. Rogers (2005), ‘Teacher Absence in India: A Snapshot’, Journal of Economic Literature, p. 49.

④ J. Dreze, A. Sen (2013), *An Uncertain Glory*, op. cit., p. 120.

例，印度不同地方学生的水平差异巨大。在 Jammu 和 Kashmir 地区，仅有 26% 的学生可以阅读，Uttar Pradesh 地区为 29%，Bihar 是 40%。而在 Himachal Pradesh、Kerala、Tamil Nadu，有能力阅读的学生的比例却分别高达 81%、80% 和 78%。该报告另一个触目惊心的发现是，印度整体的教学水平极低。[①] “PISA2009 +”报告调查 75 个国家和地区，包括中等和高收入国家，也包括 Himachal Pradesh 和 Tamil Nadu 这两个印度教育质量最好的邦。调研显示，这两个邦的教学成果仅与吉尔吉斯斯坦相当，并且低于此调研包括的其他所有国家。[②]

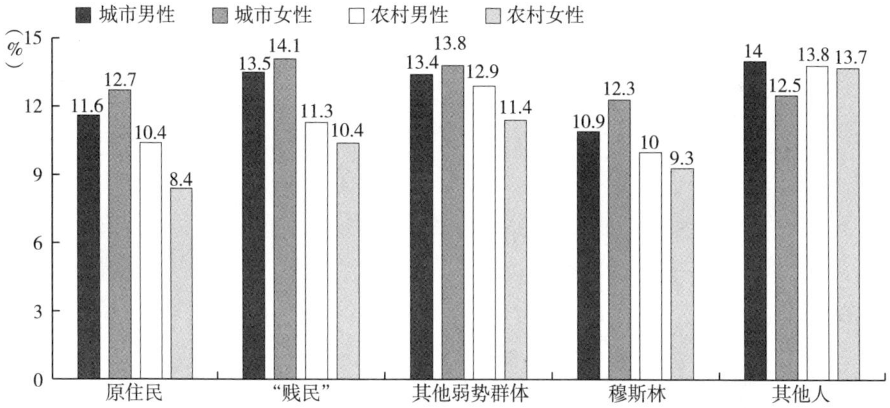

图 2　5～29 岁年龄段，不同群体中接受中学教育的人口比例

公立学校的教学成果难以令人满意，更多的家长将孩子转入私立学校。教育中心的年度数据显示，就读私立学校的儿童在过去十年增长迅速，现在，已有 28.3% 的儿童入读私立学校。按这个趋势发展，有关比例将于 2018 年突破 50%。[③] 适龄儿童转上私立学校的趋势对不同群体有不同影响。2006 年，一项对印度北部七个主要邦的调查发现，男孩上私立学校的比例是 24%，而

① S. B. Desai. A. Dubey, B. L. Joshi, M. Sen, A. Shariff, R. Vanneman (2010), *Human Development in India: Challenges for a Society in Transition*, op. cit., p. 94.

② S. B. Desai. A. Dubey, B. L. Joshi, M. Sen, A. Shariff, R. Victoria: Australian Council for Educational Research, at: www. research. acer. edu. au/cgi/viewcontent. cgi? article = 1000&context = pisa. pdf (accessed September 2013).

③ Annual Statue of Education Centee (2013), ‘Annual Status of Education Report 2012’, Delhi: Pratham, p. 4, at: www. pratham. org/file/ASER – 2012report. pdf (accessed September 2013).

女孩则低6个百分点；只有7%的原住民和9%的“贱民”儿童进入私立学校，而其他一般种姓儿童的相应比例则是33%。①

上述趋势显示，较贫困和受教育较少的家庭的儿童，有更大的风险被留在教学质量欠佳的公立学校。教育权利法案依靠家长的参与和问责来保障公共系统提供优质的教育，但如果越来越多的家长把提升孩子教育前景的努力变成离开运作欠佳的公立学校，那么教育权法案的效果将大打折扣。受到歧视的“贱民”和原住民，长久以来他们的声音难以被听到，这个群体的孩子集中在公立学校读书，情况值得我们关注。

同时，虽然私立学校的平均教学质量稍胜于公立学校，但在不同的私立学校间也存在巨大差别，② 有些私立学校运作良好，有些提供的教育则质量可疑，这在农村尤为显著。在农村，私立学校学位缺乏，且家长的教育水平低，限制了他们辨别优质教育的能力。

克拉拉邦（Kerala）是儿童入读私立学校比率最高的地区，也是全国教学质量最好的地区之一。这却反而说明了公立教育作为教育的骨干的重要性。在教育进行私有化前，政府开始努力打造优质的公立学校。③ 其效果是，在衡量了家长的教育水平和收入等变量后，克拉拉邦的公立和私立学校的教学质量不分伯仲，这是印度少数几个实现这一成果的地区之一。④ 如果没有强而有力的公共教育体系，在追求平等教育上所取得的微小进步都会被削弱。有钱的和教育水平较高的家长，为孩子安排优质教育，而境况稍差的家庭就不得不将就于质量一般的私立学校，而最贫穷的家庭就只得留在刚刚起步的公立教育系统。

2.4 无安全网保护走钢丝：有关医疗风险的讨论

印度在健康方面的公共支出仅占GDP的1%，是世界上公共医疗支出最

---

① 现在这些数字可能会更高，但是影响各社会群体间的差异的可能性很小。E. Hill，M. Samson，S. Dasgupta（2011），‘Expanding the School Market in India：Parental Choice and the Reproduction of Social Inequality’，*Economic & Political Weekly*，Vol XLVI，No. 35.

② W. Wadhwa（2008），‘Private Schools：Do they Provide Higher Quality Education’，Delhi：Annual Status of Education Report，available at：http：//images2. asercentre. org/Resources/ Articles/art06 – ww – private – schools. pdf（accessed September 2013）.

③ For this argument，see：J. Dreze，A. Sen（2013），*An UncertainGlory.*

④ 同上。

低的国家之一。[①] 私人资金在该国医疗支出中占相当大的比例，达到 GDP 的 4.5%。在医疗费用中，直接支付占到了 70%。[②] 印度政府的卫生系统显示了公共投入的不足：基础设施旧坏、医疗人员严重短缺、药物供给不足。在这种情况下，缺乏监管的私人医疗机构大肆扩张，如今已有 82% 的病人到私立医院就医。这些私人医院的服务质量差别很大：只有少数为优质机构，其余大部分提供质量欠佳的医疗服务。[③] 城市的医疗服务出现过剩，而乡村地区的却是十分短缺；世界卫生组织建议每千人中应该配备 2.5 个病床，而印度农村每千人只有 0.2 个床位，造成农民住院难、看病难的情况。[④]

印度的各项健康指数低下就是上述问题的后果。印度人口预期寿命仅为 65 岁，与巴基斯坦相当，在南亚国家中是最低的。印度最富有的 20% 人口的预期寿命，比最穷的 20% 人口多 11 年。如果考虑特殊群体脆弱性的因素，差距就更大：生活在贫困线以下的原住民的平均预期寿命只有 57 岁，比最富有的 20% 人口的平均预期寿命少 16 年。这个差距在过去 20 年中略有缩减。[⑤]

其他健康指标同样低下。例如，5 岁以下的儿童死亡率为 61‰，高于南亚其他国家；在“贱民”和原住民群体中该指标更高达 88‰和 96‰。[⑥] 偏远地区的健康危机更反映出原住民极差的健康状况，而城市的最贫困的 20% 人口的健康状况也好不了多少：在城市居住 5 岁以下儿童死亡率为 92‰。这表明即使建立了一个高质量的私人医疗网络，如果不解决贫穷人是否能负担的

---

① 世界银行：公共卫生支出，http://data.worldbank.org/indicator/SH.XPD.PUBL/countries，(accessed October 2012)。

② 同上。

③ 在拉贾斯坦的农村，大约 40% 的私人医生没有医学学位，近 20% 未完成中学教育。A. Banerjee, A. Deaton, E. Duflo (2003), “Healthcare Delivery in Rural Rajasthan”, *Economic & Political Weekly* (39): pp. 944 – 49.

④ K. Yadav, P. Jarhyan, V. Gupta, C. S. Pandav (2009), “Revitalizing Rural Healthcare Delivery: Can Rural Health Practitioners be the Answer?” *Indian Journal of Community Medicine* 34 (1), pp. 3 – 5.

⑤ S. K. Mohanty, S. Ram (2010), “Life Expectancy at Birth Among Social and Economic Groups in India”, Mumbai: International Institute for population Science, http://www.iipsindia.org/pdf/RB – 13%20file%20for%20uploading.pdf (accessed October 2012).

⑥ International Institute of Population Sciences (2007), “Key Findings, National Family Health Survey – 3, 2005 – 06”, Mumbai: IIPS, p. 181, at: www.measuredhs.com/pubs/pdf/SR128/ SR128.pdf (accessed June 2013).

问题，最贫困群体的健康状况也难以改善。

对私人医疗的依赖加剧了不平等现象，原因是不同群体所面对的患病带来的风险并不一致。在印度，因病致贫的贫困人口比例在最近几年持续增加。根据2005年完成的最新估计，每年有6.2%的人口因病致贫。[①] 根据2004年印度全国抽样调查的结果，超过40%的人不得不借款或者变卖家产来治病。如果没有坚实的公共系统和社会保障，人们只能依靠个人财产来应付健康风险：一些有积蓄和社会关系网络的人，就像在有安全网保护下走钢丝，但另一些贫困人口却要在赤手空拳的情况下去冒险。

2.5 要不要在角落里建厕所？

要讨论卫生健康问题，就需要回归基础数据。根据最近的人口普查，1/2的印度人不得不在露天场所如厕，为世界最高比例国家之一。[②] 而分类数据显示，社会对部分群体的排斥也持续反映在如厕的现象上：过去十年来，城市卫生设施的改进使得无厕所使用的人口比例从1993年的30.6%下降到2009年的11.3%，但某些群体的情况却没有改善[③]：超过59%的穆斯林家庭的家里或周边没厕所；其他贫困线下的家庭虽然情况稍好，但相应比例仍高达54%，与城市平均水平的11%仍大有距离（见图3）。对于其他基础卫生设施，如安全饮水和密封的排水系统等，不同群体之间的差距虽然没有这么触目惊心，但边缘群体中仍然有相当数量的贫困人口无法获得这些卫生服务。这对女性的影响更大，因为取水是妇女的传统职责，另外，女性因自家没有厕所而要外出如厕将面对更大的人身安全威胁和被羞辱的机会。

德勒兹（Dreze）和森（Sen）强有力地论证了当底层人口大部分的基本需求无法满足时，不平等具有了不同的含义。[④] 他们进一步指出，印度的公共讨论常常忽略底层30%~50%人口遭受的残酷现实，而把辩论聚焦于中产阶

① P. Berman, R. Ahuja, L. Bhandari (2010), "The Impoverishing Effect of Healthcare Payments in India: New Evidence and Methodology", *Economic & Political Weekly* (XLV: 16), pp. 65-71.

② J. Dreze, A. Sen (2013), *An Uncertain Glory*, op. cit., p. 279.

③ D. Mahadevia (2013), 'Urban Poverty in India and Post-2015 Framework', Delhi: Oxfam India, pp. 8-9, at: www.oxfamindia.org/sites/default/files/Working%20paper%2017.pdf (accessed September 2013).

④ J. Dreze, A. Sen (2013), *An Uncertain Glory*, op. cit., p. 279.

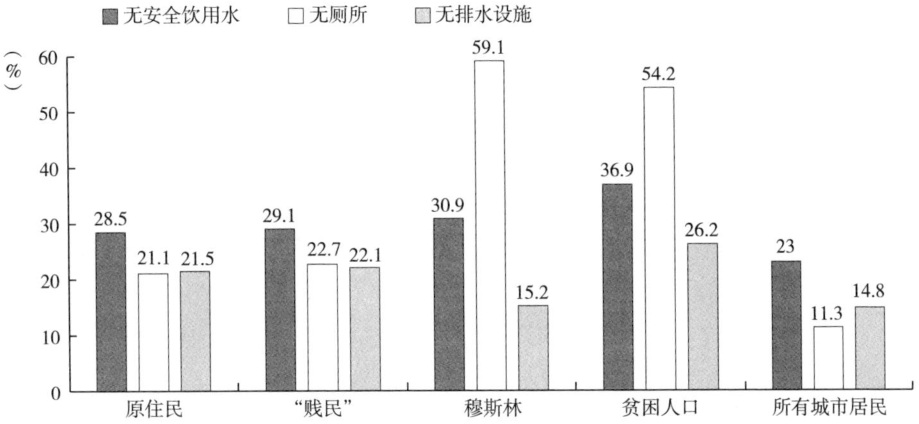

图 3　使用到基础卫生设施的比例

级面临的相对被剥夺。上文提及的差距和不平等现象提出了这样的问题：印度大城市的 GDP 在过去 20 年中每年平均增长 8% 以上，为什么对贫困人口的健康、安全和福祉非常重要的基础设施却如此缺乏？为什么对这些问题的公共讨论少之又少？

2.6　关系网络和机会

由性别、种姓和宗教等因素交织而成的复杂多变的不平等现象，需要更细致的讨论，在此暂不展开。然而，有一个范畴的不平等需要强调，即社会关系网络。

当工作机会少且大部分属非正规就业性质，健康医疗没有保障，好学校的名额稀缺时，社会关系网络就意味着机会。比如，"贱民"的社会关系网络在支持个体应对生活困境时起到非常重要的作用；[①] 在自雇佣的穆斯林群体中，社会关系网络对制造经济机会的作用也十分显著。[②]不同群体的证据都显

① M. Bordia Das (2011), 'Poverty and Social Exclusion in India', op. cit., p. 21, and literature cited there.

② T. Fazal, 'Muslims of India: Vulnerabilities and Needs', Oxfam India Working Paper (publication forthcoming).

示：社会关系网络与获得贷款、享受高质量的医疗或教育之间存在直接关系。[①]

社会关系网络传递歧视的功能也同样显著。印度人类发展调查显示，与其他群体相比，原住民、穆斯林、“贱民”和所有阶层中的妇女，在政府、教育和卫生系统里的关系很少。[②] 原住民在这方面尤为脆弱——2/3 的原住民在各部门都没有任何关系网络，而在较上层种姓中，没有社会关系的人不到 1/3。在村一级的地方政治中，种姓关系网络与获得服务间存在明显关联。[③]

许多研究指出，种姓关系网络影响着私人部门中的各个方面，如就业和工资前景[④]、企业所有权[⑤]、能否出任公司董事等[⑥]，甚至对自由职业者也有影响。最近对阿拉哈巴德市（Allahabad）各种自由职业者的一项调查指出了上层种姓在该等职业中的主导地位：来自两个上层种姓的人群占据了某些行业领导岗位的 75% ~100%，如记者俱乐部、律师协会、贸易和教师工会、出版社、非政府组织工作者和教师，[⑦] 而这两个上层种姓人口仅占城市总人口的 20%。

2.7 寻租与再分配

持续贫困与财富高度集中这两种现象的交织并存是非常复杂的问题，无法简单地解决。然而，一些国家如巴西的经验证明，通过对基础服务的大规模投资和有条件的现金转移可以减轻不平等状况。克拉拉邦的例子也证明，

---

① S. B. Desai. A. Dubey, B. L. Joshi, M. Sen, A. Shariff, R. Vanneman (2010), *Human Development in India: Challenges for a Society in Transition*, op. cit., p. 178.

② 同上

③ S. Corbrige, G. Williams, M. Srinastava, R. Veron (2005), *Seeing the State: Governance and Governmentality*, Cambrige University Press.

④ 见之前章节：失业、低工资和歧视。

⑤ S. Thorat, K. Newman (2010), *Blocked by Caste: Economic Discrimination in Modern India*, op. cit., pp. 311 -327.

⑥ D. Ajit, H. Donker, R. Saxena (2012), ‘Corporate Boards in India: Blocked by Caste?’ *Economic & Political Weekly*, Vol XLVII, No 31.

⑦ A. Agarwal, J. P. Dreze, A. Gupta (2013), ‘Notes on the Caste Composition of Public Institutions in Allahabad’, Department of Economics Allahabad University.

高质量的教育系统可以减少教育结果的不平等。从全国层面来看，政府所推行的《农村就业保障法》提升了农村各个层面非熟练工种的低工资水平，特别惠及生存在底层并遭受严重不平等待遇的妇女。

然而，推行这些政策需要资源，印度对社会服务的投入占公共支出的比重是世界上最低的国家之一，在卫生领域尤为突出：印度在医疗卫生方面的投入仅占 GDP 的 1%，与世界卫生组织建议的 6% 差距巨大，① 而在教育方面，3.5% 的投入也与建议的水平相去甚远。② 一些其他主要的政策也同样面临资金不足问题，例如 2006 年实施的《确保妇女免遭家庭暴力法》，中央政府几乎没有拨出任何资金来保障该法的实施。③ 另外，大多数非正规就业人口的社会保障由于没有财政支持也还无法实现。当然，除了资金缺乏，印度的社会服务也面临其他挑战，比如资金支付的瓶颈和问责。要克服这些结构性问题，稳定而充足的资金非常重要。

根据世界银行的标准，人均国民总收入达到 1005 美元的国家被列为中等收入国家。印度踏入中等收入国家行列刚刚五年，又能否支付为解决诸多社会服务问题而需要的公共支出呢?

印度的总税收占 GDP 的 15.5%，在所有 G20 国家中处于最低的行列，仅高于墨西哥和印尼，远低于其他金砖国家。印度的所得税和财产税的直接税收比例也很低，仅占 37.7%。这与经合组织国家平均 53.7% 的水平差距很大。④ 印度的财政更多依赖对商品和服务征收的间接税，这种税收对穷人和富人同样征收，区别仅在于他们所购买商品的类型，对他们财富的多少却只有粗略的区别能力。

在过去 20 余年中，所得税在印度国民总收入中占的份额一直停滞不前。

---

① D. B. Evans, R. Elovainio, G. Humphreys (2010), "Health System Financing, The Path to Universal Coverage", Geneva: World Health Organisation, p. xv, http://www.who.int/whr/2010/en/index.html, (accessed October 2012).

② Available at: http://data.worldbank.org/indicator/SE.XPO.T.GD.ZS (accessed September 2013).

③ Lawyers Collective (2012), "Staying Alive, 5th Monitoring& Evaluation on the Protection of Women from DomesticViolence Act", Delhi: Lawyers Collective and International Centre for Research on Women, at: www.lawyerscollective.org/files/Staying%20Alive%205th%20M&E.pdf (accessed November 2012).

④ P. Prakash (2013), 'Property Taxes Across G20 Countries: Can India Get it Right?', Delhi: Oxfam India, Centre for Budget Governance and Accountability, p. 4, at: www.oxfamindia.org/sites/default/files/Working%20paper%2015.pdf (accessed September 2013).

1986～2008 年，印度需要缴纳个人所得税的人口比例一直保持在 2%～3%，而中国在同期的数字从 0.1% 上升到 20%。[①] 同样，所得税占印度国民总收入的份额仍然在 0.5%，而中国已经从 0.1% 上升到 2.5%。[②] 有讨论提出，印度接近 93% 的人口在非正规部门就业，绝大多数人口生活在贫困线边缘，因此在印度对收入征收直接税的难度很高。然而，即便是对超级富豪，印度的收入所得税的最高税率也从 1979 年的 60% 下降到 1990 年的 50%，进而下降到 2002 年的 33%。如今，印度已成为世界上边际税率最低的国家之一，仅高于中国香港、俄罗斯、玻利维亚和巴西等国家/地区。

对财产征税的状况也不乐观。1985 年，遗产税在印度被废除；而财产税的数额极低，以至于其在 GDP 中的占比可以忽略不计；[③] 房产税仅占 GDP 的 0.4%，在 G20 国家中仅高于印尼和墨西哥。[④]

这种税收政策取向带来了财产回报和劳动力回报间的失衡。在印度，这种失衡历来存在，广大的劳动者缺乏技能培训又没有任何社会保障，但他们的工资被雇主挤压得根本无力负担基本生活所需。例如，在印度快速发展的城市，投资者承诺房地产长期投资的年回报率为 12%～15%，相反，城市临时工的工资增长则处于停滞状态。

为什么财富集中在印度最富有的人手中的程度达到独立以来的最高水平，而当政府急需资金支持以进行重要的基础服务改革时，最富有的人却袖手旁观？这一趋势引起了质疑，即富人通过影响政治运作和政策制定过程来迎合他们的利益。

印度政府宣布考虑引入财产税所引发的激烈讨论，印证了上文提出的权力运作，这也包括印度有关各种补贴的争论。旨在为贫困家庭提供食品补贴的《食品安全条例（草案）》的执行，需要相当于 GDP 1% 的财政投入，该法案因为给公共财政带来负担而遭到了猛烈的批评。相比之下，对占 GDP 达

---

① T. Pikettty, N. Qian (2009), 'Income Inequality and Progressive Income Taxation in China and India, 1986－2015', American Economic Journal 1：2, p. 54, at：www. econ. yale. edu/～nq3/NANCYS_ Yale_ Website/resources/papers/PikettyQianAEJ. pdf (accessed September 2013).

② 同上。

③ P. Prakash (2013), 'Property Taxes Across G20 Countries：Can India Get it Right?', op. cit, p. 9.

④ 同上，p. 8。

1.9%的燃油补贴来说，政府在一片反对声中放弃了减少补贴的政策意图。[①]研究表明，最富有的10%人口从燃油补贴中获得的收益是最贫困的10%人口的7倍。[②]

3. 我们是否考虑过不平等的代价?

> 这……就是为什么我们的经济体系对于我们大多数人来说都是失败的，为什么不平等如此严重、不平等的后果是什么？更深层次的命题是，我们正在为不平等付出高昂代价——不稳定和低效的经济系统，以及由此带来的低增长，并且置民主于险境。
>
> ——Joseph E. Stiglitz，《不平等的代价》

直到最近，让一部分人先富起来似乎已成为经济增长，从而让大部分人能脱贫的前提条件。而来自印度和其他国家的经验让我们重新审视，应该如何在经济增长和包容性发展之间寻求平衡。我们也许应该思考，Joseph Stiglitz在其书中描写的美国的不平等，是否也适用于印度？以下问题将帮助我们充分考量印度不平等的代价。

这是有效的吗?

世界各地的研究均显示，不平等会严重影响人类的福祉——不是仅影响底层人群，而是所有人：高度不平等的健康系统将损害整体人口的健康状况；大量人口缺乏良好的教育机会将影响整体经济发展；贫民窟和农村地区糟糕的环境卫生设施会造成污染，影响会波及所有人。

这是安全的吗?

世界各地的研究表明不平等的代价之一就是犯罪率上升。在印度，这二者之间的关系还没有被系统地研究，印度也缺乏严谨可靠的犯罪数据。然而，近期暴力增加的趋势显示，我们需要探究不平等与犯罪率之间的关系。例如，如果不断增长的不平等和最近引发全国民众情绪的连串性犯罪案件之间存在

① R. Anand, D. Coady, A. Mohommad, V. Thakkor, J. P. Walsh, 'The Fiscal and Welfare Impacts of Reforming Fuel Subsidies in India', Washington DC: International Monetary Fund, p. 10, at: www.imf.org/external/pubs/ft/wp/2013/wp13128.pdf (accessed September 2013).

② Ibid; also see: R. Lahoti, J. Y. Suchitra, P. Gautam (2012), 'Subsidies for Whom: The Case of LPG in India', Economic & Political Weekly, Vol. XLVII, No. 44.

关联，我们该如何应对？此外，不平等的凸显将对群体之间脆弱的团结造成何种影响？尤其是考虑到这些群体间在历史上曾有过暴力冲突。种姓和地区间收入不平等的增长，是否会引发群体暴力？对于上述问题，我们无法进行准确预测。但另外一些国家的例子表明，目前对风险的预估是远远不够的，我们需要更加严肃地思考这些问题。

这是与民主兼容的吗?

财富不平等已经达到了自独立以来前所未有的水平。印度的民主在形式上很完备，但权力和发声的失衡挑战着民主的深度。被歧视群体的授权政治和更好的教育已经带来了巨大的进步，但仍无法消除传统的权力和影响力的不均所造成的差距。公共讨论聚焦于影响富裕群体的议题，说明日趋严重的不平等可能使公共关注点过度地向富裕群体倾斜。层出不穷的权钱交易丑闻也显示，财富的持续集中会损害国家的民主制度。

人人都享有平等的机会吗?

以上讨论强调了财富不平等如何深化社会阶层间既有的裂痕：最富有的群体获利巨大，而大众的平均收入水平却由于好工作机会的稀缺和低收入水平而在提升方面严重滞后，“贱民”、原住民、穆斯林和妇女的状况特别糟糕。经济趋势也与非货币范畴的不平等相互作用。例如，能够负担得起私人医疗和教育服务的群体，与那些不得不依靠运作不良的公共服务系统的群体分隔开来。此外，有迹象显示，日趋严重的不平等可能会破坏追求平等的基础，尤其是教育领域。各个范畴的不平等，使社会渐渐背弃对机会平等的追求，然而，机会平等既是宪法序言中实现正义、自由、博爱的要义，也是国家政策的指导原则。因此，我们再次诘问：现今的不平等是否已背离我们的初衷？我们是否充分考量过不平等的代价？

参考文献

A. Agarwal, J. P. Dreze, A. Gupta (2013), ‘Notes on the Caste Composition of Public Institutions in Allahabad’, Department of Economics, Allahabad University.

D. Ajit, H. Donker, R. Saxena (2012), ‘Corporate Boards in India: Blocked by Caste?’, *Economic & Political Weekly*, Vol XLVII, No 31.

A. Banerjee, A. Deaton, E. Duflo (2003), ‘Healthcare delivery in rural Rajasthan’, *Eco-*

nomic & Political Weekly (39): pp. 944 – 49.

A. Banerjee, T. Piketty (2004), 'Top Indian Income: 1922 – 2000', London: Centre for Economic Policy Research, at: http://piketty.pse.ens.fr/files/BanerjeePiketty2004.pdf (September 2013).

P. Berman, R. Ahuja, L. Bhandari (2010), 'The Impoverishing Effect of Healthcare Payments in India: New Evidence and Methodology', Economic & Political Weekly (XLV: 16), pp. 65 – 71.

M. Bordia Das (2006), 'Do Traditional Axes of Exclusion Affect Labour Market Outcomes in India?' Washington DC: World Bank, at: http://siteresources.worldbank.org/INTRANETSOCIALDEVELOPMENT/Resources/sdp97 – web.pdf (accessed September 2013).

M. Bordia Das (2011), 'Poverty and Social Exclusion in India', Washington DC: The World Bank, at: https://openknowledge.worldbank.org/bitstream/handle/10986/2289/613140PUB0pove158344B09780821386903.pdf? sequence = 1 (accessed September 2012).

S. Corbrige, G. Williams, M. Srinastava, R. Veron (2005), *Seeing the State: Governance and Governmentality*, Cambridge University Press.

P. Das (2012), 'Wage Inequality in India, Decomposition by Sector, Gender and Activity Status', *Economic & Political Weekly*, Vol. XLVII, No. 50.

S. B. Desai. A. Dubey, B. L. Joshi, M. Sen, A. Shariff, R. Vanneman (2010), *Human Development in India: Challenges for aSociety in Transition*, Delhi: Oxford University Press.

J. Dreze, A. Sen (2013), *An Uncertain Glory*, London: Allen Lane.

D. B. Evans, R. Elovainio, G. Humphreys (2010), 'Health System Financing, The Path to Universal Coverage', Geneva: World Health Organisation, p. xv, www.who.int/whr/2010/en/index.html (accessed October 2012).

E. Hill, M. Samson, S. Dasgupta (2011), 'Expanding the School Market in India: Parental Choice and the Reproduction of Social Inequality', *Economic & Political Weekly*, Vol XLVI, No. 35.

T. Fazal, 'Muslims of India: Vulnerabilities and Needs', Oxfam India Working Paper (publication forthcoming).

A. Kundu, P. C. Mohanan (2010), 'Employment and Inequality Outcomes in India', Paris: Organization of Economic Cooperation and Development, at: www.oecd.org/els/emp/42546020.pdf (accessed September 2013).

Government of India (2013), 'Press Note on Poverty Estimates 2013', Delhi: Planning Commission, at: http://planningcommission.nic.in/news/pre_ pov2307.pdf (accessed September2013）.

Government of India（2013），‘Key Indicators of Employment and Unemployment in India, 2011 – 12’, Delhi: National Sample Survey Office, available at: http: //pib. nic. in/newsite/erelease. aspx? relid = 96641（accessed September 2013）.

Government of India（2012），‘Press Note on Poverty Estimates 2012’, Delhi: Planning Commission, at: http: //planningcommission. nic. in/news/press_ pov1903. pdf（accessed September 2013）.

International Institute of Population Sciences（2007），‘Key Findings, National Family Health Survey – 3, 2005 – 06’, Mumbai: IIPS. Available at: www. measuredhs. com/pubs/pdf/SR128/SR128. pdf（accessed June 2013）.

R. Lahoti, J. Y. Suchitra, P. Gautam（2012），‘Subsidies for Whom: The Case of LPG in India’, *Economic & Political Weekly*, Vol. XLVII, No. 44.

P. Lanjouw, R. Murgai（2011）‘Perspectives on Poverty in India’, Washington DC: World Bank, at: www – wds. worldbank. org/external/default/WDSContentServer/WDSP/IB/2011/05/05/000356161_ 20110505044659/Rendered/PDF/574280PUB0Pers1351B0Extop0ID0186890. pdf（accessedSeptember 2013）.

Lawyers Collective（2012），‘Staying Alive, 5th Monitoring & Evaluation on the Protection of Women from Domestic Violence Act’, Delhi: Lawyers Collective and International Centre for Research on Women, at: www. lawyerscollective. org/files/Staying% 20Alive% 205th% 20M&E. pdf（accessed November 2012）.

D. Mahadevia（2013），‘Urban Poverty in India and Post – 2015 Framework’, Delhi: Oxfam India, at: www. oxfamindia. org/sites/default/files/Working% 20paper% 2017. pdf（accessed September 2013）.

S. K. Mohanty, S. Ram（2010），"Life Expenctancy at Birth Among Social and Economic Groups in India", Mumbai: International Institute for population Science, www. iipsindia. org/pdf/ RB – 13% 20file% 20for% 20uploading. pdf（accessed October 2012）.

J. Nehru（1947），*The Discovery of India*, Oxford: Oxford University Press.

P. Prakash（2013），‘Property Taxes Across G20 Countries: Can India Get it Right?’, Delhi: Oxfam India, Centre for Budget Governance and Accountability, at: www. oxfamindia. org/sites/default/files/Working% 20paper% 2015. pdf（accessed September 2013）.

T. Piketty, N. Qian（2009），‘Income Inequality and Progressive Income Taxation in China and India, 1986 – 2015’, *American Economic Journal* 1: 2, 53 – 63, at: www. econ. yale. edu/ ~ nq3/NANCYS _ Yale _ Website/resources/papers/PikettyQianAEJ. pdf（accessed September

2013）.

Social and Rural Research Institute（2012），‘Sexual Harassment at Workplace in India’，study supported by Oxfam India，Delhi：SRI.

J. E. Stiglitz（2012），*The Price of Inequality*，London：Allen Lane.

Social and Rural Research Institute（2012），‘Sexual Harassment at Workplace in India’，study supported by Oxfam India，Delhi：SRI.

S. Thorat，A. Dubey（2012），"Has Growth Been Socially Inclusive during 1993 - 94 and 2009 - 10?" *Economic & Political Weekly* XLVII（10），pp. 43 - 54.

S. Thorat，K. Newman（2010），*Blocked by Caste：Economic Discrimination in Modern India*，Delhi：Oxford University Press.

W. Wadhwa（2008），‘Private Schools：Do they Provide Higher Quality Education’，Delhi：Annual Status of Education Report，at：http：//images2. asercentre. org/Resources/Articles/art06 - wwprivate - schools. pdf（accessed September 2013）.

M. Walker（2011），‘Pisa 2009 Plus Results’，Camberwell，Victoria：Australian Council for Educational Research，at：K. Yadav，P. Jarhyan，V. Gupta，C. S. Pandav（2009），‘Revitalizing Rural Healthcare Delivery：Can Rural Health Practitioners be the Answer?’，*Indian Journal of Community Medicine* 34（1）.

印度：全球化背景下印度的不平等和“包容性增长”*

确定发展滞后地区，实施战略措施

阿米塔布·昆杜，K. 瓦吉斯**

（印度乐施会工作报告系列）

（2010 年 9 月）

摘　要

本文对 20 世纪 90 年代以来印度各邦经济不平等趋势和模式进行分析，基本目标是了解印度增长的驱动力：区域之间的不平衡。文章还对解决问题的方法提出了建议。各邦之间在人均收入和消费支出上存在的不平等，显示了体制改革第一和第二阶段的增长趋势。2003～2004 年间启动的包容性增长和区域发展平衡策略，推动了不发达各邦的平均增长，其中包括东北地区，但是，它们对遏制区域间不平衡趋势的激化效果非常有限。再者，由于贫困集中于某几个落后地区，较发达地区的减贫效果比不发达地区更好。经济发展指数与社会发展指数高度一致，这一点并不难理解，因为较发达地区的邦

---

* 本研究由印度乐施会与新德里人类发展研究所共同支持。

** 阿米塔布·昆杜执教于新德里尼赫鲁大学，是国家统计委员会、印度政府成员，尼赫鲁大学社会科学院院长，阿姆斯特丹大学和凯撒斯劳滕大学等学校访问教授，印度国家发展研究所所长。曾主编《印度：城市贫困报告》以及《印度：社会发展》等书籍。曾经为经合组织（OECD）的《印度经济增长与不平等》以及《人类发展报告 2009》撰写背景材料。目前是 RBI 住房启动指数技术委员会主席以及印度政府“可及住房缺口预测”委员会主席。

K. 瓦吉斯在新德里尼赫鲁大学区域发展中心担任系统分析员，拥有统计学硕士学位，并在运用软件方面拥有多个证书，教授地理研究生定量技术课程，并在数据管理和统计技术、计算机制图、地理信息系统（GIS）和遥感方面实施培训和实验室研究项目。

政府实施干预和进行社会变革的能力都比较强。尽管经济发展与基础设施之间的关联性在统计数据上比较显著，但它们之间的关联度较低，这说明了经济发展不是解决与医疗、教育和其他基本服务有关问题的唯一途径。

1. 介绍

无论是经济增长的步伐，还是在全球经济危机中的出色表现，印度的发展看起来都相当乐观。就业增长方面也是一样，良好的经济表现缓解了失业增长带来的忧虑——失业是 20 世纪 90 年代后期出现的主要问题。依据国家样本调查组织采用的、对就业的三种定义（即经常性状态、每周状态和每天状态），从 21 世纪头十年开始就业增长速度就高得惊人。尽管预期减贫弹性低于南亚其他几个国家，印度减贫增长所带来的效果也非常明显（Devarajan 和 Nabi，2006）。

就业高增长部分是由于印度人口自然增长率降低而带来的人口红利。许多邦，尤其是诸如 Kerala 和 Tamil Nadu 的南部各邦，在过去几十年中，人口出生率持续降低，净生育率等于或小于 1。但是，其他好几个邦，特别是北部和中部各邦，人口增长率近几年却一直较高，并且某些邦还出现上升趋势，这种状况令人担忧。整体生育率降低使 20 ~ 35 周岁的成年人口数预期比例在今后数年将快速增加，如果逐渐增长的成人比例能够有效地被生产部门消化，这些邦将获得增长的推动力。在就业机会缺失的背景下，就必须考察南部和北部之间的大规模成年人流动，这种流动带来了严重的社会影响，基于印度正在出现的社会政治状况，这种流动有可能会非常困难，它将在土地和基础设施方面，给许多较不发达的邦形成巨大压力。

有些观点似乎认为，印度并没有成功地将增长转化为发展。尽管前面已经提到，宏观经济趋势非常乐观，但严重的区域不平衡使这个问题表现得尤其明显[①]。今天政策制定者们面临的主要问题包括：（i）在发展过程中，哪些邦被排除在外，如何将它们纳入发展主流中？（ii）宏观经济增长策略或者作为包容性增长策略的一部分而启动的项目有哪些缺陷，如何补救？本文将对

① Datt 和 Ravallion（2002）认为“农村发展和人类资本发展较低的邦，不具备在经济增长背景下降低贫困的条件”。

这几个问题一一进行阐述。

无论是全球范围，还是各个国家内部，都兴起了一股建立组合指数的潮流，学术文献或者文章用这些组合指数来确认哪些属于落后的邦或者地区。政府内外的研究者们把发展看成一个多层面的概念，开发了一些指标，用它们来评价或者找出不同社会经济方面的发展状况。由于这些指标反映了社会经济福祉的不同方面，它们所采用的测量方法也有所不同。研究者们通过使用适当的统计技巧，让这些指标变成“无尺度”指标。之后，用这种标准统计学程序包计算出一系列指数的权重，并将其融合为一套综合指标。用这套组合指数来确定临界点，并以此确认哪些地区发展落后。另一种方法采用以无尺度指标为基础的社会经济距离矩阵，通过群集技术来确认这些落后地区，这种方法避免了对发展的不同方面进行组合，并依据发展水平和模式来确认哪些地区较为落后。

以上所提及的标准程序对本研究来说并不适用，原因有几个方面。使用在距离值上的组合或者区别功能/群集技术地区化的方法，使地区化变得相当机械，而研究者和政策制定者的判断或者他们对发展的观点似乎只扮演了次要角色。比重就像黑匣子一样不知从何而来，而研究者对区域发展的定性判断范围也有限。因此，较为妥当的方法是，从一系列有限的“经济”指标着手，对地区发展模式进行分析，以了解地区差异的性质，并确定产生差异的决定性因素，同时，根据各邦在这些指标下的得分，结合对体制参数性质的外部信息和判断，确认落后地区第一阶段。

很明显，不应该仅仅依据现有的经济福祉水平来认定落后地区，“落后”这个词反映了阻碍增长的某些体制性问题的存在。因此，纳入用于反映增长可能性的指标非常重要，这也说明在分析框架中纳入与基本服务提供和社会发展有关指标的重要性。基于各方面的多样性和它们的变化方向，也许通过统计集成方法对它们进行组合是有用的。最重要的是，落后地区有可能在某些方面具有共同特征，例如邦内外人口的空间分布、城市中心的等级以及人口从农村到城市的流动（或者完全不流动），对这些人口指标进行分析，有可能对这些地区的落后现状的性质和原因具有积极意义，还能够帮助确认落后地区。

本文从以上观点出发，以 20 世纪 90 年代早期起至今为重点，对人均收入、消费支出、投资和贫困的空间不平等趋势和模式进行分析。这种分析在本文第二部分进行阐述，在可能的情况下，对农村和城市指标分别进行构建，这样做的基本目标是理解印度的增长驱动力，及其所引发的地区不平衡。在之后的部分，对各邦的“邦国民生产总值”（SDP）以及其增长表现进行分析，这些分析既考虑了年度数据，也包括三年平均数。第四部分从现有的、对印度发展有重要作用的发展文献中，挑选与经济发展、服务和社会发展三类有关的指标进行分析，并针对这三方面开发了组合指数，讨论了它们的模式和关系。第五部分通过分析一系列选定的发展和政策指数，阐述了对国家相关措施所带来的影响的理解。第六部分对在地区间不平等加大的背景下，宏观水平上人口流动和城镇化比例降低带来的影响进行了分析，阐述平衡的聚落等级的缺失，可能会拖地区经济增长的后腿，这种分析的目的是提出问题：人口流动和城镇化的比例和模式是否能够成为有用的、认定落后地区的基础？对落后地区的初步确认建立在人均收入和收入增长的基础上，因此，采用三方面的组合指数，能够对落后邦进行最终确认。这样将可以提升目前的经济福祉水平或者推动其增长，以及将社会和基础设施维度纳入框架，而后者会在远期对发展起限制作用。以这些已经认定的落后邦为起点，帮助国家或者国际组织将平衡的地区发展策略引入国家层面。

2. 各邦之间经济不平等的趋势和模式

以可能使地区间差异突出的指数作为着眼点，观察印度的地区发展非常重要。需要定时进行这样的对比，因为最近几年的平均收入水平上升显著，所以应该计算相对值而并非绝对值。还需要选择：是对各个邦单独进行考虑，还是根据其人口数进行加权？而后者做起来较为困难。

从 20 世纪 90 年代早期到五年前，邦人均生产总值（SDP）的变异系数（CV）值和基尼系数均在系统提高，这带来的是一种担忧，但是，这并不是印度第一次出现地区间不平等加大的趋势，这种情况在 20 世纪 60 年代也出现过，而当时的原因是绿色革命，以及绿色革命在印度西北部和少数南部邦的集中发生（Bhalla，2006）。与此类似的情况还发生于 20 世纪 70 年代后半期，当时由落后邦的工业停滞引发（Mathur，2003）。但是，20 世纪 80 年代的地区间不平等加大并不明显①，这一点至关重要，由于宏观经济危机，这个阶段被认为是金融动荡时期，它让政策制定者们在 1990～1991 年间不得不转向自由经济。

在全球化策略背景下，把重视经济效率、减少补贴以及更好的问责制作为重点，20 世纪 90 年代之后成为广受关注的时期。全球化对基础设施项目的影响，甚至变革，让相对比较发达的邦受益，因此，过去十五年间，除了 20 世纪 90 年代中的某一两年，地区间不平等在持续扩大。

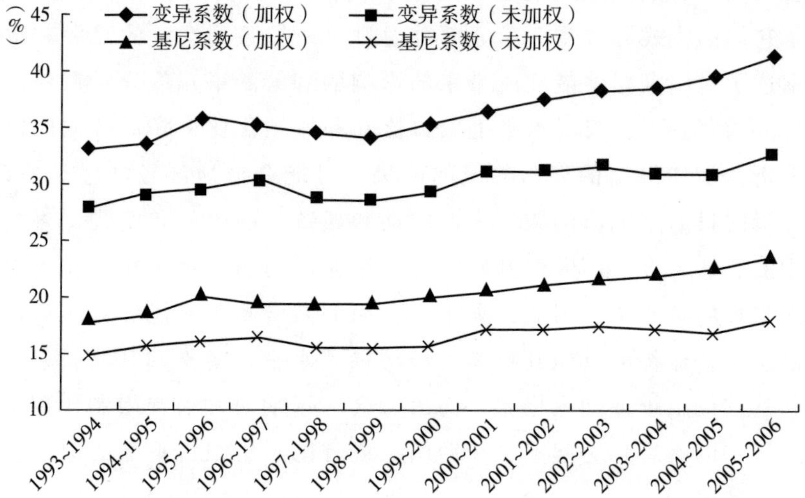

图 1　各邦之间人均收入不平等趋势：加权和未加权指数

表 1　各邦人均国民生产总值差异：加权和未加权指数

年　份	最低邦人均国民生产总值占最高邦之比例（%）	变异系数（人口数加权）	变异系数（未加权）	基尼系数（人口数加权）
1993～1994	30. 527	34. 549	38. 33	0. 1917
1996～1997	27. 586	36. 781	NA	0. 2071
1999～2000	28. 899	37. 417	35. 09	0. 2173
2001～2002	21. 566	35. 610	NA	0. 2078

① 例如，Ahluwalia（2000）使用邦人均生产总值说明“基尼系数到 1986～1987 年一直较为平稳，但是在 20 世纪 80 年代后期开始上升，并一直持续到整个 20 世纪 90 年代”。

续表

年　份	最低邦人均国民生产总值占最高邦之比例（%）	变异系数（人口数加权）	变异系数（未加权）	基尼系数（人口数加权）
2002～2003	21.608	36.686	NA	0.2771
2003～2004	22.705	36.230	NA	0.2290
2004～2005	20.105	(a) 38.44 (b) 38.90	(a) 29.81 (b) 34.15	0.2409

注：1993～1994年、1996～1997年和1999～2000年的数据是按照现行成本，根据1993～1994年系列计算，而2001～2002年是根据1999～2000年计算，基础数据来自中央统计组织网站所提供的各邦国民收入表格。2004～2005年加权变异系数使用除了Goa邦之外（该邦数据异常）的所有各邦的值，与2001～2002年之后的预计数相比，得出预计数（a）。预计数（b）则是在14个邦的值的基础上，与1999～2000年的预计数相比得出。与此类似，2004～2005年未加权变异系数是采用除了Goa邦以外的所有邦数值得出（a）以及采用14个邦数值得出（b）。

需要指出的是，以各邦人口数进行加权得出的不平等指数高得多，如果对每个邦都采用同样的加权值，得出的不平等指数就会较低（见表1和图1）。这是因为人均收入较低的各邦通常人口数较高。再者，比起未加权指数来说，加权指数显示了20世纪90年代相对快速的上升，而这种趋势一直持续到2004～2005年，有些人可能因此推断，人口少的邦的表现好于人口多的邦。

有观点认为，政府的地区发展策略，尤其是在联邦财政分配上，并没有简单地将各邦的发展缺口和它们的人口数作为依据，而是对社会政治背景也进行了考虑。对此，可以进行一个带有批判性的检讨：既得利益影响着几乎所有资源分配的过程，使较为落后而且人口基数较大的邦不能获得经济条件上的改善。[①] 但是，也可以说，联邦系统将一直推动政府把社会、种族以及历史因素考虑到发展策略中，特别是在中央资源的分配中。可以理解的是，除了由于处于国家边境带来的脆弱性外，逐渐浮现的地区特点、愿望和对贫困的感受，都将影响资金分配系统。

之前提到过，印度人口较少的“特别类别”各邦得到的联邦支持多，这

① 盖得加尔（Gadgil）公式是用来决定各邦间资金分配的工具，这个公式的变化把较大的邦置于不利地位，此外，由于各邦大小采用的是1971年的人口数据，人口增长比较高的邦在一定时间内得到的人均资源越来越少，规模大又较贫困的邦似乎因为其落后遭到了惩罚。较为发达的邦认为，财政管理和政府治理的有效性应该通过资源分配进行惩罚，这就使税收和其他资源动员的权重加大了。

是它们发展较好的部分原因之一。因此，我们可以看到，它们的加权变异系数高于未加权变异系数，此外，这 27 个邦 2004～2005 年［预计数（a）］的未加权系数明显低于 14 个普通类别的邦［预计数（b）］（见表 1）。因为特别类别各邦的状况要好于“平均”邦，它们的加入就会把地区间不平等状况拉低，与此相对的是，27 个特别邦的加权指数，即预计数（a），比 14 个普通邦的预计数（b）低的幅度仅仅是小数点后的数字，这是因为它们由于人口数权重较小，在全国整体计算中对整体结果影响不大。

从其他包罗万象的指数（人均消费支出）来看，地区间不平等也随着收入的增长不断上升。[①] 未加权变异系数从 1993～1994 年的 17.6% 上升到 2004～2005 年的 24.4%，这一点有数据支持（见图 2），使用加权系数也得出类似的结论（Kundu 和 Sarangi，2010）。这种遍及印度的模式在我们对农村和小型城市中心分别进行计算时也能够观察到，[②] 该现象存在于所有邦，并构建了变异系数。然而，城市中心地区间不平等出现了短期波动，于 1993～1994 年和 1999～2000 年上升，之后在 1999～2000 年和 2004～2005 年降低。全印度、农村地区和小型城镇基尼系数也出现过类似的趋势，而大城市基尼系数则在 1999～2000 年和 2004～2005 年降低。有观点可能认为，地区间不平等在 1990 年代以及之后的五年间变大，这个时期也是体制改革的第一阶段和第二阶段。再者，自 1980 年代起，所有（14 个）邦的农村和城市地区都出现了显著的贫困非加权不平等（Kundu 和 Sarangi，2010）。如果计算时考虑人口比重，那么得出的结果还会更大。因此，可以较为肯定地说，与较发达邦相比，落后各邦的农村和城市地区的减贫进展更慢。这由集中于某几个落后地区实施减贫引起，也可能是集中于贫困地区的偏远部分引起。[③] 因此，第十一个五年计划阶段减贫对收入增长的弹性，可能低于之前。

3. 邦层面的分析

为了实现本文认定某些落后邦并为其设计针对性措施的目标，对各个邦

---

① 之后对于不平等和相关系数的讨论均以未加权指数为基础。

② 农村和城市均有消费支出数据。城市地区数据细分为两个类别：类别一地区（一百万或以上人口）以及其他地区（人口少于一百万），而人均收入则没有以这两个类别进行统计。

③ Sivaramakrishnam，Kundu 和 Singh（2005）.

的状况进行分析并单独评价它们的表现就尤为重要。Ahmad 和 Narain（2008年）在他们为《世界发展报告 2009》所做的背景研究中，将印度各邦划分为高、中和低收入类别。东北各邦属于一个特殊类别，因此享受到了来自金融委员会的特别资金，还能够获得其他特殊政策的照顾，它们被划为一个单独类别。① 该研究发现，多数人均收入较低的邦，收入增长也比较慢，这种情况不仅存在于 20 世纪 80 年代，20 世纪 90 年代也是如此。低收入各邦和东北各邦 20 世纪 80 年代的增长率分别为 2.5% 和 2.8%，比全国平均水平低很多，而这两个邦的增长率在 20 世纪 90 年代进一步降低为 2.3% 和 2.5%，事实上，这些邦早在 20 世纪 70 年代就已经处于垫底水平。② 中等和高收入各邦增长率则在同一时期从 3.4% 和 3.2% 上升到 3.6% 和 4.9%。

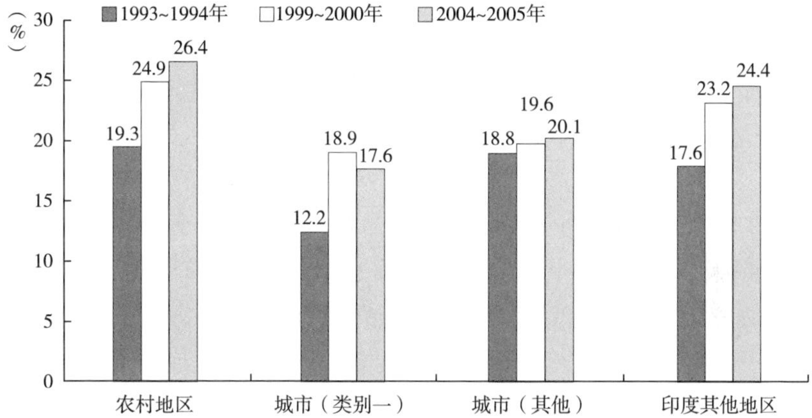

图 2　各邦之间人均消费支出不平等状况：未加权变异系数

注：变异系数的计算：NSS 对于 24 个邦所有可以获得的从 1993～1994 年到 2004～2005 年的人均消费支出可比数据。因此，2004～2005 年 Bihar 邦的数据提供的是 Bihar 和 Jharkhand 的组合预期数，同样，Madhya Pradesh 呈现的是 Madhya Pradesh 和 Chhattisgarh 的组合预期数据。而 Uttar Pradesh 2004～2005 年呈现的则是 Uttar Pradesh 和 Uttarakhand 的组合预期数据。

资料来源：采用 NSS 数据计算而成。

在考量各个邦的增长表现时，可以说，Assam，Bihar（包括 Jharkhand），Madhya Pradesh（包括 Chhattisgarh），Orissa 和 Uttar Pradesh（包括 Uttarak-

① 应该注意的是，Jammu，Kashmir，Himachal Pradesh 和 Uttarakhand 也属于特殊类别的邦，尽管后面两个邦的人均收入高于全国水平。

② Madhya Pradesh 和 Rajasthan 是仅有的例外（参见 Ahmad 和 Narain，2008）。

hand）这样的低收入各邦在20世纪80年代的增长率非常低，这种趋势一直延续到20世纪90年代。更让人警觉的是，通过分析它们的变异系数发现，这些邦（除了Rajasthan）还存在长期增长率不稳定的情况。此外，它们还在20世纪90年代的至少最后两年，出现了人均收入绝对数减少或者不增加的情况，而这个问题并没有在中高收入各邦出现。让前者的问题更加糟糕的是，其人口增长比例降低非常少或者没有降低，并一直高于全国平均水平。Himachal Pradeshde和Rajasthan似乎是两个例外，它们在20世纪90年代出现了与20世纪80年代（Bhattacharya和Sakthivel，2004）比例相等或者更快的高速增长，而增长率波动也较低。其他几个采用另外的经济指标①的研究还确认，20世纪最后两个十年出现了不平等扩大的情况，也因此印证了地区间不平衡激化的理论。在邦人均生产总值（SDP）和相应的增长率基础上，可以在第一阶段的考察中确认八个邦（包括新成立的三个邦）为落后，它们分别是：Bihar，Jharkhand，Orissa，Madhya Pradesh，Chhattisgarh，Uttar Pradesh，Uttarakhand以及Assam。

但是，也可能有人对表1所进行的分析以及上面的研究指出几个问题：这些分析基于年度数据，存在季节波动，而最终年份是当下十年的中间阶段；分析以尚未重新划分的Uttar Pradesh，Madhya Pradesh和Bihar各邦的数据为基础。为此，本文对二十个最大的邦国民生产总值的三年平均数进行计算，其中也包括了新成立的邦，得出表2b所呈现的人均收入和增长率数据。很多时候，无法取得最后一年的人均收入数据，因此，我们采用了以本十年中之前所有年份的增长率平均数，对每个邦单独进行预测的方法，来应对这个数据缺失的问题。②

1990年代后期、当下十年中期和最后几年，在不变价格基础上的邦人均国民生产总值及其增长率，为地区发展的驱动力提供了有意思的观察点（见表2a）。可能需要提及的是，落后邦中的八个，例如Bihar，Uttar Pradesh，Rajasthan，Assam，Orissa，Madhya Pradesh，Chhattisgarh，和Jharkhand的邦人均国民生产总值在2007～2009年三年间一直处于最低水平。作为Uttar Pradesh的一部分，Uttarakhand是Ahmad和Narain（2008）确认的，唯一一个

① Singh（2008）.

② Maharashtra，West Bengal，Gujarat，Kerala，Delhi，Jammu和Kashmir，Himachal Pradesh Tripura和Goa各邦2008年人均收入数值是根据它们本十年中之前所有年份各自的增长率计算而来。

处于“落后”状态的邦，它的邦平均国民生产总值高于全国平均水平。如果观察邦国民生产总值的增长趋势，可以发现，较不发达的邦在20世纪90年代后期的数值较低，尤其是1998～2000年期间，但是，这种情况似乎正在快速好转，Madhya Pradesh，Rajasthan和Orissa各邦在2004～2006年出现了收入高增长。这种有利于落后各邦的空间推力在此后持续出现，几乎所有九个邦都呈现了破纪录的高增长率。

表2　相关地区的邦人均国民生产总值和邦国民生产总值增长率

a. 三年平均值

邦　名	邦国民生产总值增长（%）			邦人均国民生产总值（卢比）		
	1997～1999年	2003～2005年	2007～2009年	1997～1999年	2003～2005年	2007～2009年
Andhra Pradesh	5.12	9.25	9.10	10160	13996	18001
Assam	1.32	4.90	6.36	6585	7602	8640
Bihar	2.47	5.48	14.11	3539	3992	5332
Chhattisgarh	2.90	10.26	8.10	8256	10412	12701
Gujarat	3.44	12.36	10.89	15613	20349	26447
Haryana	4.88	9.07	9.69	14742	20260	25110
Himachal Pradesh	6.74	8.06	8.42	11625	15590	19162
Jammu & Kashmir	5.11	5.52	5.90	8601	9608	10696
Jharkhand	9.75	4.49	8.08	8448	9297	10967
Karnataka	8.32	8.95	8.44	11715	14518	18529
Kerala	5.83	8.46	10.00	10961	15339	20104
Madhya Pradesh	7.36	6.83	4.94	8759	9374	10204
Maharashtra	6.23	8.79	9.01	16494	20319	25190
Orissa	6.87	11.23	8.23	6466	8290	10309
Punjab	4.74	5.17	6.70	16320	18900	21603
Rajasthan	5.82	11.24	8.76	9708	11021	12862
Tamil Nadu	6.35	9.78	6.75	13243	16663	21090
Uttar Pradesh	2.73	4.77	10.71	6452	7090	8573
Uttaranchal	1.43	15.28	7.52	8356	12844	16827
West Bengal	7.16	6.27	7.72	9827	12540	14929

续表

邦　名	邦国民生产总值增长（%）			邦人均国民生产总值（卢比）		
	1997～1999年	2003～2005年	2007～2009年	1997～1999年	2003～2005年	2007～2009年
平均值	5.23	8.31	8.47	10293	12900	15864
平方差	2.28	2.91	2.04	3566	4814	6223
变异系数	0.436	0.350	0.240	0.347	0.373	0.392
加权变异系数	0.409	0.325	0.244	0.383	0.422	0.441

b. 关联系数

相关性	gr9799	gr0305	gr0709	Pcsdp9799	pcsdp0305	pcsdp0709
Gr9799	1.000	-0.165	-0.269	0.247	0.174	0.144
Gr0305	-0.165	1.000	0.056	0.222	0.362	0.426
Gr0608	-0.269	0.056	1.000	-0.130	-0.053	0.027
pcsdp9799	0.247	0.222	-0.130	1.000	0.971	0.940
pcsdp0305	0.174	0.362	-0.053	0.971	1.000	0.992
pcsdp0608	0.144	0.426	0.027	0.940	0.992	1.000

根据之前的论述，由于较不发达邦的高速增长，增长率变异系数（未经加权）从1990年代的44%下降到当下十年中期的35%。该数值在当下十年后期下降到24%。最重要的一点是，经过加权的增长率变异系数仅比未加权变异系数稍低，这说明人口较多的邦与其他邦相比，在20世纪90年代有一定的边际优势，这种优势似乎在最近几年被抵消，而各邦之间的增长差异较以往有所减小。由于收入水平和增长之间的关联并无显著统计学意义，所以较发达各邦的增长并不比其他地区高（见表2b）。尽管这种更加平等的增长具有其重要性，但必须注意到，它并没有降低地区间的不平衡。在包括近几年在内的很长时间内，无论采用加权还是未经加权的变异系数，邦人均国民生产总值的不平等一直在持续扩大（见表2a）。而且，正如20世纪90年代所经历的，基尼系数也如同变异系数维持上升态势，具体请见图3。

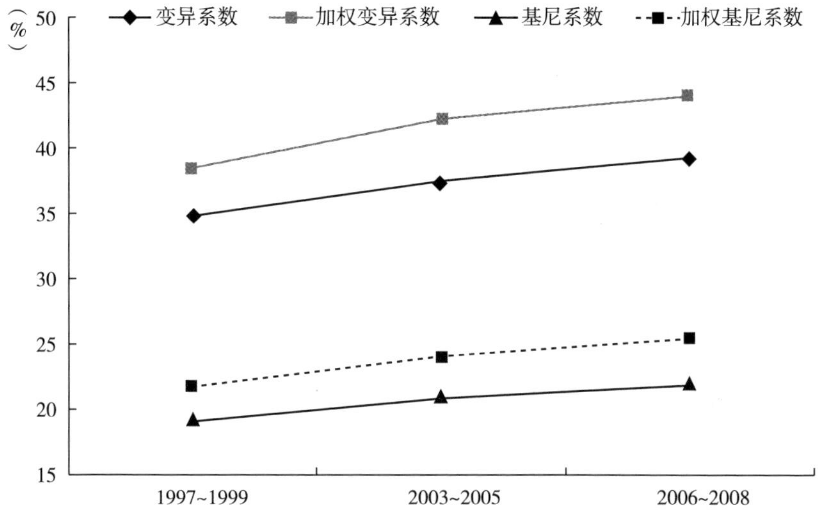

图 3　各邦之间邦人均国民生产总值不平等状况（以三年平均值为基础）－加权和未加权指数

资料来源：中央统计组织网站公布的国内收入表，由本文作者计算生成。

可以理解，最近几年各邦的增长模式与早些年相比，出现了比较大的差异。这有可能是因为增长指标与邦人均国民生产总值之间的关联性在统计学上变得越来越不明显。各邦三年增长率之间的关联性是负向的，尽管这种关联性在统计学上的意义并不明显（见表 2b）。正如之前所讨论的，这是因为许多在早些年出现低增长率的较不发达地区近几年都出现了高增长率。三个新成立的邦——Chhattisgarh，Uttarakhand 和 Jharkhand，近十年的增长率都高于平均值，告别了 1990 年代的趋势。

正如计划委员会（2008）做出的预测一样，以各种计划为基础的增长值（包括第十一个五年计划）证实了以上结论。较不发达各邦的增长率低于 4%，远比第八个和第九个五年计划期间较发达各邦的增长率低（见表 3）。前者在第十个五年计划期间的增长率与全国平均或者发达地区平均水平相仿。预计这种情况也将在第十一个五年计划期间出现，这说明印度的发展模式出现了策略上的转变。令人高兴的是，本计划阶段前几年较不发达地区的增长率事实上比预测的还要高，东北部的特别类别邦也出现了类似的情况，第八个和第九个五年计划期间，它们的增长速度低于全国平均水平，并于第十个五年计划期间逐渐赶上。更加重要的是，它们的增长率在第十一个五年计划阶段将会继续上升。因此，可以明确指出，包容性增长和地区均衡发展战略，大幅提高了较不发达地区的增长率（也包括东北部地区），而这种趋势将继续保持。但是，这种趋势并没有减少地区间（以邦人均国民生产总值测量）不平衡。

表 3　不同计划阶段邦国民生产总值年增长率

单位:%

各邦编号/UT	第八个五年计划期间（1992～1997）	第九个五年计划期间（1997～2002）	第十个五年计划期间（2002～2007）	第十一个五年计划期间（2007～2012）
非特殊类别邦				
1 Andhra Pradesh	5.4	4.6	6.7	9.5
2 Bihar	2.2	4.0	4.7	7.6
3 Chhattisgarh	NA	NA	9.2	8.6
4 Goa	8.9	5.5	7.8	12.1
5 Gujarat	12.4	4.0	10.6	11.2
6 Haryana	5.2	4.1	7.6	11.0
7 Jharkhand	NA	NA	11.1	9.8
8 Karnataka	6.2	7.2	7.0	11.2
9 Kerala	6.5	5.7	7.2	9.5
10 Madhya Pradesh	6.3	4.0	4.3	6.7
11 Maharashtra	8.9	4.7	7.9	9.1
12 Orissa	2.1	5.1	9.1	8.8
13 Punjab	4.7	4.4	4.5	5.9
14 Rajasthan	7.5	3.5	5.0	7.4
15 Tamil Nadu	7.0	6.3	6.6	8.5
16 Uttar Pradesh	4.9	4.0	4.6	6.1
17 West Bengal	6.3	6.9	6.1	9.7
特殊类别邦				
1 Arunachal Pradesh	5.1	4.4	5.8	6.4
2 Assam	2.8	2.1	6.1	6.5

续表

各邦编号/UT	第八个五年计划期间（1992～1997）	第九个五年计划期间（1997～2002）	第十个五年计划期间（2002～2007）	第十一个五年计划期间（2007～2012）
3 Himachal Pradesh	6.5	5.9	7.3	9.5
4 Jammu & Kashmir	5.0	5.2	5.2	6.4
5 Manipur	4.6	6.4	11.6	5.9
6 Meghalaya	3.8	6.2	5.6	7.3
7 Mizoram	NA	NA	5.9	7.1
8 Nagaland	8.9	2.6	8.3	9.3
9 Sikkim	5.3	8.3	7.7	6.7
10 Tripura	6.6	7.4	8.7	6.9
11 Uttarakhand	NA	NA	8.8	9.9
全印度 GDP	6.5	5.5	7.7	9.0
较发达邦	7.2	5.2	7.0	9.6
特殊类别邦	5.7	5.8	7.3	7.3
较不发达邦	3.7	3.8	7.2	8.0
增长变异系数比例	38.8	29.9	27.8	21.7

注：除 J&K，Mizoram，Nagaland（2002～2003 年至 2004～2005 年）以及 Tripura（2002～2003 年至 2003～2004 年）外，2002～2003 年和 2005～2006 年全国各邦的平均值。

资料来源：CSO（以 1999～2000 年不变价格为基础），日期：2007 年 8 月 31 日。

4. 社会经济方面和发展及组合指数指标内容的确定

（a）经济发展

为了理解当下的发展过程，需要对经济、基础服务、社会三个方面进行考虑。为明确定义经济发展的各个部分，把之前已经提及的人均国民生产总值作为第一项分析指标，以 2006～2007 年、2007～2008 年和 2008～2009 年三年的各邦国民生产总值的平均数，在 1993～1994 年价格标准基础上进行计算。第二项指标是到 2008～2009 年为止的三年年平均增长率。

很多发展文献都承认，以邦人均国民生产总值及其增长率为基础的分析，不能抓住经济发展在整个国家或者各邦层面上的某些重要方面，加入能够反映经济福祉的其他指标被认为是不可或缺的方法。和邦人均国民生产总值一样，人均消费支出也是一个用来评价个人可及的商品和服务数量的总结性指标。这里的有利条件是，能够分别获得独立的农村和城市地区数据，它们来自2004～2005年国家抽样调查。采用第十一个五年计划文件中的农村和城市贫困数据，可以评价相关人口的经济困难状况。用100扣除这些数值，可以计算出非贫困人口的数值，并将其作为衡量经济发展的积极指标。另一个重要的经济指标是人均外来投资，尽管它的一个产出是现有的收入水平，它的影响也会在未来出现，它反映了某个邦现有和潜在的发展可能，也可以用来对基础设施发展水平进行评估，因此，采用到2005～2006年为止的三年平均投资水平作为经济发展的一个方面进行衡量。各邦来自工业部门的收入也纳入了这个指标列表，因为它可以反映某个邦的经济基础是否牢固。与此相似的是，第三产业带来的收入可以反映经济的多元化水平，也能够反映各邦在全球化背景下能够给增长提供的驱动力。需要提出的是，这个指标列表中并没有专门用于衡量基础设施的内容，这样做的目的是，减少用于衡量经济的指标数量，同时也因为与投资和收入有关的工业和第三产业指标已经涵盖了对基础设施水平的评价。表4a将经济发展指标连同数据来源一并列出，用它的算术平均数对每个指标的数值进行分割，这九个指标构建出经济发展组合指数。再通过两个组合阶段，最终完成整体组合工作：第一阶段对农村和城市地区的人均月支出用相同的0.5比重进行总和；总和后，第二个阶段用整合农村和城市数据的方法，构建出非贫困人群的百分比。

表4a　与经济发展各方面相关的指标

序　号	指　标	数据来源
1	平均人均收入（2007～2009）	未出版数据，中央统计局
2	平均邦国民生产总值增长率（2007～2009）	未出版数据，中央统计局
3	农村人均支出（2004～2005）	NSSO报告
4	城市人均支出（2004～2005）	NSSO报告
5	农村非贫困人口比例（2004～2005）	计划委员会（2008），第十一个五年计划
6	城市非贫困人口比例（2004～2005）	计划委员会（2008），第十一个五年计划
7	第二部门收入平均比例（2007～2009）	未出版数据，中央统计局

续表

序　号	指　标	数据来源
8	第三部门收入平均比例（2007～2009）	未出版数据，中央统计局
9	平均人均外来投资（2003～2005）	印度人民院第 182 号非重要质询案，日期：2005 年 3 月 1 日；第 1032 号质询案，日期：2006 年 8 月 1 日。

（b）基础服务

基础服务方面选择了 9 个指标，具体请见表 4b。所有这些指标均来自第三次国家卫生和家庭调查，并采用其中 2005～2006 年的数据。还纳入了女性和男性非文盲人数，反映各邦教育水平和可及度。这些信息相信比各个邦提供的信息更合适，阅读报纸的男性和女性人数作为参考指标用来评价偏远地区和它们附近的中心地区之间的交通和社会联系，对于某个地区而言，这样的联系部分决定着增长引发的动力在该地区如何分配。能够用电的家庭、饮用水设施的改善、厕所、用于烹饪的非固体燃料以及订制住宅的人数等各方面的比例，是基础服务提供的直接指标，因此也就包括在这一方面中。

表 4b　与基础服务有关的指标

序　号	指　标
1	教育（女性）
2	教育（男性）
3	15～49 周岁女性中每周最少读报一次的人数的比例
4	15～49 周岁男性中每周最少读报一次的人数的比例
5	用电家庭比例
6	饮用水设施改善的家庭的比例
7	拥有厕所设施的家庭的比例
8	采用非固体燃料烹饪的家庭的比例
9	居住在永久（pucca）房屋中的家庭的比例

资料来源：国际人口科学研究所（2007）。

基础服务组合指数的计算分为两个阶段，方法与以上讨论的经济指数一样。首先，通过对男性和女性进行组合，得出教育和读报指数，基于女性文化程度和社会动员在发展过程中的重要性，与女性有关的指标的权重是男性的两倍。然后，以均量分割这些指标，使它们成为无尺度指标，再将它们与其他五项服务指标进行组合，最后构建出两类综合指数。

（c）社会发展

表4c中展示的10个社会发展指标，反映了“发展赤字”，也可以称其为负面指标。前两项指标是婴儿死亡率和总生育率，它们强调某个邦的基本人口特点，从某种意义上来说，它们总结了发展措施给人口带来的影响。0至3岁儿童营养不良和5岁以下儿童体重不足的比例，则揭示了儿童的生理健康水平。妇女贫血症的指标展示了生育年龄人群的健康状况。第六和第七个指标对孕期妇女、年轻的母亲和儿童在产前和产后的服务设施状况进行评价。第八个指标对人们的营养不良情况以及预防结核病措施的缺失情况进行评价。最后两项指标是为了展示女性和男性人群中与生育计划相关的现代价值观的普及状态。

表4c　社会发展方面的指标

号　码	指　标
1	当前婴儿死亡率
2	当前总生育率
3	当前儿童营养不良情况（0~3岁）
4	5岁以下体重在三个标准差以下的儿童的比例
5	当前（15~49岁）女性贫血症比例
6	无医生提供产前服务的女性的比例
7	（6岁以下）未接受过ICDS（综合儿童发展服务）的儿童的比例
8	结核
9	（15~49岁）女性期望得到子女的比例
10	（15~49岁）男性期望得到子女的比例

资料来源：国际人口科学研究所（2007）。

和基础服务指标一样，用来衡量社会发展缺失的组合指标也通过两个阶段得出。考虑到与营养不良和体重不达标的儿童指标的信息重合，通过在第一阶段赋予同等权重来对它们进行合并，指标的最高总量被降低到9。第二阶段则通过赋予所有指标同等权重的方法同时进行组合，这些组合指数的倒数就成为衡量社会发展水平的标准。

表5列出经济发展、基础服务和社会发展三个方面相关的组合指数，指数水平有三个级别——低、中和高，在它们的"自然分布"基础上，确认临界点。

表5　三个发展方面的组合指数以及它们之间的关联

邦	经济发展	基础服务	社会发展
Andhra Pradesh	1.12	0.98	1.10
Arunachal Pradesh	0.76	0.81	0.67
Assam	0.75	0.85	0.81
Bihar	0.72	0.58	0.66
Chhattisgarh	0.89	0.68	1.04
Goa	1.90	1.51	1.52
Gujarat	1.49	1.18	0.94
Haryana	1.20	1.05	1.05
Himachal Pradesh	1.10	1.13	1.50
Jammu & Kashmir	0.78	1.03	1.47
Jharkhand	0.82	0.58	0.75
Karnataka	1.41	1.06	1.44
Kerala	1.13	1.51	1.58
Madhya Pradesh	0.69	0.74	0.91
Maharashtra	1.76	1.25	1.31
Manipur	0.74	1.14	0.89
Meghalaya	0.77	0.96	0.78
Mizoram	0.79	1.52	1.00
Nagaland	0.83	0.95	0.95
Orissa	0.73	0.67	1.00
Punjab	1.45	1.22	1.38
Rajasthan	0.84	0.83	0.91
Sikkim	0.77	1.05	1.04
Tamil Nadu	1.17	1.15	1.17
Tripura	0.74	0.92	0.92

续表

邦	经济发展	基础服务	社会发展
Uttar Pradesh	0. 78	0. 73	0. 83
Uttarakhand	0. 92	1. 06	1. 10
West Bengal	0. 94	0. 88	0. 95

资料来源：本文作者计算而成。

由于采用类似的测量，并都展示了投入和结果，基础服务和社会发展组合指数之间存在很强的关联性（见表6）。经济发展与社会发展指数的关联性也很高。可以理解的是，较为发达地区的邦政府实施相关措施、引发社会变革的能力水平较高。尽管经济发展和基础服务之间的关联性在统计上较为显著，但事实上却比较低，这说明了健康、教育和其他基础服务可及度并没有在所有邦得以实现，它们还是将重点放在经济发展上。

表6　三个组合指数之间的关联系数

	经济	服务	社会
经济	1		
服务	0. 603	1	
社会	0. 645	0. 680	1

资料来源：本文作者计算得出。

5. 各邦的措施以及地区发展的不同面孔

对一系列发展和政策指标之间的依赖模式进行分析，能够帮助确认扩大地区间不平等的因素。本文对文献和政策文件进行回顾，开发了15个与经济增长、各邦在重大发展项目中的资金分配以及第十一个五年计划阶段各领域计划增长目标有关的指标，表7展示了这些指标的具体内容、它们的平均值以及它们之间的变异系数（未加权）。①

① 本文并没有包括变异系数矩阵，如果需要，可向作者索取。

表 7 经济发展和各邦措施部分指标（包括平均值和变异系数）

经济发展		平均值	变异系数
1	第八个五年计划期间邦国民生产总值增长比例	6.0	38.8
2	第九个五年计划期间邦国民生产总值增长比例	5.1	29.9
3	第十个五年计划期间邦国民生产总值增长比例	7.2	27.8
各邦措施			
8	PMGSY 中央资金人均分配	146.9	121.4
9	NRHM 中央资金人均分配	140.6	73.3
10	SSA 中央资金人均分配	133.0	72.3
11	IAY 中央资金人均分配	43.3	78.0
12	营养补充中央资金人均分配	23.3	58.2
13	第十一个五年计划期间发展目标：农业	3.9	51.3
14	第十一个五年计划期间发展目标：工业	10.0	25.3
15	第十一个五年计划期间发展目标：服务	8.8	18.6

资料来源：由本文作者计算而成。

如前所述，发展计划各阶段的邦国民生产总值增长模式说明，它们之间没有较强的相关性。第十个五年计划期间的增长率和第十一个五年计划期间的预期增长率之间存在较高的相关性，这说明，目前的策略是，推动较不发达、新成立和特别类别地区增长，而它们最近的增长数值均出现了成功迹象。

需要提出的是，已实现或预期增长率的不平等（变异系数），比起人均收入的不平等来说，要小得多（见表 2a 和表 7），前者还在几个计划阶段出现了下降，同期的收入不平等则在加大。这种现象印证了以上提出的论点，即尽管目前的策略明显偏向于较不发达地区，即使增长率不平等在下降，收入水平的不均衡还在继续上升。

重大项目对落后地区的偏向，可以通过各落后邦人均分配和人均收入之间的负相关系数来证明，人均收入还出现了与本年度计划委员会资助各邦间分配以及与第十二次金融委员会资金转移的负相关系数。农村和城市地区的贫困水平与人均收入之间，存在负相关，而它们与中央政府部门机制人均资金分配则存在正相关。这些相关性尽管并不总在统计上显著，却揭示了对中央政府在现有的全纳发展政策下，将更大量的资源提供给落后地区的担忧。

计划委员会和金融委员会所进行的分配与目标增长率和计划人均邦国民

生产总值之间存在正相关，这说明，分配不会马上转化为更好的增长表现。的确，希望落后地区仅仅依靠这些分配上的优惠就能推动整体增长或者提高收入水平是不现实的，我们并不能期待这些地区的收入状况在今后五年到七年间出现变化。因此，“无论是通过公共投融资还是财政激励机制，应该以更加激进的公共政策来推动对落后地区的更多投入”，向基础设施和基本服务进行投资（Bhattacharya 和 Sakthivel，2004）。

可以理解的是，多数相对落后、人口较多且人口增长较快的邦，还没有有效解决发展滞后和贫困问题，低增长率以及无法开展强有力的减贫项目是其原因。这些邦的政府动员市场或者机构资源的能力低下，对于它们来说，尽管通过权力和责任地方化、分散化能够创造机会，但是，要靠它们自己启动发展项目，则需要很长时间。

因此，仅通过金融委员会和计划委员会的机构体制，对邦政府进行资源分配，并不足以消除落后邦的经常性预算赤字，也不足以满足它们在发展计划期间的支出。20 世纪 90 年代政府进行了大幅支出裁减，这是实现财政“平衡”目标的一系列政策之一，采取的措施是大幅降低资金支出，而并非通过税收（直接或者间接）提高收入。其结果是，中央政府资金支出在 GDP 中的比例从 1986～1987 年的 7.01% 持续下降到 2006～2007 年的 1.66%。而重点领域，例如农业、农村发展、基础设施建设和工业领域的公共投资则被减少。

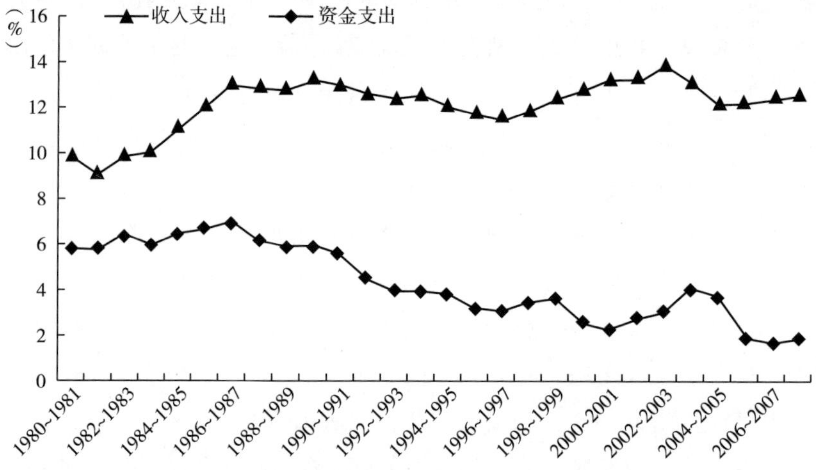

图 4　中央政府收入和资金支出占 GDP 的比例

资料来源：本文作者采用来自印度经济统计手册（2008）的数据计算而成。

最近几十年随着资源总量的降低，中央各机构的分配进程也在减缓，这就无法让人口基数大的落后地区获得分配上的优惠，加上全球化项目启动带来的财政改革手段，这种问题在近几年变得更加棘手，对于本来就很脆弱的落后地区，这给基础设施带来了负面影响，并引致了诸如教育、公共医疗和卫生等公共服务方面的退步。

6. 城市结构，城乡二元化和人口流动性

从增长和人口流动的新古典模式来看，当其他条件不变时，发展的空间不平等将使人口从不发达地区移动到较发达地区，带来人口空间分布的最优化。印度出现的人口流动模式非常符合这种理论。使用人口普查和 NSS 数据对各邦之间的人口流动进行分析后可以发现：较不发达各邦的人口净输出值很高，而较发达地区则出现人口输入的特征（Kundu，2006）。然而，自印度独立后的几十年来，人口流动的模式有所差异，Bihar，Rajasthan，Uttar Pradesh 等落后邦的人口净输出值一直在快速持续下降，最重要的是，Madhya Pradesh 和 Orissa 作为最显著的例外，出现了人口净输入值，其原因是大规模公共部门投资为工业和商业部门创造了工作机会。然而，由于文化和技能水平较低，当地人口无法从中获利；Maharashtra，Tamil Nadu，West Bengal，Karnataka，Gujarat 等比较发达的邦在殖民地时代吸引了大量的移民，在近期则出现了人口输入率降低的情况（Kundu，2006）。[①]

1991～2001 年，出现了一定程度的内部人口流动改善现象，这可能与跨国因素和全球化有关。[②] 2001 年人口普查得出的人口流动百分比比 1961 年和 1971 年还要低。NSS 的 1983 年到 1999～2000 年数据也证实，农村和城市男性的人口流动率降低（虽然降低的比例要低于人口普查得出的数值）。因此，可以得出一个普遍性结论：与寻找生计机会有关的男性流动率（女性流动受到一系列社会文化因素的影响）在过去几十年持续下降，将阻碍生活在贫困

① 由于在印度工业版图上的增长主导地位，Gujarat 邦并没有出现类似的下降趋势。与之类似的是 Haryana 邦，在最近几十年出现了较高人口输入率，原因是 Punjab 邦的政治动荡和族群冲突引发的人口外流。

② 许多来自邻近国家的非法移民被当成邦之间的移民进行记录，这可能是 20 世纪 90 年代人口流动出现上升趋势的原因。

地区的贫困人口寻找生存或者改善经济状况的策略。

尽管地区差异在扩大，交通和通信条件在改善，人口流动率仍然降低，这引发了一定的担忧。学者们试图用地区特点加强、高中以前以地方语言接受教育、重大计划的实施以及城市土地使用限制等来对此做出解释，他们认为这些因素直接或间接影响了人口流动，这种观点极大地忽略了市场运作引发的劳动力流动是为了确保经济活动在空间上最佳分配这一主张。

印度经济的全球化进展迅速，某些部门和地区/城市中心出现了新的就业机会。贫困人口是流动大军中的重要成员，而流动人口中也有相当数量的中等和高收入群体抓住了全球化进程所带来的新机会。因此，认为以流动为生存策略的人群都处于贫困或者经济不利地位的看法是错误的。

流动人口比例降低，他们的经济和社会地位高于非流动人口并继续逐步改善，这种状况凸显了阻碍贫困人口流动的因素。对于新移民来说，农业系统的僵化情况、日渐增长的地区主义、劳动力市场上对技能需求的变化、城市出现的生产和组织结构等，都给他们带来了挑战。这就使人口流动过程具有选择性：穷人和无技能劳动力要想在发达地区和大城市得到生计机会非常困难，而落后各邦持续性贫困的一个主要原因是，贫困人群在流动到较发达地区的过程中，遇到了形形色色的困难。

低城市化比例和正在降低的流动人口比例，特别是城市男性中的流动人口比例降低的原因可能是根据市场购买能力而提供的基本服务，以及城市和城镇不友好的社会环境。对于妇女来说，这种模式也是类似的，只是女性流动人口的比例降低幅度比男性小。1981～2001 年城市化减慢证明了这种理论，也支持了联合国对印度和亚洲地区城市爆发式发展的疑问。1971～1981 年，城市人口以每年 3.8% 的速度高速增长，达到 20 世纪的最高峰。尽管农村和城市之间的差异在加大，交通和通信设施改善，传统社会障碍减少带来了现代化等，20 世纪 80 年代和 20 世纪 90 年代，城市人口增长比例分别降低到了 3.1% 和 2.7%。70 年代和 80 年代各邦城市增长的模式（以及城市农村增长的差异）与人均收入或者消费支出、各邦收入中的工业收入比例以及农业生产力等之间都出现了负相关，或者没有相关性。在许多人口增长迅速的落后邦，出现了快速城镇化，结果是它们的城市设施和基础服务压力加大，以此可以推断出城乡间人口流动的推动力。无论如何，这说明落后邦农村地区的贫困人口能够在城市中心获得立足之地并获得生计来源，而90年代人口流动比例的降低却说明，城市中新的政府治理系统和基础设施改善，不仅减少了贫民窟人口，也排挤了已有的人群聚居的小村落，使流动过程出现倒退。因此，城镇增长具有了排他性，在农村和城市地区，其与基础设施和经济发展具有正相关，并与贫困人口的比例以及他们一定时间内的流动具有负相关。

在整个消费支出类别中对流动人口类别进行划分，① 可以看出，宏观经济贫困并不是农村和城市地区男性人口流动的决定性因素，人口流动率在人均月平均消费最高的类别中也较高，而在整个系统中，随着消费的降低而降低，而最低的流动率出现在农村地区的消费最低部分，城市中也一样。

根据农村和城市地区的流动和非流动人口消费支出差异，可以把人口流动看作改善经济状况的一种工具。但是，并不仅仅是贫困人口从中获益，非贫困人群也构成了流动人口的很大一部分。较大城市的人口流动所带来的经济收益要大于较小城市和城镇（Kundu 和 Sarangi，2007）。再者，无论是对流动人口还是非流动人口而言，教育或者技能逐渐成为防止个人滑入贫困线以下的最重要因素，这与城市和城镇的规模也没有关联。可以观察到，具有较高技能水平的人群能够较为容易地融入城市经济生活中，并获得流动所带来的“机会”。不幸的是，贫困和不具备技能的男性劳动力（以短期劳动力身份出现在非正式活动中）会感觉到，成为大城市的一员，并从中获得利益变得越来越困难。因此可以理解，他们流动的比例降低了，这反映在过去15年大都市和一类城市中贫困人口大量减少上。他们能够在中小城镇获得立足之地，但是这些地区的就业机会也相对较少，减贫也不是非常有力。这些因素的综合结果就是，以降低贫困为目的而推动的人口流动在整个人口流动的潮流中越来越不明显，预计还会变得更加微弱。

最让人不安的是20世纪90年代在经济不平等加大背景下突然出现的、

---

① 给这个方法带来限制的主要方面是NSS的抽样设计，该设计本应该仅仅适合于在邦和（NSS）地区层面得出消费支出和贫困预期。NSS最近的出版物指出，由于不恰当的样本规模（主要是由于现场工作人员数量增加的困难），对于许多邦的预期值标准错误较高，可靠性也就随之降低，除非加大样本量，否则这个限制很难克服。这种缺失用来解释各邦的各种分类数量、城市中心的贫困发生率就会出现低可靠性的问题。但是，如果在国家层面采用的话，它对样本数量的敏感性则会降低，而标准错误也会较低。考虑到这一点，本文仅仅在国家层面上对不同规模城镇的贫困发生率进行分析。

从农村到城市的人口流动减速，这个现象说明，城市中心对于贫困人口来说变得不友好，也更不具有接纳性。需要用经验严格考察通过“集中的分散”带来的增长空间不平衡以及通过人群居住策略覆盖贫困人口的建议（世界银行，2009）。各邦和各地区把人口流动作为一种分享不平衡的增长的方法，它们也需要将此放在人口流动增长的社会和经济成本背景下进行考察，而传统方法，包括本文中所提及的方法，都无法对此进行整合或者强调。

7. 确定落后邦以落实目标措施

和确定限制推动增长的元素一样，在印度确定落后各邦也并没有绝对的做法。印度的计划机制基本上是集中式的，尚未有严肃的实证研究来确认哪些政策能够推动各邦经济增长。的确，如果缺乏以邦为中心的研究，就无法用合理的实证严肃性来回答这个问题，忽视邦层面的政策以及分散治理，造成了持续困扰经济繁荣的贫困孤岛。

从20世纪50年代到70年代，印度曾多次努力，决定和引领在不同邦和地区的投资，这些努力多是联邦系统的一个部分，同时也有控制信贷和金融市场方面的措施。随着改革措施的出现，通常由中央政府机构投入、在有目标的信贷提供支持下的公共投资在总投资中的比例平稳下降。全球化导致用来决定整体资源在经济中的分配以及控制邦层面机构框架决策机制的瓦解，都是微观层面项目实施的原因。

根据人均邦国民生产总值和该总值到2004～2005年的增长情况，我们确定了8个邦作为实施初步试验的经济落后地区，它们的情况，在第3部分介绍。这些邦1993～1994年的贫困率非常高，Assam，41%；Bihar（包括Jharkhand），55%；Madhya Pradesh（包括Chhattisgarh），43%；Orissa，49%；Uttar Pradesh（包括Uttarakhand），41%。1973～1974年它们的贫困人口数占印度全部贫困人口的44%，1987～1988年占48%，而2004～2005年占60%。

因为最近几年比较高的收入增长，同时也因为享受到了较高的人均中央政府投入，Assam以外的东北各邦没有被列入该类别。中央政府应该延续该政策，给予这些特别类别邦更多关注，这一做法无论是在经济、社会或者政治方面，都具有重要性。非政府组织，特别是具有国际背景的非政府组织，可以关注以上确认的、印度其他较不发达的邦。在使用不平衡进行加权时，地区间不平等加大说明人口较多的邦获得的人均中央政府转移比较少，经济和社会发展产出比较匮乏，基础服务的可及性也较低。

本文的分析展示，在经济发展组合指数最低的9个邦中有8个是本文之前确认的落后邦。然而，Jammu和Kashmir列第五位，Uttarakhand没有被列入该名单。在被确认的落后邦中，后者是唯一一个经济发展得分较高的邦，因为都展现了较高的经济福祉水平（见表5），可以将它和Himachal Pradesh等其他的特别类别邦绑在一起。必须注意的是，虽然属于经济发展得分最低的9个邦之一，在之前的分析中Rajasthan并没有被确认为落后邦，该邦在最近几年出现了国民生产总值显著减少的情况，因此，该邦经济发展组合指数得分也就较低。

Jammu和Kashmir及其他东北各邦一起，经济发展得分较低（见表5），可以考虑的是，因为其严重数据问题，这些邦的人均国民生产总值无法展现它们的经济福祉实情。大量来自土地的收入并没有被记录，同时，政府补贴也会对价格形成干扰，所以收入数据不能反映人口福祉的真实状况。更加重要的是，除了Assam以外，所有这些邦在基础服务和社会发展方面做得都相对较好，因此，建议将它们和印度其他落后邦进行区分。就地点和地理因素而言，可能最好将它们的发展交给中央和邦政府，因为国际NGO有可能面临运作和行政上的问题。Assam的相关问题和数据困难并不严重，所以，将它列入落后邦是合理的。然而，Uttarakhand并不属于三种组合指数垫底的邦，该邦属于特殊类别，在几个发展指数方面没有出现过极端匮乏，该邦甚至在人均收入和邦国民生产总值增长方面，处于较不发达各邦中第一。因此，建议以Rajasthan取代Uttarakhand，前者在所有三个组合指数中均属于低类别。

表8　人口超过五百万的各邦组合发展指数得分

序　号	邦	经　济	邦	服　务	邦	社　会
1	MP	0.69	Jharkhand	0.58	Bihar	0.66
2	Bihar	0.72	Bihar	0.58	Jharkhand	0.75
3	Orissa	0.73	Orissa	0.67	Assam	0.81
4	Assam	0.75	Chhattisgarh	0.68	UP	0.83
5	J&K	0.78	UP	0.73	MP	0.91

续表

序号	邦	经济	邦	服务	邦	社会
6	UP	0.78	MP	0.74	Rajasthan	0.91
7	Jharkhand	0.82	Rajasthan	0.83	Gujarat	0.94
8	Rajasthan	0.84	Assam	0.85	West Bengal	0.95
9	Chhattisgarh	0.89	West Bengal	0.88	Orissa	1.00
10	Uttarakhand	0.92	AP	0.98	Chhattisgarh	1.04
11	West Bengal	0.94	J&K	1.03	Haryana	1.05
12	HP	1.10	Haryana	1.05	AP	1.10
13	Andhra Pradesh	1.12	Karnataka	1.06	Uttarakhand	1.10
14	Kerala	1.13	Uttarakhand	1.06	Tamil Nadu	1.17
15	Tamil Nadu	1.17	HP	1.13	Maharashtra	1.31
16	Haryana	1.20	Tamil Nadu	1.15	Punjab	1.38
17	Karnataka	1.41	Gujarat	1.18	Karnataka	1.44
18	Punjab	1.45	Punjab	1.22	J&K	1.47
19	Gujarat	1.49	Maharashtra	1.25	HP	1.50
20	Maharashtra	1.76	Goa	1.51	Goa	1.52
21	Goa	1.90	Keraia	1.51	Keraia	1.58

资料来源：由作者计算生成。

从之后的分析可以看出，最近几十年这 8 个邦也具有低城镇化以及城镇人口增长减缓的情况，在印度独立后，它们的人口输出量很大，但是输出率在过去几十年有所下降。这些邦的人口分布不均，大量人口聚集在几个大城市中，而且，它们的中小城镇还出现了经济和人口增长减速的情况，大多数还被排除在“城市”类别之外，另外几个则在这方面面临严重的问题。

许多邦政府已经开始采取措施，为吸引国内外投资创造政策框架和改善基础设施环境，引发了不健康的竞争，而落后各邦又在竞争中处于不利地位。建立用于维护法律和秩序的治理系统、通过裁决系统提供快速有效的争端解决方案、吸引工业和基础设施投资面临诸多挑战，同时也正在被一一处理。这些邦还必须动员内部资源来弥补重点行业基础设施不足的情况，并为普通大众赋权，使他们能够参与发展过程。基础服务的提供和社会发展属于邦工作范畴，而由于发展水平有限，它们解决相关问题的能力非常低，因此这些邦长期出现发展赤字。国际 NGO 可以在解决这个问题方面扮演有效角色。

通过加强邦和地方政府以及公民社会组织角色的变化，可以看出第十一个五年发展计划的制订和实施办法的转变。为了指导地区计划和附属计划，区/县委员会和其他宪法规定的机制已经编发了详细的指引文件；而这些计划是获得中央项目拨款的先决条件，这种转变将有可能成为“机构基础，支持年度计划和五年计划实施经常性、系统化的研究，理解邦之间的不平衡情况”（计划委员会，2008），它还能帮助解决不平等激化和持续贫困的根源问题。在地区和社会组织目标支持下，新的参与式治理方法还能够帮助这些落后邦与主要的国家和国际伙伴一起，制订和实施全面的基础设施、基本服务和社会发展计划。

参考文献

Ahluwalia, M. S. (2000), "Economic Performance of States in Post Reform Era", *Economic and Political Weekly*, Vol. 35, No. 19, pp. 1638 – 48, May.

Ahmad, Ahsan and Ashish Narain (2008), "Towards Understanding Development in Lagging Regions of India", paper presented at the Conference on Growth and Development in the Lagging Regions of India, Administrative Staff College of India, Hyderabad.

Bhattacharya, B. B. and S. Sakthivel (2004), "Regional Growth and Disparity in India: Comparison of Pre – and Post – Reform Decades", *Economic and Political Weekly*, Vol. 39, No. 10, pp. 1071 – 7, March.

Datt, G. and M. Ravallion (2002), "Is India's Economic Growth Leaving the Poor Behind?", *Policy Research Working Paper* 2846, The World Bank, Washington DC.

Devarajan, S. and I. Nabi (2006), *Economic Growth in South Asia*, World Bank, South Asia Region, Washington DC.

International Institute of Population Sciences (2007), *National Family Health Survey (NFHS – 3)*, vol. I, International Institute of Population Sciences, Mumbai.

Kundu, A. (2006), "Globalization and the Emerging Urban Structure: Regional Inequality and Population Mobility", *India: Social Development Report*, Oxford, New Delhi.

Kundu, A. and N. Sarangi (2010), " 'Inclusive Growth' and Income Inequality in India under Globalisation: Causes, Consequences and Policy Responses", *Proceedings of the Conference of Regional Disparities in Asia*, UNDP, Colombo.

Kundu, A. and N. Sarangi (2007), "Migration, Employment Status and Poverty: An Analysis Across Urban Centres in India", *Economic and Political Weekly*, Vol. 42, No. 04, pp. 301 - 6, January.

Planning Commission (2008), *Eleventh Five Year Plan* 2007 - 2012, Vol. I, Government of India, New Delhi.

Sivaramakrishna, K. C., A. Kundu, and B. N. Singh (2005), *Handbook of Urbanisation*, Oxford University Press, New Delhi.

World Bank (2009), *World Development Report* 2009: *Reshaping Economic Geography*, Oxford University Press, New York.

中国的不平等挑战：回顾与对策*

俞建拖，张兰英**

1. 引言

在改革开放以来的35年里，中国经历了举世瞩目的经济高速增长，经济总量跃居世界第二位。与此同时，国民的生活水平以及社会发展水平也有了大幅度的提高，贫困人口的比例从改革开放初期的80%左右下降到2009年的11.8%，[①] 国民的人均寿命从1981年的67.8岁提高到目前的74.8岁，同期15岁以上人口的受教育年限从5.3年提高到2009年的9.5年（中国发展研究基金会，2013），这些成就是构成“中国奇迹”的重要支柱。

然而，如果我们注意到，中国2012年的收入基尼系数仍在0.47以上，仍有超过1亿人生活在绝对贫困线以下，城乡和地区之间在教育和健康结果上的差距以及在养老、医疗、教育等各项基本公共服务上的差距，我们绝不

* 本报告的发布得到了欧盟和乐施会的支持，不必然代表欧盟及乐施会的观点。

** 俞建拖，中国发展研究基金会研究一部主任。2009年加入中国发展研究基金会。他曾先后担任约翰·霍普金斯南京中心项目研究员（2001～2005），南京大学长江三角洲经济与社会发展研究中心项目研究员（2004～2005），北京大学经济与人类发展研究中心研究员、主任助理（2005～2007），以及联合国开发计划署驻华代表处项目顾问（2007～2008），并于2008年受邀为牛津大学贫困与人类发展研究中心的访问学者。主要的研究领域包括农村金融市场、人类发展的理论与实践、贫困与不平等、公共财政政策。

张兰英，梁漱溟乡村建设中心主任。1988年毕业于北京大学东方语言系，获语言学学士学位。毕业后在北京大学任教。后留学菲律宾，就读于菲律宾大学，并于1992年获得菲律宾大学的菲律宾语语言学硕士学位。她先后在菲律宾国际乡村改造学院和国际行动援助从事可持续农业、社区扶贫与发展和环境教育等项目的实践、管理和培训等多方面的工作。在回国的十年间，她组织策划翻译和编写了数十本有关乡村建设的书籍，对从事乡村建设的年轻人具有一定的指导作用，也为乡村建设的理论研究提供了一定的素材和案例。

① 根据世界银行的1.25美元/（人·天）的绝对贫困标准。

能认为中国的发展前景是高枕无忧的。这些发展机会和结果上的不平等，是绝对不能忽略的，它们不是可以自动解决的现象和问题。

就当下而言，中国严重的经济和社会发展不平等，不仅威胁着社会关于公正的观念，还制约着经济和社会发展的若干关键方面。收入差距过大已经成为中国居民过度储蓄和消费不足的重要原因（王小鲁，2007）。不平等问题长期恶化将损害社会合作的基础。有研究表明，自20世纪90年代中期以来，收入差距的持续扩大，是中国社会阶层固化、对立和冲突的重要原因（孙立平，2003；中国社会科学院陆学艺课题组，2010）。要使社会中的相关利益方能够和睦而有尊严地共处，并分享社会合作带来的剩余，必须调整社会群体利益分配机制，从而创造对社会和经济改革的认同和共识（姚洋，2004）。

本文旨在从人类发展的视角出发，对中国当前面临的经济和社会发展不平等问题进行系统回顾，分析这些不平等的变化趋势、成因及新取得的进展，并就如何应对业已严峻的不平等挑战提出思考和建议。本文的结构安排如下：第二部分介绍本文的分析视角及分析框架；第三部分讨论收入分配、财产分配、经济机会、收入贫困等经济不平等问题；第四部分讨论社会不平等问题，涵盖教育、健康、社会保障的不平等问题；第五部分讨论环境不平等问题；第六部分简要分析中国经济与社会发展不平等的成因，重点关注制度因素的作用，并提出促进平等的政策建议。

2. 人类发展视角下的不平等问题

2.1 人类发展视角

人类发展视角（Human Development Perspective）的理论基础是可行能力方法（Capability Approach）。可行能力指的是人们做自己想做的事情、过自己想过的生活的能力。[①] 可行能力方法的提出，是现代发展理念的一次革命：不

① 可行能力方法的某些基本思想可以追溯到两千多年前亚里士多德的著述，其分析传统也为一些早期的数量经济学奠基人和政治经济学先驱者继承（Sen，1999；Nussbaum，1988）。但是可行能力的现代形式的建立则应首先归功于1998年诺贝尔经济学奖得主阿玛蒂亚·森（Amartya Sen）（Sen，1985），哲学家纳斯鲍姆（Nussbaum）（Nussbaum，1988、1995）等也对该方法的发展起了重要推动作用（Robeyns，2003）。

同于经济学中的效用、幸福这样的主观感受，可行能力是一种客观的存在；不同于传统发展理论所强调的身外的物质财富，可行能力是人本身所具有的能力；不同于自由至上主义者强调的政治自由和程序自由，可行能力关注的是与人的生活密切相关的各种实质自由（substantive freedom）——不仅关注过程，而且关注结果（Sen，1999）。

基于可行能力方法，联合国发展署（UNDP）于 1990 年出版了第一份《人类发展报告》，明确提出了“人类发展”这一概念。人类发展视角是一个有关个人福祉、社会安排以及政策设计和评估的规范性框架（UNDP，1990；Fukuda－parr 和 Kumar，2004），它将发展定义为扩展人的选择范围的过程，其关注的焦点是人生活的质量和享有的实质自由和机会，关注人实际能做些什么和能成为什么。在该视角下，生活质量的提高具有根本的重要性，而那些在传统发展观中被过分强调的物质财富的增长，只是促进人们过上自己想过的生活的工具和手段。

人类发展是一个多维度的概念，但是在政策实践中，人们往往关注那些具有特别重要性的方面。在《人类发展报告》中，确定最重要的人类可行能力需要满足两个要求：首先，它必须是世界各地的人们普遍认为有价值而加以重视的；其次，它必须是基本的，即缺少这些能力将妨碍其他许多可行能力的实现。根据这两个标准，UNDP 的系列《人类发展报告》对以下几个方面的维度给予了特别的关注：（1）长寿而且健康的生活；（2）教育；（3）体面的生活和尊严。根据这三个方面，UNDP 从 1990 年开始推出人类发展指数（HDI），以衡量世界各地区的人类发展水平。但是人类发展的概念并不局限于这三个方面，还包括更广泛的赋权（empowerment）、公共治理、环境、人权等诸多方面（刘民权等，2009）。此外，人类发展视角强调发展的主体性（agency），即人不应该被动地享受发展的成果，而应该成为发展过程的参与者和创造者（Sen，1999）。

2.2 关于不平等的讨论框架

在进行不平等研究时，需要回答五个基本问题，对这五个问题的回答构成了研究的基本框架，即“关于什么的不平等”、“谁的不平等”、“为什么会有不平等”、“不平等的后果是什么”及“如何应对不平等”。

关于什么的不平等？

对这个问题的回答涉及研究的价值取向，也涉及研究的方法论。在本文中，我们基于人类发展的视角，主要考察人的可行能力和所享有的综合的生活质量的不平等，而不是仅仅关注收入、财产、消费的不平等。具体而言，本文重点考察人们在生活水平、教育、健康、各类基本公共服务、自然资源获得以及生态环境上的不平等。

谁的不平等？

这一问题关注有价值的事物在人群中的分布情况，并通过对不平等程度的估计，提出政策的优先干预领域和对象。在本文，我们根据可获得的文献和数据，重点关注城乡、地区、流动人口与城市原住居民、性别以及不同年龄群体之间的不平等问题。在有关自然资源与生态环境公平的分析中，特别关注代与代之间的不平等——代际不平等。

为什么会有不平等？

人类对平等的诉求以及对不平等起源的追问历史悠久。不平等的起源可以大致分为两类：自然禀赋（或人为难以预先干预的）因素，以及人为的因素（制度和行为）。本文重点考察由后者导致的不平等问题。但是，这两种因素的划分也不是固定不变的，尤其是在一个长期的时间框架下。有些貌似属于自然禀赋的因素，实际上也是过去制度和人的行为作用的结果。最有代表性的是环境问题，对当前在某个地区新出生的婴儿来说，其所处的自然环境是给定的，但是这里的环境是其前辈耕作和生活的结果，已经包含了很多的人为因素。

不平等的后果是什么？

不平等的后果既有直接的，也有间接的；既有负面的，也有正面的；既有微观层面的，也有宏观层面的。对不平等后果的理解，在很大程度上取决于我们对前面三个问题的解答。在人类发展视角下，对不平等的后果的理解需要进一步拓宽和深化。由于人类发展包含多个维度，一个维度的不平等后果不仅涉及该维度本身，还影响其他维度。譬如，收入不平等可能会影响低收入群体的健康（微观层面），还会影响宏观经济结构的平衡（宏观层面）。在本文中，我们重点关注由不平等引起的负面后果。

如何应对不平等？

明确了有关不平等的重点领域和人群，了解了不平等的成因和后果，剩下的工作就是减少不平等及其负面后果。尽管本文重点关注人为因素导致的不平等，但相关的政策建议旨在消除那些有可能引致严重发展后果的一切不平等现象，而不论这种不平等是由人为因素引起的还是自然禀赋因素导致的。

3. 经济不平等

3.1 收入分配不平等

从总体上看，中国目前是世界上收入分配差距最大的主要经济体之一。根据国家统计局的统计，1978 年的居民收入基尼系数为 0.317，到 2000 年突破了 0.40，并于 2008 年达到顶峰（0.491）。[①]

自 2009 年以来，中国的收入基尼系数整体呈下降趋势，呈现积极改进的势头。收入基尼系数从 2009 年的 0.49 逐步下降到 2012 年的 0.474。尽管这一收入差距水平在全球主要经济体中仍属较高，但从中国自身来看，该水平也是过去十年中国收入差距的最低水平（见图 1）。2014 年，全国的收入基尼系数进一步降到 0.469，创下了 2003 年以来的新低。[②]

总体收入差距缩小的主要驱动因素是城乡收入差距和地区收入差距的缩小。在中国收入分配差距中，城乡差距和地区差距已经占据支配性地位，城乡差距的影响尤其突出。2007 年城乡差距对总体收入差距的贡献率为 50% 左右（李实，2012）。近年来，一个可喜的变化是，城乡差距和地区差距都有不同程度的缩小，为收入分配的改善带来了一线曙光。

---

① 不少文献讨论了中国收入差距的低估问题，不过，由于样本和分析方法的不同，现有研究对低估程度的判断存在很大的差异。李实（2012）认为，进入 21 世纪之后，中国收入差距仍在继续扩大，但速度放缓，如果考虑高收入人群的样本缺失和漏报，2007 年基尼系数大约为 0.485。王小鲁认为由于大量灰色收入没有被纳入统计，中国的收入差距被严重低估（王小鲁，2008）。西南财经大学课题组 2012 年发布的调查报告声称，2010 年中国居民家庭的收入基尼系数超过了 0.6。但是，国内学界普遍认为，国家统计局的收入调查样本尽管存在高收入家庭不足的问题，其结果仍基本可信（李实，2013）。对于西南财大课题组的研究，目前学界对其抽样方法以及样本的代表性仍有较多争议，因此本文仍采用国家统计局的数据。

② 《2014 年居民收入增速跑赢物价，基尼系数实现“六连降”》，中国新闻网，http：//finance.chinanews.com/cj/2015/01 -20/6985859.shtml。

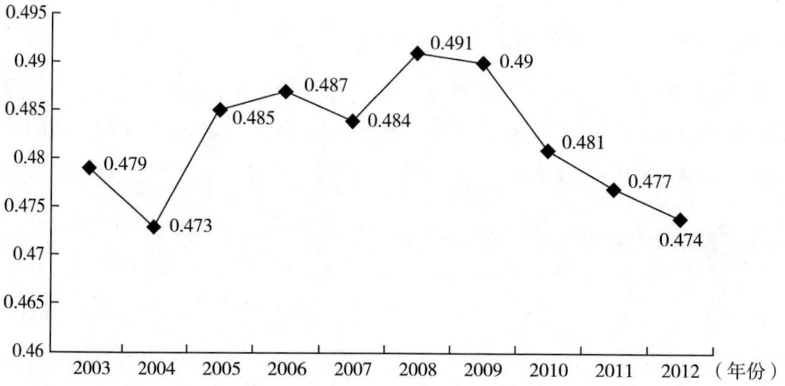

图1　2003 年以来中国收入分配的变化趋势（基尼系数）

资料来源：国家统计局（2013）。

城乡收入差距。城乡收入比[①]从 2000 年的 2.78 快速扩大至 2003 年的 3.23，此后小幅扩大到 2007 年的 3.32 并连续三年保持稳定，2010 年起该指标连续两年下降，2011 年底为 3.13，回到 2002 年的水平。2014 年，中国城乡居民可支配收入之比下降到 2.75，为 2002 年以来的最低水平。[②] 城乡居民收入差距缩小的一个重要因素是农民工工资在过去十年的快速增长，年均增长率达到 10% ~15%，显著超出同期城镇居民的收入增长速度（中国发展研究基金会，2012）。此外，中国在 2005 年免除农业税，并发起新农村建设运动加大在农村地区的公共投资，也推动了农民收入的快速增长。自 2005 年启动新农村建设，在之后的八年间总投资规模达到 7 万亿元，其中 2013 年投资规模达到 1.3 万亿元。通过新农村建设，在农村地区实现了过去开发区才有的“五通一平”：“五通”指通电、通路、通水、通电话、通宽带，“一平”指大规模平整土地。农田基本水利设施建设等措施有效地改善了农村的公共服务和基础设施水平，为农民的生产和生活改善奠定了坚实基础（温铁军等，2013）。

地区收入差距。长期以来，地区收入差距持续扩大是中国整体收入差距

① 城乡收入比为“城市居民人均可支配收入/农村居民人均纯收入”。

② http：//www.ocn.com.cn/chanjing/201501/shipng210837.shtml.

扩大的重要原因之一。2000～2003年，省际未按人口加权的人均GDP基尼系数从0.347上升到0.357。2003年之后，随着中国“西部大开发战略”、“东北老工业基地振兴战略”及“中部崛起战略”等均衡性地区发展战略实施效果的显现，地区经济发展差距开始逐步缩小。省际未按人口加权的人均GDP基尼系数逐渐下降至2010年的0.264，低于20世纪90年代中期的水平。此外，按照1978年不变价格计算的地区人均GDP基尼系数、按现价计算的地区人均消费基尼系数也回落到21世纪初的水平（李善同，2012）。①

尽管城乡之间、地区之间的收入差距近年来在持续缩小，但是农村内部和城镇内部的收入差距还难以令人乐观，尤其是后者。农村内部收入基尼系数从2000年的0.35扩大到2009年的0.39（李实，2012）。根据中国社会科学院（2012）的估计，2011年农村收入差距与2009年基本持平。城镇内部收入基尼系数在2000年至2009年间从0.32上升至0.36，但是这一结果存在明显的低估。一些修正后的结果显示现在城镇内部收入基尼系数超过了0.4，成为当前收入分配领域中的最突出的挑战。在城镇内部收入的扩大中，房地产价格过快上涨造成的财产性收入差距急剧扩大与行业垄断和部门分割造成的行业收入差距扩大是两个关键因素。②

综合上述对不同群体收入不平等变化趋势的考察，中国发展研究基金会（2012）认为，中国收入分配可能已经进入一个转折期。在这个转折期中，缩小收入分配差距的因素与拉大差距的因素并存，收入不平等在未来较长时间内可能处于高位波动状态。有利于缩小收入不平等的因素包括城市化进入中期以后出现的城乡收入差距缩小、均衡性地区发展战略带来的地区差距持续缩小、老龄化和城镇化以后农村剩余劳动力减少以及劳动力市场供求态势的逆转；但是腐败问题、灰色收入问题以及城镇房地产价格飙升导致的财产性收入不平等问题，已成为缩小收入差距的主要障碍。

---

① 中国自20世纪90年代末以来，先后实施了三大区域发展战略，包括：1999年实施的“西部大开发”战略，到2013年底总投资规模超过四万亿元（人民币，无特殊说明下同）；2001年提出“东北老工业基地振兴”战略，投资规模为两万多亿元；2003年提出“中部崛起”战略，投资规模约为三万亿元。中国政府用大约八万亿元的投资来解决改革开放“一部分地区先富”带来的区域发展不平衡问题，基本上缓解了中国经济增长“东高西低”的区域差别。目前西部地区的GDP增长速度已经超过东部，区域差别平衡战略初步奏效（温铁军等，2013）。

② 岳希明、李实：《真假基尼系数》，《南风窗》，http：//www.nfcmag.com/article/3919.html。

3.2 贫困①

不论是根据国际的贫困标准还是中国官方的贫困标准，中国在减少贫困人口上所取得的成就都是史无前例的。根据世界银行 1.25 美元/（人·天）的标准（2005 年购买力平价），中国贫困人口的比例从 1990 年的 60% 下降到 2009 年的 11.8%（见图 2）。在过去 25 年里，全球 70% 的脱贫人口是中国人（世界银行，2010）。

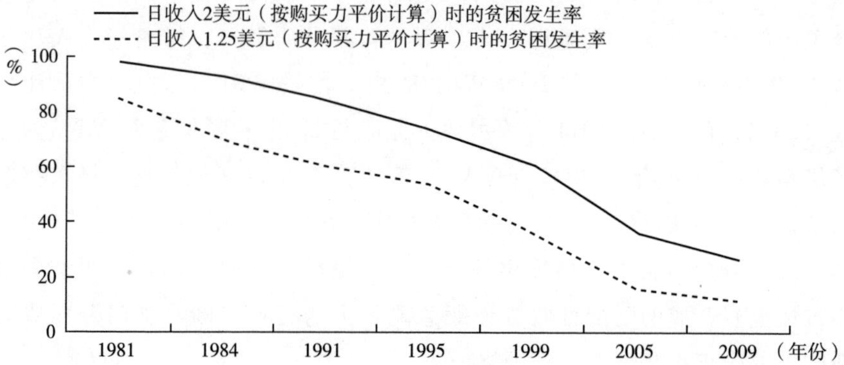

图 2 中国的减贫进展

资料来源：世界银行网站。

尽管中国的减贫成就如此辉煌，但是不同人群受到贫困威胁的程度并不一样。从总体上看，儿童和老年人的贫困发生率要高于劳动年龄人口的贫困发生率。以农村贫困为例，1998 年中国农村 0~6 岁年龄组的收入贫困（按当年标准）发生率达到 9%，是 36~45 岁年龄组人口的近 3 倍。到 2005 年，各年龄组的贫困发生率有所下降，但是儿童与老年人更易受贫困威胁的总体状况没有变化（见图 3）。②

① 贫困是发展严重不足的反映，本质上是一种多维现象，并不限于收入贫困。由于关于中国多维贫困的测量尚在起步阶段，目前仅有少数研究探讨了中国的多维贫困问题，如 Yu（2013）、王小林等（2012），同时考虑到一般多维贫困所涉维度在其他报告中已经有所涉及，本报告所指贫困仅限于收入贫困。

② 但是 2005 年农村 19~25 岁、26~35 岁人口组贫困发生率较高。这可能是初步进入劳动力市场的人口在职业的初期尚缺乏工作经验和人力资本的积累，又缺乏家庭支持所致。

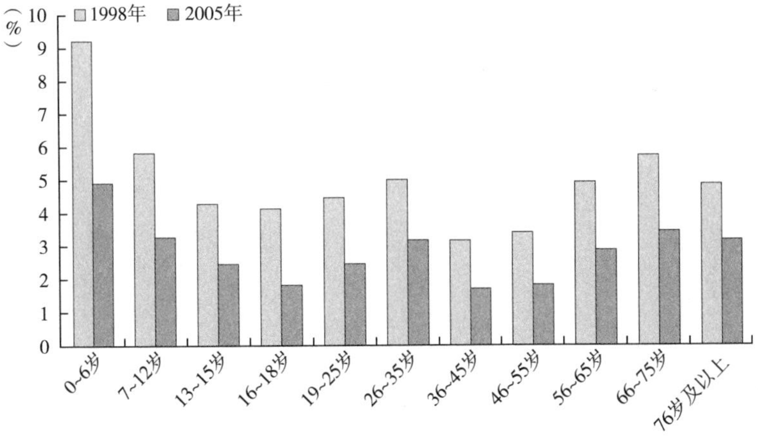

图3 中国农村不同年龄组人群的贫困发生率

资料来源：中国发展研究基金会（2007）。

由于长期的城乡分隔，中国的农村与城市居民之间在收入和生活水平上存在显著差异。就贫困而言，农村贫困自20世纪80年代初期开始监测，有统一的贫困监测标准。而在城市，迄今为止都缺乏官方的城市贫困统计标准和监测。如果城乡按照统一的贫困标准进行考察，那么农村的贫困发生率要远高于城市。然而考虑到城乡生活方式、水平和成本方面的巨大差异，一个可行的策略是分别估计城乡贫困人口。按照现行的农村贫困标准（以2010年人均2300元的不变价格），到2012年农村贫困总人口为9899万人，约占农村人口的15%。城市贫困由于缺乏统一的界定标准，如果根据全国2010年平均低保标准251.2元/（人·月）进行折算，那么2008年全国城市贫困标准大约为3014元/（人·年），城市贫困发生率约在12%左右（俞建拖，2013）。

贫困人口的区域分布也呈现很大的不平衡性。以农村贫困为例，截至2013年2月底，西部农村地区还有6962.68万人处于贫困线之下，占全国总贫困人口的约66%。西部民族地区的农村贫困人口达到4000万。此外，在全国14.8万个贫困村中，西部地区占了50.1%（许营，2013）。

3.3 经济机会不平等

中国经济机会的不平等反映在多个方面，突出表现为垄断行业与非垄断行业之间、不同用工形式之间、性别之间的收入不平等上。

20 世纪 90 年代中期以来，我国行业收入分配差距扩大的态势非常明显（管晓明、李云娥，2007；顾严、冯银虎，2008）。任重、周云波（2009）的分析认为，中国行业收入差距尚未出现整体性的两极分化，但值得注意的是，垄断和部分垄断解释了 65% 的行业收入差距。岳希明等（2010）指出，垄断行业是由国有企业主导的，因此国有企业员工总体上的工资水平要高于非国有企业。据估算，垄断行业与竞争性行业的工资差距中，有一半以上要归因于垄断。

不同的用工形式也影响收入的公平。目前在中国的公共部门和私人部门中，普遍存在合同工和派遣工这两种用工形式。派遣工相对而言具有非正式的特点，工人与劳务中介公司签订合同，并由中介公司分派到招聘工人的组织和企业中去，这些派遣工所从事的工作与合同工无异，但薪酬待遇和其他各项劳动权利要明显逊于合同工。派遣工问题突出存在于农民工群体中。据中华全国总工会估计，中国派遣工总数高达 6000 万人，占城市劳动力的 20%（中华全国总工会，2011）。在一些地区的试点调查显示，派遣工的平均薪酬水平只有合同工的 70%（贡森，2012）。

中国的性别平等在发展中国家中总体表现相对较好，女性对家庭决策和子女福祉的影响显著增加，但是在一些领域仍存在突出的不平等现象。1990 年、2000 年、2010 年的三次妇女状况的调查显示，性别之间的收入差距在持续拉大。在城镇地区，1990 年女性收入为男性收入的 77.5%，到 2010 年下降为 67.3%；在农村地区，1990 年为 78.9%，2010 年下降到 56.0%。李实（2012）基于 1995 年、2002 年、2007 年城市家庭调查数据的研究也显示，性别之间的收入差距在此期间有扩大的迹象，这种状况在低技能、竞争性强的部门中表现得尤其突出。与农民工群体一样，女性在劳动力市场上也面临突出的歧视，她们经常是非正规劳动力的主要来源，无法被纳入正规的社会保障体系，并往往首当其冲地面临失业的威胁。王美艳（2005）的研究显示，男女在同一行业内的工资差距中，只有 6.9% 是可以由人力资本差异等可解释因素造成的。

3.4 财产不平等

居民的财产积累主要来自收入超过支出转化而成的储蓄，是存量的概念。

反过来，财产的积累也通过带来财产性收入影响收入。改革开放以来，居民收入的持续增长带来了财产积累的机会。财产增加存在规模效应和杠杆效应，往往导致财产差距大于收入差距。UNDP 与中国发展研究基金会共同完成的《中国人类发展报告 2005》显示，2002 年中国居民的收入基尼系数达到 0.45，而同期财产净值的基尼系数则达到 0.55。在各类财产中，土地价值的基尼系数达到 0.67，金融资产的基尼系数达到 0.74，房产净值的基尼系数达到 0.67。

从 2002 年的全国家庭抽样调查数据看，房产在居民总财产中的比重占了 57.9%。Sato 等（2011）的研究也表明，2/3 的财富差距来源于住房财富的差距。由于房产在居民财产中的支配性比重，2003 年以后房地产价格的快速上涨加剧了财产不平等。陈彦斌、邱哲圣（2011）基于 CHIPS 数据和 Bewley 模型的分析表明，财富水平较高的家庭的投资性住房需求挤占了普通家庭的消费性住房需求，从而放大了住房不平等。除了收入最高的 20% 家庭之外，其他家庭（尤其是中低收入家庭）受高房价的负面影响最深。不仅如此，高房价还扭曲了城镇居民的储蓄行为和财产积累行为，年轻人为了追赶房价而增加储蓄，使其生命周期的消费更不平滑，进一步加剧了宏观经济的失衡。

针对房地产市场中房价上涨过快、房价水平过高问题，政府从 2010 年开始采取了一些干预措施，增加了包括经济适用房、廉租房、公租房在内的保障性住房的供给，也采取了限价和限购等手段。这些政策在理论上有助于平抑住房市场价格，但是在实际操作中，还面临着经济适用房分配不公和腐败的问题、保障性住房分配的瞄准机制问题以及中央—地方融资成本分担问题等，政策效果有待观望。而以行政手段为主的限价和限购等手段，不仅扭曲了市场的正常运行，还诱发了假离婚等社会问题。

4. 社会不平等

社会平等是一个内涵相当模糊和内容宽泛的概念。在本报告中，所谓的社会平等或不平等，主要涉及健康、教育和社会保障等内容。尽管一些研究中把收入分配和贫困也作为“社会”研究的内容，本报告则将这两项内容放在经济不平等中处理。

4.1 健康不平等

健康是人类发展最核心的组成部分之一，而且对人类发展的其他维度的发展具有至关重要的影响（UNDP，1990）。改革开放以来，中国城乡居民的健康水平总体有了大幅度的提高。从人口的平均预期寿命看，中国2010年该指标达到了74.83岁，比1981年的67.77岁增加了7岁，比同年世界人口的平均预期寿命高出5岁，比高收入国家及地区低5岁。不仅如此，中国的婴儿死亡率也从1991年的50.2‰下降到2010年的13.1‰。但是在取得这些重大成就的同时，健康不平等问题仍无法忽视。

中国的健康不平等突出地反映在地区和城乡差距上。仍以人均预期寿命为例，2010年上海和北京的人均预期寿命分别达到了80.26岁和80.18岁，高于发达国家的平均水平，而西藏、云南、青海等省区均未达到70岁（国家统计局，2012）。从儿童死亡率看，地区和城乡差距也十分显著（见图4～图5）。以婴儿死亡率为例，农村与城市的婴儿死亡率之比在1991年超过3，到2011年仍然达到2.5之多。婴儿死亡率最高的西部地区与东部京、沪、浙、粤等省市相比，该指标的比率要超过3。5岁以下儿童的死亡率在城乡之间也相差悬殊，城乡之比目前仍超过2。

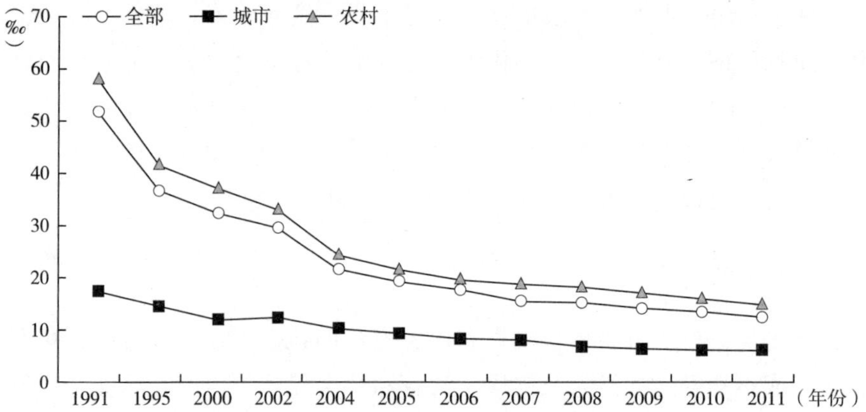

图4　中国的婴儿死亡率（1991～2011年）

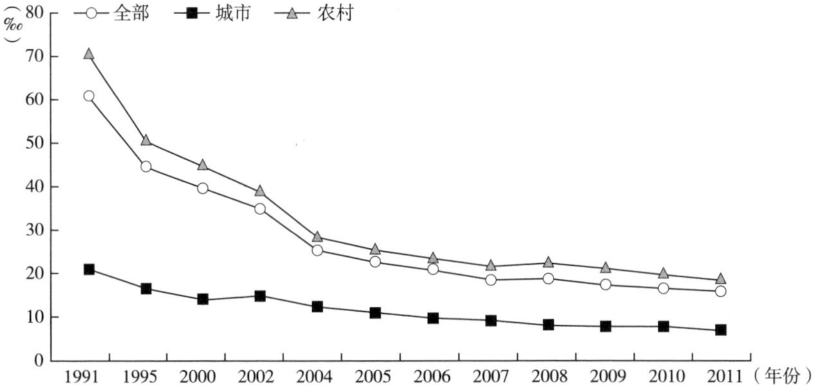

图 5　5 岁以下儿童死亡率（1991～2011 年）

表 1　中国的婴儿死亡率（1991～2011 年）

地区	1991	1995	2000	2002	2004	2005	2006	2007	2008	2009	2010	2011
全部	50.2	36.4	32.2	29.2	21.5	19.0	17.2	15.3	14.9	13.8	13.1	12.1
城市	17.3	14.2	11.8	12.2	10.1	9.1	8.0	7.7	6.5	6.2	5.8	5.8
农村	58.0	41.6	37.0	33.1	24.5	21.6	19.7	18.6	18.4	17.0	16.1	14.7

资料来源：《中国卫生统计年鉴（2012）》。

表 2　5 岁以下儿童死亡率（1991～2011 年）

地区	1991	1995	2000	2002	2004	2005	2006	2007	2008	2009	2010	2011
全部	61	44.5	39.7	34.9	25.0	22.5	20.6	18.1	18.5	17.2	16.4	15.6
城市	20.9	16.4	13.8	14.6	12.0	10.7	9.6	9.0	7.8	7.6	7.3	7.1
农村	71.1	51.1	45.7	39.6	28.5	25.7	23.6	21.8	22.7	21.1	20.1	19.1

资料来源：《中国卫生统计年鉴（2012）》。

这种健康结果上的明显不平等，与不同地区以及城乡居民的医疗卫生服务可获得性密切相关，同时也受不同自然地理条件等客观因素的影响。从筹资的角度看，医疗卫生服务的可及性既与家庭的收入水平相关，也与公共资源的投入水平、结构以及质量有莫大的关联。刘民权、李晓飞、俞建拖（2007）的分析指出，中国各省区的医疗费用支出存在明显的不平等，城乡的人均医疗费用支出自 1997 年以来持续扩大，地区之间的人均医疗卫生支出差距与经济发展水平差距有着紧密的关联。卫生部第四次中国卫生服务调查的数据也显示，大、中、小城市以及一至四类农村在医疗卫生服务的供给水平上存在显著的差距（卫生部，2009）。

4.2　教育不平等

教育也是人类发展的核心维度，对人类发展的诸多其他方面都有深远的影响。中国已经提前多年实现了 MDG 中提出的普及初等教育目标。截至 2010 年底，小学学龄儿童的净入学率已经达到 99.7%。2010 年初中的毛入学率达到了 100.1%（见《中国儿童发展纲要（2011～2020）》）。得益于 2006 年启动的免费义务教育政策，地区与城乡之间初等教育的入学率差距已经基本上消除了。在普及非义务教育方面，中国的成就同样显著。根据《中国儿童发展纲要（2011～2020）》，到 2010 年底，高中的毛入学率已经达到 82.5%，学前教育的毛入学率已经达到 56.6%。高等教育的毛入学率也已经从 1990 年的 3.4% 上升到 2012 年的 30%（见《2013 年中国政府工作报告》）。

尽管有上述成就，教育不平等问题仍不可小视。以高中阶段的毛入学率为例，2010 年北京的该指标达到 98%，而贵州仅有 55%。在平均受教育年限方面，最高的北京达到了 11 年，而最低的西藏只有 4.8 年。性别之间的教育差距尽管在持续缩小，但是第六次人口普查的统计数据显示，2010 年，在 15 岁以上人口中，男性和女性的文盲率分别为 2.52% 和 7.29%，后者接近前者的 3 倍。

从高等教育来看，社会阶层对高等教育入学机会和质量存在着明显的影响。调查显示，管理人员的子女上大学的机会是农民子女的 5.1 倍，专业人员的子女上大学的机会是农民子女的 3.3 倍，办事人员的子女上大学的机会是农民子女的 5.5 倍，商业服务业人员的子女上大学的机会是农民子女的 3.7 倍，产业工人的子女上大学的机会是农民子女的 3.5 倍。父亲是中高收入者，其子女上大学的机会是低收入者的 2.3 倍。不仅如此，管理人员的子女接受大学本科教育的机会是农民子女的 9 倍，而接受大学专科教育的机会为 5.4 倍；专业人员的子女接受大学本科教育的机会是农民子女的 5.6 倍，而接受大学专科教育的机会为 3.3 倍（李春玲，2009）。一些案例研究表明，在北大学生的家庭出身方面，1978～1998 年，来自农村的北大学子比例在两成到四成之间，20 世纪 90 年代中期开始下滑，2000 年至今，这一比例只在一成至一成五之间（刘云彬等，2006）。高等教育的扩张与教育收费的快速上涨相伴随，这使得收入不平等通过学费的门槛效应传递到教育不平等上（刘民权、俞建拖、李鹏飞，2006）。

在学前教育方面，2010年毛入学率已经达到56.6%。然而中国发展研究基金会在中西部地区的相关调查表明，学前教育主要还是集中在镇区及县城以上的城市中，在偏远的贫困山区，学前教育覆盖率还只有1/3左右。2014年11月，国务院颁布了《国家贫困地区儿童发展规划（2014～2020）》（以下简称《规划》），这是首份专门针对贫困地区儿童发展的国家层面的规划。《规划》提出，到2020年，要使学前三年毛入园率达到75%，义务教育巩固率达到93%，视力、听力、智力残疾儿童少年义务教育入学率达到90%。伴随中国在社会领域投资的加大，《规划》的颁布和实施将有助于贫困地区儿童学前教育覆盖率的实质性提高。

4.3 社会保障不平等

社会保障体系作为社会安全网，是促进人类安全（human security）的重要手段。在很多国家，社会保障体系本身也是调节其他经济与社会不平等的关键手段。在改革开放以前，中国在社会保障上实行的是典型的城乡二元制度。在城市，基于城市户口和单位的社会保障体系内容无所不包；而在农村，社会保障主要依托集体经济，而且水平极其低下。改革开放之后，中国的社会保障体系经历了重构过程，单位在社会保障中的作用逐步削弱，但是基于户籍和身份的社会保障体系仍具有明显的分割特征，并造成了显而易见的不平等。2003年以后，基于经济与社会发展以及人口大规模流动的现实，社会保障体系的重建过程明显加快，制度上整合的努力也不断在试验。然而，冰冻三尺非一日之寒，要消除社会保障方面的不平等，仍任重道远。

在城市部门，不同社会身份之间还存在明显的社会保障不平等，国有和公共部门的就业者经常受到过度的保护，而非公共部门（特别是农民工）则面临普遍的保护不足（朱玲，2011）。城镇不同所有制企业和不同行业的从业人员之间也存在明显的保障待遇差别（中国发展研究基金会，2009）（见表3、表4）。

表 3 城镇不同所有制单位就业人员参加社会保障的比例（2007 年）

单位：%

单位所有制性质	参加养老保险的比例	参加医疗保险的比例	参加失业保险的比例
国有经济	83.8	79.7	72.9
城镇集体经济	65.0	53.1	42.6
其他经济类型	69.3	56.4	43.1
城镇个体或私营经济	23.8	19.1	9.4
其他就业者	40.3	36.9	24.0
样本总计	66.5	60.5	51.6

资料来源：中国发展研究基金会（2009）。

表 4 不同行业就业人员参加社会保障的比例（2007 年）

单位：%

行 业	参加养老保险的比例	参加医疗保险的比例	参加失业保险的比例
农业	37.4	59.9	37.4
采矿业	30.3	60.4	54.9
制造业	69.2	56.0	47.7
电气燃气及水的生产和供应	76.4	62.6	42.9
建筑业	53.2	41.4	34.6
交通运输、仓储和邮政	63.0	56.1	42.1
信息传输、计算机服务	55.5	46.4	33.4
批发和零售业	37.3	29.9	18.9
住宿和餐饮业	39.2	32.2	20.6
金融业	68.8	57.5	42.3
房地产业	55.8	49.7	31.3
租赁和商务服务业	48.0	42.5	27.6
科学研究、技术服务和地质勘查	93.8	95.5	93.3
水利、环境和公共设施	54.0	61.4	46.6
居民服务和其他服务业	39.4	33.1	19.3
教育	94.5	95.0	93.6
卫生、社会保障和社会福利	92.7	92.1	90.4
文化、体育和娱乐业	79.7	80.0	75.0
公共管理和社会组织	96.0	96.4	95.0

资料来源：中国发展研究基金会（2009）。

以上仅仅是各类社会保障参保率的差异，如果进一步对比各类保障待遇，则差别更为悬殊。以养老保障为例，按照目前的制度安排，公务员养老的待遇比企业人员的待遇高 2 ~3 倍（李实，2012）。由于国家统计局的收入定义偏窄，城乡差距存在低估。譬如，按照国家统计局定义的收入，2002 年城乡居民收入比为 3.12∶1，如果把城乡居民各类的非货币性收入（包括各类社会保障和福利）考虑在内，这一比例将上升到 4.28∶1（李实、罗楚亮，2007）。

在过去十多年里，中国政府加大了社会保障领域的制度覆盖力度。2008 年国际金融危机爆发以后，社会保障体系建设作为“经济刺激”的重点得到了长足的发展。在农村，新型农村合作医疗制度自 2003 年以来已经覆盖了大约 95% 的农村人口。2007 年，开始在全国建立农村最低生活保障制度。2009 年，将农民工纳入城市养老保险体系的政策出台。同年，全国有 10% 的县作为试点，开始推行新型农村居民社会养老保险制度（朱玲，2010）。在城镇，在原有的城镇职工医疗和养老保险之外，旨在覆盖非从业城镇居民的基本医疗保险于 2010 年在全国全面推行。覆盖城镇户籍非从业人员的城镇居民养老保险于 2011 年开始推行。此外，建立于 20 世纪 90 年代末的城镇居民最低生活保障制度的覆盖人口基本稳定在 2000 万 ~2300 万人。上述的这些努力引人注目，但是由于制度在城乡间的分割，地区上统筹也困难重重，城乡和不同地区的居民实际所能享受的保障待遇存在巨大的差别（朱玲，2010；Ravallion 等，2009）。

5. 自然资源与生态环境不平等

5.1 自然资源不平等

自然资源是指天然存在（不包括人类加工制造的原材料）并有利用价值的自然物，包括土地、矿藏、水利、生物、气候、海洋等资源。所谓的自然资源不平等，在本文主要是指对自然资源在拥有以及开发利用（并获益）上的不平等。

在中国，法律上自然资源属于国家所有。从物权的角度看，按照自然资源的实际用途，又可以分为社会公共财产和国家财产两类，前者服务于某些公共用途，任何个人都享有按其公共用途加以使用的非排他性权利，而政府则无权随意处置其用途或利用其获得收入；后者为具有私人财产性质的政府财产，国家对这类财产享有排他性的法人财产权，基本上应适用民法规范（肖泽晟，2007；邱秋，2010）。所以，从直接的所有权角度来看，中国自然资源的不平等问题不那么突出。

自然资源使用权和收益权的不平等有两方面的原因。一是自然原因。自然资源的分布本身就存在地区差异，在中国这样一个领土面积广袤、地形地貌多样的国家尤其如此。这种自然原因造成的自然资源使用权和收益权的不平等在任何国家都存在，在自由迁徙制度下，这种不平等也可以通过“用脚投票”来进行一定程度的消除，因此相对而言不那么难以被社会接受。二是制度原因，即由于自然资源开发存在身份、资本规模上的限制，人们在利用自然资源的机会、能力以及由此获得的收益方面有很大的差距，这是本文所关注的议题。

从对自然资源的使用权和收益权来看，中国的自然资源不平等仍存在不可忽视的挑战，突出表现为以下几个方面。第一，与国有资本相比，民营资本在进入资源型产业的过程中存在制度上的身份歧视。民营资本的规模普遍偏小，加上资源型行业进入存在的规模门槛，进一步放大了国有资本和民营资本在资源开发利用中的差距。由此引起的行业不平等，在本文第三部分中已有所提及。第二，农民集体对土地的所有权、使用权和收益权得不到有效保障，在土地国有化（征收）过程中处于弱势地位。按照现行普遍实施的征地制度，对农民集体的补偿以被征土地上若干年份农作物产出加少量补偿（如入社保和安置就业）为主，而不是根据土地的市场价值来进行补偿。这样一种不平等的土地征收补偿制度，一方面刺激了地方政府大搞土地财政，另一方面也造就了规模达4000万~5000万的失地农民，带来了沉重的失地农民安置问题以及社会不稳定因素。相关研究显示，目前农民上访中有60%与土地有关，其中30%又跟征地有关，土地纠纷已经成为目前农民维权活动的焦点（中国社科院城市发展与环境研究所，2011）。第三，户籍制度对自由迁徙权的限制，事实上也导致了许多处于偏远贫困地区的居民无法通过“用脚投票”来摆脱本地恶劣自然资源禀赋的负面影响。第四，由于在资源开发利用过程中缺少透明和监督，容易滋生权钱交易等腐败行为，也进一步恶化了资源使用以及收益上的不平等。

5.2 生态环境不平等

生态环境的不平等既包括同一代人内部的不平等（代内不平等），也包括不同世代之间的不平等（代际不平等）。对自然资源的过度攫取以及生态环境的破坏本身就是一种代际不平等。

随着中国工业化和城市化进程的推进，如何控制污染物的排放及其负面影响成为当前中国发展面临的巨大挑战，节能减排也成为当下中国经济结构调整的重要内容。在水污染方面，到2012年，全国废水排放总量684.8亿吨，化学需氧量排放总量2423.7万吨，长江、黄河、珠江、松花江、淮河、海河、辽河、浙闽片河流、西北诸河和西南诸河十大流域的国控断面中，Ⅰ~Ⅲ类、Ⅳ~Ⅴ类和劣Ⅴ类水质断面比例分别为68.9%、20.9%和10.2%（环保部，2013a、b）。从空气污染看，全国二氧化硫排放总量为2117.6万吨（环保部，2013b）。截至2012年底，京津冀、长三角、珠三角等重点区域以及直辖市、省会城市和计划单列市共74个城市开始按照新的空气质量标准进行检测，结果表明，地级以上城市达标比例为40.9%，下降50.5个百分点；环保重点城市达标比例为23.9%，下降64.6个百分点（环保部，2013a）。此外，中国的二氧化碳排放量已经超过美国，中国已成为世界最大的排放国（见图6）。除此之外，城市和农村的固体废弃物的快速增长也不可小视。以上这些环境问题都构成了巨大的代际生态环境不平等。

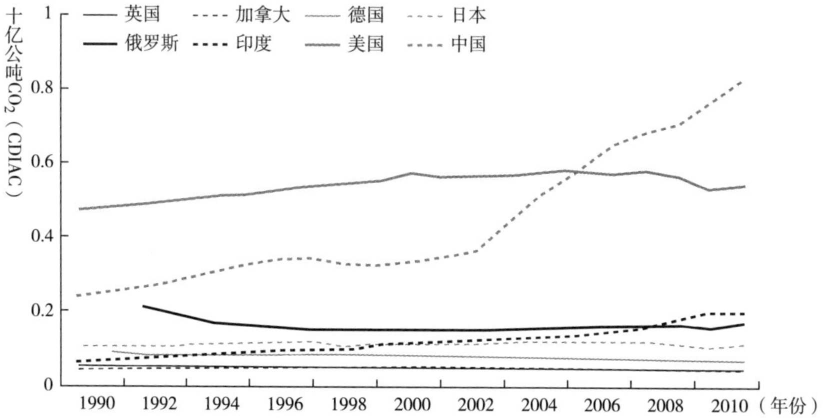

图6 全球碳排放

资料来源：联合国MDG网站。

从代内不平等看，不同地区所面临的生态环境挑战也存在显著差异。譬如，在城镇地区，清洁水和改进的卫生设施的可获得性已经基本得到了保障，但在农村问题仍然不可忽视。根据卫生部的统计，截至 2011 年底，改水累计受益人口占农村人口的比重为 94.2%，尚有近 6% 的农村人口无法获得基本的清洁饮用水，主要集中在中西部缺水地区；农村卫生厕所普及率为 69.2%，近 1/3 的农村人口缺乏卫生厕所。而从空气质量来看，东部发达地区和中西部重工业密集地区的城市部门更多地受到空气污染的威胁，环保重点城市的空气质量达标比例不到 1/4（环保部，2013a）；而农村地区的空气质量总体仍处于较好水平。这些对比无法覆盖各地区和不同社会群体生态环境不平等的全貌，但是需要强调的是，面对环境污染和生态退化，穷人往往由于收入、资源和能力方面的不足，无法在事前和事后有效抵御环境污染和生态退化带来的负面影响（刘民权、俞建拖，2010）。

6. 中国经济与社会不平等的制度成因与对策

前述对中国经济与社会不平等现象的分析，已经隐约涉及各种不平等的原因。但是，要全面地解剖导致这些不平等的因素，仍是一项复杂而艰巨的工程。这种复杂性尤其反映在以下几个方面：第一，影响不平等的诸多因素之间存在着复杂的相互影响关系；第二，不平等的各种结果之间也存在着相互影响关系；第三，很多因素对不平等产生的影响不是单向的，既有减少不平等的影响，也有扩大不平等的影响。这种交互影响以及影响的非单向性，既增加了成因分析的难度，对消除不平等政策的制订提出了更高的要求，也丰富了政策选择，譬如，一些旨在消除健康不平等的政策实际上也会减少居民在收入分配上的差距。

在现有文献中，关于中国各类不平等现象成因的研究可谓汗牛充栋。但是从政策的角度看，我们可以把这些因素归为两大类：一是非制度性因素，包括自然地理和环境、社会传统、历史等；二是制度性因素，在本文中主要是指政府政策、法规、规划等狭义上的制度安排。在许多文献中，社会传统、习俗、规则等也被视为广义上的制度。本文集中关注狭义的制度，主要目的是为政策干预提供更直接的参考，并不表示社会传统、习俗、规则等因素在不平等的成因中无足轻重。事实上，在诸如性别平等问题上，由政府制定的显性制度安排通常更具有公平性，但往往不足以纠正社会传统、习俗的强大而持久的影响。同样，本文划分制度性因素和非制度性因素，并主要关注前者，并不表明后者对政策干预没有价值，许多政策干预措施的制定都必须正视非制度因素的影响并进行针对性的设计。

6.1 不平等的制度成因

导致和影响经济社会不平等的制度和政策种类繁多，而且这些政策之间也相互影响。本文不打算对这些政策进行穷尽的列表，事实上这也是不可能完成的任务，而只是关注一些基础性的政策和制度安排。

户籍制度

在造成当下中国各种经济和社会不平等的制度安排中，形成于20世纪50年代的户籍制度可能是最根深蒂固、影响最持久的制度之一。户籍制度制造的各种不平等主要通过以下途径实现：第一，直接限定了不同身份群体获取经济机会的资格和利用这些机会的能力；第二，直接限定了不同身份群体获得各种社会福利的资格、范围和水平；第三，限制了各类主体跨城乡、地区、部门流动的可能性；第四，制造了根深蒂固的社会身份差别和歧视。改革开放以后，户籍制度在不同层面上有所松动，劳动力的城乡和地区转移成为可能，但是由于户籍中仍然附着各种社会福利、劳动权利以及进入市场的资格条件（如住房的限购），所以至今仍然是最难撼动的制度藩篱之一。

区域梯度发展战略

在改革开放后，中国采取了区域梯度发展（尤其是对外开放）的战略。做出这样的战略选择，主要基于两个原因：其一，考虑到先开放（发展）地区独特的区位、历史、经济和社会条件；其二，在改革开放初期，许多政策措施都带有试验性质，只能先在局部进行试验，然后逐渐推广。客观地说，中国的梯度发展战略包含了几个阶段。这一战略的设想是，在早期阶段，允许东部沿海地区率先发展；等到东部地区发展起来以后，逐步带动中西部地区发展。应该说，这样一种构想包含着在一定阶段之后逐步弥合发展差距的内容，但是在实践中，实施起来颇有难度。一来发展存在路径依赖；二来在发展中利益分化形成了地方的各自利益诉求，要纠正很困难；三是一些发展时机和发展条件具有不可复制性，中西部地区一旦错过，要补救殊为不易。

不论区域梯度发展的理论和现实考量是什么，这样一种梯度发展战略在客观上使东部沿海地区在改革开放的前20年里迅速发展，将中西部地区远远抛在了身后。经济发展的差距带来东、中、西部地区政府在公共服务能力上的差距，也导致了社会观念、理念上的差距。

从20世纪90年代末开始，中国开始采取一种更为均衡的区域发展战略，先后通过“西部大开发”“东北老工业基地振兴”“中部崛起”等政策举措，对中、西部地区的发展加大了扶持力度。这些政策总体上收到了成效，自2005年前后开始，省级人均GDP、人均收入和消费的差距开始逐步缩小，目前已经回到20世纪90年代初期水平（李善同，2012）。但是，经济上区域不平等的下降要传递到社会领域，还需要一个过程。

不平衡的公共财政体制

城乡和不同地区的基本公共服务差别，一方面源于地方经济发展水平差距造成的财政能力差距，另一方面也源于基本公共服务支出在财税支出结构中的弱化。不仅如此，1994年以后的分税制改革后，政府的财政能力更多地向中央政府倾斜，而基本公共服务的支出责任则更多地下放给地方政府，这也使基本公共服务的均等化变得更加困难。在这样一种财政体制下，地方政府为了寻求更快的经济增长和更充分的收入来源，更热衷于发展有利于快速增加GDP的投资，忽视基本公共服务的供给。

市场化改革和对外开放

在计划经济时代，通过严格的计划管制和人为的抑制，城镇内部、农村内部的发展差距相对较小，处于一种压抑的平等状态。城乡之间的差距也更体现在各种资格差距上（如各种票证和价格管制），而非以收入和消费衡量的物质生活水平上（尽管城乡在物质生活水平上仍存在一定的差距）。随着市场化改革的推进以及对外开放（使中国经济融入全球分工），原来被抑制的要素禀赋差距得以显性化，这在一定程度上促使了经济和社会发展差距的显性化。

市场垄断和分割

中国从计划经济向市场经济的转变并没有最终完成，还存在计划经济时代遗留下来的规模庞大的国有企业。理论上，国有企业的存在并不必然有碍公平，相反，因为国企的公共属性，可能更有助于促进经济社会福祉。但是在实际上，许多国有企业依托对行政和政策的影响力，在市场上保有一种不合理的特权；许多国有企业是市场上的垄断者。市场化改革的不彻底，使不同所有制企业的从业人员不论是在经济上还是在其他社会福利和公共服务的占有上都处于不平衡态势。

6.2 促进平等的政策举措

根据对中国各类不平等及其制度成因的回顾，我们对下一步推进公平发展有以下建议。

进一步推进户籍制度改革，促进劳动力的自由流动，减少劳动力市场的分割

大幅度降低特大城市和大城市的户籍门槛，优先并分步骤解决已经进城的具有稳定就业且缴纳社会保险人员的落户问题，促进新进城农民工及其家庭与原有城市户籍居民的基本公共服务和福利安排均等化。

收入分配制度改革要以初次分配为主，再分配为辅

居民收入来源中初次分配占主要地位，初次分配的不平等对总体不平等具有支配性作用，应是政策的着力点。但是，强调初次分配改革的重要性，需要的是政府打破阻碍市场有效运行的各种体制和政策障碍，推动市场的整合，而不是政府直接干预市场运行甚至直接管制要素、商品和劳务的价格。针对不同收入人群，政策上应各有侧重：对于低收入群体，再分配政策可以发挥更重要的作用；对于中等收入群体，重点在提高劳动收入比重上；对于高收入群体，应充分发挥税收的再调节作用。

实施人力资本发展战略

儿童发展必须被赋予优先性，并在指标上得到更全面的反映。应减少儿童在食物可获得性以及营养上的剥夺，应将儿童在早期教育、中等教育上的权利等作为关键的指标予以考虑。制定并实施到2020年的综合性儿童早期发展战略，加强对6岁以前儿童的营养投入，全面普及3年学前教育。巩固“两免一补”的成果，并提高贫困农村地区“一补”的标准，缩小城乡和地区在义务教育阶段教育质量和营养水平上的差距。大力发展职业教育和继续推进高等教育体制改革，并将之与产业结构转型升级紧密结合。

深化国有企业和垄断行业的改革

在金融、铁路、民航、矿产资源、电力和能源等领域，进一步放宽对民营企业的准入限制，促进市场竞争。对于因经济战略需要保持国有企业垄断地位的行业，要提高该领域国有企业分红的比例，用以支持普惠性社会福利体系的建设和其他公共服务领域的投入，使国有企业的收益更大程度地惠及全民。

优化中央—地方的财政转移支付制度

根据具体转移支付项目的性质，对现行一般性转移支付和专项转移支付进行重新划分和界定，使之更符合地方基本公共服务财力均等化的要求。在专项转移支付中，加大对经济欠发达地区、贫困和弱势人群的转移支付力度。

结构性减税与增税并举，降低经济总体税负

积极落实对中小企业的结构性减税，全面推行增值税和营业税改革。扩大房地产税的试点，更多地利用市场手段对房地产市场进行调控，抑制城镇财产性收入差距的过快上升。在保证总体税负有所下降的前提下，适时开征环境税，并提高与能源、矿产资源以及水资源利用相关的税收标准。提高地方政府的财政能力和公共服务能力。

构建普惠的社会安全网

社会安全网包括但不限于养老计划、医疗保险、失业保险、最低生活保障等。应通过深化户籍制度改革，促进不同人群社会保障安排的衔接。此外，还需要完善灾害风险管理体系，以提高社区以及各相关利益方应对灾害的能力。

保障国民对水、土地、能源等资源的基本需求

自然资源是人类共同的财富，因此所有人都有权获得最低程度的资源保障，并从中获取收益，以过上体面的生活。政府有责任保障国民对这些资源的最低需求和收益权利，通过税收以及财政补贴等手段，减少自然资源实际使用以及收益上的不平等。积极推进城乡统一土地市场建设，实现城乡土地同权同价。健全自然资源资产产权制度和用途管制制度，完善自然资源监管体系。

积极倡导绿色发展，加大环境保护力度

在政府发展规划的制定中，需要进一步严格生态环境领域的约束，避免资源的过度开发和环境污染的进一步恶化。按照主体功能区制度，对国土空间的开发进行严格的限制。加快自然资源及其产品的价格改革，反映资源的稀缺程度以及生态环境损害的成本，坚持谁使用谁付费、谁污染谁付费的原则。改革污染排放许可制度，对重要污染物的排放实行总量控制，严格对环境污染责任的追究和惩罚制度。加大技术创新，从根源上减少资源的消耗和污染物的排放。

政府治理的现代化

着力提高政府的效能以及对国民发展需求的快速回应，提高政府治理的透明度和规范化，打击腐败，建立按规则治理体系，合理利用 ICT 技术的发展改进政府治理水平。

扩大私人部门和公民社会组织在发展进程中的参与

鼓励企业在提供就业机会、控制污染物排放和节约资源、劳工权益保护以及更广泛的领域履行企业社会责任。邀请私人部门和公民社会参与关键发展政策的讨论，确保公民社会在发展政策的制定以及实施中扮演更积极的角色，吸收借鉴他们的创新性思想和方法，并邀请他们参与到相关政策实施进展的评估、监督工作中。

7. 结语

中国的发展正在经历经济、社会以及政治的多重转型。中共十八届三中全会提出的全方位、综合性改革方案，旨在平滑转型过程，使中国稳步从中上等收入国家迈向高收入国家，并建立现代国家治理体系。但是，新一轮改革能否顺利推进，在很大程度上取决于中国能否妥善处理依然存在的严重的发展不平等问题。可以说，在当前，应对发展的不平等问题，不仅是一个政策目标，也是在为中国建立公平、共享、可持续的发展模式创造条件。

应对中国的发展不平等问题，需要厘清诸种不平等现象之间的交互关系，更需要厘清这些不平等的深层机制和制度原因，此外，还需要看到这些机制和体制也存在层次上的不同以及交互的作用。这些多层次交互作用增加了问题解决的复杂性，同时也暗示着通过综合性改革来予以解决的可能性。

中国的发展不平等问题可以用“冰冻三尺非一日之寒”来形容。在运用综合性的经济、社会、政治手段的同时，还需要恰当地管理社会的预期并保持充分的耐心。即使政策的方向和策略都是正确的，真正使发展不平等降低到社会满意的程度，也可能需要十年甚至更长的时间。这就需要通过政府与社会的积极沟通，形成对改革方案的共识，协调分工与行动的步骤，通过政府、社会与私人部门的共同合作，最终建成美好社会。

参考文献

1. Nussbaum, M. (1988). "Nature, Function and Capability: Aristotle on Political Distribution." Oxford Studies in Ancient Philosophy, Supplementary Volume: 145 – 184.

2. Nussbaum, M. (1995). "Human Capability, Female Human Beings," in Martha Nussbaum and Jonathan Glover (eds.). *Women, Culture and Development: A Study of Human Capabilities*, pp. 61 – 104. Oxford, UK: Clarendon Press.

3. Rawls, J. (1971). *A Theory of Justice*. The Belknap Press of Harvard University Press.

4. Robeyns, I. (2003). "Sen's Capability Approach and Gender Inequality: Selecting Relevant Capabilities," *Feminist Economics* 9 (2 – 3): 61 – 92.

5. Sen, A. K. (1985). *Commodities and Capabilities*. New York: Oxford University Press.

6. Sen, A. K. (1999). *Development as Freedom*. New York: Alfred A. Knopf, Inc.

7. United Nations Development Programme (1990). Human Development Report 1990. Oxford, UK: Oxford University Press.

8. 贡森、李秉勤：《中国的不平等：一个案例研究》，救助儿童会驻华代表处，2013。

9. 管晓明、李云娥：《行业垄断的收入分配效应——对城镇垄断部门的实证分析》，《中央财经大学学报》2007 年第 3 期。

10. 环保部（2013a）：《中国环境状况公报 2012》，环保部网站。

11. 环保部（2013b）：《中国环境统计公报 2012》，环保部网站。

12. 卫生部（2012）：《2012 年中国卫生统计年鉴》，国家卫生和计划生育委员会网站。

13. 李立新（2013）：《劳务派遣女工的劳动权益保障盲点和法律完善》，《妇女研究论丛》第 3 期。

14. 李实、罗楚亮（2007）：《中国城乡居民收入差距的重新估计》，《北京大学学报》（哲学社会科学版）第 2 期。

15. 李实（2012）：《中国收入差距的现状、趋势及其影响因素》，载中国发展研究基金会主编的《转折期的中国收入分配：中国收入分配相关政策的影响评估》，第 2 章。

16. 刘民权、李晓飞、俞建拖（2007）：《我国政府卫生支出及其公平性探讨》，《南京大学学报》（哲学·人文科学·社会科学版）第 3 期。

17. 刘民权、俞建拖、王曲（2009）：《人类发展视角与可持续发展》，《南京大学学报》（哲学·人文科学·社会科学版）第 1 期。

18. 刘民权、俞建拖（2010）：《环境与人类发展：一个文献述评》，《北京大学学报》（哲学社会科学版）第 2 期。
19. 罗楚亮、岳希明、李实（2011）：《对王小鲁的灰色收入估算的质疑》，《比较》第 52 辑。
20. 邱秋（2010）：《中国自然资源国家所有权制度研究》，科学出版社。
21. 任重、周云波（2009）：《垄断对我国行业收入差距的影响到底有多大》，《经济理论与经济管理》第 4 期。
22. 孙立平（2003）：《断裂：20 世纪 90 年代以来的中国社会》，社会科学文献出版社。
23. UNDP 驻华代表处、中国发展研究基金会（2005）：《中国人类发展报告 2005：追求公平的人类发展》，中国对外翻译出版公司。
24. 王小鲁（2007）：《收入差距过大：储蓄过度消费不足的内在原因》，《开放导报》第 5 期。
25. 王小鲁（2008）：《灰色收入与居民收入差距》，中国经济改革研究基金会国民经济研究所工作论文。
26. 温铁军等（2013）：《八次危机：中国的真实经验（1949～2009）》，东方出版社。
27. 西南财经大学课题组（2012）：《中国家庭金融调查报告 2012》，西南财经大学出版社。
28. 肖泽晟（2007）：《社会公共财产与国家私产的分野——对我国“自然资源国有”的一种解释》，《浙江学刊》第 6 期。
29. 许营（2013）：《社会转型期西部地区农村贫困问题探析》，《重庆与世界》（学术版）第 4 期。
30. 岳希明、李实（2013）：《真假基尼系数》，《南风窗》，http://www.nfcmag.com/article/3919.html。
31. 中国发展研究基金会（2007）：《中国发展报告 2007：在发展中消除贫困》，中国发展出版社。
32. 中国发展研究基金会（2009）：《中国发展报告 2008/09：构建全民共享的发展型社会福利体系》，中国发展出版社。
33. 中国发展研究基金会（2012）：《转折期的中国收入分配：中国收入分配相关政策的影响评估》，中国发展出版社。
34. 中国发展研究基金会（2013）：《迈向公平而可持续的发展：后 2015 国际发展议程的中国视角》。
35. 中国社会科学院陆学艺课题组（2010）：《当代中国社会结构》，社会科学文献出版社。

南非："小心空隙"：对南非不平等趋势特征的评价和抗击不平等的国家政策的分析*

执行摘要

本报告从三个政策议题领域对政策趋势进行评价和分析，包括：(1) 经济政策和政府治理，(2) 社会保障，(3) 土地和农业改革，为政策倡导提供依据，并推动以证据为基础的政策对话和基于研究的替代方案建议。本报告具体关注以下几个相互关联的方面：

——不平等趋势的性质评价——南非与现有不平等的范围（不平等—南非）；

——南非解决不平等问题的国家政策分析。

2013 年《非洲经济展望》（AEO）报告特别强调，南非的经济增长伴随着减贫的无效、失业问题的持续和收入不平等的不断扩大。在一些情况下，虽然贫困看起来有所减少，不平等问题却没有实质性改善。这种情况非常典型。证据显示，社会现金补助虽然使贫困率有所降低，但是对降低不平等却不起作用。多项研究表明收入不平等已经在基尼系数的小幅上升中体现出来了。当今，不平等问题的严重程度是空前的，是南非乃至全球各国都需要应对的挑战，因为不平等对发展中和发达国家都有影响。

深层次的观察可以看出，南非的不平等源于历史上的殖民和种族隔离政策。然而，我们不能忽略新出现的因素，因为这些新的因素不仅固化了历史

---

* 本报告由南非经济公正网络（EJN）代表南非不平等网络（SANI）委托撰写，报告得到了欧盟委员会和南非乐施会的支持，但并不必然代表欧盟、乐施会的政策立场。
研究伙伴：贫困和不平等研究机构（SPII），贫困、土地和农业研究机构（PLAAS）。

上的不平等，还进一步扩大了不平等的差距。1948～1994年，随着固化种族优劣的法律出现，种族隔离系统和观念进一步深化。最关键的是，种族隔离在影响黑人权利的同时给予白种人特权。黑人的基本政治权利被剥夺，他们被排斥在社会政策决策之外，失去了居住选择权、流动迁移权、教育和福利权利，也被剥夺了累积资产和经营的权利。

收入的高度不平等是亟待解决的问题，又是中长期需要持续解决的问题。从政策层面来看，需要严肃地考虑解决再分配问题的财政政策工具的安排。个人收入税（PIT）和固定税率增值税（VAT）是我们提供的两点政策建议。

收入最高的10%人群的收入仍在高速增长，这自然会加剧收入不平等。我们建议，首先，如同许多欧洲国家在金融危机后为解决收入不平等问题采取的政策一样，应该将收入最高群体的边际税率提高至45%。第二个建议是，确保税级与通胀严格一致，防止"税级攀升"引致的漏税。第三个建议是，应该立即终止与年度国家预算同时公布的、降低个人收入税的免税措施。

我们认为，这些建议的重要核心是国家必须明确地把财政政策作为积极的再分配手段。

在增值税方面，我们建议对基本食物的零税率进行重新评价，以保证贫困人口消费的所有主要未加工食物维持零税率。还应调整增值税税率，增加进口奢侈商品税率，以支持本地产品。

在社会保障方面，值得注意的是，虽然政策制订者积极宣称社会保障特别是社会救助带来的收入替代好处，对救助金价值的评价应对照需求进行评估。通过"儿童支持资金"（CSG）的由来部分，可以清楚地看出，关键从来不在于去确定其资金价值，鉴于儿童事业发展是发展的关键一环，我们相信其无论如何都是重要的。此外，由于南非儿童贫困问题的普遍性，如果继续采取经济状况审查的做法，会增添贫困父母和监护人的行政负担，并且常常把本来符合条件的人们排除在外。通过普及儿童支持资金，并通过税收抽取中产和精英家庭的收入进行补偿性调节，就能完全避免这种风险。

从土地改革的视角来看，农村发展政策需要体现未来农村土地经济和社会结构特点，需要制定令人信服和详细的政策，特别是在"做什么"（如财富创造的优先性，资源以及政府投资的地理和部门的优先性）和"怎么做"方面。农业改革应该关注南非本身，能使广大小生产者实现积累的、更加多元的农业政策才是通往“发展”的主要路径。

背　景

几十年来，非洲一直在与贫困和不平等进行抗争。非洲大陆近几年出现的高速增长并没有降低贫困和不平等的比例。在2012年的报告中，联合国非洲经济委员会（UNECA）称：

> 过去十年尽管非洲经济增长加速，但是，非洲人民的整体福利水平并没有因此得到改善，社会指标仅仅出现缓慢上升，而失业率，特别是年轻人的失业率一直居高不下，收入不均也在扩大。

2013年《非洲经济展望》报告特别强调，南非在经济增长的同时伴随着减贫的无效、失业问题的持续和收入不平等的不断扩大。在一些情况下，虽然贫困看起来有所减少，不平等问题却没有获得实质性改善。南非是个典型的例子。有证据显示，社会现金补助虽然使贫困率有所降低，[①] 但对降低不平等却不起作用。收入不平等显示基尼系数产生的小幅增长在多项研究中被证实。[②] 当今，不平等问题的严重程度是空前的，是南非乃至全球各国都需要应对的挑战，因为不平等对发展中和发达国家都有影响。

经合组织（OECD）对发达国家的研究显示，全球金融危机发生之前的30年中，虽然主要经合组织国家工资差距扩大、家庭收入不均有所加剧，但都出现了持续的经济和就业增长。[③] 到目前为止，南非的问题并不仅仅是不平等，而且还包括贫困和失业，是三重挑战。持续不断的抗议和罢工提醒着这“三重挑战”的存在。从2008年开始，估计每年有超过200万人走上街头示威，[④] 受影响的人们不断对贫困、腐败、失业及公共产品和服务的缺乏和失衡提出抗议。

---

① Leibbrandt，M. 等：《种族隔离政策之后南非收入分配趋势》，经合组织：《社会、就业和流动工作报告》，第101期，2010，doi：10. 1787/5kmms0t7p1ms－en。

② Bhorat，H. Van Der Westhuizen，C. 2012. DPRU 报告，第2页，http：//us－cdn. creamermedia. co. za/assets/articles/attachments/43772_ dprugrowthpoverty. pdf。

③ Kumar，C. 2014－税收公义，CA 报告。

④ Plaut，M. The New Statesmen，2012年8月20日。

如果政府不转变关注的重点和进行根本性的改革，未来将会更加暗淡。自1994年步入民主以来，非洲人国民大会（ANC）带领政府实施新的政策制订流程，对过去的种族隔离法律进行了彻底的检视，与宪法的指导原则达成一致。虽然这个过程被视为全面的政治、宪法和社会经济的变革和转型，结果却仍喜忧参半。

有评论指出，在新的南非，非洲人国民大会"过分关注建立与之前不同的法律和政策"，却忽略了这些新法律和政策的实施，对此非洲人国民大会政府也表示接受。① 政策实施的不力使得政策的存在无法转化为有效结果。

报告目标

本报告从三个政策议题领域对政策趋势进行评价和分析，包括（1）经济政策和政府治理；（2）社会保障；（3）土地和农业改革，为政策倡导提供依据，并推动以证据为基础的政策对话和基于研究的替代方案建议。本报告具体关注以下几个相互关联的方面：

——对不平等趋势的性质进行评价——南非和对不平等研究的观察（不平等议题—南非）；以及

——对南非应对不平等的国家政策进行分析。

报告共包括三大部分：第一部分以民主的视角来审视不平等的趋势；第二部分是政策分析，对三个主旨领域中与应对不平等有关的内容进行讨论；第三部分总结了政策的价值、优势、弱势或缺陷。报告最后是要点总结和政策建议。

第一部分：民主南非的不平等趋势

尽管南非属于中等偏高收入国家，数百万南非人民仍然生活在极度贫困中，而很小一部分精英阶层则不断获取利益，变得愈加富裕。南非的基尼系数高达0.63，根据最新的人类发展指数，它是世界上收入最不平等的国家之一。②

---

① ToR背景，第2页。

② 《人类发展报告》，2013，http：//hdr. undp. org/sites/default/files/reports/14/hdr2013_en_complete. pdf。

值得提及的是，不平等并不仅仅体现在收入或者经济实力上，还体现在所有方面，比如基于性别、种族或者地域的差异，决定个人和群体如何实现他们对自己生活的掌控和发展。[①] 这些差异构成一幅复杂的图景，其中最贫困的人群遭受着最多的困苦。有意思的是，南非以0.46的得分排名全球性别不平等第90位，与整体不平等指数相比，南非在这个排名中的表现似乎较好。

不平等的结果多种多样。除了侵犯平等权利和正义的实现外，它还有社会和经济影响。只有能够获得资源的人有机会参与经济，不平等将一部分人排除在经济参与外，导致经济增长速度减缓。此外，在贫困的社区和乡镇，由于人们没有足够的收入来购买产品（缺乏需求或者购买力），生产无法转化为持续经营的商业活动，地方经济生产持续衰败。[②]

深层次的观察可以看到，南非的不平等源于之前的殖民和种族隔离，但是，这并不是说不平等与新的因素无关。新情况的出现，不仅固化了历史因素造成的不平等，还进一步扩大了不平等带来的差距。1948～1994年，随着固化种族优劣的法律的出现，种族隔离系统和观念进一步深化。最关键的是，种族隔离在影响黑人权利的同时，给予白种人特权。黑人的基本政治权利被剥夺，他们被排斥在社会政策决策之外，失去了居住选择权、流动迁移权、教育和福利权利，也被剥夺了累积资产和经营的权利。[③]

更有甚者，数百万人民的积累被系统性地剥夺，包括住房和财产。种族之间彼此隔离，加深了社会的分化，导致种族的隔离与边缘化代代相传，不断固化。当南非经济从初级的采掘业和农业转向要求较高技能劳动力的第二产业和服务业时，市场对低技能劳动力的需求减少，由于低技能劳动力得不到必要的培训，社会分化将进一步固化。[④]

南非实现民主20年来，不平等议题在后种族隔离时代占据最重要的位置。在被边缘化的、受到贫困冲击的数百万南非人民中，充满着一触即发的愤怒情绪。在种族隔离时代结束后，尽管政府实施了不同的经济政策和策略（包括黑

---

① Kumar，C.：《非洲崛起？不平等与公平税收的基本角色》，税收公平网络，内罗毕，2014，第12页。

② Frye，I. S. Farred，G. 2011.

③ Stadler，1987.

④ Frye，I.：《南非的贫困、社会保障和公民社会：对变革的思考》，2008年12月，第8页。

人经济赋权措施和土地归还）来解决这个问题，但政策的影响和效果令人失望。① 福布斯排名显示，2012 年南非富人的富裕程度明显提高，他们的财富净值也在增加，富人更富，穷人更穷。通过黑人经济赋权措施和财富再分配，部分财富从白人商业领域转移到黑人商业领域，但是，受益人数却少之又少。②

1993 年以来的世界银行指标显示，南非的收入不平等急剧恶化，2012 年达到峰值（见图 1）。经合组织的一份报告全面分析了 1993 年、2000 年和 2008 年的收入分配趋势并进行了家庭普查。报告发现，基尼系数从 1993 年的 66% 上升到 2008 年的 70%，以国际标准来看，后者显然过高，并远远超过跨国对比研究所采用的数值。③

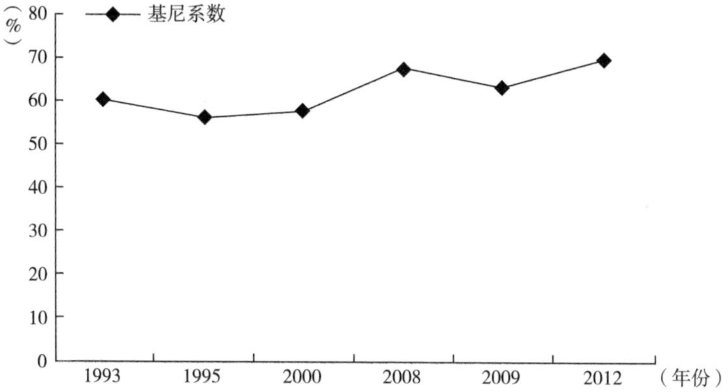

图 1　不平等问题的趋势

资料来源：2012 年全球发展指标和南非统计数据。

由于全国统计数据分析使用的是收入数据，对不平等问题的判断更加接近事实，也比世界银行报告的数据更加准确，因为后者的数据是以支出为基础进行跨国对比的。

---

① Kumar C.，2014.

② 《商业报道》，2013 年 8 月 6 日，http：//www. iol. co. za/business/news/johannesburg – is – home – to – the – rich – and – richer – 1. 1558031#. UwyMI_ mSx1Y。

③ Leibbrandt，M. Woolard，I. McEwen，H. Koep，C.：《南非的就业和不公结果》，经合组织，2009，http：//www. oecd. org/els/emp/45282868. pdf。

2005～2010年，收入最高的10%家庭的平均收入上升了70.3%，从271256兰特增加到461000兰特，而收入最低的10%家庭的户均收入则从1159兰特增加到1727兰特，提高幅度为49%。①

根据2011/2012年收入和支出调查②对收入变化所进行的观察，以印度人/亚洲人为户主的家庭，收入平均增加了36.8%（增加68013兰特），紧跟其后的是以非洲黑人为户主的家庭，收入增加34.5%（增加17859兰特）。③ 以有色人种为户主的家庭，收入增长了27.7%（增加30152兰特），而以白人为户主的家庭收入增长仅仅是0.4%（或者，接近1142兰特）。四个类别的收入平均增长是24.9%，尽管以非白人为户主的家庭收入增长显著，不同分类人群之间仍然存在巨大差异。以白人为户主家庭的收入是以黑人为户主家庭收入的5.5倍以上。所以，收入增长趋势虽然展现出积极的一面，但是不平等问题仍然非常严重。

尽管不同种族之间的不平等状况非常严重，如果按不同种族群体之间的不平等最高水平计算，1993～2008年的指数下降了21%，最大的降低幅度出现在2000年以前。通过展示各个种族群体的基尼系数，表1说明种族内部的不平等急剧扩大。2008年，南非人口比例最大的种族群体是非洲裔群体，占人口总数的80%，该群体内部的不平等在四个主要种族群体中最为严重。非洲裔人口的基尼系数比白种人高0.12个点。所以，在影响整体不平等变化的各种因素中，种族群体内部的因素越来越重要，而非洲裔人群中的因素则显得更加重要。

表1　各种族收入不平等趋势

种族群体	1993	2000	2005	2008	2012	变化（1993～2008）（%）
整　体	0.67	0.67	0.72	0.7	0.68	1
非洲裔	0.55	0.61	0.62	0.62	—	13

① 收入和支出调查多个年份的数据，www.statssa.gov.za。

② 由南非统计机构进行，www.statssa.gov.za。

③ 指名义上的增加。

续表

种族群体	1993	2000	2005	2008	2012	变化（1993～2008）（%）
有色族裔	0.43	0.53	0.6	0.5	—	16
印度裔	0.46	0.5	0.58	0.61	—	33
白种人	0.42	0.47	0.51	0.5	—	19

资料来源：Leibbrandt，M. 等（2010）。

尽管南非人民越来越富裕，但是从整体看，不同人群间的收入不平等问题仍然非常严重，人口中最贫困和收入较低的10%基本上都是黑人。由于种族隔离遗留的问题、国家政策存在的歧视、劳动力市场和社会服务（例如教育、卫生和其他）歧视的存在，无论使用何种贫困线标准，南非黑人都比其他族裔更加贫困，这是不争的事实。

到今天为止，不断上升的薪酬不平等仍是一个主要因素。多数工人从来没有加过薪，2011年正规部门工人的中等事实工资水平仍然停留在1997年的水平。在种族隔离政策下，从事低技术工作的黑人（在工作保留法案下，从事低技术工种的主要人群）的工资进一步被压制。同时，正规部门平均工资之所以有22.7%的提高，完全是因为最高收入群体的工资上涨。这种显著的工资增长不平等与贫困社区中广泛的社会抗议、罢工和冲突同时出现。

第二部分：政策和影响分析

我们注意到，贫困和不平等的严重程度仍然具有种族特征，在这个意义上，后种族隔离政治经济的两个指标引起了特别关注。第一个指标是，后种族隔离政府不断变化的经济和政策措施，是否能减少严重的整体贫困和不平等问题？与此相关的另一个问题是，引发贫困和不平等的种族痕迹是否开始减弱，并被新的社会阶层和更加模糊的社会经济元素所替代？① 为了回答这些问题，我们须对政府措施进行回顾，才能理解南非的贫困和不平等状况。

① Leibbrandt，M. et al.：《种族隔离政策之后南非收入分配趋势》，《经合组织（OECD）社会、就业和流动工作报告》，第101期，经合组织（OECD）出版，2010。

回顾民主时代的前15年，在新的政治框架（南非宪法）背景下，几项社会经济发展策略得以实施。对于构建新的民主南非后种族隔离时代的政治经济政策、土地改革和政府治理而言，最重要的三个文件是：

《重建和发展项目》（RDP）（ANC，1994）；

《土地权利归还法案》（1994）；

《增长、就业和再分配计划》（GEAR）（ANC，1996）；

《南非共和国宪法》（1996）。

这些法律文件与其他措施一起，为今天新的南非奠定了方向。《土地权利归还法案》（1994）的核心目的是解决人口被迫迁徙问题，为建立土地权利委员会和土地权利法庭奠定了基础，它们分别调查和裁决1913年6月及之后被迫迁离的个人和社区为争取土地权利所发起的申诉。土地权利法庭与最高法院同级，有权指导政府购买或者征用土地、以公平公正为前提，将土地归还给索权人。

1994年后的社会经济发展已经分化为手法问题，两类不同的理论思潮既出现于执政党中，也在全国各地涌现。两种理论根据各自的影响优势，塑造了不同的政策手法。一种思潮希望实现立即和均等的资源再分配（以再分配实现增长）；另一种思潮则希望通过增长来实现再分配，也就是先提高增长率，然后对更大的馅饼进行分配，这种方法避免了对既有财产进行的再分配。

两份不同的宏观社会经济政策框架文件《重建和发展项目》（RDP）和《增长、就业和再分配计划》（GEAR）促成了这两项策略的出现。《增长、就业和再分配计划》颁布于1996年，左派人士认为文件所做的推断和目标是一种倒退，是新自由主义“自我强加的结构性调整计划”。尽管有大量证据表明，由于《就业和再分配政策》无法创造工作机会，再加上它的“无业增长”，甚至是“失业增长”，这个策略在应对贫困和不平等问题方面完全失败。随着时间的推移，这些争论还逐渐消减。2005年，一个成为“成长型国家”的政策概念被引入。[①]

在过去的5年中，在“能力”这一概念的指导下，国家发展计划[②]再次强

① Reitz，M.：《民主对发展的影响：南非案例》，政策研究中心，研究报告120，约翰内斯堡，2009。

② http：//www.npconline.co.za/.

调，把消除贫困和降低不平等重新作为重点。考虑到目前的再分配过程实施缓慢，政府也在探索应对土地问题的新方法。

政府认真对待国家发展计划及其行动方案的一个迹象是，祖玛总统于2013年12月签署了《2013年就业税收鼓励性法案》（第26号文件），[①] 将一项新的举措列入法律，用以补充政府为年轻人和特别经济区人群增加工作机会所实行的措施。该行动方案于2014年1月1日生效，其目标是通过向雇主推行税收鼓励措施，推动年轻人就业。

在本报告之后的部分中，我们将对这些广泛的政策策略进行描述，同时参考它们的发展对象和目标，观察各阶段政策目标的实现情况。对政策策略的描述将在三个上述提及的主旨领域进行。

（一）经济政策和政府治理

在本报告的前面部分，我们强调了《重建和发展项目》《增长、就业和再分配计划》《国家发展计划》。我们也简单讨论了辅助性政策。在政府治理以及对经济政策的讨论中，还需要强调和重视以下几个方面，以帮助我们理解后种族隔离时代经济政策制订的背景。

首先，人们对民主的理解多种多样，加重了治理框架内的紧张状态。这些理解包括：自由主义的代表选举和限制国家干预，政府和非政府成员之间更活跃互动的、更具参与性的民主主义和多元民主模式。

其次，社会和经济权利性质之间的冲突，其结果是以不同的方式满足基本需求。南非的发展是否以权利为基础仍然是一个有争议的话题。

再次，公共部门改革和服务提供正在经历巨变，不同的理解方式对官僚机构在多大程度上能够更加有效地改善服务可及性有影响。而减贫议题处于争论的核心，无法确定相应的政策框架之间是否协调一致。许多社会经济权力实现的付费制度实际上排挤了宪法所承诺的权利保障，因为政府承诺了"尊重、保护、推动和满足"宪法规定的所有保障义务，这些付费制是否合乎宪法也备受质疑。

---

① 税收鼓励机制是国家发展计划推行的法案之一，与国家发展计划的经济和就业目标并列。目标和法案内容总结请见：http：//www. npconline. co. za/MediaLib/Downloads/Home/Tabs/NDP% 202030 – Summary% 2of% 20objectives% 20and% 20actions. pdf。

最后，南非所处的地区重要性以及它在本地区的角色都吸引了越来越多的关注。对于南非可能和应该实现的领导角色，以及南非可能在地区经济融合中起到的作用，存在不同的意见和看法。[①]

以上议题将和其他议题一起，在以下的政策讨论中得到强调。

《重建和发展项目》（1994）

《重建和发展项目》坚定地将增长和发展联系在一起，并且着力解决种族隔离带来的影响，该项目反对增长和发展相互抵消的流行观点——这种观点认为，增长优先于发展，而发展是到贫困节点的再分配边际手段。[②]《重建和发展项目》的最初版本展现了一幅新民主南非的景象：人们能够享受到服务，这样他们就能够完整地实现社会参与，并拥有 Armatya Sen 所说的“能力”。

项目的核心思想是通过再分配实现增长。希望通过大幅提高对服务提供的投入，创造工作机会，并解决边缘化、不平等和失业问题。这种手法以人为本而且以人为驱动力[③]。重建和发展项目（RDP）项目是非洲人国民大会（ANC）首次参选的重要主张，并成功让非洲人国民大会（ANC）在全国统一政府中执政。

《增长、就业和再分配计划》（1996）

《增长、就业和再分配计划》根据对经济增长的需求预测而确定，为货币、财务和劳动力市场政策决策提供策略框架。该项目于 1996 年开始实施，包括经济自由化、政府资产私有化和经济自由化政府开支等内容。[④]

非洲人国民大会政府 1996 年对《增长、就业和再分配计划》的单方采用，标志着脱离之前在联盟和公民社会框架内达成的协商，其结果是财政紧缩政策。《增长、就业和再分配计划》在南非面临货币危机的时期实施，目的是通过保守的宏观经济策略，消除本国和国外投资者的疑虑。减少国家预算赤字导致了对新政府及其提供社会服务能力的期待的全面幻灭。“通过再分配

---

① White，G. Heymans，C. Favis，M. Hargovan，J.：《发展合作报告：民主和善治》，为瑞士发展与合作署（SDC）所做的民主和善治报告，2000。

② 同上。

③ 1994 年重建和发展计划，请见：www. anc. org. za。

④ Padayachee，A. Desai，A.：《后种族隔离时代的南非和期望危机 – DPRN 4》，*Rozenberg Quarterly*，2011，http：//rozenbergquarterly. com/post – Apartheid – south – africa – and – the – crisis – of – expectation – dprn – four/。

实现增长"被"通过增长实现再分配"取代。①

《增长、就业和再分配计划》不再把重点置于政府如何为实现改善而进行改变，而是依靠市场力量解决现有问题，它成为政府贸易策略的一个重要推力，被本地和国际商业机构看作明智的经济框架。但是，其支持者之外的人们却对《增长、就业和再分配计划》不断诟病，这其中也包括劳动力运动和南非共产党（SACP）。反对者认为，尽管《增长、就业和再分配计划》的确推动了增长，但它采用的方式没有触及收入再分配，反而进一步加大了富裕和贫困人群之间的鸿沟。这些批评声音认为，贫困不断恶化的同时，国家仍然缺乏完整的扶贫框架。②

政府的其他经济政策

政府利用其他的"辅助"政策和项目，对两个主要经济政策框架（《重建和发展项目》和《增长、就业和再分配计划》）进行补充，这些补充政策和项目的基本目的是修复经济，但是最近更强调在正规经济中纳入更多的人，建立更好的平台，分享经济财富。

南非增长促进和分享措施（ASGI－SA）

南非政府没有实现其预期的经济增长率，因此，政府采取了南非增长促进和分享措施，成为把增长提高到相当水平的具体步骤的总体框架。增长促进和分享措施的关注核心在于处理抑制快速增长的相关束缚因素。这些因素包括③：

货币波动和宏观经济稳定性；

国家行政系统的成本和有效性；

技能缺乏；

高度不平等问题；

参与部门竞争的障碍；

中小型企业的规范环境；

政府和半政府机构的能力缺乏问题。

一个主要的建议是，在中期预算期内，增加3700亿兰特的基础设施开

---

① Visser，Wessel，Shifting RDP into Gear，p.7.

② Brockerhoff，S.2013.

③ 同上。

支，加快能力建设步伐，减轻小型企业的规范性负担及改善本地和国际水平的能力。而且，增长促进和分享措施[①]在消除贫困、促进公平和分配议题方面进行具体的机构设置。重要的减贫措施包括：预算改革和重新确定优先排序，帮助贫困人群增加收入和就业机会，将其纳入扩展公共工作项目，保障粮食安全，提供营养，满足住房需求，提供全面免费的基础卫生服务，建设和提升诊所，以及医院改建和扩展接种疫苗项目。[②]

中期开支框架（MTEF）

三年预算周期，也称中期开支框架，是政府另一项强调全面减贫框架的措施，它始于1998年。首批中期开支框架的重点包括：[③]

满足基本需求——主要是教育、健康、水与卫生、社会服务、福利、土地改革和住房；

加速基础设施发展——保障基础设施投入，道路升级，实施空间发展措施（空间发展计划），应对城市改造（原则上通过私营－公共合作）；

经济增长、发展和创造工作机会——经济刺激建设实现可持续、加速增长，并与机会和收入再分配配套；

人类资源发展——公民学前、启蒙、高等、技术教育机构中的公民教育和培训，终生教育及成人、失业者和失学青年教育；

安全和保障——刑事司法、警察和监狱管理改革，国防和灾害管理水平提升；

政府改革——行政改革和善治促进，实施公共部门服务职业操守（Batho Pele，人民第一）。

之后的中期开支框架还制订了另外的目标，其中某些目标与上述目标有所区别。[④]

国家发展计划（NDP）：2030愿景

国家发展计划在发展中国家中并不少见。它的核心目的主要是为确定工作重点奠定框架，指导国家的发展方向。正如之前提到的，南非以部门划分

---

① Brockerhoff，S. 2013.

② 同上。

③ 同上。

④ 需要注意到的是，中期预算框架的重点内容在每个周期结束时将进行回顾，所以有可能进行调整。

或者短视的计划方法给实现发展带来了负面影响，并削弱了提供明晰和一致的政策的可能，也影响了国家动员所有社会成员实现南非发展目标的能力。

国家发展计划的核心是在 2030 年前消除贫困和减低不平等。为了实现这两个目标，经济必须更具包容性，增长必须更快。2030 年前要接近实现全民就业的目标；人们具备各自所需的能力；确保生产所有权集中性降低而且更多元化（黑人和女性拥有相当比例的生产资源）；经济能够高速发展，为人和物质投资提供足够的资源。①

国家发展计划希望南非在 2030 年前实现的目标包括②：

开发 1100 万个新工作机会，将失业率降低到 6% 或以下；

在主要人口中消除贫困；

把基尼系数从过高的 0.7 降到可接受的、远低于 0.6 的水平；

腐败显著减少，政府能力和有效性相应提高；

具备通过公共部门提供国家卫生保健服务的能力，而且在服务点接受服务免费，服务重点是基础和预防保健；

基础需求，例如住房、用水、电力、教育及其他社会和经济基础设施的提供有显著的扩展；

经济向绿色模式显著转变，采用新的可再生技术。

根据计划，通过利用人民的能量、实现具有包容性的经济、加强能力、改善政府能力及推动领导力和全社会参与，南非就可能实现这些国家发展目标。总理特雷弗·曼纽尔（Trevor Manuel）强调计划实施过程的几个步骤。③

在今后 17 年分三个阶段按顺序实施国家发展计划及其相关计划。

政府已经开始使部门长期计划与国家发展计划同步，并确定了需要进行政策调整的方面，以保障一致性和连贯性。

国家发展计划是整个国家的计划。政府将实现所有部门的参与，理解它

① 《国家发展计划的建议》，2011，http：//politicsweb. co. za/politicsweb/view/politicsweb/en/page71656?oid = 266508&sn = Detail&pid = 71656。

② 南非冶炼工人国家联盟（NUMSA）：《发展变革预言编年史：南非的国家发展计划回顾》，南非冶炼工人国家联盟，约翰内斯堡，2012，http：//www. numsa. org. za/admin/assets/articles/attachments/00116_numsa_draft_critique_of_the_ndp_of_the_npc_. pdf。

③ 《重点议题——国家发展计划 2030》，http：//www. gov. za/issues/national - development - plan/。

们如何为计划实施做贡献，特别是要确认，各个部门在有效实现其角色过程中存在的障碍。

计划对今后 17 年的预算有着决定作用。

计划认为，在实现变革的过程中，改善公共服务质量至关重要。需要各省重视确定和克服实现改善的障碍，其中包括加强地方政府实现发展角色的能力。

计划和实施必须用以证据为基础的监测评估来支持。

总统和副总统是内阁、政府和全国实施该计划的总领头人。总理和市长则是计划可见的、积极的领头人，他们的办公室则是在省市层面推动计划实施的机构。

整体来说，虽然国家发展计划整体或者部分在某种程度上受到了相当的欢迎，商业和公民社会对它仍然持谨慎态度，特别是在有效实施方面。安全研究所认为，对于实现 2030 年增长目标而言，国家发展计划的地位至关重要，该研究所还进一步指出，“如果无法紧密跟进，南非可能仍然停留在常年无法实现目标的状态中”。

从另一方面看，南非工会代表大会（COSATU）及其联盟南非冶炼工人国家联盟（NUMSA）毫不保留它们对国家发展计划所持的意见。南非工会代表大会认为目前每一个人的想法都不一致，该机构主席德拉米尼（Sdumo Dlamini）认为，“现在要实施这些计划并不存在任何问题，但是，每个人都应该朝着一个方向工作和努力”。① 对于南非冶炼工人国家联盟来说，国家发展计划的政策可能无法有效应对计划中提到的贫困、失业和不平等问题。②

《税收鼓励法案》（2013）

2014 年 1 月 1 日生效的《税收鼓励法案》引入“青年工资补助”项目，该补助由政府提供给商业机构。法案要求实施税收鼓励政策，通过成本分担机制，降低雇主雇用年轻人和没有经验的青年带来的成本。法案希望鼓励雇主为年轻人和没有工作经验的群体提供机会，同时也希望在特别经济区内

① 《国家发展计划：讨论》，2013 年 11 月 23 日，http：//www. news24. com/MyNews24/The – National – Development – Plan – A – Discussion – 20130923。

② 南非冶炼工人国家联盟（NUMSA）：《发展变革预言编年史：南非的国家发展计划回顾》，南非冶炼工人国家联盟，约翰内斯堡，2012，http：//www. numsa. org. za/admin/assets/articles/attachments/00116_ numsa_ draft_ critique_ of_ the_ ndp_ of_ the_ npc_ . pdf。

（SEZ）通过公司行为提升就业。

该项鼓励措施适用于雇佣的前两年。针对三种不同的工资等级，规定用特定的公式计算出补助金额，该公式包括三个组成部分：月工资等于或者低于2000兰特时，补贴是工资的50%；月工资为2001～4000兰特时，每位合乎条件的员工每月补贴1000兰特；月工资为4001～6000兰特时，根据公式计算，补贴为0～1000兰特。雇佣期第二年补贴金额减半。①

虽然政府希望通过实施该项税收鼓励法案激活劳动力市场，以刺激对年轻工人的需求，但是，一个悬而未决的问题是：法案是否能够真正实现其目标？换句话说，法案是否能刺激整个雇佣领域的经济活动，并以此让所有商业机构受益？或者，鼓励措施是否仅仅为大型公司服务，而排斥了小型雇佣者？②

（二）社会保护政策③

社会保护（也译"社会保障"）可以说是针对贫困的一种保险，也是提供社会公正的工具之一，还是推动全纳发展的手段。

社会保护是穷人和富人之间、政府和公民之间，甚至国家与国家之间团结一致的体现。通过一系列机制，包括失业补助、退休金、幼童支持、住房支持、全民医疗保险、工作提供机制、再培训项目、农业保险等，为有需要的人群提供社会保护。④ 值得注意的是，社会保护并不存在统一的定义，而其中一条来自SADC社会保护规范（2007）：

> 社会保护比社会保障的概念更加宽泛。它包括社会保障和社会服务，也包括发展社会福利。因此，社会保护的定义是公共或者私人的，或者，公共和私人混合的、用以防止个人免受生命周期内发生的危机损害而获得的保护，

---

① 税务快讯2013，《雇佣税收鼓励法案公众意见草案》，BDO通讯，2013年9月，http：//www.bdo.co.za/resources/showitemarticle.asp? ResourceSectionId = 4&ResourceSectionName = Publications&ResourceId = 7&ResourceName = Tax% 20Flash&IssueId = 417&ContentPageID = &Archive = &articleid = 427。

② Paulsen，N. 同上。

③ 除非特别标注，本部分源于对贫困和不公研究机构（SPII）最近出版的Brockerhoff的文章的总结，S. 2013，南非社会保障政策的发展回顾，工作报告6，Newtown，约翰内斯堡。

④ 《社会保护是什么?》，欧洲发展报告，2010，http：//www.erd - report.eu/erd/report_ 2010/documents/volA/factsheets/1 - what_ social_ protection_ en.pdf。

这些危机会削减人们满足需求的能力。社会保护的目标是增加社会福利。

从概念上说，本规范认为社会保护包括所有形式的社会保障。但是，社会保护超出了社会保障的概念。它还包括社会服务和发展社会福利，并不仅仅限于针对由特殊紧急状况引发的收入危机。因此，它的目标是强化社会福利。

有效的社会保护机制对南非的未来至关重要，社会保护永远不可能抵消就业缺乏问题，但是可以减轻由失业带来的即时困境。社会保护项目的实施责任属于不同的政府机构，但是，引领机构则是社会发展部（DSD）。

社会保障

为了理解1992年《社会支持法案》、1997年《社会福利白皮书》、2004年《社会支持法案》和2004年《南非社会社会保障机构法案》带来的社会支持政策发展状况，需要对目前南非现存的广泛政策争论概念化。《重建和发展项目》和《增长、就业和再分配计划》没有如广泛期待的那样，解决再分配问题。

社会上的观点已经在发生变化，不再继续支持非洲人国民大会在重建早期采用的较为激进的政策。人们再也不寄希望于政府能够成功提供《重建和发展项目》所重申的原则，认为其至少在近期无法成功。现金转移被确认为政府可以扩大使用的手法，用于减少贫困，帮助最脆弱的人群增收，实现宪法规定的社会保障承诺。因此，《增长、就业和再分配计划》标志着公民社会组织和其他机构开始把增加现金转移覆盖面和数量作为重点的时代开始，而它被看成是政府能够真正实现的工作。[①]

2004年《社会支持法案》和《南非社会保障机构法案》

2004年的《社会支持法案》取代了1992年的《社会支持法案》。在上面讨论的政策过程中，它基本上促成了对社会支持立法的整合。社会支持法案对老年基金（OAG）、儿童支持资金（CSG）、看护依赖基金（CDG）、残障基金（DG）、退伍军人基金（WVG）、领养儿童基金（FCG）、援助基金（GIA）和困境救助资金（SROD）的权利进行了规定。它没有纳入全民基本收入基金（BIG）的概念，但是通过对《社会支持法案》进行规范，纳入了儿童支持资金的扩展。

---

① 税务快讯2013，《雇佣税收鼓励法案公众意见草案》，BDO通讯，2013年9月，http://www.bdo.co.za/resources/showitemarticle.asp? ResourceSectionId = 4&ResourceSectionName = Publications&ResourceId = 7&ResourceName = Tax%20Flash&IssueId = 417&ContentPageID = &Archive = &articleid = 427。

到目前为止，2004 年《社会支持法案》的成效相当令人失望，它未能重新构建社会支持系统，而形成了部分整合过程，并重视对现有系统的扩展。但是，它纳入了困境救助资金，使之首次成为社会支持资金（与之前的自助救助基金性质相比），而且它也集中管理社会支持工作，带来了显著的优势，我们将在下面对此进行讨论。

2004 年社会保障系统真正的改革是南非社会保障机构（SASSA）的成立。2002 年泰勒委员会[①]提出，应该提供社会保障管理一站式服务。在南非社会保障机构成立以前，"社会支持提供由九个省各自负责社会发展的部门管理……并由各省议会提供资金"。[②] 各省的服务状况有差异，但整体质量较低，出现的问题包括：

（1）有些省没有理解管理规则，并因此遭到起诉；

（2）低效，例如处理时间过长，员工技能低下和粗鲁；

（3）腐败和作弊；

（4）不能统筹提供服务。[③]

2004 年，依据《南非社会保障机构法案》，南非社会保障机构成立，并正式于 2006 年开始运作。目前社会发展部继续对社会保障政策实施决策，并监督和评估南非社会保障机构的有关活动，为其制定目标和政策框架，并最终在政治上为社会保障负责。

表 2 社会资金和使用标准（根据 2012/2013 年情况）

社会资金	目的	申请人（南非公民和常住居民）	金额（兰特/月）	证明条件（最高收入和名下资产）（兰特）
老年基金	为老年男性和女性提供收入支持	60 岁或以上	1260	收入： 单身 =4160/月，或者年均 49920/年 已婚 = 831600 或者 99840/年 资产： 单身 =831600 或者 已婚 =1663200

① Taylor：《改革现在，保护未来》，2002，第 41 页，http：//www. cdhaarmann. com/Publications/Taylor% 20report. pdf。

② Mpedi，L. G.：《南非社会保障相关议题》，第 17 页。

③ Mpedi L. G. 同上。

续表

社会资金	目的	申请人（南非公民和常住居民）	金额（兰特/月）	证明条件（最高收入和名下资产）（兰特）
退伍军人基金	为曾服务于一战、二战或者朝鲜战争的男性和女性提供支持	60岁或以上	1260	收入： 单身=4160/月或者49920/年 已婚= 831600或者99840/年 资产： 单身=831600或者已婚=1663200
残障基金	为由于智力或者身体残障无法工作的成年人提供收入支持	18岁或以上（包括难民）	1260	收入： 单身=4160/月或者49920/年 已婚= 831600或者99840/年 资产： 单身=831600或者已婚=1663200
援助基金	为需要他人照顾的人（已经获得老年基金、退伍军人基金或者残障基金支持的人）提供收入支持	18岁或以上	290	无须
领养儿童基金	提供给照看被领养儿童的人的收入支持（必须持有法院判令）	未满18周岁的儿童的领养父母（可根据社工推荐提高至21岁）（包括难民）	800	无须
看护依赖基金	为有严重智力和身体残障的儿童提供永久性看护的人们提供收入支持（必须持有医疗评估证明）	1到18岁儿童（不能是婴儿）的看护人或者领养父母	1260	收入： 单身=12600/月或者151200/年 已婚=25200/月或者302400/年 无须资产评估
儿童支持基金	为给有需要的儿童提供看护的人们提供的收入支持	1993年12月31日或者之后出生的儿童的父母或者基本看护人	290	收入： 单身=2900/月或者34800/年 已婚=5800/月或者69000/年 无须资产评估

资料来源：根据 Brockerhoff，S. 2013 制成。

医疗卫生

1994年首位卫生部部长 Nkosazana Dlamini - Zuma 博士在民主新南非履职。她所领导的部门希望带来能够让南非整体受益的、有效、平等的医疗卫生服务。

1994年医疗卫生政策的部分主题包括：公共健康照顾（PHC）、人力资源开发以及对公共健康服务投入资金。从1994年以来，南非实施了数个医疗保健政策和法律，进一步加强了医疗卫生在南非的重要地位，它们包括：《医疗援助机制法案》（1998年的"第131号法案"），《国家医疗卫生实验室服务法案》（2000年的"第37号法案"），《医疗体系征税法案》（2000年"第58号法案"），《国家医疗健康法案》（2003年的"第61号法案"），《护理法案》（2005年的"第33号法案"），2005年《健康宪章》，以及2011年的医疗战略全面人力资源项目。

答案是不是全民医疗保险？

全民医疗保险（NHI）看起来是一个全面的投资系统，目的是为所有南非公民提供基础、有效和高质的医疗保健服务，无论他们的就业状况、社会经济背景和支付全民医疗保险的能力如何。根据展望，全民医疗保险将以2012年在10个地区①进行的为期五年的试点为起始，分14年逐步展开。

全民医疗保险的整体目标是对现有的医疗保健体系进行改革，而目前的体系仅仅为少部分精英群体服务。通过提供民众可承担的、可获得的优质医疗保健，全民医疗保险希望推动医疗保健行业的平等化并改善服务质量，以改变南非医疗保健的现状。

下文希望能对全民医疗保险是不是一项惠民政策进行判断，具体来说，需要观察它可能为低收入家庭和社会边缘群体带来的利益。目前这些群体被间接排挤，无法获得平等优质的医疗服务——这些服务主要被具备经济能力的人群所享用，特别是中产和高收入群体。

---

① 参与试点的地区选择将根据不同要素的组合而决定，其中包括该地区的人口结构、对医疗服务效果产生影响的社会指标、收入水平、该地区个人健康情况等。卫生部：《全民医疗保险问答》，www.doh.gov.za。

全民医疗保险带来的好处

实施全民医疗保险将带来不同的好处。全民医疗保险是一项非歧视性政策，它意味着所有人都能够平等地获得不同层级的服务：初级、中级和高级医疗卫生保健。在2011年全民医疗保险的政策文件中，国家卫生部以中等收入国家成功实施全民医疗保险后所获得的利益为证据，认为如果南非实施全民医疗保险，也可以获得类似的产出。该文件提出的积极产出包括：[①]

a）个人健康状况和国家财富之间有相互促进关系。根据国家卫生部对健康和经济发展的研究，平均寿命每增加一年，能够在远期贡献4%的国民生产总值增长。

b）医疗健康投资是应对经济困难时期贫困陷阱的保障网。

c）医疗保健公共投资意味着低收入家庭能有更多的资金来改善他们自己的福利。

一眼看上去，全民医疗保险似乎是一项进步的惠贫政策，但是，它的实施过程、成功实现需要面对的挑战仍然饱受争议。例如，全民医疗保险的存在如何应对国家目前存在的人力资源短缺情况？如何确保全民医疗保险不发生腐败或者资金滥用？国家卫生部如何更好地管理其预算，在远期产生（积极的）效果？

绿皮书并没有对这些重要疑问进行回答，更没有提出全民医疗保险改善医疗系统的计划细节。而它的实施成本过高也引发了担忧。有人把全民医疗保险称为“无法实现的白日梦”，认为它注定会失败。另一个挑战存在于道德方面，例如，富裕人群即使不使用全民医疗保险，也必须缴纳费用，对此，许多人提出了质疑。[②]

南非最富裕的10%人群控制着国家全部收入的58%，[③] 因此，有理由认为，富人会重新投资社会财富，造福边缘人群。出现这些假设的原因是，全

① 国家卫生部：《全民医疗保险政策》，政府公报，2011年8月12日。

② Austin－Evelyn，K.：《南非全民可承担的医疗保健：全民医疗保险绿皮书》，《非洲情报咨询》，出版于2011年11月16日，http：//www.polity.org.za/article/affordable－health－care－for－all－south－africans－the－national－health－insurance－green－paper－2011－11－16。

③ Leibbrandt，M. 等：《种族隔离政策之后南非收入分配趋势》，《经合组织（OECD）社会、就业和流动工作报告》，第101期，经合组织（OECD）出版，2010，doi：10.1787/5kmms0t7p1ms－en。

民医疗保险绿皮书没有为政策实施和目标可行性提供足够详细的计划。由此看来，绿皮书引发的疑问要多于答案，而这一点让全民医疗保险能否获得成功疑云重重。

教育

1996 年的《南非学校法案》（SASA）和 1996 年的《国家教育政策法案》，与其他大量的附属法律文件一起，为规范学校提供了法律框架。这个框架建立了一个统一的国家教学系统，并为废除教育隔离政策、建立学校管理机构、实施九年制义务教育、投资于公立学校和建设或关闭私立学校等决策提供依据。

1996 年的《继续教育和培训学院法案》对所有在普通教育证书（GEC）[①] 阶段以上的学习和培训进行规范，也就应该包括 10 到 12 年级，但是，它却对 10 到 12 年级的资金投入未作规定。大学以下的所有教育投入完全由《南非学校法案》及其附属文本进行规范，因此，本政策回顾并不包括对《继续教育和培训学院法案》的讨论。

宪法承诺和调整承诺

在 2003 年投资改革启动以前，法律框架中完全缺乏权利理论，权利承诺往往被一带而过，或者，国家的责任被误读。例如，最初的规范和标准承诺"积极实现基础教育权利"，正如之前针对第 29 款所强调的那样，基础教育的权利是一种非限制性权利，因此不受相关限制条件约束。

自 1996 年以来，对解决种族隔离政策遗留问题所做的承诺一直存在于所有政策中。例如，《南非学校法案》的序言宣称，"这个国家需要一个新的国家学校体系，这个体系将对过去教育提供的不公正进行改正"。《南非学校法案》的补充文本则包含了一个有意思的内容，它的抬头相当具有创新性，叫作"国家的责任"。[②] 它的第 34（1）条款提到："政府必须将公共资金投入建立在公平基础上，以确保学习者能够实现其教育权利，也确保对过去教育中存在的不公正进行纠正。"公民社会对教育部不断施压，其结果是引入了"公

---

① 有时候也称 GETC。

② 第 34 款。

立学校教育投资，资源开发和成本回顾”（简称“回顾”）和“改善免费全民优质基础教育的行动计划”（简称“计划”）。

乍一看，“计划”似乎是教育部在强调宪法对其规定的责任义务，它认可南非全体人民的基础教育权利，这似乎在说：通过对 7 到 15 岁的儿童提供义务教育，这种权利就能得以实现。它接着还提出，国家对 10 到 12 年级学生所做的宪法承诺是不断改善继续教育可及性，也就是说，国家对这些年级学生的教育承诺要少于义务教育阶段。①

普通教育证书教育阶段属于国家承诺的基础教育

计划规定，普通教育证书教育阶段涵盖的是基础教育阶段，以三个不同领域的政策体现。

首先，政府把该阶段教育定义为义务教育，前提是这种做法将确保全民基础教育普及。政府对全民可及性的评价基于学生的入学情况。本报告所进行的数据分析显示，由于许多现存障碍干扰入学情况，基础入学数据本身并不能成为全民普及的测量标准。

其次，在免费学校中，基于学校投资规范和标准，确定免除学费年级的权利属于相关部委，同时还允许免费学校对不属于普通教育证书教育的 10 到 12 年级教育实行收费。

本教育阶段存在的高辍学率是一个更大的问题，费用被认为是出勤率不高的主要原因。

最后，教育部对基础教育阶段的理解引导着普通教育证书教育阶段学校建设和其他基础设施发展的优先次序。事实上，当资源匮乏时，这种做法的结果似乎是，新的小学学校扩张或者仅仅是建设小学学校，而忽略了中学阶段的学校建设。②

普通教育证书教育阶段的定义体现了政府的基础教育责任范围，但是，这种定义以及随之确定的普通教育证书教育阶段的重点似乎并不是以权利为基础，更没有合理结合南非的社会经济现实。在国际范围内，教育权利评论越来越多地采用了一种观点：为了影响和改善学习者的生活，并减低贫困，

① 第 2.5 款。

② 这是提供给 CALS 和南非人权委员会（SAHRC）的该省某地区高中短缺原因的论证基础，出现在相关机构和西北部门之间的沟通文件中。

教育不应仅限于几年的在校学习，而应该以获得基本技能为基础，例如数字和识字能力。还应该将这种观点和理念延伸到中学教育阶段。这种方法也符合《世界全民教育宣言》，宣言认为：①

"因此，基础教育的重点必须是获得实际学习和学习的产出，而并非单一地追求入学率、追求持续参与项目和完成学历要求"。

通过社会经济目标设定和交叉补贴实行的惠贫政策

自 1996 年以来，教育部一直宣称，它的整体政策目标是解决种族隔离教育体制的遗留问题，这也是 2003 年预算改革的结果。政府宣称，通过社会经济模式目标设定机构化，已经将 80% 的周期性非个人开支资金用于 60% 的最贫困学校。自从新的投资框架机构化以来，这种惠贫政策也已经让超过 40% 的最贫困学校实现免费。

在 2003 年改革实施过程中，政府的惠贫政策中的其他缺陷也在不断凸显。特别是在从省级决定的 1/5 转向国家决定的 1/5 的案例中，省级教育部门根据学校周边的社会贫困状况，对各个学校实施贫困分级，② 导致许多没有准确评分的学校陷入困境。③

评分不准确的一个直接结果是，这些学校很少获得政府资源分配，由于缺乏维持运作的足够预算资金，它们就处于低投入和低资源的境地。

错误分类让某些本不应该成为"免费学校"的学校不得不宣称免费。④

因此，虽然政府追求制定惠贫政策，但资源分配不足以应对基础设施问题和其他教育难题。而且，虽然惠贫政策带来了免费就学，但这种做法没有

---

① 1990 年采用于 Jomtien。第 4 款，参见第 1 和第 5 款。

② 修订规范（第 303 页注释④），第 101 段。

③ 这种情况呈现出问题，原因是修改后的排名系统很大程度上忽略了后种族隔离时代的学校现实状况，也就是许多学生从贫困社区到基础设施（例如学习设施和教师）较好的地区入学。在有些情况下，非正规聚居地和乡镇的学生无法获得适当的服务，因此别无选择，只能前往其他地区入学。请见 F Veriava（第 298 页注释②），同时参见 R Wildeman《回顾学校资助规范实施八年》（2008）第 39 页。他提出，行政区层面确定对象的方法（使用人口普查数据）意味着在对某个行政区进行界定的时候，将在收入和教育水平上存在巨大差距的地区强行拉入同一个范围考量。

④ 《免费学校引发争议》，*Sunday Times*，2006 年 10 月 1 日。该文提出，全国有一些学校对其排名提出异议，虽然它们符合"免费学校"的条件，但是这些学校被认定为富裕学校，尽管学校中的多数学生来自贫困家庭。

将所有应该进入这个安全保障网的学校纳入在内。

交叉补贴

该计划推行“渐进开展免费教育”，同时也再次让具备有利条件的学校收取费用，其理由是，通过免除在富裕学校入学的贫困学生费用，比较富裕的父母就能够为贫困学生提供交叉补贴。但是，Fiske 和 Ladd 对这种费用免除模式的研究显示，获得费用免除的学生比例较低，不足以支撑收费的理由。他们还提出，原先以白人学生为主的中小学和具备有利条件的学校中，获得免费的学生比例极低，这说明“种族被经济阶层所取代，成为决定谁能够进入原来的白人学校就读的决定性因素”。[①]

在最近的 GHS 中，仅有 10% 的被调查者在收费学校获得全部或者部分学费免除，对经过修改的投资框架所进行的研究也表明，尽管实施了严格的非歧视原则，收费学校的费用免除系统不作为和对贫困学生的歧视依然存在。[②]

因此，尽管较为富裕的父母为收费学校中的贫困学生提供了补贴，但是，学费仍然是教育的障碍之一，交叉补贴的作用完全是杯水车薪。政府支持富裕学校留存其所收费用，其原因是费用留存能够推动交叉补贴，政府对这些学校的投入也就随之相应减少，转为向贫困学校提供更多支持，并将后者变为免费学校。

（三）土地和农业改革

根据 2007 年的农业商业普查，南非有 39982 个商业农场，其农业生产量占全国农业总产量的 95%[③]。这些农场多为白人拥有，与之形成鲜明对比的是失地、广泛的农业贫困和农村黑人中占绝大多数的粮食净购买者数量问题。针对这种情况，2007 年非洲人国民大会的 Polokwane 大会决定：

> 我们对于农村发展的愿景是活跃的农村地区经济，小农场主生产与商业农场并存，共同形成可持续生计、工作机会增加和其他农村产业发

① Fiske & Ladd，74。

② 请见 V Gullapalli，M Ngwenya 和 F Veriava《学费和投资框架实施：对三个省的研究》（July 2006），应用法律研究中心。

③ 南非统计，2009。

展的基础。（2007 年 12 月，非洲人国民大会第 52 届大会针对土地改革、农村发展和农业变革的决议）。

这种愿景展现了对土地改革、农业改革和农村发展的更广泛视角，涵盖了农业和非农业发展两个方面。这是南非对过去失败的土地改革项目的承认，当时以市场为基础的土地改革项目无法实现其计划的规模和结果，无法为农村和农业社会关系带来变革。土地改革超越了土地再分配，没有在广泛的农村发展策略中进行设定，因此，不能完整地实现其变革社会关系、抗击贫困和推动农村发展的潜力。

土地再分配和土地权保障所带来的主要经济利益是资产分配的质量。但是，如果土地分配能够实现经济效益，那么土地征用就是土地改革成功必要非充分条件。①

这强调了一个重点，也就是土地改革的经济效用是土地改革和农业改革两者间的关键联系点。如果成功实施土地再分配，而且土地所有制机构出现了显著的变化，就有必要对其他机构进行一系列的构架更新，让它们有能力为新的土地所有制系统提供服务。②

土地改革项目的不同形式

Hall（2009）认为，土地改革共有四类不同形态：

1）大型组织获取数个农场，并以单个商业体的形式集中整体运作；

2）大型组织获取数个农场，各农场独立或者分组运作；

3）个人、家庭或者小团体获取数个农场，并以单个商业体的形式整体运作；

4）土地改革受益者和私人部门或者国家机构之间形成合资体。

Hall（2009）的研究发现，合同制农业生产大力推动了南非小农户甘蔗产量占比的增长，合同制使缺乏资源的甘蔗种植者可以获得私人部门的投入，后者以投资、信贷、培训和市场保障的形式为前者提供支持。③ 然而，Hall 也看到，尽管合同制农业具备这种潜力，在某些行业中，当合同条款（包括价格设定）由乙方主导决定时，这种模式最终会出现争议。

---

① Groenewald, 2004.

② Dorner & Thiesenhusen, 1990.

③ Hall, 2009.

其他合资形式将私人部门经验引入土地改革项目，使其可以延续之前的生产模式。目前，许多补偿要求似乎都采取战略伙伴方式进行。当受益者继续拥有该资产时，农业生产运作通常将由一个公司控制，而受益者可以是该公司的股东，其通过股息和租金获得收入。而且，他们也有可能是生产所需的首选劳动力来源。①

到目前为止，提供了多少土地?

相关学术和研究工作以及政府报告显示，土地改革项目并没有提供足够的土地；在土地上生活或者获得土地的人们得到的支持非常小，而人们的生计获得足够和积极改变的成功案例更是少之又少。② 1994 年 4 月到 2010 年 4 月，土地改革项目仅对不到 7% 的农业用地实施了再分配，而数量巨大的农业用地仍然掌握在不超过 40000 名白人农场主手中（见表 3)。

表 3　南非的土地分配（2004 年 4 月到 2010 年 4 月）

南非土地总量	122320100 公顷	总量的 100%
过去的“国土”	17112800 公顷	总量的 13.9%
过去的“白人”南非	105267300 公顷	总量的 86.1%
商业农业用地	86186026 公顷	总量的 70.4%
商业农业用地的 30%	25858808 公顷	总量的 21.1%
通过再分配和所有权改革转移的土地	3186000 公顷	商业农业用地总量的 3.7%
通过土地补偿提供的土地	2714000 公顷	商业农业用地总量的 3.2%
土地总转移量	5900000 公顷	商业农业用地总量的 6.9%
达成 2011 年 1 月和 2015 年 12 月（五年）目标 30% 需要实现的土地再分配速度	2123840 公顷	每年 3991161 公顷，即商业农业用地总量的 4.63%
目前平均土地再分配速度（1994～2010 年）		每年 368750 公顷
按目前速度达成 30% 的目标需要的年数		70 年

资料来源：Mayson，2004；PLAAS，2010。

① Hall，2009.

② 请见 Hall，2009；CDE，2008；Lahiff，2004；Maluleke，Manenzhe & Wegerif，2008；Cousins，2007。

脆弱的农场土地所有制

另一个引起担忧的方面是，土地改革对农场公共区域（与过去的"国土"重合）中的脆弱人群（包括农场工人、农场中的其他住户和居民）土地使用权的保障。1997 年开始实施土地所有权保障扩展法案。

法案的目的是保护农场工人、劳力租户和农场居民。事实上却仅仅起到避免他们离开农场的有限作用，更不要说帮助高度脆弱群体获得自身名下的土地。[①]

性别和土地改革

可获得的数据并没有提供足够的素材来分析女性（特别从其作为土地的拥有者和主要使用者角度）从土地改革项目中获利的程度。1994 年之后的宪法框架的确让女性可以将土地注册到自己名下，在这个时期，女性和女性的声音在改革团体和公共资产协会（CPAs）中也逐渐加强。另外，政府还开发了以女性农户和农村女居民为对象的、更具针对性的项目。

但是，这些改善却遭到了来自男性既得利益者的阻挠，后者获得了传统法规（请见之后的讨论）的帮助。在推动农村性别关系变革的过程中，土地改革项目获得的关注可能起到的作用不得而知。

Aliber 和 Hart（2009）的结论是，在大约 400 万黑人农业生产者中，女性占 60%。这种情况基本上与过去"国土"生计农业的情况相符。在以商业为中心的黑人群体中，情况稍有不同，他们中"女性和男性比例相当"。[②] 而关于白人农场，没有可参考的数据。但是，在 Agri - SA（商业农民的主要代表协会）中，绝大多数的成员是男性。

其他挑战

土地改革项目的三个支柱（补偿、再分配和所有权保障）之间缺乏整合，土地改革没有融入宽泛的农村发展项目中，缺乏对各种生产模式、系统和结构、投资供给、加工、仓储和营销进行结构性调整的重视，这些问题让整个情况更加复杂。[③] 除此之外，土地改革项目与当地政府机构的发展规划融合很

① Hall，2003.

② Aliber & Hart，2009，p. 440.

③ Cousins，2007.

少,[①] 也没有对不同的阶层和人群的需求进行区别回应，例如，由于把重点转移到建立新的黑人商业农户上，在很大程度上忽略了农村贫困和失地人口。

（四）有效（和低效）的政策：影响和政策讨论

经济政策、社会保护和政府治理

经济增长、减贫、土地改革和创建工作机会仍然是南非经济和社会政策的主要目标。正如治理、重建和发展准备项目文件提到的，一直以来的重点是可持续和多元化经济增长。之后的文件对这些目标进行了重申，其中包括20世纪90年代后期的《土地权利补偿法案》《增长、就业和再分配（GEAR）策略》，2006年的《南非加速和分享增长措施》（Asgi - SA），2010年的《新增长路径》以及2012年的《国家发展计划》（NDP）。[②]

1994～2000年，南非政府在实现重建和发展项目（RDP）目标方面取得了显著成果：提供住房、基础服务、医疗保健，进行教育和土地改革，数百万人的生活得以改善。政府认为，增长、就业和再分配计划（GEAR）和私有化是实现这种增长的最佳长远路径。到目前为止，政府觉得自己已经取得了成功经验，并获得了相当成就。

在2013年的自由日讲话中，总统重新向南非人民介绍了1994年以来政府所取得的成就，并强调了以下几个方面。[③]

重建和发展（RDP）住房项目，自1994年以来修建了超过300万套住房。

能够获得饮用水的家庭的比例从60%上升到90%。

能够获得电力的家庭的比例从50%上升到近80%。

他承认，由于明显的历史原因，白人和黑人家庭之间的差距仍然巨大，在2011年的人口普查中，这种情况得以显现：白人家庭的收入是黑人家庭的6倍之多。

尽管收入不平等状况持续严重，社会资金系统从1994年覆盖270万人扩

---

① Hall，2005.

② 《南非20年回顾》第四章“经济变革”，第84页。

③ Bathembu，C. 2013.《祖玛请南非人为自己骄傲》，南非政府新闻机构，http：//www. sanews. gov. za/south - africa/zuma - tells - south - africans - be - proud。

大到目前的 1600 万人，大大减少了生活在贫困中的家庭的比例。

进一步扩展基础服务项目需要更具效果和效率的公共服务，并以人为本，让人们对政府抱有积极的感受。

过去 19 年间南非经济增长了 83%。

人均收入从 1993 年的 27500 兰特上升到 2002 年的 38500 兰特，幅度达到 40%。家庭人均可支配收入提高了 43%。

自 1994 年以来，总就业上升超过 350 万。

经济所有权和经济管理的变革仍在继续。自 1995 年以来，已有超过 6000 亿兰特的黑人经济赋能转移价值。

另一个成功的故事是，管理职位中的黑人和女性的比例从低于 10% 上升到今天的 40%。

批评的声音强调，虽然出现某些可见成就，在消除贫困和减低不平等方面，政府的成绩远远不足。虽然预算赤字和通货膨胀出现显著减少，但增长仍然维持在 3%，远远低于减少失业所需要的 6%。

案例 1　经济政策和政府治理调查

经济政策

1994 年以来的经济版图变化

人们普遍认为，那些过去处于不利境地的人们的经济状况得到改善，其原因主要是政府为大众而并非为少数人服务的理念。一位受访者说"多数人能够买得起奢侈品"。

尽管仅有少数人从政府所创造的经济解放路径中受益，多数人还深陷贫困、脆弱并无法将新的外部环境进行资本化，受访者还是表达了对政府的赞赏。有意思的是，部分人认为，尽管相关条件有所改善，但是"富者更富，穷者更穷"。总体来看，在目前的经济环境下，不平等在逐渐加大。

政府是否通过经济政策，为解决过去遗留的不平衡做出足够的努力?

对于政府是否付出了足够努力这个问题，受访者的看法普遍消极。他们中有些人觉得政府仅仅把重点放在少数有政治关系的人群上。有一位受访者提到，政府官员缺乏足够的能力和经验对国家进行整体管理，同时贪婪又占了上风。

失业、工资水平和无技术劳动力

失业仍然是一个令人担忧的问题，而且并没有减少的迹象。政府似乎说的比做的多。工资水平仍然很低，特别是与具有全民最低工资水平规范的发达国家相比，令人无法接受。

平权行动和黑人经济赋能

这又是一个受访者反复提及的政治赞助的话题，相关措施对大多数人没有产生可见影响。正如一位受访者所说，在他们所认识的人中，没有任何一个从这些行动中受益。另一位受访者则说，“这是一项很好的措施，但是那些不符合条件的工人却获得了高薪酬工作，符合条件的人们却无法就业”。

对未来的展望

未来似乎有些暗淡。受访者认为，对于政府针对减贫实现有意义工作的能力，他们没有信心。一位受访者说：“只要看看非洲大地上其他从西方手上夺回控制权的国家，如果不及时变革，我们还有什么底气？随便挑选五个国家，我们可以知晓以现在的速度我们会发展成怎样。”

政府治理

政府自我管理的能力

有人认为，政府没有遵循自己所制订的规则。一位受访者说：“政府遵循这些规则的时间最多就是几年。从目前的发展状况看，拥有权力的所有人似乎都在为自己牟取私利。”经济不但没有得到很好的管理，甚至还被滥用。“动物农场”效应出现在不平等问题中：部分人比其他人更加“平等”。

腐败相关议题

所有受访者都提到了腐败的存在，并强调政府在自我管治方面的失败是最大的障碍。一位受访者说，“缺乏用以消除腐败的行动，政府雇用的工作人员向他们的家人和朋友泄露信息，影响招投标决策，以保证他们夺标。政府雇员也从这个过程中获利，因为他们希望为自己所扮演的角色收取佣金”。

政府在治理方面应该做哪些工作？

反馈信息不一。有的人认为，需要在政府和司法机构之间划出明确的界线，以保证将所有的腐败分子清除出队伍（解雇），创建一个有能力对机会实施积极管理的环境。

案例2　社会服务小组访谈[①]

对社会服务，尤其是社会资金的普遍认识

根据小组访谈的结果，人们普遍认为，社会服务应由政府提供，用来支持人民。具体来说，多数受访者强调，儿童支持资金（CSG）是用来支持儿童福利和无法承担儿童照顾费用的人们的资金。一位受访者说，"这是政府用来帮助人们支持自己的孩子购买校服、食物和衣物的资金"。当被问及这种资金是否仅仅以儿童为对象时，大家对不同资金类型、用途和受益者的看法基本一致。而援助基金（在灾害发生后提供，每月250兰特，持续6个月）则是一项新措施。

人们的社会服务权利意识不足

当受访者被问及是否觉得自己拥有获得社会服务的"权利"时，仅有一位觉得是这样的。多数受访者觉得，这是政府在发现贫困的人群时，对他们所行的慈善。这说明了信息传递范围和方法中存在的问题。一位受访者说，"资金来自非洲人国民大会",[②] 这种反馈进一步说明，民众普遍缺乏对不同政治党派和政府角色的认识。

社会服务便利

小组访谈在城市周边地区开展访谈时，所有的受访者都认为，政府在保障人们便利地获取资金方面成效出色。他们说，从申请阶段到获得款项的整个流程改善显著。申请仅需一个月进行处理。南非社会保障卡（SASSA）的引入也被认为是一项革命性的措施，因为人们可以用它在不同的零售店进行购买，甚至能够从服务商那里获得"通话时间"，有时候甚至还能够利用支持资金获得信贷融资。

一个负面的反馈则是，如果要从私人银行获取支持资金，就需要支付费用，这迫使其他人不得不继续使用之前的渠道，例如流动付费中心、社区中心等。一位受访者还说，目前南非社会保障机构系统没有起到鼓励储蓄的作用，因为所有当月15日以前没有取出的金额，都将退还到南非社会保障机

① 根据2014年4月在Evaton所进行的小组访谈。

② 2014年国家和省级选举期间组织的多次讨论。

构，人们不得不赶着取款。

Nomahlubi：“基于以往的经验，我会支取所有款项，我原来觉得可以为子女存些钱，但是，当我得知15号以后就会失去这些钱时，就不得不把它们全部取出，用来购买子女的用品。我真的不知道政府如何能够改变现在这种15号以后就把剩余的钱收回的做法，因为我需要存些钱，而如果在银行存钱，还要交费。”

减少困境和贫困方面的积极产出（尽管不足且需要更多措施）

虽然受访者提出，社会资金对他们的生计有着重大作用，但是他们对于不平等问题的范畴并没有一个明确的认识。当我们向受访者介绍了不平等的含义后，他们多数会强调，这个方面没有出现任何改变。相关讨论围绕种族划分展开，受访者强调，白人拥有一切，而减少不平等的方法之一是为白人工作，而不是为自己工作。

在减少脆弱性、困境和贫困方面，所有人都认为，各种社会资金给他们的生活带来了显著变化，他们认为现金转移是一种重要的减贫方法。但是，不平等问题没有得到重视，参与者对解决方法的观点将在“对政府的期望”中进行讨论。

在富足方面，不同财务状况家庭的受访者反馈不一。有些家庭完全依赖社会资金（特别是儿童支持资金和老年退休金），在这种情况下，资金将不够用，某些时候会将儿童支持资金用于购买食物。

对政府减少不平等的一些合理期望

根据小组访谈的结果，大家似乎都认为，政府不可能完成所有的事情，所以，个人也应该做出应有的贡献。多数人并不接受社会资金引起懒惰的看法，仅有少数人持有这种观点。类似的情况也出现在儿童支持资金推动贫穷人群怀孕率（特别是在青少年中）上升的观点中。

受访者针对解决不平等问题提出了一些建议，其中包括：增加社会资金的金额；提供经济机会和增加就业；为儿童提供优质教育，让他们能够拥有更好的未来。

对政府实施的某些政策进行观察，例如政府曾经鼓吹《增长、就业和再分配计划》是为南非经济增长贡献最大的长远策略，但是我们注意到，这种期望并未实现。对《增长、就业和再分配计划》批评最多的机构之一是南非工会代表大会（COSATU），它认为，《增长、就业和再分配计划》没有实现其承诺的经济和工作增长，也没有达成显著的收入和社会经济机会的惠贫再分配。

而且，《增长、就业和再分配计划》以紧缩货币和财政目标为重点，这种方向与《重建和发展项目》的目标相冲突，后者以工作增加、满足人民需求、减贫和更加平均的财富分配为基础。《增长、就业和再分配计划》的特点是在1996年和1999年期间，大幅缩减政府开支，尽管这种方法不断将开支重点从富人转向穷人，但同时也削减了为贫困人口改善服务的努力。

近距离观察经济和社会政策，其中的大量争论都围绕就业和贫困展开。南非统计强调，如果采用狭义的失业定义（仅计入那些积极寻找工作的人口，而排除放弃寻找工作的人），失业率从1999年的23.3%降到22.5%。但是，南非工会代表大会（COSATU）认为，如果使用广义的失业定义，失业率从1999年的36.3%上升到37.3%。到目前为止，相关数据并没有显著改善，或者，甚至完全没有变化。

虽然政府宣称创造了大量工作机会。2000年12月国家劳动和经济发展研究所（NALEDI）[①] 提出，虽然某些官方估计认为，1995年起非正规部门创造了高达100万份工作，但是，正规部门的情况却与此相反：

> 在1996和1999年间，工作机会的减少超过400000个，给家庭带来了灾难性的影响，这是因为失业者缺乏甚至最低限度的社会保障保护。而新的工作机会通常属于非正规性质，而且薪酬很低。

国家劳动和经济发展研究所认为，这种情况的最终结果是，最贫困的40%人群的收入降低20%。国家劳动和经济发展研究所得出结论："目前的共识是，与策略名称相反，'增长、就业和再分配策略'无法实现经济增长，创造优质机会和以贫困人口为对象实施再分配……政府感觉到越来越多的压力，不得不解决经济政策在社会经济领域遭受的全面失败。"

抱有远大抱负的国家发展计划（NDP）面临的问题也备受关注。还无法

---

① 国家劳动和经济发展研究所（NALEDI）是南非贸易代表大会的一个智库。

确定国家发展计划在多大程度上能够起到扭转政府政策低劣表现的作用，达成可见、可感受的进步，创建一个没有极端贫困和严重不平等的国家、一个能够保障其公民获得宪法所规定的良好生活权利的国家。作为政府、公民社会和国家，我们所面临的挑战是，如何确保我们生活在一个平等的社会中。

土地改革的影响

以上对土地改革和农业改革的分析显示，目前以市场为基础的土地改革项目并没有实现解决历史遗留问题所要求的范围和结果，也没有建立更为公平的农业结构。

根据 Cousins（2007）的研究，土地改革没有完全发挥出变革农业空间、抗击农村贫困和推动农村发展的潜力。如果 1994 年以后南非有农业改革方向的话，它一定会被看作基于土地改革项目运作不良而出现的失败。

这意味着，如果仅仅实施有限的土地改革，任何朝着农业改革的进步也将十分有限。土地改革项目还没有从根本上改变南非的土地所有权模式。正如 Wildschut 和 Hulbert（1998）提到的，有限的土地改革项目加上政府 1996 年推出的新自由主义经济政策，严重限制了任何潜在的农业改革驱动力。

在这种情况下，可以说要让土地改革的受益者启程并成为成功的商业农户愈加困难。20 世纪 90 年代中期的农业监管松绑和解放措施，让政府仅仅承担有限的责任，土地再分配、农业改革和农业生产的可能、新农户和土地改革受益者的市场营销遭受严重影响。如果农业系统缺乏政府支持和干预，新农户是否能够从放松监管的农业系统中受益就不得而知。

甚至在监管放松和解放之前，南非发展银行（DBSA，种族隔离经济机构的一个重要支柱）就已经意识到这个问题的存在。当时南非发展银行的主席和首席执行官 Simon Brand 告诉《每周邮报》：

> 简单废除土地法案没有任何意义。黑人农户需要获得市场、信贷、投资和基础设施……在出售过去白人拥有的农业用地时，多数黑人农户也没有支付能力进行购买，因此，土地银行必须扮演满足任何贷款可能的角色。[①]

---

① Dolny，1990.

一个由大型商业农户和农业企业主导的环境，再加上获得补贴的发达国家农户带来的激烈竞争，农业自由化也就意味着 Simon Brand 所倡导的前景无法实现。农业政策的改变实质上削弱了政府指导公共资产并将其用于推动农业改革的能力。也可以说，这些变化限制了公平、变革和重新构架/恢复农村经济活动的范围和内容。

通过上述土地改革项目失败的例证，政府重新确认了 2009～2014 年的政策，该政策的目标包括：开发新的农业发展计划，起草一个农业变革、农村发展和土地改革绿皮书和白皮书（"DRDLR 策略计划（2009～2012）"）。

但是最近的变化并没有解决新农户即将进入的广泛经济和政策环境中所存在的问题。这些变化和干预以小农户和缺乏资源的农户获利为目标，在实施上以"项目"为基础，没有以对新进入者系统干预、经济和市场结构调整为基础。[①] 这些失败的例子都意味着，土地改革项目无法有效支持可持续生计、减贫和恢复农业经济的目标。以下将根据生活质量调查（QOLS）对土地改革的具体相关影响进行进一步讨论。

对生计的影响

自 1994 年以来，政府实施了两次生活质量调查，但是调查并没有开放公众参与。对于实施有效讨论研究土地改革对生计的影响来说，这种方法带来了局限性。Hall（2009）感慨，可得信息极度有限，其中包括评价指标概念化程度低下。

有限的范围、备受质疑的理论假设和样本选择方法等问题，让第一次生活质量调查缺乏可信度。而第二次生活质量调查也因为议定之后不到一年的时间内完成一半案例而被认为有缺陷。尽管如此，第二次生活质量调查仍然发现了广泛存在的土地利用低下、土地使用强度降低、土地使用形式以放牧和家庭小麦生产为主的情况。[②]

谈到生计问题时，第二次调查发现，土地改革的主要受益者是生活在贫困中的人群，他们还采用了多元化的生计策略。38% 接受调查的家庭通过出售或者自我消费农产品和牲畜获得收入，平均每个家庭从农业获得的收入是

① Hall，2009。

② 同上。

1146兰特。该调查发现，土地改革受益者的整体情况比农业人口要好。但是，这并不足以证明这种结果是否由他们的土地可及性提高带来，或者，这种结果是不是因为那些情况较好的人群对项目更具可及性。[①]

对就业的影响

基于以上生活质量调查存在的问题，很难对土地改革和就业之间的关系进行描绘。但是，数个研究对1994年以前的商业农业领域就业趋势进行了跟踪和分析。

在农业就业队伍不断变化的构成中，有两个主要的长期趋势。第一个趋势显示了农业工人总数的绝对下降，从1985年的130万减少到1995年的约92万，再到2005年的62.8万。[②] 虽然某些年份的确出现了一定程度的增加，但是总体趋势是持续下滑。第二个主要趋势是非永久性、非正式工人数量的上升（Greenberg，2003）。伴随着受雇农场工人绝对数量的下降，非永久性工人在总农业雇佣人口中的比例从1991年的36%上升到2002年的约49%（Hall，2009）。

但是，这些数字受到了不专业的测量方法的影响，同时，从农场获得信息以追踪季节性工人相当困难。[③] 农业经济学家，例如Sandrey和Vink（2007）认为，监管放松和自由化之后出现的农业压力，引发了农业领域的有效性，其中包括全要素生产率的提高（包括劳动力）。这些生产率的提高有效地替代了劳动力，因此农业无法消化大量的农村剩余劳动力。

尽管农业就业出现了下滑趋势，尽管从历史上来说，农业工资低下，农业过去在提供正式就业中仍然扮演着重要角色。根据Simbi和Aliber（2000）的研究，直至1998年，农业就业仍占生活在南非的所有黑人就业的30%，其是农业就业的最大单一来源。

著名的发展和农业经济学家，例如Todaro（2001）坚称，农业能够创造基础就业机会，这是因为它具有相对较低的“单位就业成本”，并具有乘数效应。由于南非农业就业出现长期下降趋势，问题尚未解决，是否有方法对农业生产活动进行安排，以实现其发展和工作机会潜力？

---

① Hall，2009.

② Aliber等，2009。

③ Vink，2003.

第三部分：结论和建议

从前面的分析可以清晰地看出，政府积极致力于通过社会平均工资来改善贫困人口的生活。通过对政府支出分配进行分析，贫困和不平等研究机构（SPII）认为，社会工资很明显偏向于贫困人口。① 但是，不平等的趋势持续存在，而贫困和边缘化的跨代传播模式也在继续。

以下是公民社会能够推进的政策建议和倡导方法。

宏观经济政策

针对短期、中期和长期需要着力解决的收入高度不均情况，应该认真考虑利用财政政策推动再分配变化。我们建议考虑个人收入税和增值税一税制。

收入最高的10%的人口的收入仍然在继续高速增长，这种情况自然加剧了收入不均。我们建议，首先，将税级最高人群的收入边际税率提高到45%，几个欧洲国家在金融危机后也采用了这种方法来解决类似问题；其次，应该严格依据通货膨胀对税级进行调整，避免“税级攀升”引起的更大漏洞。还应该立即叫停随着通过国家年度预算个人收入税减低所进行的免税。

但是，作为本建议的一个必要组成部分，我们认为，政府有必要公开承诺采用财政政策积极干预再分配的意愿。

在增值税方面，我们建议对基本食物的零税率重新评价，以保证贫困人口消费的所有主要未加工食物保持零税率。还需要对增值税税率进行修改，通过对进口奢侈商品加税支持本地产品。

公民社会干预

公民社会有多种干预可能。2013年，Davis税务委员会对南非的税务政策进行了回顾，该项工作持续时间预计最少两年，这让公民社会组织可能介入回顾实施过程，并呼吁该委员会制订程序，在最终递交给国会的报告中纳入相关建议。

---

① Dlamini，T. 2009.《2006/2007年南非共和国预算五个开支项目中惠贫预算带来的利益分析》，Ocassional Paper，贫困和不平等研究机构（SPII），约翰内斯堡。

国会进行的国家预算和中期预算政策听证会也是公民社会进行积极倡导的重要机会。这项工作的起点应该是对现有研究和政策分析进行回顾，其中包括南非工会代表大会和 AIDC 所进行的研究。公民社会还需要对其他国家（例如英国和法国）的个人收入税税级修订和实施工作进行回顾，为相关建议提供参考，并防止可能出现的负面后果。

社会保护

以需求为基础的全民儿童支持基金

虽然政策制订者迅速断言社会保障（特别是社会支持）产生的收入替代利益，也需要与需求评价对比以评价资金的替代价值，根据“儿童支持资金”来源的部分，可以清楚地看出，这种做法并不是决定资金价值的出发点，相反，我们相信，基于童年发展的关键需求，它显得至关重要。除此之外，由于南非儿童贫困普遍存在，继续使用贫困证明书的做法，给贫困父母和监护人增加了行政负担，并且常常会让那些本来符合条件的人们被排除在外。通过儿童支持资金全民化，再通过税制调整，从中产阶层和精英阶层父母取得相关价值，这种风险就能够完全避免。

全民基本收入基金（BIG）

正如之前提到的，Taylor 委员会的报告已经对全民基本收入基金的再分配价值进行了明确表述。尽管政府没有采用全民基本收入基金，公民社会需要对之前的全民基本收入基金联盟研究进行再次回顾和更新，并重新启动前一个全民基本收入基金活动中设定的游说和倡导工作。

公民社会参与

利用诸如基本收入全球网络这样的系统进行游说，将会加强对国际研究的可及性。

但是，社会保障改革的需求必须植根于草根机构，而不是由专业的非政府组织（NGO）主导实施倡导。这就要求公民社会广泛合作，制作教育和动员资料，组织相关培训工作坊，还需要一群勇敢和全身心投入、致力于实现主张的活动家。

在呼吁实施基本收入基金的过程中，还没有使用到的一个手段是，对政府合理推动工作年龄成年人实现宪法第 27 条所表达的社会支持权利进行宪法诉讼工作。全民基本收入基金自然是需要推动的一项政策补救措施。

国家最低工资水平

2013 年 8 月，三方联盟峰会在南非工会代表大会影响下得以召开，该峰会原则上支持制定国家最低工资水平（NMW），使其成为减贫和减少不平等的关键政策。在联盟中的支持者的努力下，成功确保非洲人国民大会在其 2014 年竞选纲要中纳入国家最低工资水平可行性调研。提出该项主张的主要基础是，在卢拉总统领导期间，巴西实施国家最低工资所起到的减贫和减少不平等的积极作用。可以确定的是，巴西最低工资和家庭津贴（Bolsa Familia）项目的现金转移项目，再加上对劳资协议系统的全面回顾，能够在全国范围内推动生活水平的提高。

2003～2010 年，国家实际最低工资水平提高了 81%，并于 2013 年达到每个工人每月 3000 兰特的水平。除此之外，由于这些政策的再分配作用，本地需求增加，带来的一个结果是，2002～2011 年新出现了 1700 万份正式工作。而且，2004～2008 年，整体经济中正式就业的数量和比例均有显著增加，与非正式就业之比为 3∶1。2003～2008 年，贫困人口数量从 6140 万减少到 4150 万，减少了 2000 万。不平等问题也明显降低。①

公民社会介入

公民社会应该针对这些立场进行自我评价并团结支持南非工会代表大会的呼吁。2014 年大选后的另一项重点工作是，向非洲人国民大会提交一份正式要求，在国家最低工资水平的可行性研究中设置一个公民社会代表席位。公民社会还呼吁，向 NEDLAC 和议会劳动力投资组合委员会提交政策建议，要求针对跟进后者进行公开听证。

基于目前各个部门之间的工资水平差异，公民社会通过它们自己的网络、伙伴和媒体对目前针对良好生活水平和良好收入对话进行全国范围支持会起到作用。

土地和农业改革

从农业改革角度来看，需要针对未来的农业经济和社会展现有说服力的、

① COSATU 的 N Coleman 于 2013 年 9 月 23 日在 NEDLAC 南非良好生活水平会议上的发言。

细节化的农村发展政策结构和特点，明确“做什么”（例如，财富创造、资源和地理及部门投资的重点）以及“如何做”。南非的农业改革必须关注到，小生产者普遍实现积累的、更加多元的农业部门是不是南非通往“发展”的主要路径。

Hall（2009）采用了 Aliber 等人（2009）提出的以小农户为主的模式，认为以下是能够保障土地和农业改革项目可以解决平等问题、推动工作机会创造和农村发展的农业结构的主要元素：

（1）融合不同生产规模和方式的混合农业行业；

（2）商业农场的分支让小规模家庭生产成为可能；

（3）尽管新“出现”的农户也有雇用农业劳动力的兴趣，其仍然依赖家庭劳动力；

（4）支持各种不同形式的混合土地所有制，让居住和耕作土地权利更加符合不同的个人需求，即使是在集体拥有和商业农场中也是如此——这让土地管理系统权下放的持续公共投资成为需要；

（5）对家庭消费和供销售的粮食生产的重视，对“城市边缘”周围扩展牲畜放牧共用土地的重视，特别是在挣扎维生的非正式定居人群（包括被驱逐的农场居民）数量不断增长的小市镇周边；

（6）通过适当的投入和基础设施建设，推动低风险生产基础；

（7）增加国家对农业部门的整体支持，并增加国家对农业部门中低收入和小规模基础生产的支持；

（8）提供生产性补贴，包括种子和工具；

（9）按从投入到市场产出的顺序，对小生产者提供支持；

（10）对农业合作社进行推广和公共投入，支持其对供应、加工和市场营销进行投入；

（11）对运输和仓储基础设施以及灌溉设施进行投资，支持小农户生产；

（12）提供利息补贴，并提供无还款期窗口；

（13）解决产品市场的垄断问题，保护基础生产者免受投入和产出市场价格波动带来的风险；

（14）对带来障碍的农业产品市场进行有效性和改革性规范；

（15）推广合作社（不一定是生产合作社），帮助贫困和小型生产者获得投入（包括设备），保障用于生产的现销市场；

（16）在具备工资雇佣关系时，通过发展农业自雇和鼓励劳动力密集生产，改变劳动制度；

（17）通过鼓励、规范加工行业，强调农业加工中的合作社形式，为小型生产者在增值过程中建立关联；

（18）为小型生产者提供非农业经济活动机会，加强多元化生计策略，为非全职农业工作提供投入和投资；

（19）改变定居模式的空间计划方法：市政府对在重新分配的土地上所进行的定居提供投资，并提供有效的服务，让定居的人们获得社会基础设施土地，允许更多的城市周边分散居住，支持非全职农业活动，让农村小型聚居地正规化且能够获取服务。

本报告最终建议，把针对长期系统问题的政策和方法结合起来，同时以稳固的实践措施为基础，实行稳定经济政策，进行社会保护和土地改革，让它们能够有效解决贫困和不平等问题。

参考文献

Aliber, M. 2009. "Exploring Statistics South Africa's National Household Surveys as Sources of Information about Household - level Food Security". *Agrekon*, Vol 48, No 4.

Aliber, M. Hart, 2009. "Should Subsistence Agriculture be Supported as a Strategy to Address Rural Food Insecurity? " *Agrekon*, Vol 48, No 4 (December 2009).

Austin - Evelyn, K. "Affordable Health Care for all South Africans: The National Health Insurance Green Paper". *Consultancy Africa Intelligence*, 16 November 2011. Accessible on: http: //www. polity. org. za/article/affordable - health - care - for - all - south - africans - the - national-health - insurance - green - paper - 2011 - 11 - 16.

Bathembu, C. 2013. "Zuma tells South Africans to be proud", South Africa Government News Agency. [online]: http: //www. sanews. gov. za/southafrica/zuma - tells - south - africans - be - proud.

Bhorat, H. Van Der Westhuizen, C. 2012. *Poverty, Inequality and the Nature of Economic Growth in South Africa*, Working Paper 12/151, Development Policy Research Unit, Cape Town. [online]: http: //us - cdn. creamermedia. co. za/assets/articles/attachments/43772_ dprugrowth-poverty. pdf.

Brockerhoff, S. 2013. *A Review of the Development of Social Security Policy in South Africa.* Working Paper 6. Newtown, Johannesburg.

Business Report, August 6, 2013. [online] http://www.iol.co.za/business/news/johannesburg-is-home-to-the-rich-andricher-1.1558031#.UwyMI_mSx1Y.

Cousins, B. 2007. "Agrarian reform and the 'two economies': transforming South Africa's countryside". In Hall, R., and Lungisile Ntsebeza, L., eds. 2005. The land question in South Africa: the challenge of transformation and redistribution, Programme for Land and Agrarian Studies (PLAAS), School of Government, University of the Western Cape.

Dlamini, T. 2009. *Pro Poor Budget Benefit Incidence Analysis of Five Expenditure Categories of the 2006/07 Budget of the Republic of South Africa.* Ocassional Paper, Studies in Poverty and Inequality Institute (SPII), Johannesburg.

Dorner, P. Thiesenhusen, W. C. 1990. "Selected Land Reforms in East and South East Asia: Their Origins and Impacts". *Asia Pacific Economic Literature.* 4, No 1, pp. 73-84.

Dunn, S. 2008. *Urban Agriculture from a Social Perspective: A Study of the Social Benefits of Urban Agriculture in Cape Town's Township Communities from 1987 to 2007.* Unpublished Paper.

European Report on Development, 2010. *What is Social Protection?* [online]: http://www.erd-report.eu/erd/report_2010/documents/volA/factsheets/1-what_social_protection_en.pdf.

Frye, I. 2008. *Poverty, Social Security and Civil Society in South Africa: Triangulating Transformation*, Dec. 2008, p. 8.

Frye, I. Farred, G. 2011.

Groenewald, J. A., 2004. "Conditions for successful land reform in South Africa". *South African Journal for Economic and Management Sciences*, 7, No. 4, pp. 673-682.

Gullapalli, V. Ngwenya, M. Veriava, F. "Implementation of the Schools Fees and Funding Framework: A study of three provinces", *Centre for Applied Legal Studies*, July 2006.

Hall, R. 2009. *Another countryside?: Policy options for land and agrarian reform in South Africa.* Cape Town: Institute for Poverty, Land and Agrarian Studies.

Hall, R. and Lahiff, E., 2004. *Debating Land Reform and Rural Development.* Cape Town: Programme for Land and Agrarian Studies.

Hall, R., 2005. "The Shifting Terrain of Land Reform in South Africa: The National Land Summit", July 2005. *Review of African Political Economy*, 32 (106), pp. 621-627.

Human Development Report, 2013. [online]: http://hdr.undp.org/sites/default/files/reports/14/hdr2013_en_complete.pdf.

Key issues – National Development Plan 2030 [online]: http://www.gov.za/issues/national – development – plan/.

Kumar, C. 2014. *Africa Rising? Inequalities and the Essential Role of Fair Taxation*, Tax Justice Network, Nairobi.

Lahiff, E. Cousins, B. 2004. *The Prospects for Smallholder Agricultural Production in South Africa: A Discussion Document.* PLAAS: University of the Western Cape.

Leibbrandt, M, et al. 2010. "Trends in South African Income Distribution and Poverty since the Fall of Apartheid". OECD Social, Employment and Migration Working Papers, No. 101, OECD.

Leibbrandt, M. Woolard, I. McEwen, H. Koep, C. 2009. "Employment and Inequality Outcomes in South Africa". OECD, [online]: http://www.oecd.org/els/emp/45282868.pdf.

Mpedi, L. G. "Pertinent Social Security Issues in South Africa", p. 17.

MyNews 24, 2013. "The National Development Plan: A Discussion". News 24, 23 September 2013. [online]: http://www.news24.com/MyNews24/The – National – Development – Plan – A – Discussion – 20130923.

National Department of Health, Government Gazette, "Policy on National Health Insurance", 12 August 2011.

National Planning Commission, 2011. "What the National Development Plan proposes". [online]: http://politicsweb.co.za/politicsweb/view/politicsweb/en/page71656? oid = 266508&sn = Detail&pid = 71656.

NUMSA, 2012. "Chronicle of a Developmental Transformation Foretold: South Africa's National Development Plan in Hindsight", National Union of Metalworkers of South Africa, Johannesburg. [online]: http://www.numsa.org.za/admin/assets/articles/attachments/00116_ numsa_ draft_ critique_ of_ the_ ndp_ of_ the_ npc_ .pdf.

Plaut, M. 2012. The New Statesmen, 20 August.

Reitz, M. 2009. *The Impact of Democracy on Development: The case of South Africa, Centre for Policy Studies*, Research Report 120, Johannesburg.

Sandrey, R., Nick Vink, 2008. "Regulation, trade reform and innovation in the South African agricultural sector". *OECD Journal: General Papers*, Vol 2008, 4, pp. 219 – 255.

South Africa 20 Year Review Chapter 4 – Economic transformation, p. 84.

Statistics South Africa, 2009.

Tax Flash 2013. *Publication of the Draft Employment Tax Incentive Bill for Public Comment.* BDO Newsletter, September 2013. [online]: http://www.bdo.co.za/resources/showitemarticleasp?

ResourceSectionId = 4&ResourceSectionName = Publications&ResourceId = 7&ResourceName = Tax% 20 Flash&IssueId = 417&ContentPageID = &Archive = &articleid = 427 Taylor, 2002. Transforming the Present Protecting the Future, p. 41. [online]: http: //www. cdhaarmann. com/Publications/Taylor% 20report. pdf The Reconstruction and Development Programme of 1994. Available at: www. anc. org. za.

White, G. Heymans, C. Favis, M. Hargovan, J. 2000. *Development Co – Operation Report: Democracy and Good Governance*, Report on Democracy and Good Governance for the Swiss Development Cooperation (SDC).

墨西哥：贫困与不平等报告*

卡拉·阿尔瓦雷斯

执行摘要

根据墨西哥国家社会发展政策评估委员会（CONEVAL）的数据，① 2012年墨西哥有45.4%的人口生活在贫困中，总数达到5330万，其中有8.9%即1040万人生活在极度贫困中，与此同时，墨西哥首富卡洛斯·斯利姆（Carlos Slim）的个人财富却占全国GDP总量的6%。讨论不平等是探索在一个复杂的系统中，制度如何阻碍人类通过努力推动发展。② 尽管墨西哥目前的情况与粮食危机和金融危机均有一定关联，但是发展政策的制定和实施皆忽视了对某些行业财富过度集中的预防措施，薄弱的社会发展规划也阻碍了墨西哥的均衡发展。③

本报告旨在分析带来不平等差距的四大范畴：社会性别、粮食安全、发展融资和气候变化，同时考虑现存的城乡差异及日渐浮现的社会需求。

---

* 本报告得到欧盟资助。报告内容由墨西哥乐施会和El Barzón负责，不代表欧盟观点。

① 国家社会发展政策评估委员会从六个方面评价贫困：教育差距、服务可及性、社会保障可及性、住所和生活空间质量、家庭基本服务可及性以及食品可及性。咨询来源：2013年7月29日 Consejo Nacional de Evaluación de la Política de Desarrollo Social, "Medición de la pobrezaen México y las Entidades Federativas 2012," 2, http://www.coneval.gob.mx/Informes/Coordinacion/Pobreza_2012/RESUMEN_EJECUTIVO_MEDICION_POBRE-ZA_2012_Parte1.pdf（访问日期：2013年11月10日）。

② Isabel Mayoral Jiménez, "Forbes exhibe la desigualdaden México," CNN Expansión, http://www.cnnexpansion.com/economia/2012/03/08/si-carlos-slim-se-fuera-de-shopping（访问日期：2013年12月1日）。

③ 同上。

从社会性别方面看，1995 年北京世界妇女大会之后 20 年，墨西哥采取了一系列政策来消除性别不平等，涉及受教育机会、劳动者权益、政治参与和性别暴力等议题。在过去几十年，特别是 2007 年之后，薪酬差异、性别均等的决策配额和有关性别平等的法律，以及免除暴力等议题在政治议程中占据着重要地位。尽管如此，实现实质性的性别平等仍是一个遥远而艰巨的目标。

从另一方面看，粮食安全和其他相关政策带有慈善性质，并围绕短期需求开展。这种方法促进了大型综合农业集团中的农业工业化集中生产，使农产品价格在过去 2 年上涨 15%，而同期小农户的收入仅上涨 1.5%，因为国家没有针对小农户的系统性发展规划。

当这两个问题日益严重时，其他问题也逐渐浮现。农业发展和金融，环境和气候变化，都使性别和粮食的不平等进一步加剧。在现有的粮食安全政策下，女性原住民受到最明显的不平等待遇。这些问题在很大程度上要透过农业发展和融资解决，然而，气候变化和农业政策同样不利于这些妇女。

气候变化问题的重要性在于它影响生活在贫困和不平等中的人们的方方面面，尤其是以农业为生的大多数贫困农业人口。要追求公平发展，各国都迫切需要采取抗击气候变化的行动，因为所有人都会受到气候变化的影响，生活于贫困中的人们对其更毫无抵御能力。

无论是跨领域还是独立来看，这四个方面都清晰地表明不平等问题与社会最低保障系统和基于人口的政策执行情况紧密相连，不同政治群体和民间组织也参与了这一讨论。同样地，整个调查一再指出解决不平等问题还需要系统化的项目框架，而且是跨议题领域的全面政策解决方案，这不断提醒我们，尽管农村和城市人口差距巨大，它们却是相互依存的。矛盾的是，由于墨西哥的复杂性以及城市与农村人口的差异性，城乡之间的社会分化在所难免。然而，即便这些领域的不平等问题再复杂，我们也必须看到，它们共存于一个紧密相连的复杂的社会政治体系中。

图 1 展示了国家社会发展政策评估委员会按社会需要、收入和每一类的居民数目所做的分类，说明了墨西哥不同程度的不平等情况。

尽管存在整体不平等问题，我们也须强调联邦政府在降低不平等方面所做的努力。从 2000 年开始，联邦政府通过两个行动来减少不平等。其中一项行动是通过农村发展信贷基金（Fideicomisos Instituidosen Relación a la Agricultura，FIRA）和农村金融组织（Financiera Rural，FINRURAL）① 以农村信贷形式向农民提供支持，自 2007 年起，它推动了农业预算的增长；第二个行动是“农业女性项目”（PROMUSAG），负责规范用于促进农村妇女生产的措施。我们将在本报告中对这两个项目进行进一步讨论。

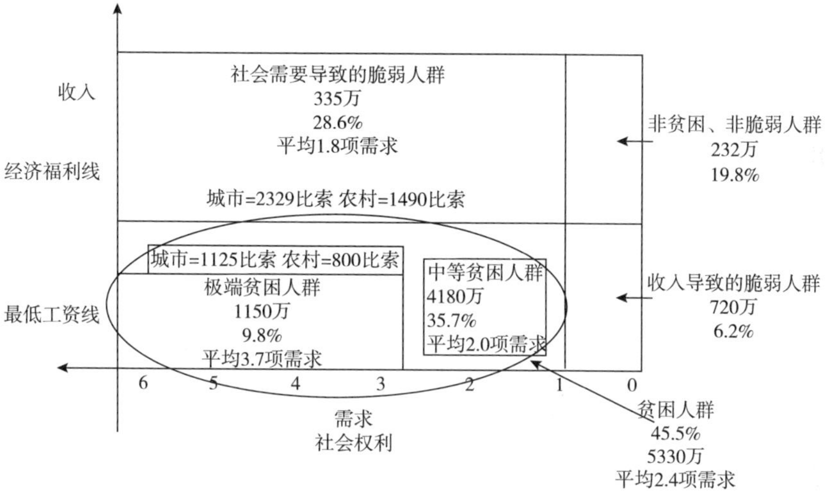

图 1　墨西哥的不平等状况

引　言

本报告是“在不平等多元世界中赋权民间社会网络”项目的一部分。该项目由欧盟委员会支持，在 7 个新兴国家（巴西、俄罗斯、印度、印尼、中国、南非和墨西哥）的民间社会网络参与下完成，它的目的是加强金砖国家、印度尼西亚和墨西哥（BRICSAM②）等国家民间组织（非国家行动者）的能力，使它们在不平等议题上实现国际影响。该项目通过墨西哥乐施会和全国

① 农村发展信贷基金（FIRA 是该机构的西班牙语缩写），农村金融组织（FINRURAL 是该机构的西班牙语缩写）。

② 巴西、俄罗斯、印度、印度尼西亚、中国、南非和墨西哥。

农业生产者和消费者联盟（Alianza Nacional Agropecuaria de Comercializadorasy Consumidores，简称 ANACC 或者 El Barzón）实施。

本报告是分析墨西哥不平等和最脆弱人群遭遇的系列报告的第一篇，围绕四个部分展开讨论：社会性别、粮食安全、气候变化和农业金融。

本报告以乐施会和 El Barzón 合作为基础，讨论墨西哥农村和农业社区的各类跨领域议题。El Barzón 作为一家非营利机构，致力于支持农业人口应对结构性不平等，批判反映全国各类型社区面临的不平等问题。El Barzón 认为，墨西哥存在的不平等现实状况清楚地表明，少数掌握着经济和（或）政治权力并在积累资源过程中获得影响力的群体或者个人获得了过度的关注，而其余人口基本权利的实现被忽视。

墨西哥是一个多元化的大国，撰写不平等状况的国家报告，可能无法穷尽所有行业群体所面临的不平等和脆弱。因此，本报告应被视为以过去 4 年的信息为基础，以之前 10 年的情况为参考，对墨西哥的贫困和不平等现状进行的分析。本报告综合了主要非政府组织、学术机构和政府报告所提供的信息和发现，并以 El Barzón 这样一个草根组织的视角进行诠释。

鉴于此，报告希望成为打算了解、学习此系统的人的工具，并反思这系统、构架和制度是如何持续阻碍全国近半人口特别是农村人口实现全面的人类发展的。我们希望这份报告在如何缩小不平等差距方面引起讨论，并把相关知识带入农村地区。

理论参考

从理论上讲，社会不平等是一种社会经济现象，阻碍个人基本需求的满足，并进一步限制他们作为国家公民和权利拥有者的发展能力。从个人环境乃至整体社会和经济背景来看，这种限制会影响人们的发展，令他们无法完全去行使权利。

从 20 世纪 90 年代起，在国际机构对发展政策提升的讨论中，不平等和贫困之间的关系一直是关注重点。21 世纪初，减贫的手法逐渐转化为消除不平等，因为在贫困人群的大多数最基本权利无法得到保障时，消除不平等才是与贫困人群的需求在本质上紧密相连的。

过去 20 年，人们在经济不平等和社会不平等之间的因果关系及其与贫困、边缘化、社会排斥和社会政策解决方案之间的联系上一直争论不休。根据 Julie A. Litchfileld 的观点，无论是基于收入、消费、其他福利指标或人口属性，不平等都是分配的差异。①

撇除关于对不平等的起源和理解上的限制，更本质的问题在于不平等如何反映在人们的生活中，即在发展过程中不平等导致的差距。

墨西哥的不平等问题普遍互为因果，紧密联系且多维度共存；它们相互关联且有时候环环相扣，对于本来就缺乏基本权利的群体来说，解决问题会增加额外的负担。而且，不平等问题会出现在社会和个人发展的不同阶段。

因此，墨西哥的不平等现象是多重因素造成的。例如，教育差异并不仅仅因为缺乏经济资源，也与其他复杂问题相关，比如性别平等、就业机会缺失及其导致的辍学问题、基础服务和教育基础设施缺失、土地分配问题和完善的卫生设施的缺失，而这些因素同时也是粮食安全和粮食主权问题的一部分。所有这些跨领域议题，也涉及气候变化，最终会同时影响被孤立和边缘化的人群。

一个国家的政治结构综合属性会影响到发展的基本条件的缺失，值得深入分析。在我们的国家中，教育差距并不能仅用辍学率或识字率指标来衡量，还需要考虑其他方面，如教育服务本身的可及性、教育系统的持续性、教育质量和内容的关联性以及知识的传播。同样，健康差距不能仅仅用服务可及性来判断，还需要考虑医疗系统基础建设、服务效率和受益人群获得服务的完整性。

这些概念框架和方法让我们形成了对平等起源、原因和结果的更广的视野，同时能展望社会发展政策如何减少不平等差距。因此，应该考量机会均等、平等和社会融合之间的联系，在制定解决不平等问题的政策、项目和行动规划时，则不仅能保证目标的实现，而且会令社会可持续发展，而这有赖最低限度基本发展政策的确立，以确保工作得到持续的落实。

因此，不平等可以通过公民最基本权利的可及性和权利保障以及社会如何鼓励公民实践和履行责任来评价。也就是说，也可以用国家公民如何实现公民责任来衡量不平等状况，更有利于实现平等权利和社会公正。

---

① Julie A. Litchfield，《不平等：方法和工具》，为世界银行不平等、贫困和社会经济表现网站撰写，1999 年 3 月，http：//siteresources. worldbank. org/INTPGI/Resources/Inequality/litchfie. pdf。

从这个意义上看，评估指标应该不仅仅考虑作为国家经济生计的一部分的个体，还应该考虑到依赖个体生存的亲属，并应考虑不平等对普世权利实现的阻碍。这还意味着，看待不平等造成的差距时，不应该仅基于公民平等的起点条件和分享，而应该以尽管人们生活在差距中，却应享有同等的物资和资源权利为基础。

综上所述，对不平等导致的差距和其原因的分析不应仅仅考虑最富裕和最贫困的40%人群收入的关系，更急需分析差距与权利实践之间的关系，甚至是与居民权利实现以及相应的保障机制之间的关系。

综合背景

拉丁美洲被认为是全球最不平等的地区。由于在收入和再分配中存在的不平等、高度集中的财富和薄弱的财政政策，①墨西哥的贫困水平在拉美国家中居于第8位，②也是经合组织（OECD）确认的全球最不平等的国家之一。

从国家社会发展政策评估委员会的数据来看，2010~2012年，墨西哥生活在贫困中的居民人数增加超过100万，③同时，生活在极端贫困线以下的人口数减少约150万，他们集中在农村地区，至少有一项社会需求。

其中，原住民社区受到的影响最大：他们中有72.3%的人生活在中度到极端贫困之间，原住民和非原住民群体之间的贫富悬殊已成为墨西哥最严重的不平等现实之一。而原住民数量最多的、也是最依赖农业的州也是墨西哥最贫困的地区，其中，Chiapas、Guerrero、Puebla和Oaxaca是墨西哥贫困率

① 经合组织（OECD）：《危机压榨收入，并给不平等和贫困带来更多压力》，2013，http://www.oecd.org/social/soc/OECD2013-Inequality-and-Poverty-8p.pdf（访问日期：2013年11月30日）。

② 根据ECLAC实施的评估报告"Panorama Social de América Latina"，http://www.eclac.org/publicaciones/xml/9/51769/PanoramaSocial2013.pdf（访问日期：2013年11月21日）。

③ 根据CONEVAL对贫困测量的分类，2012，http://www.coneval.gob.mx/Medicion/Paginas/Glosario.aspx（访问日期：2013年4月29日）。贫困：被界定为贫困的个人至少有一项社会需求（教育不足、健康服务可及性、社会保障可及性、住所和生活空间质量、家庭基础服务和食物可及性），而个人收入不足以换取需要用于满足食品和非食品需求的物资和服务。绝对贫困：被界定为处于绝对贫困的个人在社会贫困指数的六类需求中，至少具有三项或以上的需求，并生活于最低福利线以下。处于此类境地的人们收入低下，他们即使将所有的收入都用于换取食物，也无法获得健康生活需要的营养（原文为西班牙文，翻译而来——译者注）。

最高和不平等最严重的地区。

从经济差距来看，基尼系数的数值范围是 0～1，其中 0 代表平等的分配状况（即所有个人或者家庭都获得同等收入），而 1 则代表某一个个人拥有该国全部的收入。根据世界银行的报告，2010 年墨西哥的基尼系数是 0.427。①

根据 2012 年墨西哥各州对基尼系数进行的统计，南部的 Chiapas，Campeche 和 Guerrero 呈现出严重的不平等；相反，Colima，Morelos 和 Tlaxcala 各州的基尼系数相对较低。2010～2012 年间，基尼系数上升最快的地区是 Tabasco，Guanajuato 和 Durango（见图 1）。但是，基尼系数并不能显示财富是如何集中的以及集中在哪里。

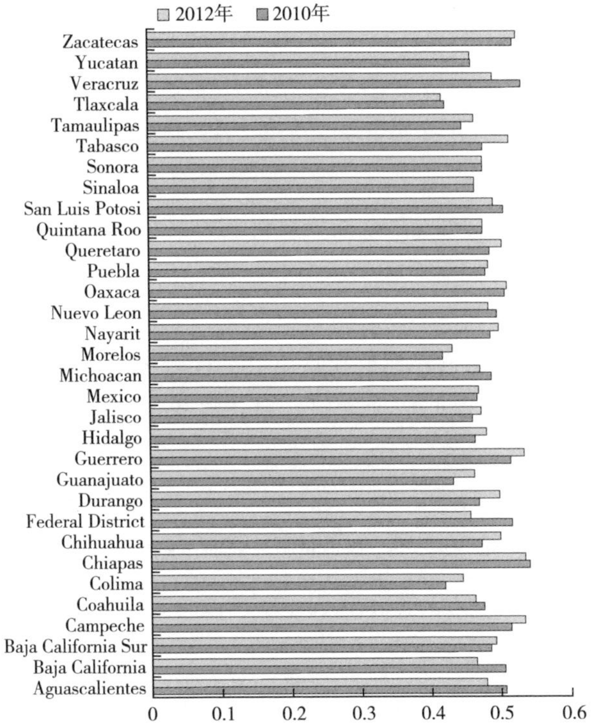

图 1　2010～2012 年各州基尼系数

资料来源：CONEVAL 2010 年和 2012 年数据对比。

① Banco Mundial，“Índice de Gini”，http：//datos. bancomundial. org/indicador/SI. POV. GINI（访问日期：2013 年 11 月 24 日）。

从另一角度来看，帕尔马比值（PALMA）通过比较收入最高的10%和收入较低的40%人群来测量收入不均情况。墨西哥最富裕的10%人群的家庭月均收入为44334比索，而收入较低的40%人群的家庭平均月收入则是17872比索（综合收入）。从等价角度看，全国总支出的34%属于收入最高的人口，而底层40%人口的支出仅占全国总支出的14%。尽管过去几年墨西哥的收入差距有减少的迹象，如果按照地区进行分别统计，仍可以看出城市和农村之间的巨大差异。①

这就表明，仅仅依靠减贫政策来解决不平等问题远远不够，还需要同时遏制财富的过度集中。拉丁美洲和加勒比地区经济委员会（ECLAC）所进行的一项研究发现，"经济精英群体直接或间接地接触到政治精英，并通过后者的权力获取有利于其既得经济利益或至少对自己无害的政策"，而生产结构为此创造了条件。②

这份报告尝试探讨经济不平等是造成大部分人无法行使其权利的原因之一，理论上，权利应该具有普世性，本文以此为基础展开讨论，作为复杂的社会政治和经济系统的症结之一，权利的缺失会导致社会不平等和差异的进一步深化，从而导致人们的基本生活都无法获得保障。③

粮食安全

"当所有人在任何时候都能够在物质上、社会上和经济上获得足够、安全和营养的粮食，来满足他们的食物偏好和获得积极健康的生活时，才可谓实现了粮食安全"。④ 粮食安全包括四个方面。⑤

---

① Alex Cobham and Andy Summer，"Is Inequality All About the Tails? The Palma，the Gini and Post 2015"，乐施会，http：//www. oxfamblogs. org/fp2p/？ p = 16021（访问日期：2013年11月15日）。

② Instituto Nacional de Estadística y Geografía（INEGI），"Encuesta Nacional de Ingresos y Gastos de los Hogares 2012"，2013年7月，http：//www. inegi. org. mx/est/contenidos/Proyectos/Encuestas/Hogares/regulares/Enigh/Enigh2012/tradicional/default. aspx？ _ file =/sistemas/microdatos2/Microdatos _ archivos/enigh/Doc/Resultados_ enigh12. pdf（2013年11月20日）。

③ Fernando Cortés. DesigualdadEconómica y Poder，墨西哥城，ComisiónEconómicaparaAmérica Latina y el Caribe（CEPAL），2010，第12页，http：//www. iadb. org/intal/intalcdi/PE/2010/07543. pdf（访问日期：2014年1月16日）。

④ 联合国粮农组织（FAO），《粮食安全统计数据》，http：//www. fao. org/economic/ess/ess - fs/en/（访问日期：2013年11月11日）。

⑤ 联合国粮农组织（FAO）、IFAD和WFP，2013年《全球粮食危机状况：罗马：FAO》，第16页，http：//www. fao. org/docrep/018/i3434e/i3434e00. htm（访问日期：2013年12月2日）。

• 粮食供给：通过国内粮食生产、粮食的进口和援助来保障。

• 粮食获取：指人们获得粮食的能力。

• 粮食使用：根据粮食偏好、传统习惯和生理需要进行的粮食消费或者摄入。

• 粮食系统稳定性：粮食供应、获取和使用在相当时间内得以适当维持。

营养安全的概念超越了粮食安全的范围，纳入了如食物处理、健康和卫生等要素，这些要素保证人们完整地运用粮食的价值。①

各种不平等因素给粮食系统造成损害，使人们无法安全地获取粮食和保障营养。以下我们将从更加详细的角度，分析粮食供应和粮食获取的不同方面。根据粮食安全的性质，其不同的方面对整个社会有着大范围的影响，且需要通过国家的行动和公共政策来进行调节。取决于个人偏好和生理条件（健康）的粮食使用相关要素，需要更加复杂的手法。但是，这些方面可以通过长期的公共健康措施进行调整。

农业生产

1980 年代，新自由主义带来的政策转变和向工业领域的转型，如关税和贸易总协定（GATT）和修订后的墨西哥宪法第 27 条，使“国家对低于市场利率的农产品商品化提供支持和农产品供应的价格补贴机制”② 彻底瓦解，同时，国家开始鼓励开放贸易（1990 年代早期），推动了专门化生产、农业出口和新技术的使用。

这种做法削弱了墨西哥的生产基础，因为大量生产者（小型和中型农户）能获取并用于维持生产和应对农业活动风险的资源越来越少，以及就业机会减少，③ 带来的结果是，大型农业企业的发展机会不断增加，而 400 万小农户

---

① 全球粮食安全委员会，《相关名词的条件》，第 2 页，http：//www. csm4cfs. org/files/Pagine/10/cfs_ terminology_ 30_ april_ 2012_ final_ draft. pdf（访问日期：2013 年 12 月 2 日）。

② Alejandro Von Bertrab，“El efecto de la liberalizacióneconómicaen los pequeñosproductores de maízen México,” Comercio Exterior，2004 年 11 月，第 961 页，http：//revistas. bancomext. gob. mx/rce/magazines/70/2/RCE2. pdf（访问日期：2014 年 1 月 18 日）。

③ Ann Harrison and Gordon Hanson，《谁从贸易改革中获利？有些问题尚未解决》，刊于《发展经济学》第 59 期，荷兰：Elsevier，1999，http：//citeseerx. ist. psu. edu/viewdoc/download? doi = 10. 1. 1. 23. 3724&rep = rep1&type = pdf（访问日期：2014 年 1 月 18 日）。

中的大多数人生活在贫困中，[①] 他们不得不在第二产业和第三产业工作以弥补农业收入的不足。[②]

墨西哥农业生计、农村发展、渔业和粮食秘书处（SAGARPA，西班牙语缩写）的一份分析报告显示，过去几年，农业领域的资源分配有严重的倾向性并呈现累退趋势。北方 5 个州（Sinaloa，Tamaulipas，Sonora，Jalisco 和 Chihuahua）获得了该秘书处支持预算的 40%，而且受益者多为资本雄厚、拥有大量土地、机械、灌溉设备和商业化渠道的生产者。小农户、季节性农户和资本化水平最低的生产者的数量占全墨西哥生产者的 70%，但他们获得的支持最少，仅为该秘书处支持预算的 4.5%。同样，分配给原住民聚居地区和妇女生产者的资金也少得可怜。[③] 从地理区域来看，墨西哥南部和中部各州不仅整体获得的支持较少，而且得到的人均资金也较少。[④]

最不需要支持的生产者获得绝大多数的政府支持，这与以小规模生产者和贫困者为对象的农村可持续发展行动的目标相背离，同时也使粮食生产面临风险，使农村地区的贫困和不平等持续固化，阻碍农业发展。

小型生产者与其他主体，如物资供应商、购买商或中间商之间的权力不平等是墨西哥农村地区社会不平等的另一原因。例如，对于生产者来说，采用新的种子和与之配套的新技术会大大增加成本。[⑤] 其实，他们本可以使用本地种子来创建种子库以降低生产成本和避免过度依赖供应商，从而获得更大的利润空间。[⑥] 另

---

① Carolina Gómez Mena，“Enpobreza，mayoríapequeñosagricultores de México：FAO，” La Jornada，2013 年 11 月 22 日，http：//www. jornada. unam. mx/ultimas/2013/11/22/en - pobreza - mayoria - de - pequenos - agricultores - de - mexico - fao - 2213. html（访问日期：2013 年 11 月 27 日）。

② Miguel Ángel Damian Huato 等，“Hombres y mujeresen la producción de maíz：unestudiocomparativoen Tlaxcala，” Revista Regiony Sociedad，2008 年 5 ~ 8 月，第 42 卷，第 82 页，http：//lanic. utexas. edu/project/etext/colson/42/3. pdf（访问日期：2013 年 11 月 27 日）。

③ Héctor M. Robles Berlanga 和 Ana Joaquin Ruiz Guerra，Presupuestospara la Agricultura Familiar y Campesinaen México，墨西哥城：乐施会，2012 年，第 37 页，网址：http：//oxfammexico. org/crece/descargas/investigacionHMRdic10. pdf（访问日期：2013 年 11 月 15 日）。

④ Héctor Robles Berlanga. “Subsidios al campo en México. Ejercicio del presupuesto de SAGARPA porprograma y entidadfederativa，” 2013 年 9 月，网址：http：//subsidios. fundarlabs. org. mx/wp - includes/textos_ pdf/EJERCICIO. pdf（访问日期：2014 年 4 月 16 日）。

⑤ Monsanto，“为何孟山都公司起诉农户?” URL http：//www. monsanto. com/newsviews/Pages/why - does - monsanto - sue - farmers - who - save - seeds. aspx（访问日期：2013 年 11 月 21 日）。

⑥ 在这种情况下，“coyotaje” 或者中介是指中间商或者寡头公司在农业市场可及性方面拥有的权力。

一个例子是生产者与中间商（又称“土狼”）的买卖关系，相比中间商，生产者拥有的议价权力有限，导致利润空间较小。最后，农产品销售合同达成后，生产者又必须面对生产过程中的风险（例如洪灾、旱灾、瘟疫和病害）。

农业生产者面临的风险在气候变化面前尤为突出。正如表 1 所显示的，玉米产量预计出现 29% ~45% 的减产，咖啡则可能减产高达 78%。玉米、咖啡、甘蔗、橙子、小麦和大豆减产可能导致经济损失 57%，等于 390 亿比索。①

表 1　气候变化对农业部门产生的经济影响

作物	产量（吨）	产能（吨/公顷）	气候变化导致的产量变化	农村地区价格	气候变化以前总产值变化范围	
蔗糖	42650647	71.9	-26% 至 -27% -4.3% 至 -6.5%	$335	$3604480071 $499520967	$3747565743 $814309447
玉米	507489	2.3	-29% 至 -45%	$3100	$333546241	$584126767
橙子	2969334	12.3	+20% 至 +50%	$1705	$1687951834	$3206706317
小麦	3723324	4.4	-5% 至 -30% -15% 至 -50%	$2406	$772302409 $1669689308	$3015769656 $4810543478
咖啡	122468	2.6	-73% 至 -78%	$4309	$384179403	$410562680
大豆	1121956	0.6	-30%	$8109	$2632231500	$2632231500

资料来源：《气候变化对墨西哥经济的影响》，第 26 页。

低收入小型农业生产者的农业收获本来就很少，能够帮助他们抵御气候变化带来的影响的信贷支持也非常有限，表 1 所预测的减产，将对他们的收入带来严重影响，并可能让他们长期陷于贫困。

① María José Cárdenas, “Costos Económicos del Cambio Climáticoen México,” México ante el cambioclimático: Evidencias, impactos, vulnerabilidad y adaptación，墨西哥城：绿色和平，第 48 页，http://www.greenpeace.org/mexico/es/Footer/Descargas/reports/Clima - y - energia/Mexico - ante - el - cambio - climatico/（访问日期：2013 年 11 月 19 日）。

农村和农业社区的社会和经济不平等，决定了不同群体获取生产资源（例如土地、水、资金和基础设施）、获得发展和支持（例如人力建设、投资、技术和创新）的机会，让小生产者处于明显的不利境地。[①] 粮食和营养安全直接涉及的问题包括：

（1）损害国内粮食生产。墨西哥粮食系统在技术、基础设施、运输、市场机制和高交易成本[②]方面存在缺陷，限制了人民取得足够数量及适当质量的粮食的可能性，使墨西哥43%的粮食依靠进口，形成粮食和农业对外依赖的情况。[③]

2010年进口最多的农产品是：黄玉米、大豆、高粱、小麦、未碾磨大米和苹果。[④] 墨西哥40%～90%的小麦、黄玉米、大米和大豆依靠进口，尽管墨西哥有能力成为全球第二重要的肉类生产国，[⑤] 仍有30%的肉类依靠进口。进口产品容易因为国际市场变化而出现大幅的价格波动，令墨西哥人民难以获得上述食物（从价格方面来说）。

（2）它限制了农业生产者经济发展和收入增长的机会，损害了他们获得足够食物的可能。

以豆类为例，尽管豆类生产实际上已无利可图，小生产者“没有把劳动力成本、土地和机械设备的贬值纳入成本考虑”，[⑥] 仍然继续种植和生产豆类，却还要折价销售，因为他们需要面对从生产到商业链各环节都获得大量补贴的美国低价豆类产品的竞争。

---

① Secretaría de Agricultura, Ganadería, Desarrollo Rural, Pesca y Alimentación（SAGARPA），“Retos y Oportunidades,” 2010年10月，第128页，http：//www.sagarpa.gob.mx/agronegocios/Documents/pablo/retosyoportunidades.pdf（访问日期：2013年11月9日）。

② 同上。

③ Ernesto Méndez，“Es hora de ir al grano；México importa 43% de los alimentos,” Excelsior，2013年5月5日，http：//www.excelsior.com.mx/nacional/2013/05/05/897514（访问日期：2013年11月11日）。

④ Instituto Nacional de Estadística y Geografía，“Cuéntame：Agricultura,” http：//cuentame.inegi.org.mx/economia/primarias/agri/default.aspx？tema=E（访问日期：2013年11月14日）。

⑤ El Barzón，“Acuerdos Nacionalespara el desarrollo del campo mexicano,” 新闻稿，2013年10月23日，http：//elbarzon.mx/2013/09/acuerdos-nacionales-para-el-desarrollo-del-campo-mexicano-el-barzon/（访问日期：2013年11月27日）。

⑥ Alma Velia Ayala，Rita E. Schwentesius and Gustavo Almaguer，“La competitividad del frijol en México,” El cotidiano，2008，第88页，http：//www.redalyc.org/comocitar.oa？id=32514710。

（3）它使农村贫困反复出现，让人们难以负担医疗健康、食物和卫生设施方面的支出。小规模农业生产的收入已经无法负担基本家庭需求，而且，一些农村地区的基础服务、医疗卫生和健康服务非常有限，特别是在更边缘化的地区，人们不得不异地就医，或者无法得到需要的医疗服务。

为了在农业领域实现包容性发展，减少贫困和不平等，政府需要重新定位农业政策，使其真正推动和鼓励小型农业生产、协助其获取所需资源和供给（包括农业推广），以增加农业领域的竞争力和可持续性。① 此外，实施辅助的公共政策去规范农业市场是重要的，因为那样才能为所有参与者提供更公平的商业化系统。

一项有关农业预算分配的研究②表明，墨西哥 SAGARPA 并没有专门把男性和女性小型农业生产者列为其目标人群。尽管该秘书处有四个以小型农业为目标的项目（粮食安全策略项目；自给自足农业；中度、高度和超高度边缘化地区的投资基金；高度和超高度边缘化地区粮食行动基金），但这四个项目仅占秘书处整体预算的 4.5% 。毫无疑问的是，由于小农生产在墨西哥占绝大多数，也是主要的基本粮食生产供应者，这个数据揭示出巨大的项目缺口。

同一研究得出的结果表明，在农村发展并行特别项目（PEC，西班牙语缩写）中的 100 个子项目中，多数家庭能够接触到其中两个：Procampo 和 Oportunidades。如前所述，在 Procampo 项目中，较好的部分集中在少数几个州。因此，当局去检视受益者和项目重点确认机制是重要的，如此才能帮助最需要帮助的农户从该项目中受益。

粮食获取

如前所述，粮食获取是指某人获得粮食供应的能力。这种能力与个人或家庭在特定文化背景下获取他们所喜好的食物的资源（经济和其他资源，包括机会）有关。

根据国家社会发展政策评估委员会的统计，2012 年墨西哥约有 2740 万人

① 联合国粮农组织（FAO）、IFAD 和 WFP，《粮食不平等的现状》，第 75 ~ 76 页，http://www.fao.org/docrep/018/i3458s/i3458s.pdf（访问日期：2013 年 11 月 11 日）。

② Héctor Robles Berlanga 和 Ana Joaquina Ruiz Guerra，该作者同一文献。

缺乏获取粮食的机会。[①] 该委员会的报告显示，2008 ~ 2012 年，缺乏粮食获取渠道的人数增加了 12.8%，而收入低于福利线的人数增加了 10.8%。[②]

基本组合是指用以满足个人需要的基本物资和服务的总和。在墨西哥，该组合包括大米、大豆、蛋类、肉类和面包等食品，还有用于其他项目的开支，例如住房、衣服、保健、交通和教育。

由于2008年粮食危机，基本组合的价格过去6年在农村地区上涨了45.3%，[③] 从2007年10月的577.14比索上升到2013年10月的838.55比索，而城市地区则上涨了44.1%，从2007年的823.40比索一跃到2013年的1186.55比索。[④]

但是，收入的增加却远远赶不上粮食价格的上涨步伐。在过去两年中，尽管收入上升了1.5%，[⑤] 同期食物组合的价格却上升了15%。[⑥] 生活在极端贫困中的人们的收入无法满足家庭的食物需求。在农村边缘地区，高达66%的家庭支出用于食物。[⑦]

粮食获取不平等的原因多种多样。从整体上看，这些原因相互交融，令

---

① Consejo Nacional de Evaluación de la Política de Desarrollo Social（CONEVAL），Anexo Estadísticos "Medición de la pobrezaen México y las Entidades Federativas 2012，" http：//www. coneval. gob. mx/Medicion/Paginas/Medici% C3% B3n/Pobreza% 202012/Anexo – estad% C3% ADstico – pobreza – 2012. aspx.

② CONEVAL 将福利线定义为"等同于每人每月所需的食品和非食品之合"，请见"Evolución mensual del valor de la canasta alimentaria（línea de bienestarmínimo）enero 2006 – octubre 2013，" http：//web. coneval. gob. mx/Medicion/Paginas/Lineas – de – bienestar – y – canasta – basica. aspx（访问日期：2013年11月12日）。

③ 根据 CONEVAl 所确定的价格计算得出，"Evoluciónmensual del valor de la canasta alimentaria（línea de bienestarmínimo）enero 2006 – octubre 2013，" http：//web. coneval. gob. mx/Medicion/Paginas/Lineas – de – bienestar – y – canasta – basica. aspx（访问日期：2013年11月12日）。

④ ConsejoNacional de Evaluación de la Política de Desarrollo Social（CONEVAL），作者同一文献。

⑤ CONEVAL，作者同一文献。e Instituto Nacional de Estadística y Geografía（INEGI），"Encuesta Nacional de Ingresos y Gastos de los Hogares 2012，" http：//www. inegi. org. mx/est/contenidos/Proyectos/Encuestas/Hogares/regulares/Enigh/Enigh2012/ncv/default. aspx.

⑥ 根据 CONEVAL 确定的价格对基本需求组合进行的计算，"Evolución mensual del valor de la canasta alimentaria（línea de bienestarmínimo）enero 2006 – octubre 2013，" http：//web. coneval. gob. mx/Medicion/Paginas/Lineas – de – bienestar – y – canasta – basica. aspx（访问日期：2013年11月12日）。

⑦ Mauricio García de la Cadena，Situación de Seguridad Alimentaria en zonas rurales marginadas de México，Organización de las Naciones Unidas para la Alimentación y Agricultura（FAO），2013年10月14日，第2页，http：//issuu. com/nixta2013/docs/maiz _ y _ seguridad _ alimentaria _ en _ zon（访问日期：2013年11月11日）。

生活在贫困或者脆弱中的家庭要获取粮食保障面对巨大挑战。以下列出了其中的几个原因。

- 家庭在获得粮食的经济资源和耕种粮食生产资源方面存在可及性差异。
- 家庭获取粮食的基础设施、粮食供应和分配中心（市场、商店等）的地理分布差异。
- 支持家庭经济和粮食供应的正规或者非正规社会保障系统可及性差异。
- 与粮食分配（数量和质量）有关的家庭成员间的关系和文化模式。

经济和社会不平等对粮食获取的影响是显而易见的，人们根据自己可以支配的资源，选择可负担的粮食，这往往代表人们会转而去消费含糖和脂肪较多的加工食品，令消费者远离传统的饮食习惯。这意味着经济资源较少和受教育程度较低的人们摄取低营养、低质量的食物，导致营养摄入不足，无法保证良好的身体机能，造成健康、劳动能力和认知发展上的不良后果，并损害他们的经济发展潜力。[①]

解决粮食获取不平等需要一系列相互配合的策略。一方面，必须加强和扩展支持个人创收的措施［例如传统上被排除在公共惠民措施外的人口的就业项目、农业女性项目（PROMUSAG）[②] 等农村收入多元化项目］，并注重措施执行的稳定，使其与针对贫困弱势群体的粮食支持的社会保护机制共同发挥作用。另一方面，国家还必须保障生产资源的可及性（例如，增强土地、信贷或者科技的可及性）以支持生产者实现粮食获取。最后，提升公共意识去关注女性和男性生命周期内不同阶段有不同的营养需求至关重要，这有助于所有家庭成员都获得足够的食物。

政策分析一：2012 ~ 2018 年联邦政府粮食安全策略

国家反饥饿改革[③]是墨西哥最近实行的国家策略，通过提高小规模农业生产者的产量和收入，最大限度地降低农业收获后出现的损失并提高社区参与，为 701 万生活于极端贫困中的城市和农村居民提供粮食和营养保障。

---

① 世界银行：《再次将营养定位于发展的核心地位——大规模行动的策略》，2006。

② 从事农业生产的妇女项目。该项目为生活在高边缘化地区的农村妇女提供支持，对生产性项目进行投资。这是农业领域中少数几个针对劳动和生产社会性别不平等而实施的项目。

③ 国家反饥饿改革网站：http：//sinhambre. gob. mx/（访问日期：2014 年 4 月 29 日）。

作为一项为农业生产提供支持的工作，这项改革一方面通过不同的途径来改善粮食的获取和供应，如商店、食品厨房、食物补助和家庭种植园；另一方面，也通过投资来提升农业基础设施和设备、促进能力建设、技术创新和乡村教育项目，以及支持商品化、农业收获后管理和风险管理防范，来提高农业生产和收入。该项策略通过一系列项目，使小规模、低收入的农户最终受益，如农业女性项目、企业青年和土地基金、气候应急保险项目、农业保险基金支持项目、农业保险费用补贴项目、现金储蓄项目、信贷成本减低项目以及生产者和农村金融中介培训、能力建设和顾问支持项目等。

保证项目足够的预算拨付至关重要，因为要满足大多数生产者的需求和防止可及性歧视，比如在 Procampo 项目中发生的对基础设施和融资的可及性问题。

支持食物可及性的主要方法在于农业人口收入的提升、促进基本食物和服务的可及性，包括教育、保健、住房和卫生。不同政府机构（在不同的秘书处领导下）实施的多元化项目是该策略的组成部分。

这项策略在考虑粮食和营养安全的不同方面（供应、可及性和使用）必须协调一致，用互相配合的手法实施不同的项目，这是唯一能够缓解食物链中不平等问题的方法。

社会性别

根据世界银行的定义，不平等现象中的性别不平等存在于各领域，影响人们生活的各方面和社会情境，导致同样的发展机会和权利实现在男性和女性间存在差距，也就是性别不平等复制并深化了社会不平等现象。根据世界经济论坛发布的“全球性别差距报告”，在所有 136 个参与评估的国家中，墨西哥排第 68 位。在一项关于二十国集团 19 个国家（除欧盟外）的研究中，印度、沙特、印尼、南非和墨西哥是妇女待遇最差的 5 个国家。

尽管如此，性别不平等根植于各个社会的结构中。家庭、市场和政府等把女性置于不利境地，使性别不平等持续，从而导致了其他形式的社会和经济差距。这让我们意识到性别视角应该被纳入各领域，才能清晰地呈现造成各类不平等现象的结构性元素。

农村和农业社区存在着最严重的性别不平等，导致社会、经济和政治不平等进一步恶化。贫困和边缘化地区的性别不平等尤为严重，女性处于最不利的状况，容易遭受暴力威胁，参与社区决策和担任领导的可能性也相对较低。

专注性别议题的公共机构和非营利组织，透过着力于推动女性参与平权行动，以减少不平等的差距。然而，这些努力远远不足以改变现状。政府针对女性的项目仍带有浓厚的慈善性质，缺乏实时和具体的诊断性研究，限制了机构的行动力，也导致针对农村男女不平等的政策缺乏效率和效果。

在过去20年中，女性在农业社区的参与增加了343%，[①] 这是因为食物和住房成本上升，因而需要妇女劳动去增加收入，另一个原因是男性人口移民。[②] 因为农村地区家庭所面临的恶劣的生活条件，一些地区的劳动力呈现出迁离的特征。[③] 贫困、边缘化和暴力问题的恶化，使人们改善生活质量的唯一选择是非法移民到美国。在这种情况下，女性成为家庭的支柱，她们一边想方设法增加收入，一边还承担着无报酬的家务和照管劳动。“移民带来家庭关系结构和规模的变化，根据针对流出地所进行的研究，移民使女性成为一家之主。当男性移民的妻子留守时，她们成为事实上的一家之主，承担着照顾孩子等作为一家之主的所有责任”。[④]

农村妇女承担着家庭内外多项责任。在社区中，除了无薪酬的家务劳动和照顾子女外，妇女还承担着季节性收获、播种甚至农产品销售的责任。尽管妇女在生产层面的参与有所增加，比起承担同样责任的男性来说，她们的工作条件和资源可及性却处于相当不利的境地。

影响女性赋权的一个关键问题是她们无法获得土地拥有权。在墨西哥，人们可以通过三种方式获取土地权利：直接购买、村庄集体土地（*ejidos*，合

---

① 数据来自农业和渔业信息服务机构。

② 根据2010年INEGI统计数据，2006年在因国际人口流动而离开本国的人口中，有25%是女性；而2007年和2008年，流动人口中妇女比例分别为20%和22%。另一个可以用来解释男性流动率增高的原因是旅行成本。对于男性来说，流动的旅行成本要低于女性；这一点可以用女性在旅途中面临的风险以及女性通常与其他家庭成员（例如子女或者父母）一同流动来解释。参见：http://www.oem.com.mx/oem/notas/n2000978.htm。

③ 这种情况对于墨西哥中西部地区较为准确，当地具有人口流动到美国的传统和驱动力。人口流出较多的地区是Zacatecas，Michoacán和Guanajuato。参见：http://www.conapo.gob.mx/work/models/CONAPO/intensidad_migratoria/pdf/Efectos.pdf。

④ 同上。

作农场)[①] 和继承遗产。为了继承土地，每个土地拥有者需要提供一份继承人清单，这些继承人在清单中按先后排序，并没有任何条款限制女性排在清单靠前的位置。一些土地拥有者把他们的配偶列为继承人，这是女性成为土地拥有者的最主要途径。但是，由于社会和文化原因，多数土地拥有者更偏向于将儿子或者男性亲属列为继承人。因此，尽管存在法定可能，但是农村社区的传统做法有意遏制了妇女发展的机会。

性别领域的一些指标

在教育方面，根据国家统计、地理和信息所（INEGI）的统计，2000 年，每 100 名男性中有 9 人缺乏正规教育：42 人完成了基础教育义务阶段的学习，20 人完成了基础教育，29 人完成了最少 1 年的中学学习。同年，每 100 名女性中有 12 人缺乏正规教育：43 人完成了最少 1 年的小学教育以及 1 ~ 2 年初中教育，18 人完成了 3 年的初中教育，27 人完成了基础教育阶段学习。在居民少于 2500 人的农村地区，每 100 名男性中有 16 人缺乏教育，每 100 名女性中有 21 人缺乏教育。

女性人口的文盲比例是 11.3%，而男性则是 7.4%。另外，生活在农村地区的女性接受教育的平均年限是 4.6 年，城市女性则为 7.9 年。[②]

目前，国家社会发展政策评估委员会正在开发用于确认性别不平等的指标。在教育方面，家庭女主人和男主人之间、不同年龄组之间、贫困程度不同人口之间都发现差距的存在。该指标数值从 -100 到 100，负数代表家庭女主人与男主人之间存在较大的教育差距。

图 2 展示了 2012 年贫困家庭和非贫困家庭之间的教育差距。应该注意，几乎贫困家庭所有年龄组的女性与男性的教育差距情况都更严重。在贫困家庭中，不平等的差距更大，他们与非贫困家庭的对比是 11.8% 对 7.3%。在

① 墨西哥宪法第 27 条集中于土地分配，但是，并没有明确具体的针对农村女性的政策。另外，联邦农业改革行动确定，符合先决条件的男性和女性可以获得土地，该行动还明确，“每个合作农场必须明确建立提供给来自农村社区但未拥有土地的女性工作的农场和农村产业”。然而，在现实中，在 283 个合作农场中，仅有 16.3% 的女性能够拥有土地权。

② Instituto Nacional de Estadística, Geografía e Informática (INEGI), Censo General de Población y Vivienda 2000, http://www.inegi.org.mx/sistemas/olap/proyectos/bd/consulta.asp? c = 10252&p = 14048&s = est.

非贫困家庭中，教育差距的情况随着年龄增加而加大；最大的差距出现在 65 岁或以上的人群中（9.3%），而在贫困家庭中，最大的差距出现在 45~64 岁年龄组（9.3%），65 岁或以上年龄组差距则降低（2.7%）。

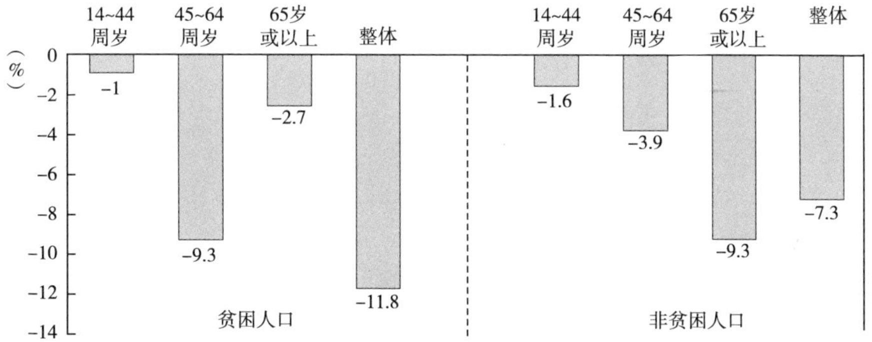

图 2　教育领域呈现的不平等差距，以女性和男性户主年龄和贫困状况分类，2012 年

教育是一个重要的社会发展工具，也是联合国千年发展目标之一。墨西哥努力支持小学阶段的教育政策，努力在 2010 年实现 650 万男童和 630 万女童入学的目标，比起 1990 年的数据来说，这个目标增加了超过 50 万人。在中学教育阶段，12~14 岁的女童入学率为 91.9%，15~17 岁女童入学率是 68%。从 2002 年的情况来看，这些比例均有增长，当年中学教育的女性入学率是 51%。从 2010 年人口和住房普查的结果来看，入学率随着人口的增长而上升。高等教育阶段也是一样，仅有 15% 的高等院校学生来自小社区。但是，在高等教育阶段，该比例男性超过女性，人口较多地区的这种差别更加明显。

值得注意的是，培训是女性群体明确表示希望接受到的教育之一。困扰着农村地区的不同问题带来了对培训的持续需求。培训提供了教育内容和元素，有助于为妇女赋权、提供发展领导能力的支持，为她们提供生产和再生产所需的技能和能力建设，让妇女通过社区参与，运用相关知识，拓展她们改善生活条件的可能。农村妇女需要那些专门针对她们的身份特征和需求的培训，帮助她们争取权利，寻找并获取新技术，学习将她们的产品商品化，取得融资、参加国家或者国际项目。

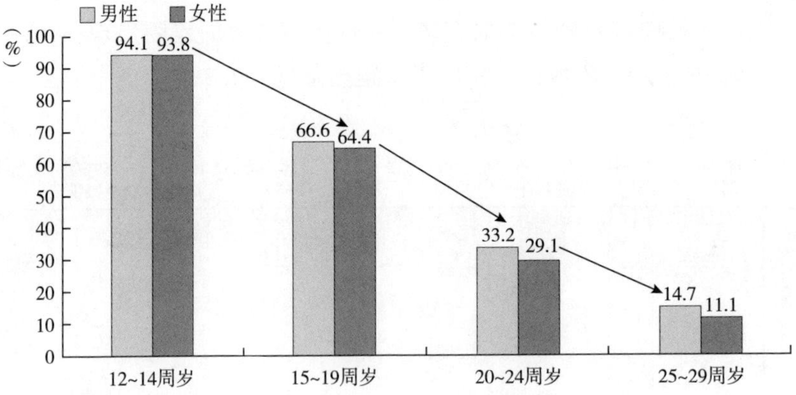

图3 入学率随着年龄增长而降低（尤其是在15岁以后）

资料来源：Los jovenes via education，公共教育读书处，2010。

表2 不同规模地区人口入学率

单位：%

地区规模	18～24周岁		25～29周岁	
	男性	女性	男性	女性
居民少于2500人	14.7	14.4	2.5	2.6
2500～14999名居民	23.1	22.2	4.2	4.0
15000～99999名居民	29.1	27.7	5.7	5.1
100000名或以上居民	36.2	34.9	9.2	7.5

资料来源：INEGI，2010人口和住房普查，根据调查数据制表。

资料来源："Educación，" Inmujeres，2010。

从健康方面来看，2000年每10人中仅有4人拥有社会福利保障，而且是以公共保险替代品方式运作。超过一半的男性和女性人口缺乏这类服务。

2004年，墨西哥开始实施社会健康保障系统（SPSS，西班牙语缩写），包括人口保险项目以及新一代医疗保险项目。从本质上看，人口保险项目的设计目的在于为那些被排斥群体提供服务，包括贫困和老龄人口、女性、儿童、原住民、无薪酬工人、非正规经济从业者、失业工人、未充分就业的工人和农村人口。

参加保险的女性占女性总人口的比例，在2000年是40.7%，2010年是66.3%。在这两个年份，参加保险的男性占男性总人口的比例则分别是

39.6%和62.7%。这种差异可能要归功于SPSS项目的平权行动，即让更多的女性进入人口保险项目这样的健康服务体系中。同样的，男性和女性保险者人数对比有所降低，为每93（2000年）或90（2010年）名男性对每100名女性。①

从健康医疗服务可及性来看，根据2012年的贫困状况，利用直接在保的女性和男性比例②对每100名男性与可以获得健康医疗服务的女性人数对比进行估计，当数值低于100时，表示获得直接间接健康医疗服务的女性人数低于男性；而数值大于100时，表示获得健康医疗服务的女性人数高于男性。无论是否生活于贫困中，获得间接健康医疗服务的女性数量均高于男性，但是，女性获得直接健康医疗服务是不稳定的，特别是贫困女性，相对于每100名男性，仅有36名女性享有该服务。非贫困人口的比例较低，相对于每100名男性，获得该服务的女性数量为62名（见图4）。

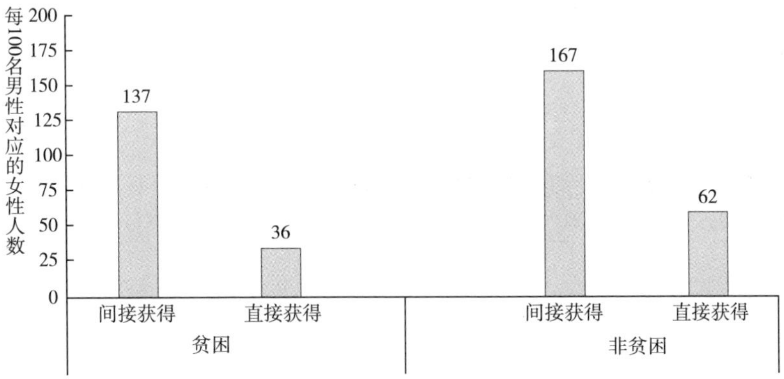

图4　女性/男性健保服务的来源（直接或间接）比例，根据贫困状况分类，2012年

资料来源：CONEVAI，墨西哥的贫困与性别，指标系统，2008～2012年信息。

图5展示了劳动力市场存在的不平等。该图呈现了参与经济活动的男性和女性的比例差距，并根据年龄和贫穷状况进行分类。指数范围是－100到

① Instituto Nacional de Geografía，Estadística. Mujeres y Hombres en México 2012，http：//cedoc. inmujeres. gob. mx/documentos_ download/101215. pdf（访问日期：2013年11月21日）。

② 直接获得健康医疗服务是指与雇佣、退休、残障、自雇或者商业医疗保险捆绑在一起的医疗服务。而非直接获得健康医疗服务是家庭中或者家庭外的成员由于现存的亲属关系，投保人死亡或者学生赠与，通过人口保险项目获得服务。

100，其中负数代表男性在经济活动中的参与高于女性，而正数则表示女性参与高于男性。在所有的年龄组中，无论是贫困还是非贫困人口，男性的经济参与度均高于女性。在非贫困人口中，两者的最小差异出现在14～44岁年龄组，该组男性经济参与度高于女性的26%。

贫困女性比非贫困女性（与男性）的差距更大，在14～44岁和45～64岁年龄组约为45.0%，而非贫困女性的最高差距出现在45～64岁年龄组，达37.5%（见图5）。[①]

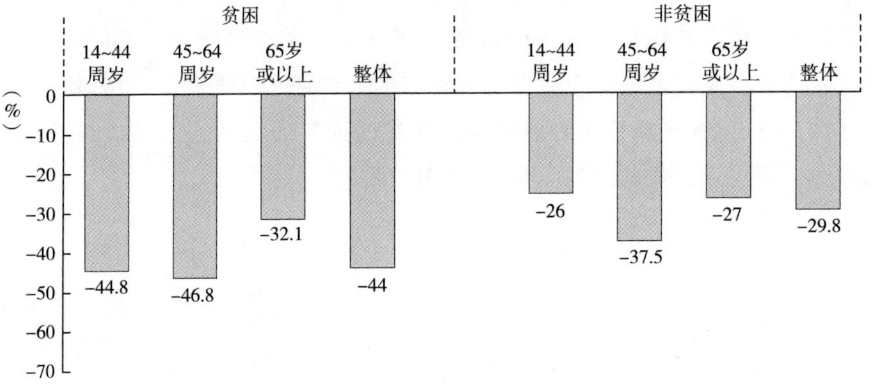

图5　女性和男性的经济参与比例，根据年龄和贫困水平分类，2012年

资料来源：CONEVAL，墨西哥的贫困与性别，指标系统，2008～2012年信息。

在劳动者的感知收入方面，图6显示2012年受雇女性每小时工资和受雇男性每小时工资之间的对比指数，并按照教育和贫困水平进行分类。当指数小于100时，说明即使教育和贫困水平相同，女性的小时工资仍然低于男性。当指数高于100时，说明在同等教育水平上，女性的小时工资高于男性。全国职业和就业调查发现，到2013年第二季度末为止，有41.9%的人口受雇，其中只有16.1%是女性。

在薪酬方面，女性和男性之间的对比更加显著（见图7）。该研究发现，与男性收入相比，除最低工资水平外，女性在其他所有工资水平类别中的收入均低于男性，这种情况部分由性别不平等产生（即使男女从事同样的工

① 经济参与比例：在年龄等于或者大于16周岁的人口中，参与商品生产或者服务提供的人数与相应的年龄组总人口数之间的比例。

作）。国家女性研究所（INMUJERES）和国家统计、地理和信息所共同实施的一项调查发现，20.6%的女性面临劳动力歧视，包括同工不同酬、强制怀孕检测和女性专业发展障碍。

在所有的年龄组中，女性小时工资比男性低。通常，贫困女性的小时工资（75 比索，男性为 100 比索）比非贫困工作女性（91 比索，男性为 100 比索）低。从某种程度上说，教育水平等于或者低于学前水平的女性小时工资低于相同教育和贫困水平的男性，教育是实现不平等最小化的要素；贫困女性的收入比男性收入的一半还要低。同样情况也出现在非贫困工作女性中，当两个人群都具有等于或者低于学前教育水平时，男性每收入 100 比索，女性的收入是 74 比索；而接受过基础或者教育的人群收入有所增加，但似乎与高等教育没有关联。

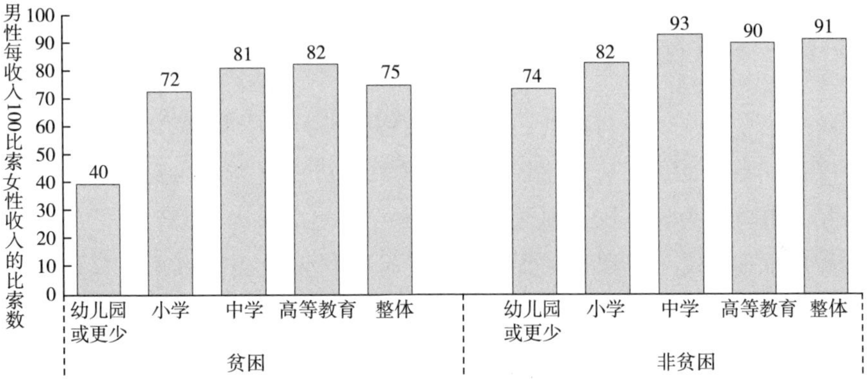

图 6　男性和女性工人收入比例，以在校年限的贫困水平分类，2012 年

资料来源：CONEVAL，墨西哥的贫困与性别，指标系统，2008～2012 年信息。

在暴力方面，一项调查显示，全国有 46.1% 的女性曾经遭受过来自伴侣的暴力行为。根据全国女性谋杀观察的统计，2007～2008 年，墨西哥 13 个州共有 1221 桩妇女谋杀案件记录在案：Chihuahua，Nuevo León，Sinaloa，Sonora 和 Tamaulipas（北部地区）；联邦地区，墨西哥州，Guanajuato，Jalisco，Morelos 和 Tlaxcala（中部和 Bajío 地区）；以及 Tabasco 和 Yucatán（南部地区）。从 2009 年 1 月到 2010 年 6 月，全国 18 个州共有 1728 桩女性谋杀案记录在案。[①]

① 该调查由国家女性研究所和 INEGI 共同实施。

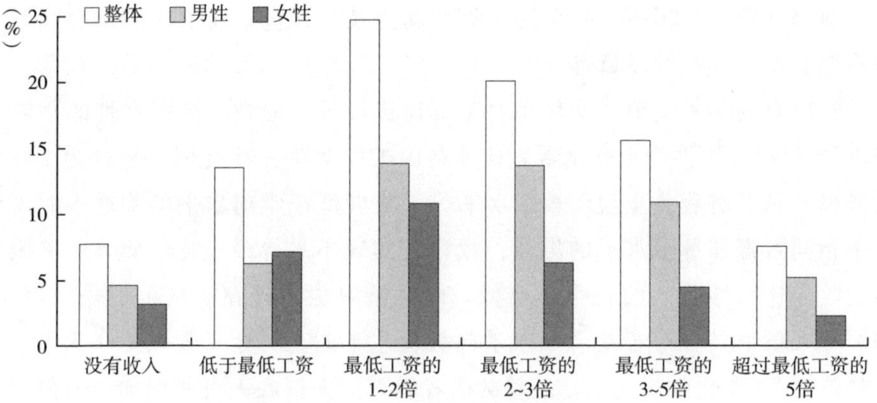

图 7　2013 年收入水平

注：2013 年下半年经济活跃人群的相关百分比。

资料来源：人类发展和劳动力市场指标（UNDP 墨西哥）INEGI 数据（2013）。

此外，尽管《消除对妇女一切形式歧视公约》（CEDAW）和《性别暴力警告宣言》得以通过，成为指控和应对暴力的法律依据，但受害者要站出来指证相关暴力行为仍然困难重重。甚至暴力行为得到确认后，她们要获得公正也障碍重重。由于执法机关无意介入，新的司法公正起诉系统使许多妇女难以实现其法律权利，使她们暴露于侵犯者的胁迫之中。

最后，从公共政策方面来看，为解决阻碍农村地区发展的问题，相关机构做出了一定的努力，通过支持小规模和中等规模生产者，并透过活动令其高生产力的劳工得到重视，为他们提供支持，希望帮助农村人口真正改善日常生活。在本章信息的基础上，我们了解到，农村地区的女性比男性承受了更多的歧视和暴力，必须让她们成为关注的焦点，才能帮助她们走向平等，也只有这样，才能改善她们在家庭内外的生存和生活条件。

政策分析二：农业女性项目（PROMUSAG）

在政府针对农村地区的各类项目中，农业女性项目的效果突出。该项目于 2002 年启动，为农村女性提供支持，推广生产项目、鼓励妇女参与生产经济活动以增加她们的收入，并减少脆弱家庭的贫困状况。① 这个项目②以农业社区 18 岁以上的女性为目标对象，侧重边缘化较严重的地区。③ 在以性别平等为重点的与劳动力和生产有关的各类项目中，该项目可以被视为最佳实践。项目申请者必须是生活在合作农场的妇女，3～6 人组成一组进行申请，且申请者在过去 5 年中未得到农业女性项目或者农业社区支持生产项目的支持。该项目最高支持额度为 18 万比索，可以使用高达 10% 的资金，寻求专业人员在项目发展或者技术方面的支持。④ 需要注意的是，尽管该项目以妇女为对象，针对较大的不平等方面（例如妇女在生产领域中的参与以及自主创收机会）进行工作，该项目的支持仍然是远远不够的。从跨领域社会性别的视角来看，我们清楚，农业女性项目不足以解决农村地区的所有不平等问题，特别是使妇女深受其害的那些不平等问题。

政府需要提高工作效率，并通过分配更多的经济和人力资源，消除墨西哥农村地区存在的严重问题。而这也不仅仅是农业机构的任务，因为这些问题都具有多元性，其他政府机构的配合也是必需的。从这个意义上看，负责教育、医疗、就业和经济的部门也应该重视减少农村地区不平等问题。

气候变化

气候变化是一个全球性现象，在不同地区产生的影响也有差异。这种现象呈现出天气的变化，并通过某段时期内天气特点可变性的波动来

① Secretaría de la Reforma Agraria，FAO. Programa de la Mujeren el Sector Agrario（农业女性项目，PROMUSAG）：Evaluación Complementaria de los Programas de Fomento de la Secretaría de la Reforma Agraria. Secretaría de la Reforma Agraria y Organización de las Naciones Unidaspara la Alimentación y la Agricultura，2011 年 8 月 15 日，http：//www. coneval. gob. mx/Informes/Evaluacion/Complementarias/Complementarias_ 2010/SRA/compl_ 2010_ sra_ PROMUSAG. pdf（访问日期：2014 年 2 月 16 日）。

② 由于政府政策的改变，该项目的秘书处出现变化，由原先的农业改革秘书处（SRA）转到农业、土地，城市发展秘书处（SEDATU）和农业、生计、农村发展、渔业和粮食秘书处（SAGARPA）。从 2014 年起，该项目更名为女性事业项目（PROMETE）。

③ Secretaría de la Reforma Agraria，FAO. 作者同一文献。

④ CONEVAL，Consistenciay Resultados PROMUSAG 2011 － 2012，第 8 页，http：//www. sedatu. gob. mx/sraweb/datastore/programas/2012/evaluaciones/Eval_ CONSISTENCIA_ Y_ RESULTADOS_ PROMUSAG_ 2011. pdf（访问日期：2014 年 2 月 18 日）。

确定。[①]

发达国家在大规模的生产和消费过程中产生了最多的温室气体，所以尽管它们拥有应对气候变化的强大资源仍旧无济于事。发达国家采取各种举措来减缓、适应和抵御气候变化，但是，受气候变化影响最严重的却是发展中国家，因为它们对农业高度依赖，特别在国家收入和就业方面。而农业受天气变化影响巨大。农业领域吸收了大部分的贫困人群，与拥有更多金融资源的发达国家的人群相比，他们的经济和技术能力有限，在气候变化中的脆弱性也就更高。

墨西哥的温室气体排放接近全球总量的2%，是全球温室气体排放最高的国家之一。在碳排放量上，墨西哥排名全球第 13 位。作为一个石油出口国，墨西哥大量依赖化石燃料来满足自身的能源需求。[②]

各种行业都会产生温室气体排放，主要有电力、石油产品生产、初级金属产品生产、炼油和燃气以及化工，它们又都是气候变化减缓行动的基础领域。有一些行业在战略上相当重要，它们的温室气体排放较前者少，但能耗高，并与交通有关联性，比如航空、铁路、公路、地面客运和旅游运输等。除此之外，还有其他 5 个不同类别的产业：造纸业、塑料和橡胶、非金属矿产、金属产品、机械和设备制造。[③] 从污染传播和环境方面来看，这 15 个行业的生产最具有关联性，减少这些行业的排放会对它们的生产造成负面影响。因此，进行技术改革，以实现在不直接影响其他行业的情况下减排相当重要。

在所有经济领域中，能源行业在温室气体排放上负面影响最大，因为它涉及每一个行业，也是最密集使用的行业。农业是墨西哥温室气体排放第 13 位的行业，[④] 对于降低外部效应来说，该领域的减排行动与气候变化的减缓具

---

① 政府间气候变化专门委员会（IPCC）（2012 年），控制极端气候和灾害风险，提高气候变化适应，工作组特别报告 1 和 2。

② Omar Masera and Claudia Sheinbaum，“Mitigación de emisiones de carbono y prioridades de desarrollonacional，” Julia Martínez and Adrián Fernández，Cambio climático：una visión desde México，Secretaría de MedioAmbiente y Recursos Naturales - Instituto Nacional de Ecología，2004.

③ Pablo Ruiz Nápoles，Estimación de los costos relativos de las emisiones de gases de efecto invernadero en lasramas de la economía mexicana，El Trimestre Económico，第 LXXVIll（1）期，309 卷，2011 年 1 ~ 3 月，第 173 ~ 191 页。

④ 同上。

有根本作用。同时，政府需要适当介入，以监督农业运作和确保生产效率。

气候变化严重影响经济，特别在农业上。气候变化减缓的行动非常重要，因为如果没有长期政策来减少其对经济的负面影响，可能会导致更大的经济损失。

因此，气候变化的减缓、适应和恢复的政策至关重要。如果政府不对农业领域采取干预措施，农业必将减产且重要的作物年产量会大幅减少。这将进一步深化经济和社会的不平等，并加大农村和城市之间的差距。

墨西哥有山区，茂密的森林特别是热带雨林，生物多样性丰富。全球大约10%的生物种群集中在墨西哥，墨西哥、巴西、中国、印尼、秘鲁、刚果共和国和印度被认为是“超级多样性”的国家。[①] 然而，暴风雨和干旱的越趋频繁发生，逐渐升高的海平面与不断升高的气温，将改变墨西哥的动植物栖息地结构。

墨西哥农产业主要由小规模生产者从事，他们的生存面临巨大风险，并缺乏信贷和保险支持。

由于缺乏适应能力，墨西哥的许多农业社区极其脆弱，[②] 气候变化给墨西哥带来了许多困难，特别是对气候变化高度敏感的农业。

水资源使用和可及性

水资源使用和可及性对不同的经济领域都会产生影响，是全球最重大的问题之一，也是墨西哥面临的主要威胁。根据国家生态和气候变化研究所生物学家 Julia Martínez Fernández 的研究，[③] 相比 49 年前，能使用的水资源已经减少了一半。[④]

目前水资源方面存在的问题包括干旱、污染、不可及性、政策失误和水

---

① SEMARNAT, “Biodiversidad,” http://app1.semarnat.gob.mx/dgeia/informe_04/04_biodiversidad/index_biodiversidad.html（访问日期：2013 年 11 月 24 日）。

② 政府间气候变化专门委员会（IPCC）(2014)，《2014 年气候变化：影响、适应和脆弱性》，工作小组 2。

③ Julia Martínez Fernández, “ABC de Cambio Climático: Impactos y Accionesen México,” Secretaria de Medio Ambientey Recursos Naturales (SEMARNAT) and Instituto Nacional de Ecología y Cambio Climático (INECC), “Participación Social y Cambio Climático,” http://participacionsocial.sre.gob.mx/docs/incidencia_social_ambito_regional_multilateral/agenda_internacional/agenda_y_temas_internacionales/cambio_climatico/presentaciones/cc_julia_2.pdf（访问日期：2013 年 11 月 6 日）。

④ Consejo Consultivo del Agua, A. C., “Disponibilidad,” http://www.aguas.org.mx/sitio/02b.html（访问日期：2013 年 11 月 17 日）。

资源管理问题。

除此之外，在日益恶化的干旱下，许多地区变得非常脆弱。政府间气候变化专门委员会（IPCC）强调，墨西哥处于北半球热带和亚热带地区，更容易出现降水量减少的情况。[①] 一项全国性评估将墨西哥分为 13 个地区，其中有 4 个出现了水资源短缺：Baja California，Río Bravo，Lerma – Santiago – Pacífico 和 Aguasdel Valle，其中 Aguasdel Valle 地区的情况最为严重。[②] 尽管墨西哥南方各州降雨量较高，但这些地区面临着最大的森林砍伐和地表侵蚀风险，这会导致河水泛滥和洪涝灾害。由气候变化引发的水利资源短缺使北方各州显得最为脆弱。[③]

墨西哥土地总量接近 2 亿公顷，其中 2400 万公顷适合用作农业用地。[④] 据估计，农业生产占墨西哥总用水量的 77%，尽管农村地区用水需求量最大，这些地区反而很难获得饮用水服务。[⑤]

气候变化、农业和贫困

气候变化带来的影响会继续激化现有的不平等问题。一项针对气候变化可能给墨西哥农村地区带来的影响的比较研究发现，气温上升和降水减少将使额外的 25 万户家庭陷入贫困。[⑥] 最脆弱的地区位于南部、东南部和中部，并与墨西哥经济和社会不平等最严重的地区重合。

---

① Gerardo Sánchez，“Recursos hídricos y cambio climático，” México ante el cambio climático：Evidencias，impactos，vulnerabilidad y adaptación，墨西哥城：绿色和平，第 26 ~ 29 页，http：//www. greenpeace. org/mexico/es/Footer/Descargas/reports/Clima – y – energia/Mexico – ante – el – cambio – climatico/（访问日期：2013 年 11 月 9 日）。

② 同上。

③ Luis Miguel Galindo，La economíadelcambioclimáticoen México：Síntesis，SEMARNAT 2009，第 33 页，http：//www. eclac. org/dmaah/noticias/paginas/2/35382/Sintesis2009. pdf（访问日期：2013 年 11 月）。

④ Juan Molina 和 Leobigildo Córdova，eds.，Recursos fitogenéticos en México para la alimentación y la agricultura：Informe Nacional 2006，Secretaría de Agricultura，Ganadería，Desarrollo Rural，Pesca y Alimentación，y Sociedad Mexicana de Fitogenética，Chapingo：Sociedad Mexicana de Fitogénica，2006，第 14 页，网址：http：//www. fao. org/docrep/013/i1500e/mexico. pdf（访问日期：2013 年 11 月 9 日）。

⑤ Consejo Consultivo del Agua，A. C.，“Usos del Agua，” http：//www. aguas. org. mx/sitio/02b2. html（访问日期：2013 年 11 月 17 日）。

⑥ Alejandro López – Feldman，《气候变化、农业和贫困：墨西哥农村家庭层面分析》，在“Desarrollo rural en México：Retosy políticas”研讨会上的发言，2012 年 12 月，http：//precesam. colmex. mx/images/secundaria/eventos/Desarrollo_ rural/Exposiciones/2_ Cambio_ climatico. pdf（访问日期：2014 年 1 月 19 日）。

从气候变化对农业的影响来看，据计算，气温每升高 2℃就有可能提高（短期）温带地区的整体作物产量，但是，却会使半干旱和热带地区的作物减产。在首个 50 年后，整体产量将出现下降，带来显著的经济损失。①

自给农业的特点是缺乏可用于适应气候变化的金融和物资资源，这种农业形式必须获得最大的支持，才能够有效面对气候变化。农业市场情况和低收入水平会影响中小规模农户用于提高技术的投资；此外，他们在实施气候变化减缓和适应措施时，还面临缺乏资金支持的问题。

上述水文气象问题日趋频繁且严重，侵害全国各不同地形区域，因此我们需要建立保护机制，来防止社区遭受气候变化的损害。例如，El Barzon 的农业高效用水和能源项目，以灌溉技术化为重点，把溪水和井水提供给依赖雨水、缺乏灌溉系统的农户使用。然而，研究发现，这些溪流和水井通常能用数年，会消耗更多的水和能源。

在水资源缺乏时，要加深水井，导致成本提高，水井改造的成本是 50 万～70 万比索。而且，改造过程相当复杂缓慢，需要 8 个月到 1 年时间才能完成，还需要进行三项不同的检测工作，每项检测又需要约 2 万比索。由于缺乏信贷支持，小农户不具备足够的收入来完成如此规模的工程。如果不对水井实施技术改造，现有水井耗费的水资源和能源成本也会增加。②

此外，严重的贫困、资源匮乏和环境风险带来的威胁都会增加社会冲突的可能。气候变化对各个社会群体产生影响：它会影响土地权利、增加性别暴力以及损害生物多样性。在气候变化影响最严重的地区，最脆弱的人群也是拥有最少经济资源、最少空间去应对灾害的人。③

性别不平等与气候变化

气候变化影响着男性和女性的健康，使得现存的疾病变得危害更大。这

① Thomas W. Hertel and Stephanie D. Rosch,《气候变化，农业和贫困》，政策研究工作报告 5468，华盛顿特区：世界银行，2010，第 6 页，http：//elibrary. worldbank. org/doi/pdf/10. 1596/1813 – 9450 – 5468（访问日期：2014 年 1 月 19 日）。

② El Barzón 项目协调员 AngelyAmezcua 访谈，2013 年 11 月 14 日。

③ Susana Isabel Velázquez Quesada and Miriam Martínez，"Conflictos sociales y cambio climático en México" en México ante el cambio climático：Evidencias，impactos，vulnerabilidad y adaptación，" 墨西哥城：绿色和平，第 40～42 页，http：//www. greenpeace. org/mexico/es/Footer/Descargas/reports/Clima – y – energia/Mexico – ante – el – cambio – climatico/（访问日期：2013 年 11 月 10 日）。

种情况对难以得到医疗卫生系统保障的人影响尤为突出。贫困和被边缘化的人群面临更大的风险，特别是男童和女童，更容易受到由天气引发的疾病的影响。人口中的经济不平等使他们在气候现象中面临不同水平的风险。医疗服务覆盖不均影响着农村人口，而他们还面临更加巨大的、潜在的极端气候风险。

人们适应气候变化的能力受到年龄、种族、社会阶层、宗教信仰和性别的影响。气候变化有着特殊的性别特征。在发展中国家，女性与依赖自然资源而存在的活动（例如农业）联系紧密，是构成以性别为基础的不同反响的重要元素。女性，尤其是生活在农村地区的女性要取得、拥有自然资源及权利（例如土地拥有权）时常受到限制。

政府间气候变化专门委员会（2007）考虑了社会性别对试图改善人们适应气候变化的能力时，干预措施的效果影响。气候变化行动如果没有考虑社会性别因素就可能会引发更大的不平等或者重复已有的不平等。

在决定有效的气候变化策略时，考虑性别和不平等的现实状况至关重要。在经济和性别不平等更加严重的农村地区，由于气候变化可能导致可耕种土地缺乏，土地所有权就变得更加重要，甚至有可能阻碍女性的发展，因为她们本来就缺少土地所有权。她们的收入甚至会减少，粮食安全无法保障，自主性也会进一步降低。

应对气候变化的行动仍然没有以权利为本，更多注重自然资源保护，没有按照不同的性别和年龄对受影响人群进行排序。而且，在气候变化适应和减缓方案的决策中，女性的声音很少被听见。

最后，需要强调，墨西哥政府在这些方面做出了显著的努力。从2012年起，墨西哥通过了《气候变化一般法》，法案第七条要求建立执行机构，规范和执行与农业、家畜、农村发展、渔业和水产业有关的减缓和适应措施。而第八条（附录Ⅱ）提出，各州负责起草、规范、协调和实施与农业、家畜、农村发展、渔业和水产业有关的气候变化减缓和适应措施。第二十八条要求联邦政府、各州和市应采取相关行动，为上述各行业起草相关政策。

尽管《气候变化一般法》希望达成明显的中长期改善，但是自通过后，法案实施的进展仍然缓慢，降低温室气体排放的各类措施之间尚未实现协调一致，法案要求采取的各项措施也不协调。但是，该法案建立了一个迫使墨西哥州实施应对气候变化行动的参考框架。

推动农业部门发展的公共政策有其存在的价值，但是需要强调可持续发展，并把环境保护纳入考虑。在农产业中推动竞争，也是达到更公平状态的基本条件。从这个意义上看，El Barzón 推动了政府在农业领域的更多干预，有助于削减寡头企业的权力。

农业金融

墨西哥的社会项目，例如“机会项目”投资了数百万比索，支持最弱势群体的发展。从20世纪90年代末开始，好几个类似的项目利用有条件的现金转移，着重对教育、健康医疗和粮食（营养）提供支持。[①] 但是，根据基尼系数测量的结果，经济不平等的情况并没有出现明显好转。批评者认为，这些项目未能解决贫困和不平等的根源：它们并没有寻求体制变化，反而延续了对援助的依赖。

社会发展项目

由于新自由主义改革推动了城市和非正规行业的发展，令墨西哥的经济不平等恶化。[②③] 基础服务和教育集中在经济发达地区，加之农村地区就业机会稀缺，推动了人口流入墨西哥少数几个城市，也推动了人口流向美国。[④]

① Laura B. Rawlings 和 Gloria M. Rubio，“Evaluación del impacto de los programas de transferencias condicionadas en efectivo，” Cuadernos de DesarrolloHumano，Secretaria de Desarrollo Social，2003，http：//www. oda - alc. org/documentos/1340861380. pdf（访问日期：2013 年 12 月 2 日）。

② Thierry Baudasse 和 Cuauhtémoc Calderón，“Integración comercial agrícola y desigualdad económica en los paísesenvías de desarrollo，” Investigación Económica，Vol. 68，July - September 2009，p. 61，http：//www. scielo. org. mx/pdf/ineco/v68n269/v68n269a2. pdf（访问日期：2013 年 11 月 16 日）。

③ Ernesto Menchaca Arrendondo，Norma Ávila Báez and Domingo Cervantes Barragán，“Unamirada a la vulnerabilidad por la educación y el acceso a los serviciosbásicos，en el estado de Zacatecas，México，a través de unanálisis municipal en la transición de lo rural a lo urbano，” presented at the conference entitled “Globalización y Agricultura：nuevasperspectivas de la sociedad rural” in Coahuila，2010，http：//www. alasru. org/wp - content/uploads/2012/07/109 - Menchaca - Avila - y - Cervantes. pdf（访问日期：2014 年 1 月 18 日）。

④ 美国大使馆：《墨西哥：贫困状况概览》，华盛顿特区：美国国务院，2010，http：//photos. state. gov/libraries/mexico/895/pdf/2010_ Poverty_ Fact_ Sheet. pdf（访问日期：2014 年 1 月 19 日）。

到2000年，仅有25.3%的人口居住在农村地区。[①] 随着时间的推移，城市的人口结构出现了变化，社会发展需求也发生了变化，因为新城市居民的主体多为贫困人口。[②]

社会项目的设计和实施固化了城市和农村间的差距。虽然过去10年农村地区公共支出增加了240%，[③] 投资却集中在上文提到的、最富裕的几个州。[④] 而且农村发展方案往往是在针对农村人口的个别行动的基础上，而不是针对农村整体发展来开展活动。[⑤]

从社会项目的效果和它们对发展的贡献来看，这些项目“缺乏适当的监督系统，更重要的是，缺乏影响评估”[⑥]，也就是说，评价标准是以项目推展和完成的数量而并非质量为基础，在学习可持续发展方法和技术方面缺乏深度。[⑦] 由于缺乏透明度和计算公共支出成效的努力，墨西哥要实现社会支出效用最大化仍困难重重。

融资来源

如前所述，农户需要融资支持，应加大农业投入和科技投资，以提高生产力。不幸的是，20世纪80年代末期以来，农村金融系统持续萎缩。1994～1995年的金融危机引发了大量的债务拖欠和贷款违约案件，加之政府角色的转变（减少营运工作），共同引致1995～2004年待收净贷款显著减少（63%）。到2005年，在待收净贷款总额中，农业领

---

① Teresa Rojas Rangel. “La Crisis del sector rural y el coste migratorioen México,” Iberofórum, Mexico City: Universidad Iberoamericana, 2009, 第44页, http: //www. uia. mx/actividades/publicaciones/iberoforum/8/pdf/NOTAS%20PARA%20EL%20DEBATE/2. %20TERESA%20ROJAS%20IBEROFORUM%20NO%208. pdf（访问日期：2014年1月19日）。

② Fondo de Población de las Naciones Unidas (UNFPA). “Migraciones y urbanización,” UNFPA México, 2010. http: //www. unfpa. org. mx/pyd_ migraciones. php（访问日期：2014年1月15日）。

③ 国际农业发展基金（IFAD），“Territorios Rurales concentran el 60% de la pobreza extrema en México,” IFAD新闻稿，2012年4月24日，第3页，http: //www. ifad. org/media/press/2012/30_ s. pdf（访问日期：2013年11月16日）。

④ IFAD，作者同一文献。

⑤ Héctor M. Robles Berlanga和Ana Joaquina Ruiz Guerra，作者同一文献。

⑥ Matthew A. McMahon和Alberto Valdés, “Análisis del extensionismo agrícola,” OCDE, Julio 2011, 第10页, http: //www. sagarpa. gob. mx/desarrolloRural/Documents/EXTENSIONISMO/ESTUDIO%20OCDE%20EXTENSIONISMO. pdf。

⑦ 同上。

域仅占 1.4%。[①]

政策分析三：墨西哥金融行业与农业

墨西哥金融行业在农村地区的参与相当有限，仅占大约 8.5%（美国为 66%）。在卡尔德隆执政时期，“农村发展信贷基金”将其大部分预算分配给大规模生产者。同时，在 FIRA 信贷款的每 10 比索中，有 8 比索由商业银行管理，客观上形成了一个向利润最高的生产者倾斜的趋势，限制了小生产者获取资源的可能。“农村金融组织”直接向女性和男性生产者提供信贷资金，并为人口少于 5 万的社区活动提供补贴，然而这些由中介管理的资金的 70% 用于服务领域，而并非农业活动，而且活动集中于边缘化程度较轻的墨西哥北部地区。

“农村金融组织”是一个联邦政府中央机构，在金融和公共信贷秘书处领导下运作，目标是向农村地区人口提供第一和第二层金融服务。[②] 不幸的是，由于农村地区分支办公室数量不足，该机构在农村的渗透程度很低，其结果是 80% 的农村贷款通过私人银行发放。“农村金融组织”的基础设施非常薄弱，需要依赖中介来完成资金分配。[③]

“农村金融组织”约 33% 的预算开支通过农村金融和发展项目进行分配。[④] 这个机构还向农村企业和个人农户提供培训和咨询支持。但是，根据一份年中报告（2013 年 6 月），该金融框架中接近一半的资金被用于行政和市场营销开支。[⑤]

为了成为一个真正的社会投资基金，“农村金融组织”需要补充商业银行

---

① Comisión Económica para América Latina (CEPAL), “México: Notassobre el financiamiento rural y la política crediticia agropecuaria,” 2007 年 11 月。

② Justicia México, “La Ley Orgánica de la Financiera Rural,” Última Reforma DOF 26 - 06 - 2009, http: //mexico. justia. com/federales/leyes/ley - organica - d e - la - financiera - rural/capitulo - primero/（访问日期：2013 年 12 月 1 日）。

③ Lourdes Edith Rudiño, “Minifundio y escasa productividad marginan al campesinado del crédito: Finrural,” La Jornada del campo, 17 de abrildel 2009, http: //www. jornada. unam. mx/2009/04/17/escasa. html（访问日期：2013 年 11 月 22 日）。

④ Secretaria de Hacienda y Crédito Público (SHCP), “Presupuestos de egresos de la Federación 2013: Análisis funcional programático económico,” SHCP, 2013 年 1 月 1 日, http: //www. apartados. hacienda. gob. mx/presupuesto/temas/pef/2013/temas/tomos/06/r06_ han_ afpefe. pdf（访问日期：2013 年 12 月 1 日）。

⑤ 同上。

活动，并“使运作合理化，面向那些商业银行还没有涵盖的行业和活动”。[①]机构服务重点可以转移到整体项目提供，这些项目应包括：提供更好的技术支持、技术培训和业务发展，尤其以服务小生产者为重点。[②]

“农村发展信贷基金”是另一个农村融资提供机构，这个二级银行通过商业银行运作。一直以来，“农村发展信贷基金”主要支持墨西哥北部地区的中型和大型规模生产者的农业灌溉。[③]

在这种情况下，小型生产者和生活在贫困中的农村人口只能通过非正规渠道获得信贷服务，包括放债人、商人和其他。通常，这些信贷方法对于小规模生产者而言成本极高，损害了他们的利润效益、资本化和提高生产力的能力。

金融机构几乎全部支持大规模生产者的事实，使他们与小规模生产者之间的差距越来越大，也使墨西哥北部地区与其他地区之间的差距日益加大。如果农村地区的资源分配仍然无法以直接支持减贫为重点，小规模生产者的生产力将继续处于落后地位。

要推动包容及可持续发展，农业金融系统应该在金融机构中扮演另一角色：以小农户和中等规模农业活动为重点，为它们提供其他的信贷机会。除此之外，顾问支持、技术援助和业务发展应该根据小规模生产的现实和需求进行调整，提供有效的协助，真正推动发展。

我们还需要特别关注“国家反饥饿改革”（因为这是现任政府的旗舰项目）中以农村金融、保险和风险管理为重点的各类项目，使其目标正确，并确保提供足够的资金满足小农户的需求。

建　议

想要降低直接影响贫困率的不平等差距，不能完全依赖政策实施部门，各种行动、项目和措施事实上导致了不平等加剧。不平等的结构复杂性迫使

① Gildardo Cilia López，“Situación actual y perspectivas de la Banca de Desarrollo，” SDPnoticias. com，2013 年 7 月 23 日，http：//reformas. sdpnoticias. com/reforma – financiera/2013/07/23/situacion – actual – y – perspectivas – de – la – banca – de – desarrollo（访问日期：2013 年 11 月 25 日）。

② 同上。

③ Comisión Económica para América Latina（CEPAL），作者同一文献。

我们用跨领域视角来观察问题，避免单一视角。每一项措施都应该考虑到墨西哥贫困和不平等问题的多面性；如果某项措施无法采用全球性的宽广视角，并且无法获得不同维度的平行项目支持，则该项措施将无法缩小差距以实现墨西哥社会的可持续性。

使墨西哥所有的男性和女性都得到粮食保障，意味着需要在结构性层面抗击贫困和不平等现象。我们需要以包容性视角来调整农业政策，将女性和男性小农户纳入考虑，关注农业可持续性和竞争力，鼓励以国内粮食生产和公平贸易为导向的生产方式。这种手法不仅仅能使墨西哥农业实现粮食供应保障，还可以增加粮食获取。同样，提高粮食净消费者和脆弱人群的能力也至关重要，政策应通过提高他们的收入和增加创收的资源，支持其克服恶劣条件、实现权利。

应对气候变化时，男性和女性生产者面临着经济损失和风险，甚至超出了他们的财政能力。再者，农业面对全球变暖，需要实施系统化适应措施，其中包括生计的本地化生产和生计多元化。[①] 在正常条件下，技术可以提高农业产出，但是并不能保护农业免受极端状况带来的损害。尽管农产保险可能会让人们降低对多样化和灌溉活动的投资，这种保险仍旧是对抗极端天气情况的选择之一。[②]

墨西哥需要其他政策规范市场和推动市场竞争，必须针对本国农业领域的男性和女性需求，降低他们在气候变化面前的脆弱性。墨西哥政府正在针对气候变化的影响实施相关措施，特别是减少目前存在于城市和农村之间的不平等，这些措施必须得到加强。

在之前提到的性别不平等的各种表现中，关于女性农户的数据非常有限。在农业领域工作的多数妇女以家庭生产方式劳作，所以，她们的工作与家务劳动密不可分。

女性赋权不仅仅使女性受益，也会让她们的家庭和社区受益。通过支持同工同酬措施，收入被重新分配，建立更加强大和安全的社区。除此之外，妇女在所有领域的参与，特别是农业领域，能够帮助我们理解她们的视角。

① 政府间气候变化专门委员会（IPCC）（2014），作者同一文献。

② 同上。

我们需要听取女性的声音，开放空间并给予她们机会，让她们坐到谈判桌旁，讨论关于社区的议题。要落实这些行动，我们需要在女性已从事的劳动上为她们提供合适工具，然而目前，她们只被视为廉价劳工。随着女性在农业领域参与度的增加，她们需要更多资源和工具的支持，以全面发展，使平等参与正规化。

女性和男性之间存在的不平等与传统的劳动分工方式有关，男性主宰生产领域，女性则负责无薪酬的家务和看护，这种划分方式从根本上阻碍了平等的实现。

基于本文的证据和观点，我们认为，政府应通过各种措施和项目，提升女性的能力，推动女性领导力（例如农业女性项目，PROMUSAG）的增强，以消除农村女性和男性之间的不平等。但是，这项任务非常艰巨，要实现实质性的平等，还需要克服大量的挑战。

2013～2018年国家发展计划目标二：包容性的墨西哥，① 政府采取跨领域视角，提出了以下几个实现农村地区平等过程中存在的挑战。

- 保障全部人口能完整实现社会权利。
- 保证墨西哥人民有足够的粮食和营养供应，特别是生活在极端贫困或者严重粮食短缺中的人口。
- 为有需要的家庭加强能力建设，帮助他们改善生活质量，提高生产力。
- 逐步实现平等、包容性的建设。
- 通过社会参与程序开发社区发展机制。
- 在针对人口各阶段所实施的措施之间建立内在关联。
- 推动原住民和原住民社区的福利，加强他们的社会和经济发展进程，并尊重他们的文化表达形式和权利实现。

我们希望这些国家策略和行动能够推动机制建设，推动和支持女性在生产性领域的参与，并推动家庭内部的民主化。我们还希望立法改善女性的劳动条件，建成没有性别歧视的劳动环境。从整体上来说，我们希望看到对女性需求的真正认可，通过提供发展机会和权利的充分实现，改善她们的日常生活。

---

① 请见：pnd. gob. mx。

印尼：“所有人的富裕?”：对印度尼西亚不平等现象的再讨论

阿里夫·安肖瑞·优素福*

1 介绍

自苏哈托“新秩序”政府执政到1997年印度尼西亚经济危机开始前，印尼的人均收入增长了近四倍。人均收入的增长还伴随着贫困的显著减少，贫困人口从1976年的5420万（占总人口的40.1%）减少到1996年的2250万（占总人口的11.3%）（Alisjahbana等，2003）。

本文对20世纪90年代早期至21世纪头十年早期印尼不平等状况的不同层面进行讨论。讨论将分为结果不平等和机会不平等两个板块，并以不同的社会群体进行划分，例如城市和农村地区居民、性别或收入阶层。结果不平等的评价以支出框架来呈现不同状况，而机会不平等则通过教育产出和健康指标差异进行评价。

2 国家贫困线之外的贫困

一直以来，社会各方对印尼在消除贫困方面所取得的成绩存在争议。有

* 阿里夫·安肖瑞·优素福是万隆Padjadjaran大学经济和发展研究中心（CEDS）主任。除了担任经济和环境项目（EEPSEA）、高级经济学家和澳大利亚国立大学客座学者外，Arief目前还担任印度尼西亚地区科学协会（IRSA）秘书长。他拥有Padjadjaran大学经济学学位（1997），伦敦大学学院硕士学位（2002）以及澳大利亚国立大学博士学位（2008）。其作品包括大量的科学书籍，研究兴趣包括自然资源经济学和环境、贫困和不平等以及经济模型。Arief博士还在数家国际机构担任顾问，包括世界银行、亚洲开发银行（ADB）、美国国际发展署（USAid）、澳大利亚国际发展署（AusAid）、澳大利亚联邦科学与工业研究组织（CSIRO）和加拿大国际发展研究中心（IDRC）。

声音称，由于国家贫困线不合理，印尼在减贫方面取得的成果被过分夸大了。本部分将讨论如果我们把贫困线提高到国际通行的每天 2 美元购买力平价标准，印尼的贫困状况可能呈现的变化是哪些。

图 1 对不同国家的贫困情况进行了对比（印尼、泰国和柬埔寨），并使用了不同的贫困线标准，即国家贫困线标准（国标）、每天 1.25 美元和每天 2 美元。

不难看出，当使用国家贫困线标准（国标）时，泰国在各项指标上的表现要好于其他两个国家，印尼则要好于柬埔寨（在印尼被认为是发展较差的邻国）。但是，在使用每天 2 美元的贫困线标准时，印尼和柬埔寨的表现则相似。印尼人口中有将近 40% 仍然生活在每天 2 美元（或者每天 11000 卢比）的标准以下。菲律宾和越南生活在该贫困线标准以下的总人口比例要少于印尼。

让我们进一步以每天 2 美元为标准，观察印尼的贫困状况。[①] Yusuf (2013) 对 1990 ~ 2012 年印尼经济发展的 22 年间，生活在每天 2 美元以下的人口比例进行了计算，其结果要比先前世界银行的估计有所改善，原因是该计算纳入了地区生活成本的差异（Yusuf，2013）。

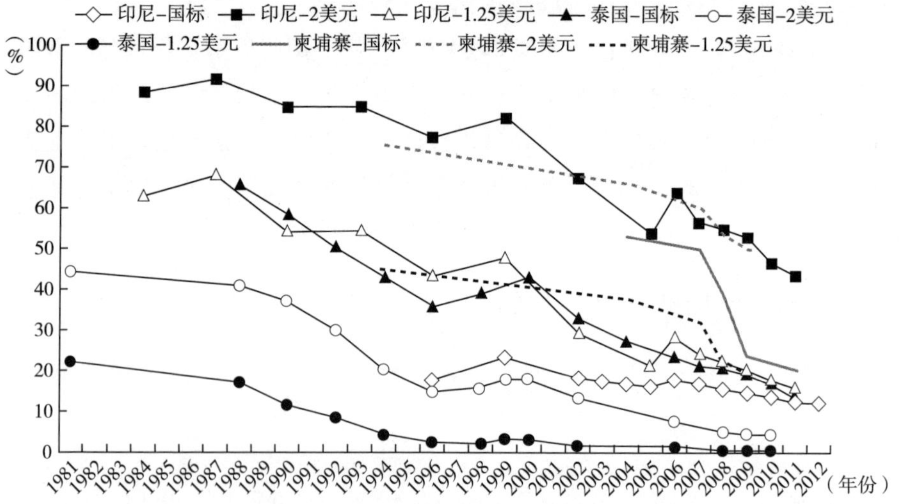

图 1　印尼、泰国和柬埔寨贫困率

资料来源：世界银行—全球发展指标。

---

① 本部分内容大量依据 Yusuf (2013)。

为了计算出生活在每天 2 美元标准以下的人口的比例，我们需要先算出相对贫困线。每天 2 美元是基于 2005 年世界银行的全球对比项目（ICP）调研的结果，1 美元购买力平价等于4293 卢比，而 Yusuf（2013）计算的贫困线如下。

$$PL_{it} = 2 \cdot 30 \cdot PPP_{2005} \cdot \frac{CPIR_{it}}{100} \cdot \frac{PLN_{it}}{\overline{PLN_t}}$$

PL_{it}是我们希望测量的每天 2 美元贫困线标准，PPP_{2005}则是 2005 年卢比和美元购买力平价兑换率；CPI_{it}则是消费价格指数。指数 t 是 1990 ~ 2012 年的指数，而指数 i 则是包含各省的地区指数。各省的指数又划分为城市和农村两类。PLN_{it}是各地区各年国家贫困线，而$\overline{PLN_t}$则是某年所有地区的贫困线。$CIPR_{it}$是 2005 年等于 100 的地区消费价格指数。结果显示如图 2。

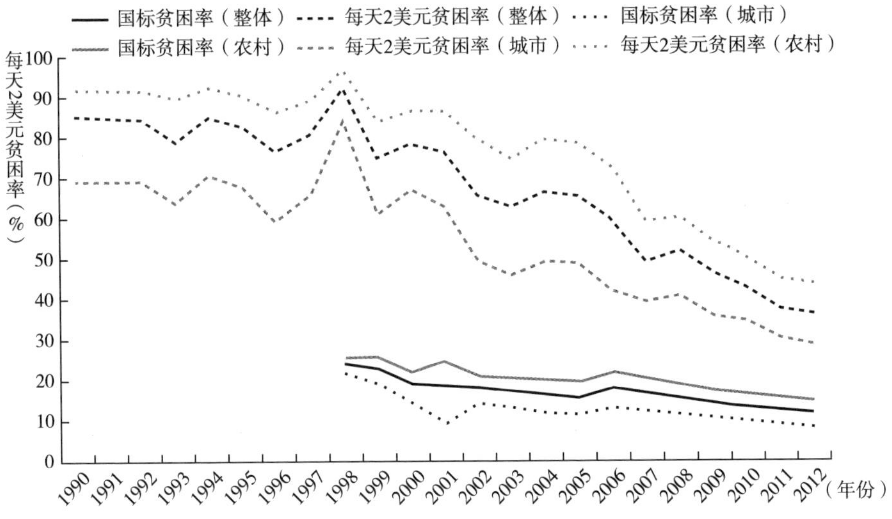

图 2　印尼 1990 ~ 2012 年贫困率

资料来源：作者根据 SUSENAS 数据计算得出。

该图显示，1990 ~ 2012 年，生活在每天 2 美元以下的人口比例平均每年降低 2.2 个百分点，至 2012 年为 36.5%。其中后十年（或者改革时代，即 2002 ~ 2012 年）的减少比例较高，速度为每年 2.9 个百分点，比前改革时代（1990 ~ 1996 年）下降速度快，后者为每年 1.4 个百分点。与这种方法形成对比的是，以国家贫困线为标准进行计算时，同期贫困人口比例降低率仅为每年0.65个百分点。

可以看出，大量的印尼人口生活在每天2美元标准以下。但是，该人口占总人口的比例降低速度较为显著。在使用国家贫困线标准时，贫困率降低的速度要慢很多，这说明我们所面临问题的重点是以（增加）最底层分配来改善福利的速度比较缓慢。

但是，贫困并非测量财富增长是否在人口中得以平均分配的唯一指标。不平等是另一个更重要的方面。我们将在本文其余部分对此进行讨论。

3 发展结果的不平等①

在对不平等进行讨论时，我们首先必须区分结果的不平等和机会的不平等。借用耶鲁大学一位著名的哲学家 John Roemer 的理论（Roemer，1993），结果不平等，例如社会成员间的收入不平等，并不仅仅是个体之间的努力和能力差异造成的，也是由个体无法控制的外部环境不平等造成的。与结果平等政策不同的是，机会平等政策通过对缺乏有利条件的个体提供支持，让整体环境更加公平，这种政策得到了从左派到右派的持所有政治立场者的支持。

我们将在之后的部分讨论机会不平等。在本部分中，我们会讨论结果不平等，也就是人均收入支出比。其中包括三个不同的人均支出指标：基尼系数、收入/支出比和十分位分散比例。

3.1 基尼系数

基尼系数是使用最普遍的收入不平等指标，它代表的意义是家庭收入的实际分配与理想状态中平均分配之间的差距。洛伦兹曲线展示了从最贫困个体或家庭开始，各收入水平人群占人口总数的百分比与各人群总收入占国家总收入的百分比之间的关系。基尼系数测量洛伦兹曲线与绝对平等的假设线之间的差距。基尼系数为0，则代表绝对平等，而基尼系数为1则代表绝对不平等。该系数可以通过以下公式进行更正式的计算：

① 本部分大量依据 Yusuf 等（2013）撰写。

$$G = \frac{1}{n}\left[n + 1 - 2\left(\frac{\sum_{i=1}^{n}(n+1-i)\, y_t}{\sum_{i=1}^{n} y_i}\right)\right]$$

y_i是家庭 i 人均支出，$i = 1$ 到 n 以非递减顺序关联（$y_i \leqslant y_{i+1}$）。以下组图（图 3、图 4）显示印尼基尼系数变化趋势。

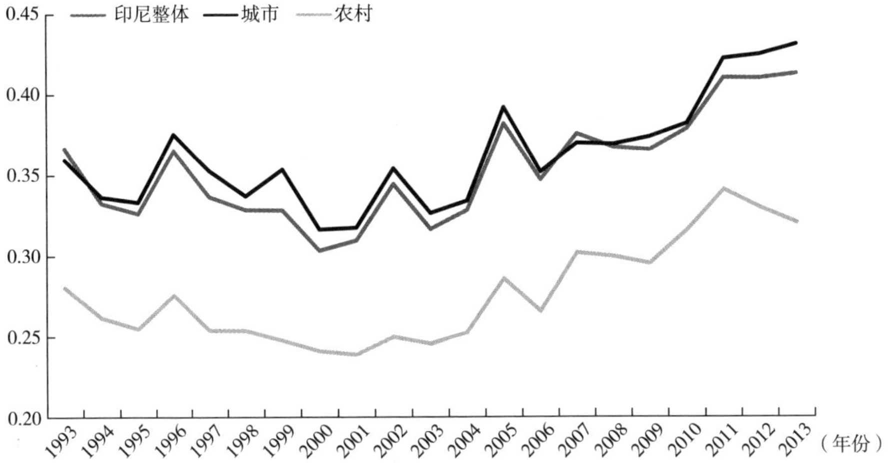

图 3　印尼城市和农村的基尼系数①

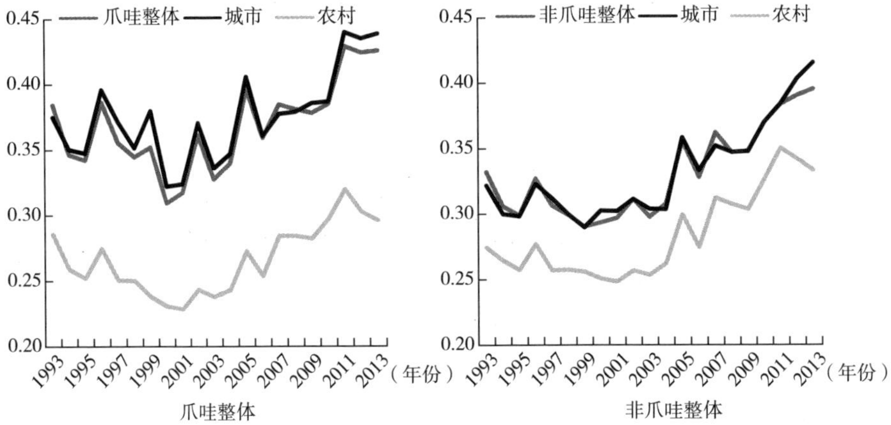

图 4　爪哇和非爪哇地区的基尼系数②

① 作者根据 SUSENAS 数据计算而得。

② 作者根据 SUSENAS 数据计算而得。

如 Yusuf 等（2013）曾经讨论过的那样，从这些图中可以看出印尼基尼系数的主要变化特征。1990～2013 年，基尼系数从 0.33 上升到 0.41，这是印尼历史上最高的基尼系数数值。城市和农村地区以及爪哇岛和非爪哇岛地区的整体趋势类同，这说明基尼系数上升并非某些地区特有的现象，而是一种全国趋势。

2012 年城市基尼系数已经达到 0.43，而爪哇岛地区的基尼系数则于 2011 年达到 0.44，尽管之后一年稍有降低至 0.43。在分类计算中，特别是根据地区进行的计算中，基尼系数显示，目前不平等水平似乎比相关文献所展示的更加严重。

在亚洲金融危机（AFC）之前，基尼系数相对平稳，甚至某些时期稍有下降。但是，金融危机以后，基尼系数呈现出强劲的上升趋势。相比城市地区，农村地区的基尼系数相对低且较为稳定，但是也呈现上升趋势。不同地区（例如爪哇和非爪哇地区）的基尼系数也呈现上升趋势。

从上升的比例来看，亚洲金融危机以后（2001 年），基尼系数是 0.34，但是 2012 年上升到 0.41，上升了 0.1 点，幅度达到 32%。[①] 令人惊讶的是，农村地区的上升速度更快，2001 年，农村地区的基尼系数为 0.24，2012 年则上升到 0.33，上升幅度达到惊人的 40%。[②] 这种趋势在非爪哇地区的农村比爪哇地区的农村更为明显。

3.2 帕尔马指数

帕尔马指数即最富有的 10% 人口的收入与总人口中较贫困的 40% 人口的收入对比。该指数由 Gariele Palma（Palma，2006、2011）最先提出。这个指数显示，印尼“中产阶层”获得的收入占全国收入总量的 50%，而另一半全国收入由人口中最富有的 10% 和较贫困的 40% 分享。Cobhan 和 Sumner（2013）认为，对帕尔马指数的诠释能够展示各国的不平等分布情况，它是一种政策指数，对减贫政策尤为重要。

帕尔马指数的解读比较简单。指数为 0.25 代表绝对平等。该指数没有上

① 原文如此，应分别为 0.07、20.6%。——译者注

② 原文如此，应为 37.5%。——译者注

限，如果指数为2，说明总人口中10%最富有的人群获得的收入占国家总收入的比例是较为贫困的40%人群的2倍。印尼于1993～2013年对帕尔马指数进行了计算，全国、城市和农村的情况呈现于图5中。

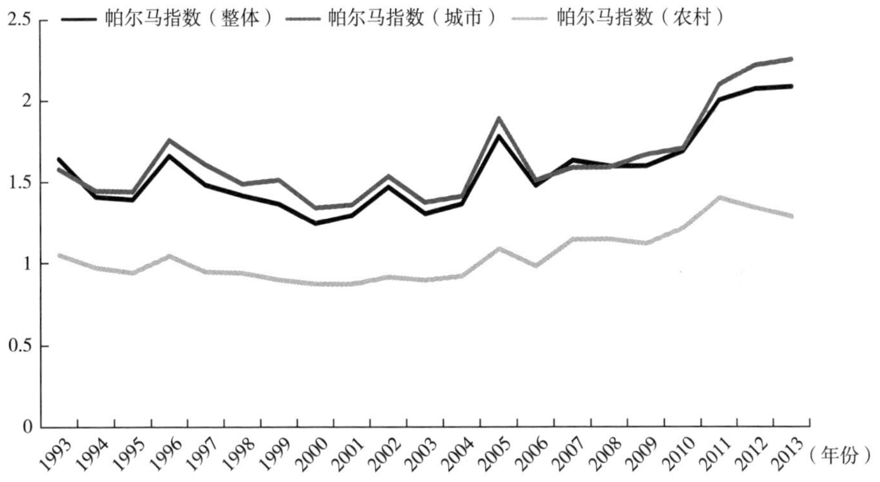

图5　印尼帕尔马指数①

正如图5所显示的，2013年印尼的帕尔马指数为2.08，也就是说，印尼最富裕的10%人口获得的收入占全国总收入的比例是较贫困的40%人口的2.08倍，那么，印尼的帕尔马指数显示，印尼距离绝对平等有8倍之遥。

如果将帕尔马指数和基尼系数进行对照，则显示出城市和农村地区更巨大的差距。以帕尔马指数衡量，城市地区的收入分配不平等比农村地区高74%，这说明城市中最富裕的10%人口与较贫困的40%人口之间的差距比农村地区大得多。

利用帕尔马指数预测出的不平等增长趋势要快于根据基尼系数进行的预测。从帕尔马指数来看，在过去十年中，我们的不平等增长高达60%，而基尼系数仅为30%。这有可能说明，中产阶层的收入增加速度极快，他们与收入最高的群体之间的差距在缩小。基尼系数显示不平等在减少，而帕尔马指数则无法显示这一趋势。

① 作者根据SUSENAS数据计算而得。

3.3 收入分配

以下几幅图展示的是城市和农村地区各人群的收入分配情况。可以看出，在1990年到亚洲金融危机这几年间，最富裕的20%人群的收入比较稳定，但是在亚洲金融危机结束（2001年）后，他们的收入立即开始增长。1990年，20%最富裕人群的收入占全国总收入的42.1%，该比例在2012年达到49.5%。在过去十年中，最富裕的20%人群的收入比例伴随着较贫困的40%人群和40%中产基层的收入比例降低而增长，其中较贫困的40%人群的收入比例降低较为显著。例如，2001~2012年，收入最高的20%人群的收入占全国总收入的比例上升了5.4个百分点，而代价则是较贫困的人群（40%）和中产阶层（40%）的收入比例分别降低了4.8个百分点和2.8个百分点。

文本框1. 对印尼基尼系数的低估①

用基尼系数对印尼的不平等现状进行评价，是否可能出现低估的情况呢？是的，而这里面的原因有以下几点。首先，用支出来测量不平等情况，所得到的结论往往低于用收入进行的估计，这是因为高收入群体用于储蓄的收入比例较高，而消费支出的分布比收入分配更为平均。其次，用来计算不平等状况的数据缺乏某些人群的信息，例如高收入群体。

在理想状况下，家庭总消费调查是经过汇总的，在汇总过程中对样本进行加权，汇总结果必须接近全国总情况。而实际上，即便是整体数据（未区分支出类别）也很难做到这一点。SUSENAS的汇总数据缺乏收支信息，支出项下的区别差异不大，未显示出不同家庭之间的支出分配存在较大差异。事实并非如此。例如，SUSENAS的大米消费与收支表呈现的大米消费相当接近，但是，总支出量上的差异却非常巨大。最高收入群体的非食品消费比例远比低收入群体高，这可能说明非食品消费的差距比食品消费的差距要大很多。因此，这种情况与消费分配有关。所以，那些觉得全国整体数据更为准确的人士认为，家庭调查对非食品支出的估计偏低。

使用2003年的收支表和2002年SUSENAS数据所进行的计算证明，这种不一致性确实存在。SUSENAS的食品消费汇总数据与I-O表相差值为1.7，而非食品消费则相差3.7。以SUSENAS数据为基础计算得出的非食品支出比例是64%左右，国家整体数据则显示为77%，二者呈现了两种完全不同的支出模式。

其他可能的原因还包括：高收入群体所反馈的非食品支出低于实际消费，或者在受访人群中，高收入群体样本不足。而后者可能是由于该群体未回答的比例较高，甚至是取样模式造成的。在这种情况下，对人均支出不平等的测量（例如，用基尼系数进行的测量），就可能会形成对现实情况的低估。

Yusuf（2006）利用优化方法对样本权重再次进行计算，并整合两个来源的数据，重新对印尼2003年基尼系数进行计算，结果显示出对印尼不平等现状的严重低估。对农村地区的低估似乎并不严重，但对城市尤为明显。“雅加达元素”——缺乏印尼首都高收入群体样本——似乎是造成该问题的主要原因。

---

① 基于Yusuf（2006）。

例如，新的基尼系数（所有城市和农村地区的组合系数）是0.59，比原来的0.35上升了0.24。对城市和农村不平等进行细分，可以看出对农村地区不平等的低估要低于对城市地区不平等的低估。重新计算后，农村基尼系数并未有太大变化，而城市地区的基尼系数则变化很大。这个结果相当直观：如果这种低估的原因是调查中高收入群体样本不足，要在农村找到超级富裕的家庭比在城市（例如雅加达）寻找富裕家庭更难。分别对各省的基尼系数进行计算发现，对雅加达不平等现状的低估尤为严重，达到0.24。这个问题可以再次直观地进行解释：首都最高收入群体的样本量严重不足。从这个意义上来看，在排除雅加达后，新的整体基尼系数提高0.9，而并非0.24，而印尼的整体基尼系数（城市和农村）则变为0.42，而并非0.33，计算排除雅加达后的整体基尼系数能够得出"雅加达元素"对低估印度尼西亚不平等现状的影响程度。即便是在0.42的情况下（2003年），印尼也并不属于最平等的国家之列，高于0.5的基尼系数让我们成为全球不平等最严重的国家之一，其他国家包括拉丁美洲的巴西（0.61），非洲的塞拉利昂（0.63），以及我们的邻国马来西亚（0.50）。

重新计算所显示的对不平等的低估并不仅仅是一种假设，而是建立在两种数据来源差异基础上所进行的计算，并使用了正式的方法，它可以用于确认印尼（特别是雅加达）的不平等状况要比任何人估计的都严重。当然，这也具有广泛的政策意义。

另一种方法是使用过去基于支出和收入计算所得到的不平等的信息。在全球收入不平等数据库中也能够找到印尼过去几年的相关信息。

如果以基尼系数来观察所有国家（见图5），我们可以看出，2001~2011年，印尼从低收入低度不平等（左下框）国家转变为低收入高度不平等国家（左上框）。而且，印尼的不平等测量考虑的是支出而并非收入，可以说印尼可能在该组别中属于较不平等的国家之列①。

在城市和农村地区，三个不同水平的收入群体获得的收入比例差距在加大。而农村地区的一个现象值得关注：1990年40%的中等收入群体收入占39.3%，而20%的最富裕群体则占37.1%，这使得前者收入总比重稍微高于后者，在之后的15年中，这种情况维持不变，但是，从2007年开始，最富裕的20%家庭所获得的收入比重一直高于40%的中等收入家庭。

数据还显示出，1990~2003年，较贫困的40%家庭的收入比重持续上升，但非常缓慢，但是从2004年开始，他们的收入比重开始下降，而且近几年下降速度越来越快。在这段时间内，40%较贫困的人群收入比重降低了4个百分点，也就是说，这些农村地区的贫困家庭收入比重以每年平均0.5个百分点的速度下降。

① 基于印尼2011年的基尼系数，并可以同时获得收入基尼系数和支出基尼系数的年份数据进行调整后的结果。

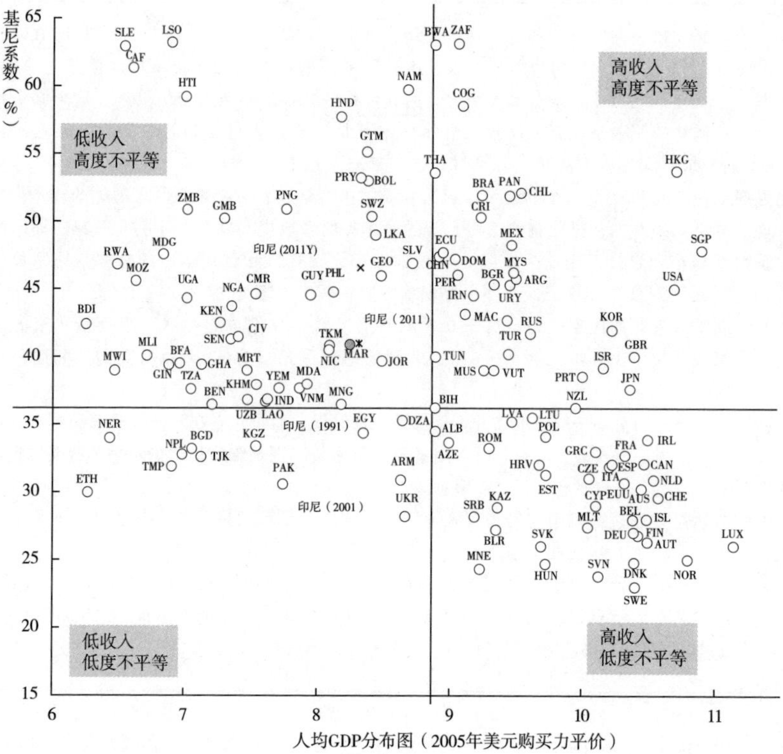

图 6　各国/地区的基尼系数和收入

资料来源：CIA 数据库。

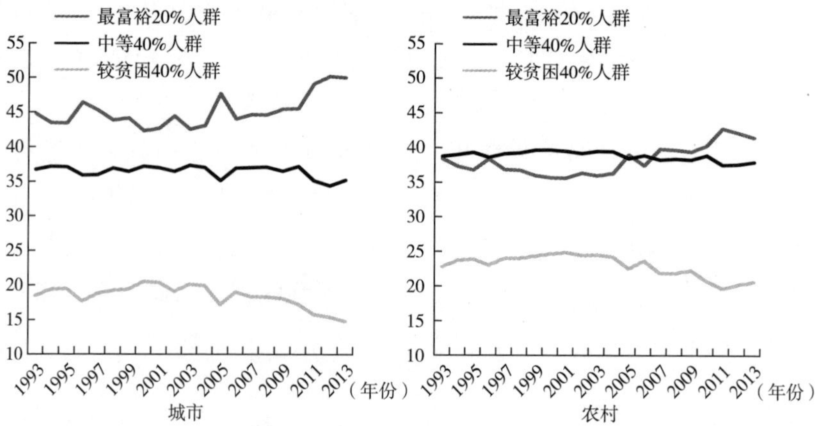

图 7　城市和农村地区各收入水平群体支出比例

资料来源：作者根据 SUSENAS 数据计算而得。

3.4 最高和最低收入间比例（十分位分散比例）

十分位分散比例是最富有的10%人口与最贫困的10%人口平均消费（或者收入）的比例，或者：

$$D = \frac{y_{10}}{y_1}$$

y_{10}是十分位数10（即人口中最富裕的10%人群）的人均消费数，而y_1则是十分位数0（即人口中最贫困的10%人群）的消费数。图8显示了印尼的十分位分散比例趋势。

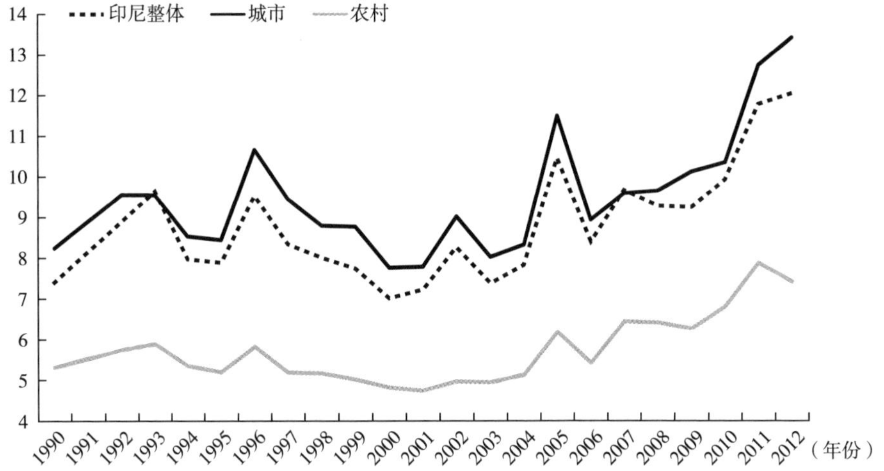

图8 最富有10%人群与最贫困10%人群间平均支出比例

资料来源：作者根据SUSENAS数据计算得出。

十分位分散比例是最富有的10%人群与最贫困的10%人群的平均支出水平比值。图8展示了1990~2012年印尼整体、城市和农村地区的十分位分散比例变化情况。该期间，在亚洲金融危机以前，该比例适度下降，甚至在金融危机期间仍然继续下降，但是，金融危机后出现快速上升，直至2012年。

过去十年间，十分位分散比例呈现的变化趋势展示了一幅不平等加剧的图画，而且比基尼系数所显示的状况更加明显。例如，2001~2012年间，印尼的整体十分位分散比例每年上升65%，或者0.44个百分点，是1990~1997

年每年上升 0.13 个百分点的约 4 倍。[1] 而且城市地区和爪哇地区的上升尤为显著。2001 ~2012 年，城市地区最富有的 10% 人群和最贫困的 10% 人群之间的鸿沟扩大了约 70%。农村收入顶层和底层人群之间的差距上升速度虽然比城市缓慢，但整体变化也相当巨大。

4 机会不平等

4.1 教育[2]

在不平等议题中，教育的地位非常重要，这是因为它是一种人力资本投资，并可以转化为创造收入的能力。收入不平等可以归为教育结果的不平等。

如图 9 所示，过去 20 年间教育结果的指标发展很快，尤其是初级和高级中学净入学率和在校时间增长特别迅速。高等教育净入学率保持平稳，并在 21 世纪头十年末期出现了较大增长。

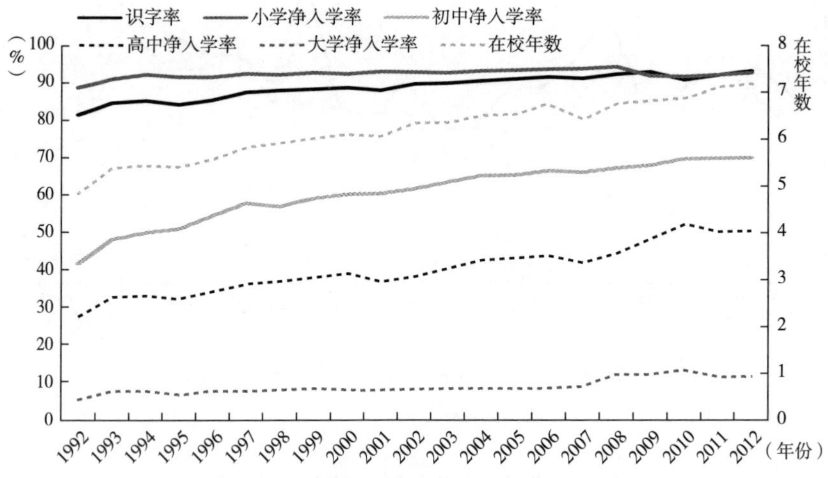

图 9 教育结果指标（国家平均水平）

资料来源：www. keberpihakan. org 和 Fahmi 和 Satriatna（2013）。

国家平均水平可能因各种原因而被误读。首先，国家平均水平由极度富裕的群体所驱动，因此并不代表大多数人口的实际状况。下一部分中将会对这些

① 原文如此。——译者注

② 本部分所使用的数据来自 Fahmi 和 Satriatna（2013），可从 www. keberpihakan. org 获取。

指标以城市－农村、性别及最富有和最贫困的20%人口间对比来进行分解。

4.1.1 城市和农村教育结果的差距

图10展示的教育结果指标与图9相同，而图10的数据根据城市和农村家庭进行了分类。该图反映的重要特征如下：首先，尽管速度缓慢，城市和农村

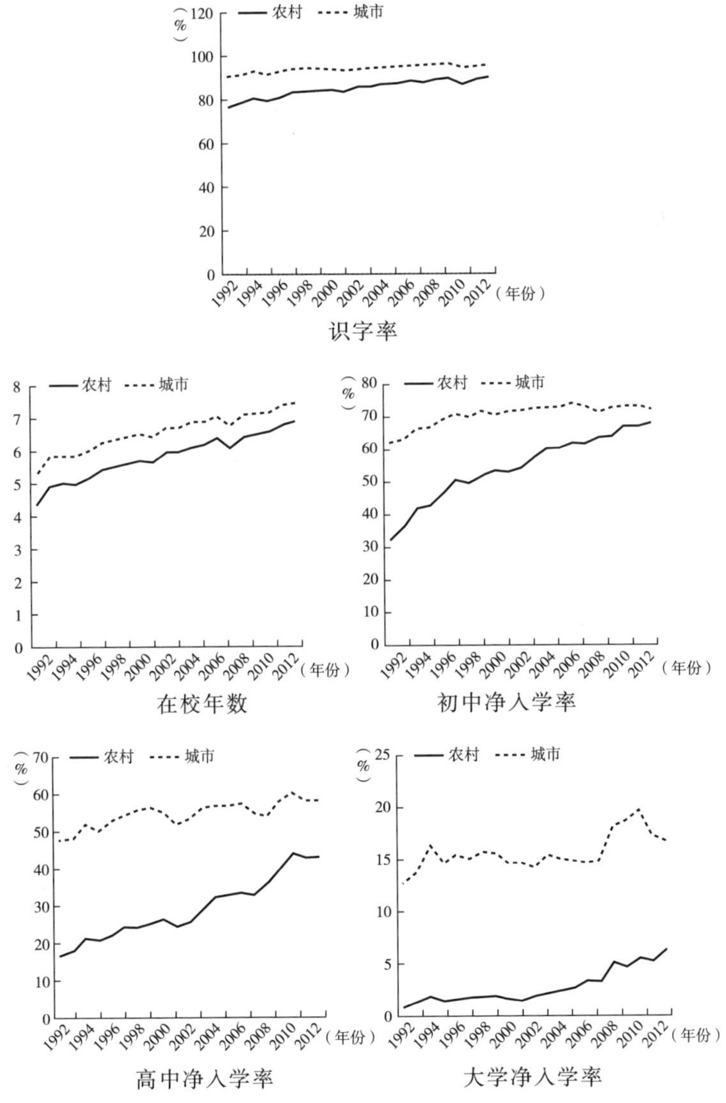

图10　以城市和农村地区分类的教育结果指标

资料来源：www.keberpihakan.org以及Fahmi和Satriatna（2013）。

识字率的差距正在缩小。其次，城市和农村的在校年数差距变化不大。最后，城市和农村初级中学净入学率差距变化迅速，而高级中学净入学率也呈现了类似趋势，但后者的变化速度较为缓慢。城市和农村大学净入学率逐渐接近，但是绝对差距仍然相当显著。

4.1.2 教育结果的性别差距

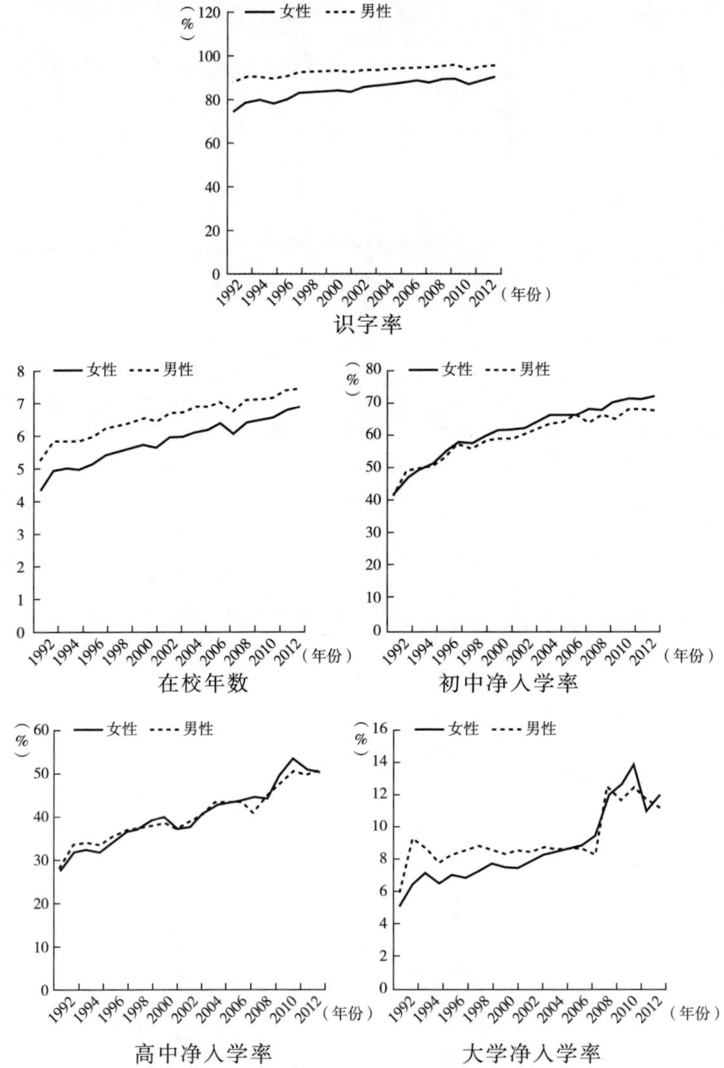

图 11 以性别分类的教育结果指标

资料来源：www. keberpihakan. org 以及 Fahmi 和 Satriatna（2013）。

图 11 展示的教育结果指标与图 9 相同，而图 11 的数据根据性别（男性和女性）进行了分类。图 11 显示了不同性别在识字率和在校年数上的差距，而后者在过去几年中并没有明显变化。然而，入学率中似乎并不存在性别差距，男性和女性入学率以同等的速度上升。

4.1.3 不同收入群体间的教育结果差距

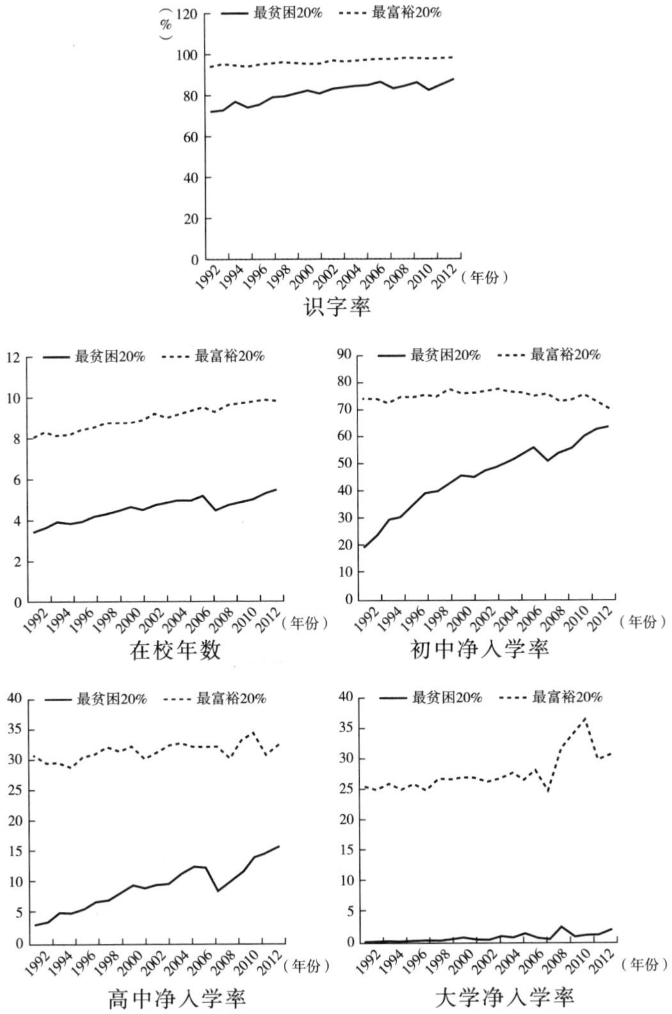

图 12 最贫困和最富有的 20%家庭的教育结果指标

资料来源：www. keberpihakan. org 以及 Fahmi 和 Satriatna（2013）。

图 12 展示了收入最高和最低的 20% 群体在教育结果指标上的差距。在所有指标中，仅有初级中学入学率在两个收入群体中均有改善。最贫困的 20% 家庭正在逐渐赶上，他们的高级中学入学率也在改善，但是，与最富裕的 20% 家庭相比，仍然存在巨大差距。另一个影响教育结果的重要指标是在校年数，也有所改善。但是，两组收入群体之间的差距并没有缩小的迹象，差距仍然巨大。应该指出的是，两个收入群体间的高等教育入学率差距在过去几年中逐渐加大。

4.2 健康

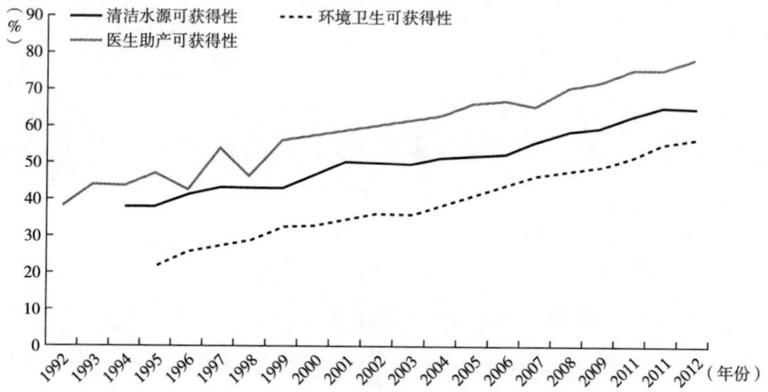

图 13　健康指标（国家平均值）

资料来源：www. keberpihakan. org 以及 Siregar 和 Pitriyan（2013）。

从国家的整体角度来看，图 13 所展示的健康指标（清洁水源、环境卫生和助产）均有改善。图 13 显示了城市和农村地区在这些指标上存在的差距。

4.2.1 城市—农村健康指标差距

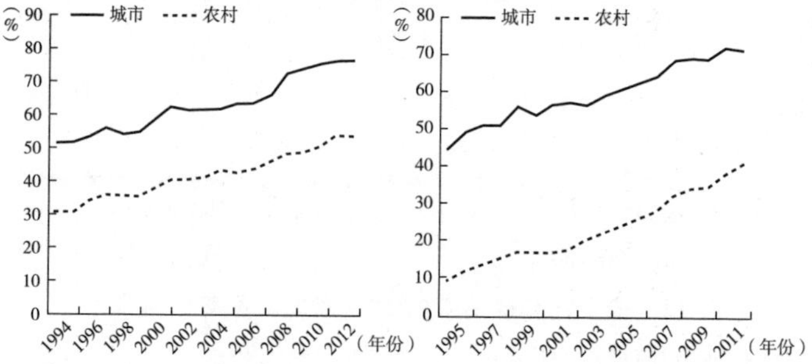

清洁用水　　　　卫生

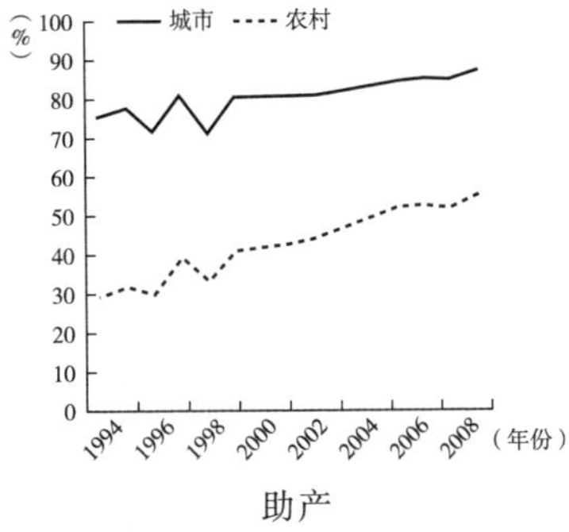

图 14　城市—农村地区的健康指标

资料来源：www. keberpihakan. org 以及 Siregar 和 Pitriyan（2013）。

4.2.2　不同收入群体的健康指标差距

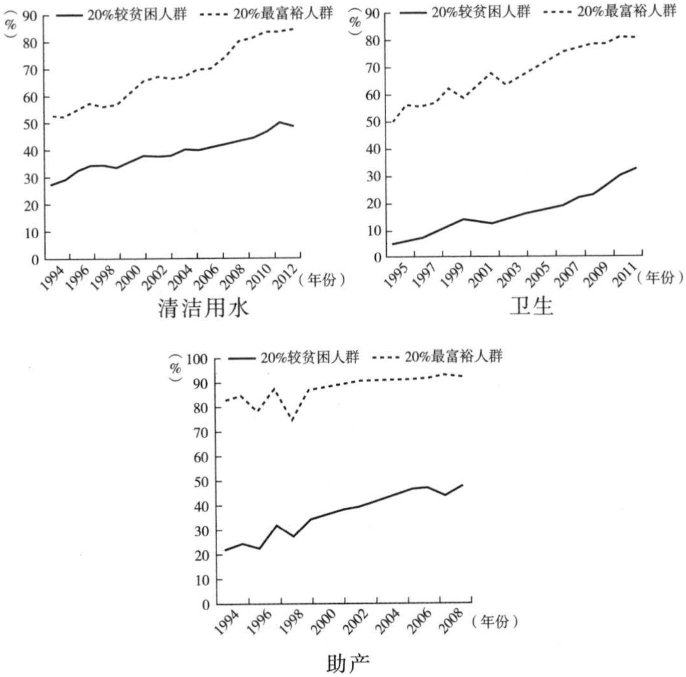

图 15　最贫困和最富裕的 20%家庭的健康指标

资料来源：www. keberpihakan. org 以及 Siregar 和 Pitriyan（2013）。

从图 15 可以看出，在最富裕的 20% 家庭中，能够获得清洁用水的增长比例要快于最贫困的 20% 家庭，而且两个群体间的差距愈来愈大。从卫生角度看，两个群体间的差距持续存在。最贫困的 20% 家庭的安全生育（助产）指标改善稍微快一些。

4.3 劳动力市场机会

进入正式的劳动力市场是改善收入和生计的重要手段之一。在这个方面，全国整体平均水平正在缓慢改善。但是，应该注意到，近期收入最低的 20% 家庭的正式劳动力市场可及性出现了下降。因此，收入最高和最低的 20% 家庭之间的整体差距逐渐扩大。

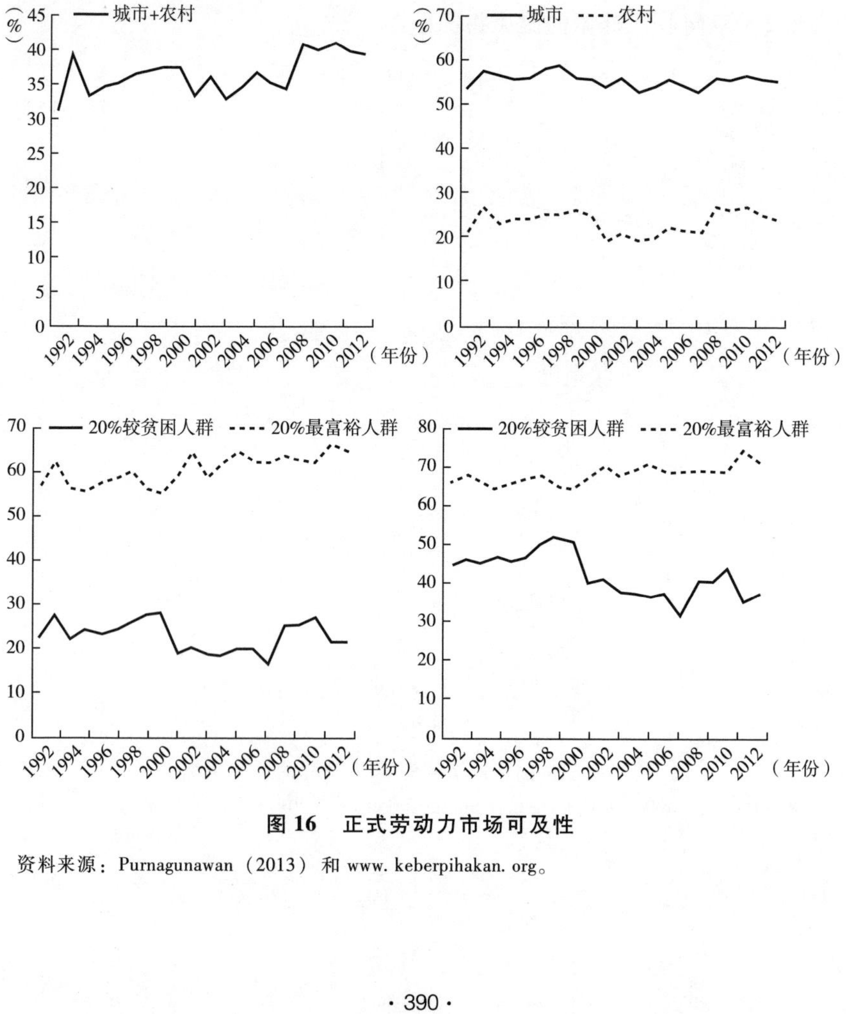

图 16 正式劳动力市场可及性

资料来源：Purnagunawan（2013）和 www. keberpihakan. org。

5 结论

那么，结论是什么？用标准的经济指标来衡量财富增长，例如经济增长和人均收入增长，增长的财富是否在所有的印度尼西亚人民中均等地得到了分配呢？总之，如果绝大多数人都通过收入提高获得了他们应得的财富份额，那么答案就是肯定的。过去20年间，印尼的经济增长比较高，而贫困率也有所下降。如果贫困人群没有从中受益，就不可能出现这种情况。从这样的推理看，我们可以说印尼的经济增长具有包容性。

但是，要实现缩小差距和降低不平等的发展模式，贫困人口的生活标准改善应快于非贫困人口的生活改善，只有这样的模式才是能够减少不平等的增长模式，或者叫作惠贫增长模式。如果以这样的标准来判断，答案就是否定的。

以不同的指标（例如基尼系数、收入分配比例和十分位分散比例）进行衡量时，我们发现，发展结果的不平等在加剧，尤其是在过去的十年中。无论是跨时期比较还是跨国比较，不平等加大的情况都相当严重（达到历史最高点）。

机会不平等减少的成就似乎很小。贫困人口，特别是城市贫困人口进入正式劳动力市场的机会越来越有限，城市地区的贫困人口获得高收入工作的可能性越来越小。有证据清楚地表明，穷人和富裕人群之间的教育差距并没有缩小，尤其是能够保障更好的生活标准的教育机会（例如高等教育）。健康方面也可以下同样的结论。收入最高的家庭获得清洁用水的可及性增加迅速，而收入较低家庭的这种可及性改善缓慢，两个群体之间的差距难以缩小。机会不平等是收入和发展结果不平等的根本。

由此得出的结论是：过去和未来数年，印度尼西亚面对的最大的发展挑战之一就是不同领域逐步加大的不平等问题。将它定义为最大的挑战之一，是因为与其他挑战（例如贫困）相比，这个问题没有明确的解决方案。要想缩小不平等，需要集体参与，共同决策国家如何在不同群体间分配资源。还需要对不平等的严重性进行界定。政治过程显得至关重要。

从研究的角度来看，到目前为止，近期不平等加大的原因尚不明确，也无法确定应对的方案。让我们把这些议题列为未来研究的重点吧。

参考文献

- Alisjahbana, A. , Yusuf, A. , Chotib, Yasin, M. , & Soeprobo, T. (2003). Understanding the Determinants and Consequences of Income Inequality in Indonesia. Bangkok, East Asian Development Network (EADN).

- Cobham, Alex, and Andy Sumner. "Putting the Gini Back in the Bottle?," The Palma' as a policy - relevant measure of inequality. Available [online] from: http://www. kcl. ac. uk/aboutkings/worldwide/initiatives/global/intdev/people/Sumner/Cobham - Sumner - 15March2013. pdf (2013).

- Fahmi, Mohamad & Ben Satriatna, (2013). "Development in Education Sector: Are the Poor Catching Up?," Working Papers in Economics and Development Studies (WoPEDS) 201315, Department of Economics, Padjadjaran University, revised Jul 2013.

- Palma, J. G. , 2006, "Globalizing Inequality: 'Centrifugal' and 'Centripetal' Forces at Work," DESA Working Paper 35, New York: UN Department of Economic and Social Affairs. Palma, J. G. , 2011, "Homogeneous Middles vs. Heterogeneous Tails, and the end of the 'Inverted U': The share of the rich is what it' all about," Cambridge Working Papers in Economics 1111, Cambridge: University of Cambridge Department of Economics (later published in Development and Change, 42, 1, 87 - 153).

- Pipit Pitriyan & Adiatma Y. M Siregar, 2013. "Health Inequity in Indonesia: is it Declining?," Working Papers in Economics and Development Studies (WoPEDS) 201316, Department of Economics, Padjadjaran University, revised Jul 2013.

- Yusuf, Arief Anshory (2006). "On the Reassessment of Inequality in Indonesia: Household Survey or National Account?" Working Papers in Economics and Developmet Studies (WoPEDS) 200605, Department of Economics, Padjadjaran University, revised Aug 2006.

- Yusuf, Arief Anshory & Irlan A. Rum (2013). "Living Beyond $2 a day: How Indonesia has progressed," Working Papers in Economics and Development Studies (WoPEDS) 2013XX, Department of Economics, Padjadjaran University.

- Yusuf, Arief Anshory, Andrew Sumner & Irlan A. Rum (2013). "Longrun Evolution of inequality in Indonesia," Working Papers in Economics and Development Studies (WoPEDS) 2013XX, Department of Economics, Padjadjaran University.

The Collection of Inequality Reports of **BRICS Countries**

Edited by Oxfam Hong Kong

社会科学文献出版社
SOCIAL SCIENCES ACADEMIC PRESS (CHINA)

www.oxfem.org.hk
2520 2525

樂施會
OXFAM
Hong Kong
無窮世界
World Without Poverty

Contents

Prologue / 1

- Equality, Inequality, and Equity: Where Do These Fit in the Poverty Agenda? / 1
- Even It Up Report / 17
- BRICS and the Challenges in Fighting Inequality / 56
  - The First Cycle of BRICS Summit: A Critical Review / 57
  - Urban Inequality in the BRICS / 78
  - Public Expenditure on Innovation in the BRICS / 103
  - Social – Environmental Sustainability in the BRICS Countries / 126
- Inequality Matters BRICS Inequalities Factsheet / 169
- Brazil: Poverty and Inequality, Where to Next? / 189
- Russia: After Equality / 213
- India: Moving towards Equal Opportunities for All / 258
- India: Regional Inequality and Inclusive Growth in India under Globalization / 281
- China: The Challenge of Inequality in China: Review and Analysis / 318
- South Africa: Mind the Gap: Assessing Nature of Trends and Analysis of National Policies to Address Inequality in South Africa / 354
- Mexico: Poverty and Inequality / 412
- Indonesia: Has Prosperity Been for All? Revisiting the Trend of Various Dimensions of Inequality in Indonesia / 461

Prologue

After the long process of collecting, translating and vetting, the Collection of Inequality Reports on BRICS Countries is finally published.

The Collection aggregates policy briefs and research reports on inequality issues in BRICS countries, such as global inequality, an overall inequality in BRICS countries, the inequality situations and challenges in each of the member countries, all of which were developed through *Empowering Civil Society in an Unequal Multi – polar World Programme* with joint support from European Commission and Oxfam.

Based on the research findings and investigation results of global and BRICS countries' inequality situations, the same harsh reality shows that the economic crisis in 2008 not only deeply indebted European and American countries, but also weakened the rapid developing BRICS countries after the booming economy, even though these countries have made tremendous achievements in economic development and significant contribution to reducing world's poverty population in the past three decades. A more serious consequence is, in all countries in the world, developed and developing ones, the gap between the haves and have – nots is increasingly prominent and getting worse and worse.

The country reports discuss poverty and inequality through multiple dimensions. For instance, taking human development perspective, the China Report adopts capability approach for an in – depth analysis on economic inequalities like income distribution, asset distribution, economic opportunity and income poverty as well as social and environmental inequalities such as education, health and social insurance. The report about inequality in Russia reflects the impacts on poverty, income and wealth distribution during the country's transformation from communism to capitalism and in the fast economic developing period. As a conclusion, in Russia, "Even the poverty level has been decreased obviously after 2000, the income inequality is still very high and growing year by year. Consequently, the inequality on accessibility of health services, education, housing, employment and legal aids is also aggravated." All country reports have conducted quantitative analyses on the gap between the rich and the poor and the current situation of inequality. Judging from the gaps between rural and urban areas as well as the constant enlarging gaps on income and wealth, it is crystal clear that Developmentalism has dominated the world in the past three decades, we fail to achieve our primary goal of equality. Worse still, inequality grows and penetrates into every aspect of human life.

To be clear, some countries, such as Indonesia and Mexico, are not members of BRICS, but facing similar problems concerned with those of BRICS. Therefore, related reports are also collected into this book. Most of reports in this book were published before 2013.

The reports on BRICS countries analyse the causes of economic and social inequality and concludes that opportunity, distribution and capacity inequalities due to economic patterns and social institutional arrangements are the main causes of the enlarging gap between the rich and the poor. The India Report *The Indian Inequality and Inclusive Growth under the Globalization* analyses the tendency and pattern of inequality in different states of India and articulates the strategy of inclusive growth and regional balanced development which are initiated in 2003 – 2004. It indicates that the regional imbalance among states is one of the driving forces of economic development. Yet, the inclusive growth and regional balanced development strategies have failed to reverse the increasing inequality. It implicates that economic development is not the only path to tackle inequality issues related to health, education and other basic services. The rural – urban dual structure in China and the caste system in India are the roots of the widening gaps in income, the great urban – rural divide, and all basic public services of aged care nursing, health and education.

Thomas Piketty, the author of the famous *Capital in the Twenty – First Century* uses a lot of accurate and solid data to show how the social inequality in wealth and income evolves in the past two centuries. That is the return rate of capital (r) always surpasses the growth of income (g) . Piketty believes that capital was used to be the "core paradox" and now it is the cause of all problems. He suggests taking measures like inheritance tax, progressive taxation and global wealth tax to prevent further the concentration of wealth and power. As Oxfam series reports *Even it Up*, *Working for the Few: Political Capture and Economic Inequality*, have revealed that with the integration of wealth and power, there are two main causes of extreme inequality: 1) deregulation of markets under the influence of market fundamentalism that encourages wealth concentration into the hands of the few; 2) the elites' capture of politics and power bend the rules so that policies are made in favour of the rich instead of the majority.

Serious economic and social unequal development not only undermines the social concepts about justice, but also constrains social and economic development in reality. To solve it, a comprehensive strategy is needed so that all factors could be included into consideration. In the Brazil Report, the government's main experience of tackling domestic poverty is shared. They prioritize the actions on inequality and public policy. In the report *Equality, Inequality and Equity: Where Do This Fit in the Poverty Agenda*, the situation and causes of global inequality are deeply analysed. It explains that the economic transformation based on manufacturing and services gives more chances for labour with better education backgrounds and gradually abandons the poorest counties and people. Meanwhile, the global agricultural trade liberalization also leaves the smallholders from the poorest countries behind. All these accelerate domestic and inter – state inequality. The author also points out that the current measures of solving inequality with focus more on technique and minor adjustment, instead of the political reasons that triggers the problems. Hence, the suggested solutions and recommendations should be focused more on land redistribution, accessibility of basic services, taxation reforms, political involvement at the state level and pro – poor trade reform at the international level.

In the first year of the implementation of Sustainable Development Goals, I sincerely hope that the Collection of these reports can help people to fully understand the seriousness of inequality and arouse wide concerns and more discussions. As Professor Wang Hui from Tsinghua University said, "It is urgent to re – identify the value of equality, to enrich and deepen its concepts and combine it with the thought of social development patterns. We should take a perspective that 'all things and people are equal while their differences are respected', which goes beyond equal opportunities, fair distribution and equal capacity". I think it is also correspondent to Chinese national strategy of constructing an ecological civilization.

Last but not least, we would like to thank all people that have supported us in reviewing, translating, and vetting the reports. Project Coordinator Wang Man and Geng Hua from Global Call to Action against Poverty China Office and former Assistant Campaign Officer, Li Yurong from China and the Developing World Programme of Oxfam Hong Kong are all devoted into the collecting, translating, and vetting the reports. Campaign Officer, Li Ai from China and the Developing World Programme of Oxfam Hong Kong, review and edit all reports which then become presentable. Also, I would like to send my gratitude to Social Science Academic Press. It is their efforts that Chinese readers can have the opportunity to understand social inequality worldwide and particularly in emerging countries. I sincerely hope that this Collection would enable every reader with profound thoughts on inequality.

Lanying Zhang
Director, Liang Shuming Rural Reconstruction Centre
Executive Vice Dean of Institute of Rural Construction of China, Southwest University
Senior Advisor of Social Resources Institute

Equality, Inequality, and Equity: Where Do These Fit in the Poverty Agenda?

Duncan Green

There is growing recognition amongst development policy makers that extreme inequality is bad for healthy economic growth and social stability, as well as being inter – generational in its effects. This paper reviews the state of global inequalities, and analyses the forces that drive them. Shifts towards manufacturing and service – based economies are biased in favour of educated labour, and away from the poorest countries and workers. Simultaneously, global agricultural trade liberalisation is undermining small – scale farmers in the poorest countries. These processes exacerbate inequalities both between and within countries. The author argues that methods to combat inequality skirt around the underlying politics that give rise to such injustices, and tend to focus on technocratic approaches and minor adjustments rather than more radical political solutions. At national level, these would include land redistribution, access to basic services, tax reform, and reforms to political participation. At international level, action to reduce inequality must include pro – poor trade reform.

This background paper was written as a contribution to the development of *From Poverty to Power: How Active Citizens and Effective States Can Change the World*, Oxfam International 2008. It is published in order to share widely the results of commissioned research and programme experience. The views it expresses are those ofthe author and do not necessarily reflect those of Oxfam International or its affiliate organisations.

When pressed for his views on inequality and redistribution in the 2001 election campaign, the British Prime Minister, Tony Blair, famously ducked the question by replying 'It's not a burning ambition for me to make sure that David Beckham earns less money.'① Inequality and redistribution have been out of fashion among rich – country decision – makers for many years and warrant barely a mention in the Millennium Development Goals (MDGs).② However, this is now changing as 2005 saw a rash of high – profile World Bank (WDR 2005) and UN Publications Human Development Report (HDR), 2005; Report on the World Social Situation, (RWSS) (2005), arguing that tackling inequality is one of the most urgent tasks of our time.

This renewed interest in inequality stems from several causes, including the manifest failure of the Washington Consensus view that 'a rising tide lifts all boats' to reduce poverty fast enough to meet the MDGs, new evidence that high levels of inequality impede economic growth, and renewed attention to the sources of political tension arising from the 'war on terror'. In the words of President Bush, 'This growing divide between wealth and poverty, between opportunity and misery, is both a challenge to our compassion and a source of instability' (quoted in HDR 2005: 75).

This is not to suggest that the multilateral agencies have suddenly become red – blooded redistributive socialists. The core of their concern with inequality is not that it is intrinsically unfair, but that it is bad for economic growth and poverty reduction. The World Bank argues for equality of opportunity (e. g. access to education, freedom from discrimination, equality before the law), with only a minor role for greater equality of outcome, namely, avoiding absolute destitution. The role of redistribution, whether through progressive taxation or land reform, is treated with great caution and its risks emphasised.

The Bank's analysis certainly emphasises that inequality is about much more than income – almost every aspect of the life chances of the poor, from access to

① *Guardian* 23 December 2005, available at http: //politics. guardian. co. uk/conservatives/story/0, 9061, 1673455, 00. html.

② Gender parity in education is the only aspect of inequality overtly addressed in the MDGs.

clean drinking water to vulnerability to crime, conflict, and natural catastrophes, is plagued by inequality between the weak and the strong. In practice, however, much of the policy debate comes down to inequality of income, and a small number of essential services, namely health, education, clean water and sanitation.

Whereas the academic literature used to stress the positive role of income inequality in rewarding 'wealth creators' as a way to encourage innovation and growth, there is now gathering momentum for the economic arguments that inequality is bad for growth and, therefore, poverty reduction. In essence, the arguments are that:

- *Inequality wastes talent.* If women are excluded from top jobs, this squanders half the nation's talent, which has a negative impact on the economy. If banks refuse to lend to poor people, then good economic opportunities are lost.
- *Inequality undermines society and its institutions.* In an unequal society, elites find it easier to 'capture' governments and other institutions, and use them to further their own narrow interests, rather than the overall economic good.
- *Inequality undermines social cohesion.* 'Vertical inequality' between individuals is linked to rises in crime, while 'horizontal inequality', for example between different ethnic groups, increases the likelihood of conflicts that can set countries back decades and cause enormous suffering. *Inequality prevents growth from reducing poverty.* By determining the size of the crumbs that the poor receivefrom the economic table, inequality prevents growth from reducing poverty: a one percentage point increase in growth will benefit thc poor proportionately more in an equal than in an unequal society.
- *Inequality transmits poverty between generations.* The poverty of a mother can blight the entire life of her child. Some 30 million babies are born each year with impaired growth due to poor nutrition during foetal life. Low birth - weight babies are much more likely to die, and to be stunted and underweight in early life, increasing their chances of ill - health and death in childhood and, should they survive, condemning them to a lifetime of sickness and poverty (The Chronic Poverty Report (CPR), 2005: 21).

Although at first glance the World Bank's emphasis on equality of opportunity looks timid – little more than the American Dream plus a safety net – it allows for some pretty radical interpretations. First, the distinction between opportunity and outcomes is artificial, since today's outcomes shape tomorrow's opportunities. Even if they go to the same school or live in the same *barrio*, children of the betteroff and/or better educated are also more likely to do better. In order to achieve genuine equality of opportunity, public action is needed to ensure that a village girl from a poor lower caste in India can achieve the same educational outcome as a boy from a rich family in Delhi, for the same effort. Achieving this would require an extraordinary state effort to break the cycle of inequality by compensating for the multiple initial disadvantages faced by the girl. This interpretation bears little resemblance to the traditional criticism that equality of opportunity is tantamount to saying 'we are all equal because all of us have the right to dine at the Ritz'.

Power and Rights – the Missing Piece

Inequality is much more than a technical barrier to growth orpoverty reduction. Writing in 500 BC, Plato reminded Athenian legislators of the moral abhorrence provoked by extreme inequality. '*There should exist among the citizens neither extreme poverty nor again excessive wealth*', he wrote, '*for both are productive of great evil*' (quoted in HDR 2005: 51).

Extreme inequality provokes outrage and condemnation, and is intimately bound up with notions of human rights. The idea that all people, wherever they are, enjoy certain basic rights has become increasingly influential, not least through the international human rights framework established by the UN. This commits states to guarantee equal civil and political rights, to ensure minimum standards, and to the progressive realisation of economic, social, and cultural rights. ①

Moving the focus from poverty to inequality makes it impossible to avoid poli-

① Based on presentations by Edward Anderson and Tammie O' Neil at a roundtable discussion, 'A new equity agenda?', Overseas Development Institute, 31 March 2006.

tics. Inequality is about some people having more than others. So is politics. And the two interact – powerful people use their political control over institutions, individuals, or they use force – to benefit themselves, often at the expense of others.

For the multilateral agencies that dominate thinking on development, this poses a dilemma. These agencies are, in theory, supposed to be impartial, technocratic bodies. Yet, their own analysis is leading them inexorably into the minefields of politics. In its 2006 *World Development Report*, the Bank recognised as much, saying:

> *The analysis of development experience clearly shows the centrality of overall political conditions— supporting the emphasis on governance and empowerment in recent years. However, it is neither the mandate nor the comparative advantage of the World Bank to engage in advice on issues of political design.* (*WDR* 2006: 10)

As this excerpt implies, the Bank and others have tried to skirt around *politics* by talking instead about '*governance*' (sometimes caricatured as 'government with the politics taken out') and '*empowerment*'. These concepts cover areas such as the separation of powers between governments, parliaments, and the judiciary, the rule of law, government transparency and accountability, and strengthening the role of civil society organisations, but steer clear of politics *per se*. Critics argue that trying to deal with these issues without taking politics head – on leads up an intellectual and developmental blind alley (see, for example, Lockwood 2005). Political elites that benefit from the current levels of inequality and injustice will always do their best to frustrate reforms, until their power itself is challenged.

How Extreme Is Inequality?

Inequality exists both within and between countries. The extent of inequality between countries is breathtaking, a form of 'postcode lottery' where the greater part of your life chances are determined by the random circumstances of your birth –

where you are born (rich or poor country, town or countryside) and who you are (boy or girl, ethnic minority, living with a disability, or your mother's physical health, especially during pregnancy).

In terms of income and quality of life, gulfs separate the haves from the have - nots. On the (conservative) assumption that the world's 500 richest people listed by *Forbes* have an income equivalent to no more than five per cent of their assets, their income exceeds that of the poorest 416 million people. A woman in Nigeria is 480 times likelier to die from pregnancy - related causes than a woman living in Canada. In poor countries as many as 30 per cent of deaths among women of reproductive age may be from pregnancy - related causes, compared with rates of less than one per cent in industrialised countries (RWSS 2005: 68).

Inequality of opportunities and provision between countries drives such unequal outcomes. Per capita spending on health ranges from an average of more than US $3000 in high - income countries to US $78 in low - income countries with the highest health risks and to far less in many of the poorest countries (HDR 2005: 26). For the poor, inequalities can cancel out the benefits of living in a better - off society. Average income is three times higher in high - inequality and middle - income Brazil than in low - inequality and low - income Viet Nam. Yet, the incomes of the poorest ten per cent in Brazil are lower than those of the poorest ten per cent in Viet Nam. The redistribution of just five per cent of the income of the richest 20 per cent of Brazilianswould cut the poverty rate from 22 per cent to seven per cent (HDR 2005: 6, 65).

Regionally, Latin America is renowned for a level of inequality that is 'extensive, pervasive and resilient' and for the exceptional slice of national wealth owned by the very rich. Research in Africa suggests that, at least in terms of income, inequalities are as high as in Latin America, a finding that may surprise those who assume that at African levels of poverty, all are more or less equal. Asia contains countries with low levels of inequality (Taiwan, Viet Nam), and others where inequality is rapidly approaching Latin American and African levels, notably China (ODI 2006a: 3).

Within countries, inequalities can also be grotesque. In Brazil, the *favelas* of Rio's (largely black) marginalised poor cling to the hillsides overlooking the luxury condominiums and beach playgrounds of the (generally white) mega – rich. In Latin American countries with large indigenous or African descended populations, such as Bolivia, Brazil, Ecuador, Guatemala, or Peru, incomes of these groups are half of that of their 'white' compatriots (World Bank 2003: 8).

Within poor countries, internal inequalities in life opportunities are just as stark as those in income. Children born into the poorest 20per cent of households in Ghana or Senegal are two to three times more likely to die before five years of age than children born into the richest 20 per cent of households. Nowhere is the injustice of inequality more evident than in the phenomenon of 'missing women'. Due to discrimination against girls and women, which starts even before birth, through selective abortion, the world's female population is lower than it should be, compared to men. Recent estimates put the number at 101. 3 million. Of these 'missing women' 80 million are Indian and Chinese – a staggering 6. 7 per cent of the expected female population of China, and 7. 9 per cent of the expected female population of India (CPR 2005: 22; HDR 2005: 153).

Are Equality and Inequality Rising or Falling?

Trends in inequality are widely disputed, and many thousands of hours have been spent by economists 'proving' that inequality is rising, falling, or staying the same. Every participant in the discussion can find academic grounding for their position. The key to the differences lies in what is being measured, how averages are employed, and whether inequality between or within countries is being discussed.

If we compare average GDP per capita *between* countries, unweighted by population, inequality appears to be increasing. In 1990, the average American was 38 times richerthan the average Tanzanian. Today the average American is 61 times richer (HDR 2005: 37). However, once weighted by population, inequality appears to be decreasing, due to rapid growth in India and China (using average GDP per capita for each country ignores rapidly rising inequality within those countries). If we compare incomes globally, the choice of statistical measures and reference years determines whether you conclude that inequality is rising or falling.

The use of percentages rather than dollars also serves to mask the true extent of inequality. If Luxembourg and Nicaragua, at opposite ends of the world income distribution, grew at an annual rate of two per cent per capita for the next 25 years, inequality between them would be seen as constant. Yet the per capita annual incomes in Luxembourg would increase from US $17, 228 (PPP - adjusted) to US $28, 264, while in Nicaragua they would rise by a mere US $375, from US $573 to US $940 (WDR 2006: 63).

According to the UN, income inequality *within* countries is generally increasing:

> *Within - country income inequality rose between the* 1950*s and the* 1990*s in* 48 *of the* 73 *countries for which sufficiently reliable data are available. Together, these* 48 *countries account for* 59 *per cent of the combined population ofthe countries included in the analysis. Within - country income inequality remained relatively constant in* 16 *of the countries under review, though the data suggest that the situation has worsened in three of them during the past few years. Only nine of the countries included in the analysis registered a decline in income inequality between the* 1950*s and the* 1990*s; included in this group are the Bahamas, France, Germany, Honduras, Jamaica, Malaysia, the Philippines, the Republic of Korea, and Tunisia.* (*RWSS* 2005: 52)

There are, nevertheless, some grounds for cautious optimism when it comes to the non - income dimensions of inequality. In 1970 most adults in the world could not read or write. Now most can. Since the 1960s, average life expectancy in low - income countries has risen from 48 to 63 years (DFID 2006: 57). This achievement was due to the global spread of health technology and to major public - health efforts in some of the world's highest mortality areas. Since 1990, however, HIV and AIDS, and social and economic chaos in some transition economies have reversed some of the earlier gains. Overall life expectancy in Russia has dropped by four years since 1970, and male life expectancy has dropped by even more. In Botswana, HIV and AIDS have reduced life expectancy by nearly 20 years since 1970 (from 56 to 37 years) (HDR 2005).

What Drives Increasing Inequality?

At the heart of increasing inequality lies work. The main assets of the poor are their hands, and the way they are paid for their work, and the nature of that work, is crucial in determining whether they escape from poverty, or are trapped in a world of back – breaking labour with no escape. According to Kofi Annan, 'the best anti-poverty programme is employment. And the best road to economic empowerment and social well – being lies in decent work' (quoted in RWSS 2005: 130).

Whether an economy depends on agriculture, manufacturing, or services has a crucial impact on inequality. Despite urbanisation, poverty continues to be more prevalent in rural areas, and agriculture generates more jobs than the other sectors, particularly if small farmers rather than capital – intensive agribusiness run it. Small – farm based agricultural growth is therefore one of the best ways to reduce inequality (DFID 2005).

But globally, economies and jobs are shifting out of agriculture into manufacturing and, increasingly, into service industries such as retail or finance. Here, the nature of work is changing fast. As economies become more technology – and knowledge – intensive, those with an education fare better than those without. Each additional year of education now increases the average individual worker's wages by five – ten per cent (Goldin and Rienert 2006: 129), and the differential continues to rise, as huge numbers of low – skilled workers enter the global workforce through the integration of countries such as China. The shift from manufacturing to services, and within manufacturing, to smaller production units, 'informal' enterprises, and female workforces, has undermined the power of traditionally male – dominated labour unions, making it harder for them to organise to secure decent wages and conditions.

The inequalities produced by changes in technology and business models have been compounded by political decisions. Worldwide, governments, often encouraged by the World Bank and other donors, have moved to make their labour laws more flexible, undermining labour unions, lowering minimum wages, and making it easier to hire and fire workers. The global shortage of stable, well – paid jobs for young people bode ill for the future.

Internationally, political decisions have also stacked the cards of global economic governance against the poorest countries, exacerbating the gulf between nations. The powerful nations have insisted on opening up Southern markets to flows of capital and goods, where transnational corporations stand to benefit, while restricting the flows of people (through increasingly tough immigration laws) and knowledge (through laws on intellectual property) that would predominantly benefit the poor countries. Meanwhile, the rich countries continue to subsidise their farmers, while also protecting their domestic markets against goods from the developing world. The US government supports its 25, 000 cotton farmers with annual subsidies of up to US $4bn. The resulting overproduction and dumping on world markets undermines millions of poor farmers in West Africa and elsewhere who depend on producing and selling cotton. Europe's Common Agricultural Policy has a very similar effect.

The IMF, World Bank and other multilateral and bilateral agencies have promoted a system of trade and investment liberalisation that flies in the face of historical experience (Chang 2001). While the Bank and others argue that poor countries can kick – start development by opening up their trade and capital markets, successful countries ranging from the USA and Germany right through to China and Viet Nam have shown that such liberalisation happens as an economy grows in size and complexity. Countries of Eastern Europe and, to a lesser extent, those in Africa and Latin America that have followed the 'shock therapy' of the Washington Consensus have seen plenty of shock, but precious little therapy.

While defending the broad direction of reforms in recent decades, the World Bank concedes that trade liberalisation has exacerbated inequalities. It also concedes that poorly designed privatisation programmes in Latin America meant that after some initial improvement in social indicators such as infant mortality, the costs to governments started rising as companies engaged in what it refers to as 'cream skimming'——leaving the less profitable areas to the public sector. The removal of subsidies for public utilities also resulted in these services becoming 'too expensive for poor consumers' (WDR 2006: 171).

Reducing National Inequality

There is a growing consensus on ways to achieve greater equality of opportunity, but much less on whether redistribution is required, and how to create greater equality of outcomes in people's lives. To return to the quotation at the start of this essay, decision makers disagree whether David Beckham should be more heavily taxed in order to fund schools and hospitals for the poor. The World Bank stresses the potential economic disruption caused by high income taxes or radical land reform, but others believe that progressive redistribution of assets is needed to kick - start a virtuous cycle of inclusion and growth.

Three ways in which national governments can address inequality are:

- to ensure access to basic social services and infrastructure, including the redistribution of assets such as land;
- to establish guarantees for full participation in public governance and markets for land, labour, and products;
- to break the cycle of inequality through, for instance, inheritance and property taxes on the rich and affirmative action to enable people to overcome social disadvantages. ①

Above all, any serious attempt to reduce inequality must get off the fence on the issue of politics. The Bank argues that the way to 'break the power and inequality vicious circle' is to recognise that 'societies prosperous today are so because they have developed more egalitarian distributions of political power, while poor societies often suffer from unbalanced distributions' (WDR 2006: 108). The first thing that

---

① Based on a presentation by Francisco Ferreira at a roundtable discussion, 'A new equity agenda?', at Overseas Development Institute, London, 31 March 2006.

must be redistributed is power – all else follows from that.

How does such a political shift take place? Won't entrenched elites always frustrate attempts to give power to the people? In some Asian countries, elites saw the long – termcase for equality, both in terms of preventing social division and building the nation, and in terms of creating a thriving economy. Countries like Taiwan and Viet Nam have combined astonishing growth with high levels of equity. In Indonesia and Malaysia, governments managed to reduce inequality over an extended period through redistribution and employment generation (RWSS 2005: 25). China however, is fast becoming the 'Latin America of Asia' with spiralling levels of inequality drastically reducing the ability of its continued growth to keep reducing poverty.

In post – Apartheid South Africa and recently in Brazil, popular movements have carried business elites with them in attempting to redistribute wealth and opportunity in hitherto appallingly unequal societies (ODI 2004: 2).① Brazil's world inequality ranking has dropped from second to tenth by a mixture of good economic management (e. g. controlling inflation which customarily hits the poor hardest) and income redistribution through various public schemes such as the 'bolsa escola' which pays poor families a monthly stipend if they ensure that their children attend school (Ferreira et al. 2006).

What motivates national elites to take poverty seriously? In a fascinating survey (Reis and Moore 2005) of the attitudes of developing – country elites towards poverty, few identified it as a serious 'threat'. Although they worried about crime, they did not see a strong link between this and poverty, and were more worried about organised gangs; since the collapse of Communism, they no longer fear organised revolution. Strangely, they made no link between poverty and disease – rich people believe that a combination of segregated living spaces and modern medicine can protect them.

But while fear may have subsided, the authors of the survey were optimistic that more positive forces for change are gaining ground. Historically, the spread of de-

① For briefings on examples of pro – equity interventions in 13 developing countries, see ODI 2006b.

mocracy has played a crucial role in the shift to a set of 'positive drivers' (appeals to common interests) and 'national altruistic arguments' (e. g. national pride). This was particularly true in the case of education, although the reasons for elites' enthusiasm for educating the poor varied between seeing equality of opportunity as a good thing in itself, to wanting to correct the bad habits and 'traditional' thinking and prejudices of the poor!

Again, history suggests that reforms and redistribution often follow a 'shock' such as war or civil unrest, as the land reforms in much of East Asia after the Second World War, which established the basis for the take-off of countries such as South Korea and Taiwan. The US New Deal that followed the Great Depression is another example. In some cases, such reforms were the work of enlightened elites, in others, they were driven from below, for example the demands by demobilised soldiers and others for a 'land fit for heroes' that led to the creation of the post-war welfare state in Britain.

Does this mean hope can only follow catastrophe? Luckily, not always. Countries such as Viet Nam, (and perhaps China, if the government's current concerns on inequality are to be believed) have reformed before collapse and crisis struck. Going further back, massive advances in areas that did not involve an immediate redistribution of assets, such as universal women's suffrage, public provision of education, the introduction of the minimum wage, or the abolition of slavery, were introduced by elites without a crisis, in response to pressure from below by the organisations of the poor, whether political parties, labour unions, or social movements such as the abolitionists or suffragettes.

The growing global acceptance of basic human rights, such as the right to a vote or equal rights for women, strengthens the hands of those demanding equity; and rising literacy creates potential for wider involvement of the poor, as does the increasing difficulty faced by those wanting to prevent the flow of news and information via the internet or other channels. History may be on the side of change.

Reducing International Inequality

Closing the formidable gaps *between* nations requires action on many fronts.

First, rich countries could simply cease to do harmful things, such as tolerating corruption or tax avoidance; unfairly restricting migration; sitting on their hands on climate change; or denying developing – country firms access to the latest knowledge and technology.

There has been some progress on debt and aid, although much remains to be done, both to hold the G8 to their commitments and to extend debt relief to those countries that need it. There is real reluctance, however, to make trade fair for developing countries. While debt and aid are politically straightforward – cheques, however generous, require a mereflourish of the chancellor's pen – trade reaches into the heart of domestic politics. Vested interests, from US steel makers to the EU sugar lobby, excel in putting politicians under pressure to do the wrong thing. Reforming trade takes real political courage, which the travails of the Doha Round suggest is in short supply.

More broadly, the failures of Washington Consensus policies across large swathes of the developing world have led to a crisis of belief in the IMF and the World Bank. These institutions are now coming out with increasingly nuanced, and self – critical analyses (albeit implicitly so), but the impact the re – think among the Washington – based policy wonks will have on the ground largely remains to be seen. At the very least, however, the crisis of the Washington Consensus should loosen the economic straitjacket on the governments of developing countries, allowing them to follow a more heterodox approach to development. The 'same destination, different speeds' of the liberalisers is becoming a more historically literate 'same destination, different paths'.

Conclusion

Unlike poverty, inequality continues to rise in most countries. However, some governments have shown that it can be reduced, giving their poorest citizens a less meagre slice of the cake.

Inequality deprives citizens of their rights, destabilises nations, and explains why a hard core of some 400 million people are likely to remain chronically poor unless the current system changes. Tackling inequality head – on, through a combination of redistribution and pro – poor growth, makes sense on numerous grounds. It leads inevitably into a struggle for rights, and engagement with issues of politics and power. It gets people angry, not least because it is an issue that affects both North and South and it helps prepare the ground for a post – MDGs world, should they fail to get on track. Ending inequality, at least in its extreme form, could also fill the public messaging void left by the end of the global Make Poverty History campaign. Make Inequality History, anyone?

References

Chang, Ha Joon (2001) *Kicking Away the Ladder*, London: Anthem Press.

Chronic Poverty Research Centre (2005) *The Chronic Poverty Report* 2004 – 05, Manchester: CPRC.

DFID (2006) 'Eliminating World Poverty: Making Governance Work for the Poor', White Paper, Cm 6876, Department for International Development, London: HMSO, July.

DFID (2005) 'Growth and poverty reduction: the role of agriculture', A DFID Policy Paper, London: DFID.

Ferreira, Francisco H. G., Phillippe G. Leite, and Julie A. Litchfield (2006) The Rise and Fall of Brazilian Inequality, 1981 – 2004, Policy Research Working Paper Series, Washington, DC: World Bank.

Goldin, Ian and Kenneth A Reinert (2006) *Globalization for Development: Trade, Finance, Aid, Migration and Policy*, Washington, DC: World Bank.

Lockwood, Matthew (2005) *The State They're In: An Agenda for International Action on Poverty in Africa*, London: IT Publishing.

Overseas Development Institute (ODI) (2004) 'Inequality in Middle Income Countries', *Briefing Paper*, London: ODI.

Overseas Development Institute (ODI) (2006a) 'Overview, Inter – Regional Inequality Facility', February, available at http://www.odi.org.uk/inter – regional_inequality/papers/Inter – RegionalInequalityFacility_OverviewPaper_ODISecretariat.pdf.

Overseas Development Institute (ODI) (2006b), 'Inequality in Developing Countries', *A Policy Briefing Pack*, London: ODI.

Reis, Elisa P and Mick Moore (eds.) (2005) *Elite Perceptions of Poverty and Inequality*, London: Zed Books.

United Nations (2005) Report On The World Social Situation (RWSS) (2005) Department of Economic and Social Affairs, New York, NY: UN Publications.

UNDP (2005) *Human Development Report* 2005 (*HDR* 2005): *International Cooperation at a Crossroads: Aid, Trade and Security in an Unequal World*, New York, NY: OUP.

World Bank (2003) *Inequality in Latin America and the Caribbean: Breaking with History*?, Washington, DC: World Bank.

World Bank (2005) *World Development Report* 2005 (*WDR* 2005): *A Better Investment Climate for Everyone*, Washington, DC: World Bank.

World Bank (2006) *World Development Report* 2006 (*WDR* 2006): *Equity and Development*, Washington, DC: World Bank.

Even It Up Report

Oxfam

Nthabiseng was born to a poor black family in Limpopo, a rural area in South Africa. On the same day, Pieter was born nearby in a rich suburb of Cape Town. Nthabiseng's mother had no formal schooling and her father is unemployed, whereas Pieter's parents both completed university education at Stellenbosch University and have well - paid jobs. As a result, Nthabiseng and Pieter's life chances are vastly different.

Nthabiseng is almost one and a half times as likely to die in the first year of her life as Pieter. [①] *He is likely to live more than 15 years longer than Nthabiseng.* [②] *Pieter will complete on average 12 years of schooling and will most probably go to university, whereas Nthabiseng will be lucky if she gets one year.* [③] *Such basics as clean toilets, clean water or decent healthcare*[④] *will be out of her reach. If Nthabiseng has children there is a very high chance they will also grow*

---

① Based on 'Figure 4. 4: Levels of infant mortality rate in 2007 by province', in UNDP and Statistics South Africa, 'MDG 4: Reduce Child Mortality', http://statssa. gov. za/nss/Goal_ Reports/GOAL% 204 - REDUCE% 20CHILD% 20MORTALITY. pdf.

② National Planning Commission, 'Divisive effects of institutionalised racism', http://npconline. co. za/pebble. asp? relid = 85; and World Bank (2006) 'World Development Report 2006: Equity and Development', World Bank Group, http://www - wds. worldbank. org/external/default/WDSContentServer/IW3P/IB/2005/09/20/000112742 _ 20050920110826/Rendered/PDF/322040World0Development0 Report02006. pdf.

③ Statistics South Africa (2012) 'Census 2011', http://statssa. gov. za/publications/P03014/P03014 2011. pdf.

④ B. Harris et al (2011) 'Inequities in access to health care in South Africa', *Journal of Public Health Policy* (2011) 32, S102 - 23, http://palgrave - journals. com/jphp/journal/v32/n1s/full/jphp201135a. html.

up equally poor. ① *While Nthabiseng and Pieter do not have any choice about where they are born, their gender, or the wealth and education of their parents, governments do have a choice to intervene to even up people's life chances. Without deliberate action though, this injustice will be repeated in countries across the world.*

This thought experiment is taken from the World Development Report 2006. *Oxfam has updated the facts on life chances in South Africa.* ②

From Ghana to Germany, South Africa to Spain, the gap between rich and poor is rapidly increasing, and economic inequality * has reached extreme levels. In South Africa, inequality is greater today than at the end of Apartheid. ③ The consequences are corrosive for everyone. Extreme inequality corrupts politics, hinders economic growth and stifles social mobility. It fuels crime and even violent conflict. It squanders talent, thwarts potential and undermines the foundations of society. Crucially, the rapid rise of extreme economic inequality is standing in the way of eliminating global poverty. Today, hundreds of millions of people are living without access to clean drinking water and without enough food to feed their families; many are working themselves into the ground just to get by. We can only improve life for the majority if we tackle the extreme concentration of wealth and power in the hands of elites. Oxfam's decades of experience in the world's poorest communities have taught us that poverty and inequality are not inevitable or accidental, but the result of deliberate policy choices. Inequality can be reversed.

The world needs concerted action to build a fairer economic and political system that values everyone. The rules and systems that have led to today's inequality explosion must change. Urgent action is needed to level the playing field by implementing policies that redistribute money and power from wealthy elites to the majority.

---

① P. Piraino (2014) 'Intergenerational earnings mobility and equality of opportunity in South Africa', Southern Africa Labour and Development Research Unit, University of Cape Town, http://opensaldru.uct.ac.za/bitstream/handle/11090/696/2014_131_Saldruwp.pdf? sequence = 1.

② World Bank (2006) op. cit.

③ Gini data from World Bank database. Gini coefficient for South Africa was 0.56 in 1995 and 0.63 in 2009, http://data.worldbank.org/indicator/SI.POV.GINI.

Using new research and examples, this report shows the scale of the problem of extreme economic inequality, and reveals the multiple dangers it poses to people everywhere. It identifies the two powerful driving forces that have led to the rapid rise in inequality in so many countries: market fundamentalism and the capture of politics by elites. The report then highlights some of the concrete steps that can be taken to tackle this threat, and presents evidence that change can happen.

Extreme economic inequality has exploded across the world in the last 30 years, making it one of the biggest economic, social and political challenges of our time. Age – old inequalities on the basis of gender, caste, race and religion – injustices in themselves – are exacerbated by the growing gap between the haves and the have – nots.

As Oxfam launches the Even It Up campaign worldwide, we join a diverse groundswell of voices, including billionaires, faith leaders and the heads of institutions, such as the International Monetary Fund (IMF) and the World Bank, as well as trade unions, social movements, women's organizations and millions of ordinary people across the globe. Together we are demanding that leaders around the world take action to tackle extreme inequality before it is too late.

THE GROWING GAP BETWEEN RICH AND POOR

Trends in income and wealth tell a clear story: the gap between the rich and poor has reached new extremes and is still growing, while power increasingly lies in the hands of elites. Between 1980 and 2002, inequality between countries rose rapidly reaching a very high level. [①] It has since fallen slightly due to growth in emerging countries, particularly China. But it is inequality within countries that matters most to people, as the poorest struggle to get by while their neighbours prosper, and this is rising rapidly in the majority of countries. Seven out of 10 people live in countries

① B. Milanovic (2009) 'Global Inequality and the Global Inequality Extraction Ratio: The Story of the Past Two Centuries' PolicyResearch Working Paper 5044, Washington, D. C: World Bank, http://elibrary. worldbank. org/doi/book/10. 1596/1813 – 9450 – 5044.

where the gap between rich and poor is greater than it was 30 years ago. ① In countries around the world, a wealthy minority are taking an ever – increasing share of their nation's income. ② Worldwide, inequality of individual wealth is even more extreme.

At the start of 2014, Oxfam calculated that the richest 85 people on the planet owned as much as the poorest half of humanity. ③ Between March 2013 and March 2014, these 85 people grew $668m richer each day. ④ If Bill Gates were to cash in all of his wealth, and spend $1m every single day, it would take him 218 years to spend it all. ⑤ In reality though, he would never run out of money: even a modest return of just under two percent would make him $4.2 million each day in interest alone. Since the financial crisis, the ranks of the world's billionaires has more than doubled, swelling to 1, 645 people. ⑥ And extreme wealth is not just a rich country story. The world's richest man is Mexico's Carlos Slim, who knocked Bill Gates off the top spot in July 2014. Today, there are 16 billionaires in subSaharan Africa, alongside the 358 million people living in extreme poverty. ⑦ Absurd levels of wealth

① Calculated based on B. Milanovic (2013) 'All the Ginis Dataset (Updated June 2013)', http://econ.worldbank.org/WBSITE/EXTERNAL/EXTDEC/EXTRESEARCH/0,,contentMDK:22301380~pagePK:64214825~piPK:64214943~theSitePK:469382,00.html.

② F. Alvaredo, A. B. Atkinson, T. Piketty and E. Saez (2013) 'The World Top Incomes Database', http://topincomes.g-mond.parisschoolofeconomics.eu.

③ Credit Suisse (2013) 'Global Wealth Report 2013', Zurich: Credit Suisse, https://publications.credit-suisse.com/tasks/render/file/?fileID=BCDB1364-A105-0560-1332EC9100FF5C83; and Forbes' 'The World's Billionaires', http://forbes.com/billionaires/list (accessed on 16December 2013). When this data was updated a few months later by Forbes, the rich had already become richer and it took just the richest 66 people to equal the wealth of the poorest. The disparities between the rich and the poor have become increasingly evident. http://forbes.com/sites/forbesinsights/2014/03/25/the-67-people-as-wealthy-asthe-worlds-poorest-3-5-billion.

④ Forbes (2014) 'The World's Billionaires', op. cit. (accessed in March 2013, March 2014 and August 2014).

⑤ Forbes (2014) 'The World's Billionaires: #2 Bill Gates', http://forbes.com/profile/bill-gates (accessed August 2014).

⑥ 'Forbes (2014) 'The World's Billionaires', http://forbes.com/billionaires.

⑦ M. Nsehe (2014) 'The African Billionaires 2014', http://forbes.com/sites/mfonobongnsehe/2014/03/04/the-africanbillionaires-2014; Calculations by L. Chandy and H. Kharas, The Brookings Institution. Using revised PPP calculations from earlier this year, this figure estimates a global poverty line of $1.55/day at 2005 dollars, http://brookings.edu/blogs/up-front/posts/2014/05/05-data-extremepovertychandy-kharas.

exist alongside desperate poverty around the world. The potential benefit of curbing runaway wealth by even a tiny amount also tells a compelling story.

Oxfam has calculated that a tax of just 1.5 percent on the wealth of the world's billionaires, if implemented directly after the financial crisis, could have saved 23 million lives in the poorest 49 countries by providing them with money to invest in healthcare. ① The number of billionaires and their combined wealth has increased so rapidly that in 2014 a tax of 1.5 percent could fill the annual gaps in funding needed to get every child into school and deliver health services in those poorest countries. ② Some inequality is necessary to reward talent, skills and a willingness to innovate and take entrepreneurial risk. However, today's extremes of economic inequality undermine growth and progress, and fail to invest in the potential of hundreds of millions of people.

EXTREME INEQUALITY HURTS US ALL

Extreme inequality: A barrier to poverty reduction

The rapid rise of extreme economic inequality is significantly hindering the fight

① The WHO calculated that an additional $224.5bn would have allowed 49 low-income countries to significantly accelerate progress towards meeting health-related MDGs and this could have averted 22.8 million deaths in those countries. Thirty nine out of 49 countries would have been able to reach the MDG 4 target for child survival, and at least 22 countries would have been able to achieve their MDG 5a target for maternal mortality. WHO (2010) 'Constraints to Scaling Up the Health Millennium Development Goals: Costing and Financial Gap Analysis', Geneva: World Health Organization, http://who.int/choice/publications/d_ScalingUp_MDGs_WHO_finalreport.pdf A 1.5 percent tax on the wealth of the world's billionaires (applied to wealth over $1bn) between 2009 and 2014 would have raised $252bn. Oxfam calculations based on Forbes data (all prices in 2005 dollars).

② A 1.5 percent tax on billionaires' wealth over $1bn in 2014 would raise $74bn, calculated using wealth data according to Forbes as of 4 August 2014. The current annual funding gap for providing Universal Basic Education is $26bn a year according to UNESCO, and the annual gap for providing key health services (including specific interventions such as maternal health, immunisation for major diseases like HIV/AIDS, TB and malaria, and for significant health systems strengthening to see these and other interventions delivered) in 2015 is $37bn a year according to WHO. See UNESCO (2014) 'Teaching and Learning: Achieving Quality for All 2013/14', EFA Global Monitoring Report, http://unesdoc.unesco.org/images/0022/002256/225660e.pdf, and WHO (2010), op. cit.

against poverty. New research from Oxfam has shown that in Kenya, Indonesia and India, millions more people could be lifted out of poverty if income inequality were reduced. ① If India stops inequality from rising, it could end extreme poverty for 90 million people by 2019. If it goes further and reduces inequality by 36 percent, it could virtually eliminate extreme poverty. ② The Brookings Institution has also developed scenarios that demonstrate how inequality is preventing poverty eradication at the global level. In a scenario where inequality is reduced, 463 million more people are lifted out of poverty compared with a scenario where inequality increases. ③ Income distribution within a country has a significant impact on the life chances of its people. Bangladesh and Nigeria, for instance, have similar average incomes. Nigeria is only slightly richer, but it is far less equal. The result is that a child born in Nigeria is three times more likely to die before their fifth birthday than a child born in Bangladesh. ④ Lead-

---

① To derive the Gini coefficients, the authors took the poverty headcounts and the mean income/consumption figures for 2010, and established what Gini coefficient is compatible with those two numbers if income/consumption has a lognormal distribution in the country (i. e. if log income/consumption follows a bell curve). Gini coefficients were India (0. 34), Indonesia (0. 34) and Kenya (0. 42). For the GDP/capita projections, the authors used IMF World Economic Outlook April 2014 current - dollar PPP figures, adjusted for US CPI inflation in 2010 - 12. For the poverty projections, the authors used those done by The Brookings Institution, using Brookings spreadsheet, 'Country HC & HCR revisions - 05. 14', received 21 July 2014; except China, India, Indonesia headcounts from L. Chandy e - mail, 22 July 2014; 2010 means from Brookings spreadsheet, 'Poverty means_ 2010', received 22 July 2014; conversion factors from GDP/capita growth to mean consumption/income growth from L. Chandy, N. Ledlie and V. Penciakova (2013) op. cit., p. 17. For these projections the authors have used the global extreme poverty line of $1. 79 in 2011 dollars ($1. 55 in 2005 dollars) because of the anticipated adjustment in the global extreme poverty line (up from $1. 25). $1. 79 was calculated by The Brookings Institution based on new data from the International Price Comparison Programme and the World Bank's extreme poverty line methodology. For more information see: http: //brookings. edu/blogs/up - front/posts/2014/05/05 - data - extreme - poverty - chandy - kharas.

② Ibid.

③ Based on unpublished calculations by L. Chandy using the same methodology as used in L. Chandy, N. Ledlie and V. Penciakova (2013) 'The Final Countdown: Prospects for Ending Extreme Poverty By 2030', Washington, D. C.: The Brookings Institution, http: //brookings. edu/ ~ /media/Research/Files/Reports/2013/04/ending% 20extreme% 20poverty% 20chandy/The_ Final_ Countdown. pdf.

④ Africa Progress Panel (2013) 'Africa Progress Report 2013: Equity in Extractives - Stewarding Africa's natural resources for all', Geneva: Africa Progress Panel, http: //africaprogresspanel. org/wp - content/uploads/2013/08/2013_ APR_ Equity_ in_ Extractives_ 25062013_ ENG_ HR. pdf.

ers around the world are debating new global goals to end extreme poverty by 2030. But unless they set a goal to tackle economic inequality they cannot succeed – and countless lives will be lost.

Extreme inequality undermines economic growth that helps the many

There is a commonly held assumption that tackling inequality will damage economic growth. In fact, a strong body of recent evidence shows extremes of inequality are bad for growth. ① In countries with extreme economic inequality, growth does not last as long and future growth is undermined. ② IMF economists have recently documented how economic inequality helped to cause the global financial crisis. ③ The 'growth' case against tackling economic inequality clearly no longer holds water. Extreme inequality also diminishes the poverty – reducing impact of growth. ④ In many countries, economic growth already amounts to a 'winner takes all' windfall for the wealthiest in society. For example, in Zambia, GDP per capita growth averaged

① K. Deininger and L. Squire (1998) 'New ways of looking at old issues: inequality and growth', *Journal of Development Economics*, 57 (2): 259 – 287; A. Alesina and D. Rodrik (1994) 'Distributive Politics and Economic Growth', *The Quarterly Journal of Economics* 109 (2): 465 – 90; R. Benabou (1996) 'Inequality and Growth', Working Paper 96 – 22, C. V. Starr Center for Applied Economics, New York: New York University, http: //econ. as. nyu. edu/docs/IO/9383/RR96 – 22. PDF; A. Banerjee and E. Duflo (2003) 'Inequality and Growth: What can the data say?', NBER Working Papers, Cambridge: National Bureau of Economic Research, http: //nber. org/papers/w7793; J. Ostry, A. Berg and C. Tsangardies (2014) 'Redistribution, Inequality and Growth', IMF staff discussion note, IMF, http: //imf. org/external/pubs/ft/sdn/2014/sdn1402. pdf; Asian Development Bank (ADB) (2014) 'ADB's support for inclusive growth', Thematic Evaluation Study, ADB, http: //adb. org/documents/adbs – support – inclusive – growth.

② See, for example, A. Berg and D. Ostry (2011) 'Warning! Inequality May Be Hazardous to Your Growth', http: //blog – imfdirect. imf. org/2011/04/08/inequalityand – growth; T. Persson and G. Tabellini (1994) 'Is Inequality Harmful for Growth?', *American Economic Review* 84 (3): 600 – 621; A. Alesina and D. Rodrik (1994) 'Distributive Politics and Economic Growth', *The Quarterly Journal of Economics* (1994) 109 (2): 465 – 90.

③ M. Kumhof and R. Rancière (2010) 'Inequality, Leverage and Crises', IMF Working Paper, IMF, http: //imf. org/external/pubs/ft/wp/2010/wp10268. pdf.

④ F. Ferreira and M. Ravallion (2008) 'Global Poverty and Inequality: A review of the evidence', Policy Research Working Paper 4623, Washington, D. C.: The World Bank Development Research Group Poverty Team, http: //elibrary. worldbank. org/doi/pdf/10. 1596/1813 – 9450 – 4623.

three percent every year between 2004 and 2013, pushing Zambia into the World Bank's lower – middle income category. Despite this growth, the number of people living below the \$1.25 poverty line grew from 65 percent in 2003 to 74 percent in 2010.① Research by Oxfam② and the World Bank③ suggests that inequality is the missing link explaining how the same rate of growth can lead to different rates of poverty reduction.

Economic inequality compounds inequalities between women and men

One of the most pervasive – and oldest – forms of inequality is that between men and women. There is a very strong link between gender inequality and economic inequality. Men are over – represented at the top of the income ladder and hold more positions of power as ministers and business leaders. Only 23 chief executives of Fortune 500 companies and only three of the 30 richest people in the world are women. Meanwhile, women make up the vast majority of the lowest – paid workers and those in the most precarious jobs. In Bangladesh, for instance, women account for almost 85 percent of workers in the garment industry. These jobs, while often better for women than subsistence farming, offer minimal job security or physical safety: most of those killed by the collapse of the Rana Plaza garment factory in April 2013 were women. Studies show that in more economically unequal societies, fewer women complete higher education, fewer women are represented in the legislature, and the pay gap between women and men is wider.④ The recent rapid rise in economic inequality in most countries is, therefore, a serious blow to efforts to achieve gender equality.

---

① Data based on World Bank, 'World Development Indicators', http://data.worldbank.org/data – catalog/worlddevelopment – indicators.

② E. Stuart (2011) 'Making Growth Inclusive', Oxford: Oxfam International, http://oxf.am/RHG; R. Gower, C. Pearce andK. Raworth (2012) 'Left Behind By the G20? How inequality and environmental degradation threaten to exclude poor people from the benefits of economic growth', Oxford: Oxfam, http://oxf.am/oQa.

③ F. Ferreira and M. Ravallion (2008) op. cit.

④ R. Wilkinson and K. Pickett (2010) *The Spirit Level: Why Equality is Better for Everyone*, London: Penguin, p. 59.

Economic inequality drives inequalities in health, education and life chances

Gender, caste, race, religion, ethnicity and a range of the other identities that are ascribed to people from birth also play a significant role in creating the division between the haves and the have – nots. In Mexico, the maternal mortality rate for indigenous women is six times the national average and is as high as many countries in Africa. ① In Australia, Aboriginal and Torres Strait Islander Peoples are disproportionately affected by poverty, unemployment, chronic illness and disability; they are more likely to die young and to spend time in prison. Economic inequality also leads to huge differences in life chances: the poorest people have the odds stacked against them in terms of education and life expectancy. The latest national Demographic and Health Surveys3② demonstrate how poverty interacts with economic and other inequalities to create 'traps of disadvantage' that push the poorest and most marginalized people to the bottom – and keep them there. The poorest 20 percent of Ethiopians are three times more likely to miss out on school than the wealthiest 20 percent. When we consider the impact of gender inequality alongside urban/rural economic inequality, a much greater wedge is driven between the haves and the have – nots. The poorest rural women are almost six times more likely than the richest urban men to never attend school. ③ Without a deliberate effort to address this injustice, the same will be true for their daughters and granddaughters.

Condemned to stay poor for generations

My parents were not educated. My mother did not go to school. My father attended a government primary school up to Grade 5 *and understood the importance of education. He encouraged me to work extra hard in class. I was the first*

---

① E. Godoy (2010) 'Millennium Goals Far Off for Mexico's Indigenous Population', *Inter Press Service*, 18 October, http://ipsnews.net/2010/10/millennium – goals – far – off – formexicos – indigenous – population/.

② The Demographic and Health Surveys Program, http://dhsprogram.com/Data.

③ The Demographic and Health Surveys Program (2011) 'Ethiopia: Standard DHS, 2011', http://dhsprogram.com/what – we – do/survey/survey – display – 359.cfm.

person in either my family or my clan to attend a government secondary school. Later, I went to university and did a teacher training course before attending specialized NGO sector training and got the opportunity to do development studies overseas. I understand that today nearly 75 percent of the intake at the university is from private schools. University is beyond the reach of the ordinary Malawian. I cannot be sure, but I fear that if I were born today into the same circumstances, I would have remained a poor farmer in the village.

——John Makina, Country Director for Oxfam in Malawi

Many feel that some economic inequality is acceptable as long as those who study and work hard are able to succeed and become richer. This idea is deeply entrenched in popular narratives and reinforced through dozens of Hollywood films, whose rags - to - riches stories continue to feed the myth of the American Dream around the world. However, in countries with extreme inequality, the reality is that the children of the rich will largely replace their parents in the economic hierarchy, as will the children of those living in poverty - regardless of their potential or how hard they work. Researchers have shown that, across the 21 countries for which there is data, there is a strong correlation between extreme inequality and low social mobility. ① If you are born poor in a highly unequal country you will most probably die poor, and your children and grandchildren will be poor too. In Pakistan, for instance, a boy born in a rural area to a father from the poorest 20 percent of the population has only a 1.9 percent chance of ever moving to the richest 20 percent. ② In the USA, nearly half of all children born to low - income parents will become low - income adults. ③ Around the world, inequality is making a mockery of the hopes and

① M. Corak (2012) 'Inequality from Generation to Generation: The United States in Comparison', http: //milescorak. files. wordpress. com/2012/01/inequality - from - generation - togeneration - the - united - states - in - comparison - v3. pdf.

② S. A. Javed and M. Irfan (2012) 'Intergenerational Mobility: Evidence from Pakistan Panel Household Survey', Islamabad: Pakistan Institute of Development Economics, p. 13 - 14, http: //pide. org. pk/pdf/PSDPS/PSDPS% 20Paper - 5. pdf.

③ J. Stiglitz (2012) *The Price of Inequality: How Today's Divided Society Endangers Our Future*, Penguin, p. 23.

ambitions of billions of the poorest people. Without policy interventions in the interests of the many, this cascade of privilege and disadvantage will continue for generations.

Inequality threatens society

For the third year running, the World Economic Forum's Global Risks survey has found ‘severe income disparity’ to be one of the top global risks for the coming decade. ① A growing body of evidence has also demonstrated that economic inequality is associated with a range of health and social problems, including mental illness and violent crime. ② This is true across rich and poor countries alike, and has negative consequences for the richest as well as the poorest people. ③ Inequality hurts everyone. Homicide rates are almost four times higher in countries with extreme economic inequality than in more equal nations. ④ Latin America – the most unequal and insecure region in the world⑤ – starkly illustrates this trend. ⑥ It has 41 of the world's 50 most dangerous cities, ⑦ and saw a million murders take place between 2000 and 2010. ⑧ Unequal countries are dangerous places to live in. Many of the most unequal countries are also affected by conflict or instability. Alongside a host of political fac-

① World Economic Forum (2014) ‘Global Risks 2013’, Switzerland: World Economic Forum, p. 9, http://www3. weforum. org/docs/WEF_ GlobalRisks_ Report_ 2014. pdf.

② S. V. Subramanian and I. Kawachi (2006) ‘Whose health is affected by income inequality? A multilevel interaction analysis of contemporaneous and lagged effects of state income inequality on individual self – rated health in the United States’, *Health and Place*, 2006 Jun; 12 (2): 141 – 56.

③ R. Wilkinson and K. Pickett (2010) op. cit., p. 25. Wilkinson and Pickett's research focused on OECD countries (a grouping of rich countries), yet the same negative correlation between inequality and social well – being holds true in poorer countries.

④ UN Office on Drugs and Crime (UNODC) (2011) ‘Global Study on Homicide’, Vienna: UNODC, http://unodc. org/documents/data – and – analysis/statistics/Homicide/Globa_ study_ on_ homicide_ 2011_ web. pdf.

⑤ UNDP (2013) ‘Human Development Report for Latin America 2013 – 2014’, New York: UNDP, http://latinamerica. undp. org/content/rblac/en/home/idh – regional.

⑥ J. Stiglitz (2012) op. cit., p. 105.

⑦ P. Engel, C. Sterbenz and G. Lubin (2013) ‘The 50 Most Violent Cities in the World’, *Business Insider*, 27 November, http://businessinsider. com/the – most – violent – cities – inthe – world – 2013 – 11? op = 1.

⑧ UNDP (2013) op. cit.

tors, Syria's hidden instability before 2011 was, in part, driven by rising inequality, as falling government subsidies and reduced public sector employment affected some groups more than others. ① While living in an unequal country is clearly bad for everyone, the poorest people suffer most. They receive little protection from the police or legal systems, often live in vulnerable housing, and cannot afford to pay for private security measures. When disasters strike, those who lack wealth and power are worst affected and find it most difficult to recover.

The equality instinct

Evidence shows that, when tested, people instinctively feel that there is something wrong with high levels of inequality. Experimental research has shown just how important fairness is to most individuals, contrary to the prevailing assumption that people have an inherent tendency to pursue self – interest. ② A 2013 survey in six countries (Spain, Brazil, India, South Africa, the UK and the USA) showed that a majority of people believe the gap between the wealthiest people and the rest of society is too large. In the USA, 92 percent of people surveyed indicated a preference for greater economic equality, by choosing an ideal income distribution the same as Sweden's and rejecting one that represented the reality in the USA. ③ Across the world, religion, literature, folklore and philosophy show remarkable confluence in their concern that an extreme gap between rich and poor is inherently unfair and morally wrong. This concern is prevalent across different cultures and societies, suggesting a fundamental human preference for fairness and equality.

What has caused the inequality explosion?

Many believe that inequality is somehow inevitable, or is a necessary conse-

① T. Dodge (2012) 'After the Arab Spring: Power Shift in the Middle East?', LSE Ideas, http://lse.ac.uk/IDEAS/publications/reports/SR011.aspx.

② Latinobarometro (2013) 'Latinobarómetro Report 2013', http://latinobarometro.org/latContents.jsp.

③ M. Carney (2014) 'Inclusive Capitalism: Creating a sense of the systemic', speech given by Mark Carney, Governor of the Bank of England, at the Conference on Inclusive Capitalism, London, 27 May.

quence of globalization and technological progress. But the experiences of different countries throughout history have shown that, in fact, deliberate political and economic choices can lead to greater inequality. There are two powerful economic and political drivers of inequality, which go a long way to explaining the extremes seen today: market fundamentalism and the capture of power by economic elites.

Market fundamentalism: A recipe for today's inequality

Over the last three hundred years, the market economy has brought prosperity and a dignified life to hundreds of millions of people across Europe, North America and East Asia. However, as economist Thomas Piketty demonstrated in Capital in the Twenty – First Century, without government intervention, the market economy tends to concentrate wealth in the hands of a small minority, causing inequality to rise. ① Despite this, in recent years economic thinking has been dominated by a 'market fundamentalist' approach, that insists that sustained economic growth only comes from reducing government interventions and leaving markets to their own devices. However, this undermines the regulation and taxation that are needed to keep inequality in check.

There are clear lessons to be learned from recent history. In the 1980s and 1990s, debt crises saw countries in Latin America, Africa, Asia and the former Eastern bloc subjected to a cold shower of deregulation, rapid reductions in public spending, privatization, financial and trade liberalization, generous tax cuts for corporations and the wealthy, and a 'race to the bottom' to weaken labour rights. Inequality rose as a result. By 2000, inequality in Latin America had reached an all – time high, with most countries in the region registering an increase in income inequality over the previous two decades. ② It is estimated that half of the increase in

---

① For more on this see: T. Piketty (2014) *Capital in the Twenty First Century*, Cambridge: Harvard University Press.

② UNCTAD (2012) 'Trade and Development Report, 2012', Geneva: United Nations, p. V, http://unctad.org/en/pages/PublicationWebflyer.aspx?publicationid=210.

poverty over this period was due to redistribution of wealth in favour of the richest. ① In Russia, income inequality almost doubled in the 20 years from 1991, after economic reforms focused on liberalization and deregulation. ② Women are worst affected by market fundamentalist policies. They lose out most when labour regulations are watered down – for instance through the removal of paid maternity leave and holiday entitlements – or when state services are eroded, adding to their already higher burden of unpaid care. And, because women and children disproportionately benefit from public services like healthcare or free education, they are hit hardest when these are cut back.

Despite the fact that market fundamentalism played a strong role in causing the recent global economic crisis, it remains the dominant ideological world view and continues to drive inequality. It has been central to the conditions imposed on indebted European countries, forcing them to deregulate, privatize and cut their welfare provision for the poorest, while reducing taxes on the rich. There will be no cure for inequality while countries are forced to swallow this medicine.

Capture of power and politics by elites has fuelled inequality

The influence and interests of economic and political elites has long reinforced inequality. Money buys political clout, which the richest and most powerful use to further entrench their unfair advantages. Access to justice is also often for sale, legally or illegally, with court costs and access to the best lawyers ensuring impunity for the powerful. The results are evident in today's lopsided tax policies and lax regulatory regimes, which rob countries of vital revenue for public services, encourage corrupt practices and weaken the capacity of governments to fight poverty and inequality. ③

① K. Watkins (1998) 'Economic Growth with Equity: Lessons from East Asia', Oxford: Oxfam, p. 75, http://oxf.am/RHx.

② D. Ukhova (2014) 'After Equality: Inequality trends and policy responses in contemporary Russia', Oxford: Oxfam, http://oxf.am/gML.

③ M. F. Davis (2012) 'Occupy Wall Street and international human rights', School of Law Faculty Publications, Paper 191, http://hdl.handle.net/2047/d20002577.

Elites, in rich and poor countries alike, use their heightened political influence to curry government favours – including tax exemptions, sweetheart contracts, land concessions and subsidies – while blocking policies that strengthen the rights of the many. In Pakistan, the average net – worth of parliamentarians is $900, 000, yet few of them pay any taxes. ① This undermines investment in sectors, such as education, healthcare and small – scale agriculture, which can play a vital role in reducing inequality and poverty.

The massive lobbying power of rich corporations to bend the rules in their favour has increased the concentration of power and money in the hands of the few. Financial institutions spend more than € 120m per year on armies of lobbyists to influence EU policies in their interests. ② Many of the richest people made their fortunes thanks to the exclusive government concessions and privatization that come with market fundamentalism. Privatization in Russia and Ukraine after the fall of communism turned political insiders into billionaires overnight. Carlos Slim made his many billions by securing exclusive rights over Mexico's telecom sector when it was privatized in the 1990s. ③ Market fundamentalism and political capture have worsened economic inequality, and undermined the rules and regulations that give the poorest, the most marginalized and women and girls, a fair chance.

WHAT CAN BE DONE TO END EXTREME INEQUALITY?

The continued rise of economic inequality around the world today is not inevitable – it is the result of deliberate policy choices. Governments can start to reduce inequality by rejecting market fundamentalism, opposing the special interests of power-

① S. Tavernise (2010) 'Pakistan's Elite Pay Few Taxes, Widening Gap', *The New York Times*, http://nytimes.com/2010/07/19/world/asia/19taxes.html? pagewanted = all&_ r = 0.

② M. Wolf, K. Haar and O. Hoedeman (2014) 'The Fire Power of the Financial Lobby: A Survey of the Size of the Financial Lobby at the EU level', Corporate Europe Observatory, The Austrian Federal Chamber of Labour and The Austrian Trade Union Federation, http://corporateeurope.org/sites/default/files/attachments/financial_ lobby_ report.pdf.

③ Carlos Slim's near – monopoly over phone and internet services charges some of the highest prices in the OECD, undermining access for the poor. OECD (2012) 'OECD Review of Telecommunication Policy and Regulation in Mexico', OECD Publishing, http://dx.doi.org/10.1787/9789264060111 – en.

ful elites, changing the rules and systems that have led to today's inequality explosion, and taking action to level the playing field by implementing policies that redistribute money and power.

Working our way to a more equal world

Maria lives in Malawi and works picking tea. Her wage is below the extreme poverty line of $1.25 per day at household level and she struggles to feed her two children, who are chronically malnourished. But things are starting to change. In January 2014, the Malawian government raised the minimum wage by approximately 24 percent. A coalition, led by Ethical Tea Partnership and Oxfam, is seeking new ways to make decent work sustainable in the longer term. ①

The low road: Working to stand still

Income from work determines most people's economic status and their future chances. ② But the vast majority of the world's poorest people cannot escape poverty, no matter how hard they work, and far too many suffer the indignity of poverty wages. Meanwhile, the richest people have high and rapidly rising salaries and bonuses, as well as significant income from their accumulated wealth and capital. This is a recipe for accelerating economic inequality. Since 1990, income from labour has made up a declining share of GDP across low –, middle – and high – income countries alike. Around the world, ordinary workers are taking home an ever – dwindling slice of the pie, while those at the top take more and more. ③ In 2014, the UK top

---

① IDH (2014) 'Raising wages for tea industry workers', case study, http://idhsustainabletrade.com/site/getfile.php? id=497.

② In addition to the millions of men and women whose livelihoods depend on waged income, around 1.5 billion households depend on smallholder or family farming (including pastoralists, fisherfolk and other small – scale food producers). While Oxfam works extensively in support of smallholders (see for example: Oxfam (2011) 'Growing a Better Future: Food Justice in a Resource – constrained World', Oxfam, http://oxfam.org/en/grow/countries/growing – better – future), this report is primarily concerned with issues facing people on low incomes in waged labour.

③ J. Ghosh (2013) 'A Brief Empirical Note of the Recent Behaviour of Factor Shares in National Income, *Global & Local Economic Review*, 17 (1), p. 146, http://gler.it/archivio/ISSUE/gler_17_1.pdf.

100 executives took home 131 times as much as their average employee,① yet only 15 of these companies have committed to pay their employees a living wage. ② In South Africa, a platinum miner would need to work for 93 years just to earn the average CEO's annual bonus. ③ Meanwhile, the International Trade Union Confederation estimates that 40 percent of workers are trapped in the informal sector, where there are no minimum wages and workers' rights are ignored. ④

Oxfam research found evidence of poverty wages and insecure jobs in middle income Vietnam, Kenya and India, and below the extreme poverty line in Malawi, despite being within national laws. ⑤ Living wages are a dream for the vast majority of workers in developing countries. And women are on an even lower road than male workers; at the current rate of decline in the gender pay gap, it will take 75 years to make the principle of equal pay for equal work a reality. ⑥ Unions give workers a better chance of earning a fair wage. Collective bargaining by unions typically raises members' wages by 20 percent and drives up market wages for everyone. ⑦ However, many developing countries have never had strong unions and, in some, workers are facing a crackdown on their right to organize.

---

① High Pay Centre, http://highpaycentre.org/ (accessed August 2014).

② Living Wage Foundation, 'Living Wage Employers', http://livingwage.org.uk/employers.

③ P. De Wet (2014) 'Mining strike: The bosses eat, but we are starving', *Mail & Guardian*, http://mg.co.za/article/2014-05-15-mining-strike-the-bosses-eat-but-we-are-starving.

④ International Trade Union Congress (2014) 'Frontlines Report', ITUC, http://ituc-csi.org/frontlines-report-february-2014-14549? lang=en.

⑤ R. Wilshaw et al (2013) 'Labour Rights in Unilever's Supply Chain: From compliance to good practice', Oxford: Oxfam, http://oxfam.org/en/research/labor-rights-unileverssupply-chain; R. Wilshaw (2013) 'Exploring the Links between International Business and Poverty Reduction: Bouquets and beans from Kenya', Oxford: Oxfam and IPL, http://oxfam.org/sites/oxfam.org/files/rr-exploring-links-iplpoverty-footprint-090513-en.pdf; IDH (2013) 'Understanding Wage Issues in the Tea Industry, Oxfam and Ethical Tea Partnership', Oxford: Oxfam, http://oxfam.org/en/grow/policy/understanding-wage-issues-tea-industry.

⑥ ILO (2011) 'A new era of social justice, Report of the Director-General, Report I (A)', International Labour Conference, 100th Session, Geneva, 2011.

⑦ L. Mishel and M. Walters (2003) 'How Unions Help all Workers', EPI, http://epi.org/publication/briefingpapers_ bp143.

The high road: Another way is possible

Some countries are bucking the trend on wages, decent work and labour rights. Brazil's minimum wage rose by nearly 50 percent in real terms between 1995 and 2011, contributing to a parallel decline in poverty and inequality. ① Countries such as Ecuad② orand China③ have also deliberately increased wages.

Forward - looking companies and cooperatives are also taking action to limit executive pay. For instance, Brazil's SEMCO SA employs more than 3, 000 workers across a range of industries, and adheres to a wage ratio of 10 to 1. ④ Germany's Corporate Governance Commission proposed capping executive pay for all German publicly traded companies, admitting that public outrage against excessive executive pay had influenced its proposal.

Taxing and investing to level the playing field

Bernarda Paniagua lives in Villa Eloisa de las Cañitas, one of the poorest and most under - served areas of the Dominican Republic, where she sells cheese to make a living. Victor Rojas lives in one of the wealthiest areas of the country and is the manager of a prestigious company. Yet Bernarda pays a greater proportion of her income in direct taxes than Victor. Parents in Victor's neighbourhood can pay for the best education for their children so they can expect good jobs and a prosperous future. For Bernarda's children, the outlook isn't so bright. Her oldest daughter, Karynely, is unable to continue studying or to find a good job as she lacks the neces-

---

① Source: Instituto de Pesquisa Economica Aplicada, and Departamento Intersindical de Estatica e Estudos Socioeconomicas, Brazil, http: //ipeadata. gov. br. An online data set produced by IPEA, see also: http: //dieese. org. br.

② Economist Intelligence Unit (2013) 'Ecuador: Quick View - Minimum wage rise in the pipeline', *the Economist*, http: //country. eiu. com/ArticleIndustry. aspx? articleid = 1101039494&Country = Ecuador&topic = Industry&subtopic = Consumer% 20goods.

③ S. Butler (2014) 'Chinese shoppers' spend could double to £ 3. 5tn in four years', *the Guardian*, http: //theguardian. com/business/2014/jun/03/chinese - shoppers - spend - doublefour - years - clothing - western - retailers.

④ Wagemark, 'A brief history of wage ratios', https: //wagemark. org/about/history.

sary IT skills because there weren't any computers at her school.

The tax system is one of the most important tools a government has at its disposal to address inequality. Data from 40 countries shows the potential of redistributive taxing and investing by governments to reduce income inequality driven by market conditions. ①

The low road: The great tax failure

Tax systems in developing countries, where public spending and redistribution is particularly crucial, unfortunately tend to be the most regressive② and the furthest from meeting their revenue – raising potential. Oxfam estimates that if low – and middle – income countries – excluding China – closed half of their tax revenue gap they would gain almost $1tn. ③ But due to the disproportionate influence of rich corporations and individuals, and an intentional lack of global coordination and transparency in tax matters, tax systems are failing to tackle poverty and inequality.

The race to the bottom on corporate tax collection is a large part of the problem. Multilateral agencies and finance institutions have encouraged developing countries to offer tax incentives – tax holidays, tax exemptions and free trade zones – to attract foreign direct investment. Such incentives have soared, undermining the tax base in some of the poorest countries. In 2008/09, for instance, the Rwandan government authorized tax exemptions that, if collected, could have doubled health and educa-

① ECLAC (2014) 'Compacts for Equality: Towards a Sustainable Future', Thirty – fifth Session of ECLAC, http: //periododesesiones. cepal. org/sites/default/files/presentation/files/ppt – pactos – para – la – igualdad – ingles. pdf The Gini coefficient is a measure of inequality where a ratingof 0 represents total equality, with everyone taking an equal share, and a rating of 1 would mean that one person has everything.

② D. Itriago (2011) 'Owning Development: Taxation to fight poverty', Oxford: Oxfam, http: //oxf. am/wN4; IMF (2014) 'Fiscal Policy and Income Inequality', IMF Policy Paper, Figure8, Washington, D. C.: IMF, http: //imf. org/external/np/pp/eng/2014/012314. pdf.

③ Oxfam new calculations based on IMF calculations on tax effort and tax capacity. A simulation has been undertaken to estimate how much revenue could be collected if the tax revenue gap is reduced by 50 percent by 2020. Assuming that GDP (in $ at current prices) expands at the same average annual growth rate recorded in the biennium 2011 – 2012; and that tax capacity remains constant at the level presented in IMF figures.

tion spending. ① Well – meaning governments around the world are often hamstrung by rigged international tax rules and a lack of coordination. No government alone can prevent corporate giants from taking advantage of the lack of global tax cooperation. Large corporations can employ armies of specialist accountants to minimize their taxes and give them an unfair advantage over small businesses. Multinational corporations (MNCs), like Apple② and Starbucks,③ have been exposed for dodging billions in taxes, leading to unprecedented public pressure for reform. The richest individuals are also able to take advantage of the same tax loopholes and secrecy. In 2013, Oxfam estimated that the world was losing $156bn in tax revenue as a result of wealthy individuals hiding their assets in offshore tax havens. ④ Warren Buffet has famously commented on the unfairness of a system that allowed him to pay less tax than his secretary.

Ordinary people in rich and poor countries alike, lose out as a result of tax dodging. Yet tax havens are intentionally structured to facilitate this practice, offering secrecy, low tax rates and requiring no actual business activity to register a company or a bank account. A prime example of this blatant tax dodge is Ugland House in the Cayman Islands. Home to 18, 857 companies, it famously prompted President Obama to call it 'either the biggest building or the biggest tax scam on record'. ⑤ Tax havens

① Institute of Policy Analysis and Research – Rwanda (2011) 'East African Taxation Project: Rwanda Country Case Study', IPAR – Rwanda, http://actionaidusa.org/sites/files/actionaid/rwanda_ case_ study_ report.pdf.

② See US Senate Committee, Homeland Security & Governmental Affairs (2013) 'Permanent Sub – Committee on Investigations, May 2013 Hearing Report, 15 October 2013', http://hsgac.senate.gov/subcommittees/investigations/media/levin – mccain – statement – on – irelands – decision – toreform – its – tax – rules.

③ See UK Parliament, Public Accounts Committee inquiry, HMRevenue and Customs Annual Report and Accounts, Inquiry Tax Avoidance by Multinational Companies, November 2012, http://publications.parliament.uk/pa/cm201213/cmselect/cmpubacc/716/71605.htm.

④ For full details of Oxfam's calculations and methodology see: Oxfam (2013) 'Tax on the 'private' billions now stashed away in havens enough to end extreme world poverty twice over', 22 May, http://oxfam.org/en/pressroom/pressreleases/2013 – 05 – 22/tax – private – billions – nowstashed – away – havens – enough – end – extreme.

⑤ President Obama, Remarks by the President on International Tax Policy Reform 4 May 2009, http://whitehouse.gov/the_ press_ office/Remarks – By – The – President – On – International – Tax – Policy – Reform.

allow many scams that affect developing countries, such as transfer mispricing, which causes Bangladesh to lose $310m in corporate taxes each year. This is enough to pay for almost 20 percent of the primary education budget in a country that has only one teacher for every 75 primary school – aged children. ①

The high road: Hope for a fairer future

Some countries are taking the high road and adopting tax policies that tackle inequality. Following the election of a new president in Senegal in 2012, the country adopted a new tax code to raise money from rich individuals and

companies to pay for public services. ② International consensus is also shifting. Despite the limitations of the ongoing Base Erosion and Profit Shifting process, ③ the fact that the G8, G20 and OECD took up this agenda in 2013 demonstrates a clear consensus that the tax system is in need of radical reform. The IMF is reconsidering how MNCs are taxed, and, in a recent report, has recognized the need to shift the tax base towards developing countries. ④ It is also considering 'worldwide unitary taxation' as an alternative to ensure that companies pay tax where economic activity takes place. ⑤ OECD, G20, US and EU processes are making progress on transparency and global automatic exchange of tax information between countries, which will help lift the veil of secrecy that facilitates tax dodging. Ten EU countries have also agreed to work together to put a Financial Transaction Tax in place, which could raise

---

① EquityBD (2014) 'Who Will Bell the Cat? Revenue Mobilization, Capital Flight and MNC's Tax Evasion in Bangladesh', Position Paper, Dhaka: Equity and Justice Working Group, http://equitybd.org/onlinerecords/mnutaxjustice; see also: C. Godfrey (2014) 'Business among friends: Why corporate tax dodgers are not yet losing sleep over global tax reform', Oxford: Oxfam, http://oxf.am/chP.

② Analysis from Forum Civil, Oxfam partner in Senegal working on fair taxation, http://forumcivil.net/programme – craft.

③ For more details see: C. Godfrey (2014) op. cit.

④ IMF (2014) 'Spillovers in International Corporate Taxation', IMF Policy Paper, http://imf.org/external/np/pp/eng/2014/050914.pdf.

⑤ S. Picciotto, 'Towards Unitary Taxation of Transnational Corporations', Tax Justice Network, (December 2012), http://taxjustice.net/cms/upload/pdf/Towards_ Unitary_ Taxation_ 1 – 1.pdf.

up to € 37bn per year. ① Wealth taxes are under discussion in some countries, and the debate about a global wealth tax has been given new life through Thomas Piketty's recommendations in Capital in the Twenty – First Century, which gained widespread public and political attention.

Oxfam has calculated that a tax of 1.5 percent on the wealth of the world's billionaires today could raise $ 74bn. This would be enough to fill the annual gaps in funding needed to get every child into school and deliver health services in the poorest 49 countries. ② Nevertheless, the vested interests opposing reform are very powerful. There is a real risk that the gaps in global tax governance will not be closed, leaving the richest companies and individuals free to continue exploiting loopholes to avoid paying their fair share.

Health and education: Strong weapons in the fight against inequality

Babena Bawa was a farmer from Wa East district in Ghana, a region without hospitals or qualified medical doctors, and with only one nurse for every 10, 000 people. In May 2014, Babena died of a snake bite because local health centres did not stock the anti – venom that could have saved his life. In stark contrast, the previous year Ghanaian presidential candidate Nana Akufo – Addo was able to fly to London for specialist treatment when faced with heart problems.

Providing clinics and classrooms, medics and medicines, can help to close the gap in life chances and give people the tools to challenge the rules that perpetuate e-

---

① The European Commission proposed a tax of 0.1 percent on transactions of shares and bonds and 0.01 percent on derivatives. See: http: //ec. europa. eu/taxation_ customs/taxation/other_ taxes/financial_ sector/index_ en. htm; The German Institute for Economic Research (DIW) calculated that this would raise € 37.4bn, http: //diw. de/documents/publikationen/73/diw_ 01. c. 405812. de/diwkompakt_ 2012 – 064. pdf.

② A 1.5 percent tax on billionaires' wealth over $ 1bn in 2014 would raise $ 74bn, calculated using wealth data according to Forbes as of 4 August 2014. The current annual funding gap for providing Universal Basic Education is $ 26bn a year according to UNESCO, and the annual gap for providing key health services (including specific interventions such as maternal health, immunisation for major diseases like HIV/AIDS, TB and malaria, and for significant health systems strengthening to see these and other interventions delivered) in 2015 is $ 37bn a year according to WHO. See: UNESCO (2014) op. cit. , and WHO (2010) op. cit.

conomic inequality. Free public healthcare and education are not only human rights; they also mitigate the worst impacts of today's skewed income and wealth distribution. Between 2000 and 2007, the 'virtual income' provided by public services reduced income inequality by an average of 20 percent across OECD countries. ① In five Latin American countries (Argentina, Bolivia, Brazil, Mexico and Uruguay), virtual income from healthcare and education alone have reduced inequality by between 10 and 20 percent. ② Education has played a key role in reducing inequality in Brazil, ③ and has helped maintain low levels of income inequality in the Republic of Korea (from here on in referred to as South Korea). ④

The low road: Fees, privatization and medicines for the few

The domination of special interests and bad policy choices – especially user fees for healthcare and education, and the privatization of public services – can increase inequality. Unfortunately, too many countries are suffering as

a result of these 'low road' policies. When public services are not free at the point of use, millions of ordinary women and men are excluded from accessing healthcare and education. User fees were encouraged for many years by the World Bank, a mistake their president now says was ideologically driven. Yet, despite the

---

① G. Verbist, M. F. Förster and M. Vaalavuo (2012) 'The Impact of Publicly Provided Services on the Distribution of Resources: Review of New Results and Methods', OECD Social, Employment and Migration Working Papers, No. 130, OECD Publishing, p. 60, http://oecd-ilibrary.org/socialissues-migration-health/the-impact-of-publicly-providedservices-on-the-distribution-of-resources_5k9h363c5szq-en.

② N. Lustig (2012) 'Taxes, Transfers, and Income Redistribution in Latin America', *Inequality in Focus* 1 (2): July 2012, World Bank, http://siteresources.worldbank.org/EXTPOVERTY/Resources/InequalityInFocusJuly2012FINAL.pdf.

③ OECD Secretariat (2010) 'Growth, Employment and Inequality in Brazil, China, India and South Africa: An Overview', OECD, http://oecd.org/employment/emp/45282661.pdf. Also Ramos showed that between 1995 and 2005 education was the most important element explaining the decline in wage inequality in Brazil. See: Ramos (2006) 'Desigualdade de rendimentos do trabalho no Brasil, de 1995 a 2005' in R. Barros, M. Foguel and G. Ulyssea (eds.) *Sobre a recente queda da desigualdade de renda no Brasil*, Brasília: IPEA.

④ H. Lee, M. Lee and D. Park (2012) 'Growth Policy and Inequality in Developing Asia: Lesson from Korea', ERIA Discussion Paper Series, http://eria.org/ERIA-DP-2012-12.pdf.

damage they do, user fees persist. Every year, 100 million people worldwide are pushed into poverty because they have to pay out – of – pocket for healthcare. ① In Ghana, the poorest families will use 40 percent of their household income sending just one of their children to an Omega low – fee school. ② Women and girls suffer most when fees are charged for public services. Significant amounts of money that could be invested in service provision that tackles inequality are being diverted by tax breaks and public – private partnerships (PPPs). In India, numerous private hospitals have been given tax incentives to provide free treatment to poor patients, but have failed to honour their side of the bargain. ③ Lesotho's Queen Mamohato Memorial Hospital in the capital city Maseru operates under a PPP that currently costs half of the total government health budget, with costs projected to increase. This is starving the budgets of health services in rural areas that are used by the poorest people, further widening the gap between rich and poor. ④

Despite the evidence that it increases inequality, rich – country governments and donor agencies, such as the UK, the USA and the World Bank, are pushing for greater private sector involvement in service delivery. ⑤ The private sector is out of reach and irrelevant to the poorest people, and can also undermine wealthy people's support for public services by creating a two – tier system, in which they can opt out

---

① K. Xu et al (2007) 'Protecting households from catastrophic health spending', *Health Affairs*, 26 (4): 972 – 83.

② C. Riep (2014) 'Omega Schools Franchise in Ghana: "affordable" private education for the poor or for-profiteering?' in I. Macpherson, S. Robertson and G. Walford (eds.) (2014) *Education, Privatisation and Social Justice: case studies from Africa, South Asia and South east Asia*, Oxford: Symposium Books, http: //symposium – books. co. uk/books/bookdetails. asp? bid = 88.

③ The research undertaken by Justice Quereshi concluded India's corporate hospitals were 'money minting machines'. From Qureshi, A. S. (2001) 'High Level Committee for Hospitals in Delhi', New Delhi: Unpublished Report of the Government of Delhi.

④ A. Marriott (2014) 'A Dangerous Diversion: will the IFC's flagship health PPP bankrupt Lesotho's Ministry of Health?', Oxford: Oxfam, http: //oxf. am/5QA.

⑤ A. Marriott (2009) 'Blind Optimism: Challenging the myths about private health care in poor countries', Oxford: Oxfam, http: //oxf. am/QKQ; World Bank (2008) 'The Business of Health in Africa: Partnering with the Private Sector to Improve People's Lives', International Finance Corporation, Washington, DC: World Bank, http: //documents. worldbank. org/curated/en/2008/01/9526453/business – health – africapartnering – private – sector – improve – peoples – lives.

of public services and therefore are reluctant to fund these through taxation. In three Asian countries that have achieved or are close to achieving Universal Health Coverage (UHC) – Sri Lanka, Malaysia and Hong Kong – the poorest people make almost no use of private health services. ①

Private services benefit the richest rather than those most in need, thus increasing economic inequality. International rules also undermine domestic policy. Intellectual property clauses in current international trade and investment agreements are driving up the cost of medicines so that only the richest can afford treatment. The 180 million people infected with Hepatitis C are suffering the consequences, as neither patients nor governments in developing countries can afford the $1, 000 per day bill for medicine that these rules result in. ②

The high road: Reclaiming the public interest

There are, however, good examples from around the world of how expanding public services are helping to reduce inequality. The growing momentum around UHC has the potential to improve access to healthcare and drive down inequality. World Bank president Jim Yong Kim has been unequivocal that UHC is critical to fighting inequality, saying it is 'central to reaching the [World Bank] global goals to end extreme poverty by 2030 and boost shared prosperity'. ③ Emerging economies, such as China, Thailand, South Africa and Mexico, are rapidly scaling – up public investment in healthcare, and many low – income countries have driven down inequality by introducing free healthcare policies and financing them from general

① R. Rannan – Eliya and A. Somantnan (2005) 'Access of the Very Poor to Health Services in Asia: Evidence on the role of health systems from Equitap', UK: DFID Health Systems Resource Centre, http: //eldis. org/go/home&id = 19917&type = Document#. VBBtVsJdVfY.

② A. Cha and A. Budovich (2012) 'Sofosbuvir: A New Oral Once – Daily Agent for The Treatment of Hepatitis C Virus Infection', *Pharmacy & Therapeutics* 39 (5): 345 – 352, http: //ncbi. nlm. nih. gov/pmc/articles/PMC4029125.

③ Speech by World Bank Group President Jim Yong Kim at the Government of Japan – World Bank Conference on Universal Health Coverage, Tokyo, 6 December 2013, http: //worldbank. org/en/news/speech/2013/12/06/speech – world – bankgroup – president – jim – yong – kim – government – japanconference – universal – health – coverage.

taxation. Thailand's universal coverage scheme halved the amount of money that the poorest people spent on healthcare costs within the first year, as well as cutting infant and maternal mortality rates. ①

There have also been victories over moves by major pharmaceutical companies to block access to affordable medicines. Leukaemia patients can now take generic versions of cancer treatment Glivec ©/Gleevec © for only $175 per month – nearly 15 times less than the $2, 600 charged by Novartis – thanks to the Indian Supreme Court's rejection of an application to patent the drug. ② Since the Education For All movement and the adoption of the Millennium Development Goals in 2000, the world has seen impressive progress in primary education, with tens of millions of poor children going school for the first time.

In Uganda, enrolment rose by 73 percent in just one year – from 3. 1 million to 5. 3 million – following the abolition of school fees. ③ Improving the quality of education through adequate investment in trained teachers, facilities and materials is now critical to capitalize on these promising moves, as are policies to reach the most marginalized children who risk missing out. While there is much more to be done, there are some examples of progress. For example, Brazil has championed reforms that increase access to quality education and allocate more spending to poor children, often in indigenous and black communities, which has helped to reduce inequality of access since the mid – 1990s. ④ As a result, the average number of years spent in

---

① S. Limwattananon et al (2011) 'The equity impact of Universal Coverage: health care finance, catastrophic health expenditure, utilization and government subsidies in Thailand', Consortium for Research on Equitable Health Systems, Ministry of Public Health, http: //r4d. dfid. gov. uk/Output/188980.

② See BBC News, Business (2013) 'Novartis: India rejects patent plea for cancer drug Glivec', 1 April, http: //bbc. co. uk/news/business – 21991179.

③ L. Bategeka and N. Okurut (2005) 'Universal Primary Education: Uganda', Policy brief 10, London: Overseas Development Institute, http: //odi. org/sites/odi. org. uk/files/odi – assets/publications – opinion – files/4072. pdf.

④ B. Bruns, D. Evans and J. Luque (2012) 'Achieving World Class Education in Brazil: The Next Agenda', Washington D. C. : The World Bank, http: //siteresources. worldbank. org/BRAZILINPOREXTN/Resources/3817166 – 1293020543041/FReport _ Achieving _ World _ Class _ Education _ Brazil _ Dec2010. pdf.

school by the poorest 20 percent of children has doubled from four years to eight years. ①

Taxation and long – term predictable aid are crucial to enable the poorest countries to scale – up investment in inequality – busting healthcare and education services. They can also help to tackle political capture that concentrates wealth in the hands of elites. In Rwanda, for example, budget support has enabled the government to remove education fees and treat more people with HIV and AIDS. ② The USA is seeking to target aid to district councils in poor areas of Ghana and to support farmers to hold policy makers accountable.

Freedom from fear

Tiziwenji Tembo is 75, and lives in the Katete district of Zambia. Until recently she had no regular income, and she and her grandchildren often went without food. Tiziwenji's life was transformed when new social protection measures meant she began to receive a regular pension worth $ 12 per month. ③

Social protection provides money or in – kind benefits, such as child benefits, old – age pensions and unemployment protection, which allow people to live dignified lives, free from fear even in the worst times. Such safety nets are the mark of a caring society that is willing to come together to support the most vulnerable. Like healthcare and education, social protection puts income into the pockets of those who need it most, counteracting today's skewed income distribution and mitigating the effects of inequality.

---

① K. Watkins and W. Alemayehu (2012) 'Financing for a Fairer, More Prosperous Kenya: A review of the public spending challenges and options for selected Arid and Semi – Arid counties', The Brookings Institution, http://brookings. edu/research/reports/2012/08/financing – kenya – watkins.

② G. Ahobamuteze, C. Dom and R. Purcell (2006) 'Rwanda Country Report: A Joint Evaluation of General Budget Support 1994 – 2004', https://gov. uk/government/uploads/system/uploads/attachment_ data/file/67830/gbs – rwanda. pdf.

③ Z. Chande (2009) 'The Katete Social Pension', unpublished report prepared for HelpAge International, cited in S. Kidd (2009) 'Equal pensions, Equal rights: Achieving universal pension coverage for older women and men in developing countries', *Gender & Development*, 17: 3, 377 – 88, http://dx. doi. org/10. 1080/13552070903298337.

However, recent figures show that more than 70 percent of the world population is at risk of falling through the cracks because they are not adequately covered by social protection. ① Even in the poorest countries, the evidence suggests that basic levels of social protection are affordable. ② Countries like Brazil and China have per – capita incomes similar to Europe after the Second World War, when their universal welfare systems were created. Universal social protection is needed to ensure that nobody is left behind or penalized because they have not climbed high enough up the economic ladder.

Achieving economic equality for women

The wrong economic choices can hit women hardest, and failure to consider women and girls in policy making can lead governments to inadvertently reinforce gender inequality. In China, for instance, successful efforts to create new jobs for women were undermined by cutbacks in state and employer support for child care and elderly care, which increased the burden of women's unpaid work. ③ According to research conducted on the impact of austerity in Europe, ④ mothers of young children were less likely to be employed after the financial crisis, and more likely to attribute their lack of employment to cuts to care services. ⑤ A recent study in Ghana also

① ILO (2014) 'World Social Protection Report 2014/15: Building economic recovery, inclusive development and social justice', Geneva: ILO, http: //ilo. org/global/research/globalreports/world – social – security – report/2014/WCMS_ 245201/lang – – en/index. htm.

② ILO (2008) 'Can low – income countries afford basic social security?', Social Security Policy Briefings, Geneva: ILO, http: //ilo. org/public/libdoc/ilo/2008/108B09_ 73_ engl. pdf.

③ S. Wakefield (2014) 'The G20 and Gender Equality: How the G20 can advance women's rights in employment, social protection and fiscal policies', Oxford: Oxfam International and Heinrich Böll Foundation, p. 7, http: //oxf. am/m69.

④ See: A. Elomäki (2012) 'The price of austerity – the impact on women's rights and gender equality in Europe', European Women's Lobby, http: //womenlobby. org/spip. php? action = acceder document&arg = 2053&cle = 71883f01c9eac4e73e839bb512c87e564b5dc735&file = pdf% 2Fthe_ price_ of_ austerity_ – _ web_ edition. pdf.

⑤ A. Elomäki (2012) op. cit. In 2010, the employment rate for women with small children was 12. 7 percent lower than women with no children, compared to 11. 5 percent lower in 2008. In 2010, 28. 3 percent of women's economic inactivity and part – time work was explained by the lack of care services against 27. 9 percent in 2009. In some countries the impact of the lack of care services has increased significantly. In Bulgaria it was up to 31. 3 percent in 2010 from 20. 8 percent in 2008; in the Czech Republic up to 16. 7 percent from 13. 3 percent.

found that indirect taxes on kerosene, which is used for cooking in low – income households, are paid mostly by women. ①

Good policies can promote women's economic equality

Many of the policies that reduce economic inequality, such as free public services or a minimum wage, also reduce gender inequality. In South Africa, a new child – support grant for the primary caregivers of young children from poor households is better than previous measures at reaching poor, black, and rural women because the government gave careful consideration to the policy's impact on women and men. ② In Quebec, increased state subsidies for child care have helped an estimated 70, 000 more mothers to get into work, with the resulting increased tax revenue more than covering the cost of the programme. ③ Governments must implement economic policies aimed at closing the gap between women and men, as well as between rich and poor.

People power: Taking on the one percent

To successfully combat runaway economic inequality, governments must be forced to listen to the people, not the plutocrats. As history has shown, this requires mass public mobilization. The good news is that despite the dominance of political influence by wealthy elites and the repression of citizens in many countries, people

---

① I. Osei – Akoto, R. Darko Osei and E. Aryeetey (2009) 'Gender and Indirect tax incidence in Ghana', Institute of Statistical, Social and Economic Research (ISSER) University of Ghana, referenced in J. Leithbridge (2012) 'How women are being affected by the Global Economic Crisis and austerity measures', Public Services International Research Unit, University of Greenwich, http: //congress. world – psi. org/sites/default/files/upload/event/EN_ PSI_ Crisis_ Impact_ Austerity_ on_ Women. pdf.

② D. Elson and R. Sharp (2010) 'Gender – responsive budgeting and women's poverty', in: S. Chant (ed.) (2010) *International Handbook of Gender and Poverty: Concepts, Research, Policy*, Cheltenham: Edward Elgar, p. 524 – 25.

③ P. Fortin, L. Godbout and S. St – Cerny (2012) 'Impact of Quebec's Universal Low Fee Childcare Program onFemale Labour Force Participation, Domestic Income and Government Budgets', Université de Sherbrooke, WorkingPaper 2012/02, http: //usherbrooke. ca/chaire – fiscalite/fileadmin/sites/chaire – fiscalite/documents/Cahiers – derecherche/Etude_ femmes_ ANGLAIS. pdf.

around the world are demanding change. The majority of the hundreds of thousands who took to the streets in recent protests were frustrated by a lack of services and a lack of voice,① and opinion polls confirm this feeling of discontent around the world. ② In Chile, the most unequal country in the OECD,③ mass demonstrations in 2011 were initially sparked by discontent over the cost of education, and grew to encompass concerns about deep divisions of wealth and the influence of big business. ④ A coalition of students and trade unions mobilized 600, 000 people in a two – day strike demanding reform. Elections at the end of 2013 brought in a new government that included key members of the protest movement committed to reducing inequality and reforming public education. ⑤

In early 2010, a series of popular protests against the proposed mass bailout of Iceland's three main commercial banks forced the newly elected government – who had pledged to shield low – and middle – income groups from the worst effects of the financial crisis – to hold a referendum on the decision. Ninety three percent of Icelanders rejected a proposal that the people, rather than the banks, should pay for the bankruptcy. This led to crowd – sourcing of a new constitution that was approved in 2012, with new provisions on equality, freedom of information, the right to hold a referendum, the environment and public ownership of land. ⑥ History shows that the stranglehold of elites can be broken by the actions of ordinary people and the wide-

---

① CIVICUS (2014) 'State of Civil Society Report 2014: Reimagining Global Governance', http://socs. civicus. org/wp – content/uploads/2013/04/2013StateofCivilSocietyReport_ full. pdf.

② Oxfam's polling from across the world captures the belief of many that laws and regulations are now designed tobenefit the rich. A survey in six countries (Spain, Brazil, India, South Africa, the UK and the USA) showed that a majority ofpeople believe that laws are skewed in favour of the rich – in Spain eight out of 10 people agreed with this statement. Also see Latinobarometro 2013: http://latinobarometro. org/latNewsShow. jsp.

③ OECD (2014) 'Society at a Glance: OECD Social Indicators', http://oecd. org/berlin/47570121. pdf.

④ CIVICUS, 'Civil Society Profile: Chile', http://socs. civicus. org/CountryCivilSocietyProfiles/Chile. pdf.

⑤ G. Long (2014) 'Chile's student leaders come of age', BBC News, http://bbc. co. uk/news/world – latinamerica – 26525140.

⑥ CIVICUS (2014) 'Citizens in Action 2011: Protest as Process in The Year of Dissent', p. 53, http://civicus. org/cdn/2011SOCSreport/Participation. pdf.

spread demand for progressive policies.

TIME TO ACT TO END EXTREME INEQUALITY

Today's extremes of inequality are bad for everyone. For the poorest people in society, whether they live in sub – Saharan Africa or the richest country in the world, the opportunity to emerge from poverty and live a dignified life is fundamentally blocked by extreme inequality.

Oxfam is calling for concerted action to build a fairer economic and political system that values every citizen. Governments, institutions and corporations have a responsibility to tackle extreme inequality. They must address the factors that have led to today's inequality explosion, and implement policies that redistribute money and power from the few to the many.

1) MAKE GOVERNMENTS WORK FOR CITIZENS AND TACKLE EXTREME INEQUALITY

Working in the public interest and tackling extreme inequality should be the guiding principle behind all global agreements and national policies and strategies. Effective and inclusive governance is crucial to ensuring that governments and institutions represent citizens rather than organized business interests. This means curbing the easy access that corporate power, commercial interests and wealthy individuals have to political decision making processes.

Governments and international institutions should agree to:

- A standalone post – 2015 development goal to eradicate extreme economic inequality by 2030 that commits to reducing income inequality in all countries, such that the post – tax income of the top 10 percent is no more than the post – transfer income of the bottom 40 percent.
- Assess the impact of policy interventions on inequality:
- Governments should establish national public commissions on inequality to make annual assessments of policy choices – regulation, tax and public spending, and privatization – and their impact on improving the income, wealth and freedoms of the bottom 40 percent;

- Institutions should include measures of economic inequality in all policy assessments, such as the IMF in their article IV consultations;
- Publish pre – and post – tax Gini data (on income, wealth and consumption) and income, wealth and consumption data for all deciles and each of the top 10 percentiles, so that citizens and governments can identify where economic inequality is unacceptably high and take action to correct it;
- Implement laws that make it mandatory for governments to make national policies and regulations and bilateral and multilateral agreements available for public scrutiny before they are agreed;
- Implement mechanisms for citizen representation and oversight in planning, budget processes and rule making, and ensure equal access for civil society – including trade unions and women's rights groups – to politicians and policy makers;
- Require the public disclosure of all lobbying activities and resources spent to influence elections and policy making;
- Guarantee the right to information, freedom of expression and access to government data for all;
- Guarantee free press and support the reversal of all laws that limit reporting by the press or target journalists for prosecution.

Corporations should agree to:

- End the practice of using their lobbying influence and political power to promote policies that exacerbate inequality and instead promote good governance and push other groups to do the same;
- Make transparent all lobbying activities and resources spent to influence elections and policy making;
- Support conditions that allow civil society to operate freely and independently, and encourage citizens to actively engage in the political process.

2) PROMOTE WOMEN'S ECONOMIC EQUALITY AND WOMEN'S RIGHTS

Economic policy is not only creating extreme inequality, but also entrenching discrimination against women and holding back their economic empowerment. Economic policies must tackle both economic and gender inequalities.

Governments and international institutions should agree to:

• Implement economic policies and legislation to close the economic inequality gap for women, including measures that promote equal pay, decent work, access to credit, equal inheritance and land rights, and recognize, reduce and redistribute the burden of unpaid care;

• Systematically analyze proposed economic policies for their impact on girls and women; improve data in national and accounting systems – including below the household level – to monitor and assess such impact (for example on the distribution of unpaid care work);

• Prioritize gender – budgeting to assess the impact of spending decisions on women and girls, and allocate it in ways that promote gender equality;

• Implement policies to promote women's political participation, end violence against women and address the negative social attitudes of gender discrimination;

• Include women's rights groups in policy making spaces.

Corporations should agree to:

• End the gender pay gap and push other corporations to do the same;

• Ensure access for decent and safe employment opportunities for women, non – discrimination in the workplace, and women's right to organize;

• Recognize the contribution of unpaid care work, and help reduce the burden of unpaid care work disproportionately borne by women, by providing child and elderly care and paid family and medical leave, flexible working hours, and paid parental leave;

• Support women's leadership, for example by sourcing from women – led producer organizations, supporting women to move into higher roles and ensuring women occupy managerial positions;

• Analyze and report on their performance on gender equality, for example, through the Global Reporting Initiative's Sustainability Reporting Guidelines and the UN Women Empowerment Principles.

3) PAY WORKERS A LIVING WAGE AND CLOSE THE GAP WITH SKY-ROCKETING EXECUTIVE REWARD

Hard – working men and women deserve to earn a living wage. Corporations are earning record profits worldwide and levels of executive reward have soared. Yet many of the people who make their products, grow their food, work in their mines or provide their services earn poverty wages and toil in terrible working conditions. We must see global standards, national legislation and urgent corporate action to provide workers with more power.

Governments and international institutions should agree to:

- Move minimum wage levels towards a living wage for all workers;
- Include measures to narrow the gap between minimum wages and living wages in all new national and international agreements;
- Tie public procurement contracts to companies with a ratio of highest to median pay of less than 20:1, and meet this standard themselves;
- Increase participation of workers' representatives in decision making in national and multinational companies, with equal representation for women and men;
- Develop action plans to tackle forced labour in workplaces within their borders;
- Set legal standards protecting the rights of all workers to unionize and strike, and rescind all laws that go against those rights.

Corporations should agree to:

- Pay their workers a living wage and ensure workers in their supply chain are paid a living wage;
- Publish the wages paid in their supply chains and the number of workers who receive a living wage;
- Publish data on the ratio of highest to median pay, and aim to meet the ratio of 20: 1 in each country of operation;
- Build freedom of association and collective bargaining into the company's human rights due diligence;
- End the practice of using their political influence to erode wage floors and worker protections, uphold worker rights in the workplace, and value workers as a vital stakeholder in corporate decision making;
- Track and disclose roles played by women in their operations and supply

chain;

- Agree an action plan to reduce gender inequality in compensation and seniority.

4) SHARE THE TAX BURDEN FAIRLY TO LEVEL THE PLAYING FIELD

The unfair economic system has resulted in too much wealth being concentrated in the hands of the few. The poorest bear too great a tax burden, while the richest companies and individuals pay far too little. Unless governments correct this imbalance directly, there is no hope of creating a fairer future for the majority in society. Everyone, companies and individuals alike, should pay their taxes according to their real means, and no one should be able to escape taxation.

Governments and international institutions should agree to:

- Increase their national tax to GDP ratio, moving it closer to their maximum tax capacity, in order to mobilize greater domestic public revenue;
- Rebalance direct and indirect taxes, shifting the tax burden from labour and consumption to capital and wealth, and the income derived from these assets, through taxes such as those on financial transactions, inheritance and capital gains. International institutions should promote and support such progressive reforms at the national level;
- Commit to full transparency of tax incentives at the national level and prevent tax privileges to MNCs where the cost/benefit analysis is not proven to be in favour of the country;
- Adopt national wealth taxes and explore a global wealth tax on the richest individuals globally and regionally, and commit to using this revenue to fight global poverty;
- Assess fiscal policies from a gender – equality perspective.

5) CLOSE INTERNATIONAL TAX LOOPHOLES AND FILL HOLES IN TAX GOVERNANCE

Today's economic system is set up to facilitate tax dodging by MNCs and wealthy individuals. Tax havens are destroying the social contract by allowing those most able to contribute to society opt out of paying their fair share.

Until the rules around the world are changed, this will continue to drain public budgets and undermine the ability of governments to tackle inequality. However, any process for reform must deliver for the poorest countries. A multilateral institutional framework will be needed to oversee the global governance of international tax matters.

Governments and international institutions should agree to:

- Ensure the participation of developing countries in all reform processes on an equal footing;
- Commit to prioritizing the eradication of tax avoidance and evasion as part of an agenda to tackle the unfair economic systems that perpetuate inequality;
- Support national, regional and global efforts to promote tax transparency at all levels, including making MNCs publish where they make their profits and where they pay taxes (through mandatory country – by – country reporting that is publicly available), as well as who really owns companies, trusts and foundations (through disclosure of beneficial ownership);
- Automatically exchange information under a multilateral process that will include developing countries from the start even if they can't provide such data themselves;
- Combat the use of tax havens and increase transparency, by adopting a common, binding and ambitious definition of what a tax haven is, as well as blacklists and automatic sanctions against those countries, companies and individuals using them;
- Ensure taxes are paid where real economic activity takes place; adopt an alternative system to the current failed arm's length principle of taxing companies;
- Only grant tax breaks where there has been an impact assessment of added – value to the country and a binding process to disclose and make public all tax incentives;
- Promote the establishment of a global governance body for tax matters to ensure tax systems and the international tax architecture works in the public interests of all countries, to ensure effective cooperation and close tax loopholes.

Corporations should agree to:

- Stop using tax havens;
- Support national, regional and global efforts to promote tax transparency at all levels, including publishing where they make profits and where they pay taxes

(mandatory country – by – country reporting that is publicly available).

6) ACHIEVE UNIVERSAL FREE PUBLIC SERVICES FOR ALL BY 2020

The high cost of healthcare and medicines drives a hundred million people into poverty every year. When user fees are charged for schooling, some children can access high – quality private education, but the majority make do with poor – quality state education, creating a two – tiered system. Privatization further entrenches the disparities between the poorest and the richest, and undermines the ability of the state to provide for all.

Governments and international institutions should agree to:

- Guarantee free high – quality healthcare and education for all citizens, removing all user fees;
- Implement national plans to fund healthcare and education, by spending at least 15 percent of government budgets on healthcare and 20 percent on education. Donor governments must mirror these allocations in bilateral aid, and international institutions should promote equivalent social spending floors;
- Implement systems of financial – risk pooling to fund healthcare via tax and avoid health insurance schemes that are based on voluntary contributions;
- Stop new and review existing public incentives and subsidies for healthcare and education provision by private for – profit companies;
- Implement strict regulation for private sector healthcare and education facilities to ensure safety and quality, and to prevent them from stopping those who cannot pay from using the service;
- Exclude healthcare, medicines, medical technologies, knowledge and education from all bilateral, regional or international trade and investment agreements, including those which lock national governments into private healthcare and education provision;
- Ensure that women's health needs are prioritized, sexual and reproductive rights are upheld, and that bilateral aid is not permitted to constrain women's access to reproductive health services.

Corporations should agree to:

- Stop lobbying for the privatization of vital public services, including healthcare and education;
- Work with government efforts to regulate private healthcare providers to ensure their positive contribution to Universal Health Coverage.

7) CHANGE THE GLOBAL SYSTEM FOR RESEARCH AND DEVELOPMENT (R&D) AND FOR PRICING OF MEDICINES, TO ENSURE ACCESS FOR ALL TO APPROPRIATE AND AFFORDABLE MEDICINES

Relying on intellectual property as the only stimulus for R&D keeps the monopoly on making and pricing medicines in the hands of big pharmaceutical companies. This endangers lives and leads to a wider gap between rich and poor.

Governments and international institutions should agree to:

- Agree a global R&D treaty which makes public health – not commercial interest – the decisive factor in financing R&D;
- Allocate a percentage of their national income to scientific research, including R&D for medicines;
- Exclude strict intellectual property rules from trade agreements and refrain from all measures that limit government's policy space to implement public health measures and increase their access to medicine, medical technologies, knowledge, health and education services;
- Break monopolies and encourage affordable pricing of medicines via generic competition;
- Scale – up investment in national medicine policy development and drug supply chains.

Pharmaceutical companies should agree to:

- Be transparent about the cost of R&D, and look for new ways to finance R&D beyond intellectual property;
- Stop national and international lobbying for private corporate gains at the expense of public health.

8) IMPLEMENT A UNIVERSAL SOCIAL PROTECTION FLOOR

Social protection is central not only to reducing economic inequality, but also as a way to make society more caring and egalitarian, and to address horizontal inequalities. For the very poorest and most vulnerable there must be a universal and permanent safety net that is there for them in the worst times.

Governments and international institutions should agree to:

- Provide universal child and elderly care services, to reduce the burden of unpaid care work on women and complement social protection systems;
- Provide basic income security for children, the elderly and those who are unemployed or unable to earn a decent living, through universal child benefits, unemployment benefits and pensions;
- Ensure the provision of gender – sensitive social protection mechanisms to provide a safety net for women, in ways that provide an additional means of control over household spending.

9) TARGET DEVELOPMENT FINANCE TOWARDS REDUCING INEQUALITY AND POVERTY, AND STRENGTHENING THE COMPACT BETWEEN CITIZENS AND THEIR GOVERNMENT

Finance for development has the potential to reduce inequality when it is well-targeted; when it complements government spending on public services, such as healthcare, education and social protection. It can also help strengthen the government – citizen compact, improve public accountability and support citizen efforts to hold their government to account.

Donor governments and international institutions should agree to:

- Increase investment in long – term, predictable development finance, supporting governments to provide universal free public services for all citizens;
- Invest in strengthening public administrations to raise more domestic revenue, through progressive taxation for redistributive spending;
- Measure programmes on how well they strengthen democratic participation and the voice of people to challenge economic and social inequalities (such as gender and ethnicity).

BRICS and the Challenges in Fighting Inequality

INTRODUCTION

Thirteen years after it was conceived by Jim O'neill, the BRICS has gone through several phases to consolidate itself as a group of countries able to act jointly in the international arena. More than being a new North to global investors, Brazil, Russia, India, China, and South Africa are protagonists in the spread of hopes throughout the globe to reduce poverty and social inequality, as well as the construction of a new world order, marked by new centers and protagonists.

The existence of a group of countries like the BRICS demonstrates to the whole world that mobility is a real possibility in the international arena. What it does not make clear, however, is whether this mobility will result in profound systemic changes towards an equal and more democratic world. Thus, in order to understand if the BRICS can collaborate in the construction of an equal and more democratic world, it is necessary to understand the world that these five countries are creating for themselves.

Produced jointly by BRICS Policy Center and Oxfam, this document contains four analyses of key issues for the understanding of BRICS and its world, and the possibilities of changes brought to the fore by the joint action of these five countries. The objective of this document is to strengthen the debate between civil society organizations in the BRICS countries on key issues to combat inequality, promote sustainable development, and thus find ways for the BRICS to become a vector to a less unequal and more democratic world.

The First Cycle of BRICS Summit: A Critical Review

Jurek Szeifert and Sérgio Veloso *

INTRODUCTION

A fascinating and dynamic process that started after the end of the Cold War has put Brazil, Russia, India, China, and South Africa ——the so called BRICS countries ——in the center of the global scene. Born as an acronym, the BRICS gave life to a metaphor that nourishes new economic and political arrangements. As such, they set the scene for new power relations and the emergence of new actors in the international arena.

Throughout the last decades of the twentieth century, social and political transformations triggered by neoliberal reforms were automatically replicated in indebted countries. During this time, the BRICS were peripheral actors with little or no bargaining power. In the current context, however, the BRICS have emerged as pillars that will maintain the dynamics of production and the circulation of capital – sustaining global capitalism.

In the aftermath of the relative decline of the United States and the European crises, the BRICS emerged as mediators. They worked particularly for the consolidation of the G20, for trade negotiations, and for the building of new, cooperative frameworks. This context of new perspectives and possibilities is due to the extraordinarily active role the BRICS have been playing in their regions and continents. They are emerging as new protagonists on the global scene and are creating new bridges for South – South and East – West cooperation and integration.

Since 2009, the BRICS have been meeting annually in a series of events, gathering heads of state as well as ministers, businessmen, scholars, diplomats, and civil society actors. Throughout these years, the group was able to come up with a common

---

* Jurek Szeifert and Sérgio Veloso are researchers at the BRICS Policy Center.

agenda largely guided by a developmental objective. The announcement that the group would launch a BRICS Development Bank indicates the opening of a new stage in the relationship among these countries. This new stage coincides with the end of the first cycle of BRICS summits and marks a turning point in the development of the BRICS countries as a group and as international actors.

This paper aims to analyze key aspects of the agenda developed during the first cycle of summits, and it will be organized as follows:

1) a brief summary of the first five summits;

2) the BRICS position as key actors and agenda setters within the G20;

3) the BRICS as actors in South – South cooperation.

The paper ends with final considerations on the institutionalization of coopetition and the new stage of synergy among BRICS.

A BRIEF SUMMARY OF THE FIRST CYCLE OF BRICS SUMMITS

The first official gathering of the heads of state of the (at that time) BRIC countries was hosted by Russia's then – president medvedev in yekaterinburg on 16 june, 2009. Against the background of the global economic crisis that started in 2008, the four countries focused on possible changes in the international financial system and the role that the BRICS could play therein. In many ways, the joint statement that was issued after the summit already depicted the role the BRIC countries aimed at global governance by stating that "*emerging and developing economies must have greater voice and representation in international financial institutions*". It can be argued that, by officially taking a step towards consolidating themselves as a group and holding a head of state summit, the BRICS meant to consolidate their claim to a bigger say in matters of global governance. However, this claim did not extend to changing the system of international institutions, as much as it could give the impression of doing so. instead, it shifted the balance of powers within it in favor of the new players. This mindset is further demonstrated by the explicit adherence of the BRICS in their joint statements to the rules of democracy and transparency, the condemnation of terrorism, and the reassurance of multilateralism. In addition, the declaration outlines the BRIC's development agenda by stating their support for the Rio declaration, for renewable energies, and for the UN's Millennium Development Goals (MDGs). With respect to the G20, the BRICS expressed their intention to coordinate their position within the group.

TABLE 1: LIST OF BRICS SUMMITS (2008 - 2013)

Summit	Date	Location	Released Documents
1st	16th of June, 2009	Yekaterinburg, Russia	BRICS Leaders Joint Statement; BRICS Joint Statement on Global Food Safety
2nd	15th of April, 2010	Brasília, Brazil	BRICS Leaders Joint Statement
2nd	15th of April, 2010	Brasília, Brazil	BRICS Leaders Joint Statement
3rd	14th of April, 2011	Sanya, China	BRICS Leaders Joint Declaration
4th	29th of May, 2012	New Delhi, India	Delhi Declaration Delhi Action Plan
5th	27th of March, 2013	Durban, South Africa	EtheKwini Declaration; BRICS Leaders Statement on the Establishment of the BRICS - Led Development Bank

Source: Homepage of the 5th BRICS summit, http://www.brics5.co.za/about - brics. Rev. 01. 12.2013.

On the 15th of April, 2010, Brazil hosted the second summit in Brasília. Once again, they highlighted their "*support for a multipolar, equitable and democratic world order, based on international law, equality, mutual respect, cooperation, coordinated action and collective decision - making of all States*". Regarding the financial crisis, the BRICS reaffirmed their position within the G20 and stressed its relevance as a way out of the crisis.

Furthermore, the summit focused on economic issues, such as international trade, agriculture and energy, as well as the BRIC's role in the IMF and other multilateral institutions. the BRICS' commitment to the UN's MDGs was proven, and they affirmed their willingness to favor developing countries through development cooperation.

On 14 April 2011, the third BRICS summit was held in Sanya, China, the first meeting that counted South Africa as a member state. The member countries ——besides renewing their commitment to international multilateralism ——once again focused on the reform of the international financial system. The group also once again expressed its commitment to further intensify economic cooperation between the members, without concretizing this cooperation on a group level, however.

The fourth BRICS summit was held on 29 May 2012 in New Delhi, India, with the theme "*BRICS Partnership for Global Stability, Security and Prosperity*". The New Delhi Declaration made references to the crisis in the Eurozone, the then - upcoming UN Conference on Sustainable development (rio + 20), the G20 summit in Mexico and the 8th WTO ministerial conference in geneva. It also highlighted the importance of the BRICS in light of the financial crisis, as well as the comparatively good performance of the member countries despite the crisis. Accordingly, the BRICS stated that the G20's "*role [...] as a premier forum for international economic cooperation at this juncture is to facilitate enhanced macroeconomic policy coordination, to enable global economic recovery and secure financial stability*". Also during the fourth summit, the leaders of the member countries discussed the idea of putting up a South - South development fund (singh 2012), which is expected to become the cornerstone for the proposed BRICS Development Bank.

The last summit of the first cycle was hosted by the "newcomer" South Africa in Durban in March 2013. The overall theme of the summit was "*BRICS and Africa: Partnership for Development, Integration And Industrialization*" and the joint declaration gives a special focus on cooperation with other emerging and developing countries, particularly in Africa. It also envisions a summit with the BRICS' heads of state and african presidents.

With respect to the BRICS development bank—previously presented as a milestone of the group's process of institutionalization—the summit once more endorsed its foundation. However, the countries could not agree on the volume of its capital. The de facto foundation was postponed until the next summit in 2014. The BRICS also agreed on a $ 100 billion contingency reserve arrangement (CRA) 2, as a financial safety net. therefore, while some perceived the summit in Durban as a failure regarding the consolidation of the BRICS grouping (The Economist, 2013), others agree that the stage has beenset for further steps during the first summit of the new cycle, in Brazil in 2014 (Hou, 2013).

As can be seen through this first cycle of BRICS summits, the annual meetings have served as a platform for the five countries to demonstrate their intention to act jointly. They learned how to improve coordination as well as to consolidate and articulate their position as emerging powers in the international system. However, the process remained slow and has—at least on the state level—not yet surpassed the level of declaring intentions. In the next section, two key areas of the BRICS' summit will be analyzed: the BRICS relation with the G20 as the most important forum for global governance that emerged almost parallel to the BRICS; and the BRICS' relationship with other developing countries and the consolidation of "Global South" through the intensification of South - South cooperation.

THE BRICS' AGENDA AND THE G20

The agenda of the BRICS summits shows that the formation of the G20 has been an important point of reference for the consolidation of the BRICS as a group as well as for the definition of its position in the international arena. The idea of founding a group that consists of the most important economies and includes not only the industrialized countries (which have already coordinated their economic policies in the G7/G8 in the 1970s), but also the most important emerging economies, already arose in 1999. The G20 held its first summit in 2008 in Washington and, since then, has served as a high - level forum for the coordination of global economic policies. The creation of the G20 is interpreted as a response to the claim that global challenges could no longer be tackled only by the G7/G8 (Smith, 2011). The international financial crisis in 2008 ——caused, in the eyes of many, by a Western - dominated financial system ——and the fact the G7/G8 members apparently were not prepared to deal with this challenge on their own, underlined this necessity. The task of redesigning the global economic and financial system can, therefore, be seen as the central issue that connects all G20 summits since 2008.

TABLE 2: LIST OF G20 SUMMITS (2008 – 2013)

Summit	Year	Date	Location
1st	2008	November 14 – 15	Washington, D. C., USA
2nd	2009	April 2	London, United Kingdom
3rd	2009	September 24 – 25	Pittsburgh, USA
4th	2010	June 26 – 27	Toronto, Canada
5th	2010	November 11 – 12	Seoul, South Korea
6th	2011	November 3 – 4	Cannes, France
7th	2012	June 18 – 19	Los Cabos, Mexico
8th	2013	September 5 – 6	Strelna Saint Petersburg, Russia

Source: G20 homepage, http://www.g20.org/about_g20/past_summits. Rev.: 01. 12. 2013.

Regarding possible solutions to the financial crises, the propositions made at the G20 summits can be interpreted as oscillations between stronger state intervention in the global economic and financial system and measures that favor continued deregulation and liberalization of markets. These differences were seen during the summits in Washington (2008), where the overwhelming impression of the world's economic instability brought forth voices that called for stronger state regulation. Meanwhile, at the summit in Pittsburgh (2009), the first trends of economic recovery already led to a return of free – market ideas (Badin, 2012).

The BRICS have made constant efforts to find a common position and coordinate their interests in the G20. However, domestic policies and different economic agendas and approaches have sometimes made this difficult. For example, whereas Brazil and China have favored a more expansionary policy and increased spending in Washington, Russia, India, and South Africa did not join this position at that time (Badin 2012). In general, the BRICS have adopted a position that favors a stronger regulation of international financial markets and state intervention. Commentators during the G20 summits remarked on the relevance of the BRICS for effective decision making and the implementation of measures (Halligan 2011). However, coordination between the BRICS remained a "work in progress" that sometimes included coalitions with other emerging countries—as with South Korea on the 2010 summit (ODI

2010).

In order to identify convergent interests and improve coordination, the BRICS have been holding preparatory meetings before each G20 summit and using their own summits for preparation since 2011. This strategy seems to work in many cases. Before the G20 summit in france in 2011, the BRIC (not yet including South Africa) reached a common position on the question of military intervention in Libya – abstaining on the UN vote authorizing military STRIKES (Wihardja 2011).

The BRICS have been the primary target of the G7/G8 outreach process that led to the foundation of the G20. Nonetheless, the G20 have——until now——shown little official recognition of the BRICS as a group. As Cooper (2013) has noted, the G20 declarations make no explicit references to the BRICS either, and they have not pushed to install mechanisms of institutionalized communication. This might be explained by the BRICS themselves not yet having advanced their institutionalization significantly.

Indeed, the BRICS appear to have an ambivalent relationship with the G20. On the one hand, being in the group provides an important form of recognition and proves the value that is attributed to the BRICS when it comes to global governance. On the other hand, during the first circle of their own summits, the BRICS have undergone a process of group formation and definition of specific interests. This development has led the five countries to a "keep options opened" strategy and to participate in other international forums. Since the beginning, the BRICS have made it clear that they have not come to the G20 as spectators.

As the former Indian Prime Minister Manmohan Singh stated at the G7/G8 summit in Heiligendamm in 2007, "*We [the BRICS] have come here not as petitioners but as partners in an equitable, just and fair management of the global community of nations, which we accept as reality in the globalised world*" (Cooper, 2013).

It is worth keeping in mind that although the BRICS are part of the G20 and can be considered the most important emerging economies, they will still have to bargain in order to define their place in the group and to show their actual weight as international players. During the last G20 summit, in St. Petersburg in September 2013, commentators once again highlighted the importance of coordination among the five countries as a key condition to increase their power, particularly against the background of the decreased economic growth rates that the BRICS have shown recently (Costas 2013). The next G20 summit will take place in Brisbane, Australia, on November 15 – 16, 2014—about four months after the next BRICS summit in Brazil. So far, cooperation among the BRICS has intensified slowly, but continuously. The next year will prove to be an important opportunity to show first tangible results of this process.

THE BRICS' AGENDA AND SOUTH – SOUTH COOPERATION

As pointed out above, the BRICS countries have assumed the role to increase the influence of emerging and developing countries in the international system. An important vector for this project is the framing of the BRICS as a group that belongs to and—at least partially— represents the so – called "Global South." In order to underpin this claim to representation and to consolidate their new international roles, BRICS have significantly enhanced their cooperation with developing countries and sharpened their profiles as providers of development cooperation during the last two decades. In this section, we will approach BRICS and their agenda in the context of international development cooperation. We will also analyze the shifts that they caused in this policy field as well as the role of the countries as providers of development cooperation.

While the BRICS have augmented their cooperation, they have been careful to maintain their distance from the group of the "established" donors ——the members of the OECD's Development Assistance Committee (oecd – dac). This has caused a far – reaching discussion about shifts in the international cooperation system (Manning, 2006; Dieter, 2003; Mawdsley, 2012). So far, the OECD – DAC remains the main institution when it comes to setting standards for development cooperation as its members account for around 90% of worldwide Official Development Cooperation (ODA). However, the increase of the non – DAC members' share of ODA has been fast and significant and is expected to reach up to 20% by 2015 (Park, 2011; Quadir, 2013: 331 - 332).

Nonetheless, the group of non - DAC members, including the BRICS, is difficult to grasp for at least two reasons. On the one hand, they do not adhere to the principles of the OECD - DAC on monitoring and evaluating development cooperation projects, which is why their cooperation is difficult to account for and even harder to compare to ODA volumes. Also, the non - DAC members do not distinguish precisely between technical, financial, and economic cooperation.

On the other hand, the landscape of the non - DAC actors in development cooperation is very heterogeneous. The new development partners range from providers such as the Arab countries (Denny/Wild 2011, Momani/Enis 2012) to countries with greater proximity to the OECD - DAC—like Chile and Mexico—and to those that maintain their distance from the "northern countries club" of the OECD - DAC. The BRICS can be included in the latter category, since they engage in a North - South dialogue. However, they have been careful to maintain— at least publicly— their distance from DAC. As has been pointed out before, the BRICS are very different from each other in many ways, and this also holds true for their engagement in international development cooperation.

With the exception of Russia, however, the BRICS countries share one common characteristic: they present their increased cooperation in the context of South - South cooperation, and make a point of distinguishing it from North - South cooperation as a separate modality. For example, Brazil, China, India, and South Africa have not signed the DAC's *Paris Declaration on AID Effectiveness*, and they do not label themselves as "donors" (Mawdsley 2011). That is why the term "new development partners" has been introduced recently.

The "new partners" —and here the B (R) ICS countries take the lead—emphasize the common past as developing countries with their partner countries, the cultural proximity and, resulting from that, more relevant knowledge and a greater understanding of local challenges for development as the advantages of their cooperation. Accordingly, South - South cooperation would be a more horizontal modality that aims at creating win - win situations and mutual benefits for the cooperation partners by being lessinterferential than North – South cooperation (Costa leite 2012).

In the Busan declaration, South – South cooperation has been highlighted as a new and important cooperation modality, and newly proposed principles for international cooperation can be followed by the "new development partners" on a voluntary basis. Also, the parties at Busan agreed to found the "*Global Partnership for Effective Development Cooperation*" (GPEDC) in 2012 that is jointly supported by the OECD and the united nations development programme (UNDP). So far, the GPEDC is the main forum to foster a dialogue between northern and southern practitioners of development cooperation since the "new development partners" – due to their heterogeneity and varying interests have so far shown no initiative to establish a coordinating entity for South – South cooperation.

However, in addition to North – South and South – South cooperation, triangular cooperation as a third cooperation modality has received increased attention recently as a possibility to intensify the dialogue between Northern donors and Southern partners since both providers of development cooperation appear to benefit from joint cooperation projects (Abdenur/Fonseca 2013). The further shifts in the international development cooperationsystem are still to be seen, but, nevertheless, it can already be said that the BRICS countries appear to be determined to play a major part in this re – restructuring.

As pointed out above, the BRICS group consists of five countries that vary widely when it comes to economic performance, income levels, political systems, and regional influence (among other factors). Regarding development cooperation, it is also important to keep in mind that not very long ago, all BRICS countries were recipients of "northern" cooperation (Rowlands 2012: 633 – 634). Still, all five countries understand that being an active provider of development cooperation helps to consolidate their foreign policy agendas, their position as emerging powers, and their role as members of the "Global South" or, as rowlands (2012: 633 – 634) points out, "[...] *the BRICS group includes global and regional powers with their own distinct geopolitical agendas that make them less likely to simply accept and adhere to DAC norms.*"

However, this does not mean that the BRICS have a negative relationship with the existing cooperation system. All five countries have expressed their explicit support for the Busan Partnership for Effective Development Cooperation, and consequently, for the GPEDC. Therefore, though they do not intend to be co - opted by or to be integrated into the "northern" system, it is clear that the BRICS actively engage in the North - South dialogue on development cooperation. This commitment—and, on a practical level, the participation in triangular cooperation—holds the advantage of being perceived as being capable of interaction with the "traditional" donors on the same level, hereby sharpening the development cooperation profile without abandoning the identity of being a "Southern" country.

The BRICS have cooperation with each other and with other developing countries on the foreground of each declaration of the first cycle of summits. The declarations make reference to cooperation and development within the UN context and highlight the BRICS commitment to the UN's Millennium Development Goals—in addition to the continuously mentioned aim of an international trade system with a more favorable bias for the non - industrialized countries. However, so far there have been no steps towards coordinating the countries' technical cooperation by setting standards on a technical level or agreeing on general principles - let alone institutionalizing any joint cooperation activities in developing countries. Once again, this can be explained by the heterogeneity of the BRICS group. In spite of sharing a similar position in the political context of international development cooperation (with Russia being somewhat of a particular case), each country has so far developed individual characteristics with regard to geographical focus, areal concentration and volumes and approaches to South - South cooperation, as detailed below.

BRAZIL can be considered one of the most prominent providers of South - South cooperation due to its strong rhetoric of solidarity among developing countries and its accompanying policies in multilateral institutions (e. g. the WTO). South - South cooperation was particularly promoted as part of Brazilian foreign policy under former president Luiz Inácio Lula da Silva (2003 - 2010), a policy that is continued—although with less personal effort—by his successor Dilma Rousseff. Brazil created its official cooperation agency ABC in 1987 as part of the Ministry of Foreign Relations, which administrates a comparatively small budget of roughly US $30 mn (2010) (abreu 2013), most of which is channeled through multilateral institutions. However, other federal ministries and state institutions also engage actively in South – South cooperation, which is why total Brazilian expenditures were estimated to lie between USD $0.4 bn and $1.2 bn in 2010 (Cabral/Shankland 2013; Inoue/Vaz 2012). Brazil focuses on South America and Africa (both receiving about half of the total cooperation) and in Africa on the Portuguese – speaking countries. Its main areas are agriculture, health, humanitarian assistance, and capacity building, and particularly in the former two, Brazil has proven to have expertise that meets international standards. Additionally, Brazil has remitted significant debts from African countries recently. The country engages actively in triangular cooperation—for instance with Japan, Germany and Italy—but firmly maintains its position on not joining the OECD – DAC or adhering to its principles. Most recently, Brazil is discussing the creation of a separate agency for its cooperation with Africa that would combine technical and economic cooperation (Rossi 2013).

RUSSIA is ——as pointed out above ——different from the other BRICS countries when it comes to its role as a development – cooperation provider. Due to its former status as a world power after the Second World War and its relative proximity to the Western industrialized countries, Russia does not present its cooperation in the context of "Southern" solidarity. Furthermore, it is more often seen as a reemerging donor and spends comparatively small volumes on technical cooperation. Although the Russian budget has been growing since 2003, it was estimated to reach half a billion in US dollars in 2012. This is the smallest figure of all G8 countries and less than the estimates for China, Brazil, and India. A shifting can be observed with regard to the way Russia channels these funds: while it used to support primarily multilateral institutions, in 2012 the country spent 61% of its technical – cooperation budget on bilateral projects. As with the other BRICS countries, Russia focuses its cooperation first on its immediate – neighbor countries in Eastern Europe and Central Asia (with 28% in 2011), but Africa is equally important (28%) and comes before

Latin America (20%). This portfolio includes humanitarian assistance and education. With respect to a cooperation agency, Russia has published plans to create a *Russian Agency for International Development* (RAID) IN 2007. The agency was supposed to be operational in 2012 under the control of the Russian Ministry of Finance and Ministry of foreign affairs. However, plans have been put on hold so far due to inter – ministerial struggles over competencies. Russia is the only BRICS country to have signed the OECD – DAC's Paris Declaration and has displayed an approach to cooperation that shows more resemblance to the "traditional donors" than the other four countries (Khamatshin 2013).

INDIA is, again, a prominent case of a Southern development cooperation provider. Due to the country's enormous social discrepancies and its colonial past, the country follows a discourse of South – South rhetoric more similar to Brazil and enjoys some credibility as a representative of developing countries (Debiel/Wulff 2013). As in all BRICS countries, India's preference for development partners lies within its own region—with neighboring countries receiving 85% of Indian cooperation in 2010—but India also has strong ties with Africa (especially Kenia, Tanzania, and Mauritius due to the Indian diaspora that concentrates in these countries). As with the other BRICS countries, it is difficult to account for all indian means related to development cooperation, but estimates reached from USD 420 Mio. to USD 1 Bn. in 2010 (Stuenkel 2010). however, these figures do not include significant financial cooperation and debt relief. India's technical cooperation focuses on poverty reduction, capacity building, and humanitarian assistance. Similarly to Russia, India has published plans to establish its own Indian International Development Cooperation Agency (IIDCA), but—due to internal discordancy—has not yet taken this step, which is why the Ministry of External Affairs (MEA) and its program for *Indian Technical and Economic Cooperation* (ITEC) are the most important coordinators of Indian cooperation. Until Busan, India has maintained a distance from the OECD – DAC and its agenda, and so far appears to continue to be reluctant to engage in triangular cooperation. However, the country participates actively in the dialogue between Northern and Southern development providers.

South Africa, as a development partner, assumes a slightly different role than the other countries; since most of its developmental cooperation is directed to (Southern) Africa, the country has to find a balance between being perceived as a regional power (both in a positive and negative way), being provider of technical co-operation, and being an internationally emerging power that claims to represent its region. In addition, South Africa is the smallest BRICS and its cooperation has a rather small volume, somewhere between US $363 million and US $475 million in 2006 (Sidiropoulos 2008). the country has, therefore, been called a "middle power in development diplomacy" (Vickers 2012). However, South Africa's development cooperation is rather dynamic— with the foundation of its own *South African Development Partnership Agency* (SADPA) as a successor to the *African Renaissance Fund* (ARF). This year—and has taken a leading position in regional development initiatives, like the above mentioned NEPAD. South Africa, like Brazil and India, emphatically embeds its cooperation activities in the context of South – South solidarity and tries to position itself as a representative of its cooperation partners.

CHINA: Due to its economic performance and political weight in international affairs and the volume of its cooperation activities, estimated at USD 1.4 Bn in 2010 (Cabral Shankland 2013), China has received a lot of attention as an emerging donor. during the last decade, China has turned from being a recipient into a "net donor" of cooperation (chin 2012), but has – as the other B (R) ICS – maintained its distance from the "established" donors. Also, China mixes its technical and economic cooperation, making it almost important to obtain reliable data, and has therefore evoked criticism from the DAC members and other observers since its aid is allocated according to different criteria than those of the OECD (Bräutigam 2011; Dreher and Fuchs 2011). However, this does not mean that Chinese cooperation is received negatively by its partner countries (Kagame 2009) – particularly since it focuses on infrastructure and energy. As the other BRICS, China is a heavyweight within its own region and uses South – South cooperation to underpin this role. Still, China also has a strong focus on Africa (Fonseca 2012) and Latin America (Abdenur and Marcondes 2013).

In spite of its role as a global power, China still presents its cooperation as South – South cooperation in order to underline its proximity to its Southern partners and its difference from the Northern donors. As can be seen here, all five BRICS countries have undoubtedly managed to establish themselves as relevant actors in development cooperation. However, they can still be said to be in the stage of defining the exact function and position of development cooperation within their respective foreign policy agendas. Nevertheless, the emergence of the BRICS (and others) on the scene has led to a fundamental discussion about the structure of the, so far, Northern – dominated international development system.

When it comes to the BRICS as a group, it can be said that due to domestic factors in each country and the early stage of their development agendas, the BRICS have not yet reached the point of coordinating their cooperation policies. Also, for India, Brazil, and South Africa, the BRICS group appears not to be necessarily the first choice for coordinating development cooperation. The three countries have founded a cooperation fund in 2004 with support from the United Nations Development Programme (UNDP) in the context of their trilateral forum IBSA (Alden/Vieira 2011) —a fact that can be attributed to russia's different approach to and China's overwhelming weight in South – South cooperation.

Nevertheless, the fact that South – South cooperation has found its place on the BRICS's agenda during the first cycle of summits, however, indicates that this policy field will continue to gain momentum in each country and, therefore, probably, at some point for the whole group. Once again, the foundation of the BRICS Development Bank is the most important indicator for of this process. Although it is designed as a mechanism for financial cooperation in order to foster development in the BRICS countries and cooperation between them, it can easily be turned into a tool to coordinate cooperation with third parties or to finance cooperation projects.

FINAL CONSIDERATIONS: THE INSTITUTIONALIZATION OF COOPETITION AND THE STRENGTHENING OF SYNERGY

At their fifth annual meeting in April 2013, during the last summit of the first cycle, the BRICS announced that they would build their own developing bank, which is expected to be properly and fully launched at the first summit of the second cycle in Fortaleza, Brazil, in 2014. After five years, throughout which representatives from different sectors of the five countries got together to discuss a whole range of issues, the BRICS managed to learn about their own differences and limitations, as well as understand in which areas and how they could act together. During this first cycle, a number of documents, statements, declarations and reports were released, mostly stating that these five countries are willing to cooperate in order to strengthen their own position in the international arena. They are also willing to serve as proxies through which lesser developed countries can increase their bargaining power and develop.

The bank does not yet exist as such, and various studies and analyses are being conducted to understand the scenario in which it will be launched. The studies are also intended to determine the possible structure of the bank and how thefive countries will operate collectively and individually through it. this is the first step towards the institutionalization of the group. It is a step that allows, at the same time, the strengthening of the BRICS as a group and the strengthening of each of the five countries as developing actors in a situation of "*coopetition*".

The idea of *coopetition* relates to the sum of cooperation and competition. It is quite clear that, by launching an institution such as a collective bank, the BRICS learned how to cooperate despite their own differences and divergences. However, at the same time, cooperation does not come without competition. Africa is about to become a game board for a tough chess game involving different actors from all BRICS countries. With a collective bank channeling investments in projects for infrastructure development, companies and contractors from all five countries will compete for resources as well as for space on the African continent. What can be seen is the consolidation of a scenario in which the BRICS cooperate to strengthen their own capacity to compete in the international arena, even if this competition is among themselves and their companies and corporations.

As stated in the ninth article of the The Kwini Declaration from the Durban summit, the BRICS Development Bank is intended as a mechanism to facilitate developing countries such as the BRICS but not only to address more effectively the issue of infrastructure development. This objective is clearly expressed in the ninth article of The Kwini Declaration:

"9. *Developing countries face challenges of infrastructure development due to insufficient long – term financing and foreign direct investment, especially investment in capital stock. This constrains global aggregate demand. BRICS cooperation towards more productive use of global financial resources can make a positive contribution to addressing this problem. In March* 2012 *we directed our Finance Ministers to examine the feasibility and viability of setting up a New Development Bank for mobilizing resources for infrastructure and sustainable development projects in BRICS and other emerging economies and developing countries, to supplement the existing efforts of multilateral and regional financial institutions for global growth and development. Following the report from our Finance Ministers, we are satisfied that the establishment of a New Development Bank is feasible and viable. we have agreed to establish the New Development Bank. The initial contribution to the bank should be substantial and sufficient for the Bank to be effective in financing infrastructure.*"

The consolidation of a BRICS agenda through these first five years of summits created a scenario of synergy among different and innumerous actors from all BRICS countries. These actors have their own agenda, and sometimes these agendas are not exactly in the same tone of the official state agenda, as we can see through the strengthening of a civil – society agency in organizing a counter summit named "BRICS from Below" in Durban 2013. Nonetheless, however divergent these agendas might be, the fact is that the approximation of different actors around the idea of a group of countries such as the BRICS would not be slightly possible without the strengthening of the group itself, which could not happen without the summits and all the events around them.

Through the process of institutionalization around the bank, the BRICS increased this synergy by creating a financing mechanism that allows their companies to find better and more competitive positions in the development of the African continent. This scenario also increases the synergy among other actors as well, in a context where all agendas around the BRICS, including the official, critical, and counter agendas, are strengthened. After five years of annual meetings, the BRICS are still a group of countries full of differences and divergences, but this group managed to build an agenda of cooperation and establish a scenario where a whole range of actors get together for the first time around an improbable group of countries. It is open to discussion whether the BRICS does or does not threaten the status quo in the international arena, but it seems to be a fact that they have opened it to new kinds of orchestration among countries other than the traditional powers from the North, such as the United States or old European countries. Through the synergy established by the BRICS throughout this first cycle of summits, multilateralism continues to grow as an important pillar of the international system.

References

Abdenur, Adriana; Fonseca, João Moura Estevão Marques Da (2013): The North's Growing role in South - South Cooperation: keeping the foothold 34 (8), PP. 1475 - 1491. Available online at http://dx. doi. org/10. 1080/01436597. 2013. 831579.

Abreu, Fernando de (2013): O Brasil e a Cooperação Sul - Sul. Apresentação no BRICS Policy Center. Agência Brasileira de Cooperação - (ABC). Rio de Janeiro, Brazil. Available online at http://bricspolicycenter. org/homolog/arquivos/e. pdf, checked on 8/4/2013.

Alden, Chris; Vieira, Marco Antonio (2011): India, Brazil, and South Africa (IBSA): South - South Cooperation and the Paradox of Regional Leadership. In *Global Governance* 17 (4), PP. 507 - 528.

Badin, Luciana (2012): Os Brics no G20 - as perspectivas de uma unidade. BRICS Policy Center. Rio de Janeiro, Brazil (BRICS Policy Center - Policy Brief). Available online at http://bricspolicycenter. org/homolog/uploads/trabalhos/5786/doc/1537552356. pdf, checked on 12/1/2013.

Bräutigam, Deborah (2011): Aid 'With Chinese Characteristics': Chinese Foreign Aid and-Development Finance Meet the OECD - DAC Aid Regime. In J. Int. Dev 23 (5), PP. 752 - 764. doi: 10. 1002/jid. 1798.

Cabral, Lidia; Shankland, Alex (2013): Narratives of Brazil - Africa Cooperation for Agricultural Development: New Paradigms? Future Agricultures (Working Paper, 51), checked on 3/15/2013. Cintra, Tatiana (2013): Rumoà África. Construção E negocios (Reportagem). Available online at http: //www. revistaconstrucaoenegocios. com. br/materias. php? FhIdMateria = 277, checked on 12/10/2013.

Cooper, Andrew (2013): BRICS in the G - 20 wall. in *Indian Express*, 9/10/2013. Available online at http: //www. indianexpress. com/news/brics - in - the - g20 - wall/1166933/.

Costa Leite, Iara (2012): Cooperação Sul - Sul: Conceito, História E Marcos Interpretativos. In Observador On - line (03), checked on 12 - Apr - 12.

Costas, Ruth (2013): Reunião no G20 é 'teste' para cooperação dos BRICS. In *BBC Brasil*, 9/5/2013. Available online at http: //www. bbc. co. uk/portuguese/noticias/2013/09/130904_ g20_brics_ru. shtml, checked on 12/10/2013.

Debiel, Tobias; Wulff, Herbert (2013): indiens BRICS - Politik: Unentschlossen im Club. BundeszentraleFür politische Bildung (BPB). Available online at http: //www. bpb. de/apuz/173800/indien - unentschlossen - im - club, checked on 11/4/2013.

Denney, Lisa; Wild, Leni (2011): Arab Donors: Implications for Future Development Co-operation. European Development Co - operation to 2020 - EDC2020 (EDC2020, 13). Available online at http: //www. edc2020. eu/fileadmin/publications/edc_2020_ - _Policy_Brief_No_13_ - _Arab_ Donors_Implications_for_Future_Development_Cooperation. pdf, updated on 16 - Mar - 11, checked on 05 - Feb - 12.

Dieter, Heribert (2003): Die Welthandelsorganisation nach Cancún. Hält die neue Macht des Südens an? Stiftung Wissenschaft und Politik (SWP) - Deutsches Institut Fuer Internationale Politik und Sicherheit Berlin. Berlin (SWP - Aktuell, A 34). Available online at http: //www. swp - berlin. org/common/get_document. php? asset_id = 374, checked on 2/26/2009.

Dreher, Axel; Fuchs, Andreas (2011): Rogue Aid? The Determinants of China's Aid Allocation. Edited by Georg - August - Universität Göttingen. Göttingen. Available online at http: //www2. vwl. wiso. uni - goettingen. de/courant - papers/CRC - PEG_DP_93. pdf, checked on 10/19/2011.

Fonseca, João Moura estevão marques da (2012): A China na África e o campo da cooperação internacional para o desenvolvimento. In Adriana Abdenur, Paulo Esteves (Eds.): Os BRICS e a Cooperação Sul - Sul. Rio de Janeiro, Brazil: Editora PUC - Rio, PP. 167 - 194.

Fues, Thomas (2012): At a crossroads. IN D + C - *Development and Cooperation* (7 - 8), PP. 301 - 303. Available online at http: //www. dandc. eu/articles/220599/index. en. shtml.

Halligan, Liam (2011): The BRIC COUNTRIES' Hainan summit could make the G20 redundant. In The Telegraph, 4/16/2011. Available online at http: //www. telegraph. co. uk/finance/comment/liamhalligan/8455956/The – BRIC – countries – Hainan – summit – could – make – the – G20 – redundant. html, checked on 12/10/2013.

Hou, Zhenbo (2013): The BRICS Summit in Durban: too soon to write it off. Overseas Development Institute (ODI). Available online at http: //www. odi. org. uk/opinion/7359 – aid – development – finance – brics – brazil – russia – india – china – south – africa, checked on 12/10/2013. inoue, Cristina Yumie Aoki; Vaz, Alcides Costa (2012): Brazil as 'Southern donor': beyond hierarchy and national interests in development cooperation? In *Cambridge Review of International Affairs* 25 (4), PP. 507 – 534. DOI: 10. 1080/09557571. 2012. 734779. Khamatshin, Albert (2013): Russia, the forgotten donor, BPC Monitor. BRICS Policy Center, Rio de Janeiro. Forthcoming.

Manning, Richard (2006): Will Emerging Donors Change the Face of International Co – operation Development? In Development Policy Review (24 (4)), PP. 371 – 385. Available online at http: //www. oecd. org/dataoecd/35/38/36417541. pdf, checked on 2/27/2009.

Mawdsley, Emma (2011): The changing geographies of foreign aid and development cooperation: contributions from gift theory. In Transactions of the Institute of British Geographers NS 2011, pp. 1 – 17. Available online at http: //onlinelibrary. wiley. com/doi/10. 1111/j. 1475 – 5661. 2011. 00467. x/pdf, checked on 12/27/2011.

Mawdsley, Emma (2012): From recipients to donors. Emerging powers and the changing development landscape. London,, New York: Zed Books.

Momani, Bessma; Ennis, Crystal A. (2012): Between caution and controversy: lessons from the Gulf Arab states as (re –) emerging donors. In *Cambridge Review of International Affairs* 25 (4), pp. 605 – 627. DOI: 10. 1080/09557571. 2012. 734786.

Naím (2007): Rogue Aid. What's wrong with the foreign aid programs of China, Venezuela, and Saudi Arabia? They are enormously generous. And they are toxic. In Foreign Policy (March/April 2007), pp. 95 – 96. Available online at http: //web. ebscohost. com/ehost/pdfviewer/pdfviewer? vid = 4&hid = 108&sid = b3338981 – fd9d – 4e80 – aa3d – b59e0eae2fd4% 40sessionmgr104, checked on 4/20/2011.

ODI (2010): The G – 20 in 2010: cementing the BRICKS of development. Overseas Development Institute (ODI) (Policy Brief). Available online at http: //www. odi. org. uk/sites/odi. org. uk/files/odi – assets/publications – opinion – files/5922. pdf.

Park, Kang – Ho (2011): New Development Partners and a Global Development Partnership. In Homi Kharas, Koji Makino, Woojin Jung (EDS.): Catalyzing development. A new vision for aid. Washington, D. C: Brookings Institution Press, pp. 38 – 60.

Quadir, Fahimul (2013): Rising Donors amd the New Narrative of 'South – South' Co-operation: what prospects for changing the landscape of development assistance programmes? In *Third World Quarterly* 34 (2), PP. 321 – 338. Available online at http://www.tandfonline.com/doi/abs/10.1080/01436597.2013.775788, checked on 4/24/2013.

Rossi, Amanda (2013): Governo Dilma implementa 'agenda África' para ampliar relações. estão em jogo o aumento do comércio e dos investimentos brasileiros no continente e também o reforço da cooperação Sul – Sul. In estado de São Paulo, 10/29/2013. Available online at http://www.estadao.com.br/noticias/cidades, governo – dilma – implementa – agenda – africa – para – ampliar – relacoes, 1090701, 0. htm, checked on 10/30/2013.

Rowlands, Dane (2012): individual BRICS or a Collective bloc? convergence and divergence amongst 'emerging donor' nations. In *Cambridge Review of International Affairs* 25 (4), PP. 629 – 649. DOI: 10.1080/09557571.2012.710578.

Sidiropoulos, Elizabeth (2008): Emerging Donors in International Development Assistance: The South Africa Case. One of five reports on the role played by emerging economies in funding international development. International Development Research Center – IDRC. Canada (Emerging Donors Study). Available online at http://www.idrc.ca/uploads/user – s/12441475471Case_of_South_Africa.pdf, updated on 3/19/2008, checked on 3/6/2009.

Singh, Rajesh Kumar (29.03.2102): BRICS flay West over IMF reform, monetary policy. Available online at http://ca.reuters.com/article/topNews/idcabre82s05k20120329, checked on 12/10/2013.

Smith, Gordon (2011): G7 TO G8 TO G20: Evolution in Global Governance (CIGI G20 Papers, 6). Available online at G7 to G8 to G20: Evolution in Global GovErnancE.

Su Tcdc (1978): Buenos Aires Plan of Action. United Nations Special Unit for TCDC. New York. Available online at http://ssc.undp.org/content/dam/ssc/documents/Key% 20Policy% 20 Documents/BAPA.pdf, checked on 12/10/2013.

Stuenkel, Oliver (2010): Responding to Global Development Challenges. Views from Brazil and India. Deutsches Institut Für Entwicklungspolitik / german development institute (die Discussion Paper, 11/2010). Available online at http://www.die – gdi.de/CMS – Homepage/openwebcms3.nsf/ (ynDK_contentByKey) /ANES – 89YHBD/ $ FILE/DP% 2011.2010.pdf, checked on 5/10/2011.

Vickers, Brendan (2012): Towards a new aid paradigm: South Africa as African Development partner. In Cambridge review of International Affairs 25 (4), PP. 535 - 556. DOI: 10. 1080/09557571. 2012. 744638.

Wihardja, Maria Monica (2011): The G20 and the BRICS: How to manage the politics? East Asia Forum. Indonesia. Available online at http: //www. eastasiaforum. org/2011/04/06/the - g20 - and - the - brics - how - to - manage - the - politics/, checked on 12/10/2013.

Urban Inequality in the BRICS

Rasigan Maharajh *

INTRODUCTION

This Factsheet On Urban Inequality In Brazil, Russia, India, China And South Africa (BRICS) is concerned with urbanisation and inequality in the five countries. It comprises three sections. After this general introduction, It moves to present data about the process of urbanisation. A proxy for inequality is introduced through using information about slums. The third and final section raises some of the emergent challenges and is suggestive of an orientation towards zeroing inequality in urbanisation as a means towards achieving a better life for all.

By 2013, more than half of the world's population now live in urban areas, though this level of urbanisation is unevenly distributed across the regions. In 2011, this number has been estimated as 3. 6 billion people (UN: 2012). Urbanisation is also not an unambiguous concept as different countries utilise different definitions of 'urban'. According to UNSTATS, the BRICS utilise the following administrative definitions: [Brazil] 'Urban And Suburban Zones Of Administrative Centres Of Municipalities And Districts;' [Russia] 'Cities And Urban - Type Localities, Officially Designated As Such, Usually According To The Criteria Of Number Of inhabitants and predominance of agricultural, or number of non - agricultural workers and their Families;' [India] 'Towns (Places With Municipal Corporation, Municipal

* Rasigan Maharajh, Chief Director: Institute For Economic Research On Innovation, Faculty Of Economics And Finance, Tshwane University of Technology, South Africa.

Area Committee, Town Committee, Notified Area Committee Or Cantonment Board); also, all places having 5 000 or more inhabitants, a density of not less than 1 000 persons per square mile or 400 per square kilometre, pronounced urban characteristics and at least three fourths of the adult male population employed in pursuits other than agriculture;' [China] 'cities only refer to the cities proper of those designated by the State Council. In the case of cities with district establishment, the city proper refers to the whole administrative area of the district if its population density is 1 500 people per kilometre or higher; or the seat of the district government and other areas of streets under the administration of the district if the population density is less than 1 500 people per kilometre. In the case of cities without district establishment, the city proper refers to the seat of the city government and other areas of streets under the administration of the city. For the city district with the population density below 1 500 people per kilometre and the city without district establishment, if the urban construction of the district or city government seat has extended to some part of the neighbouring designated town (s) or township (s), the city proper does include the whole administrative area of the town (s) or township (s);' and [South Africa] 'places with some form of local authority' (UNSTATS: 2005: Table 6).

Human society has evolved and expanded from its primitive roots as a hominid species rooted in survivalist activities of foraging, hunting and gathering to increasingly more complex organisation (maharajh: 2013, amongst others). Transitioning across various modes of production from Palaeolithic times, across a Neolithic era, into farming and settlements, saw larger concentrations of people beginning to better coordinate their efforts, accumulate knowledge and transfer know – how across generations. Urbanisation was undoubtedly facilitated by improvements in agriculture and medicine which afforded a steadier supply of nutrition and the capability to manage diseases. Beyond the advent of industrial capitalism in the 18th century, urbanisation accelerated. In the current context, some such as David Harvey argue that "urbanisation has played a particularly active role, alongside such phenomena as military expenditures, in absorbing the surplus product that capitalists perpetually produce in their search for profits" (2008). The un now reckons that approximately

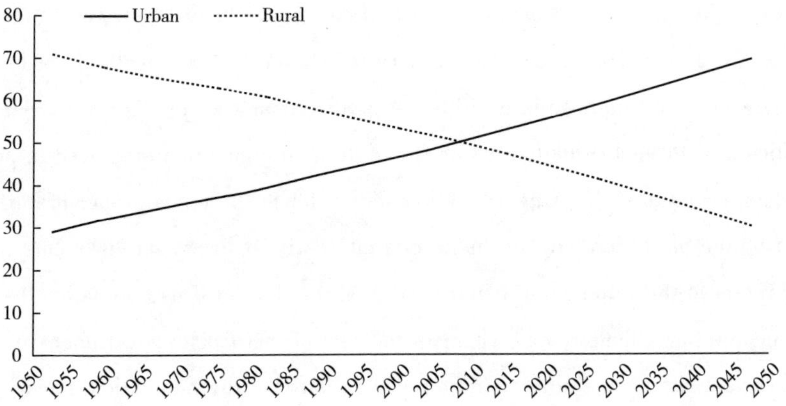

Figure 1: Global Demographic Transition

Percetage of World Population.

80% of world gross domestic product is generated by urban area's (2013: 15).

As indicated in Figure 1, it is only at the end of the 20th Century, that human society now for the majority lives in urban environments. Whilst the term urban is prone to a multiplicity of meanings, 'urbanisation' is now increasingly recognised as a "multidimensional process that manifests itself through rapidly changing human populations and changing land cover" (elmqvist et al: 2013: x). The un has variously estimated that the demographic transition happened in 2007. Notwithstanding the definitional problems, by 2010, six of the ten largest urban agglomerations in the world: delhi, São paulo, shanghai, bombay, beijing, and kolkata, were located within the BRICS (un: 2012).

The spectre of inequality looms large across all the countries that comprise the World Systems in the 21st Century of the Common Era. Inequality amongst people is however not intrinsically embedded within the evolutionary development of the human species. Inequality is largely a socio – economic construction that is structurally and cyclically determined by the political economy of production, distribution, exchange and consumption systems whereby people are organised and wherein their material necessities for life are generated. The political economy refers to the "the social relations, particularly the power relations, that mutually constitute the production, distribution, and consumption of resources" (Mosco: 2009: 2). It is through these core social relations that the phenomenon of inequity is established and the consequent disadvantages reproduced across generations. As asserted by Peter Critchley, a "particular city cannot be divorced from the encompassing political economy within which it is embedded and through which it manifests its particular functions and form" (2004). For kuniko fujita, " (c) ontemporary urban theories tend to imply that globalisation, neoliberalisation, and technological changes are the cause of growing class inequality, poverty, and social and spatial polarization in cities" (2013: 34 –35).

URBANISATION IN THE BRICS

The following Table 1 compiles the percentage of the BRICS population that live in areas that are classified as urban according to the criteria previously mentioned.

Table 1: Population Living in Urban Areas

(%)

Country	1990	2000	2007	2011
Brazil	85	81	75	85
Russia	73	73	73	74
India	29	28	26	31
China	43	36	28	51
South Africa	60	57	52	62

Source: World Health Organization (2013) World Health Statistics.

All five countries are increasing their urban share of their populations. The rate of this change is differentiated and takes place through significantly different population scales. The resulting dynamics are therefore uneven.

Table 2: Annual Rate of Change of Percentage Urban

(%)

Country	1990 – 1995	1995 – 2000	2000 – 2005	2005 – 2010	2010 – 2015
Brazil	0. 97	0. 90	0. 40	0. 36	0. 32
Russia	-0. 01	-0. 01	-0. 11	0. 20	0. 23
India	0. 81	0. 78	1. 10	1. 13	1. 15
China	3. 16	2. 95	3. 40	2. 93	2. 44
South Africa	0. 92	0. 86	0. 81	0. 76	0. 70

Source: UN (2011 & 2012) World Population Prospects: The 2010 Revision & World Urbanisation Prospects: The 2011 Revision.

As is evident in Table 2, the actual annual rate of change of the percentage of BRICS population in designated urban areas is generally small. All countries indicate marginal decreases in the rate of change and thereby signal a slowing in the process of urbanisation. A partial explanation for this is found in Table 3.

Table 3: Urban Population As a Percentage of The Total Population

Country	1950	1960	1970	1980	1990	2000	2010	2020	2030
Brazil	37	46	57	67	75	81	86	89	90
Russia	45	54	62	70	73	73	73	75	78
India	17	18	20	23	26	28	30	35	41
China	13	16	17	20	27	36	45	53	60
South Africa	43	47	48	48	49	57	64	70	74

Notes

Estimate Variant for years 1950 to 1990.

Medium Variant for years 2000 to 2030.

Source: UN (2013) World Population Prospects: the 2012 Revision.

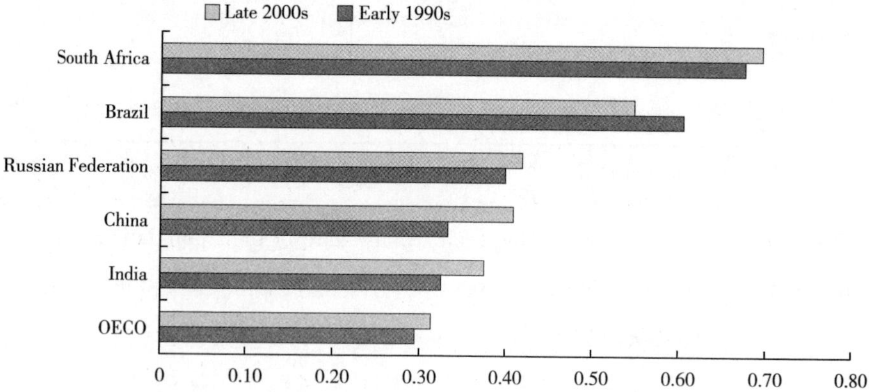

Figure 2: Change in Inequality Levels in BRICS and OECD, Early 1990s Versus Late 2000s① (Gini Coefficient of Household Income②)

① Figures for the early 1990s generally refer to 1993, whereas figures for the late 2000s generally refer to 2008.

② Per capita consumption was used. Equivalisation is a technique in economics in which members of a household receive different weightings. Total household income is then divided by the sum of the weightings to yield a representative income.

Table 3 shows that other than the large population countries of China and India, all of the other three BRICS members already have more than the majority of their population's already in urban settings. Brazil has the highest proportion of its population urbanised, followed by Russia, South Africa, China and Indiain rank order. Whilst Brazil has undoubtedly urbanised to a larger extent than the rest of the BRICS, Martine and McGranahan notes that contemporary difficulties confronting brazil originate from two principal factors: "A historically rooted and enduring structure of social inequality, and the persistent failure to foresee, accept and plan for massive urban growth" (2010: 1). In distinction, figure 2 provides data that indicated that all of the BRICS with the exception of Brazil increased their levels of household income inequality between the early 1990s and the late 2000s.

Becker et al reminds us that " (u) nder socialism, the course of urbanization is not distorted by class antagonism, social and racial inequality, the struggle waged by monopolies, and, therefore, it does not result in a crisis of towns.

Settling is not distorted so as to contradict to the requirements extended by economic and social progress" (2012: 19: quoting gokhman et al①). It is not only Russia, which is similarly Afflicted. In response to rising inequality in china, yeh et al argue that the "initial call to 'let some people and some regions get rich first' activated development initiatives in both rural and urban areas three decades ago. Now it seems time to emphasize the latter part of that slogan – 'to eventually achieve common prosperity'" (2011: 30). As both of these countries emphasise market mechanisms, the coordinated planned past tends to transmute into area's displaying increased levels of urban inequality.

In the case of india, kundu shows that whilst rural inequality has been reduced, " (p) overty in urban areas can be attributed partly to lack of economic growth and partly to the inequality of the growth that has occurred" (2011: 30). With south africa, being the world leader in inequality, turok notes that "The high levels of in-

① Gokhman, V.; G. Lappo; I. mayergoiz; and J. mashbits (1976) geographic aspects of urbanization and its peculiarities in countries with different social systems, geoforum 7 (4) 271 – 283.

come inequality and spatial segregation are reinforced by big disparities in the quality of schools, infrastructure and useful social networks, with the result that socio – economic status, race and space overlap and compound each other. poor households cannot afford to buy or rent even small a in well – located areas, except perhaps through some informal arrangement. Many are forced into poverty traps on the margins of the city as a result of inequality generated in the labour market and reflected in the land market. the poorest of the poor are forced to occupy 'Leftover' land that is vulnerable to natural and human hazards" (2012: 42).

Accompanying urbanisation has been an increase in the numbers of people that are relegated to slum conditions within urban areas. un – habitat defines a slum household as a group of individuals living under the same roof in an urban area who lack one or more of the following:

1. Durable housing of a permanent nature that protects against extreme climate-conditions.

2. Sufficient living space which means not more than three people sharing the same room.

3. Easy access to safe water in sufficient amounts at an affordable price.

4. Access to adequate sanitation in the form of a private or public toilet shared by a reasonable number of people.

5. Security of tenure that prevents forced evictions (UN – habitat: 2012).

Mike davis produced a seminal text on the subject in his planet of slums (2006). The work does indeed offer 'A periodisation of the principal trends and watersheds in the urbanisation of world poverty' since 1945. However, as eminently recognised by richard pithouse such an ambitious and grand narrative then tends towards an "over – totalising and over – apocalyptic account of slum politics and culture, as well as for effectively being more interested in the narratives of the oppressors – the World Bank, UN, NGOs, and US military – than of the urban oppressed themselves" (2006). In discussing the following data – sets, it is important to remember the trap mentioned above and seriously seek not to reproduce the resulting error. Table 4 provides data about the extent of slum populations in most of the

BRICS. No data was available for Russia in the UN Databases.

Table 4: Slum Population in Urban Areas

Country	1990		1995		2000		2005		2007		2009	
Brazil	40526984	1	42788979	1	4404358	1	45428464	2	45309388	2	44947237	23
India	121021917	7	122230851	7	119698266	7	112912592	89	109101620	9	104678918	93
China	131669895	54	151437434	54	169102156	54	183543800	6	182934182	6	180559661	6
South Africa	8833968	10	8949709	10	8475267	10	8179318	113	6813931	12	7055354	12

Notes: 1 – DHS 1986, 1991, 1996. 2 – Sao Paolo UIS 2006, Census 2000 and DHS 1986, 1991, 1996. 3 – Trend analysis was used to estimate the percentage of slum. 4 – Estimation based on two components Water and Sanitation. 5 – UNICEF/WHO JMP Water and Sanitation. 6 – computed from the annex of the state of the world's cities report 2006/7. 7 – DHS 1993, 1998/99. 8 – Trend Analysis used to estimate 2005 slum. 9 – DHS 2005 and other sources. 10 – DHS 1998 and other sources. 11 – DHS 1998, Census 2001. 12 – CENSUS 2007.

Source: Un (2013) Millennium Development Goals Database.

The patterns emergent in Table 4 suggest that slum conditions are transitory in nature.

The massive differences as measured within the 5 – year periods show that in many instances, redressing the form of exclusion and inequity engendered by slums are indeed amenable to reform and transformation. Table 5 sharpens this perspective by showing the general tendency towards the reduction of slum populations as a percentage of the total urban demographic in the BRICS.

Table 5: Slum Population as Percentage of Urban

Country	1990		1995		2000		2005		2007		2009	
Brazil	36. 7	1	34. 1	1	31. 5	1	29. 0	2	28. 0	2	26. 9	2, 3
India	54. 9	7	48. 2	7	41. 5	7	34. 8	8, 9	32. 1	9	29. 4	9, 3
China	43. 6	5, 4	40. 5	5, 4	37. 3	5, 4	32. 9	6	31. 0	6	29. 1	6
South Africa	46. 2	10	39. 7	10	33. 2	10	28. 7	11, 3	23. 0	12	23. 0	12

Notes: 1 – DHS 1986, 1991, 1996. 2 – Sao Paolo UIS 2006, Census 2000 and DHS 1986, 1991, 1996. 3 – Trend analysis was used to estimate the percentage of slum. 4 – Estimation based on two components Water and Sanitation. 5 – unicef/who jmp Water and Sanitation. 6 – computed from the annex of the state of the world's cities report 2006/7. 7 – DHS 1993, 1998/99. 8 – Trend Analysis used to estimate 2005 slum. 9 – DHS 2005 and other sources. 10 – DHS 1998 and other sources. 11 – DHS 1998, Census 2001. 12 – census 2007.

Source: Un (2013) Millennium Development Goals Database.

CONTEMPORARY AND PROSPECTIVE CHALLENGES

The dynamic relationship between relations of production, consumption and exchange and the structure of power embodied in the state and exercised through institutional forms weigh heavy on the urban environment. As the BRICS countries increase their share of urbanised populations, the prerogatives of accumulation and the contradictions embedded in ecological and planetary boundaries will undoubtedly exasperate tensions and stresses. UNICEF has argued that "evidence from india, china and brazil indicates very clearly that efforts to ease inequalities generate larger dividends for poverty reduction than a more conventional focus on economic growth" (2010). Expanding this assertion wider, joan clos, stated in welcoming delegates to the 24th session of the governing council of un – habitat that " (W) e have to remind ourselves that throughout history, urbanization has always been the process by which societies have been transformed to higher levels of development. In fact, we can assert that there is a proven, powerful and positive correlation between urbanization and development in spite of the challenges of urbanization. The experience of most of the BRIC and newly industrialized countries, including the big Asian economies, has demonstrated the power of urbanization as an engine of development" (2013).

David harvey had suggested that the "democratization of the right to the city and the construction of a broad socialmovement to enforce its will is imperative, if the dispossessed are to take back control of the city from which they have for so long been excluded and if new modes of controlling capital surpluses as they work through urbanisation processes are to be instituted" (2008). In redressing the challenges of urban inequality, ensuring participative and transparent forms of inclusion offer the BRICS an alternative path towards realising better lives for its citizenry. The increasing capacity of the individual countries of BRICS to better mobilise their domestic capabilities and global competencies provides a beacon of hope to the developing world as a whole. as noted by mcgranahan, "(L) ess industrialised nations can learn a lot from the BRICS experiences – both good and bad – and so steer their own urbanisation onto a more secure path" (2013).

The persistence of urban inequality demands bold and assertive actions to break the cycles of underdevelopment, unemployment, poverty and inequality. The BRICS have both thestructure and the agency to fulfil this manifest destiny as established in the bandung conference of 1955. The 2014 Summit of BRICS provides the platform to realise political self – determination, mutual respect for sovereignty, non – aggression, non – interference in internal affairs, and equality.

BRAZIL

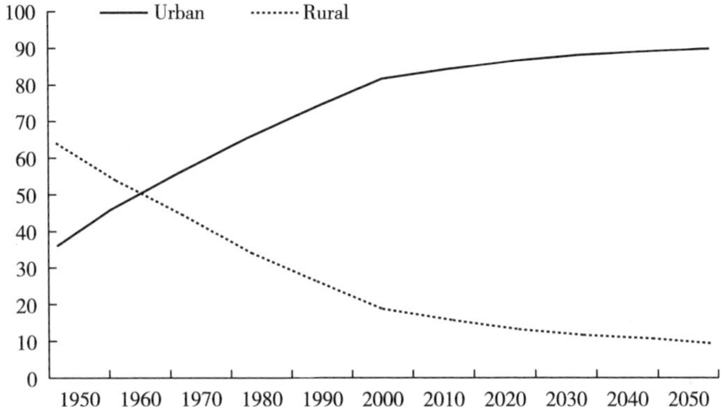

Proportion Urban and Rural①

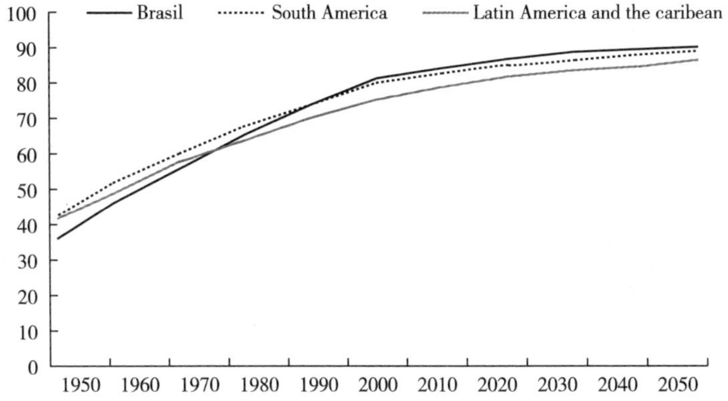

Proportion Urban by Region and Major Area②

① Proportions of urban and rural population in the current country or area in percent of the total population, 1950 to 2050.

② Proportions of urban population in the current country as compared to the major area and region in which this country is located. The proportion is expressed in percent of the population between 1950 and 2050.

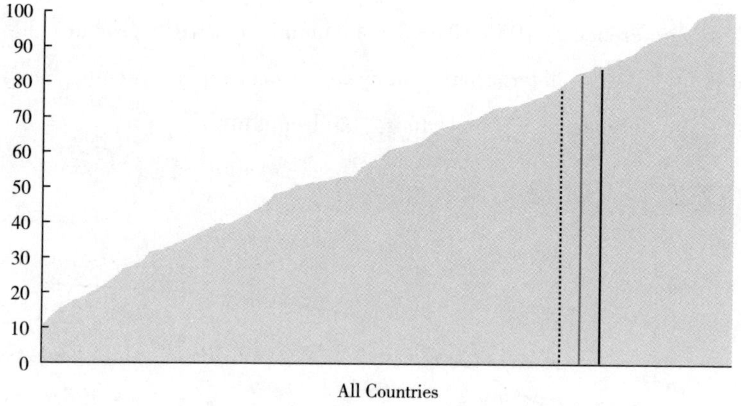

Proportion Urban by Country①

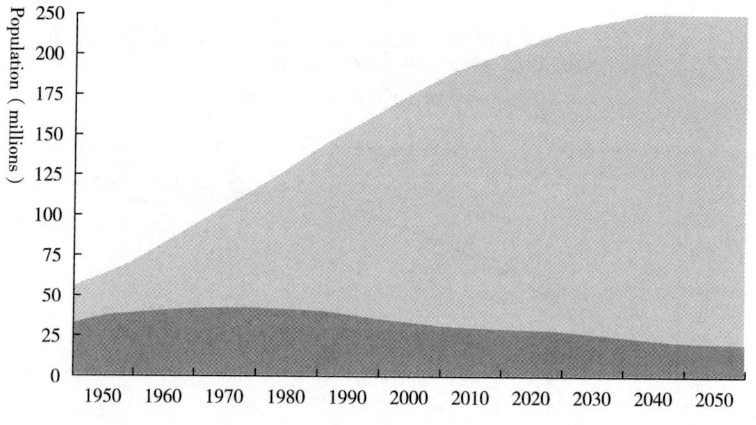

Urban and Rural Population②

① Proportion of urban population in the current country (black line), major area (gray line) and region (dotted line) as compared to the ranked urban proportions of all countries of the world (gray area). The figure illustrates what level of urbanisation a country has compared to its major area and region, as well as compared to all other countries of the world.

② Urban and rural population in the current country.

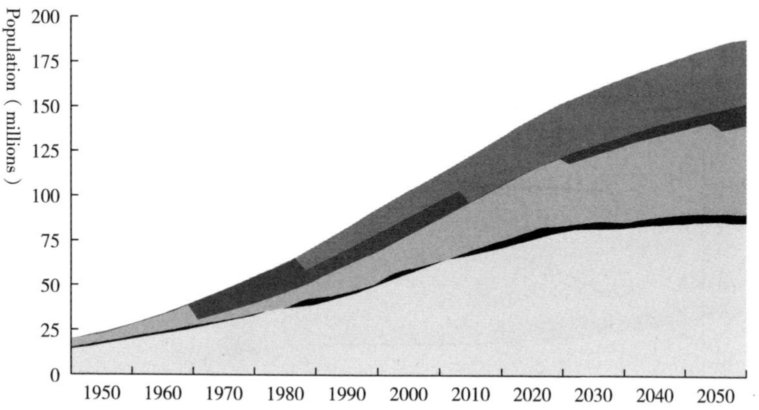

Urban Population by City Size Class①

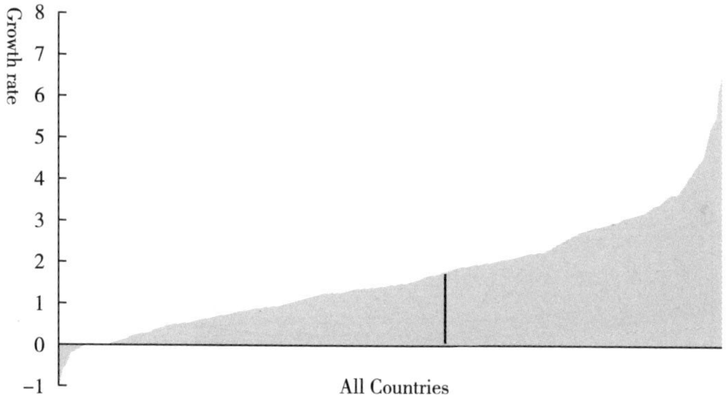

Growth Rate Proportion Urban, 1950 – 2011②

① Urban population of the current country by size class of its urban agglomerations in 2011. The area is a residual category, which includes all cities and urban agglomerations with a population of less than 750, 000 inhabitants. The size classes correspond to the legend below:

1, <750 TH
2, 750 TH-1M
3, 1-5M
4, 5-10M
5, >10m

② Average annual growth rate of the urban population of the current country between 1950 and 2011 (black line), as compared with the average annual growth rates of the urban population of all countries of the world (grey area). The figure illustrates that urban growth rates between 1950 and 2011 were positive in the great majority of the countries of the world. Only a few countries had negative urban growth rates – indicating that their urban proportion was declining between 1950 and 2011.

RUSSIA

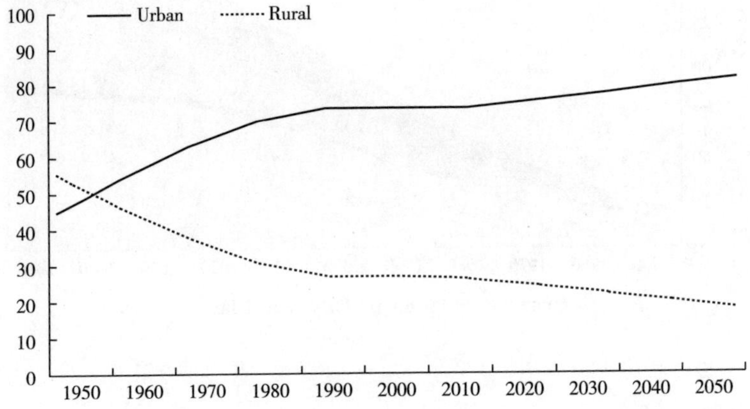

Proportion Urban and Rural①

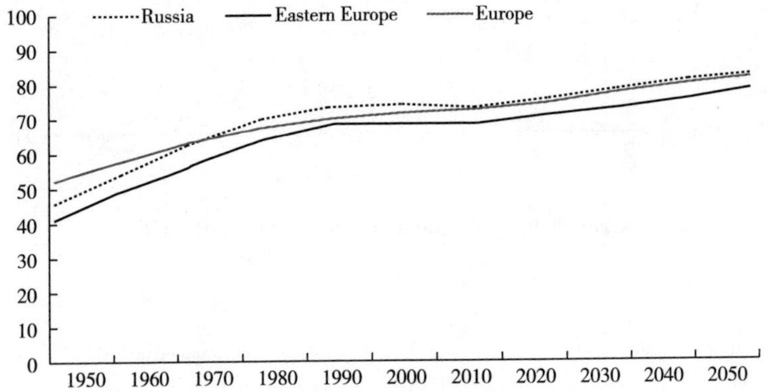

Proportion Urban By Region and Major Area②

---

① Proportions of urban and rural population in the current country or area in percent of the total population, 1950 to 2050.

② Proportions of urban population in the current country as compared to the major area and region in which this country is located. The proportion is expressed in percent of the population between 1950 and 2050.

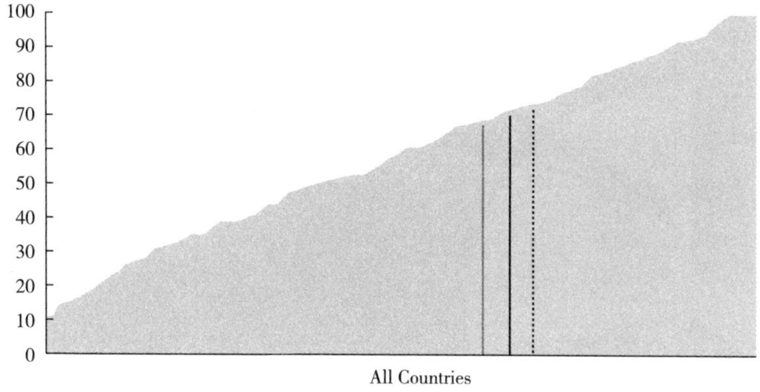

Proportion Urban by Country①

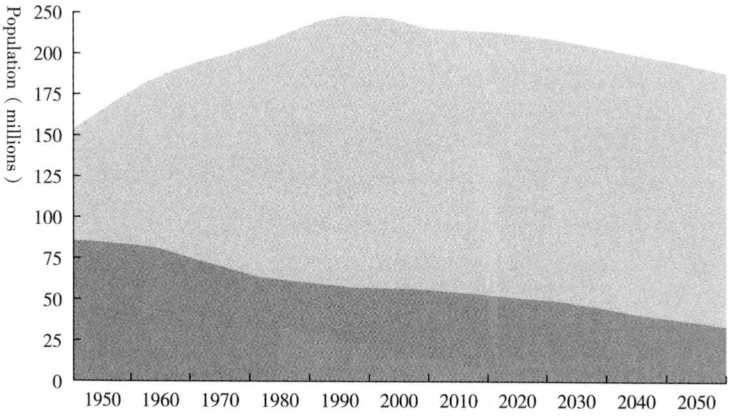

Urban and Rural Population②

① Proportion of urban population in the current country (dotted line), major area (bcack line) and region (gray line) as compared to the ranked urban proportions of all countries of the world (gray area). The figure illustrates what level of urbanisation a country has compared to itsmajor area and region, as well as compared to all other countries of the world.

② Urban and rural population in the current country.

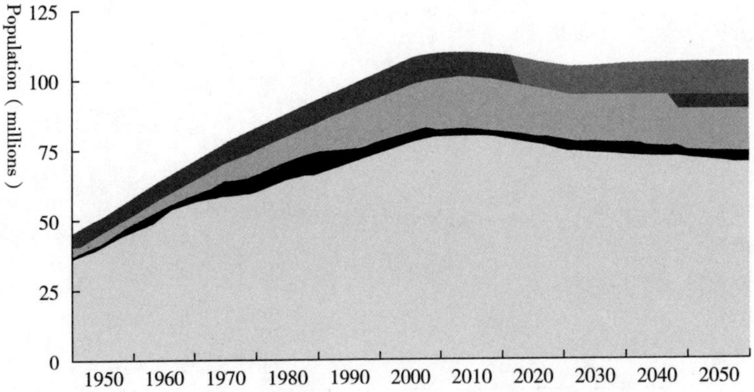

Urban Population by City Size Class①

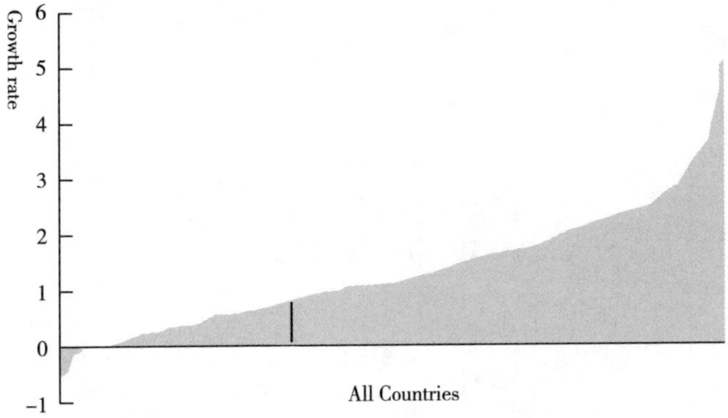

Growth Rate Proportion Urban, 1950 – 2011②

---

① Urban population of the current country by size class of its urban agglomerations in 2011. The area is a residual category, which includes all cities and urban agglomerations with a population of less than 750, 000 inhabitants. The size classes correspond to the legend below:

1, <750 TH
2, 750 TH-1M
3, 1-5M
4, 5-10M
5, >10m

② Average annual growth rate of the urban population of the current country between 1950 and 2011 (black line), as compared with the average annual growth rates of the urban population of all countries of the world (grey area). the figure illustrates that urban growth rates between 1950 and 2011 were positive in the great majority of the countries of the world. Only a few countries had negative urban growth rates – indicating that their urban proportion was declining between 1950 and 2011.

INDIA

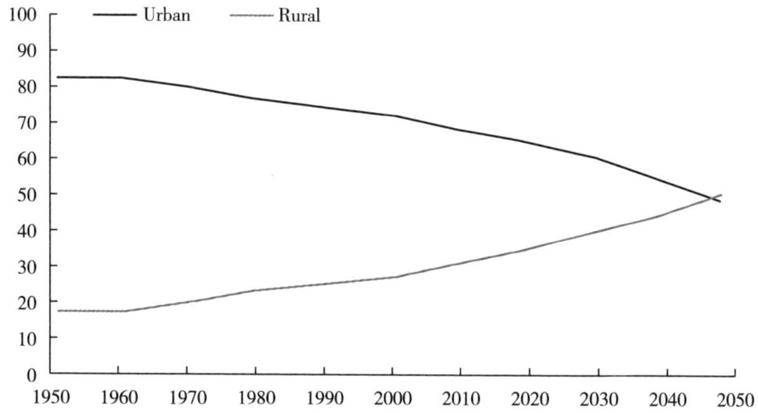

Proportion Urban and Rural①

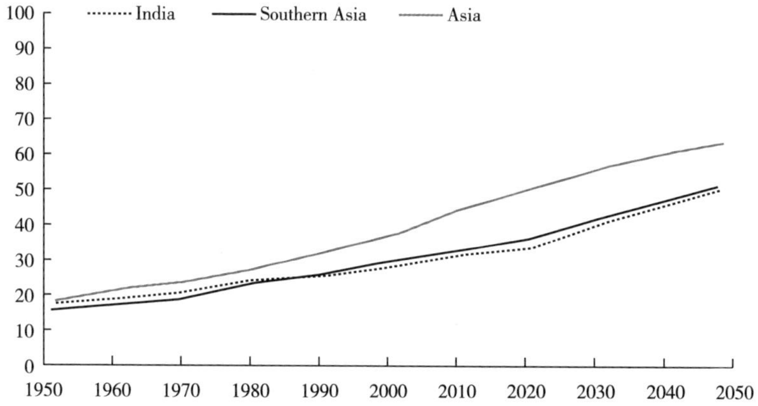

Proportion Urban by Region and Major Area②

① Proportions of urban and rural population in the current country or area in per cent of the total population, 1950 to 2050.

② Proportions of urban population in the current country as compared to the major area and region in which this country is located. The proportion is expressed in per cent of the population between 1950 and 2050.

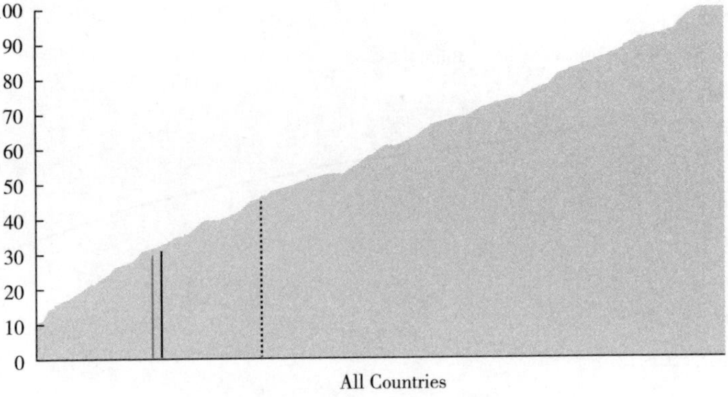

Proportion Urban by Country①

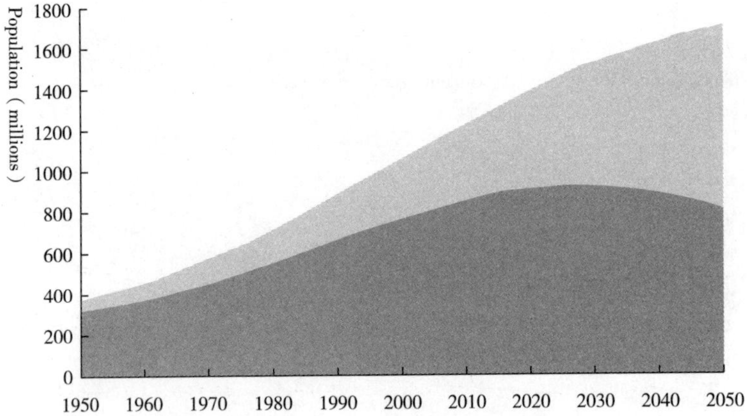

Urban and Rural Population②

① Proportion of urban population in the current country (gray line) , major area (black line) and region (dotted line) as compared to the ranked urban proportions of all countries of the world (gray area) . the figure illustrates what level of urbanisation a country has compared to its major area and region, as well as compared to all other countries of the world.

② Urban and rural population in the current country.

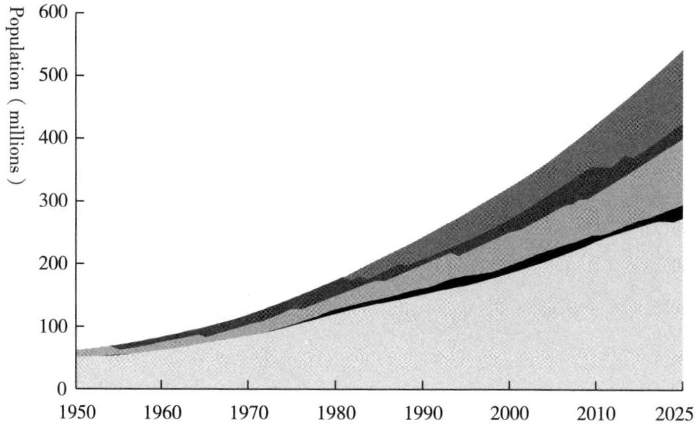

Urban Population by City Size Class①

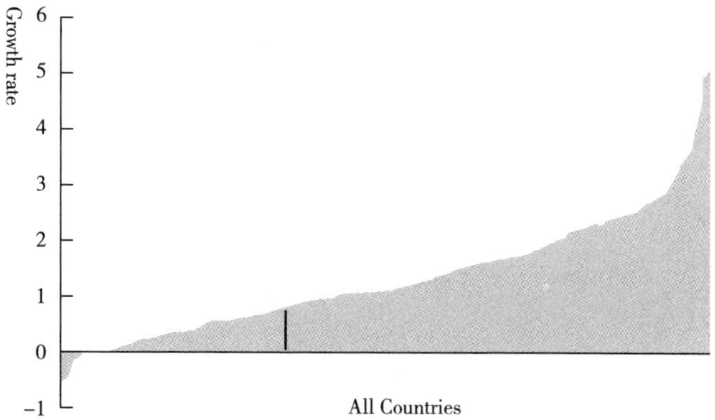

Growth Rate Proportion Urban, 1950 - 2011②

---

① Urban population of the current country by size class of its urban agglomerations in 2011. The area is a residual category, which includes all cities and urban agglomerations with a population of less than 750, 000 inhabitants. The size classes correspond to the legend below:

1, <750 TH
2, 750 TH-1M
3, 1-5M
4, 5-10M
5, >10m

② Average annual growth rate of the urban population of the current country between 1950 and 2011 (black line), as compared with the average annual growth rates of the urban population of all countries of the world (grey area). the figure illustrates that urban growth rates between 1950 and 2011 were positive in the great majority of the countries of the world. Only a few countries had negative urban growth rates – indicating that their urban proportion was declining between 1950 and 2011.

CHINA

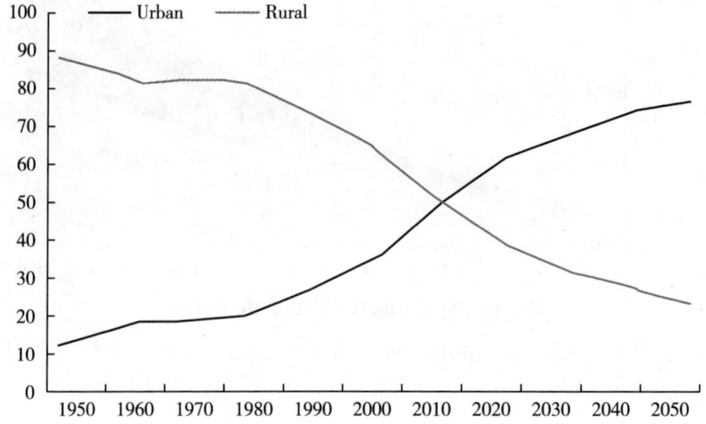

Proportion Urban and Rural①

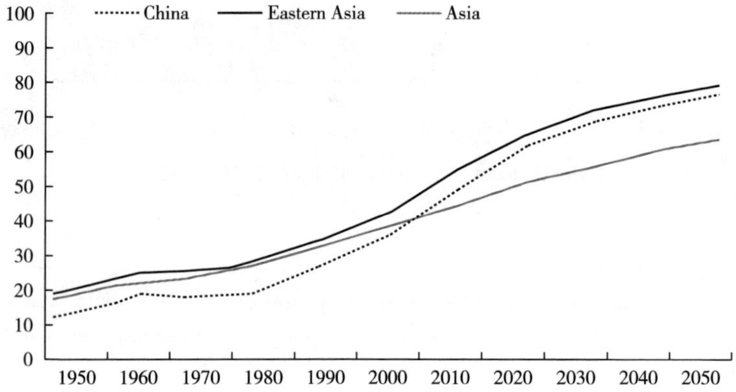

Proportion Urban by Region and Major Area②

---

① Proportions of urban and rural population in the current country or area in per cent of the total population, 1950 to 2050.

② Proportions of urban population in the current country as compared to the major area and region in which this country is located. The proportion is expressed in per cent of the population between 1950 and 2050.

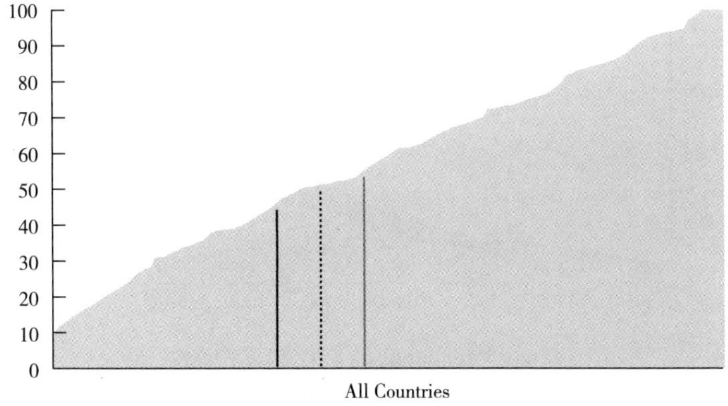

Proportion Urban by Country①

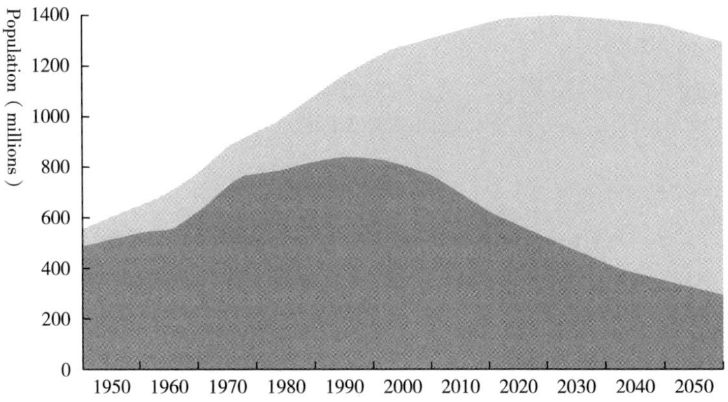

Urban and Rural Population②

① Proportion of urban population in the current country (dotted line), major area (gray line) and region (black line) as compared to the ranked urban proportions of all countries of the world (gray area). the figure illustrates what level of urbanisation a country has compared to its major area and region, as well as compared to all other countries of the world.

② Urban and rural population in the current country.

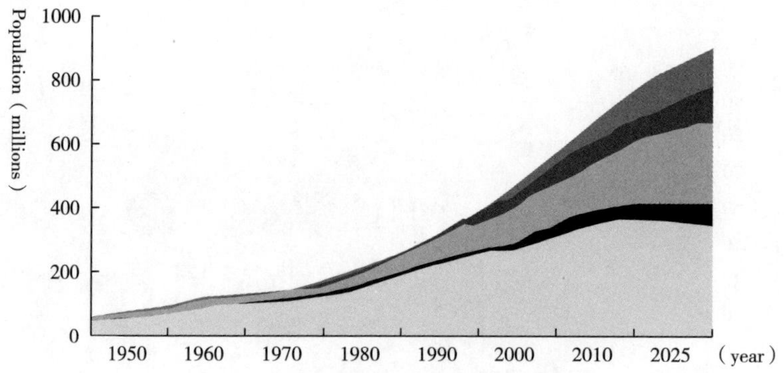

Urban Population by City Size Class①

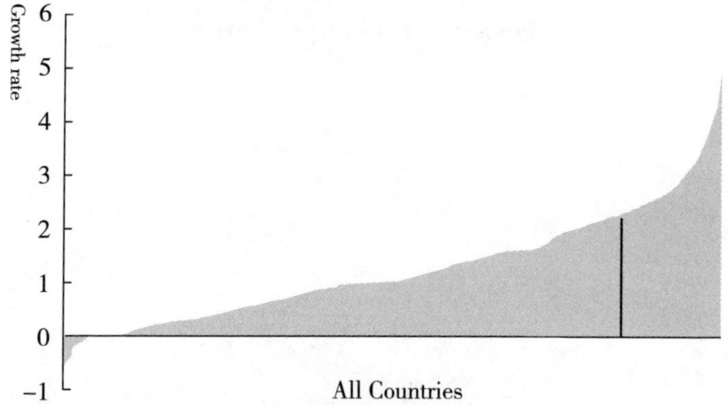

Growth Rate Proportion Urban, 1950 – 2011②

① Urban population of the current country by size class of its urban agglomerations in 2011. The area is a residual category, which includes all cities and urban agglomerations with a population of less than 750, 000 inhabitants. The size classes correspond to the legend below:

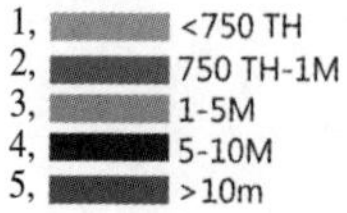

② Average annual growth rate of the urban population of the current country between 1950 and 2011 (black line), as compared with the average annual growth rates of the urban population of all countries of the world (grey area). the figure illustrates that urban growth rates between 1950 and 2011 were positive in the great majority of the countries of the world. Only a few countries had negative urban growth rates – indicating that their urban proportion was declining between 1950 and 2011.

SOUTH AFRICA

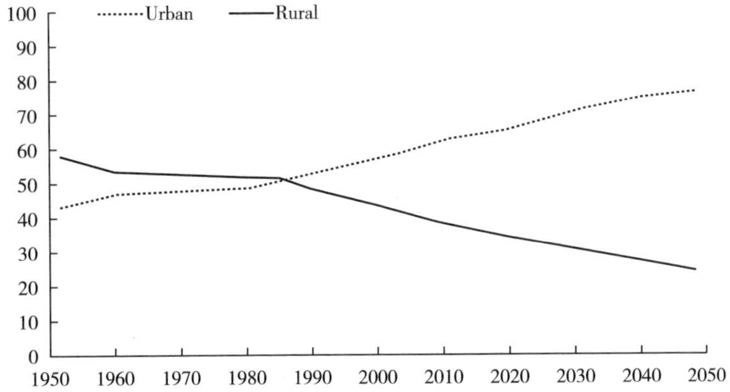

Proportion Urban and Rural①

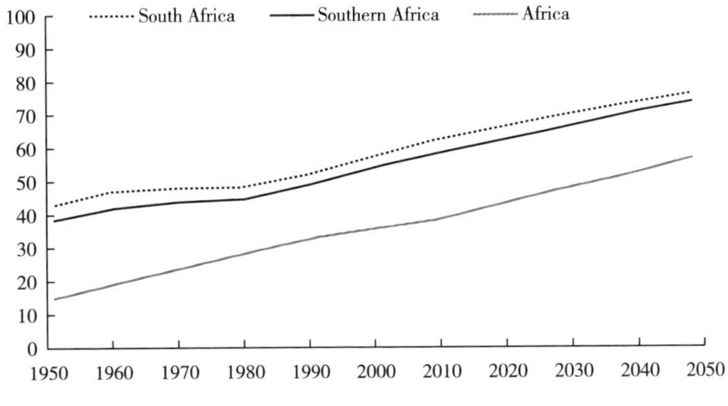

Proportion Urban by Region and Major Area②

① Proportions of urban and rural population in the current country or area in per cent of the total population, 1950 to 2050.

② Proportions of urban population in the current country as compared to the major area and region in which this country is located. The proportion is expressed in per cent of the population between 1950 and 2050.

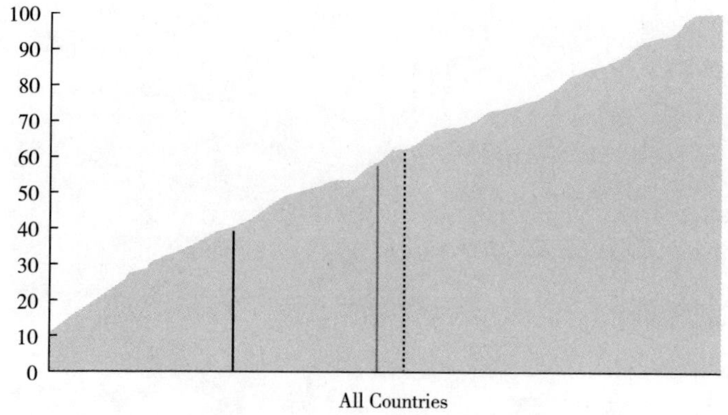

Proportion Urban by Country①

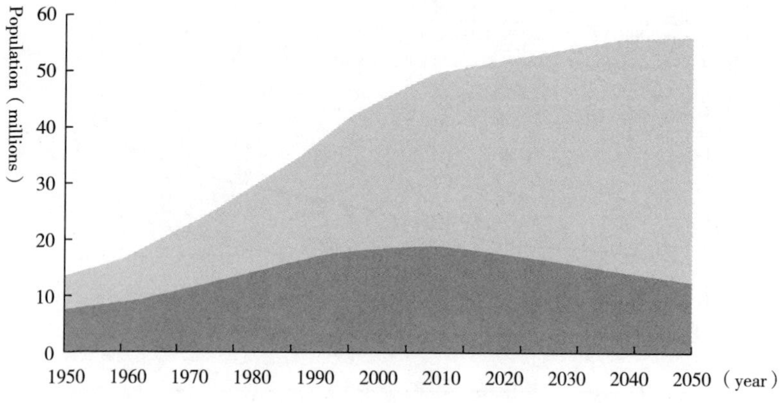

Urban and Rural Population②

① Proportion of urban population in the current country (dotted line), major area (gray line) and region (black line) as compared to the ranked urban proportions of all countries of the world (gray area). the figure illustrates what level of urbanisation a country has compared to its major area and region, as well as compared to all other countries of the world.

② Urban and rural population in the current country.

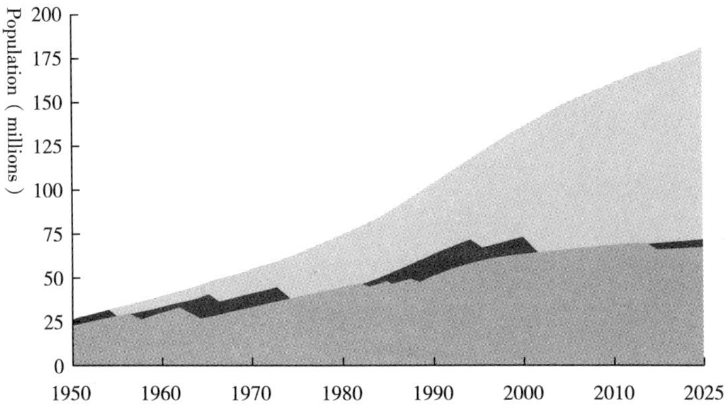

Urban Population by City Size Class①

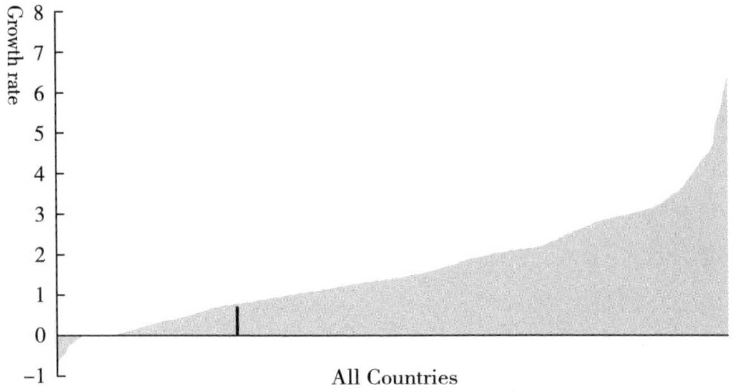

Growth Rate Proportion Urban, 1950 – 2011②

Due to limitations of space official country names had to be abbreviated in the

① Urban population of the current country by size class of its urban agglomerations in 2011. The area is a residual category, which includes all cities and urban agglomerations with a population of less than 750, 000 inhabitants. The size classes correspond to the legend below:

1, <750 TH
2, 750 TH-1M
3, 1-5M
4, 5-10M
5, >10m

② Average annual growth rate of the urban population of the current country between 1950 and 2011 (black line), as compared with the average annual growth rates of the urban population of all countries of the world (grey area). the figure illustrates that urban growth rates between 1950 and 2011 were positive in the great majority of the countries of the world. Only a few countries had negative urban growth rates – indicating that their urban proportion was declining between 1950 and 2011.

figure legends. Source: united nations, department of economic and social affairs, population division (2012): World urbanisation prospects: the 2011 revision, new york, updated: 25 april 2012. Accessed: 22 November 2013.

References

Becker, Charles M. ; S. Joshua Mendelsohn And Kseniya Benderskaya (2012) Russian Urbanisation in the Soviet and Post – Soviet Eras, Series on Urbanisation and Emerging Population Issues 9, IIED and UNFPA, London and New York.

Critchley, Peter (2004) Industrial Urbanism: The Political Economy of the City, [e – book] . Davis, Mike (2006) Planet of Slums, Verso, London.

Elmqvist, Thomas; Michail Fragkias; Julie Goodness; Burak Güneralp; Peter J. Marcotullio; Robert I. Mcdonald; Susan Parnell; Maria Schewenius; Marte Sendstad; Karen C. Seto; and Cathy Wilkinson [Editors] (2013) *Urbanisation, Biodiversity and Ecosystem Services: Challenges and Opportunities – A Global Assessment*, Springer, Dordrecht.

Fujita, Kuniko (2013) Cities and Crisis New Critical Urban Theory, Sage, Los Angeles. Harvey, David (2005) The Political Economy of Public Space, in Setha Low and Neil Smith [Editors] *The Politics of Public Space*, Routledge, New York.

Harvey, David (2008) The Right to the City, *New Left Review* 53, September – October. Kundu, Amitabh (2011), Trends and Processes of Urbanisation in India, Series on Urbanisation and Emerging Population Issues 6, IIED and UNFPA, London and New York.

Maharajh, Rasigan (2013) Developing Sustainably and the Emergence of a New Productive Paradigm, in Jose Eduardo Cassiolato and Gabriela von Podcameni [Editors] Innovation Policies and Structural Change in a Context of Growth and Crisis, Editora E – papers, Rio de Janeiro.

Martine, George and Gordon McGranahan (2010), Brazil's Early Urban Transition: What Can It Teach Urbanizing Countries? Series on Urbanisation and Emerging Population Issues 4, IIED and UNFPA London and New York.

Mosco, Vincent (2009) The Political Economy of Communication, Sage, London. OECD (2011) Divided We Stand: Why Inequality Keeps Rising, Organisation for Economic Cooperation and Development, Paris.

Pithouse, Richard (2006) Review of Planet of Slums, Sunday Independent, South Africa.

Turok, Ivan (2012), Urbanisation and Development in South Africa: Economic Imperatives, Spatial Distortions and Strategic Responses, Series on Urbanisation and Emerging Population

Issues 8, IIED and UNFPA, London and New York.

UN (2012) World Urbanisation Prospects: The 2011 Revision, Department of Economic and Social Affairs, Population Division, New York.

UN (2013) World Population Prospects: The 2012 Revision, Department of Economic and Social Affairs, Population Division, New York.

UN – habitat (2008) State of the World's Cities Report 2008/2009: Harmonious Cities, Earthscan, London.

UN – habitat (2012) State of the World's Cities Report 2012/2013: Prosperity of Cities, Earthscan, London.

UNICEF (2010) Understanding Urban Inequalities in Bangladesh: A Prerequisite for Achieving Vision 2021, UNICEF Bangladesh, Dhaka.

UNSTATS (2013) Demographic Yearbook, United Nations Statisticaldivision, New York.

Who (2013) World Health Statistics, World Health Organization, Geneva.

Yeh, Anthony G. O.; Jiang Xu and Kaizhi Liu (2011), China's Post – Reform Urbanisation: Retrospect, Policies and Trends, Series on Urbanisation and Emerging Population Issues 5, IIED and UNFPA, London and New York.

Public Expenditure on Innovation in the BRICS

Ana Saggiorcda

Co – authors: Paula Cruz, Eth Ludmilla Rodrigues and Bruno Macchiute *

INTRODUCTION

Science, technology and innovation (STI) have a strategic importance for countries' long – term qualitative and sustained development. Traditional powers have made use of a number of public STI policies throughout their histories – such as public subsidies for industries, public investment programs, the acquisition of foreign technology, financing research and development (R&D), education and public – private partnerships, among others – in order to leverage their industrialization processes and

* Ana Saggioro Garcia is a Professor of International Relations at UFRRJ, all coauthors are research assistants at the BRICS Policy Center.

attain increasingly higher levels of industrial and technological development. This has resulted in an unequal development process in the world economy, in so far that the countries which have technology seek to avoid or delay its diffusion to other countries. In the current phase of a knowledge society, innovation also implies political power.

In this context, the countries which seek to develop and compete on an equal footing in the world sphere, also need to strategically invest in STI. The countries which comprise the BRICS had a significant economic growth in the last decade, representing approximately 30% of world GDP/PPP in 2008. Its STI indicators have also been growing but at a slower rhythm than their rapid economic growth. This is shown in the low patenting levels and participation in internationally indexed scientific journals. However, China stands out among the BRICS with growing levels of investment in R&D and patent registrations.

In order to understand the national innovation systems of each BRICS country, we present the main quantitative data related to public expenditure in innovation in the last ten years in this publication. We will present the main state agencies involved in STI in each country (ministries, management and funding agencies, research institutions and universities, etc.), R&D expenditure, differentiating between government and business expenditure (in absolute values, local currency and in values related to the Purchasing Power Parity and GDP), the main areas which have a concentration of R&D investments and the number of patent deposits, both in each country's national offices and the United States Patent and Trademark Office (USPTO).

It is noted that the countries with the highest public expenditure on research and development are also those with the highest levels of patent deposits. Generally speaking, protection of intellectual property has a greater international effect when the patent is registered in the us office. However, the general trend in the BRICS is of increased patent deposits in each country's national office, to the detriment of the USPTO. A specific study on the reasons for this trend would be necessary but we have noted the high costs of the registration process in the US and the role of national intellectual property policies, which have led to the modernization of national offices.

The sources used for the research were the ministries and national agencies (as they make information available in English and Portuguese) and multilateral institutions such as UNESCO and OECD. The difficulty in access to information and lack of systematized information in many cases should be emphasized.

The following data will confirm that China is the country which has higher investments in R&D among the BRICS. However, unlike the other BRICS nations, the investment profile in Chinese R&D is private sector led, investing almost 160 billion dollars in 2011. Its R&D investment made a leap from 0.95% of GDP in 2001 to 1.83% of GDP in 2011.

The goal established by the eleventh five year plan is of reaching 2.5% of gdp in 2020. These numbers would place China above the average of 2.1% of GDP displayed by developed countries. A strong investment in R&D, both by the government and companies, is reflected in the exponential increase in patent deposits at its national office, which rose from 63,000 in 2001 to more than 415,000 in 2011. Within the domain of the Patent Cooperation Treaty (PCT), China has occupied first place in the ranking since 2012.

China and Russia are the two BRICS countries which can be highlighted for having more residents than non-residents as patent depositories. This data is relevant, as it shows that the national innovation systems in both countries is more consolidated than in the others. The data from Russia shows that public expenditure on R&D grew almost 700% between 2001 and 2011. Despite growing company participation in this field, state institutions are the fundamental pieces of R&D, such as the Russian Foundation for Basic Research and Russian Foundation for Humanities and the state corporations Rosnano, Rosatom and Rostechnologii. Russia is the only country among the BRICS which has scientific cities, which is something that was common during the era of the Soviet Union and which regain relevance today, such as Skolkovo Innovation City and Zhukovsky. The role of the legislative power is also notable, which has decision-making committees in the area of STI, together with the executive power.

In India's case, the investment profile in R&D is also led by the government. Government expenditure on research and development comes close to 15 billion dollars (PPP), while company investment has risen to a little above 8 billion (PPP). The discrepancy between the numbers is explained by the centralized and hierarchized model of the Indian science and technology system. The majority of the decisions are made by the Ministry of Science and technology (MST), followed by the other ministries, agencies, councils and research institutions. Among the authorities which coordinate and carry out R&D, the Ministry of Defense (MOD) and Council of Scientific & Industrial Research (CSIR) are highlighted. With respect to government investment, 28% of resources are allocated to defense, 18% to basic research and 14% to its space exploration program. It is noted that this profile differs radically for the sectors covered by private investment, which allocates 38% of its resources to research into health. The Indian pharmaceutical industry occupies first place for patent deposits for this reason, within the Domain of the Patent Cooperation Treaty (PCT), responsible for 24.41% of the total.

In Brazil's case, as will be seen in the following data, total expenditure on r&d increased by more than 50% between 2004 and 2011. It was equivalent to 1.21% of GDP in 2011, with 0.64% from government expenditure, compared with 0.57% of company expenditure (including major state companies such as Petrobras and Embrapa). The low level of patent deposits at the brazilian office, the inpi, requested by residents displays the relative weakness of private expenditure on innovation in the country. This trend is also indicated in the reduced number of patent deposits submitted to the US office (USPTO). In addition to the Ministry of Science, Technology and Innovation (MSTI) and its main agencies, innovation in the country has been funded through resources from the national Fund for Scientific and Technological Development (FNDCT), which comprises 16 sectorial funds and is administered by the funding agency for studies and projects (FINEP). The evolution of the budgetary execution of the FNDCT increased from BRL 120 million to 2.72 billion reais between 2000 and 2010. However, at state level, a strong setting of a concentration of public resources in the Southeast and south region (95%) is verified, displaying an enormous inequality in the distribution of these investments. The greatest part of the total invested by the Brazilian government has been traditionally allocated to higher education, which benefited from approximately 60.93% of public expenditure on R&D in 2011.

In South Africa, expenditure on R&D from the period 2003 to 2009 displayed a tendency towards increased business investment, despite the slight difference in relation to government investment. The government has organizational structures directed towards investment in innovation but progress in this area faces serious structural barriers: the OECD Review on innovation policy in South Africa (2007) indicates challenges to the South African economy, such as high levels of unemployment, poverty, criminality and HIV/AIDS, as well as educational problems which lead to a lack of qualified labor. thus, structural questions may configure one of the reasons for the low level of patent deposits requested at the national office by residents. In order to tackle-this, the areas which concentrate the most on R&D in South Africa are natural sciences, technology and engineering, economic structure and education and training.

We conclude that there is a tendency towards change in the geography of innovation. Despite the traditional powers still concentrating on global expenditure on R&D, emerging or developing countries have been increasing their participation in global expenditure on R&D, especially China, which was the second largest investor in R&D[①] in 2009. Therefore, we highlight the need for the BRICS countries to incorporate research, development and innovation in their economic growth, if they wish to make it qualitative and sustained in the long term, creating an impact on these countries' positions in the world order.

BRAZIL

MAIN AGENTS INVOLVED

Ministry of science, technology and innovation (MCTI) national council for scientific and technological development (CNPQ), funding agency for studies and projects (FINEP), center of management and strategic matters (CGEE), and other agencies and institutions

① Source: world intellectual property organization (wipo) report 2011: the changing face of Innovation. Available online at: http://www.wipo.int/econ_stat/en/economics/wipr/, p. 6.

OTHER MINISTRIES AND THEIR MAIN AGENCIES

Ministry of Education (MEC): coordination department for personal improvement in higher education (CAPES): Ministry of Health (MS): Oswaldo Cruz Foundation (FIOCRUZ); Ministry of Agriculture (MAPA); Ministry of Development, Industry and Commerce (MDIC): National Institute for Intellectual Property (INPI) and National Institute of Metrology and Quality (INMETRO); Ministry of Defense (MD): Department of Science and Aerospace Technology (DCTA)

BANKS, COMPANIES AND PUBLIC AND STATE FUNDS

Brazilian Agricultural Research Corporation (EMBRAPA), Bank for Social and Economic Development (BNDES), Petrobras, National Fund for Scientific and Technological Development (FNDT)

UNIVERSITIES AND RESEARCH INSTITUTIONS

FEDERAL, STATE AND PRIVATE UNIVERSITIES, INSTITUTES FOR SCIENTIFIC AND TECHNOLOGICAL RESEARCH

→ Linked to the MCTI, the national scientific and technological development fund (FNDT) constitutes a complementary source of resources for financing R&D and investment projects in Brazil. The FNDT comprises 16 sectorial funds whose resources are administered by FINEP.

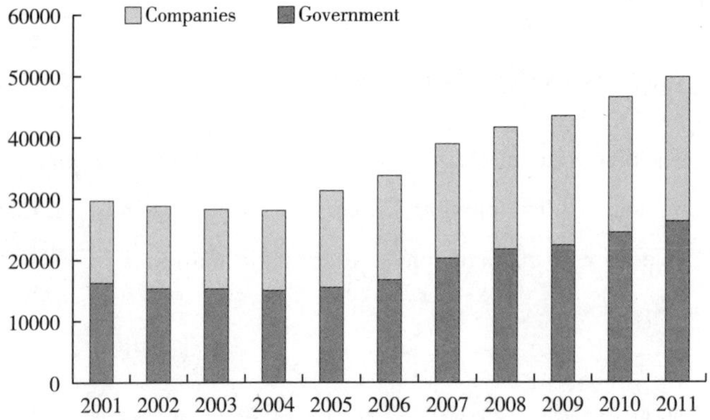

Expenditure on R&D in Millions of Reais (BRL)

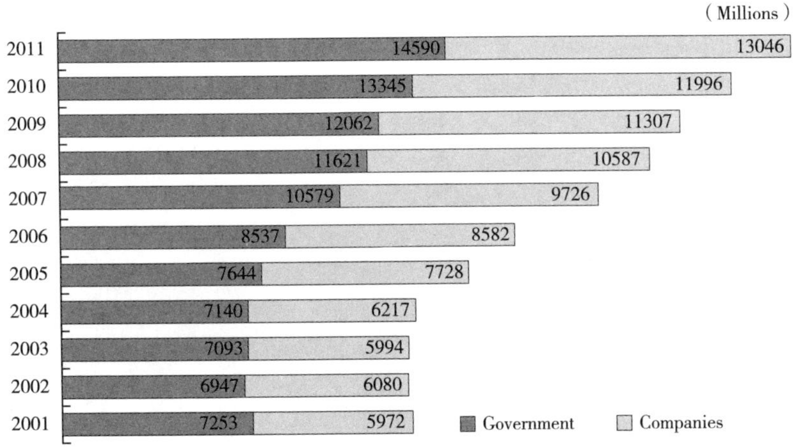

Expenditure on R&D in Purchasing Power Parity (PPP) – Current US $

Purchasing power parity (PPP) is an equivalent coefficient of currencies calculated at different price levels in different countries, so as to make a reasonable comparison of the GDP of each country.

→ The Brazilian government's strategic priorities were defined in the action plan for science, technology and innovation for national development (PACTI 2007 – 2010). Innovation policy is currently being executed in line with the greater brazil plan, through the national science, technology and innovation strategy (ENCTI 2012 – 2015).

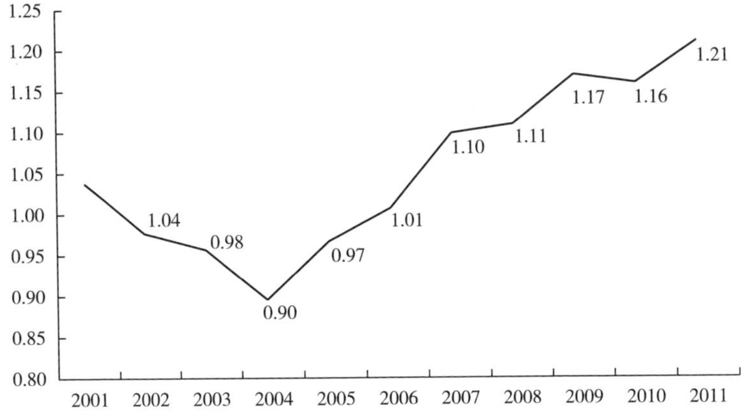

Expenditure in R&D in % of GDP

→ The fiscal incentive laws are also an instrument for promoting innovation in Brazil. In 2009, the number of companies benefiting tripled and the sum invested al-

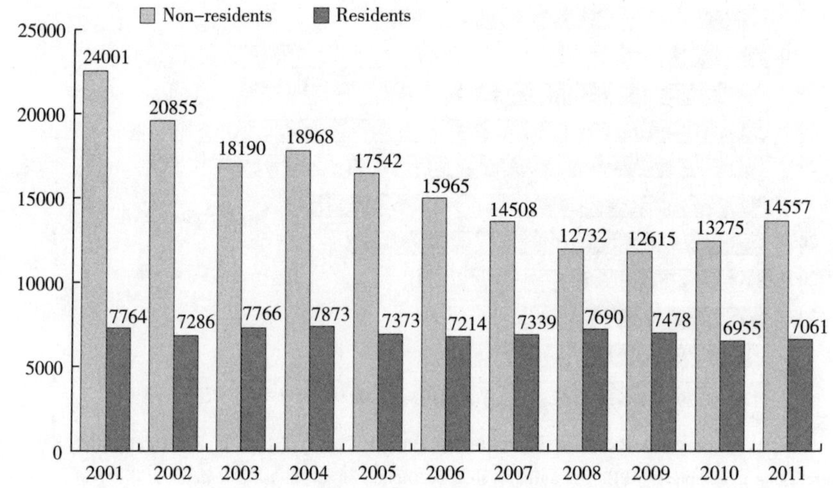

Patent Deposits – national Office

most quadrupled in relation to 2006. However, a significant inequality in the distribution of these resources is observed, with 95% concentrated in the south and southeast regions of the country.

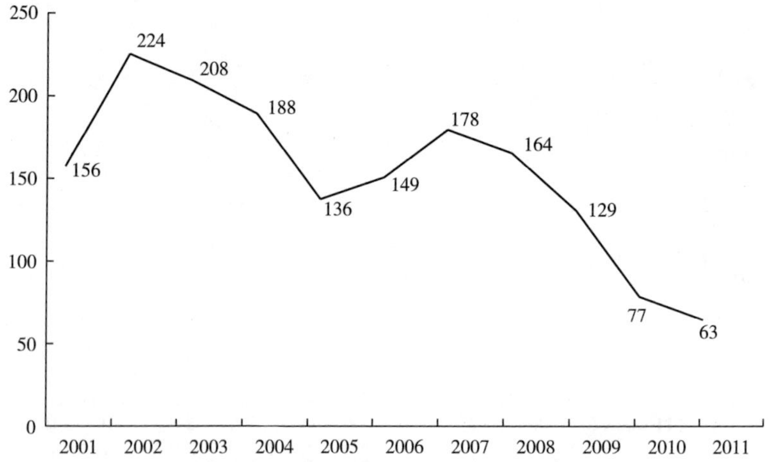

Patent Deposits – USPTO

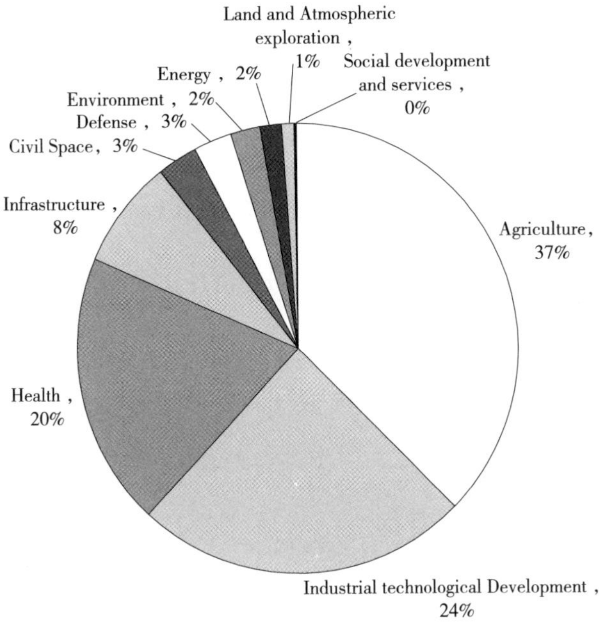

Public R&D Expenditure by Socioeconomic Objective – 2011①

Expenditures for higher education and non – oriented research are not included.

RUSSIA

MAIN AGENTS INVOLVED

Legislative Power Federal Assembly: Comittee on Education, Science, Health and Ecology; State Duma: Comittee on Science and High Technology	Executive Power President: Commission for Modernization and Technical Development and Council for Science, Technology and Education; Prime Minister: Commission on High Technology and Innovation

MINISTRIES AND AGENCIES

Ministry of Education and Science (MES), Ministry of Economic Development,

① Expenditure on higher education and non – oriented research was not included.

Ministry of Defense, Federal Space Agency (Roscosmos), Russian Academy of Sciences (RAS)

STATE FOUNDATIONS

Russian Foundation for Basic Research, Russian Foundation for Humanities

STATE CORPORATIONS AND SCIENTIFIC CITIES

Russian Nanotechnology Corporation (Rosnano), Russian Atomic Energy Corporation (Rosatom), Russian Technologies Corporation (Rostechnologii)

SCIENTIFIC CITIES

Skolkovo Innovation City, Zhukovsky City

→ The scientific cities date from the Soviet era, when 70 municipalities attained this status. Created in 2010 with the aim of attaining international reach, Skolkovo innovation city is the strongest example of a government's efforts to attract foreign talent and investments.

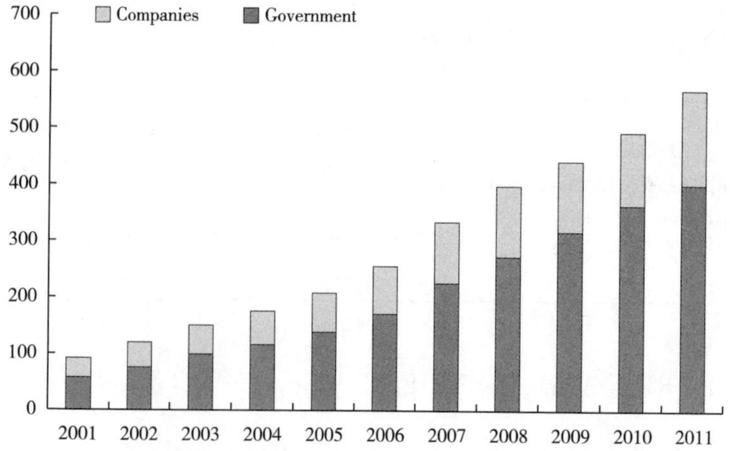

Expenditure on R&D in Millions of Rubles (RUB)

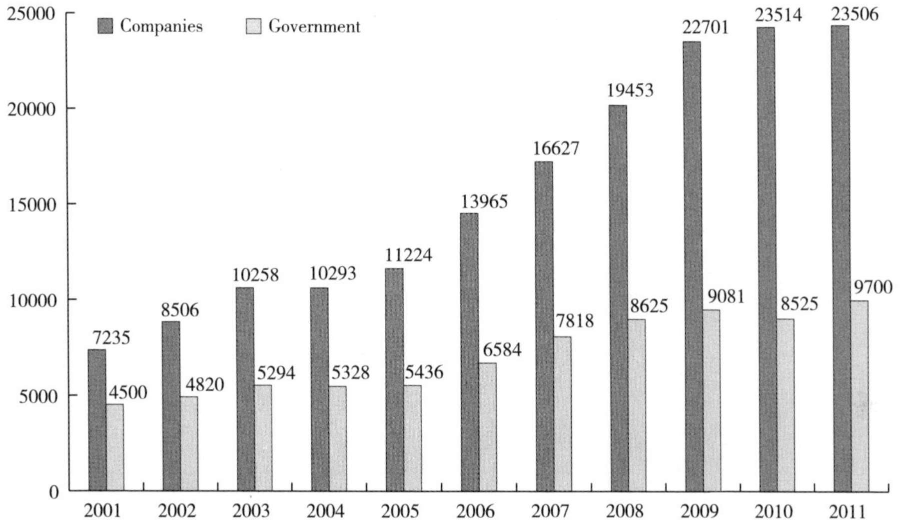

Expenditure on R&D of Purchasing Power Parity (PPP)

→ The Ministry of Defense controls approximately 50% of the government budget allocated to R&D in Russia.

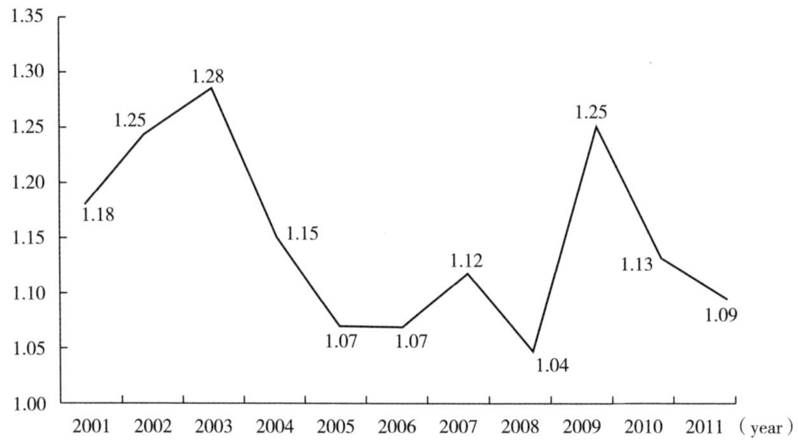

Expenditure on R&D in % of GDP

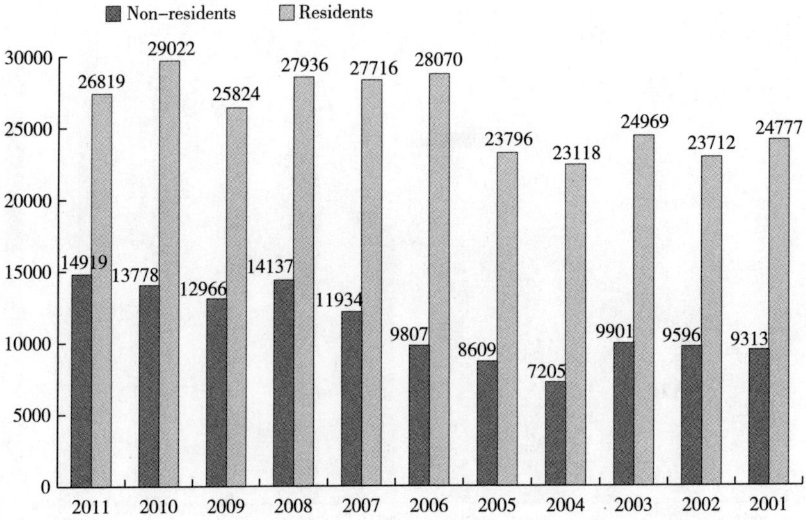

Patent Deposits – national Office

→ The Russian venture company is an institution concerned with constructing a national innovation system. Its role is promoting venture capital investment and financial support for S&T.

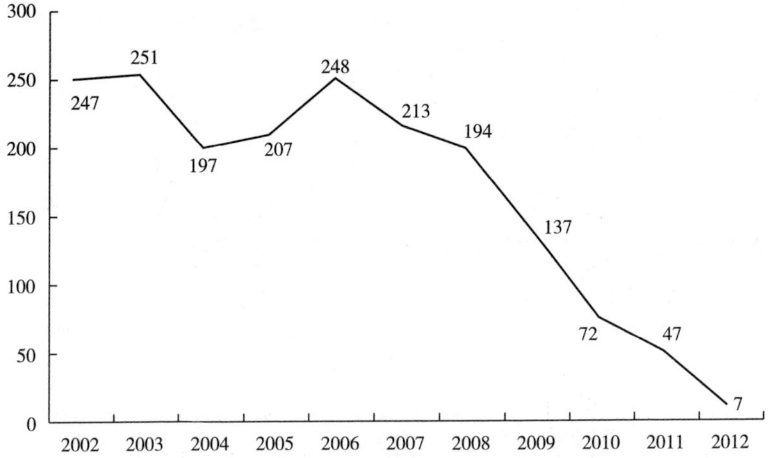

Patent Deposits – USPTO

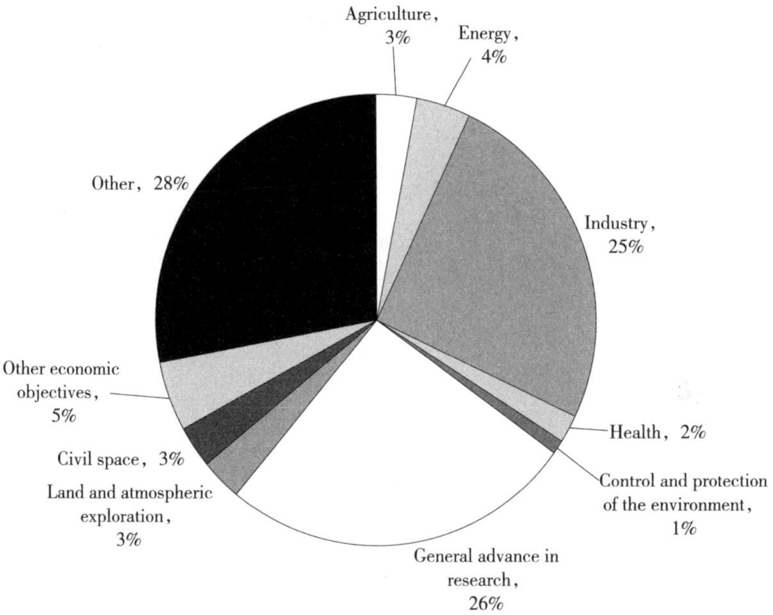

Public R&D Expenditure by Socioeconomic Objective – 2008

SOUTH AFRICA

MAIN AGENTS INVOLVED

Council on higher education, national science and technology forum (NSTF); national advisory council on innovation (NACI).

MINISTRIES AND AGENCIES

Department of Science and Technology (DST): National Research Foundation (NRF); Department of Trade & Industry: Industrial Development Corporation (IDC), Small Enterprise Development Agency (SEDA); Department of Minerals & Energy; Department of Agriculture; Department of Health: Medical Research Council; Department of Water Affairs and Forestry.

RESEARCH AND INNOVATION INSTITUTES

Higher Education Institutions, Human Sciences Research Council (HSRC), Council for Scientific and Industrial Research (CSIR), Africa Research Institute, South Africa Energy Research Institute, South Africa Bureau of Standards, Council for Mineral Technologies (MINTEK), Council for Geoscience, National Energy Research Institute, Nuclear Energy Corporation, Agricultural Research Center; Water Research Commission

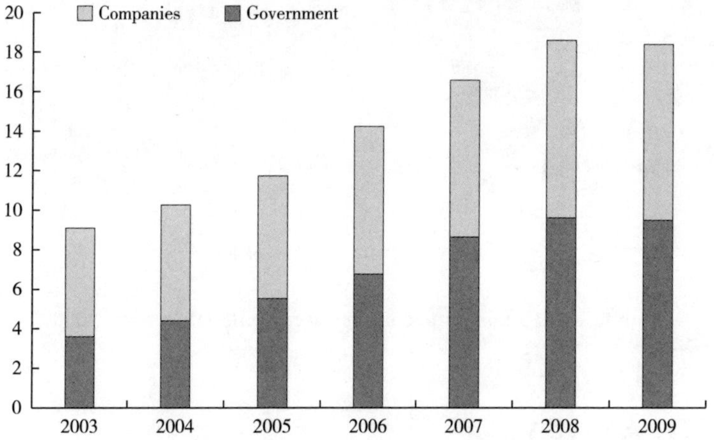

R&D Expenditure in Million Rand (ZAR)

Data pre 2003 and post 2009 is not available.

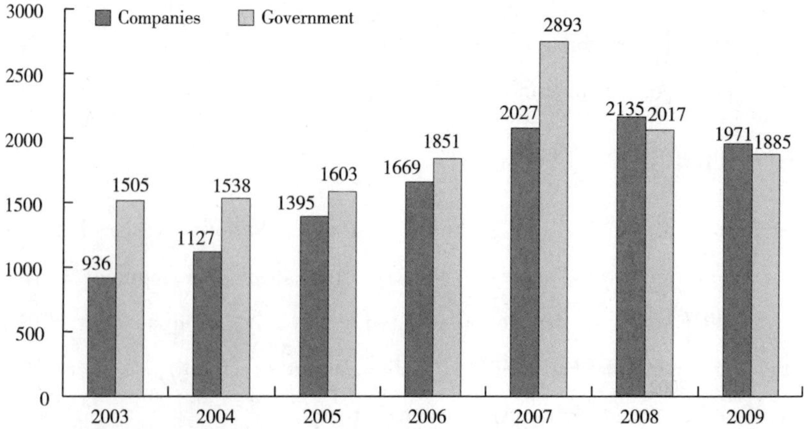

R&D Expenditure in Purchasing Power Parity (PPP) – Current US $

Data pre 2003 and post 2009 is not available.

→ Division of the national research foundation (NRF), the research and innovation support advancement (RISA) represented 75% (685 million zar) of expenditure for 2004/05.

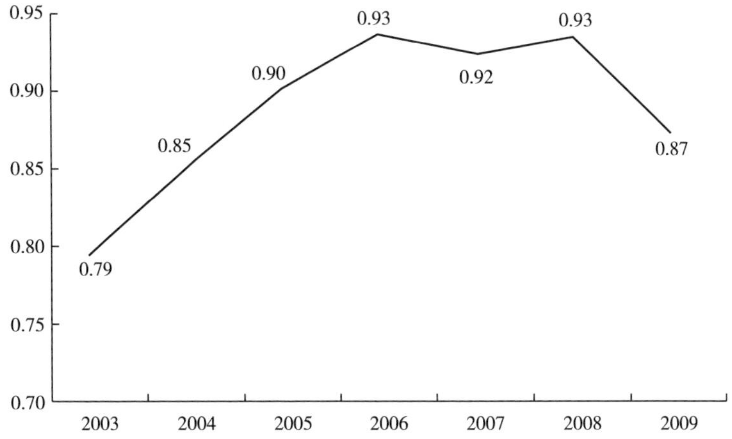

R&D Expenditure in % of GDP

Data pre 2003 and post 2009 is not available.

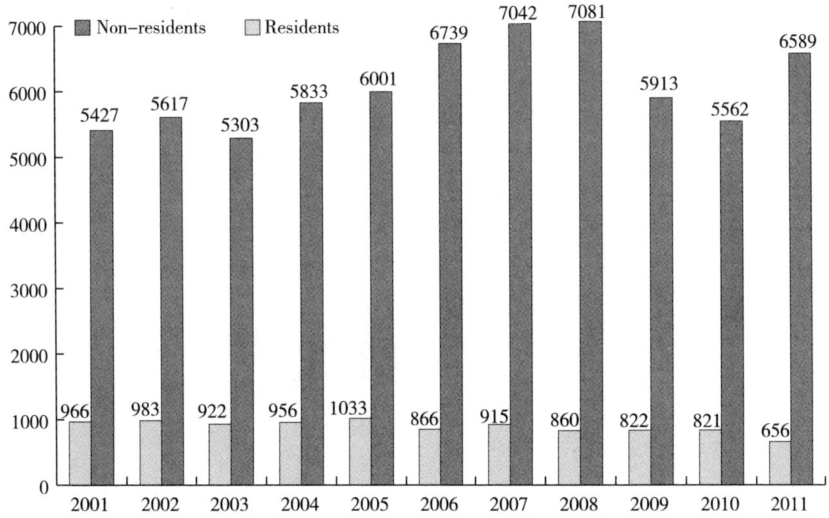

Patent Deposits – National Office

Data pre 2003 and post 2009 is not available.

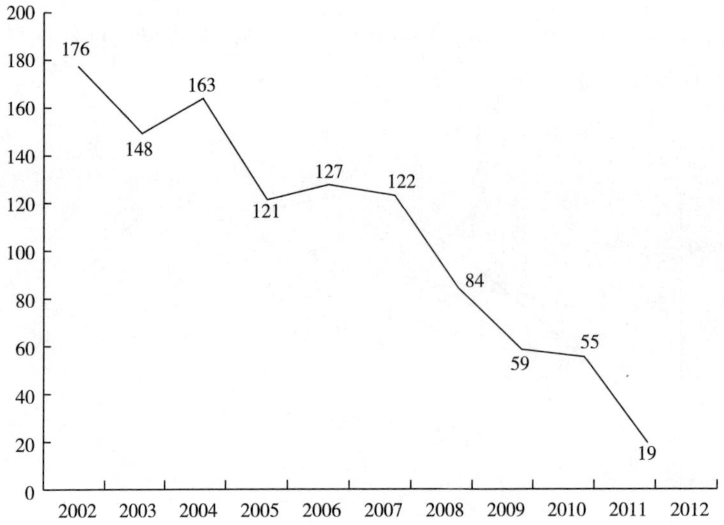

Patent Applications – USPTO

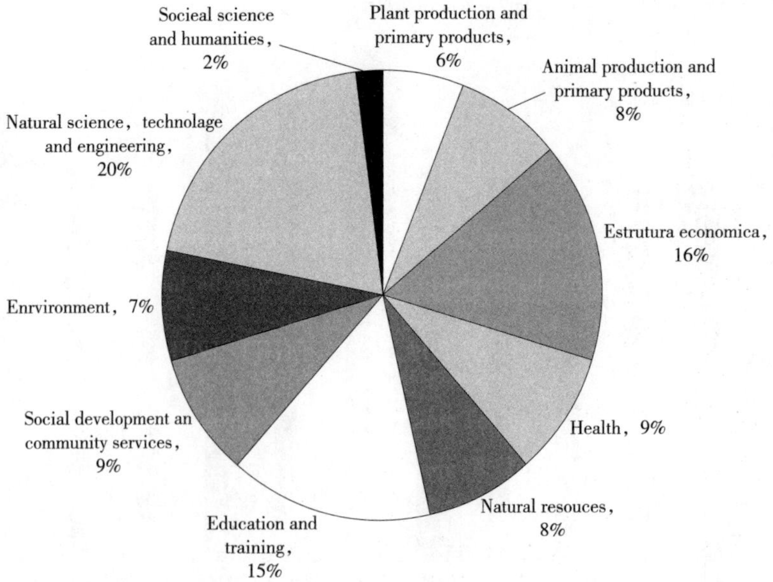

Public R&D Expenditure by Socio – economic Objective – 2008

Note: The data is from original text. ——Translator

CHINA

MAIN AGENTS INVOLVED

State Council Steering Committee for S&T and Education, Ministry of Science and Technology (MOST)

OTHER MINISTRIES

Ministry of education (MOE), ministry of commerce (MOC), Ministry of Personnel (MOP)

FUNDING AGENCIES

Ministry of finance (MOF), National Natural Science Foundation of China (NSFC)

BODIES THAT FUND AND MANAGE RESEARCH INSTITUTES

Chinese Academy of Sciences (CAS), Chinese Academy of Engineering (CAE)

→ China is the only BRIC country in which private investment in R&D is higher than public investment. At the beginning of the 1990s, the private sector was re-

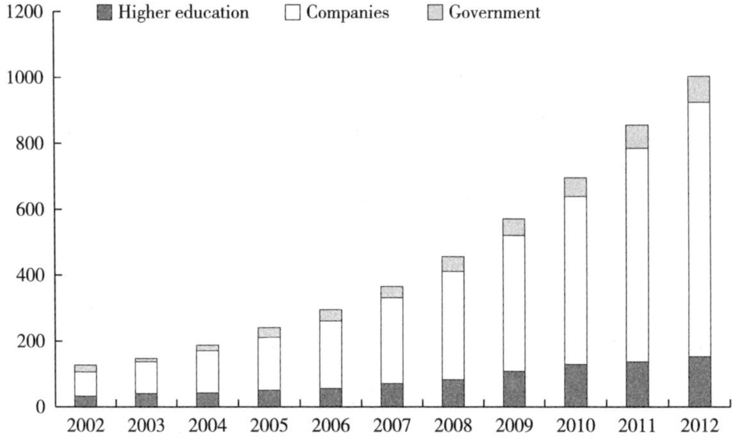

R&D Expenditure in Million Rand (ZAR)

sponsible for less than 40% of R&D expenditure; today it represents more than two thirds of the total. To a large extent this is due to the transformation of Government Research Institutes (GRIS) into private companies from1998 to 2003. 1, 149 gris were converted into companies.

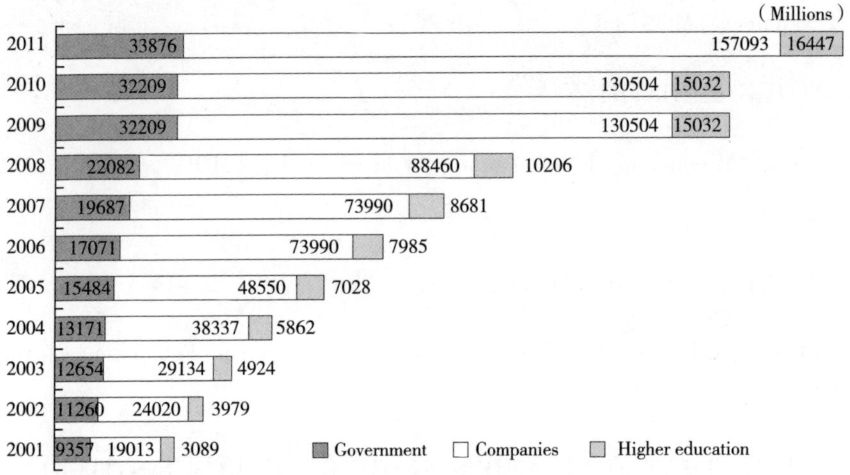

R&D Expenditure in Purchasing Power Parity (PPP) – Current US $

→ According to data from Unesco Statistics (UIS), higher education institutions in China participate significantly in R&D investment. In the other BRIC countries, this participation is much smaller compared to that of governments and companies.

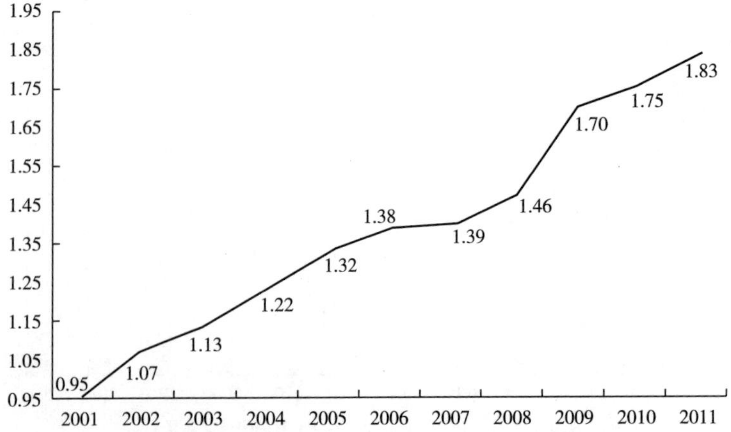

R&D Expenditure in Million Rand (ZAR)

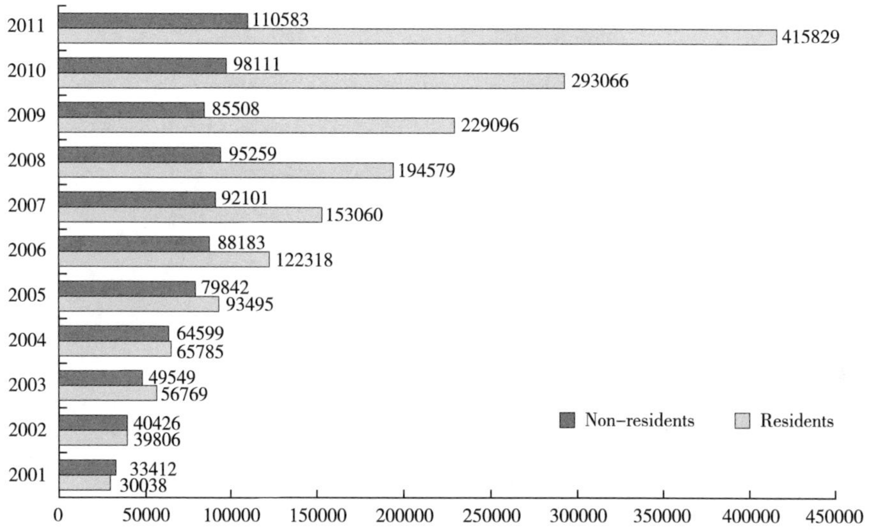

R&D Expenditure in Purchasing Power Parity (PPP) – Current US $

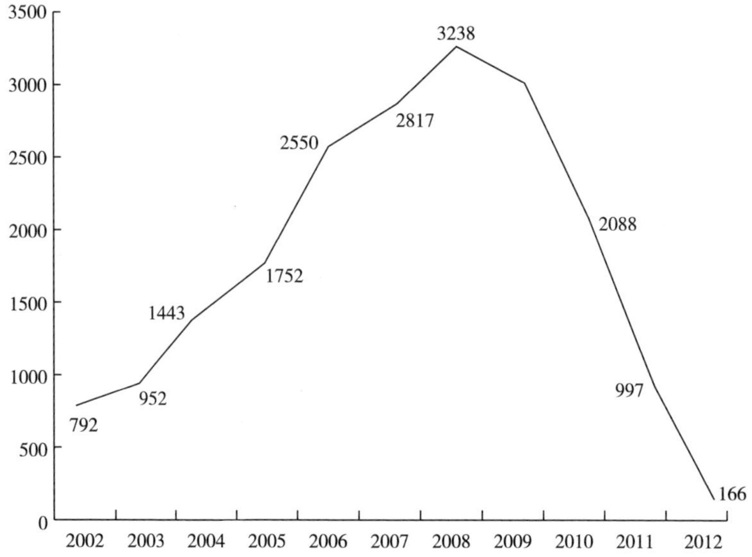

Patent Deposits – USPTO

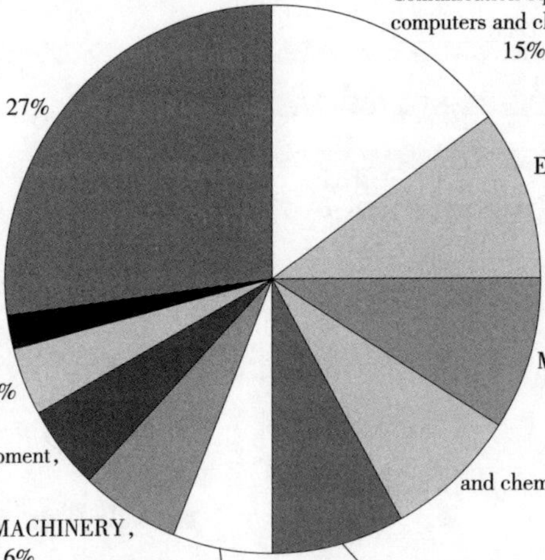

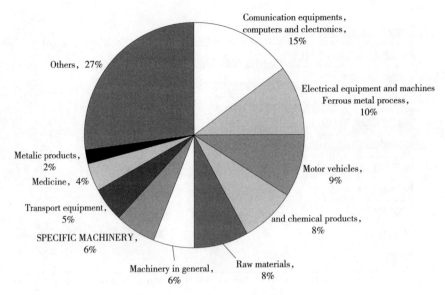

R&D Expenditure by Industry Sector – 2012

INDIA

MAIN ACTORS INVOLVED

Ministry of Science and Technology (MST)

OTHER MINISTRIES

Ministry of Earth Sciences (MOES), Ministry of Environment & Forests (MOEF), Ministry of Health & Family Welfare (MOH&FW), Ministry of Defense (MOD), Ministry of Agriculture (MOA)

AGENCIES AND MINISTERIAL BODIES

Department of Science and Technology (DST), Department of Biotechnology (DBT), Department of Science and Industrial Research (DSIR), Department of Atomic Energy (DAE), Department of Space (DOS), Department of Research and Defense Organization (DRDO)

COUNCILS AND RESEARCH INSTITUTES

Council of Scientific & Industrial Research (CSIR), Indian Council of Medical Research (ICMR), Indian Council of Agricultural Research (ICAR), Indian Space Research Organization (ISRO).

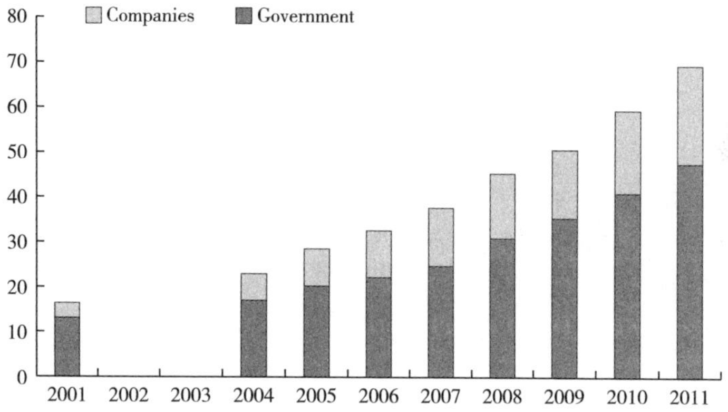

R&D Expenditure in Million Yuans (ZAR)

Data for 2002 and 2003 is not available.

→ More than 50% of the research institutions in india are located in five states in the south of the country (Maharashtra, Tamil Nadu, Karnataka, Andhra Pradesh and Gujarat).

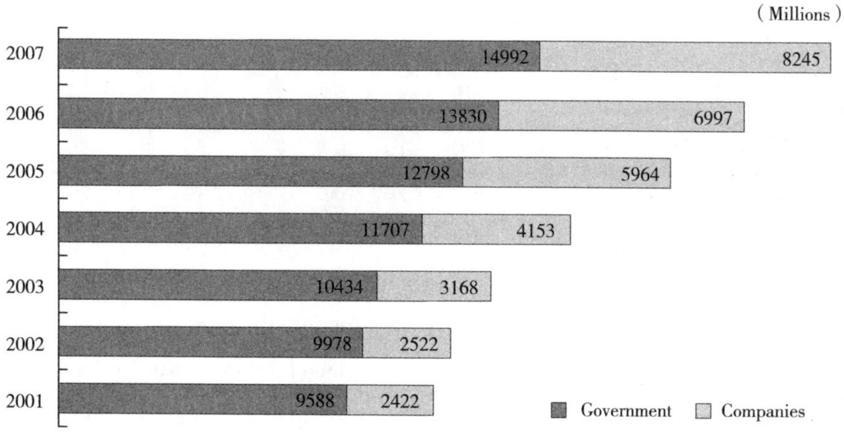

R&D Expenditure in Purchasing Power Parity (PPP) – Current US $

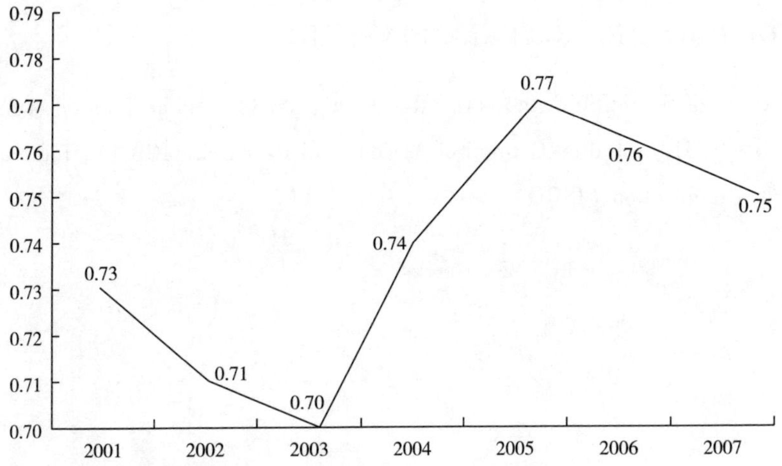

R&D Expenditure in % of GDP

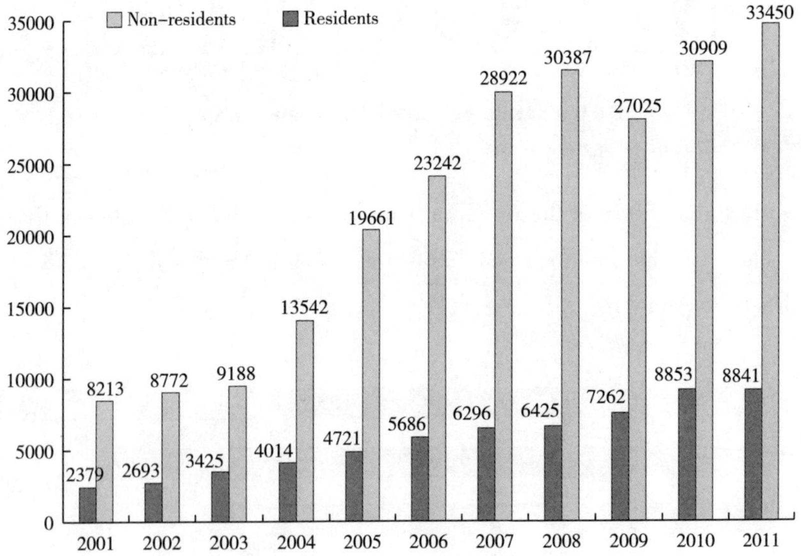

Patent Deposits – national Office in Thousands

→ In India, the defense sector features prominently in any analysis of public expenditure on R&D. However, there has been considerable growth in the country's pharmaceutical industry over recent years due to private investment in R&D.

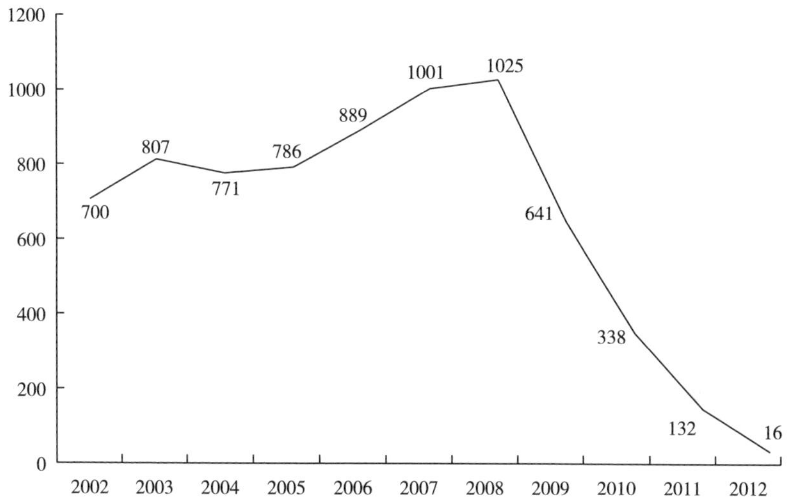

Patent Deposits – USPTO

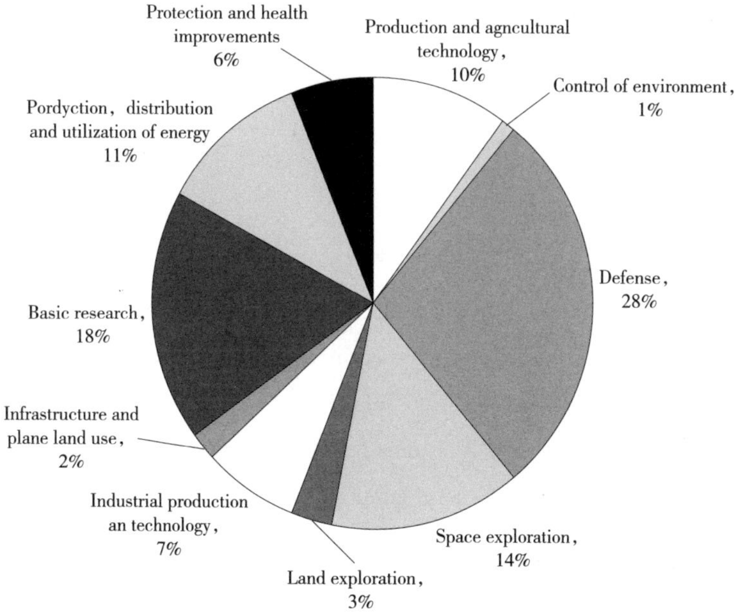

Public R&D Expenditure by Objective – 2012

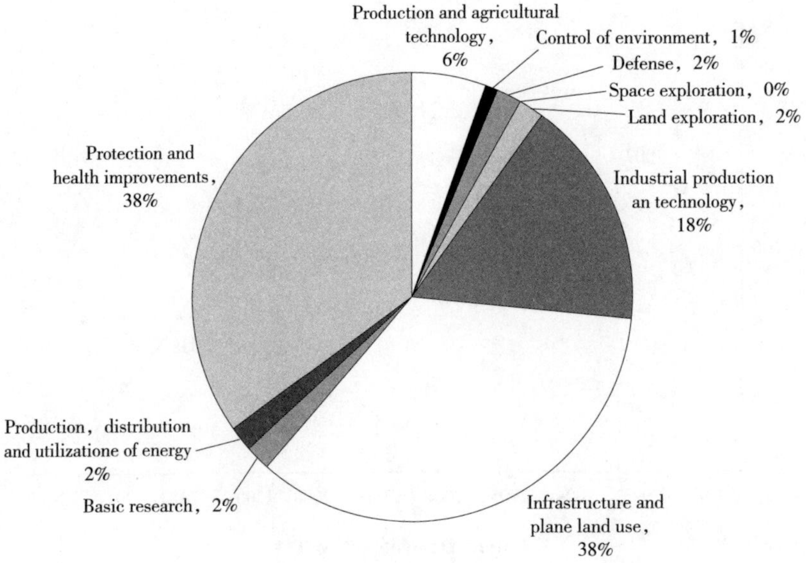

Private R&D Expenditure by Objective – 2012

Social – Environmental Sustainability in the BRICS Countries

Fátima Mello and Julianna Malerba (Fase) *

INTRODUCTION

Since their establishment, the BRICS countries have been acting with increasing cohesiveness and decisiveness in economic and financial forums, and have become increasingly important actors in the international system. The volume of the bloc's economies, their share in the global GDP and their demographic and territorial dimensions leave no doubt about their relevance, thus marking a tendency for becoming a major political actor, altering the correlation of forces in the global order.

In addition to accrediting the BRICS as economic and political actors of growing importance in the global order, the data presented here is intended to examine

* Fɑ́tima Mello, Diretor of International Relations Program, FASE; Coordinator of Environmental Justice and Right Center, FASE.

whether the development model adopted by members has the potential to indicate the formation of a new development agenda that establishes social and environmental sustainability as a pillar. Has the wealth produced by the bloc resulted in standards of sustainable and equitable development for the population of the member countries? Have the rates of economic growth been accompanied by distributive policies? Has the exploitation of natural resources resulted in improvements in the living conditions of the population? Does society have a voice and mechanisms of social control over the policies? Do the trade and investment relations between the members of the bloc have the potential to base their decisions as favorable to sustainability? What is the energy matrix and greenhouse gas emissions pattern of the bloc members? Have the mechanisms of economic and financial cooperation among member and non – member countries attempted to engage in the sustainability agenda? considering the profiles of the members, which are the possibilities and deadlocks to the establishment of a developmental agenda centered in environmental equality and sustainability?

Besides being a new economic and political actor in the international system, the question is whether the BRICS may contribute to the formation of a new global agenda which prioritizes not only high rates of economic growth and reducing of power disparity between the North and South, but especially policies aimed at the distribution of income and wealth, the use of bloc members' abundant and strategic natural resources for eliminating social inequality, the welfare of their citizens and the transition to development with low greenhouse gases emissions, respect for human rights and more citizen participation.

The information presented here contains initial elements of an agenda of challenges posed to BRICS so that they could take an active role in the democratization of the global order by becoming producers of wealth and income directed to transitioning to a less unequal, more sustainable and truly democratic world.

GDP

A first observation that catches the eye is the large and growing volume of china's GDP, which combined with the heavy weight of its exports leaves no doubt about what Marcio Pochman calls the chinese leading role in BRICS, which "is undisputed in terms of its contribution to the global demand, and this process intensified with the 2008 crisis. Then, in descending order of importance, India, Russia, Brazil and South Africa, China, the latter being not only the locomotive for global growth, but also for that group dynamic of capitalist accumulation. It is, in other words, the center within this new center. This has profound implications for the stability of the group. "①

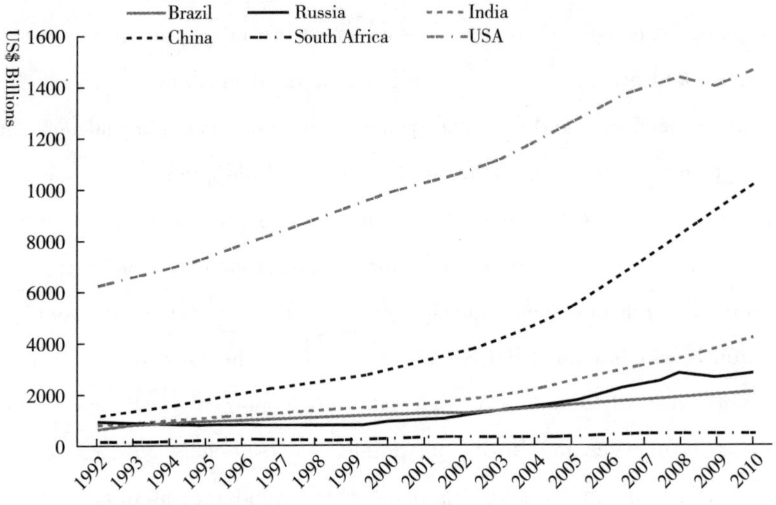

GDP BRICS X USA (PPP), 1992 – 2010

GDP composition

The graphs below show a declining trend in the participation of industry in the GDP of countries whose exploitation of natural resources is of great importance to the economy. This is the case in Brazil (where agribusiness and mining sectors are growing), South Africa (ore) and Russia (gas). Services are relevant in all countries of

① Pochmann, Marcio – "Relações comerciais e de investimentos do brasil com os demais países dos BRICS", In o brasil, Os BRICS e a agenda internacional, FUNAG, Brasília, 2012, http://www.funag.gov.br/biblioteca/dmdocuments/OBrasileosBrics.pdf.

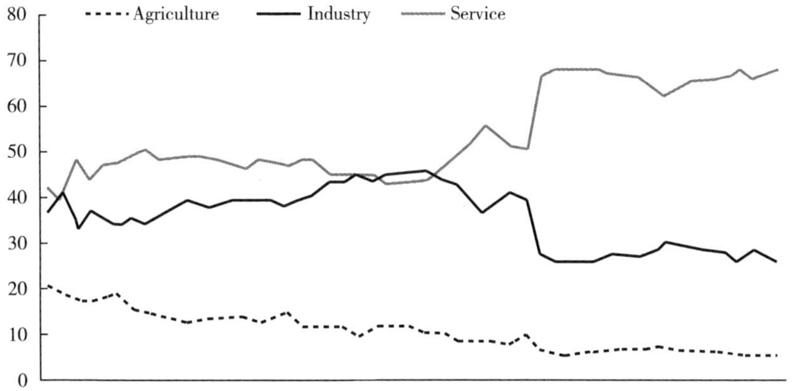

Production by Sector % Brazil's GDP

the bloc, even in China, where they apparently tend to exceed industry over time.

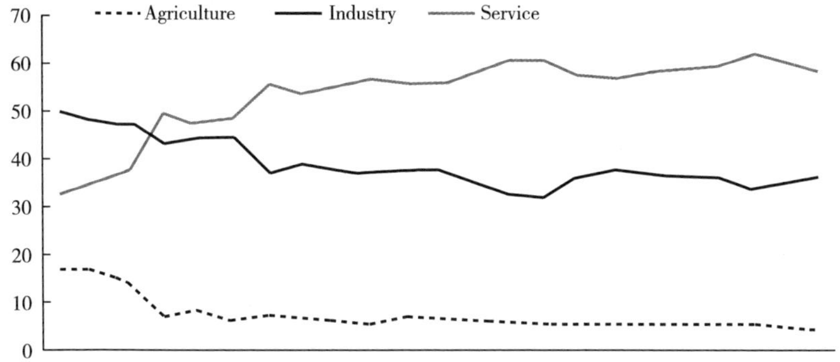

Production by Sector % Russia's GDP

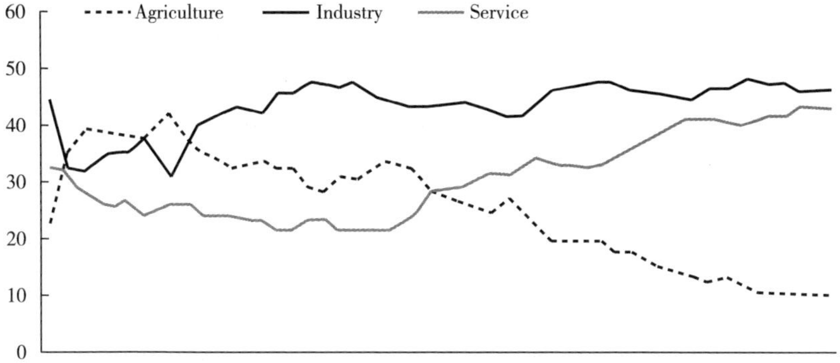

Production by Sector % China's GDP

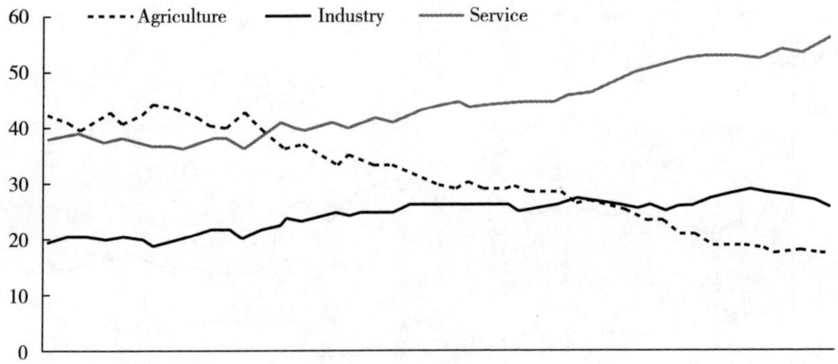

Production by Sector % India's GDP

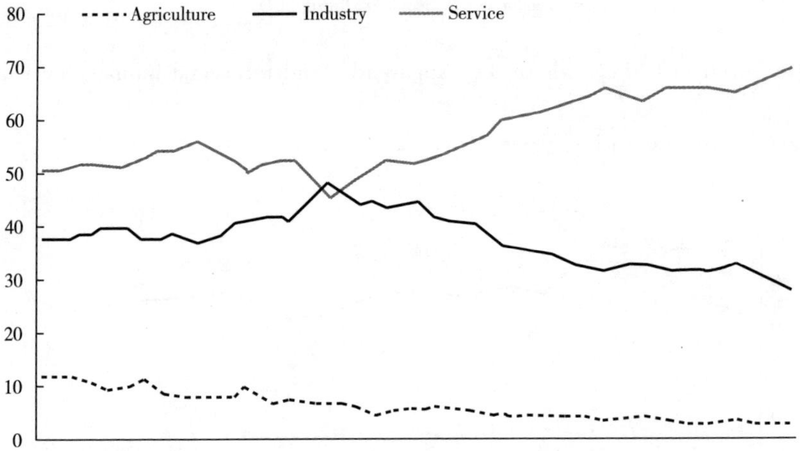

Production by Sector % South Africa's GDP

Russian historical data series begins in the early 90s.

EXPORTS

Combined exports from BRICS to the world rose from U. S. $ 494 billion in 2001 to $ 3. 2 trillion in 2012. The percentage of BRICS participation in global exports increased from 8% in 2001 to 17% in 2012. China is the locomotive of this rise in global terms as well as of intra – bloc trade. ①

① Source: http: //www. idc. co. za/media – room/articles/391 – brics – trade – performance – focusing – on – africa.

INTRA - BLOC TRADE

The figures below show the immense importance of china as an importer from all other members of the BRICS. Exports from China, however, are evenly distributed among the other members of the bloc.

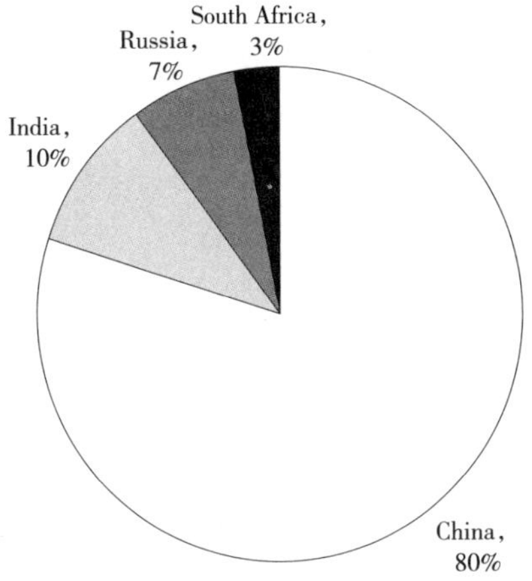

Trade between Brazil and the rest of the BRICS

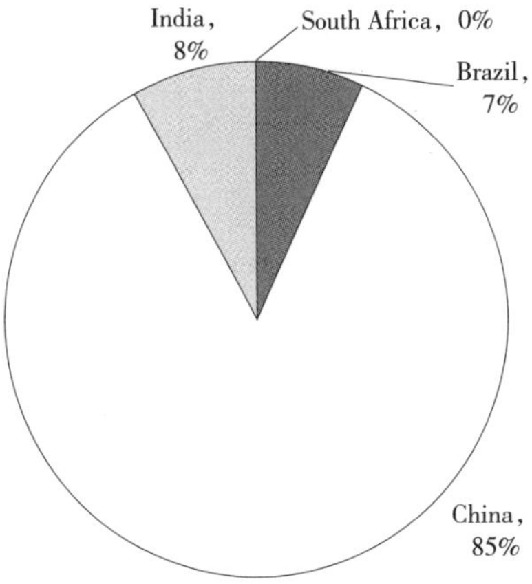

Trade between Russia and rest of the BRICS

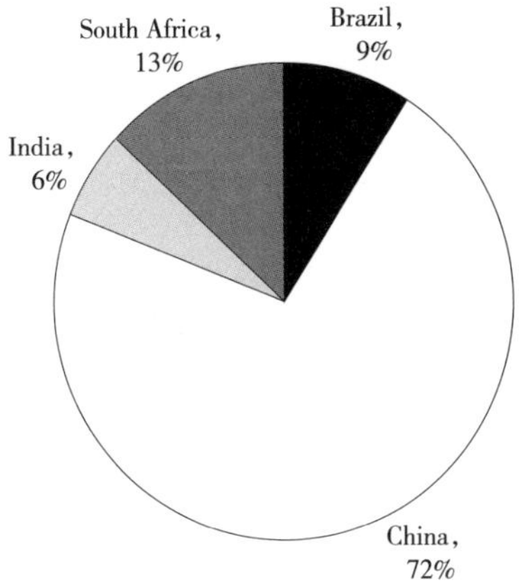

Trade between India and the rest of the BRICS

The table below indicates clearly that Brazil, India, Russia and South Africa have been increasing their share of exports of natural resources within the bloc, unlike China.

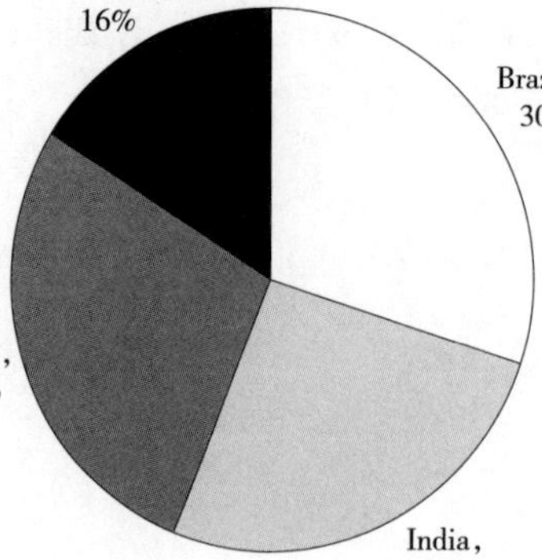

Trade between China and the rest of the BRICS

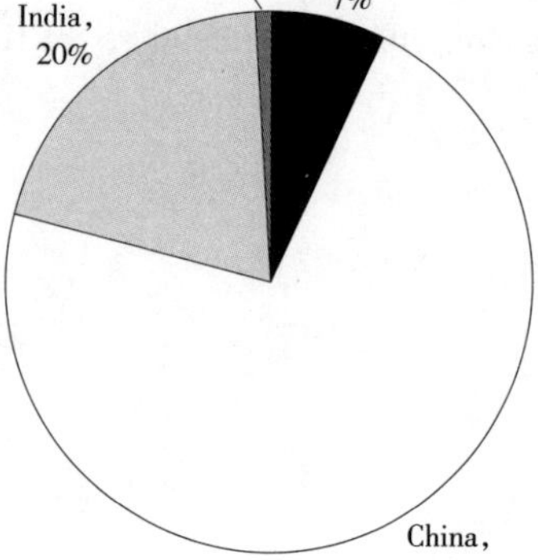

Trade between South Africa and rest of the BRICS

Source: Based on UN COMTRADE and http: //wits. worldbank. org/wits/ (ACCESSED ON 28/01/2013).

Share in intra BRICS exports, 2000 to 2007: technological classification

	Brazil		China		India		Russia		South África	
technology classification	2000	2007	2000	2007	2000	2007	2000	2007	2000	2007
Resource based	64. 8	72. 7	4. 0	—	29. 5	42. 7	21. 0	48. 9	44. 8	58. 8
Low tech exports	1. 9	3. 3	21. 4	11. 4	17. 3	—	—	—	2. 4	5. 4
Medium tech exports	5. 4	5. 2	5. 0	5. 6	—	5. 2	26. 6	19. 5	13. 7	10. 4
High tech exports	1. 8	—	5. 4	10. 5	5. 5	2. 2	6. 8	1. 1	—	—

Source: WITS.

Source: source: pant, manoj – "India and the BRICS countries: issues of trade and technology", In "brics – trade policies, institutions and areas for deepening cooperation", centre for wto studies, indian institute of foreign trade, march 2013. Http: //wtocentre. iift. ac. in/fa/brics. pdf.

The table below presents the major products imported by China from the other members of the BRICS, showing the primary pattern of these exchanges (minerals, oil and agricultural products are the main exports of the other members to China).

Top 10 commodities imported from the other BRICS countries by China (2012)

Commodity	Brazil Value		Commodity	India Valor	
	Million USD	Change from the precending Year (%)		Million USD	Change from the precending Year (%)
1. Iron ores and concentrates	22 641. 6	-12. 1	1. Agriculture products	4 110. 2	11. 0
2. Agriculture products	18 686. 4	19. 8	2. Iron ores and concentrates	3 676. 9	-61. 9
3. Foodstuff	14 259. 6	20. 9	3. Cotton	3 030. 1	14. 2
4. Crude petroleum oil	4 651. 9	-4. 8	4. Unwrought copper and copper products	2 169. 2	2. 1
5. Paper pulp	1 641. 1	-10. 0	5. Diamond	1 249. 8	5. 1
6. Mechanical and electrical products	1 529. 3	15. 8	6. Mechanical and electrical products	1 206. 8	-4. 4
7. Edible vegetable oils	1 153. 4	90. 2	7. Textile yar, fabrics and made - up articles	1 109. 5	70. 9
8. Sugar	1 132. 0	-10. 7	8. Plastics in primary forms	593. 2	-5. 5
9. Hi - tech products	1 027. 3	26. 5	9. Hi - tech products	461. 5	-10. 4
10. Airplanes	940. 48	24. 7	10. Petroleum products refined	419. 32	557. 1

Top 10 commodities imported from the other BRICS by China (2012)

Commodity	Russia Value		Commodity	South Africa Value	
	Milhöes USD	Change from the precending Year (%)		Milhöes USD	Change from the precending Year (%)
1. Crude Oil	20 485. 3	25. 5	1. Iron ores and concentrates	5 530. 0	-14. 3
2. Petroleum Products refined	6 144. 0	29. 7	2. Coal and lignite	1 569. 3	34. 9
3. Coal and lignite	2 399. 4	51. 2	3. Diamond	1 373. 4	10. 0
4. Iron ores and concentrates	1 774. 7	-35. 8	4. Crome ores and concentrates	880. 7	-29. 5
5. Fertilizers	1 672. 0	46. 8	5. Manganese ores and concentrates	567. 3	-17. 5
6. Logs	1 562. 2	-26. 1	6. Agriculture products	425. 1	18. 2
7. Agriculture products	1 555. 8	-8. 1	7. Crude Oil	364. 7	
8. Sawn timber	1 283. 5	-2. 9	8. Mechanical and electrical products	257. 8	89. 9
9. Frozen fish	1 281. 9	-16. 6	9. Scrap metal	188. 4	56. 5
10. Paper pulp	713. 2	-21. 4	10. Paper pulp	178. 8	-7. 6

Source (pages 06 e 07): general administration of customs of the People's Republic of China in BRICS Joint Statistical Publication, 2013, http: //www. statssa. gov. za/news_archive/Docs/final_brics% 20publication_print_23% 20march% 202013_Reworked. pdf.

The trade profile among bloc members reveals a complementarity based on strong demand from China for raw materials and their dependence on exporting natural resources to the latter. In the case of trade between Brazil and China marcio pochman states that "Brazil - China trade relations between 2000 and 2010 presented higher growth than the trade increase between Brazil and the world. Between 2000 and 2010, Brazilian exports to China amounted to U. S. $ 1. 1 billion - 2% of total exports of Brazil - to $ 30. 8 billion - 15% of the total, while Brazilian imports from China grew from $ 1.2 billion – 2% of the total – to $ 25.6 billion – 14% of the total. Throughout this period, in six years, the balance was positive for Brazil. (...) However, Brazil has focused on exporting commodities. Between 2000 and 2009, commodities have gone from 68% to 83% of exports. the products with the largest share of exports in 2010 were mining (40%), oil (23%) and mineral fuels (13%), which together accounted for 76% of brazilian exports."① So Brazil's tendency to de – industrialize and concentrate on exportation of primary products reveals that the expansion of trade among BRICS members is far from breaking with an uneven pattern. Rather, a closer relationship with China has been an important factor in strengthening commodity exportation in Brazil. The same goes for South America, whose exports have increasingly relied on Chinese demand for natural resources.

The profile of trade relations between China and South Africa is also characterized by asymmetries that result in significant adverse impacts, especially the loss of jobs, "the main trade union federation in South Africa, Congress of South African Trade Unions (COSATU), has been particularly critical about the growth of China's exports to South Africa over the past few years, the industry of South African footwear was essentially eliminated by cheaper imports from China. More recently, the textile industry has been the victim of the tsunami export from China (China is now the world's largest exporter of textiles, with increases of $ 7.2 billion in 1990 to U.S. $ 41.1 billion in 2005; 469% increase over fifteen years). COSATU has been increasingly explicit against Chinese imports and the impact on employment in South Africa. Rudi Dicks, head of COSATU, estimates that job losses in the clothing and textile sector are between 75 000 and 85 000, where there is little prospect of re – employment in the industry or a related industry. The Southern African Clothing and Textile Workers Union (SACTWU) estimated the loss of 75 000 jobs between 1995 and 2005 (from a high of 230 000 people employed in the industry in 1995). Given the already high levels of unemployment and poverty in South Africa, these losses

① Pochmann, *op. cit.*

were considered “unacceptable” by SACTWU. ①

EXPORTS IN PERCENTAGES OF TOTAL MERCHANDISE

Agricultural raw materials: % commodity exports in US $

	1970	1975	1980	1985	1990	1995	2000	2005	2010
Brazil	11.9	3.9	4	2.6	3.4	5.2	4.8	3.8	3.9
Russia							3.1	2.8	2.1
India	5.6	4	5	2.8	4.1	1.3	1.3	1.3	2
China				5.1	3.5	1.7	1.1	0.5	0.5
South Africa		6.7	2.5			4	3.4	2	1.9

Source: World Bank Data Bank.

Low participation percentage and downward trend for all members.

Food: % commodity exports in US $

	1970	1975	1980	1985	1990	1995	2000	2005	2010
Brazil	63.3	54.1	46.3	36.8	27.7	28.7	23.4	25.8	31.1
Russia							1.2	1.6	1.9
India	29.7	37.7	28.2	25.3	15.6	12.8	9	8.3	
China				12.6	12.7	8.2	5.4	3.2	2.8
South Africa		28.7	8.7			8	8.5	8.5	8.7

Source: World Bank Data Bank.

Downward trend for all members. In the case of Brazil the percentage was large in the 70s, but with a declining trend until the mid-2000s, when a very significant increase occurs from 2000 to 2010. India was high in the mid-70s. There is a significant difference in the participation of food in Brazilian exports compared with the other bloc members. Despite variations between 1970 and 2010, the sector maintains a very significant weight in current exports, accounting for 30%. In other countries, it does not exceed 9%, even in India where food export has accounted for nearly

① Source: http://www.osisa.org/books/regional/doubts-about-development-civil-society-and-china%E2%80%99s-role.

40% of exports in the 70s.

Fuel: % commodity exports in US $

	1970	1975	1980	1985	1990	1995	2000	2005	2010
Brazil	0.6	2.3	1.8	8.4	2.2	0.9	1.6	6	10.1
Russia							50.6	61.8	65.6
India	0.8	0.9	0.4	6	2.9	1.7	3.4	10.3	16.9
China				25.8	8.3	3.6	3.1	2.3	1.7
South Africa		1.3	3.8			8.9	10	10.3	9.9

Source: World Bank Data Bank.

All with a tendency to increase (albeit with fluctuations) except China, which has a strong decline in 1985 and today has negligible participation. China is a large consumer of fuel.

Manufactory: % commodity exports in US $

	1970	1975	1980	1985	1990	1995	2000	2005	2010
Brazil	13.2	25.3	37.2	43.7	51.9	53.5	58.4	53	37.1
Russia							23.6	18.8	14.1
India	51.7	44.9	58.6	58.1	70.7	73.5	77.8	71.1	63.8
China				26.4	71.6	84.1	88.2	91.9	93.6
South Africa		26.7	18.2			43.5	53.8	56.7	46.6

Source: World Bank Data Bank.

China and India have great participation in the total percentage, and in the case of China it is much more significant, reaching almost 94%. China had a strong peak between mid - 80s and 1990. For India there is a rise in the 80s and 90s but it has fallen significantly. Brazil observed an upward trend except in 2010. Between 2000 and 2010, all decrease, except China, which may be linked to the expansion of China's labor - intensive manufactures which reduces the competitiveness of other countries and indicates a tendency to de - industrialization. Russia is in the fall. South Africa was on the rise since the mid 90s but declines again in 2010.

Ore and metal: % commodity exports in US $

	1970	1975	1980	1985	1990	1995	2000	2005	2010
Brazil	10.1	12.4	9.4	9.4	13.6	10.3	9.8	9.6	17.8
Russia							9.3	6.7	5.6
India	51.7	44.9	58.6	58.1	70.7	73.5	77.8	71.1	63.8
China				26.4	71.6	84.1	88.2	91.9	93.5
South Africa		26.7	18.2			43.5	53.8	56.7	46.6

Source: World Bank Data Bank.

A very significant increase can be observed in Brazil and South Africa in the 2000 - 2010 period, just as the manufactures lose ground. The other members have lower participation, however India had a bigger share in the 70s and 80s, fell in the 90s and grew again in the 2000s.

High technology exports (% manufactured exports in US $)

	1990	1995	2000	2005	2010	
Brazil	6.5	4.9	18.7	12.8	11.2	High - tech exports - China observes a strong increase, India rises. Brazil has a peak in the 2000s but falls again. Russia and South Africa in decline.
Russia			16.1	8.4	9.3	
India	3.9	5.8	6.3	5.8	7.2	
China		10.4	19	30.8	27.5	
South Africa		5.7	7	8.7	4.3	

Source: World Bank Data Bank.

Ict (% dos bens exportados)

	2000	2005	2010	
Brazil	4	3.1	1	Ict - only China has a significant participation and a rising percentage. The other members have very low percentage.
Russia	0.4	0.2	0.2	
India	1.7	1.1	2	
China	17.7	30.7	29.1	
South Africa	1.6	1.2	1	

Source: World Bank Data Bank.

INEQUALITIES

All members of BRICS are highly unequal, with South Africa and Brazil concentrating the most income and India the least.

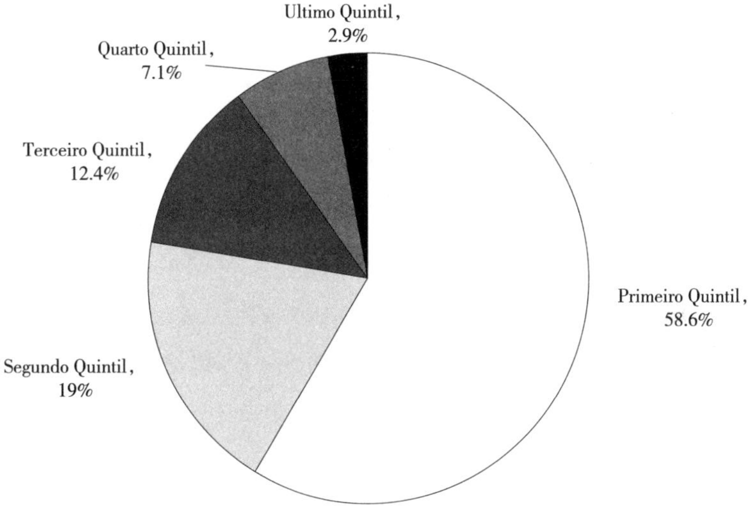

Income distribution in Brazil (2009)

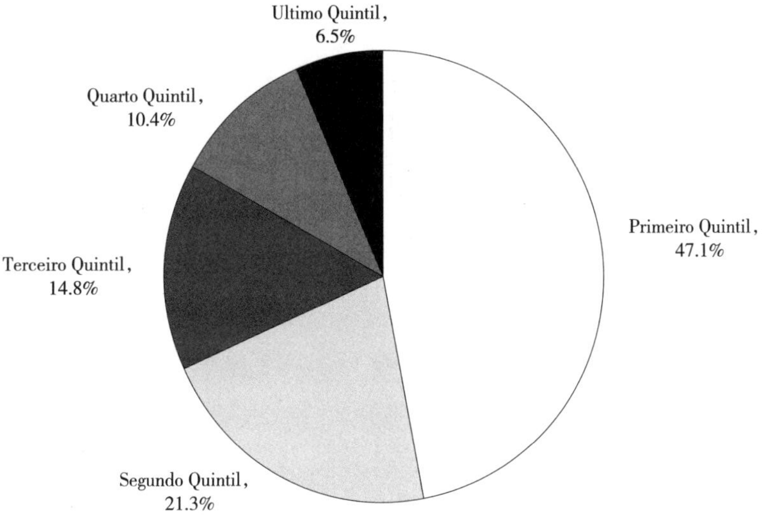

Income distribution Russia (2009)

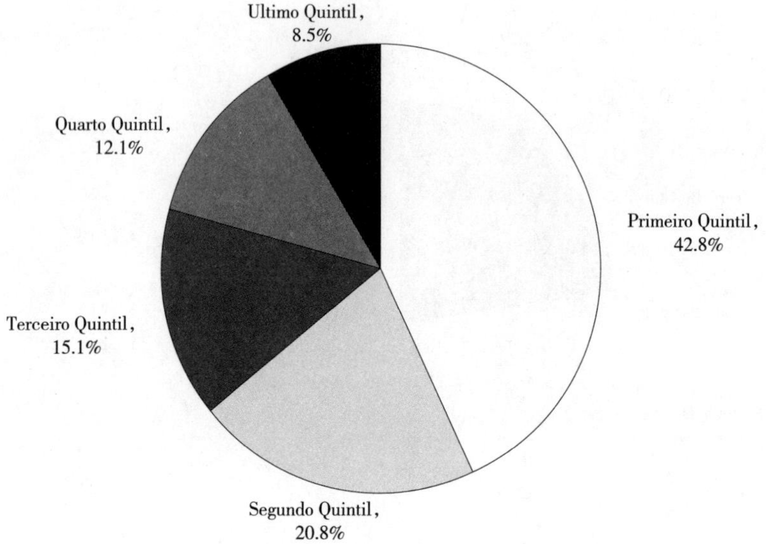

Income distribution India (2009)

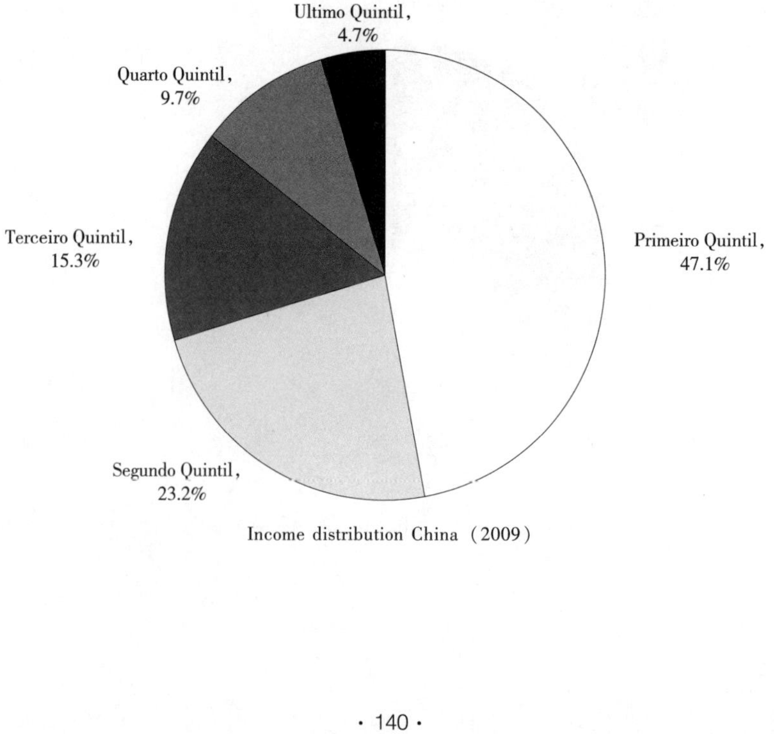

Income distribution China (2009)

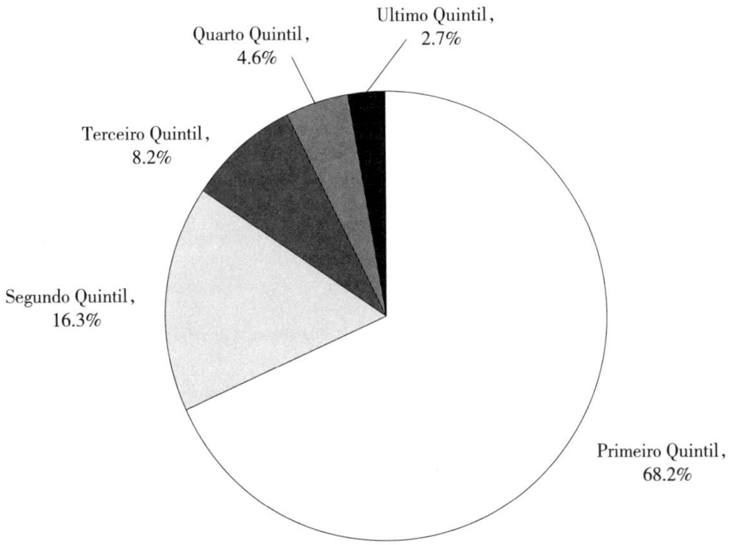

Income distribution South Africa (2009)

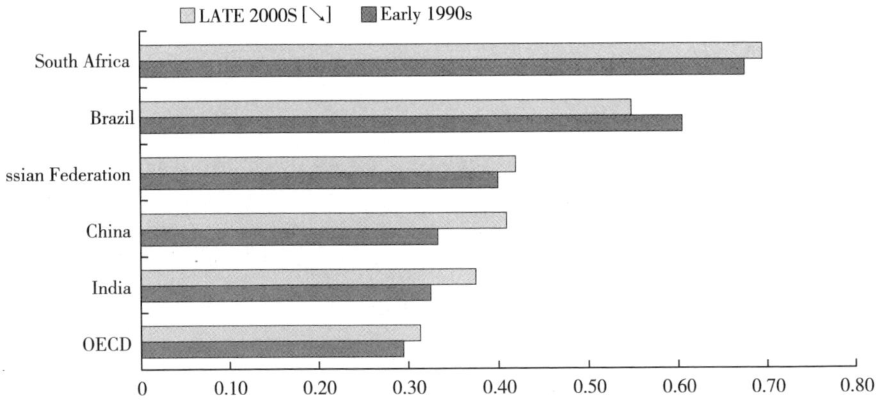

Change in inequality levels in BRICS and OECD, early 1990s versus late 2000s Gini coefficient of household income

Source: OECD – EU Database on Emerging Economies and World Bank, World Development Indicators. OECD Divided We Stand, 2011. Acessed at: http: //dx. doi. org. /10. 1787/888932535432.

1. Figures for the early 1990s generally refer to 1993, whereas figures for the late 2000s generally refer to 2008.

2. Gini coefficients are based on equalised incomes for OECD countries and per capita incomes for all ees except india and indonesia for which per capita consumption was used.

ENERGY

Energy matrix, electricity matrix and renewable and alternative energy

The BRICS are major producers and consumers of energy, although the *per capita* consumption in these countries is still below the average of OECD countries, which corresponds to 4. 39 toe/inhab.

According to data from the International Energy Agency (IEA) for 2010, Brazil, Russia, India and China account for 32% of global energy demand. ① Among them China takes the leadership with 2, 417 million toe (tonne of oil equivalent), which correspond to 19% of world's energy demand. Russia comes next with 701 mtoe (6 % of world demand), then India with 692 mtoe (5 % of world demand) and finally Brazil with 265 mtoe (2 % of world demand).

While China presents the highest energy demand of the world, its per capita consumption (1. 81 toe/inhab) is below the world average (1. 86 toe/inhab). India shows the same patter, big world demand and a low *per capita* consumption (0. 59 toe/inhab). On the other hand, Russia has an energy consumption *per capita* (4. 95 toe/inhab) near developed countries level. Brazilian consumption (1. 36 toe/cap) is on a intermediate position between the BRICS, a little below the Chinese consumer. To set comparative standards, the United States, the second largest energy consumer in the world, Has a *per capita* demand of 7. 15 toe/inhab".

South Africa is in a lower energy level than other BRICS countries. Her demand is 136 Mtoe and its *per capita* consumption is 2. 74 tep/hab. ②

Energy matrix is all the energy available to be processed, distributed and consumed in production processes. It is a quantitative representation of energy supply,

① Demand means Gross Domestic Demand, the amount of energy available in the country to be transformed or directly consumed, including the transformation, transport and distribution loss.

② Bicalho, Ronaldo. A energia dos Brics, http: //infopetro. wordpress. com/2013/01/07/a – energia – dos – brics/.

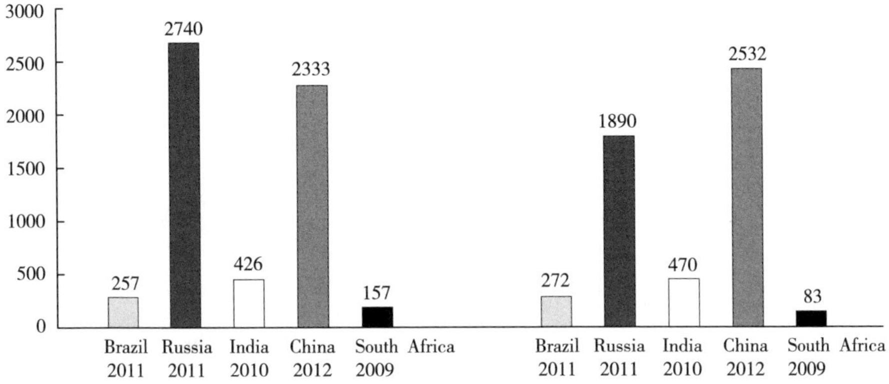

Total primary energy production (mtoe) total consumption of energy (mtoe)

Source: BRICS Joint Statistical Publication, 2013 – http://www.statssa.gov.za/news_archive/Docs/FINAL_brics%20publication_PRINT_23%20 MARCH%202013_Reworked.pdf.

i. e., the amount of energy resources made available by a country or a region. In general, the main energy resources are offered in the form of fuel and electricity generation.

Electricity matrix represents the amount of electricity supplied within a certain energy matrix, whichever the sources (renewable or non – renewable) from which electricity is produced.

ENERGY MATRIX

The following charts show the historical evolution of the energy matrix profiles of each bloc member. There has been a rapid growth in energy demand in these countries since the 70s, except for Russia, whose historical series starts in the 90s. This growth indicates the great ongoing challenges to promoting sustainability in growing and accelerating energy demand. Despite the different sources, there is a large share of fossil fuels in the composition of the matrix. Although it is the country with the lowest share of fossil energy in its matrix, the participation rates of fossil fuels (gas, coal and oil) in the Brazilian energy matrix is over 50%. In 2011, South Africa had a stake of almost 70% of coal in its array.

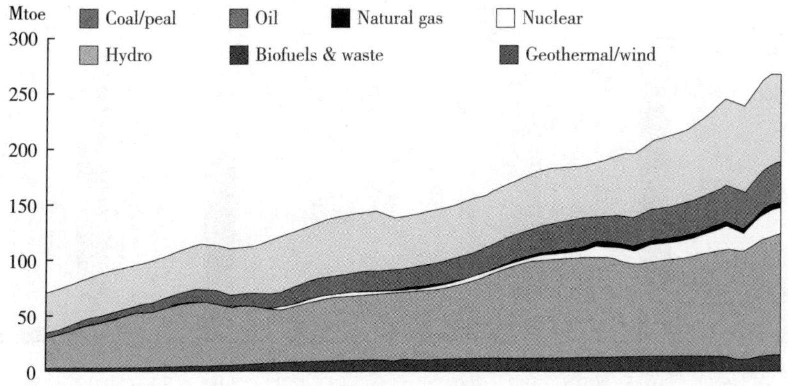

Brazil *

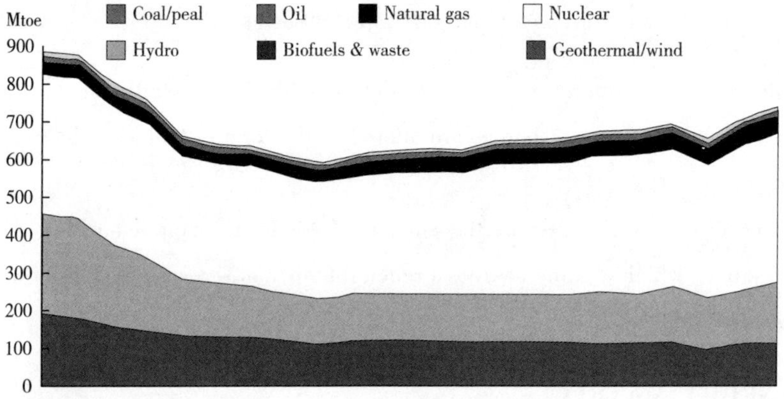

Russian Federation *

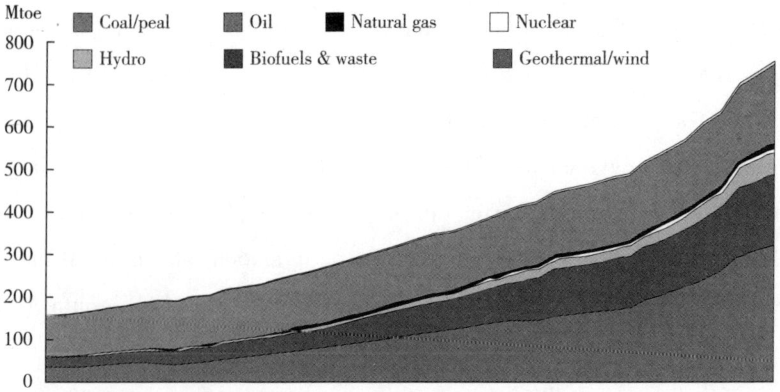

India *

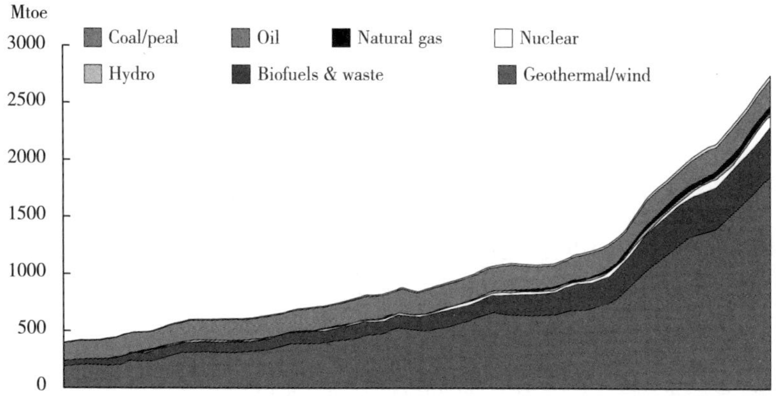

the People's Republic of China *

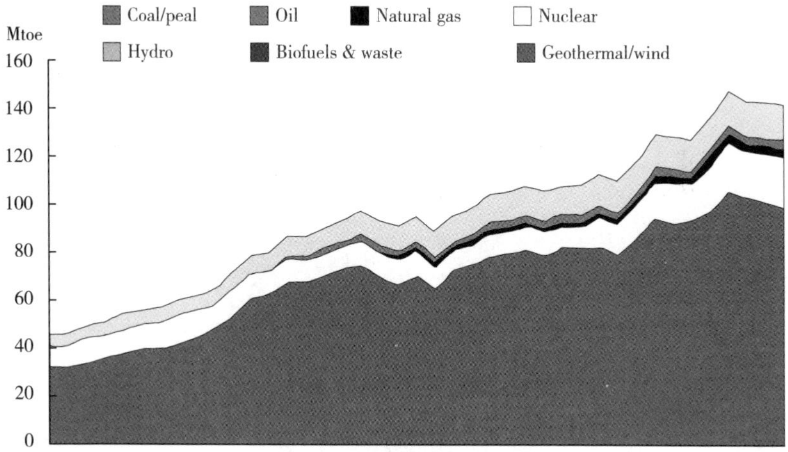

South Africa *

Total Primary Energy Supply

* Excluding electricity trade.

For more detailed data, please consult our on – line data service at http: //data. oea. org.

Source: IEA Energy Statistics, Statistics on the web: http: //www. iea. org/statistics/.

Albeit with different energy profiles, all BRICS have an important role in the evolution of the global energy context by the rapid growth of their energy demand. Thus they have an increasing influence on the behavior of the supply and demand of energy globally. "In terms of energy dependence, South Africa is anet exporter of energy (-12%), specially coal (92% of energy exports). However, she imports almost all the oil she uses. If Brazil, China and India matter, in net terms, respectively, 9%, 14% and 26% of the energy demand, exports to Russia, in net terms, corresponding to 83% of that demand. This makes China, India and Brazil responsible for 8%, 5% and 1%, respectively, of the world's energy imports, while Russia is responsible for 12% of exports.

In the specific case of energy dependence on oil and derivatives, the net import of China reaches 59% of its demand and India 76%. In the case of Russia, it reaches (-) 256% - which means, in fact, a net oil exports - and in Brazil, virtually 0%, meaning an almost equal import Export - the so - called self - sufficiency. "①

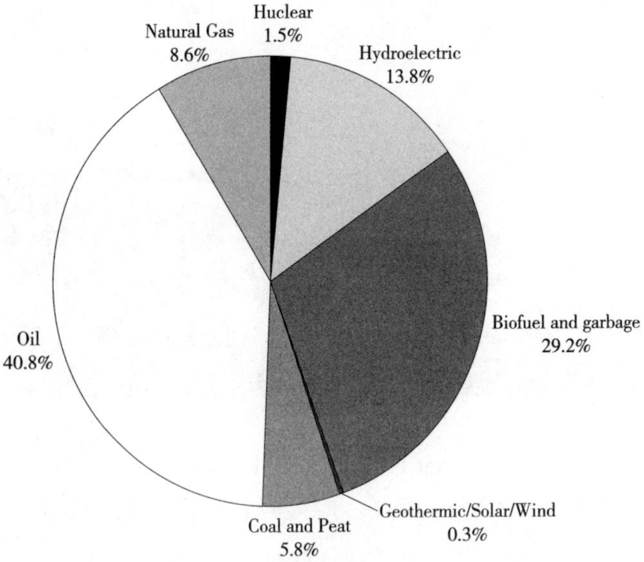

Brazil

① Idem.

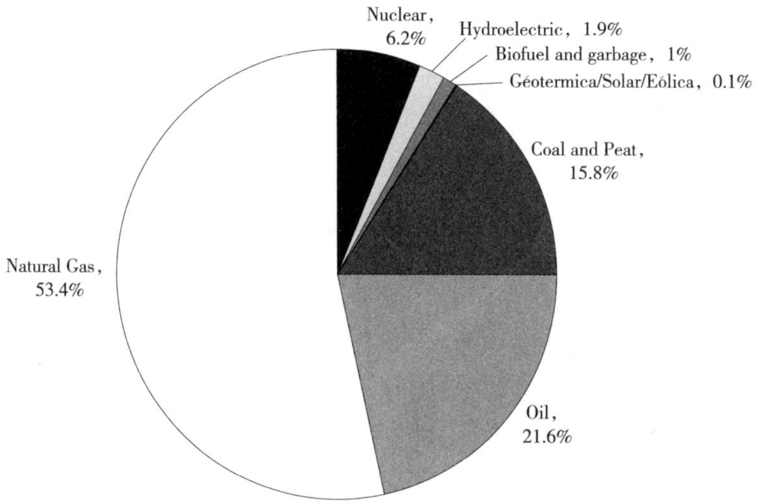

Russia

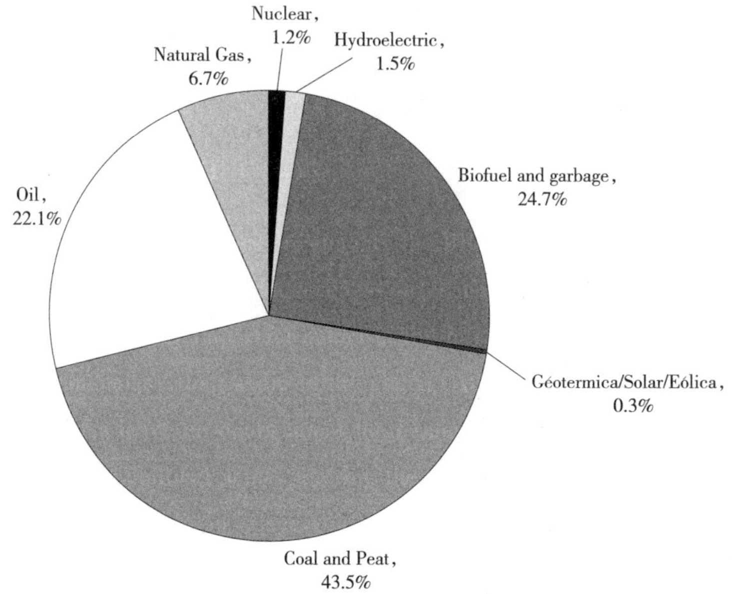

India

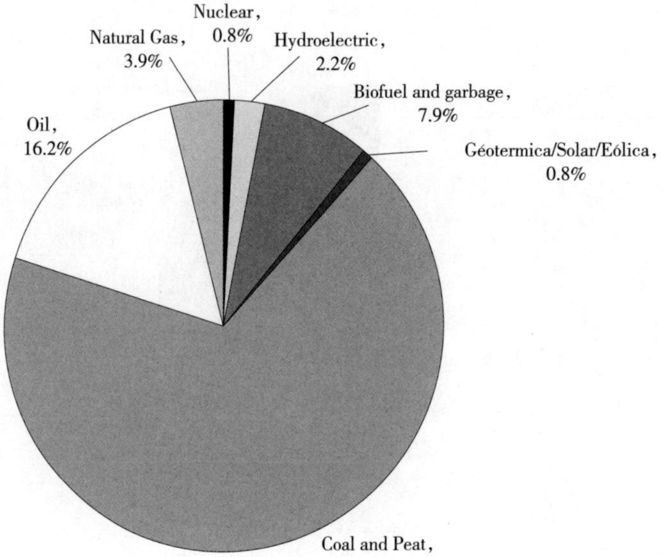

China

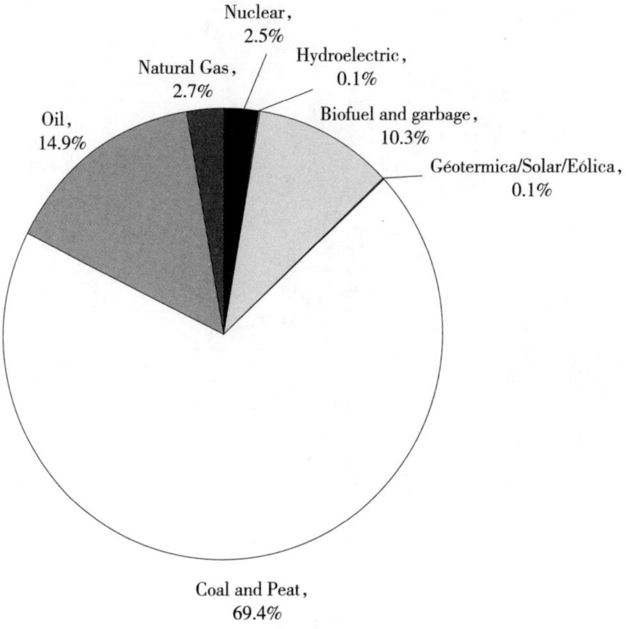

South Africa

Composition of the energy matrix in 2011

Profile of CO_2 emissions – historical series of selected sectors

Emissions from electricity generation (% combustion)

	1975	1980	1985	1990	1995	2000	2005	2010
Brazil	10.7	11.3	14.1	14.3	13.3	16.5	18.2	18
Russia				55.9	60	60.9	51.6	56.6
India	27.7	31.4	37.7	43.4	51.2	56.7	58.9	57.6
China	17.9	25	25.9	32.2	39.3	48.8	52.7	53
South Africa	48.1	48.8	54.4	56.3	60.6	63.5	63.8	69.2

Fonte: Agência Internacional de Energia.

Emissions from homes, businesses and public services (% combustion)

	1975	1980	1985	1990	1995	2000	2005	2010
Brazil	5.5	5.7	7.3	8.4	8.1	7	5.9	5.1
Russia				13.1	10.4	10.7	9.2	8.6
India	12.1	12.3	11.2	9.9	8.6	7.6	6.9	5.5
China	19.6	17.3	18.7	16.5	11.7	8.6	6.5	6.1
South Africa	6.5	4.8	4.1	4.4	4.4	2.5	6.8	4.3

Fonte: Agência Internacional de Energia.

Transport emissions (% combustion)

	1975	1980	1985	1990	1995	2000	2005	2010
Brazil	47.7	40.2	41.3	41.9	42.9	40.9	42	42.8
Russia				13.6	12	12.5	14.4	15.3
India	21.4	20	16.5	14.3	13.8	9.7	8.7	9.9
China	6.3	5.7	5.8	5.3	5.1	8.1	7.2	7
South Africa	15.3	12.1	11.4	11.5	12.7	12	13	11

Fonte: Agência Internacional de Energia.

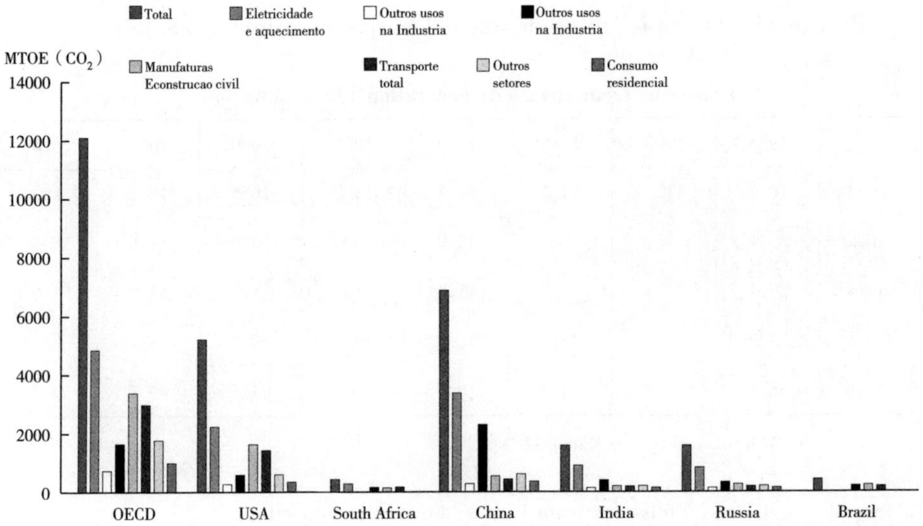

Current Profile of CO_2 Emissions

China, Russia, India and South Africa's electricity and heating sectors have the highest emission rates, a similar profile to OECD countries and the USA. In Brazil, the transportation sector leads CO_2 emissions.

China, India, Brazil and Russia have their second largest source of emissions in the manufacturing and building sectors. In South Africa, the transportation sector is the second most responsible for CO_2 emissions in the country. In all countries, emissions from residential areas, commerce and public services are low. Even in China and India, where these sectors had a larger share in the 1970s and 1980s, the percentage of such participation has declined significantly over the past 20 years.

The data shows that the rate of increase in automobiles in BRICS countries suggests that the tendency to increase emissions from the transportation sector is present in all countries, although in absolute terms the number of automobiles is quite different.

There is a significant, steady increase in CO_2 oil and coal emissions from china. The emission behavior of this country coincides with and sets the curve for BRICS

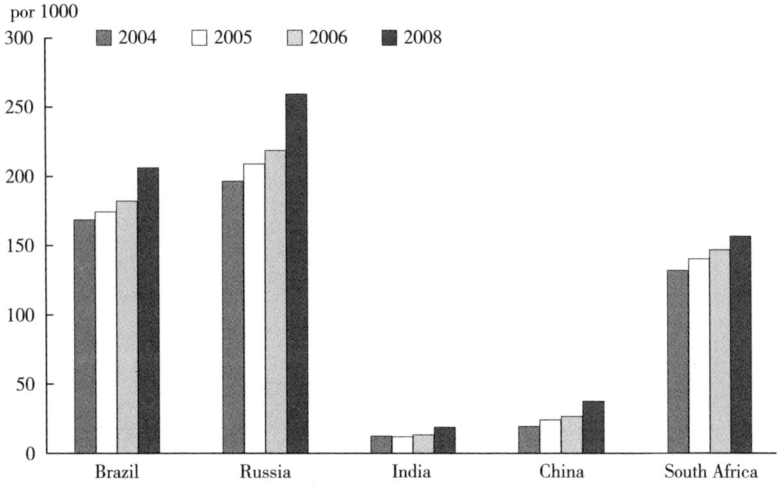

Motor Vehicles

fossil fuel emissions.

Heavy reliance on fossil fuels in the energy mix of all countries vis a vis accelerated growth of the BRICS GDP results to a steady growth in the share of fossil fuels in the emission profile by energy source. This also occurs in the case of Brazil, where 46% of the supplied energy comes from fossil fuels, even though the country counts on the strong presence of hydroelectric power in electricity production.

ELECTRIC MATRIX

Besides fuels, electricity is one of the main ways in which energy is supplied. In the BRICS countries, most sources of electricity production come from non – renewable resources (oil and oil products, gas and oil, coal and uranium). Brazil is the only one that has a predominantly clean energy matrix, since water is the source of more than 80% of its electricity production.

However, many analysts have questioned the sustainability of this source due to the social and environmental impacts of large dams. These dams represent the main source of electric power industry. Their implementation is accompanied by

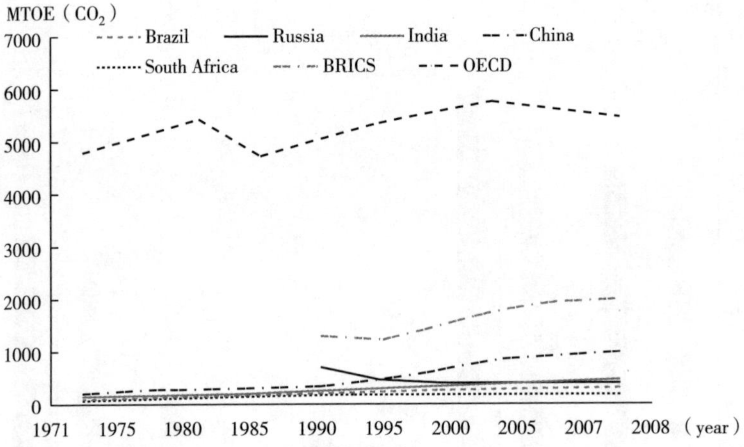

PETROLEUM

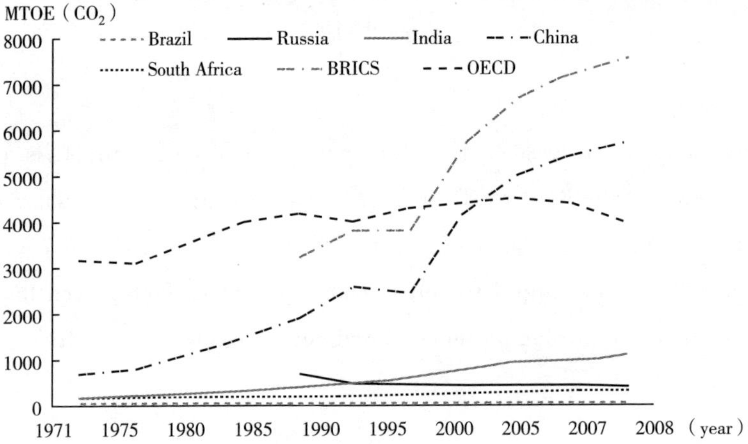

COAL

Profile of CO_2 Emissions by Energy Source

compulsory displacement, significant loss of biodiversity due to the flooding of large areas, changes in hydrological cycles, which result in changes in the forms of occupation and use of space and in the conversion of traditional activities of groups that directly depend on the rivers to survive, as well as the sudden population increase by the massive influx of workers to the locations of the construction sites.

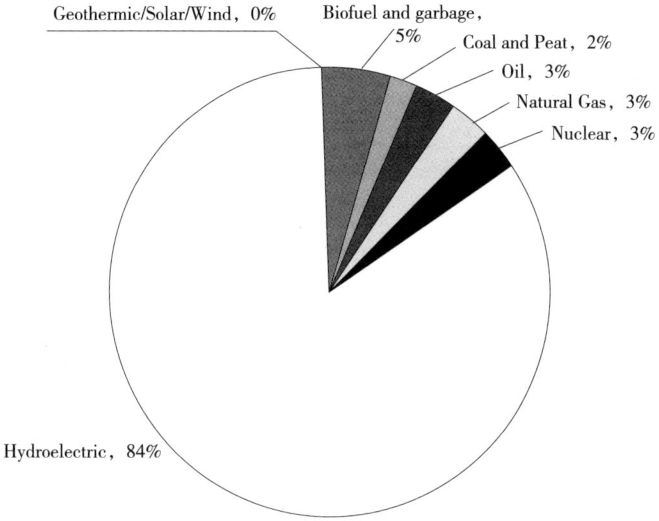

BRAZIL

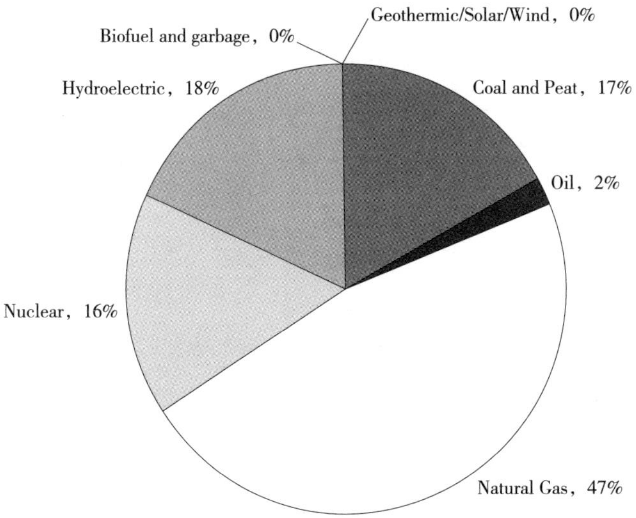

RUSSIA

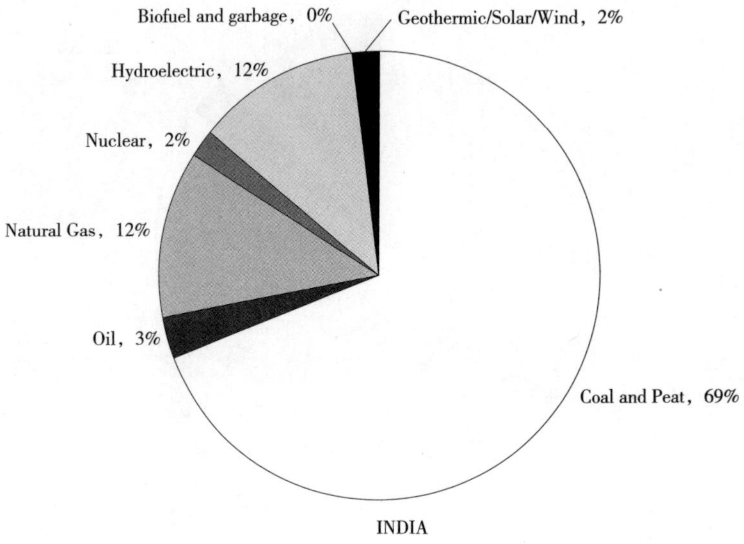
Biofuel and garbage, 0%
Geothermic/Solar/Wind, 2%
Hydroelectric, 12%
Nuclear, 2%
Natural Gas, 12%
Oil, 3%
Coal and Peat, 69%
INDIA

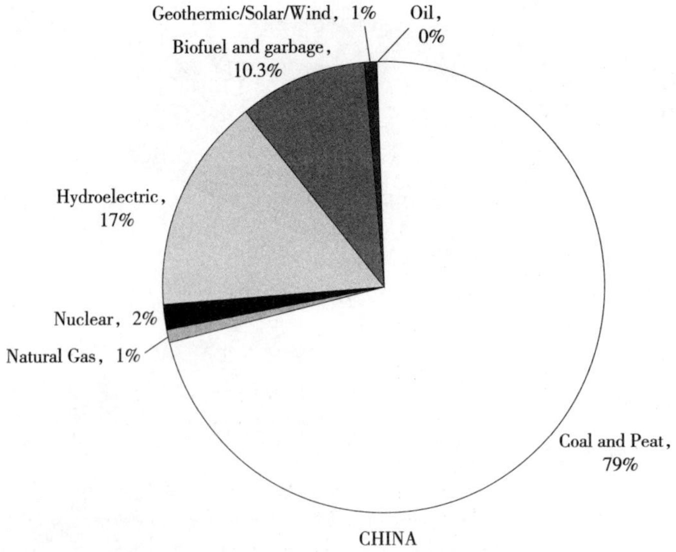
Geothermic/Solar/Wind, 1%
Oil, 0%
Biofuel and garbage, 10.3%
Hydroelectric, 17%
Nuclear, 2%
Natural Gas, 1%
Coal and Peat, 79%
CHINA

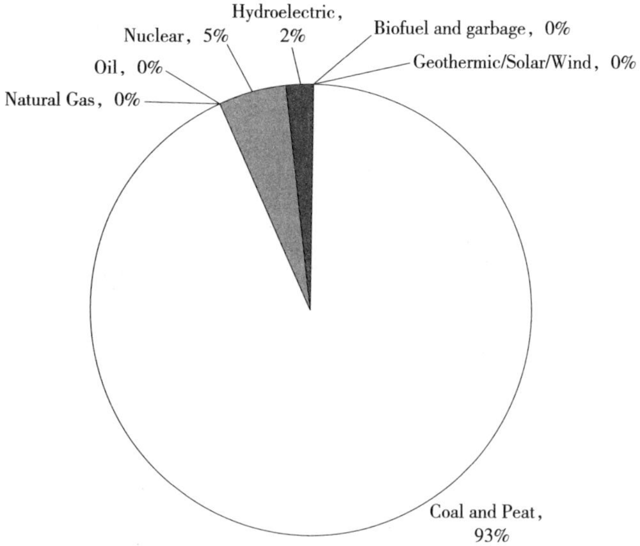

SOUTH AFRICA

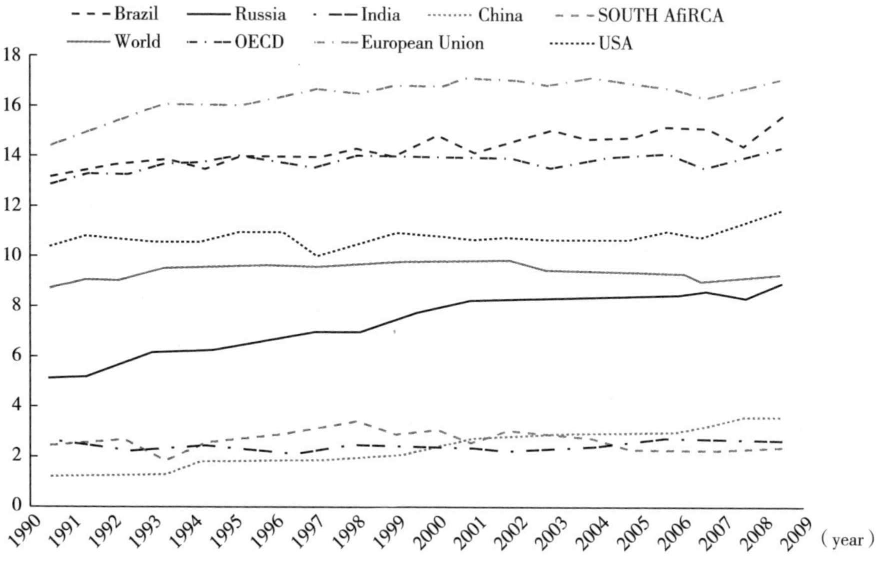

Nuclear and alternative energy (% total energy consumption)

RENEWABLE ENERGY SOURCES

In recent years, investments in sources from renewable resources – such as sunlight, wind, water and biomass – and sources which generate energy with lower levels of greenhouse gases (GHG) emissions started to gain relevance in the choices that define the countries' energy policies.

An effort to introduce them in arrays, seeking diversification represents progress, especially when resulting in the diversification of the energy matrix. However, one must consider that renewable energy sources are not, in itself, more sustainable energy alternatives.

As for nuclear energy, numerous studies have questioned the sustainability of this source due to the enormous risks to health and the environment that radioactive materials and nuclear waste generate.

In relation to renewable sources – hydro, wind, biomass, etc. – research has shown that every energy source has to be evaluated in relation to its social and environmental impacts in the local context. a small hydropower plant, located in a densely populated area can affect more families than a medium or large plant in areas with lower population density.

In addition, the different ways of life and socio – cultural logics of social groups that will be affected by power generation project will result in different impacts and depend more or less on the irreversible consequences that may have for local production and sociocultural practices.

Furthermore, in a scenario of continued increase in power demand, where the constant need to implement new projects are on the energy policy agenda, alternative sources such as solar, wind and biomass tend to occupy only a complementary role in the matrix.

This is compounded by an ongoing discourse about the naturalization of progressive energy demand by both the state and various sectors of society, which contributes to emptying the public debate about the reasons and purposes that justify the continued growth of this demand. ①

URBANIZATION AND ACCESS TO QUALITY SANITARY CONDITIONS

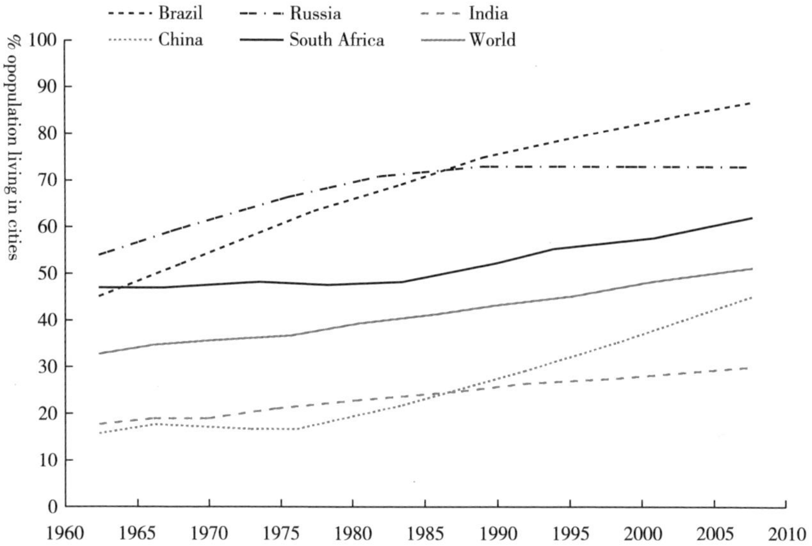

Urbanization 1960 – 2010

Urbanization in the BRICS has grown steadily and has probably been responsible for the growth of the average world urbanization rate. The table below shows the projected solid waste generation in BRICS. In all countries (except South Africa) waste generation has tended to increase per capita. Brazil, India and China will more than double absolute generation. These data reveal the rapid urbanization of these countries, since the urban lifestyle is a high generator of waste. This rapid growth poses many challenges in terms of environmental sustainability, health and provision of

① It is the case of pch fumaça, built by alcan to attend energy demands for its primary aluminum factory in minas gerais. In order to generate only 10mw, the hydrelectric dam dislocated, on average, 92 families per square kilometer in the affected area. Klemmens Laschefski Conf. *Rio + 20 em busca de uma economia sustentável. Energia: para que e para quem? – rio + 20 in search of a sustainable economy. Energy: for what and whom?* 2011 (*mimeo*).

services to citizens, such as sanitation, transportation and social services in densely populated countries.

Solid Waste Generated In Cities

	2012			2025			
	Total Urban Population	Solid Waste *per capita* (Kg/Capita/Day)	Total of Solid Waste (Tons/Day)	Total Population	Total Urban Population	Solid Waste *per capita* (Kg/Capita/Day)	Total of Solid Waste (Tons/Day)
Brazil	144,507,175	1,03	149,096	228,833,000	206,850,000	1,6	330,960
Russia	107,386,402	0,93	100,027	128,193,000	96,061,000	1,25	120,076
India	321,623,271	0,34	109,589	1,447,499,000	538,055,000	0,7	376,639
China	511,722,970	1,02	520,448	1,445,782,000	822,209,000	1,7	1,397,755
South Africa	26,720,493	2	53,425	52,300,000	36,073,000	2	72,146

hoornweg et. Al. What a Wast: a global review of solid waste management. Urban Development Series Knowledge Papers. The World Bank & Urban Development and local government. washington N. 15 MARçO 2012

There is still a huge challenge regarding universal access to sanitation facilities in almost all countries of the BRICS. Brazil, Russia and South Africa have higher access rates. Although China and India have increasing access; in India the rates are still very low. In Brazil there are, however, regional disparities, reflecting the regional and income inequalities that mark Brazil's inequality gap. In any case, it is important to note that in Brazil improved access coincides with efforts to reduce inequalities undertaken in the last decade.

ENVIRONMENTAL CONFLICTS AND HUMAN RIGHTS VIOLATIONS ARE PRESENT IN ALL MEMBERS OF THE BLOC

Geopolitics concerning energy, water, minerals and agricultural resources are followed by social, territorial and environmental impacts. The advancing frontier of such resources exploitation is accompanied by the implementation of network infra-

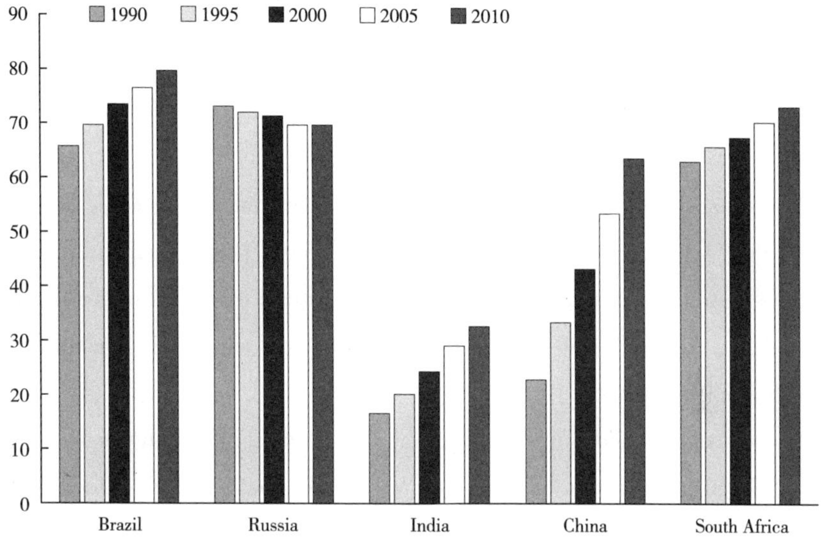

BRICS: % Population With Access To Sanitation

Source: World Bank Databank.

structure, changes in the forms of occupation and use of space and conversion of traditional activities.

BRAZIL

The Belo Monte dam, projected to be the second largest in the country (11, 000 mw), under construction on the Xingu River in the Amazon, is an emblematic example. Estimated at U. S. $ 24 billion, it is being fully funded by the National Bank for Economic and Social Development (BNDES). The arrival of thousands of migrants in search of work opportunities, following the granting of the construction license, has already begun to generate conflicts, violence and pressure on public services and housing. ①

The licensing process for new development, according to reports from the Federal Public Ministry (MPF), showed numerous irregularities. The installation permit

① See *A violência que veio com a usina*. Revista isto é. Edição 2197, 16/12/11. available at http: //www. istoe. com. br/reportagens/183241_A + VIOLENCIA + QUE + VEIO + COM + A + USINA.

for the plant was approved without compliance to preconditions for preparing for impacts in the region. That was the case, for example, of the building of sanitation facilities in the construction sites, which should be completed in order for the license to be granted, but had not even been initiated.

The expansion of energy - intensive sectors in the Amazon - such as mining activities - along with the still little explored hydroelectric potential of the region has made the construction of large power plants be prioritized by the government and implemented in absentia of criteria and standards for social and environmental protection established by the State.

This has undermined the territorial planning process and diminished the possibilities of social participation and discussion with the groups directly affected by the social and environmental impacts to the natural resources of the territories that would be radically changed with the construction.

When the construction of Santo Antonio and Jirau hydroelectric plants (6, 400 mw) in the Madeira River, western Amazon started in 2007, there was an increase in deforestation rates in the region by 602% compared to the previous year, stimulated by the announcement of the beginning of construction. In 2011, the poor working conditions at the construction sites triggered massive protests which resulted in the destruction of housing, buses and machinery. A compromise was established by large contractors promising to ensure better working conditions and compliance with the country's labor rights. ①

Nevertheless, six other dams are being planned in the Tapajós and Jamanxim river basins, which together should produce approximately 10, 000 MW of power. In order to enable construction, environmental authorities reduced the conservation units in one of the best preserved and most biodiverse areas in the Amazon forest. ②

---

① See http: //www. brasil. gov. br/noticias/arquivos/2011/04/11/operarios - encerram - greve - na - usina - hidreletrica - de - jirau.

② *Por usinas, governo vai reduzirâreas de proteção na Amazônia.* (*For power plants, the government will reduce protection areas in the Amazon.*) Folha de SP, 07/06/2011 *e menos preservação na Amazônia.* (*less preservation in the amazon*). O Globo, 07/01/2012.

RUSSIA

Oil and Gas Exploration and violations of the rights of traditional peoples

The right to land is the main problem faced by indigenous peoples of the Russian North. This translates into the use of natural resources such as oil and gas and protecting the territory that ensures their traditional way of life. There are 41 indigenous groups in northern Russia as the Chukchi, Nenets, Sami, Kets, and Selkups Nanais. Altogether there are about 250 thousand people. Most preserve a traditional lifestyle and an ethnic identity. ①

Huge oil and gas reserves are located in the tundra fauna in northeastern Barents Sea, known as the Nenets Autonomous Okrug region. While oil companies have been in the region since the 1960s, oil activity has increased dramatically in the last ten years. For the Nenets and Komi Izhma, indigenous peoples living in the region, this poses a major threat. The oil found several miles beneath the permafrost has changed life on the tundra. Areas where nomads tended their flocks and practiced subsistence since time immemorial were invaded by drilling rigs, pipelines, bulldozers and huge production facilities. The tundra and grasslands are being degraded and polluted large - scale and indigenous peoples are struggling to keep their breeding practices of traditional reindeer and save their cultural heritage. ②

Human rights and environmental justice activism in russia have suffered constant attacks from authorities. Among the various cases is the arrest of 30 Greenpeace activists protesting against oil exploration in the Arctic and pressure to close the Russian Association of Indigenous Peoples of the Borth (Raipon), which deals with the social, political, economic and environmental problems faced by indigenous peoples of the Russian North. Over its 20 years' existence, the association has been actively

① From "RAIPON - Russian association of indigenous peoples of the north" - http://arcticstudies.pbworks.com/w/page/13623318/raipon.

② From "Norwegian researchers arm indigenous people in their struggle for existence" - http://www.forskningsradet.no/en/Newsarticle/Norwegian_researchers_arm_indigenous_people_in_their_struggle_for_existence/1236685398660.

working to protect human rights and legal interests of indigenous peoples' rights and promote the right to self governance. Raipon represents 41 groups of indigenous peoples, who live in 60 percent of the whole territory of the Russian Federation, from Murmansk to Kamchatka. ①

INDIA

"With 4, 300 large dams constructed and many others planned, india is one of the most prolific countries in terms of dam construction in the world. It is estimated that large dams in India have been responsible for the sinking of about 37, 500 square kilometers – an area roughly the size of Switzerland – and the removal of tens of millions of people. Because of these impacts and the unequal distribution of risk and wealth that large dams cause, people in India have been fighting for decades against them. Narmada Bachao Andolan through (Save the Narmada Movement), residents are opposing the gigantic project of the Narmada Valley Development which provides hundreds of large dams and an extensive irrigation system that together will remove millions of people.

The controversy over large dams on the Narmada River has symbolized the struggle for a just and egalitarian society in India. The government plans to build 30 large, 135 medium and 3, 000 small dams to harness the waters of the Narmada and its tributaries. A large number of poor and disadvantaged communities (mainly tribal and dalits) are being stripped of their livelihoods and even their ways of life to make way for dams built on highly dubious claims of common benefit and "national interest". Besides the Development Project of Narmada Valley, the Indian government is committed to a huge acceleration in the construction of dams in the North and Northeast regions of the country and in neighboring countries. Most of the planned dams are located in Uttaranchal, Himachal Pradesh, Arunachal Pradesh, Manipur, Assam, Mizoram and Sikkim as well as Bhutan and Nepal. The World Bank and A-

① From "moscow orders closure of indigenous peoples organization" – http://barentsobserver.com/en/arctic/moscow – orders – closure – indigenous – peoples – organization – 12 – 11.

sian Development bank are ready to provide financial support for some of the planned dams. "①

SOUTH AFRICA

Mining, inequalities and violations of workers' rights – the marikana massacre

The Marikana miners' strike happened in a mine owned by the lonmin company in south africa in 2012. The event drew international attention after a series of violent incidents that resulted in the death of 47 people, mostly miners on strike, killed on August 16. The total number of injured workers during the strike remains unknown. Besides Lonmin strikers, strikes have occurred in all areas of the mining sector in South Africa. The August 16 shooting that press dubbed "the Marikana massacre" was the deadliest use of force by South African security forces against civilians since 1960 and the end of the apartheid era. ②

About the mining industry and violations of workers' rights, COSATU says that "the mining sector directly employs about half a million workers, with another 400 thousand employees indirectly by suppliers of goods and services. The direct and indirect contribution of the industry to our gross domestic product is about 18%. Mining also represents more than half the currency exchange in south africa. These statistics seem "neutral". However, the industry has what the National Union of Mineworkers (NUM) has described as "a murderous face", reflected in ongoing fatalities, occupational illnesses in rapid growth, environmental degradation and miserable living conditions under which many miners are submitted. Between 1900 and 1994, 69, 000 miners have died in accidents and over a million have been seriously injured. While the rate of fatalities and injuries has decreased, the situation is still completely unacceptable and therefore led the NUM to call for regular strikes around the issue of security. In the ten years between 2001 and 2011, 2, 301 workers lost their lives and about 43,000 were seriously injured. Linkages between the mining in-

① From "India" – http://www.internationalrivers.org/campaigns/india and "a brief introduction to the narmada issue" – http://www.narmada.org/introduction.html.

② From "Marikana miners' strike" – http://en.wikipedia.org/wiki/marikana_miners'_strike.

dustry and 760 000 new cases of tuberculosis infection a year have been found due to the effects of dust containing silica, poor living conditions and the prevalence of HIV /AIDS. This data is catastrophic, since TB is an infectious and often deadly disease. The social consequences in the south african region can be disastrous. Moreover, silicosis (caused by inhaling dust containing silica underground) alone is a fatal disease, claiming the lives of thousands of people each year. Inequality is extreme in the mining industry. It is no coincidence that the highest paid CEOs in South Africa in 2009 were from BHP Billiton (average R41milhões), Anglo American (average of R20. 5 million), Lonmin (average of R20 million) and Anglo Gold Ashanti (mean of R17. 5 million). Compare these grotesque wages with the current average salary of R4000 per month (or R48billion per year) and a num members' minimum average of R3600 per month (R43. 2 billion per annum)! It is important to note that the mining industry has a peculiar characteristic in which the reduction of product demand does not necessarily result in lower profits. The profit depends on the price of the goods, which can be manipulated through artificial manipulation of supply and demand. Thus, despite the reduced demand for platinum in Western Europe and the USA due to the recession, for example, the three companies Lonmin Platinum, Anglo platinum and Implats recorded an operating profit of more than R160 billion over the last five years!"①

ENVIRONMENTAL JUSTICE

Environmental Justice states that all social groups, regardless of their origin, income, social class, gender, race or ethnicity, should participate in the decision and have access to natural resources, in order to ensure equal protection against potential environmental and health damage which the activities to be implemented in their territories may cause. ②

① From "COSATU 11th Congress Declaration on the Lonmin Marikana platinum mine tragedy, the mining industry, and generalpoverty wages", 17 de setembro de 2012, http: //www. cosatu. org. za/show. php? id = 6530.

② Cf Declaração de princípios da rede brasileira de justiça ambiental www. justicaambiental. org. br.

The concept of Environmental Justice was created in 1980 when the African – American movement entered the environmental debate denouncing toxic waste dumps and industrial effluents with pollutants concentrated in areas inhabited by african – Americans. In reporting environmental racism, the movement gave visibility to the existing link between environmental degradation and social injustice and the fact that it is not possible to separate the environmental problems from the way power is distributed over natural resources. The African – American movement in the U. S. explained the political dynamics that determines the distribution of environmental impacts, pointing out the role that racism plays in this process.

One of the core strategies of the movement was production of knowledge. In alliance with academia, in 1987, the movement conducted a survey which showed that "the racial composition of a community is the variable best able to explain the existence or absence of deposits of hazardous wastes from commercial sources in an area." Among the explanatory factors, the availability of cheap land in minority communities or in their neighborhoods were included, lack of opposition from the local population due to difficulty in organization, lack of political resources in communities, and spatial mobility of these groups due to housing discrimination; underrepresentation in government agencies responsible for location of waste disposal."①

The research showed that market forces and discriminatory practices of government agencies acted in a coordinated manner for the production of environmental inequalities. If market mechanisms work to produce environmental inequalities (E. G., lower costs for location of polluting activities point to areas where the poor live), it must be considered that it is often the omission of public policies – or their discriminatory action – that allows perverse market action.

Unlike a certain environmental "common sense", widespread in hegemonic media, the action of these movements showed that "pollution is not democratic, it does not reach everyone evenly or subject all social groups to the same risks and un-

① Cf. ETTERN/IPPUR, FASE. Relatório Síntese. Projeto de Avaliação de Equidade Ambiental. FASE: Rio de Janeiro, 2011.

certainties. Environmental Justice Movement demands: a) fair treatment – that no group, whether defined by race, ethnicity or socioeconomic class, will disproportionately bear the negative environmental consequences of certain work or project; and b) an effective involvement – at all stages through which necessarily involves the project, from its conception in the planning process to the decision – making. "①

The experience of the social movements which have since then adopted this concept shows that this notion has a political meaning. It challenges the dominant representation of environmental issues by questioning the distribution of power over natural resources and use predominantly given to such resources, enabling the emergence of new subjects and stimulating debate about the ends justifying the uses given to natural resources by society.

With this notion, the discussion on sustainability is not subordinated to the paradigm of efficiency and ecological modernization. Ecological degradation, in this light, is not only the result of lack of efficient management of resources. Rather, it is the result of a model of production/consumption and infinite economic growth in an unequal world of finite resources. Social inequality plays a central role in this system, because it reproduces this model.

FINAL THOUGHTS

DEMOCRACY, SUSTAINABILITY AND ENVIRONMENTAL JUSTICE

The role of the BRICS in the global arena has been marked by a strong convergence of common interests related to the reform of the international economic and financial governance, and this convergence is clear that the bloc is a global actor gaining economic and political importance. In addition to this agenda, however, the bloc's members have significant differences between them, which impede the formation of a stronger strategic project. The differences in their political systems and their integration in their respective regional contexts add to the differences presented here

① Cf. Henri Acselrad. Justiça Ambiental – novas articulações entre meio ambiente e democracia. p. 3 (mimeo).

about each country's position in trade relations, the profile of their economies – and the immense weight of the Chinese economy in relation to other members of the bloc – in energy, power and greenhouse gas emission matrix standards.

In addition to the differences, the BRICS have important characteristics in common. The most relevant is the profile of strong inequalities that mark all members of the bloc, as shown in the data. Another is the increasing exploitation of natural resources, some of which are non – renewable, like oil and minerals, particularly in the cases of Brazil, Russia, South Africa and China. Violation of the rights of those affected by the intensive exploitation of natural resources is also a common problem to all members of the bloc. The cases presented here show that these violations occur in association with the absence and insufficiency of effective mechanisms of participation, consultation and social control aimed at democratizing decision making on the use of natural resources.

The existence of such mechanisms is an important step towards promoting environmental justice. Some countries, such as Brazil, have mechanisms for consultation and citizen participation in various agendas. But we must check whether similar mechanisms can be effective for processing environmental conflicts, so that the state and society recognize the existence of distributional inequalities in the access to natural resources and protection from environmental risks, and thus that they formulate guidelines and policies to correct these inequalities and ensure equal environmental protection for all social groups.

The expansion of each member country's citizen participation and public debate on the role of the BRICS in the international system is crucial in order to discuss the potential, or not, for the bloc to put forward a new development agenda with social and environmental justice. This debate is critical not only for the countries of the bloc, but also for other southern countries, which receive cooperation and investment from countries of the bloc, and who will be benefited – or affected – by investment in infrastructure from the future BRICS bank. Without public debate and social participation, cooperation and investment of these countries in Africa have been occurring without the bloc acting in favor of regulations that aim to strengthen social and labor rights, environment norms and the protection of social groups that will be affected by these developments. Many analysts and social movements evaluate that there is great risk that, without social participation, the future BRICS bank will reproduce patterns of financing infrastructure projects marked by environmental unsustainability and violations of labor and land rights. That is why social participation is the most fundamental requirement for the achievement of environmental justice, whether it happens within the members of the BRICS countries, or in the countries which receive investments from the bloc.

Inequality Matters BRICS Inequalities Factsheet

Courtney Ivins

INEQUALITY MATTERS

In international debates about inequality, dialogue on the emergence of the BRICS countries has focused largely on how this group has contributed to a shift in the global balance of power, raising hopes of a more egalitarian global governance architecture through international trade and development co - operation. Sharing similar patterns of resilience during the global economic recession, BRICS countries have played critical post - crisis roles through their growing influence and integration in the global economy. However, interest also needs to be paid to their approach in addressing shared challenges for reducing socio - economic inequalities, especially with regard to insights that can contribute to more effective and coherent public policy strategies.

In addition to being a prerequisite for more sustainable approaches to equitable development, growth, and integration, reducing inequality is also associated with lower crime rates, stronger trust and social cohesion and better population health. These benefits are important for stability, attracting investment and well - functioning government institutions. Reducing inequality in societies is also critical for understanding and eradicating poverty.

Growing inequality is not unique to BRICS countries. A 2012 Oxfam study ("Left Behind by the G20") indicates that income inequality is increasing in almost all countries in the G20, even while it is falling in many low income and lower -

middle income countries. This evidence indicates that shared development of prosperity will depend on future strategies which tackle the linked, but distinct, challenges of equality and sustainability. ①

In related discussions, inequality in BRICS countries has been drawn into the spotlight, particularly with regard to falling behind on Millennium Development Goals. While BRICS contributions have helped to significantly reduce world poverty in the past three decades② – especially extreme poverty③ – and have eased international inequality between countries, levels of income disparities among global citizens have seen no significant change. As evidence below suggests, the gap between international inequality and global inequality has widened as a result of increased income disparities within countries. Examining the contributions of BRICS countries is key to reconciling these trends.

MEASURING AND MAPPING INEQUALITIES

Inequality is conventionally measured through income – based disparities. The decline in weighted international inequality④ – calculated using national Gross Domestic Incomes (GDI) per capita – began in the 1980s owing largely to the rapid growth of China. More recent efforts have pointed to the failure of this measure to capture intra – country inequalities. Milanovic's (2012) calculation of global income inequality reveals a different picture. Based on household data from 122 countries, estimates based on a Gini coefficient of all global citizens suggest that global inequal-

① Using a new dataset, this Oxfam Briefing Paper reveals that, "only four G20 countries – including just one high – income country, Korea – have reduced income inequality since 1990.

② Considerable contributions in reductions of absolutepoverty, particularly in Brazil and China, which together account for 25% of the world's population. India and South Africa's reductions were less dramatic, and among the group, India has the highest headcount poverty rate – with about 42% of its population living on less than USD 1.25 a day. By this measurement, Russia virtually eradicated absolute poverty since 2009. (OECD, 2011). However, the national level of subsistence is widely contested, and by some measurements, 12.8% of Russian population lives below it. (Ukhova, 2012).

③ Extreme poverty measured by the share in the total population living on less than USD 1.25 or USD 2 (in purchasing power parities).

④ Taking into consideration the population of countries, relative to population of the world.

ity is roughly the same today as it was in the late 1980s and is not decreasing.

Viewing these trends in the context of BRICS economies allows us to paint a more nuanced picture of global inequalities and their relationship to trends of economic growth. Bringing this picture into focus also requires a broader understanding of the impact of poverty. Comprehensive policy strategies address inequalities through an understanding of disparities in capabilities, taking into account forms of relative and absolute poverty (Sen, 1999), and human rights (implying that capabilities should not be permitted to fall below a universal minimum standard). Based on these principles, this Fact Sheet identifies different vectors of inequalities in and between BRICS countries, providing a frame of reference for addressing shared challenges in order to foster more sustainable and equitable development.

BRICS COUNTRIES IN FOCUS

Data from household statistics① reveal that income inequalities in all BRICS countries have remained well above the Organisation for Economic Co-operation and Development (OECD) average. From the early 1990s to the late 2000s, China, India, the Russian Federation and South Africa all saw steep increases in income inequality. In the same period, Brazil's Gini indicator was almost twice as large as the OECD average and it is the only BRICS country in which income inequality had decreased.

To understand these trends, it is useful to examine where the benefits of growth have been concentrated among groups at low, medium, and high income levels. As Figure 2 suggests, while Brazil's upper quintile still accounts for 60% of total income, Brazil's growth at the bottom and middle quintiles was greater than growth at the top, driving poverty reduction through faster income increases to the poor. In other words, as Ricardo Paes de Barros illustrates, "the incomes

① This data was provided by a 2011 report by the OECD entitled "Divided We Stand: Why Inequality Keeps Rising. Some BRICS countries rely on household income, others on consumption expenditure (the former tends to indicate higher levels of inequality than the latter), making income inequality complex to measure and compare.

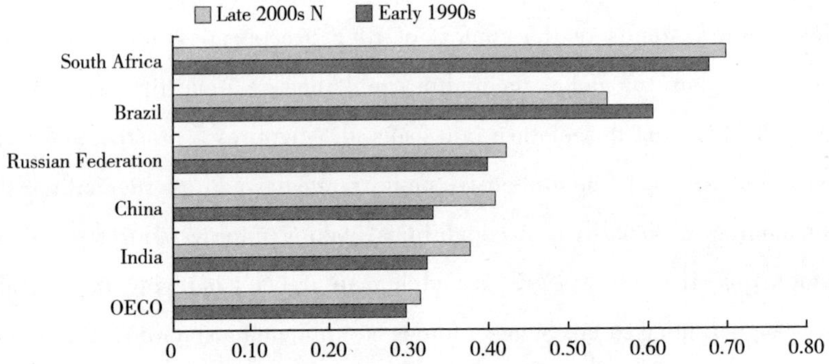

Figure 1. Change in inequality levels, early 1990s versus late 2000s Gini Coefficient of household income

Source: OECD – EU Database on Emerging Economies and World Bank, World Development Indicators. OECD Divided We Stand, 2011. Accessed at: http: //dx. doi. org/10. 1787/888932535432.

1. Figures for the early 1990s generally refer to 1993, whereas figures for the late 2000s generally refer to 2008.

2. Gini coefficients are based on equalised incomes for OECD countries and per capita incomes for all EEs except India and Indonesia for which per capita consumption was used.

of individuals in the lowest decile of the income distribution is growing at Chinese rates, while the income of the richest decile grows at German rates" (World Bank, 2012).

In China, India, the Russian Federation and South Africa, increases in real household income were concentrated at the top, with the upper quintiles reaching 75% of total income in South Africa. ① In China and India, such concentration remained closer to the OECD average (ranging from 40 – 45%) (OECD, 2011).

Oxfam's model that extrapolates on inequality trends generates troubling predictions. For example, in South Africa, between 2010 and 2020, more than a million additional people will likely be pushed into poverty if interventions do not stem the country's rapid inequality growth. Oxfam calculationsalso reveal similarly dramatic

① While the ratio of South Africa's income earnings distribution between the top and bottom deciles was compressed significantly in the 1990s, the highest earners increased their income at a faster pace thereafter, suggesting a partial regression of earlier progress (OECD, 2011).

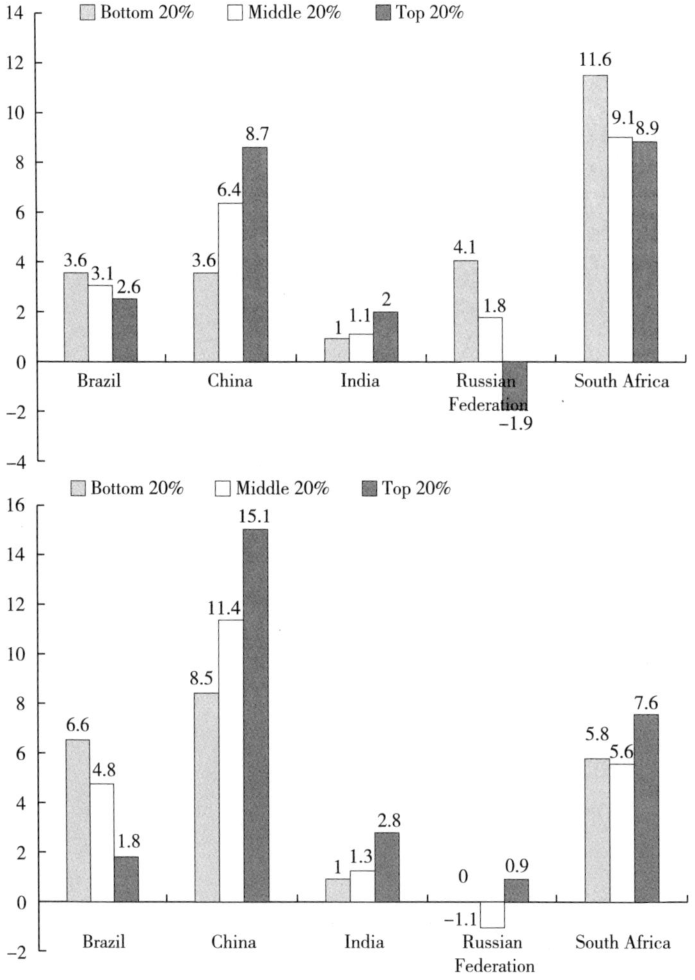

Figure 2. Change in real household income by quintile Average annual change in %

Source: OECD – EU Database on Emerging Economies and World Bank Development Indicators Database. OECD Divided We Stand, 2011. Available at: dx. doi. org/10. 1787/888932535451.

1. Figures for the early 1990s generally refer to the period between 1992 – 93 and 1999 – 2000, whereas figures for the late 2000s generally refer to the period between 2000 and 2008.

2. For China data refer to urban areas only and data for India refer to real household consumption.

results for increased equality. In Brazil, reducing inequality to the level of Indonesia (close to the G20 median) could reduce the number of people in poverty by 90 per cent in just a decade.

Common public policy frameworkstargeting key factors of inequality are critical to ensure the benefits of such rewards can be spread within and beyond the BRICS.

KEY FACTORS OF INEQUALITY

"Divided We Stand", a 2011 OECD study on global inequalities, identified four driving forces of inequality that are common to emerging economies:

1. Labour force inequalities (formal – informal);
2. Spatial divides (rural – urban);
3. Gaps in education; and
4. Barriers to employment and career advancement for women.

These are intertwined with other key factors that shape the different ways in which inequalities are reproduced and experienced in BRICS countries, namely gender and ethnic disparities, healthcare and environmental inequalities, unequal labour market conditions and distribution of, and access to, public social expenditure.

Informality

While informal employment (jobs not regulated by the state) contributes to increased income in poor households, evidence suggests that it is also closely associated with deepening inequality in BRICS countries where large labour pools of workers are often involuntarily subjected to wage penalties, job instability and limitations to their socio – economic mobility. Informal employment often disproportionately affects disadvantaged and marginalized groups who lack formal education and skills training. Working women, in particular, are more likely to take informal employment and earn substantially less. (Jutting and Laigesia, 2009).

Among the BRICS countries, indicators suggest that informal labour is most prevalent in India, particularly among women, street vendors and home – based and sub – contracted workers. While wage inequality has remained relatively consistent among those employed on a day – to – day basis, the gap between regular wage earners has increased (OECD, 2011).

In China, informal employment is concentrated among rural migrants and work-

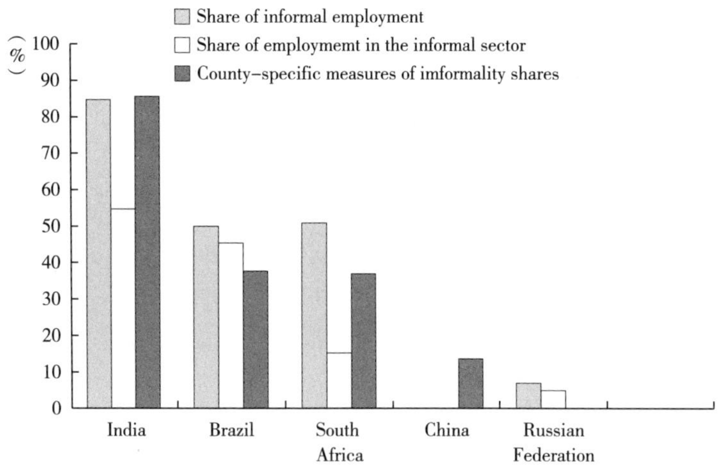

Figure 3. Informal Employment in BRICS Countries

Source: OECD (2010), Economic Policy Reforms 2010: Going for Growth. Economic Policy Reforms 2010: Going for Growth - OECD© 2010 - ISBN 9789264079960; Chapter 7: Going For Growth in Brazil, China, India, Indonesia and South Africa; Access: http: //dx. doi. org/10. 1787/888932535489.

1. The share of informal employment is based on a standardized definition and excludes agriculture. Latest available estimates shown: 2000 - 07 (Brazil and South Africa); 1995 - 99 (India and Indonesia); unavailable for China. See (Jutting and Laigesia, 2009) for more details.

2. The share of employment in the informal sector is based on the ILO KLIM database. Definition for Argentina (2001): urban population only; Brazil: unincorporated urban enterprises employing five or less employees and producing for sale, excluding agriculture. India (2000): all unincorporated proprietary and partnership enterprises producing all or some of their goods or services for sale. Indonesia (2004): all own - account and unpaid family workers and employees in agriculture, and own - account workers (unless professional, administrative or clerical workers) not assisted by other persons. South Africa (2004): business activities which are not registered for taxation, for professional groups' regulatory requirements or similar acts.

3. *Country - specific measures of informality shares based on OECD Economic Surveys (OECD, 2007a, 2008a, 2008b, 2009a) and OECD Employment Outlook (2007b). Definition for Brazil (2009): own - account workers and employees without social contributions. China (2008): self - employed. India (2004): workers not covered by the employee's provident fund. Indonesia (2004): own - account workers and unpaid workers. South Africa (2008): workers without pension and medical plans.*

ers dismissed by urban state and collective enterprises. This informal employment is based largely in construction, the service industry, service dispatching, small workshops, domestic work and self - employment. In Brazil, it is based largely in low - skilled intensive sectors such as agriculture, construction, hotels and restaurants, domestic service and wholesale and retail trade.

Spatial Inequality

Regional inequalities within BRICS countries have taken shape in markedly different ways. In South Africa, and even more so in India and China, real per capita incomes for urban inhabitants have increased more than their rural counterparts. Brazil is the only BRICS country where per capita income growth in rural areas outpaced urban areas (by up to 40% since the 1990s), credited largely to an extensive pension scheme providing rural workers with benefits equivalent to the minimum wage.

While income inequality in Brazil has declined in urban and, in particular, in rural areas, it has risen in both rural and urban China and India since the 1990s. South Africa's income inequalities have fallen in rural areas and risen in urban areas. Despite improvements in non – monetary measures of well – being (including access to piped water, electricity, and formal housing) since 1993, the lack of access to basic essential services, both in rural and urban South Africa, has contributed to the country having one of the highest rates of public protests in the world. These protests are concentrated largely on issues of land and housing.

In Russia, with the world's largest territorial area, social insurance systems have tended to reduce urban – rural inequality over time. In China, with the world's largest population, they have historically favoured urban residents, particularly formal sector workers[①]. With the hukou system[②] restricting rural – to – urban migration, 50.3% of China's mainland population (674.15 million people) continue to live in rural areas and are excluded from many of the public benefits permanent urban populations enjoy, such as medical insurance coverage (OECD, 2009) and greater access to education (Herd, 2010). Most rural migrants are also excluded

① Expansions in social insurance systems for rural Chinese initiated in the second half of the 2000s could help reduce these inequalities.

② China's household – registrations system – dating back to the Maoist era – prevents rural migrants from becoming official urban residents, thus preventing them from accessing benefits, including public healthcare and education.

from these benefits, with a range of determinants influencing their access to social protections. [①]

Across many BRICS countries, regional and residential disparities are often intertwined with other forms of discrimination. In India, imbalances in growth benefits between states disadvantage the already poorer and most populous (i. e. Bihar, Madhya, Pradesh, Uttar Pradesh and Kerala), and in areas where historically disadvantaged ethnic, racial, and social groups are concentrated (World Bank, 2006; OECD 2011).

In South Africa, geographical divides still reflect apartheid legacies, disadvantaging African and Coloureds over Indians/Asians and Whites. However, household data on intra – group inequalities, especially among Africans in different labour market sectors, reveals that racial groups may become less effective indicators for targeting future redistributive policies (Leibbrandt et al., 2010). Nonetheless, figures remain striking, with Africans earning five times less than Whites in 1993, and four times less in 2008 (OECD, 2011).

Education

Education gaps contribute significantly to inequalities in mobility and opportunity, as well as in well – being, social and health outcomes. Primary school attainment rates have increased across BRICS countries, and, with the exception of India and South Africa, are comparable to OECD averages for schooling. Secondary and tertiary enrolments remain lower (OECD – ILO, 2011a; OECD, 2010b, 2011).

Benefits of increased enrolment tend to be unequally concentrated, both geographically and between population groups – disadvantaging children, and girls in

① According to Nielson et. al (2005), "Of the factors which potentially explain which migrants receive social insurance, gender, past earnings, ties to the city to which the migrant had moved, the ownership type of the enterprise in which the migrant works and residential registration status are all found to be statistically significant predictors." The authors suggest the scepticism among migrants about their ability to access social protection is justified.

	2000	2010	2000	2010	2000	2010	2000	2010
Brazil[1]	60.4	69.2	0.94	0.94				
Russia[2]	74.5	89.9	0.99	1.00	1.01	1.01	:	0.91
India[3]	23.8	54.8	0.84	1.00	0.73	0.93	0.68	0.82
China	38.3	53.9	:	1.03	:	1.06	:	1.02
South Africa[2]	32.2	65	0.95	0.96	1.06	1.01	1.14	1.08

Source: European Commission: Eurostat and the United Nations Educational, Scientific and Cultural ganisation (UIS: Education).

1. Data for 2005 instead of 2010. 2. Data for 2009 instead of 2010. 3. Gender Ratios, data for 2005 instead of 2010.

particular, in rural areas, especially those transitioning from local primary to distant secondary schools and lacking access to transportation infrastructure. Girls may be obligated by gender roles and norms to interrupt studies to work and perform household chores lack role models and suffer unequal treatment inside and outside the classroom. ① In addition to attendance, inequalities translate into cognitive outcome gaps, pointing to the need for greater investments to equalize the benefits associated with education.

Gender

Performance in reducing gender inequalities can be revealing indicators of long – term national competitiveness. Beyond labour markets (which disparately structure and reward male and female labour), links between gender, poverty and inequality are also shaped in the household (through decision making about resource allocation and distribution), and nationally (through policy environments shaping the regulatory and provision roles of the state).

Facilitating a comparison of these factors in BRICS countries, the 2012 Global Gender Gap Index from the World Economic Forum captures the magnitude, scope and progress of reducing gender – based disparities of 135 countries using 14 indica-

① In India, the dowry system continues to create economic disincentives for many parents to invest in girls' education. However recent research observed that women's access to new sectors of the labour market, such as outsourced telemarketing, has contrib – uted to improve outcomes for girls, including those from lower castes (Duflo, 2005).

tors in four key areas (economic, political, educational and health) to determine rankings and scores on a scale between 0 (total inequality) and 1 (total equality)①.

Figure 4. Global Gender Gap Index Rankings: 2012

	Overall Ranking		Economic Participation		Education Attainment		Health and Survival		Political Empowerment	
	Ranks	Scone	Ranks	Scone	Ranks	Scone	Ranks	Scone	Ranks	Scone
Brazil	62	0. 691	73	0. 650	1	1. 0000	1	0. 980	72	0. 134
Russia	59	0. 698	39	0. 720	35	0. 998	34	0. 979	90	0. 095
India	105	0. 644	123	0. 459	121	0. 852	134	0. 93	117	0. 334
China	69	0. 685	58	0. 675	85	0. 982	132	0. 934	58	0. 150
South Africa	16	0. 750	69	0. 659	87	0. 980	103	0. 968	7	0. 392

South Africa received the highest ranking (16) among the BRICS, and is one of two sub – Saharan Africa countries (other than Lesotho) that made the top 20, performing particularly well in indicators of political empowerment. However, gaps in economic participation remain large; in both 1993 and 2008, women were earning roughly 40% less than men in both of these years (with significant variation in between). Brazil jumped from the 82nd to 62nd position as a result of improvements in primary education and in the percentage of women in ministerial positions (from 7% to 27%) (OECD, 2011), boosted by the tenure of President Dilma Rousseff. Successfully closing gender gaps in health and education, Brazil is the strongest performer among the BRICS in these categories.② While barriers to women's economic participation remains formidable, there has been progress, such as narrowing the wage gap from half of the value earned by men in 1993, to two – thirds in 2008.

China and India were the four lowest – ranking countries on the World Economic Forum's sub – index of health and survival. China's ranking has also decreased in

① The index measures gender outcome gaps, rather than levels of development (i. e. gaps in enrolment rather than access to education).

② The ranking of "1" is shared with the other ranked countries that have closed heath and education gaps, 32 and 20 respectively.

perceived wage equality for similar work. While India's rank improved for reduced gaps in education attainment and political empowerment, it remains the lowest ranked of the BRICS countries in all four categories, presenting barriers to India's growth. Unlike China, which saw minor reductions last year, India's disproportionate sex ratio at birth remains unchanged. Russia dropped to the 59th position this year owing to losses in the economic and political sub – indexes, but was the best performing country in the indicator of healthy life expectancy.

Health

	Life expectancy at birth (2009)		Under – five mortality rate – 2010 [per 1000 live births]	Health expenditure per capita, ppp 2009 [constant 2005 international $]	General government expenditure on health as % of total government expenditure – 2009
	Male	Female			
Brazil	70	77	19	$ 940	5.9
Russia	62	74	12	$ 1, 040	8.5
India	63	66	63	$ 130	3.7
China	72	76	18	$ 310	12.1
South Africa	54	55	57	$ 860	11.4

Despite improvements and greater expenditure, health inequalities remain evident in and between BRICS countries. Some of the worst health indicators among the BRICS are found in India, which bears some of the highest global burdens related to infectious diseases and maternal, neonatal and child health. While India's advanced medical facilities attract one of the largest medical tourism industries in the world, many of the poorest lack access to basic healthcare. The persistent prevalence of malnutrition (impacting 43% of India's children) is associated with weaker productivity and education outcomes. Marking growing disparities, children in rural areas under the age of 5 are more likely to suffer from malnutrition than urban children, low – caste children more likely than higher – caste children and girls more likely than boys. Following a trend characteristic of emerging economies, India also has a growing burden of non – communicable diseases (NCDs), particularly cardiovascular disease, which caused 53% of deaths in 2008. The 2012 – 2013 health budget will focus largely on strengthening immunization, rural health and human resources, as well as initiative to improve health conditions in urban slums.

China also maintains a large infectious diseases burden, particularly TB, hepatitis and HIV/AIDS (low but increasing). As China's economy has grown, so has its burden of chronic NCDs, which constituted 83% of deaths in 2008 (up from 58.2% between 1973 and 1975). Like India, China also boasts top medical facilities, but health disparities based on region and income are significant, especially for rural (unregistered) migrants. Public health spending has become increasingly privatized since the early 1980s, to the particular detriment of rural dwellers. However, a health reform launched in 2009, committing a record US $124 billion over three years, aims to make ambitious improvements, including making health insurance universal.

Constitutionally committed to guarantee universal access to primary, secondary and tertiary care, Brazil has targeted inequalities through expanding health programs since the 1990s, particularly through the Unified Health System (SUS). In 2010, the government's expenditure on health care – US $734 per capita – represented 9% of Brazil's GDP. However, while 80% of the population receives care through SUS, coverage and quality also vary greatly by region. Like other BRICS, Brazil's NCDs burden has risen, causing 74% of deaths in 2008 and placing an increasing burden on the health system, which could test equity priorities in the future.

While public healthcare spending in Russia is the highest of all the BRICS countries (US $1, 040 per capita), life expectancy is lower than in China and Brazil, as well as many OECD countries, owing, in large part, to an even higher burdens of NCDs than the other BRICS. While Russia has made progress, for example, in cutting under – 5 and infant mortality in half since 1990, unequal health outcomes are disproportionate among the poor.

In contrast to Russia, South Africa is the only BRICS country facing a burden of infectious diseases that is higher than the burden of NCDs. It continues to battle soaring rates of HIV/AIDS, with which roughly one fifth of the population is infected and which, together with TB, accounts for nearly 42% of deaths, significantly impacting productivity and growth. The government has sought to expand access to HIV prevention, treatment and care, including through a sizable, state – funded ARV program. The country spends more money on health per capita (US $ 860 per person) than China (US $ 310) or India (US $ 130), with a significant portion of expenditure funded by donors. Despite these investments, socio – economic disparities compound remaining weaknesses in South Africa's health infrastructure and outcomes. In its attempts to revamp primary healthcare, the government has also targeted health inequalities through the recent introduction of a national health insurance scheme (NHI). For more information on health in the BRICS, see the 2012 report by the Global Health Strategies Initiative "Shifting Paradigm: How the BRICS Are Reshaping Global Health and Development.

SOCIAL EXPENDITURE: SHAPING REDISTRIBUTION

As OECD reports argue (2010a, 2010b, 2011), less structured labour markets, social welfare institutions and tax infrastructure, compounded by evasion and administrative bottlenecks, all contribute to obstacles that BRICS countries face for reducing market – driven inequalities through tax and benefit systems.

As a proportion of GDP, spending on social protection is generally lower in BRICS countries than the OECD average (three to four times lower in China and India, and about three quarters lower in Brazil and Russia). Particularly in China and India, a large portion of public social expenditure is made through contributory social insurance programs, such as pension schemes for formal sector workers. The share of workers contributing to such schemes varies greatly – from 10% in India to 50 – 60% in Brazil and South Africa. Those who cannot meet contribution requirements remain outside the scope of benefits.

For those out of work, unemployment insurance and severance pay are often found lacking (particularly where firms evade severance commitments), making informal support structures more critical for the poor. To supplement these shortcomings, many BRICS governments have stepped up non – contributory social assistance over the last decade, particularly in the form of conditional cash transfers. Providing critical safety nets, such programs may account for 58% of household income for the lowest income quintile in South Africa, and about 15% of the same demographic in Brazil (OECD, 2011a). As examples like Bolsa Familia in Brazil demonstrate, these programs can have concentric benefits, improving family incomeand health as well as school attendance and gender equality①. Other forms on of non-contributory social assistance to mitigate poverty and inequalities include food programs in India, means-tested cash transfers in China, and means-tested child support in the Russian Federation and South Africa.

Spending on public work programs (PWPs) has also tended to be relatively high in emerging economies. In India, the largest example, the Mahatma Gandhi National Rural Employment Guarantee (ex - Maharashtra Employment Guarantee Scheme/NREGA) cost about 0.52% of GDP, covering about 10% of the country's labour force in 2008-9. South Africa's Expanded Public Works Program (EPWP) is another example, accounting for about 3.5% of the labour force in 2008-9. (In comparison, the OECD average in 2007 was 0.05% of GDP and 0.6% of the labour force).

Despite obstacles in collection, tax revenues have risen in India, Brazil, South Africa and, even more significantly, in China. As a percentage of GDP, tax revenue levels in Brazil, Russia and South Africa are similar to those in OECD countries, pointing to the availability of financing for public social programs to support the disadvantaged.

However, many emerging economies differ in their principle sources of tax revenues and from typical methods OECD countries use to reduce gross income ine-

---

① As the majority of recipients are female, Bolsa Família in particular has been praised for contributing to women's empowerment (making them less dependent on partners) while helping break the cycle of intergenerational poverty. However, recent critiques raised suggested that, as women are often urged by their husbands to maintain roles of a full-timehousewife to receive cash transfers, the program could inadvertently contribute to hampering women's participation in the labour market, where they could potentially earn min "imum wage (four times greater than Bolsa Familia). (Garcia dos Santos, 2013. http://jica-ri.jica.go.jp/topic/does_cct_program_in_bra" zil_empower_women.html).

quality through redistributive taxes and benefits (for example, through progressive income taxes, insurance and income – related benefits or in – work tax credits). In emerging economies, with certainexceptions, little is derived from personal income tax (PIT), as compared to the relatively high rates of revenues from taxes on consumption (many of which may have regressive effects). Corporate income tax (CIT) also generates a greater share of revenuesin BRICS countries, owing in part to royalties and profit taxes from oil and mineral extraction in countries like Russia and South Africa. Considering that many of the companies that are taxed are public, such taxes are easier to levy. CIT in Brazil (35%) is especially high, exceeded only by the United States in the OECD countries. While CITs can be redistributive, outcomes can be complicated when taxation leads to loss of investment, as multinational enterprises may flock to where taxes are lower, resulting in losses of jobs and wages.

Brazil also stands out as one of the only emerging economies in which the share of social security contributions in total revenues is comparable with the OECD average. In all others, the share is much smaller (2% in South Africa, 15% in China and the Russian Federation). According to the international definition, India does not collect any social security contributions. ①

LOOKING FORWARD: ENVIRONMENTAL JUSTICE AND SUSTAINABLE, EQUITABLE DEVELOPMENT

Looking forward, public dialogue for enhancing policy strategies to reduce inequalities must explore solutions to meet pressing current needs, without compromising the ability of future generations to meet theirs. With the detriments of climate change disproportionately impacting poor and vulnerable populations, strategies for "green growth" must also address inequalities in exposure to environmental risk.

Within and across BRICS countries, determinants of increased environmental

① For more data on tax revenue in BRICS countries, see "Divided We Stand: Why Inequality Keeps Rising", OECD 2011. Statistics available at: http: //dx. doi. org/10. 1787/888932537427.

risk often go beyond income poverty and may also include employment, education, gender, age, or ethnicity. More comprehensive analyses of socio – demographic variables of environmental health will be needed to address these dimensions through public policies.

Such policies are in keeping with shared commitment made by BRICS countries, for example, in the BRICS Leaders Meeting Declaration in Sanya, China, in April 2011, where representatives pledged to "commit ourselves to work towards a comprehensive, balanced and binding outcome to strengthen the implementation of the UNFCC and its Kyoto Protocol… (and) enhance our practical cooperation in adapting our economy and society to climate change," including through information and the development of renewable energy, and "in line with the principle of equity and common but differentiated responsibilities."

While BRICS countries offer lessons and success stories, such as the development of renewable energy in China, sustainable urban planning in Brazil, and rural ecological infrastructure in India,[①] BRICS economic growth has generally come at high environmental costs. According to the International Energy Agency (IEA), the four BRIC economies alone account for over a third of global carbon emissions caused by land use and deforestation.[②] India and China are predicted to more than double their demand for coal by 2050, while oil demand in the two countries will increase fourfold by 2030. The economy of Russia, the world's second largest oil producer, also depends heavily on extractive industries. Brazil is following suit with recent discoveries of offshore oilfields, which have also fuelled debates about how the future profits will be nationally distributed.

As the supply and demand for fossil fuels continues to drive economic growth in BRICS countries, and in turn, in the global economy, attention is increasingly turning to the grave consequences expected for both the climate, and for poor and vulnerable populations. For example, the Indian Council for Agricultural Re-

---

① UNEP Green Economy Success Stories http://www.unep.org/greeneconomy/SuccessStories/tabid/29863/Default.aspx.

② In Brazil, such land use produced 75 percent of total emissions.

search, has estimated that wheat production will decrease by 4 to 5 million tons forevery 1° Celsius increase in average temperature (estimates predict an increase in 4° by the end of the century). Degradation in the biodiversity hotspots of BRICS countries, jeopardizing endemic species and ecosystems, are also expected to more visibly interrupt critical environmental processes and the provision of ecosystem services, disproportionately impacting those whose livelihoods and survival depend on them.

Against the backdrop of international inequalities, some advocates of emerging economies argue that a greater cost of curbing fossil fuel consumption should be borne by industrialized economies that have reaped its benefits for centuries. Others point to challenges in balancing priorities of environmental sustainability with those of needy populations. However, in the wake of the recent "triple crisis" (food, energy, finance), there is growing recognition that these priorities must be complementary, and that BRICS countries can provide insights to help pave the way forward.

This generates critical points of discussion for G20 countries which, in 2010, committed themselves to promoting inclusive and sustainable economic growth, promising to decouple economic expansion from environmental degradation, based on a fundamental agreement that, "for prosperity to be sustained, it must be shared."

Studies from Oxfam and others will seek to build platforms for these discussions, demonstrating how development and resources use can be both sustainable and equitable, targeting inequalities so that the benefits of growth may equitably meet the needs of both current and future generations.

Bibliography

Barber, Catherine. 2008. Notes on Poverty and Inequality. Oxfam International Series: From Poverty to Power.

Duflo, E. 2005. Gender Equality in Development. BREAD Policy Paper No. 001. http://econ-www.mit.edu/files/799.

Global Health Strategies Initiatives (GHSI). 2012. Shifting Paradigm: How the BRICS Are Reshaping Global Health and Development.

Herd, R. 2010. "A Pause in the Growth of Inequality in China?" No. 748. Paris: OECD Publishing.

Ingrid Nielsen, Chris Nyland, Russell Smyth, Mingqiong Zhang, and Cherrie Jiuhua Zhu. 2005. Which Rural Migrants Receive Social Insurance in Chinese Cities?: Evidence from Jiangsu Survey Data Global Social Policy December 2005 5: 353 – 381.

International Energy Agency. 2012. IEA Statistic: Co2 Emissions From Fuel Combustion: Highlights 2012. http://www.iea.org/publications/freepublications/publication/CO2 emission-fromfuelcombustionHIGHLIGHTS.pdf

Jutting, J. and J. Laiglesia (eds.). 2009. Is Informal Normal? Towards More and Better Jobs in Developing Countries, OECD Development Centre Studies. Paris: OECD Publishing.

Leibbrandt, M. et al. 2010, "Trends in South African Income Distribution and Poverty Since the Fall of Apartheid",

OECD. 2009. OECD Rural Policy Reviews: China. Paris: OECD Publishing

OECD. 2010a. Tackling Inequalities in Brazil, China, India and South Africa, The Role of Labour Market and Social Policies. Paris: OECD Publishing.

OECD. 2010b. Economic Policy Reforms: Going for Growth. Paris: OECD Publishing.
OECD. 2010c. OECD Employment Outlook. Paris: OECD Publishing.

OECD. 2011. Divided We Stand: Why Inequality Keeps Rising. Special Focus: Inequality in Emerging Economies (EEs). Paris: OECD Publishing.

Oxfam. 2012. Left Behind by the G20: How inequality and environmental degradation threaten to exclude poor people. Oxfam International.

Sen, Amartya. 1999. Development as Freedom. Oxford: Oxford University Press. Sanya Declaration. April 2011. BRICS Leaders Meeting, Sanya, Hainan, China. Available at: [DOC] Joint Statement of the BRICS Leaders.

Ukhova, Daria. 2012. Poverty and Inequality in Contemporary Russia. Oxford: Oxfam International.

UNRISD. 2010. Combating Poverty and Inequality: Structural Change, Social Policy and Politics. UNRISD/UN Publications.

Wilkinson & Pickett. 2009. The Spirit Level: Why More Equal Societies Almost Always Do Better. Allen Lane.

World Bank. 2006. Equity and Development, World Development Report, Washington, DC.

World Bank. 2012. Inequality in Focus Series. Volume 1, Number 1. Poverty Reduction and Equity Department. Accessed: http: //siteresources. worldbank. org/EXTPOVERTY/Resources/Inequality_in_Focus_ April2012. pdf.

World Health Organization. World Health Statistics 2012. Accessed: http: //www. who. int/gho/publications/world_health_statistics/EN_WHS2012_Full. pdf.

Brazil: Poverty and Inequality, Where to Next?

Pedro Telles

INTRODUCTION

This paper brings a multidimensional analysis of poverty and inequality in Brazil by presenting data for key indicators in recent years, exploring the main policies that contributed to or hindered progress, and indicating challenges and possible ways forward.

Despite very significant advancements in recent years, Brazil still faces severe problems and urgent challenges. By looking at the reality of income, jobs, taxation, health, education, land distribution, food and nutrition, and citizen participation in the country, the analysis presented here outlines areas where structural changes or specific policies are still needed, and also points to ways of perfecting successful initiatives already in place.

This is important not only because Brazil still has a long way to go in terms of poverty and inequality reduction, but also due to the country's growing influence in the international arena. Either by governmental engagement in bilateralism and multilateralism, or by activities of private actors supported (or not discouraged) by the government, Brazil's development model already has significant impacts on other countries, especially in Latin America and Africa.

Naturally, in one single paper it is not possible to explore all the factors examined here with the level of detail that they deserve. However, it is possible to present an overall picture, point to the most significant trends, and indicate key areas of concern for those who are willing to promote social justice – helping to draw comprehensive frameworks for action.

DEEPENING THE DEBATE ON INCOME, JOBS AND TAXATION

Brazil has achieved notable progress in income poverty and inequality reduction over the last decade. Between 2003 and 2009, poverty levels fell from 26.4% to 14.7%, extreme poverty levels from ① 10% to 5.2%, and the Gini Inequality Index from 0.582 to 0.540. Importantly, poverty and inequality are being reduced in all regions, races and both rural and urban areas②.

Poverty and extreme poverty headcount ratio at national poverty line (% of population)

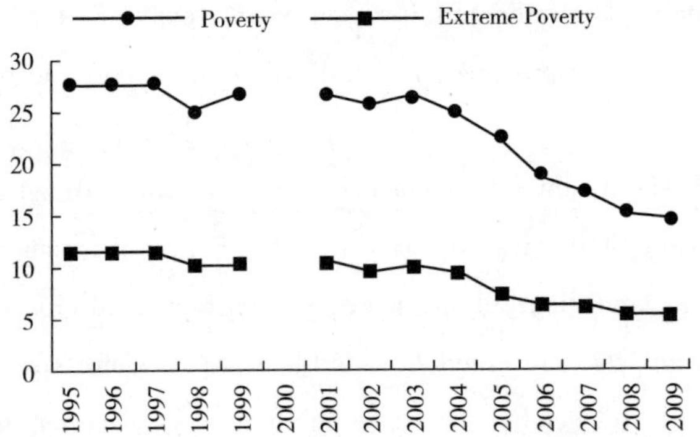

Source: IPEA et al. (2011).

However, there is still a long way to go. Poverty rates remain high despite the progress observed, and it is crucial to keep in mind that Brazil's national poverty line of R \$ 140 (PPP US \$ 60) per month, in line to the World Bank's US \$ 2/day, is in practice far from the minimum income needed for an adult to adequately meet his or

---

① PEA et al., 2011.

② Between 2003 and 2009, poverty levels fell from 16.2% to 8.6% among white people, from 37.6% to 20.3% among black and parda people, from 21.6% to 11.3% in urban areas, and from 50.4% to 31.9% in rural areas (IPEA et al., 2011). Parda refers to racially mixed individuals who descend from white, black and/or indigenous people at the same time. As poverty is measured at household level without consideration of intra-household dynamics, the data available is not appropriate for analysing poverty rates by gender.

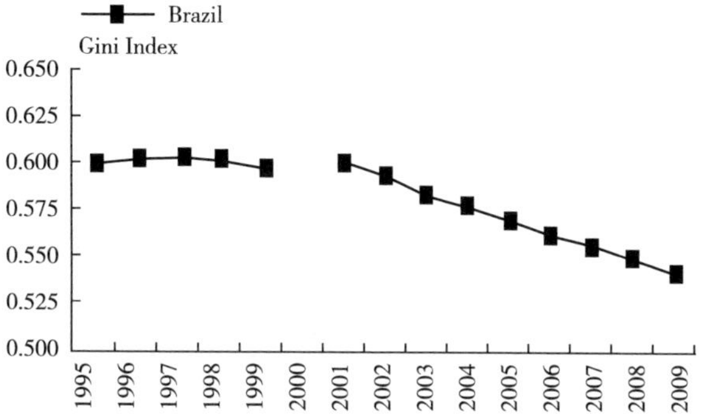

Source: IPEA (n. d.).

her basic needs – estimated in R $930 (PPP US $400)[1]. Furthermore, in 2009 the richest 10% held 42.9% of total income while the poorest 40% held 10.0% – a small change from the 47.7% and 7.9% in 1995[2]

Three main factors explain Brazil's recent progress in terms of poverty and inequality reduction. The first are two successful cash transfer programmes, Bolsa Família (focused on people living in poverty) and Benefício de Prestação Continuada (focused on the elderly and on people with disabilities). Together, they were responsible for 17% of the fall in income inequality between 2001 and 2011[3], and they were also followed by a significant expansion of the credit for traditionally excluded sectors of the population. As these programmes reduce their exclusion errors and get closer to reaching all possible beneficiaries, however, their contribution is likely to reach limits in a few years.

A CLOSER LOOK AT BOLSA FAMÍLIA

Reaching nearly 13 million people, Bolsa Família is the largest conditional cash transfer programme in the world and has become an important to 16% of the

① DIEESE, 2013.

② WB, n. d.

③ IPEA, 2012.

reduction source of income for the poor in Brazil, contributing in poverty, 33% of the reduction in extreme poverty, and 13% of the reduction in inequality over the last decade[①]. Still, exclusion errors of above 30%[②] affect especially the poorest and most marginalized, and severe deficiencies are observed in the integration with and implementation of complimentary programmes that help beneficiaries move sustainably away from poverty. Nevertheless, the solid management structure of Bolsa Família, the fact that it costs only 0.39% of the GDP, and the broad support it enjoys from the population and the international community indicate that it is possible to invest more to address such limitations.

The second factor are contributory and non – contributory pensions, responsible for 19% of the fall in income inequality between 2001 and 2011. In recent years, they have been readjusted to bring the benefits of the poorest closer to that of the richest. There is still room for improvement here, but pensions, although important, can hardly lead to further structural transformations.

The third and most relevant factor are changes in labour income, which represented 58% of the fall in income inequality between 2001 and 2011. They were driven mostly by systematic increases in the minimum wage, currently valued at R $ 678 (PPP US $ 292), and changes in the regulations for microenterprises which allowed many entrepreneurs and informal workers to enter the formal economy – besides a significant contribution of employment generation through economic growth. There are clear signs that the government will keep using raises in the minimum wage as a development tool in the years to come. However, when it comes to further improvements in laws, regulations and programmes to raise employment opportunities for the poorest and address the needs of those in the informal economy, stronger efforts are needed: the Ministry of Labour and Employment has traditionally focused on univer-

① IPEA, 2012; Soares and all, 2010.

② Souza et all, 2012.

sal policies and on workers in formal employment, giving little attention to those in informality, to the needs of minorities and to discriminatory practices.

Besides general trends and broad policies, it is also important to look at the effects of discrimination in the labour market, which indicate a need for targeted efforts. In 2009, the proportions of unemployed women (10.8%) and black and parda[①] people (9.1%) were significantly higher than that of men (6.0%) and white people (7.1%)[②] – with the distances growing bigger over the two last decades. When comparing income differences of workers with the same level of education, it becomes clear that woman and black and parda people receive significantly lower salaries, with reductions in disparities coming at a slow pace.

INCOME DIFFERENCES BY RACE, GENDER AND YEARS OF FORMAL EDUCATION

		Proportion of women's hourly income in relation to men		proportion of black and parda people's hourly income in relation to white people		Proportion of black and parda women's hourly income in relation to white men	
		1998	2008	1998	2008	1998	2008
years ofedu - cation	0 ~ 4years	0.78	0.84	0.67	0.73	0.54	0.61
	5 ~ 8years	0.67	0.72	0.73	0.73	0.50	0.54
	9 ~ 11years	0.66	0.71	0.70	0.77	0.48	0.56
	12 + years	0.60	0.65	0.73	0.68	0.44	0.47

Source: IPEA et al. (2011).

Importantly, the burden of unpaid work still relies heavily on women: in 2009, while 89.9% of the women contribute to housework, only 49.9% of the men did so, with small changes from the 91.5% and 46.6% in 2003[③]. Still, women's share in total household income went from 37.9% in 1995 to 44.8% in 2009. Dedicating more time to work out of home, women are pressured towards the flexibility of the in-

① Parda is the race/skin colour category used by the Brazilian Institute of Geography and Statistics (IBGE) to classify racially mixed individuals who de - scend from white, black and/or indigenous people at the same time.

② IPEA et al., 2011.

③ IPEA et al., 2011.

formal economy to be able to cope with their domestic burden. The result is that, in 2008, 42.1% of the female working population was in precarious jobs, against 26.2% of the male working population – a large difference, although there have improvements since 1998 when the numbers were 48.3% and 31.2%①.

Overall, it is evident that efforts to tackle gender and race inequalities in labour are still very limited. Much more could be done through programmes for economic empowerment, quotas in the labour market, stronger mechanisms for monitoring and addressing discrimination, and initiatives to reduce the burden of unpaid work.

Brazil also needs to implement a much delayed structural reform in its taxation system, which has been crucial for poverty and inequality reduction in many countries. The World Bank estimates that indirect taxation in Brazil is three times higher than direct taxation, making the system impressively regressive②. In 2008, the tax burden over those who earned more than 30 minimum wages a month amounted to 29.0% of the family income, against 53.9% for those who receive less than two minimum wages – an even bigger distance than the 26.3% and 48.8% observed in 2004③. The poor face clear and severe injustices when it comes to taxation, and no

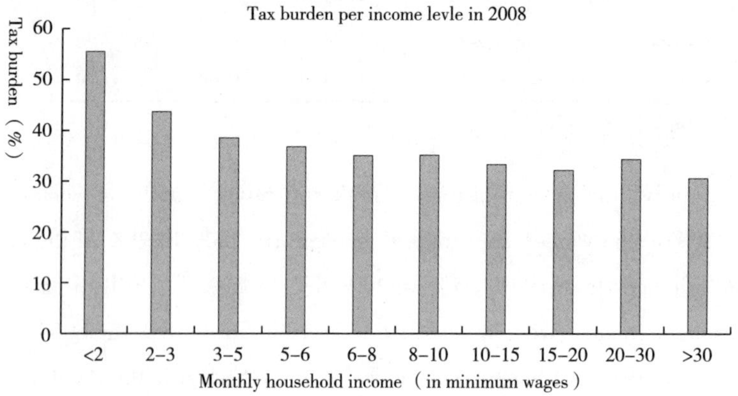

Source: IPEA (2009).

---

① IPEA, n. d.

② WB, 2004.

③ IPEA, 2009.

significant sign of change has been observed since the re - democratisation of the country in late 1980's.

Finally, also since the re - democratisation there have never been substantial policies for local development that prioritise regions and municipalities which are lagging behind, especially urban non - metropolitan areas. Investments in infrastructure, lending by the Brazilian Development Bank (BNDES), investments by federal public enterprises and are still highly concentrated in the South, Southeast and in big cities, which already have the strongest economies. A strategy that prioritises the poorest areas is needed, and it could make use of measures that have already shown promising results in the past: strengthening the existent regional funds, amplifying subsidised credit, training public servers, supporting small and medium - size business (with a special attention to initiatives dedicated to the popular economy), and using nationally coordinated fiscal incentives.

ADVANCES AND CHALLENGES IN BRAZIL'S HEALTH CARE

Brazil also observed significant advancements in health in recent years, building on the universalization of free public health services through the Unified Health System (UHS) - which already reaches 95% of the country's municipalities and is the only source of medical attention for three quarters of the population①. Between 1995 and 2010, life expectancy went from 68.5 to 73.4 years and the under - five mortality rate fell from 41.4 to 18.6 per thousand live births②. Public spending on health grew progressively from 2.86% of the GDP in 1995 to 4.07% in 2011 (with an acceleration being observed from 2003 onwards). Furthermore, regional, gender and race inequalities have all been decreasing, although distances are still significant③.

① Jakob et al., 2012.

② MS, n.d.

③ Between 1995 and 2009, life expectancy increased from 64.7 to 69.7 years among men and from 72.5 to 77.3 years among women (MS, n.d.). Withregards to racial inequalities, limited data is available, but between 1991 and 2000 life expectancy increased from 66.5 to 71.0 years among white people and from 58.7 to 65.7 years among black and parda people (Paixão et al., 2005).

Three factors can be highlighted as key for the successes achieved in the last decade. The first is the Family Health Programme of the SUS, the core strategy for expansion and improvement of healthcare in the poorest and most marginalised areas. Its main components are a wide network of Basic Health Units, and Family Health Teams that supervise an average of three to four thousand people each providing healthcare both at people's houses and at the health units. Since 2004, additional resources have been allocated by the federal government to acceleratethe expansion of the outreach of the public health system in municipalities 'with less than 50, 000 inhabitants in the Amazon, or less than 30, 000 inhabitants and with a Human Development Index of below 0. 7 in other regions of the country[①].

In addition to the Family Health Programme, a second factor that contributed much to the progress of health in Brazil are policies to guarantee access to medicines – more specifically, the law that authorizes the production of generic drugs and the Popular Pharmacy Programme through which the government subsidizes up to 100% of the value of selected medications.

A third key factor are the municipal, regional and national health councils of the SUS, whose characteristics owe much to the participation of social movements and NGOs in National Health Conferences that happened in the late 1980's and early 1990's. These permanent, deliberative councils are responsible for the oversight of the public health system, giving a voice to groups who have traditionally been marginalised, and their strength derives much from their veto power over the activities of health secretariats: 60% of the health budget for states and municipalities come from the federal government, and in case a council rejects the plan and budget that must be presented yearly by each secretariat, the Health Ministry does not transfer funds.

Nevertheless, severe problems related to health remain in Brazil. The overall quality of the public health services is seen as notably poor by most researchers, medical professionals and social movements – although over 85% of the users see it

---

① OECD, 2013, p. 133.

as good or very good[①].

There have been persistent inequalities in access to public health services, with black and parda people, women, inhabitants of poorer regions, and those who have low levels of income being denied medical attention more often than others (although in all groups 92% or more of those who look for medical attention receive since the first measurement in 1998[②]). Regional inequalities are also observed, with a notably higher proportion of health professionals in the South, Southeast and in big metropolitan centres as these localities offer much better infrastructure, opportunities of residency programmes, and overall conditions of employment. Furthermore, there is a knowledge gap on the forms, causes and consequences of inequality in the public health system (that the Ministry of Health just started addressing), and there are no simple and efficient mechanisms for citizens to report discrimination. A few initiatives aimed at increasing the quality of services for women and black and parda people have started being implemented, but are still very limited.

The important health councils face several limitations, specially related to biased selective process for councillors that favour those involved with the system since its creation, manipulation by local politicians in places where civil society is not strongly mobilised, a lack of training in participatory methodologies for both public officials and councillors, and limited funding for travel, capacity-building and secretarial support.

Lasting deficiencies and inequalities in the access to sanitation pose serious challenges to public health efforts. In urban areas, 31.6% of the households did not have access to adequate sanitation in 2009, with little improvements from the 38.8% in 1995. Critically, looking only at those below the poverty line the number jumps to 56.7% in 2009, with black and parda poor people being in worse situation than white poor people: 58.7% versus 51.7%[③]. This indicates that areas with elevated numbers of black and parda people receive a worse provision of public services re-

---

① IPEA et al., 2011.

② IPEA et al., 2011.

③ IPEA et al., 2011.

gardless of income – a worrying fact that is supported by data related to education, to be explored below.

And finally, an important debate around the risks of the privatisation of the SUS must be mentioned. As the government relies more and more on outsourcing and public – private partnerships without an adequate debate or enough transparency, health councillors and civil society manifest increasing concerns with the risks that this may bring.

THE DUAL CHALLENGE OF OUTREACH AND QUALITY IN PUBLIC EDUCATION

School enrolment and average years of study in Brazil have been increasing at a significant pace in recent years, following the universalization of the public basic education system in 1996 (which currently hosts around 80% of the students①). Between 1995 and 2009, the share of population in primary school went from 85. 5% to 95. 4%, in secondary school from 22. 0% to 50. 9%, and in higher education from 5. 8% to 14. 4%. In the same period, the average years of study of a Brazilian rose from 5. 5 years to 7. 5 years②. Numbers for all regions, races, and genders have been improving steadily, with significant reductions in inequalities (following a Latin American trend, for decades girls have shown better indicators than boys③). Importantly, improvements in education are already modifying the earning gaps between different educational levels, reducing inequalities④.

① FENEP and FGV, 2005.

② IPEA et al., 2011.

③ Between 1995 and 2009, the share of men in primary school went from 84. 3% to 95. 3%, of women from 86. 7% to 95. 4%, of white people from 90. 2% to95. 7%, and of black and parda people from 80. 8% to 95. 1%. The numbers are notably lower when it comes to secondary school: men's enrolment rate went from 18. 4% to 45. 2%, women's from 25. 8% to 56. 7%, white people's from 32. 1% to 60. 3%, and black and parda people's from 12. 0% to 43. 5%. With regards to average years of study, between 1995 and 2009 it went from 5. 4 to 7. 4 years among men, from 5. 6 to 7. 7 years among women, from 6. 4 to 8. 4 years among white people, from 4. 3 to 6. 7 years among black and parda people, from 6. 1 to 8. 0 years in urban areas, and from 2. 9 to 4. 8 years in rural areas (IPEA at el., 2011).

④ Lopez – Calva, 2012.

The National Education Plan created in 2001 was an important step towards such achievements, putting the reduction of inequalities as a central objective – and the engagement of civil society with National Conferences on Education was crucial in its creation. However, the very limited formal mechanisms for accountability between different levels of government and the little autonomy and deliberative power given to multistakeholder councils bring serious limitations to possible achievements.

Another important factor to be highlighted is the Fund for Maintenance and Development of Basic Education and Valorisation of Education Professionals, which exists to guarantee a minimum level of per capita investment for students in primary education and also provide support (bounded to performance goals) to municipalities with the lowest levels of education.

The positive impact caused by Brazil's Basic Education Development Index (IDEB), created in 1995 and more and more used as a critical tool for governmental planning at all levels, also deserves attention. It is now seen as one of the best indexes in the world for the monitoring and evaluation (M&E) of education systems, making a strong case for better M&E in other areas where it is still weak. And the fact that it originated in league tables that stimulate politicians from the worst performing states and municipalities to do better is interesting to observe – although it is important to make sure that the criteria for comparison is not unfairly favourable to those who start from better educational and general socio – economic conditions.

Furthermore, as observed in health, programmes to alleviate poor families' expenses directly and indirectly related to education have made a difference and can be expanded. Some key examples here are the National Textbook Programme (PNLD), the School Transportation Support Programme (PNATE), the National School Food Programme (PNAE) and Bolsa Família.

However, despite recent improvements and positive trends, there are strong arguments to say that education in Brazil is still far from what can be considered good, and inequalities remain high. In 2009, while an average white woman from the Southeast studied for 8. 8 years (barely completing primary education), a black man from the Northeast studied for 5.9 years[①]. The differences between urban and rural areas remain striking, and clearly haven't been dealt with as a priority in recent decades. Racial inequalities are explained not only by the fact that more black and parda people are poor, as even among people in poverty the white have advantages[②] – indicating that areas with elevated numbers of black and parda people receive a worse provision of public services, as it has already been seen above in the debate around health. There is a lack of research and limited action on targeted policies that could reduce racial and gender inequalities in education (a notable exception are the arguably successful but still polemic quotas for black and parda people and former students of public schools to enter public universities), and no structured mechanisms for students to report discrimination or receive psychological support when affected by it.

Finally, two critical issues in Brazil are the quality of education and the employment conditions of teachers. The process of universalising access to public education was initially more focused on the quantity of students reached than on the quality of what was being taught, with insufficient funds and management to provide adequate infrastructure and good working conditions for teachers and other school professionals. The result was a strong negative impact in the already low number of students with adequate knowledge for their grade: in 1995, at the end of primary school 37.5% of students had adequate knowledge of Portuguese and 16.8% had adequate knowledge of Mathematics – by 2003, these numbers had fallen to 20.1% and 14.7%[③].

Since 2005 a relevant increase on investments in education has been observed, going from 4.0% of the GDP in 2005 to 5.8% of the GDP in 2009, and a recovery in quality indicators has been following this trend[④]. However, this is still far from

① IPEA et al., 2011.

② In 2009, the average years of study among white people in poverty was 5.6 years, while among black and parda people in poverty it was 5.0 years – upfrom 3.6 and 3.0 years in 1995, respectively (IPEA at el., 2011).

③ TPE, n. d.

④ By 2011, at the end of primary school 27.0% of students had adequate knowledge of Portuguese and 16.9% had adequate knowledge of Mathematics (TPE, n. d.).

the 7% of GDP promised by the government since 2001 and the10% demanded by the National Campaign for the Right to Education. Not surprisingly, professionals of the public education system have organised numerous strikes and protests over the last years, and are likely to continue doing so in case conditions do not improve substantially.

PERFECTING THE CONSISTENT POLICIES FOR FOOD AND NUTRITION SECURITY

Brazil achieved relevant advancements in fighting hunger and undernutrition over the last decade, but different ways of measuring progress lead to significantly different diagnoses. Using the methodologies adopted by the UN's Food and Agriculture Organization (FAO) and the Millennium Development Goals (MDGs) framework, focused on the number of calories consumed and on the weight of children, one could say that Brazil is close to eliminating the problem: the prevalence of undernourishment went from 13.5% of the population in 1995 to 6.9% in 2011, with the average depth of food deficit falling from 90 to 58kcal/day[①]; and the number of underweight children between 0 – 4 years of age went from 4.2% in 1996 to 1.8% in 2006, already below the 2.3% safety margin[②③]. However, using the methodology adopted by the Brazilian government, based on psychometric scales for measuring families' access to food, in 2009 13.2% of the population still faced moderate or severe food insecurity, down from 19.5% in 2004[④] – affecting much more black, parda and indigenous people than white people, but with no considerable difference between genders.

---

① WB, n. d.

② IPEA, 2010.

③ If one considers only the North region, underweight children still represent 3.2% of the total; if one considers only the families in the bottom income quintile, the proportion is still 3.7%.

④ IBGE, 2010b. Moderate food insecurity is defined by situations when adults in a household face quantitative restriction of food. Moderate food inse – curity is defined by situations when both adults and children in a household face quantitative restriction of food, and/or when people in the household face hunger (spending a whole day without eating for lack of resources to acquire food).

In Brazil, food insecurity is deeply associated with poverty – it is not a result of unavailability of food, but of lack of resources to acquire it. Not surprisingly, the factor that contributed the most for the reduction of the problem over the last decade was the Bolsa Família (Family Grant) cash transfer programme, and data from Ibase (2008) indicates that 87% of thebeneficiaries spend most of the money received on food.

Bolsa Família was created in 2003 as a part of the Fome Zero (Zero Hunger) strategy, implemented by former President Lula in the beginning of his first term, which for the first time put the elimination of hunger as a top priority for the federal government. Other key policies related to food and nutrition that can be highlighted are: the National School Feeding Programme (PNAE), whose budget increased 130% under Lula; the Food Acquisition Programme (PAA), already introduced above; a network of popular restaurants, community kitchens and food banks managed in partnership with state and municipal governments; nutritional supplementation programmes created in 2005 that provide ferrous sulphate and vitamin A to children and pregnant women; and the Worker's Food Programme, in place since 1976 to provide support for low – income workers in partnership with their employers.

It is important to mention that food and nutrition security became a right in Brazil in 2006, through the Lei Orgânica de Segurança Alimentar e Nutricional (LOSAN), which established the National System for Food and Nutrition Security (SISAN). In 2010, it was enshrined in the Constitution. In addition to the President's commitment, this was in great part a result of mobilization and demands from civil society, organised around the National Council for Food and Nutrition Security (CONSEA), the Brazilian Forum for Food and Nutrition Sovereignty and Security (FBSSAN), and National Conferences on Food and Nutrition Security.

Looking at the initiatives already in place to fight hunger and undernutrition in Brazil, it is possible to say that the challenge is more related to perfecting existing policies than developing new ones. There is a solid legal and institutional framework in place, besides coherent policies capable of adequately dealing with the problem if well executed – although, up until now, the programmes in place have not yet been able to alleviate food insecurity among all vulnerable groups in the country, especially those living in remote communities. Furthermore, it is important to reinforce a more humane, holistic and politicised approach to hunger and nutrition, going beyond the merely technical approach that traditional indicators based on calories consumed and expected weight can lead to.

Finally, it is crucial to highlight that, while hunger and undernutrition are already being tackled in Brazil, malnutrition is an emerging problem that has not been properly addressed yet. The number of overweight and obese people has been rising constantly in recent years. In 2009, 49.0% of the adult population was overweight and 14.8% were obese, with the numbers being 33.4% and 14.2% for children between 5 –9 years of age[①]. This is a result of increasing consumption of industrialised food with high levels of sugar, fat and calories, and the problem is affecting both rich and poor people. In this context, nutritional education and policies that promote better food habits seem crucial – and can be directly related to efforts to promote family agriculture, food security, agroecology, and organic food.

THE PERSISTENT CHALLENGES AROUND LAND DISTRIBUTION

Land distribution is an issue where virtually no progress has been achieved during the last decade – on the contrary, the scenario has become increasingly less favourable. Brazil has one of the highest levels of land concentration in the world: in 2006, large properties with over 1, 000 hectares were 0.9% of all properties but held 45.0% of the agriculture area, while small properties with less than 10 hectares were 47.9% of all properties but held 2.3%, composing a Gini index of 0.858[②] – with no significant change being observed in recent decades. Furthermore, a reduction in the pace of establishment of settlements for landless people has been observed since President Lula's administration, frustrating peasant movements.

The problem has its historical roots in the colonial period, when only a white

① IBGE, 2004; IBGE, 2010a.

② IBGE, 2006; IBGE, 2012.

elite was allowed ownership of land. Contrary to what happened in many developed and developing nations, no significant land reform was ever implemented in Brazil, and large landowners have always maintained strong economic and political power.

Issues around land concentration are directly related to the development model adopted for the country. In recent years, it has become clear that the government made a choice in favour of a model based on mechanised monoculture of a few export – oriented commodities. This pleases large landowners and their allies, who have strong influence over political parties (to whom they donate large amounts of money) and the government; it pleases multinational companies who sell to and buy from these people; and it is a convenient way for the government to achieve surplus in the trade balance based on primary products, without investing in deeper economic transformations.

Evidently, the social and environmental consequences of such focus on big agribusiness are severe. It is not the best option to promote food security, as a small variety of crops is produced and the focus is on exports – currently, family agriculture produces 70% of food for domestic consumption in only 30% of the country's total farmland①. It does not contribute as much as possible to employment generation, as family agriculture concentrates 78.8% of labour②. It leads to soil depletion due to monoculture and the intensive use of pesticides, which are also harmful to people's health – for years Brazil has been the leading country in terms of pesticide use. The high dependency on a few export – oriented commodities increases the vulnerability of country's economy to external shocks. Furthermore, proposals and pressure from the powerful rural caucus in the Congress, which servers the interest of big agribusiness, have already led to a historic change in Brazil's Forest Code in 2012 that made the law much more permissive to deforestation (which is a leading source of CO_2 emissions in the country), and this was just part of a broader strategy to weaken socio – environmental regulations – now focusing on rural labour rights and land rights of in-

① MDA, 2012.

② França et al., 2009.

digenous people.

Given the current balance of power, land redistribution in Brazil remains a big challenge despite the existence of nearly 70 thousand large properties (totalling over 130 million hectares) that are not productive and therefore legally subject to expropriation①. While big agribusiness and its rural caucus hold great influence, the voting power of peasants who would immediately benefit from such reform is not so strong as 85% of Brazil's population live in cities②, and many peasants facing poverty have seen their situation improve in recent years with the rise of social protection programmes such as Bolsa Família and employment opportunities in civil construction.

Although it is important to keep pushing for redistribution, which must be followed by complementary policies that adequately support beneficiaries and allow them to become productive in new rural settlements, there are more spaces for action.

It is necessary to increase support to smallholders and family agriculture through structural changes on financial mechanisms, measures to attenuate market imperfections and facilitate commercialization, policies to encourage cooperatives, and an expansion of state - driven structural demand policies such as the Food Acquisition Programme (PAA)③, the Bolsa Verde (Green Grant)④, and law no. 11947/2009 which stipulates that 30% of school meals must bought directly from family farmers. Significant efforts in this direction have been observed in recent years, benefiting hundreds of thousands⑤, but much more can be achieved as a vast majority is not yet adequately reached.

It is also crucial to invest more in the development of technologies and infrastructure for smallholders, and in research focused on family agriculture (currently

① MST, 2011.

② Although 30% of the municipalities have only 3 - 5 thousand inhabitants, with most of the inhabitants still relying mostly on agriculture.

③ The PAA is a programme through which the government buys food produced by family agriculture and distributes it to people facing vulnerability, in partnership with CSOs.

④ Conditional cash transfer programme targeted at families in poverty who develop activities for the sustainable use of natural resources in rural areas.

⑤ IPC - IG, 2013.

only 4% of the budget for the state – owned Brazilian Enterprise for Agricultural Research is dedicated to it①). Capacity – building and technical assistance programmes can help peasants develop their skills. Furthermore, campaigns around the universal benefits of more sustainable agroecological methods and organic food, combined with supportive policies, can help increase interest and demand.

There is a need for reforms in the main governmental bodies that focus on land and agriculture issues, to strengthen their capacity to promote land reform and support family agriculture. This must be followed by an expansion of the R $ 100 thousand limit for expropriation of a land property, which is too little for the redistribution needed, and adjustments in the productivity index used to define which properties are subject to expropriation, that has not been updated since 1975.

Finally, following a global trend, land grabs are an issue that has not received the attention it deserves yet and must be properly addressed. The volume of land being bought by big transnational and domestic players has increased at an impressive pace in recent years, raising risks associated with speculation, privatisation of natural resources and impacts on local communities. Furthermore, Brazilian companies (especially those working on agriculture and infrastructure, many times supported by the government) are being increasingly accused of land grabs and other forms of abuse and violation of rights in several other countries, especially in Africa and Latin America – seriously putting into question which type of leadership the country intends to assume as a rising power in international development.

GOING A STEP FURTHER IN CITIZEN PARTICIPATION

Over the two last decades Brazil has become a reference in terms of mechanisms for participatory democracy, with multiple forums that include citizens and civil society organisations in policy – making processes. Some of the most well – known initiatives are multi – stakeholder councils that advise several ministries and secretaries, national conferences that help define governmental priorities in a series of issues,

① SINPAF, 2013.

and successful participatory budgeting experiences.

Efforts to listen to people's voices and give them space to shape the government's agenda have opened space for important contributions to policies and programmes related to poverty and inequality reduction, becoming a key feature of Brazil's democracy. However, innovations in citizen participation have stagnated in recent years, and limitations of the current model are increasingly evident.

On the one hand, existing spaces for participation show persistent deficiencies. Very restricted deliberative power is given to civil society, with citizens rarely taking part in final decision making (an important exception here comes from the health councils, who can block funding from the federal government in case they disagree with budgets proposed by municipal and state secretaries). Political parties, trade unions, long-standing social movements and other established institutions play a mediation role that inhibits the entry of new participants. Change based on ideas and suggestions raised by citizens often takes a long time to happen, or does not happen at all, leading to frustration with participatory processes. And, in many cases, there is a lack of financial support and adequate structure to make participation viable – especially for the poorest.

On the other hand, there are areas where new ground must be broken. The government has never been truly open to discussing structural economic matters, reforms in the political system or issues related to infrastructure, which are evidently critical. A reform of the legal framework that regulates the activities of civil society organisations is highly needed, and for years has been advocated by many mobilised around the projeto de lei (bill) no. 649/2011. Furthermore, greater institutionalisation of mechanisms for participation and direct democracy is a strong demand of hundreds of NGOs and movements connected to the Platform for the Reform of the Political System.

The recent surge of protests across Brazil showed how, despite a notable progress in several social and economic issues, there are still high levels of dissatisfaction among the population. An immediate reaction from conservative sectors has been to push for the criminalization of social movements, looking to stifle protests via restrictions to the rights to freedom of association and expression. However, what can really help the country keep moving forward are efforts to deepen the Brazilian democracy, guaranteeing that the people are better heard and that effective measures are taken to address their concerns.

LESSONS AND NEXT STEPS ADDRESSING INEQUALITIES AND POVERTY IN BRAZIL

Two key lessons can be drawn from this multidimensional analysis of poverty and inequality in Brazil.

First, important policies and programmes implemented in Brazil that achieved global visibility and became world – famous case studies in recent years, such as the Bolsa Família cash transfer programme and the universalization of the public health system through the Sistema Unico de Saúde (SUS), are only a fraction of what has led to the solid progress observed in several social and economic issues.

They are based on strong legal and institutional frameworks which include several mechanisms aimed at the promotion of social justice, and exist side by side with many other initiatives that may have not gained international recognition but have nevertheless been crucial. Importantly, economic growth, although relevant, was not the main cause of poverty reduction in the country over the last decade, being less significant than redistributive policies. Brazil's achievements are, if anything, evidence that there are no silver bullets in development, and that structural change requires comprehensive and multi – layered approaches.

The second lesson is that, although Brazil has progressed much especially over the last decade, policies and programmes in place will not be enough to keep the country moving forward. Several crucial issues are not being covered yet, and many of the initiatives already implemented have significant imperfections or are likely to reach limits soon.

Changes in five main areas are needed.

First, Brazil needs to implement much – delayed structural reforms in taxation and land distribution, which have been crucial in many other countries. The severely regressive taxation system and the high levels of land concentration, historic characteristics of the country, are key perpetuators of poverty and inequality.

Second, there is a clear need for perfecting existing policies and developing new ones which focus on the needs of discriminated groups. The analysis presented here highlighted several limitations that exist when it comes to understanding and responding to the particular needs of women and black and parda people in employment, education and health – and such limitations do not relate only to these groups, nor only to these subjects, also being observed in areas not explored in this paper.

Third, it is necessary to give more attention to policies for local development that prioritise regions and municipalities which are lagging behind, which have long been a weak spot in Brazil's development process. They must follow the continued expansion of access to basic services, which is already happening, but in many cases is still not satisfactory – especially in rural areas.

Fourth, it is time Brazil focuses more on the quality of its social policies, and not only on outreach. Important initiatives in specific areas such as education and support to family agriculture already exist, but much more can be done. Efforts to include more citizens remain necessary, but a quality leap will be crucial to drive deeper changes. To get there, a more detailed collection of data and deeper analyses of qualitative issues will be important steps.

Finally, a fifth area where changes are needed – which is crucial for progress in all other areas – is that of citizen participation. Brazil is surely ahead of most developing countries when it comes to mechanisms for participatory democracy, but functional limitations of the measures already in placeand barriers to the expansion of the legal and institutional frameworks for participation are key challenges to be addressed in order to keep developing policies truly aimed at benefitting the poorest and most marginalised.

References

Departamento Intersindical de Estatísticas e Estudos Socioecnômicos (DIEESE) (2013) Salário mínimo nominal e necessário. [online] Available from: http://www.dieese.org.br/analisecestabasica/salarioMinimo.html.

Federação Nacional das Escolas Particulares (FENEP) and Fundação Getulio Vargas (FGV)

(2005) Números do Ensino Privado. [online] Available from: http://www.sineperio.educacao.ws/arquivos/relatorio_br.pdf.

França, C. G. et al. (2009) O censo Agropecuário 2006 e a Agricultura Familiar no Brasil. Ministério do Desenvolvimento Agrário. [online] Available from: http://www.bb.com.br/docs/pub/siteEsp/agro/dwn/CensoAgropecuario.pdf.

Instituto Brasileiro de Análises Sociais e Econômicas (Ibase) (2008) Repercussões do Programa Bolsa Família na Segurança Alimentar e Nutricional das Famílias Beneficiadas. [online] Available from: www.ibase.br/userimages/ibase_bf_sintese_site.pdf.

Instituto Brasileiro de Geografia e Estatística (IBGE) (2004) Pesquisa de orçamentos familiares 2002 - 2003. [online] Available from: http://www.ibge.gov.br/home/estatistica/pesquisas/pesquisa_resultados.php?id_pesquisa=25.

Instituto Brasileiro de Geografia e Estatística (IBGE) (1996) Censo Agropecuário de 1995 - 1996. [online] Available from: http://www.ibge.gov.br/home/estatistica/economia/agropecuaria/censoagro/1995_1996/.

Instituto Brasileiro de Geografia e Estatística (IBGE) (2010a) Pesquisa de Orçamentos Familiares 2008 - 2009. [online] Available from: http://www.ibge.gov.br/home/estatistica/pesquisas/pesquisa_resultados.php?id_pesquisa=25.

Instituto Brasileiro de Geografia e Estatística (IBGE) (2010b) Pesquisa Nacional por Amostra de Domicílios. Segurança Alimentar 2004/2009. [online] Available from: http://www.ibge.gov.br/home/estatistica/populacao/seguranca_alimentar_2004_2009/pnadalimentar.pdf.

Instituto Brasileiro de Geografia e Estatística (IBGE) (2012) Censo Agropecuário 2006. Segunda apuração. [online] Available from: ftp://ftp.ibge.gov.br/Censos/Censo_Agropecuario_2006/Segunda_Apuracao/censoagro2006_2aapuracao.pdf.

Instituto de Pesquisa Econômica Aplicada (IPEA) (n.d.) Ipeadata. [online] Available from: http://www.ipeadata.gov.br/.

Instituto de Pesquisa Econômica Aplicada (IPEA) (2009). Receita pública: Quem paga e como se gasta no Brasil. Comunicado da Presidência, 22. [online] Available from: http://www.opp.ufc.br/economia04.PDF.

Instituto de Pesquisa Econômica Aplicada (IPEA) (2010) Objetivos de Desenvolvimento do Milênio. Relatório nacional de acompanhamento. [online] Available from: http://www.pnud.org.br/Docs/4_RelatorioNacionalAcompanhamentoODM.pdf.

Instituto de Pesquisa Econômica Aplicada (IPEA) (2012) A Década Inclusiva (2001 -

2011): Desigualdade, Pobreza e Políticas de Renda. [online] Available from: http://www. ipea. gov. br/agencia/images/stories/PDFs/comunicado/120925 _ comunicadodoipea155 _ v5. pdf.

Instituto de Pesquisa Econômica Aplicada (IPEA), ONU Mulheres, Secretaria de Políticas para as Mulheres (SPM) and Secretaria de Políticas de Promoção da Igualdade Racial (SEPPIR) (2011) Indicadores. In: Retrato das desigualdades de gênero e raça. [online] Available from: www. ipea. gov. br/retrato/indicadores. html.

International Policy Centre for Inclusive Growth (IPC - IG) (2013) Structured Demand and Smallholder Farmers in Brazil: the Case of PAA and PNAE. [online] Available from: http://www. ipc - undp. org/pub/IPCTechnicalPaper7. pdf.

Jakob, A. C. et al. (2012) Saúde. In: Instituto de Pesquisa Econômica Aplicada (IPEA), Políticas sociais: acompanhamento e análise, 20. [online] Available from: http://www. ipea. gov. br/portal/images/stories/PDFs/politicas_ sociais/bps_20_cap03. pdf.

Lopez - Calva, L. F. (2012) Declining Income Inequality in Brazil: The Proud Outlier. Inequality in focus, 1 (1). World Bank. [online] Available from: http://siteresources. worldbank. org/EXTPOVERTY/Resources/Inequality_in_Focus_ April2012. pdf.

Ministério da Saúde (MS) (n. d.) Indicadores e Dados Básicos - Brasil - 2011. [online] Available from: http://tabnet. datasus. gov. br/cgi/idb2011/matriz. htm#demog.

Ministério do Desenvolvimento Agrário (MDA) (2012) Plano Safra da Agricultura Familiar 2012/2013. [online] Available from: http://www. mda. gov. br/plano - safra/arquivos/view/Cartilha_Plano_Safra. pdf.

Movimento dos Trabalhadores Sem Terra (MST) (2011) "Terras improdutivas somam 134 milhões de hectares". [online] Available from: http://www. mst. org. br/A - concentracao - de - terras - no - Brasil. - Entrevista - com - Gerson - Luiz - Mendes - Teixeira.

Organisation for Economic Co - operation and Development (OECD) (2013) OECD territorial reviews: Brazil. [online] Available from: http://www. oecd - ilibrary. org/urban - rural - and - regional - development/oecd - territorial - reviews - brazil_9789264123229 - en.

Paixão, M. J. P. et al. (2005) Contando vencidos: diferenciais de esperança de vida e de anos de vida perdidos segundo os grupos de raça/cor e sexo no Brasil e grandes regiões. In: Fundação Nacional de Saúde (Funasa), Saúde da população negra no Brasil. Brasília: Funasa, pp. 49 - 190. [online] Available from: http://bvsms. saude. gov. br/bvs/pop _ negra/pdf/saudepopneg. pdf.

Sindicato Nacional dos Trabalhadores de Pequisa e Desenvolvimento Agropecuário (SINPAF)

(2013) Em defesa de uma Embrapa pública. Spalhaphatos, XXIV (289). [online] Available from: http: //www. sinpaf. org. br/wp - content/uploads/2013/04/Spalhaphatos _ ABR _ MAI _ web. pdf.

Soares, S. et al. (2010) Os Impactos do Benefício do Programa Bolsa Família sobre a Desigualdade e a Pobreza. In: Castro, J. and Modesto, L. (eds.) Bolsa Família 2003 - 2010: Avanços e desafios, Vol 2. [online] Available from: http: //www. ipea. gov. br/portal/images/stories/PDFs/livros/livros/livro_ bolsafamilia_vol2. pdf.

Souza, A. et al. (2012) Uma Análise dos Determinantes da Focalização do Programa Bolsa Família. Tesouro Nacional. [online] Available from: http: //www. cepal. org/ofilac/noticias/paginas/9/49309/Brito1. pdf.

Todos pela Educação (TPE) (n. d.) Dados das 5 metas. [online] Available from: www. todospelaeducacao. org. br/educacao - no - brasil/dados - das - 5 - metas/.

World Bank (WB) (2004) Inequality and economic development in Brazil. [online] Available from: http: //www - wds. worldbank. org/servlet/WDSContentServer/WDSP/IB/2004/10/05/000012009_20041005095126/Rendered/PDF/301140 PAPER0Inequality0Brazil. pdf.

World Bank (WB) (n. d.) World DataBank. World Development Indicators. [online] Available from: http: //databank. worldbank. org/data/views/variableSelection/selectvariables. aspx? source = world - development - indicators.

OXFAM DISCUSSION PAPER MAY 2014

Russia: After Equality *

Inequality Trends and Policy Responses in Contemporary Russia

Daria Ukhova

SUMMARY

Since the beginning of the market transition in 1991, economic inequality in Russia has soared. Between 1990 and 2012, the Gini Coefficient of disposable income in Russia increased from 0.26 to 0.42①, and the difference between the incomes of the richest 10 percent of Russians and poorest 10 per cent increased from four to almost 17 times.② One per cent of the richest people in Russia now own 71 per cent of the country's wealth.③

Income inequality has been increasing in many developing and developed countries in recent decades, but hardly any emerging economy has experienced such a radical change in income inequality in such a short time as Russia. ④

The largest increase in income inequality occurred in the first few years of transition, when the country's economy plummeted. During this period a large proportion

---

* This program is funded by the Emopean Union.

① Russian Federation Federal State Statistics Service http://www.gks.ru.

② Russian Federation Federal State Statistics Service op. cit.

③ Credit Suisse (2012) Global Wealth Report 2012, Zurich: Credit Suisse Research Institute, https://publications.credit-suisse.com/tasks/render/file/index.cfm?fileid=88EE6EC8-83E8-EB92-9D5F39D5F5CD01F4.

④ Gower R., C. Pearce, and K. Raworth (2012) Left Behind by the G20: How Inequality and Environmental Degradation Threaten toExclude Poor People from the Benefits of Economic Growth, Oxford: Oxfam GB, http://policy-practice.oxfam.org.uk/publications/left-behind-by-the-g20-how-inequality-and-environmental-de gradation-threaten-to-203569.

of the population fell into poverty, while others started to prosper from the new opportunities arising from a market economy. In the 1990s the expectation was that once the country's economy① to expectations, however, high levels of inequality persisted and even increased throughout most of the 2000s.

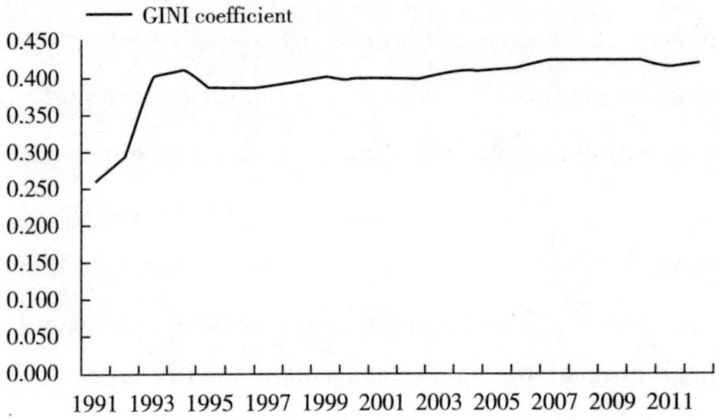

Dynamic of Gini Coefficient of disposable income in Russia, 1991 – 2012

Source: Oxfam's calculations based of the data of the Federal Statistical Service of the Russian Federation. ②

Increased income inequality in Russia has already directly impacted the country's society and economy, contributing to reduced economic growth, lower birth and higher mortality rates, ③ and increased crime rates. ④

High income inequality in Russia is traditionally attributed to high inter – and intra – industry wage inequality, concentration of entrepreneurial and rent income in the hands of a very small proportion of population (currently estimated at around 8 per cent), and weakness of the system of income redistribution, especially via the

① Ovacharova L. et al. (2014) Dynamics of the Monetary and Non – monetary Characteristics of the Standards of Living of theRussian Households in the Post – Soviet Years, Moscow: Liberal Mission Foundation, http: //www. liberal. ru/upload/files/Dinamika_monetarnih_harakteristik. pdf.

② Russian Federation Federal State Statistics Service op. cit.

③ Kostyleva, L. (2011) Inequalityamong Russian Population: Trends, Factors, Regulation, Vologda: Russian Academy of Science Institute of Socio – Economic Development of Territories, http: //uisrussia. msu. ru/docs/nov/isedt/2011/13200330251955V. PDF ; Kislitsyna, O. (2005) Inequality in Income Distribution and Health in Contemporary Russia', Moscow: Russian Academy of Science Institute of Socio – Economic Problems of Population, http: //www. kislitsyna. ru/characters. php? id = 1.

④ Kislytsyna, O. (2005) op. cit.

tax system. ①

Along with the rising economic inequality across the country as a whole, spatial inequalities that had always been characteristic of Russia persist. Today, GDP per capita in the richest region is 10 times greater than that of the poorest – these regions are comparable to Norway and Iraq, respectively. ②

Social inequalities along gender, ethnic, age, and other lines are another characteristic of contemporary Russian society. As the experiences of representatives of the Russian chapter of Global Call Against Poverty (GCAP) suggest, women, elderly people, homeless people, migrants, etc. regularly face discrimination in the country.

Economic, spatial, and social inequalities are interlinked and exacerbate one another, fueling inequalities in living standards and access to economic, social, and legal institutions, further dividing Russian society along income and other lines and making inequality more entrenched.

Access to quality healthcare in Russia is clearly determined by one's income and place of residence. Expenses of the top income decile (the highest earning 10 per cent of the population) on healthcare were 10.8 times higher than those of the bottom income decile in 2011, and 11.3 higher in 2012. Differences in per capita financing of healthcare by the end of 2000s reached 10 – 12 times between some of the regions. ③

The high cost of modern housing renders it inaccessible for the majority of the population; in 2010, only 19.8 per cent of families could afford to buy new housing with their own savings and/or loans. For the rest, even rent often appears unaffordable; today around half of all young adults (age 21 – 40) in Russia live with extended family.

---

① Ovcharova, L. et al. (2014) op. cit.

② UNDP (2011) National Human Development Report for the Russian Federation 2011: Modernisation and Human Development, Moscow: UNDP in Russia, http://www.undp.ru/documents/nhdr2011eng.pdf.

③ Shishkin, S. et al. (2007) Evidence about Equity in the Russian Healthcare System, Moscow: Independent Institute for Social Policy, http://www.socpol.ru/eng/research_projects/pdf/proj25_report_eng.pdf.

Russians are increasingly paying for education, as private tutoring in primary and secondary school is becoming a common practice andthe number of publicly funded places in higher education is decreasing (falling 65.6 per cent in 2000/01 to 38.5 per cent in 2011/12).① The proportion of privately funded educational places and other services paid for by those in the top income quintile (the highest earning 20 per cent of the population) was 36.3 per cent in 2012, compared with 3.8 per cent by those in the lowest quintile.

Inequality in access to education results in an inequality in access to jobs, since younger people with lower education are at a higher risk of being employed informally.② An individual's chances of securing a job are also heavily dependent on their region of residence, since unemployment rates vary vastly between the regions (for example, one per cent unemployment in Moscow compared with 49 per cent in Ingushetia in 2012). ③Inequalities along gender, disability, and residency registration statuslines are other important factors in inequality in access to quality jobs in Russia. ④

Economic inequality, according to the views of the Russian population, leads to inequality before the law. More than 70 per cent of Russians believe that the current judicial system in Russia protects the interests of rich and influential people more often than the interests of common people. In the past three years, 29 per cent of poor and 20 per cent of non-poor Russians had their rights violated. ⑤Today there is a strong public focus on the fight against corruption, which may be attributed to the Russian people's discontent with high levels of economic inequality.

---

① Russian Federation Federal State Statistics Service op. cit.

② Russian Federation Federal State Statistics Service op. cit.

③ Regional Statistics Database http://regionstat.ru/rating.php? year = &parameter = 18 ; unemployment rate for 2013.

④ Russian Federal Statistics Service op. cit., Human Rights Watch (2013) Barriers Everywhere: Lack of Accessibility for People with Disabilities in Russia, HRW, http://www.hrw.org/sites/default/files/reports/russia0913ru_ForUpload_1.pdf; Karlinskyi, I. (2008) 'Legal status of homeless people in St. Petersburg in 2008', St. Petersburg: Nochlezhka. http://www.homeless.ru/usefull/analiz2008.pdf.

⑤ Russian Academy of Science Institute of Sociology and Friedrich Ebert Foundation (2013) Poverty and Inequalities in Contemporary Russia: 10 Years Later, Moscow: Russian Academy of Science Institute of Sociology, http://www.isras.ru/files/File/Doklad/Analit_doc_Bednost/full.pdf.

Since the 2000s, Russian policymakers have started attempting to address the problem of growing income inequality. The measures have mainly entailed regional economic development programmes, interregional budget transfers, and increased spending on social protection programmes with a focus on the most vulnerable people.

The effects of these policies on reducing inequality is difficult to estimate, due to the lack of counterfactual evidence (i. e. we do not know how high the levels of inequality would be without these measures), but what is obvious is that these policies alone are not enough to effectively tackle the problem of inequality in contemporary Russia. This is arguably due to other critical policies being completely absent or only recently brought into anti – inequality policy practice in Russia. These essential policies include:

1. Quality job creation. Intra – and inter – industry wage differentiation is one of the key factors of income inequality in contemporary Russia. Moreover, the number of working poor in the country currently stands at 13 per cent. [①] Both of these factors are indicators of serious flaws in the Russian labour market and the current economic model it is grounded in. The policy objective to 'create 25 million modern jobs by 2020' has recently been articulated by the government, but experts are rather sceptical about the prospects of its implementation.

2. Fiscal policy as a means of decreasing market income inequalities and as a source of additional revenue for social spending. Currently, Russia's tax system has virtually no redistributive effect with its flat income tax of 13 per cent. Moreover, it could also be argued that in its current state – with a 40 per cent rate of tax evasion[②] and extortionate illicit financial outflows (comparable only to China)[③] – this system actually exacerbates the problem of income inequality instead of solving it.

---

① Popova, D. (2013) 'Trends in inequality and national policies for inclusive growth in G20 Members: Country papers: Russia' in M. Larionova (ed.) Civil 20 proposals for strong, sustainable, balanced and inclusive growth, Moscow: Civil 20 Russia 2013 http://www.hse.ru/en/org/hse/iori/civil20taskforce.

② Ukhova, D. (2012) Poverty and Inequality in Contemporary Russia, Oxford: Oxfam GB, http://policy-practice.oxfam.org.uk/publications/poverty-and-inequality-in-contemporary-russia-269315.

③ LeBlanc, B. (2013) Illicit Financial Flows from Developing Countries: 2002 – 2011, Washington: Global Financial Integrity, http://iff.gfintegrity.org/iff2013/2013report.html.

3. Improved public services such as healthcare and education. Public services have been internationally demonstrated to have a strong redistributive potential, yet in Russia are substantially underfunded in comparison with most OECD countries, and even some of its BRICS peers. Most concerning, in recent years public expenditure for these services has been steadily decreasing.

4. Anti – discrimination policy, which is essential for tackling social inequalities, such as gender, ethnic, and age discrimination. Currently, anti – discrimination legislation and mechanisms of its enforcement are very weakly developed in Russia. ①

5. Anti – corruption policy and policies that would ensure fair and equitable legal enforcement. The success of any anti – inequality policy in Russia will depend on the citizens' trust towards the government, and without addressing the problem of corruption and unequal access to the law this trust won't be recovered.

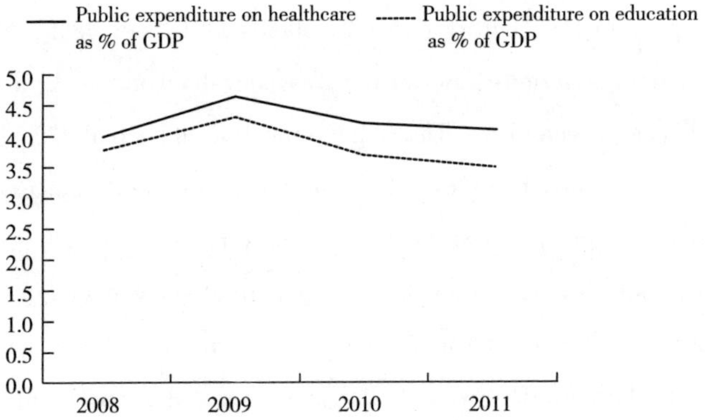

Public expenditure on healthcare and education in Russia, 2008 – 2011

Without transformation of the labour market and changes in tax policy, public services, anti – discrimination legislation, and efforts to address corruption and legal enforcement challenges, the fight against inequality in Russia is unlikely to succeed.

Moreover, these policies are precisely what the Russian citizens now expect

① Prokhorova, A. (2012) 'Eurasian Union and the future of the Russia's migration policy: Antidiscrimination legislation as a precondition for successful integration', Demoscope Weekly 513 – 514, http: //demoscope. ru/weekly/2012/0513/analit05. php.

from their government. As documented by a series of focus groups conducted in the spring of 2012 by Mikhail Dmitriev's Center for Strategic Research:

> *What Russians seem to want is not so much equalization for the sake of equalization but a well-functioning state with a significant welfare component. Many Russians in the provinces are deeply upset about the failure of a visibly corrupt bureaucracy to provide high quality education, healthcare, and legal enforcement. Mere redistribution of money—to regions or even to individuals—will not satisfy the demand for these services. Institutional changes are required.* ①

The key arguments and structure of the paper arose and were elaborated during the consultations with the member organizations of the Russian chapter of the Global Call Against Poverty (GCAP) - a network of more than 40 civil society organizations working all over Russia. The consultations were organized by Oxfam and facilitated by the author of this paper in June and September 2013 in Moscow, Nizhniy Novgorod, and Novosibirsk.

Box 1: Definitions

- *Economic inequality*: the difference between individuals or populations in the distribution of their assets, wealth and income.
- *Income inequality*: the difference between individuals or populations in the distribution of their disposable income.
- *Spatial inequality*: differences in the quality of life, wealth, and living standards between populations from different areas. Although spatial inequality sometimes is categorized as a subtype of social inequality, for analytical purposes in this paper we separate these categories.
- *Social inequality*: the existence of unequal opportunities and outcomes between individuals or groups of different social positions or statuses (including, but not limited to gender, age, and ethnicity).
- *Gini coefficient*: a measure of statistical dispersion - a value of 0 expressing total equality and1 absolute inequality, commonly used as a measure of inequality of income and wealth. However, the Gini coefficient could be used as a measure of inequality for indicators of social development such as education level, opportunity, mortality, etc.

① Treisman, D. (2012) 'Inequality: The Russian experience', forthcoming in Current History, http://www.sscnet.ucla.edu/polisci/faculty/treisman/PAPERS_NEW/Inequality%20Text%20Aug%202012%20Final.pdf.

1 INTRODUCTION

Since the beginning of the market transition in 1991, Russia has witnessed one of the most radical and unprecedented growths in income inequality in history. During the late 1980s Russia achieved similar levels of income equality to those of Scandinavian welfare democracies; just over two decades later the levels of inequality are comparable to those of Turkey and many Latin American countries (Figure 2). Between 1990 and 2012, the Gini Coefficient of disposable income in Russia increased from 0.26 to 0.42 (Figure 1); few emerging economies have experienced such a radical change in such a short time. ①

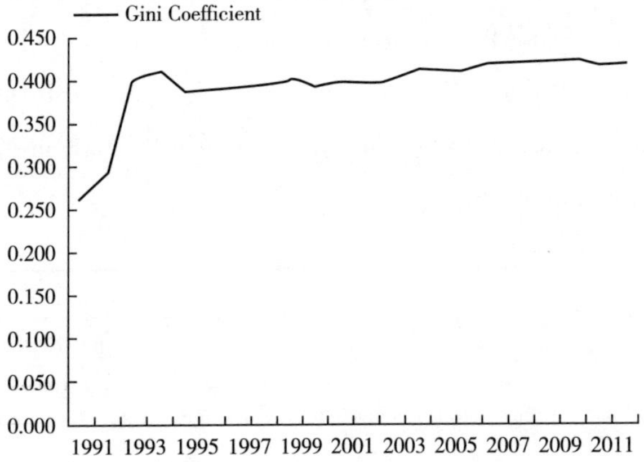

Figure 1: Dynamic of Gini Coefficient of disposable income in Russia, 1991 – 2012

Source: Oxfam's calculations based of the data of the Federal Statistical Service of the Russian Federation. ②

While the most radical increase in income inequality occurred in the early stages of the market transition when Russia's economy contracted and a large proportion of the population fell into poverty (Figure 3), income inequality continued to increase in later years, despite the economic recovery in the country. In the 2000s, despite a significant decline in poverty rates made possible by high economic growth, income

① Gower R., C. Pearce, and K. Raworth (2012) op. cit.

② Russian Federation Federal State Statistics Service op. cit.

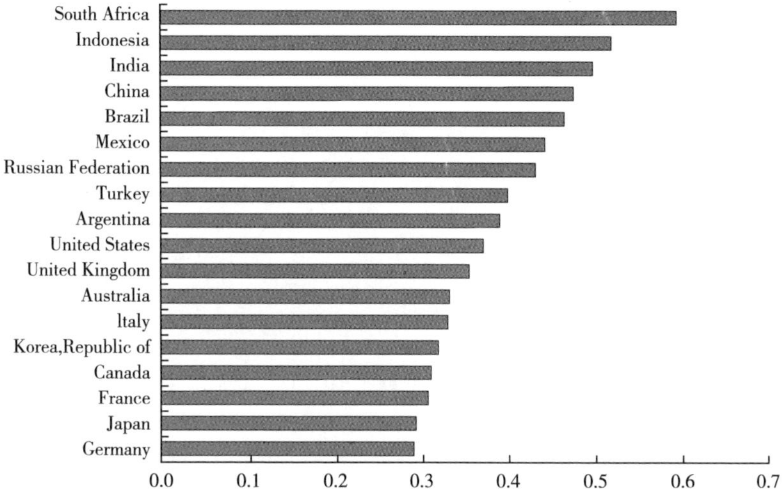

Figure 2: Gini Coefficient of disposable income in the BRICS and select G20 countries, 2009 – 2012 (latest data available for each country was used)

Source: Oxfam's calculations based on The Standardized World Income Inequality Database. ①

inequality remained persistently high and even continued to rise for most of the decade, further dividing Russian society.

International research highlights numerous negative consequences of high levels of income inequality on society, including decreased levels of trust, lower levels of population wellbeing and health, and macroeconomic effects such as low economic growth and investments. ② Russia has experienced similar consequences on the country's economy and the population's wellbeing. Research on the impacts of high levels of income inequality in Russia is limited, but existing studies show that its consequences included reduced economic growth, lower birth and higher mortality rates③, and increased crime rates. ④

① Solt, F. (2013) 'The Standardized World Income Inequality Database', http://hdl.handle.net/1902.1/11992 Frederick Solt [Distributor] V10 [Version].

② See, for example, Wilkinson, R. and K. Pickett (2009) The Spirit Level: Why More Equal Societies Almost Always Do Better, London: Allen Lane; Gower R., C. Pearce, and K. Raworth (2012) op. cit.

③ Kostyleva. L. (2011) op. cit., Kislytsyna. O. (2005) op. cit.

④ Kislytsyna, O. (2005) op. cit.

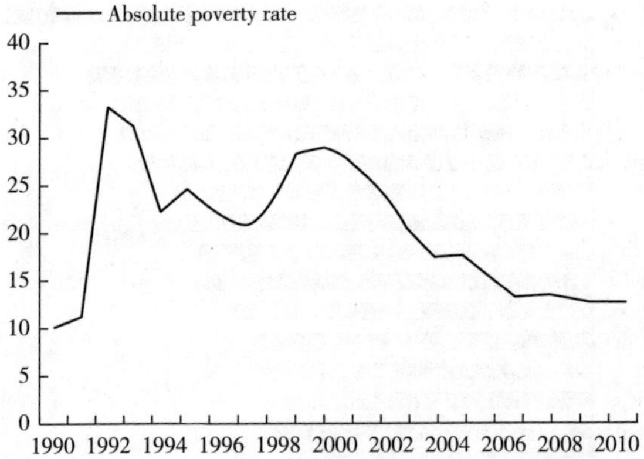

Figure 3: Absolute poverty rate in Russia, 1990 – 2011 (% of the total population living below the national poverty line, i. e. on less than $220 a month in 2014)

Source: Oxfam's calculations based of the data from J. Klugman (1997) for years 1990 and 1991 and on the data from the Federal Statistical Service of the Russian Federation for later years. ①

64% of the Russian population believes that the government should take measures to reduce income inequality

Box 2: Public perception of income inequality in Russia

High levels of inequality are perceived negatively by the majority of Russians. According to the 2013 representative population survey conducted by the Institute of Sociology of the Russian Academy of Science, 96% of the population indicate existence of acute inequalities in Russia. ② Increased inequality and the perceptionthat the new economic system is unfair have been shown to be one of the three key factors of low levels of subjective wellbeing in Russia. ③ The other factors include deterioration in terms of the quantity and the quality of public goods provision, such as education and healthcare; and the increase in income volatility and economic uncertainty. ④ Reduction of income inequality is viewed by the vast majority of the Russian population as an urgent measure. Seventy – one per cent of poor people and 63% of non – poor (64% of the Russian population) – believe that the government should take measures to reduce income inequality. ⑤

① Russian Federation Federal State Statistics Service op. cit.

② Russian Academy of Science Institute of Sociology and Friedrich Ebert Foundation (2013) op. cit.

③ European Bank for Reconstruction and Development (2007) 'Russian Attitudes and Aspirations: The Results of Focus Groups in Nine Russian Cities, April – May 2007', London: EBRD, http://www.ebrd.com/downloads/research/surveys/asp.pdf.

④ Guriev, S. and E. Zhuravskaya (2009) '(Un) Happiness in Transition', Journal of Economic Perspectives Vol. 23 no. 2 (Spring 2009), 143 – 168.

⑤ Russian Academy of Science Institute of Sociology and Friedrich Ebert Foundation (2013) op. cit.

During the 2000s, the Russian government implemented a number of policies, which arguably addressed the problem of growing income inequality, albeit to a limited extent. [①]The measures, among others, included increasing the minimum wage, the wages of public employees, and public pensions. While it is difficult to estimate the inequality – reducing effect of these policies in the absence of counterfactual evidence (i. e. we don't know at what level inequality would be without them), it is clear that their impact has been limited (see Figure 1).

The purpose of this paper is to consider the key inequality trends and the limitations of the current inequality policies in contemporary Russia. It will do so by first reviewing the key trends in income and other related forms of inequality. Russia, holding the view that income inequality should be analysed in its intersection with spatial and social inequalities, which have also been very prominent in the post – Soviet Russia. The paper will then proceed to look at how income and other forms of inequality are translating into inequality in access to education, healthcare, the labour market, housing, and law. The paper will conclude with a discussion of those policy areas that have been included, and those that have been only recently planned to be included or have not been considered yet at all in the anti – inequality policy practice, but which, as the paper will argue, are key to a successfully tackling the growing socio – economic divide in Russian society.

2 FRAMING THE DEBATE: INCOME INEQUALITY AND BEYOND

Although the most frequently discussed component, income inequality is just part of a complex and multifaceted phenomenon of economic inequality. Wealth inequality is another element of economic inequality and its significance in Russia should not be underestimated, as great disparities exist. Economic inequality often intersects with other types of inequalities, such as social and spatial inequalities. [②] It is beyond the

① Popova, D. (2013) op. cit.

② N. Yuval – Davis (2006) 'Intersectionality and feminist politics', European Journal of Women's Studies, vol. 13, no. 3, http: //ejw. sagepub. com/content/13/3/193. abstract.

scope of this paper to discuss all the ways in which various inequalities overlap with one another in Russia, so we will focus on the contributions of spatial and social inequality to economic inequality. However, it is important to emphasize that intersection implies that influencing happens in both directions.

The problem of income inequality, therefore, can't be comprehensively analysed, nor addressed, if we do not consider other types of inequality which characterize a country's economic and societal landscape. In case of Russia, the difficulty of undertaking such a multifaceted analysis of inequality is to a large extent determined by the lack of reliable data. However, in the next two sections we will attempt to at least lay the foundations for such an analysis. As the following section below illustrates, growth of economic inequality in Russia took place against the persisting spatial disparities that have always been characteristic for the country, with its vast territories, low population density, and very uneven distribution of natural resources, but which have exacerbated during the market transition. Moreover, social inequalities along lines such as gender, ethnicity, and age, also exacerbate the problem of economic inequality.

INCOME AND WEALTH INEQUALITY

In 2013, Russia was included for the first time in the World Bank's categorization of high – income countries – a label with associated connotations of high levels of population prosperity and the status of being a 'developed country'. Rapid economic growth in the 2000s brought Russia up into this category and resulted in a significant reduction in absolute poverty (Figure 3). Between 2000 and 2012, the number of people living below the national poverty line (an income of 7, 372 RUB – approximately $220 per month, set in the second quarter of 2013) decreased from 29 per cent to 11 per cent. [①] If we apply global measures of absolute poverty the trend is also downward. Currently, virtually no 'global poor' live in Russia. In 2012, the percentage of the population living on less than $2.50 a day was estimated at 0.1 per cent. [②]

① Russian Federation Federal State Statistics Service op. cit.

② Russian Federation Federal State Statistics Service op. cit.

While absolute poverty has been decreasing, income inequality has risen. Income inequality in Russia grew at a world record pace in the early 1990s, and moderate growth continued throughout most of the 2000s. In less than two decades, the Gini coefficient of disposable income increasing from 0. 26 to 0. 42; this was followed by stabilization after the 2008 economic crisis which in Russia mostly affected the earnings of high - income groups[①] (Figurel). Income decile dispersion ratio reflects a similar trend. Before market transition, incomes of the top 10 per cent richest Russians was four times greater than those of the poorest 10 per cent; by 2000, the difference was fourteen - fold, and by the end of the 2000s it was unprecedented at almost 17 times greater (Table 1).

Table 1: Ratio between the disposable incomes of the highest income 10 per cent and lowest income 10 per cent in Russia, 1990 - 2012

Year	Decile dispersion ratio	Year	Decile dispersion ratio
1990	4. 0	2008	16. 6
1992	8. 0	2009	16. 6
1995	13. 5	2010	16. 6
2000	13. 9	2011	16. 2
2005	15. 2	2012 (preliminary)	16. 4

Source: Federal Statistical Service of the Russian Federation. [②]

Average salaries of agricultural workers are only 43% of the national average, and the wages of the lowest and highest paid workers in finance, trade, and public catering, differ by 25 times

The inequality - related measure of relative poverty (the number of people having income below 50 per cent of the median income in the country) was not measured in Russia until very recently; in 2012 was 18. 7 per cent[③] - much higher than

① Independent Institute of Social Policy (2011) 'Poverty and Inequality in Russia', Moscow: Oxfam GB, unpublished research report.

② Russian Federation Federal State Statistics Service op. cit.

③ Russian Federation Federal State Statistics Service op. cit.

the OECD's average of 11. 1per cent. ①

It is important to note that experts generally agree that official statistics in Russia tend to underestimate the level of inequality, since rich households are underrepresented in the sample. ② Therefore, actual levels of income inequality are likely to be substantially higher than reflected by the numbers above.

High inter – and intra – industry wage differentiation is often credited as the key driver of income inequality in Russia. For instance, average salaries of agricultural workers are only 43 per cent of the national average, and the wages of the lowest and highest paid workers in finance, trade, and public catering, differ by 25 times. ③ Wage differentiation played an especially prominent role in the rapid growth of income inequality during the 1990s, when workers in some industries received incredibly low salaries, often paid in – kind, and late or not at all. ④ During the economic recovery in the 2000s, the wages across all sectors started to increase, reducing the impact of wage differentiation on income inequality. ⑤ Wages still remain the main source of income both for low – and high – income groups (Table 2), but wage inequality actually appears smaller than total market income inequality (i. e. while wages of the highest 10 per cent of earners exceed wages of the lowest 10 per cent of earners by about 15 times, total market income inequality between these two groups is almost 20 times).

High levels of income inequality are also explained by the issue of a concentration of rent and entrepreneurial income in the upper – income groups in Russia. Although it is currently estimated that a very small share of the Russian population have such sources of income (about 8 per cent), ⑥ and entrepreneurial and rent income

① D. Swabe (2013) 'New OECD Poverty and Inequality Data Released', http://notes.bread.org/2013/05/new – oecd – income – poverty – inequality – data – released.html.

② Popova, D. (2013) op. cit.

③ Independent Institute of Social Policy (2011) op. cit.

④ Kislitsyna, O. (2003) 'Income Inequality in Russia: How Can It Be Explained?', EERC Research Network working papers, http://ideas.repec.org/p/eer/wpalle/03 – 08e.html.

⑤ Ovcharova, L. et al. (2014) op. cit.

⑥ Ibid.

don't represent the major component of the total market income in any of the income groups (see Table 2), the difference between the top and bottom deciles in this type of income reaches 50 times.

The tax system in Russia has almost no effect on inequality

The weakness of current redistribution mechanisms is another commonly identified driver of income inequality in contemporary Russia. While the system of social transfers reduces market income inequality between the top and the bottom income deciles by more than 25 per cent (Table 2), the tax system in Russia has almost no effect on inequality.

Table 2: Market income, effect of redistribution mechanisms, and disposable income in Russia, 2011

	Bottom 10%, RUB per month	Top 10%, RUB per month	Decile dispersion ratio
Labour income – total	2234. 8	43514. 8	19. 5
Wage	1916. 5	29356. 5	15. 3
Entrepreneurial income	239. 8	11818. 8	49. 3
Income from other labour activities (second job. consultancy. etc.)	78. 5	2339. 5	29. 8
Non – labour income – total	12. 9	645. 8	50. 1
Income from real estate property	7	534. 9	76. 4
Total market income	2247. 7	44160. 6	19. 6
All social transfers	1128. 8	3862. 7	
Pensions	679. 1	2583. 8	
Benefits, compensation, etc.	449. 6	1278. 9	
Income after social transfers	3376. 5	48023. 3	14. 2
Transfers from private individuals (incl. alimony) and companies	119	2140. 6	
Income after all transfers	3495. 5	50163. 8	14. 4

	Bottom 10%, RUB per month	Top 10%, RUB per month	Decile dispersion ratio
Taxes paid - total	265.3	4907.9	
Income tax	228.4	4297.2	
Property tax and other related contributions	21.2	211.1	
Property insurance	15.7	399.6	
Disposable income	3230.2	45256	14.0

Source: Oxfam's calculations based on the Selective Monitoring of Population's Income and Participation in Social Programmes 2012 of the Federal Statistical Service of the Russian Federation①. Note: data on decile dispersion ratio of the disposable income in Table 1 and Table 2 are not directly comparable, due to the different data sources these tables draw on. ②

In sections 4 and 5 we will look at the ways these key drivers have been, and could be addressed in policy practice.

Box 3: Wealth inequality in Russia

Another important dimension of economic inequality in Russia is inequality of wealth. According to a 2013 Credit Suisse Report, '*Russia has the highest level of wealth inequality in the world, apart from small Caribbean nations with resident billionaires.*' The wealth share of the richest one per cent in Russia is currently the highest in the world and stands at 71 per cent of national wealth. ③ While globally, the wealth of billionaires collectively account for one to two per cent of total household wealth, in Russia today 110 billionaires own 35 per cent of all the country's wealth. ④

Analysis of wealth inequality is, therefore, crucial to better understanding the roots of economic inequality in Russia, but is severely complicated by the lack of reliable data; consequently this paper does not focus on this type of economic inequality. The World Bank is currently starting to research the factors underlying wealth concentration in Russia, ⑤ and hopefully this research will inform future endeavours to reduce economic inequality in the country.

① Russian Federation Federal State Statistics Service op. cit.

② Russian Federation Federal State Statistics Service op. cit.

③ Credit Suisse (2012) op. cit.

④ Credit Suisse (2013) Global Wealth Report 2013, Zurich: Credit Suisse Research Institute, https://publications.credit-suisse.com/tasks/render/file/?fileID=BCDB1364-A105-0560-1332EC9100FF5C83.

⑤ Author's private communication with representatives of the Europe and Central Asia Regional Unit, February 2014.

SPATIAL INEQUALITY

Spatial inequality – the differences in quality of life, wealth, and living standards between populations from different areas – and in particular regional inequality, is another cause for concern in Russia, and one that we will focus on in this paper.

Russia has one of the highest levels of regional inequality in GDP per capita in the world

The phenomenon of income inequality in Russia cannot be appreciated without the consideration of regional inequality. Today, Russia has one of the highest levels of regional inequality in GDP per capita in the world, (Table 2). Of note (according to the classification of the regions introduced by the Russian Academy of Science), only seven out of 83 Russian regions are considered as 'drivers of growth', while a staggering 30 are classified as 'adverse'.①

Table 3: Regional inequality in GDP per capita in Russia, 2009

	Annual GDP per capita in $ PPP (2009)	Countries with similar GDP per capita
Top five regions by GPD per capita		
Tyumen region	57, 175	Norway
Sakhalin region	43, 462	Hong Kong
Moscow	40, 805	Netherlands
Chukotka	39, 220	Australia
St Petersburg	25, 277	South Korea
Bottom five regions by GDP per capita		
Tuva Republic	7, 578	Ecuador
Altai Republic	7, 520	Suriname

① Finmarket (2013) 'Russia Third in the World in Regional Inequality', April 12, 2013, http://www.finmarket.ru/main/article/3303366.

	Annual GDP per capita in $ PPP (2009)	Countries with similar GDP per capita
Ivanovo region	7, 425	Turkmenistan
Chechen Republic	5, 023	Butan
Ingushetiya Republic	3, 494	Iraq

Source: UNDP (2011) National Human Development Report for the Russian Federation 2011: Modernisation and Human Development. ①

Regional inequality has been one of the key factors contributing to the high level of income inequality in Russia in post - Soviet period. ②The income, health, and well - being of an individual in Russia is in most cases significantly related to their region of residence. Figure 4 illustrates the dynamics of regional inequalities in the

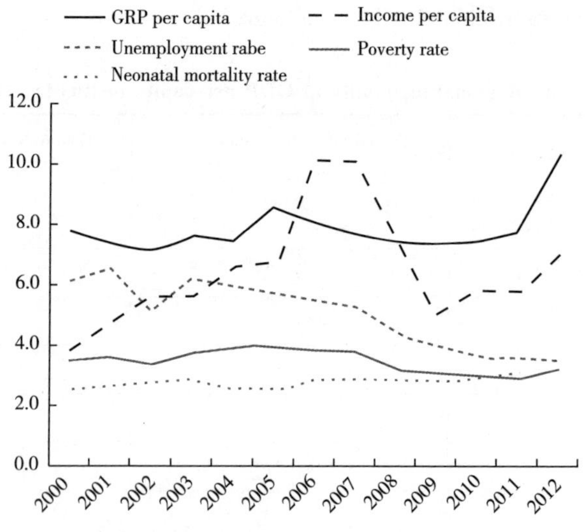

Figure 4: Differences in key socio - economic indicators between top 10 per cent and bottom 10 per cent of the Russian regions, 2000 - 2012

Source: Oxfam's calculation based on data from http: //regionstat. ru.

① UNDP (2011) National Human Development Report for the Russian Federation 2011: Modernisation and Human Development, Moscow: UNDP, www. undp. ru/documents/nhdr2011eng. pdf.

② Popova, D. (2013) op. cit.

2000s, highlighting the variation in socio - economic indicators such as GDP per capita, unemployment rate, income per capita, poverty rate, and neonatal mortality. Until the early mid - 2000s, inequality in all indicators, except income per capita, was increasing. In the mid - 2000s, with an increased use of regional budget transfers as a tool to ameliorate regional inequalities (see section 4), all types of inequality between the regions started decreasing, with the exception of neonatal mortality. However, since the end of the 2000s when budget transfers started decreasing, all indicators, except income per capita, have increased again.

The United Nations Development Programme's human development index (HDI) also indicates high levels of regional inequalities in Russia. In 2008, while the overall HDI for Russia was 0. 825, in Moscow it was 0. 929 (comparable to Israel, Slovenia, and Andorra that year), and in the lowest ranked region - the Republic of Tuva - it was only 0. 717 (comparable to Equatorial Guinea).

In 2008, *while the overall HDI for Russia was* 0. 825, *in Moscow it was* 0. 929 *that year, and in the lowest ranked region - the Republic of Tuva - it was only* 0. 717.

SOCIAL INEQUALITY

Members of the Russian chapter of the Global Call Against Poverty (GCAP) network, with whom we consulted, regularly encounter different forms of discrimination of certain population groups, such as older people, women, people with disabilities, and homeless people. But there is a significant lack of systematically collected statistical population data in Russia, which is essential for comprehensive analysis of social inequalities, and official statistics are rarely (if ever) broken down by gender, age, ethnicity, or other factors.

International measurements of social equality highlight the situation in Russia; according to the Global Gender Gap Index and the UNDP Gender Inequality Index the country's ranking for gender equality has been relatively low and on a downward trend in recent years (see Table 4).

Table 4: Gender inequality trends in Russia, Global Gender Gap Index and UNDP Gender Inequality Index

Year	Global Gender Gap Index (rank) ①	UNDP Gender Inequality Index (index and rank) ②
2008	42	n/a
2009	51	n/a
2010	45	0.329 (rank 48)
2011	43	n/a
2012	59	0.312 (rank 51)

The extent of social inequality in Russia today is evidenced by sound qualitative research; recent examples include the Human Rights Watch report on the situation of people living with disabilities③ and the Refugee Board of Canada report on ethnic minorities.④

Due to the lack of reliable statistical data, it is challenging to undertake an in-depth analysis of the relationship between social and income inequalities. In the following sections however, we will highlight some of the ways in which social inequalities in Russia are linked to and often perpetuate income inequality.

3 CREATING A VISCIOUS CYCLE OF INEQUALITIES?

Intersecting with each other, high income, social and spatial inequalities result in increasing inequalities in living standards and in access to a range of social, economic and legal institutions, further dividing the Russian society and making these divisions more entrenched.

① World Economic Forum (2013) 'The global gender gap report 2013', Geneva: World Economic Forum, http://www3.weforum.org/docs/WEF_GenderGap_Report_2013.pdf.

② UNDP (2013) 'Gender Inequality Index', http://hdr.undp.org/en/statistics/gii/.

③ Human Rights Watch (2013) op. cit.

④ Immigration and Refugee Board of Canada (2009) Russia: Situation and Treatment of Visible Ethnic Minorities; Availability of State Protection1 October 2009, RUS103139.E, http://www.refworld.org/docid/4b7cee862d.html.

Box 4: Russian opinion on the most acute forms of inequality

According to the 2013 representative population survey, Russians themselves think that the forms of inequality most strongly affecting the well-being of the country's population are: ①

- Income inequality (72 per cent of respondents pointed out this factor)
- Inequality in access to healthcare (47 per cent)
- Housing inequality (42 per cent)
- Inequality in access to education (31 per cent)
- Inequality in access to quality jobs (31 per cent)

Russians (perhaps at least those belonging to low income groups) appear to tolerate these inequalities less than a decade ago. The notion that unequal access to healthcare and education is *justifiable* by differences in income has substantially changed over the last 10 years. While in 2003, 53 per cent (in the case of healthcare) and 33 per cent (in case of education) of poor people did not agree with such reasoning, in 2013, 71 per cent and 74 per cent disagreed, respectively. ② Thus, income inequality as a factor of access to social institutions is getting increasingly delegitimized.

INEQUALITY IN ACCESS TO HEALTHCARE

Inequalities in access to healthcare are of great concern to Russians (Box 4). Although the rights to health and to free healthcare are enshrined in the constitution of the Russian Federation, persisting and worsening underfunding of the public healthcare system and increasing privatization and commercialization of the healthcare sector are making access a growing challenge to the people of Russia.

According to a 2008 study by the World Health Organization③, the main inequalities in access to healthcare in Russia include:

- Discrimination of people older than working age (longer waiting and financial difficulties older people experience paying for chargeable services) Much higher risk level of 'catastrophic' expenditure on healthcare for poor households
- Difficulty obtaining free healthcare services for patients with chronic diseases
- Lower level of accessibility of specialized outpatient care for inhabitants of small settlements as compared to the residents of big cities.

① Russian Academy of Science Institute of Sociology and Friedrich Ebert Foundation (2013) op. cit.

② Ibid.

③ Shishkin, S. et al. (2007) op. cit.

Regional differences in per capita financing of healthcare in 2008 *reached* 10 – 12 *times between different regions.*

These examples indicate that the main drivers of inequalities in access to healthcare are income inequality and spatial inequality. Official statistics confirm that income inequality translates into inequality in consumption of healthcare services. In 2012, the expenditure on healthcare of the richest 10 per cent of the population was 11 times greater than that of the poorest 10 per cent. ①Regional differences in per capita financing of healthcare in 2008 reached 10 – 12 times between different regions. ②Furthermore, access to healthcare was shown to decrease with the size of a settlement. ③

Box 5: Oxfam's Rural Health project

In 2012 – 2013, Oxfam implemented the Rural Health project in the Diveyevskiy district of the Nizhegorodskyi region of Russia, specifically aimed at addressing spatial inequality in access to healthcare for socially vulnerable families with children aged three to 15. In a nine months' period, regular trips to regional clinics for check – ups were organized for 200 beneficiaries who live in remote areas and were otherwise unable to travel there independently. Additionally, around 10, 000 text messages were sent to residents of the Diveyevskiy district, covering such topics as right for free healthcare, patients`rights, healthy lifestyles, useful information about the work of regional clinics, etc. The project is now being carried out by local authorities.

Although completely against the federal law on the freedom of movement, residence registration is often used as a criterion for granting access to public healthcare.

Research conducted by the St Petersburg Region Charitable Social Non – Government Organization ('Nochlezhka'; a partner organization to Oxfam) found that social inequality, and in particular, discrimination based on the residence registration, is also a factor of inequality in access to healthcare in Russia. As their work with homeless people has revealed, and although completely against the federal law on the freedom of movement, residence registration is often used as a criterion for granting access to public healthcare. For this reason, people without residence registration, in particular the

① Russian Federation Federal State Statistics Service op. cit.

② Shishkin, S. et al. (2007) op. cit.

③ Independent Institute of Social Policy (2011).

homeless and migrants, often can't access free healthcare. ①

Access to healthcare is a major factor in health status in Russia – highlighting a mechanism by which income inequality causes other forms of inequality. ② Estimates of health inequities among different socio – economic groups are almost non – existent in Russia, but the few examples of research that do touch on this issue show a clear correlation between income inequalities and disparities in health status. ③

HOUSING INEQUALITY

Only 19.8% of families could afford to buy new housing with their own savings and/or mortgage credits

The issue of housing inequality is almost as high a concern for Russians as unequal access to healthcare. When analysing the inequality in housing in Russia, unusual trends become apparent.

The housing conditions in which most Russians live are relatively poor when compared with OECD countries. ④ In urban areas, 17 per cent of the population don't have running water, a sewage system, or central heating in their homes, and 9 per cent do not have hot water. In rural areas, the situation is much worse; only 42 per cent of young urban adults (age 21 – 40) own a separate apartment for the nuclear family, while 50 per cent live with extended family, and the rest rent. ⑤

Despite these findings, there is a relatively low correlation between income and owned housing space in Russia – a result of the post – Soviet housing privatization system which granted property rights to occupants of Soviet housing, thus

---

① Karlinskyi, I. (2013) Without a Right to Realisation of Rights, St. Petersburg: Nochlezhka, http://www.homeless.ru/usefull/bez_prava.pdf.

② Vlasov V. et al. (2013) Basic propositions for the public health protection strategy in the Russian Federation for the period 2013 – 2020, unpublishedreport.

③ Tikhnova, N. (2008) 'Health conditions of the middle class in Russia', Mir Rossii, no. 4: 90 – 110, http://ecsocman.hse.ru/data/902/185/1223/90 – 110_Tihonova.pdf; Padiarova, A. (2009) 'Social inequality as a health factor among new generation of Russians', Ixvestiya Vysshikh Uchebnykh Zavedenii', no. 1, http://cyberleninka.ru/article/n/sotsialnoe – neravenstvo – kak – faktor – zdorovya – novogo – pokoleniya – rossiyan.

④ OECD (2013) 'How's Life? Measuring Well – Being. Housing', http://www.oecdbetterlifeindex.org/topics/housing/.

⑤ Zavisca, J. R. (2012) Housing in the New Russia, Ithaca, NY: Cornell University Press.

ameliorating potential housing inequalities that could have emerged as a result of the market transition. ①

But it is in other respects that housing inequality among Russian population is high. I. e. in case of the quality of housing we observe a large gap between different income groups. The Gini coefficient of housing space equaled 0. 299 in 2009, while the coefficient of housing space with quality factored in was 0. 448. ② To put it very simply, rich and poor Russians may live in similarly sized apartments, but their apartments have substantially different conditions.

Moreover, due to high costs, new housing remains virtually inaccessible for the majority of the population. In 2010, only 19. 8 per cent of families could afford to buy new housing with their own savings and/or mortgage credits; to exacerbate this issue, the average waiting time for social housing (apartments provided by the state to families with substandard housing conditions) in 2010 was 19 years. ③ Thus, *income inequality* is gradually becoming a driver of housing inequality in contemporary Russia.

Social inequality also plays increasingly important role in determining one's chances of having quality housing. A new phenomenon observed in the market of rented housing also suggests that xenophobia and ethnic discrimination are becoming factors of housing inequality in urban areas where substantial migration inflows exist. Some landlords now openly state in the advertisements that they would rent out 'only to Slavic families'.

INEQUALITY IN ACCESS TO EDUCATION

Inequality in access to education is a relatively recent phenomenon in Russia; during the Soviet era, primary, secondary, and tertiary education was universal and free for all. Although primary and secondary public education remains universally a-

① Ibid.

② Ibid.

③ Demoscope (2010) 'Accessibility of the New Housing in the First Decade of the New Century Increased Only Due to Increases in Volumes of Housing Loans', http: //expert. ru/data/public/411369/411395/expertsz_07_032_1. jpg.

vailable and free, recent research suggests that parents are increasingly paying for additional courses and private tutors to compensate for the decreasing quality of education and to increase their children's chances of enrolling in higher education. Once more, the income level of a household is a key factor (Figure 5); existing and increasing income inequality is translating into inequalities in access to quality education.

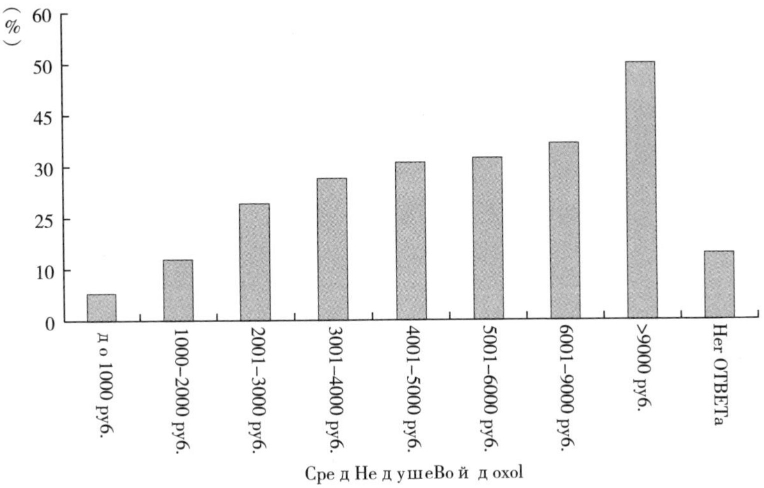

Figure 5: Percentage of families paying private tutors in primary and secondary school by average household income groups, 2003

Source: Danilova 2011.

Note: horizontal axis indicates average household income in roubles.

In higher education the situation has changed even more dramatically; during the 2000s, the proportion of self – funded students versus publicly funded students reversed. In the 2000/2001 academic year, 34.4 per cent of students were self – funded; this increased to 61.5 per cent in 2011/2012, while the number of educational places did not increase substantially. ①

As education is becoming increasingly commodified in Russia (Figure 6), expenditure on education is increasingly concentrated in the upper income quin-

① Russian Federation Federal State Statistics Service op. cit.

tiles (Table 4). Russians are spending increasingly more on their children's education, and the share of expenditure is increasing among richer Russians. We could, therefore, expect that educational inequalities along income lines will be exacerbating.

During the 2000s, the proportion of self-funded students versus publicly funded students reversed. In the 2000/2001 academic year, 34.4% of students were self-funded; this increased to 61.5% in 2011/2012, while the number of educational places did not increase substantially.

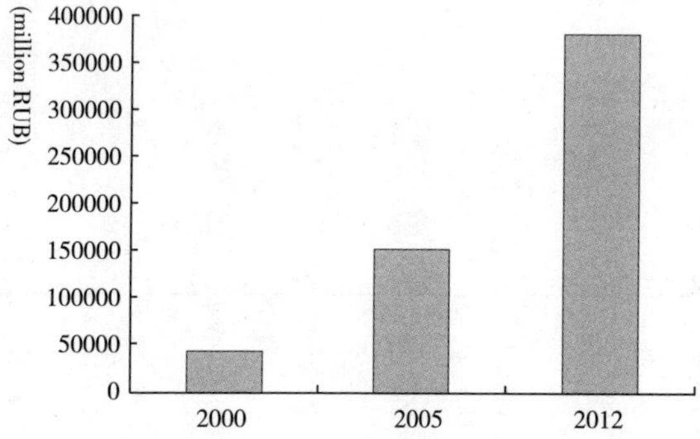

Figure 6: Total private expenditure on education in Russia (million RUB), 2000-2012

Source: Federal Statistical Service of the Russian Federation. ①

Spatial inequality also represents an important factor of inequality in access to education in Russia. Significant differences in the quality of education between different regions and urban and rural areas are observed. ②

Social indicators such as disability status can significantly limit people's access to education. As recent research by Human Rights Watch demonstrates, access of people with a disability to professional and higher education remains extremely constrained. ③

① Ibid.

② See, for example, Merzhoeva, A. (2011) 'Factors of Social Selection in Russian Education', http://www.teoria-practica.ru/-2-2011/filosofiya/merzhoeva.pdf.

③ Human Rights Watch (2013) op. cit.

Table 5: Expenses on education by income quintiles as a share (%) of the total private expenditure on education, 2008 – 2012

	2008	2010	2012
Total expenditure	100	100	100
Q1 (lowest income)	4.7	4.0	3.8
Q2	9.5	10.8	8.6
Q3	18.5	17.2	15.5
Q4	33.6	35.9	35.8
Q5 (highest income)	33.7	32.1	36.3

Source: Federal Statistical Service of the Russian Federation. ①

Inequality in access to education is a particularly problematic issue for further perpetuation of income inequality in Russia, taking into account steadily increasing role of the 'higher education' factor in income inequality, the weight of which increased seven – fold between 1992 and 2010. ②

Box 5: Digital inequality

There is a newly emerging measure of inequality in Russia that is becoming of high concern to today's government – that of 'digital' inequality. ③ Only 45 per cent of Russians who are considered to be poor (those living below national poverty line) have computer skills, unlike 73 per cent of the rest of the population. While 57 per cent of poor people do not have a computer at home only 22 per cent of those who are not classified as poor do not have one. This form of inequality further limits people's access to good quality jobs and significantly impedes 'modernization' processes – the e – initiatives of the current government remain inaccessible for a large proportion of the country's population.

INEQUALITY IN ACCESS TO QUALITY JOBS

Inequality in access to quality jobs is also considered by the Russian population as one of the most acute and problematic forms of inequality existing in the country. This concern is particularly understandable when the historical context is considered.

① Ibid.

② Popova, D. (2013) op. cit.

③ Rosbalt (2013) 'Medvedev Calls On to Stop Digital Inequality', November 7, 2011, http://www.rosbalt.ru/main/2013/11/07/1196853.html.

In the Soviet Union labour was a right, and the unemployment rate was almost zero, as in the Soviet planned economy almost every citizen was provided with – and, importantly, had to have – a job. In the beginning of market transition, unemployment rates in Russia soared. As the economy improved and achieved sustained growth in the 2000s, unemployment rates started to improve. By the end of 2013, official unemployment rates were low at 5.6 per cent. ① Given the context, what do Russians consider to be inequality in access to quality jobs?

First, Russia still has significant informal economy sector. In April 2013, vice – minister O. Golodets pointed out that only 48 million out of 86 million Russians of working age work in the formal sector. According to different estimates, in 2012, between 14 and 25 million Russians worked in the informal sector (worked for private persons or entities without legal status). ②In addition to this, according to the estimate of trade unions, almost half of 'formally employed' in Russia work in jobs from which their employers paid only minimal income taxes and social insurance contributions paying them the part of the salary exceeding the minimum wage 'in an envelope'. ③Although forself – employed workers staying 'in the shadow' represents a way to increase their profit by avoiding taxation, for those who are employees in the informal economy there is a lack of social security, which increases the risk of falling into poverty and perpetuating inequality. The likelihood of being employed in the informal economy is higher for individuals with lower education, as well as for those of a younger age. ④ This is a clear example of how *inequality in access to education* is translating into inequality in access to quality jobs.

By the end of 2012, *unemployment rates between the region with lowest unemployment rate* (*Moscow*) *and the region with highest unemployment rate* (*Re-*

① Russian Federation Federal State Statistics Service op. cit.

② Sberbank of the Russian Federation (2013) Informal employment as a new phenomenon, www.sberbank.ru/common/img/uploaded/analytics/2014/neformaltrudF.pdf.

③ Lenta.ru (2011) 'Half of salaries in Russia turned out to be 'grey', Lenta.ru, April 6, 2011 http://lenta.ru/news/2011/04/06/zarplata/.

④ Sberbank of the Russian Federation (2013) op. cit.

public of Ingushetiya) was almost 50 -fold (1% compared with 49%).

Second, inequality in access to quality jobs has a clear regional dimension. Although the average unemployment rate in the country appears to be comparatively low, unemployment rates across the regions vary vastly. By the end of 2012, unemployment rates between the region with lowest unemployment rate (Moscow) and the region with highest unemployment rate (Republic of Ingushetiya) was almost 50 - fold (1 per cent compared with 49 per cent). ① Even if we exclude Ingushetiya with its high levels of participation in the informal economy, regional differences will still be very significant. Thus, spatial inequality appears to be a significant factor of inequality in access to labour market.

Box 5: Oxfam's rural and urban livelihoods programmes

Oxfam's livelihoods programmes in small towns across several economically disadvantaged regions and in rural areas of the Tuva region were specifically designed to address the problem of poverty and spatial inequality. The programmes aimed at enhancing economic opportunities for small town and rural residents through self - employment. During 2005 - 2010, Oxfam provided access to financial and non - financial business support services and improved the businesses at least 15, 000 micro - entrepreneurs from 15 Russian regions. A total of 450 people had started their own businesses as a result of the programmes and 62 per cent of the beneficiaries were women. The capacity of local authorities in five small towns to support local entrepreneurs was improved and financial infrastructure was developed in seven regions of Russia.

Third, gender inequality plays a role in determining access to quality jobs. Although there is no noticeable gender gap in employment rates in Russia, the gender pay gap remains very high; on average, women are paid 64 per cent of the pay of men for the their work. ② This gap is related to relatively high levels of gender segregation in Russia's labour market, where women traditionally dominate in lower - paid public sectors; for example, the number of women working in the healthcare sector is almost four times higher than the number of men and in education there are more than five times more female than male employees. But as Figure 7 suggests, women

① Regional Statistics Database http: //regionstat. ru/rating. php? year = &parameter = 18.

② Russian Federation Federal State Statistics Service op. cit.

and men are paid differently even when they do exactly the same work. Moreover, women in the Russian labour market face the problem of the 'glass ceiling'; only 20 per cent of companies have female top managers, while 29 per cent of firms have female participation in ownership. ①

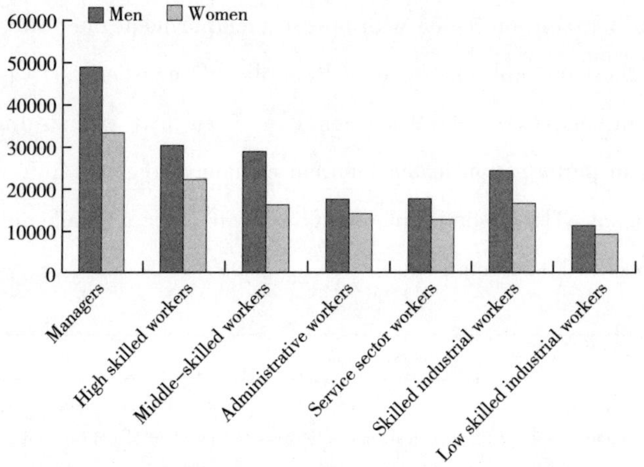

Figure 7: Average salary of men and women, according to professional categories (RUB per month), 2011

Source: Oxfam's calculations based of the data of the Federal Statistical Service of the Russian Federation. ②

The gender pay gap remains very high; on average, women are paid 64% of the pay of men for the their work.

Internal migrants and homeless people face discrimination because residence registration is frequently put forward by employers as a recruitment condition.

Finally, there are a number of other social inequalities that limit people's chances of obtaining quality jobs in Russia. People with disabilities face discrimination during recruitment, receive lower salaries, and work in precarious conditions,③ and internal migrants and homeless people face discrimination because residence reg-

① Reuters (2012) 'Closing the Gender Gap: Russia', http: //news. howzit. msn. com/news - in - pics/closing - the - gender - gap? page = 5.

② Russian Federation Federal State Statistics Service op. cit.

③ Human Rights Watch (2013) op. cit.

istration is frequently put forward by employers as a recruitment condition. ①

INEQUALITY BEFORE THE LAW AND CORRUPTION

'*... corruption rests on the foundation of unequal resources and it leads to greater inequality in turn.*'

It is important to consider that economic inequality, according to the views of the Russian population, leads to inequality before the law. Seventy – four per cent of poor people in Russia and 71 per cent of the non – poor believe that the current judiciary system in the country protects the interests of rich and influential people more often than interests of the common people. Twenty – nine per cent of poor people and 20 per cent of non – poor people stated that they had their rights violated in the past three years. The most common cases included access to healthcare and social benefits, labour relations, and contacts with the police. ②

Related to the issue of inequality before the law is the problem of the prevailing high levels of corruption, which unites Russia with many other emerging economies. In 2012, Russia was ranked 133 out of 174 countries in Transparency International's Corruption Perceptions Index. Notably, Russia has a lower ranking than all of its BRICS peers – Brazil, India, China, and South Africa. ③Although corruption debates in Russia are in most cases framed within the good governance and rule of law discourse, it could be argued that the high levels of public demand for fighting corruption have a strong social justice underpinning and are related to high levels of wealth and income inequality. As Uslaner argues, '*corruption rests on the foundation of unequal resources and it leads to greater inequality in turn.*' ④

---

① Karlinskyi, I. (2008) op. cit.

② Russian Academy of Science Institute of Sociology and Friedrich Ebert Foundation (2013) op. cit.

③ Transparency International (2012) Corruption Perceptions Index, Berlin: TI, http://cpi.transparency.org/cpi2012/results/.

④ Uslaner, E. (2009) 'Corruption and the Inequality Trap', paper presented at a Conference on Institutions, Behavior, and the Escape from Persistent Poverty, November 16 – 17, 2009, Cornell University, Ithaca, NY, https://www.academia.edu/184979/Corruption_and_the_Inequality_Trap.

4 INEQUALITY POLICY SOLUTIONS: LOOKING BACK

So far in this paper we have considered the trends of income, spatial, and social inequality that have emerged in post - Soviet Russia. We have also looked at how these inequalities lead to inequalities in access to healthcare, education, housing, the labour market, and the law. In the next two sections, we will review how Russian policymakers have been trying to address the problem of growing income inequality in recent years and which policies are essential for making the fight against inequality more effective in the future.

As mentioned in the introduction, during the 2000s the government undertook a range of policy measures that, to certain extent, addressed the problem of high levels of income inequality and related regional inequality. Two key notions underpinning the government's approach to inequality to date, have been that economic development would lead to reduction in inequality both between regions and individuals, and that inequality could be reduced by 'lifting up the bottom' (be it poor regions or poor people) through budget transfers and increased spending on social protection.

REGIONAL ECONOMIC DEVELOPMENT

Regional economic development policies focus on creating so - called 'points of growth' by improving investment climates and infrastructure in the regions. Overall, experts evaluate effectiveness of these policies rather pessimistically. It is argued that the focus has been too strongly on economic 'equalization' of the regions, which to date has been relatively unsuccessful and is unlikely to succeed in the future because of enormous differences in the distribution of natural resources across regions and vast differences in geographic location.

At the same time, insufficient attention is paid to the reduction of regional inequalities in human capital. ①National priority projects② aimed at modernizing educa-

---

① Zubarevich, N. (2008) 'Socio - economic development of regions: Myths and reality of equalisation', Spero, no. 9: 7 - 22, http://demoscope.ru/weekly/2009/0363/analit01.php.

② Institute of Contemporary Development (2013) 'National Priority Projects', http://www.insor-russia.ru/ru/priorities/national_priorities.

tion, housing, and healthcare and improving demographic situation in the country that were initiated in 2005 and were supported by significant budget transfers from the federal centre to the regions could potentially address those issues, but with the reduction of the federal funding following the 2008 crisis, they are unlikely to do that.

'LIFTING UP THE BOTTOM'

Efforts to reduce inequality in the living standards of populations of different regions are made through interregional budget transfers to support low - income regions. Budget transfers as a tool to reduce regional inequalities have been strongly criticized by the expert community, which argues that funds usually stay in the pockets of regional elites. ①

Increases in spending on social protection have followed a similar logic, focusing on the low - income groups. The first type of policy within this category has targeted labour market factors. The measures have included increasing the salaries of public sector employees (a group with one of the lowest incomes in the post - Soviet

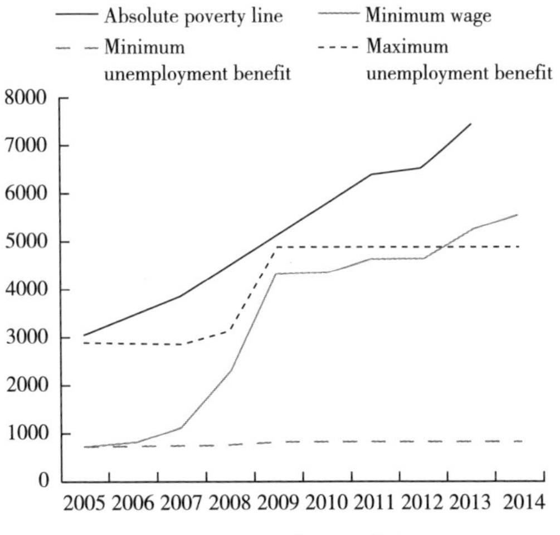

Figure 8: National poverty line, minimum wage, and unemployment benefits rates, (RUB per month), 2005 - 2014

Source: Federal Statistical Service of the Russian Federation. ②

① Zubarevich, N. (2008) op. cit.

② Russian Federation Federal State Statistics Service op. cit.

period), gradual increases of the minimum wage, and increasing unemployment benefits. Public sector salary increases have been shown to have a positive effect on income inequality reduction. ①At the same time, increases in the minimum wage – which still remains substantially below the national poverty line (in 2014, minimum wage equaled only 75 per cent of the national poverty line) – have not really solved the problems of the poorest people. In 2011, the number of working poor (people whose income was below the national poverty line) in Russia was estimated at 13 per cent. ② The maximum unemployment benefits also remain below the national poverty line, amounting to just 66 per cent.

Increasing public pensions is another policy implemented by the Russian government in an effort to reduce inequality. Notably, this measure appears to have had a significant anti – poverty effect, since pension age has since ceased to be a poverty factor. ③ However, the impact of this policy on income inequality has been quite limited. The Global Age Watch Index 2013 evaluated the overall well – being of elderly people and ranked Russia as 78 out of 91 countries for which the data were collected, falling behind some less prosperous, post – Soviet neighbours, due to the wide income gap between the older people and the rest of society. In January 2014, the size of the average pension still equated to only 34.7 per cent of the average salary. ④ Average consumption of people aged 60 + as a percentage of average consumption of the rest of the population in Russia currently stands at the level of 46.9 per cent. ⑤

About 50% of the population who are poor do not have access to safety net programmes

① Ibid.

② Popova, D. (2013) op. cit.

③ Independent Institute of Social Policy (2011) op. cit.

④ Russian Federation Federal State Statistics Service op. cit.

⑤ HelpAge (2013) Global Age Watch Index: Russian Federation, http://www.helpage.org/global – age-watch/population – ageing – data/country – ageing – data/? country = Russian%2BFederation.

Another policy to reduce inequality focuses on measures of social protection for the socially vulnerable population groups. Although overall financing of the social protection system has started improving, the system remains underfunded and has, therefore, had a limited redistributive effect. ①

This result is also a result of poor targeting – in 2011 safety net programmes for poor people accounted for only 0.5 per cent of GDP, while the overall social protection spending in Russia stood at 18.8 per cent of GDP. ② Moreover, about 50 per cent of the population who are poor do not have access to safety net programmes – a result of the chaotic development of the safety net programmes during the 1990s and mistakes in defining the eligibility of beneficiaries. ③

Finally, at the end of 2012, the new state programme on 'Provision of affordable and comfortable housing and public utilities' was passed. The core components of this programme to increase affordability of housing for lower – income groups include construction of low – cost housing, reduction of interest rates on mortgages, credit subsidies, and increases in the volume of social housing. ④The results of this programme are yet to be seen.

The key problem of the 'lifting up the bottom' approach in Russia is that most of the time the sources allocated for the programmes discussed above are not well targeted, and most crucially, are too limited to have significant redistributive effects.

5 INEQUALITY POLICY SOLUTIONS: LOOKING FORWARD

In the previous section we looked at a range of policies that the Russian govern-

---

① Independent Institute of Social Policy (2011) op. cit.; Soptsov, V. (2012) Expert opinion on the problem of inequality in Russia in accordance with the topics set out in the Oxfam report 'Left behind by the G20', Moscow: Oxfam GB.

② Popova, D. (2013) op. cit.

③ Mau, V. and Y. Kuzminova (2013, eds.) Strategy 2020: New Model of Growth – New Social Policy, Moscow: RENEPA, http://2020strategy.ru/2020.

④ Ministry of Economic Development of the Russian Federation (2013) 'On the New State Programme on 'Provision of Affordable and Comfortable Housing and Public Utilities'', http://www.economy.gov.ru/wps/wcm/connect/economylib4/mer/about/structure/depsoc/doc20131203_8.

ment has adopted to tackle the problem of growing income inequality. While it should be recognized that those policies address important factors of income inequality in Russia such as regional inequality and low wages in certain sectors, and have been shown to have an overall poverty reduction effect, to date the impact has been very limited. As we discuss in this section, the limited effectiveness of the government's efforts to tackle income inequalities is a result of the complete absence of a number of key policies or their importance significantly underestimated in the current policy discourse and practice on income inequality. We will now consider these crucial gaps in policy.

ADDRESSING LABOUR MARKET CHALLENGES

As previously highlighted, the number of working poor in Russia is estimated to be 13 per cent,① indicating significant flaws in the labour market. As Vladimir Putin himself addressed in 2012:

> ' *One – sided resource – based economy does not ensure development and demand for human potential and, thus, by default, causes inequality. Its reserves are exhausted, while for the sake of Russia's development, an annual GDP growth of* 5 – 6 *per cent in the next decade is required. The real change of the structure of the economy, creation of the new – and return of the leadership in the traditional – industries, development of the small and medium business – these are the key issues.* '②

A presidential order issued in May 2012, following the elections, demands creation of 25 million quality jobs by 2020, ③and during its G20 presidency in 2013 it was on job creation that Russia chose to focus the agenda. Creation of quality jobs and transformation of today's low – productivity, low – paid jobs into highly produc-

---

① Popova, D. (2013) op. cit.

② V. Putin (2012) 'Annual Address to the Federal Assembly', December 12, 2012, http://kremlin.ru/transcripts/17118.

③ V. Putin (2012) 'Order on Long – term Economic Development Policy', http://www.kremlin.ru/news/15232.

tive 'modern' jobs could become an important inequality antidote for Russia, where inter – and intra – industry wage inequality represent one of the key factors of income inequality. ① However, a decreasing number of jobs in recent years and a lack of economic growth and investment, make many experts doubt the feasibility of this programme. ②Current conditions are also a sign of that the government will need to look for other policy solutions to the problem of inequality.

REDISTRIBUTING THROUGH TAXATION

While increasing spending on social protection has been at the centre of the government's policies, the other side of the fiscal policy coin – taxation – has mostly been absent from the anti – inequality policy discourse and practice.

In its current state, the Russian tax system exacerbates rather than solves the problem of income inequality. First, payroll tax evasions in Russia are high, currently estimated at the level of 40 per cent. ③ Although the government has been making attempts to enforce legal measures against employers paying wages 'under the table' or 'in envelopes'④, there are signs of increasing numbers of jobs that are being informalized. ⑤Experts tend to explain payroll tax evasion by employers as a reaction on the increases of social insurance contributions and the low trust people have in the government's ability to fairly spend the taxes they collect. ⑥Furthermore, Russia currently does not have progressive income tax system with income tax on salaries and

---

① Independent Institute of Social Policy (2011) op. cit.

② See, for example, Gimpelson, V. (2013) 'Where to gind 25 million jobs?', Vedomosti, February 19, 2013, http://www.vedomosti.ru/opinion/news/9242701/v_poiskah_25_millionov ; Nikolaev, I. (2013) 'There won't be any machine: Why 25 million jobs can't be created by signing an order', Gazeta, January 22, 2013, http://www.gazeta.ru/comments/2013/01/22_x_4936149.shtml ; Zhukovskyi, V. (2012) 'Creation of 25 million jobs is impossible without rejection of liberalism', Nakanune, December 14, 2012, http://www.nakanune.ru/articles/17234/.

③ Independent Institute of Social Policy (2011) op. cit.

④ Romanov, D. (2013) 'Salary 'In an Envelope' – Yesterday of the Russian Business', http://город – под – солнцем. рф/archives/8105.

⑤ Gimpelson, V. and A. Zudina (2011) Informal Sector in Russia: Dynamics, Structure, Factors, Moscow: Higher School of Economics, http://tinyurl.com/pm24vgu.

⑥ Uslaner, E. (2007) 'Tax evasion, trust, and the strong arm of the law' in N. Hayoz and S. Hug (eds) Tax Evasion, Trust, and State Capacities, Bern: Peter Lang AG.

rent set at 13 per cent.

To date, Russian policymakers appear to have been hesitant to step into the area of tax policy. The justification for persisting adherence to flat income tax by policymakers and experts is that progressive income tax would hurt Russia's fragile middle class most, cause further informalization of the labour market, and increase tax evasion. ①Therefore, instead of a progressive income tax, the majority of experts and policymakers usually propose introducing property taxes, taxes on luxury goods, and a 'solidarity tax' of 3 – 5 per cent for people with very high incomes. ②But the steps in the direction of those taxes have also been miniscule so far. In 2013, a tax on luxury cars was introduced, but the long – awaited real estate property tax reform has been once again postponed. ③

In any case, the current and rather small role allocated to tax policy in the fight against income inequality in Russia is unjustified. A well – designed tax system could not only effectively reduce market income inequality, but also generate additional revenue, which could then be spent on social protection and public services, leading to further reduction in inequality. As Oxfam partner's research in 2009 has shown, the introduction of progressive income tax could reduce the Gini coefficient of disposable income from 0. 42 to 0. 34, reduce the decile dispersion ratio by 8. 3 times, and the absolute poverty level to 6. 78 per cent. ④

> *The introduction of progressive income tax could reduce the Gini coefficient of disposable income from* 0. 42 *to* 0. 34, *reduce the decile dispersion ratio by* 8. 3 *times*, *and the absolute poverty level to* 6. 78%.

---

① Ovcharova, L. (2012) Expert opinion on the problem of inequality in Russia in accordance with the topics set out in the Oxfam report 'Left behind by the G20', Moscow: Oxfam GB.

② Mau, V. and Y. Kuzminova (2013, eds.) op. cit.

③ NEWSRU (2013) 'Ministry of Finance is delaying the start of the property tax reform to 2015; the end of the reform – to 2020', NEWSRU, October 18, 2013, http: //realty. newsru. com/article/18oct2013/naloh2015.

④ Soptsov, V. (2012) op. cit.

Table 6: Possible progressive tax scale and their effect on inequality in Russia, 2009

Per capita income range (RUB/month)	Income tax rate (%)		Key inequality indicators	Flat tax scale (13%)	Progressive tax scale
0 - 5, 083	0	→	Gini Coefficient	0.424	0.341
5, 084 - 15, 000	16				
15, 001 - 30, 000	30		Relative poverty	19.90%	10.17%
30, 001 - 50, 000	43				
50, 001 - 75, 000	50		Decile dispersion ratio	18.16	8.30
75, 001 - 1, 000, 000	55				

Source: Institute of socio - economic problems of population of the Russian Academy of Science, 2012.

Box 6: Fighting illicit financial outflows

Russia faces the problem of enormous illicit financial outflows. In the period from 2002 to 2011, the cumulative size of illicit financial outflows equalled $880.96bn, ranking Russia second to only China in the world. ① These outflows clearly have a direct negative impact on the tax base and consequently on the system of social protection and its redistributional potential. They also further exacerbate income and wealth inequalities. In this sphere the government has been rather active - at least rhetorically - and in 2013 it started a campaign on 'deoffshorization'. It is expected that measures to push Russian business from the offshore jurisdictions will be introduced in the near future; ②this could become an important contribution to the fight against both income and wealth inequality. Until concrete actions are taken in this area, it is hard to say what their actual impact on inequality will be.

PUBLIC SERVICES AS A WEAPON AGAINST INEQUALITY

Public services such as universal public healthcare and education have very strong redistributive effects. ③By placing 'virtual income' in everyone's pockets, public services reduce income inequality in OECD countries by an average of 20 per

① LeBlanc, B. (2013) op. cit.

② Trunin, I. (2014) 'Deoffshorisation should become total', Vedomosti, February 27, 2014, http: //www. vedomosti. ru/opinion/video/71_3671/deofshorizaciya - dolzhna - stat - totalnoj ; Ernst & Young Tax Alert (2013) Russia's Anti - Offshore Policies Gain Momentum, http: //www. ey. com/Publication/vwLUAssets/EY - Tax - Alert - 24 - December - 2013 - Eng/ $ FILE/EY - Tax - Alert - 24 - D ecember - 2013 - Eng. pdf.

③ Esping - Andersen, G. and J. Myles (2012) 'Economic inequality and welfare state' in W. Salverda, B. Nolan, and T. M. Smeeding (eds.) The Oxford Handbook of Economic Inequality, Oxford: Oxford University Press.

cent. ①

However, in Russia the redistributive role of these services remains unrecognized. While the government has been active in increasing spending on social protection, public expenditure on healthcare and education systems in Russia (already relatively low when compared with OECD countries and some of the BRICS) has actually been decreasing (Figure 9). This will undoubtedly further affect accessibility and quality of these services, and eventually will decrease their redistributive potential even further.

By placing 'virtual income' in everyone's pockets, public services reduce income inequality in OECD countries by an average of 20%.

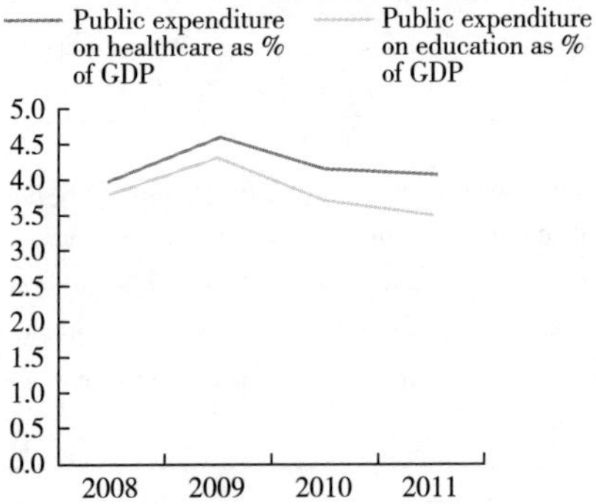

Figure 9: Public expenditure on healthcare and education in Russia as percentage of GDP, 2008 – 2011

Source: Federal Statistical Service of the Russian Federation. ②

Although to date there are no studies that look specifically at the redistributive effect of healthcare and the educational system in Russia, the case of preschool education provides a clear example of how underfunding of these services (resulting in low accessibility) leads to inequality in access to the labour market and further perpetuation of income inequality, especially in its intersection with gender inequality.

① Seery, E. (2014) Working for the many: Public Services Fight Inequality, Oxford: Oxfam GB, http://policy-practice.oxfam.org.uk/publications/working-for-the-many-public-services-fight-inequality-314724.

② Russian Federation Federal State Statistics Service op. cit.

Currently, access to public preschool education in Russia is very limited; it is estimated that in 2013, 450, 000 children across the country were on a waiting list for a place in kindergartens. ①This situation severely limits access to the labour market for people with children, especially for women. Among families without children who have unemployed members, only 7 per cent of cases are they intentionally not seeking work; conversely, among families with children this is the case for 20 per cent of the households (for families with three children this number goes up to 36 per cent), and most of those adults are women. ②

BETTER ANTI – DISCRIMINATION LAWS

Article 19 of the Constitution of the Russian Federation prohibits discrimination based on one's gender, race, nationality, language, place of birth, income status, residence, religious views, beliefs, or belonging to public organizations. However, overall anti – discrimination legislation and mechanisms for its enforcement are very weakly developed in Russia. ③ Improvement of this legislation is essential for tackling social inequalities, which are inextricably linked with income inequality.

ADDRESSING CORRUPTION AND LAW ENFORCEMENT CHALLENGES

> *Key societal demands addressed to the state today include guarantee of civil rights and justice, reduction of violence and social inequality, solving of housing problems. Everyone is aware what the key challenges for achieving that are, I won't say anything new – these are low effectiveness of the government and corruption V. Putin, Address to the Federal Assembly* 2012. ④

The struggle against inequality in Russia should be underpinned by a strong drive to make law enforcement fair and equitable and fight corruption at all levels of

---

① Chablin, A. (2014) 'Crisis of the Pre – school Age: When Will the Queues to the Kindergartens Disappear in the Regions?', http://kavpolit.com/krizis – doshkolnogo – vozrasta/.

② Independent Institute of Social Policy (2011) op. cit.

③ Prokhorova, A. (2012) op. cit.

④ V. Putin (2012) op. cit.

social institutions. Many of the factors contributing to high levels of income inequality in Russia, for example a large informal sector and high levels of tax evasion, are based on very low (among the lowest in the world)① levels of institutional trust characterizing Russian society.

Consequently, many of the key anti – inequality policies, such as progressive taxation, deoffshorization, and creation of jobs in the formal sector, simply could not be effectively implemented in Russia, unless the problems of corruption and inequality before the law are effectively addressed.

CONCLUSION

Currently, Russian society faces unprecedentedly high levels of income and wealth inequality, which is exacerbated by high levels of spatial and social inequality. This situation raises a lot of concerns and dissatisfaction across different groups of the Russian population. Unlike poverty, inequality concerns both poor people and non – poor people in the country. High income, social, and spatial inequalities result in increasing inequalities in access to social institutions, such as healthcare, education, the labour market, housing, and even the law, which threaten to perpetuate the problem of inequality even further.

Russian policymakers are increasingly focusing on the problem of inequality, and since the mid – 2000s a number of policies have been put in place to address income inequality and regional inequality. These policies have been predominantly focused on economic development of the regions and on redistributive transfers to the low – income and vulnerable regions and people. While it is difficult to estimate actual inequality – reduction effect of these policies, it is obvious that they have been insufficient to reversing current inequality trends. As this paper showed, without addressing labour market challenges, realizing the redistributive potential of the tax sys-

① Stickley, A. et al. (2009) 'Institutional trust in contemporary Moscow', Europe – Asia Studies, Vol. 61, issue 5, http://www.tandfonline.com/doi/abs/10.1080/09668130902904951?journalCode=ceas20#.UxRX9BZHiu0.

tem and public services, improving anti – discrimination legislation, and addressing the problem of corruption and an inequitable law enforcement system, the future fight against inequality in contemporary Russia is unlikely to succeed.

Moreover, these policies are precisely what the Russian citizens now expect from their government. As documented by a series of focus groups conducted in the spring of 2012 by Mikhail Dmitriev's Center for Strategic Research:

> *What Russians seem to want is not so much equalization for the sake of equalization but a well – functioning state with a significant welfare component. Many Russians in the provinces are deeply upset about the failure of a visibly corrupt bureaucracy to provide high quality education, healthcare, and legal enforcement. Mere redistribution of money—to regions or even to individuals—will not satisfy the demand for these services. Institutional changes are required.* ①

The latter seems to bring Russian population close to the population of other emerging economies, such as Brazil, Thailand, and Turkey, which in recent years have increasingly been actively demanding better public services and better and more transparent investment of public money from their governments.

Oxfam Discussion Papers

This paper was written Daria Ukhova. Oxfam acknowledges the assistance of Thomas Dunmore – Rodriguez, Ricardo Fuentes – Nieva, Evgeniya Generalova, Olga Ghazaryan, Dmitry Medlev, Victoria Stetsko, and Sergey Zhidkikh. It is part of a series of papers written to inform public debate on development and humanitarian policy issues.

Oxfam Discussion Papers are written to contribute to public debate and to invite feedback on development and humanitarian policy issues. They are' work in pro-

① Treisman, D. (2012) op. cit.

gress' documents, and do not necessarily constitute final publications or reflect Oxfam policy positions. The views and recommendations expressed are those of the author and not necessarily those of Oxfam.

For more information, or to comment on this paper, email dukhova@oxfam.org.uk.

Published by Oxfam GB for Oxfam International under ISBN 978-1-78077-602-6 in May 2014. Oxfam GB, Oxfam House, John Smith Drive, Cowley, Oxford, OX4 2JY, UK.

This publication has been produced with theassistance of the European Union. The contents of this publication are the sole responsibility of Oxfam and can in no way be taken to reflect the views of the European Union.

OXFAM

Oxfam is an international confederation of 17 organizations networked together in more than 90 countries, as part of a global movement for change, to build a future free from the injustice of poverty:

Oxfam America (www.oxfamamerica.org), Oxfam Australia (www.oxfam.org.au), Oxfam-in-Belgium (www.oxfamsol.be), Oxfam Canada (www.oxfam.ca), Oxfam France (www.oxfamfrance.org), Oxfam Germany (www.oxfam.de), Oxfam GB (www.oxfam.org.uk), Oxfam Hong Kong (www.oxfam.org.hk), Oxfam Japan (www.oxfam.jp), Oxfam India (www.oxfamindia.org), Intermón Oxfam (www. intermonoxfam. org), Oxfam Ireland (www. oxfamireland. org), Oxfam Italy (www. oxfamitalia. org), Oxfam Japan (www. oxfam. jp), Oxfam Mexico (www. oxfammexico. org), Oxfam New Zealand (www. oxfam. org. nz), Oxfam Novib (www. oxfamnovib. nl), Oxfam Québec (www. oxfam. qc. ca)

Please write to any of the agencies for further information, or visit www. oxfam. org.

India: Moving towards Equal Opportunities for All

Author: Lucy Dubochet
Editorial inputs: Nisha Agrawal, Avinash Kumar, Indrajit Bose

1. Introduction

In India . . . we must aim at equality. That does not mean and cannot mean that everybody is physically or intellectually or spiritually equal or can be made so. But it does mean equal opportunities for all, and no political, economic or social barriers. It means a realization of the fact that the backwardness or degradation of any group is not due to inherent failings in it, but principally to lack of opportunities and long suppression by other groups. Jawaharlal Nehru, The Discovery of India.

Decades of rapid and unequally shared growth are adding new dimensions to old disparities along gender, caste, religious and tribal lines. But this trend stayed at the margin of public debates until recently. Discussions about inequality seemed to evolve in fragmented territories: economists debated about the comparability of inequality measures; policymakers discussed the right balance between growth and inclusiveness; women, Dalit, Muslim and Tribal activists fought for their entitlements under the policies set up to compensate for a history of suppression. Several recent works of syntheses connect dots of evidence. They outline a coherent narrative around a wide spectrum of issues—estimates of income distribution, stark disparities in human development outcomes, policy choices and patterns of exclusion. These various dimensions build a solid ground to ask more pressingly: how does the trend impact on India's society and its system of governance? Is this what we aim at? Have we factored in the price of inequality?

2. Framing the Inequality Debate

All countries in the world have inequalities of various kinds. India, however, has a unique cocktail of lethal divisions and disparities. Few countries have to contend with such extreme inequalities in so many dimensions, including large economic inequalities as well as major disparities of caste, class and gender. Jean Dreze, Amartya Sen, An Uncertain Glory.

2.1. The Richer and the Rest

Data uncertainties have traditionally clouded assessments of monetary inequalities. Conventional estimates based on consumption expenditure suggest that levels of inequality remained relatively low, despite being on the rise over the past two decades. [1] However, recent assessments based on income indicate that disparities could be on par with some of the world's most unequal countries, second among all BRICS countries (Brazil, Russia, India, China, South Africa), only to South Africa (Lanjouw, Murgai, 2011: 25). [2] In terms of trends, disparities between urban and rural areas have grown sharply in recent decades and reached levels close to those witnessed just after Independence.

---

① Official measures of the GINI based on expenditure, dueto the lack of reliable data on income, for example are amoderate 0.32, compared to0.42 in China, 0.4 in Russia, 0.55in Brazil, and 0.63 in South Africa, at: http://data.worldbank.org/indicator/SI.POV.GINI. In contrast, estimates of income GINI are at 0.53; P. Lanjouw, R. Murgai (2011) 'Perspectives on Poverty in India', Washington DC: World Bank, at: www.wds.worldbank.org/external/default/WDSContentServer/WDSP/IB/2011/05/05/000356161_20110505044659/Rendered/PDF/574280PUB0Pers1351B0Extop0ID0186890.pdf (accessedSeptember 2013).

② Ibid.

Income trends at the very top are a marker of how much India's richest people benefited during the recent decades of rapid growth. In the mid – 1990s, India had two resident billionaires with a combined wealth of $ US 3. 2 billion; in 2012 this number increased to 46 with a combined wealth of US $ 176 billion. Over the same period, the share of total wealth owned by India's billionaires rose from less than 1 per cent of GDP to 22 percent, when the stock market was at its peak in 2008, before settling at 10 per cent in 2012. ① The identity of today's 46 richest Indians illustrate social disparities along caste, religion and gender lines: 28 are from traditional merchant classes; most others belong to upper caste communities—there is one woman, one Muslim and no Dalit or Adivasi among them.

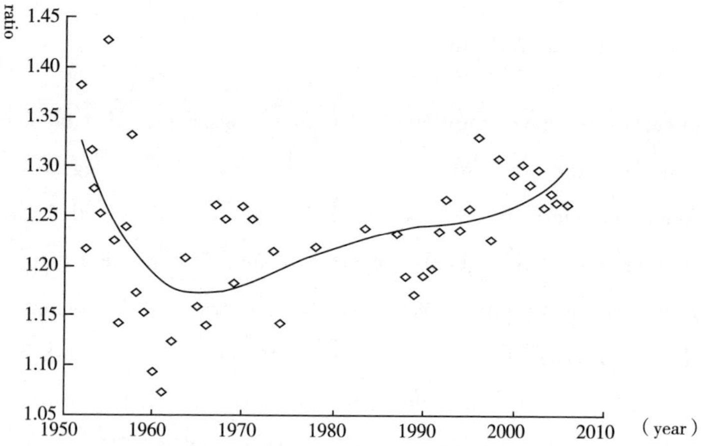

Figure: Per capita consumption – ratio of urban mean to rural mean②

Beyond this, estimates based on income tax files of the richest 0. 01 per cent of the population suggest that income concentration at the top is increasing rapidly since the 1980s, after three decades of reduction following Independence. Between 1981

---

① Forbes, India's 100 riches people, available at: http: //www. forbes. com/india – billionaires/.

② Ibid.

and 2000, the income of India's richest increased annually by 11.9 per cent. ① In contrast, the annual increase in real household expenditure for the entire population over the same period was 1.5 per cent. ② At the end of this period income concentration among the super rich wascomparable to the early 1950s. With inequalities growing further over the past decade, concentration has reached levels that find a comparison only in the colonial era.

These numbers assume their full meaning when contrasted with how low the scale startsfor a majority of Indians. India's newly revised poverty line, set at Rs 32 per day in urban areas and Rs 26 in rural areas, is widely dubbed "starvation line" for its failure to "ensure anything above the bare subsistence". ③ The share of population under this cut off line declined from 45.3 per cent in 1993 to 21.9 per cent in 2012. However, if judged against the median developing country poverty line of US $ 2 per day on purchasing power parity, more than 80 per cent of rural inhabitants and just under 70 per cent of urban inhabitants would be categorized as poor. ④ Frequent relapses into poverty by households located just above the poverty line complete this picture of vulnerability. Clearly, benefits have been fragile for a majority of the population.

To some extent, income inequalities follow traditional patterns of social discrimination along caste, gender, religion and tribes. In rural areas, poverty rates are 14 per cent higher among Adivasis than among non – scheduled groups and ⑤ percent higher among Dalits; similarly, in urban areas, poverty rates among Dalits and Muslims exceed those of non – scheduled groups by 14 per cent. 9

① A. Banerjee, T. Piketty (2004), 'Top Indian Income: 1922 – 2000', London: Centre for Economic Policy Research, at: http://piketty.pse.ens.fr/files/BanerjeePiketty2004.pdf (September 2013).

② Ibid.

③ J. Dreze, A. Sen (2013), *An Uncertain Glory*, London: AllenLane, p. 189.

④ P. Lanjouw, R. Murgai (2011) 'Perspectives on Poverty in India', op. cit, pp. 3 – 4.

⑤ These group disaggregated figures date back to the 2009 – 2010 National Sample Survey though the calculation is inline with the Planning Commission's new poverty line quotedabove; Government of India (2012), 'Press Note on Poverty Estimates 2012', Delhi: Planning Commission, at: http://planningcommission.nic.in/news/press_pov1903.pdf (Accessed September 2013).

Trends in poverty reduction suggest that these inequalities are growing wider, with an average annual poverty reduction of 2. 1 per cent among Adivasis and 2. 4 per cent among Dalits, against 2. 7 per cent for other groups in rural areas; in urban areas, the annual pace of poverty reduction was a meagre 1. 8 per cent for Muslims, 2. 1 per cent for Dalits and Adivasis, against 2. 7 per cent for other groups. ① These disparities become critical when regional differences are taken into account. In Bihar for example, there are signs that Dalits are, as a group, falling behind others, ② whereas Muslims are falling behind in Uttar Pradesh, Bihar, West Bengal and Assam. ③

2. 2. Missing Jobs, Low Wages and the Grip of Discrimination

Trends in wages also illustrate how in the past two decades different sections of the society have benefitted unequally. Average growth in real wages has been sluggish, and even turned to the negatives in the early 2000s. ④ For example, in the agricultural sector, growth in real wages has dropped "from 5 per cent per year in the 1980s to 2 per cent or so in the 1990s and virtually *zero* in the early 2000s", ⑤ before increasing again after the introduction of the National Rural Employment Guarantee Act in 2006, by 2. 7 per cent for men and 3. 7 per cent for women between 2005 and 2010. ⑥ In contrast, the top 0. 01 per cent wages increased by an annual average of 11 per cent in real terms between 1981 and 2000. ⑦ The absence of a system of social security for the estimated 93 per cent of the workforce in the informal sector

---

① S. Thorat, A. Dubey (2012), 'Has Growth Been Socially Inclusive during 1993 – 94 and 2009 – 10?' Economic & PoliticalWeekly XLVII (10), pp. 43 – 54.

② P. Lanjouw, R. Murgai (2011) 'Perspectives on Poverty in India', op. cit, p. 28.

③ Government of India (2012), 'Press Note on Poverty Estimates 2012', op. cit.

④ A. Kundu, P. C. Mohanan (2010), 'Employment and Inequality Outcomes in India', Paris: Organization of Economic Cooperation and Development, p. 28, at: www. oecd. org/els/emp/42546020. pdf (accessed September 2013).

⑤ Stressed by authors; J. Dreze, A. Sen (2013), An UncertainGlory, op. cit.

⑥ Ibid, 29.

⑦ A. Banerjee, T. Piketty (2004), 'Top Indian Income: 1922 – 2000', London: Centre for Economic Policy Research, at: http: //piketty. pse. ens. fr/files/BanerjeePiketty2004. pdf (September 2013).

adds to the significance of these disparities. [1] It forces poorer households to resort to informal coping mechanisms with high human costs when faced with accidents or joblessness.

Important wage disparities exist along gender and caste lines: in the private sector, the average wage among casual workers is 40 per cent lower for women than for men in urban areas and 30 per cent lower in rural areas;[2] only a limited part of this gap appears linked to differences in capacities. [3] If considering the entire salaried workforce—casual and regular—estimates based on data from 2004 – 5 found that the average wage for men was two and a half times higher than for women, on account of women's concentration in low – paid jobs. [4] This could be one of the factors that explain the significant drop in women's workforce participation—from 33 per cent in 1993 to 25 per cent in 2011—at a time when India witnessed unprecedented growth in GDP. [5] Other factors may include mindsets that are adverse to women's mobility;[6] risks of harassment at the workplace,[7] the lack of basic amenities like toilets and crèches, and the difficulty to manage the double burden of household chores and employment.

Caste – based discriminations have traditionally confined Dalit workers to casual

---

① A. Senguptaet all (2007), 'Report on Conditions of Workand Promotion of Livelihoods in the Informal Sector', Delhi: National Commission for Entreprises in the Informal Sector, Government of India, available at: www. prsindia. org/uploads/media/Unorganised%20Sector/bill150_20071123150_Condition_of_workers_sep_2007. pdf (accessed July 2013).

② Calculation based on: Government of India (2013), 'Key Indicators of Employment and Unemployment in India', Delhi: National Sample Survey Office, p. 102.

③ M. Bordia Das (2006), 'Do Traditional Axes of Exclusion Affect Labour Market Outcomes in India?' WashingtonDC: World Bank, at: http://siteresources. worldbank. org/INTRANETSOCIALDEVELOPMENT/Resources/sdp97 – web. pdf (accessed September 2013).

④ P. Das (2012), 'Wage Inequality in India, Decompositionby Sector, Gender and Activity Status', Economic & PoliticalWeekly, Vol XLVII, No 50.

⑤ Government of India (2013), 'Key Indicators of Employmentand Unemployment in India, 2011 – 12', Delhi: National Sample Survey Office, available at: http://pib. nic. in/newsite/.

⑥ The National Family Health Survey (NFHS) found thatonly one in three women were allowed to venture alone toplaces such as the market, the health center or outside the community; the percentage was less than 13 among girls from15 to 19 years of age (IIPS 2007: 512 – 513).

⑦ A survey of 400 women working in various formal andinformal sectors finds that 17 percent of respondents hadfaced sexual harassment at work; Social and Rural Research Institute (2012), 'Sexual Harassment at Workplace inIndia', study supported by OxfamIndia, Delhi: SRI.

low - paid labour, in agriculture notably. The caste system is evolving with India's society, but its impact on employment opportunities is lasting, despite a slight shift since the 1980s, away from casual employment—from 44.6 per cent to 41.7 per cent—and into self - employment—from 11 per cent to 15.6 per cent. ① Various studies suggest that casteacts as a glass wall preventing lower caste groups from accessing well - paid positions in the regular sector. ② The profiling of workers in one ministry drives home the lasting impact of this dimension even where affirmative action aims to overcome discrimination: Dalit representation ranged between 13 per cent in higher level positions and 18 per cent in lower level positions; it was 59.4 per cent among sweepers. ③

Other excluded groups hardly fare better in terms of employment opportunities. Poor Muslims remain confined to self - employment—the share was as high as 45.5 per cent of them in urban areas and 24.5 per cent in rural areas in 2011 - 12. ④ They also have very limited access to financial assets: they do not own more land than Dalits and have limited access to credit. As a result, self - employment largely means low and irregular income—a situation that translates in the group's high and persisting levels of poverty.

Dynamics of exclusion have historically played out differently for the Adivasis, but today they are concentrated in low - paid casual work in agriculture, on construction sites and in brick factories.

The trends above have to be read in light of a widely noted feature of India's development trajectory— '*the zero job growth*' . ⑤ As traditional livelihoods are being

① M. Bordia Das (2011), 'Poverty and Social Exclusion in India', op. cit., p. 18.

② Ibid; S. Thorat, K. Newman (2010), *Blocked by Caste: Economic Discrimination in ModernIndia*, Delhi: Oxford University Press, and literature cited there.

③ Ibid, p. 20.

④ Government of India (2013), 'Key Indicators of Employmentand Unemployment in India, 2011 - 12', Delhi: National Sample Survey Office, available at: http://pib.nic.in/newsite/erelease.aspx? relid = 96641 (accessed July 2013).

⑤ International Labour Organisation (2013), 'Global Employment Trends 2012: Recovering from a Second Jobs Dib', Geneva: ILO, p. 79, available at: www.ilo.org/wcmsp5/groups/public/---dgreports/---dcomm/---publ/documents/publication/wcms_202326.pdf (accessed June 2013).

eroded, notably in rural areas where agriculture does not provide a living for all, emerging sectors fail to generate enough employment to compensate for the erosion or simply match the number of young people who arrive on the job market every year. This scarcity further emphasizes the disadvantages resulting from discriminatory social norms. Even where traditionally excluded groups are gaining capabilities by studying more, the competition with more established groupsoften prevents them from translating their greater human capital into economic opportunities.

2.3. Education: Equality's Fledgling Ground

Education is among the biggest watersheds in India's landscape of inequalities. As it stands, it presents a fledgling ground for more equity, amidst a scenario that is one of the most unequal worldwide.

Efforts towards universal education were channeled through the Sarva Shiksha Abhiyan (the education for all movement) and more recently through the Right to Compulsory and Free Education Act in 2010. Progresses are worth stressing: the near universal enrolment of children contrasts sharply with the 30 per cent of men and 60 per cent of women aged 40 – 59 who never enrolled. ① The number of schools with two rooms nearly doubled between 1996 and 2006, and drinking water facilities or toilets increased significantly.

There are signs that certain groups are starting to overcome their historic disadvantage: Dalit boys in particular are studying more (see table below). However, deep inequalities in children's access to quality education persist. Girls across all groups appear to be left behind in secondary school attendance. In rural areas, the number of girls who never attended schools was a high 35.8 per cent among Muslims falling in the other backward class category in 2007 – 8; it was 29.3 among Adivasis and 24.7 among Dalits against 8 per cent for girls and 4 per cent for boys in other groups. ②

① S. B. Desai. A. Dubey, B. L. Joshi, M. Sen, A. Shariff, R. Vanneman (2010), Human Development in India: Challenges for a Society in Transition, Delhi: Oxford University Press.

② Government of India (2008), 'National Sample Survey 64th Round, 2007 – 2008', Delhi: National Sample Survey Organization.

Boys and to a lesser extent girls in urban areas fare better but disparities between groups also affect them.

The actual time spent learning is much lower. Various surveys across the country suggest that teaching activities are less than half of what they would be if all teachers in all schools were present and actively teaching. ① According to Dreze and Sen, the time that is spent learning when cumulating poor attendance of children and teacher is no more than "one – fourth of what would happen in a well – functioning schooling system". ②

Learning outcomes reflect these challenges: they are among the most unequal in the world and are very poor on average. Across regions, the ability to read simple texts among government school pupils aged eight to 11 varied from a low 26 per cent in Jammu and Kashmir followed by Uttar Pradesh at 29 per cent and Bihar at 40 per cent, to a high of 81 per cent in Himachal Pradesh, followed by 80 per cent in Kerala and 78 per cent in Tamil Nadu. Furthermore, one striking feature of this survey is the overall low level across the country. ③ The 'PISA 2009 +' survey conducted in 75 countries, including middle and high – income countries as well as two of India's best performing states—Himachal Pradesh and Tamil Nadu—indicates that education outcomes in the two states were comparable only to Kyrgyzstan and lower than all other countries surveyed. ④

For an increasing number of parents, the response to such dismal outcomes has been to shift to private schools. According to a survey by the Annual Status of Education Centre, the number of children enrolled in private schools has increased dra-

① PROBE Team (1999), Public Report on Basic Education, NewDelhi: Oxford University Press; M. Kremer, k. Muralidharan, N. Chaudhury, J. Hammer, F. H. Rogers (2005), 'Teacher Absence in India: A Snapshot', Journal of Economic Literature, 49.

② J. Dreze, A. Sen (2013), *An Uncertain Glory*, op. cit., p. 120.

③ S. B. Desai. A. Dubey, B. L. Joshi, M. Sen, A. Shariff, R. Vanneman (2010), *Human Development in India: Challenges fora Society in Transition*, op. cit., p. 94.

④ S. B. Desai. A. Dubey, B. L. Joshi, M. Sen, A. Shariff, R. Victoria: Australian Council for Educational Research, at: www. research. acer. edu. au/cgi/viewcontent. cgi? article = 1000&context = pisa. pdf (accessed September2013).

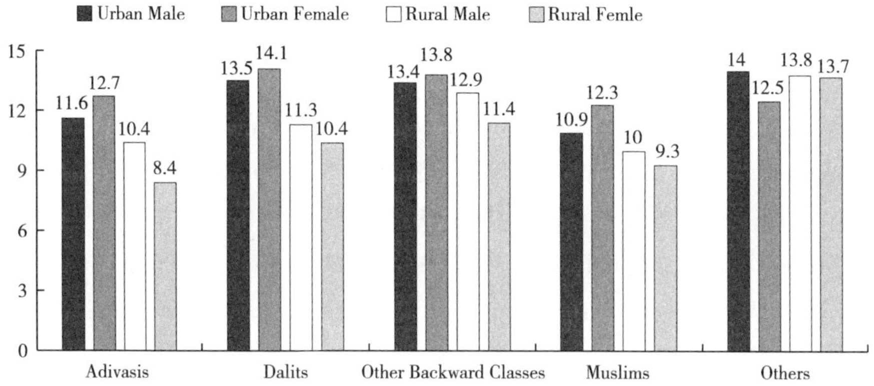

Figure: Percentage of population aged 5 to 29 that attended secondary school (2007 – 2008)

matically in the past decade to reach 28. 3 per cent today and could pass the threshold of 50 per cent in 2018 if the trend continues. ① The shift to private schools affects some children more than others: in 2006, a study across seven major states of northern India found that the percentage of boys who go to private schools, at 24 per cent, was six points higher than those among girls; only 7 per cent of Adivasis and 9 per cent of Dalits were registered in a private school against 33 per cent for general castes. ②

The above trends point at the risks for children from poorer, less educated households to be left behind in neglected government schools. The Right to Education Act, which relies among other means on parents' involvement to hold the system accountable for delivering quality education, could be undermined if efforts to improve education prospects increasingly became a matter of leaving a dysfunctional government system. The concentration of groups like Dalits and Adivasis in the public school system, whose voice has traditionally been curtailed by dynamics of dis-

---

① Annual Statue of Education Centee (2013), 'Annual Status ofEducation Report 2012', Delhi: Pratham, p. 4, at: www. pratham. org/file/ASER – 2012report. pdf (accessed September 2013).

② This was in 2006; today the figures would be higher, but the differences between social groups are unlikely to be affected; E. Hill, M. Samson, S. Dasgupta (2011), 'Expanding the School Market in India: Parental Choice and the Reproduction of Social Inequality', *Economic & Political Weekly*, Vol XLVI, No. 35.

crimination, is another matter of concern in that regard.

On the other hand, the quality of private schools, while somewhat better on average, varies tremendously:① there are outstanding institutions and there are obscure enterprises that sell services of dubious quality, notably in rural areas where the offer is scarce and parents with low levels of education have limited scope to assess the quality of the education provided to their children.

Kerala, which has the highest percentage of children enrolled in private schools with some of the best learning outcomes in the country, paradoxically illustrates the importance of a solid foundation of government education. Privatization was preceded by the creation of a quality government school system. ② As a consequence, Kerala is one of the few states where the difference in learning outcomes between government and private schools disappears if controlling for other significant variables like parents' education and income. ③ Without a strong public education system, the risk exists that timid progress towards greater equity of opportunities will be undermined, as richer and more educated parents afford quality schools for their children, the relatively less fortunate have to make do with mediocre private schools, and the poorest are left to bear with a fledgling government system.

2.4. When the Tightrope has no Net: Walking through Health Hazards

At 1 per cent of GDP, India's public spending on health is one of the lowest worldwide. ④ Private funds complete the country's total expenditure on health, at 4.5 per cent of GDP. Direct payments during treatment constitute more than 70 per cent of expenditure. ⑤ India's government health system showcases the symptoms of its

---

① W. Wadhwa (2008), 'Private Schools: Do they Provide Higher Quality Education', Delhi: Annual Status of Education Report, available at: http://images2.asercentre.org/Resources/Articles/art06 - ww - private - schools.pdf (accessed September2013).

② For this argument, see: J. Dreze, A. Sen (2013), *An UncertainGlory*, op. cit., p.

③ Ibid.

④ World Bank data: public health expenditure, http://data.worldbank.org/indicator/SH.XPD.PUBL/countries, (accessed October 2012).

⑤ Ibid.

neglect: infrastructure is decaying; shortage of staff is severe; drugs are rarely available. Poorly regulated private providers have spread in the vacuum, and today account for 82 per cent of patient care. The quality of services varies tremendously: a few outstanding institutions contrast with a large number of inadequate offers;[①] the plethora of offers in urban centres contrasts with the scarcity in rural areas: with 0.2 hospital beds per 1,000 people, against 2.5 recommended by the WHO, physical access to hospitals and doctors has become an obstacle in rural India.[②]

India's poor health indicators are a consequence of this situation. Life expectancy, at 65 years, is the lowest in South Asia and comparable only to Pakistan. The difference between the richest and the poorest 20 per cent is 11 years. The gap increases further if adding group - specific vulnerabilities: on average Adivasi people who fall under the poverty line live 16 years less than the country's richest 20 per cent, and this figure, at 57 years, has decreased marginally over the past 20 years.[③]

Other indicators show similar disparities. For example, the average under - five mortality rates at61 per 1000 births are higher than in other South Asian countries; they further increase to 88 among Dalits and 96 among Adivasis.[④] The health crisis in remote regions shows starkly in poor health indicators among the Adivasis. However, the poorest 20 per cent of India's urban population fares hardly better, with under - five mortality rates at 92 per 1000 children. This shows that a quality network of private providers can hardly be the solution for the poorest without addressing issues of access.

---

① In rural Rajasthan, about 40 percent of private providers did not have a medical degree, and almost 20 percent had not completed secondary school education. A. Banerjee, A. Deaton, E. Duflo (2003), "Health-care Delivery in Rural Rajasthan", *Economic & Political Weekly* (39): pp. 944 - 49.

② K. Yadav, P. Jarhyan, V. Gupta, C. S. Pandav (2009), "Revitalizing Rural Healthcare Delivery: Can Rural Health Practitioners be the Answer?" *Indian Journal of CommunityMedicine* 34 (1), pp. 3 - 5.

③ S. K. Mohanty, S. Ram (2010), "Life Expectancy at Birth Among Social and Economic Groups in India", Mumbai: International Institute for population Science, http://www.iipsindia.org/pdf/RB - 13%20file%20for%20uploading.pdf (accessedOctober 2012).

④ International Institute of Population Sciences (2007), "Key Findings, National Family Health Survey - 3, 2005 - 06", Mumbai: IIPS, p. 181, at: www.measuredhs.com/pubs/pdf/SR128/SR128.pdf (accessed June 2013).

The reliance on private expenditure adds one important dimension to those mentioned so far: the unequal vulnerability to risk. The percentage of India's population that falls below the poverty line because of health expenditure has been increasing steadily in recent years. The latest estimate, which dates back to 2005, is at 6.2 per cent per year.① More than 40 per cent of the population has to borrow or sell assets for treatment, according to the 2004 National Sample Survey. With no solid government system, people are left with little else than their individual assets when faced with hazards of life: those who have savings and network walk the tightrope; others are left without a net.

2.5. To Have or Not a Toilet around the Corner

This discussion would not be complete without getting down to the basics. According to the latest census, one in two Indians had to practice open defecation—a figure that is one of the highest worldwide.② Here again, disaggregated figures shows the lasting impact of dynamics of exclusion: in urban areas, where progresses in sanitation over the past decade have brought down the share of people without access to a toilet from 30.6 per cent in 1993 to 11.3 in 2009, some groups are left behind:③ more than 59 per cent of Muslim households continue to have no access to a toilet at home or in their surrounding; other below poverty line households fare only slightly better, with 54 per cent—a share that contrasts sharply with the average population at 11 per cent (see graph: access to basic sanitation services). While disparities are slightly less striking, a significant number of poor people from excluded groups continue to have no access to other basic sanitation aspects such as safe drinking water and connection to covered drainage. Such disparities disproportionally affect women,

① P. Berman, R. Ahuja, L. Bhandari (2010), "The Impoverishing Effect of Healthcare Payments in India: New Evidence and Methodology", *Economic & Political Weekly* (XLV: 16), pp. 65-71.

② J. Dreze, A. Sen (2013), *An Uncertain Glory*, op. cit., p. 279.

③ D. Mahadevia (2013), 'Urban Poverty in India and Post-2015 Framework', Delhi: Oxfam India, pp. 8-9, at: www.oxfamindia.org/sites/default/files/Working%20paper%2017.pdf (accessed September 2013).

who are traditionally responsible for fetching water, and who face greater risks and humiliation without a toilet of their own.

Dreze and Sen have forcefully argued that inequality takes a different meaning when the most basic needs of those at the lower end of the scale are not met. ① They further note that public debates in India have often lost sight of the cruder reality of the bottom 30 – 50 per cent by focusing instead on the relative deprivation of the middle class. This question is raised by the above disparities: at the end of two decades that have seen annual levels of growth in GDP averaging more than 8 per cent in major cities, why have basic infrastructures that have such fundamental importance for health, security and wellbeing of the poor been so neglected? Why are policy debates on these issues so few?

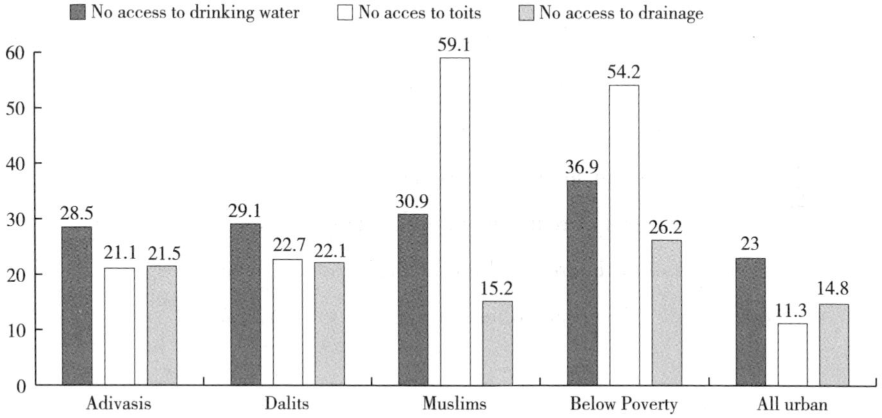

Figure: Access to Basic Sanitation Services

2.6. About Networks and Chances

The complex and evolving dynamics that underlie disparities along gender, caste and religious lines call for a more nuanced discussion than can be developed here. However, one dimension is worth stressing before concluding these framing sections:

---

① J. Dreze, A. Sen (2013), *An Uncertain Glory*, op. cit., p. 279.

the power of social networks.

When jobs are very few and mostly informal, healthcare not guaranteed, and places in good schools terribly scarce, networks are powerful vectors of opportunity. The importance of Dalit networks for example in supporting individual members of the community to cope with hazards of life is well established,① as is their role in defining economic opportunities among self - employed Muslims. ② Across groups, evidence exists of the link between social networks and the ability to access loans, or quality healthcare and schooling. ③

Their role as vectors of discrimination is no less important. The Indian Human Development Survey confirms that Adivasis, Muslims, Dalits, and women across all groups have very few contacts within the government, education and health systems compared to other groups. ④ Adivasis are particularly vulnerable in that regard: two out of three had no contact at all in any of the positions above; this compares with less than one out of three among upper caste people. At the village level, the importance of caste networks in channeling service delivery is a noted feature of local politics. ⑤

Numerous studies point at the importance of caste networks in the private sector—starting from prospects of recruitment and wages,⑥ ownership of companies,⑦ or representation in corporate boards. ⑧ Liberal professions are no exception in this regard. A recent survey of various liberal professions in Allahabad shows the domi-

---

① M. Bordia Das (2011), 'Poverty and Social Exclusion in India', op. cit., p. 21, and literature cited there.

② T. Fazal, 'Muslims of India: Vulnerabilities and Needs', Oxfam India Working Paper (publication forthcoming).

③ S. B. Desai. A. Dubey, B. L. Joshi, M. Sen, A. Shariff, R. Vanneman (2010), *Human Development in India: Challengesfor a Society in Transition*, op. cit., p. 178.

④ Ibid.

⑤ S. Corbrige, G. Williams, M. Srinastava, R. Veron (2005), Seeing the State: Governance and Governmentality, Cambrige University Press.

⑥ See section above: 'Missing Jobs, Low Wages and the Grip of Discrimination'.

⑦ S. Thorat, K. Newman (2010), Blocked by Caste: Economic Discrimination in Modern India, op. cit., pp. 311 - 327.

⑧ D. Ajit, H. Donker, R. Saxena (2012), 'Corporate Boards in India: Blocked by Caste?' Economic & Political Weekly, Vol XLVII, No 31.

nance of upper caste groups: two upper caste groups represent an overwhelming majority—75 per cent of average and up to 100 per cent in some sectors in positions of leadership at the press club, the bar association, trade and teacher unions, publishers, NGO workers and faculty. ① This figure compares with 20 per cent representation of these groups in the city's population as a whole.

2. 7. Rents and Redistribution

The cohabitation of persisting poverty and of highly concentrated wealth is a complex problem that cannot be wished away with simple solutions. However, experience from countries like Brazil show that inequalities can be reduced by ambitious investments in basic services and conditional cash transfers. Examples such as Kerala show how a quality education system can help reduce inequality of learning outcomes. At an all - India level, the government's flagship National Rural Employment Guarantee Act has helped redress depressed wages of unskilled rural workers—notably for women who are at the very bottom of a strongly unequal scale.

However, these measures require resources, and India's share of public spending on social services is among the lowest worldwide. The situation may be most dramatic in the health sector, at 1 per cent of GDP against the 6 per cent recommendation of the World Health Organisation, ② but the 3. 5 per cent of GDP for education also is much below the recommended threshold. ③ Some other major policies are similarly underfunded—the 2006 Protection of Women from Domestic Violence 2006 for example has been implemented with virtually no funds from the central government. ④

---

① A. Agarwal, J. P. Dreze, A. Gupta (2013), 'Notes on the Caste Composition of Public Institutions in Allahabad', Department of Economics Allahabad University.

② D. B. Evans, R. Elovainio, G. Humphreys (2010), "Health System Financing, The Path to Universal Coverage", Geneva: World Health Organisation, p. xv, http: //www. who. int/whr/2010/en/index. html, (accessed October 2012).

③ Available at: http: //data. worldbank. org/indicator/SE. XPO. T. GD. ZS (accessed September 2013).

④ Lawyers Collective (2012), "Staying Alive, 5th Monitoring& Evaluation on the Protection of Women from Domestic Violence Act", Delhi: Lawyers Collective and International Centre for Research on Women, at: www. lawyerscollective. org/files/Staying%20Alive%205th%20M&E. pdf (accessedNovember 2012).

Furthermore, without financial means, measures as fundamental as social security for the majority of informal workers will remain unconceivable. There are of course other challenges such as bottlenecks for disbursement and issues related to accountability. Nevertheless, stable and adequate funding would certainly play an important role in overcoming these systemic issues.

Can India afford it, only five years after the country passed the threshold of US $ 1005 per capita gross national income that according to the World Bank distinguishes middle income countries from poorerones?

India's total tax to GDP ratio, at 15. 5, is among the lowest of all G20 countries just above Mexico and Indonesia, and far below other BRICS countries. India also stands out for its small share of direct taxes on income and wealth, at 37. 7 per cent against an average of 53. 7 per cent for the OECD. ① Instead the country relies on indirect taxes, which apply to goods and services, allowing only a rough distinction between poorer and richer clients based on product types. Income taxes as a share of GDP have been stagnant for the past two decades: the share of population subjected to income taxes in India has remained at 2 – 3 per cent between 1986 and 2008; in China it rose from 0. 1 per cent to 20 per cent over the same period. ② Similarly, the share of income tax to GDP remained at around 0. 5 per cent in India, while it rose from 0. 1 per cent to 2. 5 per cent in China. ③ It may be argued that with nearly 93 per cent of the population in the informal sector and a majority of people that continue to live not far above the poverty line, taxing income is a greater challenge in India. However, even if focusing on the super rich, India's maximum tax rate imposed on the highest incomes dropped from 60 in 1979, to 50 in 1990, and was further reduced to 33 in 2002. Today, India firmly stands among the countries with lowest

① P. Prakash (2013), 'Property Taxes Across G20 Countries: Can India Get it Right?', Delhi: Oxfam India, Centre for Budget Governance and Accountability, p. 4, at: www. oxfamindia. org/sites/default/files/Working%20paper%2015. pdf (accessedSeptember 2013).

② T. Pikettty, N. Qian (2009), 'Income Inequality and Progressive Income Taxation in China and India, 1986 – 2015', American Economic Journal 1: 2, p. 54, at: www. econ. yale. edu/ ~ nq3/NANCYS_Yale_Website/resources/papers/PikettyQianAEJ. pdf (accessed September 2013).

③ Ibid.

marginal tax rates in the world—with just a few places like Honk Kong, Russia, Bolivia and Brazil below that.

The situation is not much different for wealth. The tax on inheritance was abolished in 1985; the tax on wealth is so low that its revenue as percentage of GDP cannot be estimated. ① The tax on property, at 0. 4 per cent of GDP, is also one of the lowest across all G20 countries, higher only to Indonesia and Mexico. ②

These trends in taxation policies take their full meaning in light of the imbalance between return on wealth and return on labour. The imbalance is crude in India, where wages are depressed by a job offer that does not match the demand for employment of a mass of poorly trained labourers with no social security to fall back on. To take just one example, investors promise between 12 and 15 per cent annual return on a long – term investment in property in some of India's rapidly developing cities. This contrasts with stagnant real wages of casual workers in urban areas. Why do India's richest people contribute so little when income concentration at the top has reached levels unseen since Independence, and when the government is in dire need of funds to finance fundamental public reforms? The trend raises questions about the power of the richest to influence political processes and policies in a way that suits their interest.

Stark debates around the government's announcement that it considers introducing an inheritance tax illustrate these plays of power. Debates about India's subsidies do too. The Food Security Bill, which provides subsidized food to poor households, is a case in point. The cost of the policy, at 1 per cent of GDP is not negligible, and the law has been fiercely criticized for the burden it would impose on public finances. In contrast, the government has so far renounced reducing fuel subsidies that represent 1. 9 per cent of GDP on account of widespread resistances. ③ Stud-

---

① P. Prakash (2013), 'Property Taxes Across G20 Countries: Can India Get it Right?', op. cit, p. 9.

② Ibid, p. 8.

③ R. Anand, D. Coady, A. Mohommad, V. Thakkor, J. P. Walsh ( ), 'The Fiscal and Welfare Impacts of Reforming Fuel Subsidies in India', Washington DC: International Monetary Fund, p. 10, at: www. imf. org/external/pubs/ft/wp/2013/wp13128. pdf (accessed September 2013).

ies suggest that benefits of the fuel subsidy could be up to seven times more for the 10 per cent richest households than for the 10 per cent poorest. ①

3. Have we factored – in the price?

> *This… is about why our economic system is failing for most (of us), why inequality is growing to the extent it is, and what the consequences are. The underlying thesis is that we are paying a high price for our inequality—an economic system that is less stable and less efficient, with less growth, and a democracy that has been put into peril.* Joseph E. Stiglitz, The Price of Inequality.

Until recently, letting some move ahead of others may have seemed a requirement to generate the growth required to lift the majority out of poverty. Today, evidence from India and from other countries provides a ground to ask afresh where to set the balance of growth and inclusiveness. To conclude this discussion, we may ask whether the sentence from Joseph Stiglitz's book about the United States speaks to the situation in India. The questions bellow will help factor in the price of inequality for India.

Is it effective? Evidence across the world shows the high price of inequality for the wellbeing of not just those at the bottom, but for all. A highly unequal health system reduces health outcomes of the entire population. Dismal education opportunities among a large section of the population harm the economy as a whole. Deplorable sanitation in slums and rural areas cause dangerous pollutions, not just for those directly affected.

Is it safe? Studies across the world suggest that one of the costs of inequality could be rise in crime. In India, the relation has not been studied systematically and the lack of reliable crime data calls for prudence. However, recent trends in violence suggest that the correlation maybe worth probing. What if, for example, there was a

① Ibid; also see: R. Lahoti, J. Y. Suchitra, P. Gautam (2012), 'Subsidies for Whom: The Case of LPG in India', Economic &Political Weekly, Vol. XLVII, No. 44.

link between rising inequalities and recent series of sexual crimes that have spurred emotions across the country? Beyond this, how will the rise of inequality affect the fragile unity between communities whose history is marked by violent clashes? Will income inequalities that have grown along differences of caste and religion spur communal violence? Predictions may not be prudent, but examples from other countries suggest that the risk needs to be factored in much more seriously than it is currently.

Is it compatible with democracy? Monetary inequality has reached levels never seen since Independence. India's democracy is formally strong, but imbalances in power and voices have since the beginning challenged its depth. Mandated political representation for discriminated groups and better education have resulted in tremendous progress, but have not overcome traditional disparities of power and influence. The focus of public debates on issues that affect the relatively richer suggest that rising inequalities could unduly tilt the balance of public attention towards the richer. The series of scandals linking big money with political power is another sign that increasing concentration of wealth could have a price for the country's democratic institutions.

Does it allow equal opportunities for all? The discussion above highlights how monetary inequalities have grown dramatically along existing lines of social divide: the richest have gained tremendously, while average income has lagged, undermined by a scarcity of productive jobs and low wages; groups such as Dalits, Adivasis, Muslims and women have fared much worse on average. These economic trends interact with non-monetary dimensions, such as the divide between those who can afford services of private health and education providers and those who rely on a neglected government system. Furthermore there are signs that recent trends could undermine fledgling efforts towards greater equity, in education notably. These different dimensions combine to create a society that is very distant from the idea of equal opportunity stated along the values of justice, liberty and fraternity in the Preamble of the Constitution, and mentioned again as one of the Directive Principles of State Policy. In light of this we may ask again: is it what we aim at? Have we factored in the price?

References

A. Agarwal, J. P. Dreze, A. Gupta (2013), 'Notes on the Caste Composition of Public Institutions in Allahabad', Department of Economics, Allahabad University.

D. Ajit, H. Donker, R. Saxena (2012), 'Corporate Boards in India: Blocked by Caste?', *Economic & Political Weekly*, Vol XLVII, No 31.

A. Banerjee, A. Deaton, E. Duflo (2003), 'Healthcare Delivery in Rural Rajasthan', *Economic & Political Weekly* (39): pp. 944 - 49.

A. Banerjee, T. Piketty (2004), 'Top Indian Income: 1922 - 2000', London: Centre for Economic Policy Research, at: http://piketty. pse. ens. fr/files/BanerjeePiketty2004. pdf (September 2013).

P. Berman, R. Ahuja, L. Bhandari (2010), 'The Impoverishing Effect of Healthcare Payments in India: New Evidence and Methodology', *Economic & Political Weekly* (XLV: 16), pp. 65 - 71.

M. Bordia Das (2006), 'Do Traditional Axes of Exclusion Affect Labour Market Outcomes in India?', Washington DC: World Bank, at: http://siteresources. worldbank. org/INTRANETSOCIALDEVELOPMENT/Resources/sdp97 - web. pdf (accessed September 2013).

M. Bordia Das (2011), 'Poverty and Social Exclusion in India', Washington DC: The World Bank, at: https://openknowledge. worldbank. org/bitstream/handle/10986/2289/613140PUB0 pove158344B09780821386903. pdf? sequence = 1 (accessed September 2012).

S. Corbrige, G. Williams, M. Srinastava, R. Veron (2005), *Seeing the State: Governance and Governmentality*, Cambridge University Press.

P. Das (2012), 'Wage Inequality in India', Decomposition by Sector, Gender and Activity Status, *Economic & Political Weekly*, Vol XLVII, No 50.

S. B. Desai. A. Dubey, B. L. Joshi, M. Sen, A. Shariff, R. Vanneman (2010), *Human Development in India: Challenges for aSociety in Transition*, Delhi: Oxford University Press.

J. Dreze, A. Sen (2013), *An Uncertain Glory*, London: Allen Lane.

D. B. Evans, R. Elovainio, G. Humphreys (2010), "Health System Financing, The Path to Universal Coverage", Geneva: World Health Organisation, p. xv, www. who. int/whr/2010/en/index. html (accessed October 2012).

E. Hill, M. Samson, S. Dasgupta (2011), 'Expanding the School Market in India: Parental Choice and the Reproduction of Social Inequality', *Economic & Political Weekly*, Vol XLVI, No. 35.

T. Fazal, 'Muslims of India: Vulnerabilities and Needs', Oxfam India Working Paper (publication forthcoming).

A. Kundu, P. C. Mohanan (2010), 'Employment and Inequality Outcomes in India', Paris: Organization of Economic Cooperation and Development, at: www. oecd. org/els/emp/42546020. pdf (accessed September 2013).

Government of India (2013), 'Press Note on Poverty Estimates 2013', Delhi: Planning Commission, at: http: //planningcommission. nic. in/news/pre_pov2307. pdf (accessed September 2013).

Government of India (2013), 'Key Indicators of Employment and Unemployment in India, 2011 - 12', Delhi: National Sample Survey Office, available at: http: //pib. nic. in/newsite/erelease. aspx? relid = 96641 (accessed September 2013).

Government of India (2012), 'Press Note on Poverty Estimates 2012', Delhi: Planning Commission, at: http: //planningcommission. nic. in/news/press_pov1903. pdf (accessed September 2013).

International Institute of Population Sciences (2007), 'Key Findings, National Family Health Survey - 3, 2005 - 06', Mumbai: IIPS. Available at: www. measuredhs. com/pubs/pdf/SR128/SR128. pdf (accessed June 2013).

R. Lahoti, J. Y. Suchitra, P. Gautam (2012), 'Subsidies for Whom: The Case of LPG in India', *Economic & Political Weekly*, Vol. XLVII, No. 44.

P. Lanjouw, R. Murgai (2011) 'Perspectives on Poverty in India', Washington DC: World Bank, at: www - wds. worldbank. org/external/default/WDSContentServer/WDSP/IB/2011/05/05/0003 56161 _ 20110505044659/Rendered/PDF/574280 PUB0Pers1351B0Extop0ID0186890. pdf (accessed September 2013).

Lawyers Collective (2012), 'Staying Alive, 5th Monitoring & Evaluation on the Protection of Women from Domestic Violence Act', Delhi: Lawyers Collective and International Centre for Research on Women, at: www. lawyerscollective. org/files/Staying% 20Alive% 205th% 20M&E. pdf (accessed November 2012).

D. Mahadevia (2013), 'Urban Poverty in India and Post - 2015 Framework', Delhi: Oxfam India, at: www. oxfamindia. org/sites/default/files/Working% 20paper% 2017. pdf (accessed September 2013).

S. K. Mohanty, S. Ram (2010), "Life Expenctancy at Birth Among Social and Economic Groups in India", Mumbai: International Institute for population Science, www. iipsindia. org/pdf/RB - 13% 20file% 20for% 20uploading. pdf (accessed October 2012).

J. Nehru (1947), *The Discovery of India*, Oxford: Oxford University Press.

P. Prakash (2013), 'Property Taxes Across G20 Countries: Can India Get it Right?', Delhi: Oxfam India, Centre for Budget Governance and Accountability, at: www. oxfamindia. org/sites/default/files/Working% 20paper% 2015. pdf (accessed September 2013).

T. Pikettty, N. Qian (2009), 'Income Inequality and Progressive Income Taxation in China and India, 1986 - 2015', American Economic Journal 1: 2, 53 - 63, at: www. econ. yale. edu/ ~ nq3/NANCYS_Yale_ Website/resources/papers/PikettyQianAEJ. pdf (accessed September 2013).

Social and Rural Research Institute (2012), 'Sexual Harassment at Workplace in India', study supported by Oxfam India, Delhi: SRI.

J. E. Stiglitz (2012), *The Price of Inequality*, London: Allen Lane.

Social and Rural Research Institute (2012), 'Sexual Harassment at Workplace in India', study supported by Oxfam India, Delhi: SRI.

S. Thorat, A. Dubey (2012), 'Has Growth Been Socially Inclusive during 1993 - 94 and 2009 - 10?', *Economic & Political Weekly* XLVII (10), pp. 43 - 54.

S. Thorat, K. Newman (2010), *Blocked by Caste: Economic Discrimination in Modern India*, Delhi: Oxford University Press.

W. Wadhwa (2008), 'Private Schools: Do they Provide Higher Quality Education', Delhi: Annual Status of Education Report, at: http: //images2. asercentre. org/Resources/Articles/art06 - ww - private - schools. pdf (accessed September 2013).

M. Walker (2011), 'Pisa 2009 Plus Results', Camberwell, Victoria: Australian Council for Educational Research, at: K. Yadav, P. Jarhyan, V. Gupta, C. S. Pandav (2009), 'Revitalizing Rural Healthcare Delivery: Can Rural Health Practitioners be the Answer?', *Indian Journal of Community Medicine*, 34 (1).

India: Regional Inequality and Inclusive Growth in India under Globalization*

Identification of Lagging States for Strategic Intervention

Amitabh Kundu, K. Varghese**

Oxfam India Working Papers* Series September 2010 OIWPS – VI**

Abstract

The present paper analyses the trends and patterns of economic inequality across Indian states since the early 1990s. The basic objective here is to under-

---

* Study Supported by Oxfam India in collaboration with Institute for Human Development, New Delhi.

** Amitabh Kundu teaches at Jawaharlal Nehru University, New Delhi. He has been a member of the National Statistical Commission, Government of India and Dean of the School of Social Sciences at JNU. He has been Visiting Professor at Sciences Po, University of Amsterdam, University of Kaiserslautern, among others. He has been Director at the National Institute of Development Research. He has edited *India: Urban Poverty Report* and *India: Social Development*. He has prepared background papers on *India's Economic Growth and Inequality* for OECD and *Human Development Report* 2009. Currently, he is chairperson of the Technical Advisory Committee on Housing Start up Index at RBI and Committee to Estimate Shortage of Affordable Housing, Government of India.

K. Varghese is working as a Systems Analyst at the Centre for the Study of Regional Development, Jawaharlal Nehru University, New Delhi. A Post Graduate in Statistics, he has a number of professional certifcates in software applications. He is teaching Quantitative Techniques to student of MA Geography and conducts training programmes and laboratory practicals on database management and statistical techniques, computer cartography, GIS and Remote Sensing.

*** **Disclaimer**: Oxfam India Working Paper Series disseminates the finding of the work in progress to encourage the exchange of ideas about development issues. An objective of the series is to get the fndings out quickly, even if the presentations are less than fully polished. The papers carry the names of the authors and should be cited accordingly. The fndings, interpretations, and conclusion expressed in this paper are entirely those of the authors. They do not necessarily represent the views of Oxfam India.

stand the dynamics of growth in the country which is resulting in regional imbalances and propose measures for alleviating the problem. The inter – state inequality in per capita income and consumption expenditure show a clear increasing trend during the frst and second phase of structural reform. However, the strategy of inclusive growth and balanced regional development launched since 2003 – 04, has led to acceleration in the average growth in the less developed states, including those in the North – East. Unfortunately, however, this has made only a marginal impact in stalling the trend towards accentuation of regional imbalances. Further, poverty reduction has been relatively less in less developed compared to developed states, resulting in concentration of poverty in a few backward states. The composite indices of economic development, constructed based on a select set of indicators exhibit high correlations with that of social development. This is understandable as the capacity of the governments at the state level to make interventions and bring about social transformations is high in relatively developed states. The correlation of economic development with amenities, although statistically signifcant, is relatively low, which suggests that the problems pertaining to health, education, and access to other amenities cannot be effectively addressed just by focusing on economic development.

1. Introduction

The Indian development scenario looks optimistic, not only in terms of the pace of economic growth but also in its capability to stand out in periods of global economic crises. In the context of growth in employment, too, the economy has done reasonably well over the past decade, allaying fears of jobless growth, the key concern that emerged in the late 1990s. The growth rates, as per all three alternate definitions of employment adopted by National Sample Survey Organization, namely usual status, weekly status, and daily status, have been exceptionally high since the early years of the present decade. The impact of growth in poverty reduction, too, has been significant, although the estimated elasticity of poverty reduction has been lower than several countries in the South Asian region (Devarajan and Nabi:

2006).

The high growth in employment can partly be attributed to demographic dividend the country is currently enjoying due to decline in the natural growth rate in population. Many of the states, particularly in southern India, like Kerala and Tamil Nadu have experienced fertility decline over the past couple of decades, making the Net Reproduction Rate equal to or less than unity. The growth of population in several other states, especially in north and central India has, however, been high, reporting either no decline, or in some cases, even an increase, in recent years, which is a cause for concern. However, as a result of general reduction in fertility, the percentage of adults in the age group 20 – 35 is expected to grow rapidly over the next few decades. This would help these states to pick up their growth momentum, provided the incremental adult population can be meaningfully absorbed in productive sectors. In the absence of such employment opportunities, a north – south transfer of adult population on a massive scale would have to be considered, which has serious societal implications. Such transfers may indeed be difficult due to the emerging socio – political scenario in the country, which would put enormous pressure on land and infrastructure in many less developed states.

There seems to be a shared concern that the country has not been very successful in transforming its growth into development, which manifests most significantly in serious regional imbalances despite very positive macro economic trends,① as discussed above. The major questions confronting policymakers today are: (i) which are the states getting excluded in the development process and how can these be brought into the mainstream of development? (ii) what are the deficiencies in the macro economic growth strategy or the special programmes launched as a part of the policy of inclusive growth and how can these be remedied? The present paper attempts to address these questions.

A class of methodology for constructing composite indices has emerged which is

① Datt and Ravallion (2002) noted that 'States with relatively low levels of rural development and human capital development were not well suited to reduce poverty in response to economic growth'.

being widely used globally, as also within the country, for identification of backward states or regions in academic as well as policy literature. Taking development as a multi dimensional concept, researchers within and outside the governmental set – up have identified a set of indicators for assessing or articulating the manifestation of development process in different socio – economic dimensions. As the indicators reflect different aspects of socio – economic well – being, these are measured along different scales. Researchers have made the indicators 'scale free' by applying suitable statistical techniques. Standard statistical packages are then applied for working out a set of weightages for the indicators and aggregating these into a composite index. By setting a cut – off point on the composite index, the lagging regions have been identified. Alternately, these regions have been identified using socio – economic distance matrices, constructed on the basis of the scale free indicators through application of the clustering technique. This approach avoids the need for compositing different dimensions of development and identifies lagging regions based on their level and pattern of development.

The standardprocedures mentioned above have not been considered appropriate for the present study due to a number of reasons. It is well documented that regionalization, based on composition exercises or discriminant functions/clustering method applied on the distance values, becomes mechanical wherein the judgment or development perspective of the researcher/policymakers plays a minor role. Weightages emerge out of the black box and there is little scope for qualitative judgment of the researcher regarding the process of regional development. It has, therefore, been considered appropriate here tostart by analysing the pattern of development across states through a limited set of 'economic' indicators to understand the nature of regional disparity and identify the key determinants of it. Using the scores of different states in these indicators along with the exogenous information and judgment about the nature of structural parameters an attempt would then made to identify the lagging regions in the first stage.

Needless to say, lagging regions should not be identified based only on indicators of the present level of economic well – being. As the term 'lagging' reflects the presence of certain structural constraints upon their growth, inclusion of indicators that reflect possibilities of growth would be important. This makes a case for bringing in a number of indicators pertaining to provision of basic amenities and social development within the analytical framework. Given the diversity of the dimensions and their movements in different directions, it may be useful to combine these through a statistical method of aggregation. Most importantly, lagging regions are likely to exhibit certain characteristics in terms of distribution of population in space, hierarchy of urban centres, and mobility of population from rural to urban areas or its absence, within and outside the state. An analysis of these demographic indicators is likely to shed light on the nature and causes of underdevelopment of the regions and help in identification of lagging regions.

In view of the above perspective, the present paper analyses the trends and patterns of spatial inequality in terms of per capita income, consumption expenditure, investment, and poverty focusing on the period since the early 1990s. This has been attempted in the second section, constructing the indicators for rural and urban segments separately, when possible. The basic objective here is to understand the dynamics of growth in the country which is resulting in regional imbalances. An analysis of the states' performance in terms of state domestic product (SDP) and its growth is attempted in the next section by considering yearly figures, as also three-yearly averages. In the fourth section, three sets of indicators pertaining to economic development, amenities, and social development have been culled from the current development literature that seem to have significant bearing on the process of economic development in the country. Composite indices have been constructed for these dimensions and their patterns and relationships have been discussed. The fifth section attempts to understand the impact of state interventions through an analysis of the pattern of interdependency among a select set of development and policy linked indicators. The implications of a decline in the rates of migration and urbanization at the macro level in the face of growing regional inequality have been discussed in the following section, to assess how the absence of a balanced settlement hierarchy can become a drag on the growth of a regional economy. The purpose here is to enquire if the rates and patterns of migration and urbanization can become useful bases for determining lagging regions. The final section proposes a multi – stage iterative framework for identification of lagging regions. The initial identification of the lagging regions has then been made based on per capita income and income growth. Subsequently, using the composite indices of three development dimensions, the final set of states has been identified. This helps in bringing in not only the current levels of economic well – being or growth therein into the framework, but also the social and infrastructural dimensions, constraining development in the long run. These states can be taken as a starting point for ushering in strategy of balancedregional development in the country by any national or international agency.

2. Trends and Patterns of Economic Inequality across States

It would be important to begin an exploration of the regional scenario of development in the country by looking at the trend of certain indices that articulate regional disparity. The comparisons have to be made over time, and hence, it would be appropriate to compute relative measures rather than absolute ones, since the average income figures have gone up significantly over the years. And then, there is the issue of considering each state as one unit or assigning it weight proportional to its population, which cannot be easily resolved.

It is a matter of concern that the values of the Coefficient of Variation (CV) and Gini Index for per capita state domestic product (SDP) have gone up systematically during the period from the early 1990s to the middle of the present decade. It is, however, not for the first time that regional inequality has shown an increasing trend in the country. It had gone up during 1960s, and was attributed then to the Green Revolution and its regional concentration in north – west India and a few southern districts (Bhalla: 2006). Similarly, the later half of the 1970s saw an increase in inequality explained in terms of industrial stagnation in backward states (Mathur: 2003). However, the 1980s saw little increase in regional disparity. ① This is ex-

① For example, Ahluwalia (2000) using per capita gross state domestic product noted that 'Gini Coefficient was fairly stable up to 1986 – 87, but began to increase in the late 1980s and this trend continued through 1990s'.

tremely important since this has been considered a period of financial instability resulting in macro economic crisis, compelling the policy makers to opt for policies of economic liberalization in 1990 - 1.

The period since the early 1990s has come under closer scrutiny as the emphasis has been on economic efficiency, reduction of subsidy, and greater accountability under the strategy of globalization. The latter, that have been impacting, and even reshaping, the programmes and schemes for infrastructural development, have favoured the relatively developed regions. Consequently, except for a year or two in mid - 1990s, inequality has been on the increase over the past decade and a half.

Table 1: Disparity in Per Capita GSDP: Weighted and Unweighted Indices

Year	Ratio of Min To Max per Capita GSDP (in per cent)	CV (Weighted by population)	CV Unweighted	Gini Coefficient (Weighted by population)
1993 ~ 4	30. 527	34. 549	38. 33	0. 1917
1996 ~ 7	27. 586	36. 781	NA	0. 2071
1999 ~ 2000	28. 899	37. 417	35. 09	0. 2173
2001 ~ 2	21. 566	35. 610	NA	0. 2078
2002 ~ 3	21. 608	36. 686	NA	0. 2771
2003 ~ 4	22. 705	36. 230	NA	0. 2290
2004 ~ 5	20. 105	(a) 38. 44 (b) 38. 90	(a) 29. 81 (b) 34. 15	0. 2409

Note: The values for 1993 - 4, 1996 - 7 and 1999 - 2000 are based on 1993 - 4 series while those for 2001 - 2 are based on 1999 - 2000 Series at current prices, as obtained from the State Domestic Income Tables available at the website of the Central Statistical Organisation. The weighted CV for the year 2004 - 5 is computed using the values of all the states except Goa (which is an outlier), comparable with the estimates for the years from 2001 - 2 on wards, is given as estimate (a). The estimate (b) isbased on the values of 14 states comparable with those of the years upto 1999 - 2000. Similarly, the unweighted CV for the year 2004 - 5 is computed using the values of all the states except Goa (a) and only 14 states (b).

It is important to note that the inequality indices are much higher when these are worked out by weighing the state figures by their population, compared to when each state figure is given equal weight (Table 1 and Figure 1). This can be attributed to the fact that the states with low levels of per capita income have high shares in the

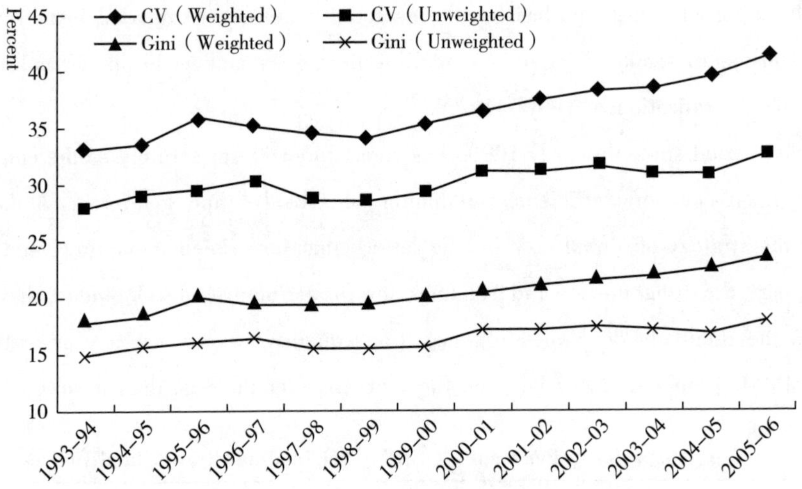

Figure 1. Trend in Inter – State Inequality in Per Capita Income: Unweighted and Weighted Indices

Source: Table 1.

population. Furthermore, the weighted indices report a slightly sharper increase during the 1990s than the unweighted indices and this trend has continued till 2004 – 05. One would infer that the states with low population share have done relatively better than those having large shares in the population.

It has been argued that the governmental strategy of regional development, particularly of federal resource allocations, has not gone simply by the development deficit of the states and their population share, but also by other socio – political considerations. One can take a critical view of this as reflecting vested interests influencing the process of planning and resource allocation, which is responsible for poorer states with a larger share in the population not being able to improve their economic conditions[1]. One can, however, argue that a federal system would always force governments to

---

① The Gadgil Formula, used as the basis for determining allocations of plan funds across the states, has evolved overtime in a way that it places larger size states at a disadvantage. Further, since the size is fixed in terms of population in 1971, thestates registering high population growth get less and less over time in per capita terms. Large size states being also poor, backwardness also tends to get penalized. The plea of the developed states that efficiency in fiscal management and governance should be punished in resource allocation, has led to larger weightages being assigned to tax collections and other efforts at resource mobilization.

take into account various social, ethnic, and historical factors in designing development strategy, particularly in devolution of central resources. Understandably, emerging regional identities, aspirations, feelings of deprivation, etc. , besides the vulnerability of states due to locations at the national borders, would weigh the system of fund disbursal.

It has been noted that the special category states in India that have small shares in the country's population received relatively higher shares in central assistance, which is responsible for their somewhat better economic performance. As a result, we observe that the weighted CVs are larger than the unweighted CVs. Further, the latter, computed for the 27 states for 2004 - 5 (estimate (a)) is significantly below that for the 14 general category states (estimate (b)) (Table 1). The inclusion of the special category states, thus, brings down the regional inequality, as these are slightly better off than the 'average' state. In contrast, the value of the weighted index computed using 27 states, estimate (a), is less than for 14 states, estimate (b), only in decimal points. This can be explained by the fact that these states have low population weight in national aggregative calculations, and hence, do not alter the result.

The inter - state inequality for the other catch - all economic indicator—per capita consumption expenditure—also shows a clear increasing trend as is the case with income[①]. The unweighted CV has increased from 17.6 per cent in 1993 - 4 to 24.4 per cent in 2004 - 5, for which data are available (Figure 2). A similar trend is noted in case of weighted CV as well (Kundu and Sarangi: 2010). This all - India pattern can be observed when we compute separate figures for rural areas and smaller urban centres[②], across the states and construct CV. The inter - state inequality in case of metro cities, however, shows temporal fluctuations, reporting a rise during 1993 - 4 to 1999 - 2000, and then a decline during 1999 - 2000 to 2004 - 5. The

① All the subsequent discussion on inequality and correlation coefficients are based on unweighted indices.

② The consumption expenditure data are available for rural and urban areas. Urban areas are further separated in two categories—Class 1 towns with 10 lakh or above population, and other urban areas having population below 10 lakh. Such disaggregated data on per capita income are not available.

Gini Index also shows a similar rising pattern for all – India, rural areas and smaller towns during this period, while the metro cities report a decline between 1999 – 2000 and 2004 – 5. One would infer that regional imbalance has gone up during the 1990s and in the following five years – the period which has seen the first and second phase of structural reform. Furthermore, there has been significant increase in unweighted inequality in poverty across the (fourteen) states, both in rural and urban areas since the late 1980s (Kundu and Sarangi: 2010). One would get larger values if one computed inequality by attaching population weights. One can, therefore, argue with a fair degree of confidence that poverty reduction has been relatively less in less developed compared to developed states, in both rural and urban areas. This has resulted in concentration of poverty in a few backward states, and possibly in remote regions within the state that are more difficult to access①. The elasticity of poverty reduction to income growth, therefore, is likely to be less in the Eleventh Plan compared to that of earlier plans.

3. A State Level Analysis

Given the main objective of the paper to identify a set of lagging states for directed policy intervention, it would be important to probe into the state level scenario in a disaggregative manner by considering the performance of each state separately. In a study undertaken as a part of background research for the World Development Report, 2009, Ahmad and Narain (2008) classify the Indian states into 'high', 'medium' and 'low' income categories. The north – eastern states that belong to a special category, and thereby enjoy special grants from the Finance Commission, as well as other preferential treatment, constitute a separate category②. The study shows that most of the states that had low levels of per capita income recorded low income growth, not only in the 1980s, but also in the 1990s. The low income category

① Sivaramakrishnan, Kundu and Singh (2005).

② Importantly, Jammu and Kashmir, Himachal Pradesh, and Uttarakhand too are classified as special category states, although the latter two have per capita income higher than the national average.

states and the north – eastern states were noted to have registered growth rates of 2.5 per cent and 2.8 per cent respectively during the 1980s, which was much below the national average. These went down further to 2.3 and 2.5 per cent respectively during the 1990s. These states were in the bottom rung even in the early 1970s①. The growth rates for the high and middle income states, on the other hand, increased from about 3.4 and 3.2 per cent to 3.6 and 4.9 respectively during this period.

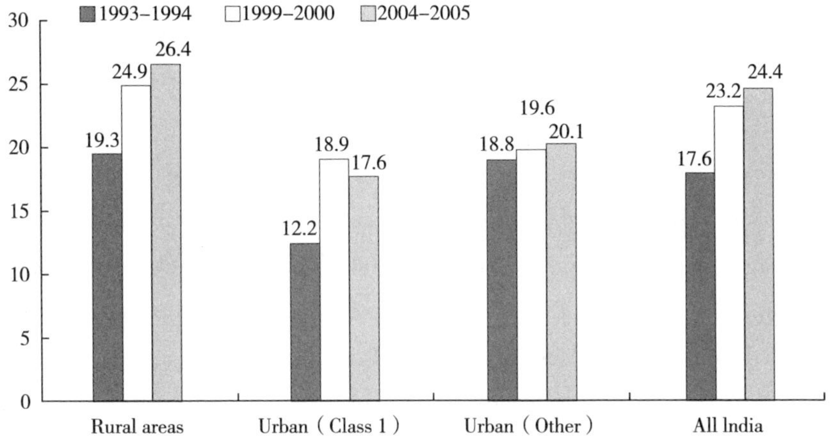

Figure 2. Inter – State Inequality in Per Capita Consumption Expenditure: Unweighted Coefficients of Variation

Note: The calculation of CV is based on NSS per capita consumption expenditure for 24 states for which comparable data for 1993 – 4 through 2004 – 5 are available. Therefore, the 2004 – 5 figure for Bihar gives combined estimate of Bihar and Jharkhand, the same for Madhya Pradesh presents the combined estimate of Madhya Pradesh and Chhattisgarh. Also, Uttar Pradesh figures for 2004 – 5 are combined estimates of Uttar Pradesh and Uttarakhand.

Source: Computed from NSS unit records CD data.

Considering the growth performance of individual states, one would note that the low income states like Assam, Bihar (including Jharkhand), Madhya Pradesh (including Chhattisgarh), Orissa, and Uttar Pradesh (including Uttarakhand) have reported very low average growth rates during the 1980s, which has further gone down in the 1990s. A more alarming fact about these states (excluding Rajasthan) is

① Madhya Pradesh and Rajasthan are the only states that emerge as exceptions (see Ahmad and Narain: 2008).

the instability in growth rates as assessed through their coefficient of variation over time. Furthermore, these states have reported a decline in the absolute figure of per capita income or no growth in at least two years during the 1990s, a problem not encountered in the middle or high income states. What compounds the problem of the former is that there is marginal or no decline in their population growth rates and these continue to be much above the national average. Himachal Pradesh and Rajasthan seem to emerge as exceptions as they have reported high growth rates in the 1990s – comparable to or even higher than that of the 1980s (Bhattacharya and Sakthivel: 2004) and instability in growth is low. Several other studies using other economic indicators[①] at the state level confirm the increasing trend in inequality during the last two decades of the past century, thus confirming the thesis of accentuation of regional imbalance. Based on the level of per capita SDP and the growth therein, a set of eight states (including three newly formed states) can be identified as belonging to the lagging region category in the first stage operation. These are Bihar, Jharkhand, Orissa, Madhya Pradesh, Chhattisgarh, Uttar Pradesh, Uttarakhand, and Assam.

One may, however, note a few limitations of the analysis in Table 1, as also in the studies reviewed above. These are based on yearly data that are subject to seasonal fluctuation and the terminal year is the middle of the present decade. Furthermore, the analyses are based largely on the data pertaining to the undivided states of Uttar Pradesh, Madhya Pradesh, and Bihar. An attempt has, therefore, been made to compute three yearly averages for SDP for 20 large states including the newly formed states, providing the basis for the computation of per capita income as also the growth rates, as presented in Table 2a. The problem of non – availability of data on per capita income for the latest year in a few cases has been taken care of by projecting the figures, using the average of the growth rates for all the preceding years in the decade for each state separately[②].

① Singh (2008).

② For the states of Maharashtra, West Bengal, Gujarat, Kerala, Delhi, Jammu and Kashmir, Himachal Pradesh Tripura and Goa, the per capita income figures for the years 2008 – 09 are estimated using the average of their respective growth rates of all the preceding years in the present decade.

The average per capita SDP and growth in SDP at constant prices for the late 1990s, the middle of the present decade, and for the final years of the present decade, provide interesting insights in to the dynamics of regional development (Table 2a). It may be noted that eight of the backward states such as Bihar, Uttar Pradesh, Rajasthan, Assam, Orissa, Madhya Pradesh, Chhattisgarh, and Jharkhand occupy the bottom positions in terms of per capita SDP during the latest triennium, 2007 – 9. Uttarakhand is the only state, identified as backward by Ahmad and Narain (2008) as apart of the state of Uttar Pradesh, wherein the average SDP is about the national average. Considering the growth scenario in SDP, the less developed states reported low figures in the late 1990s, especially during 1998 – 2000. The situation, however, seems to be changing rapidly. Three of the states, viz., Madhya Pradesh, Rajasthan, and Orissa, showed high income growth during 2004 – 6. The distinct change in the spatial thrust in growth in favour of backward states has further increased in the subsequent period, as almost all these nine states record high growth rates.

Table 2: Per Capita SDP and Growth in SDP for Select States

a. Three – yearly Averages

	Growth in SDP			Per Capita SDP		
STATES	1997 – 9	2003 – 5	2007 – 9	1997 – 9	2003 – 5	2007 – 9
Andhra Pradesh	5.12	9.25	9.10	10160	13996	18001
Assam	1.32	4.90	6.36	6585	7602	8640
Bihar	2.47	5.48	14.11	3539	3992	5332
Chhattisgarh	2.90	10.26	8.10	8256	10412	12701
Gujarat	3.44	12.36	10.89	15613	20349	26447
Haryana	4.88	9.07	9.69	14742	20260	25110
Himachal Pradesh	6.74	8.06	8.42	11625	15590	19162
Jammu & Kashmir	5.11	5.52	5.90	8601	9608	10696
Jharkhand	9.75	4.49	8.08	8448	9297	10967
Karnataka	8.32	8.95	8.44	11715	14518	18529
Kerala	5.83	8.46	10.00	10961	15339	20104
Madhya Pradesh	7.36	6.83	4.94	8759	9374	10204

continued

STATES	Growth in SDP			Per Capita SDP		
	1997 - 9	2003 - 5	2007 - 9	1997 - 9	2003 - 5	2007 - 9
Maharashtra	6. 23	8. 79	9. 01	16494	20319	25190
Orissa	6. 87	11. 23	8. 23	6466	8290	10309
Punjab	4. 74	5. 17	6. 70	16320	18900	21603
Rajasthan	5. 82	11. 24	8. 76	9708	11021	12862
Tamil Nadu	6. 35	9. 78	6. 75	13243	16663	21090
Uttar Pradesh	2. 73	4. 77	10. 71	6452	7090	8573
Uttaranchal	1. 43	15. 28	7. 52	8356	12844	16827
West Bengal	7. 16	6. 27	7. 72	9827	12540	14929
Mean	5. 23	8. 31	8. 47	10293	12900	15864
SD	2. 28	2. 91	2. 04	3566	4814	6223
CV	0. 436	0. 350	0. 240	0. 347	0. 373	0. 392
Weighted CV	0. 409	0. 325	0. 244	0. 383	0. 422	0. 441

b. Correlation Coefficients

Correlations	gr9799	gr0305	gr0709	Pcsdp9799	pcsdp0305	pcsdp0709
Gr9799	1. 000	- 0. 165	- 0. 269	0. 247	0. 174	0. 144
Gr0305	- 0. 165	1. 000	0. 056	0. 222	0. 362	0. 426
Gr0608	- 0. 269	0. 056	1. 000	- 0. 130	- 0. 053	0. 027
pcsdp9799	0. 247	0. 222	- 0. 130	1. 000	0. 971	0. 940
pcsdp0305	0. 174	0. 362	- 0. 053	0. 971	1. 000	0. 992
pcsdp0608	0. 144	0. 426	0. 027	0. 940	0. 992	1. 000

The CV (unweighted) in the growth rate has gone down from 44 per cent in late 1990s to 35 per cent in the middle of the present decade due to high growth in less developed states, as discussed above. It has gone down further to 24 per cent in the later years of the decade. The most important point is that the weighted CV of the growth rates works out to be marginally below the unweighted figure, implying that more populated states had a marginal advantage over the others, in the early 1990s. This advantage of the former seems to be evening out in recent years, the inter – state growth differentials becoming less than before. There is no evidence of the growth being higher in more developed states as the correlation between level and growth in income is statistically insignificant (Table 2b). The importance of this more equitable growth pattern notwithstanding, one must note that this, unfortunately, has not made a dent on the trend of regional imbalance. The inequality in per capita SDP has gone up consistently including the recent periods, by both weighted and unweighted CV, as presented in Table 2a. Furthermore, the Gini Index too has maintained a rising trend, as exhibited in the 1990s, as presented in Figure 3, along with the CVs.

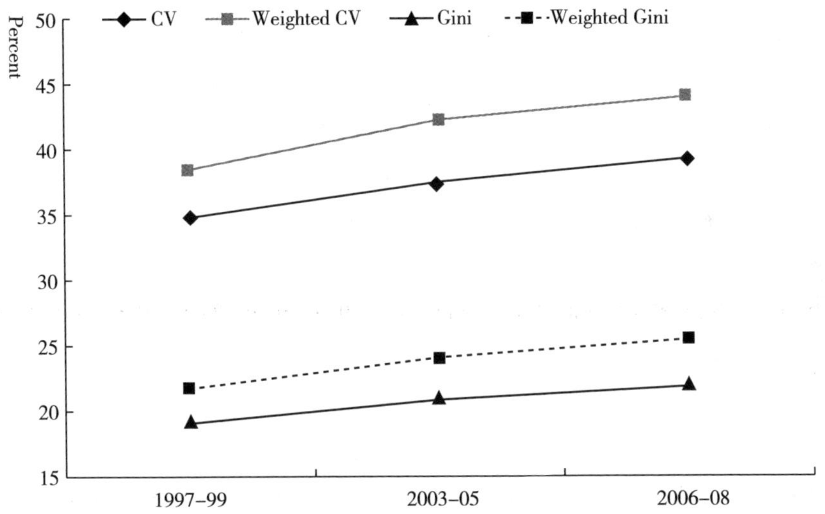

Figure 3: Trend in Inter – State Inequalityin Per Capita Income based on Three Yearly Averages: Unweighted and Weighted Indices

Source: Computed by the authors based on the State Domestic Income Tables available at the website of the Central Statistical Organisation.

Understandably, the growth pattern across the states in recent years is significantly different from the pattern of growth in earlier years. This may be inferred from the fact that the correlations of growth indicators with per capita SDP turn out to be statistically insignificant. The correlations between the rates of growth for the three – yearly periods across the states work out to be negative, although not statistically significant (Table 2b). This is because a high growth rate has been recorded in recent years in many of the less developed states that recorded low growth in earlier years, as discussed above. Three newly formed states – Chhattisgarh, Uttarakhand, and Jharkhand have grown faster than the average in the present decade, marking a departure from the trend in late 1990s.

The Plan – wise growth figures, including those for the Eleventh Plan, as projected by the Planning Commission (2008), confirm the above conclusions. The growth rate of less developed states was less than 4 per cent, much below the average of the developed states during the Eighth and the Ninth Plans (Table 3). The figures for the former during the Tenth Plan period are similar to that of the national average or that of the developed states. The same can be said about their projected growth rates during the Eleventh Plan period, suggesting that there has been a paradigm shift in the growth pattern in the country. Happily, the actual growth rates for the less developed states in the first couple of years in this Plan have turned out to be even higher than projected. The same is true for the Special Category States in the North – East. Their growth rates, too, were less than the national average in the Eighth and Ninth Plans, but have caught up with it in the Tenth Plan period. More importantly, these are expected to be above the national average in the Eleventh Plan. One can, therefore, stipulate that the strategy of inclusive growth and balanced regional development has led to acceleration in the average growth rate of the less developed states, including those in the North – East, and this would continue in future. Unfortunately, however, this has made little impact on the trend towards accentuation of regional imbalances measured through per capita SDP.

Table 3: Annual Growth Rates in State Domestic Product in Different Plan Periods

S. No. State/UT	Eighth Plan (1992 – 7)	Ninth Plan (1997 – 2002)	Tenth Plan (1997 – 7)	Eleventh Plan (2007 – 12)
Non Special Category States				
1 Andhra Pradesh	5.4	4.6	6.7	9.5
2 Bihar	2.2	4.0	4.7	7.6

continued

S. No. State/UT	Eighth Plan (1992 - 7)	Ninth Plan (1997 - 2002)	Tenth Plan (1997 - 7)	Eleventh Plan (2007 - 12)
3 Chhattisgarh	NA	NA	9. 2	8. 6
4 Goa	8. 9	5. 5	7. 8	12. 1
5 Gujarat	12. 4	4. 0	10. 6	11. 2
6 Haryana	5. 2	4. 1	7. 6	11. 0
7 Jharkhand	NA	NA	11. 1	9. 8
8 Karnataka	6. 2	7. 2	7. 0	11. 2
9 Kerala	6. 5	5. 7	7. 2	9. 5
10 Madhya Pradesh	6. 3	4. 0	4. 3	6. 7
11 Maharashtra	8. 9	4. 7	7. 9	9. 1
12 Orissa	2. 1	5. 1	9. 1	8. 8
13 Punjab	4. 7	4. 4	4. 5	5. 9
14 Rajasthan	7. 5	3. 5	5. 0	7. 4
15 Tamil Nadu	7. 0	6. 3	6. 6	8. 5
16 Uttar Pradesh	4. 9	4. 0	4. 6	6. 1
17 West Bengal	6. 3	6. 9	6. 1	9. 7
Special Category States				
1 Arunachal Pradesh	5. 1	4. 4	5. 8	6. 4
2 Assam	2. 8	2. 1	6. 1	6. 5
3 Himachal Pradesh	6. 5	5. 9	7. 3	9. 5
4 Jammu & Kashmir	5. 0	5. 2	5. 2	6. 4
5 Manipur	4. 6	6. 4	11. 6	5. 9
6 Meghalaya	3. 8	6. 2	5. 6	7. 3
7 Mizoram	NA	NA	5. 9	7. 1
8 Nagaland	8. 9	2. 6	8. 3	9. 3
9 Sikkim	5. 3	8. 3	7. 7	6. 7
10 Tripura	6. 6	7. 4	8. 7	6. 9

continued

S. No. State/UT	Eighth Plan (1992 - 7)	Ninth Plan (1997 - 2002)	Tenth Plan (1997 - 7)	Eleventh Plan (2007 - 12)
11 Uttarakhand	NA	NA	8. 8	9. 9
All India GDP	6. 5	5. 5	7. 7	9. 0
Developed States	7. 2	5. 2	7. 0	9. 6
Special Cat States	5. 7	5. 8	7. 3	7. 3
Less Dev States	3. 7	3. 8	7. 2	8. 0
CV in GrowthRates	38. 8	29. 9	27. 8	21. 7

Note: Average of 2002 - 3 to 2005 - 6 for all States except J&K, Mizoram, Nagaland (2002 - 3 to 2004 - 5) and Tripura (2002 - 3 to 2003 - 4).

Source: CSO (base 1999 - 2000 constant price) as on 31. 8. 2007.

4. Identification of Socio - Economic Dimensions and Indicators of Development and Composite Indices

(a) Economic Development

In order to understand the nature and pattern of the contemporary process of development, (i) economic, (ii) basic amenities, and (iii) social, have been considered the three important dimensions. For articulating the dimension of economic development, the indicator of average per capita state domestic product, analysed above has been taken as the first in the list. This has been computed by taking the average of the SDP figures for three years, 2006 - 7, 2007 - 8, and 2008 - 9 at 1993 - 4 prices. The second indicator is the average of the annual growth rates for the three years ending in 2008 - 9.

It is well acknowledged in development literature that analyses based on the levels of SDP in per capita terms and growth rates therein do not capture several important aspects of economic development at the macro - or state - level. Inclusion of a number of other indicators reflecting other aspects of economic well - being has been considered indispensable. Like per capita SDP, per capita consumption expenditure is an important summary measure for assessing the volume of goods and services at the command of individuals. The advantage here is that separate figures are available for rural and urban areas. The data on this are obtained from National Sample Survey for the year 2004 – 5. Similarly, poverty figures in rural and urban areas are taken from the Eleventh Five Year Plan document for assessing the level of economic deprivation of the population. Subtracting these from 100, the figures of non – poor population have been obtained, which becomes a positive indicator of economic development. Per capita foreign direct investment is the other important economic indicator, reflecting present and potential development in a state. This could also be a proxy for infrastructural development. Although a part of its outcome is captured in the current income levels, its impact is likely to manifest in future years as well. An average figure of investment for three years ending in 2005 – 6, has therefore, been included in assessing the economic dimension. The percentage of state income coming from the industrial sector is included in the list as it reflects the strength of the economic base of a state.

Similarly, the income derived from the tertiary sector reflects the extent of diversification in the economy as also the impetus it can provide to growth in the period of globalization. It may be noted that separate indicators of infrastructure have not been included in order to limit the number of indicators for the economic dimension, as also because the indicators pertaining to investment and income from industry and the tertiary sector would capture their impact. The indicators that constitute the dimension of economic development are given along with the sources of the data in Table 4a. A composite index of economic development has then been constructed based on these nine indicators, after making these scale – free by dividing the values of each indicator by its arithmetic mean. The composition has been done through the process of two – stage composition. In the first stage, the figures of monthly per capita expenditure have been aggregated for rural and urban areas by giving these equal weightages of 0. 5. The aggregative indicator for the non – poor population percentage has been constructed in a similar fashion by combining the rural and urban figures.

Table 4a: Indicators pertaining to the Dimension of Economic Development

S. No	Indicator	Source of Data
1	Average PC Income 2007 – 9	Unpublished data, Central Statistical Organization
2	Average Growth in SDP 2007 – 9	Unpublished data, Central Statistical Organization
3	Per Capita Expenditure Rural 2004 – 5	NSSO Report
4	Per Capita Expenditure Urban 2004 – 5	NSSO Report
5	Per cent Non Poor Rural 2004 – 5	Planning Commission (2008), 11th 5 year Plan
6	Per cent Non Poor Urban 2004 – 5	Planning Commission (2008), 11th 5 year Plan
7	Average Percentage Income from Secondary Sector 2007 – 9	Unpublished data, Central Statistical Organization
8	Average Percentage Income from Tertiary Sector 2007 – 9	Unpublished data, Central Statistical Organization
9	Average Per Capita FDI 2003 – 5	Lok Sabha Unstarred Question 182, dated 01.03.2005 and 1032, dated 01.08.2006

(b) Basic Amenities

A set of nine indicators pertaining to basic amenities have been selected, as given in Table 4b. All these have been taken from the National Health and Family Survey III and pertain to the year 2005 – 6. The percentages of female and male literates have been included to reflect the level and access to educational facilities in the states. These have been considered more appropriate than the information on the facilities given by the individual states. The percentages of men and women reading newspapers have been taken as a proxy of transportation and social linkages of the distant rural and urban areas to the nearby large centres. These linkages contribute in a significant way to the dissemination of growth impulses in a region. The percentage of households having electricity, improved source of drinking water, toilet facility, non – solid fuel for cooking, and residing in *pucca* houses are direct measures of availability of basic amenities, and consequently, have been included under this dimension.

Table 4b: Indicators pertaining to the Dimension of Basic Amenities

S. No	Indicator
1	Education Female
2	Education Male
3	Per cent women (15 – 49) reading newspaper at least once a week
4	Per cent men (15 – 49) reading newspaper at least once a week
5	Percentage of household with electricity
6	Percentage of household with improved source of drinking water
7	Percentage of household with toilet facility
8	Percentage of household using non – solid fuel for cooking
9	Percentage of household living in a *pucca* house

Source: International Institute of Population Sciences: 2007.

The composite index for the dimension of basic amenities has been computed using a two – stage model, as in case of economic development discussed above. Aggregative indices for education and newspaper reading have been constructed in the first stage of composition under the dimension of basic amenities by combining the values for men and women. In view of the key role played by female literacy and social mobilization of women in the process of development, the indicators pertaining to the women have been given twice the weightage as that for men. These two aggregative indices have then been combined with the remaining five indicators of amenities, by assigning these equal weightages after making these scale – free through division by the mean.

(c) Social Development

Ten indicators identified under the dimension of social development, as presented in Table 4c, reflect 'deficit in development' and can be described as negative indicators. The first two indicators—infant mortality rate and total fertility rate— articulate the basic demographic character of the state. In a way these two bring out the sum total of the developmental interventions on the demographic front. The indicators of malnourished children in the age group of 0 – 3 years and of under – weight children below 5 years reveal the physical health of the children. The indicator pertaining to anemia in women captures the health status for persons in the reproductive age group. The sixth and seventh indicators reflect the pre – natal and post – natal facilities to expectant women, young mothers, and children. The eighth indicator captures malnutrition among people as also absence of preventive facilities against tuberculosis. The last two indicators have been included to articulate the prevalence of modern values relating to family planning among men and women.

Table 4c: Indicators pertaining to the Dimension of Social Development

S. No	Indicator
1	Infant Mortality Rate Current
2	Total Fertility Rate Current
3	Malnutrition of Children (0 – 3 Years) Current
4	Percentage of children under age 5 years with weight for age – 3SD
5	Anemia among Women (15 – 49 Years) Current
6	Percentage of women who had no antenatal care by doctor
7	Percentage of children (Below 6 years) who has not received any ICDS service
8	Number of persons per 100, 000 suffering from Tuberculosis
9	Percentage of Women (15 – 49) wanting children
10	Percentage of Men (15 – 49) wanting children

Source: International Institute of Population Sciences: 2007.

The composite indices reflecting the absence of social development have been worked out in two stages, as in the case of basic amenities. In view of the overlapping of information between the indicators pertaining to malnourished and underweight children, these two have been aggregated in the first stage by giving them equal weightages. The total number of indicators, thus, gets reduced to nine. All these have been composited in one shot at the second stage by assigning them equal weightages. The reciprocal of these composite values reflect the levels of social development.

The three composite indices pertaining to economic development, basic amenities, and social development are presented in Table 5. The values of the indices have been placed under three categories—low, medium, and high—identifying the cut - off points based on 'natural breaks' in the distribution. These are shown in Maps 1, 2, and 3 that clearly bring out the areas of overlap among the states.

Table 5: The Composite Indices Articulating Three Different Dimensions of Development and their Correlations

States	Economic	Amenities	Social
Andhra Pradesh	1. 12	0. 98	1. 10
Arunachal Pradesh	0. 76	0. 81	0. 67
Assam	0. 75	0. 85	0. 81
Bihar	0. 72	0. 58	0. 66
Chhattisgarh	0. 89	0. 68	1. 04
Goa	1. 90	1. 51	1. 52
Gujarat	1. 49	1. 18	0. 94
Haryana	1. 20	1. 05	1. 05
Himachal Pradesh	1. 10	1. 13	1. 50
Jammu & Kashmir	0. 78	1. 03	1. 47
Jharkhand	0. 82	0. 58	0. 75
Karnataka	1. 41	1. 06	1. 44
Kerala	1. 13	1. 51	1. 58
Madhya Pradesh	0. 69	0. 74	0. 91
Maharashtra	1. 76	1. 25	1. 31
Manipur	0. 74	1. 14	0. 89
Meghalaya	0. 77	0. 96	0. 78
Mizoram	0. 79	1. 52	1. 00
Nagaland	0. 83	0. 95	0. 95
Orissa	0. 73	0. 67	1. 00
Punjab	1. 45	1. 22	1. 38
Rajasthan	0. 84	0. 83	0. 91
Sikkim	0. 77	1. 05	1. 04
Tamil Nadu	1. 17	1. 15	1. 17
Tripura	0. 74	0. 92	0. 92
Uttar Pradesh	0. 78	0. 73	0. 83

continued

States	Economic	Amenities	Social
Uttarakhand	0. 92	1. 06	1. 10
West Bengal	0. 94	0. 88	0. 95

Source: Computed by the authors.

The composite index of amenities exhibits a very high correlation with that of social development (Table 6). This is because they pertain to the similar aspects, capturing inputs or the outcomes. Economic development, too, has a high correlation with social development. This is understandable as the capacity of the governments at the state level to make interventions and bring about social transformations would be higher in relatively developed states. The correlation of economic development with amenities, although statistically significant, is relatively low, which suggests that the problems pertaining to health, education, and access to other amenities cannot be effectively tackled in all the states, just by focusing on economic development.

Table 6: Coefficients of Correlation among the Three Composite Indices

	Economic	Amenities	Social
Economic	1		
Amenities	0. 603	1	
Social	0. 645	0. 680	1

Source: Computed by the authors.

5. State Interventions and Changing Face of Regional Development

An analysis of the pattern of interdependency among a select set of development and policy linked indicators would be helpful in identifying the factors that are responsible for accentuation of regional inequality. Based on a review of literature and policy documents, 15 indicators have been identified pertaining to economic growth and state intervention in terms of financial allocation under major developmental programmes and the stipulated growth rates in different sectors for the period of the Eleventh Plan. The specifications of the indicators and their average values along with their coefficients of variation (unweighted) are given in Table 7①.

Table 7: Select Indicators of Economic Development and State Interventions with their Averages and Coefficients of Variation

Economic Development		Mean	CV
1	Growth Rates in State Domestic Product Eighth Plan	6.0	38.8
2	Growth Rates in State Domestic Product Ninth Plan	5.1	29.9
3	Growth Rates in State Domestic Product Tenth Plan	7.2	27.8
4	Poverty Rural 1993	35.1	37.9
5	Poverty Rural 2004	25.2	48.8
6	Poverty Urban 1993	29.2	44.1
7	Poverty Urban 2004	24.1	52.5
State Interventions			
8	Per Capita Allocation of central funds PMGSY	146.9	121.4
9	Per Capita Allocation of central funds NRHM	140.6	73.3
10	Per Capita Allocation of central funds SSA	133.0	72.3
11	Per Capita Allocation of central funds IAY	43.3	78.0
12	Per Capita Allocation of central funds Supplementary Nutrition	23.3	58.2
13	Growth Target for the Eleventh Plan: Agriculture	3.9	51.3
14	Growth Target for the Eleventh Plan: Industry	10.0	25.3
15	Growth Target for the Eleventh Plan: Services	8.8	18.6

Source: Computed by the authors.

The patterns of growth in SDP across states in various Plan periods reveal that these are not strongly correlated, as discussed above. The relatively high correlation between the growth rates registered during the Tenth Plan with the projected figures for the Eleventh Plan shows that the present strategy is to promote growth in relatively less developed, newly formed, and special category states, and that there are some

① The matrix of correlation coefficients is not included in the paper which can be obtained on request from the author.

signs of success emerging from the latest growth figures.

It is important to note that the disparities (CV) in the growth rates, both projected and realized, are much less than those in per capita income (Tables 2a and 7). Further, the former has reported a decline over the various Plans while disparities in income have gone up. This implies that despite the avowed bias in favour of less developed states in the current strategy and even with a low inequality in growth rates, that in level of income continues to grow, as suggested above.

A distinct bias in allocation in favour of backward states under all these flagship programmes may be inferred from the negative correlation of per capita allocations with per capita income of the state. Furthermore, the latter shows negative correlation with the share of the states in the Planning Commission Assistance for the current year as also the Twelfth Finance Commission transfers. Poverty levels in rural and urban areas are negatively correlated with per capita income, while their relations with per capita allocation for the central sector schemes are positive. These correlations, although not always statistically significant, reveal a concern on the part of the Central Government to make larger resources available to backward states under the policy of inclusive development.

The allocations, made by the Planning Commission and Finance Commission, however, do not exhibit positive correlation with the proposed income growth rates or the projected per capita SDP, implying that the allocations would not immediately turn into higher growth outcomes. It would, indeed, be unreasonable to expect that these higher allocations in the laggard states by themselves would be able to push up the overall growth in the states or their income levels. One cannot expect the income scenario at the state level to change in five to seven years. There is, thus, 'a strong case for proactive public policy to induce more investment in backward states either through public investment or through fiscal incentives' directed towards infrastructural facilities and basic amenities (Bhattacharya and Sakthivel: 2004).

Many of the relatively backward states that have large shares in population and are experiencing rapid demographic growth have, understandably, not been able to address the problems of underdevelopment and poverty due to their low rates of economic growth, as well as their inability to put up strong anti – poverty programmes. The capacity of their governments to mobilize resources in the market or institutional sources is low. This has come in the way of their launching development projects on their own, despite opportunities provided to them through measures of decentralization and devolution of powers and responsibilities.

It is thus evident that the devolution of resources to state governments through the institutional mechanisms of the Finance Commission and the Planning Commission is inadequate to alleviate the normative budgetary deficits, or meet a desirable level of Plan expenditure in less developed states. The government undertook major expenditure cuts during the 1990s as a policy package of reforms for achieving targeted fiscal 'balance'. Instead of increasing revenues through tax—direct and indirect—massive reductions were made in capital expenditure. As a result, the capital expenditure of central government as a proportion of GDP, declined steadily from 7.01 per cent in 1986 – 7 to as low as 1.66 per cent in 2006 – 7 (Figure 4). Public investments in crucial areas like agriculture, rural development, infrastructure development, and industry were scaled down.

The progressiveness in allocation by these central level institutions has declined in recent decades along with the total volume of resources. They could not make lar-

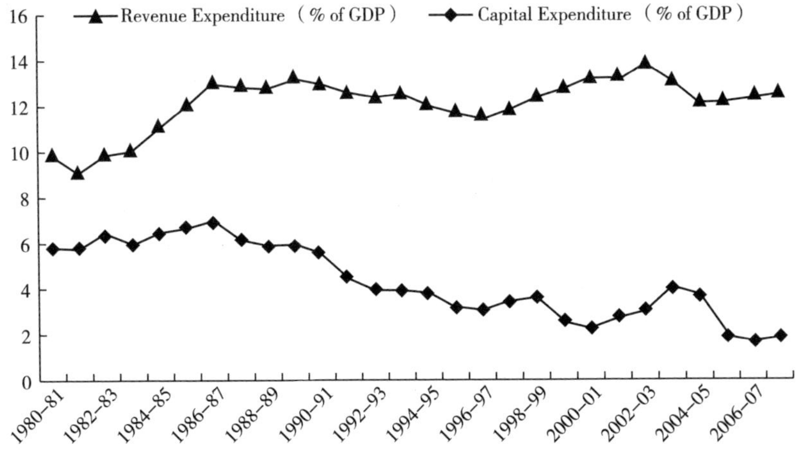

Figure 4: Revenue and Capital Expenditure of Central Government as Percentage of GDP

Source: Computed by authors using data obtained from Handbook of Statistics on Indian Economy (2008).

ger allocation in favour of less developed states that have large shares in population. The problem has become more serious in recent years due to measures of fiscal reforms with the launching of the programmes of globalization. This has adversely affected the already fragile infrastructure in the less developed states and led to a setback in public services like education, public health and sanitation.

6. Urban Structure, Rural Urban Dichotomy and Mobility of Population

As per the neo – classical models of growth and labour mobility, spatial disparity in development, *ceteris paribus*, would result in migration from backward to developed states and regions, which would help in bringing about optimality in the spatial distribution of population. The mobility pattern observed in India fits well in these models. The analysis of interstate migrants, attempted on the basis of Census as well as NSS data, reveals that the less developed states report a high percentage of net out – migrants. The developed states, on the other hand, turn out to be in – migrating in character (Kundu: 2006). In the decades since India's Independence, however, the migration pattern has turned out to be different. There has been a steep and consistent decline in the rates of net out – migration from the backward states like Bihar, Rajasthan, Uttar Pradesh, etc. Most importantly, Madhya Pradesh and Orissa stand out as exceptions as these report net inflow of population. This could be explained in terms of massive public sector investment, resulting in creation of job opportunities in industry and business. The local population, unfortunately, is unable to take advantage of this due to their low level of literacy and skill. The developed states like Maharashtra, Tamil Nadu, West Bengal, Karnataka, Gujarat, etc. that had attracted large scale in – migration during the colonial period now report decline in in – migration rates (Kundu: 2006)[①].

---

① The state of Gujarat does not show this declining trend due to its growing dominance in the industrial map of India. Similarly, Haryana reporting high in – migration rates during recent decades can be explained in terms of migration from Punjab due to political instability and communal tensions.

There has been marginal improvement in internal mobility during the decade of 1991 – 2001, which can be attributed to transitional factors and globalization①. The percentage of migrants as per the 2001 Census, nonetheless, works out to be less than that in 1961 and 1971. The data from NSS for the period from 1983 to 1999 – 2000, too, confirm the declining trend of migration for males, both in rural and urban areas, although the fall is less than that reported in the Census. The general conclusion thus emerging is unmistakably that mobility of men, which is often linked to the strategy of seeking livelihood (women's mobility getting affected by a host of socio – cultural factors), has gone down systematically over the past few decades. Thiswould certainly come in the way of the poor in deprived regions finding their strategy of survival or improving their economic well – being.

Decline in the rate of migration, despite accentuation of regional imbalance and improvement in transport and communication facilities, is a matter of concern. Scholars have tried to explain this in terms of growing assertion of regional identity, education in regional languages up to high school, adoption of Master Plans and land use restrictions at the city level, etc., all directly or indirectly discouraging migration. This seriously discounts the proposition that the mobility of labour, operationalized through market, would ensure optimal distribution of economic activities in space.

In a fast globalizing economy like India, new employment opportunities are coming up in selective sectors and in a few regions/urban centres. While the poor constitute a large proportion among the migrants, a substantial number belong to the middle and high income categories, grabbing the new opportunities thrown up by the process of globalization. It would, therefore, be erroneous to consider most migrants to be destitute or economically andsocially displaced persons, moving from place to place as a part of their survival strategy.

The fact that the percentage of migrants has declined and their economic and so-

① Many of the illegal migrants from neighbouring countries being recorded as interstate migrants could also explain the rising migration trend in the 1990s.

cial status is better than that of non - migrants and has even improved over time, reflects barriers to mobility for the poor. With the present rigidities in the agrarian system, growing regionalism, changes in skill requirements in labour market etc., the emerging productive and institutional structure in the cities too has become hostile to newcomers. This has made the migration process selective wherein poor and unskilled labourers are finding it difficult to access the livelihood opportunities coming up in developed regions and large cities. A major factor responsible for persistenceof high poverty in the backward states is the difficulty encountered by the poor trying to move into developed states.

The low rate of urbanization and declining percentage share of migrants, particularly among urban males, can be attributed to provision of basic amenities based on market affordability and inhospitable social environment in cities and towns. The pattern is similar for their female counterparts, although the rate of decline in migration in their case is less than that noted for the male counterpart. A fall in the rate of urbanization during 1981 - 2001 confirms this thesis and questions the UN projections of urban explosion in India and the Asian region. Urban population grew at an annual exponential rate of 3.8 per cent per annum during 1971 - 81 which was the highest in the last century. Despite the growing rural - urban (RU) disparity, improvements in transport and communication facilities, modernization resulting in relaxation of traditional social barriers, etc., the rate came down to 3.1 per cent and 2.7 per cent respectively during the 1980s and 1990s.

The pattern of urban growth (and urban rural growth differential) at the state level during the 1970s and 1980s showed negative or no relationship with income or consumption expenditure in per capita terms, share of industries in state income, agricultural productivity, etc. Many of the backward states that experienced rapid demographic growth recorded rapid urbanization, resulting in increased pressure on their urban infrastructural facilities and basic amenities. One would infer the presence of push factors behind RU migration. This nonetheless suggests that the poor in rural areas in backward regions were able to obtain a foothold in urban centres and seek livelihoods. The decline in the rate of urbanization in the 1990s, however, suggests that this process has had a setback due to the new system of governance and infrastructural improvement programmes in the cities, not merely discouraging the growth of slum population, but also evicting the existing squatter settlements. Urban growth has, thus, become exclusionary in character, exhibiting positive correlation with indicators of infrastructural and economic development, both in rural and urban areas, and a negative relation with the percentage of poor or their inflow over time.

A cross classification of migrants① across consumption expenditure categories reveals that at the macro level, economic deprivation is not the critical factor in migration decisions of men, both in rural and urban areas. The migration rate is high in the highest monthly per capita expenditure category, which goes down systematically with the level of expenditure, the rate being the lowest in the lowest class in rural areas. The same is valid in urban areas as well.

Based on the differences in consumption expenditure of migrant and non – migrant households in rural and urban areas, one can argue that migration is an instrument of improving economic well – being. However, it is not only the poor who benefit from it as the non – poor constitute a large segment of the migrants. Economic gains of migration are higher in large cities compared to lower order cities/towns (Kundu and Sarangi: 2007). Further, education or skill emerges as the most important factor in reducing the risk of a person falling below the poverty line, both for migrant and non – migrant population, irrespective of the size class of cities/towns. One observes that better – off sections of the population with higher levels of skills

① A major limitation confronting this exercise is the sampling design of NSS which is supposed to be appropriate for generating estimates of consumption expenditure and poverty only at the state and (NSS) region level. Recent publications of NSS point out that as a result of inadequate sample size (largely due to difficulties in increasing the field staff), the estimates have had high standard errors and consequently low reliability, in a large number of states. It is difficult to overcome this limitation unless the sample size is increased. Without that, the identification of the factors explaining the incidence of poverty for different size class of urban centres at the state level would have problems of reliability. These would, however, be less vulnerable to sample size and report lower standard error if obtained only at the national level. Keeping this in view, the present paper analyses the variations in the incidence of poverty and for different size class of towns only at the national level.

find it easier to get absorbed in the city economy and avail the 'opportunity' offered through migration. Unfortunately, poor and unskilled male labourers (seeking absorption in informal activities as casual workers) are finding it increasingly difficult to become a part of the processand avail the benefits in large cities. Understandably, their migration rate has gone down, which is reflected in a significant decline in the percentage of poor in metropolitan and Class I cities during the last decade and a half. They are able to obtaina foothold in small and medium towns but here opportunities for employment and poverty alleviation are low, as noted above. As a result of these factors, migration for poverty alleviation has become a less important component in the mobility stream and it is likely to become an even smaller one over time.

The most disconcerting fact is that there has been a deceleration in rural to urban migration during the 1990s despite increase in economic inequality, which confirms the fact that urban centres have become less hospitable and less accommodating for the poor. The propositions of spatially unbalanced growth through 'dispersal of concentrations' and then of reaching out to the poor through a human settlement strategy (World Bank, 2009), therefore, needs to be examined with empirical rigour. Migration becoming an instrument of sharing the benefits of uneven growth across states and districts needs to be questioned in the context of increasing social and economic costs of migration which the conventional models, including those employed in this paper, fail to incorporate or highlight.

7. Identification of Lagging States for Targeted Intervention

The identification of lagging states, as also the factors constraining these in picking up growth momentum and thereby resulting in accentuation of inequality, has not been very definitive in India. The planning apparatus in the country being essentially centralized, there has not been serious empirical research to determine the policies that drive the growth process at the state level. Indeed, without the state – focused studies, it is impossible to answer this issue with a reasonable level of empirical rigour. The neglect of state – level policies and decentralized governance has led to persistence of poverty surrounding islands or enclaves of economic affluence.

From the 1950s through to the '70s, attempts were made, mostly as a part of the federal system, to determine and guide investments in different states and regions, as also to control credit and financial markets. With the launching of the reform measures, the share of public investment—mostly made by the central government agencies and that backed up by targeted credit delivery—in the overall investment has been steadily declining. Globalization has led to erosion of capability of the federal machinery to determine the overall resource allocations in the economy and control the institutional framework at the state level, which is responsible for micro level programme implementation.

Based on the figures of per capita SDP and growth in SDP upto 2004 – 05, a set of eight states was identified as economically lagging in our initial exercise presented in Section 3. These states had very high poverty ratios in 1993 – 94, with Assam (41 per cent), Bihar (including Jharkhand) (55 per cent), Madhya Pradesh (including Chhattisgarh) (43 per cent), Orissa (49 per cent) and Uttar Pradesh (including Uttarakhand (41 per cent). These states altogether had 44 per cent of the Indian poor in 1973 – 4, 48 per cent in 1987 – 8, and 52 per cent in 1993 – 4. These states accounted for 60 per cent of the Indian poor in 2004 – 5.

The north – eastern states, except Assam, are excluded from the category due to their relatively high growth in income in recent years, as also for enjoying higher per capita central government allocations. It would be important that the central government pursues this policy of giving greater attention to these special states due to economic, social, as also political reasons. The non – governmental organizations, especially those with international character, may then focus on the other, less developed states in the country, as identified above. The accentuation of regional inequality, when a weighed measure of disparity is used, reveals that states that have a relatively higher share in population have received less of central government transfers in per capita terms and are more deprived in terms of economic and social development outcomes as also access to basic amenities.

The analysis in the paper shows that the bottom nine positions in terms of the composite index of economic development are occupied by the eight lagging states identified above. Jammu and Kashmir, however, occupies the fifth position and Uttarakhand is pushed out of the list. Among the identified lagging states, the latter is the only one which records a relatively high score of economic development. It can be bracketed with the other special category state of Himachal Pradesh, as they enjoy a relatively higher level of economic well – being (Table 5). One must note that Rajasthan, which was not identified as a lagging state in the earlier analysis, belongs to the list of the bottom nine in terms of economic development. This is because the state registered significant decline in its growth in SDP in recent years, and consequently, it went down in terms of the composite score on economic development

It is noted that Jammu and Kashmir, along with many others in the North – East, report low scores in economic development (Table 5). It can, however, be argued that the figures of per capita SDP in all these states do not adequately capture economic well – being because of serious data problems. A large part of the income derived by households from land resources goes unrecorded. Also, governmental subsidies tend to distort the prices, and consequently, the income figures do not reflect the real well – being of the population. More importantly, all these states, except Assam, are doing reasonably well in terms of amenities and social development. It is, therefore, proposed that these states need to be distinguished from the other backward states in the country. In view of the location and geo – political factors, it is argued that development of these states may be best left to the central and state governments, as international NGOs may face operational and logistic problems. These problems and data difficulties are less serious in case of Assam, and hence, its inclusion in the list of laggard states can be justified. Uttarakhand, however, is not among the bottom nine states in terms of any of the three composite indices. It is a special category category state but does not emerge as extremely deprived in terms of different dimensions of development. Even in terms of per capita income and growth in SDP, it is at the top among the less developed states. One may, therefore, propose to replace Uttarakhand by Rajasthan, the latter belonging to the low category as per all the three dimensions of development.

Table 7: States with Population over 5 million ranked by Composite Indices of Development in Selected Dimensions

S. No	States	Economic		Amenities		Social
1	MP	0. 69	Jharkhand	0. 58	Bihar	0. 66
2	Bihar	0. 72	Bihar	0. 58	Jharkhand	0. 75
3	Orissa	0. 73	Orissa	0. 67	Assam	0. 81
4	Assam	0. 75	Chhattisgarh	0. 68	UP	0. 83
5	J&K	0. 78	UP	0. 73	MP	0. 91
6	UP	0. 78	MP	0. 74	Rajasthan	0. 91
7	Jharkhand	0. 82	Rajasthan	0. 83	Gujarat	0. 94
8	Rajasthan	0. 84	Assam	0. 85	West Bengal	0. 95
9	Chhattisgarh	0. 89	West Bengal	0. 88	Orissa	1. 00
10	Uttarakhand	0. 92	AP	0. 98	Chhattisgarh	1. 04
11	West Bengal	0. 94	J&K	1. 03	Haryana	1. 05
12	HP	1. 10	Haryana	1. 05	AP	1. 10
13	Andhra Pradesh	1. 12	Karnataka	1. 06	Uttarakhand	1. 10
14	Kerala	1. 13	Uttarakhand	1. 06	Tamil Nadu	1. 17
15	Tamil Nadu	1. 17	HP	1. 13	Maharashtra	1. 31
16	Haryana	1. 20	Tamil Nadu	1. 15	Punjab	1. 38
17	Karnataka	1. 41	Gujarat	1. 18	Karnataka	1. 44
18	Punjab	1. 45	Punjab	1. 22	J&K	1. 47
19	Gujarat	1. 49	Maharashtra	1. 25	HP	1. 50
20	Maharashtra	1. 76	Goa	1. 51	Goa	1. 52
21	Goa	1. 90	Kerala	1. 51	Kerala	1. 58

Source: Computed by the authors.

The subsequent analysis shows that these eight states are also characterized by a low level of urbanization and deceleration in the rate of urban growth in the past couple of decades. These have been highly out – migrating in the years after Independence, but the rate of out – migration has declined in the last few decades. These states also have a highly lopsided urban structure with a large percentage of urban population being concentrated in a few large cities. Further, there has been significant deceleration in the economic and demographic growth in their small and medium towns, many of these getting declassified from the urban category while several others face serious threat on this account.

Many of the state governments have taken initiatives for creating the necessary policy framework and supporting infrastructural environment to attract private capital from within and outside the country. This has created an unhealthy competition among states wherein the lagging states stand at a disadvantage. The challenge of establishing a system of governance in these states which can maintain law and order, provide quick and effective dispute resolution mechanism through an adjudication system, and attract industrial and infrastructural investment, would now have to be taken up. The states must also mobilize internal resources to meet the infrastructure deficiency in critical areas and empower the general mass of the population socially to partake in the development process. As provision of basic amenities and social development fall largely within the purview of the states and their capabilities to tackle the problem is very low due to their levels of development, serious development deficits have persisted over the years. The international NGOs can play an effective role in addressing these problems.

The paradigm shift in the formulation and implementation of the Eleventh Plan is reflected in the greater role being assigned to the state and local governments, along with civil society organizations. Detailed guidelines have been issued to the states for preparing district plans and sub – plans through the district/block level committees and other Constitutional bodies created for this purpose. In fact, these plans are a pre – requisite for accessing funds in many of the new central sector schemes. This shift would hopefully provide 'an institutional basis for the regular and systematic study of intra – state disparities as part of the Annual Plan and Five Year Plan processes' (Planning Commission: 2008) and help in addressing the root causes responsible for accentuation of inequity and perpetuation of poverty. The new paradigm of participatory governance, backed up by area and social group targeting, can help these lagging states in preparing and implementing a comprehensive plan for infrastructure, basic amenities and social development in collaboration with the major national and international partners.

References

Ahluwalia, M. S. (2000), "Economic Performance of States in Post Reform Era", *Economic and Political Weekly*, Vol 35, No. 19, pp. 1638 – 48, May.

Ahmad, Ahsan and Ashish Narain (2008), "Towards Understanding Development in Lagging Regions of India", paper presented at the Conference on Growth and Development in the Lagging Regions of India, Administrative Staff College of India, Hyderabad.

Bhattacharya, B. B. and S. Sakthivel (2004), "Regional Growth and Disparity in India: Comparison of Pre – and Post – Reform Decades", *Economic and Political Weekly*, Vol 39, No. 10, pp. 1071 – 7, March.

Datt, G. and M. Ravallion (2002), "Is India's Economic Growth Leaving the Poor Behind?", *Policy Research Working Paper* 2846, The World Bank, Washington DC.

Devarajan, S. and I. Nabi (2006), *Economic Growth in South Asia*, World Bank, South Asia Region, Washington DC..

International Institute of Population Sciences (2007), *National Family Health Survey (NFHS – 3)*, vol. I, International Institute of Population Sciences, Mumbai.

Kundu, A. (2006), "Globalization and the Emerging Urban Structure: Regional Inequality and Population Mobility", *India: Social Development Report*, Oxford, New Delhi.

Kundu, A. and N. Sarangi (2010), " 'Inclusive Growth' and Income Inequality in India under Globalisation: Causes, Consequences and Policy Responses", *Proceedings of the Conference of Regional Disparities in Asia*, UNDP, Colombo.

Kundu, A. and N. Sarangi (2007), "Migration, Employment Status and Poverty: An Analysis Across Urban Centres in India", *Economic and Political Weekly*, Vol 42, No. 04, pp. 301 – 6, January.

Planning Commission (2008), *Eleventh Five Year Plan* 2007 – 2012, Vol. I, Government of India, New Delhi.

Sivaramakrishna, K. C., A. Kundu, and B. N. Singh (2005), *Handbook of Urbanisation*, Oxford University Press, New Delhi.

World Bank (2009), *World Development Report* 2009: *Reshaping Economic Geography*, Oxford University Press, New York.

China: The Challenge of Inequality in China: Review and Analysis*

Yu Jiantuo and Zhang Lanying**

1. INTRODUCTION

Over the past 35 years since the reform and opening - up, China has experienced an unprecedented rapid economic growth with its economic aggregate ranking the second globally. Meanwhile, people's living standard and overall social development have also progressed greatly. The proportion of poverty population has de-

* This study, supported by the European Union (EU) and Oxfam, is written by Yu Jiantuo and Zhang Lanying. It does not necessarily represent the view of the EU or Oxfam.

** Mr. Yu Jiantuo is the director of the research department one of China Development Research Foundation (CDRF). He joined CDRF in 2009. Before that he was a research fellow at the Hopkins - Nanjing Center from 2001 to 2005 and a project researcher at the Yangtze River Delta Economics and Social Development Research Center of Nanjing University from 2004 to 2005. Then he served as a researcher and director assistant at the Center for Human and Economic Development Studies for two years. He was a project consultant at the United Nations Development Programme in China for one year and then a visiting scholar at Oxford Poverty and Human Development Initiative. His research areas include rural financial market, theory and practice of human development, poverty and inequality as well as public fiscal policy.

Ms. Zhang Lanying is the director of Liang Shuming Rural Reconstruction Center. She obtained her bachelor degree in linguistics from the Department of Oriental Language, Peking University and taught there upon graduating. Later, Ms. Zhang studied at the University of Philippines where she obtained her master degree in Filipino linguistics. In Philippines, she accumulated abundant experience working at the International Institute of Rural Reconstruction and ActionAid International in areas such as the practice, management and training in sustainable agriculture, community - based poverty reduction and development as well as environment education. During the ten years after she came back to China, she was in charge of the translation and compilation of tens of books on rural reconstruction, which provided guidance to young people working in this area and offered important materials and cases for theoretical research in rural reconstruction.

creased from 80% at the early reform stage to 11.8% ① in 2009. The average life expectancy has increased from 67.8 in 1981 to the current 74.8. In the same period, education received by the 15 - year old or above has grown from 5.3 to 9.5 years in 2009 (China Development Research Foundation, 2010). All these changes are the cornerstones for the *China Miracle*.

However, other issues attract our attention as well: the Gini coefficient of income in 2012 still remained above 0.47; over 100 million people are living under the absolute poverty line; the urban - rural and regional disparity exists in education and health, as well as access to basic public service, like social security, health care and education. With this in mind we cannot rush to conclude that China's development prospect is secured. The inequalities of development opportunities and results cannot be neglected or solved automatically.

In China's context, severe economic and social inequality threatens not only people's belief in justice, but also restricts fundamental elements for economic and social development. The big income gap has now become the key reason for over - saving and under - consuming (Wang Xiaolu, 2007). The long - lasting worsened inequality will damage the foundation for social cooperation. Studies have found that since the 1990s, the widening income gap had become one of the major reasons for the solidification, opposition and confrontation of social classes in China (Sun Liping, 2003; the research group of Lu Xueyi, Chinese Academy of Social Sciences, 2010). For all the stakeholders to co - exist in harmony and dignity, and to share benefits brought by social cooperation, the mechanism for benefit distribution among interested groups must be adjusted so as to solidify agreed recognition and understanding for social and economic reform (Yao Yang, 2004).

This paper aims to present a systematic review on China's inequality issues regarding economic and social development from the human development perspective. It analyzes the changing tendency, causes and new achievements, and proposes recommendations to address the challenges on the worsening inequality. It is structured

① Based on the World Bank poverty headcount ratio at $1.25 a day.

as the following: part II introduces the analytical perspective and framework; Part Ⅲ investigates the inequality in income distribution, property distribution, economic opportunities and income poverty; Part IV focuses on social inequality, covering education, health and social welfare; Part V pays attention to environmental inequality; Part VI analyzes causes for this economic and social inequality by emphasizing impact of institutional mechanism factors, and puts forward policy recommendations to promote equality.

2. INEQUALITY UNDER THE HUMAN DEVELOPMENT PERSPECTIVE

2.1 The human development perspective

The human development perspective is based on the theory of capability approach, referring to the capability that people do what they want to do and be what they want to be[①]. The introduction of this capability approach is a revolution for modern development concepts. Different from subjective feelings like effectiveness and happiness in the economics, capability represents an objective existence. Also, unlike material wealth adhered by traditional development theories, capability highlights people's inherent ability; and compared to the political and procedural freedom held by libertarians, capability involves all kinds of substantive freedom in people's life. It highlights not only processes but also results (Sen, 1999).

Based on the capability approach, UNDP has published the first Human Development Report (HDR) in 1990 and put forward the concept *of human development.* This perspective is a standard framework relevant to personal welfare, social distribution as well as policy design and evaluation (UNDP, 1990, Fukuda - parr and Kuman, 2004), which defines development as the process of expanding people's scope

① Some basic ideas of its methodologies can be traced back in the works of Aristotle two thousand years ago. This approach has also been followed by founders and pioneers of early quantitative economics (Sen, 1999; Nussbaum, 1988). However, the credit of establishing modern capability approach first goes to Amartya Sen, the 1998 Nobel Economics Prize Winner (Sen, 1985). Philosopher Nussbaum (Nussbaum, 1988, 1995) also contributes greatly to its development (Robeyns, 2003).

of choices by focusing on their life quality, freedom and opportunities as well as what people are truly capable of and what they can become. Under this perspective, one's life improvement is of fundamental significance. Whereas, the increase of material wealth, often highlighted in traditional development concepts, functions as the tool to enable people to live in a way as they wish.

Human development is a multi – dimensional concept, and yet in the actual policy practice, people focus more on those significant aspects. The Human Development Report listed two preconditions to identify the most important capabilities: first, it is of universal value and highlighted by people all around the world; second, it is a basic ability, without which many other capabilities would be hindered. On these two criteria, series of Human Development Report produced by UNDP have attached special attention on the following dimensions: (1) long and healthy life; (2) education; (3) decent life and dignity. Guided by these dimensions, UNDP began to introduce human development index (HDI) since 1990 as a measurement to evaluate the human development level in all countries. However, human development shall not be confined to the above three, but to include more aspects: empowerment, public governance, environment, human rights, etc. (Liu Minquan, 2009). Moreover, this perspective emphasizes on the agency of development, meaning people are not merely passive ones to enjoy benefits of development, but participants and creators in the development process (Sen, 1999).

2.2 Discussion framework of inequality

Five basic questions need to be answered in investigating inequality as they form the framework for research. They include *inequality on what*, *whose inequality*, *why inequality exists*, *consequences of inequality and how to address inequality.*

Inequality of what?

The answer involves value orientation and methodology of this research. This paper builds on the human development perspective, and mainly investigates inequality about people's capability and their living quality, not confined to inequality in income, property, and consumption. To be more specific, it studies inequality in living standard, education, health, all sorts of public services, acquisition of natural resources and ecological environment.

Inequality among whom?

This question investigates distribution of valuable things among different groups, and by estimating the level of inequality it proposes priority intervention areas and targets. In this paper, based on the available literature and data, we mainly focus on the urban – rural inequality, regional inequality, migrant – city native resident inequality, gender inequality and age inequality. In the analysis of natural resources and ecological environment equality, we pay more attention to the inequality between generations—intergeneration inequality.

Why inequality exists?

There is a long history of people's pursuing for equality and challenge for inequality. The inequality can be classified into two types: naturally given (or hard to be intervened) factors and man – made factors (institutions and behaviors). And this paper studies the second type. However, the division line between these two types is not fixed and rigid, especially when reviewed in the long time framework. Some may appear as natural inequality, which actually is the result of previous institutions and human behaviors. Environmental issue, in particular, is a live example. For a new – born in a certain region, his/her environment is given, though formed by the farming and living practice with many human influences from his ancestors.

Consequences of inequality?

The consequences may be direct or indirect, negative or positive, and at the micro – level or macro – level. The interpretation of these consequences is largely decided by answers to the above three questions. Under the human development perspective, the interpretation needs to be expanded and deepened. As human development involves many dimensions, the inequality in one dimension will not only affect its own but also other ones. For instance, the income inequality might affect the health of low – income groups (at the micro – level), but also have impact on the balance of macro economy structures (at the macro – level). This paper explores the negative consequences.

How to address inequality?

After priority areas and targets of inequality are identified, and causes and consequences traced, the rest work is to reduce inequality and negative consequences. Though this paper focuses on human – induced inequality, the basis on which it proposes policy recommendations is to cover all types of inequalities that might lead to bad outcome, no matter caused by human or natural factors.

3. ECONOMIC INEQUALITY

3. 1 Income inequality

China is one of the major economic entities with the largest income gap. According to China's National Bureau of Statistics (NBS), the income Gini coefficient was 0. 317 in 1978, which rose to 0. 40 in 2000 and reached its peak (0. 491) in 2008. ①

Since 2009, China's overall Gini coefficient has witnessed a continuous decrease for six years with the gradual improvement tendency, and the coefficient decreased from 0. 49 in 2009 to 0. 474 in 2012. Though this income gap level still remaining high among major economic entities around the world, China has nevertheless reached its lowest level over the past decade (see Figure 1). In 2014, the Gini coefficient dropped to 0. 469, again a new lowest point since 2003. ②

---

① Many literatures have discussed the underestimated income gap in China. However due to different samples and analytical approaches, the existing studies have differed greatly in judging the extent of underestimation. Li Shi (2012) noted since the 21st century, China's income gap was still widening, only at a lower rate, and the readjusted coefficient would be approximately 0. 485, if taking consideration of those missing and unreported samples of high income population. In Wang Xiaolu's opinion, the income gap in China was seriously underestimated because large amount of grey income was not included into the statistics (Wang Xiaolu, 2008). The survey report developed by the research group in Southwestern University of Finance and Economics (SUFC) has shown that the income Gini coefficient of Chinese households had exceeded 0. 6 in 2010. However, the academic circles favored the NBS data as reliable source, and agreed that there was still a significant lack of high income family samples (Li Shi, 2013). As for the SUFC result, the academic circles had debates on the sampling approach and its representativeness. Thus this paper still used the NBS data.

② See China News network: the resident income increase has exceeded the price of commodities in 2014 with the Gini coefficient realizing a continuous decrease for six years. http: //finance. chinanews. com/cj/2015/01 – 20/6985859. shtml.

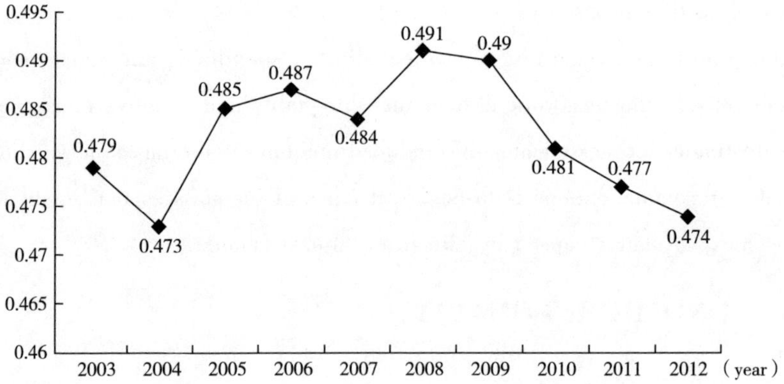

Figure 1: Variation trend of income distribution in China since 2003

Source: National Bureau of Statistics (2003).

The major factor driving overall income gap is the narrowing of urban – rural disparity and regional disparity. Among all disparities, the regional disparity and urban – rural disparity have taken a dominating position with the former more noticeable. in 2007, the urban – rural disparity contributed approximately 50% of the total (Li Shi, 2012). A good change took place in recent years with the urban – rural disparity and regional disparity narrowed to some extent, an encouraging sign for the distribution improvement.

Urban – rural disparity. The income ratio① between urban and rural residents stood at 2.78: 1 in 2000, and rapidly grew to 3.23: 1 in 2003. The ratio had a mild rise to 3.32: 1 in 2007 and kept stable for three years. Then in 2010 it shrank for two consecutive years by reaching 3.13: 1, again back to the 2002 level.② In 2014, this ratio dropped to 2.75: 1, the lowest level since 2002. The key reason was the rapid rise of migrant workers' salary over the past decade, with the rate reaching 10% – 15%, well exceeding the income growth of urban population (China Development Research Foundation, 2012). In 2005, China exempted the agriculture tax, and initiated the New Rural Construction Project to increase the public infra-

① The income ratio refers to the ration between the per capita disposable income of urban citizens and net income of rural populations.

② http://www.ocn.com.cn/chanjing/201501/shipng210837.shtml.

structures investment in rural areas in China, which also contributed to the rural income increase. Since the New Rural Construction Project in 2005, China has invested a total of 7 trillion RMB for the next eight years, with 2013 alone reaching 1.3 trillion RMB. With this project, *five infrastructures construction and one leveling* plan was made possible in rural areas, a phenomenon only applicable in the developed economic zones in the past. *Five infrastructures construction* refers to building the electricity, traffic, water, telephone and broadband infrastructures, and one leveling refers to leveling land on a large scale and building the basic water conservancy facilities in the rural areas to make a solid foundation for bettering people's lives and productions (Wen Tiejun, 2013).

Regional disparity. The continuous widening of regional disparity has been the key reason for China's overall income gap over the time. From 2000 to 2003, the per capita GDP Gini coefficient un - weighted by provincial population has grown from 0.347 to 0.357. After 2003, with the introduction of a series of government strategies for balancing regional development, including the Western Development strategy, Developing Old Industry Base of Northeast China strategy and Rise of Central China strategy, etc, the regional disparity began to narrow. And the per capita GDP Gini coefficient un - weighted by provincial population has dropped to 0.264 in 2010, lower than that of the 1990s. Also, the regional GDP Gini coefficient per capita calculated on the constant price in 1978, as well as the same coefficient calculated on the current price all dropped back to the level of early this century. (Li Shantong, 2012). ①

---

① Since the late 1990s, China had launched three regional development strategies, including the *Western Development* strategy, which has invested more than 4 trillion RMB by the end of 2013; in 2001, the strategy of *Developing Old Industry Base of Northeast China* was raised in 2001, with investment reaching more than 2 trillion RMB; and in 2003 the strategy of Rise of Central China strategy was put forward with the investment reaching 3 trillion RMB. The government has invested nearly 8 trillion RMB to solve the regional unbalanced development brought by some areas get rich first policy in the reform and opening up peirod. These strategies basically relieved the regional economic growth difference of East - high and West - low. At present, the GDP growth in the western region has exceeded the East, and the balanced regional development strategy has worked preliminarily (Wen Tiejun, 2013).

Despite the continuous narrowing of urban – rural disparity and regional disparity, the income gap within the rural population and urban population is far from being optimistic, especially the latter. The Gini coefficient of rural population has increased from 0. 35 in 2000 to 0. 39 in 2009 (Li Shi, 2012). According to the Chinese Academy of Social Sciences (2012), it is estimated that the rural income disparity in 2011 remained the same with that of 2009. And the urban income disparity increased from 0. 32 to 0. 36 from 2000 to 2009. But this result is apparently underestimated. After data modification, the results have shown that the urban income disparity coefficient had exceeded 0. 4, making it the most prominent challenge within the current income distribution framework. Among the urban income increase factors, the property income gap as a result of fast – rising real estate price, and the industry income gap caused by monopoly and sector division are two key factors (Yue Ximing, Li Shi, 2013). ①

In summary, based on the group – based inequality survey, China Development Research Foundation (2012) argues China's income distribution might have come into a transition period. In this period, factors to widen or narrow the disparity co – exist, and the income inequality will remain in high volatility in a long term. Favorable factors to narrow the disparity include: the narrowed urban – rural income gap when the urbanization steps to the mid – stage, the decreased regional gap as a result of balanced regional development strategies, the decreased surplus rural labor force with the population aging and urbanization, as well as the changeover of the market supply and demand for labors. Negative factors to affect this narrowing process include corruption, grey income, income inequality caused by the sharp rise of real estate price in urban areas and the like.

3. 2 Poverty

China has scored unprecedented achievements in reducing the population in

① Yue Ximing, Lishi (2013): the Real and Fake Gini Coefficient, South Reviews, http://www.nfcmag.com/article/3919.html.

poverty, no matter judged by the international or national poverty standard①. Based on the World Bank poverty headcount ratio at $1.25 a day (purchasing power parity in 2005), the poverty ratio has declined from 60% in 1990 to 11.8% in 2009 (See Figure 2). In fact, China was the first among developing countries to accomplish its poverty – alleviation goals before the Millennium Development Goals. Over the past 25 years, Chinese population accounted for 70% of the total population overcoming poverty globally (World Bank, 2010).

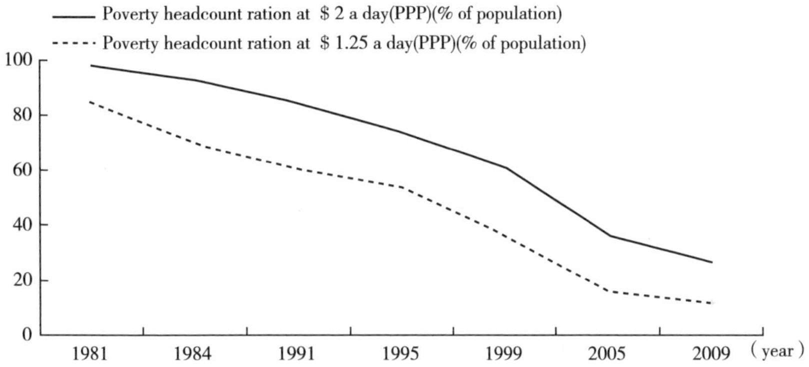

Figure 2: China's poverty alleviation progress

Source: World Bank Website.

Despite China's glorious success in poverty alleviation, population groups are not affected by poverty negatively in the same way. In general, the poverty incidence of children and the elderly is higher than that of the working – age population. Take rural poverty for instance, the poverty incidence of 0 – 6 age group (based on the standard that year) in China's rural region reached 9% in 1998, three times that of the 36 – 45 age group. In 2005, poverty incidence of different age groups has declined, with children and the elderly still ranking as the most vul-

① Poverty is a result of seriously inadequate development. It is multidimensional in nature and not confined to income poverty. Multidimensional poverty measurement in China is still in its infancy. There are very few studies in this field, for example, Yu (2013), Wang Xiaolin (2012), etc. Meanwhile, common dimensions of multidimensional poverty are covered in the report, so poverty in this report only refers to income poverty.

nerable group, though.[①] (See Figure 3)

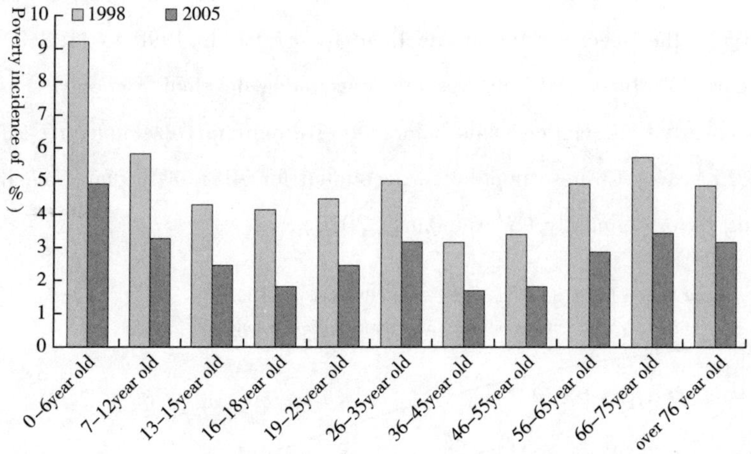

Figure 3: Poverty incidence of different age groups in rural China (1998, 2005)

Source: China Development Research Foundation (2007).

Due to the long - term urban - rural division, there existed significant difference in income and life quality between the urban and rural population. The monitoring on rural poverty started in the early 1980s with unified monitoring standard. However, in cities, no official standard and monitoring are available to evaluate the urban poverty even today. If both urban and rural areas apply the same poverty standard, the poverty incidence of rural residents will be much higher than that of the urban residences. Considering the wide urban - rural difference in life style, living standard and living cost, a feasible strategy is to estimate it separately. Based on the current rural poverty standard (constant price of 2300 RMB per capita in 2010), the number of rural poverty population was 98.99 million in 2012, accounting for 15% of the total rural population. As there is no unified urban standard available, the urban poverty standard will be estimated as 3014 RMB per capita, by taking 251.2 RMB as the calculation basis, which was the average standard in 2010 for low income fam-

① However in 2005, the poverty incidence of the 19 - 25 and 26 - 35 age group was high. Possible reason for this might be that they just start their labor work and thus lack in relevant work experience, human capital and family support.

ilies receiving government allowance. In this sense the urban poverty incidence was about 12% (Yu Jiantuo, 2013)

The distribution of poverty population is also unbalanced. By the end of February 2013, for instance, there were still 69.6268 million people living under the poverty line in western China, accounting for 66% of China's total poverty population. The rural poverty population reaches 40 million in China's west minority areas. Also, out of the 148 thousand poverty villages, the western area alone accounted for 50.1% (Xu Ying, 2013).

3.3 Inequality in economic opportunities

The inequality of economic opportunities is reflected in many ways, particularly the income inequality between monopoly and non-monopoly industries, and between different employment forms and genders.

Since the mid 1990s, there was a significant widening tendency in the industry income distribution in China (Guan Xiaoming, 2007; Gu Yan and Feng Yinhu, 2008). The analysis of Ren Zhong and Zhou Yunbo (2009) believed that the industry income polarization tendency did not yet expand to the comprehensive and integrated scale, but it's noteworthy that the monopoly and partial monopoly accounted for 65% of the industry income disparity. Researcher Yue Ximing and other experts (2010) indicated that the monopoly industries were solely managed by the state-owned enterprises, which explained why their average income level was higher than that of the non state-owned ones. It is estimated that out of income disparity in monopoly and competitive industries, more than half of it is a result of monopoly.

Different employment forms also affect the income equality. Currently in China's public and private sectors, two forms of employment co-exist: regular employee and contracted labor. The contracted labors are informal employees, who sign the contract with labor intermediaries and are sent to the recruiting enterprises and organizations to work. These labors do the same work as the regular employees but receive less pay and social welfare. Contracted labors are mostly rural migrant workers. According to the All China Federation of Trade Unions, the number of contracted labors reached 60 million, accounting for 20% of labors in cities (All China Federation of Trade Unions, 2011). The survey in some pilot regions has found that the average payment was only 70% that of the regular employees (Gong Sen, 2012). Women contracted labors not only suffered the unfair treatment of unequal pay for equal work that all contracted labors endured, but also would be sent back to the labor intermediaries during pregnancy, child birth and baby nursing period, and then lost job (Li Lixin, 2013).

China's performance in gender equality is relatively good in the developing countries and women's role in the family decision making and child well – being has grown significantly. However, inequality still does exist in some aspects. Three surveys on women's situation in 1990, 2000 and 2010 have shown that the income disparity between different genders kept on widening. In urban areas, women's income was 77.5% of men's in 1990 and 67.3% in 2010. In rural areas, the number is 78.9% in 1990 and 56.0% in 2010. The report on analyzing data from urban family survey in 1995, 2002 and 2007, conducted by Li Shi and other researchers (2012), also indicated that the gender income disparity were on the widening tendency. This was particularly noticeable in the sectors characterized by lower skill and strong competition. Like the migrant worker's group, female workers faced significant discrimination in the labor market. Often, they are the major source of irregular labors, and are not included in the formal social welfare system. Also, they tend to be the first to face unemployment. Wang Meiyan's study (2005) has revealed that to explain the man – woman income disparity in the same industry, only 6.9% can be traced back to explainable reasons, such as the difference in human capital.

3.4 Property inequality

The resident property accumulation mainly originates from the savings by deducting expenditure from income, a concept of stock. The property accumulation vice versa, also affects the overall income level by taking in income from properties. Since the reform and opening – up, the continuous growth of resident income gave opportunities to property accumulation. Since the property increase is always associated with scale effect and leverage effect, the property disparity is hence generally bigger than the income disparity. China Human Development Report 2005 jointly released by UNDP and China Development Research Foundation has shown that the income Gini coefficient of residents in China had reached 0. 45 in 2002, but the Gini coefficient of actual net value of property reached 0. 55. Among all kinds of properties, the Gini coefficient of land reached 0. 67, the financial assets 0. 74 and the housing estate 0. 67.

According to the 2002 National Household Sampling Survey, the real estate accounted for 57. 9% of the total resident property. Sato and other experts (2011) has noted that more than two third of wealth disparity was originated from the real estate. Considering the proportion of real estate in resident's property, the rapid rise of real estate price has worsened the property inequality. The analysis based on the CHIPS data and Bewley model by Chen Yanbin and Qiu Zhesheng (2011), has found that the real estate needs for investment purpose from the high level wealth families had grabbed the needs from the general families for consumptive housing purpose. This also contributed to the housing inequality. Apart from the 20% highest income households, the medium and low income households in particular, have become the victims negatively affected by the high real estate price. Moreover, the high real estate price has distorted the practice of saving and property accumulation among urban residents. Young people are forced to increase savings to catch up with the growing real estate price, making their life – cycle consumption no longer smooth, and also worsening the balance of macro – economy.

To address the fast price rise and high level of price in the real estate market, the government has taken some intervention measures since 2010, including increasing the supply of economically affordable housing, low – rent housing and public – renting housing. Also, policies were rolled out to limit the real estate price and purchasing. Despite their good intentions to control the real estate price in theory, these policies had been confronted with challenges in actual practice. They included the unfair distribution of affordable housing, corruption, targeting mechanism of low – cost housing provision as well as the sharing of central – local financing cost. There will be some time before these policies take real effect. Meanwhile, policies limiting price and purchasing, enforced by administrative means, have not only distorted market, but also brought more social problems, such as the fake divorce.

4. SOCIAL INEQUALITY

Social equality is a concept which has very vague connotation and broad content. In this paper, social equality or inequality is mainly related to health, education and social security, and so on. Although some studies regard income distribution and poverty as social ones, this paper will discuss them in economic inequality.

4. 1 Health inequality

Health is one of the core components of human development and has a significant influence on the other dimensions' development of human development (UNDP, 1990). Since China's reform and opening up, the health level of Chinese urban and rural residents has been greatly improved as a whole. Take the average life expectancy of the population for instance, the index of China in 2010 reached the age of 74. 83, which was 7 years higher than 67. 77 in 1981, 5 years higher than that of the world's population in the same year and 5 years lower than the high income countries and regions. Moreover, China's infant mortality decreased from 32. 89‰ in 1990 to 13. 93‰ in 2010. But health inequality still can't be ignored while achieving these great achievements.

China's health inequality is prominently mirrored in the regional and urban – rural disparity. Still take the average life expectancy for example, it reached 80. 26 years old and 80. 18 years old respectively in Shanghai and Beijing in 2010, which was higher than the average level in developed countries, but failed to reach 70 years old in Tibet, Yunnan, Qinghai and other provinces (NBS, 2012). The regional and urban – rural disparity of child morality was also very significant (Figure 4 – Figure 6). Take infant mortality for instance, the ratio of rural and urban areas was more than 3 times in 1991, which kept as 2. 5 times in 2011. Comparing with the western region where has the highest infant mortality and Beijing, Shanghai, Zhejiang, Guangdong and other eastern provinces and cities, the ratio of this index was more than 3 times. The gap of child morality below 5 years old between urban and rural areas was also tremendous and the ratio is still more than two times presently.

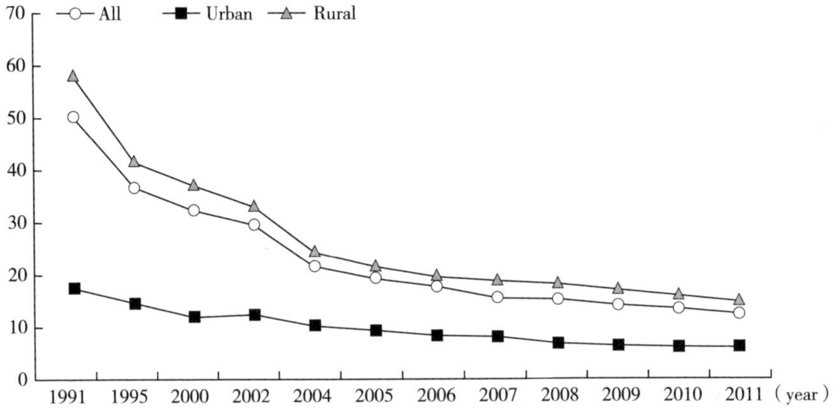

Figure 4: China's infant mortality (1991 -2011)

	1991	1995	2000	2002	2004	2005	2006	2007	2008	2009	2010	2011
All	50. 2	36. 4	32. 2	29. 2	21. 5	19. 0	17. 2	15. 3	14. 9	13. 8	13. 1	12. 1
Urban	17. 3	14. 2	11. 8	12. 2	10. 1	9. 1	8. 0	7. 7	6. 5	6. 2	5. 8	5. 8
Rural	58. 0	41. 6	37. 0	33. 1	24. 5	21. 6	19. 7	18. 6	18. 4	17. 0	16. 1	14. 7

Source: China Health Statistics Yearbook.

The obvious inequality of health results are closely related with residents' accessibility of medical and health services in different regions and urban - rural areas. Meanwhile it is also affected by different natural and geographical conditions and other objective factors. From the perspective of fundraising, the accessibility of medical and health service is not only related with the families' income level, but also has a strong correlation with the public resources investment level, structure and quality. The analysis of Liu Minquan, Li Xiaofei and Yu Jiantuo (2007) pointed out the ratio of per capita medical expenditure between urban and rural areas had continued to ex-

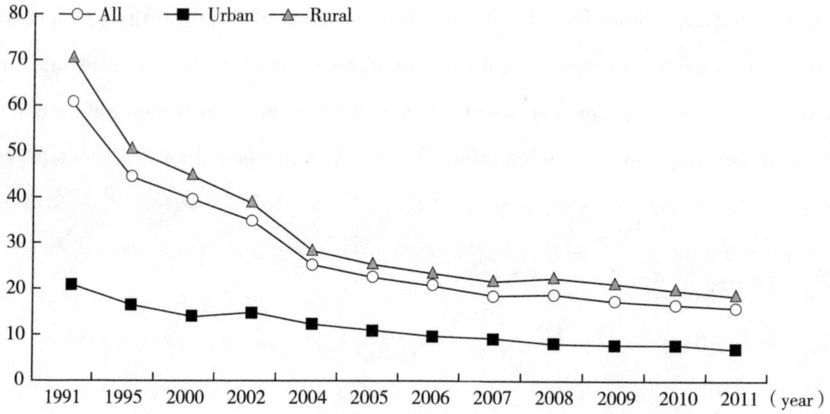

Figure 5: Child mortality below 5 years old (1991 – 2011)

	1991	1995	2000	2002	2004	2005	2006	2007	2008	2009	2010	2011
All	61	44.5	39.7	34.9	25.0	22.5	20.6	18.1	18.5	17.2	16.4	15.6
Urban	20.9	16.4	13.8	14.6	12.0	10.7	9.6	9.0	7.8	7.6	7.3	7.1
Rural	71.1	51.1	45.7	39.6	28.5	25.7	23.6	21.8	22.7	21.1	20.1	19.1

Source: China Health Statistics Yearbook (2012).

pand since 1997, and the gap of per capita medical and health expenditure between regions had a close connection with different economic development level. Furthermore, the medical expenditures were obviously unequal in each province and region in China. China Health Statistics Yearbook (2012) indicated the government medical expenditure of Shandong and Guangdong in the eastern coastal provinces was 72.74 billion RMB and 35.933 billion RMB respectively, but the expenditure of the western Gansu and Xinjiang was only 11.654 billion RMB and 12.097 billion RMB respectively, which was only half of Beijing's expenditure (22.398 billion RMB). The data of the Fourth China Health Service Survey held by the Ministry of Health also showed there were significant differences in the medical and health service supply level between big, medium, small cities and four categories of rural areas (The Ministry of Health, 2009).

4.2 Education inequality

Education is also one of the core dimensions of human development and has a profound impact on many of its other aspects. China has achieved the objective of universal primary education proposed by the MDG many years in advance. The net primary school enrollment rate of school - age children had reached 99.7% by the end of 2010. The gross enrollment rate of junior middle school reached 100.1% in 2010 (The Program for the Development of Chinese Children (2011 - 2020). Benefited from the free compulsory education policy started in 2006, the gap of primary education enrollment rate in different regions and urban - rural areas had been basically bridged. China's achievement in universal non compulsory education is also remarkable. According to The Program for the Development of Chinese Children (2011 - 2020), the gross enrollment rate of high middle school had reached 82.5% at the end of 2010, and the gross enrollment rate of preschool education had reached 56.6%. The gross college enrollment rate had also risen from 3.4% in 1990 to 30% in 2012 (Report on the Work of the Government in 2013).

Despite the above achievements, education inequality still can't be ignored. Take the gross high middle school enrollment rate for example, the indicator of Beijing reached 98%, but the indicator of Guizhou was only 55% in 2010. About the average schooling year, the highest reached 11 years in Beijing, however the lowest was only 4.8 years in Tibet. Although the education disparity between genders was progressively narrowed, the statistical data of the sixth census showed, male and female illiteracy rate was 2.52% and 7.29% respectively in the population above 15 years old in 2010, and the latter was nearly 3 times of the former.

In the aspect of college education, social class has great influence on its entrance opportunity and quality. The investigation showed, as for the entrance opportunity to university, children of government officals and business managers, professionals, administrative staff, business service staff and industry workers was 5. 1, 3. 3, 5. 5, 3. 7 and 3. 5 times that of the farmers' children respectively. The access to university education from middle and high level income families was 2. 3 times that of the low income counterparts. Moreover, children of government officals and business managers had 9 times of access to undergraduate education than that of the farmers. For college education, this ratio was 5. 4 times; speaking of professionals, their children had 5. 6 times of opportunities to undergraduate education than that of farmers, and the ratio for college education was 3. 3 times (Li Chunling, 2009). Some case studies showed, regarding Peiking University students' family background in nearly 30 years from 1978 to 2005, the proportion of students from rural areas was between 20% and 40% from 1978 to 1998, but began to decline from the mid of 1990s. The proportion was only 10% –15% since 2000 (Liu Yunbin, 2006). The expansion of college education was accomponied by rapid rising of education fees, which turning income inequality to education inequality through the threshold effect of tuition fees (Liu Minquan, Yu Jiantuo, Li Pengfei, 2006).

The gross enrollment rate of preschool education has reached 56. 6% in 2010. But according to studies of China Development Reseach Foudation in midwest region, preschool education is mainly concentrated in cities above township and county level, and in the remote and poor mountain areas the education coverage is only 1/3. In November 2014, the State Council released the National Development Plan for Children in Poor Areas (2014 –2020), which is the first national – level plan specifically designed for children in poor areas. It is proposed that by 2020, the three – year pre – school enrollment rate shall reach 75%, the nine – year compulsory rate reach 93%, and the attendance of children with visual, hearing, and mental disablities reach 90%. With China's increasing investment in social field, the release and implementaion of this Plan will contribute significantly to promote wider education coverage.

4. 3 Social security inequality

As for social safety net, social security system is an important measure to promote human security. Social security system also plays the key role to adjust other economic and social inequalities in many countries. Chinese social security was the typical urban – rural dualistic system before the reform and opening up. Based on urban household registration and units, the urban social security system covered everything; but in rural areas, it mainly relied on collective economy. After the reform and opening up, Chinese social security system experienced a reconstruction process and the role of employing unit was gradually weakened. But this system based on household registration and identity also had its division feature causing apparent inequality in turn. After 2003, based on the reality of economic and social development and the large – scale population migration, the reconstruction process of social security system was accelerated obviously, and the system intergration were also constantly under test. However, Rome was not built in a day. There is still a long way to go to eliminate social security inequality.

There was also great social security inequality among different social identities in cities. Staff in the state and public sectors were excessively protected, but those in non public sectors (especially migrant workers) generally suffered from insufficient protection (Zhu Ling, 2011). Also, staff in different ownership enterprises and different enterprises have very significant disparity regarding securities and welfare (China Development Research Foundation, 2009). (see table 1 and table 2)

Table 1: Social security participation rate by social identities

types	Pension	Medical insurance	Unemployment insurance
State – owned	83.8	79.7	72.9
Urban collective – owned	65.0	53.1	42.6
Other types	69.3	56.4	43.1
Urban self – employed	23.8	19.1	9.4
Other employees	40.3	36.9	24.0
Sum	66.5	60.5	51.6

Source: China Development Research Foundation, 2009.

Table 2: Social security participation rate in different sectors (%, 2007)

Industry	pension	Medical insurance	Unemployment insurance
Agriculture, forestry, animal husbandry and fishery	37.4	59.9	37.4
Mining	30.3	60.4	54.9
Manufacturing	69.2	56.0	47.7
Electricity, gas, water supply	76.4	62.6	42.9
Construction	53.2	41.4	34.6
Transport, warehousing, portal service	63.0	56.1	42.1
Information and computer service	55.5	46.4	33.4
Wholesale and retail	37.3	29.9	18.9
Accommodation and catering	39.2	32.2	20.6
Finance	68.8	57.5	42.3
Real estate	55.8	49.7	31.3
Rental and business service	48.0	42.5	27.6
Scientific research, technical service and geological survey	93.8	95.5	93.3
Water conservation, environment and public infrastructure	54.0	61.4	46.6
Community and other services	39.4	33.1	19.3
Education	94.5	95.0	93.6
Public health, social protection and welfare	92.7	92.1	90.4
Culture, sport, entertainment	79.7	80.0	75.0
Public administration and social organization	96.0	96.4	95.0

Source: China Development Research Foundation 2009.

The above data only shows the difference of social security enrollment. And if all types of securities and welfares are considered, the difference will be even wide. Take pension scheme for example, according to the present system, civil servants' endowment treatment was 2 to 3 times higher than that of the enterprise staff (Li Shi,

2012). Because the NBS definition for income is narrow, the urban - rural income disparity is underestimated. For instance, based on the NBS income definition, the urban - rural income ration is 3. 12: 1, but if the non - monetary income (including all types of social security and welfare) is included, the ratio would rise to 4. 28 (Li Shi and Luo Chuliang, 2007).

Chinese government increased the institutional coverage of social security services in the past 10 years. After the outbreak of international financial crisis in 2008, social security system as the key area of economic stimulus had significant development. The new rural cooperative medical care system had covered 95% of rural population from 2003. The rural residents' minimum living security system was launched in 2007. The policy of including migrant workers into city endowment insurance system was released in 2009. Ten percent of counties were chosen as pilots and the new rural resident social endowment insurance system began to roll out in the same year (Zhu Ling, 2010). In addition to the original medical and endowment insurance system for urban workers, basic medical insurance covering unemployed urban residents was fully implemented in urban areas in 2010. The endowment insurance covering unemployed urban residents with urban household was introduced in 2011. Besides, the urban residents' subsistance allowances system established in 1990s has a stable population of 20 - 23 million. Despite its success, huge difference exited regarding people's real access to the urban - rural and regional social security service due to its institutional division in urban - rural areas and difficult regional planning. (Zhu Ling, 2010; Ravallion and others, 2009).

5. NATURAL RESOURCES AND ECOLOGICAL ENVIRONMENT INEQUALITY

5. 1 Natural resources inequality

Natural resources refers to the natural substance that is natural existent (not including raw materials human used in manufacturing) with value in use, including land, mineral, water, biology, climate, marine and other resources. In this paper, natural resources inequality mainly refers to the inequality of natural resources ownership and exploitation (and benefits).

In China, natural resources are owned by the country in the law. From the point of real right, according to the actual use of natural resources, they can be divided into public property and state property. The former services in some public purposes, according to which, any individual has the non exclusive right to use them, but the government has no right to dispose or use them to receive income arbitrarily. The latter one belongs to the government's private property, so the country enjoys exclusive legal person's property right of it, which should basically apply to the civil law (Xiao Zesheng, 2007; Qiu Qiu, 2010). Therefore, from the aspect of direct ownership, the natural resources inequality in China is not very prominent.

There are two reasons for the inequality of natural resources' use and earning right. First is caused by the nature. The distribution of natural resources is different between regions, especially in China with so vast territory and diverse topography. This kind of inequality exists in any country. In the free movement system, it also can be eliminated in some extent through voting with their feet, therefore, it's relatively not so difficult to be accepted by the society. The second is system reason. Because of the limitation on identity and capital scale of natural resources exploitation, there exists a big gap between the opportunities and abilities people using natural resources and their earnings. That is the focus of this paper.

In the aspect of the natural resources use and earning right, the challenge to China's natural resources inequality still can't be ignored. They are mainly reflected in the following aspects. First, compared with state - owned capitals, private capitals face identity discrimination when entering resource - intensive industries. Moreover, private capitals are usually small in scale. The threshold thus widens the gap between state - owned and private capitals in resource exploitation. The industry inequality is mentioned in the third part of this study. Its influences on small farmers are prominent, such as farmers' collective ownership, use and earning rights of the land can't be effectively protected, and they are in a weak position in the process of land nationalization (acquisition). According to the current universal land expropriation system, the compensation to farmer's collective is mainly according to the crops yield of several years on the land and a few compensations (such as social security and employment), not based on the market value of the land. Such kind of inequality land expropriation – compensation system stimulates local governments making great efforts on land finance; on the other hand, it also results in 40 – 50 million landless farmers, and brings heavy landless farmers resettlement problems and social instability. Research report of Chinese Academy of Social Sciences showed, in the farmer's appealing to the higher authorities for help, 60% of them were related to land, 30% of which were related to the land expropriation. Farmers' land disputes have become the focus of farmers' right protection activities (Institute for Urban and Environmental Studies of Chinese Academy of Social Sciences, 2011). Moreover, household system restricts free migration, which keeps residents in remote areas from "voting with their feet" to get rid of the negative influence caused by natural resources. Besides, because of lacking of transparency and supervision in the resources development and utilization process, striking deals between power and money and other corruptions are easily happened, which also lead the inequality of resources use and earning right to get further worse.

5.2 Ecological environmental inequality

The ecological environmental inequality includes not only the inequality within the same generation (intra – generational inequality), but also the inequality between different generations (intergenerational inequality). Excessive grabbing the natural resources and doing harm to the ecological environment is a kind of intergeneration inequality.

With China's industrialization and urbanization, how to control the discharge of pollutants and their negative impact has become a tremendous challenge for China. The energy conservation and emission reduction is the key component of China's current economic restructuring. Regarding water pollution, the total discharge of sewage of the whole country was 68.48 billion tons and the total discharge of chemical oxygen demand was 24.237 million tons in 2012. In the state controlled sections of the ten major rivers, including the Yangtze River, the Yellow River, Pearl River, Songhua River, Huaihe, Haihe, Liaohe, rivers in Zhejiang and Fujian provinces, rivers in the northwest and southwest regions, and so on, the section proportions of I – III, IV – V and inferior grade V water quality were respectively 68.9%, 20.9% and 10.2% (Ministry of Environmental Protection, 2013a, b). Regarding air pollution, the total emission of sulfur dioxide in the exhaust gas of the whole country was 21.176 million tons (Ministry of Environmental Protection, 2013b). By the end of 2012, a total of 74 cities began to do testing according to the new air quality standards, including Beijing – Tianjin – Hebei, Yangtze River Delta, Pearl River Delta and other key regions, and municipalities, provincial capital cities and cities specifically designated in the national plan. The results indicated the proportion reaching the standards in the prefecture level cities and above was 40.9%, dropped 50.5%; the proportion of key environmental protection cities reaching the standards was 23.9%, dropped 64.6% (Ministry of Environmental Protection, 2013a). And the emission of carbon dioxide has exceeded that of US and made China the largest emitter in the world (see figure 7). In addition, the rapid growth of solid waste in cities and rural areas also can't be neglected. All the above environmental problems result in huge intergeneration ecological environmental inequality.

Regarding the intra – generation inequality, there also exists significant gap between different regions' ecological environment challenges. For example, the availability of clean water and improved sanitation has been basically ensured in urban areas, but the problems in rural areas still can't be ignored. According to the statistics of Ministry of Health, by the end of 2011, the accumulative population benefited from water improvement accounted for 94.2% of the total rural population, and there were still nearly 6% rural population couldn't get basically clean drinking water, which were mainly concentrated in water shortage areas in the central and western regions; the coverage of sanitary latrines in rural areas was 69.2%, and nearly one third rural population were lack of sanitary latrines. But speaking of air quality, the cities in the east developed areas and the Midwest heavy industry intensive areas were more affected by air pollution, and the rate reaching the air quality standards in

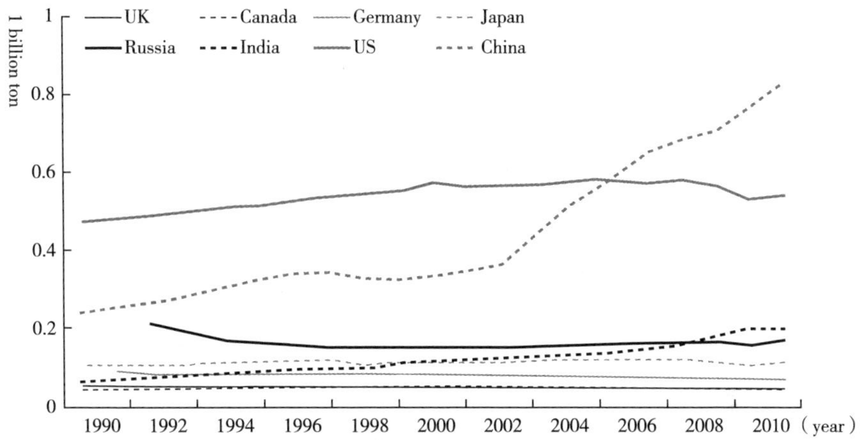

Figure 6: The global carbon emissions

Source: Data monitoring from the MDG website of UN.

the key environmental cities was below one forth (Ministry of Environmental Protection, 2013a), but the overall air quality in rural areas was still in good level. These comparisons can't cover the whole ecological inequality situation in every areas and different social groups. But what needs to be emphasized is, when facing environmental pollution and ecological degradation, usually because of lacking income, resources and abilities, the poor can't be effectively against the negative influences in the pre and post (Liu Minquan, Yu Jiantuo, 2010).

6. THE INSTITUTIONAL CAUSES OF CHINA'S VARIOUS INEQUALITIES

The above discussion of China's economic and social inequality has involved various inequalities causes to some extent. But a full analysis of these causes is still a very complex and arduous task, which is specially shown in the following aspects. First, there are complex interrelationships among many factors influencing inequality; second, there are interrelationships among inequality results; third, impact of many factors on inequality are not unidirectional, but with impact of reducing and increasing inequality as well. The connection and multiple – influences complicates their cause analysis, and poses higher demands on the development of inequality policy elimination; on the other hand, they provide more policy choices, for instance, policies of eliminating health inequality will reduce the income distribution disparity as well.

Studies to trace causes of various inequalities in China are abundant. But from the perspective of policy, we can divide these factors into two categories: one is non – institutional factor, including natural and geography environment, social tradition, history and the like; the other is institutional factor mainly in the form of institutional decisions including government policies, regulations, planning and other government endeavors in the narrow sense in this paper. Social tradition, custom and rules are also regarded as institution in the broad sense in many literatures. This paper focuses on the institution in the narrow sense because it targets to provide more direct references for policy interventions. This has no implication that social tradition, custom, rules and other factors are unimportant in the inequality causes. In practice, dominant system delivered by government to solve such issues as gender quality is usually fairer, but often failed to eliminate those strong and lasting influences of social tradition and customs. Also, this paper differentiates between institutional factors and non institutional factors, and the focus is more on the former than the latter. This does not mean the latter has no value for policy interventions. Rather, the development of many policy interventions measure must consider the impact of non institutional factors, and initiate tailored design.

6.1 Institutional causes of inequality

There are various institutions and policies causing and affecting economic and social inequality, and they are connected as well. This paper does not list all these policies as this is impossible in fact, but only chose some basic policies and institutional arrangements.

The household registration system

In the institutions causing current economic and social inequalities in China, the household registration system formed in 1950s may be one of the most ingrained systems with the most lasting impact. The following approaches contributed to the inequalities caused by the household registration system. First, directly restricting people's qualification of access to economic opportunities and their capabilities to use these opportunities; second, directly restricting people's qualification, scope and standard of access to various welfares; third, restricting people's migrating possibility in urban – rural areas, different regions and departments, which enlarged the differences between different identity residents on the availability, scope, quantity and quality of basic public service; fourth, causing ingrained social identity difference and discrimination. After the reform and opening up, the household registration system became flexible in different levels to some extent. And it was possible for labor transferring in urban – rural areas and across different regions. Especially in the process of urban – rural integration, more and more people were no longer affected by the household registration system, but could enjoy various social welfare, labor rights and market access qualifications.

The regional gradient development strategy

After the reform and opening up, China employed the regional gradient development (especially opening up) strategy. This decision was made based on two reasons: first, prioritize the unique geographical, historical, economic and social conditions of the first open (development) regions; second, in early days of the reform and opening up, many policies were experimental and needed to be piloted in some regions before they were magnified to larger scope. In practice, this gradient development strategy included several stages. In its plan, it encourages the eastern coastal regions to be the first to develop in early stage; and promote the development of the central and western regions once the eastern regions has succeeded. It should be noted that this strategy had plans to bridge the development gap after a certain period. But in real practice it was difficult. Firstly, it involves path dependence in the development process; second, different regions have their own interest orientation with different interest differentiation in the development process, and it was hard to modify; third, some development opportunities and conditions cannot be simply copied. When the opportunities for the central and western regions were gone, they were gone forever and hard to amend.

No matter what theories and actual consideration were behind the regional gradient development strategy, it actually drove the eastern coastal regions for a rapid development in the first 20 years of the reform and opening up, and left the central and western regions far behind. This economic disparity brought difference in the public service provided by the eastern, central and western government, and also resulted in differences of social attitudes and ideas.

China began to employ a more balanced regional development strategy from 1990s, progressively introducing policies: large – scale development of the western region, revitalizing the old industrial bases in the northeast, the rise of the central region and other policy measures, and increased support for the central and western regions' development. These policies have been quite successful. The disparity of provincial per capita GDP, per capital income and consumption had begun to narrow progressively since 2005, and now had dropped back the level in 1990s (Li Shantong, 2012). But it also needs a period of time for the decline of regional economic disparity to be transmitted to the social field.

Unbalanced public finance system

The urban – rural and regional disparity in public services is linked to the fiscal capacity gap caused by the difference of regional economic development level on one hand; and the weakening proportion of basic public services expenditure in the fiscal expenditure structure on the other. Moreover, after the tax reform in 1994, the government fiscal capacity tended to rely on the central government, whereas the duty of basic public services expenditure was delivered to local government. This made it more difficult to balance the access to basic public services. In such a fiscal system, local government favors investments resulting in rapid GDP growth so as to achieve a faster economic growth and more government income, and ignores their duty of providing basic public services.

The market reform and opening up

In the era of planned economy, the development disparity among urban or rural areas was relatively small, and remained in a constrained equality state through strict planning control and man – made suppression. The urban – rural disparity was more reflected in various qualification differences (such as allowances and price control), but not in life quality measured by income and expenditure (there was still a urban – rural gap in life quality). Along with the market reform and opening up (Chinese economy integrate into the global division), those previously restrained factors began to be visible and contributed to the domination of economic and social development disparity to some extent.

Market monopoly and division

China did not accomplish its transition from the planned economy to market economy, and there are large state – owned enterprises left behind from the planned economy era. Theoretically, the existence of such enterprises may not necessarily become a hindrance to fairness. And it can be helpful to promote economic and social welfare due to its public property. But in fact, many state – owned enterprises have an unreasonable privilege in the market with its influence on administration and policy, and many of them are market monopolists. This halfway market reform, have left employees of different ownership enterprises in an unbalanced situation regarding income and access to other social welfare/public services.

6.2 Policy approaches to promote equality

After reviewing all types of inequality and their institutional causes in China, we have thus proposed the following suggestions to promote equality in development:

Further promote the reform of household registration system, encourage the free labor flow, and reduce the labor market segmentation

The threshold for household registration shall be lowered substantially in extra – large and large cities; For those who have stable employment and paid social insurance in the residing cities, their registration as urban citizens shall be prioritized and implemented step by step; Measures shall be taken to ensure new migrants to the cities enjoy equal access to basic pubic services and welfare benefit as their counterparts originally registered as urban citizens.

Income distribution system reform shall rely mainly on the primary distribution, but supplemented by the redistribution

And policies for different income groups shall remain flexible. For low – income groups, the redistribution policy can have bigger roles; for middle - income groups, the key is to increase the proportion of labor income; and for high - income groups, the readjustment role of tax revenue should be applied.

Implement the human capital development strategy

The child development must be prioritized and fully evaluated by indicators. Key indicators considered should include the reduction of deprivation in food availability and nutrition for children, as well as their right in early childhood education and secondary education. The 2020 comprehensive early childhood development strategy shall be developed and implemented to improve the nutrient inputs for children under six, and promote the three - year pre - school education. Narrow the urban - rural and regional differences regarding education quality and nutrition levels in compulsory education. Vigorously enhance vocational education, and further promote the higher education system reform to connect it closely to the industrial transformation and upgrading.

Deepen the reform of state - owned enterprises and monopoly industries

In finance, railways, civil aviation, mineral resources, power and energy and other industries, the access restrictions shall be further loosened to let in more private enterprises for healthy market competition. As the economic strategy requires the state - owned enterprises to maintain their market monopoly position, the ratio of dividends from such enterprises shall be increased to support the inclusive social welfare system and other public services so that the profits from these enterprises can be better used to benefit more people.

Optimize the central - local fiscal transfer payment system

Based on the nature of specific transfer payments, the current payments of general transfer and special transfer need to be reclassified and defined to meet the financial resources equality in basic public service. In the special transfer payments, the increase shall target at the economically underdeveloped areas, as well as poor and vulnerable populations.

Apply structural tax reduction and increase in order to reduce the overall economic tax burden

Actively promote the structural tax reduction for small and medium enterprises, and fully promote the VAT and business tax reform. Expand the property tax pilot programs, employ more market – based measures to regulate the real estate market, and curb the excessive property income gap in cities and towns. Under the premise of reducing overall tax burden, the environmental taxes shall be collected appropriately, and the taxation standard shall be raised in the use of energy, mineral resources, and water resources. Improve local governments' financial capacity and public services.

Establish a sound social safety net, which includes but not limited to the pension plans, health insurance, unemployment insurance, and minimum subsistence allowance

Different groups should be connected in terms of social security through deepening household system reform. It also covers the disaster risk management system to enhance the capacity of communities and stakeholders to deal with risks of disasters.

Ensure citizens' basic needs for water, land, energy and other resources

Natural resources are the common wealth of mankind, and everyone is entitled to a minimum level of resources for a decent life. Government has the responsibility to protect this minimum need and people's right to benefit from resources, also the responsibility to reduce inequality in natural resources use and profit, through measures like tax collection and financial subsidies. Actively build a unified urban and rural land market to ensure both rural and urban land is entitled to the same right and same market price. Establish a sound mechanism of natural resource property ownership management and utilization regulation, and improve the relevant supervision system.

Vigorously promote green development and intensify environmental protection efforts

In government development plans, the management of ecological protection related issues shall be tightened to avoid excessive consumption of natural resources and deterioration of environmental pollution. The exploitation of national land should be strictly controlled based on the main functional areas management mechanism. Accelerate the price reform of natural resources and their products to reveal the scarcity of resources and the cost of damage by following the principle of users paying for resources and their pollution. Reform the pollution emission license system by introducing the total quantity control of key pollutant emissions, and enforcing the strict schemes of environment accountability and punishment. Intensify technological innovations to reduce resource consumption and pollutant emissions from the source.

Modernize governance

A series of measures shall be highlighted to enhance government efficiency and its rapid response to national development needs, improve the governance transparency and standardization, fight against corruption, establish a governance system based on fixed rules, and apply information and communications technologies (ICT) properly.

Expand the scale of participation from private sectors and civil society organizations in the development process

Encourage enterprises to fulfill their social responsibilities by providing employment opportunities, controlling pollutant emissions, saving natural resources, and protection of labor rights, etc. Invite private sectors and civil societies to discuss key development policies, and enable them to have a more active role in the policy development and implementation by learning from their innovative ideas and approaches. Also involve them in the process of evaluating and monitoring relevant policies' implementation.

7. CONCLUSIONS

China is now undergoing an integrated economic, social and political transformation. Proposed by the Third Plenary Session of the 18th Central Committee of the Communist Party of China (CPC), the comprehensive reform program aims at smoothing the transition progress, making China steadily transit from upper – middle – income towards high – income, and establishing modern state governance system. However, whether a new round of reform could be smoothly, to a large extent, depends on whether China can achieve the ability to properly handle the serious inequality in development. That is to say, currently, making strategies for dealing with inequality is not only a policy goal, but also to create conditions for China to build a fair, shared and sustainable development model.

To address the inequality issues arisen from this multiple transformation, the interaction among all types of inequality should be clarified, and their underlying mechanisms and institutional reasons be analyzed. Moreover, it should be noted that these mechanisms and institutions differ in nature but interact with each other. These multiple level interactions have complicated the problem solving process, but also implied the possibility of a solution through a comprehensive reform.

However, in the process of applying economic, social and political approaches, expectations shall be managed appropriately and a great deal of patience is needed. And reducing inequality to a desired level might take a decade or longer, even if the policy is right in its direction and strategy. This requires active communications and dialogues between the government and society to reach agreement on the reform plan, to identify the labor division and action steps, and ultimately build a better and equal society through the joint effort from government, public and private sectors.

Reference

1. Nussbaum, M. (1988). "Nature, Function and Capability: Aristotle on Political Distribution", Oxford Studies in Ancient Philosophy, Supplementary Volume: 145 – 184.

2. Nussbaum, M. (1995). "Human Capability, Female Human Beings", in Martha Nussbaum and Jonathan Glover (eds.) Women, Culture and Development: A Study of Human Capabilities, pp. 61 – 104. Oxford, UK: Clarendon Press.

3. Rawls, J. (1971). *A Theory of Justice*. The Belknap Press of Harvard University Press.

4. Robeyns, I. (2003). "Sen's Capability Approach and Gender Inequality: Selecting Relevant Capabilities", Feminist Economics 9 (2 – 3), 61 – 92.

5. Sen, A. K. (1985). *Commodities and Capabilities*, New York: Oxford University Press.

6. Sen, A. K. (1999). *Development as Freedom*, New York: Alfred A. Knopf, Inc.

7. United Nations Development Programme (1990). Human Development Report 1990. Oxford, UK: Oxford University Press.

8. Gong Sen, Li Bingqin (2013). "The Inequality in China: A Case Study", Save the Children China.

9. Guan Xiaoming, Li Yun'e (2007). "The Income Distribution Effects of Monopoly Industries: The Empirical Analysis of Urban Monopoly Industries", *Journal of Central University of Finance & Economics*, No. 3.

10. Ministry of Environmental Protection (2013 a). "2012 Report on the State of Environment in China", the website of MEP.

11. Ministry of Environmental Protection (2013 b). "2012 Report on the State of Environment in China," MEP website.

12. Ministry of Health (2012), "China Health Statistics Yearbook (2012)", Ministry of Health website.

13. Li Lixin (2013). "Blind Spot and Law Improvement of Contracted Women Workers' Labor Rights Protection", *Collection of Women's Studies*, No. 3.

14. Li Shi, Luo Chuliang (2007). "Reevaluate the income gap between urban and rural residents in China", *Journal of Peking University (Philosophy and Social Science)*, No. 2.

15. Li Shi (2012). "Present Situation, Trend and Influencing Factors of Income Gap in China", *China Income Distribution in Transition Period: China Income Distribution Related Policies' Influence Evaluation*, edited by China Development Research Foundation, Chapter 2.

16. Liu Minquan, Li Xiaofei, Yu Jiantuo (2007). "Investigation of Chinese Government Health Expenditure and Its equality", *Journal of Nanjing University (Philosopy, Human Science and Social Science)*, No. 3.

17. Liu Minquan, Yu Jiantuo, Wang Qu (2009). "Human Development Perspective and Sustainable Development", *Journal of Nanjing University (Philosopy, Human Science and Social Science)*, No. 1.

18. Liu Minquan, Yu Jiantuo (2010). "Environment and Human Development: A Literature Review", *Journal of Peking University (Philosophy and Social Science)*, Vol. 47, No. 2.

19. Luo Chuliang, Yue Ximing, Li Shi (2011). "Challenge Wang Xiaolu's Estimation of Grey Income", *Comparative Studies*, Vol. 52.

20. Qiu Qiu (2010). *Research on State Ownership System of Natural Resources in China*, Beijing: Science Press.

21. Ren Zhong, Zhou Yunbo (2009). "How Much Does Monopoly Influence the Industrial Income Gap in China?", *Economic Theory and Business Management*, No. 4.

22. Sun Liping (2003). *Fracture: China Society since 1990s*, Beijing: Social Science Academic

Press.

23. UNDP China, China Development Research Foundation (2005). *China Human Development Report* 2005: *Development with Equity*, Beijing: China Translation & Publishing Corporation.

24. Wang Xiaolu (2007). "Big Income Gap: The Underlying Causes of Over - saving and Under - consuming", *China Opening Herald*, No. 5.

25. Wang Xiaolu (2008). "The Gap between Grey Income and Residents Income", Working paper of National Economic Research Institute, China Reform Foundation.

26. Wen Tiejun, et al (2013). *Eight Crisis*: *Lessons from China*, 1949 - 2009, Beijing: Orient Press.

27. The research group of Southwestern University of Finance and Economics (2012). *Research Report of China Household Finance Survey* - 2012, Chengdu: Southwestern University of Finance and Economics Press.

28. Xiao Zesheng (2007). "The Difference between Social Public Property and State Property: An Interpretation of State Owned Natural Resources in China", *Zhejiang Academic Journal*, No. 6.

29. Xu Ying (2013). "Problems of Poverty in the Western Rural Areas during Social Transformation Period", *The World and Chongqing* (*Academic Journal*), No. 4.

30. Yue Ximing, Li Shi (2013). "The Real and Fake Gini Coefficient", South Reviews, http://www.nfcmag.com/article/3919.html.

31. China Development Research Foundation (2007). *China Development Report* 2007: *Eliminating Poverty through Development in China*, Beijing: China Development Press.

32. China Development Research Foundation (2009). *China Development Report* 2008/2009: *Building Development - type Social Welfare System Enjoyed by Everyone*, Beijing: China Development Press.

33. China Development Research Foundation (2012). *Income Distribution in the Transition Period in China*: *Effects Evaluation of Income Distribution Policy in China*, Beijing: China Development Press.

34. China Development Research Foundation (2013). "Towards a Fair and Sustainable Future: China Perspective in the International Development Agenda after 2015".

35. The research group of Lu Xueyi, Chinese Academy of Social Sciences (2010). *Social Structure of Contemporary China*, Beijing: Social Science Academic Press.

South Africa: Mind the Gap: Assessing Nature of Trends and Analysis of National Policies to Address Inequality in South Africa

EXECUTIVE SUMMARY

The overall objective of this paper is to conduct an assessment and analysis of policy trends on three thematic policy areas; namely – (i) economic policy and governance; (ii) social protection; and (iii) land and agrarian reform. The aim is to generate evidence to support policy and advocacy work, facilitate evidence based policy dialogue and advance alternatives based on research. Specifically, the paper focuses on the following interrelated areas:

- Assess nature of trends in inequality – South Africa & Scoping of Existing Inequality Research (Inequality – South Africa); and
- Analyse national policies to address inequality in South Africa

The African Economic Outlook's (AEO) 2013 report highlights how growth has been accompanied by insufficient poverty reduction, persisting unemployment and increased income inequalities. While poverty rates seem to have declined in some cases, the same cannot be said about inequality. South Africa is a classic example. Some evidence exists to show that poverty rates have declined as a result of the roll – out of social cash grants. The same cannot however, be said about inequality. Evidence on income inequality indicates marginal increases in the Gini coefficient in a number of studies conducted. Today, inequality is greater than ever before, a pressing issue not only for South Africa but globally, affecting both the developed and developing World.

A closer look at the South African context reveals that many of the causes of inequality emanate from previous colonial and Apartheid policies and laws. However, this does not exclude new drivers of inequality that are emerging which have the potential to entrench past causes and deepen other divides. Pre – 1994 saw a period that dates back to 1948 during which laws were passed with the purpose of entrenching racial inferiority and superiority with the introduction of the system and ideology of Apartheid. Most importantly, Apartheid affected the rights of Blacks while giving privileges to Whites. Among others, Blacks were refused common political rights, excluded from decision – making institutions in society, residential choices, rights of movement, educational issues and issues of welfare or the ability to accumulate assets or run businesses.

From a policy point to view, given the critical need to address the unsustainably high levels of income inequality in the immediate as well as in the medium to longer terms, the use of fiscal policy as a tool for redistribution requires serious engagement. The two main suggestions that we make involve Personal Income Tax (PIT) and the flat rate Value Added Tax (VAT).

Incomes in the top income decile have continued to increase at a very fast pace, which has of course aggravated income inequalities. We recommend firstly increasing the marginal tax rate for the highest income tax bracket to 45%, as has been done in a number of European countries since the financial crisis to address this very issue, and secondly ensuring that tax brackets keep strict indexing with inflation to prevent further leakage due to 'bracket creep'. Tax relief through annual PIT reductions announced with each successive national budget should also stop with immediate effect.

As integral to this recommendation however, we believe, must also be a very clear statement of intent by the state to the use of fiscal policy to actively act as a redistributive measure.

In terms of VAT, we recommend that the zero – rating of basic food stuffs be re – evaluated to ensure that ALL the main basic unprocessed foods consumed by poor people are zero – rated. VAT rates should also be amended to reflect a bias for locally manufactured products through the imposition of a higher tax rate for luxury imported goods.

On social protection it is important to note that while policy makers are swift to claim the income – replacement benefit of social protection, especially social assistance, the replacement – value of grants needs to be re – assessed against an assessment of need. It is clear from the section on the origins of the Child Support Grant, in particular, that this was never the point of departure for the fixing of the value of the grant. It is however vital, we believe, given the critical developmental requirements of childhood development. In addition, given the prevalence of poverty amongst children in South Africa, the continued use of the means test serves to place an administrative burden on poor parents and caregivers that often serves to exclude the eligible, for questionable reasons. By universalising the CSG, and clawing back the value from middle – class and elite parents through the tax system, this danger can be avoided entirely.

From an agrarian reform perspective rural development policy needs to set out a compelling and detailed vision of the alternative structure and character of a future rural agrarian economy and society, specify the 'what' (e. g. priorities for wealth creation, resources, and geographic and sectoral priorities for public investment) and the 'how'. In South Africa, agrarian reform has to concern itself with whether a more mixed farming sector in which broad – based accumulation by smallholders is the main route to 'development'.

BACKGROUND

Africa has for decades been grappling with poverty and inequality. The more recent levels of high growth rates which the Continent has experienced, have not led to a decline in poverty or inequality rates. The UN Economic Commission for Africa, (UNECA), in its 2012 report, states that:

'*Despite the acceleration of economic growth in Africa over the past decade*, *however, Africans' welfare has generally failed to improve. Social indicators have picked up only modestly, but with unemployment, particularly among youth, remaining stubbornly high, while income inequalities have widened'.*

The African Economic Outlook's (AEO) 2013 report highlights how growth has been accompanied by insufficient poverty reduction, persisting unemployment and increased income inequalities. While poverty rates seem to have declined in some cases, the same cannot be said about inequality. South Africa is a classic example. Some evidence exists to show that poverty rates have declined as a result of the roll – out of social cash grants. ① The same cannot however, be said about inequality. Evidence on income inequality indicates marginal increases in the Gini coefficient in a number of studies conducted. ② Today, inequality is greater than ever before, a pressing issue not only for South Africa but globally, affecting both the developed and developing World.

According to OECD research, in developed countries in the three decades prior to the global financial crisis, wage gaps widened and household income inequality increased in a large majority of OECD countries. This was at a time when countries were even going through a period of sustained economic and employment growth. ③ To date, South Africa's problems are not just about inequality, but a triple challenge that also includes poverty and unemployment. The 'triple challenge' has revealed itself increasingly in ongoing protest and strike action. Since 2008, estimates are that more than 2 million people have taken to the streets in protest every year④. Aggrieved residents have been protesting against poverty, corruption, joblessness and inadequate and uneven provision of public goods and services.

---

① Leibbrandt, M. et al. (2010), Trends in South African Income Distribution and Poverty since the Fall of Apartheid, OECD Social, Employment and Migration Working Papers, No. 101, OECD Publishing, OECD. doi: 10. 1787/5kmms0t7p1ms – en.

② Bhorat, H. Van Der Westhuizen, C. 2012. DPRU paper, p. 2 [online] http: //us – cdn. creamermedia. co. za/assets/articles/attachments/43772_ dprugrowthpoverty. pdf.

③ Kumar, C. 2014 – Tax Justice, CA report.

④ Plaut, M. 2012. The New Statesmen, 20 August.

The future looks bleak unless we experience a change in prioritisation from government, and radical reforms are implemented. Since the advent of democracy in 1994, the African National Congress (ANC) – led government embarked on a policy formulation process which sought to overhaul previous discriminatory Apartheid – legislation in line with the directives contained in the Constitution. While this process was characterised by comprehensive political, constitutional and socio – economic transformation and change, results were mixed.

Some critiques started pointing out that in the new South Africa, the ANC, "has been focussing too much on creating different legislations and policies" and not focussing on their implementation – an assertion acknowledged by the ANC led government.① Implementation has not been that evident, which has led to the realisation that the existence of policies does not automatically translate into effective outcomes.

OBJECTIVES OF THIS REPORT

The overall objective of this paper is to conduct an assessment and analysis of policy trends on three thematic policy areas; namely – (i) economic policy and governance; (ii) social protection; and (iii) land and agrarian reform. The aim is to generate evidence to support policy and advocacy work, facilitate evidence based policy dialogue and advance alternatives based on research. Specifically, the paper focuses on the following interrelated areas:

■ Assess nature of trends in inequality – South Africa & Scoping of Existing Inequality Research (Inequality – South Africa); and

■ Analyse national policies to address inequality in South Africa

The rest of the paper is split into three broad sections. The first section looks at inequality trends under democracy. This is followed in the second section by policy analysis, where the three thematic areas are discussed within the context of addressing inequality. The third and final section provides a summary of policies' values; strengths; weaknesses or gaps. This is then followed by concluding remarks and fi-

① ToR back ground, p. 2.

nally a way forward is proposed.

Section I INEQUALITY TRENDS IN A DEMOCRATIC SOUTH AFRICA

In South Africa, despite being an upper middle – income country, millions of people live in dire poverty and destitution, while a small elite continue to profit and prosper. The country has one of the highest income inequalities in the world with a Gini Coefficient of 0. 63 according to the latest Human Development Index①.

It is worth noting that inequality is not only a difference in income or economic power but includes all types of differences – "based, for example, on gender, ethnicity or location – that determine how individuals and groups can exercise control over their own lives and prospects."② The outcomes of such differences present a complex picture in which the poorest suffer the most as a result. In terms of gender inequality it is interesting to note that South Africa is ranked 90 with a gender inequality index of 0. 46 and fares well as compared to the overall inequality index.

The effects of inequality are numerous. Apart from the fact that inequality does not just offend against the enjoyment of equal rights and considerations of justice, it also has very specific social and economic implications. Inequality excludes full participation of people in the economy because only those who have access to resources are able to participate thus slowing economic growth. Furthermore, local economic production in poor communities and townships invariably fails because people do not have enough income to buy those goods – there is insufficient demand or purchasing power required to turn the business into a going concern. ③

A closer look at the South African context reveals that many of the causes of inequality emanate from previous colonial and Apartheid policies and laws. However,

① Human Development Report, 2013. [online]: http://hdr.undp.org/sites/default/files/reports/14/hdr2013_en_complete.pdf.

② Kumar, C. 2014. Africa Rising? Inequalities and the essential role of fair taxation, Tax Justice Network, Nairobi, p. 12.

③ Frye, I. S. Farred, G. 2011.

this does not exclude new drivers of inequality that are emerging which have the potential to entrench past causes and deepen other divides. Pre – 1994 saw a period that dates back to 1948 during which laws were passed with the purpose of entrenching racial inferiority and superiority with the introduction of the system and ideology of Apartheid. Most importantly, Apartheid affected the rights of Blacks while giving privileges to Whites. Among others, Blacks were refused common political rights, excluded from decision – making institutions in society, residential choices, rights of movement, educational issues and issues of welfare or the ability to accumulate assets or run businesses. ①

In addition, for millions of people what they had accumulated was systematically removed from them, including their homes and property. Divisions were also established between the various race groups, thus deepening divisions further. This led to a situation in which patterns of exclusion and marginalisation emerged that were subsequently reproduced from one generation to the next, reinforcing themselves. The situation escalated even further when the demand for low skilled labour diminished as the South African economy shifted away from primary extraction and agriculture towards secondary and tertiary sectors which require better skilled workers, without the provision of the necessary training. ②

Twenty years into democracy, the issue of inequality has continued to dominate the post – Apartheid landscape. Deep anger and frustration that is highly flammable currently prevails amongst the marginalised and poverty stricken millions of South Africans. While there have been some attempts at redress since the end of Apartheid, with a variety of economic policies and strategies (including black economic empowerment initiatives and land restitution), the effects and impact of these have been regarded as relatively ineffective. ③ Forbes' list revealed that in 2012, South Africa's wealthy were clearly getting wealthier as their net worth increased and, as the rich

① Stadler, 1987.

② Frye, I. 2008. 'Poverty, Social Security and Civil Society in South Africa: Triangulating Transformation', Dec. 2008, p. 8.

③ Kumar C. 2014.

got richer, the poverty gap also increased. The redistribution of wealth that has taken place saw a transfer of some wealth from white business to the black business sector through black economic empowerment deals which have benefited few. ①

A look at World Bank Indicators since 1993 reveal that income inequality has risen significantly and is currently at its highest (see Figure 1 below). Furthermore, a comprehensive report by the OECD, which looked at income distribution trends and household surveys from 1993, 2000 and 2008, finds that the Gini coefficient increased from 66% in 1993 to 70% in 2008, a remarkably high figure by international standards and much higher than the figure used in cross – country comparisons. ②

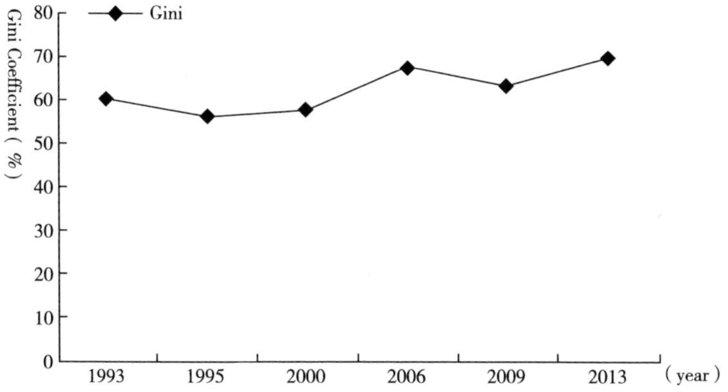

Figure 1: Inequality trends

Source: World Development Indicators and Stats SA 2012.

However, analysis of national statistics allows a more precise estimate of inequality as income data can be used. This is more accurate than the figures reported by the World Bank, which are based on expenditure data, used as a proxy for income to enable cross – country comparisons.

Between 2005 and 2010, the average income for households in the upper in-

① Business Report, August 6, 2013. [online] http://www.iol.co.za/business/news/johannesburg – is – home – to – the – rich – andricher – 1.1558031#.UwyMI_ mSx1Y.

② Leibbrandt, M. Woolard, I. McEwen, H. Koep, C. 2009. Employment and Inequality Outcomes in South Africa. OECD, [online]: http://www.oecd.org/els/emp/45282868.pdf.

come decile increased by 70.3% from R271 256 to R461 000, while households in the lower income decile received an average of R1 159 in 2005 which increased by 49% to R1 727[①].

The Income and Expenditure Survey of 2011/12[②] also looks at income changes shows that Indian/Asian – headed households showed a 36.8% average increase in income (an increase of R68 013), closely followed by black African – headed households at 34.5% (an increase of R17 859)[③]. Households headed by coloureds saw a 27.7% increase in income (an increase of R30 152), while white – headed households saw only a 0.4% real increase or roughly R1 412 more. The average income increase was 24.9% for all four categories; however, despite the significant growth in income in non – white households, there is still a tremendous gap between the population groups. White – headed households on average earn more than 5.5 times the income of the average black African – headed household. So while the income growth trend shows very positive signs, inequality remains a serious challenge for the country.

While it is true that the between race component of inequality remains very high, when considering inequality between racial groups as a percentage of the maximum possible level, this measure declined by 21% from 1993 to 2008, with the largest decline occurring before the year 2000. Table 1 highlights the Gini coefficients for each racial group and shows that in within – race, inequality has increased markedly for all racial groups. By 2008 the most populous racial group, the African group, made up 80% of the population and had the highest inequality of the four major racial groups. The Gini coefficient for Africans was 0.12 points higher than the same measure for Whites. Thus, within racial group dynamics have become more important and within African dynamics have become especially important in driving aggregate changes in inequality.

① Source: Income and Expenditure Survey, www.statssa.gov.za, various years.

② Produced by Statistics South Africa www.statssa.gov.za.

③ Increases are in nominal terms.

Table 1: Income inequality trends by race

	1993	2000	2005	2008	2012	% change (1993 - 2008)
Agregate	0. 67	0. 67	0. 72	0. 7	0. 68	1
African	0. 55	0. 61	0. 62	0. 62	—	13
Coloured	0. 43	0. 53	0. 6	0. 5	—	16
Indian	0. 46	0. 5	0. 58	0. 61	—	33
White	0. 42	0. 47	0. 51	0. 5	—	19

Source: Leibbrandt, M. et al. (2010).

Even though South Africans are getting richer, overall there are still very high levels of income inequality across and within population groups. The poorest and those dominating the lower income deciles are predominantly black South Africans. At any poverty line, black South Africans are poorer, which is not surprising considering the legacy left by Apartheid, given the active discrimination in state policy, the labour market and in relation to the provision of education, health and other social services.

To date, rising wage inequality is a major factor. Most workers have experienced virtually no improvement in their wages, with the median real wage for a formal sector worker in 2011 being the same as it was in 1997. Low - skilled workers' wages furthermore have a historic legacy of dampened wages for black workers (who occupied these positions under job reservation legislation) under Apartheid. On the other hand, the 22. 7% increase in the average formal sector wage has been entirely due to increases for top earners. This dramatic increase in wage inequality has been paralleled with widespread social protests, strikes and conflict amongst poor communities.

Section 2 POLICY AND IMPACT ANALYSIS

We note that levels of poverty and inequality continue to bear a persistent racial undertone. Two indicators of the post - Apartheid political economy have attracted special attention in this regard. The first indicator addresses the question whether the evolving character of the post – Apartheid economy and the policy efforts of the post – Apartheid government have been able to start to lower these very high aggregate levels of poverty and inequality. A related question is whether the racial footprint underlying poverty and inequality is starting to grey and will be replaced by new social strata and more subtle socio – economic dynamics. ① In order to answer these questions, a review of government initiatives is imperative in order to understand why South Africa is in its current status when looking at poverty and inequality.

Looking at the first 15 years of democracy, within the context of a new political framework – the Constitution of South Africa – a number of socio – economic development strategies have been implemented. In terms of framing post – Apartheid, socio – economic policy, land reform as well as governance for a new democratic South Africa the three most important documents were the:

- Reconstruction and Development Programme (RDP) (ANC 1994);
- The Restitution of Land Rights Act (1994)
- Growth, Employment and Redistribution policy (GEAR) (ANC 1996); and
- Constitution of the Republic of South Africa, 1996.

These among others set the tone for the manner in which the new South Africa is shaping today. Redressing the displacement of people was central to the objectives of the Restitution of Land Rights Act (1994). The Act provided for the establishment of a Land Claims Commission and a Land Claims Court to respectively probe and adjudicate claims of individuals and communities dispossessed on or after June 1913. The court, with the same status as the Supreme Court, was empowered to instruct the government to buy or expropriate land and return it to the claimants on condition that such action was just and equitable.

On the other hand, socio – economic development post – 1994 has been deeply

---

① Leibbrandt, M. et al. (2010), Trends in South African Income Distribution and Poverty since the Fall of Apartheid, OECD Social, Employment and Migration Working Papers, No. 101, OECD Publishing.

divided on the question of approach. Two main schools of thought emerged, both within the ruling party and more broadly across the nation, and these have shaped diverse policy approaches depending on the then – ascendancy of policy influence. The two schools are to either push for immediate and equitable redistribution of existing resource (growth through redistribution), while the second school argues for redistribution through growth – to increase growth and then distribute a bigger pie, which would obviate the need for any redistribution of entrenched property.

Two successive macro socio – economic policy framework documents (the RDP and GEAR) were the driving force for these two strategies. When GEAR was introduced in 1996, people on the left described its assumptions and objectives as being regressive, a neo – liberal ‘selfimposed structural adjustment plan’. These debates began to fade with time, although there was mounting evidence that the directives of GEAR were failing to address poverty and inequality, principally due to a failure in job creation, and the notion of ‘jobless growth’ and even ‘job – loss growth’ emerged. Then in a further policy development, the notion of the ‘developmental state’ was introduced in 2005. [①]

Over the past 5 years a new focus and recommitment to the fight against eradicating poverty and reducing inequality is emphasised in the National Development Plan[②] under a ‘capable’ state. The government also looking at new ways to address the land issue considering the slow pace of the current redistribution process.

As a sign of government's commitment to the NDP and its action plan, President Jacob Zuma in December 2013 signed the Employment Tax Incentive Act No 26 of 2013[③], making into law an initiative that will complement government's measures to create jobs for young workers and those in special economic zones. The

① Reitz, M. 2009. The Impact of Democracy on Development: The case of South Africa, Centre for Policy Studies, Research Report 120, Johannesburg.

② http: //www. npconline. co. za/.

③ The tax incentive scheme is one of the actions proposed in the NDP objectives under economy and employment. See Summary of Objectives and Actions [online]: http: //www. npconline. co. za/MediaLib/Downloads/Home/Tabs/NDP% 202030 – Summary% 2of% 20objectives% 20and% 20actions. pdf.

Act which took effect on 1 January 2014 aims to promote employment of young people by offering a tax incentive to employers.

In the sections that follows these broad policy strategies are described, together with their development targets and goals, and the progress towards achieving the objectives set out in each successive policy framework. The policy strategies are described within the three aforementioned thematic areas.

Economic policy and governance

As already highlighted; among these is the RDP; GEAR; and NDP. Other secondary policies are also briefly discussed. In terms of governance and in our analysis of economic policy, several issues need to be highlighted and taken into consideration in understanding the manner in which economic policy has evolved post – Apartheid.

- Firstly, there are varying notions of democracy at play, which highlight tensions within the governance framework. These range from liberalist notions of the role of the elected representative and minimal state intervention to a far more participative notion of democracy with active engagement between the state and non – state actors in populist and pluralist models.
- Secondly, the nature of social and economic human rights is contested, resulting in basic needs being approached in varying ways. The issue of whether South Africa has a rights – based approach to development or not remains contested.
- Thirdly, public sector reform and service delivery are undergoing massive upheavals, with differing understandings informing the extent to which greater efficiency of the bureaucracy will in fact lead to improved access to services. Within this debate the issue of poverty alleviation is central, and the extent to which there is a coherent policy framework in place to address it is questioned. The introduction of user fees for many of the socio – economic rights in effect cancels out the impact of the guaranteed right of access promised by the Constitution and raises questions about the constitutionality of

these policies given the obligation on the state to 'respect, protect, promote and fulfil' the constitutional guarantees.

- Finally, the importance of the region, and SA's role within it, is attracting increasing attention. There are varying views about the leadership position that SA could and should take, and the likely impact of regional economic integration. ①

These and other issues are highlighted in the policy discussions below:

The Reconstruction and Development Programme, 1994

The RDP decisively relates growth to development and redress for the effects of Apartheid, arguing against commonly held notions that growth and development are mutually exclusive – that growth is a priority that precedes development, and that development is a marginal effort of redistribution to poverty nodes②. In its original version, the RDP spelled out a vision for a new democratic South Africa in which people would be granted access to services, enabling them to participate fully in society, along the notions of Armatya Sens' 'capabilities'.

The driving rationale was growth through redistribution. The idea was to significantly increase spending on service provisions and create jobs, thereby tackling marginalisation, inequality and unemployment. The approach was both people – centred and people – driven. ③ The RDP formed the basis for the ANC's first election manifesto, which brought the party into power under the first Government of National Unity.

GEAR, 1996

GEAR is predicated on the need for economic growth and provides a strategic framework within which decisions on monetary, fiscal and labour market policy have been taken since 1996. It involves, inter alia, liberalization of the economy, privati-

① White, G. Heymans, C. Favis, M. Hargovan, J. 2000. Development Co – Operation Report: Democracy and Good Governance, Report on Democracy and Good Governance for the Swiss Development Co – operation (SDC).

② Ibid.

③ The Reconstruction and Development Programme of 1994. Available at: www. anc. org. za.

zation of government assets and a reduction of state spending. ①

Considered as a unilateral adoption of the Growth, Employment, and Redistribution (GEAR) Plan by the ANC government in 1996, this marked a departure from the previously practiced negotiations within the alliance and civil society structures, and resulted in a policy of fiscal austerity. GEAR was adopted at a time when South Africa was facing a currency crisis and the aim was to reassure domestic and foreign investors by pursuing a conservative macroeconomic strategy. The new emphasis on cutting the national budget deficit led to a general disillusionment with the government and its ability to deliver social services. 'Growth through redistribution' was replaced by 'redistribution through growth'. ②

GEAR no longer placed the emphasis on government changing things for the better, but on market forces solving the existing problems. It became a key driver of the government's trade strategy and was recognized by the private sector both locally and internationally as being a sound economic framework. But outside these constituencies, GEAR was consistently criticized by among others, the labour movement and the South African Communist Party (SACP). The view held by these parties was that, even if GEAR did facilitate growth, it will do so in such a way that income redistribution will remain unaffected, resulting in a widening of the gap between rich and poor. These critics argued that poverty was on the increase and the country lacked a comprehensive framework on poverty alleviation. ③

Other state economic policies

Government's two major policy frameworks, the RDP and GEAR, were supplemented by various other "secondary" policies and programmes that sought initially to fix the economy, but more recently have articulated the need to have better avenues for the sharing of the economic wealth by the inclusion of more people in the formal

① Padayachee, A. Desai, A. 2011. Post – Apartheid South Africa and the Crisis of Expectation – DPRN Four, Rozenberg Quarterly [online]: http: //rozenbergquarterly. com/post – Apartheid – south – africa – and – the – crisis – of – expectation – dprn – four/.

② Visser, Wessel, 'Shifting RDP into Gear', p. 7.

③ Brockerhoff, S. 2013.

economy.

Accelerated and Shared Growth Initiative for South Africa

Having failed to reach projected growth rates, government adopted the Accelerated and Shared Growth Initiative for South Africa (ASGI – SA) that sets out the broad framework of steps that needed to be taken to raise growth to much higher levels. The main focus of ASGISA was to deal with a set of binding constraints that inhibit faster growth. These constraints are[①]:

- currency volatility and macro – economic stability;
- cost and efficiency of the national logistics system;
- skills shortages;
- high levels of inequality;
- barriers to compete in the sector;
- the regulatory environment for small and medium sized enterprises; and
- deficiencies in the capacities of government and parastatals.

A key proposal was to increase infrastructure spending to over R370 billion over the medium term expenditure period, fast track skills development, reducing the regulatory burden on small enterprises and improving capacity at the local and international level. Furthermore, ASGI – SA[②] had a development strategy with specific sections on poverty eradication, equity, and distributional issues. The important Poverty Reduction dimension, included budget reform and reprioritisation, increasing access to income and employment opportunities for the poor, including the Extended Public Works Programme, ensuring food security and providing nutrition, meeting the demand of housing, providing comprehensive free primary health care, building and upgrading clinics, and revitalising hospitals and expanding the immunisation programme.[③]

The Medium Term Expenditure Framework (MTEF)

The three – year budget cycle, known as the Medium Term Expenditure Frame-

---

① Ibid.

② Ibid.

③ Ibid.

work (MTEF), is another response from the state to articulate a comprehensive poverty alleviation framework which was introduced in 1998. The first MTEF's priorities were as follows:[①]

- Meeting basic needs – principally in education, health, water and sanitation, social services, welfare, land reform and housing;
- Accelerating infrastructure development – ensuring investment in infrastructure, upgrading of roads, undertaking of spatial development initiatives (Spatial Development Initiatives), and addressing urban renewal – principally via private public partnerships;
- Economic growth, development and job creation – the stimulated building of the economy to achieve sustainable, accelerated growth with correspondent redistribution in opportunities and income;
- Human resource development – the education and training of citizens in pre – primary, formative, tertiary, technical institutions and lifelong education and training for adults, the unemployed and out – of – school youth;
- Safety and security – the transformation of the criminal justice, police and prisons administration and the improvement in national defence and disaster management;
- Transformation of government – the strengthening of administration and good governance and the implementation of a code of conduct (Batho Pele – People First) for service delivery by the public sector.

Subsequent MTEFs have been produced and have their own objectives, some of which may have changed from the ones highlighted above[②].

The National Development Plan: Vision for 2030

A National Development Plan (NDP) is not uncommon in developing economies. The focus seems to be developing a framework to derive a common set of priorities to guide where a country is heading. In South Africa's context, as already high-

---

① Ibid.

② It is important to note that the MTEF priorities are reviewed at the end of each cycle and therefore may not remain the same.

lighted, the realisation by government that a sectoral and/ or short – term view to planning hampers development weakened its ability to provide clear and consistent policies & its ability to mobilise all of society in pursuit of the South Africa's developmental objectives partly attributed to the NDP.

At the core of the NDP is the need to eradicate poverty and reduce inequality by 2030. To eliminate poverty and reduce inequality, the economy must become more inclusive and grow faster. It is envisaged that by 2030, the economy should be close to full employment; equip people with the skills they need; ensure that ownership of production is less concentrated and more diverse (where black people and women own a significant share of productive assets); and be able to grow rapidly, providing the resources to pay for investment in human and physical capital①.

Amongst the objectives of the NDP is to see a South Africa that in 2030②:

■ Has created eleven million new jobs bringing unemployment down, to no more than 6%

■ eliminated poverty across the majority of the population

■ Has reduced the Gini coefficient for income from an outrageous 0.7 to an, admittedly, far from acceptable level of 0.6

■ Has a notable reduction in corruption and corresponding increase in government capacity and efficacy

■ Has a national health service provided through the public sector free at the point of delivery with a focus on primary and preventative care.

■ Has a major expansion in provision of basic needs such as housing, water, electrification, education and other elements of social and economic infra-

① National Planning Commission, 2011. What the National Development Plan proposes. [online]: http://politicsweb.co.za/politicsweb/view/politicsweb/en/page71656?oid=266508&sn=Detail&pid=71656.

② NUMSA, 2012. "Chronicle of a Developmental Transformation Foretold: South Africa's National Development Plan in Hindsight", National Union of Metalworkers of South Africa, Johannesburg. [online]: http://www.numsa.org.za/admin/assets/articles/attachments/00116_numsa_draft_critique_of_the_ndp_of_the_npc_.pdf.

structure; and

- Has made considerable progress in shift towards a green economy with adoption of new renewable technologies

According to the plan, South Africa can realise these goals by drawing on the energies of its people, growing an inclusive economy, building capabilities, enhancing the capacity of the state, and promoting leadership and partnerships throughout society. Minister Trevor Manuel highlighted the following processes in the implementation of the plan:[①]

- The NDP and its proposals will need to be implemented in the right order over the next 17 years. Three phases have been identified.
- Government has already started a process to align the long term plans of departments with the NDP and to identify areas where policy change is required to ensure consistency and coherence.
- The NDP is a plan for the whole country. Government will engage with all sectors to understand how they are contributing to implementation, and particularly to identify any obstacles to them fulfilling their role effectively.
- The Plan will shape budget allocation over the next 17 years.
- The Plan identifies the task of improving the quality of public services as critical to achieving transformation. This will require provinces to focus on identifying and overcoming the obstacles to achieving improved outcomes, including the need to strengthen the ability of local government to fulfil its developmental role.
- Planning and implementation should be informed by evidence-based monitoring and evaluation.
- The President and Deputy President will be the lead champions of the Plan within Cabinet, in government and throughout the country. Premiers and Mayors will need to be visible and active champions of the Plan, with their

① Key issues - National Development Plan 2030 [online]: http://www.gov.za/issues/national-development-plan/.

offices being the catalytic agencies to drive implementation at provincial and municipal levels.

While the NDP in its entirety or parts thereof to a certain extent has received a warm welcome, both business and civil society remain cautious especially when it comes to effective implementation. The Institute for Security Studies believes the National Development Plan (NDP) is crucial for growth heading towards 2030 and went further to note that "South Africa may remain the perennial underachiever if goals that have been set out aren't followed through."

On the other hand, the Congress of South African Trade Unions (COSATU) and its affiliate the National Union of Metalworkers of South Africa (NUMSA) were vocal with regards to the unions' reservations about the National Development Plan (NDP). COSATU's main concern is that everyone is not in line at the moment. "There's nothing wrong with implementing these plans now but everyone needs to be working and heading in the same direction." This is according to COSATU's President Sdumo Dlamini①. Of concern to NUMSA's was its perceived unlikelihood of the policies of the NDP to deal effectively with the often mentioned challenges of poverty, unemployment and inequality②.

The Tax Incentive Act – 2013

Typically the Tax Incentive Act which came into force on 1 January 2014 introduces what has usually been referred to as the Youth Wage Subsidy, which is an amount which will be given by government to private businesses. The purpose of the Bill is to implement a tax incentive which will reduce the cost to employers of hiring young and inexperienced youth through a cost – sharing mechanism. The Bill therefore seeks to encourage employers to create job opportunities for young and inexperienced job seekers, in addition to boosting employment by firms operating in Special Economic Zones (SEZ).

---

① MyNews24, 2013. The National Development Plan: A Discussion. News24, 23 September 2013. [online]: http://www.news24.com/MyNews24/The – National – Development – Plan – A – Discussion – 20130923.

② NUMSA, 2012. Ibid.

The incentive will be available for the first two years of employment. The value of the incentive is prescribed by a formula, which has three components for different wage levels. For monthly wages of R2 000 or less the incentive value is 50% of the wage. For monthly wages that range from R2 001 to R4 000 the value of the incentive is R1 000 per month per qualifying employee. For monthly wages between R4 001 and R6 000 the value of the incentive tapers down from R1 000 pm to zero according to a formula. The value of the incentive is halved for the second year of employment①.

While it is the intention of Government to focus on labour market activation and to thereby stimulate a demand for young workers, through the implementation of the tax incentive, the question that remains is whether the Bill will in fact achieve its objective? In other words, will the Bill stimulate economic activity across the employment spectrum and thereby benefit all businesses or will the incentive operate exclusively for the benefit of large corporations to the exclusion of the small scale employers?②

*Social Protection policy*③

Social protection can be regarded as a kind of insurance policy against poverty and a tool for delivering social justice, as well as a means of promoting inclusive development.

It is an expression of solidarity and cohesion between the haves and have – nots, between governments and citizens, and even between nations. Social protection can be delivered to those who need it through a variety of mechanisms, including unemployment bene. ts, pensions, child support, housing assistance, national health insurance, job – creation schemes, retraining programmes, agricultural in-

① Tax Flash 2013. Publication of the Draft Employment Tax Incentive Bill for Public Comment. BDO Newsletter, September 2013. [online]: http: //www. bdo. co. za/resources/showitemarticle. asp? ResourceSectionId = 4&ResourceSectionName = Publications&ResourceId = 7&ResourceName = Tax% 20 Flash&IssueId = 417&ContentPageID = &Archive = &articleid = 427.

② Paulsen, N., Ibid.

③ Unless otherwise specified, this section is summarised from SPII's recent published work by Brockerhoff, S. 2013. A review of the Development of Social Security Policy in South Africa. Working Paper 6. Newtown, Johannesburg.

surance, and more.① It is important to note that there is no uniform definition of social protection. Amongst the definitions contained in the Code for Social Security in SADC (2007):

"*Social protection is broader than social security. It encompasses social security and social services, as well as developmental social welfare. Social protection thus refers to public and private, or to mixed public and private measures designed to protect individuals against life – cycle crises that curtail their capacity to meet their needs. The objective is to enhance human welfare.*

Conceptually and for purposes of this Code social protection includes all forms of social security. However, social protection goes beyond the social security concept. It also covers social services and developmental social welfare, and is not restricted to protection against income insecurity caused by particular contingencies. Its objective, therefore, is to enhance human welfare."

Within the context of South Africa, effective social protection schemes are of crucial importance for the future of South Africa and whilst social protection can never compensate for a lack of employment it can diminish some of the immediate hardships of unemployment. The responsibility of implementing social protection programmes falls under a number of government departments, however the lead department is the Department of Social Development (DSD).

Social Security

In order to understand the policy development on social assistance through the Social Assistance Act of 1992, the White Paper for Social Welfare of 1997, the Social Assistance Act of 2004 and the South African Social Security Agency Act of 2004, it is necessary to contextualise the wider policy debates taking place in South Africa during this time. The RDP and GEAR had failed to address the issue of redis-

---

① European Report on Development, 2010. What is Social Protection? [online]: http://www.erd – report.eu/erd/report_ 2010/documents/volA/factsheets/1 – what_ social_ protection_ en. pdf.

tribution in the manner that was popularly expected at the time.

Opinion in society had started to shift away from the more radical policies adopted by the ANC in the early days of reconstruction. It was no longer expected that the government would successfully deliver on the principles of the RDP, at least in the immediate term. Hence, cash transfers were identified as something the government could expand in order to alleviate poverty to pockets of the most vulnerable and deliver on its constitutional obligations with regard to social security. GEAR thus marks the beginning of the period in which CSOs and others started to focus on working towards increasing the coverage and values of cash transfers, as this was identified as something that government could actually deliver on. ①

The Social Assistance Act and the South African Social Security Agency Act, 2004

The Social Assistance Act of 2004 replaced the Social Assistance Act of 1992. By and large it consolidated legislation on social assistance as it emerged throughout the above discussed policy process. The Social Assistance Act codifies the right to the OAG, the CSG, CDG, DG, WVG, FCG, GIA, and SROD. It did not include the idea of introducing a BIG, but included an extension of the CSG through the Regulations to the Social Assistance Act.

The Social Assistance Act of 2004 is disappointing in so far as it did not restructure the social assistance system, but largely formed part of the consolidation process and focused on the expansion of the existing system. However, it did firstly include the Social Relief of Distress Grant (SROD) as a social assistance grant for the first time (as opposed to its previous status as a discretionary relief fund), and secondly it centralised the administration of social assistance which has resulted in significant advantages as discussed below.

The real reform of the social security system in 2004 was the creation of the South African Social Security Agency, or SASSA. The Taylor Committee② had called for a one – stop shop for the administration of social security in 2002. Prior to

① Ibid.

② Taylor, 2002. Transforming the Present Protecting the Future. Pg. 41. [online]: http://www.cdhaarmann.com/Publications/Taylor%20 report.pdf.

the establishment of SASSA, "social assistance benefits were administrated by the provincial departments responsible for social development in each of the nine provinces... [and] financed by the provincial legislatures". ① Delivery of services differed between provinces and was poor in general. Amongst the things that went wrong were:

- provinces failing to observe the rules of administrative law and being sued for it;
- inefficiency e. g. long processing times, unskilled and rude staff;
- corruption and fraud, and (4) fragmentation of services. ②

The South African Social Security Agency Act established SASSA in 2004 and it became operational in 2006. The Department of Social Development (DSD) now continues to determine social security policy, oversees and evaluates SASSA's activities, sets targets and policy frameworks and is ultimately politically responsible for social security.

Table 2: Social Grants and their eligibility Criteria as of 2012/ 2013

Social Grant	Purpose	Who can apply (SA citizens and permanent residents)	Amount in Rand	Means Test (Max income and assets to be eligible)
Old Age Grant	Income support for older men and women	60 years or older	R1 260	Income: Single = R 4 160pm or R49 920 pa Married = R831 600 or R99 840 pa Assets: Single = R831 600 or Married = R1 663 200
War Veterans' Grant	Income support to older men and women who served in WWI, WWII or the Korean war	60 years or older	R1 260	Income: Single = R 4 160pm or R49 920 pa Married = R831 600 or R99 840 pa Assets: Single = R831 600 or Married = R1 663 200

① Mpedi, L. G. 'Pertinent Social Security Issues in South Africa', p. 17.

② Mpedi L. G. ibid.

continued

Social Grant	Purpose	Who can apply (SA citizens and permanent residents)	Amount in Rand	Means Test (Max income and assets to be eligible)
Disability Grant	Income support to adults who are not able to work because of a mental or physical disability	Adults who are 18 or older (refugees included)	R1 260	Income: Single = R 4 160pm or R49 920 pa Married = R831 600 or R99 840 pa Assets: Single = R831 600 or Married = R1 663 200
Grant in Aid	Income support to people (already getting Older Persons; War Veterans or Disability Grant) who need full - time care from someone	Adults who are 18 or older	R290	Not means tested
Foster Child Grant	Income support to caregivers of children in foster care (you must have a court order)	Foster parents of children under 18 (or up to 21 on the recommendation of social worker) (refugees included)	R800	Not means tested
Care Dependency Grant	Income support to caregivers providing permanent care to children with severe mental or physical disabilities (must have medical assessment)	Parent or caregiver or foster parent of children from 1 up to 18 years (not for infants)	R1, 260	Income: Single = R 12 600 pm or R151 200 pa Married = R25 200 or R302 400 pa No Asset test
Child Support Grant	Income support to caregivers of children in need.	Parent or primary caregiver of children born on or after 31 December 1993.	R290	Income: Single = R2 900 pm or R34 800 pa Married = R 5 800 or R 69 000 pa No Asset test

Source: Adapted from Brockerhoff, S. *2013*.

Health

In 1994, the first Minister of Health, Dr Nkosazana Dlamini – Zuma, in the new democratic South Africa assumed her ministerial duties. Her Department faced the challenge of bringing about an efficient and equitable health care system that would benefit all South Africans.

Some of the themes of health policy in 1994 included Public Health Care (PHC), human resources development, and financing of public health care. Since 1994, several health care policies and legislation were enacted to further strengthen the position of health care provision in the country. Amongst these were The Medical Aid Schemes Act, Act 131 of 1998, National Health Laboratories Service Act, Act 37 of 2000, Council of Medical Schemes Levy Act, Act 58 of 2000, National Health Act, Act 61 of 2003, Nursing Act, Act 33 of 2005, the 2005 Health Charter, and more recently the comprehensive Human Resources for Health Strategy published in 2011.

Is a National Health Insurance the answer?

The NHI is a comprehensive financing system that is aimed at providing essential, efficient and quality healthcare to all citizens of South Africa, regardless of their employment status, socio – economic background and ability to make direct contributions to the NHI fund. It is envisaged that the NHI will be rolled out over a period of 14 years, beginning with a 5 year pilot in 10 selected districts in 2012. ①

The overarching objective of the NHI is to bring about reform in the present health care system which is currently skewed to benefit only a privileged minority. By making quality healthcare affordable and accessible to all, the NHI seeks to promote equity and improve service provision in the health sector, thereby changing the status quo in the South African health care system.

---

① The selection of the participating districts will be based on a combination of factors which include demographics of the district, social indicators impacting health delivery performance, income levels, health profile of individuals in the district, etc. Department of Health, the National Health Insurance: Questions and answers. www.doh.gov.za.

The following section seeks to ascertaining whether the NHI is indeed a pro - poor policy, by looking specifically at some of the potential benefits that will accrue to low - income households and the marginalised members of society in the long run who are currently indirectly excluded from equally deriving good quality healthcare services that are readily available to those who can afford to pay for them, specifically the middle and upper income class.

Benefits of the NHI

There are multiple advantages to rolling out the NHI. The fact that the NHI is a nondiscriminatory policy means that all persons will have equal access to all levels of care i. e. primary, secondary, and tertiary health care services. In the 2011 policy paper on the NHI, the NDoH refers to some of the benefits that have accrued in middle income countries as a result of successful implementation of a NHI. It is envisioned that similar outcomes will be seen in South Africa after the NHI has been rolled out. The benefits mentioned in the paper are: ①

a) There is a positive correlation between an individual's health status and the wealth of a country. According to research done by the NDoH on the relationship between health and economic development, an extra year of life expectancy increases a country's GDP by 4% in the long run.

b) Investment in health has served as a safety net against poverty traps during tough economic times.

c) Public financing of health care means that low - income households have more money at their disposal for improving their own welfare.

At first glance the idea of a NHI appears to be a pro - poor progressive policy, but the challenges around its proposed implementation and the success thereof remain widely contested. For example, how will the existence of a NHI address the human resource shortages currently experienced in the country? How will the NHI ensure that corruption or misuse of funds does not happen? And how will the NDoH

① National Department of Health, Government Gazette, "Policy on National Health Insurance", 12 August 2011.

better manage its budget so that it translates to long term (positive) health outcomes?

The green paper does not address these salient concerns, nor does it provide in - depth detail on how the NHI plans to improve the health system. Concerns have also been raised that the NHI will be too costly to implement. Other sceptics have even labelled the idea of a NHI as being an unachievable pipe dream, destined to fail. Furthermore, the moral argument i. e. the idea that the wealthy will have to contribute to the fund even if they choose not to use the NHI is a concern that has been raised by many stakeholders. ①

In South Africa the wealthiest 10% control 58% of total income②, it would therefore not be unreasonable to expect the rich to reinvest this wealth in society to the benefit of the marginalised. The basis for all these arguments is that the NHI green paper does not provide adequate detail on the implementation and feasibility of this policy objective. If anything the green paper raises more questions than it provides answers, which casts doubt on the success of the NHI.

Education

The legal framework regulating schools is encapsulated in South African Schools Act (SASA), 1996 and the National Education Policy Act of 1996, together with a plethora of subordinate legislation. This framework creates a single unified national system of schooling and provides for the desegregation of education, the establishment of school governing bodies, nine years of compulsory schooling, the funding of public schools and the establishment, and subsiding of independent schools.

While the Further Education and Training Colleges Act of 2006 is said to regu-

① Austin - Evelyn, K. 'Affordable Health Care for all South Africans: The National Health Insurance Green Paper', Consultancy Africa Intelligence, Published on 16 November 2011. Accessible on: http: //www. polity. org. za/article/affordable - health - care - for - allsouth - africans - the - national - health - insurance - green - paper - 2011 - 11 - 16.

② Leibbrandt, M, et al. 2010. 'Trends in South African Income Distribution and Poverty since the Fall of Apartheid', OECD Social, Employment and Migration Working Papers, No. 101, OECD Publishing. doi: 10. 1787/5kmms0t7p1ms - en.

late all levels of learning and training above the General Education Certificate (GEC)[①] phase and therefore supposedly regulates learning and training for grades 10 – 12, it is silent in respect of the funding of grades 10 – 12. Funding of all schooling up to matric is regulated solely by SASA and its subordinate legislation. Accordingly, this policy review does not include a discussion of the Further Education and Training Colleges Act.

Constitutional commitments and the commitment to redress

Prior to the funding reforms initiated in 2003, rights rhetoric was largely absent from the legal framework. Where right obligations were noted, this occurred, as a passing reference and as a misinterpretation of the state's obligations. For example, the original Norms and Standards spoke of the obligation to "progressively realise the right to basic education". As has already been highlighted in the section discussing section 29, the right to basic education is an unqualified right and is therefore unfettered by the progressive realisation qualifier.

What has remained consistent in all policy development since 1996 is the stated commitment to redress the historical legacy of Apartheid education. For example, the preamble to SASA acknowledges, "this country requires a new national system for schools which will redress past injustices in educational provision." The amendments to SASA then contain an interesting and innovatively worded amendment titled "Responsibility of the State.[②] In terms of which Section 34 (1) states:

"The State must fund public revenue on an equitable basis in order to ensure the proper exercise of the rights of learners to an education and the redress of past inequalities in education provision. (own emphasis)".

The pressure from civil society resulted in the Department of Education introducing of the "Review of Financing, Resourcing and Costs of Education in Public Schools (the "Review" and "Plan of Action for Improving Access to Free Quality Basic Education for All" (the "Plan") by the Department.

---

① also sometimes referred to as the GETC.

② Section 34.

The Plan, at first blush, appears to be an emphatic statement by the Department of its constitutional imperatives. It acknowledges the rights of all South Africans to basic education, which it seems to suggest has been realised by making education compulsory for learners between the age of 7 and 15. It then goes on to outline the state's constitutional commitment in respect of Grades 10 to 12 as being to progressively improve access to further education, thus implying a lesser obligation towards learners in these grades compared to learners in the compulsory phase[①]

The GEC phase as encompassing the scope of the state's commitment to basic education

The Plan stipulated that the GEC phase of education is the basic education phase. This has translated into policy making in three distinct areas:

Firstly, the state has made this phase of education compulsory, the premise being that this will ensure universal access to a basic education. The state then measures universal access based on levels of initial enrolment of learners in this phase of education. The analysis of data conducted in this paper has suggested that initial enrolment figures on their own cannot be used as a marker for universal access, since there are many and ongoing obstacles to access affecting attendance at schools.

Secondly, within the context of no – fee schools, the Norms and Standards for School Funding leave it to ministerial discretion to establish no – fee grades, whilst allowing fees to be charged at no – fee schools in grades 10 – 12 which fall outside the GEC phase.

Again, this is highly problematic when the high dropout rates during this phase of schooling are taken into consideration, as well as the fact that affordability is cited as the main reason for non – attendance at school.

Thirdly, the Department's interpretation of the scope of the basic education phase has translated into the prioritisation of allocations for building of schools and other infrastructural development in the GEC phase. In practice, and in the context of scarce resources, it appears that this can result in the extension of new primary

① Section 2. 5.

schools or the building of primary schools only, to the exclusion of secondary schools.①

The definition of the GEC phase of education as embodying the scope of the state's basic education mandate and the subsequent prioritisation of the GEC phase appear to be neither grounded in a rights – based premise nor rationally connected to the socio – economic realties of South African life. Indeed, commentators within an international discourse on education rights are increasingly putting forward the view that in order for education to impact and improve the lives of learners, as well as reduce poverty it cannot be limited to a few years of schooling but should be predicated on the acquisition of basic skills such as numeracy or literacy and should be lengthened to include secondary education. Such an approach would also be in keeping with the World Declaration on Education for All which states that:②

> *"The focus on basic education must, therefore, be on actual learning acquisition and outcome rather than exclusively on enrolment, continued participation in organized programmes and completion of certification requirements."*

A pro – poor policy through socio – economic targeting and cross – subsidisation

Since 1996 and as a result of the 2003 funding reforms the Department has stated that its overall policy objective is the redressing of the legacy of Apartheid education. It claims to have achieved this through the institution of a model of socio – economic targeting that distributes 80% of the funding for recurrent non – personnel expenditure to 60% of the poorest schools. Since the new funding framework has been instituted, this pro – poor policy has also included making more than 40% of the poorest schools fee free.

Other pitfalls within the state's pro – poor policies have also become evident in the implementation of 2003 reforms. This is particularly the case for the shift from

① This was the basis of reasoning provided to CALS and the South African Human Rights Commission (SAHRC) in correspondence between the organisations and the North West Department as to the shortage of high schools in a particular area of that province.

② Adopted in Jomtien in 1990. Article 4, see also Articles 1 & 5.

provincially determined to nationally determined quintiles through a process whereby provincial education departments assign a poverty score to each school based on the poverty of the community around the school. ① This has resulted in significant hardships for many schools that have been inaccurately ranked. ②

As a direct consequence of being inaccurately ranked these schools receive low state allocations and because of the absence of sufficient fee revenue with which to maintain these schools, these schools exist in conditions of under – funding and under – resourcing.

As a result of the incorrect classification of many schools not all schools that should be declared ‘no fee schools’ have been declared thus. ③

Thus, while the state has pursued pro – poor policies, the resources allocated on this basis have been insufficient in addressing infrastructural and other backlogs in education. Moreover, where a pro – poor policy has resulted in fee – free schooling this has failed to covered all schools that ought to fall within this safety net.

Cross – subsidisation

While the plan talks about the "progressive roll – out of free – education", it also renews commitments to charging school fees at more advantaged schools. The rationale being that wealthier parents cross – subsidise poor learners through fee exemptions for poor learners at wealthier schools. However, Fiske and Ladd's research into exemption patterns at wealthier schools show low exemption uptakes and therefore

① Amended Norms paragraph 101.

② This is problematic because, firstly, the revised ranking system largely ignores the current reality of post – Apartheid schooling, which is that many learners travel from poorer communities to attend schools in other areas with better infrastructure in terms of learning facilities and teachers. There are also case studies where learners in informal settlements and townships are inadequately catered for and therefore have no option but to travel to schools in other areas. See F Veriava. See also R Wildeman ‘Reviewing 8 years of the implementation of the school funding norms.’ (2008) 39. He notes that the way targeting occurs (using census data) at ward level means that vastly different levels of incomes and educational levels are drawn into the same boundary that defines a ward.

③ ‘See No Fee Schools Spark Row’, *Sunday Times*, 1 October 2006. In this article it was alleged that there are dozens of schools across the country that are lodging objections to the ratings given to their schools because while their schools actually meet the criteria for being declared no – fee schools, these schools have been ranked as wealthy schools even though the learners come from mostly poor backgrounds.

does not provide support for this system. They also note that the extremely low number of exemptions at formerly white primary and secondary schools, the well – resourced schools, suggests that "race is being replaced by economic class as the determinant of who is able to go to formerly white schools." [1]

In terms of the latest GHS, only 10% of those surveyed stated that they benefited from full or partial exemptions in fee – charging schools. Research into the reformed funding framework also suggested that despite the tightening of the non – discrimination provisions in the funding framework, problems relating to the non – implementation of the exemption system and the discrimination of poor learners in fee – paying schools continue to persist. [2]

It appears, therefore, that to the extent that wealthier parents subsidise poor learners at fee – paying schools, this subsidisation is negligible when weighed against the fact that fees continue to exist as a barrier to education for many learners. However, Government argues for fee retention on the basis that it facilitates cross – subsidisation by allowing wealthier schools to charge fees, thus enabling the state to allocate fewer resources to these schools and thereby provide higher allocations to poorer schools, as well as making them fee – free.

Land and Agrarian Reform

The 2007 commercial agricultural census estimates that South Africa has 39, 982 commercial farm units which produce about 95% of total agricultural output[3]. These are largely white owned farms. These figures contrast with landlessness, widespread rural poverty and the net food buyer status of the majority of rural black dwellers. Responding to this situation, the December 2007 ANC Polokwane Conference resolved:

"*Our vision of rural development is based on vibrant economies in rural are-*

---

① Fiske & Ladd, 74.

② See V Gullapalli, M Ngwenya & F Veriava 'Implementation of the Schools Fees and Funding Framework: A study of three provinces' (July 2006) Centre for Applied Legal Studies.

③ Statistics South Africa, 2009.

as, where a small – holder farming sector exists side by side with a commercial farm sector, both of which form the base of sustainable livelihoods, job creation and the growth and development of other rural industries". (December 2007, ANC 52nd Conference Resolution on Land Reform, Rural Development and Agrarian Change).

This vision presents a broader perspective on land reform, agrarian reform and rural development encapsulating both agricultural and non – agricultural development. It is a realization of South Africa's failed land reform program. This market – based land reform program is not achieving the scale or outcomes required and fail to change rural and agrarian social relations. Beyond the redistribution of land, land reform is not located within a broad strategy of rural development and consequently is not realizing its full potential to transform social relations, combat rural poverty and promote rural development.

The main economic benefit from land redistribution and tenure security, taken on their own, is the quality in the distribution of assets. However, if land redistribution can have economic benefits, then acquisition of land is a necessary but far from sufficient condition for successful land reform①.

This underlines the important point that the economic case for land reform is the critical link between the two concepts of land reform and agrarian reform. Where land redistributions have been successfully implemented and where significant changes in land tenure institutions are the result, additional restructuring of a number of other institutions have also been necessary to serve the beneficiaries of the new tenure system②.

Types of land reform projects

Hall (2009) suggests four typologies for land reform projects to date:

i) Large groups obtaining farms and farming collectively as a single commercial entity;

---

① Groenewald, 2004.

② Dorner & Thiesenhusen, 1990.

ii) Large groups obtaining farms and farming individually or in smaller groups;

iii) Individuals, families or small groups obtaining farms and farming them as a single commercial entity;

iv) Joint ventures between land reform beneficiaries and private sector or state institutions.

Hall (2009) shows that contract farming has contributed to the substantial growth in the proportion of South Africa's sugar crop produced by small growers. Through contract farming resource - poor sugar growers were able to bring in private sector support in the form of access to inputs, credit, training and a secure market①. Despite its potential, she recognizes that this model has proved controversial given cases where the terms of these contracts are shaped by dominant players in particular sectors and include price - setting.

Other joint ventures have brought private sector expertise into land reform projects in order to maintain continuity with the pre - existing model of production. It appears that many restitution claims are now following the route of strategic partnerships.

Whilst the beneficiaries continue to own the property, there is typically an agreement where the farming operations will be controlled by a company in which the beneficiaries may be shareholders who earn dividends and income from rent. Furthermore, they may also be the preferred labour pool②.

How much land has been delivered to date?

Available academic and research work as well as official government reports show that the existing land reform programme does not deliver land in sufficient quantity; people on land or acquiring land receive very little support, and there are few successes where there has been a substantial and positive change to people's livelihoods③. Between April 1994 and April 2010, the land reform program had redistributed just fewer than 7% of agricultural land, while the vast majority of agricultur-

① Hall, 2009.

② Ibid.

③ See Hall, 2009; CDE, 2008; Lahiff, 2004; Maluleke, Manenzhe & Wegerif, 2008; Cousins, 2007.

al land remains in the hands of fewer than 40, 000 white farmers (see Table 1 below).

Table 3: Land distribution in South Africa – April 2004 to April 2010

Total area of South Africa	122, 320, 100 ha	100% of total
Former "homelands"	17, 112, 800 ha	13, 9% of total
Former "white" SA	105, 267, 300 ha	86, 1% of total
Commercial agricultural	86, 186, 026 ha	70, 4% of total
30% of commercial agricultural land	25, 855, 808 ha	21, 1% of total
Land transferred through redistribution and tenure reform	3, 186, 000 ha	3, 7% of commercial agricultural land
Land delivered through land restitution	2, 714, 000 ha	3, 2% of commercial agricultural land
Total land transferred	5, 900, 000 ha	6, 9% of commercial agricultural land
Required rate to meet target of 30% between January 2011 & December 2015 (5 years)	2, 123, 840 ha per year	3, 991, 161.6 ha per year = 4, 63% of commercial agricultural land
Average rate to date (1994 – 2010, 16 years) of land redistribution		368, 750 ha per year
Number of years to meet the 30% target at current rate		70 years

Sources: Mayson, 2004 and PLAAS, 2010.

Vulnerable tenure in farms

Another area of concern in the land reform program regards the security of tenure of vulnerable groups including farm workers, other farm dwellers and residents of communal areas which coincide with the former homelands. The Extension of the Security of Tenure Act was operational from 1997.

It was meant to protect the rights of farm workers, labour tenants and farm dwellers. However, it had only limited success in preventing evictions from farms let alone in enabling these highly vulnerable groups acquiring land in their own right①.

Gender and land reform

Available data does not provide enough material to analyse the extent to which women have benefited from the land reform programme particularly as owners and the

① Hall, 2003.

main users of land. Indeed, the post – 1994 constitutional framework has enabled women to have land registered in their own name. This period has also seen women emerging as important voices and interests in reform groups and Communal Property Associations (CPAs). In addition, government has also developed dedicated programmes that target women farmers and rural dwellers.

However, these advances by women have been met by resistance from vested male interests which have been aided by traditionalist laws (see discussion below). The extent to which attention has been given to how the land reform programme can contribute to the transformation of gender relations in rural areas is unclear.

Aliber and Hart (2009) conclude that women make up 60% of the estimated 4 million black people involved in agriculture for their own account. This largely applies to subsistence agriculture in the former homelands. The picture is somewhat different when it comes to commercially – oriented black farmers who "*are equally likely to be women as men*"[①]. When it comes to white farms, there is no available data. However, the overwhelming majority of members of Agri – SA (the main representative association of commercial farmers) are male.

Other challenges

Complicating the picture further are the lack of integration between the 3 pillars of the land reform program (restitution, redistribution and tenure security), the failure to integrate land reform within a wider program of rural development, and the lack of attention paid to the need for significant restructuring of the models, systems and structures of production, input supply, processing, storage and marketing[②]. In addition, land reform projects are poorly integrated into the development plans of local government bodies[③]. The land reform program has also not adequately differentiated and addressed the needs of different strata and segments: for example, it largely neglected the rural poor and landless as it was reoriented towards the creation of a new class of black commercial farmers.

---

① Aliber and Hart, 2009. p. 440.

② Cousins, 2007.

③ Hall, 2005.

Policy (In) Effectiveness: Impact and Policy Debates

Economic Policy, Social Protection and Governance

Economic growth, poverty reduction, land reform and job creation remain key goals of economic and social policy in South Africa. There has been a focus on sustainable and diversified economic growth – as underscored in the Ready to Govern and Reconstruction and Development Programme documents. These objectives have been reiterated in subsequent policy documents, from the Restitution of Land Rights Act, the Growth, Employment and Redistribution (GEAR) strategy of the late 1990s through the Accelerated and Shared Growth Initiative for South Africa (Asgi – SA) of 2006, the New Growth Path of 2010, and the NDP of 2012, among others.①

Between 1994 and 2000 the South African government made significant progress in meeting the goals of the RDP: providing housing, basic services, health care, education and land reform. The lives of millions of people have been improved. The government said GEAR and privatization were the best long – term way to achieve this growth. To date the government has argued that it has a good story to tell and much has been achieved.

The President during his 2013 Freedom Day speech reintroduced South Africans to the achievement of government since 1994. Highlights included that②:

- The RDP housing programme had built over three million housing units since 1994.
- The percentage of households with access to potable water had increased from 60% to over 90%.
- Access to electricity had increased from 50% of households to approximately 80%.
- He conceded that the gap between white and black households, for obvious

① South Africa 20 Year Review Chapter 4 – Economic transformation, p. 84.

② Bathembu, C. 2013. Zuma tells South Africans to be proud, South Africa Government News Agency. [online]: http://www.sanews.gov.za/southafrica/zuma – tells – south – africans – be – proud.

historical reasons, remained wide as revealed by Census 2011, with white households earned six times more than black households.

- While income inequality remained high, the expansion of social grants system from 2.7 million people in 1994 to 16 million currently had contributed to a significant reduction in the proportion of households living in poverty.
- The further extension of basic services required the public service to be more efficient, effective and caring in order to make people's experience of government a pleasant one.
- The South African economy has expanded by 83% over the past 19 years.
- The national income per capita has increased from R27 500 in 1993 to R38 500 in 2012, which is an increase of 40%. Disposable income per capita of households has increased by 43%.
- Total employment has increased by more than 3.5 million since 1994.
- The transformation of ownership and management of the economy continues – over R600 billion of black economic empowerment transactions have been recorded since 1995.
- Another success story is that the number of black people and women in senior management has increased from less than 10% in the 1990s to over 40% today.

While some notable progress has been made, critics highlight that not enough has been done to eliminate poverty and reduce inequality. The government has significantly lowered the budget deficit and inflation; however growth remains at about 3%, far short of the 6% goal which is seen as necessary to reduce unemployment.

Case Study 1: Economic Policy and Governance Survey

Economic Policy

Changing economic landscape since 1994

There was a general consensus that the economic environment had improved for previously disadvantage groups, mainly as a result of government serving the needs of the people and not just a few. One respondent noted that "most people are able to acquire luxury items."

A sense of appreciation from respondents on the manner in which government created a gateway to economic emancipation albeit only a few have managed to take advantage while the majority remain poor, vulnerable and unable to capitalise on this new environment. Interestingly, there is a sense that while the conditions have improved, the "rich get richer and poor get poorer." In a nutshell, inequality is increasing under the current economic environment.

Is government doing enough to redress the imbalances of the past through its economic policies?

Whether government was doing enough or not, the consensus was in the negative. What emerged was a feeling that government was only concentrating on the needs of the few who are politically connected. Furthermore, one respondent noted that government officials lacked the skills and experience required, to manage the country in general and unfortunately greed has taken over.

On unemployment, wages and unskilled labour

Unemployment remains a concern and there is no sign of reducing. There was a sense that government was more involved in talking rather than acting to address the issue. Wages remain low and highly unacceptable especially if one compares with developed countries which have a universal minimum wage for labour.

On affirmative action and black economic empowerment

This was another issue where the respondents reemphasised the issue of patronage, with no visible impact on the majority. As one respondent noted that none of these have benefited anyone they knew in their area. Another respondent retorted that "it's a great initiative however the not so qualified workers get higher jobs that don't meet their qualification and the qualified are unemployed."

Future outlook

Future outlook looks bleak and there is no sense of confidence that the government will do anything meaningful to reduce inequality. One respondent noted…" all you have to do is look at the countries on the African continent that have gained control from the west to know what is in store for us should things not change any time soon. Pick any five countries and you could draw up a timeline of where we headed at the rate we are going at."

Governance

Ability for government to police itself

There is a feeling that government is not adhering to its own rules. One respondent noted that "Government only managed to adhere for a few short years. With the way things are going it appears all that are in power at the moment are catering for their own personal gain." The economy is not being managed but abused and when it comes to addressing inequality it's, the "animal farm" effect, some people are more equal than others.

Issues related to corruption

On corruption, all respondents acknowledged its existence and highlighted that the government's failure to police itself was the biggest obstacle. One respondent noted that "Nothing is done to rid corruption, government employed workers leak information to their family and friends, influence tender decisions to ensure their friends and families win. From this they benefit too cos they will be expecting payment for the part they played in ensuring that the tender was won by the candidate of their choice."

What government must do on governance issues?

Reaction was mixed and responses ranged from having distinct lines separating government from the justice system to ensuring that all rotten apples are weeded out (get fired) to ensuring that an environment where equal opportunities can be harnessed is created.

Case Study 2 Social Services Focus Group Discussions①

A common general understanding of social services and grants in particular

Based on the FGDs, there was a general perspective that social services are provided by government to support people. On the specific issue of CSG, the majority of

① Based on Focus Group Discussion held in Evaton, April 2014.

the participants highlighted that it was money meant to support the child's welfare and provided to people who cannot afford. One participant noted, "it's money from Government to assist people to support their kids in terms of school uniform, food and clothes." Asked whether grants were only for kids, there was a common understanding of the different types of grants available, their use and the recipients with the exception of the Aid Grant (R250 provided for 6 months after a disaster situation) that was something new.

No awareness on people's right to social services

When asked further if participants knew that it was their 'right' to access social services, only one was aware. The majority felt it was government doing them a favour as they know that people are poor. This begs the question regarding the extent to which availability of information and the nature in which it is disseminated. As one individual① retorted, "Grants are from the ANC," further demonstrating the lack of knowledge of between the separations of a political party to the role of government.

Social services are easily accessible

As this FGD was conducted in a peri – urban area, all participants acknowledged that government had done an exceptional job to ensure that people easily access their grants. From the application process to receiving the money, participants noted that this has greatly improved since it only takes within a month to have an application processed and receiving the grant from their experience. The introduction of the SASSA cards was also hailed as revolutionary as it allowed people to purchase at different retail outlets and even get 'airtime' from service providers and in some cases on credit leveraged against the grant.

A negative however, was the bank charges associated with accessing the grant from a private bank which has forced others to continue using old systems such as mobile payment centres, community centres etc. furthermore, one participant noted that the current SASSA system did not encourage savings because any money that is

① Separate discussion held around the 2014 national and provincial election campaign.

not withdrawn after the 15th of each month would be returned back to SASSA and therefore had to withdraw all of it immediately.

Nomahlubi: "I withdraw it all after my experience and I was thinking that I' m saving for my child but since I realised that after the 15th I' m losing that money I just take it all out and do the child stuff and I prefer it like that not to swipe. I really don't know how Government can change the setup of taking it back after the 15th because I needed to save some money because when you save with banks there's always a bank charge. "

Positive impact on reducing destitution and poverty albeit not adequate and more needs to be done

While participants acknowledged that the grants have had a significant impact on their livelihoods, the issue of inequality was somehow not as clear cut. When informed what inequality meant, the majority highlighted that nothing had changed. Discussions became drawn on racial lines with participants highlighting that white people had everything and there was some aspiration to work for whites rather than for oneself as a way of reducing inequality.

In terms of reducing vulnerability, destitution and poverty, everyone agreed the different grants made a significant change in their lives, highlighting the critical importance of cash transfers as a poverty reduction measure. However on inequality, this was not addressing the issue and measures of addressing with this based on participants' views will be discussed under 'expectations from government.'

In terms of adequacy, the responses varied based on how financial situation of the household was like. Some households entirely depended on grants (especially CSG and old age pension), and in this case this was not adequate and sometimes the CSG was also used for purchasing food.

Some reasonable expectations from government to reduce inequality

Based on the FGD there seems to be an understanding that government cannot do everything and people must also play their part. The myth that grants create laziness was dispelled by the majority although some few shared that view. That also includes the myth that CSG encourages pregnancy rates amongst poor especially teenagers.

However in terms of addressing inequality, participants had some suggestions which include increasing the amount of social grants; providing economic opportunities and increasing employment; as well as providing quality education to children so that they can have a better future. These and other suggestions are contained in the original transcripts which are separate annexes to this report.

A look at some of the policies implemented by government such as the GEAR policy, which government at the time touted as a long – term strategy that will provide South Africa with the most economic growth, we note that this has not materialised. One of the most outspoken critics of GEAR was the COSATU which noted that GEAR failed to deliver the promised economic and job growth or significant redistribution of income and socio – economic opportunities in favour of the poor.

Furthermore, it noted that GEAR, with its focus on stringent monetary and fiscal targets, conflicts with the goal of the RDP of growth based on job creation, meeting people's needs, poverty reduction and a more equitable distribution of wealth. Characteristic of GEAR was deep cuts in government spending between 1996 and 1999 which curtailed efforts to improve services to the poor suffered, despite the continued reprioritisation of spending from the rich to the poor.

A closer look at the economic and social policy, much of the debate has focused on employment and poverty. Statistics South Africa highlighted that unemployment was 22.5%, down from 23.3% in 1999 using the narrow definition of unemployment – only including those actively seeking work, excluding discouraged job seekers. COSATU however noted that using the broader definition unemployment rose to 37.3% from 36.3% in 1999. To date these figures have not changed significantly or at worse remain the same.

While government has said it has created significant job opportunities, NALEDI[①] noted in December 2000 that some official estimates suggest that up to one

① National Labour and Economic Development Institute (NALEDI) – a think tank initiative of the Congress of South African Trade Unions (COSATU).

million jobs in the informal sector have been created since 1995, but the opposite was the case in the formal sector:

"Between 1996 and 1999 more than 400, 000 formal sector jobs were lost. The impact on families is disastrous, as there is little in the way of social security protection for the unemployed. The jobs that are being created are generally informal and lowly paid positions."

The net result, notes NALEDI, is that the income of the poorest 40% of the population has declined by 20%. NALEDI concludes: "It is now widely acknowledged that the Growth, Employment and Redistribution strategy (GEAR) has, despite its name, failed in terms of economic growth, creation of quality jobs and redistribution towards the poor… [G] overnment is increasingly feeling the pressure to address the wider socio – economic failures of economic policy."

The much hyped National Development Plan has also received attention with the same issues coming to the fore. It is yet to be determined to what extent this will shift the tide for the poor performance of government policy into tangible and visible progress towards a nation living without extreme poverty and high levels of inequality, a nation that guarantees its citizens the right to a decent living level as enshrined in the Constitution. The challenge we face as government, civil society and the nation as a whole is to work towards ensuring that we live in an equitable society.

The impacts of land reform

The above analysis of land and agrarian reforms shows that the current market – based land reform programme is not achieving the scale or outcomes required to address the historical legacy as well as achieve a more equitable agrarian structure.

According to Cousins (2007), land reform has not realised its full potential to transform agrarian space, combat rural poverty and promote rural development. If there was an agrarian reform agenda in South Africa post – 1994, it would have been considered as having failed simply on the basis of the under – achievement of the land reform programme.

This means that any advance towards agrarian reform will be limited if there is limited land reform. The land reform programme has not yet fundamentally changed land ownership patterns in South Africa. As Wildschut and Hulbert (1998) suggested, the limited land reform programme as well as neo – liberal economic policy choices made by the government in 1996 imposed severe limits on any potential agrarian reform thrust.

Under such conditions, it will arguably be even more difficult for land reform beneficiaries to start out and succeed as commercial farmers. The limited government role envisaged by the mid – 1990s deregulation and liberalisation of agriculture held serious implications for land redistribution, agrarian reform and possibilities for agricultural production and marketing by new farmers and land reform beneficiaries. Without a certain level of state support and interventions in the agricultural system it is doubtful whether new farmers can benefit from a deregulated agricultural system.

This point was recognised by the Development Bank of Southern Africa (DBSA – which was a key pillar of apartheid economic institutions) even before the completion of the deregulation and liberalisation process. Simon Brand, the then Chairman and Chief Executive of the DBSA told the then Weekly Mail newspaper that

> "*It doesn't make sense just to scrap the Land Act. Black farmers will need access to markets, credits, inputs and infrastructure... Most black farmers would not have the finance to buy formerly white farming land if it became available. The Land Bank would therefore have to ensure it was in a position to meet any possible demands for loans*". ①

In an environment dominated by large – scale commercial farmers and agribusiness, and made more difficult by exposure to global competition with subsidised farmers of the global North, agricultural policy liberalisation meant that what Simon Brand called for would not be met. The changes to agricultural policy effectively weakened the state from directing these public assets in driving an agrarian reform agenda. Arguably, these changes limit the scope and content for equity, transforma-

① Dolny, 1990.

tion and restructured/revived economic activities in rural areas.

In light of the above failures of what was a modest land reform programme, government identified new 2009 – 2014 policy targets as including the development of a new rural development plan and the drafting of a Green Paper and a White Paper on Agrarian Transformation, Rural Development and Land Reform (DRDLR Strategic Plan 2009 – 2012).

However, the recent changes have not overcome the broader questions concerning the economic and policy environment into which new farmers enter. These changes and interventions in favour of small – scale and resource – poor farmers have tended to be on a 'project' basis rather than being systemic interventions and mechanisms for restructuring the economic and market environment for new entrants①. All these failures have meant that the land reform programme has not been able to effectively support the goals of sustainable livelihoods, poverty reduction and the revival of the rural economy. Below is a further discussion on specific impact related issues associated with land reform based on the Quality of Life Surveys (QOLS).

Impact on livelihood

Since 1994 government commissioned two Quality of Life Surveys (QOLS) but none were released for public engagement. This limits the amount of information available to enable an informed discussion on the impact of land reform on livelihoods. Hall (2009) bemoans the limited scope of available information including the poor conceptualisation of assessment indicators.

The first QOLS was not considered a credible assessment for reasons of its limited scope, questionable theoretical assumptions and sampling methodology. The second QOLS was faulted for having been administered in half of the cases within a period of less than a year after settlement. Nonetheless, the second survey found widespread under – utilisation of land, reduction in the intensity of land use with grazing and household maize production as the most common forms of productive

① Hall, 2009.

land use①.

When it came to livelihoods, the second survey found that the majority of land reform beneficiaries lived under poverty and had adopted multiple livelihood strategies. 38% of surveyed households derived income either from the sale of or their own consumption of agriculture and livestock, with average household income from agriculture being R1 146. The study found that land reform beneficiaries were better off than the rural population on average. However this was not enough to demonstrate whether or not this was as a result of their improved access to land, or whether this was due to those who were better off being more likely to be able to access the programme②.

Impact on employment

Given the problems noted above with the QOLS, it is difficult to draw a relationship between land reform and employment. However, a fair body of diverse research exists that has tracked and attempted to account for employment trends in commercial agriculture going back to the pre – 1994 period.

There are two major long – term trends in the changing composition of the agricultural work force. The first trend shows an absolute decline in the total number of agricultural workers. This number fell from 1, 3 million in 1985 to about 920, 000 in 1995 to about 628, 000 in 2005③. Indeed, there were upward fluctuations in some years but the general trend has been this continuous decline. The second major trend has been the rise in numbers of non – permanent, often casualised agricultural workers (Greenberg, 2003). Alongside the absolute decline in the total number of employed farm workers, the percentage of non – permanent workers as a share of total farm employment had increased from 36% recorded in 1991 to an estimated 49% in 2002 (Hall, 2009).

However, these figures are bedevilled with poor measurement methods and the difficulties associated with accessing farms in general and tracking seasonal farm

---

① Ibid.

② Ibid.

③ Aliber et al, 2009.

workers in particular[①]. Agricultural economists such as Sandrey and Vink (2007) suggest the pressures of deregulated and liberalised agriculture triggered efficiencies in agriculture that also included improvements in total factor productivity including labour. These productivity improvements effectively displace labour instead of absorbing the massive rural surplus labour.

Despite this downward trend in agricultural employment and even though wages in agriculture are historically low, the sector has in the past played a major role in providing formal employment. According to Simbi and Aliber (2000), up to 1998 agricultural employment, at 30% of all employment for rural blacks living in South Africa, was the largest single source of rural employment.

Prominent development and agricultural economists such as Todaro (2001) insist that agriculture can create employment primarily because it has a comparatively low 'cost – per – job' and has strong multiplier effects. Given the long – term decline in agricultural employment in South Africa the question remains unanswered – are there ways in which agriculture can be reorganised in order to realise its developmental and job – creating potential?

Section 3 CONCLUSION AND WAY FORWARD

From the above it is clear that the state has shown a demonstrable commitment to improving the lives of poor people through the social wage. SPII's review of the benefit distribution of state spending found that the social wage is clearly biased in favour of the poor.[②] However, inequality trends persist, as do intergenerational patterns of poverty and marginalisation.

In terms of policy recommendations that could be advocated for by civil society, and the means to advocate for them, the following are put forward.

① Vink, 2003.

② Dlamini, T. 2009. Pro Poor Budget Benefit Incidence Analysis of Five Expenditure Categories of the 2006/07 Budget of the Republic of South Africa. Ocassional Paper, Studies in Poverty and Inequality Institute (SPII), Johannesburg.

Macro – economic policies

Given the critical need to address the unsustainably high levels of income inequality in the immediate as well as in the medium to longer terms, the use of fiscal policy as a tool for redistribution requires serious engagement. The two main suggestions that we make involve Personal Income Tax (PIT) and the flat rate Value Added Tax (VAT).

Incomes in the top income decile have continued to increase at a very fast pace, which has of course aggravated income inequalities. We recommend firstly increasing the marginal tax rate for the highest income tax bracket to 45%, as has been done in a number of European countries since the financial crisis to address this very issue, and secondly ensuring that tax brackets keep strict indexing with inflation to prevent further leakage due to 'bracket creep'. Tax relief through annual PIT reductions announced with each successive national budget should also stop with immediate effect.

As integral to this recommendation however, we believe, must also be a very clear statement of intent by the state to the use of fiscal policy to actively act as a redistributive measure.

In terms of VAT, we recommend that the zero – rating of basic food stuffs be re – evaluated to ensure that ALL the main basic unprocessed foods consumed by poor people are zero – rated. VAT rates should also be amended to reflect a bias for locally manufactured products through the imposition of a higher tax rate for luxury imported goods.

Civil Society Interventions

There are many possible interventions for civil society in this regard. The Davis Tax Committee embarked on its task of reviewing South African tax policies in 2013. The work of the Committee should last for at least two years, enabling CSOs to engage with it through submissions while it undertakes its review, as well as to call for a process for engagement with the recommendations that the Committee finally produces and submits to Parliament.

The Parliamentary hearings on the National Budget as well as the Medium Term

Budget Policy Statement further provide opportunities for robust advocacy from civil society. This should be located in comprehensive research that starts by reviewing the existing research and policy analysis that has been undertaken, including by COSATU and the AIDC. Civil society also needs to review the impact of the implementation of the revised PIT brackets in countries such as the UK and France to inform our recommendations and prevent unintended consequences down the line.

Social Protection:

Needs – Based Universal Child Support Grant

While policy makers are swift to claim the income – replacement benefit of social protection, especially social assistance, the replacement – value of grants needs to be re – assessed against an assessment of need. It is clear from the section on the origins of the Child Support Grant, in particular, that this was never the point of departure for the fixing of the value of the grant. It is however vital, we believe, given the critical developmental requirements of childhood development. In addition, given the prevalence of poverty amongst children in South Africa, the continued use of the means test serves to place an administrative burden on poor parents and care – givers that often serves to exclude the eligible, for questionable reasons. By universalising the CSG, and clawing back the value from middle – class and elite parents through the tax system, this danger can be avoided entirely.

Universal Basic Income Grant

As set out above, the redistributive value of a universal BIG was clearly set out in the Taylor Committee's report. Although a BIG was not adopted by the state, there is a need for civil society to revisit and update the earlier research of the BIG Coalition, and to resume the lobbying and advocacy work of the previous BIG Campaign.

Civil Society Engagement:

International lobbying with networks such as the Basic Income Earth Network would assist in strengthening access to international research.

It is however crucial that demands for social security reform is rooted in grass roots organisations, rather than being predominantly the calls from more specialised NGOs. This requires true collaboration across civil society, the production of accessible educational and mobilisation materials, and the hosting of training workshops, and brave and committed campaigners who are unflinching in their demands.

An advocacy strategy that has not yet been used in respect of the call for a Basic Income Grant is the use of constitutional litigation around the failure of the state to advance reasonably working age poor adults' rights to social assistance under Section 27 of the Constitution. A reasonable policy remedy that could be advanced is certainly the idea of a BIG.

National Minimum Wage

The Tripartite Alliance Summit held in August 2013, as a result of the influence of the Congress of South African Trade Unions (COSATU), supported in principle the need for a National Minimum Wage as a key critical policy tool to reduce poverty and inequality. Proponents within the Alliance successfully campaigned to ensure that a commitment to investigating the feasibility of a NMW was included in the ANC's 2014 Election Manifesto. This position was based largely on the empirical evidence of the positive impact of the NMW in terms of reducing poverty and inequality in Brazil under President Lula da Silva's PT administration. A combination of a NMW in Brazil, and the extension of social cash transfers through the Bolsa Familia programme together with an overhaul of their Collective Bargaining system, have been shown to have been successful in promoting the advance of a decent living level nationally.

Between 2003 and 2010 the National Minimum Wage increased by 81% in real terms and in 2013 was the equivalent of over R3000 per worker per month. In addition, partly as a result of the increased local demand made possible due to the redistributive nature of these policies, 17 million formal jobs were created between 2002 and 2011. Furthermore, between 2004 and 2008 the number and proportion of formal employment in the economy increased significantly, outpacing informal jobs by 3:1. Between 2003 and 2008 the number of poor people fell by 20 million from 61.4 million people living in poverty 41.5 million. Inequality also fell dramatically①.

① Presentation by N Coleman, COSATU to a NEDLAC seminar on A South African Decent Living Level, 23 September 2013.

Civil Society Interventions:

Civil society should appraise itself of these positions, and collectively support COSATU's call. Another critical tactic beyond the 2014 elections is to submit a formal request to the ANC to have a CSO representative included in the study into the feasibility of the NMW. Civil society can also call for policy proposals to be submitted to NEDLAC and to the Parliamentary Portfolio Committee on Labour, and to call for public hearings to follow the latter.

Given the high levels of disparity amongst current sectoral minimum wages, it would be useful for civil society to support the current conversations regarding a Decent Living Level and a Decent Wage, localising these through their own networks, partners, and nationally, through the media.

Land and Agrarian Reform

From an agrarian reform perspective rural development policy needs to set out a compelling and detailed vision of the alternative structure and character of a future rural agrarian economy and society, specify the 'what' (e. g. priorities for wealth creation, resources, and geographic and sectoral priorities for public investment) and the 'how'. In South Africa, agrarian reform has to concern itself with whether a more mixed farming sector in which broad – based accumulation by smallholders is the main route to 'development'.

Hall (2009) adapts the diversified smallholder – led scenario put forward by Aliber, et al (2009) by suggesting the following elements of a vision for an alternative agrarian structure that can ensure a land and agrarian reform programme that addresses equity and drives job – creation and rural development:

i. a mixed farming sector that includes different scales and types of production;

ii. subdivision of commercial farms to make possible small – scale family farming;

iii. reliance on family labour, although there was also an interest among new 'emerging' farmers in hiring farm labour;

iv. a mix of tenure types to allow for more individualised rights to residential and cropping land, even in the context of group ownership and on commercial farms – this necessitates on – going public investment in decentralised systems of land administration;

v. a strong focus on food production allotments for household consumption and sale, and expanded commonage for livestock grazing around the 'urban fringe', particularly on the edge of smaller towns, where residents of growing informal settlements (including evicted farm dwellers) struggle to eke out a living;

vi. promotion of low – risk production technologies through appropriate inputs and infrastructure;

vii. increasing overall state support to the agricultural sector and, within this, shifting priorities towards greater support for low – input small – scale primary production;

viii. subsidised inputs into production – including seeds and implements;

ix. sequencing interventions in input and output markets to support smallholder production;

x. promotion of and public investment in agricultural co – operatives for input supply, processing and marketing;

xi. investment in transport and storage infrastructure, as well as irrigation infrastructure, to support smallholder production;

xii. subsidised interest rates with a reasonable no – repayment window period;

xiii. overcoming monopoly power in product markets and limiting the exposure of primary producers to risk due to fluctuations in input and output market prices;

xiv. efficient and transformative forms of regulation of agricultural product markets that create barriers;

xv. promotion of co – operative arrangements to enable poor and small – scale farmers to access inputs (including equipment) and to secure a ready market for produce, but not necessarily production cooperatives;

xvi. altering the labour regime by promoting self – employment in agriculture and encouraging labour – intensive production where there is waged employment;

xvii. building linkages into value – adding for small producers through incentives and/or regulation of processing industries, and prioritising cooperatives in agro-processing;

xviii. providing opportunities for non – farm economic activities among small producers to strengthen diversified livelihood strategies and provide inputs and investments into part – time farming; and

xix. altering the spatial planning approach to settlement patterns by investing in settlement on redistributed land aligned to effective service delivery by municipalities in order for them to effectively access social infrastructure land, allowing more dispersed settlement on the urban fringe to support part – time farming, and formalising and servicing small rural settlements.

Ultimately, this paper recommends the combination of policy and measures that addresses both systemic issues over the long term whilst also undertaking concrete practical measures as a basis for harnessing economic policy, social protection and land reform towards effectively addressing poverty and inequality.

References

Aliber, M. 2009. "Exploring Statistics South Africa's National Household Surveys as Sources of Information about Household – level Food Security". *Agrekon*, Vol 48, No 4.

Aliber, M. Hart, 2009. "Should Subsistence Agriculture be Supported as a Strategy to Address Rural Food Insecurity? ". *Agrekon*, Vol 48, No 4 (December 2009).

Austin – Evelyn, K. "Affordable Health Care for all South Africans: The National Health Insurance Green Paper". *Consultancy Africa Intelligence*, 16 November 2011. Accessible on: http: //www. polity. org. za/article/affordable – health – care – for – all – south – africans – the – national-health – insurance – green – paper – 2011 – 11 – 16.

Bathembu, C. 2013. "Zuma Tells South Africans to be Proud", South Africa Government News Agency. [online]: http: //www. sanews. gov. za/southafrica/zuma – tells – south – africans – be – proud.

Bhorat, H. Van Der Westhuizen, C. 2012. *Poverty, Inequality and the Nature of Economic Growth in South Africa*, Working Paper 12/151, Development Policy Research Unit, Cape Town. [online]: http: //us – cdn. creamermedia. co. za/assets/articles/attachments/43772_ dprugrowth-poverty. pdf.

Brockerhoff, S. 2013. *A Review of the Development of Social Security Policy in South Africa.*

Working Paper 6. Newtown, Johannesburg.

Business Report, August 6, 2013. [online] http: //www. iol. co. za/business/news/johannesburg - is - home - to - the - rich - andricher - 1. 1558031#. UwyMI_ mSx1Y.

Cousins, B. 2007. "Agrarian reform and the 'two economies': transforming South Africa's countryside". In Hall, R., and Lungisile Ntsebeza, L., eds. 2005. The land question in South Africa: the challenge of transformation and redistribution, Programme for Land and Agrarian Studies (PLAAS), School of Government, University of the Western Cape.

Dlamini, T. 2009. *Pro Poor Budget Benefit Incidence Analysis of Five Expenditure Categories of the 2006/07 Budget of the Republic of South Africa.* Ocassional Paper, Studies in Poverty and Inequality Institute (SPII), Johannesburg.

Dorner, P. Thiesenhusen, W. C. 1990. "Selected Land Reforms in East and South East Asia: Their Origins and Impacts". *Asia Pacific Economic Literature.* 4, No 1, pp. 73 - 84.

Dunn, S. 2008. *Urban Agriculture from a Social Perspective: A Study of the Social Benefits of Urban Agriculture in Cape Town's Township Communities from 1987 to 2007.* Unpublished Paper.

European Report on Development, 2010. *What is Social Protection?* [online]: http: //www. erd - report. eu/erd/report_ 2010/documents/volA/factsheets/1 - what_ social_ protection_ en. pdf.

Frye, I. 2008. *Poverty, Social Security and Civil Society in South Africa: Triangulating Transformation*, Dec. 2008, p. 8.

Frye, I. Farred, G. 2011.

Groenewald, J. A., 2004. "Conditions for Successful Land Reform in South Africa". *South African Journal for Economic and Management Sciences*, 7, No. 4, pp. 673 - 682.

Gullapalli, V. Ngwenya, M. Veriava, F. "Implementation of the Schools Fees and Funding Framework: A study of three provinces". *Centre for Applied Legal Studies*, July 2006.

Hall, R. 2009. *Another Countryside?: Policy Options for Land and Agrarian Reform in South Africa.* Cape Town: Institute for Poverty, Land and Agrarian Studies.

Hall, R. and Lahiff, E., 2004. *Debating Land Reform and Rural Development.* Cape Town: Programme for Land and Agrarian Studies.

Hall, R., 2005. "The Shifting Terrain of Land Reform in South Africa: The National Land Summit". July 2005. *Review of African Political Economy*, 32 (106), pp. 621 - 627.

Human Development Report, 2013. [online]: http: //hdr. undp. org/sites/default/files/reports/14/hdr2013_ en_ complete. pdf.

Key issues - National Development Plan 2030 [online]: http: //www. gov. za/issues/national - development - plan/.

Kumar, C. 2014. *Africa Rising? Inequalities and the Essential Role of Fair Taxation*, Tax Justice Network, Nairobi.

Lahiff, E. Cousins, B. 2004. *The Prospects for Smallholder Agricultural Production in South Africa: A Discussion Document.* PLAAS: University of the Western Cape.

Leibbrandt, M, et al. 2010. "Trends in South African Income Distribution and Poverty since the Fall of Apartheid". OECD Social, Employment and Migration Working Papers, No. 101, OECD.

Leibbrandt, M. Woolard, I. McEwen, H. Koep, C. 2009. "Employment and Inequality Outcomes in South Africa". OECD, [online]: http://www.oecd.org/els/emp/45282868.pdf.

Mpedi, L. G. "Pertinent Social Security Issues in South Africa". p. 17.

MyNews 24, 2013. "The National Development Plan: A Discussion". News 24, 23 September 2013. [online]: http://www.news24.com/MyNews24/The - National - Development - Plan - A - Discussion - 20130923.

National Department of Health, Government Gazette, "Policy on National Health Insurance", 12 August 2011.

National Planning Commission, 2011. "What the National Development Plan proposes". [online]: http://politicsweb.co.za/politicsweb/view/politicsweb/en/page71656?oid=266508&sn=Detail&pid=71656.

NUMSA, 2012. "Chronicle of a Developmental Transformation Foretold: South Africa's National Development Plan in Hindsight". National Union of Metalworkers of South Africa, Johannesburg. [online]: http://www.numsa.org.za/admin/assets/articles/attachments/00116_numsa_draft_critique_of_the_ndp_of_the_npc_.pdf.

Plaut, M. 2012. The New Statesmen, 20 August.

Reitz, M. 2009. *The Impact of Democracy on Development: The case of South Africa, Centre for Policy Studies*, Research Report 120, Johannesburg.

Sandrey, R., Nick Vink, 2008. "Regulation, trade reform and innovation in the South African agricultural sector". *OECD Journal: General Papers*, Vol 2008, 4, pp. 219 - 255.

South Africa 20 Year Review Chapter 4 - Economic transformation, p. 84.

Statistics South Africa, 2009.

Tax Flash 2013. *Publication of the Draft Employment Tax Incentive Bill for Public Comment.* BDO Newsletter, September 2013. [online]: http://www.bdo.co.za/resources/showitemarticleasp?ResourceSectionId=4&ResourceSectionName=Publications&ResourceId=

7&ResourceName = Tax% 20 Flash&IssueId = 417&ContentPageID = &Archive = &articleid = 427 Taylor, 2002. Transforming the Present Protecting the Future. P. 41. [online]: http: //www. cdhaarmann. com/Publications/Taylor% 20report. pdf The Reconstruction and Development Programme of 1994. Available at: www. anc. org. za.

White, G. Heymans, C. Favis, M. Hargovan, J. 2000. *Development Co – Operation Report: Democracy and Good Governance*, Report on Democracy and Good Governance for the Swiss Development Cooperation (SDC).

Mexico: Poverty and Inequality*

Karla Álvarez

Executive Summary

In Mexico, in 2012, 45.4% of the population is living in poverty – 53.3 million people – and 8.9% of the population lives in extreme poverty – 10.4 million people –, according to figures from the National Council for the Evaluation of Social Development Policy (CONEVAL)①, while Carlos Slim's fortune is equalivent to 6% of Mexico's GDP. To talk about inequality implies discussing a complex system of institutions that obstruct efforts to support human development.② Although the food crisis and the financial crisis both played roles in determining the current situation of Mexico, the formulation and implementation of development policies have neglected to prevent the concentration of wealth of some sectors; coupled with weak social pro-

---

* This publication has been produced with the assistance of the European Union. The contents of this publication are the sole responsibility of Oxfam Mexico and El Barzón and can in no way be taken to reflect the views of the European Union.

① The National Council for the Evaluation of Social Development Policy (CONEVAL) measures poverty based on six needs: educational lag, access to services, access to social security, quality of shelter and living space, access to basic household services and access to food. Source of the consult: Consejo Nacional de Evaluación de la Política de Desarrollo Social, "Medición de la pobreza en México y las Entidades Federativas 2012," July 29, 2013. URL http://www.coneval.gob.mx/Informes/Coordinacion/Pobreza_2012/RESUMEN_EJECUTIVO_MEDICION_POBREZA_2012_Parte1.pdf (accessed November 10, 2013).

② Isabel Mayoral Jiménez, "Forbes exhibe la desigualdad en México," CNN Expansión. URL http://www.cnnexpansion.com/economia/2012/03/08/si-carlos-slim-se-fuera-de-shopping (accessed December 1, 2013).

grams, this situation becomes a factor that inhibits equitable development in Mexico. ①

This report seeks to analyze four of the main areas that produce inequality gaps: gender, food security, development financing and climate change, while taking into consideration existing differences between rural and urban contexts and the corresponding emergence and expression of social needs.

In regards to gender, over the past twenty years, since the Fourth World Conference on Women in Beijing in 1995, Mexico has promoted policies to diminish inequality gaps between women and men by addressing issues such as access to education, labor rights, political participation and different forms of gender violence. Topics such as the salary gap, the creation of gender quotas in decision – making arenas or the proclamation of laws regarding access to gender equality and to lives free of violence have been important on the political agenda over the past few decades, particularly starting in 2007. Nevertheless and despite these legislative initiatives, substantive equality between men and women continues to appear to be a distant and difficult goal.

On the other hand, food security and its corresponding policies are charitable in nature and focus on short – term needs. This approach fosters the concentration of agroindustrial economic activities in conglomerates that concentrate production, causing a 15% increase in prices over the past two years, whereas income only increased by 1.5%, since small – scale farmers do not have a programmatic framework to foster their development.

At the same time these two problems arise, the other topics addressed in this analysis also come into play; both agricultural development and financing, as well as the environment and climate change, contribute to the gaps in gender inequality and food security. The most significant inequalities occur among indigenous women who suffer huge inequalities in the context of existing food security policies. The solutions largely depend upon actions to promote agricultural development and finan-

① Ibid.

cing, yet these women also suffer the effects of climate change and advocate for rural policies.

The importance of climate change lies in its effects upon all the different aspects of the lives of people living in poverty and inequality. Particularly for the farming sector, which is highly affected and upon which the majority of people living in poverty depend, the implementation of actions to fight climate change is imperative to promote equitable development in all countries because, in the end, we are all affected but people in poverty have the fewest tools to resist its effects.

These four areas, viewed from a cross – cutting perspective or on an individual basis, clearly demonstrate that inequalities also hinge on a system with minimum guarantees and conditions for enforcement by the population, different political agents and members of civil society who are involved in these discussions. In the same way, the need for a systematic, programmatical structure that strives for comprehensive policies that consider crosscutting solutions for each sector arises throughout the analysis, reminding us that despite the huge differences that may exist between rural and urban populations, they are mutually interdependent. Paradoxically, Mexico is a complex country in which urban/ rural separation is inevitable due to the vast differences between these populations; nevertheless, we should never fail to consider that, in the end, the complexity of these inequalities lies in the fact that they belong to a complicated sociopolitical system in which they are correlated.

The following table illustrates this by showing CONEVAL's classification regarding the different levels of social need, income and the number of inhabitants in each category, in order to illustrate the different levels of inequality that exist in the population of Mexico.

Despite this panorama, we must underscore efforts made by the federal government to reduce inequality through two actions carried out since the year 2000. The first is support to farmers through rural financing granted by two leading government institutions in this field, FIRA and FINRURAL[①], which have contributed to a significant increase in the agricultural budget as of 2007; and the second is the Program for Women in the Agricultural Sector (PROMUSAG) that is responsible for regulating actions to promote production by women in rural areas. We refer to both of these institutions further on in this document.

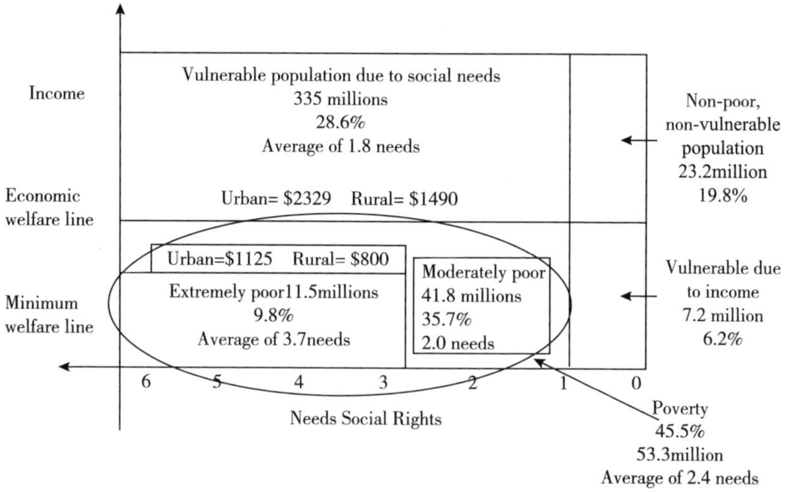

Introduction

This report was developed as part of the project entitled "*Empowering CSO Networks in an Unequal Multi-Polar World*," financed by the European Commission and carried out with the participation of civil society networks from seven different emerging countries: Brazil, Russia, India, Indonesia, China, South Africa and Mexico. This project seeks to strengthen capacities of national actors in BRICSAM[②] countries to exercise global influence with a special focus on issues of inequality. In Mexico, this project is carried out through an alliance between Oxfam Mexico and the *Alianza Nacional Agropecuaria de Comercializadoras y Consumidores* ("National Agricultural Producers and Consumers Alliance" -

① Trust Funds for Rural Development (FIRA, for its acronym in Spanish) and the Rural Financing Agency (FINRURAL, also for its acronym in Spanish).

② Brazil, Russia, India, Indonesia, China, South Africa and Mexico.

ANACC, known as *El Barzón*).

This report is the first of several pieces of research to analyze inequality in Mexico and the experiences of the country's most vulnerable populations. The report is divided into four topics: gender, food security, climate change and agricultural financing in Mexico.

Given this alliance between Oxfam Mexico and El Barzón, this report employs a crosscutting focus on rural and farming communities in Mexico. As a non-profit entity, El Barzón is dedicated to support farmers in the face of structural inequality, leading it to reflect critically in regards to the different levels of inequality experienced by communities throughout the country. For El Barzón, on many different occasions, the realities of inequality in Mexico have clearly revealed the attention that certain groups or individuals holding economic and/or political power and influence receive as they seek to accumulate resources, in neglect of the fundamental exercise of rights by the rest of the population.

The development of a national report on inequality in such a large and diverse country such as Mexico entails the risk of failing to accurately represent the inequality and vulnerability of certain sectors of the population throughout the country. Hence, this document should be understood as a report on the current situation of poverty and inequality in Mexico, based on information from the past four years and in reference to tendencies over the past decade. As the first joint publication by El Barzón and Oxfam Mexico on this topic, we seek to systematically document the aforementioned inequalities. Thus, the information provided in this report combines findings from key non-governmental organizations, academic institutions and government reports, from the El Barzón's perspective grounded in its grassroots organizing.

In this sense, this report aims to serve as a tool for learning and reflection about the systems, structures and institutions that continue to hinder practically half of the country from reaching full human development, especially in rural zones. Our hope is that this report inspires discussions about how to close inequality gaps and carries this knowledge to rural areas.

The Oretical References

Conceptually speaking, social inequality is the socioeconomic phenomenon that hinders individuals from satisfying their basic needs and, as a result, from developing their capacities as citizens and rights holders within the structures of States. This impossibility gives rise to the structuring of dynamics that affect the development of people's lives and the full exercise of their rights, both in their personal environment, as well as in the broader social and economic context.

The relation between inequality and poverty has been a main focus of discussions regarding the promotion of development policy by international organizations since the 90's. During the first decade of the 21st century, the approach to fighting poverty has been exchanged for reducing inequalities, under the consideration that the latter are intrinsically correlated to the needs of poor people when they fail to have absolute guarantees of their most basic rights.

Over the past twenty years, a permanent debate has arisen regarding the causal relation between economic inequality and social inequality and the correspondence with poverty, marginalization, exclusion and their resolution through social policy. According to Julie A. Litchfield, inequality is the dispersion of a distribution, whether that be income, consumption or some other welfare indicator or attribute of a population①.

Beyond the limits of the discussion on the origins of inequality or the terms that can be used to understand it, the real question lies in how inequality is reflected in people's lives, that is to say how, based on inequalities, disparity arises in the dynamics of development.

In Mexico, inequalities correspond to a universe of causes and consequences that, in addition to failing to be exclusive – in the sense that they are interrelated – are also multidimensional; they are interconnected and, on many occasions, nourish

① Julie A. Litchfield, "Inequality: Methods and Tools" Text for World Bank's Web Site on inequality, poverty and socioeconomic Performance. March 1999, URL http: //siteresources. worldbank. org/INTPGI/Resources/Inequality/litchfie. pdf.

one another, adding an additional burden to the lack of access to basic rights and their exercise. These inequalities appear during different stages of people's social and individual development.

Hence, the country's main inequality gaps are multifactorial. Educational gaps, for example, do not only come from a lack of access to economic resources but also correspond to more complex problems such as gender inequality, labor opportunities that lead to abandonment of schooling, lack of access to basic services and educational infrastructure, land distribution problems, or a lack of complete sanitation services that, in turn, are part of the problem of food security and food sovereignty. These are cross – cutting issues with the dynamics of climate change that, in the end, affect populations that are living in conditions of exclusion and marginalization.

This absence of necessary conditions for development is part of the comprehensive nature of the political structure of States and merits in – depth analysis. In our country, educational gaps can not solely be measured with indicators such as attrition or literacy rates, rather other situations such as the terms of access to educational services per se, permanence in the educational system, educational quality and relevancy, and the reproduction of knowledge should also be considered. Health care gaps, on the other hand, should not only be studied in terms of access to services but also in terms of infrastructure of the health care system, efficiency of said services and the comprehensiveness of the health care received by beneficiaries.

This conceptual framework and approaches allow us to develop a broader vision of the origins, causes and consequences of inequality, as well as to envision the ways in which social and development policies can reduce these gaps. To this end, the links between equal opportunities, equality and social integration should be considered so that the formulation of policies, programs or actions aimed to reduce these gaps not only fulfill their goals, but also lead to social sustainability, resting on a minimum groundwork of development policies in order to ensure continued implementation.

Thus, inequality can be measured based on access to, guarantee of and use of minimum thresholds of rights that permit the exercise of citizenship and that encourage the fulfillment of duties that individuals have as citizens. In other words, inequality can also be evaluated by how inhabitants of a State can fulfill their civic duties; this leads to equal rights and social justice.

In this respect, indicators should not only consider the individuals who are part of a country's economic livelihood but also their dependents and the way in which so - called "universal" rights are established, taking into consideration that inequality gaps hinder access to these universal rights due to the socioeconomic structure. This also means that inequality gaps should not be based on the idea that citizens share or begin with equal conditions rather that, despite the fact that they live in disparity, they have the same goods and resources to be rights holders.

Taking the aforementioned into consideration, this does not mean that our analysis of inequality gaps and how they arise should not address the relation between the income of the wealthiest decil and the four poorest deciles, rather, when doing so, it is imperative to consider categorization in our analysis of how this difference accompanies the exercise of rights and even the mechanisms of guarantees that inhabitants have to make their rights be recognized.

General Context

Latin America is considered to be the most unequal region in the world and within that classification, Mexico ranks 8th in terms of poverty① and is one of the most unequal countries according to the Organization for Economic Co - operation and Development (OECD), due to unequal income and redistribution, concentration of wealth and weak fiscal policy.②

① According to evaluations carried out by ECLAC in the report entitled "Panorama Social de América Latina." URL http://www.eclac.org/publicaciones/xml/9/51769/PanoramaSocial2013.pdf (accessed November 21, 2013).

② Organisation for Economic Co - operation and Development (OCDE), "Crisis squeezes income and puts pressure on inequality and poverty," 2013. URL http://www.oecd.org/social/soc/OECD2013 - Inequality - and - Poverty - 8p.pdf (accessed November 30, 2013).

According to the National Council for the Evaluation of Social Development Policy (CONEVAL), since 2010, the number of inhabitants living in poverty① grew by a little over a half million people by 2012, whereas the number of people in extreme poverty decreased by almost 1.5 million Mexicans, concentrating the population with at least one social need in rural zones.

Within this sector, indigenous communities are the most affected: 72.3% of indigenous peoples are living in moderate to extreme poverty, resulting in one of the largest existing gaps of inequality between indigenous peoples and non - indigenous populations. At the same time, states with the largest indigenous populations - that also depend on the agricultural sector - are the poorest states of Mexico; Chiapas, Guerrero, Puebla and Oaxaca, which have the highest rates of poverty and inequality among their populations.

In terms of the analysis of economic disparities, the Gini coefficient presents values between 0 and 1, in which 0 represents equitable distribution (all individuals or families have the same income) and 1 expresses that a single person possesses all of the income in a single country; in 2010, the World Bank reported a Gini coefficient for Mexico of 0.427②.

When estimating this coefficient by federal entity in Mexico in 2012, greater inequality was detected in the states of Chiapas, Campeche and Guerrero, that is to say, in southern Mexico. Conversely, the states with lower Gini coefficients are Coli-

---

① According to the Glossary for Poverty Measurement of the National Council for the Evaluation of Social Development Policy (CONEVAL), 2012. URL http://www.coneval.gob.mx/Medicion/Paginas/Glosario.aspx (accessed April 29, 2013): Poverty: a person is in a situation of poverty when s/he has at least one social need (educational lag, access to health care, access to social security, quality of shelter and living spaces, basic services within the home and access to food) and his/her income is insufficient to acquire the goods and services needed to satisfy the need for food and non - food items. Extreme poverty: a person is in a situation of extreme poverty when s/he has at least three or more needs, of six possible needs, according to the Social Deprivation Index and, also, is found to be living under the minimum welfare line. People in this situation have such a low level of income that even if they were to dedicate their income exclusively to acquiring food, they would be unable to acquire the necessary nutrients to live a healthy life. (Translator's note: Definitions translated from the original text in Spanish.).

② Banco Mundial, "Índice de Gini." URL http://datos.bancomundial.org/indicador/SI.POV.GINI (accessed November 24, 2013).

ma, Morelos and Tlaxcala. The states with the greatest increase in their Gini coefficient between 2010 and 2012 are Tabasco, Guanajuato and Durango (Graph 1). However, this coefficient does not show how or where wealth is concentrated.

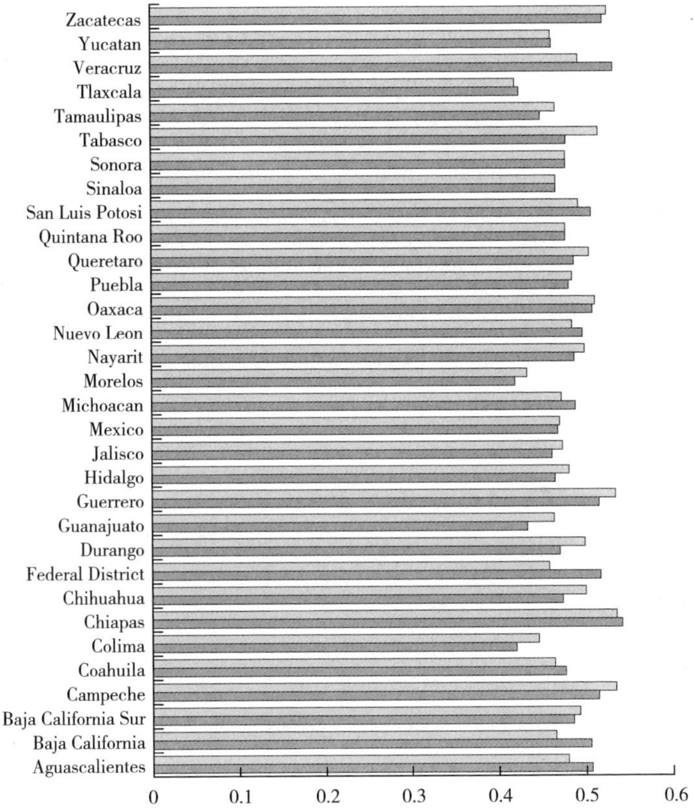

Graph 1. Gini Coefficient by federal entity 2010 – 2012

Source: CONEVAL 2010 y 2012.

On the other hand, the PALMA measure of income inequality compares the top 10% of the population with the highest income to 40% of the poorest people in the country. In Mexico, the decile of the richest families earns an average of $44, 334 pesos per month, whereas 40% of the population at the bottom of the pyramid earn an average of $17, 872 pesos per month as combined income. In terms of equivalencies, the income of the highest 10% represents 34% of gross domestic spending, whereas the bottom of the pyramid represents only 14%. The decile with the least resources only earns an average of $2, 332 pesos per month. Despite the decrease in income inequality over past years, as we break down income by location, we find noticeable differences between rural and urban zones. ①

This demonstrates that the problem of inequalities does not only depend upon promoting policies to overcome poverty, but also upon preventing dynamics that concentrate wealth. As shown in a study carried out by the Economic Commission for Latin America and the Caribbean (ECLAC), the productive structure generates conditions for "the economic elite to have direct or indirect access to the political elite, by means of which it exercises power in favor of economic measures that provide them with economic benefits or, at the very least, are not detrimental to them." ②

The analysis presented in this report stems fromthe idea that this economic inequality is oneof the aspects that leads to a lack of accessto rights that, in theory, should be universal. With a lack of access to the exercise andenjoyment of one's rights, social inequalitiesand disparities deepen, as symptoms of acomplex sociopolitical and economic systemthat fails to guarantee basic living conditions. ③

Food Security

Food security exists when "all people, at all times, have physical, social and economic access to sufficient, safe and nutritious food which meets their dietary needs and food preferences for an active and healthy life." ④ It is based on four di-

① Alex Cobham and Andy Summer, "Is Inequality All About the Tails? The Palma, the Gini and Post 2015," Oxfam. URL http: //www.oxfamblogs.org/fp2p/? p = 16021 (accessed November 15, 2013).

② Instituto Nacional de Estadística y Geografía (INEGI), "Encuesta Nacional de Ingresos y Gastos de los Hogares 2012", July 2013. URL http: //www.inegi.org.mx/est/contenidos/Proyectos/Encuestas/Hogares/regulares/Enigh/ Enigh2012/tradicional/default. aspx? _ file = /sistemas/microdatos2/Microdatos_ archivos/enigh/Doc/Resultados_ enigh12. pdf (accessed November 20, 2013).

③ Fernando Cortés. Desigualdad Económica y Poder. Mexico City: Comisión Económica para América Latina y el Caribe (CEPAL), 2010. p. 12. http: //www.iadb.org/intal/intalcdi/PE/2010/07543. pdf (accessed January 16, 2014).

④ Food and Agriculture Organization of the United Nations (FAO), "Food security statistics." URL http: //www.fao.org/ economic/ess/ess – fs/en/ (accessed November 11, 2013).

mensions:[1]

- Food availability, which is guaranteed through national food production and the entry of food imports, food aid, etc.
- Access to food, which refers to people's capacity to access available food.
- Food utilization, which refers to food consumption or intake according to food preferences and customs and biological use by the body.
- Stability, which implies that food availability, access and utilization are appropriately sustained over time.

Nutrition security goes beyond food security by incorporating elements such as food handling, health and sanitation, which guarantee that people are fully taking advantage of food.[2]

Different factors of inequality jeopardize a population's food, impeding them from enjoying food and nutrition security. Below, we describe some aspects related to food availability and food access in greater detail; due to their nature, these aspects influence society at large and can be modified through State action and public policy. Aspects having to do with food utilization, which depend upon individual preferences and physical condition (health), require a more complex approach. However, these aspects can be modified long – term through public health initiatives.

Agricultural Production

Changes introduced in the 1980's towards neoliberal policies and in favor of industrial sectors, such as the General Agreement on Tariffs and Trade (GATT) and the amendment of Article 27 of the Mexican Constitution, among others, dismantled "mechanisms of State support that included conferment of credits with below market interest rates, commercialization of agricultural products and the sale of supplies at

① Food and Agriculture Organization of the United Nations (FAO), IFAD and WFP. 2013. The State of Food Insecurity in the World. Rome: FAO. p. 16. URL http://www.fao.org/docrep/018/i3434e/i3434e00.htm (accessed December 2, 2013).

② Committee on World Food Security, "Coming to terms with terminology," p. 2. URL http://www.csm4cfs.org/files/Pagine/10/cfs_terminology_30_april_2012_final_draft.pdf (accessed December 2, 2013).

subsidized prices,"[①] while simultaneously encouraging trade openings (at the beginning of the 1990s), thereby facilitating specialization of production, agricultural exports and the adoption of new technologies.

This approach has resulted in a weakening of Mexico's productive base since most producers (small to mid - sized farmers) have had less access to resources to sustain production, in response to the risks inherent to agricultural activities, and have experienced a reduction in employment opportunities.[②] As a result, while on the one hand opportunities and growth have been generated for large agricultural enterprises, on the other, most of the 4 million small - scale producers are living in conditions of poverty[③] and must complement their income from farming activities by working in the secondary and tertiary sectors[④].

An analysis of support delivered by the Mexican Secretariat of Agriculture, Livestock, Rural Development, Fisheries and Food (SAGARPA, by its acronym in Spanish) in past years demonstrates an enormous bias and the regressive nature of the distribution of resources for agriculture. Five states in the northern part of the country (Sinaloa, Tamaulipas, Sonora, Jalisco and Chihuahua) receive 40% of SAGARPA support. Beneficiaries of said support tend to be capitalized producers with large tracts of land and with access to machinery, irrigation and channels of commercialization. The producers who receive the least support are smallholders, seasonal farmers and least - capitalized producers, to which SAGARPA dedicates only 4.5%

---

① Alejandro Von Bertrab. "El efecto de la liberalizaci6n econ6mica en los peque. os productores de maíz en M6xico," Comercio Exterior, Noviembre 2004. p. 961. URL http: //revistas. bancomext. gob. mx/rce/magazines/70/2/RCE2. pdf (accessed January 18, 2014).

② Ann Harrison and Gordon Hanson. "Who Gains from Trade Reform? Some Remaining Puzzles," Journal of Development Economics, vol. 59, The Netherlands: Elsevier, 1999. URL http: //citeseerx. ist. psu. edu/viewdoc/download? doi = 10. 1. 1. 23. 3724&rep = rep1&type = pdf (accessed January 18, 2014).

③ Carolina G6mez Mena, "En pobreza, mayoría peque. os agricultores de M6xico: FAO," La Jornada, November 22, 2013. URL http: //www. jornada. unam. mx/ultimas/2013/11/22/en - pobreza - mayoria - de - pequenos - agricultores - demexico - fao - 2213. html (accessed November 27, 2013).

④ Miguel ángel Damian Huato, et al., "Hombres y mujeres en la producci6n de maíz: un estudio comparativo en Tlaxcala." Revista Region y Sociedad, May - August 2008, number 42, p. 82. URL http: //lanic. utexas. edu/project/etext/colson/42/3. pdf (accessed November 27, 2013).

of its budget, but who represent 70% of the country's producers. Likewise, the budget allocated to predominantly indigenous municipalities and women producers is minimal. ① In geographic terms, the states in central and southern Mexico do not only receive a smaller budget, they also receive less funds per producer. ②

Support for producers who least need it not only contradicts the terms of the Rural Sustainable Development Act, which prioritizes small - scale and poor producers, it also puts food production at risk, perpetuates the conditions of poverty and inequality in rural areas, and obstructs the development of this sector.

Inequality in power relations between small - scale producers and other agents, such as suppliers of goods and purchasers (intermediaries) is another situation that contributes to economic and social inequality in rural areas of Mexico. For example, the promotion of seed packets and corresponding new technologies represent very high costs for producers, ③ who could opt for native varieties of seeds and the creation of seed banks. In addition to costing producers less and avoiding dependency on the supplier, this could potentially imply a greater profit margin for producers. Another example is found in the buying and selling relations with intermediaries, who are also called "coyotes," ④ that are often based on limited negotiation power for producers compared to intermediaries, resulting in a low profit margin for producers. Finally, when contracts do exist for selling the harvest, producers assume the risks to production (flooding or drought, plagues, disease).

This last aspect is very important in the face of the effects of climate change upon the agricultural sector. As shown in the following table, maize is projected to un-

① Héctor M. Robles Berlanga and Ana Joaquin Ruiz Guerra, Presupuestos para la Agricultura Familiar y Campesina en México, Mexico City: Oxfam, 2012, p. 37. URL http: //oxfammexico. org/crece/descargas/investigacionHMRdic10. pdf (accessed November 15, 2013).

② Héctor Robles Berlanga. "Subsidios al campo en México. Ejercicio del presupuesto de SAGARPA por programa y entidad federativa," September 2013. URL http: //subsidios. fundarlabs. org. mx/wp - includes/textos_ pdf/EJERCICIO. pdf (accessed April 16, 2014).

③ Monsanto, "Why does Monsanto sue farmers?" URL http: //www. monsanto. com/newsviews/Pages/why - does - monsanto - sue - farmers - who - save - seeds. aspx (accessed November 21, 2013).

④ In this context, the term "coyotaje" or intermediarism, refers to the power and control of intermediaries and the oligopoly of companies in regards to access to the agricultural market.

dergo a 29 – 45% decrease, whereas coffee could fall up to 78% from its current yield. The economic losses associated with the reduction of maize, coffee, sugar cane, orange, wheat and bean crops could reach 57%, equivalent to 39 billion pesos①. For small – scale, low – income farmers who depend on already limited harvests – and who have few options of additional financing to mitigate the effects of climate change – these projections of reduced yields will have serious consequences on their income and outlook to leave poverty behind.

Table 2: Economic effects of climate change on the agricultural sector

Crop	Production (Ton)	Yield (Ton/ha)	Change in production from climate change	Price in rural areas	Range in the variation in the value of production before climate change	
Sugar cane	42,650,647	71.9	–26% and –27% (2) – 4.3% and – 6.5% (3)	$335	$3,604,480,071 $499,520,967	$3,747,565,743 $814,309,447
Maize	507,489	2.3	–29% and –45%	$3,100	$333,546,241	$584,126,767
Oranges	2,969,334	12.3	+20% and +50%	$1,705	$1,687,951,834	$3,206,706,317
Wheat	3,723,324	4.4	–5% and –30% (6) – 15% and – 50% (7)	$2,406	$772,302,409 $1,669,689,308	$3,015,769,656 $4,810,543,478
Coffee	122,468	2.6	–73% and –78%	$4,309	$384,179,403	$410,562,680
Beans	1,121,956	0.6	–30%	$8,109	$2,632,231,500	$2,632,231,500

Graph 2.29. Economic effects of climate change on the agricultural sector.

Source: Study on the economics of climate change in Mexico, p. 26.

① María José Cárdenas, "Costos Económicos del Cambio Climático en México," México ante el cambio climático: Evidencias, impactos, vulnerabilidad y adaptación, Mexico City: Greenpeace, p. 48. URL http://www.greenpeace.org/mexico/es/Footer/Descargas/reports/Clima – y – energia/Mexico – ante – el – cambio – climatico/ (accessed November 19, 2013).

The economic and social inequality observed in Mexican farming communities and rural areas is delimited in a context of differentiated access to productive resources, such as land, water, capital and infrastructure, as well as differentiated access to opportunities and support for development, such as human capacity - building, investment, technology and innovation, placing small - scale producers at a clear disadvantage. ① The most immediate implications for food and nutrition security are:

1. It jeopardizes the production of food for domestic consumption. The deficiencies of the Mexican food system in terms of technology and infrastructure, transportation, market functioning and high transaction costs② limit availability to food of adequate quantity and quality for good diets. As a consequence, Mexico currently imports 43% of its food basket, creating a cycle of food and agriculture dependency. ③

The most frequently imported products in 2010 were yellow corn, soy, grain sorghum, wheat, unmilled rice and apples—products belonging to the rural and urban food basket. ④ 40% to 90% of wheat, yellow corn, rice and soy are imported, whereas 30% of meat is imported even though Mexico has the capacity to become the second most important producer of meat internationally. ⑤ Dependency on imported products, which are susceptible to volatile price changes on the international market, jeopardizes the availability of said foods and their accessibility (in terms of price) for

① Secretaría de Agricultura, Ganadería, Desarrollo Rural, Pesca y Alimentación (SAGARPA), "Retos y Oportunidades," Octubre 2010, p. 128. URL http: //www. sagarpa. gob. mx/agronegocios/Documents/pablo/retosyoportunidades. pdf (accessed November 9, 2013).

② Ibid. Octubre 2010.

③ Ernesto Méndez, "Es hora de ir al grano; México importa 43% de los alimentos", Excelsior, May 5, 2013. URL http: //www. excelsior. com. mx/nacional/2013/05/05/897514 (accessed November 11, 2013).

④ Instituto Nacional de Estadística y Geografía, "Cuéntame: Agricultura." URL http: //cuentame. inegi. org. mx/economia/primarias/agri/default. aspx? tema = E (accessed November 14, 2013).

⑤ El Barzón, "Acuerdos Nacionales para el desarrollo del campo mexicano," Press release, October 23, 2013. URL http: //elbarzon. mx/2013/09/acuerdos - nacionales - para - el - desarrollo - del - campo - mexicano - el - barzon/ (accessed November 27, 2013).

the Mexican population.

2. It limits producers' opportunities for economic development and income generation, thereby compromising their access to an adequate diet.

One example is the case of beans that, despite the economic losses that bean production represents, continue to be produced because small – scale farmers "do not take into consideration the costs of their labor, land and devaluation of their machinery"① in production costing. Furthermore, these producers receive low prices for their product since they compete with the price of beans coming from the United States, which receive strong subsidies throughout the productive and commercial chain and which are sold at a lower price.

3. It contributes to the reproduction of rural poverty, making it difficult for people to cover their needs for health care, food and sanitation. The low levels of income derived from small – scale agricultural production are insufficient to cover the basic household needs of producers. Moreover, the limited availability of basic services, sanitation and health care in some rural areas, particularly those that suffer from greater marginalization, forces people to travel to other locations to receive health care or to do without the attention and treatment they require.

In order to achieve inclusive development and the reduction of poverty and inequality for the agricultural sector, it is necessary to reorient agricultural policy in such a way as to truly promote and encourage small – scale production, facilitating access to necessary resources and supplies (including agricultural extension) to increase this sector's competitiveness and sustainability.② Additionally, it is important to implement complementary public policy to regulate the agricultural market to achieve a fairer commercialization system for all actors.

① Alma Velia Ayala, Rita E. Schwentesius and Gustavo Almaguer, "La competitividad del frijol en México," El cotidiano, 2008. p. 88. URL http://www.redalyc.org/comocitar.oa?id=32514710.

② Food and Agriculture Organization of the United Nations (FAO), IFAD and WFP. The State of Food Insecurity, p. 75 – 76. URL http://www.fao.org/docrep/018/i3458s/i3458s.pdf (accessed November 11, 2013).

Results from a study on budget allocations to agriculture① indicate that men and women small - scale producers are not explicitly identified as the target population of SAGARPA programs. While four different programs focused on small - scale agriculture do exist (Strategic Food Security Program; Self - Sufficiency Agriculture; Investment Fund in Locations of Mid, High and Very High Marginalization; Fund for Food Action in Concurrence with Zones in High and Very High Marginalization), these programs receive only 4.5% of this secretariat's total budget. Without a doubt, this represents a huge programmatic inconsistency since small - scale production represents the majority of production units in the country and they are the main provider of basic food production.

Likewise, according to the same study, of the more than 100 programs that belong to the Special Concurrent Program for Rural Development (PEC, for its acronym in Spanish), most homes gain admission to two of these programs: Procampo and Oportunidades. As previously mentioned, the better part of the Procampo budget is concentrated in just a few states of the Mexican Republic. Thus, it is important to review the register of beneficiaries and the mechanisms for program focalization in order to facilitate access for those producers who most need this kind of support.

Access to food

As previously mentioned, access to food refers to a person's ability to access the available food supply. This capacity is related to a person's or a household's resources (economic and other, including opportunities) for obtaining the foods of their preference in a determined cultural context.

According to CONEVAL, in 2012, approximately 27.4 million Mexican men and women lacked access to food.② From 2008 to 2012, CONEVAL reported a

① Héctor Robles Berlanga and Ana Joaquina Ruiz Guerra. Op. Cit.

② Consejo Nacional de Evaluación de la Política de Desarrollo Social (CONEVAL), Anexo Estadísticos "Medición de la pobreza en México y las Entidades Federativas 2012." URL http://www.coneval.gob.mx/Medicion/Paginas/ Medici%C3%B3n/Pobreza%202012/Anexo - estad%C3%ADstico - pobreza - 2012.aspx.

12.8% increase in individuals who lack access to food and a 10.8% increase in those whose income is below the welfare line.①

The basic basket is the combination of basic goods and services that are necessary to cover an individual's needs. In Mexico, this basket includes foods like rice, beans, eggs, meat and bread, as well as expenses for other items such as housing, clothing, health care, transportation and education.

During the past six years, the price of the basic basket has increased by 45.3% in rural areas and by 44.1% in urban areas, in part due to the food crisis of 2008.② In rural areas, prices rose from $577.14 pesos in October 2007 to $838.55 pesos in October 2013, while in urban zones, prices escalated from $823.40 pesos in 2007 to $1, 186.55 pesos in 2013.③

Nonetheless, income has not increased in proportion to the price of food. Despite a 1.5% increase in income during the past two years,④ the price of the food basket has risen by 15% in this same period of time.⑤ Income for people living in extreme poverty does not cover the total need for food in these households. In rural marginalized zones, up to 66% of total household expenses is allocated

① The National Council for the Evaluation of Social Development Policy (CONEVAL) defines the welfare line as "an equivalent to the total value of the basket of foods and non-food items per person per month." See "Evolución mensual del valor de la canasta alimentaria (línea de bienestar mínimo) enero 2006-octubre 2013." URL http://web.coneval.gob.mx/Medicion/Paginas/Lineas-de-bienestar-y-canasta-basica.aspx (accessed November 12, 2013).

② Calculation based on prices identified by the National Council for the Evaluation of Social Development Policy (CONEVAL), "Evolución mensual del valor de la canasta alimentaria (línea de bienestar mínimo) enero 2006-octubre 2013." URL http://web.coneval.gob.mx/Medicion/Paginas/Lineas-de-bienestar-y-canasta-basica.aspx (accessed November 12, 2013).

③ Consejo Nacional de Evaluación de la Política de Desarrollo Social (CONEVAL), Op. Cit.

④ CONEVAL, Op. Cit. e Instituto Nacional de Estadística y Geografía (INEGI), "Encuesta Nacional de Ingresos y Gastos de los Hogares 2012." URL http://www.inegi.org.mx/est/contenidos/Proyectos/Encuestas/Hogares/regulares/Enigh/Enigh2012/ncv/default.aspx.

⑤ Calculation of the basic basket based on prices identified by the National Council for the Evaluation of Social Development Policy (CONEVAL), "Evolución mensual del valor de la canasta alimentaria (línea de bienestar mínimo) enero 2006-octubre 2013." URL http://web.coneval.gob.mx/Medicion/Paginas/Lineas-de-bienestar-y-canastabasica.aspx (accessed November 12, 2013).

to food. ①

Inequality in regards to food access has different causes. Generally, these causes converge, creating numerous challenges to homes living in poverty or vulnerability for guaranteeing access to food. To name a few:

- Differentiated availability to economic resources to obtain food and/or productive resources to cultivate the food necessary for the home
- Differentiated geographic availability to infrastructure and food supply and distribution centers (markets, stores, etc.) that facilitate or hinder household access to food
- Differentiated access to formal or informal social protection systems that support the family economy and food supply
- Intrafamily dynamics and cultural patterns related to food distribution (in terms of quantity and quality) among family members.

The effects of economic and social inequality on food access are clear: people opt for affordable food based on their available resources and this often implies a change in patterns of consumption to favor processed products that are high in fats and sugars, distancing consumers from traditional diets. Frequently, this translates into diets with low nutrition levels, deficient in quantity and quality for the segments of the population that have fewer economic resources and lower levels of education. At the same time, this also leads to inappropriate availability of the nutrients needed for optimal body functioning, causing unfavorable consequences to health, productivity and cognitive development, thereby compromising an individual's possibilities for economic development. ②

Reducing inequality in regards to food access requires complementary strate-

① Mauricio García de la Cadena, Situación de Seguridad Alimentaria en zonas rurales marginadas de México, Organización de las Naciones Unidas para la Alimentación y Agricultura (FAO), October 14, 2013, p. 2. URL http://issuu.com/nixta2013/docs/maiz_y_seguridad_alimentaria_en_zon (accessed November 11, 2013).

② World Bank. "Repositioning Nutrition as Central to Development. A Strategy for Large - Scale Action." 2006.

gies. On the one hand, initiatives that support individual income generation should be strengthened and expanded (such as employment programs or programs to diversify rural income like PROMUSAG,① that serves populations that have traditionally been excluded from public benefits) in a stable manner over time, together with social protection mechanisms for people living in poverty and food support mechanisms in times of crisis. On the other hand, the State should also guarantee access to productive resources (for example, by facilitating access to land, credit or technology) to support food access for producers as well. Finally, it is essential to build awareness regarding men's and women's differentiated nutrition needs throughout the life cycle, in order to guarantee access to sufficient food for all people within the household.

Policy Analysis 1 Food Security Strategy During The 2012 - 2018 Federal Administration

FOOD SECURITY STRATEGY DURING THE 2012 - 2018 FEDERAL ADMINISTRATION

The National Crusade on Hunger② is the most recent national strategy in Mexico that seeks to guarantee food and nutrition security to 7.01 million people living in extreme poverty in urban and rural areas, by increasing production and income of small - scale agricultural producers, minimizing post - harvest losses and promoting community participation.

In terms of providing support for agricultural production, on the one hand, this crusade seeks to improve food availability and supply through different means, such as stores, food kitchens, food supplements, and family gardens, and on the other hand, to improve agricultural production and income through investment in equip-

① Program for Women in the Agricultural Sector. This program gives support to groups of rural women residing in localities with high levels of marginalization, for investment in productive projects. This is one of the few programs in the agrarian sector that seeks to address gender inequalities in regards to labor and production.

② Website of the National Crusade on Hunger. URL http://sinhambre.gob.mx/ (accessed April 29, 2014).

ment and infrastructure, capacity – building, technological innovation, rural extension programs, support for commercialization and post – harvest management, and risk prevention and management. The beneficiaries of this strategy are small – scale, low – income farmers who receive support from a variety of programs, such as: Program for Women in the Agricultural Sector (PROMUSAG); Enterprising Youth and the Land Fund; Insurance Program for Climatological Contingencies; Support Program for Agricultural Insurance Funds; Subsidy Program for Agricultural Insurance Premiums; Cash Deposits Program; Cost Reduction for Access to Credit; and the Comprehensive Program for Training, Capacity – Building and Advisory Support for Producers and Rural Financial Intermediaries.

It will be important for budget allocations to these programs to be sufficient to cover the needs of the majority of producers and to prevent the previously mentioned bias to access that is observed in programs such as Procampo and/or for access to infrastructure and financing.

In terms of support for food access, most of the measures are aimed at income generation for the population and to facilitate access to basic foods and services in terms of education, health care, housing and sanitation. Diverse programs implemented by different government agencies (under different secretariats) contribute to this strategy.

While this strategy considers the different dimensions of food and nutrition security (availability, access and utilization), it is vital that these different actions be implemented in a coordinated, complementary fashion. That is the only way to reduce the inequality gaps that exist along the food chain.

Gender

According to the World Bank's definition, understanding the phenomenon of inequality implies that gender inequality is cross – cutting, since it disrupts every characteristic of people's lives and social scenarios, thus showing us the particular ways in which women or men do or do not have access to the same possibilities for development or the full exercise of their rights. This is how gender differences are reproduced and deepen existing inequalities. According to the Global Gender Gap Report produced by the World Economic Forum, Mexico is ranked 68 among 136 evaluated countries. Moreover, a study carried out on the 19 countries that compose the Group of 20 (G – 20) – excluding the European Union – concluded that India, Saudi Arabia, Indonesia, South Africa and Mexico are the five nations that give the worst treatment to women.

Having said that, the roots of gender inequality are imbedded in each society's own social structure. The pillars that sustain this type of inequality – the family, the market and the State – place women at a disadvantage. This perspective leads to other types of social and economic disparities, leading us to consider that our gender perspective should be crosscutting in order to clearly establish the structural elements that produce all these different kinds of inequality.

In rural and farming communities, the situation is very specific, since this is one of the scenarios where the greatest gender inequalities exist and as a result, social, economic and political inequalities are worsened. The situation of people living in rural areas is very serious: the rates of poverty and marginalization are very high and within these groups, women are found in the most unfavorable conditions, they are subjected to violence and have fewer possibilities for participating in community decision – making and exercising leadership.

For this reason, public institutions and nonprofit organizations specializing in this topic have focused efforts to change this situation. By fostering women's participation and promoting affirmative actions, they have worked to reduce inequality gaps. Unfortunately, these efforts have been insufficient; government programs for women continue to be charitable in nature and the lack of current, specific diagnostic studies on this topic limits institutional action, making policies targeting rural inequality inefficient and ineffective.

Over the past 20 years, female participation in farming communities increased by 343%;[①] this phenomenon is due to the increasing need for women's income in or-

① According to the Agricultural and Fisheries Information Service.

der to bear the burden of the need for food and housing. Another factor has been male migration. ① There are regions of the country that are characterized for driving out the workforce to migrate. ② This problem is a result of the serious conditions in which families live in rural areas. Poverty, marginalization and violence have worsened to such an extent that the only option to improve the quality of life is to travel illegally to the United States. Given this scenario, women have become heads of households, seeking ways to increase family income and at the same time, they continue to carry out all of the unpaid domestic work and caregiving in the home. "As a consequence to migration, changes can be observed in the dynamic structure and size of households. Different studies carried out in contexts of origin of migrants have documented that migration promotes the creation of homes with female heads of households... In many communities in Mexico... in cases where the migrant's wife stays home to take care of the children, she assumes the role as the head of household de facto with all of the responsibilities it entails..." ③

Rural women are responsible for several tasks within and outside of the home. In many communities, in addition to the burden of unpaid domestic activities and caregiving, women assume other tasks as female heads of household, including taking responsibility for the seasonal harvest, sowing and even the sale of products. However, although women's participation has grown in the productive arena, their working conditions and access to resources are at a great disadvantage compared to men who assume these same activities.

---

① According to 2010 INEGI statistics, in 2006, 25% of people who left the country due to international migration were women; in 2007 and 2008, migrant women represented 20% and 22% of the migrant population. Another reason that explains higher migration rates among men is the cost of the journey. It is less expensive for men to migrate than for women; this is explained both by the risk that women face during the journey and also because women many times seek to migrate together with other family members, such as their children or parents. See: http://www.oem.com.mx/oem/notas/n2000978.htm.

② This affirmation is valid for the central western region of Mexico, where there is a long history and strong dynamic of migration to the United States. The states with high rates of migration are Zacatecas, Michoacán and Guanajuato. See: http://www.conapo.gob.mx/work/models/CONAPO/intensidad_migratoria/pdf/Efectos.pdf.

③ Ibid.

One of the most serious problems that affect rural women's empowerment is their lack of access to land ownership. In Mexico, there are three ways to gain land rights: the first is through direct purchase. The second option is through the creation of communal land (called ejidos), [①] and the third is by inheritance. In order to inherit land, each landowner presents a list of candidates, in order of preference, and there are no restrictions to include women at the beginning of the list. A large number of landowners list their spouses as their heirs, making this one of the main forms of access to land for women. However, due to social or cultural reasons, the majority give preference to a son or a male relative. One explanation for this dynamic is that despite legal flexibility, tradition in these rural communities does not always allow for passing land down to women and in some cases, they even repress possibilities for women's development.

Some indicators in this field

In regards to education, according to the National Institute of Statistics, Geography and Informatics (INEGI), in the year 2000, 9 of every 100 men lacked formal education: 42 had completed their obligatory basic schooling, 20 were able to conclude basic education and 29 had passed at least one grade following secondary schooling. Now, in the case of women, in the same year, 12 of every 100 women lacked formal education, 43 had passed at least one year of elementary schooling and one or two years of secondary schooling, 18 had passed three years of secondary schooling and 27 had completed their basic studies. In rural towns with fewer than 2, 500 inhabitants, 16 of every 100 men lacked instruction and 21 of every 100 women were in the same situation.

The illiteracy rate for the female population is 11.3%, whereas for men it is

① Article 27 of the Mexican Constitution is focused on land distribution, however, it does not include a specific policy for rural women. On the other hand, the Federal Agrarian Reform Act establishes that men and women who fulfill the requisites may acquire land. It also establishes, "units of land that each ejido must destine to establish an agricultural farm and rural industries for collective exploitation by women from the agrarian community who are not communal land holders as a way to channel female labor." Nonetheless, in reality, among 283 communal lands (ejidos), only 16.3% of women have access to land.

7. 4% . In addition, the female population living in rural areas has an average of 4. 6 years of schooling, compared to women in urban areas who have 7. 9 years on average. ①

Currently, CONEVAL generates indicators to identify gender inequality gaps. In regards to education, the difference is estimated between female and male heads of household with educational lag, by age group and level of poverty. This indicator has values ranging from – 100 to 100, in which negative figures signify a larger percentage of female heads of household with an educational lag than male heads of household.

Chart 2 shows the educational lag for populations of poor households and non poor households in 2012. It is noticeable that women in all age groups have greater educational lags than men. In poor homes, this inequality gap is even more defined, with 11. 8% vs. 7. 3% for non poor homes. It is also relevant that the educational lag in non poor homes increases with age; the greatest lag occurs among the 65 or older age group (9. 3%), whereas in poorer homes, the largest lag occurs in the 45 to 64 years of age group (9. 3%) and diminishes for the group of 65 years or older (2. 7%).

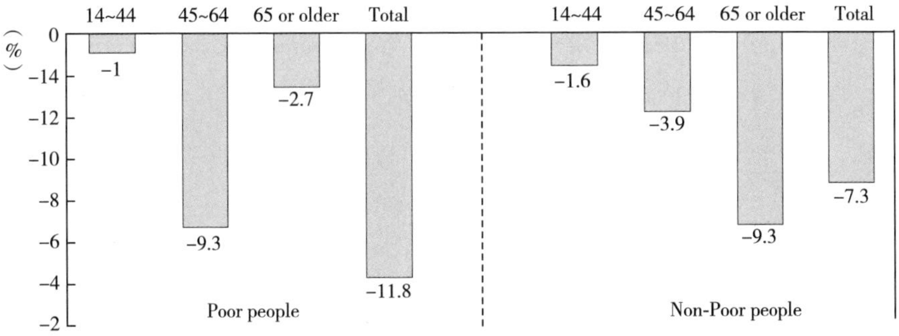

Graph 2. Inequality gap in regards to educational lag, by age group and situation of poverty of the female or male heal of household, 2012.

Source: CONEVAL, Poverty and gender in Mexico. Towards a system of indicators. 2008 – 2012 Information.

① Instituto Nacional de Estadística, Geografía e Informática (INEGI). Censo General de Población y Vivienda 2000. URL http: //www. inegi. org. mx/sistemas/olap/proyectos/bd/consulta. asp? c = 10252&p = 14048&s = est .

On the other hand, education is a critical tool in terms of social development. In addition to being one of the Millennium Development Goals, Mexico has made an effort to support education policy at the elementary school level, achieving the attendance of 6. 5 million boys and 6. 3 million girls in 2010, an increase of more than half a million children than those enrolled in 1990. At the secondary education level, the percentage of women drops to 91. 9% among girls 12 to 14 years of age and to 68% among girls 15 to 17 years of age. This represents an increase since 2002, when the percentage of women in secondary schooling was 51%. According to the 2010 Population and Housing Census, school attendance has increased with the size of the population. The same thing occurs at the level of higher education, with only 15% of the students originating from smaller localities. Nevertheless, at this level, men overtake women, with a more significant difference in more populated zones.

It is worth mentioning that training is one of the demands women express in regards to receiving an education. The multiple problems that afflict rural areas lead to the need for permanent training. Training provides educational content and elements that support women's empowerment and leadership. Skills and capacity – building for their productive and reproductive environment allows women to broaden their possibilities for improving their living conditions through community participation, by applying the knowledge to their own surroundings. Rural women need courses specific-

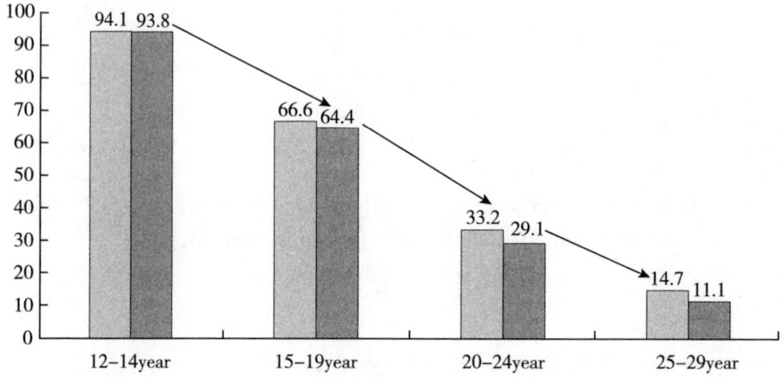

Graph 3: School attendance by gender and age.

Source: "Los jóvenes y la educación," Secretariat of Public Education, 2010.

ally targeted to their identities and needs in order to stand up for their rights, to find out about and access new technologies, to learn to commercialize their products and to access financing or state or international programs, among other things.

Table 3: Percentage of the population from 18 to 29 years of age who attend school, by size of locality, sex and age, 2010.

Size of locality	18 - 24		25 - 29	
	Men	Women	Men	Women
Fewer than 2, 500 inhabitants	14. 7	14. 4	2. 5	2. 6
2, 500 to 14, 999 inhabitants	23. 1	22. 2	4. 2	4. 0
15, 000 to 99, 999 inhabitants	29. 1	27. 7	5. 7	5. 1
100, 000 inhabitants or more	36. 2	34. 9	9. 2	7. 5

Source: INEGI, 2010 Population and Housing Census. Tabulated from the basic survey.

Source: "Educación," INMUJERES, 2010.

In regards to health, in the year 2000, social security benefits only operated as an alternative to public insurance in protection of four of every ten women and men. More than half of the population from both sexes lacked these services.

In 2004, the System for Social Health Care Protection (SPSS, by its acronym in Spanish) began operations, which consists of the Popular Insurance Program and the Medical Insurance for a New Generation Program. The institutional design of the Popular Insurance Program is primarily aimed to serve excluded populations, composed of poor people, the elderly, women, children, indigenous peoples, unsalaried workers, workers in the informal economy, unemployed workers, subemployed workers, and the rural population.

The proportion of women who are insured compared to the total female population was 40. 7% in the year 2000 and 66. 3% in 2010. In these same years, the number of insured men was 39. 6% and 62. 7%. This difference, which is favorable for women, can be related to the affirmative actions created within the SPSS that have allowed for greater enrollment of women in health care services like the Popular Insurance program. In this same sense, the male - female relation of insurance holders was reduced to almost 93 or 90 men for every 100 women in the 2000 to 2010 period.①

In regards to access to health care services, the female/male ratio of direct or indirect insurance holders② estimates the number of women with access to health care for every one hundred men, according to the situation of poverty in 2012.

When the value presented is lower than 100, it implies a greater number of women with direct or indirect access to health care services; and a value higher than 100 means that the number of women enrolled to receive health care services is higher than that of men.

Women show higher indirect access to health care services than men, both those living in poverty and those who do not. However, their direct access to health care is precarious, particularly for poor women, since 36 women for every 100 men have this service. For people not living in poverty, this ratio is lower, with 62 women registered for every 100 men.

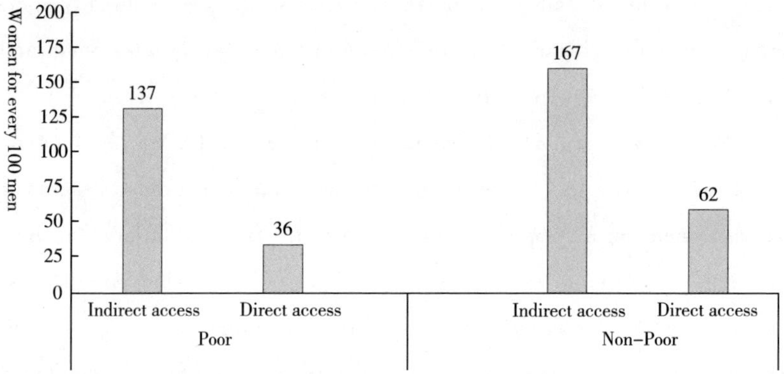

Graph 4. Women/men ratio of origin (direct or indirect) to health care and condition of poverty, 2012

Source: CONEVAL, Poverty and gender in Mexico. Towards a system of indicators. 2008 - 2012 Information.

---

① Instituto Nacional de Geografía, Estadística. Mujeres y Hombres en México 2012. URL http://cedoc.inmujeres.gob.mx/documentos_download/101215.pdf (accessed November 21, 2013).

② Access to health care of a direct nature refers to situations in which enrolment or affiliation is due to employment, retirement or disability, self-employment or private medical insurance. Indirect access occurs when enrolment occurs through the Popular Insurance Program, because a family member within or outside of the home bestows this right to services due to existing kinship, the death of an insured party or as a student.

Inequality on the labor market is summarized in Graph 5, which estimates the difference in women's and men's rates of participation in economic activities, by age and condition of poverty. The indicator presents figures from −100 to 100, in which a negative value means that male economic participation is greater than female participation and a positive figure indicates that women's participation is greater. In all age groups, for both poor and non poor people, men show higher rates of economic participation than women. The least disparity occurs in the 14 to 44 years of age group, for non poor people, in which the gap favors men by 26%.

In addition, poor women have a larger gap than non poor women, at approximately 45.0% for the groups 14 to 44 years of age and 45 to 64 years of age, and the largest gap for non poor women is 37.5% for the 45 to 64 year olds (See Graph 5). ①

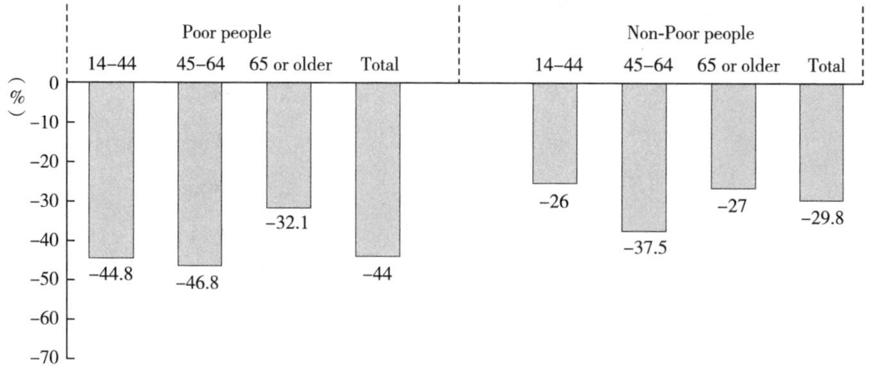

Graph 5. Gap in the rate of women's and men's economic participation, by age group and level of poverty, 2012

Source: CONEVAL, Poverty and gender in Mexico. Towards a system of indicators. 2008 −2012 Information.

In relation to perceived income for labor, Graph 6 presents an indicator that expresses the relation between wages earned per hour by employed women, compared to those earned by men, by level of schooling and situation of poverty, in 2012. When the indicator is below 100, it implies that a woman's average hourly wage is

① The rate of economic participation is estimated for the population of 16 years or older who participate in the production of goods and services, in regards to the total population in this age group.

lower than a man's, even when they both have the same level of schooling and condition of poverty. A value higher than 100 means that the income earned by a woman is greater than a man's income, although they have the same level of schooling. The National Survey on Occupation and Employment determined that by the end of the second quarter of 2013, 41.9% of the population were employed. Women make up only 16.1% of this figure.

The contrasts between women and men are even more noticeable in regards to payment or wages. The study found that compared to men's earnings, women earn less on all salary scales, with the exception of minimum wage. This is partially due to salary discrimination due to gender even when people carry out the same job. A study carried out by the National Institute for Women (INMUJERES) and INEGI revealed that women face a 20.6% rate of labor discrimination, which includes unequal pay for equal work carried out by men and women, evidence of mandatory pregnancy testing and obstacles to women's professional development.

Across age groups, the proportion of hourly wages for women compared to men is lower. In general, poor working women have lower hourly wages (75 pesos compared to 100 pesos for men) than non poor working women (91 pesos compared to 100 pesos for men). Education is a factor that minimizes income inequalities to a

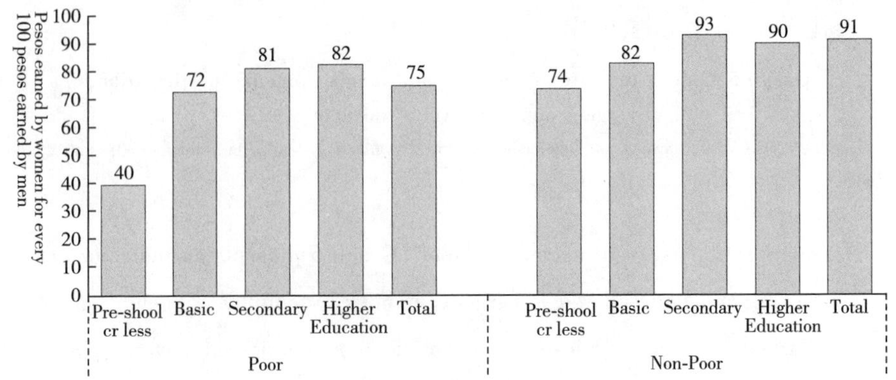

Graph 6: Ratio of wages earned by men and women workers by level of schooling and poverty, 2012

Source: CONEVAL, Poverty and gender in Mexico. Towards a system of indicators. 2008 – 2012 Information.

certain degree, since the difference in hourly wages for women with a preschool education or less in regards to men, with the same level of schooling and poverty, is more pronounced; in the case of poor women, their income is less than half of what men receive. The same occurs among non poor working women, who receive 74 pesos for every 100 that men receive, when both have a preschool education or less; and their income improves with basic education and secondary education, although no improvement is seen with higher education.

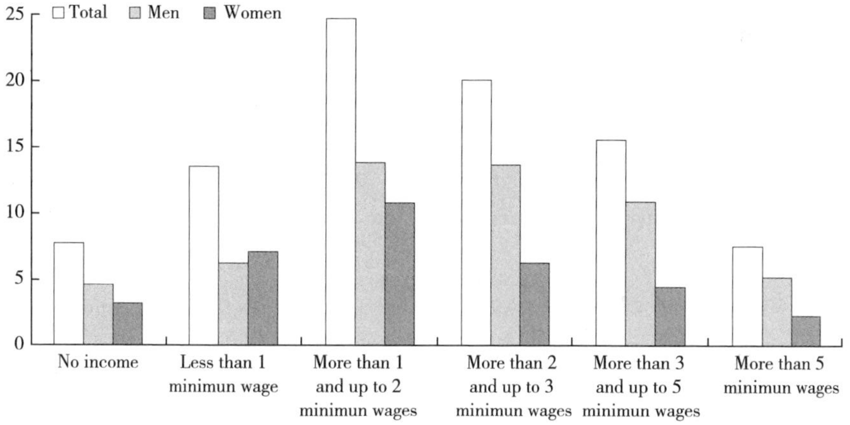

Graph 7: Percentage of Level of Income 2013

Source: "Indicadores de Desarrollo Humano y Mercado Laboral de Hombres y Mujeres," Programa de las Naciones Unidas para el Desarrollo, 2013

In regards to the topic of violence, a survey reveals that 46.1% of women have suffered an act of violence at the hands of their partners nationwide. According to the National Citizen's Observatory on Feminicides, between 2007 and 2008, 1, 221 murders of women were documented in 13 states of the Republic: Chihuahua, Nuevo León, Sinaloa, Sonora and Tamaulipas (northern region); the Federal District, State of Mexico, Guanajuato, Jalisco, Morelos and Tlaxcala (central and Bajío regions); and Tabasco and Yucatán (southern region). From January 2009 to June 2010, 1, 728 murders of women were documented in 18 states of the country.①

① The survey was carried out by the National Institute for Women and INEGI.

Furthermore, despite ratification of the Convention on the Elimination of all Forms of Discrimination against Women (CEDAW) and the Declaration of Alarm on Gender Violence as legal resources to denounce and tackle violence, it is very hard for many victims to identify actions as violent acts. Even once they identify such acts, they continue to face obstacles to access justice. The new accusatory system of justice leaves many women holding a agreement that lacks strength of enforcement due to a lack of interest by the authorities, leaving them unprotected from their aggressor.

Finally, in regards to public policy, institutions have aimed efforts at rural areas in order to resolve problems that impede their development but they have also targeted small and mid – sized producers through processes and activities to dignify their productive labors, seeking to significantly improve the daily lives of rural populations. Based on the information shared in this section, we know that women in rural areas suffer greater levels of discrimination and violence than men, making it necessary to take them into special consideration to obtain tools that will allow them to make progress towards equality and thus, to improve their living conditions both within and outside the home environment.

Policy Analysis 2 Women in the Agricultural Sector, PROMUSAG

The Program for Women in the Agricultural Sector (PROMUSAG) stands out from among the different government actions targeting rural areas. Beginning in 2002, this program delivers support to groups of rural women to promote productive projects in order to encourage their incorporation to the productive – economic sector, increase their income and reduce poverty among vulnerable families.[①] This program[②] targets

① Secretaría de la Reforma Agraria, FAO. Programa de la Mujer en el Sector Agrario (PROMUSAG): Evaluación Complementaria de los Programas de Fomento de la Secretaría de la Reforma Agraria. Secretaría de la Reforma Agraria y Organización de las Naciones Unidas para la Alimentación y la Agricultura, August 15, 2011. URL http: // www. coneval. gob. mx/Informes/Evaluacion/Complementarias/Complementarias_ 2010/SRA/compl_ 2010_ sra_ PROMUSAG. pdf (accessed February 16, 2014).

② This program has changed secretariats due to changes in government policy, moving from the Secretariat of Agrarian Reform (SRA) to the Secretariat of Agrarian, Territorial and Urban Development (SEDATU) and the Secretariat of Agriculture, Livestock, Rural Development, Fisheries and Food (SAGARPA). Beginning in 2014, its name will be changed to the Program for Enterprising Women (PROMETE).

women over the age of 18 years of age in farming communities, giving preference to localities with severe marginalization. ① This program can be seen as a best practice for focusing on gender inequalities in regards to labor and production. Applicants must be groups of three to six women who live on communal land (ejido) and who have not received support in the past five years from PROMUSAG or the Fund to Support Productive Projects in Farming Communities. The maximum level of financing is $ 180, 000 pesos. Up to 10% of the authorized economic support can be used for advisory support for project development or technical assistance from specialized professionals. ② It bears mentioning that although this program targets women, with a specific focus on larger inequality gaps, such as women's participation in productive arenas and the opportunities for self - generated income, this effort is insufficient. From a crosscutting gender perspective, we know that PROMUSAG is insufficient to address all of the inequality gaps that exist in rural areas, particularly those that afflict women.

The State needs to be much more effective in its work by allocating greater financial and human resources to eradicate the serious problems of Mexican farmlands and rural areas. Nevertheless, this task does not solely depend on government agencies dedicated to rural areas; since these are multifactorial phenomena, the efforts of other government agencies are also necessary. In this sense, institutions responsible for education, health, employment and the economy also need to dedicate efforts to closing existing inequality gaps in rural areas.

Climate Change

Climate change is a global phenomenon with differentiated regional repercussions. This phenomenon represents an alteration in the state of the weather and can be identified by changes in the variability of characteristics of the weather that last o-

---

① Secretaría de la Reforma Agraria, FAO. Op. Cit.

② CONEVAL, Consistencia y Resultados PROMUSAG 2011 - 2012, p. 8. URL http: //www. sedatu. gob. mx/sraweb/datastore/programas/2012/evaluaciones/Eval_ CONSISTENCIA_ Y_ RESULTADOS_ PROMUSAG_ 2011. pdf (accessed February 18, 2014).

ver an extended period of time. ①

Developed countries generate the largest amounts of greenhouse gas (GHG) emissions because high levels of production and consumption produce GHG, although these countries have the most resources to address the effects of climate change. Moreover, they also carry out actions for mitigation, adaptation and resilience in the face of climate change. However, the most serious impacts of climate change occur in developing countries, to a large extent due to their large dependency on agriculture, in regards to both national income and employment. Additionally, agriculture is highly dependent on the weather and, thus, can be strongly affected by variations in climate. Moreover, this sector harbors the population living in poverty, who face greater vulnerability in the face of climate change since they have limited economic and technological capacity compared to people with greater financial resources or who live in developed countries.

Mexico contributes close to 2% of global GHG emissions, placing it among the countries with the highest GHG emissions worldwide, and it is also ranked 13th globally for the highest amount of carbon dioxide emissions. As a country that exports oil, Mexico depends fiercely on fossil fuels to satisfy its energy needs. ②

Different sectors contribute to GHG emissions, mainly the following sectors: electric energy, petroleum products, basic metal products, extraction of oil and gas, and the chemical industry, which are all fundamental sectors for implementing actions to mitigate climate change. Also important but less relevant in terms of their levels of GHG emissions, we have strategically important sectors with high energy consumption that are associated with transportation: air transportation, rail transport, trucking, ground passenger transportation and tourist transportation. Additionally, five other areas are present with different classifications: the paper industry; the

① Intergovernmental Panel on Climate Change (IPCC) (2012), Managing the Risks of Extreme Events and Disasters to Advance Climate Change Adaptation, A Special Report of Working Groups I and II.

② Omar Masera and Claudia Sheinbaum, "Mitigación de emisiones de carbono y prioridades de desarrollo nacional", in Julia Martínez and Adrián Fernández (Compilers) (2004), Cambio climático: una visión desde México, Secretaría de Medio Ambiente y Recursos Naturales – Instituto Nacional de Ecología.

plastic and rubber industry; non - metallic mineral products; metal products; and machinery and equipment manufacturing. ① These 15 areas of industry are the most relevant in terms of the transmission of contaminants to other industries and the environment; they also generate high costs in terms of GHG emissions, due to their levels of production, meaning that the simple reduction of GHG emissions would negatively impact their levels of production. Hence, the importance of adopting technological changes and exercising positive, indirect influence on other areas of production.

The energy sector is the most influential in terms of generating negative effects from GHG emissions, since it is used by all sectors of the economy, that is to say, it is used intensely. In regards to agriculture, it is the 13th economic area with the highest GHG emissions in Mexico. ② The importance of mitigation action in this sector is essential to reduce negative externalities. Likewise, appropriate State intervention is very important in order to guarantee supervision of agricultural operations and ensure productive efficiency.

The impact of climate change will have serious economic implications, especially for the agricultural sector. The importance of implementing actions to reduce the consequences of climate change is particularly relevant due to high costs that will be incurred from the lack of policies to reduce long term negative impacts.

Thus, mitigation, adaptation and resilience policies in the face of climate change are essential, in order to counteract this unequivocal phenomenon. In particular, a lack of intervention in Mexican agriculture will lead to loss of harvests and the annual yield of the country's most important crops will diminish drastically. This will derive into greater economic and social inequalities, as well as a larger gap between rural and urban sectors.

Mexico is a country with enormous biodiversity, with mountainous regions, dense woods and tropical areas. Approximately 10% of global species diversity is concentrated in Mexican territory. Thus, Mexico is considered to be a " mega - di-

① Pablo Ruiz Nápoles, Estimación de los costos relativos de las emisiones de gases de efecto invernadero en las ramas de la economía mexicana, El Trimestre Económico, Vol. LXXVIII (1), No. 309, January - March 2011, pp. 173 - 191.

② Ibid.

verse" country, together with Brazil, China, Indonesia, Peru, Democratic Republic of Congo and India. ① In addition, in Mexico, storms and droughts are increasingly intense, whereas the rising sea level, together with rising temperatures, will modify the composition of natural habitats.

The agricultural sector in Mexico is mainly composed of small – scale farmers who face great risks to their subsistence and have limited access to credit and insurance.

Given this panorama, a lot of farming communities in Mexico are extremely vulnerable, due to their limited capacity for adaptation. ② In this context, climate change presents several obstacles for our country, particularly in regards to agriculture due to its sensitivity to variations in climate.

Water use and access

Water use and access is one of the world's greatest concerns and represents an important challenge in Mexico due to the effects on different economic sectors. According to a study carried out by biologist Julia Martínez Fernández from the National Institute of Ecology and Climate Change, ③ the availability of water has fallen to half of its capacity 49 years ago. ④

Current problems in regards to water include droughts, pollution, lack of access, policy failure and water management.

In addition, a huge portion of the country is vulnerable to the increase in droughts. The Intergovernmental Panel on Climate Change emphasizes Mexico's geographical location in tropical and subtropical regions of the northern hemisphere that

① SEMARNAT, "Biodiversidad." URL http://app1.semarnat.gob.mx/dgeia/informe_04/04_biodiversidad/index_biodiversidad.html (accessed November 24, 2013).

② Intergovernmental Panel on Climate Change (IPCC) (2014), Climate Change 2014: Impacts, Adaptation, and Vulnerability, Working Group II.

③ Julia Martínez Fernández, "ABC de Cambio Climático: Impactos y Acciones en México," Secretaria de Medio Ambiente y Recursos Naturales (SEMARNAT) and Instituto Nacional de Ecología y Cambio Climático (INECC), "Participación Social y Cambio Climático." URL http://participacionsocial.sre.gob.mx/docs/incidencia_social_ambito_regional_multilateral/agenda_internacional/agenda_y_temas_internacionales/cambio_climatico/presentaciones/cc_julia_2.pdf (accessed November 6, 2013).

④ Consejo Consultivo del Agua, A. C., "Disponibilidad." URL http://www.aguas.org.mx/sitio/02b.html (accessed November 17, 2013).

are more likely to see reduced precipitation. ① One national evaluation divided the country into 13 regions, four of which already report water shortages: Baja California, Río Bravo, Lerma – Santiago – Pacífico and Aguas del Valle. The Aguas del Valle region is the most extreme case. ② Although southern states in Mexico have a high level of precipitation, these same zones are the most susceptible to deforestation and erosion, which lead to the flooding of rivers and flooding in general. In this regard, the northern part of the country will be the most vulnerable to the lack of hydric resources brought about by climate change.

Mexico has almost 200 million hectares of land, of which 24 million are suitable for agriculture. ③ Climate change will affect the capacity of land for agricultural use. It is estimated that the agricultural sector uses 77% of the country's water and, even though these zones require the greatest use of water, rural areas are the zones with the least access to potable water services. ④

Climate change, agriculture and poverty

The impact of climate change will exacerbate existing inequalities. A study that compares possible impacts of climate change on rural areas in Mexico predicts that with a hotter climate and less precipitation, up to 250, 000 additional homes will be living in poverty conditions. ⑤ The most vulnerable regions are located in the south-

---

① Gerardo Sánchez, "Recursos hídricos y cambio climático," México ante el cambio climático: Evidencias, impactos, vulnerabilidad y adaptación, Mexico City: Greenpeace, p. 26 – 29. URL http: //www. greenpeace. org/mexico/es/ Footer/Descargas/reports/Clima – y – energia/Mexico – ante – el – cambio – climatico/ (accessed November 9, 2013).

② Ibid.

③ Juan Molina and Leobigildo Córdova, eds., Recursos fitogenéticos en México para la alimentación y la agricultura: Informe Nacional 2006, Secretaría de Agricultura, Ganadería, Desarrollo Rural, Pesca y Alimentación, y Sociedad Mexicana de Fitogenética, Chapingo: Sociedad Mexicana de Fitogénica, 2006, p. 14. URL http: //www. fao. org/ docrep/013/i1500e/mexico. pdf (accessed November 9, 2013).

④ Consejo Consultivo del Agua, A. C., "Usos del Agua." URL http: //www. aguas. org. mx/sitio/02b2. html (accessed November 17, 2013).

⑤ Alejandro López – Feldman. "Climate change, agricultura and poverty: A household level analysis for rural Mexico," Powerpoint presentation at the seminar entitled "Desarrollo rural en México: Retos y políticas," December 2012. URL http: //precesam. colmex. mx/images/secundaria/eventos/Desarrollo_ rural/Exposiciones/2_ Cambio_ climatico. pdf (accessed January 19, 2014).

ern/southeastern and central parts of the country, which coincide with regions with the greatest amounts of economic and social inequalities in Mexico.

In terms of the effects of climate change on agriculture, it is calculated that an increase in temperature (of 2oC) could help (short - term) the overall yields of crops in temperate locations, in exchange for reduced crop yields in semiarid and tropical locations. However, after the first 50 years, yields will drop across the board, implying significant economic losses. ①

Subsistence agriculture, which is characterized by a lack of financial and material resources for purposes of adaptation, will require the greatest amount of support to face these changes. Agricultural market conditions and low levels of income will hinder small - scale and mid - sized farmers from being able to invest in equipment with improved technologies; besides, they face the lack of financial support to implement mitigation and adaptation in the face of climate change.

It is necessary to establish prevention mechanisms to protect these communities from risks generated by climate change, paying special attention to hydro - meteorological realities, which are the most frequent and intense on national terrain. For example, El Barzon's project on efficient water and energy use for agriculture that is focused on technified irrigation, using water from springs and wells, for women and men farmers who depend on rain and do not have adequate irrigation systems, has identified that these springs and wells normally take several years, use more water and consume more energy.

When water resources are lacking, wells need to be deepened, generating more costs; well renovation costs between $500, 000 to $700, 000 pesos. Moreover, this process is very complex and slow, taking from eight months to one year and requiring three different diagnostic studies that cost approximately $20, 000 pesos each. Since they lack access to credit, small - scale farmers do not have sufficient income to carry out investments of this size. However, if their wells are not techni-

① Thomas W. Hertel and Stephanie D. Rosch. "Climate change, agriculture and poverty." Policy Research Working Paper 5468, Washington, D. C.: World Bank, 2010, p. 6. URL http://elibrary.worldbank.org/doi/pdf/10.1596/18139450 - 5468 (accessed January 19, 2014).

fied, the costs from using wells that spend a great amount of energy and water are even greater. ①

In addition to this situation, high levels of poverty, scarcity of resources and the threat of environmental risks increase the possibility of social conflict. Climate change has these different effects on each sector of society: it can affect land rights, increase gender violence and degrade biodiversity. The population groups that are most vulnerable to the most severe impacts of climate change are also the ones with the least economic resources and the smallest leeway for reducing damage. ②

Gender inequalities and climate change

Climate change affects men's and women's health, fostering existing diseases. This phenomenon has the greatest consequences for people with weak health care systems. Poor people and marginalized groups face greater risk, particularly poor girls and boys, due to their greater susceptibility to suffering from weather related diseases. Existing economic inequalities among the population lead to differentiated risks in the face of climate phenomena. Rural populations are the ones that suffer the most gaps in coverage and face greater potential risks from extreme climate phenomena.

The capacity for adaptation differs by age, ethnicity, social class, religion and gender. Climate change has specific gender implications. Women's close relation, particularly in developing countries, to activities that depend on natural resources, such as agriculture, is a key element to different gender – based repercussions. In addition, women, especially in rural areas, face limited access to their rights to natural resources, such as land ownership.

The Intergovernmental Panel on Climate Change (2007) considers gender roles to influence interventions to improve people's capacity for adaptation. Actions regarding climate variations that do not take gender structures into account may bring about

① Interview with Angely Amezcua, El Barzón Project Coordinator, November 14, 2013.

② Susana Isabel Velázquez Quesada and Miriam Martínez, "Conflictos sociales y cambio climático en México" en México ante el cambio climático: Evidencias, impactos, vulnerabilidad y adaptación," Mexico City: Greenpeace, p. 40 – 42. URL http: //www. greenpeace. org/mexico/es/Footer/Descargas/reports/Clima – y – energia/Mexico – ante – el – cambioclimatico/ (accessed November 10, 2013).

greater inequalities or reproduce existing ones.

Inequalities and gender realities are critical to determine effective climate change strategies, particularly in rural areas where economic and gender inequalities are more pronounced. Given the likely scarcity of land for cultivation, as a consequence of climate change, land ownership becomes more important and can become a barrier to women who have limited access to this right. Moreover, their income will be diminished, food insecurity will rise and their loss of autonomy will increase as well.

Recurrently, action in the face of climate change is not rights - based, rather focused on protecting natural resources while failing to prioritize the different needs of the affected population by sex and age group. Furthermore, women's voices are seldom heard when defining adaptation and mitigation measures to address climate change.

Finally, it is worth mentioning that the Mexican State has made significant progress in the face of these phenomena. Since 2012, Mexico passed the General Law on Climate Change. Article 7 of this law mandates the executive branch to establish, regulate and execute actions for mitigation and adaptation in regards to agriculture, livestock, rural development, fishing and aquaculture, among other sectors. Also, Article 8 (subsection II) indicates that states are responsible for formulating, regulating, coordinating and implementing actions for mitigation and adapatation to climate change for agriculture, livestock, rural development, fishing and aquaculture, among other fields. Moreover, Article 28 determines that the federal government, states and municipalities should all execute actions to formulate policies for the aforementioned sectors.

The approval of this General Law on Climate Change has seen limited progress to date, although substantial improvements are expected mid to long term. The harmonization of the different instruments for reducing GHG emissions is still pending, together with the actions mandated by this law. However, it establishes a framework of reference that compels the Mexican State to implement actions to address the effects of climate change.

Publicy policies that foster the development of the agricultural sector are needed but with a focus on sustainable development, taking into consideration environmental protection. Fostering competitiveness in this sector is also essential in order to achieve greater equality; in this sense, El Barzón promotes greater State intervention in the agricultural sector in order to help dissolve the power of oligopolies in this sector.

Agricultural Financing

Social programs in Mexico such as the Opportunities Program have invested millions of pesos to support the development of the most vulnerable groups in the country. Since the end of the 1990s, several of these programs have focused on supporting education, health care and food/nutrition using conditional cash transfers. ① Nevertheless, economic inequality, as measured by the Gini coefficient, has not suffered significant changes throughout this time period. Critics indicate that these programs fail to address the underlying causes of poverty and inequality: rather than seeking systemic change, they perpetuate assistencialism.

Social development programs

Neoliberal reforms accentuated existing economic inequalities observed in Mexico, since they facilitated growth of both cities and the informal sector. ②③ The concentration of basic services and education in sites of economic development, combined with scarce opportunities for employment in rural areas, fostered internal migration to different cities in Mexico, as well as emigration to the United

① Laura B. Rawlings and Gloria M. Rubio, "Evaluación del impacto de los programas de transferencias condicionadas en efectivo," Cuadernos de Desarrollo Humano, Secretaria de Desarrollo Social, 2003. URL http: //www. oda - alc. org/ documentos/1340861380. pdf (accessed December 2, 2013).

② Thierry Baudasse and Cuauhtémoc Calderón, "Integración comercial agrícola y desigualdad económica en los países en vías de desarrollo," Investigación Económica, vol. 68, July - September 2009, p. 61. URL http: //www. scielo. org. mx/pdf/ineco/v68n269/v68n269a2. pdf (accessed November 16, 2013).

③ Ernesto Menchaca Arrendondo, Norma ávila Báez and Domingo Cervantes Barragán. "Una mirada a la vulnerabilidad por la educación y el acceso a los servicios básicos, en el estado de Zacatecas, México, a través de un análisis municipal en la transición de lo rural a lo urbano," presented at the conference entitled "Globalización y Agricultura: nuevas perspectivas de la sociedad rural" in Coahuila, 2010. URL http: // www. alasru. org/wp - content/ uploads/2012/07/109 - Menchaca - Avila - y - Cervantes. pdf (accessed January 18, 2014).

States. ①

By the year 2000, only 25.3% of the population resided in rural areas. ② Over time, cities have redistributed their demographic composition and needs for social development, since the majority of new urban residents tend to be poor. ③

The urban – rural gap is perpetuated through the design and implementation of social programs. While public spending towards the rural sector has increased by 240% over the past decade, ④ this investment is concentrated in the wealthiest states of the country, as previously mentioned. ⑤ Moreover, rural development initiatives are generally grounded in independent actions aimed at the rural population rather than comprehensive proposals for rural development. ⑥

In terms of the performance of social programs and their contributions to development, they are seen to "lack an appropriate supervision system and, more importantly, measures for evaluating program impact." ⑦ That is to say, these programs are measured based on the number of projects carried out and activities completed, but not on the quality of said programs, nor the depth of the learning about the techniques and technologies need for sustainable development. ⑧ The lack of transparency

---

① U.S. Embassy. Mexico: Poverty at a glance. Washington, D. C.: U. S. State Department, 2010. URL http://photos.state.gov/libraries/mexico/895/pdf/2010_Poverty_Fact_Sheet.pdf (accessed January 19, 2014).

② Teresa Rojas Rangel. "La Crisis del sector rural y el coste migratorio en México," Iberofórum, Mexico City: Universidad Iberoamericana, 2009, p. 44. URL http://www.uia.mx/actividades/publicaciones/iberoforum/8/pdf/NOTAS%20PARA%20EL%20DEBATE/2.%20TERESA%20ROJAS%20IBEROFORUM%20NO%208.pdf (accessed January 19, 2014).

③ Fondo de Población de las Naciones Unidas (UNFPA). "Migraciones y urbanización," UNFPA México, 2010. URL http://www.unfpa.org.mx/pyd_migraciones.php (accessed January 15, 2014).

④ International Fund for Agricultural Development (IFAD), "Territorios Rurales concentran el 60% de la pobreza extrema en México," IFAD Press Release, Abril 24, 2012, p. 3. URL http://www.ifad.org/media/press/2012/30_s.pdf (accessed November 16, 2013).

⑤ IFAD, Op. Cit.

⑥ Héctor M. Robles Berlanga and Ana Joaquina Ruiz Guerra. Op. Cit.

⑦ Matthew A. McMahon and Alberto Valdés. "Análisis del extensionismo agrícola," OCDE, Julio 2011. p. 10. URL http://www.sagarpa.gob.mx/desarrolloRural/Documents/EXTENSIONISMO/ESTUDIO%20OCDE%20EXTENSIONISMO.pdf.

⑧ Ibid.

and efforts to measure the effectiveness of public spending continues to hinder the country from optimizing its social spending.

Sources of financing

As previously mentioned, farmers need financing in order to increase their productivity through investment in inputs and technology. Unfortunately, since the end of the 1980's, the rural financing system has been declining. The 1994 – 1995 financial crisis, high levels of debt delinquency and loan defaults, and changes in the role of the State (less operational) have led to a significant reduction in net loans receivable (63%) between 1995 and 2004. By 2005, agricultural accounts receivable represented only 1.4% of the total portfolio. ①

Policy Analysis 3 Financial Sector and Agriculture in Mexico

The financial sector in Mexico participates in a limited fashion in rural areas: approximately 8.5% (compared to 66% in the United States). During the Calderon administration, the Fideicomisos Instituidos en Relación a la Agricultura – FIRA ("Trust Funds for Rural Development") bestowed the greater part of its budget on large producers. Meanwhile, commercial banks manage approximately eight of every ten pesos of credit granted by FIRA; in other words, this creates a situation that privileges the most profitable producers, thereby limiting access to resources for small – scale producers. In the case of Financiera Rural – FinRural ("Rural Financing Agency"), it grants direct credits to women and men producers, as well as subsidies to promote activities in communities with fewer than 50,000 inhabitants, although 70% of resources managed by FinRural intermediaries are used for services, rather than agricultural activities. Moreover, these activities are concentrated in states in northern Mexico, which are the least marginalized.

Financiera Rural ("Rural Financing Agency") is a decentralized body of the

① Comisión Económica para América Latina (CEPAL). "México: Notas sobre el financiamiento rural y la política crediticia agropecuaria." November 2007.

federal administration, operating under the Secretariat of Finance and Public Credit, with the objective of providing first - and second - tier financing to the population in rural areas. ① Unfortunately, its penetration in agriculture is low due to insufficient branch offices in rural areas. As a result, 80% of rural credit is awarded through private banks. Financiera Rural's infrastructure is weak and it depends on intermediaries to complete its transactions. ②

Approximately 33% of Financiera Rural's budgeted expenses are awarded as rural sector financing and development initiatives. ③ Among other services, this body also provides training and advisory support to rural enterprises and independent producers. Nevertheless, according to a semester report (June 2013), almost half of the financial framework was reserved for administrative and marketing expenses. ④

In order to become a true social investment fund, Financiera Rural needs to complement commercial banking activities and "rationalize its operations towards sectors and activities not serviced by commercial banking."⑤ Its services could be reoriented to carry out comprehensive programs, including the provision of greater technical assistance, technological training and business development, especially targeting small - scale producers. ⑥

---

① Justicia México, "La Ley Orgánica de la Financiera Rural," última Reforma DOF 26 - 06 - 2009. URL http: //mexico. justia. com/federales/leyes/ley - organica - de - la - financiera - rural/capitulo - primero/ (accessed December 1, 2013).

② Lourdes Edith Rudi. o. "Minifundio y escasa productividad marginan al campesinado del crédito: Finrural". La Jornada del campo, 17 de abril del 2009. URL http: //www. jornada. unam. mx/2009/04/17/escasa. html (accessed November 22, 2013).

③ Secretaria de Hacienda y Crédito Público (SHCP), "Presupuestos de egresos de la Federación 2013: Análisis funcional programático económico," SHCP, January 1, 2013. URL http: //www. apartados. hacienda. gob. mx/ presupuesto/temas/pef/2013/temas/tomos/06/r06_ han_ afpefe. pdf (accessed December 1, 2013).

④ Ibid.

⑤ Gildardo Cilia López, "Situación actual y perspectivas de la Banca de Desarrollo," SDPnoticias. com, July 23, 2013. URL http: //reformas. sdpnoticias. com/reforma - financiera/2013/07/23/situacion - actual - y - perspectivas - de - la - bancade - desarrollo (accessed November 25, 2013). .

⑥ Ibid.

Fideicomisos Instituidos en Relación a la Agricultura – FIRA ("Trust Funds for Rural Development") is another institution that provides rural financing in Mexico. This second – tier bank operates through commercial banks. FIRA support has mainly been destined to agriculture using irrigation for mid – sized to large – scale producers in northern Mexico. ①

In this way, credit options for small – scale producers and the rural population living in poverty are currently provided by the informal sector, through moneylenders, merchants and others. Often, these options generate huge costs for small – scale producers, jeopardizing their profitability, capitalization and capacity to increase their productivity.

The fact that financial institutions predominantly benefit large – scale producers helps to widen existing gaps between large – scale and small – scale producers and between the northern states of Mexico and the rest of the country. As long as resources allocated to the rural sector fail to prioritize competitiveness over direct support for poverty reduction, small – scale agriculture will continue to have a significant lag in performance.

The agricultural finance system should provide alternatives to credit under an umbrella framework of inclusion and sustainability, seeking to favor capitalization of small – scale and mid – sized agriculture. In addition, advisory support, technical assistance and business development should be adjusted to the realities and needs of small – scale production, in order to provide effective accompaniment and to truly promote its development.

Special attention must be paid so that the programs included in the National Crusade on Hunger (since it is the current administration's flagship program) focused on agricultural financing, insurance and risk management are correctly targeted and have an adequate budget to satisfy the needs and demands of small – scale producers.

① Comisión Económica para América Latina (CEPAL). Op. Cit.

Recommendations

As can be seen, reducing inequality gaps that directly affect the country's poverty rates does not exclusively depend on the policies of each one of the sectors responsible for their implementation; the complexity of the framework of actions, programs and projects that can contribute to widening inequality gaps call upon us to think about these problems from a cross – cutting perspective, rather than in an isolated fashion. Each one of these actions should recognize poverty and inequalities in Mexico as multidimensional realities; if an action fails to be accompanied by a global, broader vision and parallel programs that consider different factors at different levels of implementation, said action will fail to produce results that will narrow these gaps and that will stimulate sustainability for Mexican society.

Achieving food security for all Mexican men and women implies fighting poverty and inequality at the root of their structural causes. It is important to reorient agricultural policy from an inclusive perspective that incorporates women and men small – scale producers, that seeks sustainability and competitiveness, and that encourages production aimed at national food production and fair trade. In this way, not only will Mexican agriculture be able to guarantee food availability but it will facilitate access to food. Likewise, it is vital to strengthen capacities of net food buyers and people in situations of vulnerability, mainly by strengthening their income and their resources for further income generation, in order to overcome their condition and facilitate greater exercise of their rights.

Adaptation to climate change inflicts financial costs and risks on women and men producers that may exceed their financial capacity. Moreover, the agricultural sector is facing a scenario of global warming that will require systemic adaptation, including production and diversification of local livelihoods. ① Technologies can improve agricultural yields under normal conditions but cannot protect harvests from extreme events. One measure to counteract these phenomena is harvest insurance, al-

① Intergovernmental Panel on Climate Change (IPCC) (2014), Op. Cit.

though it poses the risk of creating disincentives to investing in diversification and irrigation. ①

Mexico needs another policy for market regulation and competitiveness for the agricultural market in order to eliminate oligopolies. We must address the needs of women and men in the agricultural sector in our country to reduce the vulnerability of the population to climate change and to favor the development of women and men small - scale producers. Moreover, the actions that the Mexican State is implementing to address the repercussions of climate change and, especially, to reduce existing economic inequalities particularly in rural areas vis - à - vis urban areas, must be strengthened.

In regards to the gender gaps on the aforementioned issues, in general, data on women farmers is very limited. Most women who work in agriculture do so through their family production unit and normally their activities are inseparable from other domestic activities as a whole.

Women's empowerment does not only benefit women, but also their families and their communities. By supporting measures in support of fair pay, income is reinvested in building a stronger, safer community. In addition, including women in any arena, but particularly in the agricultural sector, allows us to add their perspective. It is important to include women's voices locally and to open up spaces for discussion on issues affecting their communities, also giving them the opportunity to sit at the negotiation table. The relevance of these actions lies in providing women with tools for the work they are already carrying out but which is currently valued as cheap labor. Women's participation in the agricultural sector has grown considerably and it is necessary to provide them with resources and tools that will allow them to fully develop their activities and legitimize their equitable participation.

Many existing inequalities between women and men are associated with the historic division of labor, in which men are situated in the productive arena and women are dedicated to domestic duties and unpaid caregiving; this dissociation prevents the achievement of substantive equality.

---

① Ibid.

Based on the evidence and arguments in this document, we know that government efforts have been made to eradicate inequality between women and men in rural areas through programs and projects aimed to build capacities and foster women's leadership (like PROMUSAG). However, this is a huge task and there are still many challenges to be overcome in order to achieve substantive equality.

In Goal II: Inclusive Mexico in the 2013 – 2018 National Development Plan,[①] which has a cross – cutting gender perspective, the current administration proposes the following challenges to equality in rural areas:

- Guarantee the full exercise of social rights for the entire population.
- Ensure adequate food and nutrition for Mexicans, particularly for those living in extreme poverty or with severe food shortages.
- Strengthen capacity – building in households in need, in order to contribute to improving quality of life and to increase productive capacity.
- Take steps towards an equitable, inclusive society.
- Generate community development schemes through social participation processes.
- Interconnect policies that specifically address each stage of the population's life cycle.
- Foster the welfare of indigenous peoples and communities, strengthening their social and economic development processes in respect for the different manifestations of their culture and the exercise of their rights.

In regards to these national strategies, we hope that government actions foster the creation of mechanisms that will promote and support women's participation in productive arenas and that drive democratization in the home. We also hope to see the creation of legislation to improve women's labor conditions to foster a labor environment free of gender discrimination. In general, we hope to see real recognition of women's needs, resulting in conditions to improve their daily lives through the creation of opportunities for development and the full exercise of their rights.

① See: pnd. gob. mx.

Indonesia: Has Prosperity Been for All? Revisiting the Trend of Various Dimensions of Inequality in Indonesia *

Arief Anshory Yusuf **

1 Introduction

Since the start of the "New Order" government, up to and prior to the 1997 Indonesian economic crisis, it has brought about increase in income per capita by almost four times. The increasing income of the average Indonesian has also been accompanied by outstanding reduction in poverty. Number of poor people fell from 54. 2 million people in 1976 (40. 1% of total population) to become 22. 5 million people (11. 3% of total population) in 1996 (Alisjahbana et al., 2003).

The objectives of this paper is to revisit the trend of various dimensions of ine-

---

* This report has been produced with the financial assistance of the European Union. The contents of this book are the sole responsibility of INFID and writers, and can under no circumstances be regarded as reflecting the position of the European Union.

** Arief Anshory Yusuf is the Director of *Center for Economics and Development Studies* (CEDS) under Padjadjaran University, Bandung. Apart from his position as a senior economist at the *Economy and Environment Program for Southeast Asia* (EEPSEA) and adjunct fellow at *Australian National University, Australia*, Arief also currently serves as the Secretary General of *Indonesian Regional Science Association* (IRSA). He holds an economics degree from Padjadjaran University (1997), MSc from University College London, U. K. (2002), and PhD from Australian National University, Australia (2008). The author of numerous scientific publications, his research interest covers natural resource economics and the environment, poverty and inequality, and economic modeling. Dr. Arief also serves as a consultant forvarious international organizations such as World Bank, ADB, USAid, AusAid, IFAD, CSIRO and IDRC, as well as many government agencies in Indonesia.

quality in Indonesia from early 1990s to early 2010s. As a framework, inequality is divided into inequality of outcome and inequality of opportunity. The indicator that is assessed for inequality of outcome are various inequality of expenditure while the inequality of opportunity is measured by the gap of education outcome and health indicator for various groups in society such as urban – rural areas, gender, as well as income classes.

2 Poverty: beyond the national poverty line

There have been debates that Indonesian success story in eradicating poverty is overrated because the standard of national poverty line is not decent enough. For this reason, the next section discusses the profile of Indonesian poverty if we increase our standard to international $2 purchasing power parity/day poverty line.

For a start, Figure [①] below compare poverty incidence of various countries (Indonesia, Thailand, Cambodia) using various poverty line including national poverty line, $1.25/day, and $2/day poverty line.

It is not surprising that, Thailand is better in all poverty indicators. Indonesia is also better than Cambodia (a neighboring country that is considered relatively less developed in the region) in poverty incidence using national poverty line. However, when using $2/day poverty line, Indonesia and Cambodia is similar. Almost 40% of Indonesian population still live below $2/day (or roughly Rp 11, 000/day). Philippines and Vietnam has less (in proportion to its total population) people living below $2/day compared to Indonesia.

Let's go more deeply into the profile of Indonesian poverty incidence with $2/day1. Yusuf (2013) calculate the percentage of people living below international poverty line of $2 per person per day for each of the year during the period of 1990 to 2012 or the last 22 years of Indonesian economic development. This estimates improved previous World Bank estimate because it incorporate regional variation in cost of living (Yusuf, 2013).

① This section is heavily based on Yusuf (2013).

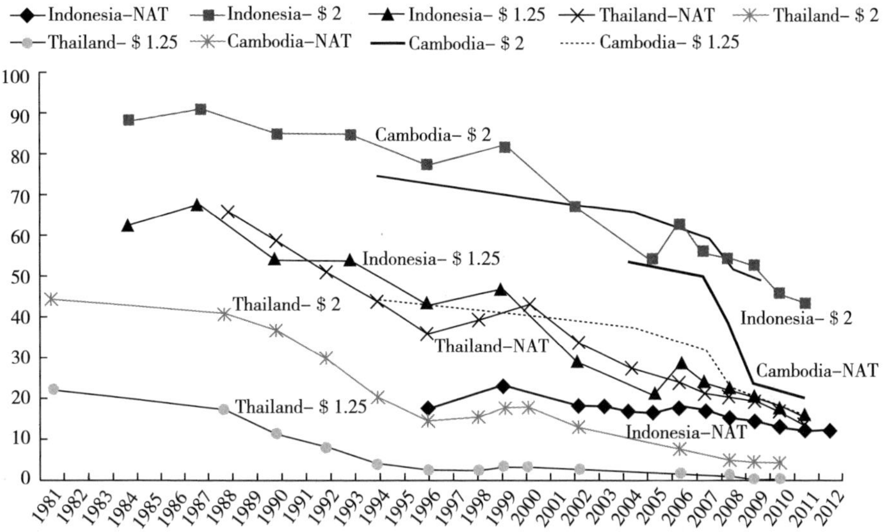

Figure 1. Poverty incidence in Indonesia, Thailand and Cambodia ①

To calculate the proportion of people living below $2 a day, firstly we need to calculate the relevant poverty line. The $2 a day is based on the World Bank survey as part of their International Comparison Program (ICP) in 2005 and estimated the Purchasing Power Parity (PPP) $1 is equivalent to Rp 4, 193. The poverty line calculated in Yusuf (2013) is as follow.

$$PL_{it} = 2 \cdot 30 \cdot PPP_{2005} \cdot \frac{CPIR_{it}}{100} \cdot \frac{PLN_{it}}{\overline{PLN_t}}$$

PL_{it} is the $2 poverty line that we try to measure, PPP2005 is the purchasing power parity exchange rate Rupiahs/ $ in 2005; the CPI_{it} is the consumer price index. The index t is year from 1990 to 2012 and the index i is the region which consist of provinces and for each provinces we distinguished between urban and rural areas. PLN_{it} is national poverty line for each region and for each year, while $\overline{PLN_t}$ is the mean of poverty line across regions for specific year. CPIRit is the regional con-

① Source: World Bank's World Development Indicator.

sumer price index, all are equal to 100 in 2005. The result is shown in figure below.

The figure suggest that for the period of 1990 to 2012, the proportion of people living below $2 a day has been declining at an average rate of 2.2% per year leaving only 36.5% in 2012. The rate of the decline in the last ten years (or reformasi era, 2002 – 2012) has been faster (2.9% a year) than during the pre – reformasi era or the period of 1990 – 1996 (1.4% a year). This is in contrast to a rather slow rate of the decline in the poverty incidence with national poverty line during the reformasi era which was only 0.65% a year.

So in conclusion, Indonesia still has quite many people living in poverty with the $2/day standard, however, the rate of its reduction is quite progressive. Facing with the fact that poverty incidence using national poverty line decline a lot slower, it suggests that the problem we haveis rather the sluggishness in the welfare improvement at the very bottom of the distribution.

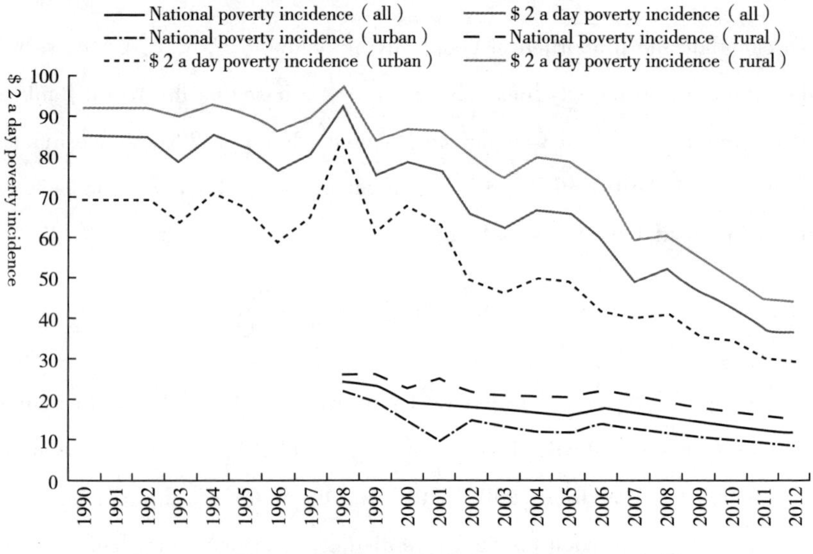

Figure 2. Poverty incidence in Indonesia 1990 – 2012①

Poverty however is not the only indicator to whether the growth of prosperity has

① Source: Author's calculation based on SUSENAS data.

been shared by all. Inequality is another dimension that can be more important. We will devote the remaining sections on this issue.

3 Inequality in development outcome[①]

In the discourse on inequality, first, we should distinguish between inequality of outcome and inequality of opportunity. Borrowing a theory by a renowned philosopher, John Roemer of Yale University (Romer, 1993), inequality of outcome such as income among members of a society is not only a product of the inequality of effort or talent among individuals but also inequality in circumstances beyond the control of the particular individuals. Unlike policies of equalizing outcome, policies of equalizing opportunity by giving support to individuals with less conducive circumstances to level the playing field is more acceptable across different political spectrum, from left to right.

Inequality in opportunity will be discussed in the preceding sections. In this section we will discuss the inequality in outcome which is income proxied by expenditure per capita. Three indicators of inequality in expenditure per capita will be discussed: Gini coefficient, income/expenditure share, and decile dispersion ratio.

3. 1 Gini coefficient

Gini coefficient is the most common income inequality indicator i. e., the extent to which the distribution of income among households deviates from a perfectly equal distribution. A Lorenz curve plots the cumulative percentagesof total income received against the cumulative number of recipients, starting with the poorest individual or household. The Gini coefficient measures the area between the Lorenz curve and a hypothetical line of absolute equality. A Gini coefficient of 0 represents perfect equality, while of 1 implies perfect inequality. More formally, the Gini coefficient can

① This section is heavily based on Yusuf, et al (2013).

be calculated with the following formula:

$$G = \frac{1}{n}\left[n + 1 - 2\left(\frac{\sum_{i=1}^{n} (n+1-i)\ y_i}{\sum_{i=1}^{n} y_i} \right) \right]$$

where y_i is expenditure per capita of household i, and $i = 1$ to n indexed in non – decreasing order ($y_i \leqslant y_{i+1}$).

Figures below show the trend of Indonesian Gini coefficients.

As also discussed in Yusuf et al (2013), some highlights can be mentioned from these figures. Gini coefficient has risen from 0.33 to 0.41 between 1990 and 2013. This is the highest ever recorded Gini in Indonesian history. The increase in the long – run trend is generally similar across urban and rural areas as well as across Java and non – Java islands suggesting that this is not local or regional phenomenon but a national phenomenon.

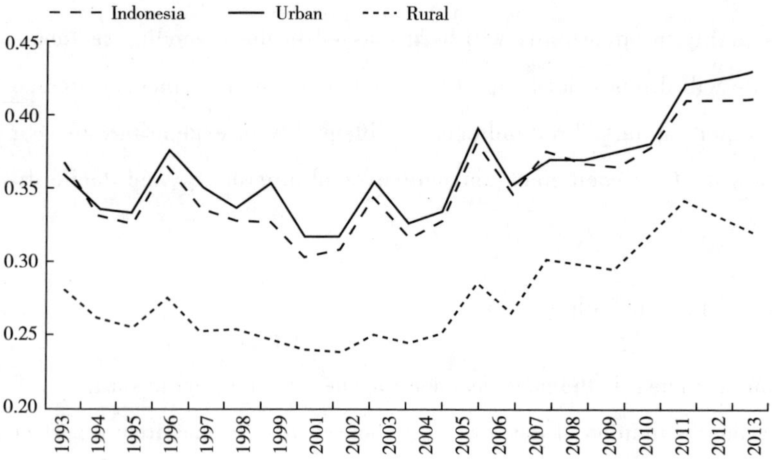

Figure 3. Gini coefficient by urban and rural areas of Indonesia ①

Moreover, in urban areas the Gini was already 0.43 in 2012. In urban areas of Java Island the Gini coefficient reached as high as 0.44 in 2011 albeit slightly falling the following year to 0.43. In the disaggregated estimates, especially so by regions,

① Author's calculation based on SUSENAS data.

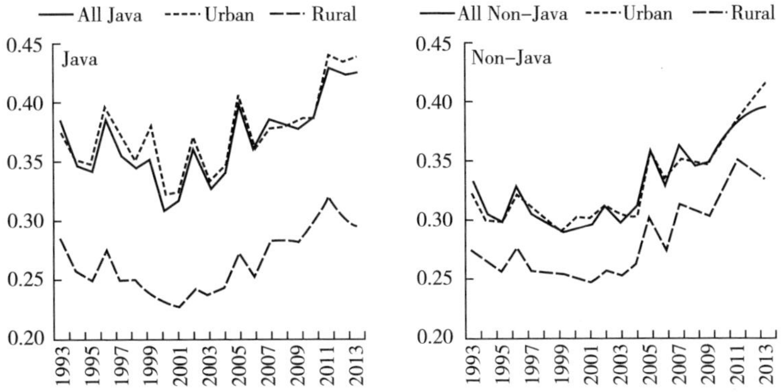

Figure 4. Gini coefficient in Java and Non - Java ①

the level of current inequality, as measured by the Gini coefficient, seems to be worse than is currently thought in the literature.

The Gini coefficient was stable, if not slightly decreasing, before the Asian Financial Crisis (AFC). However, after the AFC period the Gini coefficient had a strong upward trend. The Gini coefficient in rural areas is stable and lower than in urban areas. The upward trend in the Gini coefficient is consistently evident in both urban and rural areas, as well as across regions in Indonesia, such as in Java and in the non - Java islands.

In terms of the proportional increase, the Gini coefficient after the AFC (2001) was 0. 34 but rose to 0. 41 in 2012 or an increase of 0. 1 point or 32% . Surprisingly perhaps, the rate of change was faster in rural areas, where in 2001 the Gini coefficient was 0. 24, and in 2012 it rose to 0. 33, a startling increase of almost 40%. This trend is slightly stronger in rural areas of non - Java compared to Java.

3. 2 Palma Index

Palma index is the ratio of the income share of the richest 10% population to the income share of the poorest 40% population. It is based on the work of Gab-

① Author's calculation based on SUSENAS data.

riele Palma (Palma, 2006, 2011). This index is based on the observation that the 'middle classes' tend to capture around 50% of national income, but the other half of national income is shared between the richest 10% and the poorest 40%. Cobhan and Sumner (2013) argue that the ease of interpretation of the Palma ratio could provide a more policy – relevant indicator of the extent of inequality in each country, and may be particularly relevant to poverty reduction policy.

Palma index is easier to interpret. If the index value is 0.25, it means it is a perfect equality. There is no upper limit of the index. If the index value is 2, it means that the 10% richest group enjoy twice the share of the national income compared to the 40% poorest. Palma index for Indonesia is calculated from 1993 to 2013 and its result for the whole Indonesia, urban and rural areas is presented in Figure 5.

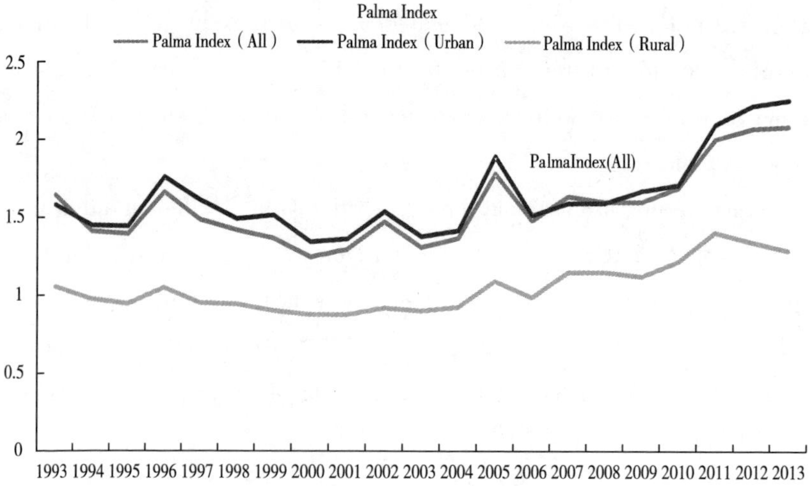

Figure 5. Palma Index Indonesia①

As the figure shows, Palma Index for Indonesia in 2013 is 2.08 which can be

① Source: Author's calculation using SUSENAS data.

interpreted that the income share of 10% richest population in Indonesia is 2.08 higher than the share of the 40% poorest population. So, it is 8 times departing from the perfectequality.

Comparing Palma Index to Gini coefficient, it suggests that the difference of inequality in urban and inequality in rural area is larger. Using Palma Index, the income distribution is 74% more inequal compared to the income distribution in rural areas. With Gini coefficient the difference is only 34%. This suggest that the gap between the 10% richest and the 40% poorest in urban area is a lot larger.

Using Palma Index, we can see that the trend of increasing inequality is faster compared to using Gini coefficient. With Palma Index, for the last 10 years our inequality has risen by 60%, while with Gini coefficient it has risen only by 30%. This may suggest that the rising income of the middle class has been so fast that the gap between them and the top income is closing. Gini index may capture this as inequality reducing. Palma Index does not capture this dynamics.

3.3 Income share

Figures below shows the incomeshare by urban and rural areas. The figures suggest that the income share of the 20% richest households is rather stable from 1990 until the AFC period but increases immediately after the AFC (2001) and continues to do so to 2012. While in 1990 the income share of the 20% richest households was 42.1%, in 2012 it was 49.5%. The increase in the income share of the 20% richest households during the last decade has been accompanied by the decline in the income share of the 40% poorest households and the 40% middle – income households. However, the decline of the 40% poorest households is noticeably larger. For example, from 2001 to 2012, the 20% highest income group has gained a 5.4% additional share at the cost of the 40% poorest income group and the 40% middle – income group losing –4.8% and –2.8% respectively.

Box 1. On the under - estimation of Indonesian Gini Coefficient①

Is there any possibility that inequality as measured by standard indicator like Gini coefficient under - represent the reality? Yes, the reasons could be among the following. First, inequality measured using expenditure data rather than income tend to be lower, since upper - income groups usually save a larger proportion of their incomes, the distribution of consumption expenditure is generally more equitable than the distribution of income. Secondly, when the data usedto calculate inequality under - represent certain groups in the population i. e. the rich.

Ideally when total consumption from household survey is aggregated, taking into account sampling weight, the aggregate has to be close to the national aggregates. In fact, even in total (not by component of expenditure), it is rarely the case. The fact that the aggregate from SUSENAS fall short of the aggregate from I - O, does not imply anything to distribution of expenditure across households, so long as, the discrepancy in its component of expenditure is more or less in the same magnitude. However, this is not the case. It is found, for example, that the aggregate expenditure of rice from the SUSENAS match closely, the aggregate rice expenditure from I - O table, while at the same time, the discrepancy in its total is high. This may suggest that the discrepancy in non - food expenditure is a lot wider than the discrepancy in food expenditure. This situation will be associated with distribution of expenditure since non - food consumption basket is higher among the top income class rather than among lower income class. Therefore, ones who believe that national account is more accurate, will speculate that non - food expenditure from household survey is under - estimated.

The calculation using the most recent 2003 I - O table and 2002 SUSENAS 2002 shows that inconsistency. Whileaggregate food expenditure from SUSENAS fall short of from I - O table by a factor of 1. 7, non - food expenditure fall short a lot more by a factor of 3. 7. While, non - food expenditure share calculated from SUSENAS is around 64%, national account data suggest it is around 77%, suggesting a markedly - different expenditure pattern.

The possible reasons among other, are under - reporting of non - food expenditure by the higher income groups, or the higher - income group are under - represented in the sample The under - representation of high income groups could be due to non - response rate or even the sampling frame itself. In this sort of situation, inequality in expenditure per capita, as measured, for example by Gini coefficient, will be under - estimated.

By re - estimating the sampling weight using optimization method and synchronizing the two sources of data, Yusuf (2006) recalculate Indonesian Gini coefficient in 2003. The results indicates asevere under - estimation of inequality in Indonesia. The under - estimation seems to be insignificant in rural area, but substantial in urban area. The "Jakarta factor", the possible under - representation of the rich in the nation's capital seems to account mostly to this result.

For example, the new Gini coefficient (all urban and rural combined) is 0. 59 compared to 0. 35, a jump by 0. 24. Broken down into urban and rural inequality, it is found that the magnitude of the under - estimation is relatively very low in rural area than in urban area. Gini coefficient in rural area does not really change much, while in urban area, it change a lot. This result is quite intuitive, since, if the source of this under - estimation is the under - representation of the very rich in household survey, it is hard to find, the super rich in rural area, than in urban area like Jakarta. The breakdown of calculating Gini coefficient among

① This is based on Yusuf (2006).

continued

provinces suggests that, the magnitude of the under – estimation is highest in Jakarta, where the under – estimation is as high as 0. 24 point. This is again could be explained and intuitive, since ones may believe that the under – representation of top highest income group will be severe in the capital. Given this finding, overall Gini coefficient excluding Jakarta, is calculated, to find out, how the " Jakarta factor" contribute to the under – estimation of inequality in Indonesia. The result suggest that, excluding Jakarta, the new Gini coefficient is higher by 0. 9 point instead of 0. 24 point. The overall Gini coefficient in Indonesia (urban and rural) is 0. 42 compared to 0. 33. Even with Gini coefficient of 0. 42 (in 2003), Indonesia, will no longer belong to countries with highest equality and Gini coefficient higher than 0. 5 will place us to the top highest inequality together among others with some Latin American countries like Brazil (0. 61), African countries like Sierra Leone (0. 63), or even our neighbors Malaysia (0. 50).

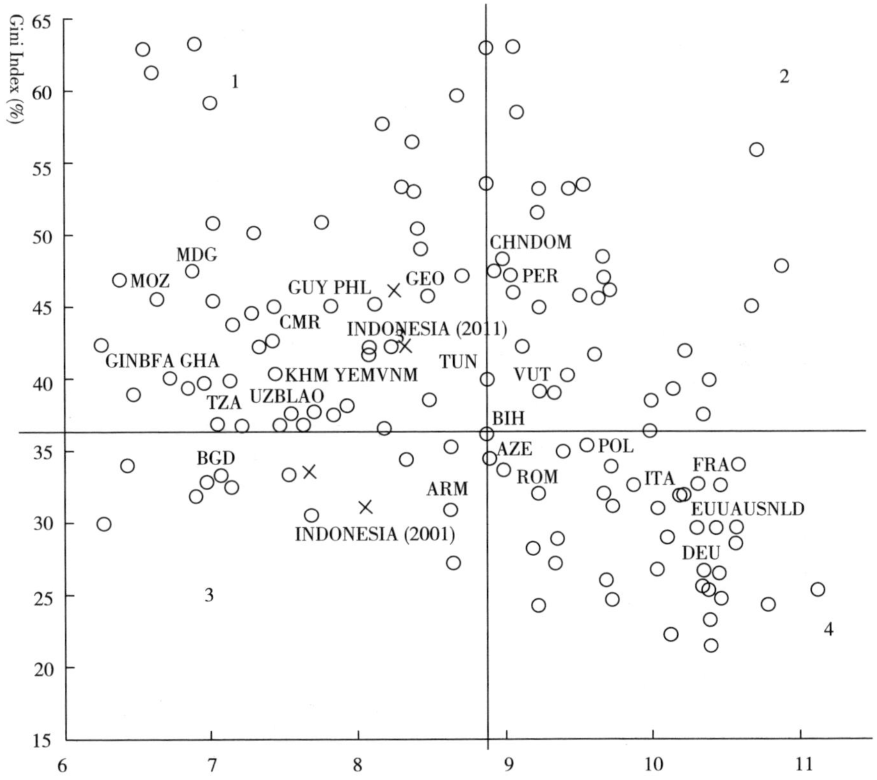

Figure 6. Gini index and income by countries①

① Source: CIA Database.

continued

Since, the under – estimation of inequality, as suggested by this exercise, is not merely a speculation, but based on the actual inconsistency between two sources of data, and using a formal type of approach, it may be used as a potential indication, that the inequality in Indonesia, especially in Jakarta, is a lot higher than anyone expected. This, off course, has a wide policy implication, but most importantly, Indonesia may not have been among the most equal nations.

Another approach is to use information from past information where inequality indicator was calculated based on both expenditure and income. According to the data compiled in the World Income Inequality Database, there were some years where the information exist for Indonesia.

If considers all the countries by Gini (figure below) one finds that over the period of 2001 to 2011, Indonesia moved from low income, low inequality (lower – left quadrant) to low income, high inequality (upper left quadrant). Further, when taking into account that inequality is measured with expenditure and not income in Indonesia, one could say Indonesia may even be higher up in that same quadrant. ①

The widening gap as measured by the income share of the three income groups are common across urban and rural areas. One particular observation in rural areas deserves more attention. In 1990, the share of the 40% middle – income group was

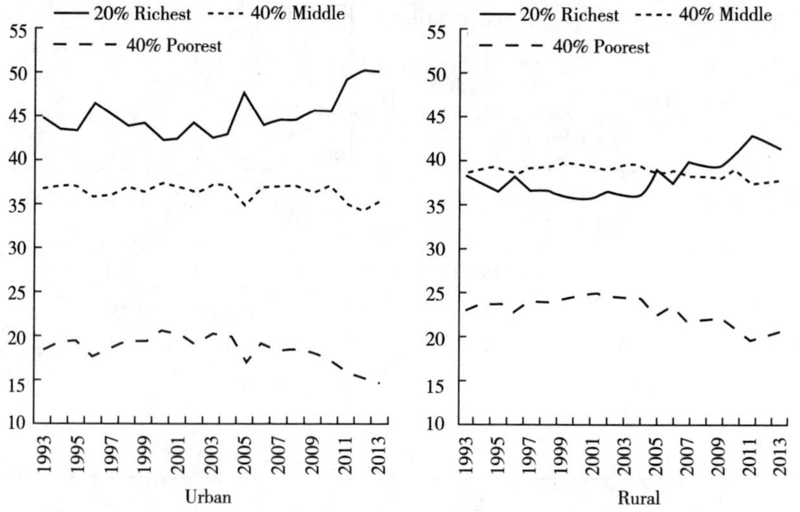

Figure 7. Expenditure share by income groups in urban and rural areas (%)②

① This is based on Indonesia's Gini coefficient in 2011 adjusted for the difference between expenditure – Gini and Income – Gini estimated from years when both Gini coefficient was measured.

② Source: Author's calculation based on SUSENAS data.

39. 3% while that of the 20% richest group 37. 1% , making the former slightly higher than the latter. This remained the same for the following 15 years. However from 2007 onwards, the share of the 20% richest household was consistently above the 40% middle – income household.

The figures also show that from the year 1990 to 2003 the income share of the 40% poorest households increased albeit slowly. From 2004 onwards their income share started declining and that decline grew faster during the most recent years. During this specific period, the income share of the 40% poorest declined by 4%. This means on average that the 40% poorest households in rural areas saw their income share reduced by 0. 5% every year.

3. 4 Ratio of top to bottom income (Decile Dispertion Ratio)

Decile dispersion ration is theratio of the average consumption (or income) of the richest 10 percent of the population to the average consumption (or income) of the poorest 10 percent, or: $D = \frac{y_{10}}{y_1}$,

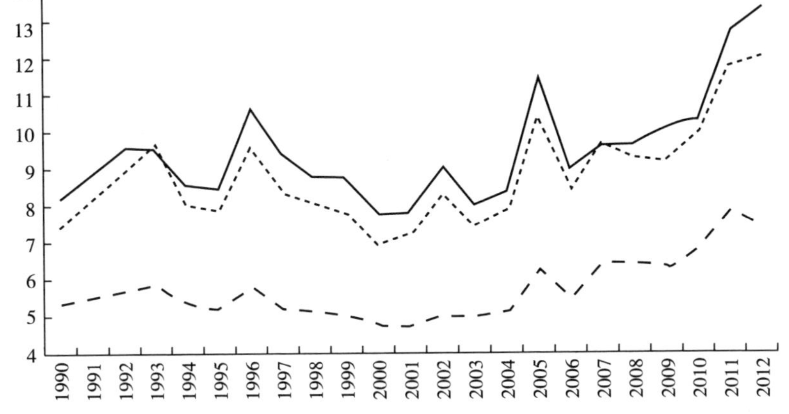

Figure 8. Ratio of mean expenditure of 10% richest to 10% poorest households①

① Source: Author's calculationbased on SUSENAS data.

where y_{10} is the average consumption per capita of the decile 10 i. e. richest 10 percent group of the population and y_1 is the decile 0, the poorest 10 percent group of the population. Figure below shows the trend in decile dispersion ratio in Indonesia.

The decile dispersion ratio is the ratio of the mean expenditure of the 10% richest households to that of the 10% poorest households. Figure shows the evolution of the decile dispersion ratio from 1990 to 2012 for all Indonesia, urban areas, rural areas. Over the period from 1990 to 2012, the decile dispersion ratio tended to decline moderately prior to the AFC period, falling even further during the AFC period, but increasing rapidly after the AFC period up to 2012.

The decile dispersion ratio trend for the last decade suggests a picture of rising inequality that is more significant than that made visible by the Gini coefficient. For example, from 2001 to 2012, the decile ratio for all Indonesia rose by 65% or 0. 44 points every year. This is quadruple the 0. 13 point a year rise between 1990 and 1997. The rising decile dispersion ratio is more prominent for urban areas and in Java. In urban areas the gap between the 10% richest and the 10% poorest from 2001 to 2012 widened by around 70%. The gap between the top and bottom income group also grew tremendously in rural areas, albeit slower than in urban areas.

4 Inequality in opportunity

4. 1 Education①

Education is important in the inequality issue because it is the investment of human capital which in turns will create capacity to generate earning. Inequality in earning can be contributed to inequality in education outcome.

For the last twenty years, as Figure 8 below shows, indicator of education outcome has grown quite fast particularly Net Enrollment Rate in Junior and Senior Sec-

① The data used in this section is borrowed from Fahmi & Satriatna (2013) and can be obtained from www. keberpihakan. org.

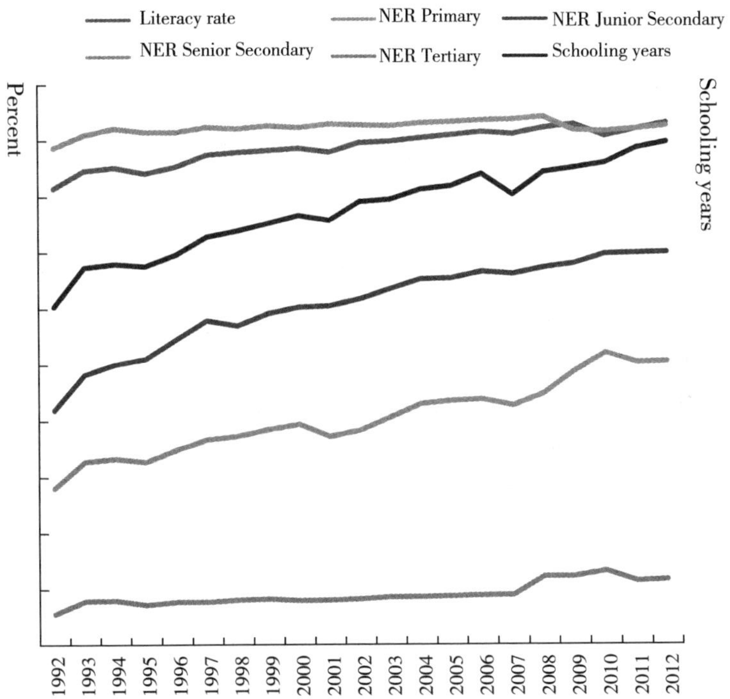

Figure 8. Indicator of education outcome [national average][1]

ondary school and schooling years. Net Enrollment rate in higher education has been relatively stable until quite a big increase in the end of 2000s.

Off course national average could be misleading for various reasons. First national average can be driven by the extreme rich thus do not reflect the real representation of the majority. In the next section those indicators will be disentangled into various different group such as urban - rural areas, gender, and 20% poorest v. s. 20% richest.

4. 1. 1 Urban - Rural gap in education outcome

Figure 10 shows the same indicator of education outcome as in Figure 9 but they are broken down by various groups urban and rural households. Some highlights from

① Source: www. keberpihakan. org and Fahmi and Satriatna (2013).

this figure is as follows. First, the gap between urban and rural literacy has been improving albeit slowly. Second, the gap between urban and rural years of schooling does not change much. Third, the gap between urban and rural net enrollment in junior secondary schools has been very fast, and so for the senior secondary but with rather slower rate. The gap between urban and rural net enrollment rate in university has been closing but it still remains large.

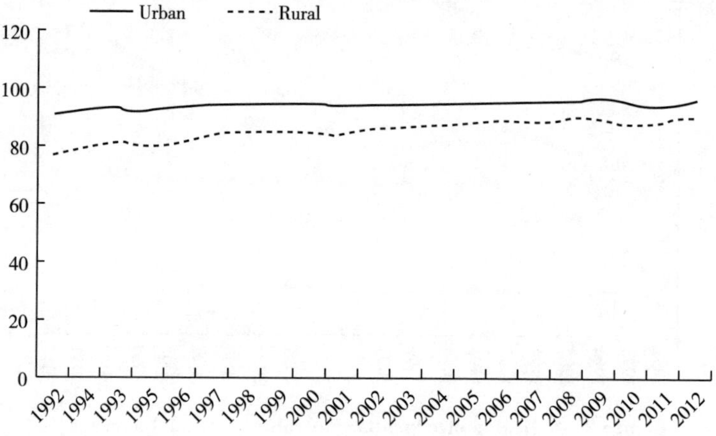

Literacy

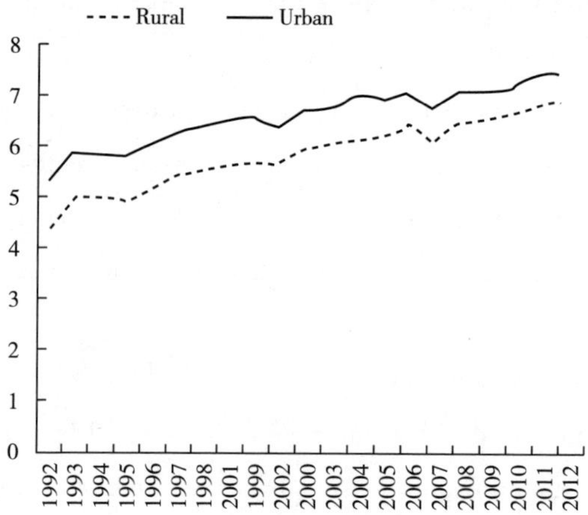

Schooling years

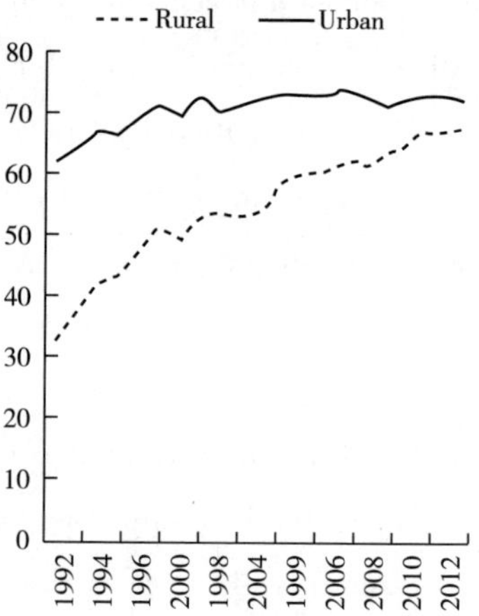

NER Junior Secondary

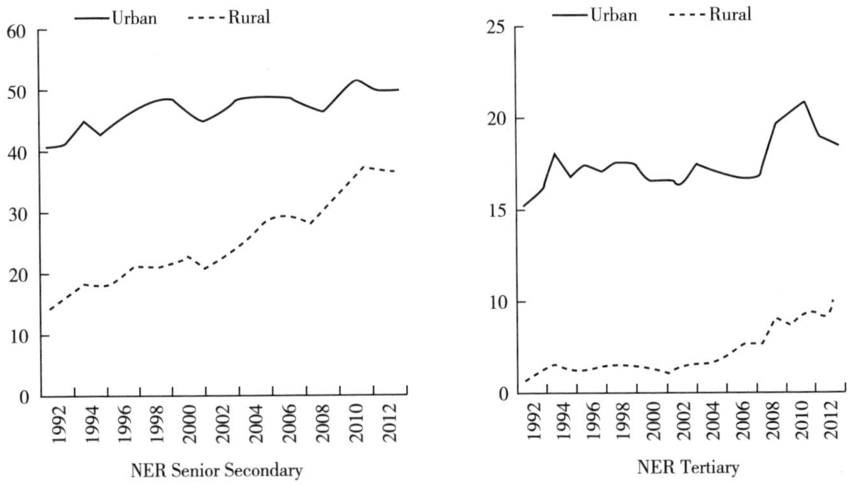

Figure 10. Various indicators of education outcome by urban – rural areas15①

4.1.2 Gender gap in education outcome

Figure 11 shows the same indicator of education outcome as in Figure 9 but they are broken down by gender (male and female). Figure 11 suggest that there is still gender gap in literacy and schooling years and in the case of the later, the gap does not seem to be closing over the years. However, there seems to be no gap between gender in terms of school enrollment. Both male and female enrollment rate increase with the same growth rate.

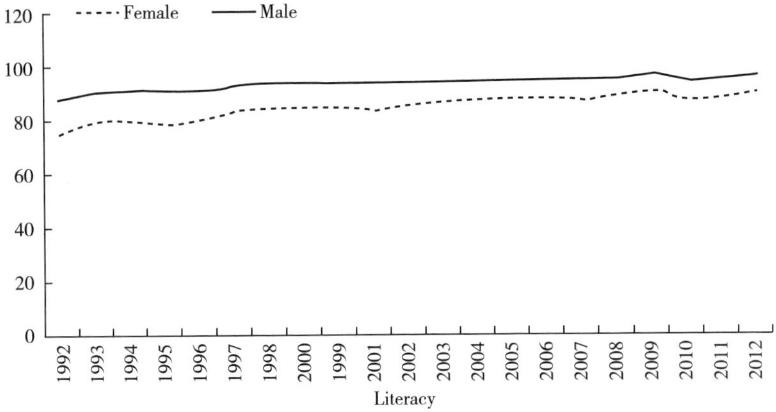

① Source: www.keberpihakan.org and Fahmiand Satriatna (2013).

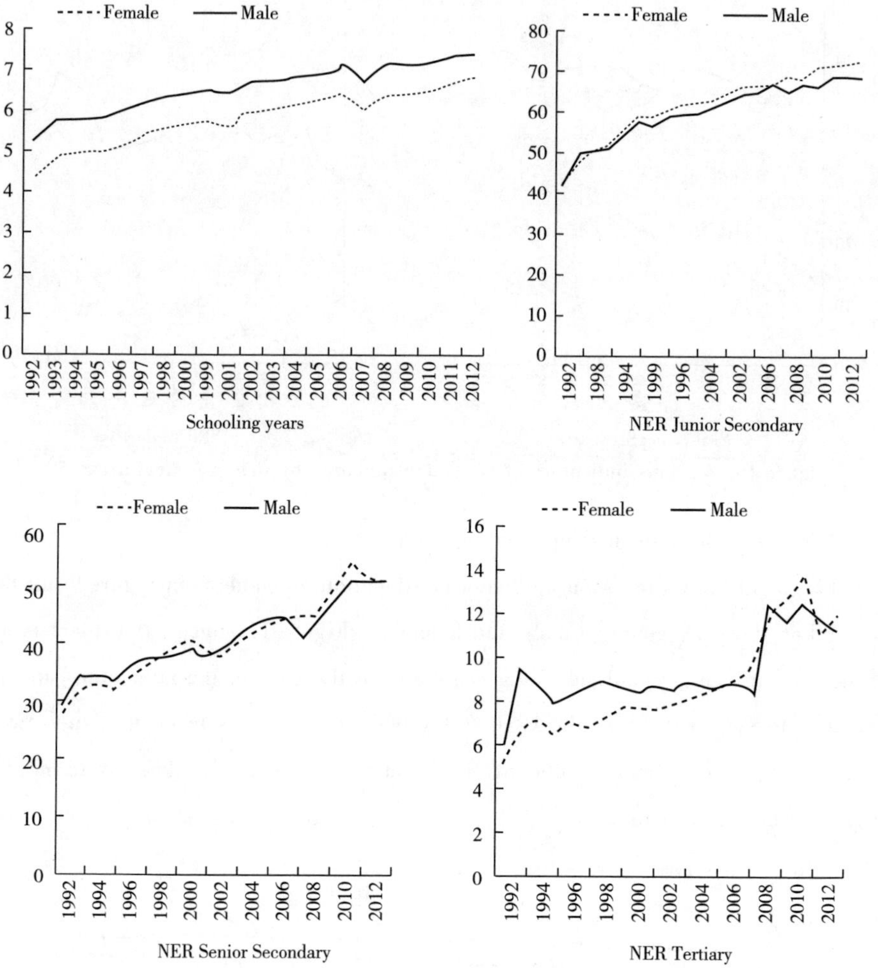

Figure 11. Various indicators of education outcome by gender ①

4.1.3 Income – class gap in education outcome

Figure 12 shows various indicator of education outcome distinguishing between household at the bottom 20% and those in the top 20%. The figure shows only one indicator, which is net enrollment rate in junior secondary school has been improved

① Source: www.keberpihakan.org and Fahmi and Satriatna (2013).

for all. The 20% poorest households have been catching up. The 20% poorest has also been catching up in senior secondary enrollment, but the current gap remains big. Years of schooling, one of the most important indicator on education outcome, has been progressing but there is no tendency of declining disparity between the 20% poorest and 20% richest households. The gap is even rather larger in the most recent years. It should be noted, that for the case net enrollment in tertiary education, there seems to be increasing disparity during the most recent years.

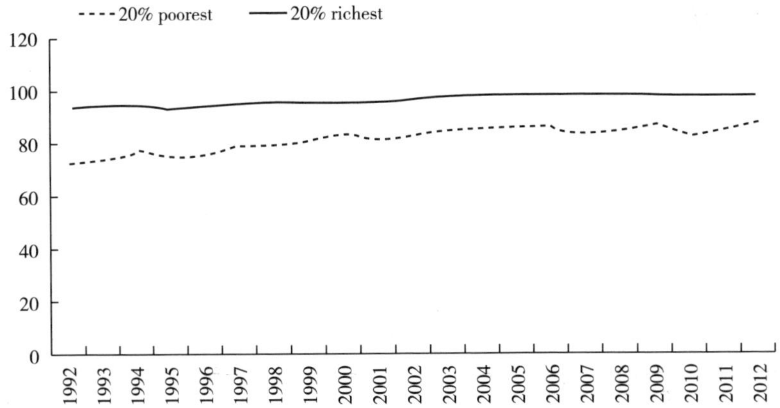

Literacy

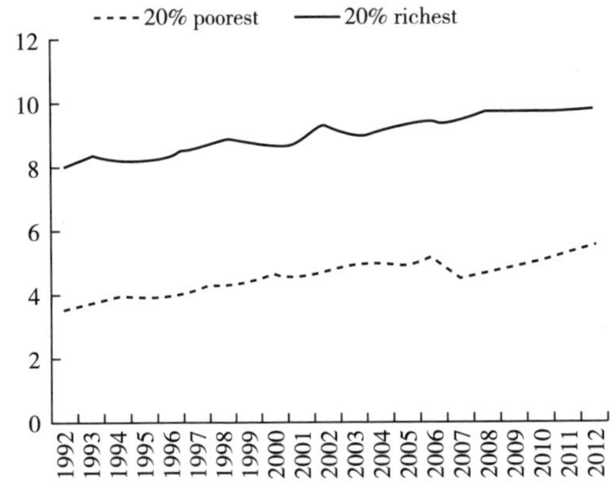

Schooling years

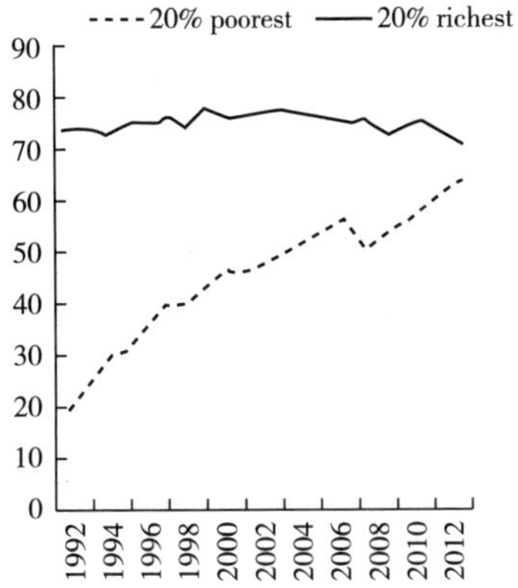

NER Junior Secondary

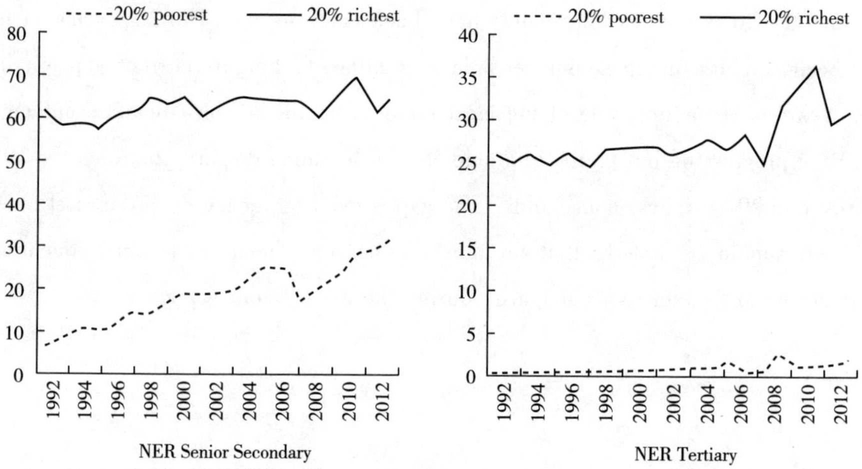

Figure 12. Various indicators of education outcome of 20% poorest and 20% richest households①

4.2 Health

From national perspective, the three health indicators shown in Figure 2 (clean

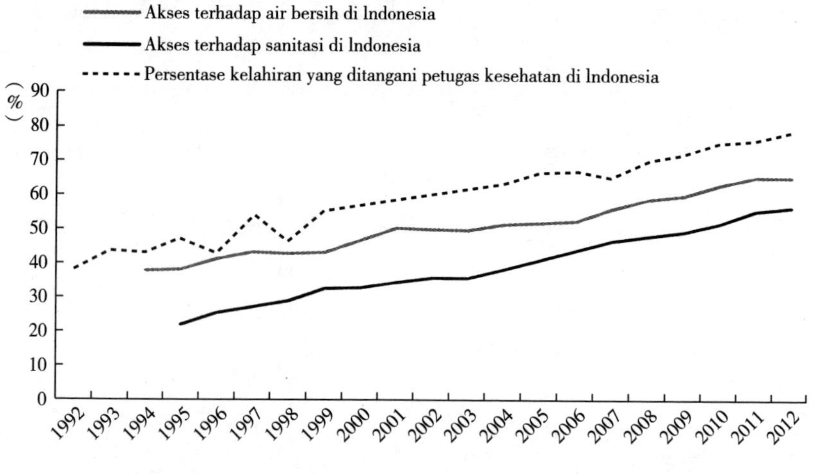

Figure 13. Various health indicators (nation average)②

① Source: www.keberpihakan.org and Fahmi andSatriatna (2013).

② Source: www.keberpihakan.org and Siregar & Pitriyan (2013).

water access, sanitation access, and birth assisted by health workers) has improved over time indicating good progress. However, when we see Figure 12, large gap between urban and rural area still remains.

4.2.1 Urban – Rural gap in health indicators

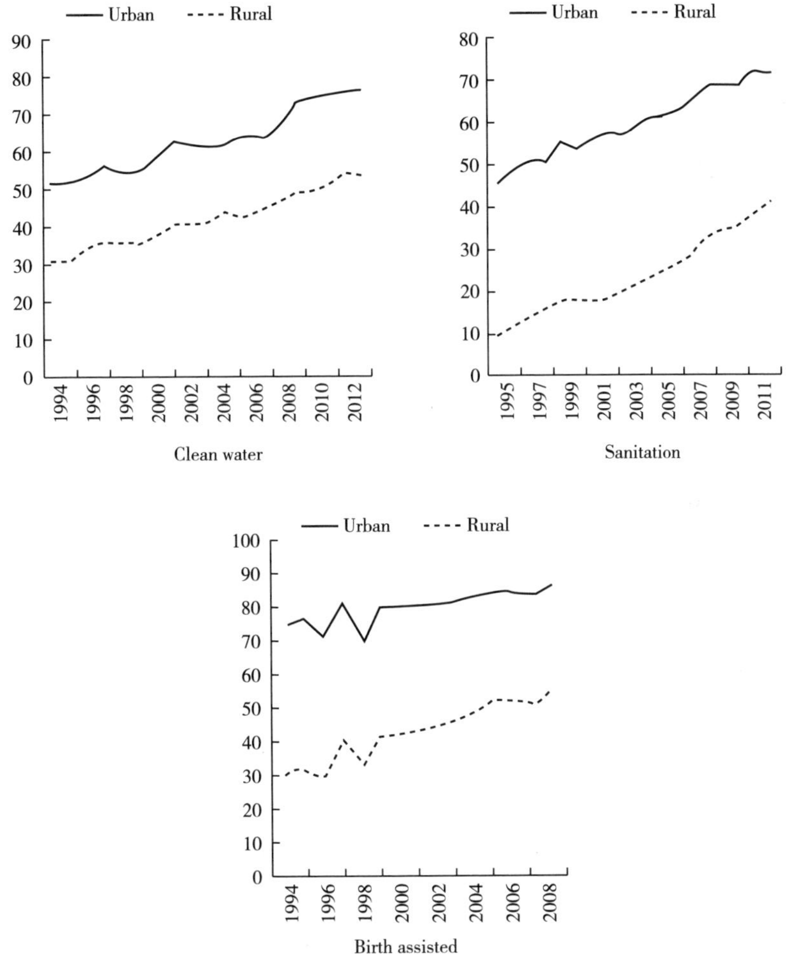

Figure 14. Various health indicators by urban – rural areas[①]

① Source: www.keberpihakan.org and Siregar & Pitriyan (2013).

4.2.2 Income class gap in health indicators

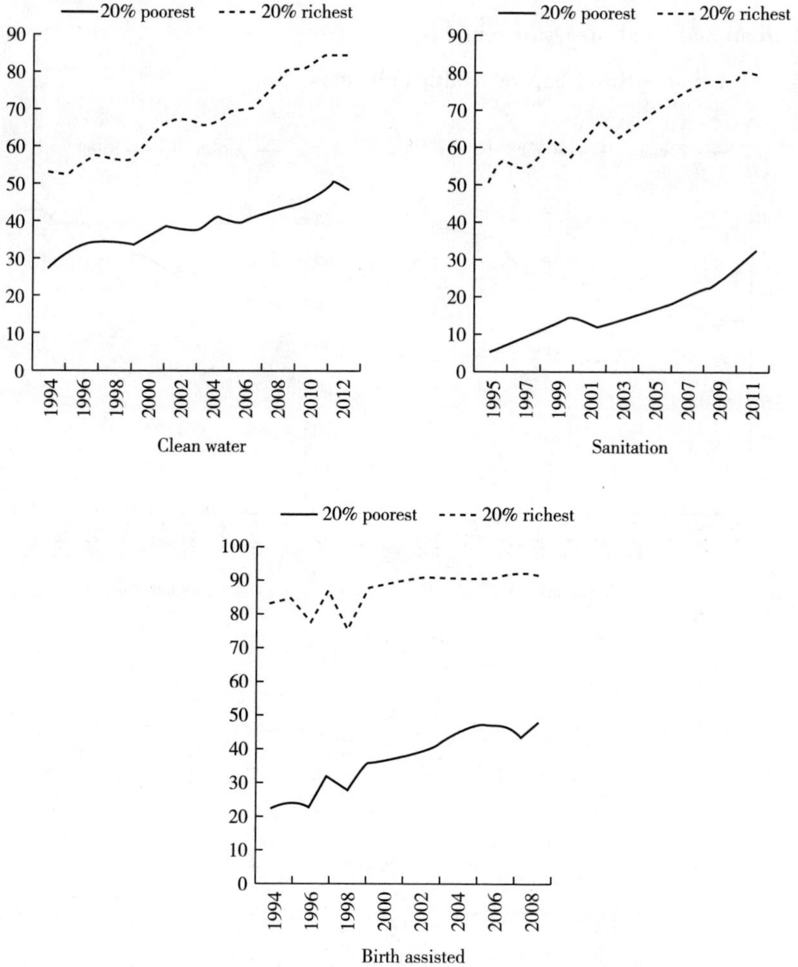

Figure 15. Various health indicators by 20% poorest and 20% richest households①

From Figure 15, we can see rather clearly that the growth of access to clean water has been faster for 20% richest household than 20% poorest households. As a result there is a widening gap between the two. For sanitation, the gap also seems to persist. For access to safer birth, there is a slightly faster improvement for 20% poor

① Source: Purnagunawan (2013) and www.keberpihakan.org.

households.

4.3 Labormarket opportunity

Access to formal labor market, the key to improved earning and livelihood, has been slowly increasing over time for national average. However, it should be noted that there has been a decline in the access to formal labor market by 20% urban households during the most recent period. As a result the overall gap in the access to formal labor market between top 20% and bottom 20% has been widening.

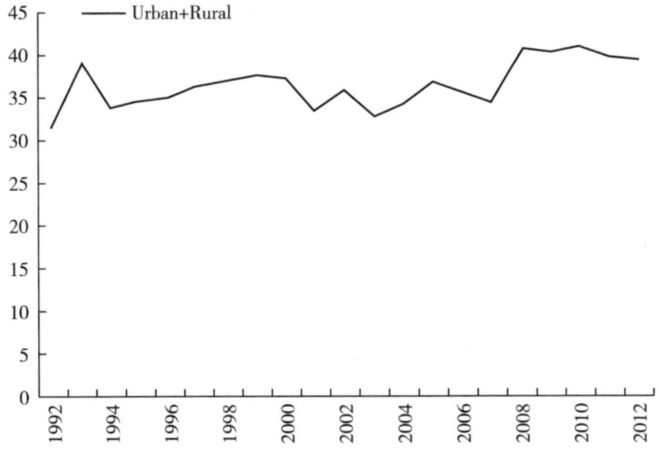

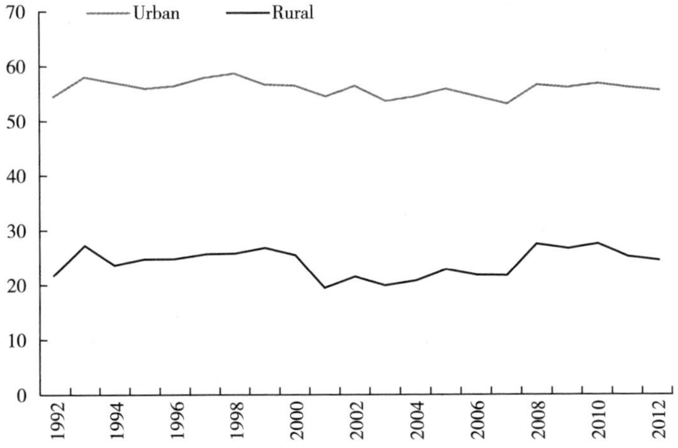

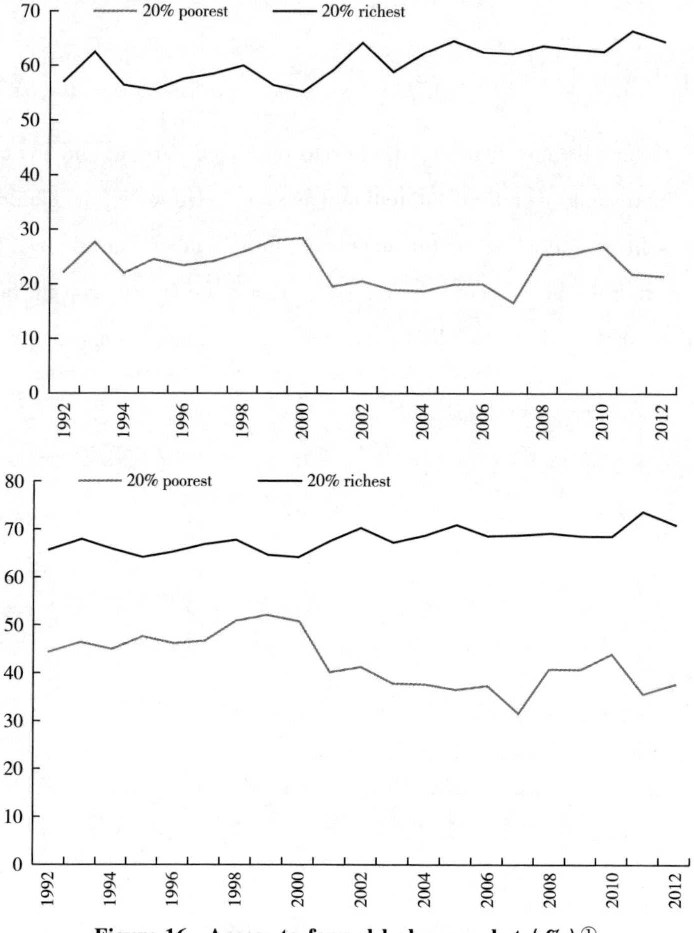

Figure 16. Access to formal l abor market (%) ①

5 Conclusion

So what is the verdict? Has the increasing prosperity, as measured by standard economic indicator like economic growth or per capita income, in Indonesia over time has been shared by all? In general when the criterion is that almost everyone gets the share of that prosperity through the increase in their income, the answer is

① Source: Purnagunawan (2013) and www. keberpihakan. org.

'yes'. Indonesian economic growth over the last 20 years has been relatively high, and poverty incidence has been in decline. This cannot happen when the poor did not benefitted from the growth. With this criterion, we can say that Indonesian economic growth is inclusive.

However, to have a development that also reducing disparity and reducing inequality, the rate of growth in the standard of living of the poor has to be faster than the non - poor. Then we have inequality - reducing growth, or pro - poor growth. From this criterion, the answer is 'no'.

Inequality in development outcome, measured by various indicators such as Gini coefficient, income share, and decile dispersion ratio suggest that, has been on the rise particularly during the last 10 years. The magnitude of the increasing inequality has been quite serious in time comparison (reaching the highest in history) as well as in cross - country comparison.

There seems to be little progress in reducing disparity in inequality of opportunity. Access to formal labor market for the poor has been getting more limited especially in urban areas. The poor has been getting less and less access to higher paying jobs in urban areas. There are also clear signs that the gap in education between the poor and the rich has not been getting better, particularly in the opportunity to access education that guarantee better life like higher education. From health front, similar story can be drawn. Access to clean water has been progressing faster for the top income household, slower for lower income household making it impossible for disparity to decline. These inequality of opportunity is the fundamentals of inequality in earning and development outcome.

So to conclude, Indonesia is facing one of the greatest development challenges, i. e., increasing inequality in many fronts, recently and years ahead. It is one of the greatest challenges because the solution to this problem is less clear - cut than other kind of challenges such as poverty. Reducing inequality involve more collective decision on how this nation allocate resources among groups. The extent to which inequality need to be regarded serious need also to be decided. Political process is important.

From the research point of view, up till now, there has been no clear answers on what are the cause of recent increase in inequality and how to handle them. Let's make them important future research agenda.

References

- Alisjahbana, A., Yusuf, A., Chotib, Yasin, M., & Soeprobo, T. (2003). Understanding the Determinants and Consequences of Income Inequality in Indonesia. Bangkok, East Asian Development Network (EADN).

- Cobham, Alex, and Andy Sumner. "Putting the Gini Back in the Bottle?," The Palma' as a policy – relevant measure of inequality. Available [online] from: http://www.kcl.ac.uk/aboutkings/worldwide/initiatives/global/intdev/people/Sumner/Cobham – Sumner – 15March2013.pdf (2013).

- Fahmi, Mohamad & Ben Satriatna, (2013). " Development in Education Sector: Are the Poor Catching Up?," Working Papers in Economics and Development Studies (WoPEDS) 201315, Department of Economics, Padjadjaran University, revised Jul 2013.

- Palma, J. G., 2006, "Globalizing Inequality: 'Centrifugal' and 'Centripetal' Forces at Work," DESA Working Paper 35, New York: UN Department of Economic and Social Affairs. Palma, J. G., 2011, "Homogeneous Middles vs. Heterogeneous Tails, and the end of the 'Inverted U': The share of the rich is what it' all about," Cambridge Working Papers in Economics 1111, Cambridge: University of Cambridge Department of Economics (later published in Development and Change, 42, 1, 87 – 153).

- Pipit Pitriyan & Adiatma Y. M Siregar, 2013. "Health Inequity in Indonesia: is it Declining?," Working Papers in Economics and Development Studies (WoPEDS) 201316, Department of Economics, Padjadjaran University, revised Jul 2013.

- Yusuf, Arief Anshory (2006). "On the Reassessment of Inequality in Indonesia: Household Survey or National Account?" Working Papers in Economics and Developmet Studies (WoPEDS) 200605, Department of Economics, Padjadjaran University, revised Aug 2006.

- Yusuf, Arief Anshory & Irlan A. Rum (2013). "Living Beyond $2 a day: How Indonesia has progressed," Working Papers in Economics and Development Studies (WoPEDS) 2013XX, Department of Economics, Padjadjaran University.

- Yusuf, Arief Anshory, Andrew Sumner & Irlan A. Rum (2013). "Longrun Evolution of inequality in Indonesia, (WoPEDS) 2013XX, Department of Economics" Working Papers in Economics and Development Studies Padjadjaran University.

图书在版编目（CIP）数据

金砖国家不平等报告集：全二册／乐施会主编．--北京：社会科学文献出版社，2017.7
ISBN 978－7－5097－9636－8

Ⅰ．①金…　Ⅱ．①乐…　Ⅲ．①世界经济－经济发展－研究报告　Ⅳ．①F11

中国版本图书馆CIP数据核字（2016）第206633号

金砖国家不平等报告集

主　　编／乐施会

出 版 人／谢寿光
项目统筹／高明秀
责任编辑／许玉燕　卢敏华　赵子安

出　　版／社会科学文献出版社·当代世界出版分社（010）59367004
地址：北京市北三环中路甲29号院华龙大厦　邮编：100029
网址：www.ssap.com.cn
发　　行／市场营销中心（010）59367081　59367018
印　　装／三河市东方印刷有限公司

规　　格／开　本：787mm×1092mm　1/16
印　张：56.25　字　数：992千字
版　　次／2017年7月第1版　2017年7月第1次印刷
书　　号／ISBN 978－7－5097－9636－8
定　　价／148.00元（全二册）